Steuergesetze I

D1726765

**Alphabetische Schnellübersicht**

Bundeskindergeldgesetz (BKGG)  **1.9**
Einigungsvertrag – Auszug –  vor **1.**1
Einkommensteuer-Durchführungsverordnung (EStDV)  **1.**2
Einkommensteuergesetz (EStG)  **1.**1
Gewerbesteuer-Durchführungsverordnung (GewStDV)  **2.**2
Gewerbesteuergesetz (GewStG)  **2.**1
Körperschaftsteuer-Durchführungsverordnung (KStDV)  **3.**2
Körperschaftsteuergesetz (KStG)  **3.**1
Lohnsteuer-Durchführungsverordnung (LStDV)  **1.**3
Sachbezugsverordnung (SachBezV)  **1.**4
Solidaritätszuschlaggesetz (SolZG)  **1.**1a
Umwandlungssteuergesetz (UmwStG)  **4**
Vermögensbildungs-Durchführungsverordnung (VermBDV)  **1.**6
Fünftes Vermögensbildungsgesetz (5. VermBG)  **1.**5
Wohnungsbauprämien-Durchführungsverordnung (WoPDV)  **1.**8
Wohnungsbau-Prämiengesetz (WoPG)  **1.**7

# Steuergesetze I

Einkommensteuer
einschließlich Nebenbestimmungen
sowie Einkommensteuer-Tabellen
Gewerbesteuer
Körperschaftsteuer
Umwandlungssteuer

Textausgabe mit ausführlichem Sachregister
Einführung
von Professor Dr. Christian Flämig

18., neubearbeitete Auflage
Stand: 1. Januar 1992

Deutscher
Taschenbuch
Verlag

Sonderausgabe unter redaktioneller Verantwortung
des Verlages C. H. Beck, München
Umschlaggestaltung: Celestino Piatti
Gesamtherstellung: C. H. Beck'sche Buchdruckerei, Nördlingen
ISBN 3 423 05549 9 (dtv)
ISBN 3 406 34559 X (C. H. Beck)

# Inhaltsverzeichnis

Abkürzungen . . . . . . . . . . . . . . . . . . . . . . . . . . . . . . . .   VII

Einführung . . . . . . . . . . . . . . . . . . . . . . . . . . . . . . . . .   IX

**Vor 1.1  Einigungsvertrag** vom 31. August 1990 – Auszug – . . .   1

**1.1  Einkommensteuergesetz 1990** (EStG 1990) i. d. F. vom
7. September 1990 . . . . . . . . . . . . . . . . . . . . . . . . .   7
    **Anlage 1:** Tabelle für die Errechnung des Deckungskapitals
für lebenslänglich laufende Leistungen von Unterstützungskassen . . . . . . . . . . . . . . . . . . . . . . . . . . . . . . . . .   206
    **Anlage 2:** Einkommensteuer-Grundtabelle . . . . . . . . . . . .   207
    **Anlage 3:** Einkommensteuer-Splittingtabelle . . . . . . . . . .   227
    **Anlage 4:** Gesellschaften im Sinne des Artikels 2 der Richtli-
nie Nr. 90/435/EWG des Rates vom 23. Juli 1990 (ABl. EG
Nr. L 225 S. 6) über das gemeinsame Steuersystem der Mut-
ter- und Tochtergesellschaften verschiedener Mitgliedstaaten .   247
**1.1a Solidaritätszuschlaggesetz** (SolZG) i. d. F. vom 24. Juni
1991 . . . . . . . . . . . . . . . . . . . . . . . . . . . . . . . . . . .   249

**1.2  Einkommensteuer-Durchführungsverordnung 1986**
(EStDV 1986) i. d. F. vom 24. Juli 1986 . . . . . . . . . . . . .   251
**1.3  Lohnsteuer-Durchführungsverordnung 1990** (LStDV
1990) i. d. F. vom 10. Oktober 1989 . . . . . . . . . . . . . . .   299
**1.4** Verordnung über den Wert der Sachbezüge in der Sozialversicherung für das Kalenderjahr 1992 **(Sachbezugsverordnung
1992 – SachBezV 1992)** i. d. F. vom 18. Dezember 1984 . . . .   307
**1.5** Fünftes Gesetz zur Förderung der Vermögensbildung der
Arbeitnehmer **(Fünftes Vermögensbildungsgesetz –
5. VermBG)** i. d. F. vom 19. Januar 1989 . . . . . . . . . . . . .   311
**1.6  Verordnung zur Durchführung des Fünften Vermö-
gensbildungsgesetzes** (VermBDV 1990) – i. d. F. vom
4. Dezember 1991 . . . . . . . . . . . . . . . . . . . . . . . . . .   329
**1.7  Wohnungsbau-Prämiengesetz** (WoPG 1990) i. d. F. vom
27. März 1991 . . . . . . . . . . . . . . . . . . . . . . . . . . . . .   337
**1.8 Verordnung zur Durchführung des Wohnungsbau-Prä-
miengesetzes** (WoPDV 1982) i. d. F. vom 23. November
1982 . . . . . . . . . . . . . . . . . . . . . . . . . . . . . . . . . . .   345
**1.9 Bundeskindergeldgesetz** (BKGG) i. d. F. vom 30. Januar
1990 . . . . . . . . . . . . . . . . . . . . . . . . . . . . . . . . . . .   355

# Inhalt

**2.1** **Gewerbesteuergesetz 1991** (GewStG 1991) i. d. F. vom 21. März 1991 . . . . . . . . . . . . . . . . . . . . . . . . 377

**2.2** **Gewerbesteuer-Durchführungsverordnung 1991** (GewStDV 1991) i. d. F. vom 21. März 1991 . . . . . . . . . . 403

**3.1** **Körperschaftsteuergesetz 1991** (KStG 1991) i. d. F. vom 11. März 1991 . . . . . . . . . . . . . . . . . . . . . . . 411

**3.2** **Körperschaftsteuer-Durchführungsverordnung 1984** (KStDV 1984) i. d. F. vom 31. Juli 1984 . . . . . . . . . . . . . . 453

**4** **Gesetz über steuerliche Maßnahmen bei Änderung der Unternehmensform** (UmwStG 1977) vom 6. September 1976 . . . . . . . . . . . . . . . . . . . . . . . . . . . . . . 455

**Anlage:** Kapitalgesellschaften im Sinne des Artikels 3 der Richtlinie 90/434/EWG des Rates vom 23. Juli 1990 (ABl. EG Nr. L 225 S. 1) . . . . . . . . . . . . . . . . . . . . . . . . . . . 470

**Sachverzeichnis** . . . . . . . . . . . . . . . . . . . . . . . . . . . . . . 473

# Abkürzungen

| | |
|---|---|
| a. F. | alte(r) Fassung |
| AIG | Auslandsinvestitionsgesetz |
| AO | Abgabenordnung |
| ArbG | Arbeitgeber |
| ArbN | Arbeitnehmer |
| AStG | Außensteuergesetz |
| BerlinFG | Gesetz zur Förderung der Wirtschaft von Berlin (West) |
| BewG | Bewertungsgesetz |
| BKGG | Bundeskindergeldgesetz |
| DBA | Doppelbesteuerungsabkommen |
| DV | Durchführungsverordnung |
| EE | Einführungserlaß |
| ErbStDV | Erbschaftsteuer-Durchführungsverordnung |
| ErbStG | Erbschaftsteuergesetz |
| ErbStRG | Gesetz zur Reform des Erbschaftsteuer- und Schenkungsteuerrechts |
| EStDV | Einkommensteuer-Durchführungsverordnung |
| EStG | Einkommensteuergesetz |
| EZ | Erhebungszeitraum |
| FeuerschStG | Feuerschutzsteuergesetz |
| FN | Fußnote |
| GewStDV | Gewerbesteuer-Durchführungsverordnung |
| GewStG | Gewerbesteuergesetz |
| GrEStG | Grunderwerbsteuergesetz |
| GrStG | Grundsteuergesetz |
| InvZulG | Investitionszulagengesetz |
| Kj | Kalenderjahr |
| KraftStDV | Kraftfahrzeugsteuer-Durchführungsverordnung |
| KraftStG | Kraftfahrzeugsteuergesetz |
| KStDV | Körperschaftsteuer-Durchführungsverordnung |
| KStG | Körperschaftsteuergesetz |
| KVStDV | Kapitalverkehrsteuer-Durchführungsverordnung |
| KVStG | Kapitalverkehrsteuergesetz |
| LStDV | Lohnsteuer-Durchführungsverordnung |
| mWv | mit Wirkung vom |
| n. F. | neue(r) Fassung |
| RAO | Reichsabgabenordnung |
| SachBezV | Sachbezugsverordnung |
| SolZG | Solidaritätszuschlaggesetz |
| SparPDV | Durchführungsverordnung zum Sparprämiengesetz |
| SparPG | Sparprämiengesetz |
| UmwStG | Umwandlungssteuergesetz |
| UStDV | Umsatzsteuer-Durchführungsverordnung |
| UStG | Umsatzsteuergesetz |

# Abkürzungen

| | |
|---|---|
| VersStDV | Versicherungsteuer-Durchführungsverordnung |
| VersStG | Versicherungsteuergesetz |
| VStG | Vermögensteuergesetz |
| VZ | Veranlagungszeitraum |
| Wj. | Wirtschaftsjahr |
| WoBauFG | Wohnungsbauförderungsgesetz |
| WohnbauG | Wohnungsbaugesetz |
| WoPDV | Wohnungsbauprämien-Durchführungsverordnung |
| WoPG | Wohnungsbauprämiengesetz |
| WStDV | Wechselsteuer-Durchführungsverordnung |
| WStG | Wechselsteuergesetz |
| ZRFG | Zonenrandförderungsgesetz |

# 1. Einführung in die Ertragsteuergesetze Einkommensteuer einschließlich Lohn- und Kapitalertragsteuer

## Von Prof. Dr. Christian Flämig

Die Ermittlung der Einkommensteuer kann sich im Einzelfall recht schwierig gestalten. Das ist einmal darauf zurückzuführen, daß der systematische Aufbau des EStG aus sich heraus nicht ohne weiteres verständlich ist. Zum anderen ist diese Schwierigkeit darin begründet, daß dem EStG eine Reihe von Nebengesetzen zugeordnet ist, von denen die wichtigsten in die Textausgabe aufgenommen worden sind. Als aktuelle Besonderheit kommen noch die Änderungen und Überleitungsbestimmungen des Einigungsvertrages vom 31. 8. 1990 für die Anwendung der Steuergesetze im beigetretenen Teil Deutschlands hinzu, die in diesem Band auszugsweise wiedergegeben sind; die für Steuerpflichtige in den neuen Bundesländern vorgesehenen Sonder- und Übergangsvorschriften sind in §§ 56–59 EStG enthalten. Wenn man sich daher den systematischen Aufbau des EStG einschließlich der ihm zugeordneten Nebengesetze für einen Leitfaden der Einkommensteuerermittlung erschließen will, darf man nicht an der Reihenfolge der Abschnitte und Paragraphen kleben, sondern muß versuchen, sie ihrer inhaltlichen Zusammengehörigkeit nach einander zuzuordnen. Dabei dürfte sich beim Studium der folgenden Darstellung und des EStG empfehlen, das auf den S. XIII–XVI abgebildete Schema einer Ermittlung der Einkommensteuer zur Hand zu nehmen.

Persönlich steuerpflichtig sind *natürliche Personen*; hierzu gehören auch die Einzelunternehmer und die Gesellschafter von Personengesellschaften (vgl. § 15 EStG). Allerdings ist insoweit eine Austauschbarkeit mit der Körperschaftsteuer bei Änderung der Unternehmensform gegeben (vgl. UmwStG [4]). Dabei unterscheidet § 1 EStG die unbeschränkte (Abs. 1–3) von der beschränkten Steuerpflicht (Abs. 4). Die weiteren Ausführungen beziehen sich weitgehend nur noch auf die durch Wohnsitz oder gewöhnlichen Aufenthalt (s. §§ 8, 9 AO) im Inland zu qualifizierenden unbeschränkt Steuerpflichtigen.

Gem. § 1 und § 2 I EStG erstreckt sich die unbeschränkte Steuerpflicht auf sämtliche Einkünfte, also auch auf aus dem Ausland zufließende Einnahmen; die beschränkte Steuerpflicht erfaßt hingegen nur die Einkünfte i. S. des § 49 EStG (inländische Einkünfte). Indessen ist mit dieser Umschreibung der sachlichen Steuerpflicht noch nicht viel gewonnen, da damit noch nicht beantwortet ist, was im einzelnen dem Steuergegenstand zuzurechnen ist.

# Einführung

Das EStG unterscheidet leider nicht mit genügender Schärfe, ob durch eine Vorschrift die Zugehörigkeit zum Einkommen erst ermittelt werden soll, oder ob eine solche Bestimmung lediglich für die Bewertung von Einkünften Bedeutung haben soll, deren Zugehörigkeit zum Einkommen bereits feststeht. Das Kernstück der Ermittlung des Einkommens stellen die *sieben Einkunftsarten* dar. Ihre Kennzeichnung erfahren die Einkünfte in den §§ 13–24 EStG. Die richtige Zuordnung von Erträgen in eine der sieben Einkunftsarten ist für die effektive Steuerbelastung von erheblicher Bedeutung. Die sogenannten *Gewinneinkünfte* (§ 2 II Nr. 1 EStG) – d. h. die Einkünfte aus Land- und Forstwirtschaft, Gewerbebetrieb, selbständiger Arbeit – werden nach Maßgabe einer der drei Gewinnermittlungsmethoden (§§ 4 I, III, 5 EStG; zum Sonderfall der Durchschnittsatzermittlung bei Land- und Forstwirten siehe § 13a EStG) ermittelt; bei den schwierigen Problemen der Gewinnermittlung für die Einkünfte aus Gewerbebetrieb ist besonders zu beachten, daß bei Anwendung des Verfahrens gem. § 5 I EStG eine Verknüpfung mit der *Handelsbilanz* gegeben ist. Hingegen ist bei den sog. *Überschußeinkünften* (§ 2 II Nr. 2 EStG) – d. h. Einkünfte aus nichtselbständiger Arbeit, Kapitalvermögen (unter Einschluß der anzurechnenden Körperschaftsteuer [3.1] gemäß § 36 II Nr. 3 EStG), Vermietung und Verpachtung sowie sonstige Einkünfte – der Überschuß der Einnahmen (§ 8 EStG) über die Werbungskosten (§§ 9, 9a EStG) zu ermitteln; von besonderer Bedeutung ist die Erhöhung des Fahrtkostenpauschbetrages auf 0,65 DM. Bei der Ermittlung der Einkünfte ist auch auf eine genaue Zuordnung der Ausgaben zu achten, wobei nicht zuletzt wegen des Dualismus der Gewinneinkünfte einerseits und der Überschußeinkünfte andererseits schwierige Abgrenzungen zwischen den *Betriebsausgaben* (§ 4 IV EStG; zu den nichtabzugsfähigen Betriebsausgaben siehe § 4 V, VI EStG) bzw. den *Werbungskosten* einerseits und den nichtabzugsfähigen „Aufwendungen für die Lebensführung" (§ 12 Nr. 1 EStG) andererseits auftreten. Die ohnehin nicht einfache Ermittlung der Einkünfte erfährt noch dadurch eine Komplizierung, als für alle Einkunftsarten einige Nebengesetze von Bedeutung sein können, so die EStDV [1.2], die Gesetze über Vermögensbildung/Prämiensparen [1.5–8] und die Förderungsgesetze[1]; von besonderer Bedeutung für die neuen Bundesländer ist das Gesetz über Sonderabschreibungen und Abzugsbeträge im Fördergebiet[2]. Zu beachten ist auch das neue Investitionszulagengesetz 1991[3]. Nach der Änderung des Berlinförderungsgesetzes vom 24. 6. 1991 können die Vergünstigungen nur noch für einen gewissen Zeitraum in Anspruch genommen werden. Einzelne Einkunftsarten finden zudem in einigen Nebengesetzen ihre Er-

---

[1] Abgedruckt in dem dtv–Band „Steuergesetze 2" (Nr. 5550) unter Nr. 1, 3, 9 und 17.
[2] Abgedruckt in dem dtv–Band „Steuergesetze 2" (Nr. 5550) unter **17**.2.
[3] Abgedruckt in dem dtv–Band „Steuergesetze 2" (Nr. 5550) unter **9**.2.

gänzung, so durch die LStDV [1.3]. – Die um den *Altersentlastungsbetrag* (§ 24a EStG), den Ausbildungsplatz – Abzugsbetrag (§ 24b EStG) und den nach § 34c Abs. 2 und 3 EStG abzuziehenden Steuerbetrag verminderte Summe der hiernach ermittelten positiven und negativen (Verlustausgleich; zu dessen Begrenzung siehe vor allem §§ 2a, 15 IV, 15a EStG) Gewinne und Überschüsse, also der *Gesamtbetrag der Einkünfte* (§ 2 III EStG), ergibt jedoch nicht das Einkommen. Vielmehr sind die vom Gesetzgeber als abzugswürdig angesehenen Lebensführungsaufwendungen unter Einschluß des Verlustabzuges – vom EStG *Sonderausgaben* genannt (§§ 10–10f EStG; zur Einschränkung des Abzuges von Verlusten bei beschränkter Haftung siehe insbesondere § 15a EStG) – sowie die *außergewöhnlichen Belastungen* (§§ 33–33c EStG) abzuziehen; bei den Sonderausgaben sind zum Teil die unter 1.5–8 aufgeführten Gesetze und Verordnungen von Bedeutung. Das schließlich so ermittelte *Einkommen* (§ 2 IV EStG) ist noch um den Kinderfreibetrag (ab 1992 erhöht auf DM 4104 pro Kind) i. S. des § 32 VI EStG[1], den Haushaltsfreibetrag nach § 32 VII EStG, den Tariffreibetrag (in der Regel nur für die neuen Bundesländer) und um die sonstigen vom Einkommen abzuziehenden Beträge zu korrigieren. Das hiernach festgestellte *zu versteuernde Einkommen* bildet die Bemessungsgrundlage des EStG (§ 2 V EStG).

Der Einkommensteuertarif (§ 32a I–III EStG) findet in der Form einer *Grundtabelle* (§ 32a IV EStG) Anwendung für die Einzelveranlagung (§ 25 EStG), die getrennte Veranlagung von Ehegatten (§ 26a EStG) sowie grundsätzlich auch für die besondere Veranlagung für den Veranlagungszeitraum der Eheschließung (§ 26c I EStG); hingegen kann die Einkommensteuer bei der Zusammenveranlagung von Ehegatten (§ 26b EStG) und bei der Einzelveranlagung in bestimmten Fällen (§§ 26c II, 32a VI EStG) mit Hilfe der sog. *Splitting-Tabelle* (§ 32a V EStG) errechnet werden. Allerdings ist noch zu beachten, daß für bestimmte Teile des Einkommens *Sondertarife* (§§ 34, 34b EStG) zur Anwendung kommen können. Die in Anwendung des Tarifs sich ergebende *tarifliche Einkommensteuer* (§ 2 V EStG) ist regel- mäßig auch die *festzusetzende Einkommensteuer* (§ 2 VI EStG), es sei denn, die tarifliche Einkommensteuer vermindert sich um Steuerermäßigungen aus der Anrechnung ausländischer Steuern (§§ 34c, 34d EStG), bei Einkünften aus Land- und Forstwirtschaft (§ 34e EStG), bei Inanspruchnahme erhöhter Absetzungen nach § 7b EStG (§ 34f EStG; nicht anwendbar in den neuen Bundesländern und dem früheren Ostberlin), bei Ausgaben zur Förderung staatspolitischer Zwecke (§ 34g EStG), bei der Belastung mit Erbschaftsteuer (§ 35 EStG i. V. mit ErbStG[2]) oder aus anderen Steuergesetzen. Soweit die

---

[1] Zu der Sondervorschrift wegen der Verfassungswidrigkeit der Höhe des Kinderfreibetrages für die Veranlagungszeiträume 1983 bis 1985 s. § 54 EStG.
[2] Abgedruckt in dem dtv-Band „Steuergesetze 2" (Nr. 5550) unter Nr. 5.1.

# Einführung

Einkommensteuer Maßstab für die Festsetzung und Erhebung von Zuschlagsteuern (wie z. B. dem Solidaritätszuschlag) gilt § 51a EStG; hiernach sind grundsätzlich die Vorschriften des EStG entsprechend anzuwenden.

Bei den Einkünften aus nichtselbständiger Arbeit wird die Einkommensteuer in der Form des Steuerabzugs vom Arbeitslohn durch den Arbeitgeber (= *Lohnsteuer*) erhoben (§§ 38–42f EStG sowie LStDV [1.3]). Eine Veranlagung zur Einkommensteuer findet nur nach Maßgabe der in § 46 EStG aufgeführten Voraussetzungen statt. Auch bei den Einkünften aus Kapitalvermögen findet teilweise ein Steuerabzugsverfahren in der Gestalt der *Kapitalertragsteuer* Anwendung (§§ 43–45c EStG). Unter Anrechnung dieser Steuerabzugsbeträge (beachte aber § 46a EStG), der Vorauszahlungen (§ 37 EStG) sowie der Körperschaftsteuer (§ 36 II Nr. 3 EStG) kann sich gegenüber der festzusetzenden Einkommensteuer (unter Einschluß des hiernach bemessenen Solidaritätszuschlages für die Jahre 1991/1992) eine Abschlußzahlung oder ein Erstattungsanspruch ergeben. Die Erstattung kann durch die Leistungen der Förderungsgesetze[3] eine Erweiterung erfahren.

---

[3] Abgedruckt in dem dtv-Band „Steuergesetze 2" (Nr. 5550) unter Nr. 1, 3, 9, 17 und 17.2.

## Einkommensteuerermittlung und -veranlagung[1,2]

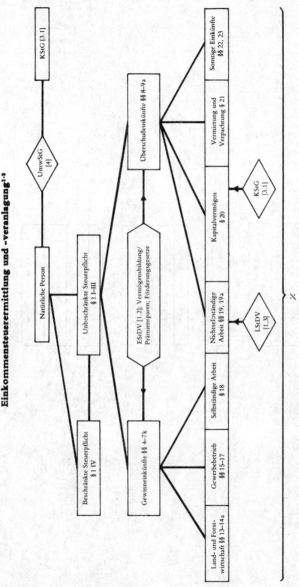

[1] Die in eckige Klammern gesetzten Ziffern bezeichnen die Nummern der Gesetze.

[2] Die Pfeile kennzeichnen die Übernahme bestimmter Regelungen; die Striche (ohne Pfeile) kennzeichnen neue Ablaufstufen.

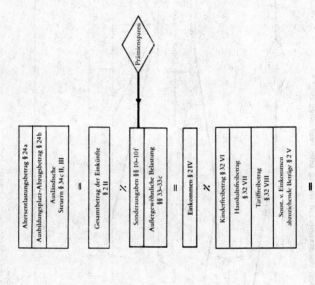

| Alterentlastungsbetrag § 24a |
| Ausbildungsplatz-Abzugsbetrag § 24b |
| Ausländische Steuern § 34c II, III |

=

| Gesamtbetrag der Einkünfte § 2 II |

./.

| Sonderausgaben §§ 10–10f |
| Außergewöhnliche Belastung §§ 33–33c |

Prämiensparen

=

| Einkommen § 2 IV |

./.

| Kinderfreibetrag § 32 VI |
| Haushaltsfreibetrag § 32 VII |
| Tariffreibetrag § 32 VIII |
| Sonst. v. Einkommen abzuziehende Beträge § 2 V |

=

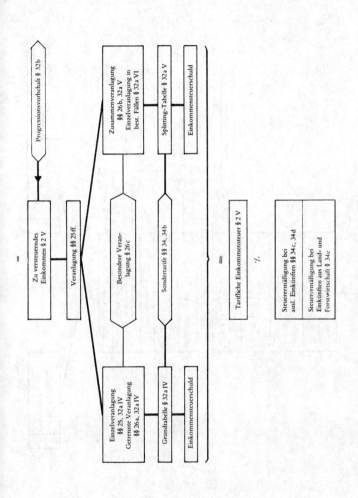

Zu versteuerndes Einkommen § 2 V

Veranlagung §§ 25 ff.

Progressionsvorbehalt § 32b

Einzelveranlagung §§ 25, 32 a IV
Getrennte Veranlagung §§ 26 a, 32 a IV

Besondere Veranlagung § 26 c

Zusammenveranlagung §§ 26 b, 32 a V
Einzelveranlagung in best. Fällen § 32 a VI

Grundtabelle § 32 a IV

Sondertarife §§ 34, 34 b

Splitting-Tabelle § 32 V

Einkommensteuerschuld

Einkommensteuerschuld

Tarifliche Einkommensteuer § 2 V

./.

Steuerermäßigung bei ausl. Einkünften §§ 34 c, 34 d

Steuerermäßigung bei Einkünften aus Land- und Forstwirtschaft § 34 c

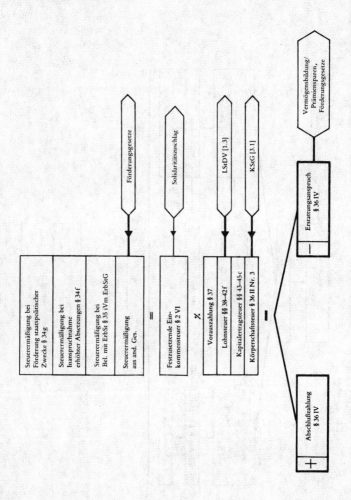

## 2. Gewerbesteuer

§ 5 GewStG bestimmt grundsätzlich den *Unternehmer* bzw. die *Gesellschaft,* so auch die Europäische wirtschaftliche Interessenvereinigung, als Steuerschuldner. Ausnahmen von der *persönlichen Steuerpflicht* gewährt § 3 GewStG.

Nach § 2 GewStG ist Steuergegenstand jeder im Inland betriebene *stehende Gewerbebetrieb;* was im einzelnen ein Gewerbebetrieb ist und welche Tätigkeiten als Gewerbebetrieb gelten, ist in § 2 GewStG unter Einschluß der §§ 1–8 GewStDV des Näheren angeführt. Besonderheiten ergeben sich gem. § 2a GewStG für die Arbeitsgemeinschaften. Steuergegenstand i. S. des GewStG ist auch der Reisegewerbebetrieb (§ 35a GewStG, § 35 GewStDV). Befreiungen von der sachlichen Steuerpflicht, so u. a. für Unternehmensbeteiligungsgesellschaften und Treuhandanstalt, sind ebenfalls in § 3 GewStG (vgl. dazu noch §§ 12a, 13 GewStDV) enthalten.

Besteuerungsgrundlagen für die Gewerbesteuer sind der Gewerbeertrag und das Gewerbekapital (§ 6 GewStG); für die Jahre 1991 bis 1994 erfolgt in den neuen Bundesländern keine Besteuerung nach dem Gewerbekapital. Die Ermittlung der einzelnen Bemessungsgrundlagen geschieht wie folgt:

*a) Gewerbeertrag:* Auszugehen ist gem. § 7 GewStG von dem nach den Vorschriften des EStG [1.1] und des KStG [3.1] zu ermittelnden Gewinn aus dem Gewerbebetrieb, der um die in §§ 8 und 9 GewStG aufgeführten Beträge zu korrigieren ist. Hinzuzurechnen sind insbesondere 50 v. H. *Dauerschuldentgelte* (§ 8 Nr. 1 GewStG). Die Kürzungen beziehen sich vor allem auf Abzüge für den schon der Grundsteuer[1] unterworfenen Grundbesitz (§ 9 Nr. 1 GewStG). Der hiernach maßgebende Gewerbeertrag ist zudem noch durch den *Gewerbeverlust* des § 10a GewStG zu kürzen.

*b) Gewerbekapital:* Ausgangsgröße für das Gewerbekapital ist der *Einheitswert* des gewerblichen Betriebs i. S. des BewG[2] (§ 12 I GewStG). Diesem Wert ist vor allem das den Betrag von 50000 DM übersteigende Dauerschuldkapital zu 50 v. H. hinzuzurechnen (§ 12 II Nr. 1 GewStG); abzuziehen sind insbesondere die Einheitswerte der Betriebsgrundstücke (§ 12 III Nr. 1 GewStG).

Die Gewerbesteuer nach dem Gewerbeertrag und dem Gewerbekapital ist eine einheitliche Steuer, die lediglich von zwei verschiedenen Bemessungsgrundlagen ausgeht. Demgemäß stellt sich die Tarifberechnung

---

[1] Abgedruckt in dem dtv-Band „Steuergesetze 2" (Nr. 5550) unter Nr. 8.
[2] Abgedruckt in dem dtv-Band „Steuergesetze 2" (Nr. 5550) unter Nr. 4.

# Einführung

für die *Gewerbesteuer nach Ertrag und Kapital* wie folgt dar: Bei der Berechnung der Gewerbesteuer nach dem Gewerbeertrag ist unter Berücksichtigung eines Freibetrages von 36 000 DM (ab 1993: 48 000 DM) für natürliche Personen und Gesellschaften i. S. des § 2 II Nr. 1 GewStG sowie eines Freibetrages von 7 500 DM für „steuerbegünstigte" Unternehmen von einem *Steuermeßbetrag* auszugehen, der durch Anwendung eines Hundertsatzes, nämlich den in § 11 II–III GewStG aufgeführten *Steuermeßzahlen,* zu ermitteln ist (§ 11 I 1 GewStG); für Gewerbebetriebe in den neuen Bundesländern (ab 1993 für alle Gewerbebetriebe) reduziert sich die Steuermeßzahl für den Gewerbeertrag gem. § 11 II Nr. 1 GwStG. Bei der Berechnung der Gewerbesteuer nach dem Gewerbekapital ist ebenfalls von einem Steuermeßbetrag auszugehen (§ 13 I 1 GewStG); auch dieser ergibt sich nach Abzug eines Freibetrages von 120 000 DM durch Anwendung eines Tausendsatzes, der Steuermeßzahl des § 13 II GewStG. Durch Zusammenrechnung dieser Steuermeßbeträge wird ein einheitlicher Steuermeßbetrag gebildet (§ 14 I GewStG). Die Höhe der Gewerbesteuer nach Ertrag und Kapital ergibt sich durch Anwendung des von der Gemeinde festgesetzten *Hebesatzes* (§ 16 iVm §§ 4, 35a GewStG).

Das GewStG dekretiert in § 14a (s. auch noch § 25 GewStDV) eine Steuererklärungspflicht für Gewerbebetriebe. Die Frage nach der *verfahrensmäßigen Behandlung* beantwortet sich zunächst aus § 14 II in Richtung auf die Festsetzung des einheitlichen Steuermeßbetrags. Zum anderen bezieht sich diese Frage auf das Problem, daß ein Gewerbebetrieb mehrere hebeberechtigte Gemeinden berührt; die hierfür notwendige *Zerlegung* des einheitlichen Steuermeßbetrages behandeln §§ 28 ff. GewStG. Schließlich gibt das GewStG auch eine Antwort auf die Frage der Vorauszahlungen und der Abschlußzahlung (§§ 19–21 GewStG).

## Gewerbesteuerermittlung und -veranlagung[1,2]

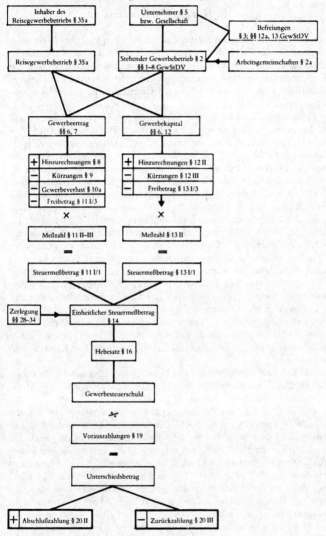

---

[1] Die in eckige Klammern gesetzten Ziffern bezeichnen die Nummern der Gesetze.

[2] Die Pfeile kennzeichnen die Übernahme bestimmter Regelungen; die Striche (ohne Pfeile) kennzeichnen neue Ablaufstufen.

# Einführung

## 3. Körperschaftsteuer

Bei der Ermittlung der Körperschaftsteuer ist in ähnlicher Weise vorzugehen wie im Einkommensteuerrecht, denn die Körperschaftsteuer ist ebenfalls als eine Personensteuer ausgestaltet. Der Zusammenhang zur Einkommensteuer ist auch dadurch gegeben, daß die an die Anteilsigner (natürliche Personen) ausgeschütteten Gewinnanteile der Einkommensteuer unterliegen.

Dementsprechend ist bei der Ermittlung der Körperschaftsteuer zunächst zu fragen, wer *steuerpflichtig* oder steuerbefreit ist. Aus den §§ 1–4 KStG ergibt sich, daß die nichtnatürlichen Personen von der Körperschaftsteuer erfaßt werden sollen; das sind vor allem die *juristischen Personen* (ebenso Betriebe gewerblicher Art von juristischen Personen des öffentlichen Rechts, § 4 KStG), nicht dagegen die Einzelunternehmen oder Personengesellschaften (vgl. § 15 EStG [1.1]). An dieser Stelle ist jedoch zu bedenken, daß bei einem Wechsel der Unternehmensform nach Maßgabe des handelsrechtlichen Umwandlungsgesetzes i. d. F. vom 6. 11. 1969 (BGBl. I S. 2081) eine Einkommensteuerpflicht begründet werden kann, wobei neben § 15 EStG für die steuerlichen Auswirkungen solcher Umwandlungen das *Umwandlungs-Steuergesetz* [4] zum Tragen kommen kann. – Auch bei der Körperschaftsteuer wird zwischen unbeschränkter (§ 1 KStG) und beschränkter Steuerpflicht (§ 2 KStG) unterschieden; Abgrenzungsmerkmal ist der Umstand, ob die nichtnatürliche Person ihre Geschäftsleitung oder ihren Sitz (§§ 10, 11 AO) im Inland hat. Befreiungen von der persönlichen Steuerpflicht enthalten §§ 5, 6 KStG, so u. a. auch für die Treuhandanstalt. Die weiteren Ausführungen beschränken sich weitgehend auf die unbeschränkte Steuerpflicht von Kapitalgesellschaften.

Die unbeschränkte Steuerpflicht bezieht sich auf sämtliche Einkünfte (§ 1 II KStG), während sich die beschränkte Steuerpflicht nur auf die inländischen Einkünfte erstreckt (§ 2 KStG).

Das als Grundlage der Besteuerung dienende zu versteuernde Einkommen (§ 7 I KStG) ist gemäß den Vorschriften des EStG und des KStG zu ermitteln (§ 8 I KStG). Bei den Steuerpflichtigen, die Bücher nach den Vorschriften des HGB zu führen verpflichtet sind, sind „alle Einkünfte" *Einkünfte aus Gewerbebetrieb* (§ 8 II KStG). Demgemäß müssen diese Steuerpflichtigen die Einkünfte als Gewinn ermitteln, wobei gemäß § 5 EStG von dem aus der *Handelsbilanz* abgeleiteten *Steuerbilanzergebnis* auszugehen ist. Dieses Ergebnis erfährt in mancherlei Hinsicht Korrekturen. Hinzurechnungen erfolgen hinsichtlich der *verdeckten Gewinnausschüttungen* (§ 8 III 2 KStG), der nichtabzugsfähigen Spenden i. S. des § 9 Nr. 3 KStG, der nichtabziehbaren Aufwendungen des § 10 KStG (Steueraufwendungen, Geldstrafen, Aufsichtsratsvergütungen). Kürzungen ergeben sich in bezug auf die sog. abziehbaren Aufwendungen i. S. des § 9 Nr. 2 und 3 KStG. Der sich hieraus ergebende Gewinn (bzw. Verlust) führt nach Inanspruchnahme eines gegebenenfalls vorhandenen Verlustabzuges (§§ 8 I KStG, 10d EStG; Begrenzung: § 8 IV/V KStG) zum *Einkommen*. Das Einkommen kann sich im Fall einer *Organschaft* gemäß §§ 14–19 KStG durch Zurechnung des Einkommens der Organgesellschaft erhöhen oder vermindern. Eine Kürzung des Einkommens erfolgt für „kleinere Körperschaften" und für Land- und Forstwirtschaft betreibende Genossenschaften und Vereine nach Maßgabe der §§ 24, 25 KStG. Das hiernach ermittelte zu *versteuernde Einkommen* ist die Bemessungsgrundlage des KStG (§§ 7 II, 23 I).

Der allgemeine Körperschaftsteuersatz beträgt 50 v. H. des zu versteuernden Einkommens (§ 23 I KStG). Um die Zweifachbelastung des ausgeschütteten Gewinns – Besteuerung zunächst bei der Gesellschaft, dann mittels der Einkommensteuer [1.1] bei den Anteilseignern – zu vermeiden, gewährt § 36 II Nr. 3 EStG [1.1] die Anrechnung der auf dem ausgeschütteten Gewinn ruhenden Körperschaftsteuerbelastung von 36 v. H. (= *Ausschüttungsbelastung*). Um die einheitliche Belastung der Ausschüttung mit 36 v. H. herzustellen, wird in einer Nebenrechnung gemäß § 47 KStG nach den Vorschriften der §§ 28–38 KStG die *Tarifbelastung* des für die Ausschüttung „verwendbaren Eigenkapitals" berechnet. Die Differenz zwischen Tarifbelastung und Ausschüttungsbelastung stellt sich für die Körperschaft als eine *Steuererhöhung* oder *Steuerminderung* dar (§ 27 I KStG); nach der hiernach für 1991/1992 festgesetzten positiven Körperschaftsteuer bemißt sich der Solidaritätszuschlag. Auf diese Weise erhält der Anteilseigner neben der von der Gesellschaft gezahlten Bardividende zusätzlich die gemäß § 36 II Nr. 3 EStG [1.1] anzurechnende Körperschaftsteuer, die im Regelfall zu seinen Einkünften aus Kapitalvermögen gemäß § 20 I Nr. 3 EStG gehört. Soweit der Stpfl. nicht zur Einkommensteuer veranlagt wird (vgl. § 46 EStG), wird dem Stpfl. die Körperschaftsteuer vergütet (§§ 36b–36e EStG). Für Körperschaften in den neuen Bundesländern, die ab dem 1. 1. 1991 grundsätzlich dem KStG, insbesondere dem Anrechnungsverfahren zu unterwerfen sind, sieht § 54a KStG Übergangsvorschriften vor, die in ihrer Komplexität schwerwiegende Umstellungsprobleme für die Unternehmen in den neuen Bundesländern hervorrufen werden.

Das folgende vereinfachte *Beispiel* verdeutlicht die Wirkungsweise des Anrechnungsverfahrens:

# Einführung

1   Kapitalgesellschaft

| | |
|---|---:|
| 1.1  Gewinn vor Körperschaftsteuer | 100 |
| 1.2  Körperschaftsteuer bei Vollausschüttung | <u>36</u> |
| 1.3  Ausschüttung | 64 |
| 1.4  Kapitalertragsteuer (25 v. H.) | <u>16</u> |
| 1.5  Bardividende | 48 |

2   Anteilseigner

| | | |
|---|---:|---:|
| 2.1  zu versteuerndes (Teil-)Einkommen | | |
|     – Bardividende | 48 | |
|     – Kapitalertragsteuer | 16 | |
|     – Körperschaftsteuer | <u>36</u> | 100 |
| 2.2  Einkommensteuer | | |
|     (angenommener Steuersatz 40 v. H.) | | 40 |
| 2.3  Anrechnung | | |
|     – Kapitalertragsteuer | 16 | |
|     – Körperschaftsteuer | <u>36</u> | <u>52</u> |
| 2.4  Erstattung | | <u>12</u> |

Hinsichtlich der *verfahrensmäßigen Behandlung* nimmt das KStG in seinem § 49 I weitgehend auf die entsprechenden Vorschriften des EStG Bezug; dies gilt auch für die nach der veranlagten Körperschaftsteuer bemessenen Zuschlagsteuer (wie z. B. dem Solidaritätszuschlag). Demnach sind auf die Körperschaftsteuerschuld die Vorauszahlungen, bestimmte durch Abzug einbehaltene Kapitalertragsteuern sowie die ausländischen Körperschaftsteuern (§ 26 KStG) anzurechnen.

## Körperschaftsteuerermittlung und -veranlagung[1,2]

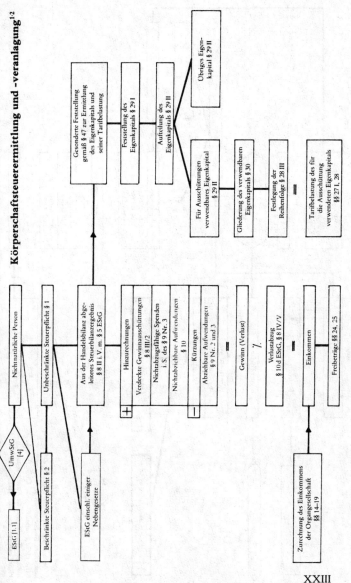

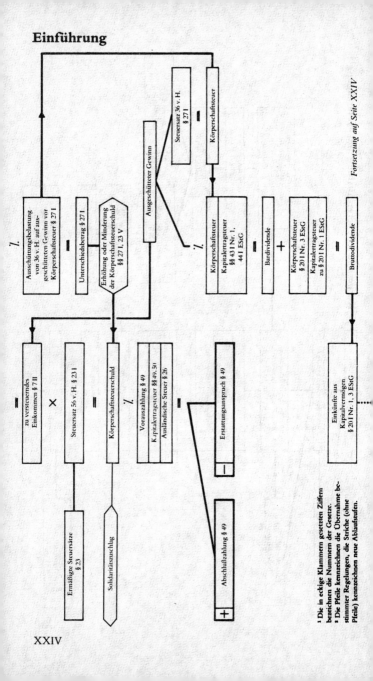

Fortsetzung auf Seite XXIV

¹ Die in eckige Klammern gesetzten Ziffern bezeichnen die Nummern der Gesetze.
² Die Pfeile kennzeichnen die Übernahme bestimmter Regelungen, die Striche (ohne Pfeile) kennzeichnen neue Ablaufstufen.

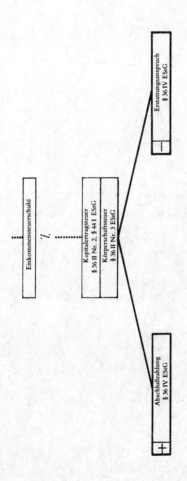

# Vor 1.1. Vertrag zwischen der Bundesrepublik Deutschland und der Deutschen Demokratischen Republik über die Herstellung der Einheit Deutschlands
## – Einigungsvertrag –

Vom 31. August 1990

(BGBl. II S. 889)

– Auszug –

## Kapitel I. Wirkung des Beitritts

**Art. 1. Länder.** (1) [1]Mit dem Wirksamwerden des Beitritts der Deutschen Demokratischen Republik zur Bundesrepublik Deutschland gemäß Artikel 23 des Grundgesetzes am 3. Oktober 1990 werden die Länder Brandenburg, Mecklenburg-Vorpommern, Sachsen, Sachsen-Anhalt und Thüringen Länder der Bundesrepublik Deutschland. [2]Für die Bildung und die Grenzen dieser Länder untereinander sind die Bestimmungen des Verfassungsgesetzes zur Bildung von Ländern in der Deutschen Demokratischen Republik vom 22. Juli 1990 – Ländereinführungsgesetz – (GBl. I Nr. 51 S. 955) gemäß Anlage II maßgebend.

(2) Die 23 Bezirke von Berlin bilden das Land Berlin.

**Art. 2. Hauptstadt, Tag der Deutschen Einheit.** (1) [1]Hauptstadt Deutschlands ist Berlin. [2]Die Frage des Sitzes von Parlament und Regierung wird nach der Herstellung der Einheit Deutschlands entschieden.

(2) Der 3. Oktober ist als Tag der Deutschen Einheit gesetzlicher Feiertag.

## Kapitel II. Grundgesetz

**Art. 3. Inkrafttreten des Grundgesetzes.** Mit dem Wirksamwerden des Beitritts tritt das Grundgesetz für die Bundesrepublik Deutschland in der im Bundesgesetzblatt Teil III, Gliederungsnummer 100-1, veröffentlichten bereinigten Fassung, zuletzt geändert durch Gesetz vom 21. Dezember 1983 (BGBl. I S. 1481), in den Ländern Brandenburg, Mecklenburg-Vorpommern, Sachsen, Sachsen-Anhalt und Thüringen sowie in dem Teil des Landes Berlin, in dem es bisher nicht galt, mit den sich aus Artikel 4 ergebenden Änderungen in Kraft, soweit in diesem Vertrag nichts anderes bestimmt ist.

. . .

**Art. 7. Finanzverfassung.**

. . .

## Kapitel III. Rechtsangleichung

**Art. 8. Überleitung von Bundesrecht.** Mit dem Wirksamwerden des
Beitritts tritt in dem in Artikel 3 genannten Gebiet Bundesrecht in Kraft,
soweit es nicht in seinem Geltungsbereich auf bestimmte Länder oder
Landesteile der Bundesrepublik Deutschland beschränkt ist und soweit
durch diesen Vertrag, insbesondere dessen Anlage I, nichts anderes bestimmt wird.

**Art. 9. Fortgeltendes Recht der Deutschen Demokratischen Repu-
blik.** (1) [1]Das im Zeitpunkt der Unterzeichnung dieses Vertrags geltende
Recht der Deutschen Demokratischen Republik, das nach der Kompe-
tenzordnung des Grundgesetzes Landesrecht ist, bleibt in Kraft, soweit es
mit dem Grundgesetz ohne Berücksichtigung des Artikels 143, mit in
dem in Artikel 3 genannten Gebiet in Kraft gesetztem Bundesrecht sowie
mit dem unmittelbar geltenden Recht der Europäischen Gemeinschaften
vereinbar ist und soweit in diesem Vertrag nichts anderes bestimmt wird.
[2]Recht der Deutschen Demokratischen Republik, das nach der Kompe-
tenzordnung des Grundgesetzes Bundesrecht ist und das nicht bundesein-
heitlich geregelte Gegenstände betrifft, gilt unter den Voraussetzungen
des Satzes 1 bis zu einer Regelung durch den Bundesgesetzgeber als
Landesrecht fort.

(2) Das in Anlage II aufgeführte Recht der Deutschen Demokratischen
Republik bleibt mit den dort genannten Maßgaben in Kraft, soweit es
mit dem Grundgesetz unter Berücksichtigung dieses Vertrags sowie mit
dem unmittelbar geltenden Recht der Europäischen Gemeinschaften vereinbar ist.

(3) [1]Nach Unterzeichnung dieses Vertrags erlassenes Recht der Deutschen Demokratischen Republik bleibt in Kraft, sofern es zwischen den
Vertragsparteien vereinbart wird. [2]Absatz 2 bleibt unberührt.

(4) [1]Soweit nach den Absätzen 2 und 3 fortgeltendes Recht Gegenstände der ausschließlichen Gesetzgebung des Bundes betrifft, gilt es als Bundesrecht fort. [2]Soweit es Gegenstände der konkurrierenden Gesetzgebung oder der Rahmengesetzgebung betrifft, gilt es als Bundesrecht fort,
wenn und soweit es sich auf Sachgebiete bezieht, die im übrigen Geltungsbereich des Grundgesetzes bundesrechtlich geregelt sind.

(5) Das gemäß Anlage II von der Deutschen Demokratischen Republik
erlassene Kirchensteuerrecht gilt in den in Artikel 1 Abs. 1 genannten
Ländern als Landesrecht fort.

**Art. 10. Recht der Europäischen Gemeinschaften.**
. . .

## Kapitel IV. Völkerrechtliche Verträge und
## Vereinbarungen

. . .

## Kapitel V. Öffentliche Verwaltung und Rechtspflege

. . .

**Art. 18. Fortgeltung gerichtlicher Entscheidungen.** (1) [1]Vor dem Wirksamwerden des Beitritts ergangene Entscheidungen der Gerichte der Deutschen Demokratischen Republik bleiben wirksam und können nach Maßgabe des gemäß Artikel 8 in Kraft gesetzten oder des gemäß Artikel 9 fortgeltenden Rechts vollstreckt werden. [2]Nach diesem Recht richtet sich auch eine Überprüfung der Vereinbarkeit von Entscheidungen und ihrer Vollstreckung mit rechtsstaatlichen Grundsätzen. [3]Artikel 17 bleibt unberührt.

(2) Den durch ein Strafgericht der Deutschen Demokratischen Republik Verurteilten wird durch diesen Vertrag nach Maßgabe der Anlage I ein eigenes Recht eingeräumt, eine gerichtliche Kassation rechtskräftiger Entscheidungen herbeizuführen.

**Art. 19. Fortgeltung von Entscheidungen der öffentlichen Verwaltung.** [1]Vor dem Wirksamwerden des Beitritts ergangene Verwaltungsakte der Deutschen Demokratischen Republik bleiben wirksam. [2]Sie können aufgehoben werden, wenn sie mit rechtsstaatlichen Grundsätzen oder mit den Regelungen dieses Vertrags unvereinbar sind. [3]Im übrigen bleiben die Vorschriften über die Bestandskraft von Verwaltungsakten unberührt.

. . .

## Kapitel IX. Übergangs- und Schlußbestimmungen

. . .

**Art. 45. Inkrafttreten des Vertrags.** (1) Dieser Vertrag einschließlich des anliegenden Protokolls und der Anlagen I bis III tritt an dem Tag in Kraft, an dem die Regierungen der Bundesrepublik Deutschland und der Deutschen Demokratischen Republik einander mitgeteilt haben, daß die erforderlichen innerstaatlichen Voraussetzungen für das Inkrafttreten erfüllt sind.[1]

(2) Der Vertrag bleibt nach Wirksamwerden des Beitritts als Bundesrecht geltendes Recht.

---

[1] In Kraft getreten am 29. September 1990 (BGBl. II S. 1360).

# Anlage I
– Auszug –

## Kapitel IV. Geschäftsbereich des Bundesministers der Finanzen

### Sachgebiet B: Haushalts- und Finanzwesen

#### Abschnitt II

Bundesrecht wird wie folgt aufgehoben, geändert oder ergänzt:
...

**14.** Besitz- und Verkehrsteuern

– Inkrafttreten und allgemeine Anwendungsvorschriften –

(1) [1]Das Recht der Bundesrepublik Deutschland auf folgenden Gebieten tritt in dem in Artikel 3 des Vertrages genannten Gebiet am 1. Januar 1991 in Kraft:

1. das Recht der Besitz- und Verkehrsteuern einschließlich der Einfuhrumsatzsteuer,

2. das Recht der Zulagen und Prämien, auf die Abgabenrecht Anwendung findet,

3. das Rennwett- und Lotterierecht sowie die bundesrechtlichen Regelungen der Abgabe von Spielbanken.

[2]Für die in Satz 1 genannten Abgaben, Zulagen und Prämien, die vor dem 1. Januar 1991 entstehen, ist das bis zum 31. Dezember 1990 in dem in Artikel 3 des Vertrages genannten Gebiet geltende Recht weiter anzuwenden.

(2) Bei der Anwendung des in Absatz 1 genannten Rechts für die Zeit vor dem 1. Januar 1991 behalten die Begriffe „Inland", „Erhebungsgebiet", „inländisch", „einheimisch", „Geltungsbereich des Grundgesetzes", „Land Berlin", „Ausland", „Außengebiet", „ausländisch", „gebietsfremd" und „außengebietlich" die Bedeutung, die sie vor der Herstellung der Einheit Deutschlands in dem Staat hatten, in dessen Recht sie enthalten waren.

(3) Bei der Anwendung des in Absatz 1 genannten Rechts für die Zeit nach der Herstellung der Einheit Deutschlands ist unter der Bezeichnung „Deutsche Demokratische Republik" mit oder ohne Hinweis auf den Einschluß von Berlin (Ost) das in Artikel 3 des Vertrages genannte Gebiet und unter der Bezeichnung „Berlin (West)" der Teil des Landes Berlin, in dem das Grundgesetz schon bisher galt, zu verstehen.

(4) Absatz 1 gilt auf den dort genannten Rechtsgebieten auch für Recht, das auf völkerrechtlichen Verträgen oder Vereinbarungen beruht.

15. Vorauszahlungen zur Einkommen-, Körperschaft-, Gewerbe-, Vermögen- und Grundsteuer in dem in Artikel 3 des Vertrages genannten Gebiet

(1) [1]Bis zur Festsetzung von Vorauszahlungen durch das zuständige Finanzamt sind die zuletzt zu leistenden Abschlagzahlungen nach der Selbstberechnungsverordnung vom 27. Juni 1990 (GBl. I Nr. 41 S. 616) und der Verordnung über die Zahlung von Steuern der in Kapitalgesellschaften umgewandelten ehemaligen volkseigenen Kombinate, Betriebe und Einrichtungen im 2. Halbjahr 1990 vom 27. Juni 1990 (GBl. I Nr. 41 S. 618) als Vorauszahlungen für die Einkommen-, Körperschaft-, Gewerbe- und Vermögensteuer ab 1. Januar 1991 in derselben Höhe und zu denselben Zahlungsterminen an das zuständige Finanzamt zu entrichten, ohne daß es dazu eines Steuerbescheids und einer besonderen Aufforderung bedarf. [2]Dabei ist die bisher zusammengefaßte Abschlagzahlung nach Steuerarten aufzugliedern und der Zeitraum, für den die Steuer entrichtet wird, sowie die Steuernummer anzugeben.

(2) [1]Körperschaften im Sinne der Verordnung über die Zahlung von Steuern der in Kapitalgesellschaften umgewandelten ehemaligen volkseigenen Kombinate, Betriebe und Einrichtungen im 2. Halbjahr 1990 vom 27. Juni 1990 (GBl. I Nr. 41 S. 618) haben ab 1. Januar 1991 bis zu der Festsetzung der Grundsteuer zu den in § 28 des Grundsteuergesetzes genannten Fälligkeitstagen Vorauszahlungen auf die Grundsteuer für Betriebsgrundstücke mit Ausnahme der Mietwohngrundstücke und Einfamilienhäuser zu entrichten, ohne daß es dazu eines Steuerbescheids und einer besonderen Aufforderung bedarf. [2]Der Jahresbetrag der Vorauszahlungen beträgt 0,2 vom Hundert des Wertes, mit dem das Betriebsgrundstück in der DM-Eröffnungsbilanz angesetzt worden ist. [3]Festsetzungen der Grundsteuer, die vor dem 1. Januar 1991 für die in Satz 1 genannten Grundstücke erfolgt sind, verlieren für die Zeit ab 1. Januar 1991 ihre Wirksamkeit.

. . .

# 1.1. Einkommensteuergesetz 1990
## (EStG 1990)*·**

In der Fassung der Bekanntmachung vom 7. September 1990

(BGBl. I S. 1898, ber. BGBl. 1991 I S. 808)

Geändert durch Einigungsvertrag vom 31. August 1990 (BGBl. II S. 889, 974), Viertes Agrarsoziales Ergänzungsgesetz vom 27. September 1990 (BGBl. I S. 2110), Gesetz vom 13. Dezember 1990 (BGBl. I S. 2749), Kultur- und Stiftungsförderungsgesetz vom 13. Dezember 1990 (BGBl. I S. 2775), Steueränderungsgesetz 1991 vom 24. Juni 1991 (BGBl. I S. 1322) und Steueränderungsgesetz 1992 vom 25. Februar 1992 (BGBl. I S. 297)

**BGBl. III 611–1**

Inhaltsübersicht

### I. Steuerpflicht

§   1   Steuerpflicht

### II. Einkommen

#### 1. Sachliche Voraussetzungen für die Besteuerung

§   2   Umfang der Besteuerung, Begriffsbestimmungen
§  2a   Negative ausländische Einkünfte

#### 2. Steuerfreie Einnahmen

§   3   Steuerfreie Einnahmen
§  3a   *(aufgehoben)*
§  3b   Steuerfreiheit von Zuschlägen für Sonntags-, Feiertags- oder Nachtarbeit
§  3c   Anteilige Abzüge

#### 3. Gewinn

§   4   Gewinnbegriff im allgemeinen
§  4a   Gewinnermittlungszeitraum, Wirtschaftsjahr
§  4b   Direktversicherung
§  4c   Zuwendungen an Pensionskassen
§  4d   Zuwendungen an Unterstützungskassen
§   5   Gewinn bei Vollkaufleuten und bei bestimmten anderen Gewerbetreibenden
§   6   Bewertung
§  6a   Pensionsrückstellung
§  6b   Gewinn aus der Veräußerung bestimmter Anlagegüter
§  6c   Gewinn aus der Veräußerung von Grund und Boden, Gebäuden sowie von Aufwuchs auf oder Anlagen im Grund und Boden bei der Ermittlung des Gewinns nach § 4 Abs. 3 oder nach Durchschnittssätzen
§  6d   Befristete Rücklage bei Erwerb von Betrieben, deren Fortbestand gefährdet ist
§   7   Absetzung für Abnutzung oder Substanzverringerung
§  7a   Gemeinsame Vorschriften für erhöhte Absetzungen und Sonderabschreibungen

---

\* **Zur Anwendung im einzelnen siehe § 52.**
\*\* **Das Gesetz tritt im Gebiet der ehem. DDR am 1. 1. 1991 in Kraft** (vgl. Anl. I Kap. IV Sachgebiet B Abschn. II Nr. 14 des Einigungsvertrags, – abgedruckt vor **1.1.** –); **zur Anwendung siehe auch §§ 56ff.**

§ 7b Erhöhte Absetzungen für Einfamilienhäuser, Zweifamilienhäuser und Eigentumswohnungen

§ 7c Erhöhte Absetzungen für Baumaßnahmen an Gebäuden zur Schaffung neuer Mietwohnungen

§ 7d Erhöhte Absetzungen für Wirtschaftsgüter, die dem Umweltschutz dienen

§ 7e Bewertungsfreiheit für Fabrikgebäude, Lagerhäuser und landwirtschaftliche Betriebsgebäude

§ 7f Bewertungsfreiheit für abnutzbare Wirtschaftsgüter des Anlagevermögens privater Krankenhäuser

§ 7g Sonderabschreibungen zur Förderung kleiner und mittlerer Betriebe

§ 7h Erhöhte Absetzungen bei Gebäuden in Sanierungsgebieten und städtebaulichen Entwicklungsbereichen

§ 7i Erhöhte Absetzungen bei Baudenkmalen

§ 7k Erhöhte Absetzungen für Wohnungen mit Sozialbindung

### 4. Überschuß der Einnahmen über die Werbungskosten

§ 8 Einnahmen

§ 9 Werbungskosten

§ 9a Pauschbeträge für Werbungskosten

### 4a. Umsatzsteuerrechtlicher Vorsteuerabzug

§ 9b Umsatzsteuerrechtlicher Vorsteuerabzug

### 5. Sonderausgaben

§ 10 Sonderausgaben

§ 10a Steuerbegünstigung des nicht entnommenen Gewinns

§ 10b Steuerbegünstigte Zwecke

§ 10c Sonderausgaben-Pauschbetrag, Vorsorgepauschale

§ 10d Verlustabzug

§ 10e Steuerbegünstigung der zu eigenen Wohnzwecken genutzten Wohnung im eigenen Haus

§ 10f Steuerbegünstigung für zu eigenen Wohnzwecken genutzte Baudenkmale und Gebäude in Sanierungsgebieten und städtebaulichen Entwicklungsbereichen

§ 10g Steuerbegünstigung für schutzwürdige Kulturgüter, die weder zur Einkunftserzielung noch zu eigenen Wohnzwecken genutzt werden

§ 10h Steuerbegünstigung der unentgeltlich zu Wohnzwecken überlassenen Wohnung im eigenen Haus

### 6. Vereinnahmung und Verausgabung

§ 11 Vereinnahmung und Verausgabung

§ 11a Sonderbehandlung von Erhaltungsaufwand bei Gebäuden in Sanierungsgebieten und städtebaulichen Entwicklungsbereichen

§ 11b Sonderbehandlung von Erhaltungsaufwand bei Baudenkmalen

### 7. Nicht abzugsfähige Ausgaben

§ 12 Nicht abzugsfähige Ausgaben

### 8. Die einzelnen Einkunftsarten

#### a) Land- und Forstwirtschaft

§ 13 Einkünfte aus Land- und Forstwirtschaft

§ 13a Ermittlung des Gewinns aus Land- und Forstwirtschaft nach Durchschnittssätzen

§ 14 Veräußerung des Betriebs

§ 14a Vergünstigungen bei der Veräußerung bestimmter land- und forstwirtschaftlicher Betriebe

#### b) Gewerbebetrieb

§ 15 Einkünfte aus Gewerbebetrieb

§ 15a Verluste bei beschränkter Haftung

§ 16    Veräußerung des Betriebs
§ 17    Veräußerung von Anteilen an Kapitalgesellschaften bei wesentlicher Beteiligung

**c) Selbständige Arbeit**
§ 18    Selbständige Arbeit

**d) Nichtselbständige Arbeit**
§ 19    Nichtselbständige Arbeit
§ 19a   Überlassung von Vermögensbeteiligungen an Arbeitnehmer

**e) Kapitalvermögen**
§ 20    Kapitalvermögen

**f) Vermietung und Verpachtung**
§ 21    Vermietung und Verpachtung
§ 21a   Pauschalierung des Nutzungswerts der selbstgenutzten Wohnung im eigenen Haus

**g) Sonstige Einkünfte**
§ 22    Arten der sonstigen Einkünfte
§ 23    Spekulationsgeschäfte

**h) Gemeinsame Vorschriften**
§ 24    Gemeinsame Vorschriften
§ 24a   Altersentlastungsbetrag
§ 24b   Ausbildungsplatz-Abzugsbetrag


### III. Veranlagung

§ 25    Veranlagungszeitraum, Steuererklärungspflicht
§ 26    Veranlagung von Ehegatten
§ 26a   Getrennte Veranlagung von Ehegatten
§ 26b   Zusammenveranlagung von Ehegatten
§ 26c   Besondere Veranlagung für den Veranlagungszeitraum der Eheschließung
§ 27    *(weggefallen)*
§ 28    Besteuerung bei fortgesetzter Gütergemeinschaft
§§ 29 bis 31 *(weggefallen)*


### IV. Tarif

§ 32    Kinder, Kinderfreibetrag, Sonderfreibeträge
§ 32a   Einkommensteuertarif
§ 32b   Progressionsvorbehalt
§ 33    Außergewöhnliche Belastungen
§ 33a   Außergewöhnliche Belastung in besonderen Fällen
§ 33b   Pauschbeträge für Behinderte, Hinterbliebene und Pflegepersonen
§ 33c   Kinderbetreuungskosten
§ 34    Außerordentliche Einkünfte
§ 34a   *(weggefallen)*
§ 34b   Steuersätze bei außerordentlichen Einkünften aus Forstwirtschaft


### V. Steuerermäßigungen

**1. Steuerermäßigung bei ausländischen Einkünften**

§ 34c   Steuerermäßigung bei ausländischen Einkünften
§ 34d   Ausländische Einkünfte

**2. Steuerermäßigung bei Einkünften aus Land- und Forstwirtschaft**

§ 34e   Steuerermäßigung bei Einkünften aus Land- und Forstwirtschaft

**2a. Steuerermäßigung für Steuerpflichtige mit Kindern bei Inanspruchnahme erhöhter Absetzungen für Wohngebäude oder der Steuerbegünstigungen für eigengenutztes Wohneigentum**

§ 34f    Steuerermäßigung für Steuerpflichtige mit Kindern bei Inanspruchnahme erhöhter Absetzungen für Wohngebäude oder der Steuerbegünstigungen für eigengenutztes Wohneigentum

**2b. Steuerermäßigung bei Mitgliedsbeiträgen und Spenden an politische Parteien und an unabhängige Wählervereinigungen**

§ 34g    Steuerermäßigung bei Mitgliedsbeiträgen und Spenden an politische Parteien und an unabhängige Wählervereinigungen

**3. Steuerermäßigung bei Belastung mit Erbschaftsteuer**

§ 35      Steuerermäßigung bei Belastung mit Erbschaftsteuer


## VI. Steuererhebung

**1. Erhebung der Einkommensteuer**

§ 36      Entstehung und Tilgung der Einkommensteuer
§ 36a    Ausschluß der Anrechnung von Körperschaftsteuer in Sonderfällen
§ 36b    Vergütung von Körperschaftsteuer
§ 36c    Vergütung von Körperschaftsteuer auf Grund von Sammelanträgen
§ 36d    Vergütung von Körperschaftsteuer in Sonderfällen
§ 36e    Vergütung des Körperschaftsteuer-Erhöhungsbetrags an beschränkt Einkommensteuerpflichtige
§ 37      Einkommensteuer-Vorauszahlung

**2. Steuerabzug vom Arbeitslohn (Lohnsteuer)**

§ 38      Erhebung der Lohnsteuer
§ 38a    Höhe der Lohnsteuer
§ 38b    Lohnsteuerklassen
§ 38c    Lohnsteuertabellen
§ 39      Lohnsteuerkarte
§ 39a    Freibetrag beim Lohnsteuerabzug
§ 39b    Durchführung des Lohnsteuerabzugs für unbeschränkt einkommensteuerpflichtige Arbeitnehmer
§ 39c    Durchführung des Lohnsteuerabzugs ohne Lohnsteuerkarte
§ 39d    Durchführung des Lohnsteuerabzugs für beschränkt einkommensteuerpflichtige Arbeitnehmer
§ 40      Pauschalierung der Lohnsteuer in besonderen Fällen
§ 40a    Pauschalierung der Lohnsteuer für Teilzeitbeschäftigte
§ 40b    Pauschalierung der Lohnsteuer bei bestimmten Zukunftssicherungsleistungen
§ 41      Aufzeichnungspflichten beim Lohnsteuerabzug
§ 41a    Anmeldung und Abführung der Lohnsteuer
§ 41b    Abschluß des Lohnsteuerabzugs
§ 41c    Änderung des Lohnsteuerabzugs
§ 42      *(aufgehoben)*
§ 42a    *(aufgehoben)*
§ 42b    Lohnsteuer-Jahresausgleich durch den Arbeitgeber
§ 42c    *(aufgehoben)*
§ 42d    Haftung des Arbeitgebers und Haftung bei Arbeitnehmerüberlassung
§ 42e    Anrufungsauskunft
§ 42f    Lohnsteuer-Außenprüfung

**3. Steuerabzug vom Kapitalertrag (Kapitalertragsteuer)**

§ 43      Kapitalerträge mit Steuerabzug
§ 43a    Bemessung der Kapitalertragsteuer
§ 44      Entrichtung der Kapitalertragsteuer in den Fällen des § 43 Abs. 1 Nr. 1 bis 5

§ 44a Abstandnahme vom Steuerabzug
§ 44b Erstattung der Kapitalertragsteuer
§ 44c Erstattung von Kapitalertragsteuer an bestimmte Körperschaften, Personenvereinigungen und Vermögensmassen
§ 44d Bemessung der Kapitalertragsteuer bei bestimmten Kapitalgesellschaften
§ 45 Ausschluß der Erstattung von Kapitalertragsteuer
§ 45a Anmeldung und Bescheinigung der Kapitalertragsteuer in den Fällen des § 43 Abs. 1 Nr. 1 bis 5
§ 45b Besondere Behandlung von Kapitalerträgen im Sinne des § 43 Abs. 1 Nr. 5
§ 45c Entrichtung der Kapitalertragsteuer in den Fällen des § 43 Abs. 1 Nr. 6

**4. Veranlagung von Steuerpflichtigen mit steuerabzugspflichtigen Einkünften**

§ 46 Veranlagung bei Bezug von Einkünften aus nichtselbständiger Arbeit
§§ 46a bis 48 *(weggefallen)*

**VII.** *(weggefallen)*

**VIII. Besteuerung beschränkt Steuerpflichtiger**

§ 49 Beschränkt steuerpflichtige Einkünfte
§ 50 Sondervorschriften für beschränkt Steuerpflichtige
§ 50a Steuerabzug bei beschränkt Steuerpflichtigen

**IX. Sonstige Vorschriften. Ermächtigungs- und Schlußvorschriften**

§ 50b Prüfungsrecht
§ 50c Wertminderung von Anteilen durch Gewinnausschüttungen
§ 50d Besonderheiten im Fall von Doppelbesteuerungsabkommen
§ 51 Ermächtigung
§ 51a Festsetzung und Erhebung von Zuschlagsteuern
§ 52 Anwendungsvorschriften
§ 52a *(weggefallen)*
§ 53 Anwendung des § 33a Abs. 1 für die Veranlagungszeiträume 1988 und 1989
§ 53a Schlußvorschrift zu § 33a Abs. 3 EStG 1981 (Sondervorschrift zum Abzug von Aufwendungen für Dienstleistungen zur Beaufsichtigung oder Betreuung eines Kindes)
§ 53b *(weggefallen)*
§ 54 Schlußvorschrift (Sondervorschrift zum Abzug des Kinderfreibetrags für die Veranlagungszeiträume 1983 bis 1985)
§ 55 Schlußvorschriften (Sondervorschriften für die Gewinnermittlung nach § 4 oder nach Durchschnittssätzen bei vor dem 1. Juli 1970 angeschafftem Grund und Boden)
§ 56 Sondervorschriften für Steuerpflichtige in dem in Artikel 3 des Einigungsvertrages genannten Gebiet
§ 57 Besondere Anwendungsregeln aus Anlaß der Herstellung der Einheit Deutschlands
§ 58 Weitere Anwendung von Rechtsvorschriften, die vor Herstellung der Einheit Deutschlands in dem in Artikel 3 des Einigungsvertrages genannten Gebiet gegolten haben
§ 59 Überleitungsregelungen für den Lohnsteuerabzug für Arbeitnehmer und Arbeitgeber in dem in Artikel 3 des Einigungsvertrages genannten Gebiet
§ 60 Tariffreibetrag im Lohnsteuerverfahren

# I. Steuerpflicht

**§ 1.** (1) [1]Natürliche Personen, die im Inland einen Wohnsitz oder ihren gewöhnlichen Aufenthalt haben, sind unbeschränkt einkommensteuerpflichtig. [2]Zum Inland im Sinne dieses Gesetzes gehört auch der der Bundesrepublik Deutschland zustehende Anteil am Festlandsockel, soweit dort Naturschätze des Meeresgrundes und des Meeresuntergrundes erforscht oder ausgebeutet werden.

(2) [1]Unbeschränkt einkommensteuerpflichtig sind auch deutsche Staatsangehörige, die

1. im Inland weder einen Wohnsitz noch ihren gewöhnlichen Aufenthalt haben und

2. zu einer inländischen juristischen Person des öffentlichen Rechts in einem Dienstverhältnis stehen und dafür Arbeitslohn aus einer inländischen öffentlichen Kasse beziehen,

sowie zu ihrem Haushalt gehörende Angehörige, die die deutsche Staatsangehörigkeit besitzen oder keine Einkünfte oder nur Einkünfte beziehen, die ausschließlich im Inland einkommensteuerpflichtig sind. [2]Dies gilt nur für natürliche Personen, die in dem Staat, in dem sie ihren Wohnsitz oder ihren gewöhnlichen Aufenthalt haben, lediglich in einem der beschränkten Einkommensteuerpflicht ähnlichen Umfang zu einer Steuer vom Einkommen herangezogen werden.

(3) [1]Als unbeschränkt einkommensteuerpflichtig gelten auch deutsche Staatsangehörige, die die Voraussetzungen des Absatzes 2 Nr. 1 und 2 erfüllen, sowie ihr nicht dauernd getrennt lebender Ehegatte, wenn die Steuerpflichtigen allein oder zusammen mit ihrem Ehegatten im Ausland einkommensteuerpflichtige Einnahmen von nicht mehr als 5000 Deutsche Mark im Veranlagungszeitraum beziehen. [2]Satz 1 ist entsprechend anzuwenden bei Empfängern von Versorgungsbezügen im Sinne des § 19 Abs. 2 Satz 2 Nr. 1, soweit dafür nicht nach einem Abkommen zur Vermeidung der Doppelbesteuerung das Besteuerungsrecht dem ausländischen Staat zusteht, in dem der Steuerpflichtige seinen Wohnsitz hat. [3]In den Fällen der Sätze 1 und 2 ist § 32 Abs. 2 für zum Haushalt des Steuerpflichtigen gehörende Kinder nicht anzuwenden.

(4) Natürliche Personen, die im Inland weder einen Wohnsitz noch ihren gewöhnlichen Aufenthalt haben, sind vorbehaltlich der Absätze 2 und 3 beschränkt einkommensteuerpflichtig, wenn sie inländische Einkünfte im Sinne des § 49 haben.

# II. Einkommen

## 1. Sachliche Voraussetzungen für die Besteuerung

**§ 2. Umfang der Besteuerung, Begriffsbestimmungen.** (1) [1]Der Einkommensteuer unterliegen

1. Einkünfte aus Land- und Forstwirtschaft,

2. Einkünfte aus Gewerbebetrieb,

3. Einkünfte aus selbständiger Arbeit,

4. Einkünfte aus nichtselbständiger Arbeit,

5. Einkünfte aus Kapitalvermögen,

6. Einkünfte aus Vermietung und Verpachtung,

7. sonstige Einkünfte im Sinne des § 22,

die der Steuerpflichtige während seiner unbeschränkten Einkommensteuerpflicht oder als inländische Einkünfte während seiner beschränkten Einkommensteuerpflicht erzielt. [2]Zu welcher Einkunftsart die Einkünfte im einzelnen Fall gehören, bestimmt sich nach den §§ 13 bis 24.

(2) Einkünfte sind

1. bei Land- und Forstwirtschaft, Gewerbebetrieb und selbständiger Arbeit der Gewinn (§§ 4 bis 7g),

2. bei den anderen Einkunftsarten der Überschuß der Einnahmen über die Werbungskosten (§§ 8 bis 9a).

(3) Die Summe der Einkünfte, vermindert um den Altersentlastungsbetrag und den Abzug nach § 13 Abs. 3, ist der Gesamtbetrag der Einkünfte.

(4) Der Gesamtbetrag der Einkünfte, vermindert um die Sonderausgaben und die außergewöhnlichen Belastungen, ist das Einkommen.

(5) Das Einkommen, vermindert um den Kinderfreibetrag nach § 32 Abs. 6, den Haushaltsfreibetrag nach § 32 Abs. 7 und um die sonstigen vom Einkommen abzuziehenden Beträge, ist das zu versteuernde Einkommen; dieses bildet die Bemessungsgrundlage für die tarifliche Einkommensteuer.

(6) Die tarifliche Einkommensteuer, vermindert um die Steuerermäßigungen, ist die festzusetzende Einkommensteuer.

(7) [1]Die Einkommensteuer ist eine Jahressteuer. [2]Die Grundlagen für ihre Festsetzung sind jeweils für ein Kalenderjahr zu ermitteln. [3]Besteht die unbeschränkte oder beschränkte Einkommensteuerpflicht nicht jeweils während eines ganzen Kalenderjahrs, so tritt an die Stelle des Kalenderjahrs der Zeitraum der jeweiligen Einkommensteuerpflicht.

**§ 2a. Negative ausländische Einkünfte.** (1) [1]Negative Einkünfte

1. aus einer in einem ausländischen Staat belegenen land- und forstwirtschaftlichen Betriebsstätte,

2. aus einer in einem ausländischen Staat belegenen gewerblichen Betriebsstätte,

3. a) aus dem Ansatz des niedrigeren Teilwerts eines zu einem Betriebsvermögen gehörenden Anteils an einer Körperschaft, die weder ihre Geschäftsleitung noch ihren Sitz im Inland hat (ausländische Körperschaft), oder

b) aus der Veräußerung oder Entnahme eines zu einem Betriebsvermögen gehörenden Anteils an einer ausländischen Körperschaft oder aus der Auflösung oder Herabsetzung des Kapitals einer ausländischen Körperschaft,

4. in den Fällen des § 17 bei einem Anteil an einer Kapitalgesellschaft, die weder ihre Geschäftsleitung noch ihren Sitz im Inland hat,
5. aus der Beteiligung an einem Handelsgewerbe als stiller Gesellschafter und aus partiarischen Darlehen, wenn der Schuldner Wohnsitz, Sitz oder Geschäftsleitung in einem ausländischen Staat hat,

6. a) aus der Vermietung oder der Verpachtung von unbeweglichem Vermögen oder von Sachinbegriffen, wenn diese in einem ausländischen Staat belegen sind, oder
   b) aus der Vermietung oder der Verpachtung von Schiffen, wenn diese Einkünfte nicht tatsächlich der inländischen Besteuerung unterliegen, oder
   c) aus dem Ansatz des niedrigeren Teilwerts oder der Übertragung eines zu einem Betriebsvermögen gehörenden Wirtschaftsguts im Sinne der Buchstaben a und b,

7. a) aus dem Ansatz des niedrigeren Teilwerts, der Veräußerung oder Entnahme eines zu einem Betriebsvermögen gehörenden Anteils an
   b) aus der Auflösung oder Herabsetzung des Kapitals,
   c) in den Fällen des § 17 bei einem Anteil an
   einer Körperschaft mit Sitz oder Geschäftsleitung im Inland, soweit die negativen Einkünfte auf einen der in den Nummern 1 bis 6 genannten Tatbestände zurückzuführen sind,

dürfen nur mit positiven Einkünften der jeweils selben Art aus demselben Staat, in den Fällen der Nummer 7 auf Grund von Tatbeständen der jeweils selben Art aus demselben Staat, ausgeglichen werden; sie dürfen auch nicht nach § 10d abgezogen werden. [2]Den negativen Einkünften sind Gewinnminderungen gleichgestellt. [3]Soweit die negativen Einkünfte nicht nach Satz 1 ausgeglichen werden können, mindern sie die positiven Einkünfte der jeweils selben Art, die der Steuerpflichtige in den folgenden Veranlagungszeiträumen aus demselben Staat, in den Fällen der Nummer 7 auf Grund von Tatbeständen der jeweils selben Art aus demselben Staat, erzielt. [4]Die Minderung ist nur insoweit zulässig, als die negativen Einkünfte in den vorangegangenen Veranlagungszeiträumen nicht berücksichtigt werden konnten (verbleibende negative Einkünfte). [5]Die am Schluß eines Veranlagungszeitraums verbleibenden negativen Einkünfte sind gesondert festzustellen; § 10d Abs. 3 gilt sinngemäß.

(2) [1]Absatz 1 Nr. 2 ist nicht anzuwenden, wenn der Steuerpflichtige nachweist, daß die negativen Einkünfte aus einer gewerblichen Betriebsstätte im Ausland stammen, die ausschließlich oder fast ausschließlich die Herstellung oder Lieferung von Waren, außer Waffen, die Gewinnung von Bodenschätzen sowie die Bewirkung gewerblicher Leistungen zum Gegenstand hat, soweit diese nicht in der Errichtung oder dem Betrieb von Anlagen, die dem Fremdenverkehr dienen, oder in der Vermietung oder der Verpachtung von Wirtschaftsgütern einschließlich der Überlassung von Rechten, Plänen, Mustern, Verfahren, Erfahrungen und Kenntnissen bestehen; das unmittelbare Halten einer Beteiligung von mindestens einem Viertel am Nennkapital einer Kapitalgesellschaft, die ausschließlich oder fast ausschließlich die vorgenannten Tätigkeiten zum

Gegenstand hat, sowie die mit dem Halten der Beteiligung in Zusammenhang stehende Finanzierung gilt als Bewirkung gewerblicher Leistungen, wenn die Kapitalgesellschaft weder ihre Geschäftsleitung noch ihren Sitz im Inland hat. [2]Absatz 1 Nr. 3 und 4 ist nicht anzuwenden, wenn der Steuerpflichtige nachweist, daß die in Satz 1 genannten Voraussetzungen bei der Körperschaft entweder seit ihrer Gründung oder während der letzten fünf Jahre vor und in dem Veranlagungszeitraum vorgelegen haben, in dem die negativen Einkünfte bezogen werden.

(3)[1] [1]Sind nach einem Abkommen zur Vermeidung der Doppelbesteuerung bei einem unbeschränkt Steuerpflichtigen aus einer in einem ausländischen Staat belegenen Betriebsstätte stammende Einkünfte aus gewerblicher Tätigkeit von der Einkommensteuer zu befreien, so ist auf Antrag des Steuerpflichtigen ein Verlust, der sich nach den Vorschriften des inländischen Steuerrechts bei diesen Einkünften ergibt, bei der Ermittlung des Gesamtbetrags der Einkünfte abzuziehen, soweit er vom Steuerpflichtigen ausgeglichen oder abgezogen werden könnte, wenn die Einkünfte nicht von der Einkommensteuer zu befreien wären, und soweit er nach diesem Abkommen zu befreiende positive Einkünfte aus gewerblicher Tätigkeit aus anderen in diesem ausländischen Staat belegenen Betriebsstätten übersteigt. [2]Soweit der Verlust dabei nicht ausgeglichen wird, ist bei Vorliegen der Voraussetzungen des § 10d der Verlustabzug zulässig. [3]Der nach den Sätzen 1 und 2 abgezogene Betrag ist, soweit sich in einem der folgenden Veranlagungszeiträume bei den nach diesem Abkommen zu befreienden Einkünften aus gewerblicher Tätigkeit aus in diesem ausländischen Staat belegenen Betriebsstätten insgesamt ein positiver Betrag ergibt, in dem betreffenden Veranlagungszeitraum bei der Ermittlung des Gesamtbetrags der Einkünfte wieder hinzuzurechnen. [4]Satz 3 ist nicht anzuwenden, wenn der Steuerpflichtige nachweist, daß nach den für ihn geltenden Vorschriften des ausländischen Staates ein Abzug von Verlusten in anderen Jahren als dem Verlustjahr allgemein nicht beansprucht werden kann.

(4)[1] [1]Wird eine in einem ausländischen Staat belegene Betriebsstätte in eine Kapitalgesellschaft umgewandelt, so ist ein nach Absatz 3 Sätze 1 und 2 abgezogener Verlust, soweit er nach Absatz 3 Satz 3 nicht wieder hinzugerechnet worden ist oder nicht noch hinzuzurechnen ist, im Veranlagungszeitraum der Umwandlung in entsprechender Anwendung des Absatzes 3 Satz 3 dem Gesamtbetrag der Einkünfte hinzuzurechnen. [2]Satz 1 ist nicht anzuwenden, wenn

1. bei der umgewandelten Betriebsstätte die Voraussetzungen des Absatzes 3 Satz 4 vorgelegen haben oder

2. der Steuerpflichtige nachweist, daß die Kapitalgesellschaft nach den für sie geltenden Vorschriften einen Abzug von Verlusten der Betriebsstätte nicht beanspruchen kann.

(5) und (6) *(aufgehoben)*

---

[1] Zur Anwendung von § 2a Abs. 3 und 4 siehe § 52 Abs. 2a. Für Verluste bis einschl. VZ 1989 siehe § 2 AIG, abgedruckt im dtv-Band 5550 (Steuergesetze II).

## 2. Steuerfreie Einnahmen

**§ 3.** Steuerfrei sind

1. a) Leistungen aus einer Krankenversicherung und aus der gesetzlichen Unfallversicherung,

   b) Sachleistungen und Kinderzuschüsse aus den gesetzlichen Rentenversicherungen einschließlich der Sachleistungen nach dem Gesetz über eine Altershilfe für Landwirte,

   c) Übergangsgeld nach dem Sechsten Buch Sozialgesetzbuch und Geldleistungen nach den §§ 7, 8 des Gesetzes über eine Altershilfe für Landwirte sowie entsprechende Geldleistungen nach § 9 des genannten Gesetzes,

   d)[1] das Mutterschaftsgeld nach dem Mutterschutzgesetz, der Reichsversicherungsordnung und dem Gesetz über die Krankenversicherung der Landwirte, die Sonderunterstützung für im Familienhaushalt beschäftigte Frauen, der Zuschuß zum Mutterschaftsgeld nach dem Mutterschutzgesetz sowie der Zuschuß nach § 4a Mutterschutzverordnung oder einer entsprechenden Landesregelung;

2.[2] das Arbeitslosengeld, das Kurzarbeitergeld, das Schlechtwettergeld, die Arbeitslosenhilfe und das Unterhaltsgeld sowie die übrigen Leistungen nach dem Arbeitsförderungsgesetz und den entsprechenden Programmen des Bundes und der Länder, soweit sie Arbeitnehmern oder Arbeitsuchenden oder zur Förderung der Ausbildung oder Fortbildung der Empfänger gewährt werden, sowie Leistungen nach § 55a des Arbeitsförderungsgesetzes und Leistungen auf Grund der in § 141m Abs. 1 und § 141n Abs. 2 des Arbeitsförderungsgesetzes genannten Ansprüche;

2a. die Arbeitslosenbeihilfe und die Arbeitslosenhilfe nach dem Soldatenversorgungsgesetz;

3. Kapitalabfindungen auf Grund der gesetzlichen Rentenversicherung und auf Grund der Beamten-(Pensions-)Gesetze;

4. bei Angehörigen der Bundeswehr, des Bundesgrenzschutzes, der Bereitschaftspolizei der Länder, der Vollzugspolizei und der Berufsfeuerwehr der Länder und Gemeinden und bei Vollzugsbeamten der Kriminalpolizei des Bundes, der Länder und Gemeinden

   a) der Geldwert der ihnen aus Dienstbeständen überlassenen Dienstkleidung,

   b) Einkleidungsbeihilfen und Abnutzungsentschädigungen für die Dienstkleidung der zum Tragen oder Bereithalten von Dienstkleidung Verpflichteten und für dienstlich notwendige Kleidungsstücke der Vollzugsbeamten der Kriminalpolizei,

   c) im Einsatz gewährte Verpflegung oder Verpflegungszuschüsse,

   d) der Geldwert der freien ärztlichen Behandlung, der freien Krankenhauspflege, des freien Gebrauchs von Kur- und Heilmitteln

---

[1] Zur Anwendung von § 3 Nr. 1 Buchstabe d siehe § 52 Abs. 2b.

[2] Zur Anwendung von § 3 Nr. 2 siehe § 52 Abs. 2c.

und der freien ärztlichen Behandlung erkrankter Ehegatten und unterhaltsberechtigter Kinder;

5. die Geld- und Sachbezüge sowie die Heilfürsorge, die Soldaten auf Grund des § 1 Abs. 1 Satz 1 des Wehrsoldgesetzes und Zivildienstleistende auf Grund des § 35 des Zivildienstgesetzes erhalten;

6. Bezüge, die auf Grund gesetzlicher Vorschriften aus öffentlichen Mitteln versorgungshalber an Wehrdienstbeschädigte und Zivildienstbeschädigte oder ihre Hinterbliebenen, Kriegsbeschädigte, Kriegshinterbliebene und ihnen gleichgestellte Personen gezahlt werden, soweit es sich nicht um Bezüge handelt, die auf Grund der Dienstzeit gewährt werden;

7. Ausgleichsleistungen nach dem Lastenausgleichsgesetz, Leistungen nach dem Flüchtlingshilfegesetz in der im Bundesgesetzblatt Teil III, Gliederungsnummer 240-10, veröffentlichten bereinigten Fassung, zuletzt geändert durch Gesetz vom 24. Juni 1985 (BGBl. I S. 1144), und Leistungen nach dem Reparationsschädengesetz;

8. Geldrenten, Kapitalentschädigungen und Leistungen im Heilverfahren, die auf Grund gesetzlicher Vorschriften zur Wiedergutmachung nationalsozialistischen Unrechts gewährt werden. [2]Die Steuerpflicht von Bezügen aus einem aus Wiedergutmachungsgründen neu begründeten oder wieder begründeten Dienstverhältnis sowie von Bezügen aus einem früheren Dienstverhältnis, die aus Wiedergutmachungsgründen neu gewährt oder wieder gewährt werden, bleibt unberührt;

9. Abfindungen wegen einer vom Arbeitgeber veranlaßten oder gerichtlich ausgesprochenen Auflösung des Dienstverhältnisses, höchstens jedoch 24000 Deutsche Mark. [2]Hat der Arbeitnehmer das 50. Lebensjahr vollendet und hat das Dienstverhältnis mindestens 15 Jahre bestanden, so beträgt der Höchstbetrag 30000 Deutsche Mark, hat der Arbeitnehmer das 55. Lebensjahr vollendet und hat das Dienstverhältnis mindestens 20 Jahre bestanden, so beträgt der Höchstbetrag 36000 Deutsche Mark;

10. Übergangsgelder und Übergangsbeihilfen auf Grund gesetzlicher Vorschriften wegen Entlassung aus einem Dienstverhältnis;

11. Bezüge aus öffentlichen Mitteln oder aus Mitteln einer öffentlichen Stiftung, die wegen Hilfsbedürftigkeit oder als Beihilfe zu dem Zweck bewilligt werden, die Erziehung oder Ausbildung, die Wissenschaft oder Kunst unmittelbar zu fördern. [2]Darunter fallen nicht Kinderzuschläge und Kinderbeihilfen, die auf Grund der Besoldungsgesetze, besonderer Tarife oder ähnlicher Vorschriften gewährt werden. [3]Voraussetzung für die Steuerfreiheit ist, daß der Empfänger mit den Bezügen nicht zu einer bestimmten wissenschaftlichen oder künstlerischen Gegenleistung oder zu einer Arbeitnehmertätigkeit verpflichtet wird;

12. aus einer Bundeskasse oder Landeskasse gezahlte Bezüge, die in einem Bundesgesetz oder Landesgesetz oder einer auf bundesgesetzlicher oder landesgesetzlicher Ermächtigung beruhenden Bestimmung

oder von der Bundesregierung oder einer Landesregierung als Aufwandsentschädigung festgesetzt sind und als Aufwandsentschädigung im Haushaltsplan ausgewiesen werden. [2]Das gleiche gilt für andere Bezüge, die als Aufwandsentschädigung aus öffentlichen Kassen an öffentliche Dienste leistende Personen gezahlt werden, soweit nicht festgestellt wird, daß sie für Verdienstausfall oder Zeitverlust gewährt werden oder den Aufwand, der dem Empfänger erwächst, offenbar übersteigen;

13. die aus öffentlichen Kassen gezahlten Reisekostenvergütungen, Umzugskostenvergütungen und Trennungsgelder. [2]Vergütungen für Verpflegungsmehraufwendungen sind nur insoweit steuerfrei, als sie die Höchstbeträge nach § 4 Abs. 5 Nr. 5 nicht überschreiten;

14. Zuschüsse eines Trägers der gesetzlichen Rentenversicherung zu den Aufwendungen eines Rentners für seine Krankenversicherung;

15. Zuwendungen, die Arbeitnehmer anläßlich ihrer Eheschließung oder der Geburt eines Kindes von ihrem Arbeitgeber erhalten, soweit sie jeweils 700 Deutsche Mark nicht übersteigen;

16. die Vergütungen, die Arbeitnehmer außerhalb des öffentlichen Dienstes von ihrem Arbeitgeber zur Erstattung von Reisekosten, Umzugskosten oder Mehraufwendungen bei doppelter Haushaltsführung erhalten, soweit sie die beruflich veranlaßten Mehraufwendungen, bei Verpflegungsmehraufwendungen die Höchstbeträge nach § 4 Abs. 5 Nr. 5 und bei Familienheimfahrten mit einem eigenen oder zur Nutzung überlassenen Kraftfahrzeug die Pauschbeträge nach § 9 Abs. 1 Nr. 4 nicht übersteigen;

17.[1]) Zuschüsse zum Beitrag nach § 3c des Gesetzes über eine Altershilfe für Landwirte;

18. das Aufgeld für ein an die Bank für Vertriebene und Geschädigte (Lastenausgleichsbank) zugunsten des Ausgleichsfonds (§ 5 Lastenausgleichsgesetz) gegebenes Darlehen, wenn das Darlehen nach § 7f des Gesetzes in der Fassung der Bekanntmachung vom 15. September 1953 (BGBl. I S. 1355) im Jahr der Hingabe als Betriebsausgabe abzugsfähig war;

19. Entschädigungen auf Grund des Gesetzes über die Entschädigung ehemaliger deutscher Kriegsgefangener;

20. die aus öffentlichen Mitteln des Bundespräsidenten aus sittlichen oder sozialen Gründen gewährten Zuwendungen an besonders verdiente Personen oder ihre Hinterbliebenen;

21. Zinsen aus Schuldbuchforderungen im Sinne des § 35 Abs. 1 des Allgemeinen Kriegsfolgengesetzes in der im Bundesgesetzblatt Teil III, Gliederungsnummer 653-1, veröffentlichten bereinigten Fassung;

22. der Ehrensold, der auf Grund des Gesetzes über Titel, Orden und Ehrenzeichen in der im Bundesgesetzblatt Teil III, Gliederungsnummer 1132-1, veröffentlichten bereinigten Fassung, zuletzt geändert durch Gesetz vom 24. April 1986 (BGBl. I S. 560), gewährt wird;

---

[1]) Zur Anwendung von § 3 Nr. 17 siehe § 52 Abs. 2d.

23. die Leistungen nach dem Häftlingshilfegesetz in der Fassung der Bekanntmachung vom 4. Februar 1987 (BGBl. I S. 512);

24. Leistungen, die auf Grund des Bundeskindergeldgesetzes oder nachträglich auf Grund der durch das Bundeskindergeldgesetz aufgehobenen Kindergeldgesetze gewährt werden;

25. Entschädigungen nach dem Bundesseuchengesetz;

26. Aufwandsentschädigungen für nebenberufliche Tätigkeiten als Übungsleiter, Ausbilder, Erzieher oder für eine vergleichbare nebenberufliche Tätigkeit, für nebenberufliche künstlerische Tätigkeiten oder für die nebenberufliche Pflege alter, kranker oder behinderter Menschen im Dienst oder Auftrag einer inländischen juristischen Person des öffentlichen Rechts oder einer unter § 5 Abs. 1 Nr. 9 des Körperschaftsteuergesetzes fallenden Einrichtung zur Förderung gemeinnütziger, mildtätiger und kirchlicher Zwecke (§§ 52 bis 54 der Abgabenordnung). [2] Als Aufwandsentschädigungen sind Einnahmen für die in Satz 1 bezeichneten Tätigkeiten bis zur Höhe von insgesamt 2400 Deutsche Mark im Jahr anzusehen;

27.[1] der Grundbetrag der Produktionsaufgaberente und das Ausgleichsgeld nach dem Gesetz zur Förderung der Einstellung der landwirtschaftlichen Erwerbstätigkeit bis zum Höchstbetrag von 36000 Deutsche Mark;

28.[2] die Aufstockungsbeträge im Sinne des § 3 Abs. 1 Nr. 1 Buchstabe a sowie die Beiträge und Aufwendungen im Sinne des § 3 Abs. 1 Nr. 1 Buchstabe b und des § 4 Abs. 2 des Altersteilzeitgesetzes;

29. das Gehalt und die Bezüge, die die diplomatischen Vertreter fremder Mächte, die ihnen zugewiesenen Beamten und die in ihren Diensten stehenden Personen erhalten, soweit sie nicht die deutsche Staatsangehörigkeit besitzen, sowie das Gehalt und die Bezüge der Berufskonsuln, der Konsulatsangehörigen und deren Personal, soweit sie Angehörige des Entsendestaates sind und im Inland außerhalb ihres Amtes oder Dienstes keinen Beruf, kein Gewerbe und keine andere gewinnbringende Tätigkeit ausüben;

30. Entschädigungen für die betriebliche Benutzung von Werkzeugen eines Arbeitnehmers (Werkzeuggeld), soweit sie die entsprechenden Aufwendungen des Arbeitnehmers nicht offensichtlich übersteigen;

31. die typische Berufskleidung, die der Arbeitgeber seinem Arbeitnehmer unentgeltlich oder verbilligt überläßt; dasselbe gilt für eine Barablösung eines nicht nur einzelvertraglichen Anspruchs auf Gestellung von typischer Berufskleidung, wenn die Barablösung betrieblich veranlaßt ist und die entsprechenden Aufwendungen des Arbeitnehmers nicht offensichtlich übersteigt;

32. die unentgeltliche oder verbilligte Sammelbeförderung eines Arbeitnehmers zwischen Wohnung und Arbeitsstätte mit einem vom Ar-

---

[1] Zur Anwendung von § 3 Nr. 27 siehe § 52 Abs. 2e.
[2] Zur Anwendung von § 3 Nr. 28 siehe § 52 Abs. 2f.

beitgeber gestellten Kraftfahrzeug, soweit die Sammelbeförderung für den betrieblichen Einsatz des Arbeitnehmers notwendig ist;

33. Leistungen des Arbeitgebers zur Unterbringung und Betreuung von nicht schulpflichtigen Kindern der Arbeitnehmer in Kindergärten oder vergleichbaren Einrichtungen;

34. bis 41. *(weggefallen);*

42. die Zuwendungen, die auf Grund des Fulbright-Abkommens gezahlt werden;

43. der Ehrensold für Künstler sowie Zuwendungen aus Mitteln der Deutschen Künstlerhilfe, wenn es sich um Bezüge aus öffentlichen Mitteln handelt, die wegen der Bedürftigkeit des Künstlers gezahlt werden;

44. Stipendien, die unmittelbar aus öffentlichen Mitteln oder von zwischenstaatlichen oder überstaatlichen Einrichtungen, denen die Bundesrepublik Deutschland als Mitglied angehört, zur Förderung der Forschung oder zur Förderung der wissenschaftlichen oder künstlerischen Ausbildung oder Fortbildung gewährt werden. [2] Das gleiche gilt für Stipendien, die zu den in Satz 1 bezeichneten Zwecken von einer Einrichtung, die von einer Körperschaft des öffentlichen Rechts errichtet ist oder verwaltet wird, oder von einer Körperschaft, Personenvereinigung oder Vermögensmasse im Sinne des § 5 Abs. 1 Nr. 9 des Körperschaftsteuergesetzes gegeben werden. [3] Voraussetzung für die Steuerfreiheit ist, daß
    a) die Stipendien einen für die Erfüllung der Forschungsaufgabe oder für die Bestreitung des Lebensunterhalts und die Deckung des Ausbildungsbedarfs erforderlichen Betrag nicht übersteigen und nach den von dem Geber erlassenen Richtlinien vergeben werden,
    b) der Empfänger im Zusammenhang mit dem Stipendium nicht zu einer bestimmten wissenschaftlichen oder künstlerischen Gegenleistung oder zu einer Arbeitnehmertätigkeit verpflichtet ist,
    c) bei Stipendien zur Förderung der wissenschaftlichen oder künstlerischen Fortbildung im Zeitpunkt der erstmaligen Gewährung eines solchen Stipendiums der Abschluß der Berufsausbildung des Empfängers nicht länger als zehn Jahre zurückliegt;

45. *(weggefallen);*

46. Bergmannsprämien nach dem Gesetz über Bergmannsprämien;

47. Leistungen nach § 14a Abs. 4 und § 14b des Arbeitsplatzschutzgesetzes;

48. Leistungen nach dem Unterhaltssicherungsgesetz, soweit sie nicht nach dessen § 15 Abs. 1 Satz 2 steuerpflichtig sind;

49. laufende Zuwendungen eines früheren alliierten Besatzungssoldaten an seine im Geltungsbereich des Grundgesetzes ansässige Ehefrau, soweit sie auf diese Zuwendungen angewiesen ist;

50. die Beträge, die der Arbeitnehmer vom Arbeitgeber erhält, um sie für ihn auszugeben (durchlaufende Gelder), und die Beträge, durch

die Auslagen des Arbeitnehmers für den Arbeitgeber ersetzt werden (Auslagenersatz);

51. Trinkgelder, die dem Arbeitnehmer von Dritten gezahlt werden, ohne daß ein Rechtsanspruch darauf besteht, soweit sie 2400 Deutsche Mark im Kalenderjahr nicht übersteigen;

52. besondere Zuwendungen des Arbeitgebers an den Arbeitnehmer nach näherer Maßgabe einer Rechtsverordnung, soweit es aus sozialen Gründen oder zur Vereinfachung des Besteuerungsverfahrens geboten erscheint, die Zuwendungen ganz oder teilweise steuerfrei zu belassen;

53. *(weggefallen);*

54. Zinsen aus Entschädigungsansprüchen für deutsche Auslandsbonds im Sinne der §§ 52 bis 54 des Bereinigungsgesetzes für deutsche Auslandsbonds in der im Bundesgesetzblatt Teil III, Gliederungsnummer 4139-2, veröffentlichten bereinigten Fassung, soweit sich die Entschädigungsansprüche gegen den Bund oder die Länder richten. ²Das gleiche gilt für die Zinsen aus Schuldverschreibungen und Schuldbuchforderungen, die nach den §§ 9, 10 und 14 des Gesetzes zur näheren Regelung der Entschädigungsansprüche für Auslandsbonds in der im Bundesgesetzblatt Teil III, Gliederungsnummer 4139-3, veröffentlichten bereinigten Fassung vom Bund oder von den Ländern für Entschädigungsansprüche erteilt oder eingetragen werden;

55. und 56. *(weggefallen);*

57. die Beträge, die die Künstlersozialkasse zugunsten des nach dem Künstlersozialversicherungsgesetz Versicherten aus dem Aufkommen von Künstlersozialabgabe und Bundeszuschuß an einen Träger der Sozialversicherung oder an den Versicherten zahlt;

58. das Wohngeld nach dem Wohngeldgesetz und dem Wohngeldsondergesetz, die sonstigen Leistungen zur Senkung der Miete oder Belastung im Sinne des § 38 des Wohngeldgesetzes und öffentliche Zuschüsse zur Deckung laufender Aufwendungen für eine zu eigenen Wohnzwecken genutzte Wohnung im eigenen Haus oder eine zu eigenen Wohnzwecken genutzte Eigentumswohnung, deren Nutzungswert nicht zu besteuern ist, soweit sie nicht durch ein Dienstverhältnis veranlaßt sind;

59. *(aufgehoben);*

60. Leistungen aus öffentlichen Mitteln an Arbeitnehmer des Steinkohlen-, Pechkohlen- und Erzbergbaues, des Braunkohlentiefbaues und der Eisen- und Stahlindustrie aus Anlaß von Stillegungs-, Einschränkungs-, Umstellungs- oder Rationalisierungsmaßnahmen;

61. Leistungen nach § 4 Abs. 1 Nr. 2, § 7 Abs. 3, §§ 9, 10 Abs. 1, §§ 13, 15 des Entwicklungshelfer-Gesetzes;

62.[1] Ausgaben des Arbeitgebers für die Zukunftssicherung des Arbeitnehmers, soweit der Arbeitgeber dazu nach sozialversicherungsrecht-

---

[1] Zur Anwendung von § 3 Nr. 62 siehe § 52 Abs. 2g.

lichen oder anderen gesetzlichen Vorschriften oder nach einer auf gesetzlicher Ermächtigung beruhenden Bestimmung verpflichtet ist. ²Den Ausgaben des Arbeitgebers für die Zukunftssicherung, die auf Grund gesetzlicher Verpflichtung geleistet werden, werden gleichgestellt Zuschüsse des Arbeitgebers zu den Aufwendungen des Arbeitnehmers

a) für eine Lebensversicherung,

b) für die freiwillige Versicherung in der gesetzlichen Rentenversicherung,

c) für eine öffentlich-rechtliche Versicherungs- oder Versorgungseinrichtung seiner Berufsgruppe,

wenn der Arbeitnehmer von der Versicherungspflicht in der gesetzlichen Rentenversicherung befreit worden ist. ³Die Zuschüsse sind nur insoweit steuerfrei, als sie insgesamt bei Befreiung von der Versicherungspflicht in der gesetzlichen Rentenversicherung der Angestellten die Hälfte und bei Befreiung von der Versicherungspflicht in der knappschaftlichen Rentenversicherung zwei Drittel der Gesamtaufwendungen des Arbeitnehmers nicht übersteigen und nicht höher sind als der Betrag, der als Arbeitgeberanteil bei Versicherungspflicht in der gesetzlichen Rentenversicherung der Angestellten oder in der knappschaftlichen Rentenversicherung zu zahlen wäre. ⁴Die Sätze 2 und 3 gelten sinngemäß für Beiträge des Arbeitgebers zu einer Pensionskasse, wenn der Arbeitnehmer bei diesem Arbeitgeber nicht im Inland beschäftigt ist und der Arbeitgeber keine Beiträge zur gesetzlichen Rentenversicherung im Inland leistet; Beiträge des Arbeitgebers zu einer Rentenversicherung auf Grund gesetzlicher Verpflichtung sind anzurechnen;

63. *(aufgehoben);*

64.[1]) bei Arbeitnehmern, die zu einer inländischen juristischen Person des öffentlichen Rechts in einem Dienstverhältnis stehen und dafür Arbeitslohn aus einer inländischen öffentlichen Kasse beziehen, die Bezüge für eine Tätigkeit im Ausland insoweit, als sie den Arbeitslohn übersteigen, der dem Arbeitnehmer bei einer gleichwertigen Tätigkeit am Ort der zahlenden öffentlichen Kasse zustehen würde; bei anderen für einen begrenzten Zeitraum in das Ausland entsandten Arbeitnehmern, die dort einen Wohnsitz oder ihren gewöhnlichen Aufenthalt haben, der ihnen von einem inländischen Arbeitgeber gewährte Kaufkraftausgleich, soweit er den für vergleichbare Auslandsdienstbezüge nach § 54 des Bundesbesoldungsgesetzes zulässigen Betrag nicht übersteigt;

65. Beiträge des Trägers der Insolvenzsicherung (§ 14 des Gesetzes zur Verbesserung der betrieblichen Altersversorgung in der im Bundesgesetzblatt Teil III, Gliederungsnummer 800-22, veröffentlichten bereinigten Fassung, zuletzt geändert durch Gesetz vom 18. Dezember 1989, BGBl. I S. 2261) zugunsten eines Versorgungsberechtigten und seiner Hinterbliebenen an eine Pensionskasse oder ein Unternehmen

---

[1]) Zur Anwendung von § 3 Nr. 64 siehe § 52 Abs. 2i.

der Lebensversicherung zur Ablösung von Verpflichtungen, die der Träger der Insolvenzsicherung im Sicherungsfall gegenüber dem Versorgungsberechtigten und seinen Hinterbliebenen hat. [2]Die Leistungen der Pensionskasse oder des Unternehmens der Lebensversicherung auf Grund der Beiträge nach Satz 1 gehören zu den Einkünften, zu denen die Versorgungsleistungen gehören würden, die ohne Eintritt des Sicherungsfalls zu erbringen wären. [3]Soweit sie zu den Einkünften aus nichtselbständiger Arbeit im Sinne des § 19 gehören, ist von ihnen Lohnsteuer einzubehalten. [4]Für die Erhebung der Lohnsteuer gelten die Pensionskasse oder das Unternehmen der Lebensversicherung als Arbeitgeber und der Leistungsempfänger als Arbeitnehmer;

66. Erhöhungen des Betriebsvermögens, die dadurch entstehen, daß Schulden zum Zweck der Sanierung ganz oder teilweise erlassen werden;

67. das Erziehungsgeld nach dem Bundeserziehungsgeldgesetz und vergleichbare Leistungen der Länder sowie Leistungen nach dem Kindererziehungsleistungs-Gesetz und der Kindererziehungszuschlag nach dem Kindererziehungszuschlagsgesetz;

68.[1]  *Zinsersparnisse bei einem unverzinslichen oder zinsverbilligten Arbeitgeberdarlehen sowie Zinszuschüsse des Arbeitgebers, wenn die Darlehen mit der Errichtung oder dem Erwerb einer eigengenutzten Wohnung in einem im Inland belegenen Gebäude zusammenhängen, soweit die Zinsersparnisse und Zinszuschüsse insgesamt 2000 Deutsche Mark im Kalenderjahr nicht übersteigen. [2]Zinsersparnisse sind anzunehmen, soweit der Zinssatz für das Darlehen 4 vom Hundert unterschreitet. [3]Den Zinszuschüssen stehen die aus einer öffentlichen Kasse gezahlten Aufwendungszuschüsse gleich.*

69. *(aufgehoben)*

**§ 3a.** *(aufgehoben)*

**§ 3b.**[2] **Steuerfreiheit von Zuschlägen für Sonntags-, Feiertags- oder Nachtarbeit.** (1) Steuerfrei sind Zuschläge, die für tatsächlich geleistete Sonntags-, Feiertags- oder Nachtarbeit neben dem Grundlohn gezahlt werden, soweit sie

1. für Nachtarbeit 25 vom Hundert,

2. vorbehaltlich der Nummern 3 und 4 für Sonntagsarbeit 50 vom Hundert,

3. vorbehaltlich der Nummer 4 für Arbeit am 31. Dezember ab 14 Uhr und an den gesetzlichen Feiertagen 125 vom Hundert,

4. für Arbeit am 24. Dezember ab 14 Uhr, am 25. und 26. Dezember sowie am 1. Mai 150 vom Hundert

des Grundlohns nicht übersteigen.

---

[1] § 3 Nr. 68 ist letztmals für Kj. 1988 anzuwenden (§ 52 Abs. 2j Satz 1); zur Fortgeltung bis zum Jahr 2000 siehe § 52 Abs. 2j Satz 2.
[2] Zur Anwendung von § 3b siehe § 52 Abs. 3.

(2) ¹Grundlohn ist der laufende Arbeitslohn, der dem Arbeitnehmer bei der für ihn maßgebenden regelmäßigen Arbeitszeit für den jeweiligen Lohnzahlungszeitraum zusteht; er ist in einen Stundenlohn umzurechnen. ²Nachtarbeit ist die Arbeit in der Zeit von 20 Uhr bis 6 Uhr. ³Sonntagsarbeit und Feiertagsarbeit ist die Arbeit in der Zeit von 0 Uhr bis 24 Uhr des jeweiligen Tages. ⁴Die gesetzlichen Feiertage werden durch die am Ort der Arbeitsstätte geltenden Vorschriften bestimmt.

(3) Wenn die Nachtarbeit vor 0 Uhr aufgenommen wird, gilt abweichend von den Absätzen 1 und 2 folgendes:

1. Für Nachtarbeit in der Zeit von 0 Uhr bis 4 Uhr erhöht sich der Zuschlagssatz auf 40 vom Hundert,

2. als Sonntagsarbeit und Feiertagsarbeit gilt auch die Arbeit in der Zeit von 0 Uhr bis 4 Uhr des auf den Sonntag oder Feiertag folgenden Tages.

**§ 3c. Anteilige Abzüge.** Soweit Ausgaben mit steuerfreien Einnahmen in unmittelbarem wirtschaftlichem Zusammenhang stehen, dürfen sie nicht als Betriebsausgaben oder Werbungskosten abgezogen werden.


## 3. Gewinn

**§ 4. Gewinnbegriff im allgemeinen.** (1) ¹Gewinn ist der Unterschiedsbetrag zwischen dem Betriebsvermögen am Schluß des Wirtschaftsjahrs und dem Betriebsvermögen am Schluß des vorangegangenen Wirtschaftsjahrs, vermehrt um den Wert der Entnahmen und vermindert um den Wert der Einlagen. ²Entnahmen sind alle Wirtschaftsgüter (Barentnahmen, Waren, Erzeugnisse, Nutzungen und Leistungen), die der Steuerpflichtige dem Betrieb für sich, für seinen Haushalt oder für andere betriebsfremde Zwecke im Laufe des Wirtschaftsjahrs entnommen hat. ³Ein Wirtschaftsgut wird nicht dadurch entnommen, daß der Steuerpflichtige zur Gewinnermittlung nach Absatz 3 oder nach § 13a übergeht. ⁴Eine Änderung der Nutzung eines Wirtschaftsguts, die bei Gewinnermittlung nach Satz 1 keine Entnahme ist, ist auch bei Gewinnermittlung nach Absatz 3 oder nach § 13a keine Entnahme. ⁵Einlagen sind alle Wirtschaftsgüter (Bareinzahlungen und sonstige Wirtschaftsgüter), die der Steuerpflichtige dem Betrieb im Laufe des Wirtschaftsjahrs zugeführt hat. ⁶Bei der Ermittlung des Gewinns sind die Vorschriften über die Betriebsausgaben, über die Bewertung und über die Absetzung für Abnutzung oder Substanzverringerung zu befolgen.

(2) ¹Der Steuerpflichtige darf die Vermögensübersicht (Bilanz) auch nach ihrer Einreichung beim Finanzamt ändern, soweit sie den Grundsätzen ordnungsmäßiger Buchführung unter Befolgung der Vorschriften dieses Gesetzes nicht entspricht. ²Darüber hinaus ist eine Änderung der Vermögensübersicht (Bilanz) nur mit Zustimmung des Finanzamts zulässig.

(3) [1]Steuerpflichtige, die nicht auf Grund gesetzlicher Vorschriften verpflichtet sind, Bücher zu führen und regelmäßig Abschlüsse zu machen, und die auch keine Bücher führen und keine Abschlüsse machen, können als Gewinn den Überschuß der Betriebseinnahmen über die Betriebsausgaben ansetzen. [2]Hierbei scheiden Betriebseinnahmen und Betriebsausgaben aus, die im Namen und für Rechnung eines anderen vereinnahmt und verausgabt werden (durchlaufende Posten). [3]Die Vorschriften über die Absetzung für Abnutzung oder Substanzverringerung sind zu befolgen. [4]Die Anschaffungs- oder Herstellungskosten für nicht abnutzbare Wirtschaftsgüter des Anlagevermögens sind erst im Zeitpunkt der Veräußerung oder Entnahme dieser Wirtschaftsgüter als Betriebsausgaben zu berücksichtigen. [5]Die nicht abnutzbaren Wirtschaftsgüter des Anlagevermögens sind unter Angabe des Tages der Anschaffung oder Herstellung und der Anschaffungs- oder Herstellungskosten oder des an deren Stelle getretenen Werts in besondere, laufend zu führende Verzeichnisse aufzunehmen.

(4) Betriebsausgaben sind die Aufwendungen, die durch den Betrieb veranlaßt sind.

(5) [1]Die folgenden Betriebsausgaben dürfen den Gewinn nicht mindern:

1.[1] Aufwendungen für Geschenke an Personen, die nicht Arbeitnehmer des Steuerpflichtigen sind. [2]Satz 1 gilt nicht, wenn die Anschaffungs- oder Herstellungskosten der dem Empfänger im Wirtschaftsjahr zugewendeten Gegenstände insgesamt 75 Deutsche Mark nicht übersteigen;

2.[1] Aufwendungen für die Bewirtung von Personen aus geschäftlichem Anlaß, soweit sie 80 vom Hundert der Aufwendungen übersteigen, die nach der allgemeinen Verkehrsauffassung als angemessen anzusehen und deren Höhe und betriebliche Veranlassung nachgewiesen sind. [2]Zum Nachweis der Höhe und der betrieblichen Veranlassung der Aufwendungen hat der Steuerpflichtige schriftlich die folgenden Angaben zu machen: Ort, Tag, Teilnehmer und Anlaß der Bewirtung sowie Höhe der Aufwendungen. [3]Hat die Bewirtung in einer Gaststätte stattgefunden, so genügen Angaben zu dem Anlaß und den Teilnehmern der Bewirtung; die Rechnung über die Bewirtung ist beizufügen;

3. Aufwendungen für Einrichtungen des Steuerpflichtigen, soweit sie der Bewirtung, Beherbergung oder Unterhaltung von Personen, die nicht Arbeitnehmer des Steuerpflichtigen sind, dienen (Gästehäuser) und sich außerhalb des Orts eines Betriebs des Steuerpflichtigen befinden;

4. Aufwendungen für Jagd oder Fischerei, für Segeljachten oder Motorjachten sowie für ähnliche Zwecke und für die hiermit zusammenhängenden Bewirtungen;

---

[1] Zur Anwendung von § 4 Abs. 5 Nr. 1 und 2 siehe § 52 Abs. 5.

5.[1] Mehraufwendungen für Verpflegung, soweit sie 140 vom Hundert der höchsten Tagegeldbeträge des Bundesreisekostengesetzes übersteigen;

6. Aufwendungen für Fahrten des Steuerpflichtigen zwischen Wohnung und Betriebsstätte und für Familienheimfahrten, soweit sie die sich in entsprechender Anwendung von § 9 Abs. 1 Nr. 4 und 5 und Abs. 2 ergebenden Beträge übersteigen;

7. andere als die in den Nummern 1 bis 6 bezeichneten Aufwendungen, die die Lebensführung des Steuerpflichtigen oder anderer Personen berühren, soweit sie nach allgemeiner Verkehrsauffassung als unangemessen anzusehen sind;

8.[1] von einem Gericht oder einer Behörde im Geltungsbereich dieses Gesetzes oder von Organen der Europäischen Gemeinschaften festgesetzte Geldbußen, Ordnungsgelder und Verwarnungsgelder. [2]Dasselbe gilt für Leistungen zur Erfüllung von Auflagen oder Weisungen, die in einem berufsgerichtlichen Verfahren erteilt werden, soweit die Auflagen oder Weisungen nicht lediglich der Wiedergutmachung des durch die Tat verursachten Schadens dienen. [3]Die Rückzahlung von Ausgaben im Sinne der Sätze 1 und 2 darf den Gewinn nicht erhöhen. [4]Das Abzugsverbot für Geldbußen gilt nicht, soweit der wirtschaftliche Vorteil, der durch den Gesetzesverstoß erlangt wurde, abgeschöpft worden ist, wenn die Steuern vom Einkommen und Ertrag, die auf den wirtschaftlichen Vorteil entfallen, nicht abgezogen worden sind; Satz 3 ist insoweit nicht anzuwenden;

8a.[1] Zinsen auf hinterzogene Steuern nach § 235 der Abgabenordnung;

9. Ausgleichszahlungen, die in den Fällen der §§ 14, 17 und 18 des Körperschaftsteuergesetzes an außenstehende Anteilseigner geleistet werden.

[2]Das Abzugsverbot gilt nicht, soweit die in den Nummern 2 bis 4 bezeichneten Zwecke Gegenstand einer mit Gewinnabsicht ausgeübten Betätigung des Steuerpflichten sind. [3]§ 12 Nr. 1 bleibt unberührt.

(6) Aufwendungen zur Förderung staatspolitischer Zwecke (§ 10b Abs. 2) sind keine Betriebsausgaben.

(7) [1]Aufwendungen im Sinne des Absatzes 5 Nr. 1 bis 5 und 7 sind einzeln und getrennt von den sonstigen Betriebsausgaben aufzuzeichnen. [2]Soweit diese Aufwendungen nicht bereits nach Absatz 5 vom Abzug ausgeschlossen sind, dürfen sie bei der Gewinnermittlung nur berücksichtigt werden, wenn sie nach Satz 1 besonders aufgezeichnet sind.

(8)[1] Für Erhaltungsaufwand bei Gebäuden in Sanierungsgebieten und städtebaulichen Entwicklungsbereichen sowie bei Baudenkmalen gelten die §§ 11a und 11b entsprechend.

---

[1] Zur Anwendung von § 4 Abs. 5 Nr. 5 und 8a siehe § 52 Abs. 5, von § 4 Abs. 5 Nr. 8 Satz 4 siehe § 52 Abs. 5a, von § 4 Abs. 8 siehe § 52 Abs. 5b.

**§ 4a. Gewinnermittlungszeitraum, Wirtschaftsjahr.** (1) [1]Bei Land- und Forstwirten und bei Gewerbetreibenden ist der Gewinn nach dem Wirtschaftsjahr zu ermitteln. [2]Wirtschaftsjahr ist

1. bei Land- und Forstwirten der Zeitraum vom 1. Juli bis zum 30. Juni. [2]Durch Rechtsverordnung kann für einzelne Gruppen von Land- und Forstwirten ein anderer Zeitraum bestimmt werden, wenn das aus wirtschaftlichen Gründen erforderlich ist;

2. bei Gewerbetreibenden, deren Firma im Handelsregister eingetragen ist, der Zeitraum, für den sie regelmäßig Abschlüsse machen. [2]Die Umstellung des Wirtschaftsjahrs auf einen vom Kalenderjahr abweichenden Zeitraum ist steuerlich nur wirksam, wenn sie im Einvernehmen mit dem Finanzamt vorgenommen wird;

3. bei anderen Gewerbetreibenden das Kalenderjahr. [2]Sind sie gleichzeitig buchführende Land- und Forstwirte, so können sie mit Zustimmung des Finanzamts den nach Nummer 1 maßgebenden Zeitraum als Wirtschaftsjahr für den Gewerbebetrieb bestimmen, wenn sie für den Gewerbebetrieb Bücher führen und für diesen Zeitraum regelmäßig Abschlüsse machen.

(2) Bei Land- und Forstwirten und bei Gewerbetreibenden, deren Wirtschaftsjahr vom Kalenderjahr abweicht, ist der Gewinn aus Land- und Forstwirtschaft oder aus Gewerbebetrieb bei der Ermittlung des Einkommens in folgender Weise zu berücksichtigen:

1. [1]Bei Land- und Forstwirten ist der Gewinn des Wirtschaftsjahrs auf das Kalenderjahr, in dem das Wirtschaftsjahr beginnt, und auf das Kalenderjahr, in dem das Wirtschaftsjahr endet, entsprechend dem zeitlichen Anteil aufzuteilen. [2]Bei der Aufteilung sind Veräußerungsgewinne im Sinne des § 14 auszuscheiden und dem Gewinn des Kalenderjahrs hinzuzurechnen, in dem sie entstanden sind;

2. bei Gewerbetreibenden gilt der Gewinn des Wirtschaftsjahrs als in dem Kalenderjahr bezogen, in dem das Wirtschaftsjahr endet.

**§ 4b. Direktversicherung.** [1]Der Versicherungsanspruch aus einer Direktversicherung, die von einem Steuerpflichtigen aus betrieblichem Anlaß abgeschlossen wird, ist dem Betriebsvermögen des Steuerpflichtigen nicht zuzurechnen, soweit am Schluß des Wirtschaftsjahrs hinsichtlich der Leistungen des Versicherers die Person, auf deren Leben die Lebensversicherung abgeschlossen ist, oder ihre Hinterbliebenen bezugsberechtigt sind. [2]Das gilt auch, wenn der Steuerpflichtige die Ansprüche aus dem Versicherungsvertrag abgetreten oder beliehen hat, sofern er sich der bezugsberechtigten Person gegenüber schriftlich verpflichtet, sie bei Eintritt des Versicherungsfalls so zu stellen, als ob die Abtretung oder Beleihung nicht erfolgt wäre.

**§ 4c. Zuwendungen an Pensionskassen.** (1) Zuwendungen an eine Pensionskasse dürfen von dem Unternehmen, das die Zuwendungen leistet (Trägerunternehmen), als Betriebsausgaben abgezogen werden, soweit sie auf einer in der Satzung oder im Geschäftsplan der Kasse festgelegten Verpflichtung oder auf einer Anordnung der Versicherungsaufsichtsbehörde beruhen oder der Abdeckung von Fehlbeträgen bei der Kasse dienen.

(2) Zuwendungen im Sinne des Absatzes 1 dürfen als Betriebsausgaben nicht abgezogen werden, soweit die Leistungen der Kasse, wenn sie vom Trägerunternehmen unmittelbar erbracht würden, bei diesem nicht betrieblich veranlaßt wären.

**§ 4d. Zuwendungen an Unterstützungskassen.** (1)[1] [1]Zuwendungen an eine Unterstützungskasse dürfen von dem Unternehmen, das die Zuwendungen leistet (Trägerunternehmen), als Betriebsausgaben abgezogen werden, soweit sie die folgenden Beträge nicht übersteigen:

1. bei Unterstützungskassen, die lebenslänglich laufende Leistungen gewähren:
   a) das Deckungskapital für die laufenden Leistungen nach der dem Gesetz als Anlage 1 beigefügten Tabelle[2]. [2]Leistungsempfänger ist jeder Arbeitnehmer oder ehemalige Arbeitnehmer des Trägerunternehmens, der von der Unterstützungskasse Leistungen erhält; soweit die Kasse Hinterbliebenenversorgung gewährt, ist Leistungsempfänger der Hinterbliebene eines ehemaligen Arbeitnehmers des Trägerunternehmens, der von der Kasse Leistungen erhält. [3]Dem Arbeitnehmer oder ehemaligen Arbeitnehmer stehen andere Personen gleich, denen Leistungen der Alters-, Invaliditäts- oder Hinterbliebenenversorgung aus Anlaß ihrer Tätigkeit für das Trägerunternehmen zugesagt worden sind;
   b) in jedem Wirtschaftsjahr für jeden Leistungsanwärter,
      aa) wenn die Kasse nur Invaliditätsversorgung oder nur Hinterbliebenenversorgung gewährt, jeweils 6 vom Hundert,
      bb) wenn die Kasse Altersversorgung mit oder ohne Einschluß von Invaliditätsversorgung oder Hinterbliebenenversorgung gewährt, 25 vom Hundert
   des Durchschnittsbetrags der jährlichen Versorgungsleistungen, den die Leistungsanwärter oder, wenn nur Hinterbliebenenversorgung gewährt wird, deren Hinterbliebene nach den Verhältnissen am Schluß des Wirtschaftsjahrs der Zuwendung im letzten Zeitpunkt der Anwartschaft, spätestens im Zeitpunkt der Vollendung des 65. Lebensjahrs erhalten können. [2]Leistungsanwärter ist jeder Arbeitnehmer oder ehemalige Arbeitnehmer des Trägerunternehmens, der von der Unterstützungskasse Leistungen erhalten kann und am Schluß des Wirtschaftsjahrs, in dem die Zuwendung erfolgt, das 30. Lebensjahr vollendet hat; soweit die Kasse nur Hinterbliebenenversorgung gewährt, gilt als Leistungsanwärter jeder Arbeitnehmer oder ehemalige Arbeitnehmer des Trägerunternehmens, der am Schluß des Wirtschaftsjahrs, in dem die Zuwendung erfolgt, das 30. Lebensjahr vollendet hat und dessen Hinterbliebene die Hinterbliebenenversorgung erhalten können. [3]Das Trägerun-

---

[1] Zur Anwendung von § 4d Abs. 1 siehe § 52 Abs. 5c.
[2] Abgedruckt im Anschluß an dieses Gesetz.

ternehmen kann bei der Berechnung nach Satz 1 statt des dort maßgebenden Betrags den Durchschnittsbetrag der von der Kasse im Wirtschaftsjahr an Leistungsempfänger im Sinne von Buchstabe a Satz 2 gewährten Leistungen zugrunde legen. [4]In diesem Fall sind Leistungsanwärter im Sinne des Satzes 2 nur die Arbeitnehmer oder ehemaligen Arbeitnehmer des Trägerunternehmens, die am Schluß des Wirtschaftsjahrs, in dem die Zuwendung erfolgt, das 50. Lebensjahr vollendet haben. [5]Dem Arbeitnehmer oder ehemaligen Arbeitnehmer als Leistungsanwärter stehen andere Personen gleich, denen Leistungen der Alters-, Invaliditäts- oder Hinterbliebenenversorgung aus Anlaß ihrer Tätigkeit für das Trägerunternehmen zugesagt worden sind;

c) den Betrag der Prämie, den die Kasse an einen Versicherer zahlt, soweit sie sich die Mittel für ihre Versorgungsleistungen, die die Leistungsanwärter oder Leistungsempfänger nach den Verhältnissen am Schluß des Wirtschaftsjahrs der Zuwendung erhalten können, durch Abschluß einer Versicherung verschafft; die Zuwendungen nach den Buchstaben a oder b sind in diesem Fall in dem Verhältnis zu vermindern, in dem die Leistungen der Kasse durch die Versicherung gedeckt sind. [2]Bei Versicherungen für einen Leistungsanwärter ist der Abzug der Prämie nur zulässig, wenn der Leistungsanwärter die in Buchstabe b Satz 2 und 5 genannten Voraussetzungen erfüllt, die Versicherung für die Dauer bis zu dem Zeitpunkt abgeschlossen ist, für den erstmals Leistungen der Altersversorgung vorgesehen sind, mindestens jedoch bis zu dem Zeitpunkt, an dem der Leistungsanwärter das 55. Lebensjahr vollendet hat, und während dieser Zeit jährlich Prämien gezahlt werden, die der Höhe nach gleichbleiben oder steigen. [3]Das gleiche gilt für Leistungsanwärter, die das 30. Lebensjahr noch nicht vollendet haben, für Leistungen der Invaliditäts- oder Hinterbliebenenversorgung, für Leistungen der Altersversorgung unter der Voraussetzung, daß die Leistungsanwartschaft bereits unverfallbar ist. [4]Ein Abzug ist ausgeschlossen, wenn die Ansprüche aus der Versicherung der Sicherung eines Darlehens dienen;

d) den Betrag, den die Kasse einem Leistungsanwärter im Sinne von Buchstabe b Satz 2 und 5 vor Eintritt des Versorgungsfalls als Abfindung für künftige Versorgungsleistungen gewährt oder den sie an einen anderen Versorgungsträger zahlt, der eine ihr obliegende Versorgungsverpflichtung übernommen hat; dieser Betrag vermindert sich in den Fällen des Buchstabens c um den Anspruch gegen die Versicherung.

[2]Zuwendungen nach den Buchstaben a oder b dürfen nicht als Betriebsausgaben abgezogen werden, wenn das Vermögen der Kasse ohne Berücksichtigung künftiger Kassenleistungen am Schluß des Wirtschaftsjahrs das zulässige Kassenvermögen übersteigt. [3]Bei der Ermittlung des Vermögens der Kasse sind der Grundbesitz mit dem Wert anzusetzen, mit dem er bei einer Veranlagung der Kasse zur Vermögensteuer auf den Veranlagungszeitpunkt anzusetzen wäre, der auf den Schluß des Wirtschaftsjahrs folgt, und noch nicht fällige An-

sprüche aus einer Versicherung mit dem Wert des geschäftsplanmäßigen Deckungskapitals zuzüglich des Guthabens aus Beitragsrückerstattung am Schluß des Wirtschaftsjahrs; das übrige Vermögen ist mit dem gemeinen Wert am Schluß des Wirtschaftsjahrs zu bewerten. [4]Zulässiges Kassenvermögen ist die Summe aus dem Deckungskapital für alle am Schluß des Wirtschaftsjahrs laufenden Leistungen nach der dem Gesetz als Anlage 1 beigefügten Tabelle[1] und dem Achtfachen der nach Buchstabe b abzugsfähigen Zuwendungen; soweit sich die Kasse die Mittel für ihre Leistungen durch Abschluß einer Versicherung verschafft, tritt an die Stelle des Achtfachen der nach Buchstabe b zulässigen Zuwendungen der Wert des geschäftsplanmäßigen Deckungskapitals aus der Versicherung zuzüglich des Guthabens aus Beitragsrückerstattung am Schluß des Wirtschaftsjahrs. [5]Gewährt eine Unterstützungskasse an Stelle von lebenslänglich laufenden Leistungen eine einmalige Kapitalleistung, so gelten 10 vom Hundert der Kapitalleistung als Jahresbetrag einer lebenslänglich laufenden Leistung;

2. bei Kassen, die keine lebenslänglich laufenden Leistungen gewähren, für jedes Wirtschaftsjahr 0,2 vom Hundert der Lohn- und Gehaltssumme des Trägerunternehmens, mindestens jedoch den Betrag der von der Kasse in einem Wirtschaftsjahr erbrachten Leistungen, soweit dieser Betrag höher ist als die in den vorangegangenen fünf Wirtschaftsjahren vorgenommenen Zuwendungen abzüglich der in dem gleichen Zeitraum erbrachten Leistungen. [2]Diese Zuwendungen dürfen nur als Betriebsausgaben abgezogen werden, wenn das Vermögen der Kasse am Schluß des Wirtschaftsjahrs 1 vom Hundert der durchschnittlichen jährlichen Lohn- und Gehaltssumme der letzten drei Wirtschaftsjahre des Trägerunternehmens übersteigt (zulässiges Kassenvermögen); für die Bewertung des Vermögens der Kasse gilt Nummer 1 Satz 3 entsprechend. [3]Bei der Berechnung der Lohn- und Gehaltssumme des Trägerunternehmens sind Löhne und Gehälter von Personen, die von der Kasse keine nicht lebenslänglich laufenden Leistungen erhalten können, auszuscheiden.

[2]Gewährt eine Kasse lebenslänglich laufende und nicht lebenslänglich laufende Leistungen, so gelten die Nummern 1 und 2 nebeneinander. [3]Leistet ein Trägerunternehmen Zuwendungen an mehrere Unterstützungskassen, so sind diese Kassen bei der Anwendung der Nummern 1 und 2 als Einheit zu behandeln.

(2) [1]Zuwendungen im Sinne des Absatzes 1 sind von dem Trägerunternehmen in dem Wirtschaftsjahr als Betriebsausgaben abzuziehen, in dem sie geleistet werden. [2]Zuwendungen, die innerhalb eines Monats nach Aufstellung oder Feststellung der Bilanz des Trägerunternehmens für den Schluß eines Wirtschaftsjahrs geleistet werden, können von dem Trägerunternehmen noch für das abgelaufene Wirtschaftsjahr durch eine Rückstellung gewinnmindernd berücksichtigt werden. [3]Übersteigen die in einem Wirtschaftsjahr geleisteten Zuwendungen die nach Absatz 1 ab-

---

[1] Abgedruckt im Anschluß an dieses Gesetz.

zugsfähigen Beträge, so können die übersteigenden Beträge im Wege der Rechnungsabgrenzung auf die folgenden drei Wirtschaftsjahre vorgetragen und im Rahmen der für diese Wirtschaftsjahre abzugsfähigen Beträge als Betriebsausgaben behandelt werden. [4] § 5 Abs. 1 Satz 2 ist nicht anzuwenden.

(3) Zuwendungen im Sinne des Absatzes 1 dürfen als Betriebsausgaben nicht abgezogen werden, soweit die Leistungen der Kasse, wenn sie vom Trägerunternehmen unmittelbar erbracht würden, bei diesem nicht betrieblich veranlaßt wären.

### § 5. Gewinn bei Vollkaufleuten und bei bestimmten anderen Gewerbetreibenden.

(1)[1] [1]Bei Gewerbetreibenden, die auf Grund gesetzlicher Vorschriften verpflichtet sind, Bücher zu führen und regelmäßig Abschlüsse zu machen, oder die ohne eine solche Verpflichtung Bücher führen und regelmäßig Abschlüsse machen, ist für den Schluß des Wirtschaftsjahrs das Betriebsvermögen anzusetzen (§ 4 Abs. 1 Satz 1), das nach den handelsrechtlichen Grundsätzen ordnungsmäßiger Buchführung auszuweisen ist. [2]Steuerrechtliche Wahlrechte bei der Gewinnermittlung sind in Übereinstimmung mit der handelsrechtlichen Jahresbilanz auszuüben.

(2) Für immaterielle Wirtschaftsgüter des Anlagevermögens ist ein Aktivposten nur anzusetzen, wenn sie entgeltlich erworben wurden.

(3) [1]Rückstellungen wegen Verletzung fremder Patent-, Urheber- oder ähnlicher Schutzrechte dürfen erst gebildet werden, wenn

1. der Rechtsinhaber Ansprüche wegen der Rechtsverletzung geltend gemacht hat oder

2. mit einer Inanspruchnahme wegen der Rechtsverletzung ernsthaft zu rechnen ist.

[2]Eine nach Satz 1 Nr. 2 gebildete Rückstellung ist spätestens in der Bilanz des dritten auf ihre erstmalige Bildung folgenden Wirtschaftsjahrs gewinnerhöhend aufzulösen, wenn Ansprüche nicht geltend gemacht worden sind.

(4)[2] Rückstellungen für die Verpflichtung zu einer Zuwendung anläßlich eines Dienstjubiläums dürfen nur gebildet werden, wenn das Dienstverhältnis mindestens zehn Jahre bestanden hat, das Dienstjubiläum das Bestehen eines Dienstverhältnisses von mindestens 15 Jahren voraussetzt und die Zusage schriftlich erteilt ist.

(5) [1]Als Rechnungsabgrenzungsposten sind nur anzusetzen

1. auf der Aktivseite Ausgaben vor dem Abschlußstichtag, soweit sie Aufwand für eine bestimmte Zeit nach diesem Tag darstellen;

2. auf der Passivseite Einnahmen vor dem Abschlußstichtag, soweit sie Ertrag für eine bestimmte Zeit nach diesem Tag darstellen.

---

[1] Zur Anwendung von § 5 Abs. 1 Satz 2 siehe § 52 Abs. 5d.
[2] Zur Anwendung von § 5 Abs. 4 siehe § 52 Abs. 6.

[2] Auf der Aktivseite sind ferner anzusetzen

1. als Aufwand berücksichtigte Zölle und Verbrauchsteuern, soweit sie auf am Abschlußstichtag auszuweisende Wirtschaftsgüter des Vorratsvermögens entfallen,
2. als Aufwand berücksichtigte Umsatzsteuer auf am Abschlußstichtag auszuweisende Anzahlungen.

(6) Die Vorschriften über die Entnahmen und die Einlagen, über die Zulässigkeit der Bilanzänderung, über die Betriebsausgaben, über die Bewertung und über die Absetzung für Abnutzung oder Substanzverringerung sind zu befolgen.

**§ 6. Bewertung.** (1) Für die Bewertung der einzelnen Wirtschaftsgüter, die nach § 4 Abs. 1 oder nach § 5 als Betriebsvermögen anzusetzen sind, gilt das Folgende:

1.[1] [1] Wirtschaftsgüter des Anlagevermögens, die der Abnutzung unterliegen, sind mit den Anschaffungs- oder Herstellungskosten, vermindert um die Absetzungen für Abnutzung nach § 7, anzusetzen. [2] Ist der Teilwert niedriger, so kann dieser angesetzt werden. [3] Teilwert ist der Betrag, den ein Erwerber des ganzen Betriebs im Rahmen des Gesamtkaufpreises für das einzelne Wirtschaftsgut ansetzen würde; dabei ist davon auszugehen, daß der Erwerber den Betrieb fortführt. [4] Bei Wirtschaftsgütern, die bereits am Schluß des vorangegangenen Wirtschaftsjahrs zum Anlagevermögen des Steuerpflichtigen gehört haben, kann der Steuerpflichtige in den folgenden Wirtschaftsjahren den Teilwert auch dann ansetzen, wenn er höher ist als der letzte Bilanzansatz; es dürfen jedoch höchstens die Anschaffungs- oder Herstellungskosten oder der nach Nummer 5 oder 6 an deren Stelle tretende Wert, vermindert um die Absetzungen für Abnutzung nach § 7, angesetzt werden.

2. [1] Andere als die in Nummer 1 bezeichneten Wirtschaftsgüter des Betriebs (Grund und Boden, Beteiligungen, Umlaufvermögen) sind mit den Anschaffungs- oder Herstellungskosten anzusetzen. [2] Statt der Anschaffungs- oder Herstellungskosten kann der niedrigere Teilwert (Nummer 1 Satz 3) angesetzt werden. [3] Bei Wirtschaftsgütern, die bereits am Schluß des vorangegangenen Wirtschaftsjahrs zum Betriebsvermögen gehört haben, kann der Steuerpflichtige in den folgenden Wirtschaftsjahren den Teilwert auch dann ansetzen, wenn er höher ist als der letzte Bilanzansatz; es dürfen jedoch höchstens die Anschaffungs- oder Herstellungskosten oder der nach Nummer 6 an deren Stelle tretende Wert angesetzt werden. [4] Bei land- und forstwirtschaftlichen Betrieben ist auch der Ansatz des höheren Teilwerts zulässig, wenn das den Grundsätzen ordnungsmäßiger Buchführung entspricht.

2a.[1] [1] Steuerpflichtige, die den Gewinn nach § 5 ermitteln, können für den Wertansatz gleichartiger Wirtschaftsgüter des Vorratsvermögens

---

[1] Zur Anwendung von § 6 Abs. 1 Nr. 1 Satz 4 und Abs. 1 Nr. 2a siehe § 52 Abs. 7.

unterstellen, daß die zuletzt angeschafften oder hergestellten Wirtschaftsgüter zuerst verbraucht oder veräußert worden sind, soweit dies den handelsrechtlichen Grundsätzen ordnungsmäßiger Buchführung entspricht und kein Bewertungsabschlag nach § 51 Abs. 1 Nr. 2 Buchstabe m vorgenommen wird. ²Der Vorratsbestand am Schluß des Wirtschaftsjahrs, das der erstmaligen Anwendung der Bewertung nach Satz 1 vorangeht, gilt mit seinem Bilanzansatz als erster Zugang des neuen Wirtschaftsjahrs. ³Auf einen im Bilanzansatz berücksichtigten Bewertungsabschlag nach § 51 Abs. 1 Nr. 2 Buchstabe m ist Satz 2 dieser Vorschrift entsprechend anzuwenden. ⁴Von der Verbrauchs- oder Veräußerungsfolge nach Satz 1 kann in den folgenden Wirtschaftsjahren nur mit Zustimmung des Finanzamts abgewichen werden.

3. Verbindlichkeiten sind unter sinngemäßer Anwendung der Vorschriften der Nummer 2 anzusetzen.

4.¹⁾ ¹Entnahmen des Steuerpflichtigen für sich, für seinen Haushalt oder für andere betriebsfremde Zwecke sind mit dem Teilwert anzusetzen. ²Wird ein Wirtschaftsgut im unmittelbaren Anschluß an seine Entnahme

a) einer nach § 5 Abs. 1 Nr. 9 des Körperschaftsteuergesetzes von der Körperschaftsteuer befreiten Körperschaft, Personenvereinigung oder Vermögensmasse, die ausschließlich und unmittelbar der Förderung mildtätiger, wissenschaftlicher oder als besonders förderungswürdig anerkannter kultureller Zwecke oder der Förderung der Erziehung, Volks- und Berufsbildung dient, oder

b) einer Körperschaft, Anstalt oder Stiftung des öffentlichen Rechts, die ausschließlich und unmittelbar der Förderung mildtätiger, wissenschaftlicher oder als besonders förderungswürdig anerkannter kultureller Zwecke oder der Förderung der Erziehung, Volks- und Berufsbildung dient,

unentgeltlich überlassen, so kann die Entnahme mit dem Buchwert angesetzt werden. ³Satz 2 gilt nicht für die Entnahme von Nutzungen und Leistungen. ⁴Werden Gebäude, soweit sie zu einem Betriebsvermögen gehoren und nicht Wohnzwecken dienen, und der in angemessenem Umfang dazugehörende Grund und Boden entnommen und im Anschluß daran vom Steuerpflichtigen in den folgenden zehn Jahren unter den Voraussetzungen des § 7k Abs. 2 Nr. 1, 2, 4 und 5 und Abs. 3 vermietet, so kann die Entnahme bis zum 31. Dezember 1992 mit dem Buchwert angesetzt werden. ⁵Dies gilt auch, wenn das Gebäude umgebaut wird oder wenn infolge von Baumaßnahmen das Gebäude im Innern neu gestaltet wird und die Außenmauern erhalten bleiben.

5. ¹Einlagen sind mit dem Teilwert für den Zeitpunkt der Zuführung anzusetzen; sie sind jedoch höchstens mit den Anschaffungs- oder Herstellungskosten anzusetzen, wenn das zugeführte Wirtschaftsgut

---

¹⁾ Zur Anwendung von § 6 Abs. 1 Nr. 4 Sätze 2, 4 und 5 siehe § 52 Abs. 7 Sätze 2 und 3.

a) innerhalb der letzten drei Jahre vor dem Zeitpunkt der Zuführung angeschafft oder hergestellt worden ist oder

b) ein Anteil an einer Kapitalgesellschaft ist und der Steuerpflichtige an der Gesellschaft im Sinne des § 17 Abs. 1 beteiligt ist; § 17 Abs. 2 Satz 2 gilt entsprechend.

[2]Ist die Einlage ein abnutzbares Wirtschaftsgut, so sind die Anschaffungs- oder Herstellungskosten um Absetzungen für Abnutzung zu kürzen, die auf den Zeitraum zwischen der Anschaffung oder Herstellung des Wirtschaftsguts und der Einlage entfallen. [3]Ist die Einlage ein Wirtschaftsgut, das vor der Zuführung aus einem Betriebsvermögen des Steuerpflichtigen entnommen worden ist, so tritt an die Stelle der Anschaffungs- oder Herstellungskosten der Wert, mit dem die Entnahme angesetzt worden ist, und an die Stelle des Zeitpunkts der Anschaffung oder Herstellung der Zeitpunkt der Entnahme.

6. Bei Eröffnung eines Betriebs ist Nummer 5 entsprechend anzuwenden.

7. Bei entgeltlichem Erwerb eines Betriebs sind die Wirtschaftsgüter mit dem Teilwert, höchstens jedoch mit den Anschaffungs- oder Herstellungskosten anzusetzen.

(2) [1]Die Anschaffungs- oder Herstellungskosten oder der nach Absatz 1 Nr. 5 oder 6 an deren Stelle tretende Wert von abnutzbaren beweglichen Wirtschaftsgütern des Anlagevermögens, die einer selbständigen Nutzung fähig sind, können im Wirtschaftsjahr der Anschaffung, Herstellung oder Einlage des Wirtschaftsguts oder der Eröffnung des Betriebs in voller Höhe als Betriebsausgaben abgesetzt werden, wenn die Anschaffungs- oder Herstellungskosten, vermindert um einen darin enthaltenen Vorsteuerbetrag (§ 9b Abs. 1), oder der nach Absatz 1 Nr. 5 oder 6 an deren Stelle tretende Wert für das einzelne Wirtschaftsgut 800 Deutsche Mark nicht übersteigen. [2]Ein Wirtschaftsgut ist einer selbständigen Nutzung nicht fähig, wenn es nach seiner betrieblichen Zweckbestimmung nur zusammen mit anderen Wirtschaftsgütern des Anlagevermögens genutzt werden kann und die in den Nutzungszusammenhang eingefügten Wirtschaftsgüter technisch aufeinander abgestimmt sind. [3]Das gilt auch, wenn das Wirtschaftsgut aus dem betrieblichen Nutzungszusammenhang gelöst und in einen anderen betrieblichen Nutzungszusammenhang eingefügt werden kann. [4]Satz 1 ist nur bei Wirtschaftsgütern anzuwenden, die unter Angabe des Tages der Anschaffung, Herstellung oder Einlage des Wirtschaftsguts oder der Eröffnung des Betriebs und der Anschaffungs- oder Herstellungskosten oder des nach Absatz 1 Nr. 5 oder 6 an deren Stelle tretenden Werts in einem besonderen, laufend zu führenden Verzeichnis aufgeführt sind. [5]Das Verzeichnis braucht nicht geführt zu werden, wenn diese Angaben aus der Buchführung ersichtlich sind.

**§ 6a. Pensionsrückstellung.** (1) Für eine Pensionsverpflichtung darf eine Rückstellung (Pensionsrückstellung) nur gebildet werden, wenn

1. der Pensionsberechtigte einen Rechtsanspruch auf einmalige oder laufende Pensionsleistungen hat,

2. die Pensionszusage keinen Vorbehalt enthält, daß die Pensionsanwartschaft oder die Pensionsleistung gemindert oder entzogen werden
kann, oder ein solcher Vorbehalt sich nur auf Tatbestände erstreckt,
bei deren Vorliegen nach allgemeinen Rechtsgrundsätzen unter Beachtung billigen Ermessens eine Minderung oder ein Entzug der Pensionsanwartschaft oder der Pensionsleistung zulässig ist, und

3. die Pensionszusage schriftlich erteilt ist.

(2) Eine Pensionsrückstellung darf erstmals gebildet werden

1. vor Eintritt des Versorgungsfalls für das Wirtschaftsjahr, in dem die
Pensionszusage erteilt wird, frühestens jedoch für das Wirtschaftsjahr,
bis zu dessen Mitte der Pensionsberechtigte das 30. Lebensjahr vollendet,

2. nach Eintritt des Versorgungsfalls für das Wirtschaftsjahr, in dem der
Versorgungsfall eintritt.

(3)[1] [1]Eine Pensionsrückstellung darf höchstens mit dem Teilwert der
Pensionsverpflichtung angesetzt werden. [2]Als Teilwert einer Pensionsverpflichtung gilt

1. vor Beendigung des Dienstverhältnisses des Pensionsberechtigten der
Barwert der künftigen Pensionsleistungen am Schluß des Wirtschaftsjahrs abzüglich des sich auf denselben Zeitpunkt ergebenden Barwerts
betragsmäßig gleichbleibender Jahresbeträge. [2]Die Jahresbeträge sind
so zu bemessen, daß am Beginn des Wirtschaftsjahrs, in dem das
Dienstverhältnis begonnen hat, ihr Barwert gleich dem Barwert der
künftigen Pensionsleistungen ist; die künftigen Pensionsleistungen
sind dabei mit dem Betrag anzusetzen, der sich nach den Verhältnissen
am Bilanzstichtag ergibt. [3]Es sind die Jahresbeträge zugrunde zu legen, die vom Beginn des Wirtschaftsjahrs, in dem das Dienstverhältnis begonnen hat, bis zu dem in der Pensionszusage vorgesehenen
Zeitpunkt des Eintritts des Versorgungsfalls rechnungsmäßig aufzu-
bringen sind. [4]Erhöhungen oder Verminderungen der Pensionsleistungen nach dem Schluß des Wirtschaftsjahrs, die hinsichtlich des
Zeitpunkts ihres Wirksamwerdens oder ihres Umfangs ungewiß sind,
sind bei der Berechnung des Barwerts der künftigen Pensionsleistungen und der Jahresbeträge erst zu berücksichtigen, wenn sie eingetreten sind. [5]Wird die Pensionszusage erst nach dem Beginn des Dienstverhältnisses erteilt, so ist die Zwischenzeit für die Berechnung der
Jahresbeträge nur insoweit als Wartezeit zu behandeln, als sie in der
Pensionszusage als solche bestimmt ist. [6]Hat das Dienstverhältnis
schon vor der Vollendung des 30. Lebensjahrs des Pensionsberechtigten bestanden, so gilt es als zu Beginn des Wirtschaftsjahrs begonnen,
bis zu dessen Mitte der Pensionsberechtigte das 30. Lebensjahr vollendet;

2. nach Beendigung des Dienstverhältnisses des Pensionsberechtigten
unter Aufrechterhaltung seiner Pensionsanwartschaft oder nach Eintritt des Versorgungsfalls der Barwert der künftigen Pensionsleistungen am Schluß des Wirtschaftsjahrs; Nummer 1 Satz 4 gilt sinngemäß.

---

[1] Zur Anwendung von § 6a Abs. 3 Satz 3 siehe § 52 Abs. 8 Satz 1.

[3]Bei der Berechnung des Teilwerts der Pensionsverpflichtung sind ein Rechnungszinsfuß von 6 vom Hundert und die anerkannten Regeln der Versicherungsmathematik anzuwenden.

(4)[1] [1]Eine Pensionsrückstellung darf in einem Wirtschaftsjahr höchstens um den Unterschied zwischen dem Teilwert der Pensionsverpflichtung am Schluß des Wirtschaftsjahrs und am Schluß des vorangegangenen Wirtschaftsjahrs erhöht werden. [2]In dem Wirtschaftsjahr, in dem mit der Bildung einer Pensionsrückstellung frühestens begonnen werden darf (Erstjahr), darf die Rückstellung bis zur Höhe des Teilwerts der Pensionsverpflichtung am Schluß des Wirtschaftsjahrs gebildet werden; diese Rückstellung kann auf das Erstjahr und die beiden folgenden Wirtschaftsjahre gleichmäßig verteilt werden. [3]Erhöht sich in einem Wirtschaftsjahr gegenüber dem vorangegangenen Wirtschaftsjahr der Barwert der künftigen Pensionsleistungen um mehr als 25 vom Hundert, so kann die für dieses Wirtschaftsjahr zulässige Erhöhung der Pensionsrückstellung auf dieses Wirtschaftsjahr und die beiden folgenden Wirtschaftsjahre gleichmäßig verteilt werden. [4]Am Schluß des Wirtschaftsjahrs, in dem das Dienstverhältnis des Pensionsberechtigten unter Aufrechterhaltung seiner Pensionsanwartschaft endet oder der Versorgungsfall eintritt, darf die Pensionsrückstellung stets bis zur Höhe des Teilwerts der Pensionsverpflichtung gebildet werden; die für dieses Wirtschaftsjahr zulässige Erhöhung der Pensionsrückstellung kann auf dieses Wirtschaftsjahr und die beiden folgenden Wirtschaftsjahre gleichmäßig verteilt werden.

(5) Die Absätze 3 und 4 gelten entsprechend, wenn der Pensionsberechtigte zu dem Pensionsverpflichteten in einem anderen Rechtsverhältnis als einem Dienstverhältnis steht.

## § 6 b.[2] Gewinn aus der Veräußerung bestimmter Anlagegüter.

(1) [1]Steuerpflichtige, die

Grund und Boden,

Aufwuchs auf oder Anlagen im Grund und Boden mit dem dazugehörigen Grund und Boden, wenn der Aufwuchs oder die Anlagen zu einem land- und forstwirtschaftlichen Betriebsvermögen gehören,

Gebäude,

abnutzbare bewegliche Wirtschaftsgüter mit einer betriebsgewöhnlichen Nutzungsdauer von mindestens 25 Jahren,

Schiffe,

Anteile an Kapitalgesellschaften oder

im Zusammenhang mit einer Betriebsumstellung lebendes Inventar land- und forstwirtschaftlicher Betriebe

veräußern, können im Wirtschaftsjahr der Veräußerung von den Anschaffungs- oder Herstellungskosten der in Satz 2 bezeichneten Wirtschaftsgüter, die im Wirtschaftsjahr der Veräußerung oder im vorangegangenen Wirtschaftsjahr angeschafft oder hergestellt worden sind, einen Betrag bis zur Höhe von 50 vom Hundert des bei der Veräußerung

---

[1] Zur Anwendung von § 6a Abs. 4 Satz 1 siehe § 52 Abs. 8 Sätze 2 bis 4.
[2] Zur Anwendung von § 6b siehe § 52 Abs. 9.

entstandenen Gewinns abziehen; bei Veräußerung von Grund und Boden, Gebäuden, Aufwuchs auf oder Anlagen im Grund und Boden kann ein Betrag bis zur vollen Höhe des bei der Veräußerung entstandenen Gewinns abgezogen werden; letzteres gilt auch bei der Veräußerung von Anteilen an Kapitalgesellschaften durch Unternehmensbeteiligungsgesellschaften im Sinne des Satzes 2 Nr. 5. [2]Der Abzug ist zulässig bei den Anschaffungs- oder Herstellungskosten von

1. abnutzbaren beweglichen Wirtschaftsgütern,

2. Grund und Boden,
   soweit der Gewinn bei der Veräußerung von Grund und Boden entstanden ist,

3. Aufwuchs auf oder Anlagen im Grund und Boden mit dem dazugehörigen Grund und Boden, wenn der Aufwuchs oder die Anlagen zu einem land- und forstwirtschaftlichen Betriebsvermögen gehören,
   soweit der Gewinn bei der Veräußerung von Grund und Boden oder der Veräußerung von Aufwuchs auf oder Anlagen im Grund und Boden mit dem dazugehörigen Grund und Boden entstanden ist,

4. Gebäuden,
   soweit der Gewinn bei der Veräußerung von Grund und Boden, von Aufwuchs auf oder Anlagen im Grund und Boden mit dem dazugehörigen Grund und Boden, von Gebäuden oder von Anteilen an Kapitalgesellschaften entstanden ist, oder

5. Anteilen an Kapitalgesellschaften, die eine Unternehmensbeteiligungsgesellschaft angeschafft hat, die nach dem Gesetz über Unternehmensbeteiligungsgesellschaften vom 17. Dezember 1986 (BGBl. I S. 2488) anerkannt ist, soweit der Gewinn bei der Veräußerung von Anteilen an Kapitalgesellschaften entstanden ist. [2]Der Widerruf der Anerkennung und der Verzicht auf die Anerkennung haben Wirkung für die Vergangenheit, wenn nicht Aktien der Unternehmensbeteiligungsgesellschaft öffentlich angeboten worden sind. [3]Bescheide über die Anerkennung, die Rücknahme oder den Widerruf der Anerkennung und über die Feststellung, ob Aktien der Unternehmensbeteiligungsgesellschaft öffentlich angeboten worden sind, sind Grundlagenbescheide im Sinne der Abgabenordnung.

[3]Der Anschaffung oder Herstellung von Gebäuden oder Schiffen steht ihre Erweiterung, ihr Ausbau oder ihr Umbau gleich. [4]Der Abzug ist in diesem Fall nur von dem Aufwand für die Erweiterung, den Ausbau oder den Umbau der Gebäude oder Schiffe zulässig.

(2) [1]Gewinn im Sinne des Absatzes 1 Satz 1 ist der Betrag, um den der Veräußerungspreis nach Abzug der Veräußerungskosten den Buchwert übersteigt, mit dem das veräußerte Wirtschaftsgut im Zeitpunkt der Veräußerung anzusetzen gewesen wäre. [2]Buchwert ist der Wert, mit dem ein Wirtschaftsgut nach § 6 anzusetzen ist.

(3) [1]Soweit Steuerpflichtige den Abzug nach Absatz 1 nicht vorgenommen haben, können sie im Wirtschaftsjahr der Veräußerung eine den steuerlichen Gewinn mindernde Rücklage bilden. [2]Bis zur Höhe dieser Rücklage können sie von den Anschaffungs- oder Herstellungskosten der

in Absatz 1 Satz 2 bezeichneten Wirtschaftsgüter, die in den folgenden vier Wirtschaftsjahren angeschafft oder hergestellt worden sind, im Wirtschaftsjahr ihrer Anschaffung oder Herstellung einen Betrag abziehen; bei dem Abzug gelten die Einschränkungen des Absatzes 1 Satz 2 Nr. 2 bis 5 sowie Absatz 1 Sätze 3 und 4 entsprechend. [3]Die Frist von vier Jahren verlängert sich bei neu hergestellten Gebäuden auf sechs Jahre, wenn mit ihrer Herstellung vor dem Schluß des vierten auf die Bildung der Rücklage folgenden Wirtschaftsjahrs begonnen worden ist. [4]Die Rücklage ist in Höhe des abgezogenen Betrags gewinnerhöhend aufzulösen. [5]Ist eine Rücklage am Schluß des vierten auf ihre Bildung folgenden Wirtschaftsjahrs noch vorhanden, so ist sie in diesem Zeitpunkt gewinnerhöhend aufzulösen, soweit nicht ein Abzug von den Herstellungskosten von Gebäuden in Betracht kommt, mit deren Herstellung bis zu diesem Zeitpunkt begonnen worden ist; ist die Rücklage am Schluß des sechsten auf ihre Bildung folgenden Wirtschaftsjahrs noch vorhanden, so ist sie in diesem Zeitpunkt gewinnerhöhend aufzulösen.

(4) [1]Voraussetzung für die Anwendung der Absätze 1 und 3 ist, daß

1. der Steuerpflichtige den Gewinn nach § 4 Abs. 1 oder § 5 ermittelt,

2. die veräußerten Wirtschaftsgüter im Zeitpunkt der Veräußerung mindestens sechs Jahre ununterbrochen zum Anlagevermögen einer inländischen Betriebsstätte gehört haben; die Frist von sechs Jahren entfällt für lebendes Inventar land- und forstwirtschaftlicher Betriebe,

3. die angeschafften oder hergestellten Wirtschaftsgüter zum Anlagevermögen einer inländischen Betriebsstätte gehören,

4. der bei der Veräußerung entstandene Gewinn bei der Ermittlung des im Inland steuerpflichtigen Gewinns nicht außer Ansatz bleibt und

5. der Abzug nach Absatz 1 und die Bildung und Auflösung der Rücklage nach Absatz 3 in der Buchführung verfolgt werden können.

[2]Der Abzug nach den Absätzen 1 und 3 ist bei Wirtschaftsgütern, die zu einem land- und forstwirtschaftlichen Betrieb gehören oder der selbständigen Arbeit dienen, nicht zulässig, wenn der Gewinn bei der Veräußerung von Wirtschaftsgütern eines Gewerbebetriebs entstanden ist.

(5) An die Stelle der Anschaffungs- oder Herstellungskosten im Sinne des Absatzes 1 tritt in den Fällen, in denen das Wirtschaftsgut im Wirtschaftsjahr vor der Veräußerung angeschafft oder hergestellt worden ist, der Buchwert am Schluß des Wirtschaftsjahrs der Anschaffung oder Herstellung.

(6) [1]Ist ein Betrag nach Absatz 1 oder 3 abgezogen worden, so tritt für die Absetzungen für Abnutzung oder Substanzverringerung oder in den Fällen des § 6 Abs. 2 im Wirtschaftsjahr des Abzugs der verbleibende Betrag an die Stelle der Anschaffungs- oder Herstellungskosten. [2]In den Fällen des § 7 Abs. 4 Satz 1 und Abs. 5 sind die um den Abzugsbetrag nach Absatz 1 oder 3 geminderten Anschaffungs- oder Herstellungskosten maßgebend.

(7) Soweit eine nach Absatz 3 Satz 1 gebildete Rücklage gewinnerhöhend aufgelöst wird, ohne daß ein entsprechender Betrag nach Absatz 3

abgezogen wird, ist der Gewinn des Wirtschaftsjahrs, in dem die Rücklage aufgelöst wird, für jedes volle Wirtschaftsjahr, in dem die Rücklage bestanden hat, um 6 vom Hundert des aufgelösten Rücklagenbetrags zu erhöhen.

(8) [1]Werden Wirtschaftsgüter im Sinne des Absatzes 1 zum Zweck der Vorbereitung oder Durchführung von städtebaulichen Sanierungs- oder Entwicklungsmaßnahmen an einen der in Satz 3 bezeichneten Erwerber übertragen, sind die Absätze 1 bis 7 mit der Maßgabe anzuwenden, daß

1. die Fristen des Absatzes 3 Sätze 2, 3 und 5 sich jeweils um drei Jahre verlängern und

2. an die Stelle der in Absatz 4 Nr. 2 bezeichneten Frist von sechs Jahren eine Frist von zwei Jahren tritt.

[2]Nummer 1 gilt nicht für den Abzug von den Anschaffungs- oder Herstellungskosten von Anteilen an Kapitalgesellschaften oder Schiffen. [3]Erwerber im Sinne des Satzes 1 sind Gebietskörperschaften, Gemeindeverbände, Verbände im Sinne des § 166 Abs. 4 des Baugesetzbuchs, Planungsverbände nach § 205 des Baugesetzbuchs, Sanierungsträger nach § 157 des Baugesetzbuchs, Entwicklungsträger nach § 167 des Baugesetzbuchs sowie Erwerber, die städtebauliche Sanierungsmaßnahmen als Eigentümer selbst durchführen (§ 147 Abs. 2 und § 148 Abs. 1 Baugesetzbuch).

(9) Absatz 8 ist nur anzuwenden, wenn die nach Landesrecht zuständige Behörde bescheinigt, daß die Übertragung der Wirtschaftsgüter zum Zweck der Vorbereitung oder Durchführung von städtebaulichen Sanierungs- oder Entwicklungsmaßnahmen an einen der in Absatz 8 Satz 3 bezeichneten Erwerber erfolgt ist.

### § 6c.[1]) Gewinn aus der Veräußerung von Grund und Boden, Gebäuden sowie von Aufwuchs auf oder Anlagen im Grund und Boden bei der Ermittlung des Gewinns nach § 4 Abs. 3 oder nach Durchschnittssätzen. (1) § 6b mit Ausnahme des § 6b Abs. 4 Nr. 1 ist mit der folgenden Maßgabe entsprechend anzuwenden, wenn der Gewinn nach § 4 Abs. 3 oder die Einkünfte aus Land- und Forstwirtschaft nach Durchschnittssätzen ermittelt werden:

1. Der Abzug nach § 6b Abs. 1 und 3 ist nur zulässig, soweit der Gewinn entstanden ist bei der Veräußerung von
Grund und Boden,
Gebäuden oder
Aufwuchs auf oder Anlagen im Grund und Boden mit dem dazugehörigen Grund und Boden, wenn der Aufwuchs oder die Anlagen zu einem land- und forstwirtschaftlichen Betriebsvermögen gehören.

2. Soweit nach § 6b Abs. 3 eine Rücklage gebildet werden kann, ist ihre Bildung als Betriebsausgabe (Abzug) und ihre Auflösung als Betriebseinnahme (Zuschlag) zu behandeln; der Zeitraum zwischen Abzug und Zuschlag gilt als Zeitraum, in dem die Rücklage bestanden hat.

---

[1]) Zur Anwendung von § 6c siehe § 52 Abs. 9a.

(2) [1]Voraussetzung für die Anwendung des Absatzes 1 ist, daß die Wirtschaftsgüter, bei denen ein Abzug von den Anschaffungs- oder Herstellungskosten oder von dem Wert nach § 6b Abs. 5 vorgenommen worden ist, in besondere, laufend zu führende Verzeichnisse aufgenommen werden. [2]In den Verzeichnissen sind der Tag der Anschaffung oder Herstellung, die Anschaffungs- oder Herstellungskosten, der Abzug nach § 6b Abs. 1 und 3 in Verbindung mit Absatz 1, die Absetzungen für Abnutzung, die Abschreibungen sowie die Beträge nachzuweisen, die nach § 6b Abs. 3 in Verbindung mit Absatz 1 Nr. 2 als Betriebsausgaben (Abzug) oder Betriebseinnahmen (Zuschlag) behandelt worden sind.

**§ 6d. Befristete Rücklage bei Erwerb von Betrieben, deren Fortbestand gefährdet ist.** (1) [1]Steuerpflichtige, die auf Grund eines nach dem 30. September 1982 rechtswirksam abgeschlossenen obligatorischen Vertrags oder gleichstehenden Rechtsakts vor dem 1. Januar 1987 Kapitalanlagen im Sinne des Absatzes 2 vornehmen, können im Wirtschaftsjahr der Kapitalanlage eine den Gewinn mindernde Rücklage bilden. [2]Die Rücklage darf 30 vom Hundert der Anschaffungskosten der Kapitalanlage nicht übersteigen. [3]Wird nach Absatz 3 Nr. 1 Buchstabe e bescheinigt, daß die Umsatzerlöse oder die an deren Stelle tretende Bezugsgröße des Unternehmens weniger als 50 Millionen Deutsche Mark betragen haben, darf die Rücklage bis zur Höhe von 40 vom Hundert der Anschaffungskosten der Kapitalanlage gebildet werden.

(2) Kapitalanlagen im Sinne des Absatzes 1 sind

1. der Erwerb eines im Inland belegenen Betriebs oder Teilbetriebs oder einer im Inland belegenen Betriebsstätte,

2. der Erwerb eines Mitunternehmeranteils (§ 15 Abs. 1 Nr. 2) an einem Betrieb im Sinne der Nummer 1 mit Ausnahme von Mitunternehmeranteilen, die gegen Einlagen erworben werden,

3. der Erwerb von zum Anlagevermögen gehörenden Anteilen an einer Kapitalgesellschaft mit Sitz und Geschäftsleitung im Inland mit Ausnahme von Anteilen, die durch Erhöhung des Kapitals der Gesellschaft gegen Einlagen erworben werden.

(3) Die Rücklage darf nur gebildet werden, wenn die folgenden Voraussetzungen erfüllt sind:

1. [1]Der Steuerpflichtige weist durch eine Bescheinigung nach, daß

   a) im Wirtschaftsjahr des Erwerbs der Kapitalanlage der Betrieb, Teilbetrieb oder die Betriebsstätte stillgelegt oder von der Stillegung bedroht war,

   b) die Kapitalanlage geeignet war, den Fortbestand des Betriebs, Teilbetriebs oder der Betriebsstätte zu sichern,

   c) die Kapitalanlage geeignet war, bestehende Dauerarbeitsplätze, die für die Wirtschaftsregion und für den jeweiligen Arbeitsmarkt von besonderem Gewicht sind, nachhaltig zu sichern,

   d) die Kapitalanlage für die Wettbewerbsverhältnisse unbedenklich ist und

e) die Umsatzerlöse in seinem Unternehmen in dem Wirtschaftsjahr, das vor dem Erwerb der Kapitalanlage endete, weniger als 200 Millionen Deutsche Mark betragen haben. [2]Ist das Unternehmen ein abhängiges oder herrschendes Unternehmen im Sinne des § 17 des Aktiengesetzes oder ein Konzernunternehmen im Sinne des § 18 des Aktiengesetzes, so sind die Umsatzerlöse aller herrschenden und abhängigen Unternehmen oder die Umsatzerlöse aller Konzernunternehmen zusammenzurechnen; Umsatzerlöse aus Lieferungen und Leistungen zwischen diesen Unternehmen (Innenumsatzerlöse) dürfen abgezogen werden. [3]An die Stelle der Umsatzerlöse treten bei Kreditinstituten und Bausparkassen die Bilanzsumme, bei Versicherungsunternehmen die Prämieneinnahmen; die Bilanzsumme darf um diejenigen Ansätze gemindert werden, die für Beteiligungen an im Sinne des Satzes 2 verbundenen Unternehmen ausgewiesen sind.

[2]Die Bescheinigung wird von der obersten Wirtschaftsbehörde im Einvernehmen mit der obersten Finanzbehörde des Landes erteilt, das für die Besteuerung des Erwerbers nach dem Einkommen und Ertrag zuständig ist.

2. Der Steuerpflichtige ermittelt den Gewinn nach § 4 Abs. 1 oder § 5.

3. In der handelsrechtlichen Jahresbilanz ist ein Passivposten in mindestens gleicher Höhe ausgewiesen.

4. Die Bildung der Rücklage und ihre Auflösung nach Absatz 4 müssen in der Buchführung verfolgt werden können.

(4) [1]Die Rücklage ist spätestens vom sechsten auf ihre Bildung folgenden Wirtschaftsjahr an mit jährlich mindestens einem Fünftel gewinnerhöhend aufzulösen. [2]Die Rücklage ist vorzeitig aufzulösen, wenn

1. der Betrieb, Teilbetrieb oder die Betriebsstätte stillgelegt oder die Kapitalanlage veräußert oder entnommen wird; wird die Kapitalanlage zum Teil veräußert oder entnommen, ist die Rücklage im Verhältnis des Anteils der veräußerten oder entnommenen Kapitalanlage zur gesamten Kapitalanlage vorzeitig gewinnerhöhend aufzulösen,

2. bei Kapitalanlagen im Sinne des Absatzes 2 Nr. 3 die Beteiligung mit dem niedrigeren Teilwert angesetzt wird; in diesen Fällen ist die Rücklage in Höhe des Anteils vorzeitig gewinnerhöhend aufzulösen, der dem Unterschied zwischen dem Wert, mit dem die Kapitalanlage bisher angesetzt war, und dem niedrigeren Teilwert entspricht.

## § 7. Absetzung für Abnutzung oder Substanzverringerung.

(1) [1]Bei Wirtschaftsgütern, deren Verwendung oder Nutzung durch den Steuerpflichtigen zur Erzielung von Einkünften sich erfahrungsgemäß auf einen Zeitraum von mehr als einem Jahr erstreckt, ist jeweils für ein Jahr der Teil der Anschaffungs- oder Herstellungskosten abzusetzen, der bei gleichmäßiger Verteilung dieser Kosten auf die Gesamtdauer der Verwendung oder Nutzung auf ein Jahr entfällt (Absetzung für Abnutzung in gleichen Jahresbeträgen). [2]Die Absetzung bemißt sich hierbei nach der betriebsgewöhnlichen Nutzungsdauer des Wirtschaftsguts. [3]Als

betriebsgewöhnliche Nutzungsdauer des Geschäfts- oder Firmenwerts eines Gewerbebetriebs oder eines Betriebs der Land- und Forstwirtschaft gilt ein Zeitraum von 15 Jahren. [4]Bei beweglichen Wirtschaftsgütern des Anlagevermögens, bei denen es wirtschaftlich begründet ist, die Absetzung für Abnutzung nach Maßgabe der Leistung des Wirtschaftsguts vorzunehmen, kann der Steuerpflichtige statt dieses Verfahrens statt der Absetzung für Abnutzung in gleichen Jahresbeträgen anwenden, wenn er den auf das einzelne Jahr entfallenden Umfang der Leistung nachweist. [5]Absetzungen für außergewöhnliche technische oder wirtschaftliche Abnutzung sind zulässig.

(2)[1] [1]Bei beweglichen Wirtschaftsgütern des Anlagevermögens kann der Steuerpflichtige statt der Absetzung für Abnutzung in gleichen Jahresbeträgen die Absetzung für Abnutzung in fallenden Jahresbeträgen bemessen. [2]Die Absetzung für Abnutzung in fallenden Jahresbeträgen kann nach einem unveränderlichen Hundertsatz vom jeweiligen Buchwert (Restwert) vorgenommen werden; der dabei anzuwendende Hundertsatz darf höchstens das Dreifache des bei der Absetzung für Abnutzung in gleichen Jahresbeträgen in Betracht kommenden Hundertsatzes betragen und 30 vom Hundert nicht übersteigen. [3]§ 7a Abs. 8 gilt entsprechend. [4]Bei Wirtschaftsgütern, bei denen die Absetzung für Abnutzung in fallenden Jahresbeträgen bemessen wird, sind Absetzungen für außergewöhnliche technische oder wirtschaftliche Abnutzung nicht zulässig.

(3) [1]Der Übergang von der Absetzung für Abnutzung in fallenden Jahresbeträgen zur Absetzung für Abnutzung in gleichen Jahresbeträgen ist zulässig. [2]In diesem Fall bemißt sich die Absetzung für Abnutzung vom Zeitpunkt des Übergangs an nach dem dann noch vorhandenen Restwert und der Restnutzungsdauer des einzelnen Wirtschaftsguts. [3]Der Übergang von der Absetzung für Abnutzung in gleichen Jahresbeträgen zur Absetzung für Abnutzung in fallenden Jahresbeträgen ist nicht zulässig.

(4)[2] [1]Bei Gebäuden sind abweichend von Absatz 1 als Absetzung für Abnutzung die folgenden Beträge bis zur vollen Absetzung abzuziehen:

1. bei Gebäuden, soweit sie zu einem Betriebsvermögen gehören und nicht Wohnzwecken dienen und für die der Bauantrag nach dem 31. März 1985 gestellt worden ist, jährlich 4 vom Hundert,

2. bei Gebäuden, soweit sie die Voraussetzungen der Nummer 1 nicht erfüllen und die
   a) nach dem 31. Dezember 1924 fertiggestellt worden sind, jährlich 2 vom Hundert,
   b) vor dem 1. Januar 1925 fertiggestellt worden sind, jährlich 2,5 vom Hundert

der Anschaffungs- oder Herstellungskosten. [2]Beträgt die tatsächliche Nutzungsdauer eines Gebäudes in den Fällen der Nummer 1 weniger als

---

[1] Zur Anwendung von § 7 Abs. 2 Satz 2 siehe § 52 Abs. 10.
[2] Zur Anwendung von § 7 Abs. 4 siehe § 52 Abs. 11.

25 Jahre, in den Fällen der Nummer 2 Buchstabe a weniger als 50 Jahre, in den Fällen der Nummer 2 Buchstabe b weniger als 40 Jahre, so können an Stelle der Absetzungen nach Satz 1 die der tatsächlichen Nutzungsdauer entsprechenden Absetzungen für Abnutzung vorgenommen werden. [3]Absatz 1 letzter Satz bleibt unberührt. [4]Bei Gebäuden im Sinne der Nummer 2 rechtfertigt die für Gebäude im Sinne der Nummer 1 geltende Regelung weder die Anwendung des Absatzes 1 letzter Satz noch den Ansatz des niedrigeren Teilwerts (§ 6 Abs. 1 Nr. 1 Satz 2).

(5)[1)] [1]Bei im Inland belegenen Gebäuden, die vom Steuerpflichtigen hergestellt oder bis zum Ende des Jahres der Fertigstellung angeschafft worden sind, können abweichend von Absatz 4 als Absetzung für Abnutzung die folgenden Beträge abgezogen werden:

1. bei Gebäuden im Sinne des Absatzes 4 Satz 1 Nr. 1
im Jahr der Fertigstellung oder Anschaffung

| | | | |
|---|---|---|---|
| und in den folgenden 3 Jahren | jeweils | 10 | vom Hundert, |
| in den darauffolgenden 3 Jahren | jeweils | 5 | vom Hundert, |
| in den darauffolgenden 18 Jahren | jeweils | 2,5 | vom Hundert, |

2. bei Gebäuden im Sinne des Absatzes 4 Satz 1 Nr. 2
im Jahr der Fertigstellung oder Anschaffung

| | | | |
|---|---|---|---|
| und in den folgenden 7 Jahren | jeweils | 5 | vom Hundert, |
| in den darauffolgenden 6 Jahren | jeweils | 2,5 | vom Hundert, |
| in den darauffolgenden 36 Jahren | jeweils | 1,25 | vom Hundert |

der Herstellungskosten oder der Anschaffungskosten. [2]Bei Gebäuden im Sinne der Nummer 2, für die der Bauantrag nach dem 28. Februar 1989 gestellt worden ist und die vom Steuerpflichtigen hergestellt worden sind oder die vom Steuerpflichtigen nach dem 28. Februar 1989 auf Grund eines nach diesem Zeitpunkt rechtswirksam abgeschlossenen obligatorischen Vertrags bis zum Ende des Jahres der Fertigstellung angeschafft worden sind, können, soweit die Gebäude Wohnzwecken dienen, anstelle der Beträge nach Satz 1 die folgenden Beträge abgezogen werden:

im Jahr der Fertigstellung und

| | | | |
|---|---|---|---|
| in den folgenden 3 Jahren | jeweils | 7 | vom Hundert, |
| in den darauffolgenden 6 Jahren | jeweils | 5 | vom Hundert, |
| in den darauffolgenden 6 Jahren | jeweils | 2 | vom Hundert, |
| in den darauffolgenden 24 Jahren | jeweils | 1,25 | vom Hundert |

der Herstellungskosten oder der Anschaffungskosten. [3]Im Fall der Anschaffung können die Sätze 1 und 2 nur angewendet werden, wenn der Hersteller für das veräußerte Gebäude weder Absetzungen für Abnutzung nach Satz 1 oder 2 vorgenommen noch erhöhte Absetzungen oder Sonderabschreibungen in Anspruch genommen hat.

(5 a) Die Absätze 4 und 5 sind auf Gebäudeteile, die selbständige unbewegliche Wirtschaftsgüter sind, sowie auf Eigentumswohnungen und auf im Teileigentum stehende Räume entsprechend anzuwenden.

(6) Bei Bergbauunternehmen, Steinbrüchen und anderen Betrieben, die einen Verbrauch der Substanz mit sich bringen, ist Absatz 1 entspre-

---

[1)] Zur Anwendung von § 7 Abs. 5 siehe § 52 Abs. 11 und § 56 Nr. 1.

chend anzuwenden; dabei sind Absetzungen nach Maßgabe des Substanz-
verzehrs zulässig (Absetzung für Substanzverringerung).

### § 7a. Gemeinsame Vorschriften für erhöhte Absetzungen und Sonderabschreibungen.

(1) [1]Werden in dem Zeitraum, in dem bei ei-
nem Wirtschaftsgut erhöhte Absetzungen oder Sonderabschreibungen in
Anspruch genommen werden können (Begünstigungszeitraum), nachträgliche Herstellungskosten aufgewendet, so bemessen sich vom Jahr
der Entstehung der nachträglichen Herstellungskosten an bis zum Ende
des Begünstigungszeitraums die Absetzungen für Abnutzung, erhöhten
Absetzungen und Sonderabschreibungen nach den um die nachträglichen
Herstellungskosten erhöhten Anschaffungs- oder Herstellungskosten.
[2]Entsprechendes gilt für nachträgliche Anschaffungskosten. [3]Werden im
Begünstigungszeitraum die Anschaffungs- oder Herstellungskosten eines
Wirtschaftsguts nachträglich gemindert, so bemessen sich vom Jahr der
Minderung an bis zum Ende des Begünstigungszeitraums die Absetzun-
gen für Abnutzung, erhöhten Absetzungen und Sonderabschreibungen
nach den geminderten Anschaffungs- oder Herstellungskosten.

(2) [1]Können bei einem Wirtschaftsgut erhöhte Absetzungen oder Son-
derabschreibungen bereits für Anzahlungen auf Anschaffungskosten oder
für Teilherstellungskosten in Anspruch genommen werden, so sind die
Vorschriften über erhöhte Absetzungen und Sonderabschreibungen mit
der Maßgabe anzuwenden, daß an die Stelle der Anschaffungs- oder
Herstellungskosten die Anzahlungen auf Anschaffungskosten oder die
Teilherstellungskosten und an die Stelle des Jahres der Anschaffung oder
Herstellung das Jahr der Anzahlung oder Teilherstellung treten. [2]Nach
Anschaffung oder Herstellung des Wirtschaftsguts sind erhöhte Absetzungen oder Sonderabschreibungen nur zulässig, soweit sie nicht bereits
für Anzahlungen auf Anschaffungskosten oder für Teilherstellungskosten in Anspruch genommen worden sind. [3]Anzahlungen auf Anschaffungskosten sind im Zeitpunkt der tatsächlichen Zahlung aufgewendet.
[4]Werden Anzahlungen auf Anschaffungskosten durch Hingabe eines
Wechsels geleistet, so sind sie in dem Zeitpunkt aufgewendet, in dem
dem Lieferanten durch Diskontierung oder Einlösung des Wechsels das
Geld tatsächlich zufließt. [5]Entsprechendes gilt, wenn an Stelle von Geld
ein Scheck hingegeben wird.

(3) Bei Wirtschaftsgütern, bei denen erhöhte Absetzungen in Anspruch genommen werden, müssen in jedem Jahr des Begünstigungszeitraums mindestens Absetzungen in Höhe der Absetzungen für Abnutzung
nach § 7 Abs. 1 oder 4 berücksichtigt werden.

(4) Bei Wirtschaftsgütern, bei denen Sonderabschreibungen in Anspruch genommen werden, sind die Absetzungen für Abnutzung nach
§ 7 Abs. 1 oder 4 vorzunehmen.

(5) Liegen bei einem Wirtschaftsgut die Voraussetzungen für die Inanspruchnahme von erhöhten Absetzungen oder Sonderabschreibungen auf
Grund mehrerer Vorschriften vor, so dürfen erhöhte Absetzungen oder
Sonderabschreibungen nur auf Grund einer dieser Vorschriften in Anspruch genommen werden.

(6) Erhöhte Absetzungen oder Sonderabschreibungen sind bei der Prüfung, ob die in § 141 Abs. 1 Nr. 4 und 5 der Abgabenordnung bezeichneten Buchführungsgrenzen überschritten sind, nicht zu berücksichtigen.

(7) [1]Ist ein Wirtschaftsgut mehreren Beteiligten zuzurechnen und sind die Voraussetzungen für erhöhte Absetzungen oder Sonderabschreibungen nur bei einzelnen Beteiligten erfüllt, so dürfen die erhöhten Absetzungen und Sonderabschreibungen nur anteilig für diese Beteiligten vorgenommen werden. [2]Die erhöhten Absetzungen oder Sonderabschreibungen dürfen von den Beteiligten, bei denen die Voraussetzungen dafür erfüllt sind, nur einheitlich vorgenommen werden.

(8) [1]Erhöhte Absetzungen oder Sonderabschreibungen sind bei Wirtschaftsgütern, die zu einem Betriebsvermögen gehören, nur zulässig, wenn sie in ein besonderes, laufend zu führendes Verzeichnis aufgenommen werden, das den Tag der Anschaffung oder Herstellung, die Anschaffungs- oder Herstellungskosten, die betriebsgewöhnliche Nutzungsdauer und die Höhe der jährlichen Absetzungen für Abnutzung, erhöhten Absetzungen und Sonderabschreibungen enthält. [2]Das Verzeichnis braucht nicht geführt zu werden, wenn diese Angaben aus der Buchführung ersichtlich sind.

(9) Sind für ein Wirtschaftsgut Sonderabschreibungen vorgenommen worden, so bemessen sich nach Ablauf des maßgebenden Begünstigungszeitraums die Absetzungen für Abnutzung bei Gebäuden und bei Wirtschaftsgütern im Sinne des § 7 Abs. 5a nach dem Restwert und dem nach § 7 Abs. 4 unter Berücksichtigung der Restnutzungsdauer maßgebenden Vomhundertsatz, bei anderen Wirtschaftsgütern nach dem Restwert und der Restnutzungsdauer.

### § 7b. Erhöhte Absetzungen für Einfamilienhäuser, Zweifamilienhäuser und Eigentumswohnungen.[1)] (1) [1]Bei im Inland belegenen Einfamilienhäusern, Zweifamilienhäusern und Eigentumswohnungen, die zu mehr als 66⅔ vom Hundert Wohnzwecken dienen und die vor dem 1. Januar 1987 hergestellt oder angeschafft worden sind, kann abweichend von § 7 Abs. 4 und 5 der Bauherr im Jahr der Fertigstellung und in den sieben folgenden Jahren jeweils bis zu 5 vom Hundert der Herstellungskosten oder ein Erwerber im Jahr der Anschaffung und in den sieben folgenden Jahren jeweils bis zu 5 vom Hundert der Anschaffungskosten absetzen. [2]Nach Ablauf dieser acht Jahre sind als Absetzung für Abnutzung bis zur vollen Absetzung jährlich 2,5 vom Hundert des Restwerts abzuziehen; § 7 Abs. 4 Satz 2 gilt entsprechend. [3]Übersteigen die Herstellungskosten oder die Anschaffungskosten bei einem Einfamilienhaus oder einer Eigentumswohnung 200000 Deutsche Mark, bei einem Zweifamilienhaus 250000 Deutsche Mark, bei einem Anteil an einem dieser Gebäude oder einer Eigentumswohnung den entsprechenden Teil von 200000 Deutsche Mark oder von 250000 Deutsche Mark, so ist

---

[1)] Siehe § 57 Abs. 2.

auf den übersteigenden Teil der Herstellungskosten oder der Anschaffungskosten § 7 Abs. 4 anzuwenden. [4]Satz 1 ist nicht anzuwenden, wenn der Steuerpflichtige das Einfamilienhaus, Zweifamilienhaus, die Eigentumswohnung oder einen Anteil an einem dieser Gebäude oder an einer Eigentumswohnung

1. von seinem Ehegatten anschafft und bei den Ehegatten die Voraussetzungen des § 26 Abs. 1 vorliegen;

2. anschafft und im zeitlichen Zusammenhang mit der Anschaffung an den Veräußerer ein Einfamilienhaus, Zweifamilienhaus oder eine Eigentumswohnung oder einen Anteil an einem dieser Gebäude oder an einer Eigentumswohnung veräußert; das gilt auch, wenn das veräußerte Gebäude, die veräußerte Eigentumswohnung oder der veräußerte Anteil dem Ehegatten des Steuerpflichtigen zuzurechnen war und bei den Ehegatten im Zeitpunkt der Anschaffung und im Zeitpunkt der Veräußerung die Voraussetzungen des § 26 Abs. 1 vorliegen;

3. nach einer früheren Veräußerung durch ihn wieder anschafft; das gilt auch, wenn das Gebäude, die Eigentumswohnung oder der Anteil im Zeitpunkt der früheren Veräußerung dem Ehegatten des Steuerpflichtigen zuzurechnen war und bei den Ehegatten die Voraussetzungen des § 26 Abs. 1 vorliegen.

(2) [1]Absatz 1 gilt entsprechend für Herstellungskosten, die für Ausbauten und Erweiterungen an einem Einfamilienhaus, Zweifamilienhaus oder an einer Eigentumswohnung aufgewendet worden sind und der Ausbau oder die Erweiterung vor dem 1. Januar 1987 fertiggestellt worden ist, wenn das Einfamilienhaus, Zweifamilienhaus oder die Eigentumswohnung vor dem 1. Januar 1964 fertiggestellt und nicht nach dem 31. Dezember 1976 angeschafft worden ist. [2]Weitere Voraussetzung ist, daß das Gebäude oder die Eigentumswohnung im Inland belegen ist und die ausgebauten oder neu hergestellten Gebäudeteile zu mehr als 80 vom Hundert Wohnzwecken dienen. [3]Nach Ablauf des Zeitraums, in dem nach Satz 1 erhöhte Absetzungen vorgenommen werden können, ist der Restwert den Anschaffungs- oder Herstellungskosten des Gebäudes oder dem an deren Stelle tretenden Wert hinzuzurechnen; die weiteren Absetzungen für Abnutzung sind einheitlich für das gesamte Gebäude nach dem sich hiernach ergebenden Betrag und dem für das Gebäude maßgebenden Hundertsatz zu bemessen.

(3) [1]Der Bauherr kann erhöhte Absetzungen, die er im Jahr der Fertigstellung und in den zwei folgenden Jahren nicht ausgenutzt hat, bis zum Ende des dritten auf das Jahr der Fertigstellung folgenden Jahres nachholen. [2]Nachträgliche Herstellungskosten, die bis zum Ende des dritten auf das Jahr der Fertigstellung folgenden Jahres entstehen, können abweichend von § 7 a Abs. 1 vom Jahr ihrer Entstehung an so behandelt werden, als wären sie bereits im ersten Jahr des Begünstigungszeitraums entstanden. [3]Die Sätze 1 und 2 gelten für den Erwerber eines Einfamilienhauses, eines Zweifamilienhauses oder einer Eigentumswohnung und bei Ausbauten und Erweiterungen im Sinne des Absatzes 2 entsprechend.

(4) [1]Zum Gebäude gehörende Garagen sind ohne Rücksicht auf ihre tatsächliche Nutzung als Wohnzwecken dienend zu behandeln, soweit in ihnen nicht mehr als ein Personenkraftwagen für jede in dem Gebäude befindliche Wohnung untergestellt werden kann. [2]Räume für die Unterstellung weiterer Kraftwagen sind stets als nicht Wohnzwecken dienend zu behandeln.

(5) [1]Erhöhte Absetzungen nach den Absätzen 1 und 2 kann der Steuerpflichtige nur für ein Einfamilienhaus oder für ein Zweifamilienhaus oder für eine Eigentumswohnung oder für den Ausbau oder die Erweiterung eines Einfamilienhauses, eines Zweifamilienhauses oder einer Eigentumswohnung in Anspruch nehmen. [2]Ehegatten, bei denen die Voraussetzungen des § 26 Abs. 1 vorliegen, können erhöhte Absetzungen nach den Absätzen 1 und 2 für insgesamt zwei der in Satz 1 bezeichneten Gebäude, Eigentumswohnungen, Ausbauten oder Erweiterungen in Anspruch nehmen. [3]Den erhöhten Absetzungen nach den Absätzen 1 und 2 stehen die erhöhten Absetzungen nach § 7b in der jeweiligen Fassung ab Inkrafttreten des Gesetzes vom 16. Juni 1964 (BGBl. I S. 353) und nach § 15 Abs. 1 bis 4 des Berlinförderungsgesetzes in der Fassung des Gesetzes vom 11. Juli 1977 (BGBl. I S. 1213) gleich. [4]Ist das Einfamilienhaus, das Zweifamilienhaus oder die Eigentumswohnung (Erstobjekt) dem Steuerpflichtigen nicht bis zum Ablauf des Begünstigungszeitraums zuzurechnen, so kann der Steuerpflichtige abweichend von den Sätzen 1 bis 3 erhöhte Absetzungen bei einem weiteren Einfamilienhaus, Zweifamilienhaus oder einer weiteren Eigentumswohnung im Sinne des Absatzes 1 Satz 1 (Folgeobjekt) in Anspruch nehmen, wenn er das Folgeobjekt innerhalb eines Zeitraums von zwei Jahren vor und drei Jahren nach Ablauf des Veranlagungszeitraums, in dem ihm das Erstobjekt letztmals zugerechnet worden ist, anschafft oder herstellt; Entsprechendes gilt bei einem Ausbau oder einer Erweiterung eines Einfamilienhauses, Zweifamilienhauses oder einer Eigentumswohnung. [5]Im Fall des Satzes 4 ist der Begünstigungszeitraum für das Folgeobjekt um die Anzahl der Veranlagungszeiträume zu kürzen, in denen das Erstobjekt dem Steuerpflichtigen zugerechnet worden ist; hat der Steuerpflichtige das Folgeobjekt in einem Veranlagungszeitraum, in dem ihm das Erstobjekt noch zuzurechnen ist, hergestellt oder angeschafft oder einen Ausbau oder eine Erweiterung vorgenommen, so beginnt der Begünstigungszeitraum für das Folgeobjekt abweichend von Absatz 1 mit Ablauf des Veranlagungszeitraums, in dem das Erstobjekt dem Steuerpflichtigen letztmals zugerechnet worden ist.

(6) [1]Ist ein Einfamilienhaus, ein Zweifamilienhaus oder eine Eigentumswohnung mehreren Steuerpflichtigen zuzurechnen, so ist Absatz 5 mit der Maßgabe anzuwenden, daß der Anteil des Steuerpflichtigen an einem dieser Gebäude oder an einer Eigentumswohnung einem Einfamilienhaus, einem Zweifamilienhaus oder einer Eigentumswohnung gleichsteht; Entsprechendes gilt bei dem Ausbau oder der Erweiterung von Einfamilienhäusern, Zweifamilienhäusern oder Eigentumswohnungen, die mehreren Steuerpflichtigen zuzurechnen sind. [2]Satz 1 ist nicht anzuwenden, wenn ein Einfamilienhaus, ein Zweifamilienhaus oder eine

Eigentumswohnung ausschließlich dem Steuerpflichtigen und seinem Ehegatten zuzurechnen ist und bei den Ehegatten die Voraussetzungen des § 26 Abs. 1 vorliegen.

(7) Der Bauherr von Kaufeigenheimen, Trägerkleinsiedlungen und Kaufeigentumswohnungen kann abweichend von Absatz 5 für alle von ihm vor dem 1. Januar 1987 erstellten Kaufeigenheime, Trägerkleinsiedlungen und Kaufeigentumswohnungen im Jahr der Fertigstellung und im folgenden Jahr erhöhte Absetzungen bis zu jeweils 5 vom Hundert vornehmen.

(8)[1] Führt eine nach § 7 c begünstigte Baumaßnahme dazu, daß das bisher begünstigte Objekt kein Einfamilienhaus, Zweifamilienhaus und keine Eigentumswohnung mehr ist, kann der Steuerpflichtige die erhöhten Absetzungen nach den Absätzen 1 und 2 bei Vorliegen der übrigen Voraussetzungen für den restlichen Begünstigungszeitraum unter Einbeziehung der Herstellungskosten für die Baumaßnahmen nach § 7 c in Anspruch nehmen, soweit er diese Herstellungskosten nicht in die Bemessungsgrundlage nach § 7 c einbezogen hat.

### § 7 c.[2] Erhöhte Absetzungen für Baumaßnahmen an Gebäuden zur Schaffung neuer Mietwohnungen.

(1) Bei Wohnungen im Sinne des Absatzes 2, die durch Baumaßnahmen an Gebäuden im Inland hergestellt worden sind, können abweichend von § 7 Abs. 4 und 5 im Jahr der Fertigstellung und in den folgenden vier Jahren Absetzungen jeweils bis zu 20 vom Hundert der Bemessungsgrundlage vorgenommen werden.

(2) Begünstigt sind Wohnungen,

1. für die der Bauantrag nach dem 2. Oktober 1989 gestellt worden ist oder, falls ein Bauantrag nicht erforderlich ist, mit deren Herstellung nach diesem Zeitpunkt begonnen worden ist,

2. die vor dem 1. Januar 1993 fertiggestellt worden sind und

3. für die keine Mittel aus öffentlichen Haushalten unmittelbar oder mittelbar gewährt werden.

(3) [1]Bemessungsgrundlage sind die Aufwendungen, die dem Steuerpflichtigen durch die Baumaßnahme entstanden sind, höchstens jedoch 60000 Deutsche Mark je Wohnung. [2]Sind durch die Baumaßnahmen Gebäudeteile hergestellt worden, die selbständige unbewegliche Wirtschaftsgüter sind, gilt für die Herstellungskosten, für die keine Absetzungen nach Absatz 1 vorgenommen werden, § 7 Abs. 4; § 7 b Abs. 8 bleibt unberührt.

(4) Die erhöhten Absetzungen können nur in Anspruch genommen werden, wenn die Wohnung vom Zeitpunkt der Fertigstellung bis zum Ende des Begünstigungszeitraums fremden Wohnzwecken dient.

(5) [1]Nach Ablauf des Begünstigungszeitraums ist ein Restwert den Anschaffungs- oder Herstellungskosten des Gebäudes oder dem an deren Stelle tretenden Wert hinzuzurechnen; die weiteren Absetzungen für Ab-

---

[1] Zur Anwendung von § 7 b Abs. 8 siehe § 52 Abs. 12a.
[2] Zur Anwendung von § 7 c siehe § 52 Abs. 12a und § 57 Abs. 1.

nutzung sind einheitlich für das gesamte Gebäude nach dem sich hiernach ergebenden Betrag und dem für das Gebäude maßgebenden Hundertsatz zu bemessen. [2]Satz 1 ist auf Gebäudeteile, die selbständige unbewegliche Wirtschaftsgüter sind, und auf Eigentumswohnungen entsprechend anzuwenden.

### § 7d.[1] Erhöhte Absetzungen für Wirtschaftsgüter, die dem Umweltschutz dienen. (1) [1]Bei abnutzbaren beweglichen und unbeweglichen Wirtschaftsgütern des Anlagevermögens, bei denen die Voraussetzungen des Absatzes 2 vorliegen und die nach dem 31. Dezember 1974 und vor dem 1. Januar 1991 angeschafft oder hergestellt worden sind, können abweichend von § 7 im Wirtschaftsjahr der Anschaffung oder Herstellung bis zu 60 vom Hundert und in den folgenden Wirtschaftsjahren bis zur vollen Absetzung jeweils bis zu 10 vom Hundert der Anschaffungs- oder Herstellungskosten abgesetzt werden. [2]Nicht in Anspruch genommene erhöhte Absetzungen können nachgeholt werden. [3]Nachträgliche Anschaffungs- oder Herstellungskosten, die vor dem 1. Januar 1991 entstanden sind, können abweichend von § 7a Abs. 1 so behandelt werden, als wären sie im Wirtschaftsjahr der Anschaffung oder Herstellung entstanden.

(2) Die erhöhten Absetzungen nach Absatz 1 können nur in Anspruch genommen werden, wenn

1. die Wirtschaftsgüter in einem im Inland belegenen Betrieb des Steuerpflichtigen unmittelbar und zu mehr als 70 vom Hundert dem Umweltschutz dienen und

2. die von der Landesregierung bestimmte Stelle bescheinigt, daß
   a) die Wirtschaftsgüter zu dem in Nummer 1 bezeichneten Zweck bestimmt und geeignet sind und
   b) die Anschaffung oder Herstellung der Wirtschaftsgüter im öffentlichen Interesse erforderlich ist.

(3) [1]Die Wirtschaftsgüter dienen dem Umweltschutz, wenn sie dazu verwendet werden,

1. a) den Anfall von Abwasser oder
   b) Schädigungen durch Abwasser oder
   c) Verunreinigungen der Gewässer durch andere Stoffe als Abwasser oder
   d) Verunreinigungen der Luft oder
   e) Lärm oder Erschütterungen
   zu verhindern, zu beseitigen oder zu verringern oder

2. Abfälle nach den Grundsätzen des Abfallbeseitigungsgesetzes zu beseitigen.

[2]Die Anwendung des Satzes 1 ist nicht dadurch ausgeschlossen, daß die Wirtschaftsgüter zugleich für Zwecke des innerbetrieblichen Umweltschutzes verwendet werden.

---

[1] Siehe § 57 Abs. 2.

(4) [1]Die Absätze 1 bis 3 sind auf nach dem 31. Dezember 1974 und vor dem 1. Januar 1991 entstehende nachträgliche Herstellungskosten bei Wirtschaftsgütern, die dem Umweltschutz dienen und die vor dem 1. Januar 1975 angeschafft oder hergestellt worden sind, mit der Maßgabe entsprechend anzuwenden, daß im Wirtschaftsjahr der Fertigstellung der nachträglichen Herstellungsarbeiten erhöhte Absetzungen bis zur vollen Höhe der nachträglichen Herstellungskosten vorgenommen werden können. [2]Das gleiche gilt, wenn bei Wirtschaftsgütern, die nicht dem Umweltschutz dienen, nachträgliche Herstellungskosten nach dem 31. Dezember 1974 und vor dem 1. Januar 1991 dadurch entstehen, daß ausschließlich aus Gründen des Umweltschutzes Veränderungen vorgenommen werden.

(5) [1]Die erhöhten Absetzungen nach Absatz 1 können bereits für Anzahlungen auf Anschaffungskosten und für Teilherstellungskosten in Anspruch genommen werden. [2]§ 7a Abs. 2 ist mit der Maßgabe anzuwenden, daß die Summe der erhöhten Absetzungen 60 vom Hundert der bis zum Ende des jeweiligen Wirtschaftsjahrs insgesamt aufgewendeten Anzahlungen oder Teilherstellungskosten nicht übersteigen darf. [3]Satz 1 gilt in den Fällen des Absatzes 4 sinngemäß.

(6) Die erhöhten Absetzungen nach den Absätzen 1 bis 5 werden unter der Bedingung gewährt, daß die Voraussetzung des Absatzes 2 Nr. 1

1. in den Fällen des Absatzes 1 mindestens fünf Jahre nach der Anschaffung oder Herstellung der Wirtschaftsgüter,

2. in den Fällen des Absatzes 4 Satz 1 mindestens fünf Jahre nach Beendigung der nachträglichen Herstellungsarbeiten

erfüllt wird.

(7) [1]Steuerpflichtige, die nach dem 31. Dezember 1974 und vor dem 1. Januar 1991 durch Hingabe eines Zuschusses zur Finanzierung der Anschaffungs- oder Herstellungskosten von abnutzbaren Wirtschaftsgütern im Sinne des Absatzes 2 ein Recht auf Mitbenutzung dieser Wirtschaftsgüter erwerben, können bei diesem Recht abweichend von § 7 erhöhte Absetzungen nach Maßgabe des Absatzes 1 oder 4 Satz 1 vornehmen. [2]Die erhöhten Absetzungen können nur in Anspruch genommen werden, wenn der Empfänger

1. den Zuschuß unverzüglich und unmittelbar zur Finanzierung der Anschaffung oder Herstellung der Wirtschaftsgüter oder der nachträglichen Herstellungsarbeiten bei den Wirtschaftsgütern verwendet und

2. dem Steuerpflichtigen bestätigt, daß die Voraussetzung der Nummer 1 vorliegt und daß für die Wirtschaftsgüter oder die nachträglichen Herstellungsarbeiten eine Bescheinigung nach Absatz 2 Nr. 2 erteilt ist.

[3]Absatz 6 gilt sinngemäß.

(8) [1]Die erhöhten Absetzungen nach den Absätzen 1 bis 7 können nicht für Wirtschaftsgüter in Anspruch genommen werden, die in Betrieben oder Betriebsstätten verwendet werden, die in den letzten zwei Jahren vor dem Beginn des Kalenderjahrs, in dem das Wirtschaftsgut angeschafft oder hergestellt worden ist, errichtet worden sind. [2]Die Verlagerung von Betrieben oder Betriebsstätten gilt nicht als Errichtung im Sinne des Satzes 1, wenn die in Absatz 2 Nr. 2 bezeichnete Behörde bestätigt, daß die Verlagerung im öffentlichen Interesse aus Gründen des Umweltschutzes erforderlich ist.

### § 7e. Bewertungsfreiheit für Fabrikgebäude, Lagerhäuser und landwirtschaftliche Betriebsgebäude. (1) Steuerpflichtige, die

1. auf Grund des Bundesvertriebenengesetzes zur Inanspruchnahme von Rechten und Vergünstigungen berechtigt sind oder

2. aus Gründen der Rasse, Religion, Nationalität, Weltanschauung oder politischer Gegnerschaft gegen den Nationalsozialismus verfolgt worden sind,

ihre frühere Erwerbsgrundlage verloren haben und den Gewinn nach § 5 ermitteln, können bei Gebäuden, die im eigenen gewerblichen Betrieb unmittelbar

a) der Fertigung oder

b) der Bearbeitung von zum Absatz bestimmten Wirtschaftsgütern oder

c) der Wiederherstellung von Wirtschaftsgütern oder

d) ausschließlich der Lagerung von Waren, die zum Absatz an Wiederverkäufer bestimmt sind oder für fremde Rechnung gelagert werden,

dienen und vor dem 1. Januar 1993 hergestellt worden sind, im Wirtschaftsjahr der Herstellung und in dem darauffolgenden Wirtschaftsjahr Sonderabschreibungen bis zu je 10 vom Hundert der Herstellungskosten vornehmen.

(2) Absatz 1 ist entsprechend anwendbar auf die Herstellungskosten von land- und forstwirtschaftlichen Betriebsgebäuden und auf die Aufwendungen zum Wiederaufbau von durch Kriegseinwirkung ganz oder teilweise zerstörten land- und forstwirtschaftlichen Betriebsgebäuden, wenn der Gewinn aus Land- und Forstwirtschaft nach § 4 Abs. 1 ermittelt wird.

(3) [1]Bei nach dem 31. Dezember 1966 hergestellten Gebäuden können die Abschreibungen nach Absatz 1 oder Absatz 2 nur in Anspruch genommen werden, wenn die Gebäude vom Steuerpflichtigen vor Ablauf des zehnten Kalenderjahrs seit der erstmaligen Aufnahme einer gewerblichen oder land- und forstwirtschaftlichen Tätigkeit im Geltungsbereich dieses Gesetzes hergestellt worden sind. [2]Abschreibungen nach Absatz 1 oder Absatz 2 sind nur zulässig, wenn der Steuerpflichtige seinen Wohnsitz oder gewöhnlichen Aufenthalt im Geltungsbereich dieses Gesetzes vor dem 1. Januar 1990 begründet und das Gebäude vor Ablauf des zwanzigsten Kalenderjahres seit der erstmaligen Begründung hergestellt hat.

**§ 7f.[1] Bewertungsfreiheit für abnutzbare Wirtschaftsgüter des Anlagevermögens privater Krankenhäuser.** (1) Steuerpflichtige, die im Inland ein privates Krankenhaus betreiben, können unter den Voraussetzungen des Absatzes 2 bei abnutzbaren Wirtschaftsgütern des Anlagevermögens, die dem Betrieb dieses Krankenhauses dienen, im Jahr der Anschaffung oder Herstellung und in den vier folgenden Jahren Sonderabschreibungen vornehmen, und zwar

1. bei beweglichen Wirtschaftsgütern des Anlagevermögens bis zur Höhe von insgesamt 50 vom Hundert,

2. bei unbeweglichen Wirtschaftsgütern des Anlagevermögens bis zur Höhe von insgesamt 30 vom Hundert

der Anschaffungs- oder Herstellungskosten.

(2) Die Abschreibungen nach Absatz 1 können nur in Anspruch genommen werden, wenn bei dem privaten Krankenhaus im Jahr der Anschaffung oder Herstellung der Wirtschaftsgüter und im Jahr der Inanspruchnahme der Abschreibungen die in § 67 Abs. 1 oder 2 der Abgabenordnung bezeichneten Voraussetzungen erfüllt sind.

(3) Die Abschreibungen nach Absatz 1 können bereits für Anzahlungen auf Anschaffungskosten und für Teilherstellungskosten in Anspruch genommen werden.

**§ 7g.[1] Sonderabschreibungen zur Förderung kleiner und mittlerer Betriebe.** (1) Bei neuen beweglichen Wirtschaftsgütern des Anlagevermögens können unter den Voraussetzungen des Absatzes 2 im Jahr der Anschaffung oder Herstellung und in den vier folgenden Jahren neben den Absetzungen für Abnutzung nach § 7 Abs. 1 oder 2 Sonderabschreibungen bis zu insgesamt 20 vom Hundert der Anschaffungs- oder Herstellungskosten in Anspruch genommen werden.

(2)[1] Die Sonderabschreibung nach Absatz 1 können nur in Anspruch genommen werden, wenn

1. im Zeitpunkt der Anschaffung oder Herstellung des Wirtschaftsguts

   a) der Einheitswert des Betriebs, zu dessen Anlagevermögen das Wirtschaftsgut gehört, nicht mehr als 240 000 Deutsche Mark beträgt und

   b) bei Gewerbebetrieben im Sinne des Gewerbesteuergesetzes das Gewerbekapital nicht mehr als 500 000 Deutsche Mark beträgt und

2. das Wirtschaftsgut

   a) mindestens ein Jahr nach seiner Anschaffung oder Herstellung in einer inländischen Betriebsstätte dieses Betriebs verbleibt und

---

[1] Siehe § 57 Abs. 1 und 3.

b) im Jahr der Inanspruchnahme von Sonderabschreibungen im Betrieb des Steuerpflichtigen ausschließlich oder fast ausschließlich betrieblich genutzt wird.

[2]Ist ein Einheitswert des Betriebs für steuerliche Zwecke außerhalb dieser Vorschrift nicht festzustellen, tritt an seine Stelle der Wert des Betriebs, der sich in entsprechender Anwendung der §§ 95 bis 109a des Bewertungsgesetzes zum Ende des dem Zeitpunkt der Anschaffung oder Herstellung des Wirtschaftsguts vorangehenden Wirtschaftsjahrs ergeben würde.

**§ 7h.[1] Erhöhte Absetzungen bei Gebäuden in Sanierungsgebieten und städtebaulichen Entwicklungsbereichen.** (1) [1]Bei einem im Inland belegenen Gebäude in einem förmlich festgelegten Sanierungsgebiet oder städtebaulichen Entwicklungsbereich kann der Steuerpflichtige abweichend von § 7 Abs. 4 und 5 jeweils bis zu 10 vom Hundert der Herstellungskosten für Modernisierungs- und Instandsetzungsmaßnahmen im Sinne des § 177 des Baugesetzbuchs im Jahr der Herstellung und in den folgenden neun Jahren absetzen. [2]Satz 1 ist entsprechend anzuwenden auf Herstellungskosten für Maßnahmen, die der Erhaltung, Erneuerung und funktionsgerechten Verwendung eines Gebäudes im Sinne des Satzes 1 dienen, das wegen seiner geschichtlichen, künstlerischen oder städtebaulichen Bedeutung erhalten bleiben soll, und zu deren Durchführung sich der Eigentümer neben bestimmten Modernisierungsmaßnahmen gegenüber der Gemeinde verpflichtet hat. [3]Der Steuerpflichtige kann die erhöhten Absetzungen im Jahr des Abschlusses der Maßnahme und in den folgenden neun Jahren auch für Anschaffungskosten in Anspruch nehmen, die auf Maßnahmen im Sinne der Sätze 1 und 2 entfallen, soweit diese nach dem rechtswirksamen Abschluß eines obligatorischen Erwerbsvertrags oder eines gleichstehenden Rechtsakts durchgeführt worden sind. [4]Die erhöhten Absetzungen können nur in Anspruch genommen werden, soweit die Herstellungs- oder Anschaffungskosten durch Zuschüsse aus Sanierungs- oder Entwicklungsförderungsmitteln nicht gedeckt sind. [5]Nach Ablauf des Begünstigungszeitraums ist ein Restwert den Herstellungs- oder Anschaffungskosten des Gebäudes oder dem an deren Stelle tretenden Wert hinzuzurechnen; die weiteren Absetzungen für Abnutzung sind einheitlich für das gesamte Gebäude nach dem sich hiernach ergebenden Betrag und dem für das Gebäude maßgebenden Hundertsatz zu bemessen.

(2) [1]Der Steuerpflichtige kann die erhöhten Absetzungen nur in Anspruch nehmen, wenn er durch eine Bescheinigung der zuständigen Gemeindebehörde die Voraussetzungen des Absatzes 1 für das Gebäude und die Maßnahmen nachweist. [2]Sind ihm Zuschüsse aus Sanierungs- oder Entwicklungsförderungsmitteln gewährt worden, so hat die Bescheini-

---

[1] Zur Anwendung von § 7h siehe § 52 Abs. 12b.

gung auch deren Höhe zu enthalten; werden ihm solche Zuschüsse nach Ausstellung der Bescheinigung gewährt, so ist diese entsprechend zu ändern.

(3) Die Absätze 1 und 2 sind auf Gebäudeteile, die selbständige unbewegliche Wirtschaftsgüter sind, sowie auf Eigentumswohnungen und auf im Teileigentum stehende Räume entsprechend anzuwenden.

(4) *(aufgehoben)*

**§ 7i.**[1] **Erhöhte Absetzungen bei Baudenkmalen.** (1) [1]Bei einem im Inland belegenen Gebäude, das nach den jeweiligen landesrechtlichen Vorschriften ein Baudenkmal ist, kann der Steuerpflichtige abweichend von § 7 Abs. 4 und 5 jeweils bis zu 10 vom Hundert der Herstellungskosten für Baumaßnahmen, die nach Art und Umfang zur Erhaltung des Gebäudes als Baudenkmal oder zu seiner sinnvollen Nutzung erforderlich sind, im Jahr der Herstellung und in den folgenden neun Jahren absetzen. [2]Eine sinnvolle Nutzung ist nur anzunehmen, wenn das Gebäude in der Weise genutzt wird, daß die Erhaltung der schützenswerten Substanz des Gebäudes auf die Dauer gewährleistet ist. [3]Bei einem im Inland belegenen Gebäudeteil, das nach den jeweiligen landesrechtlichen Vorschriften ein Baudenkmal ist, sind die Sätze 1 und 2 entsprechend anzuwenden. [4]Bei einem im Inland belegenen Gebäude oder Gebäudeteil, das für sich allein nicht die Voraussetzungen für ein Baudenkmal erfüllt, aber Teil einer Gebäudegruppe oder Gesamtanlage ist, die nach den jeweiligen landesrechtlichen Vorschriften als Einheit geschützt ist, kann der Steuerpflichtige die erhöhten Absetzungen von den Herstellungskosten für Baumaßnahmen vornehmen, die nach Art und Umfang zur Erhaltung des schützenswerten äußeren Erscheinungsbildes der Gebäudegruppe oder Gesamtanlage erforderlich sind. [5]Der Steuerpflichtige kann die erhöhten Absetzungen im Jahr des Abschlusses der Baumaßnahme und in den folgenden neun Jahren auch für Anschaffungskosten in Anspruch nehmen, die auf Baumaßnahmen im Sinne der Sätze 1 bis 4 entfallen, soweit diese nach dem rechtswirksamen Abschluß eines obligatorischen Erwerbsvertrags oder eines gleichstehenden Rechtsakts durchgeführt worden sind. [6]Die Baumaßnahmen müssen in Abstimmung mit der in Absatz 2 bezeichneten Stelle durchgeführt worden sein. [7]Die erhöhten Absetzungen können nur in Anspruch genommen werden, soweit die Herstellungs- oder Anschaffungskosten nicht durch Zuschüsse aus öffentlichen Kassen gedeckt sind. [8]§ 7h Abs. 1 Satz 5 ist entsprechend anzuwenden.

(2) [1]Der Steuerpflichtige kann die erhöhten Absetzungen nur in Anspruch nehmen, wenn er durch eine Bescheinigung der nach Landesrecht zuständigen oder von der Landesregierung bestimmten Stelle die Voraussetzungen des Absatzes 1 für das Gebäude oder Gebäudeteil und für die

---

[1] Zur Anwendung von § 7i siehe § 52 Abs. 12b.

Erforderlichkeit der Aufwendungen nachweist. [2]Hat eine der für Denkmalschutz oder Denkmalpflege zuständigen Behörden ihm Zuschüsse gewährt, so hat die Bescheinigung auch deren Höhe zu enthalten; werden ihm solche Zuschüsse nach Ausstellung der Bescheinigung gewährt, so ist diese entsprechend zu ändern.

(3) § 7h Abs. 3 ist entsprechend anzuwenden.

(4) *(aufgehoben)*

### § 7k.[1) ] Erhöhte Absetzungen für Wohnungen mit Sozialbindung.

(1) [1]Bei Wohnungen im Sinne des Absatzes 2 können abweichend von § 7 Abs. 4 und 5 im Jahr der Fertigstellung und in den folgenden vier Jahren jeweils bis zu 10 vom Hundert und in den folgenden fünf Jahren jeweils bis zu 7 vom Hundert der Herstellungskosten oder Anschaffungskosten abgesetzt werden. [2]Im Fall der Anschaffung ist Satz 1 nur anzuwenden, wenn der Hersteller für die veräußerte Wohnung weder Absetzungen für Abnutzung nach § 7 Abs. 5 vorgenommen noch erhöhte Absetzungen oder Sonderabschreibungen in Anspruch genommen hat. [3]Nach Ablauf dieser zehn Jahre sind als Absetzungen für Abnutzung bis zur vollen Absetzung jährlich 3⅓ vom Hundert des Restwerts abzuziehen; § 7 Abs. 4 Satz 2 gilt entsprechend.

(2) Begünstigt sind Wohnungen im Inland,

1. a) für die der Bauantrag nach dem 28. Februar 1989 gestellt worden ist und die vom Steuerpflichtigen hergestellt worden sind oder
    b) die vom Steuerpflichtigen nach dem 28. Februar 1989 auf Grund eines nach diesem Zeitpunkt rechtswirksam abgeschlossenen obligatorischen Vertrags bis zum Ende des Jahres der Fertigstellung angeschafft worden sind,

2. die vor dem 1. Januar 1996 fertiggestellt worden sind,

3. für die keine Mittel aus öffentlichen Haushalten unmittelbar oder mittelbar gewährt werden,

4. die im Jahr der Anschaffung oder Herstellung und in den folgenden neun Jahren (Verwendungszeitraum) dem Steuerpflichtigen zu fremden Wohnzwecken dienen und

5. für die der Steuerpflichtige für jedes Jahr des Verwendungszeitraums, in dem er die Wohnungen vermietet hat, durch die Bescheinigung nachweist, daß die Voraussetzungen des Absatzes 3 vorliegen.

(3) Die Bescheinigung nach Absatz 2 Nr. 5 ist von der nach § 3 des Wohnungsbindungsgesetzes zuständigen Stelle, im Saarland von der durch die Landesregierung bestimmten Stelle (zuständige Stelle), nach Ablauf des jeweiligen Jahres des Begünstigungszeitraums für Wohnungen zu erteilen,

---

[1)] Zur Anwendung von § 7k siehe § 52 Abs. 12a und § 57 Abs. 1.

1. a) die der Steuerpflichtige nur an Personen vermietet hat, für die

 aa) eine Bescheinigung über die Wohnberechtigung nach § 5 des Wohnungsbindungsgesetzes, im Saarland eine Mieteranerkennung, daß die Voraussetzungen des § 14 des Wohnungsbaugesetzes für das Saarland erfüllt sind, ausgestellt worden ist, oder

 bb) eine Bescheinigung ausgestellt worden ist, daß sie die Voraussetzungen des § 88 a Abs. 1 Buchstabe b des Zweiten Wohnungsbaugesetzes, im Saarland des § 51 b Abs. 1 Buchstabe b des Wohnungsbaugesetzes für das Saarland, erfüllen,

und wenn die Größe der Wohnung die in dieser Bescheinigung angegebene Größe nicht übersteigt, oder

 b) für die der Steuerpflichtige keinen Mieter im Sinne des Buchstabens a gefunden hat und für die ihm die zuständige Stelle nicht innerhalb von sechs Wochen nach seiner Anforderung einen solchen Mieter nachgewiesen hat,

und

2. bei denen die Höchstmiete nicht überschritten worden ist. [2]Die Landesregierungen werden ermächtigt, die Höchstmiete in Anlehnung an die Beträge nach § 72 Abs. 3 des Zweiten Wohnungsbaugesetzes, im Saarland unter Berücksichtigung der Besonderheiten des Wohnungsbaugesetzes für das Saarland durch Rechtsverordnung festzusetzen. [3]In der Rechtsverordnung ist eine Erhöhung der Mieten in Anlehnung an die Erhöhung der Mieten im öffentlich geförderten sozialen Wohnungsbau zuzulassen. [4]§ 4 des Gesetzes zur Regelung der Miethöhe bleibt unberührt.

## 4. Überschuß der Einnahmen über die Werbungskosten

**§ 8. Einnahmen.** (1) Einnahmen sind alle Güter, die in Geld oder Geldeswert bestehen und dem Steuerpflichtigen im Rahmen einer der Einkunftsarten des § 2 Abs. 1 Nr. 4 bis 7 zufließen.

(2)[1] [1]Einnahmen, die nicht in Geld bestehen (Wohnung, Kost, Waren und sonstige Sachbezüge), sind mit den üblichen Endpreisen am Abgabeort anzusetzen. [2]Bei Arbeitnehmern, für deren Sachbezüge durch Rechtsverordnung nach § 17 Abs. 1 Nr. 3 Viertes Buch Sozialgesetzbuch Werte bestimmt worden sind, sind diese Werte maßgebend. [3]Die Werte nach Satz 2 sind auch bei Arbeitnehmern anzusetzen, die nicht der gesetzlichen Rentenversicherungspflicht unterliegen, wenn sie für deren Sachbezüge nicht offensichtlich unzutreffend sind. [4]Die oberste Finanzbehörde eines Landes kann mit Zustimmung des Bundesministers der Finanzen für weitere Sachbezüge der Arbeitnehmer Durchschnittswerte festsetzen.

---

[1] Vgl. hierzu SachBezV (Nr. 1.4).

(3) [1]Erhält ein Arbeitnehmer auf Grund seines Dienstverhältnisses Waren oder Dienstleistungen, die vom Arbeitgeber nicht überwiegend für den Bedarf seiner Arbeitnehmer hergestellt, vertrieben oder erbracht werden und deren Bezug nicht nach § 40 pauschal versteuert wird, so gelten als deren Werte abweichend von Absatz 2 die um vier vom Hundert geminderten Endpreise, zu denen der Arbeitgeber oder der dem Abgabeort nächstansässige Abnehmer die Waren oder Dienstleistungen fremden Letztverbrauchern im allgemeinen Geschäftsverkehr anbietet. [2]Die sich nach Abzug der vom Arbeitnehmer gezahlten Entgelte ergebenden Vorteile sind steuerfrei, soweit sie aus dem Dienstverhältnis insgesamt 2400 Deutsche Mark im Kalenderjahr nicht übersteigen.

## § 9. Werbungskosten.

(1) [1]Werbungskosten sind Aufwendungen zur Erwerbung, Sicherung und Erhaltung der Einnahmen. [2]Sie sind bei der Einkunftsart abzuziehen, bei der sie erwachsen sind. [3]Werbungskosten sind auch

1. Schuldzinsen und auf besonderen Verpflichtungsgründen beruhende Renten und dauernde Lasten, soweit sie mit einer Einkunftsart in wirtschaftlichem Zusammenhang stehen. [2]Bei Leibrenten kann nur der Anteil abgezogen werden, der sich aus der in § 22 Nr. 1 Satz 3 Buchstabe a aufgeführten Tabelle ergibt; in den Fällen des § 22 Nr. 1 Satz 3 Buchstabe a letzter Satz kann nur der Anteil, der nach der in dieser Vorschrift vorgesehenen Rechtsverordnung zu ermitteln ist, abgezogen werden;

2. Steuern vom Grundbesitz, sonstige öffentliche Abgaben und Versicherungsbeiträge, soweit solche Ausgaben sich auf Gebäude oder auf Gegenstände beziehen, die dem Steuerpflichtigen zur Einnahmeerzielung dienen;

3. Beiträge zu Berufsständen und sonstigen Berufsverbänden, deren Zweck nicht auf einen wirtschaftlichen Geschäftsbetrieb gerichtet ist;

4.[1]) Aufwendungen des Arbeitnehmers für Fahrten zwischen Wohnung und Arbeitsstätte. [2]Fährt der Arbeitnehmer an einem Arbeitstag mehrmals zwischen Wohnung und Arbeitsstätte hin und her, so sind die zusätzlichen Fahrten nur zu berücksichtigen, soweit sie durch einen zusätzlichen Arbeitseinsatz außerhalb der regelmäßigen Arbeitszeit oder durch eine Arbeitszeitunterbrechung von mindestens vier Stunden veranlaßt sind. [3]Hat ein Arbeitnehmer mehrere Wohnungen, so sind die Fahrten von oder zu einer Wohnung, die nicht der Arbeitsstätte am nächsten liegt, nur zu berücksichtigen, wenn sie den Mittelpunkt der Lebensinteressen des Arbeitnehmers bildet und nicht nur gelegentlich aufgesucht wird. [4]Bei Fahrten mit einem eigenen oder zur Nutzung überlassenen Kraftfahrzeug sind die Aufwendungen mit den folgenden Pauschbeträgen anzusetzen:
   a) bei Benutzung
   eines Kraftwagens                             0,65 Deutsche Mark,

---

[1]) Zur Anwendung von § 9 Abs. 1 Nr. 4 siehe § 52 Abs. 13.

b) bei Benutzung
    eines Motorrads oder Motorrollers          0,30 Deutsche Mark
für jeden Kilometer der Entfernung zwischen Wohnung und Arbeitsstätte; für die Bestimmung der Entfernung ist die kürzeste benutzbare
Straßenverbindung maßgebend;

5. notwendige Mehraufwendungen, die einem Arbeitnehmer wegen einer aus beruflichem Anlaß begründeten doppelten Haushaltsführung
entstehen, und zwar unabhängig davon, aus welchen Gründen die
doppelte Haushaltsführung beibehalten wird. [2]Eine doppelte Haushaltsführung liegt vor, wenn der Arbeitnehmer außerhalb des Ortes,
in dem er einen eigenen Hausstand unterhält, beschäftigt ist und auch
am Beschäftigungsort wohnt. [3]Aufwendungen für Fahrten vom Beschäftigungsort zum Ort des eigenen Hausstands und zurück (Familienheimfahrten) können jeweils nur für eine Familienheimfahrt wöchentlich als Werbungskosten abgezogen werden. [4]Bei Familienheimfahrten mit einem eigenen oder zur Nutzung überlassenen Kraftfahrzeug ist je Kilometer der Entfernung zwischen dem Ort des eigenen
Hausstands und dem Beschäftigungsort Nummer 4 Satz 4 entsprechend anzuwenden;

6. Aufwendungen für Arbeitsmittel, zum Beispiel für Werkzeuge und
typische Berufskleidung. [2]Nummer 7 bleibt unberührt;

7. Absetzungen für Abnutzung und für Substanzverringerung und erhöhte Absetzungen. [2]§ 6 Abs. 2 Satz 1 bis 3 ist in Fällen der Anschaffung oder Herstellung von Wirtschaftsgütern entsprechend anzuwenden.

(2) [1]Anstelle der Pauschbeträge nach Absatz 1 Nr. 4 Satz 4 können

1. Behinderte, deren Grad der Behinderung mindestens 70 beträgt,

2. Behinderte, deren Grad der Behinderung weniger als 70, aber mindestens 50 beträgt und die in ihrer Bewegungsfähigkeit im Straßenver-
kehr erheblich beeinträchtigt sind,

für Fahrten zwischen Wohnung und Arbeitsstätte und für Familienheimfahrten die tatsächlichen Aufwendungen ansetzen. [2]Die Voraussetzungen
der Nummern 1 und 2 sind durch amtliche Unterlagen nachzuweisen.

(3) Absatz 1 Nr. 4 und 5 und Absatz 2 gelten bei den Einkunftsarten
im Sinne des § 2 Abs. 1 Nr. 5 bis 7 entsprechend.

(4) *(aufgehoben)*

(5) § 4 Abs. 5 Nr. 1 bis 5, 7 bis 8a und Abs. 6 gilt sinngemäß.

**§ 9a. Pauschbeträge für Werbungskosten.** [1]Für Werbungskosten sind
bei der Ermittlung der Einkünfte die folgenden Pauschbeträge abzuziehen, wenn nicht höhere Werbungskosten nachgewiesen werden:

1. von den Einnahmen aus nichtselbständiger Arbeit:
ein Arbeitnehmer-Pauschbetrag von 2000 Deutsche Mark;

2. von den Einnahmen aus Kapitalvermögen:
ein Pauschbetrag von 100 Deutsche Mark;

bei Ehegatten, die nach den §§ 26, 26b zusammen veranlagt werden, erhöht sich dieser Pauschbetrag auf insgesamt 200 Deutsche Mark;

3. von den Einnahmen im Sinne des § 22 Nr. 1 und 1a:
   ein Pauschbetrag von insgesamt 200 Deutsche Mark.

[2]Der Arbeitnehmer-Pauschbetrag darf nur bis zur Höhe der um den Versorgungs-Freibetrag (§ 19 Abs. 2) geminderten Einnahmen, die Pauschbeträge nach den Nummern 2 und 3 dürfen nur bis zur Höhe der Einnahmen abgezogen werden.

#### 4a. Umsatzsteuerrechtlicher Vorsteuerabzug

**§ 9b.** (1) [1]Der Vorsteuerbetrag nach § 15 des Umsatzsteuergesetzes gehört, soweit er bei der Umsatzsteuer abgezogen werden kann, nicht zu den Anschaffungs- oder Herstellungskosten des Wirtschaftsguts, auf dessen Anschaffung oder Herstellung er entfällt. [2]Der Teil des Vorsteuerbetrags, der nicht abgezogen werden kann, braucht den Anschaffungs- oder Herstellungskosten des Wirtschaftsguts, auf dessen Anschaffung oder Herstellung der Vorsteuerbetrag entfällt, nicht zugerechnet zu werden,

1. wenn er 25 vom Hundert des Vorsteuerbetrags und 500 Deutsche Mark nicht übersteigt, oder

2. wenn die zum Ausschluß vom Vorsteuerabzug führenden Umsätze nicht mehr als 3 vom Hundert des Gesamtumsatzes betragen.

(2) Wird der Vorsteuerabzug nach § 15a des Umsatzsteuergesetzes berichtigt, so sind die Mehrbeträge als Betriebseinnahmen oder Einnahmen, die Minderbeträge als Betriebsausgaben oder Werbungskosten zu behandeln; die Anschaffungs- oder Herstellungskosten bleiben unberührt.

#### 5. Sonderausgaben

**§ 10.** (1) Sonderausgaben sind die folgenden Aufwendungen, wenn sie weder Betriebsausgaben noch Werbungskosten sind:

1. Unterhaltsleistungen an den geschiedenen oder dauernd getrennt lebenden unbeschränkt einkommensteuerpflichtigen Ehegatten, wenn der Geber dies mit Zustimmung des Empfängers beantragt, bis zu 27 000 Deutsche Mark im Kalenderjahr. [2]Der Antrag kann jeweils nur für ein Kalenderjahr gestellt und nicht zurückgenommen werden. [3]Die Zustimmung ist mit Ausnahme der nach § 894 Abs. 1 der Zivilprozeßordnung als erteilt geltenden bis auf Widerruf wirksam. [4]Der Widerruf ist vor Beginn des Kalenderjahrs, für das die Zustimmung erstmals nicht gelten soll, gegenüber dem Finanzamt zu erklären. [5]Die Sätze 1 bis 4 gelten für Fälle der Nichtigkeit oder der Aufhebung der Ehe entsprechend;

1a. auf besonderen Verpflichtungsgründen beruhende Renten und dauernde Lasten, die nicht mit Einkünften in wirtschaftlichem Zusammenhang stehen, die bei der Veranlagung außer Betracht bleiben. [2]Bei Leibrenten kann nur der Anteil abgezogen werden, der sich aus der in § 22 Nr. 1 Satz 3 Buchstabe a aufgeführten Tabelle ergibt; in den Fällen des § 22 Nr. 1 Satz 3 Buchstabe a letzter Satz kann nur der Anteil, der nach der in dieser Vorschrift vorgesehenen Rechtsverordnung zu ermitteln ist, abgezogen werden;

2. a) Beiträge zu Kranken-, Unfall- und Haftpflichtversicherungen, zu den gesetzlichen Rentenversicherungen und an die Bundesanstalt für Arbeit;

   b) Beiträge zu den folgenden Versicherungen auf den Erlebens- oder Todesfall:

      aa) Risikoversicherungen, die nur für den Todesfall eine Leistung vorsehen,

      bb) Rentenversicherungen ohne Kapitalwahlrecht,

      cc) Rentenversicherungen mit Kapitalwahlrecht gegen laufende Beitragsleistung, wenn das Kapitalwahlrecht nicht vor Ablauf von 12 Jahren seit Vertragsabschluß ausgeübt werden kann,

      dd) Kapitalversicherungen gegen laufende Beitragsleistung mit Sparanteil, wenn der Vertrag für die Dauer von mindestens 12 Jahren abgeschlossen worden ist.

     [1] [2]Bei Steuerpflichtigen, die am 31. Dezember 1990 einen Wohnsitz oder ihren gewöhnlichen Aufenthalt in dem in Artikel 3 des Einigungsvertrages[2] genannten Gebiet und vor dem 1. Januar 1991 keinen Wohnsitz oder gewöhnlichen Aufenthalt im bisherigen Geltungsbereich dieses Gesetzes hatten, gilt bis 31. Dezember 1996 folgendes: [3]Hat der Steuerpflichtige zur Zeit des Vertragsabschlusses das 47. Lebensjahr vollendet, verkürzt sich bei laufender Beitragsleistung die Mindestvertragsdauer von 12 Jahren um die Zahl der angefangenen Lebensjahre, um die er älter als 47 Jahre ist, höchstens jedoch auf 6 Jahre.

     [2]Fondsgebundene Lebensversicherungen sind ausgeschlossen;

3. 50 vom Hundert der an Bausparkassen zur Erlangung von Baudarlehen geleisteten Beiträge;

4. gezahlte Kirchensteuer;

5. Zinsen nach den §§ 233a, 234 und 237 der Abgabenordnung;

6. Steuerberatungskosten;

7. Aufwendungen des Steuerpflichtigen für seine Berufsausbildung oder seine Weiterbildung in einem nicht ausgeübten Beruf bis zu 900 Deutsche Mark im Kalenderjahr. [2]Dieser Betrag erhöht sich auf 1200 Deutsche Mark, wenn der Steuerpflichtige wegen der Ausbildung oder Weiterbildung außerhalb des Orts untergebracht ist, in dem er einen eigenen Hausstand unterhält. [3]Die Sätze 1 und 2 gelten entsprechend,

---

[1] Zur Anwendung von § 10 Abs. 1 Nr. 2 Buchst. b Sätze 2 und 3 siehe § 52 Abs. 13a Satz 1.
[2] Auszugsweise abgedruckt **Vor 1.1**.

wenn dem Steuerpflichtigen Aufwendungen für eine Berufsausbildung oder Weiterbildung seines Ehegatten erwachsen und die Ehegatten die Voraussetzungen des § 26 Abs. 1 Satz 1 erfüllen; in diesem Fall können die Beträge von 900 Deutsche Mark und 1200 Deutsche Mark für den in der Berufsausbildung oder Weiterbildung befindlichen Ehegatten insgesamt nur einmal abgezogen werden. [4]Zu den Aufwendungen für eine Berufsausbildung oder Weiterbildung gehören nicht Aufwendungen für den Lebensunterhalt, es sei denn, daß es sich um Mehraufwendungen handelt, die durch eine auswärtige Unterbringung im Sinne des Satzes 2 entstehen;

8. Aufwendungen des Steuerpflichtigen bis zu 12000 Deutsche Mark im Kalenderjahr für hauswirtschaftliche Beschäftigungsverhältnisse, wenn auf Grund der Beschäftigungsverhältnisse Pflichtbeiträge zur inländischen gesetzlichen Rentenversicherung entrichtet werden. [2]Weitere Voraussetzung ist, daß zum Haushalt des Steuerpflichtigen

   a) zwei Kinder, bei Alleinstehenden (§ 33c Abs. 2) ein Kind im Sinne des § 32 Abs. 1 Satz 1, die zu Beginn des Kalenderjahrs das zehnte Lebensjahr noch nicht vollendet haben, oder

   b) ein Hilfloser im Sinne des § 33b Abs. 6

   gehören. [3]Leben zwei Alleinstehende, die jeweils die Voraussetzungen von Buchstabe a oder b erfüllen, in einem Haushalt zusammen, können sie den Höchstbetrag insgesamt nur einmal in Anspruch nehmen. [4]Für jeden vollen Kalendermonat, in dem die Voraussetzungen der Sätze 1 und 2 nicht vorgelegen haben, ermäßigt sich der Höchstbetrag nach Satz 1 um ein Zwölftel;

9.[1] 30 vom Hundert des Entgelts, das der Steuerpflichtige für ein Kind, für das er einen Kinderfreibetrag erhält, für den Besuch einer gemäß Artikel 7 Abs. 4 des Grundgesetzes staatlich genehmigten oder nach Landesrecht erlaubten Ersatzschule sowie einer nach Landesrecht anerkannten allgemeinbildenden Ergänzungsschule entrichtet mit Ausnahme des Entgelts für Beherbergung, Betreuung und Verpflegung.

(2) [1]Voraussetzung für den Abzug der in Absatz 1 Nr. 2 und 3 bezeichneten Beträge (Vorsorgeaufwendungen) ist, daß sie

1. nicht in unmittelbarem wirtschaftlichem Zusammenhang mit steuerfreien Einnahmen stehen,

2. an Versicherungsunternehmen oder Bausparkassen, die ihren Sitz oder ihre Geschäftsleitung im Inland haben oder denen die Erlaubnis zum Geschäftsbetrieb im Inland erteilt ist, oder an einen Sozialversicherungsträger geleistet werden und

3. nicht vermögenswirksame Leistungen darstellen, für die Anspruch auf eine Arbeitnehmer-Sparzulage nach § 13 des Fünften Vermögensbildungsgesetzes besteht.

[2]2 Als Sonderausgaben können Beiträge zu Versicherungen im Sinne des Absatzes 1 Nr. 2 Buchstabe b Doppelbuchstaben bb, cc und dd nicht abgezogen werden, wenn die Ansprüche aus Versicherungsverträgen

---

[1] Zur Anwendung von § 10 Abs. 1 Nr. 9 siehe § 52 Abs. 13a Satz 3.
[2] Zur Anwendung von § 10 Abs. 2 Satz 2 siehe § 52 Abs. 13a Satz 4.

während deren Dauer im Erlebensfall der Tilgung oder Sicherung eines Darlehens dienen, dessen Finanzierungskosten Betriebsausgaben oder Werbungskosten sind, es sei denn,

a) das Darlehen dient unmittelbar und ausschließlich der Finanzierung von Anschaffungs- oder Herstellungskosten eines Wirtschaftsgutes, das dauernd zur Erzielung von Einkünften bestimmt und keine Forderung ist, und die ganz oder zum Teil zur Tilgung oder Sicherung verwendeten Ansprüche aus Versicherungsverträgen übersteigen nicht die mit dem Darlehen finanzierten Anschaffungs- oder Herstellungskosten,

b) es handelt sich um eine Direktversicherung oder

c) die Ansprüche aus Versicherungsverträgen dienen insgesamt nicht länger als drei Jahre der Sicherung betrieblich veranlaßter Darlehen; in diesen Fällen können die Versicherungsbeiträge in den Veranlagungszeiträumen nicht als Sonderausgaben abgezogen werden, in denen die Ansprüche aus Versicherungsverträgen der Sicherung des Darlehens dienen.

(3) Für Vorsorgeaufwendungen gelten je Kalenderjahr folgende Höchstbeträge:

1. ein Grundhöchstbetrag von                  2340 Deutsche Mark,
   im Fall der Zusammenveranlagung von Ehegatten von                                  4680 Deutsche Mark;

2. für Beiträge nach Absatz 1 Nr. 2 zusätzlich ein Vorwegabzug von                  4000 Deutsche Mark,
   im Fall der Zusammenveranlagung von Ehegatten von                                  8000 Deutsche Mark.

²Diese Beträge sind zu kürzen

a) bei Steuerpflichtigen,

     aa) die bei einem Träger der gesetzlichen Rentenversicherung oder einer öffentlich-rechtlichen Versicherungs- oder Versorgungseinrichtung ihrer Berufsgruppe pflichtversichert sind – ausgenommen bei einer landwirtschaftlichen Alterskasse – und die Pflichtbeiträge nicht allein tragen,

     bb) denen für den Fall ihres Ausscheidens aus der Beschäftigung auf Grund des Beschäftigungsverhältnisses oder denen nach Beendigung der Ausübung eines Mandats eine lebenslängliche Versorgung oder an deren Stelle eine Abfindung zusteht oder die in der gesetzlichen Rentenversicherung nachzuversichern sind,

     cc) die eine Berufstätigkeit ausüben und im Zusammenhang damit auf Grund vertraglicher Vereinbarungen Anwartschaftsrechte auf eine Altersversorgung ganz oder teilweise ohne eigene Beitragsleistung erwerben,

     dd) für die der Arbeitgeber Ausgaben für die Zukunftssicherung im Sinne des § 3 Nr. 62 Sätze 2 bis 4 leistet,

    um 9 vom Hundert,

b)[1]) bei Steuerpflichtigen,

     aa) die bei einem Träger der gesetzlichen Krankenversicherung

---

[1]) Zur Anwendung von § 10 Abs. 3 Nr. 2 Buchstabe b siehe § 52 Abs. 13a Satz 5.

pflichtversichert sind – ausgenommen bei einer landwirtschaftlichen Krankenkasse – und die Pflichtbeiträge nicht allein tragen,

bb) die Anspruch auf Beihilfe in Krankheits- und Geburtsfällen oder auf Zuschüsse zu Krankenversicherungsbeiträgen auf Grund beamtenrechtlicher Regelungen, tarifvertraglicher Regelungen für Arbeitnehmer des öffentlichen Dienstes oder entsprechender gesetzlicher Vorschriften oder des Abgeordnetengesetzes, des Europaabgeordnetengesetzes oder der entsprechenden Gesetze der Länder oder nach beamtenrechtlichen Grundsätzen von Körperschaften, Anstalten oder Stiftungen des öffentlichen Rechts oder öffentlich-rechtlichen Verbänden von Körperschaften haben,

cc) die einen gesetzlichen Anspruch auf Zuschüsse zu Krankenversicherungsbeiträgen haben,

um 3 vom Hundert des Arbeitslohns aus der Beschäftigung, der Einkünfte nach § 22 Nr. 4 aus der Mandatsausübung und des Gewinns aus der Tätigkeit, mit der die Alters- oder Krankenversorgung zusammenhängt, höchstens des zu Beginn des Veranlagungszeitraums jeweils maßgebenden Jahresbetrags der Beitragsbemessungsgrenze[1] in der gesetzlichen Rentenversicherung der Arbeiter und Angestellten oder des Anteils dieses Jahresbetrags, der auf die Dauer der Beschäftigung, Mandatsausübung oder Tätigkeit im Kalenderjahr entfällt;

3. soweit die Vorsorgeaufwendungen den Grundhöchstbetrag und den Vorwegabzug übersteigen, können sie zur Hälfte, höchstens bis zu 50 vom Hundert des Grundhöchstbetrags abgezogen werden (hälftiger Höchstbetrag).

(4) [1]Steuerpflichtige, die Anspruch auf eine Prämie nach dem Wohnungsbau-Prämiengesetz[2] haben, können für jedes Kalenderjahr wählen, ob sie für Bausparbeiträge (Absatz 1 Nr. 3) den Sonderausgabenabzug oder eine Prämie nach dem Wohnungsbau-Prämiengesetz erhalten wollen (Wahlrecht). [2]Das Wahlrecht kann für die Bausparbeiträge eines Kalenderjahrs nur einheitlich ausgeübt werden. [3]Steuerpflichtige, die im Sparjahr (§ 4 Abs. 1 Wohnungsbau-Prämiengesetz) eine Höchstbetragsgemeinschaft (§ 3 Abs. 2 Wohnungsbau-Prämiengesetz) bilden, können ihr Wahlrecht nur einheitlich ausüben. [4]Das Wahlrecht wird zugunsten des Sonderausgabenabzugs dadurch ausgeübt, daß der Steuerpflichtige einen ausdrücklichen Antrag auf Berücksichtigung der betreffenden Sonderausgaben stellt.

(5) Nach Maßgabe einer Rechtsverordnung ist eine Nachversteuerung durchzuführen

1. bei Versicherungen im Sinne des Absatzes 1 Nr. 2 Buchstabe b Doppelbuchstaben bb, cc und dd, wenn die Voraussetzungen für den Sonderausgabenabzug nach Absatz 2 Satz 2 nicht erfüllt sind;

---

[1] Beitragsbemessungsgrenze 1992: DM 81 600 (alte Bundesländer), 57 600 (neue Bundesländer).
[2] Nr. 1.7.

2.[1] bei Rentenversicherungen gegen Einmalbeitrag (Absatz 1 Nr. 2 Buchstabe b Doppelbuchstabe bb)), wenn vor Ablauf der Vertragsdauer, außer im Schadensfall oder bei Erbringung der vertragsmäßigen Rentenleistung, Einmalbeiträge ganz oder zum Teil zurückgezahlt werden;

3.[2] bei Bausparverträgen (Absatz 1 Nr. 3), wenn vor Ablauf von zehn Jahren seit Vertragsabschluß die Bausparsumme ganz oder zum Teil ausgezahlt, geleistete Beiträge ganz oder zum Teil zurückgezahlt oder Ansprüche aus dem Bausparvertrag abgetreten oder beliehen werden. [2]Unschädlich ist jedoch die vorzeitige Verfügung, wenn

a) die Bausparsumme ausgezahlt oder die Ansprüche aus dem Vertrag beliehen werden und der Steuerpflichtige die empfangenen Beträge unverzüglich und unmittelbar zum Wohnungsbau verwendet oder

b) im Fall der Abtretung der Erwerber die Bausparsumme oder die auf Grund einer Beleihung empfangenen Beträge unverzüglich und unmittelbar zum Wohnungsbau für den Abtretenden oder dessen Angehörige im Sinne des § 15 der Abgabenordnung verwendet oder

c) der Steuerpflichtige oder sein von ihm nicht dauernd getrennt lebender Ehegatte nach Vertragsabschluß gestorben oder völlig erwerbsunfähig geworden ist oder

d) der Steuerpflichtige nach Vertragsabschluß arbeitslos geworden ist und die Arbeitslosigkeit mindestens ein Jahr lang ununterbrochen bestanden hat und im Zeitpunkt der vorzeitigen Verfügung noch besteht oder

e) der Steuerpflichtige, der Staatsangehöriger eines Staates ist, mit dem die Bundesregierung Vereinbarungen über Anwerbung und Beschäftigung von Arbeitnehmern abgeschlossen hat und der nicht Mitglied der Europäischen Gemeinschaften ist,

    aa) den Geltungsbereich dieses Gesetzes auf Dauer verlassen hat oder

    bb) wenn er die Bausparsumme oder die Zwischenfinanzierung nach den §§ 1 bis 6 des Gesetzes über eine Wiedereingliederungshilfe im Wohnungsbau für rückkehrende Ausländer vom 18. Februar 1986 (BGBl. I S. 280) unverzüglich und unmittelbar zum Wohnungsbau im Heimatland verwendet und innerhalb von vier Jahren und drei Monaten nach Beginn der Auszahlung der Bausparsumme, spätestens am 31. März 1998, den Geltungsbereich dieses Gesetzes auf Dauer verlassen hat.

[3]Als Wohnungsbau gelten auch bauliche Maßnahmen des Mieters zur Modernisierung seiner Wohnung sowie der Erwerb von Rechten zur dauernden Selbstnutzung von Wohnraum in Alten-, Altenpflege- und Behinderteneinrichtungen oder -anlagen. [4]Die Unschädlichkeit setzt weiter voraus, daß die empfangenen Beträge nicht zum Wohnungsbau im Ausland eingesetzt werden, sofern nichts anderes bestimmt ist.

---

[1] Zur Anwendung von § 10 Abs. 5 Nr. 2 siehe § 52 Abs. 13a Sätze 6 und 7.
[2] Zur Anwendung von § 10 Abs. 5 Nr. 3 (bish. Nr. 2) Satz 3 siehe § 52 Abs. 13a Satz 7.

### § 10a. Steuerbegünstigung des nicht entnommenen Gewinns.

(1) [1]Steuerpflichtige, die

1. auf Grund des Bundesvertriebenengesetzes zur Inanspruchnahme von Rechten und Vergünstigungen berechtigt sind oder

2. aus Gründen der Rasse, Religion, Nationalität, Weltanschauung oder politischer Gegnerschaft gegen den Nationalsozialismus verfolgt worden sind,

ihre frühere Erwerbsgrundlage verloren haben und ihre Gewinne aus Land- und Forstwirtschaft und aus Gewerbebetrieb nach § 4 Abs. 1 oder nach § 5 ermitteln, können auf Antrag bis zu 50 vom Hundert der Summe der nicht entnommenen Gewinne, höchstens aber 20000 Deutsche Mark als Sonderausgaben vom Gesamtbetrag der Einkünfte abziehen. [2]Als nicht entnommen gilt auch der Teil der Summe der Gewinne, der zur Zahlung der auf die Betriebsvermögen entfallenden Abgaben nach dem Lastenausgleichsgesetz verwendet wird. [3]Der als steuerbegünstigt in Anspruch genommene Teil der Summe der Gewinne ist bei der Veranlagung besonders festzustellen.

(2) [1]Übersteigen in einem der auf die Inanspruchnahme der Steuerbegünstigung (Absatz 1) folgenden drei Jahre bei dem Steuerpflichtigen oder seinem Gesamtrechtsnachfolger die Entnahmen aus dem Betrieb die Summe der bei der Veranlagung zu berücksichtigenden Gewinne aus Land- und Forstwirtschaft und aus Gewerbebetrieb, so ist der übersteigende Betrag (Mehrentnahme) bis zur Höhe des besonders festgestellten Betrags (Absatz 1 letzter Satz) dem Einkommen im Jahr der Mehrentnahme zum Zweck der Nachversteuerung hinzuzurechnen. [2]Beträge, die zur Zahlung der auf die Betriebsvermögen entfallenden Abgaben nach dem Lastenausgleichsgesetz verwendet werden, rechnen auch in diesem Fall nicht zu den Entnahmen. [3]Soweit Entnahmen zur Zahlung von Erbschaftsteuer auf den Erwerb des Betriebsvermögens von Todes wegen oder auf den Übergang des Betriebsvermögens an Personen der Steuerklasse I des § 15 des Erbschaftsteuergesetzes verwendet werden oder soweit sich Entnahmen durch Veräußerung des Betriebs (§§ 14 und 16) ergeben, gelten sie zum Zweck der Nachversteuerung als außerordentliche Einkünfte im Sinne des § 34 Abs. 1; das gilt nicht für die Veräußerung eines Teilbetriebs und im Fall der Umwandlung in eine Kapitalgesellschaft. [4]Auf Antrag des Steuerpflichtigen ist eine Nachversteuerung auch dann vorzunehmen, wenn in dem in Betracht kommenden Jahr eine Mehrentnahme nicht vorliegt.

(3) Die Vorschriften der Absätze 1 und 2 gelten entsprechend für den Gewinn aus selbständiger Arbeit mit der Maßgabe, daß dieser Gewinn hinsichtlich der Steuerbegünstigung (Absatz 1) und der Nachversteuerung (Absatz 2) für sich zu behandeln ist.

(4) [1]Die Steuerbegünstigung nach den Absätzen 1 bis 3 kann nur für den Veranlagungszeitraum, in dem der Steuerpflichtige im Geltungsbereich dieses Gesetzes erstmals Einkünfte aus Land- und Forstwirtschaft, Gewerbebetrieb oder selbständiger Arbeit erzielt hat, und für die folgenden sieben Veranlagungszeiträume in Anspruch genommen werden.

[2]Die Inanspruchnahme der Steuerbegünstigung ist nur zulässig, wenn der Steuerpflichtige seinen Wohnsitz oder gewöhnlichen Aufenthalt im Geltungsbereich dieses Gesetzes vor dem 1. Januar 1990 begründet hat und seit der erstmaligen Begründung nicht mehr als zwanzig Veranlagungszeiträume abgelaufen sind; sie ist letztmalig zulässig für den Veranlagungszeitraum 1992.

**§ 10b.**[1] **Steuerbegünstigte Zwecke.** (1) [1]Ausgaben zur Förderung mildtätiger, kirchlicher, religiöser, wissenschaftlicher und der als besonders förderungswürdig anerkannten gemeinnützigen Zwecke sind bis zur Höhe von insgesamt 5 vom Hundert des Gesamtbetrags der Einkünfte oder 2 vom Tausend der Summe der gesamten Umsätze und der im Kalenderjahr aufgewendeten Löhne und Gehälter als Sonderausgaben abzugsfähig. [2]Für wissenschaftliche, mildtätige und als besonders förderungswürdig anerkannte kulturelle Zwecke erhöht sich der Vomhundertsatz von 5 um weitere 5 vom Hundert. [3]Überschreitet eine Einzelzuwendung von mindestens 50000 Deutsche Mark zur Förderung wissenschaftlicher oder als besonders förderungswürdig anerkannter kultureller Zwecke diese Höchstsätze, ist sie im Rahmen der Höchstsätze im Veranlagungszeitraum der Zuwendung, in den zwei vorangegangenen und in den fünf folgenden Veranlagungszeiträumen abzuziehen. [4]§ 10d Abs. 1 und 2 gilt sinngemäß.

(2)[2] [1]Mitgliedsbeiträge und Spenden an politische Parteien im Sinne des § 2 des Parteiengesetzes sind bis zur Höhe von insgesamt 60000 Deutsche Mark und im Fall der Zusammenveranlagung von Ehegatten bis zur Höhe von insgesamt 120000 Deutsche Mark im Kalenderjahr abzugsfähig. [2]Sie können nur insoweit als Sonderausgaben abgezogen werden, als für sie nicht eine Steuerermäßigung nach § 34g gewährt worden ist. [3]Spenden an eine Partei oder einen oder mehrere ihrer Gebietsverbände, deren Gesamtwert in einem Kalenderjahr 40000 Deutsche Mark übersteigt, können nur abgezogen werden, wenn sie nach § 25 Abs. 2 des Parteiengesetzes im Rechenschaftsbericht verzeichnet worden sind.

(3) [1]Als Ausgabe im Sinne dieser Vorschrift gilt auch die Zuwendung von Wirtschaftsgütern mit Ausnahme von Nutzungen und Leistungen. [2]Ist das Wirtschaftsgut unmittelbar vor seiner Zuwendung einem Betriebsvermögen entnommen worden, so darf bei der Ermittlung der Ausgabenhöhe der bei der Entnahme angesetzte Wert nicht überschritten werden. [3]In allen übrigen Fällen bestimmt sich die Höhe der Ausgabe nach dem gemeinen Wert des zugewendeten Wirtschaftsguts. [4]Aufwendungen zugunsten einer zum Empfang steuerlich abzugsfähiger Zuwendungen berechtigten Körperschaft sind nur abzugsfähig, wenn ein Anspruch auf die Erstattung der Aufwendungen durch Vertrag oder Satzung eingeräumt und auf die Erstattung verzichtet worden ist. [5]Der

---

[1] Zu § 10b vgl. auch die Anlage zu Abschn. 111 Abs. 1 EStR (Anlage 7 der EStR), abgedruckt im dtv-Band 5542 „ESt-Recht".
[2] Zur Anwendung von § 10b Abs. 2 siehe § 52 Abs. 13b.

Anspruch darf nicht unter der Bedingung des Verzichts eingeräumt worden sein.

(4) [1]Der Steuerpflichtige darf auf die Richtigkeit der Bestätigung über Spenden und Mitgliedsbeiträge vertrauen, es sei denn, daß er die Bestätigung durch unlautere Mittel oder falsche Angaben erwirkt hat oder daß ihm die Unrichtigkeit der Bestätigung bekannt oder infolge grober Fahrlässigkeit nicht bekannt war. [2]Wer vorsätzlich oder grob fahrlässig eine unrichtige Bestätigung ausstellt oder wer veranlaßt, daß Zuwendungen nicht zu den in der Bestätigung angegebenen steuerbegünstigten Zwecken verwendet werden, haftet für die entgangene Steuer. [3]Diese ist mit 40 vom Hundert des zugewendeten Betrags anzusetzen.

## § 10c. Sonderausgaben-Pauschbetrag, Vorsorgepauschale.

(1)[1] Für Sonderausgaben nach § 10 Abs. 1 Nr. 1, 1a, 4 bis 9 und nach § 10b wird ein Pauschbetrag von 108 Deutsche Mark abgezogen (Sonderausgaben-Pauschbetrag), wenn der Steuerpflichtige nicht höhere Aufwendungen nachweist.

(2) [1]Hat der Steuerpflichtige Arbeitslohn bezogen, so wird für Vorsorgeaufwendungen (§ 10 Abs. 1 Nr. 2 und 3) eine Vorsorgepauschale abgezogen, wenn der Steuerpflichtige nicht Aufwendungen nachweist, die zu einem höheren Abzug führen. [2]Die Vorsorgepauschale beträgt 18 vom Hundert des Arbeitslohns, jedoch

1. höchstens 4000 Deutsche Mark abzüglich 12 vom Hundert des Arbeitslohns zuzüglich

2. höchstens 2340 Deutsche Mark, soweit der Teilbetrag nach Nummer 1 überschritten wird, zuzüglich

3. höchstens die Hälfte bis zu 1170 Deutsche Mark, soweit die Teilbeträge nach den Nummern 1 und 2 überschritten werden.

[3]Die Vorsorgepauschale ist auf den nächsten durch 54 ohne Rest teilbaren vollen Deutsche-Mark-Betrag aufzurunden, wenn sie nicht bereits durch 54 ohne Rest teilbar ist. [4]Arbeitslohn im Sinne der Sätze 1 und 2 ist der um den Versorgungs-Freibetrag (§ 19 Abs. 2) und den Altersentlastungsbetrag (§ 24a) verminderte Arbeitslohn.

(3) Für Arbeitnehmer, die während des ganzen oder eines Teils des Kalenderjahrs

1. in der gesetzlichen Rentenversicherung versicherungsfrei oder auf Antrag des Arbeitgebers von der Versicherungspflicht befreit waren und denen für den Fall ihres Ausscheidens aus der Beschäftigung auf Grund des Beschäftigungsverhältnisses eine lebenslängliche Versorgung oder an deren Stelle eine Abfindung zusteht oder die in der gesetzlichen Rentenversicherung nachzuversichern sind oder

2. nicht der gesetzlichen Rentenversicherungspflicht unterliegen, eine Berufstätigkeit ausgeübt und im Zusammenhang damit auf Grund vertraglicher Vereinbarungen Anwartschaftsrechte auf eine Altersver-

---

[1]) Zur Anwendung von § 10c Abs. 1 siehe § 52 Abs. 13c.

sorgung ganz oder teilweise ohne eigene Beitragsleistung erworben haben oder

3. Versorgungsbezüge im Sinne des § 19 Abs. 2 Nr. 1 erhalten haben oder

4. Altersrente aus der gesetzlichen Rentenversicherung erhalten haben,

beträgt die Vorsorgepauschale 18 vom Hundert des Arbeitslohns, jedoch höchstens 2000 Deutsche Mark.

(4) [1]Im Fall der Zusammenveranlagung von Ehegatten zur Einkommensteuer sind

1.[1) die Deutsche-Mark-Beträge nach Absatz 1, 2 Nr. 1 bis 3 und Absatz 3 zu verdoppeln und

2. Absatz 2 Satz 4 auf den Arbeitslohn jedes Ehegatten gesondert anzuwenden.

[2]Wenn beide Ehegatten Arbeitslohn bezogen haben und ein Ehegatte zu dem Personenkreis des Absatzes 3 gehört, ist die höhere Vorsorgepauschale abzuziehen, die sich ergibt, wenn entweder die Deutsche-Mark-Beträge nach Absatz 2 Nr. 1 bis 3 verdoppelt und der sich für den Ehegatten im Sinne des Absatzes 3 nach Absatz 2 Satz 2 erster Halbsatz ergebende Betrag auf 2000 Deutsche Mark begrenzt werden oder der Arbeitslohn des nicht unter Absatz 3 fallenden Ehegatten außer Betracht bleibt. [3]Nummer 1 gilt auch, wenn die tarifliche Einkommensteuer nach § 32a Abs. 6 zu ermitteln ist.

**§ 10d. Verlustabzug.** (1)[2) [1]Verluste, die bei der Ermittlung des Gesamtbetrags der Einkünfte nicht ausgeglichen werden, sind bis zu einem Betrag von insgesamt 10 Millionen Deutsche Mark wie Sonderausgaben vom Gesamtbetrag der Einkünfte des zweiten dem Veranlagungszeitraum vorangegangenen Veranlagungszeitraums abzuziehen; soweit ein Abzug danach nicht möglich ist, sind sie wie Sonderausgaben vom Gesamtbetrag der Einkünfte des ersten dem Veranlagungszeitraum vorangegangenen Veranlagungszeitraums abzuziehen. [2]Sind für die vorangegangenen Veranlagungszeiträume bereits Steuerbescheide erlassen worden, so sind sie insoweit zu ändern, als der Verlustabzug zu gewähren oder zu berichtigen ist. [3]Das gilt auch dann, wenn die Steuerbescheide unanfechtbar geworden sind; die Verjährungsfristen enden insoweit nicht, bevor die Verjährungsfrist für den Veranlagungszeitraum abgelaufen ist, in dem Verluste nicht ausgeglichen werden.

(2)[2) [1]Nicht ausgeglichene Verluste, die nach Absatz 1 nicht abgezogen werden können, sind in den folgenden Veranlagungszeiträumen wie Sonderausgaben vom Gesamtbetrag der Einkünfte abzuziehen. [2]Der Abzug ist nur insoweit zulässig, als die Verluste in den vorangegangenen Veranlagungszeiträumen nicht abgezogen werden konnten (verbleibender Verlustabzug).

---

[1)] Zur Anwendung von § 10c Abs. 4 Nr. 1 siehe § 52 Abs. 13c.
[2)] Zur Anwendung von § 10d Abs. 1 und 2 siehe § 52 Abs. 13d und § 57 Abs. 4.

(3)[1] [1]Der am Schluß eines Veranlagungszeitraums verbleibende Verlustabzug ist gesondert festzustellen. [2]Verbleibender Verlustabzug ist der bei der Ermittlung des Gesamtbetrags der Einkünfte nicht ausgeglichene Verlust, vermindert um die nach den Absätzen 1 und 2 abgezogenen Beträge und vermehrt um den auf den Schluß des vorangegangenen Veranlagungszeitraums festgestellten verbleibenden Verlustabzug. [3]Zuständig für die Feststellung ist das für die Besteuerung des Einkommens zuständige Finanzamt. [4]Feststellungsbescheide sind zu erlassen, aufzuheben oder zu ändern, soweit sich die nach Satz 2 zu berücksichtigenden Beträge ändern und deshalb der entsprechende Steuerbescheid zu erlassen, aufzuheben oder zu ändern ist. [5]Satz 4 ist entsprechend anzuwenden, wenn der Erlaß, die Aufhebung oder die Änderung des Steuerbescheids mangels steuerlicher Auswirkung unterbleibt.

## § 10e.[2] Steuerbegünstigung der zu eigenen Wohnzwecken genutzten Wohnung im eigenen Haus.

(1) [1]Der Steuerpflichtige kann von den Herstellungskosten einer Wohnung in einem im Inland belegenen eigenen Haus oder einer im Inland belegenen eigenen Eigentumswohnung zuzüglich der Hälfte der Anschaffungskosten für den dazugehörenden Grund und Boden (Bemessungsgrundlage) im Jahr der Fertigstellung und in den drei folgenden Jahren jeweils bis zu 6 vom Hundert, höchstens jeweils 19800 Deutsche Mark, und in den vier darauffolgenden Jahren jeweils bis zu 5 vom Hundert, höchstens jeweils 16500 Deutsche Mark, wie Sonderausgaben abziehen. [2]Voraussetzung ist, daß der Steuerpflichtige die Wohnung hergestellt und in dem jeweiligen Jahr des Zeitraums nach Satz 1 (Abzugszeitraum) zu eigenen Wohnzwecken genutzt hat und die Wohnung keine Ferienwohnung oder Wochenendwohnung ist. [3]Eine Nutzung zu eigenen Wohnzwecken liegt auch vor, wenn Teile einer zu eigenen Wohnzwecken genutzten Wohnung unentgeltlich zu Wohnzwecken überlassen werden. [4]Hat der Steuerpflichtige die Wohnung angeschafft, so sind die Sätze 1 bis 3 mit der Maßgabe anzuwenden, daß an die Stelle des Jahres der Fertigstellung das Jahr der Anschaffung und an die Stelle der Herstellungskosten die Anschaffungskosten treten. [5]§ 6b Abs. 6 gilt sinngemäß. [6]Bei einem Anteil an der zu eigenen Wohnzwecken genutzten Wohnung kann der Steuerpflichtige den entsprechenden Teil der Abzugsbeträge nach Satz 1 wie Sonderausgaben abziehen. [7]Werden Teile der Wohnung nicht zu eigenen Wohnzwecken genutzt, ist die Bemessungsgrundlage um den auf den nicht zu eigenen Wohnzwecken entfallenden Teil zu kürzen. [8]Satz 4 ist nicht anzuwenden, wenn der Steuerpflichtige die Wohnung oder einen Anteil daran von seinem Ehegatten anschafft und bei den Ehegatten die Voraussetzungen des § 26 Abs. 1 vorliegen.

(2) Absatz 1 gilt entsprechend für Herstellungskosten zu eigenen Wohnzwecken genutzter Ausbauten und Erweiterungen an einer im Inland belegenen, zu eigenen Wohnzwecken genutzten Wohnung.

---

[1] Siehe § 57 Abs. 4.
[2] Zur Anwendung von § 10e Abs. 1 bis 7 siehe § 52 Abs. 14; siehe zu § 10e auch § 57 Abs. 1.

(3) [1]Der Steuerpflichtige kann die Abzugsbeträge nach den Absätzen 1 und 2, die er in einem Jahr des Abzugszeitraums nicht ausgenutzt hat, bis zum Ende des Abzugszeitraums abziehen. [2]Nachträgliche Herstellungskosten oder Anschaffungskosten, die bis zum Ende des Abzugszeitraums entstehen, können vom Jahr ihrer Entstehung an für die Veranlagungszeiträume, in denen der Steuerpflichtige Abzugsbeträge nach den Absätzen 1 und 2 hätte abziehen können, so behandelt werden, als wären sie zu Beginn des Abzugszeitraums entstanden.

(4) [1]Die Abzugsbeträge nach den Absätzen 1 und 2 kann der Steuerpflichtige nur für eine Wohnung oder für einen Ausbau oder eine Erweiterung abziehen. [2]Ehegatten, bei denen die Voraussetzungen des § 26 Abs. 1 vorliegen, können die Abzugsbeträge nach den Absätzen 1 und 2 für insgesamt zwei der in Satz 1 bezeichneten Objekte abziehen, jedoch nicht gleichzeitig für zwei in räumlichem Zusammenhang belegene Objekte, wenn bei den Ehegatten im Zeitpunkt der Herstellung oder Anschaffung der Objekte die Voraussetzungen des § 26 Abs. 1 vorliegen. [3]Den Abzugsbeträgen stehen die erhöhten Absetzungen nach § 7b in der jeweiligen Fassung ab Inkrafttreten des Gesetzes vom 16. Juni 1964 (BGBl. I S. 353) und nach § 15 Abs. 1 bis 4 des Berlinförderungsgesetzes in der jeweiligen Fassung ab Inkrafttreten des Gesetzes vom 11. Juli 1977 (BGBl. I S. 1213) gleich. [4]Nutzt der Steuerpflichtige die Wohnung im eigenen Haus oder die Eigentumswohnung (Erstobjekt) nicht bis zum Ablauf des Abzugszeitraums zu eigenen Wohnzwecken und kann er deshalb die Abzugsbeträge nach den Absätzen 1 und 2 nicht mehr in Anspruch nehmen, so kann er die Abzugsbeträge nach Absatz 1 bei einer weiteren Wohnung im Sinne des Absatzes 1 Satz 1 (Folgeobjekt) in Anspruch nehmen, wenn er das Folgeobjekt innerhalb von zwei Jahren vor und drei Jahren nach Ablauf des Veranlagungszeitraums, in dem er das Erstobjekt letztmals zu eigenen Wohnzwecken genutzt hat, anschafft oder herstellt; Entsprechendes gilt bei einem Ausbau oder einer Erweiterung einer Wohnung. [5]Im Fall des Satzes 4 ist der Abzugszeitraum für das Folgeobjekt um die Anzahl der Veranlagungszeiträume zu kürzen, in denen der Steuerpflichtige für das Erstobjekt die Abzugsbeträge nach den Absätzen 1 und 2 hätte abziehen können; hat der Steuerpflichtige das Folgeobjekt in einem Veranlagungszeitraum, in dem er das Erstobjekt noch zu eigenen Wohnzwecken genutzt hat, hergestellt oder angeschafft oder ausgebaut oder erweitert, so beginnt der Abzugszeitraum für das Folgeobjekt mit Ablauf des Veranlagungszeitraums, in dem der Steuerpflichtige das Erstobjekt letztmals zu eigenen Wohnzwecken genutzt hat. [6]Für das Folgeobjekt sind die Vomhundertsätze der vom Erstobjekt verbliebenen Jahre maßgebend. [7]Dem Erstobjekt im Sinne des Satzes 4 steht ein Erstobjekt im Sinne des § 7b Abs. 5 Satz 4 sowie des § 15 Abs. 1 und des § 15b Abs. 1 des Berlinförderungsgesetzes gleich. [8]Ist für den Steuerpflichtigen Objektverbrauch nach den Sätzen 1 bis 3 eingetreten, kann er die Abzugsbeträge nach den Absätzen 1 und 2 für ein weiteres, in dem in Artikel 3 des Einigungsvertrages genannten Gebiet belegenes Objekt abziehen, wenn der Steuerpflichtige oder dessen Ehegatte, bei denen die Voraussetzungen des § 26 Abs. 1 vorliegen, in dem in Artikel 3 des Einigungsvertrages genannten Gebiet zugezogen ist und

1. seinen ausschließlichen Wohnsitz in diesem Gebiet zu Beginn des Veranlagungszeitraums hat oder ihn im Laufe des Veranlagungszeitraums begründet oder

2. bei mehrfachem Wohnsitz einen Wohnsitz in diesem Gebiet hat und sich dort überwiegend aufhält.

[9]Voraussetzung für die Anwendung des Satzes 8 ist, daß die Wohnung im eigenen Haus oder die Eigentumswohnung vor dem 1. Januar 1995 hergestellt oder angeschafft oder der Ausbau oder die Erweiterung vor diesem Zeitpunkt fertiggestellt worden ist. [10]Die Sätze 2 und 4 bis 6 sind für im Satz 8 bezeichnete Objekte sinngemäß anzuwenden.

(5) [1]Sind mehrere Steuerpflichtige Eigentümer einer zu eigenen Wohnzwecken genutzten Wohnung, so ist Absatz 4 mit der Maßgabe anzuwenden, daß der Anteil des Steuerpflichtigen an der Wohnung einer Wohnung gleichsteht; Entsprechendes gilt bei dem Ausbau oder bei der Erweiterung einer zu eigenen Wohnzwecken genutzten Wohnung. [2]Satz 1 ist nicht anzuwenden, wenn Eigentümer der Wohnung der Steuerpflichtige und sein Ehegatte sind und bei den Ehegatten die Voraussetzungen des § 26 Abs. 1 vorliegen. [3]Erwirbt im Fall des Satzes 2 ein Ehegatte infolge Erbfalls einen Miteigentumsanteil an der Wohnung hinzu, so kann er die auf diesen Anteil entfallenden Abzugsbeträge nach den Absätzen 1 und 2 weiter in der bisherigen Höhe abziehen; Entsprechendes gilt, wenn im Fall des Satzes 2 während des Abzugszeitraums die Voraussetzungen des § 26 Abs. 1 wegfallen und ein Ehegatte den Anteil des anderen Ehegatten an der Wohnung erwirbt.

(5a) [1]Die Abzugsbeträge nach den Absätzen 1 und 2 können nur für die Veranlagungszeiträume in Anspruch genommen werden, in denen der Gesamtbetrag der Einkünfte 120000 Deutsche Mark, bei nach § 26b zusammenveranlagten Ehegatten 240000 Deutsche Mark nicht übersteigt. [2]Eine Nachholung von Abzugsbeträgen nach Absatz 3 Satz 1 ist nur für Veranlagungszeiträume möglich, in denen die in Satz 1 genannten Voraussetzungen vorgelegen haben; Entsprechendes gilt für nachträgliche Herstellungskosten oder Anschaffungskosten im Sinne des Absatzes 3 Satz 2.

(6)[1]Aufwendungen des Steuerpflichtigen, die bis zum Beginn der erstmaligen Nutzung einer Wohnung im Sinne des Absatzes 1 zu eigenen Wohnzwecken entstehen, unmittelbar mit der Herstellung oder Anschaffung des Gebäudes oder der Eigentumswohnung oder der Anschaffung des dazugehörenden Grund und Bodens zusammenhängen, nicht zu den Herstellungskosten oder Anschaffungskosten der Wohnung oder zu den Anschaffungskosten des Grund und Bodens gehören und die im Fall der Vermietung oder Verpachtung der Wohnung als Werbungskosten abgezogen werden könnten, können wie Sonderausgaben abgezogen werden. [2]Wird eine Wohnung bis zum Beginn der erstmaligen Nutzung zu eigenen Wohnzwecken vermietet oder zu eigenen beruflichen oder eigenen betrieblichen Zwecken genutzt und sind die Aufwendungen Werbungskosten oder Betriebsausgaben, können sie nicht wie Sonderausgaben abgezogen werden. [3]Die Sätze 1 und 2 gelten entsprechend bei Ausbauten und Erweiterungen an einer zu Wohnzwecken genutzten Wohnung.

(6a) [1]Nimmt der Steuerpflichtige Abzugsbeträge für ein Objekt nach den Absätzen 1 oder 2 in Anspruch oder ist er auf Grund des Absatzes 5a zur Inanspruchnahme von Abzugsbeträgen für ein solches Objekt nicht berechtigt, so kann er die mit diesem Objekt in wirtschaftlichem Zusammenhang stehenden Schuldzinsen, die für die Zeit der Nutzung zu eigenen Wohnzwecken entstehen, im Jahr der Herstellung oder Anschaffung und in den beiden folgenden Kalenderjahren bis zur Höhe von jeweils 12000 Deutsche Mark wie Sonderausgaben abziehen, wenn er das Objekt vor dem 1. Januar 1995 fertiggestellt oder vor diesem Zeitpunkt bis zum Ende des Jahres der Fertigstellung angeschafft hat. [2]Soweit der Schuldzinsenabzug nach Satz 1 nicht in vollem Umfang im Jahr der Herstellung oder Anschaffung in Anspruch genommen werden kann, kann er in dem dritten auf das Jahr der Herstellung oder Anschaffung folgenden Kalenderjahr nachgeholt werden. [3]Absatz 1 Satz 6 gilt sinngemäß.

(7) [1]Sind mehrere Steuerpflichtige Eigentümer einer zu eigenen Wohnzwecken genutzten Wohnung, so können die Abzugsbeträge nach den Absätzen 1 und 2 und die Aufwendungen nach den Absätzen 6 und 6a gesondert und einheitlich festgestellt werden. [2]Die für die gesonderte Feststellung von Einkünften nach § 180 Abs. 1 Nr. 2 Buchstabe a der Abgabenordnung geltenden Vorschriften sind entsprechend anzuwenden.

### § 10f. Steuerbegünstigung für zu eigenen Wohnzwecken genutzte Baudenkmale und Gebäude in Sanierungsgebieten und städtebaulichen Entwicklungsbereichen.

(1)[1)] [1]Der Steuerpflichtige kann Aufwendungen an einem eigenen Gebäude im Kalenderjahr des Abschlusses der Baumaßnahme und in den neun folgenden Kalenderjahren jeweils bis zu 10 vom Hundert wie Sonderausgaben abziehen, wenn die Voraussetzungen des § 7h oder des § 7i vorliegen. [2]Dies gilt nur, soweit er das Gebäude in dem jeweiligen Kalenderjahr zu eigenen Wohnzwecken nutzt und die Aufwendungen nicht in die Bemessungsgrundlage nach § 10e einbezogen hat. [3]Für Zeiträume, für die der Steuerpflichtige erhöhte Absetzungen von Aufwendungen nach § 7h oder § 7i abgezogen hat, kann er für diese Aufwendungen keine Abzugsbeträge nach Satz 1 in Anspruch nehmen. [4]Eine Nutzung zu eigenen Wohnzwecken liegt auch vor, wenn Teile einer zu eigenen Wohnzwecken genutzten Wohnung unentgeltlich zu Wohnzwecken überlassen werden.

(2) [1]Der Steuerpflichtige kann Erhaltungsaufwand, der an einem eigenen Gebäude entsteht und nicht zu den Betriebsausgaben oder Werbungskosten gehört, im Kalenderjahr des Abschlusses der Maßnahme und in den neun folgenden Kalenderjahren jeweils bis zu 10 vom Hundert wie Sonderausgaben abziehen, wenn die Voraussetzungen des § 11a Abs. 1 in Verbindung mit § 7h Abs. 2 oder des § 11b Satz 1 oder 2 in Verbindung mit § 7i Abs. 1 Satz 2 und Abs. 2 vorliegen. [2]Dies gilt nur, soweit der Steuerpflichtige das Gebäude in dem jeweiligen Kalenderjahr

---

[1)] Zur Anwendung von § 10f Abs. 1 siehe § 52 Abs. 14a.

zu eigenen Wohnzwecken nutzt und diese Aufwendungen nicht nach § 10e Abs. 6 abgezogen hat. [3]Soweit der Steuerpflichtige das Gebäude während des Verteilungszeitraums zur Einkunftserzielung nutzt, ist der noch nicht berücksichtigte Teil des Erhaltungsaufwands im Jahr des Übergangs zur Einkunftserzielung wie Sonderausgaben abzuziehen. [4]Absatz 1 Satz 4 ist entsprechend anzuwenden.

(3) [1]Die Abzugsbeträge nach den Absätzen 1 und 2 kann der Steuerpflichtige nur bei einem Gebäude in Anspruch nehmen. [2] Ehegatten, bei denen die Voraussetzungen des § 26 Abs. 1 vorliegen, können die Abzugsbeträge nach den Absätzen 1 und 2 bei insgesamt zwei Gebäuden abziehen. [3]Gebäuden im Sinne der Absätze 1 und 2 stehen Gebäude gleich, für die Abzugsbeträge nach § 52 Abs. 21 Satz 6 in Verbindung mit § 51 Abs. 1 Nr. 2 Buchstabe x oder Buchstabe y des Einkommensteuergesetzes 1987 in der Fassung der Bekanntmachung vom 27. Februar 1987 (BGBl. I S. 657) in Anspruch genommen worden sind; Entsprechendes gilt für Abzugsbeträge nach § 52 Abs. 21 Satz 7.

(4) [1]Sind mehrere Steuerpflichtige Eigentümer eines Gebäudes, so ist Absatz 3 mit der Maßgabe anzuwenden, daß der Anteil des Steuerpflichtigen an einem solchen Gebäude dem Gebäude gleichsteht. [2]Erwirbt ein Miteigentümer, der für seinen Anteil bereits Abzugsbeträge nach Absatz 1 oder Absatz 2 abgezogen hat, einen Anteil an demselben Gebäude hinzu, kann er für danach von ihm durchgeführte Maßnahmen im Sinne der Absätze 1 oder 2 auch die Abzugsbeträge nach den Absätzen 1 und 2 in Anspruch nehmen, die auf den hinzuerworbenen Anteil entfallen. [3]§ 10e Abs. 5 Sätze 2 und 3 sowie Abs. 7 ist sinngemäß anzuwenden.

(5) Die Absätze 1 bis 4 sind auf Gebäudeteile, die selbständige unbewegliche Wirtschaftsgüter sind, und auf Eigentumswohnungen entsprechend anzuwenden.

## § 10g.[1]) Steuerbegünstigung für schutzwürdige Kulturgüter, die weder zur Einkunftserzielung noch zu eigenen Wohnzwecken genutzt werden.

(1) [1]Der Steuerpflichtige kann Aufwendungen für Herstellungs- und Erhaltungsmaßnahmen an eigenen schutzwürdigen Kulturgütern im Inland, soweit sie öffentliche oder private Zuwendungen oder etwaige aus diesen Kulturgütern erzielte Einnahmen übersteigen, im Kalenderjahr des Abschlusses der Maßnahme und in den neun folgenden Kalenderjahren jeweils bis zu 10 vom Hundert wie Sonderausgaben abziehen. [2]Kulturgüter im Sinne des Satzes 1 sind

1. Gebäude oder Gebäudeteile, die nach den jeweiligen landesrechtlichen Vorschriften ein Baudenkmal sind,

2. Gebäude oder Gebäudeteile, die für sich allein nicht die Voraussetzungen für ein Baudenkmal erfüllen, aber Teil einer nach den jeweiligen landesrechtlichen Vorschriften als Einheit geschützten Gebäudegruppe oder Gesamtanlage sind,

---

[1]) Zur Anwendung von § 10g siehe § 52 Abs. 14b.

3. gärtnerische, bauliche und sonstige Anlagen, die keine Gebäude oder Gebäudeteile und nach den jeweiligen landesrechtlichen Vorschriften unter Schutz gestellt sind,

4. Mobiliar, Kunstgegenstände, Kunstsammlungen, wissenschaftliche Sammlungen, Bibliotheken oder Archive, die sich seit mindestens 20 Jahren im Besitz der Familie des Steuerpflichtigen befinden oder in das Verzeichnis national wertvollen Kulturgutes oder das Verzeichnis national wertvoller Archive eingetragen sind und deren Erhaltung wegen ihrer Bedeutung für Kunst, Geschichte oder Wissenschaft im öffentlichen Interesse liegt,

wenn sie in einem den Verhältnissen entsprechenden Umfang der wissenschaftlichen Forschung oder der Öffentlichkeit zugänglich gemacht werden, es sei denn, dem Zugang stehen zwingende Gründe des Denkmal- oder Archivschutzes entgegen. [3]Die Maßnahmen müssen nach Maßgabe der geltenden Bestimmungen der Denkmal- und Archivpflege erforderlich und in Abstimmung mit der in Absatz 3 genannten Stelle durchgeführt worden sein; bei Aufwendungen für Herstellungs- und Erhaltungsmaßnahmen an Kulturgütern im Sinne des Satzes 2 Nr. 1 und 2 ist § 7i Abs. 1 Sätze 1 bis 4 sinngemäß anzuwenden.

(2) [1]Die Abzugsbeträge nach Absatz 1 Satz 1 kann der Steuerpflichtige nur in Anspruch nehmen, soweit er die schutzwürdigen Kulturgüter im jeweiligen Kalenderjahr weder zur Erzielung von Einkünften im Sinne des § 2 noch Gebäude oder Gebäudeteile zu eigenen Wohnzwecken nutzt und die Aufwendungen nicht nach § 10e Abs. 6 oder § 10h Satz 3 abgezogen hat. [2]Für Zeiträume, für die der Steuerpflichtige von Aufwendungen Absetzungen für Abnutzung, erhöhte Absetzungen, Sonderabschreibungen oder Beträge nach § 10e Abs. 1 bis 5, den §§ 10f, 10h, 15b des Berlinförderungsgesetzes oder § 7 des Fördergebietsgesetzes abgezogen hat, kann er für diese Aufwendungen keine Abzugsbeträge nach Absatz 1 Satz 1 in Anspruch nehmen. [3]Soweit die Kulturgüter während des Zeitraums nach Absatz 1 Satz 1 zur Einkunftserzielung genutzt werden, ist der noch nicht berücksichtigte Teil der Aufwendungen, die auf Erhaltungsarbeiten entfallen, im Jahr des Übergangs zur Einkunftserzielung wie Sonderausgaben abzuziehen.

(3) [1]Der Steuerpflichtige kann den Abzug vornehmen, wenn er durch eine Bescheinigung der nach Landesrecht zuständigen oder von der Landesregierung bestimmten Stelle die Voraussetzungen des Absatzes 1 für das Kulturgut und für die Erforderlichkeit der Aufwendungen nachweist. [2]Hat eine der für Denkmal- oder Archivpflege zuständigen Behörden ihm Zuschüsse gewährt, so hat die Bescheinigung auch deren Höhe zu enthalten; werden ihm solche Zuschüsse nach Ausstellung der Bescheinigung gewährt, so ist diese entsprechend zu ändern.

(4) [1]Die Absätze 1 bis 3 sind auf Gebäudeteile, die selbständige unbewegliche Wirtschaftsgüter sind, sowie auf Eigentumswohnungen und im Teileigentum stehende Räume entsprechend anzuwenden. [2]§ 10e Abs. 7 gilt sinngemäß.

**§ 10h.**[1] **Steuerbegünstigung der unentgeltlich zu Wohnzwecken überlassenen Wohnung im eigenen Haus.** [1]Der Steuerpflichtige kann von den Aufwendungen, die ihm durch Baumaßnahmen zur Herstellung einer Wohnung entstanden sind, im Jahr der Fertigstellung und in den drei folgenden Jahren jeweils bis zu 6 vom Hundert, höchstens jeweils 19 800 Deutsche Mark, und in den vier darauffolgenden Jahren jeweils bis zu 5 vom Hundert, höchstens jeweils 16 500 Deutsche Mark, wie Sonderausgaben abziehen. [2]Voraussetzung ist, daß

1. der Steuerpflichtige nach dem 30. September 1991 den Bauantrag gestellt oder mit der Herstellung begonnen hat,

2. die Baumaßnahmen an einem Gebäude im Inland durchgeführt worden sind, in dem der Steuerpflichtige im jeweiligen Jahr des Zeitraums nach Satz 1 eine eigene Wohnung zu eigenen Wohnzwecken nutzt,

3. die Wohnung keine Ferienwohnung oder Wochenendwohnung ist,

4. der Steuerpflichtige die Wohnung insgesamt im jeweiligen Jahr des Zeitraums nach Satz 1 voll unentgeltlich an einen Angehörigen im Sinne des § 15 Abs. 1 Nr. 3 und 4 der Abgabenordnung auf Dauer zu Wohnzwecken überlassen hat und

5. der Steuerpflichtige die Aufwendungen nicht in die Bemessungsgrundlage nach §§ 10e, 10f Abs. 1, § 10g, 52 Abs. 21 Satz 6 oder nach § 7 des Fördergebietsgesetzes einbezogen hat.

[3]§ 10e Abs. 1 Sätze 5 und 6, Absätze 3, 5a, 6 und 7 gelten sinngemäß.

### 6. Vereinnahmung und Verausgabung

**§ 11.** (1) [1]Einnahmen sind innerhalb des Kalenderjahrs bezogen, in dem sie dem Steuerpflichtigen zugeflossen sind. [2]Regelmäßig wiederkehrende Einnahmen, die dem Steuerpflichtigen kurze Zeit vor Beginn oder kurze Zeit nach Beendigung des Kalenderjahrs, zu dem sie wirtschaftlich gehören, zugeflossen sind, gelten als in diesem Kalenderjahr bezogen. [3]Für Einnahmen aus nichtselbständiger Arbeit gilt § 38a Abs. 1 Sätze 2 und 3. [4]Die Vorschriften über die Gewinnermittlung (§ 4 Abs. 1, § 5) bleiben unberührt.

(2) [1]Ausgaben sind für das Kalenderjahr abzusetzen, in dem sie geleistet worden sind. [2]Für regelmäßig wiederkehrende Ausgaben gilt Absatz 1 Satz 2 entsprechend. [3]Die Vorschriften über die Gewinnermittlung (§ 4 Abs. 1, § 5) bleiben unberührt.

**§ 11a.**[2] **Sonderbehandlung von Erhaltungsaufwand bei Gebäuden in Sanierungsgebieten und städtebaulichen Entwicklungsbereichen.** (1) [1]Der Steuerpflichtige kann durch Zuschüsse aus Sanierungs- oder Entwicklungsförderungsmitteln nicht gedeckten Erhaltungsaufwand für Maßnahmen im Sinne des § 177 des Baugesetzbuchs an einem im Inland belegenen Gebäude in einem förmlich festgelegten Sanierungs-

---

[1] Zur Anwendung von § 10h siehe § 52 Abs. 14c.
[2] Zur Anwendung von § 11a siehe § 52 Abs. 14d.

gebiet oder städtebaulichen Entwicklungsbereich auf zwei bis fünf Jahre gleichmäßig verteilen. [2]Satz 1 ist entsprechend anzuwenden auf durch Zuschüsse aus Sanierungs- oder Entwicklungsförderungsmitteln nicht gedeckten Erhaltungsaufwand für Maßnahmen, die der Erhaltung, Erneuerung und funktionsgerechten Verwendung eines Gebäudes im Sinne des Satzes 1 dienen, das wegen seiner geschichtlichen, künstlerischen oder städtebaulichen Bedeutung erhalten bleiben soll, und zu deren Durchführung sich der Eigentümer neben bestimmten Modernisierungsmaßnahmen gegenüber der Gemeinde verpflichtet hat.

(2) [1]Wird das Gebäude während des Verteilungszeitraums veräußert, ist der noch nicht berücksichtigte Teil des Erhaltungsaufwands im Jahr der Veräußerung als Betriebsausgabe oder Werbungskosten abzusetzen. [2]Das gleiche gilt, wenn ein nicht zu einem Betriebsvermögen gehörendes Gebäude in ein Betriebsvermögen eingebracht oder wenn ein Gebäude aus dem Betriebsvermögen entnommen oder wenn ein Gebäude nicht mehr zur Einkunftserzielung genutzt wird.

(3) Steht das Gebäude im Eigentum mehrerer Personen, ist der in Absatz 1 bezeichnete Erhaltungsaufwand von allen Eigentümern auf den gleichen Zeitraum zu verteilen.

(4) § 7h Abs. 2 und 3 ist entsprechend anzuwenden.

(5) *(aufgehoben)*

### § 11b.[1]) Sonderbehandlung von Erhaltungsaufwand bei Baudenkmalen.

[1]Der Steuerpflichtige kann durch Zuschüsse aus öffentlichen Kassen nicht gedeckten Erhaltungsaufwand für ein im Inland belegenes Gebäude oder Gebäudeteil, das nach den jeweiligen landesrechtlichen Vorschriften ein Baudenkmal ist, auf zwei bis fünf Jahre gleichmäßig verteilen, soweit die Aufwendungen nach Art und Umfang zur Erhaltung des Gebäudes oder Gebäudeteils als Baudenkmal oder zu seiner sinnvollen Nutzung erforderlich und die Maßnahmen in Abstimmung mit der in § 7i Abs. 2 bezeichneten Stelle vorgenommen worden sind. [2]Durch Zuschüsse aus öffentlichen Kassen nicht gedeckten Erhaltungsaufwand für ein im Inland belegenes Gebäude oder Gebäudeteil, das für sich allein nicht die Voraussetzungen für ein Baudenkmal erfüllt, aber Teil einer Gebäudegruppe oder Gesamtanlage ist, die nach den jeweiligen landesrechtlichen Vorschriften als Einheit geschützt ist, kann der Steuerpflichtige auf zwei bis fünf Jahre gleichmäßig verteilen, soweit die Aufwendungen nach Art und Umfang zur Erhaltung des schützenswerten äußeren Erscheinungsbildes der Gebäudegruppe oder Gesamtanlage erforderlich und die Maßnahmen in Abstimmung mit der in § 7i Abs. 2 bezeichneten Stelle vorgenommen worden sind. [3]§ 7h Abs. 3 und § 7i Abs. 1 Satz 2 und Abs. 2 sowie § 11a Abs. 2 und 3 sind entsprechend anzuwenden.

---

[1]) Zur Anwendung von § 11b siehe § 52 Abs. 14d.

## 7. Nicht abzugsfähige Ausgaben

**§ 12.**[1] Soweit in § 10 Abs. 1 Nr. 1, 2 bis 9, § 10b und §§ 33 bis 33c nichts anderes bestimmt ist, dürfen weder bei den einzelnen Einkunftsarten noch vom Gesamtbetrag der Einkünfte abgezogen werden

1. die für den Haushalt des Steuerpflichtigen und für den Unterhalt seiner Familienangehörigen aufgewendeten Beträge. [2]Dazu gehören auch die Aufwendungen für die Lebensführung, die die wirtschaftliche oder gesellschaftliche Stellung des Steuerpflichtigen mit sich bringt, auch wenn sie zur Förderung des Berufs oder der Tätigkeit des Steuerpflichtigen erfolgen;

2. freiwillige Zuwendungen, Zuwendungen auf Grund einer freiwillig begründeten Rechtspflicht und Zuwendungen an eine gegenüber dem Steuerpflichtigen oder seinem Ehegatten gesetzlich unterhaltsberechtigte Person oder deren Ehegatten, auch wenn diese Zuwendungen auf einer besonderen Vereinbarung beruhen;

3.[1] die Steuern vom Einkommen und sonstige Personensteuern sowie die Umsatzsteuer für den Eigenverbrauch und für Lieferungen oder sonstige Leistungen, die Entnahmen sind; das gilt auch für die auf diese Steuern entfallenden Nebenleistungen;

4. in einem Strafverfahren festgesetzte Geldstrafen, sonstige Rechtsfolgen vermögensrechtlicher Art, bei denen der Strafcharakter überwiegt, und Leistungen zur Erfüllung von Auflagen oder Weisungen, soweit die Auflagen oder Weisungen nicht lediglich der Wiedergutmachung des durch die Tat verursachten Schadens dienen.

## 8. Die einzelnen Einkunftsarten

### a) Land- und Forstwirtschaft (§ 2 Abs. 1 Nr. 1)

**§ 13. Einkünfte aus Land- und Forstwirtschaft.** (1) Einkünfte aus Land- und Forstwirtschaft sind

1. Einkünfte aus dem Betrieb von Landwirtschaft, Forstwirtschaft, Weinbau, Gartenbau, Obstbau, Gemüsebau, Baumschulen und aus allen Betrieben, die Pflanzen und Pflanzenteile mit Hilfe der Naturkräfte gewinnen. [2]Zu diesen Einkünften gehören auch die Einkünfte aus der Tierzucht und Tierhaltung, wenn im Wirtschaftsjahr

| | | |
|---|---|---|
| für die ersten 20 Hektar | nicht mehr als 10 | Vieheinheiten, |
| für die nächsten 10 Hektar | nicht mehr als 7 | Vieheinheiten, |
| für die nächsten 10 Hektar | nicht mehr als 3 | Vieheinheiten, |
| und für die weitere Fläche | nicht mehr als 1,5 | Vieheinheiten |

je Hektar der vom Inhaber des Betriebs regelmäßig landwirtschaftlich genutzten Fläche erzeugt oder gehalten werden. [3]Die Tierbestände sind nach dem Futterbedarf in Vieheinheiten umzurechnen. [4]§ 51 Abs. 2 bis 5 des Bewertungsgesetzes und die auf Grund des § 122

---

[1] Zur Anwendung von § 12, § 12 Nr. 3 siehe § 52 Abs. 14e.

Abs. 2 des Bewertungsgesetzes vom Senat von Berlin (West) erlassenen Rechtsverordnungen sind anzuwenden. [5]Die Einkünfte aus Tierzucht und Tierhaltung einer Gesellschaft, bei der die Gesellschafter als Unternehmer (Mitunternehmer) anzusehen sind, gehören zu den Einkünften im Sinne des Satzes 1, wenn die Voraussetzungen des § 51a des Bewertungsgesetzes erfüllt sind und andere Einkünfte der Gesellschafter aus dieser Gesellschaft zu den Einkünften aus Land- und Forstwirtschaft gehören;

2. Einkünfte aus sonstiger land- und forstwirtschaftlicher Nutzung (§ 62 Bewertungsgesetz);

3. Einkünfte aus Jagd, wenn diese mit dem Betrieb einer Landwirtschaft oder einer Forstwirtschaft im Zusammenhang steht;

4. Einkünfte von Hauberg-, Wald-, Forst- und Laubgenossenschaften und ähnlichen Realgemeinden im Sinne des § 3 Abs. 2 des Körperschaftsteuergesetzes.

(2) Zu den Einkünften im Sinne des Absatzes 1 gehören auch

1. Einkünfte aus einem land- und forstwirtschaftlichen Nebenbetrieb. [2]Als Nebenbetrieb gilt ein Betrieb, der dem land- und forstwirtschaftlichen Hauptbetrieb zu dienen bestimmt ist;

2.[1]) der Nutzungswert der Wohnung des Steuerpflichtigen, wenn die Wohnung die bei Betrieben gleicher Art übliche Größe nicht überschreitet;

3.[2]) die Produktionsaufgaberente nach dem Gesetz zur Förderung der Einstellung der landwirtschaftlichen Erwerbstätigkeit.

(3) [1]Die Einkünfte aus Land- und Forstwirtschaft werden bei der Ermittlung des Gesamtbetrags der Einkünfte nur berücksichtigt, soweit sie den Betrag von 2000 Deutsche Mark übersteigen. [2]Satz 1 ist nur anzuwenden, wenn das Einkommen ohne Berücksichtigung des Freibetrags nach Satz 1 50000 Deutsche Mark nicht übersteigt. [3]Im Fall der Zusammenveranlagung von Ehegatten verdoppeln sich die Beträge der Sätze 1 und 2.

(4) [1]Werden einzelne Wirtschaftsgüter eines land- und forstwirtschaftlichen Betriebs auf einen der gemeinschaftlichen Tierhaltung dienenden Betrieb im Sinne des § 34 Abs. 6a des Bewertungsgesetzes einer Erwerbs- und Wirtschaftsgenossenschaft oder eines Vereins gegen Gewährung von Mitgliedsrechten übertragen, so ist die auf den dabei entstehenden Gewinn entfallende Einkommensteuer auf Antrag in jährlichen Teilbeträgen zu entrichten. [2]Der einzelne Teilbetrag muß mindestens ein Fünftel dieser Steuer betragen.

(5)[3]) § 15 Abs. 1 Nr. 2 und Abs. 2 Sätze 2 und 3 und § 15a sind entsprechend anzuwenden.

---

[1]) Zur Anwendung von § 13 Abs. 2 Nr. 2 siehe § 52 Abs. 15.
[2]) Zur Anwendung von § 13 Abs. 2 Nr. 3 siehe § 52 Abs. 15a.
[3]) Zur Anwendung von § 13 Abs. 5 siehe § 52 Abs. 16.

**§ 13a. Ermittlung des Gewinns aus Land- und Forstwirtschaft nach Durchschnittssätzen.** (1) [1]Der Gewinn ist für einen Betrieb der Land- und Forstwirtschaft nach den Absätzen 3 bis 8 zu ermitteln, wenn

1. der Steuerpflichtige nicht auf Grund gesetzlicher Vorschriften verpflichtet ist, Bücher zu führen und regelmäßig Abschlüsse zu machen, und

2. der Ausgangswert nach Absatz 4 mehr als 0 Deutsche Mark, jedoch nicht mehr als 32000 Deutsche Mark beträgt, und

3. die Tierbestände drei Vieheinheiten je Hektar regelmäßig landwirtschaftlich genutzter Fläche oder insgesamt 30 Vieheinheiten nicht übersteigen; bei einem Anteil an den Tierbeständen von mehr als 75 vom Hundert Schweine und Geflügel erhöht sich die Grenze für die ersten 15 Hektar auf vier Vieheinheiten je Hektar.

[2]Der Gewinn ist letztmalig für das Wirtschaftsjahr nach Durchschnittssätzen zu ermitteln, das nach Bekanntgabe der Mitteilung endet, durch die die Finanzbehörde auf den Beginn der Buchführungspflicht (§ 141 Abs. 2 Abgabenordnung) oder den Wegfall einer anderen Voraussetzung des Satzes 1 hingewiesen hat.

(2) [1]Auf Antrag des Steuerpflichtigen ist für einen Betrieb im Sinne des Absatzes 1 der Gewinn für vier aufeinanderfolgende Wirtschaftsjahre

1. durch Betriebsvermögensvergleich zu ermitteln, wenn für das erste dieser Wirtschaftsjahre Bücher geführt werden und ein Abschluß gemacht wird,

2. durch Vergleich der Betriebseinnahmen mit den Betriebsausgaben zu ermitteln, wenn für das erste dieser Wirtschaftsjahre keine Bücher geführt werden und kein Abschluß gemacht wird, aber die Betriebseinnahmen und Betriebsausgaben aufgezeichnet werden; für das zweite bis vierte Wirtschaftsjahr bleibt § 141 der Abgabenordnung unberührt.

[2]Der Antrag ist bis zur Abgabe der Steuererklärung, jedoch spätestens 12 Monate nach Ablauf des ersten Wirtschafsjahrs, auf das er sich bezieht, schriftlich zu stellen. [3]Er kann innerhalb dieser Frist zurückgenommen werden.

(3) [1]Durchschnittssatzgewinn ist die Summe aus

1. dem Grundbetrag (Absatz 4),

2. dem Wert der Arbeitsleistung des Betriebsinhabers und seiner im Betrieb beschäftigten Angehörigen (Absatz 5),

3. den vereinnahmten Pachtzinsen (Absatz 6 Satz 2),

4.[1] dem Nutzungswert der Wohnung des Betriebsinhabers (Absatz 7),

5. den nach Absatz 8 gesondert zu ermittelnden Gewinnen.

[2]Abzusetzen sind verausgabte Pachtzinsen (Absatz 6 Satz 1, Absatz 7 Satz 2) und diejenigen Schuldzinsen, die Betriebsausgaben sind, sowie

---

[1] Zur Anwendung von § 13a Abs. 3 Nr. 4 siehe § 52 Abs. 15.

dauernde Lasten, die Betriebsausgaben sind und die bei der Einheitsbewertung nicht berücksichtigt sind.

(4)[1] [1]Als Grundbetrag ist

a) bei einem Ausgangswert bis 25000 Deutsche Mark der sechste Teil,
b) bei einem Ausgangswert über 25000 Deutsche Mark der fünfte Teil

des Ausgangswerts anzusetzen. [2]Dieser ist nach den folgenden Nummern 1 bis 5 zu ermitteln:

1. [1]Ausgangswert ist der im maßgebenden Einheitswert des Betriebs der Land- und Forstwirtschaft ausgewiesene Vergleichswert der landwirtschaftlichen Nutzung einschließlich der dazugehörenden Abschläge und Zuschläge nach § 41 des Bewertungsgesetzes, jedoch ohne Sonderkulturen. [2]Zum Ausgangswert gehören ferner die im maßgebenden Einheitswert des Betriebs der Land- und Forstwirtschaft ausgewiesenen Hektarwerte des Geringstlandes und die Vergleichswerte der Sonderkulturen, der weinbaulichen Nutzung, der gärtnerischen Nutzung und der sonstigen land- und forstwirtschaftlichen Nutzung einschließlich der zu diesen Nutzungen oder Nutzungsteilen gehörenden Abschläge und Zuschläge nach § 41 des Bewertungsgesetzes sowie die Einzelertragswerte der Nebenbetriebe und des Abbaulandes, wenn die für diese Nutzungen, Nutzungsteile und sonstige Wirtschaftsgüter nach den Vorschriften des Bewertungsgesetzes ermittelten Werte zuzüglich oder abzüglich des sich nach Nummer 4 ergebenden Werts insgesamt 2000 Deutsche Mark nicht übersteigen. [3]Maßgebend ist grundsätzlich der Einheitswert, der auf den letzten Feststellungszeitpunkt festgestellt worden ist, der vor dem Beginn des Wirtschaftsjahrs liegt oder mit dem Beginn des Wirtschaftsjahrs zusammenfällt, für das der Gewinn zu ermitteln ist. [4]Sind bei einer Fortschreibung oder Nachfeststellung die Umstände, die zu der Fortschreibung oder Nachfeststellung geführt haben, bereits vor oder mit Beginn des Wirtschaftsjahrs eingetreten, in das der Fortschreibungs- oder Nachfeststellungszeitpunkt fällt, so ist der fortgeschriebene oder nachfestgestellte Einheitswert bereits für die Gewinnermittlung dieses Wirtschaftsjahrs maßgebend. [5]§ 175 Nr. 1, § 182 Abs. 1 und § 351 Abs. 2 der Abgabenordnung sind anzuwenden. [6]Hat ein Zugang oder Abgang von Flächen der landwirtschaftlichen Nutzung wegen der Fortschreibungsgrenzen des § 22 des Bewertungsgesetzes nicht zu einer Fortschreibung des Einheitswerts geführt, so ist der Vergleichswert der landwirtschaftlichen Nutzung um die auf diese Flächen entfallenden Wertanteile zu vermehren oder zu vermindern.

2. [1]Beim Pächter ist der Vergleichswert der landwirtschaftlichen Nutzung des eigenen Betriebs um den Vergleichswert der landwirtschaftlichen Nutzung für die zugepachteten landwirtschaftlichen Flächen zu erhöhen. [2]Besteht für die zugepachteten landwirtschaftlichen Flächen kein besonderer Vergleichswert, so ist die Erhöhung nach dem Hektarwert zu errechnen, der bei der Einheitsbewertung für den eigenen

---

[1] Siehe § 57 Abs. 3.

Betrieb beim Vergleichswert der landwirtschaftlichen Nutzung zugrunde gelegt worden ist.

3. Beim Verpächter ist der Vergleichswert der landwirtschaftlichen Nutzung um den Wertanteil zu vermindern, der auf die verpachteten landwirtschaftlichen Flächen entfällt.

4. Werden Flächen mit Sonderkulturen, weinbaulicher Nutzung, gärtnerischer Nutzung, sonstiger land- und forstwirtschaftlicher Nutzung sowie Nebenbetriebe, Abbauland oder Geringstland zugepachtet oder verpachtet, so sind deren Werte oder deren nach entsprechender Anwendung der Nummern 2 und 3 ermittelte Werte den Werten der in Nummer 1 Satz 2 genannten Nutzungen, Nutzungsteile oder sonstigen Wirtschaftsgüter im Fall der Zupachtung hinzuzurechnen oder im Fall der Verpachtung von ihnen abzuziehen.

5. [1]Landwirtschaftlich genutzte Flächen sowie Flächen und Wirtschaftsgüter der in Nummer 4 bezeichneten Art eines Betriebs, die bei der Einheitsbewertung nach § 69 des Bewertungsgesetzes dem Grundvermögen zugerechnet und mit dem gemeinen Wert bewertet worden sind, sind mit dem Wert anzusetzen, der sich nach den Vorschriften über die Bewertung des land- und forstwirtschaftlichen Vermögens ergeben würde. [2]Dieser Wert ist nach dem Hektarwert zu errechnen, der bei der Einheitsbewertung für den eigenen Betrieb beim Vergleichswert der jeweiligen Nutzung zugrunde gelegt worden ist oder zugrunde zu legen wäre.

(5) Der Wert der Arbeitsleistung ist nach den folgenden Nummern 1 bis 5 zu ermitteln:

1. Der Wert der Arbeitsleistung beträgt für
   a) die körperliche Mitarbeit des Betriebsinhabers und der im Betrieb beschäftigten Angehörigen (§ 15 Abgabenordnung) bei einem Ausgangswert nach Absatz 4

| | | |
|---|---|---|
| aa) bis | 8000 Deutsche Mark | je 8000 Deutsche Mark, |
| bb) über | 8000 Deutsche Mark | |
| bis | 12000 Deutsche Mark | je 10000 Deutsche Mark, |
| cc) über | 12000 Deutsche Mark | |
| bis | 25000 Deutsche Mark | je 12000 Deutsche Mark, |
| dd) über | 25000 Deutsche Mark | je 14000 Deutsche Mark, |

   b) die Leitung des Betriebs 5 vom Hundert des Ausgangswerts nach Absatz 4.

2. [1]Die Arbeitsleistung von Angehörigen unter 15 und über 65 Jahren bleibt außer Betracht. [2]Bei Angehörigen, die zu Beginn des Wirtschaftsjahrs das 15., nicht aber das 18. Lebensjahr vollendet haben, ist der Wert der Arbeitsleistung mit der Hälfte des in Nummer 1 Buchstabe a genannten Betrags anzusetzen.

3. [1]Sind die in den Nummern 1 und 2 bezeichneten Personen nicht voll im Betrieb beschäftigt, so ist ein der körperlichen Mitarbeit entsprechender Teil des nach Nummer 1 Buchstabe a und Nummer 2 maßgebenden Werts der Arbeitsleistung anzusetzen. [2]Satz 1 gilt entsprechend bei Minderung der Erwerbsfähigkeit. [3]Für Angehörige, mit denen

Arbeitsverträge abgeschlossen sind, unterbleibt der Ansatz des Werts der Arbeitsleistung.

4. Der Wert der körperlichen Mitarbeit der Person, die den Haushalt führt, vermindert sich für jede im Haushalt voll beköstigte und untergebrachte Person um 20 vom Hundert.

5. [1] Der Wert der Arbeitsleistung des Betriebsinhabers und der Angehörigen kann höchstens für die nach Art und Größe des Betriebs angemessene Zahl von Vollarbeitskräften angesetzt werden. [2] Entgeltlich beschäftigte Vollarbeitskräfte sind entsprechend der Dauer ihrer Beschäftigung auf die angemessene Zahl der Arbeitskräfte anzurechnen. [3] Je Hektar dürfen höchstens 0,07 Vollarbeitskräfte berücksichtigt werden.

(6) [1] Pachtzinsen sind abziehbar, soweit sie den auf die zugepachteten Flächen nach Absatz 4 Nr. 2 und 4 entfallenden Grundbetrag nicht übersteigen. [2] Eingenommene Pachtzinsen sind anzusetzen, wenn sie zu den Einkünften aus Land- und Forstwirtschaft gehören.

(7)[1] [1] Der Nutzungswert der Wohnung des Betriebsinhabers ist mit einem Achtzehntel des im Einheitswert besonders ausgewiesenen Wohnungswerts anzusetzen. [2] Im Fall der Zupachtung eines Wohngebäudes können die hierauf entfallenden Pachtzinsen bis zur Höhe von einem Achtzehntel des Wohnungswerts abgezogen werden.

(8)[2] In den Durchschnittssatzgewinn nach den Absätzen 4 bis 7 sind auch Gewinne, soweit sie insgesamt 3000 Deutsche Mark übersteigen, einzubeziehen aus

1. Sonderkulturen, weinbaulicher Nutzung, gärtnerischer Nutzung, sonstiger land- und forstwirtschaftlicher Nutzung, Nebenbetrieben, Abbauland sowie Geringstland, wenn die hierfür nach den Vorschriften des Bewertungsgesetzes ermittelten Werte zuzüglich oder abzüglich der sich nach Absatz 4 Nr. 4 ergebenden Werte 2000 Deutsche Mark übersteigen,

2. forstwirtschaftlicher Nutzung,

3. Betriebsvorgängen, die bei der Feststellung des Ausgangswerts nach Absatz 4 nicht berücksichtigt worden sind,

4. der Veräußerung oder Entnahme von Grund und Boden; hierbei sind § 4 Abs. 3 sowie § 55 entsprechend anzuwenden.

**§ 14. Veräußerung des Betriebs.** [1] Zu den Einkünften aus Land- und Forstwirtschaft gehören auch Gewinne, die bei der Veräußerung eines land- oder forstwirtschaftlichen Betriebs oder Teilbetriebs oder eines Anteils an einem land- und forstwirtschaftlichen Betriebsvermögen erzielt werden. [2] § 16 Abs. 1 Nr. 1 letzter Halbsatz und Abs. 2 bis 4 gilt mit der Maßgabe entsprechend, daß der Freibetrag nach § 16 Abs. 4 nicht zu gewähren ist, wenn der Freibetrag nach § 14a Abs. 1 gewährt wird.

---

[1] Zur Anwendung von § 13a Abs. 7 siehe § 52 Abs. 15.
[2] Siehe § 57 Abs. 3.

**§ 14a.**[1] **Vergünstigungen bei der Veräußerung bestimmter land- und forstwirtschaftlicher Betriebe.** (1) [1]Veräußert ein Steuerpflichtiger nach dem 30. Juni 1970 und vor dem 1. Januar 1996 seinen land- und forstwirtschaftlichen Betrieb im ganzen, so wird auf Antrag der Veräußerungsgewinn (§ 16 Abs. 2) nur insoweit zur Einkommensteuer herangezogen, als er den Betrag von 90 000 Deutsche Mark übersteigt, wenn

1. der für den Zeitpunkt der Veräußerung maßgebende Wirtschaftswert (§ 46 Bewertungsgesetz) des Betriebs 40 000 Deutsche Mark nicht übersteigt,

2. die Einkünfte des Steuerpflichtigen im Sinne des § 2 Abs. 1 Nr. 2 bis 7 in den dem Veranlagungszeitraum der Veräußerung vorangegangenen beiden Veranlagungszeiträumen jeweils den Betrag von 27 000 Deutsche Mark nicht überstiegen haben. [2]Bei Ehegatten, die nicht dauernd getrennt leben, gilt Satz 1 mit der Maßgabe, daß die Einkünfte beider Ehegatten zusammen jeweils 54 000 Deutsche Mark nicht überstiegen haben.

[2]Ist im Zeitpunkt der Veräußerung ein nach Nummer 1 maßgebender Wirtschaftswert nicht festgestellt oder sind bis zu diesem Zeitpunkt die Voraussetzungen für eine Wertfortschreibung erfüllt, so ist der Wert maßgebend, der sich für den Zeitpunkt der Veräußerung als Wirtschaftswert ergeben würde.

(2) [1]Der Anwendung des Absatzes 1 und des § 34 Abs. 1 steht nicht entgegen, wenn die zum land- und forstwirtschaftlichen Vermögen gehörenden Gebäude mit dem dazugehörigen Grund und Boden nicht mitveräußert werden. [2]In diesem Fall gelten die Gebäude mit dem dazugehörigen Grund und Boden als entnommen. [3]Der Entnahmegewinn bleibt außer Ansatz, soweit er auf die Wohnung (§ 13 Abs. 2 Nr. 2) und den dazugehörigen Grund und Boden entfällt, wenn der Steuerpflichtige im Anschluß an die Veräußerung des Betriebs die Wohnung mindestens zwei Jahre selbst bewohnt und in dieser Zeit nicht veräußert. [4]Der Freibetrag kommt auch dann in Betracht, wenn zum Betrieb ein forstwirtschaftlicher Teilbetrieb gehört und dieser nicht mitveräußert, sondern als eigenständiger Betrieb vom Steuerpflichtigen fortgeführt wird. [5]In diesem Falle ermäßigt sich der Freibetrag auf den Teil, der dem Verhältnis des tatsächlich entstandenen Veräußerungsgewinns zu dem bei einer Veräußerung des ganzen land- und forstwirtschaftlichen Betriebs erzielbaren Veräußerungsgewinn entspricht.

(3) [1]Als Veräußerung gilt auch die Aufgabe des Betriebs, wenn

1. die Voraussetzungen des Absatzes 1 erfüllt sind und

2. der Steuerpflichtige seinen land- und forstwirtschaftlichen Betrieb zum Zweck der Strukturverbesserung abgegeben hat und dies durch eine Bescheinigung der nach Landesrecht zuständigen Stelle nachweist.

[2]§ 16 Abs. 3 Sätze 3 und 4 gilt entsprechend.

---

[1] Zur Anwendung von § 14a siehe § 52 Abs. 17 und § 57 Abs. 3.

(4) [1]Veräußert oder entnimmt ein Steuerpflichtiger nach dem 31. Dezember 1979 und vor dem 1. Januar 1996 Teile des zu einem land- und forstwirtschaftlichen Betrieb gehörenden Grund und Bodens, so wird der bei der Veräußerung oder der Entnahme entstehende Gewinn auf Antrag nur insoweit zur Einkommensteuer herangezogen, als er den Betrag von 120 000 Deutsche Mark übersteigt. [2]Satz 1 ist nur anzuwenden, wenn

1. der Steuerpflichtige
   a) den Veräußerungspreis nach Abzug der Veräußerungskosten oder den entnommenen Grund und Boden innerhalb von 12 Monaten nach der Veräußerung oder Entnahme in sachlichem Zusammenhang mit der Hoferbfolge oder Hofübernahme zur Abfindung weichender Erben verwendet
   oder
   b) Grund und Boden, den er zur Abfindung als weichender Erbe im Wege der Erbfolge erhalten hat, entnimmt und

2. das Einkommen des Steuerpflichtigen ohne Berücksichtigung des Gewinns aus der Veräußerung oder Entnahme und des Freibetrags in dem dem Veranlagungszeitraum der Veräußerung oder Entnahme vorangegangenen Veranlagungszeitraum den Betrag von 27 000 Deutsche Mark nicht überstiegen hat; bei Ehegatten, die nach den §§ 26, 26b zusammen veranlagt werden, erhöht sich der Betrag von 27 000 Deutsche Mark auf 54 000 Deutsche Mark.

[3]Übersteigt das Einkommen den Betrag von 27 000 Deutsche Mark, so vermindert sich der Betrag von 120 000 Deutsche Mark nach Satz 1 für jede angefangenen 500 Deutsche Mark des übersteigenden Einkommens um 20 000 Deutsche Mark; bei Ehegatten, die nach den §§ 26, 26b zusammen veranlagt werden und deren Einkommen den Betrag von 54 000 Deutsche Mark übersteigt, vermindert sich der Betrag von 120 000 Deutsche Mark nach Satz 1 für jede angefangenen 1000 Deutsche Mark des übersteigenden Einkommens um 20 000 Deutsche Mark. [4]Werden mehrere weichende Erben abgefunden, so kann der Freibetrag mehrmals, jedoch insgesamt nur einmal je weichender Erbe geltend gemacht werden, auch wenn die Abfindung in mehreren Schritten oder durch mehrere Eigentümer des Betriebs vorgenommen wird. [5]Weichender Erbe ist, wer gesetzlicher Erbe eines Eigentümers eines land- und forstwirtschaftlichen Betriebs ist oder bei gesetzlicher Erbfolge wäre, aber nicht zur Übernahme des Betriebs berufen ist.

(5) [1]Veräußert ein Steuerpflichtiger nach dem 31. Dezember 1985 und vor dem 1. Januar 1996 Teile des zu einem land- und forstwirtschaftlichen Betrieb gehördenden Grund und Bodens, so wird der bei der Veräußerung entstehende Gewinn auf Antrag nur insoweit zur Einkommensteuer herangezogen, als er den Betrag von 90 000 Deutsche Mark übersteigt, wenn

1. der Steuerpflichtige den Veräußerungspreis nach Abzug der Veräußerungskosten zur Tilgung von Schulden verwendet, die zu dem land-

und forstwirtschaftlichen Betrieb gehören und vor dem 1. Juli 1985 bestanden haben, und

2. die Voraussetzungen des Absatzes 4 Nr. 2 erfüllt sind.

[2]Übersteigt das Einkommen den Betrag von 27000 Deutsche Mark, so vermindert sich der Betrag von 90000 Deutsche Mark nach Satz 1 für jede angefangenen 500 Deutsche Mark des übersteigenden Einkommens um 15000 Deutsche Mark; bei Ehegatten, die nach den §§ 26, 26b zusammen veranlagt werden und bei denen das Einkommen den Betrag von 54000 Deutsche Mark übersteigt, vermindert sich der Betrag von 90000 Deutsche Mark nach Satz 1 für jede angefangenen 1000 Deutsche Mark des übersteigenden Einkommens um 15000 Deutsche Mark. [3]Der Freibetrag von höchstens 90000 Deutsche Mark wird für alle Veräußerungen im Sinne des Satzes 1 insgesamt nur einmal gewährt.

(6) Verwendet der Steuerpflichtige den Veräußerungspreis oder entnimmt er den Grund und Boden nur zum Teil zu den in den Absätzen 4 und 5 angegebenen Zwecken, so ist nur der entsprechende Teil des Gewinns aus der Veräußerung oder Entnahme steuerfrei.

(7) Auf die Freibeträge nach Absatz 4 in dieser Fassung sind die Freibeträge, die nach Absatz 4 in den vor dem 1. Januar 1986 geltenden Fassungen gewährt worden sind, anzurechnen.

### b) Gewerbebetrieb (§ 2 Abs. 1 Nr. 2)

**§ 15. Einkünfte aus Gewerbebetrieb.** (1) [1]Einkünfte aus Gewerbebetrieb sind

1. Einkünfte aus gewerblichen Unternehmen. [2]Dazu gehören auch Einkünfte aus gewerblicher Bodenbewirtschaftung, z. B. aus Bergbauunternehmen und aus Betrieben zur Gewinnung von Torf, Steinen und Erden, soweit sie nicht land- oder forstwirtschaftliche Nebenbetriebe sind;

2.[1]) die Gewinnanteile der Gesellschafter einer Offenen Handelsgesellschaft, einer Kommanditgesellschaft und einer anderen Gesellschaft, bei der der Gesellschafter als Unternehmer (Mitunternehmer) des Betriebs anzusehen ist, und die Vergütungen, die der Gesellschafter von der Gesellschaft für seine Tätigkeit im Dienst der Gesellschaft oder für die Hingabe von Darlehen oder für die Überlassung von Wirtschaftsgütern bezogen hat. [2]Der mittelbar über eine oder mehrere Personengesellschaften beteiligte Gesellschafter steht dem unmittelbar beteiligten Gesellschafter gleich; er ist als Mitunternehmer des Betriebs der Gesellschaft anzusehen, an der er mittelbar beteiligt ist, wenn er und die Personengesellschaften, die seine Beteiligung vermitteln, jeweils als Mitunternehmer der Betriebe der Personengesellschaften anzusehen sind, an denen sie unmittelbar beteiligt sind;

3. die Gewinnanteile der persönlich haftenden Gesellschafter einer Kommanditgesellschaft auf Aktien, soweit sie nicht auf Anteile am Grundkapital entfallen, und die Vergütungen, die der persönlich haftende

---

[1]) Zur Anwendung von § 15 Abs. 1 Satz 1 Nr. 2 siehe § 52 Abs. 18.

Gesellschafter von der Gesellschaft für seine Tätigkeit im Dienst der Gesellschaft oder für die Hingabe von Darlehen oder für die Überlassung von Wirtschaftsgütern bezogen hat.
[2]Satz 1 Nr. 2 und 3 gilt auch für Vergütungen, die als nachträgliche Einkünfte (§ 24 Nr. 2) bezogen werden.

(2) [1]Eine selbständige nachhaltige Betätigung, die mit der Absicht, Gewinn zu erzielen, unternommen wird und sich als Beteiligung am allgemeinen wirtschaftlichen Verkehr darstellt, ist Gewerbebetrieb, wenn die Betätigung weder als Ausübung von Land- und Forstwirtschaft noch als Ausübung eines freien Berufs noch als eine andere selbständige Arbeit anzusehen ist. [2]Eine durch die Betätigung verursachte Minderung der Steuern vom Einkommen ist kein Gewinn im Sinne des Satzes 1. [3]Ein Gewerbebetrieb liegt, wenn seine Voraussetzungen im übrigen gegeben sind, auch dann vor, wenn die Gewinnerzielungsabsicht nur ein Nebenzweck ist.

(3)[1]) Als Gewerbebetrieb gilt in vollem Umfang die mit Einkünfteerzielungsabsicht unternommene Tätigkeit

1. einer Offenen Handelsgesellschaft, einer Kommanditgesellschaft oder einer anderen Personengesellschaft, wenn die Gesellschaft auch eine Tätigkeit im Sinne des Absatzes 1 Nr. 1 ausübt,

2. einer Personengesellschaft, die keine Tätigkeit im Sinne des Absatzes 1 Nr. 1 ausübt und bei der ausschließlich eine oder mehrere Kapitalgesellschaften persönlich haftende Gesellschafter sind und nur diese oder Personen, die nicht Gesellschafter sind, zur Geschäftsführung befugt sind (gewerblich geprägte Personengesellschaft). [2]Ist eine gewerblich geprägte Personengesellschaft als persönlich haftender Gesellschafter an einer anderen Personengesellschaft beteiligt, so steht für die Beurteilung, ob die Tätigkeit dieser Personengesellschaft als Gewerbebetrieb gilt, die gewerblich geprägte Personengesellschaft einer Kapitalgesellschaft gleich.

(4) [1]Verluste aus gewerblicher Tierzucht oder gewerblicher Tierhaltung dürfen weder mit anderen Einkünften aus Gewerbebetrieb noch mit Einkünften aus anderen Einkunftsarten ausgeglichen werden; sie dürfen auch nicht nach § 10d abgezogen werden. [2]Die Verluste mindern jedoch nach Maßgabe des § 10d die Gewinne, die der Steuerpflichtige in vorangegangenen und in späteren Wirtschaftsjahren aus gewerblicher Tierzucht oder gewerblicher Tierhaltung erzielt hat oder erzielt.

**§ 15a.[2]) Verluste bei beschränkter Haftung.** (1) [1]Der einem Kommanditisten zuzurechnende Anteil am Verlust der Kommanditgesellschaft darf weder mit anderen Einkünften aus Gewerbebetrieb noch mit Einkünften aus anderen Einkunftsarten ausgeglichen werden, soweit ein negatives Kapitalkonto des Kommanditisten entsteht oder sich erhöht; er darf insoweit auch nicht nach § 10d abgezogen werden. [2]Haftet der Kommanditist am Bilanzstichtag den Gläubigern der Gesellschaft auf

---

[1]) Zur Anwendung von § 15 Abs. 3 siehe § 52 Abs. 18a.
[2]) Zur Anwendung von § 15a siehe § 52 Abs. 19.

Grund des § 171 Abs. 1 des Handelsgesetzbuchs, so können abweichend von Satz 1 Verluste des Kommanditisten bis zur Höhe des Betrags, um den die im Handelsregister eingetragene Einlage des Kommanditisten seine geleistete Einlage übersteigt, auch ausgeglichen oder abgezogen werden, soweit durch den Verlust ein negatives Kapitalkonto entsteht oder sich erhöht. [3]Satz 2 ist nur anzuwenden, wenn derjenige, dem der Anteil zuzurechnen ist, im Handelsregister eingetragen ist, das Bestehen der Haftung nachgewiesen wird und eine Vermögensminderung auf Grund der Haftung nicht durch Vertrag ausgeschlossen oder nach Art und Weise des Geschäftsbetriebs unwahrscheinlich ist.

(2) Soweit der Verlust nach Absatz 1 nicht ausgeglichen oder abgezogen werden darf, mindert er die Gewinne, die dem Kommanditisten in späteren Wirtschaftsjahren aus seiner Beteiligung an der Kommanditgesellschaft zuzurechnen sind.

(3) [1]Soweit ein negatives Kapitalkonto des Kommanditisten durch Entnahmen entsteht oder sich erhöht (Einlageminderung) und soweit nicht auf Grund der Entnahmen eine nach Absatz 1 Satz 2 zu berücksichtigende Haftung besteht oder entsteht, ist dem Kommanditisten der Betrag der Einlageminderung als Gewinn zuzurechnen. [2]Der nach Satz 1 zuzurechnende Betrag darf den Betrag der Anteile am Verlust der Kommanditgesellschaft nicht übersteigen, der im Wirtschaftsjahr der Einlageminderung und in den zehn vorangegangenen Wirtschaftsjahren ausgleichs- oder abzugsfähig gewesen ist. [3]Wird der Haftungsbetrag im Sinne des Absatzes 1 Satz 2 gemindert (Haftungsminderung) und sind im Wirtschaftsjahr der Haftungsminderung und den zehn vorangegangenen Wirtschaftsjahren Verluste nach Absatz 1 Satz 2 ausgleichs- oder abzugsfähig gewesen, so ist dem Kommanditisten der Betrag der Haftungsminderung, vermindert um auf Grund der Haftung tatsächlich geleistete Beträge, als Gewinn zuzurechnen; Satz 2 gilt sinngemäß. [4]Die nach den Sätzen 1 bis 3 zuzurechnenden Beträge mindern die Gewinne, die dem Kommanditisten im Wirtschaftsjahr der Zurechnung oder in späteren Wirtschaftsjahren aus seiner Beteiligung an der Kommanditgesellschaft zuzurechnen sind.

(4) [1]Der nach Absatz 1 nicht ausgleichs- oder abzugsfähige Verlust eines Kommanditisten, vermindert um die nach Absatz 2 abzuziehenden und vermehrt um die nach Absatz 3 hinzuzurechnenden Beträge (verrechenbarer Verlust), ist jährlich gesondert festzustellen. [2]Dabei ist von dem verrechenbaren Verlust des vorangegangenen Wirtschaftsjahrs auszugehen. [3]Zuständig für den Erlaß des Feststellungsbescheids ist das für die gesonderte Feststellung des Gewinns und Verlustes der Gesellschaft zuständige Finanzamt. [4]Der Feststellungsbescheid kann nur insoweit angegriffen werden, als der verrechenbare Verlust gegenüber dem verrechenbaren Verlust des vorangegangenen Wirtschaftsjahrs sich verändert hat. [5]Die gesonderten Feststellungen nach Satz 1 können mit der gesonderten und einheitlichen Feststellung der einkommensteuerpflichtigen und körperschaftsteuerpflichtigen Einkünfte verbunden werden. [6]In diesen Fällen sind die gesonderten Feststellungen des verrechenbaren Verlustes einheitlich durchzuführen.

(5) Absatz 1 Satz 1, Absatz 2, Absatz 3 Sätze 1, 2 und 4 sowie Absatz 4 gelten sinngemäß für andere Unternehmer, soweit deren Haftung der eines Kommanditisten vergleichbar ist, insbesondere für

1. stille Gesellschafter einer stillen Gesellschaft im Sinne des § 230 des Handelsgesetzbuchs, bei der der stille Gesellschafter als Unternehmer (Mitunternehmer) anzusehen ist,

2. Gesellschafter einer Gesellschaft im Sinne des Bürgerlichen Gesetzbuchs, bei der der Gesellschafter als Unternehmer (Mitunternehmer) anzusehen ist, soweit die Inanspruchnahme des Gesellschafters für Schulden in Zusammenhang mit dem Betrieb durch Vertrag ausgeschlossen oder nach Art und Weise des Geschäftsbetriebs unwahrscheinlich ist,

3. Gesellschafter einer ausländischen Personengesellschaft, bei der der Gesellschafter als Unternehmer (Mitunternehmer) anzusehen ist, soweit die Haftung des Gesellschafters für Schulden in Zusammenhang mit dem Betrieb der eines Kommanditisten oder eines stillen Gesellschafters entspricht oder soweit die Inanspruchnahme des Gesellschafters für Schulden in Zusammenhang mit dem Betrieb durch Vertrag ausgeschlossen oder nach Art und Weise des Geschäftsbetriebs unwahrscheinlich ist,

4. Unternehmer, soweit Verbindlichkeiten nur in Abhängigkeit von Erlösen oder Gewinnen aus der Nutzung, Veräußerung oder sonstigen Verwertung von Wirtschaftsgütern zu tilgen sind,

5. Mitreeder einer Reederei im Sinne des § 489 des Handelsgesetzbuchs, bei der der Mitreeder als Unternehmer (Mitunternehmer) anzusehen ist, wenn die persönliche Haftung des Mitreeders für die Verbindlichkeiten der Reederei ganz oder teilweise ausgeschlossen oder soweit die Inanspruchnahme des Mitreeders für Verbindlichkeiten der Reederei nach Art und Weise des Geschäftsbetriebs unwahrscheinlich ist.

**§ 16. Veräußerung des Betriebs.** (1) Zu den Einkünften aus Gewerbebetrieb gehören auch Gewinne, die erzielt werden bei der Veräußerung

1. des ganzen Gewerbebetriebs oder eines Teilbetriebs; als Teilbetrieb gilt auch die Beteiligung an einer Kapitalgesellschaft, wenn die Beteiligung das gesamte Nennkapital der Gesellschaft oder alle Kuxe der bergrechtlichen Gewerkschaft umfaßt;

2. des Anteils eines Gesellschafters, der als Unternehmer (Mitunternehmer) des Betriebs anzusehen ist (§ 15 Abs. 1 Nr. 2);

3. des Anteils eines persönlich haftenden Gesellschafters einer Kommanditgesellschaft auf Aktien (§ 15 Abs. 1 Nr. 3).

(2) [1]Veräußerungsgewinn im Sinne des Absatzes 1 ist der Betrag, um den der Veräußerungspreis nach Abzug der Veräußerungskosten den Wert des Betriebsvermögens (Absatz 1 Nr. 1) oder den Wert des Anteils am Betriebsvermögen (Absatz 1 Nr. 2 und 3) übersteigt. [2]Der Wert des Betriebsvermögens oder des Anteils ist für den Zeitpunkt der Veräußerung nach § 4 Abs. 1 oder nach § 5 zu ermitteln.

(3) [1]Als Veräußerung gilt auch die Aufgabe des Gewerbebetriebs. [2]Werden die einzelnen dem Betrieb gewidmeten Wirtschaftsgüter im Rahmen der Aufgabe des Betriebs veräußert, so sind die Veräußerungspreise anzusetzen. [3]Werden die Wirtschaftsgüter nicht veräußert, so ist der gemeine Wert im Zeitpunkt der Aufgabe anzusetzen. [4]Bei Aufgabe eines Gewerbebetriebs, an dem mehrere Personen beteiligt waren, ist für jeden einzelnen Beteiligten der gemeine Wert der Wirtschaftsgüter anzusetzen, die er bei der Auseinandersetzung erhalten hat.

(4) [1]Der Veräußerungsgewinn wird zur Einkommensteuer nur herangezogen, soweit er bei der Veräußerung des ganzen Gewerbebetriebs 30000 Deutsche Mark und bei der Veräußerung eines Teilbetriebs oder eines Anteils am Betriebsvermögen den entsprechenden Teil von 30000 Deutsche Mark übersteigt. [2]Der Freibetrag ermäßigt sich um den Betrag, um den der Veräußerungsgewinn bei der Veräußerung des ganzen Gewerbebetriebs 100000 Deutsche Mark und bei der Veräußerung eines Teilbetriebs oder eines Anteils am Betriebsvermögen den entsprechenden Teil von 100000 Deutsche Mark übersteigt. [3]An die Stelle der Beträge von 30000 Deutsche Mark tritt jeweils der Betrag von 120000 Deutsche Mark und an die Stelle der Beträge von 100000 Deutsche Mark jeweils der Betrag von 300000 Deutsche Mark, wenn der Steuerpflichtige nach Vollendung seines 55. Lebensjahrs oder wegen dauernder Berufsunfähigkeit seinen Gewerbebetrieb veräußert oder aufgibt.

## § 17. Veräußerung von Anteilen an Kapitalgesellschaften bei wesentlicher Beteiligung.

(1) [1]Zu den Einkünften aus Gewerbebetrieb gehört auch der Gewinn aus der Veräußerung von Anteilen an einer Kapitalgesellschaft, wenn der Veräußerer innerhalb der letzten fünf Jahre am Kapital der Gesellschaft wesentlich beteiligt war und die innerhalb eines Veranlagungszeitraums veräußerten Anteile 1 vom Hundert des Kapitals der Gesellschaft übersteigen. [2]Die verdeckte Einlage von Anteilen an einer Kapitalgesellschaft in eine Kapitalgesellschaft steht der Veräußerung der Anteile gleich. [3]Anteile an einer Kapitalgesellschaft sind Aktien, Anteile an einer Gesellschaft mit beschränkter Haftung, Kuxe, Genußscheine oder ähnliche Beteiligungen und Anwartschaften auf solche Beteiligungen. [4]Eine wesentliche Beteiligung ist gegeben, wenn der Veräußerer an der Gesellschaft zu mehr als einem Viertel unmittelbar oder mittelbar beteiligt war. [5]Hat der Veräußerer den veräußerten Anteil innerhalb der letzten fünf Jahre vor der Veräußerung unentgeltlich erworben, so gilt Satz 1 entsprechend, wenn der Veräußerer zwar nicht selbst, aber der Rechtsvorgänger oder, sofern der Anteil nacheinander unentgeltlich übertragen worden ist, einer der Rechtsvorgänger innerhalb der letzten fünf Jahre wesentlich beteiligt war.

(2) [1]Veräußerungsgewinn im Sinne des Absatzes 1 ist der Betrag, um den der Veräußerungspreis nach Abzug der Veräußerungskosten die Anschaffungskosten übersteigt. [2]In den Fällen des Absatzes 1 Satz 2 tritt an die Stelle des Veräußerungspreises der Anteile ihr gemeiner Wert. [3]Hat der Veräußerer den veräußerten Anteil unentgeltlich erworben, so sind als Anschaffungskosten des Anteils die Anschaffungskosten des Rechtsvorgängers maßgebend, der den Anteil zuletzt entgeltlich erworben hat.

(3) [1]Der Veräußerungsgewinn wird zur Einkommensteuer nur herangezogen, soweit er den Teil von 20000 Deutsche Mark übersteigt, der dem veräußerten Anteil an der Kapitalgesellschaft entspricht. [2]Der Freibetrag ermäßigt sich um den Betrag, um den der Veräußerungsgewinn den Teil von 80000 Deutsche Mark übersteigt, der dem veräußerten Anteil an der Kapitalgesellschaft entspricht.

(4) [1]Die Absätze 1 bis 3 sind entsprechend anzuwenden, wenn eine Kapitalgesellschaft aufgelöst wird oder wenn ihr Kapital herabgesetzt und zurückgezahlt wird, soweit die Rückzahlung nicht als Gewinnanteil (Dividende) gilt. [2]In diesen Fällen ist als Veräußerungspreis der gemeine Wert des dem Steuerpflichtigen zugeteilten oder zurückgezahlten Vermögens der Kapitalgesellschaft anzusetzen, soweit es nicht nach § 20 Abs. 1 Nr. 1 oder 2 zu den Einnahmen aus Kapitalvermögen gehört.

### c) Selbständige Arbeit (§ 2 Abs. 1 Nr. 3)

**§ 18.** (1) Einkünfte aus selbständiger Arbeit sind

1. Einkünfte aus freiberuflicher Tätigkeit. [2]Zu der freiberuflichen Tätigkeit gehören die selbständig ausgeübte wissenschaftliche, künstlerische, schriftstellerische, unterrichtende oder erzieherische Tätigkeit, die selbständige Berufstätigkeit der Ärzte, Zahnärzte, Tierärzte, Rechtsanwälte, Notare, Patentanwälte, Vermessungsingenieure, Ingenieure, Architekten, Handelschemiker, Wirtschaftsprüfer, Steuerberater, beratenden Volks- und Betriebswirte, vereidigten Buchprüfer (vereidigten Bücherrevisoren), Steuerbevollmächtigten, Heilpraktiker, Dentisten, Krankengymnasten, Journalisten, Bildberichterstatter, Dolmetscher, Übersetzer, Lotsen und ähnlicher Berufe. [3]Ein Angehöriger eines freien Berufs im Sinne der Sätze 1 und 2 ist auch dann freiberuflich tätig, wenn er sich der Mithilfe fachlich vorgebildeter Arbeitskräfte bedient; Voraussetzung ist, daß er auf Grund eigener Fachkenntnisse leitend und eigenverantwortlich tätig wird. [4]Eine Vertretung im Fall vorübergehender Verhinderung steht der Annahme einer leitenden und eigenverantwortlichen Tätigkeit nicht entgegen;

2. Einkünfte der Einnehmer einer staatlichen Lotterie, wenn sie nicht Einkünfte aus Gewerbebetrieb sind;

3. Einkünfte aus sonstiger selbständiger Arbeit, z.B. Vergütungen für die Vollstreckung von Testamenten, für Vermögensverwaltung und für die Tätigkeit als Aufsichtsratsmitglied.

(2) Einkünfte nach Absatz 1 sind auch dann steuerpflichtig, wenn es sich nur um eine vorübergehende Tätigkeit handelt.

(3) [1]Zu den Einkünften aus selbständiger Arbeit gehört auch der Gewinn, der bei der Veräußerung des Vermögens oder eines selbständigen Teils des Vermögens oder eines Anteils am Vermögen erzielt wird, das der selbständigen Arbeit dient. [2]§ 16 Abs. 1 Nr. 1 letzter Halbsatz und Abs. 2 bis 4 gilt entsprechend.

(4)[1)] § 15 Abs. 1 Nr. 2 und Abs. 2 Sätze 2 und 3 und § 15a sind entsprechend anzuwenden.

---

[1)] Zur Anwendung von § 18 Abs. 4 siehe § 52 Abs. 16.

### d) Nichtselbständige Arbeit (§ 2 Abs. 1 Nr. 4)

**§ 19.** (1) ¹Zu den Einkünften aus nichtselbständiger Arbeit gehören

1. Gehälter, Löhne, Gratifikationen, Tantiemen und andere Bezüge und Vorteile, die für eine Beschäftigung im öffentlichen oder privaten Dienst gewährt werden;

2. Wartegelder, Ruhegelder, Witwen- und Waisengelder und andere Bezüge und Vorteile aus früheren Dienstleistungen.

²Es ist gleichgültig, ob es sich um laufende oder um einmalige Bezüge handelt und ob ein Rechtsanspruch auf sie besteht.

(2) ¹Von Versorgungsbezügen bleibt ein Betrag in Höhe von 40 vom Hundert dieser Bezüge, höchstens jedoch insgesamt ein Betrag von 4800 Deutsche Mark im Veranlagungszeitraum, steuerfrei (Versorgungs-Freibetrag). ²Versorgungsbezüge sind Bezüge und Vorteile aus früheren Dienstleistungen, die

1. als Ruhegehalt, Witwen- oder Waisengeld, Unterhaltsbeitrag oder als gleichartiger Bezug
   a) auf Grund beamtenrechtlicher oder entsprechender gesetzlicher Vorschriften,
   b) nach beamtenrechtlichen Grundsätzen von Körperschaften, Anstalten oder Stiftungen des öffentlichen Rechts oder öffentlich-rechtlichen Verbänden von Körperschaften
   oder

2. in anderen Fällen wegen Erreichens einer Altersgrenze, Berufsunfähigkeit, Erwerbsunfähigkeit oder als Hinterbliebenenbezüge gewährt werden; Bezüge, die wegen Erreichens einer Altersgrenze gewährt werden, gelten erst dann als Versorgungsbezüge, wenn der Steuerpflichtige das 62. Lebensjahr oder, wenn er Schwerbehinderter ist, das 60. Lebensjahr vollendet hat.

**§ 19a.**[1]) **Überlassung von Vermögensbeteiligungen an Arbeitnehmer.** (1) ¹Erhält ein Arbeitnehmer im Rahmen eines gegenwärtigen Dienstverhältnisses unentgeltlich oder verbilligt Sachbezüge in Form von Kapitalbeteiligungen oder Darlehensforderungen (Vermögensbeteiligungen) nach Absatz 3, so ist der Vorteil steuerfrei, soweit er nicht höher als der halbe Wert der Vermögensbeteiligung (Absatz 8) ist und insgesamt 500 Deutsche Mark im Kalenderjahr nicht übersteigt. ²Voraussetzung ist die Vereinbarung, daß Vermögensbeteiligungen im Sinne des Absatzes 3 Nr. 1 bis 6 unverzüglich nach ihrer Überlassung bis zum Ablauf einer Frist von sechs Jahren (Sperrfrist) festgelegt werden und über Vermögensbeteiligungen im Sinne des Absatzes 3 bis zum Ablauf der Sperrfrist nicht durch Rückzahlung, Abtretung, Beleihung oder in anderer Weise verfügt wird.

(2) ¹Die Sperrfrist beginnt am 1. Januar des Kalenderjahrs, in dem der Arbeitnehmer die Vermögensbeteiligung erhalten hat. ²Wird vor Ablauf der Sperrfrist über eine Vermögensbeteiligung verfügt oder die Festle-

---

[1]) Zur Anwendung von § 19a siehe § 52 Abs. 19a.

gung einer Vermögensbeteiligung aufgehoben, so ist eine Nachversteuerung durchzuführen. [3]Für die nachzufordernde Lohnsteuer haftet der Arbeitgeber oder das Kreditinstitut bis zu der sich aus der Rechtsverordnung nach Absatz 9 Nr. 4 ergebenden Höhe, wenn die in der Rechtsverordnung nach Absatz 9 Nr. 2 bestimmten Anzeigepflichten verletzt werden. [4]Die Nachversteuerung unterbleibt, wenn die Sperrfrist nicht eingehalten wird, weil der Arbeitnehmer das Umtausch- oder Abfindungsangebot eines Wertpapier-Emittenten angenommen hat, weil Wertpapiere dem Aussteller nach Auslosung oder Kündigung durch den Aussteller zur Einlösung vorgelegt worden sind oder weil die Vermögensbeteiligung im Sinne des Absatzes 3 ohne Mitwirkung des Arbeitnehmers wertlos geworden ist. [5]Eine vorzeitige Verfügung oder Aufhebung der Festlegung ist unschädlich, wenn

1. der Arbeitnehmer oder sein von ihm nicht dauernd getrennt lebender Ehegatte nach Erhalt der Vermögensbeteiligung gestorben oder völlig erwerbsunfähig geworden ist oder

2. der Arbeitnehmer nach Erhalt der Vermögensbeteiligung, aber vor der vorzeitigen Verfügung oder der vorzeitigen Aufhebung der Festlegung geheiratet hat und im Zeitpunkt der vorzeitigen Verfügung oder der vorzeitigen Aufhebung der Festlegung mindestens zwei Jahre seit Beginn der Sperrfrist vergangen sind oder

3. der Arbeitnehmer nach Erhalt der Vermögensbeteiligung arbeitslos geworden ist und die Arbeitslosigkeit mindestens ein Jahr lang ununterbrochen bestanden hat und im Zeitpunkt der vorzeitigen Verfügung oder der vorzeitigen Aufhebung der Festlegung noch besteht oder

4. der Arbeitnehmer, der Staatsangehöriger eines Staates ist, mit dem die Bundesregierung Vereinbarungen über Anwerbung und Beschäftigung von Arbeitnehmern abgeschlossen hat und der nicht Mitglied der Europäischen Gemeinschaften ist, nach Erhalt der Vermögensbeteiligung den Geltungsbereich dieses Gesetzes auf Dauer verlassen hat oder

5. der Arbeitnehmer nach Erhalt der Vermögensbeteiligung unter Aufgabe der nichtselbständigen Arbeit eine Erwerbstätigkeit, die nach § 138 Abs. 1 der Abgabenordnung der Gemeinde mitzuteilen ist, aufgenommen hat oder

6. Vermögensbeteiligungen im Sinne des Absatzes 3 Nr. 1 bis 6, die auf Grund eines Sparvertrags über Wertpapiere oder andere Vermögensbeteiligungen im Sinne des § 4 Abs. 1 des Fünften Vermögensbildungsgesetzes erworben worden sind, vor Ablauf der Sperrfrist unter Wiederverwendung des Erlöses zum Erwerb von Vermögensbeteiligungen im Sinne des Absatzes 3 Nr. 1 bis 6 veräußert werden; § 4 Abs. 4 Nr. 6 des Fünften Vermögensbildungsgesetzes ist entsprechend anzuwenden.

(3) Vermögensbeteiligungen sind

1. Aktien, die vom Arbeitgeber oder von Unternehmen mit Sitz und Geschäftsleitung im Geltungsbereich dieses Gesetzes ausgegeben

werden oder die an einer deutschen Börse zum amtlichen Handel oder zum geregelten Markt zugelassen oder in den geregelten Freiverkehr einbezogen sind,

2. [1] Kuxe und Wandelschuldverschreibungen, die von Unternehmen mit Sitz und Geschäftsleitung im Geltungsbereich dieses Gesetzes ausgegeben werden, sowie Gewinnschuldverschreibungen, die vom Arbeitgeber ausgegeben werden, wenn im Fall von Namensschuldverschreibungen des Arbeitgebers auf dessen Kosten die Ansprüche des Arbeitnehmers aus der Schuldverschreibung durch ein Kreditinstitut verbürgt oder durch ein Versicherungsunternehmen privatrechtlich gesichert sind und das Kreditinstitut oder Versicherungsunternehmen im Geltungsbereich dieses Gesetzes zum Geschäftsbetrieb befugt ist,

3. Genußscheine, die vom Arbeitgeber als Wertpapiere ausgegeben werden oder an einer deutschen Börse zum amtlichen Handel oder zum geregelten Markt zugelassen sind und von Unternehmen mit Sitz und Geschäftsleitung im Geltungsbereich dieses Gesetzes, die keine Kreditinstitute sind, ausgegeben werden, wenn mit den Genußscheinen das Recht am Gewinn eines Unternehmens verbunden ist und der Arbeitnehmer nicht als Mitunternehmer im Sinne des § 15 Abs. 1 Nr. 2 anzusehen ist,

4. Anteilscheine an einem Wertpapier-Sondervermögen, die von Kapitalanlagegesellschaften im Sinne des Gesetzes über Kapitalanlagegesellschaften ausgegeben werden, wenn nach dem Rechenschaftsbericht für das vorletzte Geschäftsjahr vor dem Jahr des Erhalts des Anteilscheins der Wert der Aktien im Wertpapier-Sondervermögen 70 vom Hundert des Werts der in diesem Sondervermögen befindlichen Wertpapiere nicht unterschreitet; für neu aufgelegte Wertpapier-Sondervermögen ist für das erste und zweite Geschäftsjahr der erste Rechenschaftsbericht oder der erste Halbjahresbericht nach Auflegung des Sondervermögens maßgebend,

5. Anteilscheine an einem Beteiligungs-Sondervermögen, die von Kapitalanlagegesellschaften im Sinne des Gesetzes über Kapitalanlagegesellschaften ausgegeben werden, wenn nach dem Rechenschaftsbericht für das vorletzte Geschäftsjahr vor dem Jahr des Erhalts des Anteilscheins der Wert der Aktien und der stillen Beteiligungen in diesem Beteiligungs-Sondervermögen 70 vom Hundert des Werts der in diesem Sondervermögen befindlichen Wertpapiere und stillen Beteiligungen nicht unterschreitet; für neu aufgelegte Beteiligungs-Sondervermögen ist für das erste und zweite Geschäftsjahr der erste Rechenschaftsbericht oder der erste Halbjahresbericht nach Auflegung des Sondervermögens maßgebend,

6. Anteilscheine an einem ausländischen Recht unterstehenden Vermögen aus Wertpapieren, wenn die Anteilscheine nach dem Auslandinvestment-Gesetz im Wege des öffentlichen Anbietens, der öffentlichen Werbung oder in ähnlicher Weise vertrieben werden dürfen und

---

[1] Zur Anwendung von § 19a Abs. 3 Nr. 2 siehe § 52 Abs. 19a Satz 2.

nach dem gemäß § 4 Abs. 1 Nr. 1 oder § 15b Satz 1 des Auslandinvestment-Gesetzes veröffentlichten Rechenschaftsbericht für das vorletzte Geschäftsjahr vor dem Jahr des Erhalts des Anteilscheins der Wert der Aktien in diesem Vermögen 70 vom Hundert des Werts der in diesem Vermögen befindlichen Wertpapiere nicht unterschreitet; beim Erwerb verbriefter EG-Investmentanteile gemäß § 15 des Auslandinvestment-Gesetzes ist für neu aufgelegte Vermögen aus Wertpapieren für das erste und zweite Geschäftsjahr der erste Rechenschaftsbericht oder der erste Halbjahresbericht nach Auflegung des Vermögens maßgebend,

7. Geschäftsguthaben bei einer Genossenschaft mit Sitz und Geschäftsleitung im Geltungsbereich dieses Gesetzes,

8. Stammeinlagen oder Geschäftsanteile an einer Gesellschaft mit beschränkter Haftung mit Sitz und Geschäftsleitung im Geltungsbereich dieses Gesetzes,

9.[1)] Beteiligungen als stiller Gesellschafter im Sinne des § 230 des Handelsgesetzbuchs am Unternehmen des Arbeitgebers mit Sitz und Geschäftsleitung im Geltungsbereich dieses Gesetzes, wenn der Arbeitnehmer nicht als Mitunternehmer im Sinne des § 15 Abs. 1 Nr. 2 anzusehen ist,

10. Darlehnsforderungen gegen den Arbeitgeber, wenn auf dessen Kosten die Ansprüche des Arbeitnehmers aus dem Darlehnsvertrag durch ein Kreditinstitut verbürgt oder durch ein Versicherungsunternehmen privatrechtlich gesichert sind und das Kreditinstitut oder Versicherungsunternehmen im Geltungsbereich dieses Gesetzes zum Geschäftsbetrieb befugt ist,

11. Genußrechte am Unternehmen des Arbeitgebers mit Sitz und Geschäftsleitung im Geltungsbereich dieses Gesetzes, wenn damit das Recht am Gewinn dieses Unternehmens verbunden ist, der Arbeitnehmer nicht als Mitunternehmer im Sinne des § 15 Abs. 1 Nr. 2 anzusehen ist und über die Genußrechte keine Genußscheine nach Nummer 3 ausgegeben werden.

(3a)[1)] [1]Aktien, Gewinnschuldverschreibungen oder Genußscheine eines Unternehmens, das im Sinne des § 18 Abs. 1 des Aktiengesetzes als herrschendes Unternehmen mit dem Unternehmen des Arbeitgebers verbunden ist, stehen Aktien, Gewinnschuldverschreibungen oder Genußscheinen gleich, die vom Arbeitgeber ausgegeben werden. [2]Eine Beteiligung als stiller Gesellschafter an einem Unternehmen mit Sitz und Geschäftsleitung im Geltungsbereich dieses Gesetzes, das im Sinne des § 18 Abs. 1 des Aktiengesetzes als herrschendes Unternehmen mit dem Unternehmen des Arbeitgebers verbunden ist oder das auf Grund eines Vertrags mit dem Arbeitgeber an dessen Unternehmen gesellschaftsrechtlich beteiligt ist, steht einer Beteiligung als stiller Gesellschafter am Unternehmen des Arbeitgebers gleich. [3]Eine Darlehnsforderung gegen ein Unternehmen mit Sitz und Geschäftsleitung im Geltungsbereich dieses Gesetzes, das im Sinne des § 18 Abs. 1 des Aktiengesetzes als herr-

---

[1)] Zur Anwendung von § 19a Abs. 3 Nr. 9, Abs. 3a Satz 2 siehe § 52 Abs. 19a Satz 3.

schendes Unternehmen mit dem Unternehmen des Arbeitgebers verbunden ist, oder ein Genußrecht an einem solchen Unternehmen stehen einer Darlehnsforderung gegen den Arbeitgeber oder einem Genußrecht am Unternehmen des Arbeitgebers gleich.

(4) Die Überlassung von Gewinnschuldverschreibungen im Sinne des Absatzes 3 Nr. 2, in denen neben der gewinnabhängigen Verzinsung eine gewinnunabhängige Mindestverzinsung zugesagt ist, ist nach Absatz 1 begünstigt, wenn

1. der Aussteller in der Gewinnschuldverschreibung erklärt, die gewinnunabhängige Mindestverzinsung werde im Regelfall die Hälfte der Gesamtverzinsung nicht überschreiten, oder

2. die gewinnunabhängige Mindestverzinsung zum Zeitpunkt der Ausgabe der Gewinnschuldverschreibung die Hälfte der Emissionsrendite festverzinslicher Wertpapiere nicht überschreitet, die in den Monatsberichten der Deutschen Bundesbank für den viertletzten Kalendermonat ausgewiesen wird, der dem Kalendermonat der Ausgabe vorausgeht.

(5) Die Überlassung von Genußscheinen im Sinne des Absatzes 3 Nr. 3 und von Genußrechten im Sinne des Absatzes 3 Nr. 11 ist nach Absatz 1 begünstigt, wenn eine Rückzahlung zum Nennwert nicht zugesagt ist; ist neben dem Recht am Gewinn eine gewinnunabhängige Mindestverzinsung zugesagt, gilt Absatz 4 entsprechend.

(6) Der Überlassung von Vermögensbeteiligungen nach Absatz 3 Nr. 3, 9 bis 11 bei einer Genossenschaft mit Sitz und Geschäftsleitung im Geltungsbereich dieses Gesetzes stehen § 19 und eine Festsetzung durch Statut nach § 20 des Gesetzes betreffend die Erwerbs- und Wirtschaftsgenossenschaften nicht entgegen.

(7) Werden Darlehnsforderungen nach Absatz 3 Nr. 10 in Tarifverträgen vereinbart, so kann der Arbeitgeber sich hiervon befreien, wenn er dem Arbeitnehmer anstelle der Darlehnsforderung eine andere gleichwertige Vermögensbeteiligung nach Absatz 3 zuwendet; sofern der Arbeitnehmer dies verlangt, sind dabei mindestens zwei verschiedene Formen der Vermögensbeteiligung nach Absatz 3 Nr. 1 bis 9 und 11, von denen mindestens eine keine Vermögensbeteiligung am Unternehmen des Arbeitgebers ist, zur Auswahl anzubieten.

(8) [1]Als Wert der Vermögensbeteiligung ist der gemeine Wert anzusetzen. [2]Werden einem Arbeitnehmer Vermögensbeteiligungen im Sinne des Absatzes 3 Nr. 1 bis 3 überlassen, die am Tag der Beschlußfassung über die Überlassung an einer deutschen Börse zum amtlichen Handel zugelassen sind, so werden diese mit dem niedrigsten an diesem Tag für sie im amtlichen Handel notierten Kurs angesetzt, wenn am Tag der Überlassung nicht mehr als neun Monate seit dem Tag der Beschlußfassung über die Überlassung vergangen sind. [3]Liegt am Tag der Beschlußfassung über die Überlassung eine Notierung nicht vor, so werden diese Vermögensbeteiligungen mit dem letzten innerhalb von 30 Tagen vor diesem Tag im amtlichen Handel notierten Kurs angesetzt. [4]Die Sätze 2 und 3 gelten entsprechend für Vermögensbeteiligungen im Sinne des

Absatzes 3 Nr. 1 bis 3, die zum geregelten Markt zugelassen oder in den geregelten Freiverkehr einbezogen sind. [5]Sind am Tag der Überlassung von Vermögensbeteiligungen im Sinne des Absatzes 3 Nr. 1 bis 3 mehr als neun Monate seit dem Tag der Beschlußfassung über die Überlassung vergangen, so tritt an die Stelle des Tages der Beschlußfassung über die Überlassung im Sinne der Sätze 2 bis 4 der Tag der Überlassung. [6]Der Wert von Vermögensbeteiligungen im Sinne des Absatzes 3 Nr. 4 bis 6 wird mit dem Ausgabepreis am Tag der Überlassung angesetzt. [7]Der Wert von Vermögensbeteiligungen im Sinne des Absatzes 3 Nr. 7, 9, 10 und 11 wird mit dem Nennbetrag angesetzt, wenn nicht besondere Umstände einen höheren oder niedrigeren Wert begründen. [8]Vermögensbeteiligungen im Sinne des Absatzes 3 Nr. 8 sind mit dem Wert anzusetzen, der vor dem Tag der Überlassung zuletzt nach § 11 Abs. 2 Satz 2 des Bewertungsgesetzes festzustellen oder war.

(9) Durch Rechtsverordnung können Vorschriften erlassen werden über

1. die Festlegung der Vermögensbeteiligungen nach Absatz 3 Nr. 1 bis 6 und die Art der Festlegung,

2. die Begründung von Aufzeichnungs- und Anzeigepflichten zum Zweck der Sicherung der Nachversteuerung,

3. die vorläufige Nachversteuerung im Laufe des Kalenderjahrs einer schädlichen Verfügung oder Aufhebung der Festlegung mit einem Pauschsteuersatz,

4. das Verfahren bei der abschließenden Nachversteuerung nach Ablauf des Kalenderjahrs einer schädlichen Verfügung oder Aufhebung der Festlegung.

### e) Kapitalvermögen (§ 2 Abs. 1 Nr. 5)

§ 20. (1) [1]Zu den Einkünften aus Kapitalvermögen gehören

1. Gewinnanteile (Dividenden), Ausbeuten und sonstige Bezüge aus Aktien, Kuxen, Genußrechten, mit denen das Recht am Gewinn und Liquidationserlös einer Kapitalgesellschaft verbunden ist, aus Anteilen an Gesellschaften mit beschränkter Haftung, an Erwerbs- und Wirtschaftsgenossenschaften sowie an bergbautreibenden Vereinigungen, die die Rechte einer juristischen Person haben. [2]Zu den sonstigen Bezügen gehören auch verdeckte Gewinnausschüttungen. [3]Die Bezüge gehören nicht zu den Einnahmen, soweit sie aus Ausschüttungen einer unbeschränkt steuerpflichtigen Körperschaft stammen, für die Eigenkapital im Sinne des § 30 Abs. 2 Nr. 4 des Körperschaftsteuergesetzes als verwendet gilt;

2. Bezüge, die auf Grund einer Kapitalherabsetzung oder nach der Auflösung unbeschränkt steuerpflichtiger Körperschaften oder Personenvereinigungen im Sinne der Nummer 1 anfallen, soweit bei diesen für Ausschüttungen verwendbares Eigenkapital im Sinne des § 29 des Körperschaftsteuergesetzes als verwendet gilt und die Bezüge nicht zu den Einnahmen im Sinne der Nummer 1 gehören. [2]Nummer 1 Satz 3 gilt entsprechend;

3. die nach § 36 Abs. 2 Nr. 3 anzurechnende oder nach den §§ 36b bis 36e dieses Gesetzes oder nach § 52 des Körperschaftsteuergesetzes zu vergütende Körperschaftsteuer. [2]Die anzurechnende oder zu vergütende Körperschaftsteuer gilt außer in den Fällen des § 36e dieses Gesetzes und des § 52 des Körperschaftsteuergesetzes als zusammen mit den Einnahmen im Sinne der Nummern 1 oder 2 oder des Absatzes 2 Nr. 2 Buchstabe a bezogen;

4. Einnahmen aus der Beteiligung an einem Handelsgewerbe als stiller Gesellschafter und aus partiarischen Darlehen, es sei denn, daß der Gesellschafter oder Darlehnsgeber als Mitunternehmer anzusehen ist. [2]Auf Anteile des stillen Gesellschafters am Verlust des Betriebs ist § 15a sinngemäß anzuwenden;

5. Zinsen aus Hypotheken und Grundschulden und Renten aus Rentenschulden. [2]Bei Tilgungshypotheken und Tilgungsgrundschulden ist nur der Teil der Zahlungen anzusetzen, der als Zins auf den jeweiligen Kapitalrest entfällt;

6. [1)] außerrechnungsmäßige und rechnungsmäßige Zinsen aus den Sparanteilen, die in den Beiträgen zu Versicherungen auf den Erlebens- oder Todesfall enthalten sind. [2]Dies gilt nicht für Zinsen aus Versicherungen im Sinne des § 10 Abs. 1 Nr. 2 Buchstabe b, die mit Beiträgen verrechnet oder im Versicherungsfall oder im Fall des Rückkaufs des Vertrags nach Ablauf von 12 Jahren seit dem Vertragsabschluß ausgezahlt werden. [3]Satz 2 gilt in den Fällen des § 10 Abs. 2 Satz 2 nur, wenn die Voraussetzungen für den Sonderausgabenabzug nach § 10 Abs. 2 Satz 2 Buchstabe a oder b erfüllt sind oder soweit bei Versicherungsverträgen Zinsen in Veranlagungszeiträumen gutgeschrieben werden, in denen Beiträge nach § 10 Abs. 2 Satz 2 Buchstabe c abgezogen werden können. [4]Die Sätze 1 bis 3 sind auf Kapitalerträge aus fondsgebundenen Lebensversicherungen entsprechend anzuwenden;

7. Zinsen aus sonstigen Kapitalforderungen jeder Art, z. B. aus Einlagen und Guthaben bei Kreditinstituten, aus Darlehen und Anleihen;

8. Diskontbeträge von Wechseln und Anweisungen einschließlich der Schatzwechsel.

(2) [1]Zu den Einkünften aus Kapitalvermögen gehören auch

1. besondere Entgelte oder Vorteile, die neben den in Absatz 1 bezeichneten Einnahmen oder an deren Stelle gewährt werden;

2. Einnahmen aus der Veräußerung
   a) von Dividendenscheinen und sonstigen Ansprüchen durch den Anteilseigner,
   b) von Zinsscheinen durch den Inhaber der Schuldverschreibung,
   wenn die dazugehörigen Aktien, sonstigen Anteile oder Schuldverschreibungen nicht mitveräußert werden. [2]Anteilseigner ist derjenige, dem nach § 39 der Abgabenordnung die Anteile an dem Kapitalvermögen im Sinne des Absatzes 1 Nr. 1 zuzurechnen sind. [3]Sind einem

---

[1)] Zur Anwendung von § 20 Abs. 1 Nr. 6 siehe § 52 Abs. 20.

Nießbraucher oder Pfandgläubiger die Einnahmen im Sinne des Absatzes 1 Nr. 1 oder 2 zuzurechnen, so gilt er als Anteilseigner;

3. Einnahmen aus der Veräußerung von Zinsscheinen, wenn die dazugehörigen Schuldverschreibungen mitveräußert werden und das Entgelt für die auf den Zeitraum bis zur Veräußerung der Schuldverschreibung entfallenden Zinsen des laufenden Zinszahlungszeitraums (Stückzinsen) besonders in Rechnung gestellt ist. [2]Die bei der Einlösung oder Weiterveräußerung der Zinsscheine vom Erwerber der Zinsscheine vereinnahmten Zinsen sind um das Entgelt für den Erwerb der Zinsscheine zu kürzen;

4. Kapitalerträge aus der Veräußerung oder Abtretung von abgezinsten oder aufgezinsten Schuldverschreibungen, Schuldbuchforderungen und ähnliche Kapitalforderungen, soweit die Kapitalerträge rechnerisch auf die Zeit der Innehabung dieser Wertpapiere oder Forderungen entfallen.

[2]Die Nummern 2 und 3 gelten sinngemäß für die Einnahmen aus der Abtretung von Dividenden- oder Zinsansprüchen oder sonstigen Ansprüchen im Sinne der Nummer 2, wenn die dazugehörigen Anteilsrechte oder Schuldverschreibungen nicht in einzelnen Wertpapieren verbrieft sind. [3]Satz 2 gilt auch bei der Abtretung von Zinsansprüchen aus Schuldbuchforderungen, die in ein öffentliches Schuldbuch eingetragen sind.

(3) Soweit Einkünfte der in den Absätzen 1 und 2 bezeichneten Art zu den Einkünften aus Land- und Forstwirtschaft, aus Gewerbebetrieb, aus selbständiger Arbeit oder aus Vermietung und Verpachtung gehören, sind sie diesen Einkünften zuzurechnen.

(4) [1]Bei der Ermittlung der Einkünfte aus Kapitalvermögen ist nach Abzug der Werbungskosten ein Betrag von 600 Deutsche Mark abzuziehen (Sparer-Freibetrag). [2]Ehegatten, die zusammen veranlagt werden, wird ein gemeinsamer Sparer-Freibetrag von 1200 Deutsche Mark gewährt. [3]Der gemeinsame Sparer-Freibetrag ist bei der Einkunftsermittlung bei jedem Ehegatten je zur Hälfte abzuziehen; sind die um die Werbungskosten geminderten Kapitalerträge eines Ehegatten niedriger als 600 Deutsche Mark, so ist der anteilige Sparer-Freibetrag insoweit, als er die um die Werbungskosten geminderten Kapitalerträge dieses Ehegatten übersteigt, beim anderen Ehegatten abzuziehen. [4]Der Sparer-Freibetrag und der gemeinsame Sparer-Freibetrag dürfen nicht höher sein als die um die Werbungskosten geminderten Kapitalerträge.

#### f) Vermietung und Verpachtung (§ 2 Abs. 1 Nr. 6)

**§ 21.** (1) [1]Einkünfte aus Vermietung und Verpachtung sind

1. Einkünfte aus Vermietung und Verpachtung von unbeweglichem Vermögen, insbesondere von Grundstücken, Gebäuden, Gebäudeteilen, Schiffen, die in ein Schiffsregister eingetragen sind, und Rechten, die den Vorschriften des bürgerlichen Rechts über Grundstücke unterliegen (z. B. Erbbaurecht, Mineralgewinnungsrecht);

2. Einkünfte aus Vermietung und Verpachtung von Sachinbegriffen, insbesondere von beweglichem Betriebsvermögen;

3. Einkünfte aus zeitlich begrenzter Überlassung von Rechten, insbesondere von schriftstellerischen, künstlerischen und gewerblichen Urheberrechten, von gewerblichen Erfahrungen und von Gerechtigkeiten und Gefällen;

4. Einkünfte aus der Veräußerung von Miet- und Pachtzinsforderungen, auch dann, wenn die Einkünfte im Veräußerungspreis von Grundstücken enthalten sind und die Miet- oder Pachtzinsen sich auf einen Zeitraum beziehen, in dem der Veräußerer noch Besitzer war.
²§ 15a ist sinngemäß anzuwenden.

(2)¹⁾ ¹Zu den Einkünften aus Vermietung und Verpachtung gehört auch der Nutzungswert der Wohnung im eigenen Haus oder der Nutzungswert einer dem Steuerpflichtigen ganz oder teilweise unentgeltlich überlassenen Wohnung einschließlich der zugehörigen sonstigen Räume und Gärten. ²Beträgt das Entgelt für die Überlassung einer Wohnung zu Wohnzwecken weniger als 50 vom Hundert der ortsüblichen Marktmiete, so ist die Nutzungsüberlassung in einen entgeltlichen und einen unentgeltlichen Teil aufzuteilen.

(3) Einkünfte der in den Absätzen 1 und 2 bezeichneten Art sind Einkünften aus anderen Einkunftsarten zuzurechnen, soweit sie zu diesen gehören.

### § 21a.¹⁾ Pauschalierung des Nutzungswerts der selbstgenutzten Wohnung im eigenen Haus.

(1) ¹Bei einer Wohnung im eigenen Einfamilienhaus im Sinne des § 75 Abs. 5 des Bewertungsgesetzes wird der Nutzungswert (§ 21 Abs. 2) auf Grund des Einheitswerts des Grundstücks ermittelt. ²Satz 1 gilt auch bei einer Wohnung in einem eigenen Haus, das kein Einfamilienhaus ist. ³Satz 2 ist nicht anzuwenden, wenn der Steuerpflichtige in dem eigenen Haus mindestens eine Wohnung oder eine anderen als Wohnzwecken dienende Einheit von Räumen

1. zur dauernden Nutzung vermietet hat oder

2. innerhalb von sechs Monaten nach Fertigstellung oder Anschaffung des Hauses, nach Beendigung einer Vermietung oder nach Beendigung der Selbstnutzung zur dauernden Nutzung vermietet oder

3. zu gewerblichen oder beruflichen Zwecken selbst nutzt oder zu diesen Zwecken unentgeltlich überläßt und der zu gewerblichen oder beruflichen Zwecken genutzte Teil des Hauses mindestens 33⅓ vom Hundert der gesamten Nutzfläche des Hauses beträgt.

⁴Als Grundbetrag für den Nutzungswert ist 1 vom Hundert des maßgebenden Einheitswerts des Grundstücks anzusetzen. ⁵Liegen die Voraussetzungen der Sätze 1 und 2 nicht während des ganzen Kalenderjahrs vor, so ist nur der Teil des Grundbetrags anzusetzen, der auf die vollen Kalendermonate entfällt, in denen diese Voraussetzungen vorliegen.

(2) ¹Maßgebend ist der Einheitswert für den letzten Feststellungszeitpunkt (Hauptfeststellungs-, Fortschreibungs- oder Nachfeststellungszeitpunkt), der vor dem Beginn des Kalenderjahrs liegt oder mit dem Beginn

---

¹⁾ Zur Anwendung von § 21 Abs. 2 und § 21a siehe § 52 Abs. 21.

des Kalenderjahrs zusammenfällt, für das der Nutzungswert zu ermitteln ist. [2]Ist das Einfamilienhaus oder das andere Haus erst innerhalb des Kalenderjahrs fertiggestellt worden, für das der Nutzungswert zu ermitteln ist, so ist der Einheitswert maßgebend, der zuerst für das Einfamilienhaus oder das andere Haus festgestellt wird.

(3) Von dem Grundbetrag dürfen nur abgesetzt werden:

1. die mit der Nutzung des Grundstücks zu Wohnzwecken in wirtschaftlichem Zusammenhang stehenden Schuldzinsen bis zur Höhe des Grundbetrags;

2. erhöhte Absetzungen, die bei dem Einfamilienhaus oder dem anderen Haus in Anspruch genommen werden, nach Abzug der Schuldzinsen im Sinne der Nummer 1; Absetzungen für Abnutzung nach § 7 Abs. 5 dürfen von dem Grundbetrag nicht abgesetzt werden.

(4) [1]Bei einem Haus im Sinne des Absatzes 1, für das der Antrag auf Baugenehmigung nach dem 30. September 1982 gestellt worden ist und das vom Steuerpflichtigen vor dem 1. Januar 1987 hergestellt oder angeschafft worden ist, können die mit der Nutzung des Grundstücks zu Wohnzwecken in wirtschaftlichem Zusammenhang stehenden Schuldzinsen im Jahr der Herstellung oder Anschaffung und in den beiden folgenden Kalenderjahren über die Höhe des Grundbetrags hinaus bis zur Höhe von jeweils 10 000 Deutsche Mark von dem nach Absatz 3 Nr. 1 gekürzten Grundbetrag abgesetzt werden. [2]Soweit der Schuldzinsenabzug nach Satz 1 nicht in vollem Umfang im Erstjahr in Anspruch genommen werden kann, kann er in dem dritten auf das Jahr der Herstellung oder Anschaffung folgenden Kalenderjahr nachgeholt werden. [3]Voraussetzung für die Anwendung des Satzes 1 im Falle der Anschaffung ist, daß der Steuerpflichtige das Haus bis zum Ende des Jahres der Fertigstellung angeschafft hat. [4]Die Sätze 1 bis 3 gelten entsprechend bei einem Haus, für das der Bauantrag vor dem 1. Oktober 1982 gestellt und bei dem mit den Bauarbeiten nach dem 30. September 1982 begonnen worden ist. [5]Satz 1 gilt entsprechend für Schuldzinsen, die mit den Herstellungskosten für Ausbauten und Erweiterungen an einem Haus im Sinne des Absatzes 1 in wirtschaftlichem Zusammenhang stehen, wenn mit den Arbeiten für den Ausbau oder die Erweiterung nach dem 30. September 1982 begonnen worden ist und der Ausbau oder die Erweiterung vor dem 1. Januar 1987 fertiggestellt worden ist. [6]An die Stelle des Antrags auf Baugenehmigung tritt die Bauanzeige, wenn diese baurechtlich ausreicht. [7]Satz 5 ist nicht anzuwenden, wenn bei einem Haus im Sinne des Absatzes 1 Schuldzinsen nach Satz 1 oder 5 abgezogen worden sind.

(5) [1]Dient das Grundstück teilweise eigenen gewerblichen oder beruflichen Zwecken oder wird das Grundstück teilweise zu diesen Zwecken unentgeltlich überlassen und liegen die Voraussetzungen des Absatzes 1 Satz 3 Nr. 3 nicht vor, so vermindert sich der maßgebende Einheitswert um den Teil, der bei einer Aufteilung nach dem Verhältnis der Nutzflächen auf den gewerblich oder beruflich genutzten Teil des Grundstücks entfällt. [2]Dasselbe gilt, wenn Teile des Einfamilienhauses oder Teile einer Wohnung in einem anderen Haus vermietet sind und die Einnahmen hieraus das Dreifache des anteilig auf die vermieteten Teile entfallenden

Grundbetrags, mindestens aber 1000 Deutsche Mark im Kalenderjahr, übersteigen.

(6) Die Absätze 1 bis 5 sind nicht anzuwenden, wenn die gesamte Fläche des Grundstücks größer a¹s das Zwanzigfache der bebauten Grundfläche ist; in diesem Fall ist jedoch mindestens der Nutzungswert anzusetzen, der sich nach den Absätzen 1 bis 5 ergeben würde, wenn die gesamte Fläche des Grundstücks nicht größer als das Zwanzigfache der bebauten Grundfläche wäre.

(7) ¹Absatz 1 Satz 2 ist nicht bei einem Gebäude anzuwenden,

1. bei dem der Antrag auf Baugenehmigung vor dem 30. Juli 1981 gestellt worden ist oder das in Erwerbsfällen auf Grund eines vor dem 30. Juli 1981 rechtswirksam abgeschlossenen obligatorischen Vertrags oder sonstigen Rechtsakts erworben worden ist oder

2. das nach dem 29. Juli 1981 im Wege der Erbfolge erworben worden ist, wenn bei dem Rechtsvorgänger für dieses Gebäude die Voraussetzungen der Nummer 1 vorlagen.

²An Stelle des Antrags auf Baugenehmigung tritt die Bestellung, wenn diese nachweislich vor der Stellung des Antrags auf Baugenehmigung erfolgte. ³Im Fall der Anschaffung von Kaufeigenheimen oder Trägerkleinsiedlungen, für die der Antrag auf Baugenehmigung nach dem 31. Dezember 1979 und vor dem 30. Juli 1981 gestellt worden ist, ist Absatz 1 Satz 2 nicht anzuwenden, wenn die Gebäude vor dem 1. Juli 1983 angeschafft worden sind. ⁴Im Fall des Umbaus eines Einfamilienhauses zu einer anderen Gebäudeart ist Absatz 1 Satz 2 nicht anzuwenden, wenn vor dem 30. Juli 1981 mit den Umbauarbeiten begonnen oder der für den Umbau erforderliche Antrag auf Baugenehmigung gestellt worden ist. ⁵An die Stelle des Antrags auf Baugenehmigung tritt die Bauanzeige, wenn diese baurechtlich ausreicht.

### g) Sonstige Einkünfte (§ 2 Abs. 1 Nr. 7)

**§ 22. Arten der sonstigen Einkünfte.** Sonstige Einkünfte sind

1. Einkünfte aus wiederkehrenden Bezügen, soweit sie nicht zu den in § 2 Abs. 1 Nr. 1 bis 6 bezeichneten Einkunftsarten gehören. ²Werden die Bezüge freiwillig oder auf Grund einer freiwillig begründeten Rechtspflicht oder einer gesetzlich unterhaltsberechtigten Person gewährt, so sind sie nicht dem Empfänger zuzurechnen, wenn der Geber unbeschränkt einkommensteuerpflichtig oder unbeschränkt körperschaftsteuerpflichtig ist; dem Empfänger sind dagegen zuzurechnen

   a) Bezüge, die von einer unbeschränkt steuerpflichtigen, von der Körperschaftsteuer befreiten Körperschaft, Personenvereinigung oder Vermögensmasse außerhalb der Erfüllung steuerbegünstigter Zwecke im Sinne der §§ 52 bis 54 der Abgabenordnung gewährt werden, und

   b) Bezüge im Sinne des § 1 der Verordnung über die Steuerbegünstigung von Stiftungen, die an die Stelle von Familienfideikommissen getreten sind, in der im Bundesgesetzblatt Teil III, Gliederungsnummer 611–4–3, veröffentlichten bereinigten Fassung.

[3]Zu den in Satz 1 bezeichneten Einkünften gehören auch

a) Leibrenten insoweit, als in den einzelnen Bezügen Einkünfte aus Erträgen des Rentenrechts enthalten sind. [2]Als Ertrag des Rentenrechts gilt für die gesamte Dauer des Rentenbezugs der Unterschied zwischen dem Jahresbetrag der Rente und dem Betrag, der sich bei gleichmäßiger Verteilung des Kapitalwerts der Rente auf ihre voraussichtliche Laufzeit ergibt; dabei ist der Kapitalwert nach dieser Laufzeit zu berechnen. [3]Der Ertrag des Rentenrechts (Ertragsanteil) ist aus der nachstehenden Tabelle zu entnehmen:

| Bei Beginn der Rente vollendetes Lebensjahr des Rentenberechtigten | Ertragsanteil in v. H. | Bei Beginn der Rente vollendetes Lebensjahr des Rentenberechtigten | Ertragsanteil in v. H. | Bei Beginn der Rente vollendetes Lebensjahr des Rentenberechtigten | Ertragsanteil in v. H. |
|---|---|---|---|---|---|
| 0 bis 2 | 72 | 42 | 48 | 66 | 23 |
| 3 bis 5 | 71 | 43 bis 44 | 47 | 67 | 22 |
| 6 bis 8 | 70 | 45 | 46 | 68 | 21 |
| 9 bis 10 | 69 | 46 | 45 | 69 | 20 |
| 11 bis 12 | 68 | 47 | 44 | 70 | 19 |
| 13 bis 14 | 67 | 48 | 43 | 71 | 18 |
| 15 bis 16 | 66 | 49 | 42 | 72 | 17 |
| 17 bis 18 | 65 | 50 | 41 | 73 | 16 |
| 19 bis 20 | 64 | 51 | 39 | 74 | 15 |
| 21 bis 22 | 63 | 52 | 38 | 75 | 14 |
| 23 bis 24 | 62 | 53 | 37 | 76 bis 77 | 13 |
| 25 bis 26 | 61 | 54 | 36 | 78 | 12 |
| 27 | 60 | 55 | 35 | 79 | 11 |
| 28 bis 29 | 59 | 56 | 34 | 80 | 10 |
| 30 | 58 | 57 | 33 | 81 bis 82 | 9 |
| 31 bis 32 | 57 | 58 | 32 | 83 | 8 |
| 33 | 56 | 59 | 31 | 84 bis 85 | 7 |
| 34 | 55 | 60 | 29 | 86 bis 87 | 6 |
| 35 | 54 | 61 | 28 | 88 bis 89 | 5 |
| 36 bis 37 | 53 | 62 | 27 | 90 bis 91 | 4 |
| 38 | 52 | 63 | 26 | 92 bis 93 | 3 |
| 39 | 51 | 64 | 25 | 94 bis 96 | 2 |
| 40 | 50 | 65 | 24 | ab 97 | 1 |
| 41 | 49 | | | | |

[4]Die Ermittlung des Ertrags aus Leibrenten, die vor dem 1. Januar 1955 zu laufen begonnen haben, und aus Renten, deren Dauer von der Lebenszeit mehrerer Personen oder einer anderen Person als des Rentenberechtigten abhängt, sowie aus Leibrenten, die auf eine bestimmte Zeit beschränkt sind, wird durch eine Rechtsverordnung bestimmt;

b) Einkünfte aus Zuschüssen und sonstigen Vorteilen, die als wiederkehrende Bezüge gewährt werden;

1a. Einkünfte aus Unterhaltsleistungen, soweit sie nach § 10 Abs. 1 Nr. 1 vom Geber abgezogen werden können;

2. Einkünfte aus Spekulationsgeschäften im Sinne des § 23;

3. Einkünfte aus Leistungen, soweit sie weder zu anderen Einkunftsarten (§ 2 Abs. 1 Nr. 1 bis 6) noch zu den Einkünften im Sinne der Nummern 1, 1a, 2 oder 4 gehören, z. B. Einkünfte aus gelegentlichen Vermittlungen und aus der Vermietung beweglicher Gegenstände. [2]Solche Einkünfte sind nicht einkommensteuerpflichtig, wenn sie weniger als 500 Deutsche Mark im Kalenderjahr betragen haben. [3]Übersteigen die Werbungskosten die Einnahmen, so darf der übersteigende Betrag bei Ermittlung des Einkommens nicht ausgeglichen werden; er darf auch nicht nach § 10 d abgezogen werden;

4.[1] Entschädigungen, Amtszulagen, Zuschüsse zu Krankenversicherungsbeiträgen, Übergangsgelder, Überbrückungsgelder[2], Sterbegelder, Versorgungsabfindungen, Versorgungsbezüge, die auf Grund des Abgeordnetengesetzes oder des Europaabgeordnetengesetzes, sowie vergleichbare Bezüge, die auf Grund der entsprechenden Gesetze der Länder gezahlt werden. [2]Werden zur Abgeltung des durch das Mandat veranlaßten Aufwandes Aufwandsentschädigungen gezahlt, so dürfen die durch das Mandat veranlaßten Aufwendungen nicht als Werbungskosten abgezogen werden. [3]Wahlkampfkosten zur Erlangung eines Mandats im Bundestag, im Europäischen Parlament oder im Parlament eines Landes dürfen nicht als Werbungskosten abgezogen werden. [4]Es gelten entsprechend

a) für Nachversicherungsbeiträge auf Grund gesetzlicher Verpflichtung nach den Abgeordnetengesetzen im Sinne des Satzes 1 und für Zuschüsse zu Krankenversicherungsbeiträgen § 3 Nr. 62,

b) für Versorgungsbezüge § 19 Abs. 2; beim Zusammentreffen mit Versorgungsbezügen im Sinne von § 19 Abs. 2 Satz 2 bleibt jedoch insgesamt höchstens ein Betrag von 4800 Deutsche Mark im Veranlagungszeitraum steuerfrei,

c) für das Übergangsgeld, das in einer Summe gezahlt wird, und für die Versorgungsabfindung § 34 Abs. 3.

**§ 23. Spekulationsgeschäfte.** (1) Spekulationsgeschäfte (§ 22 Nr. 2) sind

1. Veräußerungsgeschäfte, bei denen der Zeitraum zwischen Anschaffung und Veräußerung beträgt:

a) bei Grundstücken und Rechten, die den Vorschriften des bürgerlichen Rechts über Grundstücke unterliegen (z. B. Erbbaurecht, Mineralgewinnungsrecht), nicht mehr als zwei Jahre,

b) bei anderen Wirtschaftsgütern, insbesondere bei Wertpapieren, nicht mehr als sechs Monate;

---

[1] Siehe § 57 Abs. 5.
[2] **Amtl. Anm.:** Die Einfügung des Wortes „Überbrückungsgelder" durch Gesetz vom 18. 12. 1989 (BGBl. I S. 2210) **tritt mit Beginn der 12. Wahlperiode des Deutschen Bundestages** [= 20. 12. 1990] **in Kraft.**

2. Veräußerungsgeschäfte, bei denen die Veräußerung der Wirtschaftsgüter früher erfolgt als der Erwerb.

(2) Außer Ansatz bleiben die Einkünfte aus der Veräußerung von

1. Schuld- und Rentenverschreibungen von Schuldnern, die Wohnsitz, Geschäftsleitung oder Sitz im Inland haben, es sei denn, daß bei ihnen neben der festen Verzinsung ein Recht auf Umtausch in Gesellschaftsanteile (Wandelanleihen) oder eine Zusatzverzinsung, die sich nach der Höhe der Gewinnausschüttung des Schuldners richtet, eingeräumt ist oder daß sie von dem Steuerpflichtigen im Ausland erworben worden sind;

2. Forderungen, die in ein inländisches öffentliches Schuldbuch eingetragen sind.

(3) Spekulationsgeschäfte liegen nicht vor, wenn Wirtschaftsgüter veräußert werden, deren Wert bei Einkünften im Sinne des § 2 Abs. 1 Nr. 1 bis 6 anzusetzen ist.

(4) [1]Gewinn oder Verlust aus Spekulationsgeschäften ist der Unterschied zwischen dem Veräußerungspreis einerseits und den Anschaffungs- oder Herstellungskosten und den Werbungskosten andererseits. [2]Gewinne aus Spekulationsgeschäften bleiben steuerfrei, wenn der aus Spekulationsgeschäften erzielte Gesamtgewinn im Kalenderjahr weniger als 1000 Deutsche Mark betragen hat. [3]Verluste aus Spekulationsgeschäften dürfen nur bis zur Höhe des Spekulationsgewinns, den der Steuerpflichtige im gleichen Kalenderjahr erzielt hat, ausgeglichen werden; sie dürfen nicht nach § 10d abgezogen werden.

### h) Gemeinsame Vorschriften

**§ 24.** Zu den Einkünften im Sinne des § 2 Abs. 1 gehören auch

1. Entschädigungen, die gewährt worden sind
   a) als Ersatz für entgangene oder entgehende Einnahmen oder
   b) für die Aufgabe oder Nichtausübung einer Tätigkeit, für die Aufgabe einer Gewinnbeteiligung oder einer Anwartschaft auf eine solche;
   c) als Ausgleichszahlungen an Handelsvertreter nach § 89b des Handelsgesetzbuchs;

2. Einkünfte aus einer ehemaligen Tätigkeit im Sinne des § 2 Abs. 1 Nr. 1 bis 4 oder aus einem früheren Rechtsverhältnis im Sinne des § 2 Abs. 1 Nr. 5 bis 7, und zwar auch dann, wenn sie dem Steuerpflichtigen als Rechtsnachfolger zufließen;

3. Nutzungsvergütungen für die Inanspruchnahme von Grundstücken für öffentliche Zwecke sowie Zinsen auf solche Nutzungsvergütungen und auf Entschädigungen, die mit der Inanspruchnahme von Grundstücken für öffentliche Zwecke zusammenhängen.

**§ 24a. Altersentlastungsbetrag.** [1]Altersentlastungsbetrag ist ein Betrag von 40 vom Hundert des Arbeitslohns und der positiven Summe der Einkünfte, die nicht solche aus nichtselbständiger Arbeit sind, höchstens

jedoch insgesamt ein Betrag von 3720 Deutsche Mark im Kalenderjahr.
[2]Versorgungsbezüge im Sinne des § 19 Abs. 2, Einkünfte aus Leibrenten im Sinne des § 22 Nr. 1 Satz 3 Buchstabe a und Einkünfte im Sinne des § 22 Nr. 4 Satz 4 Buchstabe b bleiben bei der Bemessung des Betrags außer Betracht. [3]Der Altersentlastungsbetrag wird einem Steuerpflichtigen gewährt, der vor dem Beginn des Kalenderjahrs, in dem er sein Einkommen bezogen hat, das 64. Lebensjahr vollendet hatte. [4]Im Fall der Zusammenveranlagung von Ehegatten zur Einkommensteuer sind die Sätze 1 bis 3 für jeden Ehegatten gesondert anzuwenden.

**§ 24b. Ausbildungsplatz-Abzugsbetrag.** (1) [1]Steuerpflichtigen, die bis 31. Dezember 1990 finanzielle Hilfen auf Grund einer Rechtsverordnung nach § 2 Abs. 1 des Ausbildungsplatzförderungsgesetzes erhalten und bei denen die finanziellen Hilfen zu den Betriebseinnahmen aus Land- und Forstwirtschaft, Gewerbebetrieb oder selbständiger Arbeit gehören, wird ein Ausbildungsplatz-Abzugsbetrag in Höhe der finanziellen Hilfen gewährt. [2]Dies gilt auch für Zuwendungen aus öffentlichen Mitteln, die dazu bestimmt sind, zusätzliche Ausbildungsplätze bereitzustellen.

(2) [1]Wird die finanzielle Hilfe einer Gesellschaft im Sinne des § 15 Abs. 1 Nr. 2 gewährt, so wird jedem Mitunternehmer ein Ausbildungsplatz-Abzugsbetrag in Höhe des Teils der finanziellen Hilfe gewährt, der dem Verhältnis des Gewinnanteils des Mitunternehmers einschließlich der Vergütungen zum Gewinn der Gesellschaft entspricht. [2]Der Ausbildungsplatz-Abzugsbetrag und die Anteile der Mitunternehmer am Ausbildungsplatz-Abzugsbetrag sind gesondert festzustellen (§ 179 Abgabenordnung).

## III. Veranlagung

**§ 25. Veranlagungszeitraum, Steuererklärungspflicht.** (1) Die Einkommensteuer wird nach Ablauf des Kalenderjahrs (Veranlagungszeitraum) nach dem Einkommen veranlagt, das der Steuerpflichtige in diesem Veranlagungszeitraum bezogen hat, soweit nicht nach § 46 eine Veranlagung unterbleibt.

(2) [1]Hat die Steuerpflicht nicht während des vollen Veranlagungszeitraums bestanden, so wird das während der Dauer der Steuerpflicht bezogene Einkommen zugrunde gelegt. [2]In diesem Fall kann die Veranlagung bei Wegfall der Steuerpflicht sofort vorgenommen werden.

(3) [1]Der Steuerpflichtige hat für den abgelaufenen Veranlagungszeitraum eine Einkommensteuererklärung abzugeben. [2]Ehegatten haben für den Fall der Zusammenveranlagung (§ 26b) eine gemeinsame Einkommensteuererklärung abzugeben. [3]Wählt einer der Ehegatten die getrennte Veranlagung (§ 26a) oder wählen beide Ehegatten die besondere Veranlagung für den Veranlagungszeitraum der Eheschließung (§ 26c), hat jeder der Ehegatten eine Einkommensteuererklärung abzugeben. [4]Der Steuerpflichtige hat die Einkommensteuererklärung eigenhändig zu un-

terschreiben. [5]Eine gemeinsame Einkommensteuererklärung ist von beiden Ehegatten eigenhändig zu unterschreiben.

**§ 26. Veranlagung von Ehegatten.** (1) [1]Ehegatten, die beide unbeschränkt einkommensteuerpflichtig sind und nicht dauernd getrennt leben und bei denen diese Voraussetzungen zu Beginn des Veranlagungszeitraums vorlegen haben oder im Laufe des Veranlagungszeitraums eingetreten sind, können zwischen getrennter Veranlagung (§ 26a) und Zusammenveranlagung (§ 26b) wählen; für den Veranlagungszeitraum der Eheschließung können sie statt dessen die besondere Veranlagung nach § 26c wählen. [2]Eine Ehe, die im Laufe des Veranlagungszeitraums aufgelöst worden ist, bleibt für die Anwendung des Satzes 1 unberücksichtigt, wenn einer der Ehegatten in demselben Veranlagungszeitraum wieder geheiratet hat und bei ihm und dem neuen Ehegatten die Voraussetzungen des Satzes 1 ebenfalls vorliegen. [3]Satz 2 gilt nicht, wenn eine Ehe durch Tod aufgelöst worden ist und die Ehegatten der neuen Ehe die besondere Veranlagung nach § 26c wählen.

(2) [1]Ehegatten werden getrennt veranlagt, wenn einer der Ehegatten getrennte Veranlagung wählt. [2]Ehegatten werden zusammen veranlagt oder – für den Veranlagungszeitraum der Eheschließung – nach § 26c veranlagt, wenn beide Ehegatten die betreffende Veranlagungsart wählen. [3]Die zur Ausübung der Wahl erforderlichen Erklärungen sind beim Finanzamt schriftlich oder zu Protokoll abzugeben.

(3) Werden die nach Absatz 2 erforderlichen Erklärungen nicht abgegeben, so wird unterstellt, daß die Ehegatten die Zusammenveranlagung wählen.

**§ 26a. Getrennte Veranlagung von Ehegatten.** (1) [1]Bei getrennter Veranlagung von Ehegatten in den in § 26 bezeichneten Fällen sind jedem Ehegatten die von ihm bezogenen Einkünfte zuzurechnen. [2]Einkünfte eines Ehegatten sind nicht allein deshalb zum Teil dem anderen Ehegatten zuzurechnen, weil dieser bei der Erzielung der Einkünfte mitgewirkt hat.

(2) [1]Außergewöhnliche Belastungen (§§ 33 bis 33c) werden in Höhe des bei einer Zusammenveranlagung der Ehegatten in Betracht kommenden Betrags bei beiden Veranlagungen jeweils zur Hälfte abgezogen, wenn die Ehegatten nicht gemeinsam eine andere Aufteilung beantragen. [2]Die nach § 33b Abs. 5 übertragbaren Pauschbeträge stehen den Ehegatten insgesamt nur einmal zu; sie werden jedem Ehegatten zur Hälfte gewährt. [3]Die nach § 34f zu gewährende Steuerermäßigung steht den Ehegatten in dem Verhältnis zu, in dem sie erhöhte Absetzungen nach § 7b oder Abzugsbeträge nach § 10e Abs. 1 bis 5 oder nach § 15b des Berlinförderungsgesetzes in Anspruch nehmen.

(3) Die Anwendung der §§ 10a und 10d für den Fall des Übergangs von der getrennten Veranlagung zur Zusammenveranlagung und von der Zusammenveranlagung zur getrennten Veranlagung, wenn bei beiden Ehegatten nicht entnommene Gewinne oder nicht ausgeglichene Verluste vorliegen, wird durch Rechtsverordnung geregelt.

**§ 26b. Zusammenveranlagung von Ehegatten.** Bei der Zusammenveranlagung von Ehegatten werden die Einkünfte, die die Ehegatten erzielt haben, zusammengerechnet, den Ehegatten gemeinsam zugerechnet und, soweit nichts anderes vorgeschrieben ist, die Ehegatten sodann gemeinsam als Steuerpflichtiger behandelt.

**§ 26c. Besondere Veranlagung für den Veranlagungszeitraum der Eheschließung.** (1) [1]Bei besonderer Veranlagung für den Veranlagungszeitraum der Eheschließung werden Ehegatten so behandelt, als ob sie diese Ehe nicht geschlossen hätten. [2]§ 12 Nr. 2 und § 33c Abs. 2 bleiben unberührt. [3]§ 26a Abs. 1 gilt sinngemäß.

(2) Bei der besonderen Veranlagung ist das Verfahren nach § 32a Abs. 5 anzuwenden, wenn der zu veranlagende Ehegatte zu Beginn des Veranlagungszeitraums verwitwet war und bei ihm die Voraussetzungen des § 32a Abs. 6 Nr. 1 vorgelegen hatten.

(3) Für die Anwendung des § 32 Abs. 7 bleiben Kinder unberücksichtigt, wenn das Kindschaftsverhältnis (§ 32 Abs. 1) in Beziehung zu beiden Ehegatten erst nach der Eheschließung begründet wird.

**§ 27.** *(weggefallen)*

**§ 28. Besteuerung bei fortgesetzter Gütergemeinschaft.** Bei fortgesetzter Gütergemeinschaft gelten Einkünfte, die in das Gesamtgut fallen, als Einkünfte des überlebenden Ehegatten, wenn dieser unbeschränkt steuerpflichtig ist.

**§§ 29 bis 31.** *(weggefallen)*

# IV. Tarif

**§ 32. Kinder, Kinderfreibetrag, Sonderfreibeträge.** (1) [1]Kinder im Sinne der Absätze 2 bis 5 und des Absatzes 7 sind:

1. Kinder, die im ersten Grad mit dem Steuerpflichtigen verwandt sind;
2. Pflegekinder. [2]Das sind Personen, mit denen der Steuerpflichtige durch ein familienähnliches, auf längere Dauer berechnetes Band verbunden ist und die er in seinen Haushalt aufgenommen hat. [3]Voraussetzung ist, daß das Obhuts- und Pflegeverhältnis zu den Eltern nicht mehr besteht und der Steuerpflichtige das Kind mindestens zu einem nicht unwesentlichen Teil auf seine Kosten unterhält.

[2]Steht ein angenommenes Kind zu Beginn des Kalenderjahrs noch in einem Kindschaftsverhältnis zu seinen leiblichen Eltern, so kann es bei diesen nur berücksichtigt werden, wenn sie ihrer Unterhaltsverpflichtung gegenüber dem Kind für das Kalenderjahr im wesentlichen nachkommen. [3]Entsprechendes gilt, wenn ein Pflegekind auch in einem Kindschaftsverhältnis zu seinen Eltern steht.

(2) Ein Kind kann nur berücksichtigt werden, wenn es zu Beginn des Kalenderjahrs unbeschränkt einkommensteuerpflichtig war oder im Lau-

fe des Kalenderjahrs unbeschränkt einkommensteuerpflichtig geworden ist.

(3)[1] Ein Kind wird in dem Kalenderjahr, in dem es lebend geboren wurde, und in jedem folgenden Kalenderjahr, zu dessen Beginn es das 18. Lebensjahr noch nicht vollendet hat, berücksichtigt.

(4)[1] [1]Ein Kind, das zu Beginn des Kalenderjahrs das 18. Lebensjahr, aber noch nicht das 27. Lebensjahr vollendet hat, wird berücksichtigt, wenn es

1. für einen Beruf ausgebildet wird oder
2. eine Berufsausbildung mangels Ausbildungsplatzes nicht beginnen oder fortsetzen kann oder
3. den gesetzlichen Grundwehrdienst oder Zivildienst leistet oder
4. *(aufgehoben)*
5. eine vom gesetzlichen Grundwehrdienst oder Zivildienst befreiende Tätigkeit als Entwicklungshelfer im Sinne des § 1 Abs. 1 des Entwicklungshelfer-Gesetzes ausübt oder
6. ein freiwilliges soziales Jahr im Sinne des Gesetzes zur Förderung eines freiwilligen sozialen Jahres leistet oder
7. wegen körperlicher, geistiger oder seelischer Behinderung außerstande ist, sich selbst zu unterhalten.

[2]In den Fällen der Nummern 3 und 5 ist Voraussetzung, daß durch die Aufnahme des Dienstes oder der Tätigkeit eine Berufsausbildung unterbrochen worden ist. [3]Im Fall der Nummer 7 gilt Absatz 5 Satz 2 entsprechend.

(5) [1]Ein Kind, das zu Beginn des Kalenderjahrs das 27. Lebensjahr vollendet hat, wird berücksichtigt, wenn es wegen körperlicher, geistiger oder seelischer Behinderung außerstande ist, sich selbst zu unterhalten. [2]Ist das Kind verheiratet oder geschieden, so ist weitere Voraussetzung, daß sein Ehegatte oder sein früherer Ehegatte ihm keinen ausreichenden Unterhalt leisten kann oder ihm gegenüber nicht unterhaltspflichtig ist.

(6) [1]Ein Kinderfreibetrag von 2052 Deutsche Mark wird für jedes zu berücksichtigende Kind des Steuerpflichtigen vom Einkommen abgezogen. [2]Bei Ehegatten, die nach den §§ 26, 26b zusammen zur Einkommensteuer veranlagt werden, wird ein Kinderfreibetrag von 4104 Deutsche Mark abgezogen, wenn das Kind zu beiden Ehegatten in einem Kindschaftsverhältnis steht. [3]Ein Kinderfreibetrag von 4104 Deutsche Mark wird auch abgezogen, wenn

1. der andere Elternteil vor dem Beginn des Kalenderjahrs verstorben ist oder während des ganzen Kalenderjahrs nicht unbeschränkt einkommensteuerpflichtig gewesen ist oder
2. der Steuerpflichtige allein das Kind angenommen hat oder das Kind nur zu ihm in einem Pflegekindschaftsverhältnis steht.

---

[1] Zur Anwendung von § 32 Abs. 3 und 4 siehe § 52 Abs. 21b.

[4] Abweichend von Satz 1 wird bei einem unbeschränkt einkommensteuerpflichtigen Elternpaar, bei dem die Voraussetzungen des § 26 Abs. 1 Satz 1 nicht vorliegen, auf Antrag eines Elternteils der Kinderfreibetrag des anderen Elternteils auf ihn übertragen, wenn er, nicht jedoch der andere Elternteil seiner Unterhaltspflicht gegenüber dem Kind für das Kalenderjahr im wesentlichen nachkommt, oder wenn der andere Elternteil dem Antrag zustimmt. [5] Eine für ein zurückliegendes oder das laufende Kalenderjahr erteilte Zustimmung kann nicht widerrufen werden. [6] Eine für künftige Kalenderjahre erteilte Zustimmung kann nur vor Beginn des Kalenderjahrs widerrufen werden, für das sie erstmals nicht gelten soll.

(7) [1] Ein Haushaltsfreibetrag von 5616 Deutsche Mark wird bei einem Steuerpflichtigen, für den das Splitting-Verfahren (§ 32a Abs. 5 und 6) nicht anzuwenden und der auch nicht als Ehegatte (§ 26 Abs. 1) getrennt zur Einkommensteuer zu veranlagen ist, vom Einkommen abgezogen, wenn er einen Kinderfreibetrag für mindestens ein Kind erhält, das in seiner Wohnung gemeldet ist. [2] Kinder, die bei beiden Elternteilen gemeldet sind, werden dem Elternteil zugeordnet, in dessen Wohnung sie im Kalenderjahr zuerst gemeldet waren, im übrigen der Mutter oder mit deren Zustimmung dem Vater; dieses Wahlrecht kann für mehrere Kinder nur einheitlich ausgeübt werden. [3] Absatz 6 Sätze 5 und 6 gilt entsprechend.

(8)[1] [1] Ein Tariffreibetrag von 600 Deutsche Mark wird vom Einkommen eines Steuerpflichtigen abgezogen, der

1. seinen ausschließlichen Wohnsitz in dem in Artikel 3 des Einigungsvertrages genannten Gebiet zu Beginn des Kalenderjahrs hat oder ihn im Laufe des Kalenderjahrs begründet oder

2. bei mehrfachem Wohnsitz einen Wohnsitz in dem in Artikel 3 des Einigungsvertrages genannten Gebiet hat und sich dort überwiegend aufhält oder

3. – ohne die Voraussetzungen der Nummern 1 und 2 zu erfüllen – Arbeitslohn im Sinne des § 60 Abs. 1 Satz 1 bezieht; in diesem Fall darf der Tariffreibetrag den begünstigten Arbeitslohn nicht übersteigen.

[2] Bei Ehegatten, die nach den §§ 26, 26b zusammen zur Einkommensteuer veranlagt werden, erhöht sich der Tariffreibetrag auf 1200 Deutsche Mark; es genügt für die Erhöhung, wenn einer der Ehegatten die Voraussetzungen des Satzes 1 erfüllt.

### § 32a. Einkommensteuertarif. (1) [1] Die tarifliche Einkommensteuer bemißt sich nach dem zu versteuernden Einkommen. [2] Sie beträgt vorbehaltlich der §§ 32b, 34, 34b und 34c jeweils in Deutsche Mark für zu versteuernde Einkommen

1. bis 5616 Deutsche Mark (Grundfreibetrag): 0;

2. von 5617 Deutsche Mark bis 8153 Deutsche Mark:
   $0,19 \cdot x - 1067$;

---

[1] Zur Anwendung von § 32 Abs. 8 siehe § 52 Abs. 21c.

3. von 8154 Deutsche Mark bis 120041 Deutsche Mark:
   $(151,94 \cdot y + 1900) \cdot y + 472;$

4. von 120042 Deutsche Mark an:
   $0,53 \cdot x - 22842;$

[3] „x" ist das abgerundete zu versteuernde Einkommen. [4] „y" ist ein Zehntausendstel des 8100 Deutsche Mark übersteigenden Teils des abgerundeten zu versteuernden Einkommens.

(2) Das zu versteuernde Einkommen ist auf den nächsten durch 54 ohne Rest teilbaren vollen Deutsche-Mark-Betrag abzurunden, wenn es nicht bereits durch 54 ohne Rest teilbar ist.

(3) [1] Die zur Berechnung der tariflichen Einkommensteuer erforderlichen Rechenschritte sind in der Reihenfolge auszuführen, die sich nach dem Horner-Schema ergibt. [2] Dabei sind die sich aus den Multiplikationen ergebenden Zwischenergebnisse für jeden weiteren Rechenschritt mit drei Dezimalstellen anzusetzen; die nachfolgenden Dezimalstellen sind fortzulassen. [3] Der sich ergebende Steuerbetrag ist auf den nächsten vollen Deutsche-Mark-Betrag abzurunden.

(4) Für zu versteuernde Einkommen bis 120041 Deutsche Mark ergibt sich die nach den Absätzen 1 bis 3 berechnete tarifliche Einkommensteuer aus der diesem Gesetz beigefügten Anlage 2 (Einkommensteuer-Grundtabelle). [1)]

(5) [1] Bei Ehegatten, die nach den §§ 26, 26b zusammen zur Einkommensteuer veranlagt werden, beträgt die tarifliche Einkommensteuer vorbehaltlich der §§ 32b, 34 und 34b das Zweifache des Steuerbetrags, der sich für die Hälfte ihres gemeinsam zu versteuernden Einkommens nach den Absätzen 1 bis 3 ergibt (Splitting-Verfahren). [2] Für zu versteuernde Einkommen bis 240083 Deutsche Mark ergibt sich die nach Satz 1 berechnete tarifliche Einkommensteuer aus der diesem Gesetz beigefügten Anlage 3 (Einkommensteuer-Splittingtabelle). [1)]

(6) [1] Das Verfahren nach Absatz 5 ist auch anzuwenden zur Berechnung der tariflichen Einkommensteuer für das zu versteuernde Einkommen

1. bei einem verwitweten Steuerpflichtigen für den Veranlagungszeitraum, der dem Kalenderjahr folgt, in dem der Ehegatte verstorben ist, wenn der Steuerpflichtige und sein verstorbener Ehegatte im Zeitpunkt seines Todes die Voraussetzungen des § 26 Abs. 1 Satz 1 erfüllt haben,

2. bei einem Steuerpflichtigen, dessen Ehe in dem Kalenderjahr, in dem er sein Einkommen bezogen hat, aufgelöst worden ist, wenn in diesem Kalenderjahr
   a) der Steuerpflichtige und sein bisheriger Ehegatte die Voraussetzungen des § 26 Abs. 1 Satz 1 erfüllt haben,
   b) der bisherige Ehegatte wieder geheiratet hat und
   c) der bisherige Ehegatte und dessen neuer Ehegatte ebenfalls die Voraussetzungen des § 26 Abs. 1 Satz 1 erfüllen.

---

[1)] Abgedruckt im Anschluß an dieses Gesetz.

²Dies gilt nicht, wenn eine Ehe durch Tod aufgelöst worden ist und die Ehegatten der neuen Ehe die besondere Veranlagung nach § 26 c wählen. ³Voraussetzung für die Anwendung des Satzes 1 ist, daß der Steuerpflichtige nicht nach den §§ 26, 26 a getrennt zur Einkommensteuer veranlagt wird.

**§ 32 b. Progressionsvorbehalt.** (1) Hat ein unbeschränkt Steuerpflichtiger

1. a) Arbeitslosengeld, Arbeitslosenhilfe, Kurzarbeitergeld, Schlechtwettergeld, Konkursausfallgeld, Übergangsgeld, Altersübergangsgeld¹⁾, Unterhaltsgeld als Zuschuß, Überbrückungsgeld, Eingliederungsgeld oder Krankengeld nach dem Arbeitsförderungsgesetz,

   b) Krankengeld, Mutterschaftsgeld, Verletztengeld, Übergangsgeld oder vergleichbare Lohnersatzleistungen nach der Reichsversicherungsordnung, nach dem Fünften oder Sechsten Buch Sozialgesetzbuch, dem Gesetz über die Krankenversicherung der Landwirte, dem Zweiten Gesetz über die Krankenversicherung der Landwirte, dem Angestelltenversicherungsgesetz oder dem Reichsknappschaftsgesetz,

   c) Mutterschaftsgeld, Zuschuß zum Mutterschaftsgeld, die Sonderunterstützung nach dem Mutterschutzgesetz sowie den Zuschuß nach § 4 a Mutterschutzverordnung²⁾ oder einer entsprechenden Landesregelung,

   d) Arbeitslosenbeihilfe oder Arbeitslosenhilfe nach dem Soldatenversorgungsgesetz,

   e) Entschädigungen für Verdienstausfall nach dem Bundesseuchengesetz,

   f) Versorgungskrankengeld oder Übergangsgeld nach dem Bundesversorgungsgesetz,

   g)³⁾ Aufstockungsbeträge nach dem Altersteilzeitgesetz,

   h) Verdienstausfallentschädigung nach dem Unterhaltssicherungsgesetz,

   i)⁴⁾ Vorruhestandsgeld nach der Verordnung über die Gewährung von Vorruhestandsgeld vom 8. Februar 1990 (GBl. I Nr. 7 S. 42), die nach Anlage II Kapitel VIII Sachgebiet E Abschnitt III Nr. 5 des Einigungsvertrags vom 31. August 1990 in Verbindung mit Artikel 1 des Gesetzes vom 23. September 1990 (BGBl. 1990 II S. 885, 1209) mit Änderungen und Maßgaben fortgilt,

   oder

2. ausländische Einkünfte, die nach einem Abkommen zur Vermeidung der Doppelbesteuerung steuerfrei sind, oder Einkünfte, die nach einem sonstigen zwischenstaatlichen Übereinkommen unter dem Vor-

---

¹⁾ Zur Anwendung von § 32b Abs. 1 Nr. 1 Buchst. a – hinsichtlich des Altersübergangsgeldes – siehe § 52 Abs. 21 e.
²⁾ Zur Anwendung von § 32b Abs. 1 Nr. 1 Buchst. c – hinsichtlich des Zuschusses nach § 4 a Mutterschutzverordnung – siehe § 52 Abs. 21 e.
³⁾ Zur Anwendung von § 32b Abs. 1 Nr. 1 Buchst. g siehe § 52 Abs. 21 d.
⁴⁾ Zur Anwendung von § 32b Abs. 1 Nr. 1 Buchst. i siehe § 52 Abs. 21 e.

behalt der Einbeziehung bei der Berechnung der Einkommensteuer steuerfrei sind,

bezogen, so ist auf das nach § 32a Abs. 1 zu versteuernde Einkommen ein besonderer Steuersatz anzuwenden.

(2) Der besondere Steuersatz nach Absatz 1 ist der Steuersatz, der sich ergibt, wenn bei der Berechnung der Einkommensteuer einbezogen werden:

1. im Fall des Absatzes 1 Nr. 1 die Summe der bezogenen Leistungen nach Abzug des Arbeitnehmer-Pauschbetrags (§ 9a Nr. 1), soweit er nicht bei der Ermittlung der Einkünfte aus nichtselbständiger Arbeit abziehbar ist;

2. im Fall des Absatzes 1 Nr. 2 die dort bezeichneten Einkünfte, ausgenommen die darin enthaltenen außerordentlichen Einkünfte.

(3) [1]Die Träger der Sozialleistungen im Sinne des Absatzes 1 Nr. 1 haben bei Einstellung der Leistung oder spätestens am Ende des jeweiligen Kalenderjahrs dem Empfänger die Dauer des Leistungszeitraums sowie Art und Höhe der während des Kalenderjahrs gezahlten Leistungen zu bescheinigen. [2]In der Bescheinigung ist der Empfänger auf die steuerliche Behandlung dieser Leistungen und seine Steuererklärungspflicht hinzuweisen.

**§ 33. Außergewöhnliche Belastungen.** (1) Erwachsen einem Steuerpflichtigen zwangsläufig größere Aufwendungen als der überwiegenden Mehrzahl der Steuerpflichtigen gleicher Einkommensverhältnisse, gleicher Vermögensverhältnisse und gleichen Familienstands (außergewöhnliche Belastung), so wird auf Antrag die Einkommensteuer dadurch ermäßigt, daß der Teil der Aufwendungen, der die dem Steuerpflichtigen zumutbare Belastung (Absatz 3) übersteigt, vom Gesamtbetrag der Einkünfte abgezogen wird.

(2) [1]Aufwendungen erwachsen dem Steuerpflichtigen zwangsläufig, wenn er sich ihnen aus rechtlichen, tatsächlichen oder sittlichen Gründen nicht entziehen kann und soweit die Aufwendungen den Umständen nach notwendig sind und einen angemessenen Betrag nicht übersteigen. [1]) [2]Aufwendungen, die zu den Betriebsausgaben, Werbungskosten oder Sonderausgaben gehören, bleiben dabei außer Betracht; das gilt für Aufwendungen im Sinne des § 10 Abs. 1 Nr. 7 bis 9 nur insoweit, als sie als Sonderausgaben abgezogen werden können. [3]Aufwendungen, die durch Diätverpflegung entstehen, können nicht als außergewöhnliche Belastung berücksichtigt werden.

---

[1]) Zur Anwendung von § 33 Abs. 2 Satz 2 siehe § 52 Abs. 21f.

(3) [1]Die zumutbare Belastung beträgt

| bei einem Gesamtbetrag der Einkünfte | bis 30 000 DM | über 30 000 DM bis 100 000 DM | über 100 000 DM |
|---|---|---|---|
| 1. bei Steuerpflichtigen, die keine Kinder haben und bei denen die Einkommensteuer | | | |
| a) nach § 32a Abs. 1, . . . . . . . . | 5 | 6 | 7 |
| b) nach § 32a Abs. 5 oder 6 (Splitting-Verfahren) . . . . . . . zu berechnen ist; | 4 | 5 | 6 |
| 2. bei Steuerpflichtigen mit | | | |
| a) einem Kind oder zwei Kindern . | 2 | 3 | 4 |
| b) drei oder mehr Kindern . . . . . | 1 | 1 | 2 |

vom Hundert des Gesamtbetrags der Einkünfte.
[2]Als Kinder des Steuerpflichtigen zählen die, für die er einen Kinderfreibetrag erhält.

### § 33a. Außergewöhnliche Belastung in besonderen Fällen.

(1) [1]Erwachsen einem Steuerpflichtigen zwangsläufig (§ 33 Abs. 2) Aufwendungen für den Unterhalt und eine etwaige Berufsausbildung einer Person, für die weder der Steuerpflichtige noch eine andere Person Anspruch auf einen Kinderfreibetrag hat, so wird auf Antrag die Einkommensteuer dadurch ermäßigt, daß die Aufwendungen vom Gesamtbetrag der Einkünfte abgezogen werden, und zwar im Kalenderjahr

1. für eine Person, die das 18. Lebensjahr noch nicht vollendet hat oder für die der Steuerpflichtige die Voraussetzungen für einen Ausbildungsfreibetrag nach Absatz 2 erfüllt, bis zu 4104 Deutsche Mark,

2. für andere Personen bis zu 6300 Deutsche Mark.

[2]Voraussetzung ist, daß die unterhaltene Person kein oder nur ein geringes Vermögen besitzt. [3]Hat die unterhaltene Person andere Einkünfte oder Bezüge, die zur Bestreitung des Unterhalts bestimmt oder geeignet sind, so vermindern sich die Beträge von 4104 und 6300 Deutsche Mark um den Betrag, um den diese Einkünfte und Bezüge den Betrag von 4500 Deutsche Mark übersteigen. [4]Ist die unterhaltene Person nicht unbeschränkt einkommensteuerpflichtig, so können die Aufwendungen nur abgezogen werden, soweit sie nach den Verhältnissen des Wohnsitzstaats der unterhaltenen Person notwendig und angemessen sind, höchstens jedoch der Betrag, der sich nach den Sätzen 1 bis 3 ergibt; ob der Steuerpflichtige sich den Aufwendungen aus rechtlichen, tatsächlichen oder sittlichen Gründen nicht entziehen kann, ist nach inländischen Maßstäben zu beurteilen. [5]Werden die Aufwendungen für eine unterhaltene Person von mehreren Steuerpflichtigen getragen, so wird bei jedem der

Teil des sich hiernach ergebenden Betrags abgezogen, der seinem Anteil am Gesamtbetrag der Leistungen entspricht.

(2) [1]Erwachsen einem Steuerpflichtigen Aufwendungen für die Berufsausbildung eines Kindes, für das er einen Kinderfreibetrag erhält oder erhielte, wenn das Kind unbeschränkt einkommensteuerpflichtig wäre, so wird auf Antrag ein Ausbildungsfreibetrag vom Gesamtbetrag der Einkünfte abgezogen. [2]Das gleiche gilt, wenn ein Kind im Sinne des § 32 Abs. 1, für das der Steuerpflichtige keinen Kinderfreibetrag erhält, den gesetzlichen Grundwehrdienst oder Zivildienst geleistet hat und im übrigen die Voraussetzungen des Satzes 1 vorliegen, für die Zeit bis zur Vollendung des 29. Lebensjahrs des Kindes. [3]Ausbildungsfreibeträge können je Kalenderjahr wie folgt abgezogen werden:

1. für ein Kind, das das 18. Lebensjahr noch nicht vollendet hat, in Höhe von 1800 Deutsche Mark, wenn das Kind auswärtig untergebracht ist;

2. für ein Kind, das das 18. Lebensjahr vollendet hat, in Höhe von 2400 Deutsche Mark. [2]Dieser Betrag erhöht sich auf 4200 Deutsche Mark, wenn das Kind auswärtig untergebracht ist.

[4]Die Ausbildungsfreibeträge vermindern sich jeweils um die eigenen Einkünfte und Bezüge des Kindes, die zur Bestreitung seines Unterhalts oder seiner Berufsausbildung bestimmt oder geeignet sind, soweit diese 3600 Deutsche Mark im Kalenderjahr übersteigen, sowie um die von dem Kind als Ausbildungshilfe aus öffentlichen Mitteln oder von Förderungseinrichtungen, die hierfür öffentliche Mittel erhalten, bezogenen Zuschüsse. [5]Der anrechnungsfreie Betrag kann nur in Anspruch genommen werden, wenn der Steuerpflichtige für das Kind einen Kinderfreibetrag erhält. [6]Für ein nicht unbeschränkt einkommensteuerpflichtiges Kind mindern sich die vorstehenden Beträge nach Maßgabe des Absatzes 1 Satz 4. [7]Erfüllen mehrere Steuerpflichtige für dasselbe Kind die Voraussetzungen des Satzes 1, so kann der Ausbildungsfreibetrag insgesamt nur einmal gewährt werden. [8]Steht das Kind zu zwei Steuerpflichtigen, die zusammen die Voraussetzungen des § 26 Abs. 1 Satz 1 nicht erfüllen, in einem Kindschaftsverhältnis, so erhält jeder die Hälfte des Abzugsbetrags nach den Sätzen 1 bis 6. [9]Steht das Kind zu mehr als zwei Steuerpflichtigen in einem Kindschaftsverhältnis, so erhält ein Elternpaar zusammen die Hälfte des Abzugsbetrags. [10]Liegen im Fall des Satzes 9 bei einem Elternpaar die Voraussetzungen des § 26 Abs. 1 Satz 1 nicht vor, so erhält jeder Elternteil ein Viertel des Abzugsbetrags. [11]Auf gemeinsamen Antrag eines Elternpaares, bei dem die Voraussetzungen des § 26 Abs. 1 Satz 1 nicht vorliegen, kann in den Fällen der Sätze 8 bis 10 bei einer Veranlagung zur Einkommensteuer der einem Elternteil zustehende Anteil am Abzugsbetrag auf den anderen Elternteil übertragen werden.

(3) [1]Erwachsen einem Steuerpflichtigen Aufwendungen durch die Beschäftigung einer Hilfe im Haushalt, so können sie bis zu den folgenden Höchstbeträgen vom Gesamtbetrag der Einkünfte abgezogen werden:

1. 1200 Deutsche Mark im Kalenderjahr, wenn
    a) der Steuerpflichtige oder sein nicht dauernd getrennt lebender Ehegatte das 60. Lebensjahr vollendet hat oder

b) wegen Krankheit des Steuerpflichtigen oder seines nicht dauernd getrennt lebenden Ehegatten oder eines zu seinem Haushalt gehörigen Kindes im Sinne des § 32 Abs. 1 Satz 1 oder einer anderen zu seinem Haushalt gehörigen unterhaltenen Person, für die eine Ermäßigung nach Absatz 1 gewährt wird, die Beschäftigung einer Hilfe im Haushalt erforderlich ist,

2. 1800 Deutsche Mark im Kalenderjahr, wenn eine der in Nummer 1 Buchstabe b genannten Personen hilflos im Sinne des § 33b oder schwer behindert ist.

[2] Erwachsen einem Steuerpflichtigen wegen der Unterbringung in einem Heim oder zur dauernden Pflege Aufwendungen, die Kosten für Dienstleistungen enthalten, die mit denen einer Hilfe im Haushalt vergleichbar sind, so können sie bis zu den folgenden Höchstbeträgen vom Gesamtbetrag der Einkünfte abgezogen werden:

1. 1200 Deutsche Mark, wenn der Steuerpflichtige oder sein nicht dauernd getrennt lebender Ehegatte in einem Heim untergebracht ist, ohne pflegebedürftig zu sein,

2. 1800 Deutsche Mark, wenn die Unterbringung zur dauernden Pflege erfolgt.

[3] Die jeweiligen Höchstbeträge der Sätze 1 und 2 können auch bei Ehegatten, bei denen die Voraussetzungen des § 26 Abs. 1 vorliegen, insgesamt nur einmal abgezogen werden, es sei denn, die Ehegatten sind wegen Pflegebedürftigkeit eines der Ehegatten an einer gemeinsamen Haushaltsführung gehindert.

(4) [1] Für jeden vollen Kalendermonat, in dem die in den Absätzen 1 bis 3 bezeichneten Voraussetzungen nicht vorgelegen haben, ermäßigen sich die dort bezeichneten Beträge um je ein Zwölftel. [2] Eigene Einkünfte und Bezüge der unterhaltenen Person oder des Kindes, die auf diese Kalendermonate entfallen, vermindern die nach Satz 1 ermäßigten Höchstbeträge und Freibeträge nicht. [3] Als Ausbildungshilfe bezogene Zuschüsse mindern nur die zeitanteiligen Höchstbeträge und Freibeträge der Kalendermonate, für die die Zuschüsse bestimmt sind.

(5) In den Fällen des Absatzes 1 Satz 1 und der Absätze 2 und 3 kann wegen der in diesen Vorschriften bezeichneten Aufwendungen der Steuerpflichtige eine Steuerermäßigung nach § 33 nicht in Anspruch nehmen.

## § 33b. Pauschbeträge für Behinderte, Hinterbliebene und Pflegepersonen.

(1) Wegen der außergewöhnlichen Belastungen, die einem Behinderten unmittelbar infolge seiner Behinderung erwachsen, kann er anstelle einer Steuerermäßigung nach § 33 einen Pauschbetrag nach Absatz 3 geltend machen (Behinderten-Pauschbetrag).

(2) Die Pauschbeträge erhalten

1. Behinderte, deren Grad der Behinderung auf mindestens 50 festgestellt ist;

2. Behinderte, deren Grad der Behinderung auf weniger als 50, aber mindestens auf 25 festgestellt ist, wenn

a) dem Behinderten wegen seiner Behinderung nach gesetzlichen Vorschriften Renten oder andere laufende Bezüge zustehen, und zwar auch dann, wenn das Recht auf die Bezüge ruht oder der Anspruch auf die Bezüge durch Zahlung eines Kapitals abgefunden worden ist, oder

b) die Behinderung zu einer äußerlich erkennbaren dauernden Einbuße der körperlichen Beweglichkeit geführt hat oder auf einer typischen Berufskrankheit beruht.

(3) [1]Die Höhe des Pauschbetrags richtet sich nach dem dauernden Grad der Behinderung. [2]Als Pauschbeträge werden gewährt bei einem Grad der Behinderung

| | |
|---|---|
| von 25 und  30 | 600 Deutsche Mark |
| von 35 und  40 | 840 Deutsche Mark |
| von 45 und  50 | 1110 Deutsche Mark |
| von 55 und  60 | 1410 Deutsche Mark |
| von 65 und  70 | 1740 Deutsche Mark |
| von 75 und  80 | 2070 Deutsche Mark |
| von 85 und  90 | 2400 Deutsche Mark |
| von 95 und 100 | 2760 Deutsche Mark. |

[3]Für Behinderte, die infolge ihrer Behinderung so hilflos sind, daß sie für die gewöhnlichen und regelmäßig wiederkehrenden Verrichtungen im Ablauf des täglichen Lebens in erheblichem Umfang fremder Hilfe dauernd bedürfen, und für Blinde erhöht sich der Pauschbetrag auf 7200 Deutsche Mark.

(4) [1]Personen, denen laufende Hinterbliebenenbezüge bewilligt worden sind, erhalten auf Antrag einen Pauschbetrag von 720 Deutsche Mark (Hinterbliebenen-Pauschbetrag), wenn die Hinterbliebenenbezüge geleistet werden

1. nach dem Bundesversorgungsgesetz oder einem anderen Gesetz, das die Vorschriften des Bundesversorgungsgesetzes über Hinterbliebenenbezüge für entsprechend anwendbar erklärt, oder

2. nach den Vorschriften über die gesetzliche Unfallversicherung oder

3. nach den beamtenrechtlichen Vorschriften an Hinterbliebene eines an den Folgen eines Dienstunfalls verstorbenen Beamten oder

4. nach den Vorschriften des Bundesentschädigungsgesetzes über die Entschädigung für Schäden an Leben, Körper oder Gesundheit.

[2]Der Pauschbetrag wird auch dann gewährt, wenn das Recht auf die Bezüge ruht oder der Anspruch auf die Bezüge durch Zahlung eines Kapitals abgefunden worden ist.

(5) [1]Steht der Behinderten-Pauschbetrag oder der Hinterbliebenen-Pauschbetrag einem Kind des Steuerpflichtigen zu, für das er einen Kinderfreibetrag erhält, so wird der Pauschbetrag auf Antrag auf den Steuerpflichtigen übertragen, wenn ihn das Kind nicht in Anspruch nimmt. [2]Erhalten für das Kind mehrere Steuerpflichtige einen Kinderfreibetrag, so gilt für die Übertragung des Pauschbetrags § 33a Abs. 2 Sätze 8 bis 10 sinngemäß. [3]Abweichend hiervon kann auf gemeinsamen Antrag eines

Elternpaares, bei dem die Voraussetzungen des § 26 Abs. 1 Satz 1 nicht vorliegen, bei einer Veranlagung zur Einkommensteuer der zu übertragende Pauschbetrag anders aufgeteilt werden; in diesem Fall kann eine Steuerermäßigung nach § 33 wegen der Aufwendungen, für die der Behinderten-Pauschbetrag gilt, nicht gewährt werden.

(6) [1]Wegen der außergewöhnlichen Belastungen, die einem Steuerpflichtigen durch die Pflege einer Person erwachsen, die nicht nur vorübergehend so hilflos ist, daß sie für die gewöhnlichen und regelmäßig wiederkehrenden Verrichtungen im Ablauf des täglichen Lebens in erheblichem Umfang fremder Hilfe dauernd bedarf, kann er anstelle einer Steuerermäßigung nach § 33 einen Pauschbetrag von 1800 Deutsche Mark im Kalenderjahr geltend machen (Pflege-Pauschbetrag). [2]Voraussetzung ist, daß der Steuerpflichtige die Pflege im Inland entweder in seiner Wohnung oder in der Wohnung des Pflegebedürftigen persönlich durchführt. [3]Wird ein Pflegebedürftiger von mehreren Steuerpflichtigen im Veranlagungszeitraum gepflegt, wird der Pauschbetrag nach der Zahl der Pflegepersonen, bei denen die Voraussetzungen der Sätze 1 und 2 vorliegen, geteilt.

(7) Die Bundesregierung wird ermächtigt, durch Rechtsverordnung mit Zustimmung des Bundesrates zu bestimmen, wie nachzuweisen ist, daß die Voraussetzungen für die Inanspruchnahme der Pauschbeträge vorliegen.

**§ 33c. Kinderbetreuungskosten.** (1)[1)] [1]Aufwendungen für Dienstleistungen zur Betreuung eines zum Haushalt eines Alleinstehenden gehörenden unbeschränkt einkommensteuerpflichtigen Kindes, das nach § 32 Abs. 1 und 2 zu berücksichtigen ist und zu Beginn des Kalenderjahrs das 16. Lebensjahr noch nicht vollendet hat, gelten als außergewöhnliche Belastung im Sinne des § 33, soweit die Aufwendungen wegen

1. Erwerbstätigkeit oder

2. körperlicher, geistiger oder seelischer Behinderung oder

3. Krankheit

des Steuerpflichtigen erwachsen. [2]Im Fall der Nummer 3 muß die Krankheit innerhalb eines zusammenhängenden Zeitraums von mindestens drei Monaten bestanden haben. [3]Satz 2 gilt nicht, wenn der Krankheitsfall unmittelbar im Anschluß an eine Erwerbstätigkeit eintritt. [4]Die Aufwendungen können nur berücksichtigt werden, soweit sie den Umständen nach notwendig sind und einen angemessenen Betrag nicht übersteigen. [5]Aufwendungen für Unterricht, die Vermittlung besonderer Fähigkeiten, sportliche und andere Freizeitbetätigungen werden nicht berücksichtigt.

(2) [1]Alleinstehend sind Unverheiratete sowie Verheiratete, die von ihrem Ehegatten dauernd getrennt leben. [2]Als alleinstehend gelten auch Verheiratete, deren Ehegatte nicht unbeschränkt einkommensteuerpflichtig ist.

---

[1)] Zur Anwendung von § 33c Abs. 1 siehe § 52 Abs. 21b.

(3) [1]Der nach Absatz 1 abzuziehende Betrag darf bei Alleinstehenden mit einem Kind (Absatz 1 Satz 1) 4000 Deutsche Mark im Kalenderjahr nicht übersteigen. [2]Dieser Betrag erhöht sich für jedes weitere Kind um 2000 Deutsche Mark. [3]Für jeden vollen Kalendermonat, in dem die Voraussetzungen des Absatzes 1 nicht vorgelegen haben, ermäßigt sich der für das Kind in Betracht kommende Höchstbetrag oder Erhöhungsbetrag um ein Zwölftel. [4]Gehörte das Kind gleichzeitig zum Haushalt von zwei Alleinstehenden, so ist bei jedem von ihnen der maßgebende Höchstbetrag oder Erhöhungsbetrag zur Hälfte anzusetzen.

(4) [1]Für Aufwendungen im Sinne des Absatzes 1 wird bei Alleinstehenden mit einem Kind (Absatz 1 Satz 1) mindestens ein Pauschbetrag von 480 Deutsche Mark im Kalenderjahr abgezogen. [2]Der Pauschbetrag erhöht sich für jedes weitere Kind um 480 Deutsche Mark. [3]Absatz 3 Sätze 3 und 4 gilt entsprechend.

(5) Bei Ehegatten, die beide unbeschränkt einkommensteuerpflichtig sind und nicht dauernd getrennt leben, gelten Absatz 1, Absatz 3 Sätze 1 bis 3 und Absatz 4 entsprechend, soweit die Aufwendungen wegen

1. körperlicher, geistiger oder seelischer Behinderung oder

2. Krankheit

eines Ehegatten erwachsen, wenn der andere Ehegatte erwerbstätig oder ebenfalls krank oder behindert ist.

**§ 34. Außerordentliche Einkünfte.** (1) [1]Sind in dem Einkommen außerordentliche Einkünfte enthalten, so ist die darauf entfallende Einkommensteuer nach einem ermäßigten Steuersatz zu bemessen. [2]Dieser beträgt für den Teil der außerordentlichen Einkünfte, der den Betrag von 30 Millionen Deutsche Mark nicht übersteigt, die Hälfte des durchschnittlichen Steuersatzes, der sich ergäbe, wenn die tarifliche Einkommensteuer nach dem gesamten zu versteuernden Einkommen zuzüglich der dem Progressionsvorbehalt unterliegenden Einkünfte zu bemessen wäre. [3]Auf das verbleibende zu versteuernde Einkommen ist vorbehaltlich des Absatzes 3 die Einkommensteuertabelle anzuwenden. [4]Die Sätze 1 bis 3 gelten nicht, wenn der Steuerpflichtige auf die außerordentlichen Einkünfte ganz oder teilweise § 6 b oder § 6 c anwendet.

(2) Als außerordentliche Einkünfte im Sinne des Absatzes 1 kommen nur in Betracht

1. Veräußerungsgewinne im Sinne der §§ 14, 14a Abs. 1, §§ 16, 17 und 18 Abs. 3;

2. Entschädigungen im Sinne des § 24 Nr. 1;

3. Nutzungsvergütungen und Zinsen im Sinne des § 24 Nr. 3, soweit sie für einen Zeitraum von mehr als drei Jahren nachgezahlt werden.

(3) Die Einkommensteuer auf Einkünfte, die die Vergütung für eine mehrjährige Tätigkeit sind, beträgt das Dreifache des Unterschiedsbetrags zwischen der Einkommensteuer für das um diese Einkünfte verminderte zu versteuernde Einkommen (verbleibendes zu versteuerndes

Einkommen) und der Einkommensteuer für das verbleibende zu versteuernde Einkommen zuzüglich eines Drittels dieser Einkünfte.

**§ 34a.** *(weggefallen)*

**§ 34b. Steuersätze bei außerordentlichen Einkünften aus Forstwirtschaft.** (1) Wird ein Bestandsvergleich für das stehende Holz nicht vorgenommen, so sind die ermäßigten Steuersätze dieser Vorschrift auf Einkünfte aus den folgenden Holznutzungsarten anzuwenden:

1. Außerordentliche Holznutzungen. ²Das sind Nutzungen, die außerhalb des festgesetzten Nutzungssatzes (Absatz 4 Nr. 1) anfallen, wenn sie aus wirtschaftlichen Gründen erfolgt sind. ³Bei der Bemessung ist die außerordentliche Nutzung des laufenden Wirtschaftsjahrs um die in den letzten drei Wirtschaftsjahren eingesparten Nutzungen (nachgeholte Nutzungen) zu kürzen. ⁴Außerordentliche Nutzungen und nachgeholte Nutzungen liegen nur insoweit vor, als die um die Holznutzungen infolge höherer Gewalt (Nummer 2) verminderte Gesamtnutzung den Nutzungssatz übersteigt;

2. Holznutzungen infolge höherer Gewalt (Kalamitätsnutzungen). ²Das sind Nutzungen, die durch Eis-, Schnee-, Windbruch oder Windwurf, Erdbeben, Bergrutsch, Insektenfraß, Brand oder ein anderes Naturereignis, das in seinen Folgen den angeführten Ereignissen gleichkommt, verursacht werden. ³Zu diesen rechnen nicht die Schäden, die in der Forstwirtschaft regelmäßig entstehen.

(2) Bei der Ermittlung der Einkünfte aus den einzelnen Holznutzungsarten sind

1. die persönlichen und sachlichen Verwaltungskosten, Grundsteuer und Zwangsbeiträge, soweit sie zu den festen Betriebsausgaben gehören, bei den Einnahmen aus ordentlichen Holznutzungen und Holznutzungen infolge höherer Gewalt, die innerhalb des Nutzungssatzes (Absatz 4 Nr. 1) anfallen, zu berücksichtigen. ²Sie sind entsprechend der Höhe der Einnahmen aus den bezeichneten Holznutzungen auf diese zu verteilen;

2. die anderen Betriebsausgaben entsprechend der Höhe der Einnahmen aus allen Holznutzungsarten auf diese zu verteilen.

(3) Die Einkommensteuer bemißt sich

1. bei Einkünften aus außerordentlichen Holznutzungen im Sinne des Absatzes 1 Nr. 1 nach dem Steuersatz des § 34 Abs. 1 Sätze 1 und 2, der auf außerordentliche Einkünfte bis zu 30 Millionen Deutsche Mark anzuwenden ist;

2. bei Einkünften aus nachgeholten Nutzungen im Sinne des Absatzes 1 Nr. 1 nach dem durchschnittlichen Steuersatz, der sich bei Anwendung der Einkommensteuertabelle auf das Einkommen ohne Berücksichtigung der Einkünfte aus außerordentlichen Holznutzungen, nachgeholten Nutzungen und Holznutzungen infolge höherer Gewalt ergibt, mindestens jedoch auf 10 vom Hundert der Einkünfte aus nachgeholten Nutzungen;

3. bei Einkünften aus Holznutzungen infolge höherer Gewalt im Sinne des Absatzes 1 Nr. 2,

    a) soweit sie im Rahmen des Nutzungssatzes (Absatz 4 Nr. 1) anfallen, nach dem Steuersatz der Nummer 1,

    b) soweit sie den Nutzungssatz übersteigen, nach dem halben Steuersatz der Nummer 1,

    c) soweit sie den doppelten Nutzungssatz übersteigen, nach einem Viertel des Steuersatzes der Nummer 1.

(4) Die Steuersätze des Absatzes 3 sind nur unter den folgenden Voraussetzungen anzuwenden:

1. [1]Auf Grund eines amtlich anerkannten Betriebsgutachtens oder durch ein Betriebswerk muß periodisch für zehn Jahre ein Nutzungssatz festgesetzt sein. [2]Dieser muß den Nutzungen entsprechen, die unter Berücksichtigung der vollen jährlichen Ertragsfähigkeit des Waldes in Festmetern nachhaltig erzielbar sind;

2. die in einem Wirtschaftsjahr erzielten verschiedenen Nutzungen müssen mengenmäßig nachgewiesen werden;

3. Schäden infolge höherer Gewalt müssen unverzüglich nach Feststellung des Schadensfalls dem zuständigen Finanzamt mitgeteilt werden.


# V. Steuerermäßigungen

## 1. Steuerermäßigung bei ausländischen Einkünften

§ 34c. (1) [1]Bei unbeschränkt Steuerpflichtigen, die mit ausländischen Einkünften in dem Staat, aus dem die Einkünfte stammen, zu einer der deutschen Einkommensteuer entsprechenden Steuer herangezogen werden, ist die festgesetzte und gezahlte und keinem Ermäßigungsanspruch mehr unterliegende ausländische Steuer auf die deutsche Einkommensteuer anzurechnen, die auf die Einkünfte aus diesem Staat entfällt. [2]Die auf diese ausländischen Einkünfte entfallende deutsche Einkommensteuer ist in der Weise zu ermitteln, daß die sich bei der Veranlagung des zu versteuernden Einkommens (einschließlich der ausländischen Einkünfte) nach den §§ 32a, 32b, 34 und 34b ergebende deutsche Einkommensteuer im Verhältnis dieser ausländischen Einkünfte zur Summe der Einkünfte aufgeteilt wird. [3]Die ausländischen Steuern sind nur insoweit anzurechnen, als sie auf die im Veranlagungszeitraum bezogenen Einkünfte entfallen.

(2) Statt der Anrechnung (Absatz 1) ist die ausländische Steuer auf Antrag bei der Ermittlung der Einkünfte abzuziehen.

(3) Bei unbeschränkt Steuerpflichtigen, bei denen eine ausländische Steuer vom Einkommen nach Absatz 1 nicht angerechnet werden kann, weil die Steuer nicht der deutschen Einkommensteuer entspricht oder nicht in dem Staat erhoben wird, aus dem die Einkünfte stammen, oder weil keine ausländischen Einkünfte vorliegen, ist die festgesetzte und gezahlte und keinem Ermäßigungsanspruch mehr unterliegende auslän-

dische Steuer bei der Ermittlung der Einkünfte abzuziehen, soweit sie auf Einkünfte entfällt, die der deutschen Einkommensteuer unterliegen.

(4) [1]Statt der Anrechnung oder des Abzugs einer ausländischen Steuer (Absätze 1 bis 3) ist bei unbeschränkt Steuerpflichtigen auf Antrag die auf ausländische Einkünfte aus dem Betrieb von Handelsschiffen im internationalen Verkehr entfallende Einkommensteuer nach dem Steuersatz des § 34 Abs. 1 Sätze 1 und 2 zu bemessen, der auf außerordentliche Einkünfte bis zu 30 Millionen Deutsche Mark anzuwenden ist. [2]Handelsschiffe werden im internationalen Verkehr betrieben, wenn eigene oder gecharterte Handelsschiffe, die im Wirtschaftsjahr überwiegend in einem inländischen Seeschiffsregister eingetragen sind und die Flagge der Bundesrepublik Deutschland führen, in diesem Wirtschaftsjahr überwiegend zur Beförderung von Personen und Gütern im Verkehr mit oder zwischen ausländischen Häfen, innerhalb eines ausländischen Hafens oder zwischen einem ausländischen Hafen und der freien See eingesetzt werden. [3]Zum Betrieb von Handelsschiffen im internationalen Verkehr gehören auch die Vercharterung von Handelsschiffen für die in Satz 2 bezeichneten Zwecke, wenn die Handelsschiffe vom Vercharterer ausgerüstet worden sind, die mit dem Betrieb und der Vercharterung von Handelsschiffen in unmittelbarem Zusammenhang stehenden Neben- und Hilfsgeschäfte sowie die Veräußerung von im internationalen Verkehr betriebenen Handelsschiffen. [4]Als ausländische Einkünfte im Sinne des Satzes 1 gelten, wenn ein Gewerbebetrieb ausschließlich den Betrieb von Handelsschiffen im internationalen Verkehr zum Gegenstand hat, 80 vom Hundert des Gewinns dieses Gewerbebetriebs. [5]Ist Gegenstand eines Gewerbebetriebs nicht ausschließlich der Betrieb von Handelsschiffen im internationalen Verkehr, so gelten 80 vom Hundert des Teils des Gewinns des Gewerbebetriebs, der auf den Betrieb von Handelsschiffen im internationalen Verkehr entfällt, als ausländische Einkünfte im Sinne des Satzes 1; in diesem Fall ist Voraussetzung für die Anwendung des Satzes 1, daß dieser Teil des Gewinns gesondert ermittelt wird. [6]Die Sätze 1 und 3 bis 5 sind sinngemäß anzuwenden, wenn eigene oder gecharterte Schiffe, die im Wirtschaftsjahr überwiegend in einem inländischen Seeschiffsregister eingetragen sind und die Flagge der Bundesrepublik Deutschland führen, in diesem Wirtschaftsjahr überwiegend außerhalb der deutschen Hoheitsgewässer zur Aufsuchung von Bodenschätzen oder zur Vermessung von Energielagerstätten unter dem Meeresboden eingesetzt werden.

(5) Die obersten Finanzbehörden der Länder oder die von ihnen beauftragten Finanzbehörden können mit Zustimmung des Bundesministers der Finanzen die auf ausländische Einkünfte entfallende deutsche Einkommensteuer ganz oder zum Teil erlassen oder in einem Pauschbetrag festsetzen, wenn es aus volkswirtschaftlichen Gründen zweckmäßig ist oder die Anwendung des Absatzes 1 besonders schwierig ist.

(6) [1]Die Absätze 1 bis 3 sind vorbehaltlich der Sätze 2 und 3 nicht anzuwenden, wenn die Einkünfte aus einem ausländischen Staat stammen, mit dem ein Abkommen zur Vermeidung der Doppelbesteuerung besteht. [2]Soweit in einem Abkommen zur Vermeidung der Doppelbe-

steuerung die Anrechnung einer ausländischen Steuer auf die deutsche Einkommensteuer vorgesehen ist, sind Absatz 1 Sätze 2 und 3 und Absatz 2 entsprechend auf die nach dem Abkommen anzurechnende ausländische Steuer anzuwenden. [3]Wird bei Einkünften aus einem ausländischen Staat, mit dem ein Abkommen zur Vermeidung der Doppelbesteuerung besteht, nach den Vorschriften dieses Abkommens die Doppelbesteuerung nicht beseitigt oder bezieht sich das Abkommen nicht auf eine Steuer vom Einkommen dieses Staates, so sind die Absätze 1 und 2 entsprechend anzuwenden.

(7) Durch Rechtsverordnung können Vorschriften erlassen werden über

1. die Anrechnung ausländischer Steuern, wenn die ausländischen Einkünfte aus mehreren fremden Staaten stammen,

2. den Nachweis über die Höhe der festgesetzten und gezahlten ausländischen Steuern,

3. die Berücksichtigung ausländischer Steuern, die nachträglich erhoben oder zurückgezahlt werden.

**§ 34 d. Ausländische Einkünfte.** Ausländische Einkünfte im Sinne des § 34 c Abs. 1 bis 5 sind

1. Einkünfte aus einer in einem ausländischen Staat betriebenen Land- und Forstwirtschaft (§§ 13 und 14) und Einkünfte der in den Nummern 3, 4, 6, 7 und 8 Buchstabe c genannten Art, soweit sie zu den Einkünften aus Land- und Forstwirtschaft gehören;

2. Einkünfte aus Gewerbebetrieb (§§ 15 und 16),
    a) die durch eine in einem ausländischen Staat belegene Betriebsstätte oder durch einen in einem ausländischen Staat tätigen ständigen Vertreter erzielt werden, und Einkünfte der in den Nummern 3, 4, 6, 7 und 8 Buchstabe c genannten Art, soweit sie zu den Einkünften aus Gewerbebetrieb gehören,
    b) die aus Bürgschafts- und Avalprovisionen erzielt werden, wenn der Schuldner Wohnsitz, Geschäftsleitung oder Sitz in einem ausländischen Staat hat, oder
    c) die durch den Betrieb eigener oder gecharterter Seeschiffe oder Luftfahrzeuge aus Beförderungen zwischen ausländischen oder von ausländischen zu inländischen Häfen erzielt werden, einschließlich der Einkünfte aus anderen mit solchen Beförderungen zusammenhängenden, sich auf das Ausland erstreckenden Beförderungsleistungen;

3. Einkünfte aus selbständiger Arbeit (§ 18), die in einem ausländischen Staat ausgeübt oder verwertet wird oder worden ist, und Einkünfte der in den Nummern 4, 6, 7 und 8 Buchstabe c genannten Art, soweit sie zu den Einkünften aus selbständiger Arbeit gehören;

4. Einkünfte aus der Veräußerung von
    a) Wirtschaftsgütern, die zum Anlagevermögen eines Betriebs gehören, wenn die Wirtschaftsgüter in einem ausländischen Staat belegen sind,

b) Anteilen an Kapitalgesellschaften, wenn die Gesellschaft Geschäftsleitung oder Sitz in einem ausländischen Staat hat;

5. Einkünfte aus nichtselbständiger Arbeit (§ 19), die in einem ausländischen Staat ausgeübt oder, ohne im Inland ausgeübt zu werden oder worden zu sein, in einem ausländischen Staat verwertet wird oder worden ist, und Einkünfte, die von ausländischen öffentlichen Kassen mit Rücksicht auf ein gegenwärtiges oder früheres Dienstverhältnis gewährt werden. [2]Einkünfte, die von inländischen öffentlichen Kassen einschließlich der Kassen der Deutschen Bundesbahn und der Deutschen Bundesbank mit Rücksicht auf ein gegenwärtiges oder früheres Dienstverhältnis gewährt werden, gelten auch dann als inländische Einkünfte, wenn die Tätigkeit in einem ausländischen Staat ausgeübt wird oder worden ist;

6. Einkünfte aus Kapitalvermögen (§ 20), wenn der Schuldner Wohnsitz, Geschäftsleitung oder Sitz in einem ausländischen Staat hat oder das Kapitalvermögen durch ausländischen Grundbesitz gesichert ist;

7. Einkünfte aus Vermietung und Verpachtung (§ 21), soweit das unbewegliche Vermögen oder die Sachinbegriffe in einem ausländischen Staat belegen oder die Rechte zur Nutzung in einem ausländischen Staat überlassen worden sind;

8. sonstige Einkünfte im Sinne des § 22, wenn
   a) der zur Leistung der wiederkehrenden Bezüge Verpflichtete Wohnsitz, Geschäftsleitung oder Sitz in einem ausländischen Staat hat,
   b) bei Spekulationsgeschäften die veräußerten Wirtschaftsgüter in einem ausländischen Staat belegen sind,
   c) bei Einkünften aus Leistungen einschließlich der Einkünfte aus Leistungen im Sinne des § 49 Abs. 1 Nr. 9 der zur Vergütung der Leistung Verpflichtete Wohnsitz, Geschäftsleitung oder Sitz in einem ausländischen Staat hat.

## 2. Steuerermäßigung bei Einkünften aus Land- und Forstwirtschaft

**§ 34e.** (1) [1]Die tarifliche Einkommensteuer ermäßigt sich vorbehaltlich des Absatzes 2 um die Einkommensteuer, die auf den Gewinn des Veranlagungszeitraums aus einem land- und forstwirtschaftlichen Betrieb entfällt, höchstens jedoch um 2000 Deutsche Mark, wenn der Gewinn des im Veranlagungszeitraums beginnenden Wirtschaftsjahrs weder geschätzt noch nach § 13a ermittelt worden ist und den Betrag von 50000 Deutsche Mark nicht übersteigt. [2]Beträgt der Gewinn mehr als 50000 Deutsche Mark, so vermindert sich der Höchstbetrag für die Steuerermäßigung um 20 vom Hundert des Betrags, um den der Gewinn den Betrag von 50000 Deutsche Mark übersteigt. [3]Sind an einem solchen land- und forstwirtschaftlichen Betrieb mehrere Steuerpflichtige beteiligt, so ist der Höchstbetrag für die Steuerermäßigung auf die Beteiligten nach ihrem Beteiligungsverhältnis aufzuteilen. [4]Die Anteile der Beteiligten an dem Höchstbetrag für die Steuerermäßigung sind gesondert festzustellen (§ 179 Abgabenordnung).

(2) ¹Die Steuerermäßigung darf beim Steuerpfichtigen nicht mehr als insgesamt 2000 Deutsche Mark betragen. ²Die auf den Gewinn des Veranlagungszeitraums nach Absatz 1 Satz 1 entfallende Einkommensteuer bemißt sich nach dem durchschnittlichen Steuersatz der tariflichen Einkommensteuer; dabei ist dieser Gewinn um den Teil des Freibetrags nach § 13 Abs. 3 zu kürzen, der dem Verhältnis des Gewinns zu den Einkünften des Steuerpflichtigen aus Land- und Forstwirtschaft vor Abzug des Freibetrags entspricht. ³Werden Ehegatten nach den §§ 26, 26 b zusammen veranlagt, wird die Steuerermäßigung jedem der Ehegatten gewährt, soweit sie Inhaber oder Mitinhaber verschiedener land- und forstwirtschaftlicher Betriebe im Sinne des Absatzes 1 Satz 1 sind.

### 2a. Steuerermäßigung für Steuerpflichtige mit Kindern bei Inanspruchnahme erhöhter Absetzungen für Wohngebäude oder der Steuerbegünstigungen für eigengenutztes Wohneigentum

**§ 34 f.**[1]) (1) ¹Bei Steuerpflichtigen, die erhöhte Absetzungen nach § 7b oder nach § 15 des Berlinförderungsgesetzes in Anspruch nehmen, ermäßigt sich die tarifliche Einkommensteuer, vermindert um die sonstigen Steuerermäßigungen mit Ausnahme der §§ 34g und 35, auf Antrag um je 600 Deutsche Mark für das zweite und jedes weitere Kind des Steuerpflichtigen oder seines Ehegatten. ²Voraussetzung ist,

1. daß der Steuerpflichtige das Objekt, bei einem Zweifamilienhaus mindestens eine Wohnung, zu eigenen Wohnzwecken nutzt oder wegen des Wechsels des Arbeitsortes nicht zu eigenen Wohnzwecken nutzen kann und

2. daß es sich einschließlich des ersten Kindes um Kinder im Sinne des § 32 Abs. 1 bis 5 handelt, die zum Haushalt des Steuerpflichtigen gehören oder in dem für die erhöhten Absetzungen maßgebenden Begünstigungszeitraum gehört haben, wenn diese Zugehörigkeit auf Dauer angelegt ist oder war.

(2)[1]) ¹Bei Steuerpflichtigen, die die Steuerbegünstigung nach § 10e Abs. 1 bis 5 oder nach § 15b des Berlinförderungsgesetzes in Anspruch nehmen, ermäßigt sich die tarifliche Einkommensteuer, vermindert um die sonstigen Steuerermäßigungen mit Ausnahme der §§ 34g und 35, auf Antrag um je 1000 Deutsche Mark für jedes Kind des Steuerpflichtigen oder seines Ehegatten im Sinne des § 32 Abs. 1 bis 5. ²Voraussetzung ist, daß das Kind zum Haushalt des Steuerpflichtigen gehört oder in dem für die Steuerbegünstigung maßgebenden Zeitraum gehört hat, wenn diese Zugehörigkeit auf Dauer angelegt ist oder war.

(3) ¹Bei Steuerpflichtigen, die die Steuerbegünstigung nach § 10e Abs. 1, 2, 4 und 5 in Anspruch nehmen, ermäßigt sich die tarifliche Einkommensteuer, vermindert um die sonstigen Steuerermäßigungen mit Ausnahme des § 35, auf Antrag um je 1000 Deutsche Mark für jedes Kind des Steuerpflichtigen oder seines Ehegatten im Sinne des § 32 Abs. 1 bis 5. ²Voraussetzung ist, daß das Kind zum Haushalt des Steuerpflichtigen gehört oder in dem für die Steuerbegünstigung maßgebenden

---

[1]) Zur Anwendung von § 34f siehe § 52 Abs. 24 und § 57 Abs. 6.

Zeitraum gehört hat, wenn diese Zugehörigkeit auf Dauer angelegt ist oder war. [3]Soweit sich der Betrag der Steuerermäßigung nach Satz 1 bei der Ermittlung der festzusetzenden Einkommensteuer nicht steuerentlastend auswirkt, ist er von der tariflichen Einkommensteuer der zwei vorangegangenen Veranlagungszeiträume abzuziehen. [4]Steuerermäßigungen, die nach den Sätzen 1 und 3 nicht berücksichtigt werden können, können bis zum Ende des Abzugszeitraums im Sinne des § 10e und in den zwei folgenden Veranlagungszeiträumen abgezogen werden. [5]Ist für einen Veranlagungszeitraum bereits ein Steuerbescheid erlassen worden, so ist er insoweit zu ändern, als die Steuerermäßigung nach den Sätzen 3 und 4 zu gewähren oder zu berichtigen ist; die Verjährungsfristen enden insoweit nicht, bevor die Verjährungsfrist für den Veranlagungszeitraum abgelaufen ist, für den die Steuerermäßigung nach Satz 1 beantragt worden ist.

(4) [1]Die Steuerermäßigungen nach den Absätzen 2 oder 3 kann der Steuerpflichtige insgesamt nur bis zur Höhe der Bemessungsgrundlage der Abzugsbeträge nach § 10e Abs. 1 oder 2 in Anspruch nehmen. [2]Die Steuerermäßigung nach den Absätzen 1, 2 und 3 Satz 1 kann der Steuerpflichtige im Kalenderjahr nur für ein Objekt in Anspruch nehmen.

## 2b. Steuerermäßigung bei Mitgliedsbeiträgen und Spenden an politische Parteien und an unabhängige Wählervereinigungen

**§ 34g.**[1)] [1]Die tarifliche Einkommensteuer, vermindert um die sonstigen Steuerermäßigungen mit Ausnahme des § 34f Abs. 3 und § 35, ermäßigt sich bei Mitgliedsbeiträgen und Spenden an

1. politische Parteien im Sinne des § 2 des Parteiengesetzes und

2. Vereine ohne Parteicharakter, wenn

   a) der Zweck des Vereins ausschließlich darauf gerichtet ist, durch Teilnahme mit eigenen Wahlvorschlägen an Wahlen auf Bundes-, Landes- oder Kommunalebene bei der politischen Willensbildung mitzuwirken, und

   b) der Verein auf Bundes-, Landes- oder Kommunalebene bei der jeweils letzten Wahl wenigstens ein Mandat errungen oder der zuständigen Wahlbehörde oder dem zuständigen Wahlorgan angezeigt hat, daß er mit eigenen Wahlvorschlägen auf Bundes-, Landes- oder Kommunalebene an der jeweils nächsten Wahl teilnehmen will.

[2]Nimmt der Verein an der jeweils nächsten Wahl nicht teil, wird die Ermäßigung nur für die bis zum Wahltag an ihn geleisteten Beiträge und Spenden gewährt. [3]Die Ermäßigung für Beiträge und Spenden an den Verein wird erst wieder gewährt, wenn er sich mit eigenen Wahlvorschlägen an einer Wahl beteiligt hat. [4]Die Ermäßigung wird in diesem Falle nur für Beiträge und Spenden gewährt, die nach Beginn des Jahres, in dem die Wahl stattfindet, geleistet werden.

[2]Die Ermäßigung beträgt 50 vom Hundert der Ausgaben, höchstens jeweils 600 Deutsche Mark für Ausgaben nach den Nummern 1 und 2,

---

[1)] Zur Anwendung von § 34g siehe § 52 Abs. 24a.

im Falle der Zusammenveranlagung von Ehegatten höchstens jeweils 1200 Deutsche Mark. [3]§ 10b Abs. 3 und 4 gilt entsprechend.

### 3. Steuerermäßigung bei Belastung mit Erbschaftsteuer

**§ 35.** [1]Sind bei der Ermittlung des Einkommens Einkünfte berücksichtigt worden, die im Veranlagungszeitraum oder in den vorangegangenen vier Veranlagungszeiträumen als Erwerb von Todes wegen der Erbschaftsteuer unterlegen haben, so wird auf Antrag die um sonstige Steuerermäßigungen gekürzte tarifliche Einkommensteuer, die auf diese Einkünfte anteilig entfällt, um den in Satz 2 bestimmten Hundertsatz ermäßigt. [2]Der Hundertsatz bemißt sich nach dem Verhältnis, in dem die festgesetzte Erbschaftsteuer zu dem Betrag steht, der sich ergibt, wenn dem erbschaftsteuerpflichtigen Erwerb (§ 10 Abs. 1 Erbschaftsteuergesetz) die Freibeträge nach den §§ 16 und 17 und der steuerfreie Betrag nach § 5 des Erbschaftsteuergesetzes hinzugerechnet werden. [3]Die Sätze 1 und 2 gelten nicht, soweit Erbschaftsteuer nach § 10 Abs. 1 Nr. 1a abgezogen wird.

## VI. Steuererhebung

### 1. Erhebung der Einkommensteuer

**§ 36. Entstehung und Tilgung der Einkommensteuer.** (1) Die Einkommensteuer entsteht, soweit in diesem Gesetz nichts anderes bestimmt ist, mit Ablauf des Veranlagungszeitraums.

(2) Auf die Einkommensteuer werden angerechnet:

1. die für den Veranlagungszeitraum entrichteten Einkommensteuer-Vorauszahlungen (§ 37);

2. [1]die durch Steuerabzug erhobene Einkommensteuer, soweit sie auf die bei der Veranlagung erfaßten Einkünfte entfällt und nicht die Erstattung beantragt oder durchgeführt worden ist;

3. die Körperschaftsteuer einer unbeschränkt körperschaftsteuerpflichtigen Körperschaft oder Personenvereinigung in Höhe von $\frac{9}{16}$ der Einnahmen im Sinne des § 20 Abs. 1 Nr. 1 oder 2. [2]Das gleiche gilt bei Einnahmen im Sinne des § 20 Abs. 2 Nr. 2 Buchstabe a, die aus der erstmaligen Veräußerung von Dividendenscheinen oder sonstigen Ansprüchen durch den Anteilseigner erzielt worden sind; in diesen Fällen beträgt die anrechenbare Körperschaftsteuer höchstens $\frac{9}{16}$ des Betrags, der auf die veräußerten Ansprüche ausgeschüttet wird. [3]Die Anrechnung erfolgt unabhängig von der Entrichtung der Körperschaftsteuer. [4]Die Körperschaftsteuer wird nicht angerechnet:
   a) in den Fällen des § 36a,
   b) wenn die in den §§ 44, 45 oder 46 des Körperschaftsteuergesetzes bezeichnete Bescheinigung nicht vorgelegt worden ist,

---

[1] Zur Anwendung von § 36 Abs. 2 Nr. 2 siehe § 52 Abs. 25.

c) wenn die Vergütung nach den §§ 36b, 36c oder 36d beantragt oder durchgeführt worden ist,

d) wenn bei Einnahmen aus der Veräußerung von Dividendenscheinen oder sonstigen Ansprüchen durch den Anteilseigner die veräußerten Ansprüche erst nach Ablauf des Kalenderjahrs fällig werden, das auf den Veranlagungszeitraum folgt,

e) wenn die Einnahmen nach einem Abkommen zur Vermeidung der Doppelbesteuerung in dem anderen Vertragsstaat besteuert werden können,

f)[1] wenn die Einnahmen bei der Veranlagung nicht erfaßt werden.

(3) [1]Die Steuerbeträge nach Absatz 2 Nr. 2 und 3 sind jeweils auf volle Deutsche Mark aufzurunden. [2]Bei den durch Steuerabzug erhobenen Steuern ist jeweils die Summe der Beträge einer einzelnen Abzugsteuer aufzurunden.

(4) [1]Wenn sich nach der Abrechnung ein Überschuß zuungunsten des Steuerpflichtigen ergibt, hat der Steuerpflichtige (Steuerschuldner) diesen Betrag, soweit er den fällig gewordenen, aber nicht entrichteten Einkommensteuer-Vorauszahlungen entspricht, sofort, im übrigen innerhalb eines Monats nach Bekanntgabe des Steuerbescheids zu entrichten (Abschlußzahlung). [2]Wenn sich nach der Abrechnung ein Überschuß zugunsten des Steuerpflichtigen ergibt, wird dieser dem Steuerpflichtigen nach Bekanntgabe des Steuerbescheids ausgezahlt. [3]Bei Ehegatten, die nach den §§ 26, 26b zusammen zur Einkommensteuer veranlagt worden sind, wirkt die Auszahlung an einen Ehegatten auch für und gegen den anderen Ehegatten.

## § 36a. Ausschluß der Anrechnung von Körperschaftsteuer in Sonderfällen.

(1) [1]Die Anrechnung von Körperschaftsteuer nach § 36 Abs. 2 Nr. 3 ist einem Anteilseigner mit beherrschendem Einfluß auf die ausschüttende Körperschaft oder Personenvereinigung zu versagen oder bei ihm rückgängig zu machen, soweit die anzurechnende Körperschaftsteuer nicht durch die ihr entsprechende gezahlte Körperschaftsteuer gedeckt ist und nach Beginn der Vollstreckung wegen dieser rückständigen Körperschaftsteuer anzunehmen ist, daß die vollständige Einziehung keinen Erfolg haben wird. [2]Das gleiche gilt für einen wesentlich beteiligten Anteilseigner ohne beherrschenden Einfluß.

(2) [1]Absatz 1 ist nur anzuwenden, wenn der beherrschende Einfluß oder die wesentliche Beteiligung zu einem Zeitpunkt innerhalb der letzten drei Jahre vor dem Jahr der Ausschüttung bestanden hat. [2]Ein Anteilseigner gilt als wesentlich beteiligt im Sinne des Absatzes 1, wenn er zu mehr als 25 vom Hundert unmittelbar oder mittelbar beteiligt war.

(3) Wird die Anrechnung rückgängig gemacht, so ist der Steuerbescheid zu ändern.

(4) Soweit die Körperschaftsteuer nachträglich gezahlt wird, ist bei dem Anteilseigner die Anrechnung durchzuführen und der Steuerbescheid zu ändern.

---

[1] Zur Anwendung von § 36 Abs. 2 Nr. 3 Buchst. f siehe § 52 Abs. 25.

**§ 36 b. Vergütung von Körperschaftsteuer.** (1) [1]Einem Anteilseigner, der Einnahmen im Sinne des § 20 Abs. 1 Nr. 1 oder 2 bezieht und im Zeitpunkt ihres Zufließens unbeschränkt einkommensteuerpflichtig ist, wird die anrechenbare Körperschaftsteuer auf Antrag vergütet, wenn anzunehmen ist, daß für ihn eine Veranlagung zur Einkommensteuer nicht in Betracht kommt. [2]§ 36 Abs. 2 Nr. 3 Sätze 1, 3 und 4 Buchstaben a und e ist entsprechend anzuwenden. [3]Die für die Höhe der Vergütung erforderlichen Angaben sind durch die Bescheinigung eines inländischen Kreditinstituts im Sinne des § 44 Abs. 1 Satz 3 oder des § 45 des Körperschaftsteuergesetzes nachzuweisen.

(2) [1]Der Anteilseigner hat durch eine Bescheinigung des für ihn zuständigen Wohnsitzfinanzamts nachzuweisen, daß er unbeschränkt einkommensteuerpflichtig ist und daß für ihn eine Veranlagung zur Einkommensteuer voraussichtlich nicht in Betracht kommt. [2]Die Bescheinigung ist unter dem Vorbehalt des Widerrufs auszustellen. [3]Ihre Geltungsdauer darf höchstens drei Jahre betragen; sie muß am Schluß eines Kalenderjahrs enden. [4]Fordert das Finanzamt die Bescheinigung zurück oder erkennt der Anteilseigner, daß die Voraussetzungen für ihre Erteilung weggefallen sind, so hat der Anteilseigner dem Finanzamt die Bescheinigung zurückzugeben.

(3) [1]Für die Vergütung ist das Bundesamt für Finanzen zuständig. [2]Der Antrag ist nach amtlich vorgeschriebenem Muster zu stellen und zu unterschreiben.

(4) [1]Die Antragsfrist endet am 31. Dezember des Jahres, das dem Kalenderjahr folgt, in dem die Einnahmen zugeflossen sind. [2]Die Frist kann nicht verlängert werden.

(5) Die Vergütung ist ausgeschlossen,

1. wenn die Vergütung nach § 36 d beantragt oder durchgeführt worden ist,

2. wenn die vorgeschriebenen Bescheinigungen nicht vorgelegt oder durch einen Hinweis nach § 45 Abs. 2 des Körperschaftsteuergesetzes gekennzeichnet worden sind.

**§ 36 c. Vergütung von Körperschaftsteuer auf Grund von Sammelanträgen.** (1) [1]Wird in den Fällen des § 36 b Abs. 1 der Antrag auf Vergütung von Körperschaftsteuer in Vertretung des Anteilseigners durch ein inländisches Kreditinstitut gestellt, so kann von der Übersendung der in § 36 b Abs. 2 dieses Gesetzes und in § 44 Abs. 1 Satz 3 oder in § 45 des Körperschaftsteuergesetzes bezeichneten Bescheinigungen abgesehen werden, wenn das Kreditinstitut versichert,

1. daß eine Bescheinigung im Sinne des § 44 Abs. 1 Satz 3 oder des § 45 des Körperschaftsteuergesetzes nicht ausgestellt oder als ungültig gekennzeichnet oder nach den Angaben des Anteilseigners abhanden gekommen oder vernichtet ist,

2. daß die Aktie im Zeitpunkt des Zufließens der Einnahmen in einem auf den Namen des Anteilseigners lautenden Wertpapierdepot bei dem Kreditinstitut verzeichnet war,

3. daß ihm die in § 36b Abs. 2 bezeichnete Bescheinigung vorliegt und

4. daß die Angaben in dem Antrag wahrheitsgemäß nach bestem Wissen und Gewissen gemacht worden sind.

[2]Über Anträge, in denen das Kreditinstitut versichert, daß die Bescheinigung als ungültig gekennzeichnet oder nach den Angaben des Anteilseigners abhanden gekommen oder vernichtet ist, hat es Aufzeichnungen zu führen. [3]Das Recht der Finanzbehörden zur Ermittlung des Sachverhalts bleibt unberührt.

(2) [1]Absatz 1 gilt entsprechend für Anträge, die

1. eine Kapitalgesellschaft in Vertretung ihrer Arbeitnehmer stellt, soweit es sich um Einnahmen aus Anteilen handelt, die den Arbeitnehmern von der Kapitalgesellschaft überlassen worden sind und von ihr oder einem inländischen Kreditinstitut verwahrt werden;

2. der von einer Kapitalgesellschaft bestellte Treuhänder in Vertretung der Arbeitnehmer dieser Kapitalgesellschaft stellt, soweit es sich um Einnahmen aus Anteilen handelt, die den Arbeitnehmern von der Kapitalgesellschaft überlassen worden sind und von dem Treuhänder oder einem inländischen Kreditinstitut verwahrt werden;

3. eine Erwerbs- oder Wirtschaftsgenossenschaft in Vertretung ihrer Mitglieder stellt, soweit es sich um Einnahmen aus Anteilen an dieser Genossenschaft handelt.

[2]Den Arbeitnehmern im Sinne der Nummern 1 und 2 stehen Arbeitnehmer eines mit der Kapitalgesellschaft verbundenen Unternehmens (§ 15 Aktiengesetz) sowie frühere Arbeitnehmer der Kapitalgesellschaft oder eines mit ihr verbundenen Unternehmens gleich. [3]Den von der Kapitalgesellschaft überlassenen Anteilen stehen Aktien gleich, die den Arbeitnehmern bei einer Kapitalerhöhung auf Grund ihres Bezugsrechts aus den von der Kapitalgesellschaft überlassenen Aktien zugeteilt worden sind oder die den Arbeitnehmern auf Grund einer Kapitalerhöhung aus Gesellschaftsmitteln gehören.

(3) [1]Erkennt der Vertreter des Anteilseigners vor Ablauf der Festsetzungsfrist im Sinne der §§ 169 bis 171 der Abgabenordnung, daß die Vergütung ganz oder teilweise zu Unrecht festgesetzt worden ist, so hat er dies dem Bundesamt für Finanzen anzuzeigen. [2]Das Bundesamt für Finanzen hat die zu Unrecht gezahlte Vergütung von dem Anteilseigner zurückzufordern, für den sie festgesetzt worden ist. [3]Der Vertreter des Anteilseigners haftet für die zurückzuzahlende Vergütung.

(4) [1]§ 36b Abs. 1 bis 4 und 5 Nr. 1 gilt entsprechend. [2]Die Antragsfrist gilt als gewahrt, wenn der Anteilseigner die beantragende Stelle bis zu dem in § 36b Abs. 4 bezeichneten Zeitpunkt schriftlich mit der Antragstellung beauftragt hat.

(5) Die Vollmacht, den Antrag auf Vergütung von Körperschaftsteuer zu stellen, ermächtigt zum Empfang der Steuervergütung.

## § 36d. Vergütung von Körperschaftsteuer in Sonderfällen. (1) [1]In den Fällen des § 36c Abs. 2 wird die anrechenbare Körperschaftsteuer an

den dort bezeichneten Vertreter unabhängig davon vergütet, ob für den Anteilseigner eine Veranlagung in Betracht kommt und ob eine Bescheinigung im Sinne des § 36 b Abs. 2 vorgelegt wird, wenn der Vertreter sich in einem Sammelantrag bereit erklärt hat, den Vergütungsbetrag für den Anteilseigner entgegenzunehmen. [2]Die Vergütung nach Satz 1 wird nur für Anteilseigner gewährt, deren Bezüge im Sinne des § 20 Abs. 1 Nr. 1 und 2 im Wirtschaftsjahr 100 Deutsche Mark nicht überstiegen haben.

(2) [1]Werden in den Fällen des § 36 c Abs. 2 Nr. 1 oder 2 die Anteile von einem inländischen Kreditinstitut in einem Wertpapierdepot verwahrt, das auf den Namen des Anteilseigners lautet, setzt die Vergütung nach Absatz 1 zusätzlich voraus:

1. Das Kreditinstitut hat die Überlassung der Anteile durch die Kapitalgesellschaft an den Anteilseigner kenntlich gemacht;

2. es handelt sich nicht um Aktien, die den Arbeitnehmern bei einer Kapitalerhöhung auf Grund ihres Bezugsrechts aus den von der Kapitalgesellschaft überlassenen Aktien zugeteilt worden sind oder die den Arbeitnehmern auf Grund einer Kapitalerhöhung aus Gesellschaftsmitteln gehören;

3. der Anteilseigner hat dem Kreditinstitut für das Wertpapierdepot eine Bescheinigung im Sinne des § 36 b Abs. 2 nicht vorgelegt und

4. die Kapitalgesellschaft versichert,
   a) daß die Bezüge aus den von ihr insgesamt überlassenen Anteilen bei keinem der Anteilseigner den Betrag von 100 Deutsche Mark überstiegen haben können und
   b) daß das Kreditinstitut schriftlich erklärt hat, daß die in den Nummern 1 bis 3 bezeichneten Voraussetzungen erfüllt sind.

[2]Ist die in Nummer 4 Buchstabe b bezeichnete Erklärung des Kreditinstituts unrichtig, haftet es für die auf Grund der Erklärung zu Unrecht gewährten Steuervorteile.

(3) [1]Das Finanzamt kann einer unbeschränkt steuerpflichtigen Körperschaft auch in anderen als den in § 36 c Abs. 2 bezeichneten Fällen gestatten, in Vertretung ihrer unbeschränkt steuerpflichtigen Anteilseigner einen Sammelantrag auf Vergütung von Körperschaftsteuer zu stellen,

1. wenn die Zahl der Anteilseigner, für die der Sammelantrag gestellt werden soll, besonders groß ist,

2. wenn die Körperschaft den Gewinn ohne Einschaltung eines Kreditinstituts an den Anteilseigner ausschüttet und

3. wenn im übrigen die Voraussetzungen des Absatzes 1 erfüllt sind.

[2]In diesen Fällen ist nicht erforderlich, daß die Anteile von einer der in § 36 c bezeichneten Stellen verwahrt werden.

(4) [1]Für die Vergütung ist das Finanzamt zuständig, dem die Besteuerung des Einkommens des Vertreters obliegt. [2]Das Finanzamt kann die Vergütung an Auflagen binden, die die steuerliche Erfassung der Kapitalerträge sichern sollen. [3]Im übrigen ist § 36 c sinngemäß anzuwenden.

**§ 36e. Vergütung des Körperschaftsteuer-Erhöhungsbetrags an beschränkt Einkommensteuerpflichtige.** Für die Vergütung des Körperschaftsteuer-Erhöhungsbetrags an beschränkt Einkommensteuerpflichtige gilt § 52 des Körperschaftsteuergesetzes sinngemäß.

**§ 37.[1] Einkommensteuer-Vorauszahlung.** (1) [1]Der Steuerpflichtige hat am 10. März, 10. Juni, 10. September und 10. Dezember Vorauszahlungen auf die Einkommensteuer zu entrichten, die er für den laufenden Veranlagungszeitraum voraussichtlich schulden wird. [2]Die Einkommensteuer-Vorauszahlung entsteht jeweils mit Beginn des Kalendervierteljahrs, in dem die Vorauszahlungen zu entrichten sind, oder, wenn die Steuerpflicht erst im Laufe des Kalendervierteljahrs begründet wird, mit Begründung der Steuerpflicht.

(2) [1]Die Oberfinanzdirektionen können für Steuerpflichtige, die überwiegend Einkünfte aus Land- und Forstwirtschaft erzielen, von Absatz 1 Satz 1 abweichende Vorauszahlungszeitpunkte bestimmen. [2]Das gleiche gilt für Steuerpflichtige, die überwiegend Einkünfte oder Einkunftsteile aus nichtselbständiger Arbeit erzielen, der der Lohnsteuer nicht unterliegen.

(3) [1]Das Finanzamt setzt die Vorauszahlungen durch Vorauszahlungsbescheid fest. [2]Die Vorauszahlungen bemessen sich grundsätzlich nach der Einkommensteuer, die sich nach Anrechnung der Steuerabzugsbeträge und der Körperschaftsteuer (§ 36 Abs. 2 Nr. 2 und 3) bei der letzten Veranlagung ergeben hat. [3]Das Finanzamt kann bis zum Ablauf des auf den Veranlagungszeitraum folgenden 15. Kalendermonats die Vorauszahlungen an die Einkommensteuer anpassen, die sich für den Veranlagungszeitraum voraussichtlich ergeben wird; dieser Zeitraum verlängert sich auf 21 Monate, wenn die Einkünfte aus Land- und Forstwirtschaft bei der erstmaligen Steuerfestsetzung die anderen Einkünfte voraussichtlich überwiegen werden. [4]Bei der Anwendung der Sätze 2 und 3 bleiben Beiträge im Sinne des § 10 Abs. 1 Nr. 3 stets und Aufwendungen im Sinne des § 10 Abs. 1 Nr. 1, 1a, 4 bis 9, der §§ 10b, 33 und 33c sowie die abziehbaren Beträge nach § 33a, wenn die Aufwendungen und abziehbaren Beträge insgesamt 1200 Deutsche Mark nicht übersteigen, außer Ansatz. [2) 5]Außer Ansatz bleiben bis zur Anschaffung oder Fertigstellung der Objekte im Sinne des § 10e Abs. 1 und 2 und § 10h auch die Aufwendungen, die nach § 10e Abs. 6 und § 10h Satz 3 wie Sonderausgaben abgezogen werden. [6]Negative Einkünfte aus der Vermietung oder Verpachtung eines Gebäudes im Sinne des § 21 Abs. 1 Nr. 1 werden bei der Festsetzung der Vorauszahlungen nur für Kalenderjahre berücksichtigt, die nach der Anschaffung oder Fertigstellung dieses Gebäudes beginnen. [7]Wird ein Gebäude vor dem Kalenderjahr seiner Fertigstellung angeschafft, tritt an die Stelle der Anschaffung die Fertigstellung. [2) 8]Satz 6 gilt

---

[1] Hinsichtliche Vorauszahlungen zur Einkommensteuer im Gebiet der ehem. DDR siehe Einigungsvertrag Anlage I Kap. IV Sachgebiet B Abschn. II Nr. 15, – abgedruckt **Vor 1.1.** –.
[2] Zur Anwendung von § 37 Abs. 3 Sätze 5 und 8 siehe § 52 Abs. 25a.

nicht für negative Einkünfte aus der Vermietung oder Verpachtung eines Gebäudes, für das erhöhte Absetzungen nach den §§ 14a, 14c oder 14d des Berlinförderungsgesetzes oder Sonderabschreibungen nach § 4 des Fördergebietsgesetzes in Anspruch genommen werden. [9]Satz 6 gilt für negative Einkünfte aus der Vermietung oder Verpachtung eines anderen Vermögensgegenstandes im Sinne des § 21 Abs. 1 Nr. 1 bis 3 entsprechend mit der Maßgabe, daß an die Stelle der Anschaffung oder Fertigstellung die Aufnahme der Nutzung durch den Steuerpflichtigen tritt.

(4) [1]Bei einer nachträglichen Erhöhung der Vorauszahlungen ist die letzte Vorauszahlung für den Veranlagungszeitraum anzupassen. [2]Der Erhöhungsbetrag ist innerhalb eines Monats nach Bekanntgabe des Vorauszahlungsbescheids zu entrichten.

(5) [1]Vorauszahlungen sind nur festzusetzen, wenn sie mindestens 400 Deutsche Mark im Kalenderjahr und mindestens 100 Deutsche Mark für einen Vorauszahlungszeitpunkt betragen. [2]Festgesetzte Vorauszahlungen sind nur zu erhöhen, wenn sich der Erhöhungsbetrag im Fall des Absatzes 3 Sätze 2 bis 4 für einen Vorauszahlungszeitpunkt auf mindestens 100 Deutsche Mark, im Fall des Absatzes 4 auf mindestens 5000 Deutsche Mark beläuft.

## 2. Steuerabzug vom Arbeitslohn (Lohnsteuer)

**§ 38. Erhebung der Lohnsteuer.** (1) [1]Bei Einkünften aus nichtselbständiger Arbeit wird die Einkommensteuer durch Abzug vom Arbeitslohn erhoben (Lohnsteuer), soweit der Arbeitslohn von einem Arbeitgeber gezahlt wird, der

1. im Inland einen Wohnsitz, seinen gewöhnlichen Aufenthalt, seine Geschäftsleitung, seinen Sitz, eine Betriebsstätte oder einen ständigen Vertreter im Sinne der §§ 8 bis 13 der Abgabenordnung hat (inländischer Arbeitgeber) oder

2. einem Dritten (Entleiher) Arbeitnehmer gewerbsmäßig zur Arbeitsleistung im Inland überläßt, ohne inländischer Arbeitgeber zu sein (ausländischer Verleiher).

[2]Der Lohnsteuer unterliegt auch der im Rahmen des Dienstverhältnisses üblicherweise von einem Dritten für eine Arbeitsleistung gezahlte Arbeitslohn.

(2) [1]Der Arbeitnehmer ist Schuldner der Lohnsteuer. [2]Die Lohnsteuer entsteht in dem Zeitpunkt, in dem der Arbeitslohn dem Arbeitnehmer zufließt.

(3) [1]Der Arbeitgeber hat die Lohnsteuer für Rechnung des Arbeitnehmers bei jeder Lohnzahlung vom Arbeitslohn einzubehalten. [2]Bei juristischen Personen des öffentlichen Rechts hat die öffentliche Kasse, die den Arbeitslohn zahlt, die Pflichten des Arbeitgebers.

(4) [1]Wenn der vom Arbeitgeber geschuldete Barlohn zur Deckung der Lohnsteuer nicht ausreicht, hat der Arbeitnehmer dem Arbeitgeber den Fehlbetrag zur Verfügung zu stellen oder der Arbeitgeber einen entsprechenden Teil der anderen Bezüge des Arbeitnehmers zurückzubehalten.

[2]Soweit der Arbeitnehmer seiner Verpflichtung nicht nachkommt und der Arbeitgeber den Fehlbetrag nicht durch Zurückbehaltung von anderen Bezügen des Arbeitnehmers aufbringen kann, hat der Arbeitgeber dies dem Betriebsstättenfinanzamt (§ 41a Abs. 1 Nr. 1) anzuzeigen. [3]Das Finanzamt hat die zuwenig erhobene Lohnsteuer vom Arbeitnehmer nachzufordern.

### § 38a. Höhe der Lohnsteuer.

(1) [1]Die Jahreslohnsteuer bemißt sich nach dem Arbeitslohn, den der Arbeitnehmer im Kalenderjahr bezieht (Jahresarbeitslohn). [2]Laufender Arbeitslohn gilt in dem Kalenderjahr als bezogen, in dem der Lohnzahlungszeitraum endet; in den Fällen des § 39b Abs. 5 Satz 1 tritt der Lohnabrechnungszeitraum an die Stelle des Lohnzahlungszeitraums. [3]Arbeitslohn, der nicht als laufender Arbeitslohn gezahlt wird (sonstige Bezüge), wird in dem Kalenderjahr bezogen, in dem er dem Arbeitnehmer zufließt.

(2) Die Jahreslohnsteuer wird nach dem Jahresarbeitslohn so bemessen, daß sie der Einkommensteuer entspricht, die der Arbeitnehmer schuldet, wenn er ausschließlich Einkünfte aus nichtselbständiger Arbeit erzielt.

(3) [1]Vom laufenden Arbeitslohn wird die Lohnsteuer jeweils mit dem auf den Lohnzahlungszeitraum fallenden Teilbetrag der Jahreslohnsteuer erhoben, die sich bei Umrechnung des laufenden Arbeitslohns auf einen Jahresarbeitslohn ergibt. [2]Von sonstigen Bezügen wird die Lohnsteuer mit dem Betrag erhoben, der zusammen mit der Lohnsteuer für den laufenden Arbeitslohn des Kalenderjahrs und für etwa im Kalenderjahr bereits gezahlte sonstige Bezüge die voraussichtliche Jahreslohnsteuer ergibt.

(4) Bei der Ermittlung der Lohnsteuer werden die Besteuerungsgrundlagen des Einzelfalls durch die Einreihung der Arbeitnehmer in Steuerklassen (§ 38b), Aufstellung von entsprechenden Lohnsteuertabellen (§ 38c) und Ausstellung von entsprechenden Lohnsteuerkarten (§ 39) sowie Feststellung von Freibeträgen (§ 39a) berücksichtigt.

### § 38b. Lohnsteuerklassen.

[1]Für die Durchführung des Lohnsteuerabzugs werden unbeschränkt einkommensteuerpflichtige Arbeitnehmer in Steuerklassen eingereiht. [2]Dabei gilt folgendes:

1. In die Steuerklasse I gehören Arbeitnehmer, die
   a) ledig sind,
   b) verheiratet, verwitwet oder geschieden sind und bei denen die Voraussetzungen für die Steuerklasse III oder IV nicht erfüllt sind;
2. in die Steuerklasse II gehören die unter Nummer 1 bezeichneten Arbeitnehmer, wenn bei ihnen der Haushaltsfreibetrag (§ 32 Abs. 7) zu berücksichtigen ist;
3. in die Steuerklasse III gehören Arbeitnehmer,
   a) die verheiratet sind, wenn beide Ehegatten unbeschränkt einkommensteuerpflichtig sind und nicht dauernd getrennt leben und

    aa) der Ehegatte des Arbeitnehmers keinen Arbeitslohn bezieht oder

    bb) der Ehegatte des Arbeitnehmers auf Antrag beider Ehegatten in die Steuerklasse V eingereiht wird,

  b) die verwitwet sind, wenn sie und ihr verstorbener Ehegatte im Zeitpunkt seines Todes unbeschränkt einkommensteuerpflichtig waren und in diesem Zeitpunkt nicht dauernd getrennt gelebt haben, für das Kalenderjahr, das dem Kalenderjahr folgt, in dem der Ehegatte verstorben ist,

  c) deren Ehe aufgelöst worden ist, wenn

    aa) im Kalenderjahr der Auflösung der Ehe beide Ehegatten unbeschränkt einkommensteuerpflichtig waren und nicht dauernd getrennt gelebt haben und

    bb) der andere Ehegatte wieder geheiratet hat, von seinem neuen Ehegatten nicht dauernd getrennt lebt und er und sein neuer Ehegatte unbeschränkt einkommensteuerpflichtig sind,

    für das Kalenderjahr, in dem die Ehe aufgelöst worden ist;

4. in die Steuerklasse IV gehören Arbeitnehmer, die verheiratet sind, wenn beide Ehegatten unbeschränkt einkommensteuerpflichtig sind und nicht dauernd getrennt leben und der Ehegatte des Arbeitnehmers ebenfalls Arbeitslohn bezieht;

5. in die Steuerklasse V gehören die unter Nummer 4 bezeichneten Arbeitnehmer, wenn der Ehegatte des Arbeitnehmers auf Antrag beider Ehegatten in die Steuerklasse III eingereiht wird;

6. die Steuerklasse VI gilt bei Arbeitnehmern, die nebeneinander von mehreren Arbeitgebern Arbeitslohn beziehen, für die Einbehaltung der Lohnsteuer vom Arbeitslohn aus dem zweiten und weiteren Dienstverhältnis.

**§ 38 c. Lohnsteuertabellen.** (1) [1]Der Bundesminister der Finanzen hat auf der Grundlage der diesem Gesetz beigefügten Einkommensteuertabellen[1] eine allgemeine Jahreslohnsteuertabelle für Jahresarbeitslöhne bis zu 120 000 Deutsche Mark und für Arbeitnehmer mit nicht mehr als sechs Kinderfreibeträgen aufzustellen und bekanntzumachen. [2]In der allgemeinen Jahreslohnsteuertabelle sind die für die einzelnen Steuerklassen in Betracht kommenden Jahreslohnsteuerbeträge auszuweisen. [3]Die Jahreslohnsteuerbeträge sind für die Steuerklassen I, II und IV aus der Einkommensteuer-Grundtabelle,[1] für die Steuerklasse III aus der Einkommensteuer-Splittingtabelle[1] abzuleiten. [4]Die Jahreslohnsteuerbeträge für die Steuerklassen V und VI sind aus einer für diesen Zweck zusätzlich aufzustellenden Einkommensteuertabelle abzuleiten; in dieser Tabelle ist für die nach § 32a Abs. 2 abgerundeten Beträge des zu versteuernden Einkommens jeweils die Einkommensteuer auszuweisen, die sich aus dem Zweifachen des Unterschiedsbetrags zwischen dem Steuerbetrag für das Eineinviertelfache und dem Steuerbetrag für das Dreiviertelfache des abgerundeten zu versteuernden Einkommens nach § 32a Abs. 1 ergibt; die

---

[1] Einkommensteuertabellen ab VZ 1990 (BGBl. 1988 I S. 1141 ff.) abgedruckt im Anschluß an dieses Gesetz.

auszuweisende Einkommensteuer beträgt jedoch mindestens 19 vom Hundert des abgerundeten zu versteuernden Einkommens; für den 60 048 Deutsche Mark übersteigenden Teil des abgerundeten zu versteuernden Einkommens beträgt die auszuweisende Einkommensteuer 53 vom Hundert. [5]Die in den Einkommensteuertabellen ausgewiesenen Beträge des zu versteuernden Einkommens sind in einen Jahresarbeitslohn umzurechnen durch Hinzurechnung

1. des Arbeitnehmer-Pauschbetrags (§ 9 a Nr. 1) für die Steuerklassen I bis V,

2. des Sonderausgaben-Pauschbetrags (§ 10 c Abs. 1) von 108 Deutsche Mark für die Steuerklassen I, II und IV und von 216 Deutsche Mark für die Steuerklasse III,

3. der Vorsorgepauschale (§ 10 c Abs. 2 bis 4)
   a) für die Steuerklassen I, II und IV nach Maßgabe des § 10 c Abs. 2,
   b) für die Steuerklasse III nach Maßgabe des § 10 c Abs. 2 und Abs. 4 Nr. 1,

4. des Haushaltsfreibetrags (§ 32 Abs. 7) für die Steuerklasse II,

5. des Kinderfreibetrags (§ 32 Abs. 6)
   a) für die Steuerklassen I, II und III mit dem Einhalb- bis Sechsfachen von 4104 Deutsche Mark,
   b) für die Steuerklasse IV mit dem Einhalb- bis Sechsfachen von 2052 Deutsche Mark,

6. eines Rundungsbetrags von 2 Deutsche Mark für die Steuerklasse VI.

[6]Der allgemeinen Jahreslohnsteuertabelle ist eine dieser Vorschrift entsprechende Anleitung zur Ermittlung der Lohnsteuer für die 120 000 Deutsche Mark übersteigenden Jahresarbeitslöhne und für Arbeitnehmer mit mehr als sechs Kinderfreibeträgen anzufügen.

(2) [1]Der Bundesminister der Finanzen hat eine besondere Jahreslohnsteuertabelle für den Steuerabzug vom Arbeitslohn derjenigen Arbeitnehmer aufzustellen und bekanntzumachen, die zu dem Personenkreis des § 10 c Abs. 3 gehören. [2]Für die Aufstellung dieser Jahreslohnsteuertabelle sind die Vorschriften des Absatzes 1 mit Ausnahme der Nummer 3 anzuwenden; die Vorsorgepauschale (§ 10 c Abs. 2 bis 4) ist anzusetzen

1. für die Steuerklassen I, II und IV nach Maßgabe des § 10 c Abs. 3,

2. für die Steuerklasse III nach Maßgabe des § 10 c Abs. 3 und Abs. 4 Nr. 1.

(3) [1]Der Bundesminister der Finanzen hat aus den nach den Absätzen 1 und 2 aufzustellenden Jahreslohnsteuertabellen jeweils eine Monatslohnsteuertabelle für Arbeitslöhne bis zu 10 000 Deutsche Mark, eine Wochenlohnsteuertabelle für Wochenarbeitslöhne bis zu 1400 Deutsche Mark und eine Tageslohnsteuertabelle für Tagesarbeitslöhne bis zu 200 Deutsche Mark abzuleiten und bekanntzumachen. [2]Dabei sind die Anfangsbeträge der Arbeitslohnstufen und die Lohnsteuerbeträge für die Monatslohnsteuertabellen mit einem Zwölftel, für die Wochenlohnsteuertabellen mit $^7/_{360}$ und für die Tageslohnsteuertabellen mit $^1/_{360}$ der Jahresbeträge anzusetzen; Bruchteile eines Pfennigs bleiben jeweils außer Ansatz. [3]Absatz 1 letzter Satz ist sinngemäß anzuwenden.

**§ 39. Lohnsteuerkarte.** (1)[1] [1]Die Gemeinden haben den unbeschränkt einkommensteuerpflichtigen Arbeitnehmern für jedes Kalenderjahr unentgeltlich eine Lohnsteuerkarte nach amtlich vorgeschriebenem Muster auszustellen und zu übermitteln. [2]Steht ein Arbeitnehmer nebeneinander bei mehreren Arbeitgebern in einem Dienstverhältnis, so hat die Gemeinde eine entsprechende Anzahl Lohnsteuerkarten unentgeltlich auszustellen und zu übermitteln. [3]Wenn eine Lohnsteuerkarte verlorengegangen, unbrauchbar geworden oder zerstört worden ist, hat die Gemeinde eine Ersatz-Lohnsteuerkarte auszustellen. [4]Hierfür kann die ausstellende Gemeinde von dem Arbeitnehmer eine Gebühr bis 5 Deutsche Mark erheben; das Verwaltungskostengesetz ist anzuwenden.

(2)[1] [1]Für die Ausstellung der Lohnsteuerkarte ist die Gemeinde örtlich zuständig, in deren Bezirk der Arbeitnehmer am 20. September des dem Kalenderjahr, für das die Lohnsteuerkarte gilt, vorangehenden Jahres oder erstmals nach diesem Stichtag seine Hauptwohnung oder in Ermangelung einer Wohnung seinen gewöhnlichen Aufenthalt hatte. [2]Bei verheirateten Arbeitnehmern gilt als Hauptwohnung die Hauptwohnung der Familie oder in Ermangelung einer solchen die Hauptwohnung des älteren Ehegatten, wenn beide Ehegatten unbeschränkt einkommensteuerpflichtig sind und nicht dauernd getrennt leben.

(3)[1] Die Gemeinde hat auf der Lohnsteuerkarte insbesondere einzutragen:

1. *(aufgehoben)*,

2. die Steuerklasse (§ 38b) in Buchstaben,

3. die Zahl der Kinderfreibeträge bei den Steuerklassen I bis IV, und zwar für jedes Kind im Sinne des § 32 Abs. 1 bis 3 mit Ausnahme der Pflegekinder und der Kinder, die beim Arbeitnehmer nur unter den Voraussetzungen des § 32 Abs. 1 Sätze 2 und 3 zu berücksichtigen sind,
   a) den Zähler 0,5, wenn dem Arbeitnehmer der Kinderfreibetrag von 2052 Deutsche Mark nach § 32 Abs. 6 Satz 1 zusteht, oder
   b) den Zähler 1, wenn dem Arbeitnehmer der Kinderfreibetrag von 4104 Deutsche Mark zusteht, weil
      aa) die Voraussetzungen des § 32 Abs. 6 Satz 2 vorliegen oder
      bb) der andere Elternteil vor dem Beginn des Kalenderjahrs verstorben ist oder
      cc) der Arbeitnehmer allein das Kind angenommen hat.

(3a) [1]Soweit bei dem Arbeitnehmer Kinderfreibeträge nach § 32 Abs. 1 bis 6 zu berücksichtigen und nicht nach Absatz 3 von der Gemeinde auf der Lohnsteuerkarte einzutragen sind, ist die auf der Lohnsteuerkarte eingetragene Zahl der Kinderfreibeträge sowie im Falle des § 38b Nr. 2 die Steuerklasse vom Finanzamt auf Antrag zu ändern. **[ab 1. 1. 1993:**[2] [2]Das Finanzamt kann auf nähere Angaben des Arbeitnehmers verzichten, wenn der Arbeitnehmer höchstens die auf seiner Lohnsteuerkarte für das

---

[1] Zur Anwendung von § 39 Abs. 1–3 für ArbN und ArbG im Gebiet der ehem. DDR siehe § 59 Abs. 1 Nr. 1.
[2] Zur Anwendung von § 39 Abs. 3a Satz 2 siehe § 52 Abs. 25b.

vorangegangene Kalenderjahr eingetragene Zahl der Kinderfreibeträge beantragt und versichert, daß sich die maßgebenden Verhältnisse nicht wesentlich geändert haben.] [3] In den Fällen des § 32 Abs. 6 Nr. 1 Alternative 2 und letzter Satz *gilt dies* [**ab 1. 1. 1993:** gelten die Sätze 1 und 2 ] nur, wenn nach den tatsächlichen Verhältnissen zu erwarten ist, daß die Voraussetzungen auch im Laufe des Kalenderjahrs bestehen bleiben. [4] Der Antrag kann nur nach amtlich vorgeschriebenem Vordruck gestellt werden.

(3b) [1] Für die Eintragungen nach den Absätzen 3 und 3a sind die Verhältnisse zu Beginn des Kalenderjahrs maßgebend, für das die Lohnsteuerkarte gilt. [2] Auf Antrag des Arbeitnehmers kann eine für ihn ungünstigere Steuerklasse oder Zahl der Kinderfreibeträge auf der Lohnsteuerkarte eingetragen werden. [3] In den Fällen der Steuerklassen III und IV sind bei der Eintragung der Zahl der Kinderfreibeträge auch Kinder des Ehegatten zu berücksichtigen. [4] Die Eintragungen sind die gesonderte Feststellung von Besteuerungsgrundlagen im Sinne des § 179 Abs. 1 der Abgabenordnung, die unter dem Vorbehalt der Nachprüfung steht. [5] Den Eintragungen braucht eine Belehrung über den zulässigen Rechtsbehelf nicht beigefügt zu werden.

(4) [1] Der Arbeitnehmer ist verpflichtet, die Eintragung der Steuerklasse, des Familienstands und der Zahl der Kinderfreibeträge auf der Lohnsteuerkarte umgehend ändern zu lassen, wenn die Eintragung auf der Lohnsteuerkarte von den Verhältnissen zu Beginn des Kalenderjahrs zugunsten des Arbeitnehmers abweicht; dies gilt nicht, wenn eine Änderung als Folge einer nach Absatz 3a Satz 2 durchgeführten Übertragung des Kinderfreibetrags in Betracht kommt. [2] Die Änderung von Eintragungen im Sinne des Absatzes 3 ist bei der Gemeinde, die Änderung von Eintragungen im Sinne des Absatzes 3a beim Finanzamt zu beantragen. [3] Kommt der Arbeitnehmer seiner Verpflichtung nicht nach, so hat die Gemeinde oder das Finanzamt die Eintragung von Amts wegen zu ändern; der Arbeitnehmer hat die Lohnsteuerkarte der Gemeinde oder dem Finanzamt auf Verlangen vorzulegen. [4] Unterbleibt die Änderung der Eintragung, hat das Finanzamt zuwenig erhobene Lohnsteuer vom Arbeitnehmer nachzufordern, wenn diese 20 Deutsche Mark übersteigt; hierzu hat die Gemeinde dem Finanzamt die Fälle mitzuteilen, in denen eine von ihr vorzunehmende Änderung unterblieben ist.

(5) [1] Treten bei einem Arbeitnehmer im Laufe des Kalenderjahrs, für das die Lohnsteuerkarte gilt, die Voraussetzungen für eine ihm günstigere Steuerklasse oder höhere Zahl der Kinderfreibeträge ein, so kann der Arbeitnehmer bis zum 30. November bei der Gemeinde, in den Fällen des Absatzes 3a beim Finanzamt die Änderung der Eintragung beantragen. [2] Die Änderung ist mit Wirkung von dem Tage an vorzunehmen, an dem erstmals die Voraussetzungen für die Änderung vorlagen. [3] Ehegatten, die beide in einem Dienstverhältnis stehen, können im Laufe des Kalenderjahrs einmal, spätestens bis zum 30. November, bei der Gemeinde beantragen, die auf ihren Lohnsteuerkarten eingetragenen Steuerklassen in andere nach § 38b Nr. 3 bis 5 in Betracht kommende Steuerklassen zu ändern. [4] Die Gemeinde hat die Änderung mit Wirkung vom

Beginn des auf die Antragstellung folgenden Kalendermonats an vorzunehmen.

(5a) ¹Ist ein Arbeitnehmer, für den eine Lohnsteuerkarte ausgestellt worden ist, zu Beginn des Kalenderjahrs beschränkt einkommensteuerpflichtig oder im Laufe des Kalenderjahrs beschränkt einkommensteuerpflichtig geworden, hat er dies dem Finanzamt unter Vorlage der Lohnsteuerkarte unverzüglich anzuzeigen. ²Das Finanzamt hat die Lohnsteuerkarte vom Zeitpunkt des Eintritts der beschränkten Einkommensteuerpflicht an ungültig zu machen. ³Absatz 3b Sätze 4 und 5 gilt sinngemäß. ⁴Unterbleibt die Anzeige, hat das Finanzamt zuwenig erhobene Lohnsteuer vom Arbeitnehmer nachzufordern, wenn diese 20 Deutsche Mark übersteigt.

(6) ¹Die Gemeinden sind insoweit, als sie Lohnsteuerkarten auszustellen, Eintragungen auf den Lohnsteuerkarten vorzunehmen und zu ändern haben, örtliche Landesfinanzbehörden. ²Sie sind insoweit verpflichtet, den Anweisungen des örtlich zuständigen Finanzamts nachzukommen. ³Das Finanzamt kann erforderlichenfalls Verwaltungsakte, für die eine Gemeinde sachlich zuständig ist, selbst erlassen. ⁴Der Arbeitnehmer, der Arbeitgeber oder andere Personen dürfen die Eintragung auf der Lohnsteuerkarte nicht ändern oder ergänzen.

**§ 39a. Freibetrag beim Lohnsteuerabzug.** (1) Auf der Lohnsteuerkarte wird als vom Arbeitslohn abzuziehender Freibetrag die Summe der folgenden Beträge eingetragen:

1. Werbungskosten, die bei den Einkünften aus nichtselbständiger Arbeit anfallen, soweit sie den Arbeitnehmer-Pauschbetrag (§ 9a Nr. 1) übersteigen,

2. Sonderausgaben im Sinne des § 10 Abs. 1 Nr. 1, 1a, 4 bis 9 und des § 10b, soweit sie den Sonderausgaben-Pauschbetrag von 108 Deutsche Mark übersteigen,

3. der Betrag, der nach den §§ 33, 33a, 33b Abs. 6 und § 33c wegen außergewöhnlicher Belastungen zu gewähren ist,

4. die Pauschbeträge für Behinderte und Hinterbliebene (§ 33b Abs. 1 bis 5),

5. ¹⁾ die Beträge, die nach §§ 10e, 10f, 10g, 10h, 52 Abs. 21 Sätze 4 bis 6, nach § 15b des Berlinförderungsgesetzes oder nach § 7 des Fördergebietsgesetzes abgezogen werden können, sowie der Betrag der negativen Einkünfte aus Vermietung und Verpachtung, der sich bei Vornahme von Absetzungen für Abnutzung nach § 7 Abs. 5, solange die Absetzungen mindestens 5 vom Hundert der Anschaffungs- oder Herstellungskosten betragen, bei Inanspruchnahme erhöhter Absetzungen nach den §§ 7b, 7c, 7h, 7i, 7k, nach den §§ 14a, 14c, 14d, 15 des Berlinförderungsgesetzes oder bei Inanspruchnahme von Sonderabschreibungen nach § 4 des Fördergebietsgesetzes ergeben wird; für jedes Kind, für das der Steuerpflichtige Anspruch auf die Steuerermäßigung nach § 34f hat, ist auf Antrag ein zusätzlicher Betrag von 4000

---

¹⁾ Zur Anwendung von § 39a Abs. 1 Nr. 5 siehe § 52 Abs. 26.

Deutsche Mark abzuziehen. [2]Der sich hiernach insgesamt ergebende Freibetrag darf außer in den Fällen des § 14a Abs. 6 und § 14d Abs. 3 des Berlinförderungsgesetzes oder § 4 Abs. 2 des Fördergebietsgesetzes erst nach Fertigstellung oder Anschaffung des begünstigten Objekts oder nach Fertigstellung der begünstigten Maßnahme eingetragen werden. [3]Ein Freibetrag wird nicht eingetragen wegen negativer Einkünfte aus Vermietung und Verpachtung, soweit sie bei der Festsetzung der Vorauszahlungen nach § 37 Abs. 3 Sätze 6, 7 und 9 nicht zu berücksichtigen sind.

(2)[1)] [1]Die Gemeinde hat nach Anweisung des Finanzamts die Pauschbeträge für Behinderte und Hinterbliebene bei der Ausstellung der Lohnsteuerkarten von Amts wegen einzutragen; dabei ist der Freibetrag durch Aufteilung in Monatsfreibeträge, erforderlichenfalls Wochen- und Tagesfreibeträge, jeweils auf das Kalenderjahr gleichmäßig zu verteilen. [2]Der Arbeitnehmer kann beim Finanzamt die Eintragung des nach Absatz 1 insgesamt in Betracht kommenden Freibetrags beantragen. [3]Der Antrag kann nur nach amtlich vorgeschriebenem Vordruck bis zum 30. November des Kalenderjahrs gestellt werden, für das die Lohnsteuerkarte gilt. [4]Der Antrag ist hinsichtlich eines Freibetrags aus der Summe der nach Absatz 1 Nr. 1 bis 3 in Betracht kommenden Aufwendungen und Beträge unzulässig, wenn die Aufwendungen im Sinne des § 9, soweit sie den Arbeitnehmer-Pauschbetrag übersteigen, die Aufwendungen im Sinne des § 10 Abs. 1 Nr. 1, 1a, 4 bis 9, der §§ 10b, 33 und 33c sowie die abziehbaren Beträge nach den §§ 33a und 33b Abs. 6 insgesamt 1200 Deutsche Mark nicht übersteigen. [ab 1. 1. 1993: [2)] [5]Das Finanzamt kann auf nähere Angaben des Arbeitnehmers verzichten, wenn der Arbeitnehmer höchstens den auf seiner Lohnsteuerkarte für das vorangegangene Kalenderjahr eingetragenen Freibetrag beantragt und versichert, daß sich die maßgebenden Verhältnisse nicht wesentlich geändert haben.] [6]Das Finanzamt hat den Freibetrag durch Aufteilung in Monatsfreibeträge, erforderlichenfalls Wochen- und Tagesfreibeträge, jeweils auf die der Antragstellung folgenden Monate des Kalenderjahrs gleichmäßig zu verteilen. [7]Abweichend hiervon darf ein Freibetrag, der im Monat Januar eines Kalenderjahrs beantragt wird, mit Wirkung vom 1. Januar dieses Kalenderjahrs an eingetragen werden.

(3) [1]Für Ehegatten, die beide unbeschränkt einkommensteuerpflichtig sind und nicht dauernd getrennt leben, ist jeweils die Summe der nach Absatz 1 Nr. 2 bis 5 in Betracht kommenden Beträge gemeinsam zu ermitteln; in den Fällen des Absatzes 1 Nr. 2 tritt an die Stelle des Sonderausgaben-Pauschbetrags von 108 Deutsche Mark der Sonderausgaben-Pauschbetrag von 216 Deutsche Mark. [2]Für die Anwendung des Absatzes 2 Satz 4 ist die Summe der für beide Ehegatten in Betracht kommenden Aufwendungen im Sinne des § 9, soweit sie jeweils den Arbeitnehmer-Pauschbetrag übersteigen, und der Aufwendungen im Sinne des § 10 Abs. 1 Nr. 1, 1a, 4 bis 9, der §§ 10b, 33 und 33c sowie der abziehba-

---

[1)] Zur Anwendung von § 39 Abs. 1–3 für ArbN und ArbG im Gebiet der ehem. DDR siehe § 59 Abs. 1 Nr. 1.
[2)] Zur Anwendung von § 39 Abs. 3a Satz 2 siehe § 52 Abs. 25b.

ren Beträge nach § 33a maßgebend. [3]Die nach Satz 1 ermittelte Summe ist je zur Hälfte auf die Ehegatten aufzuteilen, wenn für jeden Ehegatten eine Lohnsteuerkarte ausgeschrieben worden ist und die Ehegatten keine andere Aufteilung beantragen. [4]Für einen Arbeitnehmer, dessen Ehe in dem Kalenderjahr, für das die Lohnsteuerkarte gilt, aufgelöst worden ist und dessen bisheriger Ehegatte in demselben Kalenderjahr wieder geheiratet hat, sind die nach Absatz 1 in Betracht kommenden Beträge ausschließlich auf Grund der in seiner Person erfüllten Voraussetzungen zu ermitteln. [5]Satz 1 zweiter Halbsatz ist auch anzuwenden, wenn die tarifliche Einkommensteuer nach § 32a Abs. 6 zu ermitteln ist.

(4) [1]Die Eintragung eines Freibetrags auf der Lohnsteuerkarte ist die gesonderte Feststellung einer Besteuerungsgrundlage im Sinne des § 179 Abs. 1 der Abgabenordnung, die unter dem Vorbehalt der Nachprüfung steht. [2]Der Eintragung braucht eine Belehrung über den zulässigen Rechtsbehelf nicht beigefügt zu werden. [3]Ein mit einer Belehrung über den zulässigen Rechtsbehelf versehener schriftlicher Bescheid ist jedoch zu erteilen, wenn dem Antrag des Arbeitnehmers nicht in vollem Umfang entsprochen wird. [4]§ 153 Abs. 2 der Abgabenordnung ist nicht anzuwenden.

(4a) [1]Für die Eintragung eines Freibetrags oder anderer Besteuerungsmerkmale auf der Lohnsteuerkarte sowie ihrer Änderung ist das Finanzamt örtlich zuständig, in dessen Bezirk der Arbeitnehmer im Zeitpunkt der Antragstellung seine Wohnung hat, von der aus er seiner Beschäftigung regelmäßig nachgeht. [2]Bei Ehegatten, die einen mehrfachen Wohnsitz haben, ist das Finanzamt des Familienwohnsitzes zuständig; bei Ehegatten, die beide Arbeitslohn beziehen und keinen Familienwohnsitz haben, ist das für den älteren Ehegatten nach Satz 1 maßgebende Finanzamt örtlich zuständig. [3]In den Fällen des § 1 Abs. 2 und 3 ist das Finanzamt örtlich zuständig, in dessen Bezirk sich die öffentliche Kasse befindet, die den Arbeitslohn zahlt.

(5) Ist zuwenig Lohnsteuer erhoben worden, weil auf der Lohnsteuerkarte ein Freibetrag unzutreffend eingetragen worden ist, hat das Finanzamt den Fehlbetrag vom Arbeitnehmer nachzufordern, wenn er 20 Deutsche Markt übersteigt.

### § 39b. Durchführung des Lohnsteuerabzugs für unbeschränkt einkommensteuerpflichtige Arbeitnehmer. (1) [1]Für die Durchführung des Lohnsteuerabzugs hat der unbeschränkt einkommensteuerpflichtige Arbeitnehmer seinem Arbeitgeber vor Beginn des Kalenderjahrs oder beim Eintritt in das Dienstverhältnis eine Lohnsteuerkarte vorzulegen. [2]Der Arbeitgeber hat die Lohnsteuerkarte während des Dienstverhältnisses aufzubewahren. [3]Er hat sie dem Arbeitnehmer während des Kalenderjahrs zur Vorlage beim Finanzamt oder bei der Gemeinde vorübergehend zu überlassen sowie innerhalb angemessener Frist nach Beendigung des Dienstverhältnisses herauszugeben. [4]Der Arbeitgeber darf die auf der Lohnsteuerkarte eingetragenen Merkmale nur für die Einbehaltung der Lohnsteuer verwerten; er darf sie ohne Zustimmung des Arbeitnehmers nur offenbaren, soweit dies gesetzlich zugelassen ist.

(2) [1]Für die Einbehaltung der Lohnsteuer vom laufenden Arbeitslohn hat der Arbeitgeber die Höhe des laufenden Arbeitslohns und den Lohnzahlungszeitraum festzustellen. [2]Vom Arbeitslohn sind der auf den Lohnzahlungszeitraum entfallende Anteil des Versorgungs-Freibetrags (§ 19 Abs. 2) und der auf den Lohnzahlungszeitraum entfallende Anteil des Altersentlastungsbetrags (§ 24a) abzuziehen, wenn die Voraussetzungen für den Abzug dieser Beträge jeweils erfüllt sind. [3]Außerdem hat der Arbeitgeber einen etwaigen Freibetrag nach Maßgabe der Eintragungen auf der Lohnsteuerkarte des Arbeitnehmers vom Arbeitslohn abzuziehen. [4]Für den so gekürzten Arbeitslohn ist die Lohnsteuer aus der für den Lohnzahlungszeitraum geltenden allgemeinen Lohnsteuertabelle (§ 38c Abs. 1) oder aus der besonderen Lohnsteuertabelle (§ 38c Abs. 2) oder nach der diesen Lohnsteuertabellen angefügten Anleitung zu ermitteln; die besondere Lohnsteuertabelle ist anzuwenden, wenn der Arbeitnehmer in der gesetzlichen Rentenversicherung nicht versicherungspflichtig ist und zu dem in § 10c Abs. 3 bezeichneten Personenkreis gehört. [5]Dabei ist die auf der Lohnsteuerkarte eingetragene Steuerklasse und Zahl der Kinderfreibeträge maßgebend. [6]Die sich danach ergebende Lohnsteuer ist vom Arbeitslohn einzubehalten. [7]Die Oberfinanzdirektion kann allgemein oder auf Antrag des Arbeitgebers ein Verfahren zulassen, durch das die Lohnsteuer unter den Voraussetzungen des § 42b Abs. 1 nach dem voraussichtlichen Jahresarbeitslohn ermittelt wird, wenn gewährleistet ist, daß die zutreffende Jahreslohnsteuer (§ 38a Abs. 2) nicht unterschritten wird.

(3) [1]Für die Einbehaltung der Lohnsteuer von einem sonstigen Bezug hat der Arbeitgeber den voraussichtlichen Jahresarbeitslohn ohne den sonstigen Bezug festzustellen. [2]Von dem voraussichtlichen Jahresarbeitslohn sind der Versorgungs-Freibetrag (§ 19 Abs. 2) und der Altersentlastungsbetrag (§ 24a), wenn die Voraussetzungen für den Abzug dieser Beträge jeweils erfüllt sind, sowie ein etwaiger Jahresfreibetrag nach Maßgabe der Eintragungen auf der Lohnsteuerkarte abzuziehen. [3]Für den so gekürzten Jahresarbeitslohn (maßgebender Jahresarbeitslohn) ist die Lohnsteuer aus der allgemeinen Jahreslohnsteuertabelle (§ 38c Abs. 1) oder aus der besonderen Jahreslohnsteuertabelle (§ 38c Abs. 2) oder nach der diesen Jahreslohnsteuertabellen angefügten Anleitung zu ermitteln; die besondere Lohnsteuertabelle ist anzuwenden, wenn der Arbeitnehmer in der gesetzlichen Rentenversicherung nicht versicherungspflichtig ist und zu dem in § 10c Abs. 3 bezeichneten Personenkreis gehört. [4]Dabei ist die auf der Lohnsteuerkarte eingetragene Steuerklasse und Zahl der Kinderfreibeträge maßgebend. [5]Außerdem ist die Jahreslohnsteuer für den maßgebenden Jahresarbeitslohn unter Einbeziehung des sonstigen Bezugs zu ermitteln. [6]Dabei ist der sonstige Bezug, soweit es sich nicht um einen sonstigen Bezug im Sinne des Satzes 9 handelt, um den Versorgungs-Freibetrag und den Altersentlastungsbetrag zu kürzen, wenn die Voraussetzungen für den Abzug dieser Beträge jeweils erfüllt sind und soweit sie nicht bei der Feststellung des maßgebenden Jahresarbeitslohns berücksichtigt worden sind. [7]Der Unterschiedsbetrag zwischen den ermittelten Jahreslohnsteuerbeträgen ist die Lohnsteuer, die von dem son-

stigen Bezug einzubehalten ist. [8]Werden in einem Lohnzahlungszeitraum neben laufendem Arbeitslohn sonstige Bezüge von insgesamt nicht mehr als 300 Deutsche Mark gezahlt, so sind sie dem laufenden Arbeitslohn hinzuzurechnen. [9]Die Lohnsteuer ist bei einem sonstigen Bezug im Sinne des § 34 Abs. 3 in der Weise zu ermäßigen, daß der sonstige Bezug bei der Anwendung des Satzes 5 mit einem Drittel anzusetzen und der Unterschiedsbetrag im Sinne des Satzes 7 zu verdreifachen ist. [10]Von steuerpflichtigen Entschädigungen im Sinne des § 34 Abs. 1 und Abs. 2 Nr. 2, die 30 Millionen Deutsche Mark nicht übersteigen, ist die nach Satz 7 ermittelte Lohnsteuer zur Hälfte einzubehalten.

(4) Für Lohnzahlungszeiträume, für die Lohnsteuertabellen nicht aufgestellt sind, ergibt sich die Lohnsteuer aus den mit der Zahl der Kalendertage oder Wochen dieser Zeiträume vervielfachten Beträgen der Lohnsteuertagestabelle oder Lohnsteuerwochentabelle.

(5) [1]Wenn der Arbeitgeber für den Lohnzahlungszeitraum lediglich Abschlagszahlungen leistet und eine Lohnabrechnung für einen längeren Zeitraum (Lohnabrechnungszeitraum) vornimmt, kann er den Lohnabrechnungszeitraum als Lohnzahlungszeitraum behandeln und die Lohnsteuer abweichend von § 38 Abs. 3 bei der Lohnabrechnung einbehalten. [2]Satz 1 gilt nicht, wenn der Lohnabrechnungszeitraum fünf Wochen übersteigt oder die Lohnabrechnung nicht innerhalb von drei Wochen nach dessen Ablauf erfolgt. [3]Das Betriebsstättenfinanzamt kann anordnen, daß die Lohnsteuer von den Abschlagszahlungen einzubehalten ist, wenn die Erhebung der Lohnsteuer sonst nicht gesichert erscheint. [4]Wenn wegen einer besonderen Entlohnungsart weder ein Lohnzahlungszeitraum noch ein Lohnabrechnungszeitraum festgestellt werden kann, gilt als Lohnzahlungszeitraum die Summe der tatsächlichen Arbeitstage oder Arbeitswochen.

(6) [1]Ist nach einem Abkommen zur Vermeidung der Doppelbesteuerung der von einem inländischen Arbeitgeber gezahlte Arbeitslohn von der Lohnsteuer freizustellen, so erteilt das Betriebsstättenfinanzamt auf Antrag des Arbeitnehmers oder des Arbeitgebers eine entsprechende Bescheinigung. [2]Der Arbeitgeber hat diese Bescheinigung als Beleg zum Lohnkonto (§ 41 Abs. 1) aufzubewahren.

**§ 39c. Durchführung des Lohnsteuerabzugs ohne Lohnsteuerkarte.** (1) [1]Solange der unbeschränkt einkommensteuerpflichtige Arbeitnehmer dem Arbeitgeber eine Lohnsteuerkarte schuldhaft nicht vorlegt oder die Rückgabe der ihm ausgehändigten Lohnsteuerkarte schuldhaft verzögert, hat der Arbeitgeber die Lohnsteuer nach der Steuerklasse VI zu ermitteln. [2]Weist der Arbeitnehmer nach, daß er die Nichtvorlage oder verzögerte Rückgabe der Lohnsteuerkarte nicht zu vertreten hat, so hat der Arbeitgeber für die Lohnsteuerberechnung die ihm bekannten Familienverhältnisse des Arbeitnehmers zugrunde zu legen.

(2)[1)] [1]Der Arbeitgeber kann die Lohnsteuer von dem Arbeitslohn für den Monat Januar eines Kalenderjahrs abweichend von Absatz 1 auf

---

[1)] Zur Anwendung von § 39c Abs. 2 für ArbN und ArbG im Gebiet der ehem. DDR siehe § 59 Abs. 1 Nr. 3.

Grund der Eintragungen auf der Lohnsteuerkarte für das vorhergehende Kalenderjahr ermitteln, wenn der Arbeitnehmer eine Lohnsteuerkarte für das neue Kalenderjahr bis zur Lohnabrechnung nicht vorgelegt hat. [2]Nach Vorlage der Lohnsteuerkarte ist die Lohnsteuerermittlung für den Monat Januar zu überprüfen und erforderlichenfalls zu ändern. [3]Legt der Arbeitnehmer bis zum 31. März keine Lohnsteuerkarte vor, ist nachträglich Absatz 1 anzuwenden. [4]Die zuwenig oder zuviel einbehaltene Lohnsteuer ist jeweils bei der nächsten Lohnabrechnung auszugleichen.

(3) [1]Für Arbeitnehmer, die nach § 1 Abs. 2 oder 3 unbeschränkt einkommensteuerpflichtig sind, hat der Arbeitgeber die Lohnsteuer unabhängig von einer Lohnsteuerkarte zu ermitteln. [2]Dabei sind die Steuerklasse und Zahl der Kinderfreibeträge maßgebend, die nach § 39 Abs. 3 bis 5 auf einer Lohnsteuerkarte des Arbeitnehmers einzutragen wären. [3]Auf Antrag des Arbeitnehmers erteilt das Betriebsstättenfinanzamt (§ 41a Abs. 1 Nr. 1) über die maßgebende Steuerklasse, Zahl der Kinderfreibeträge und einen etwa in Betracht kommenden Freibetrag (§ 39a) eine Bescheinigung, für die die Vorschriften über die Eintragungen auf der Lohnsteuerkarte sinngemäß anzuwenden sind.

## § 39d. Durchführung des Lohnsteuerabzugs für beschränkt einkommensteuerpflichtige Arbeitnehmer.

(1) [1]Für die Durchführung des Lohnsteuerabzugs werden beschränkt einkommensteuerpflichtige Arbeitnehmer in die Steuerklasse I eingereiht. [2]§ 38b Nr. 6 ist anzuwenden. [3]Das Betriebsstättenfinanzamt (§ 41a Abs. 1 Nr. 1) erteilt auf Antrag des Arbeitnehmers über die maßgebende Steuerklasse eine Bescheinigung, für die die Vorschriften über die Eintragungen auf der Lohnsteuerkarte mit der Maßgabe sinngemäß anzuwenden sind, daß der Arbeitnehmer eine Änderung der Bescheinigung bis zum Ablauf des Kalenderjahrs, für das sie gilt, beim Finanzamt beantragen kann.

(2) [1]In die nach Absatz 1 zu erteilende Bescheinigung trägt das Finanzamt auf Antrag des Arbeitnehmers als vom Arbeitslohn abzuziehenden Freibetrag die Summe der folgenden Beträge ein:

1. Werbungskosten, die bei den Einkünften aus nichtselbständiger Arbeit anfallen (§ 9), soweit sie den Arbeitnehmer-Pauschbetrag (§ 9a Nr. 1) übersteigen,

2. Sonderausgaben im Sinne des § 10 Abs. 1 Nr. 1, 1a, 4 bis 7 und 9 sowie des § 10b, soweit sie den Sonderausgaben-Pauschbetrag von 108 Deutsche Mark (§ 10c) übersteigen,

3.[1)] den Betrag, der nach § 33a Abs. 1 und 2 in Verbindung mit § 50 Abs. 4 wegen außergewöhnlicher Belastungen zu gewähren ist.

[2]Der Antrag kann nur nach amtlich vorgeschriebenem Vordruck bis zum Ablauf des Kalenderjahrs gestellt werden, für das die Bescheinigung gilt. [3]Das Finanzamt hat den Freibetrag durch Aufteilung in Monatsfreibeträ-

---

[1)] Zur Anwendung von § 39d Abs. 2 Nr. 3 i. V. m. § 33a Abs. 2 siehe § 52 Abs. 30.

ge, erforderlichenfalls Wochen- und Tagesfreibeträge, jeweils auf die voraussichtliche Dauer des Dienstverhältnisses im Kalenderjahr gleichmäßig zu verteilen. [4]§ 39a Abs. 4 und 5 ist sinngemäß anzuwenden.

(3) [1]Der Arbeitnehmer hat die nach Absatz 1 erteilte Bescheinigung seinem Arbeitgeber vor Beginn des Kalenderjahrs oder beim Eintritt in das Dienstverhältnis vorzulegen. [2]Der Arbeitgeber hat die Bescheinigung aufzubewahren. [3]§ 39b Abs. 1 Sätze 3 und 4 gilt sinngemäß. [4]Der Arbeitgeber hat im übrigen den Lohnsteuerabzug nach Maßgabe des § 39b Abs. 2 bis 6, des § 39c Abs. 1 und 2 und des § 41c durchzuführen; dabei tritt die nach Absatz 1 erteilte Bescheinigung an die Stelle der Lohnsteuerkarte.

### § 40. Pauschalierung der Lohnsteuer in besonderen Fällen.

(1) [1]Das Betriebsstättenfinanzamt (§ 41a Abs. 1 Nr. 1) kann auf Antrag des Arbeitgebers zulassen, daß die Lohnsteuer mit einem unter Berücksichtigung der Vorschriften des § 38a zu ermittelnden Pauschsteuersatz erhoben wird, soweit

1. von dem Arbeitgeber sonstige Bezüge in einer größeren Zahl von Fällen gewährt werden oder

2. in einer größeren Zahl von Fällen Lohnsteuer nachzuerheben ist, weil der Arbeitgeber die Lohnsteuer nicht vorschriftsmäßig einbehalten hat.

[2]Bei der Ermittlung des Pauschsteuersatzes ist zu berücksichtigen, daß die in Absatz 3 vorgeschriebene Übernahme der pauschalen Lohnsteuer durch den Arbeitgeber für den Arbeitnehmer eine in Geldeswert bestehende Einnahme im Sinne des § 8 Abs. 1 darstellt (Nettosteuersatz). [3]Die Pauschalierung ist in den Fällen der Nummer 1 ausgeschlossen, soweit der Arbeitgeber einem Arbeitnehmer sonstige Bezüge von mehr als 2000 Deutsche Mark im Kalenderjahr gewährt. [4]Der Arbeitgeber hat dem Antrag eine Berechnung beizufügen, aus der sich der durchschnittliche Steuersatz unter Zugrundelegung der durchschnittlichen Jahresarbeitslöhne und der durchschnittlichen Jahreslohnsteuer in jeder Steuerklasse für diejenigen Arbeitnehmer ergibt, denen die Bezüge gewährt werden sollen oder gewährt worden sind.

(2) [1]Abweichend von Absatz 1 kann der Arbeitgeber die Lohnsteuer mit einem Pauschsteuersatz von 25 vom Hundert erheben, soweit er

1. arbeitstäglich Mahlzeiten im Betrieb an die Arbeitnehmer unentgeltlich oder verbilligt abgibt oder Barzuschüsse an ein anderes Unternehmen leistet, das arbeitstäglich Mahlzeiten an die Arbeitnehmer unentgeltlich oder verbilligt abgibt. [2]Voraussetzung ist, daß die Mahlzeiten nicht als Lohnbestandteile vereinbart sind,

2. Arbeitslohn aus Anlaß von Betriebsveranstaltungen zahlt,

3. Erholungsbeihilfen gewährt, wenn diese zusammen mit Erholungsbeihilfen, die in demselben Kalenderjahr früher gewährt worden sind, 300 Deutsche Mark für den Arbeitnehmer, 200 Deutsche Mark für dessen Ehegatten und 100 Deutsche Mark für jedes Kind nicht über-

steigen und der Arbeitgeber sicherstellt, daß die Beihilfen zu Erholungszwecken verwendet werden.

[2]Der Arbeitgeber kann die Lohnsteuer mit einem Pauschsteuersatz von 15 vom Hundert für Sachbezüge in Form der unentgeltlichen oder verbilligten Beförderung eines Arbeitnehmers zwischen Wohnung und Arbeitsstätte und für Zuschüsse zu den Aufwendungen des Arbeitnehmers für Fahrten zwischen Wohnung und Arbeitsstätte erheben, soweit diese Bezüge den Betrag nicht übersteigen, den der Arbeitnehmer nach § 9 Abs. 1 Nr. 4 und Abs. 2 als Werbungskosten geltend machen könnte, wenn die Bezüge nicht pauschal besteuert würden. [3]Die nach Satz 2 pauschal besteuerten Bezüge mindern die nach § 9 Abs. 1 Nr. 4 und Abs. 2 abziehbaren Werbungskosten; sie bleiben bei der Anwendung des § 40a Abs. 1 bis 4 außer Ansatz.

(3) [1]Der Arbeitgeber hat die pauschale Lohnsteuer zu übernehmen. [2]Er ist Schuldner der pauschalen Lohnsteuer. [3]Der pauschal besteuerte Arbeitslohn und die pauschale Lohnsteuer bleiben bei einer Veranlagung zur Einkommensteuer und beim Lohnsteuer-Jahresausgleich außer Ansatz. [4]Die pauschale Lohnsteuer ist weder auf die Einkommensteuer noch auf die Jahreslohnsteuer anzurechnen.

### § 40a. Pauschalierung der Lohnsteuer für Teilzeitbeschäftigte.

(1) [1]Der Arbeitgeber kann unter Verzicht auf die Vorlage einer Lohnsteuerkarte bei Arbeitnehmern, die nur kurzfristig beschäftigt werden, die Lohnsteuer mit einem Pauschsteuersatz von 25 vom Hundert des Arbeitslohns erheben. [2]Eine kurzfristige Beschäftigung liegt vor, wenn der Arbeitnehmer bei dem Arbeitgeber gelegentlich, nicht regelmäßig wiederkehrend beschäftigt wird, die Dauer der Beschäftigung 18 zusammenhängende Arbeitstage nicht übersteigt und

1. der Arbeitslohn während der Beschäftigungsdauer 120 Deutsche Mark durchschnittlich je Arbeitstag nicht übersteigt oder

2. die Beschäftigung zu einem unvorhersehbaren Zeitpunkt sofort erforderlich wird.

(2) [1]Der Arbeitgeber kann unter Verzicht auf die Vorlage einer Lohnsteuerkarte bei Arbeitnehmern, die nur in geringem Umfang und gegen geringen Arbeitslohn beschäftigt werden, die Lohnsteuer mit einem Pauschsteuersatz vom 15 vom Hundert des Arbeitslohns erheben. [2]Eine Beschäftigung in geringem Umfang und gegen geringen Arbeitslohn liegt vor, wenn bei monatlicher Lohnzahlung die Beschäftigungsdauer 86 Stunden und der Arbeitslohn 520 Deutsche Mark nicht übersteigt; bei kürzeren Lohnzahlungszeiträumen darf die Beschäftigungsdauer 20 Stunden und der Arbeitslohn 120 Deutsche Mark wöchentlich nicht übersteigen.

(3) [1]Abweichend von den Absätzen 1 und 2 kann der Arbeitgeber unter Verzicht auf die Vorlage einer Lohnsteuerkarte bei Aushilfskräften, die in Betrieben der Land- und Forstwirtschaft im Sinne des § 13 Abs. 1 Nr. 1 bis 4 ausschließlich mit typisch land- oder forstwirtschaftlichen Arbeiten beschäftigt werden, die Lohnsteuer mit einem Pauschsteuersatz

von 3 vom Hundert des Arbeitslohns erheben. [2]Aushilfskräfte im Sinne dieser Vorschrift sind Personen, die von Fall zu Fall für eine im voraus bestimmte Arbeit von vorübergehender Dauer in ein Dienstverhältnis treten. [3]Aushilfskräfte sind nicht Arbeitnehmer, die zu den land- und forstwirtschaftlichen Fachkräften gehören.

(4) Die Pauschalierungen nach den Absätzen 1 bis 3 sind unzulässig bei Arbeitnehmern, deren Arbeitslohn während der Beschäftigungsdauer 18 Deutsche Mark durchschnittlich je Arbeitsstunde übersteigt.

(5) Auf die Pauschalierungen nach den Absätzen 1 bis 3 ist § 40 Abs. 3 anzuwenden.

**§ 40 b. Pauschalierung der Lohnsteuer bei bestimmten Zukunftssicherungsleistungen.** (1) [1]Der Arbeitgeber kann die Lohnsteuer von den Beiträgen für eine Direktversicherung des Arbeitnehmers und von den Zuwendungen an eine Pensionskasse mit einem Pauschsteuersatz von 15 vom Hundert der Beiträge und Zuwendungen erheben. [2]Die pauschale Erhebung der Lohnsteuer von Beiträgen für eine Direktversicherung ist nur zulässig, wenn die Versicherung nicht auf den Erlebensfall eines früheren als des 60. Lebensjahrs abgeschlossen und eine vorzeitige Kündigung des Versicherungsvertrags durch den Arbeitnehmer ausgeschlossen worden ist.

(2) [1]Absatz 1 gilt nicht, soweit die zu besteuernden Beiträge und Zuwendungen des Arbeitgebers für den Arbeitnehmer 3000 Deutsche Mark im Kalenderjahr übersteigen oder nicht aus seinem ersten Dienstverhältnis bezogen werden. [2]Sind mehrere Arbeitnehmer gemeinsam in einem Direktversicherungsvertrag oder in einer Pensionskasse versichert, so gilt als Beitrag oder Zuwendung für den einzelnen Arbeitnehmer der Teilbetrag, der sich bei einer Aufteilung der gesamten Beiträge oder der gesamten Zuwendungen durch die Zahl der begünstigten Arbeitnehmer ergibt, wenn dieser Teilbetrag 3000 Deutsche Mark nicht übersteigt; hierbei sind Arbeitnehmer, für die Beiträge und Zuwendungen von mehr als 4200 Deutsche Mark im Kalenderjahr geleistet werden, nicht einzubeziehen. [3]Für Beiträge und Zuwendungen, die der Arbeitgeber für den Arbeitnehmer aus Anlaß der Beendigung des Dienstverhältnisses erbracht hat, vervielfältigt sich der Betrag von 3000 Deutsche Mark mit der Anzahl der Kalenderjahre, in denen das Dienstverhältnis des Arbeitnehmers zu dem Arbeitgeber bestanden hat; in diesem Fall ist Satz 2 nicht anzuwenden. [4]Der vervielfältigte Betrag vermindert sich um die nach Absatz 1 pauschal besteuerten Beiträge und Zuwendungen, die der Arbeitgeber in dem Kalenderjahr, in dem das Dienstverhältnis beendet wird, und in den sechs vorangegangenen Kalenderjahren erbracht hat.

(3) Von den Beiträgen für eine Unfallversicherung des Arbeitnehmers kann der Arbeitgeber die Lohnsteuer mit einem Pauschsteuersatz von 15 vom Hundert der Beiträge erheben, wenn mehrere Arbeitnehmer gemeinsam in einem Unfallversicherungsvertrag versichert sind und der Teilbetrag, der sich bei einer Aufteilung der gesamten Beiträge nach Abzug der Versicherungsteuer durch die Zahl der begünstigten Arbeitnehmer ergibt, 120 Deutsche Mark im Kalenderjahr nicht übersteigt.

(4) [1]§ 40 Abs. 3 ist anzuwenden. [2]Die Anwendung des § 40 Abs. 1 Nr. 1 auf Bezüge im Sinne des Absatzes 1 Satz 1 und des Absatzes 3 ist ausgeschlossen.

### § 41. Aufzeichnungspflichten beim Lohnsteuerabzug. (1)[1] [1]Der Arbeitgeber hat am Ort der Betriebsstätte (Absatz 2) für jeden Arbeitnehmer und jedes Kalenderjahr ein Lohnkonto zu führen. [2]In das Lohnkonto sind die für den Lohnsteuerabzug erforderlichen Merkmale aus der Lohnsteuerkarte oder aus einer entsprechenden Bescheinigung zu übernehmen. [3]Bei jeder Lohnzahlung für das Kalenderjahr, für das das Lohnkonto gilt, sind im Lohnkonto die Art und Höhe des gezahlten Arbeitslohns einschließlich der steuerfreien Bezüge sowie die einbehaltene oder übernommene Lohnsteuer einzutragen; an die Stelle der Lohnzahlung tritt in den Fällen des § 39b Abs. 5 Satz 1 die Lohnabrechnung. [4]Ist die einbehaltene oder übernommene Lohnsteuer nach der besonderen Lohnsteuertabelle (§ 38c Abs. 2) ermittelt worden, so ist dies durch Eintragung des Großbuchstabens B zu vermerken. [5]Ferner sind das Kurzarbeitergeld, das Schlechtwettergeld, der Zuschuß zum Mutterschaftsgeld nach dem Mutterschutzgesetz, der Zuschuß nach § 4a Mutterschutzverordnung oder einer entsprechenden Landesregelung, die Entschädigungen für Verdienstausfall nach dem Bundesseuchengesetz sowie Aufstockungsbeträge nach dem Altersteilzeitgesetz einzutragen. [6]Ist während der Dauer des Dienstverhältnisses in anderen Fällen als in denen des Satzes 5 der Anspruch auf Arbeitslohn für mindestens fünf aufeinander folgende Arbeitstage im wesentlichen weggefallen, so ist dies jeweils durch Eintragung des Großbuchstabens U zu vermerken. [7]Die Bundesregierung wird ermächtigt, durch Rechtsverordnung mit Zustimmung des Bundesrates vorzuschreiben, welche Einzelangaben im Lohnkonto aufzuzeichnen sind. [8]Dabei können für Arbeitnehmer mit geringem Arbeitslohn und für die Fälle der §§ 40 bis 40b Aufzeichnungserleichterungen sowie für steuerfreie Bezüge Aufzeichnungen außerhalb des Lohnkontos zugelassen werden. [9]Die Lohnkonten sind bis zum Ablauf des sechsten Kalenderjahrs, das auf die zuletzt eingetragene Lohnzahlung folgt, aufzubewahren.

(2) [1]Betriebsstätte ist der Betrieb oder Teil des Betriebs des Arbeitgebers, in dem der für die Durchführung des Lohnsteuerabzugs maßgebende Arbeitslohn ermittelt wird. [2]Wird der maßgebende Arbeitslohn nicht in dem Betrieb oder einem Teil des Betriebs des Arbeitgebers oder nicht im Inland ermittelt, so gilt als Betriebsstätte der Mittelpunkt der geschäftlichen Leitung des Arbeitgebers im Inland; im Fall des § 38 Abs. 1 Nr. 2 gilt als Betriebsstätte der Ort im Inland, an dem die Arbeitsleistung ganz oder vorwiegend stattfindet. [3]Als Betriebsstätte gilt auch der inländische Heimathafen deutscher Handelsschiffe, wenn die Reederei im Inland keine Niederlassung hat.

### § 41a. Anmeldung und Abführung der Lohnsteuer. (1) [1]Der Arbeitgeber hat spätestens am zehnten Tag nach Ablauf eines jeden Lohnsteuer-Anmeldungszeitraums

---

[1]) Zur Anwendung von § 41 Abs. 1 Satz 5 siehe § 52 Abs. 21d.

1. dem Finanzamt, in dessen Bezirk sich die Betriebsstätte (§ 41 Abs. 2 ) befindet (Betriebsstättenfinanzamt), eine Steuererklärung einzureichen, in der er die Summe der im Lohnsteuer-Anmeldungszeitraum einzubehaltenden und zu übernehmenden Lohnsteuer angibt (Lohnsteuer-Anmeldung),

2. die im Lohnsteuer-Anmeldungszeitraum insgesamt einbehaltene und übernommene Lohnsteuer an das Betriebsstättenfinanzamt abzuführen.

[2]Die Lohnsteuer-Anmeldung ist nach amtlich vorgeschriebenem Vordruck abzugeben und vom Arbeitgeber oder von einer zu seiner Vertretung berechtigten Person zu unterschreiben. [3]Der Arbeitgeber wird von der Verpflichtung zur Abgabe weiterer Lohnsteuer-Anmeldungen befreit, wenn der Arbeitnehmer, für die nach § 41 ein Lohnkonto zu führen ist, nicht mehr beschäftigt und das dem Finanzamt mitteilt.

(2)[1]) [1]Lohnsteuer-Anmeldungszeitraum ist grundsätzlich der Kalendermonat. [2]Lohnsteuer-Anmeldungszeitraum ist das Kalendervierteljahr, wenn die abzuführende Lohnsteuer für das vorangegangene Kalenderjahr mehr als 1200 Deutsche Mark, aber nicht mehr als 6000 Deutsche Mark betragen hat; Lohnsteuer-Anmeldungszeitraum ist das Kalenderjahr, wenn die abzuführende Lohnsteuer für das vorangegangene Kalenderjahr nicht mehr als 1200 Deutsche Mark betragen hat. [3]Hat die Betriebsstätte nicht während des ganzen vorangegangenen Kalenderjahrs bestanden, so ist die für das vorangegangene Kalenderjahr abzuführende Lohnsteuer für die Feststellung des Lohnsteuer-Anmeldungszeitraums auf einen Jahresbetrag umzurechnen. [4]Wenn die Betriebsstätte im vorangegangenen Kalenderjahr noch nicht bestanden hat, ist die auf einen Jahresbetrag umgerechnete für den ersten vollen Kalendermonat nach der Eröffnung der Betriebsstätte abzuführende Lohnsteuer maßgebend.

(3) [1]Die oberste Finanzbehörde des Landes kann bestimmen, daß die Lohnsteuer nicht dem Betriebsstättenfinanzamt, sondern einer anderen öffentlichen Kasse anzumelden und an diese abzuführen ist; die Kasse erhält insoweit die Stellung einer Landesfinanzbehörde. [2]Das Betriebsstättenfinanzamt oder die zuständige andere öffentliche Kasse können anordnen, daß die Lohnsteuer abweichend von dem nach Absatz 1 maßgebenden Zeitpunkt anzumelden und abzuführen ist, wenn die Abführung der Lohnsteuer nicht gesichert erscheint.

**§ 41b. Abschluß des Lohnsteuerabzugs.** (1) [1]Bei Beendigung eines Dienstverhältnisses oder am Ende des Kalenderjahrs hat der Arbeitgeber das Lohnkonto des Arbeitnehmers abzuschließen. [2]Der Arbeitgeber hat auf Grund der Eintragungen im Lohnkonto auf der Lohnsteuerkarte des Arbeitnehmers

1. die Dauer des Dienstverhältnisses während des Kalenderjahrs, für das die Lohnsteuerkarte gilt, sowie zusätzlich die Anzahl der nach § 41 Abs. 1 Satz 6 vermerkten Großbuchstaben U,

---

[1]) Zur Anwendung von § 41a Abs. 2 für ArbN und ArbG im Gebiet der ehem. DDR siehe § 59 Abs. 2.

2. die Art und Höhe des gezahlten Arbeitslohns,

3. die einbehaltene Lohnsteuer sowie zusätzlich den Großbuchstaben B, wenn das Dienstverhältnis vor Ablauf des Kalenderjahrs endet und der Arbeitnehmer für einen abgelaufenen Lohnzahlungszeitraum oder Lohnabrechnungszeitraum des Kalenderjahrs nach der besonderen Lohnsteuertabelle (§ 38c Abs. 2) zu besteuern war,

4.[1]) das Kurzarbeitergeld, das Schlechtwettergeld, den Zuschuß zum Mutterschaftsgeld nach dem Mutterschutzgesetz, die Entschädigungen für Verdienstausfall nach dem Bundesseuchengesetz sowie Aufstockungsbeträge nach dem Altersteilzeitgesetz

zu bescheinigen (Lohnsteuerbescheinigung). [3]Liegt dem Arbeitgeber eine Lohnsteuerkarte des Arbeitnehmers nicht vor, hat er die Lohnsteuerbescheinigung nach einem entsprechenden amtlich vorgeschriebenen Vordruck zu erteilen. [4]Der Arbeitgeber hat dem Arbeitnehmer die Lohnsteuerbescheinigung auszuhändigen, wenn das Dienstverhältnis vor Ablauf des Kalenderjahrs beendet wird oder der Arbeitnehmer zur Einkommensteuer veranlagt wird. [5]In den übrigen Fällen hat der Arbeitgeber die Lohnsteuerbescheinigung dem Betriebsstättenfinanzamt einzureichen. [6]Kann ein Arbeitgeber, der für die Lohnabrechnung ein maschinelles Verfahren anwendet, die Lohnsteuerbescheinigung nach Satz 2 nicht sofort bei Beendigung des Dienstverhältnisses ausschreiben, so hat er die Lohnsteuerkarte bis zur Ausschreibung der Lohnsteuerbescheinigung zurückzubehalten und dem Arbeitnehmer eine Bescheinigung über alle auf der Lohnsteuerkarte des Arbeitnehmers eingetragenen Merkmale auszuhändigen; in dieser Bescheinigung ist außerdem der Zeitpunkt einzutragen, zu dem das Dienstverhältnis beendet worden ist. [7]In diesem Fall ist die Ausschreibung der Lohnsteuerbescheinigung innerhalb von acht Wochen nachzuholen.

(2) Absatz 1 gilt nicht für Arbeitnehmer, soweit sie Arbeitslohn bezogen haben, der nach den §§ 40 bis 40b pauschal besteuert worden ist.

### § 41c. Änderung des Lohnsteuerabzugs.

(1) Der Arbeitgeber ist berechtigt, bei der jeweils nächstfolgenden Lohnzahlung bisher erhobene Lohnsteuer zu erstatten oder noch nicht erhobene Lohnsteuer nachträglich einzubehalten,

1. wenn ihm der Arbeitnehmer eine Lohnsteuerkarte mit Eintragungen vorlegt, die auf einen Zeitpunkt vor Vorlage der Lohnsteuerkarte zurückwirken, oder

2. wenn er erkennt, daß er die Lohnsteuer bisher nicht vorschriftsmäßig einbehalten hat.

(2) [1]Die zu erstattende Lohnsteuer ist dem Betrag zu entnehmen, den der Arbeitgeber für seine Arbeitnehmer insgesamt an Lohnsteuer einbehalten oder übernommen hat. [2]Wenn die zu erstattende Lohnsteuer aus dem Betrag nicht gedeckt werden kann, der insgesamt an Lohnsteuer einzubehalten oder zu übernehmen ist, wird der Fehlbetrag dem Arbeitgeber auf Antrag vom Betriebsstättenfinanzamt ersetzt.

---

[1]) Zur Anwendung von § 41b Abs. 1 Nr. 4 siehe § 52 Abs. 21d.

(3) [1]Nach Ablauf des Kalenderjahrs oder, wenn das Dienstverhältnis vor Ablauf des Kalenderjahrs endet, nach Beendigung des Dienstverhältnisses, ist die Änderung des Lohnsteuerabzugs nur bis zur Ausschreibung der Lohnsteuerbescheinigung zulässig. [2]Bei Änderung des Lohnsteuerabzugs nach Ablauf des Kalenderjahrs ist die nachträglich einzubehaltende Lohnsteuer nach dem Jahresarbeitslohn auf Grund der Jahreslohnsteuertabelle zu ermitteln. [3]Eine Erstattung von Lohnsteuer ist nach Ablauf des Kalenderjahrs nur im Wege des Lohnsteuer-Jahresausgleichs nach § 42b zulässig.

(4) [1]Der Arbeitgeber hat die Fälle, in denen er von seiner Berechtigung zur nachträglichen Einbehaltung von Lohnsteuer nach Absatz 1 keinen Gebrauch macht oder die Lohnsteuer nicht nachträglich einbehalten werden kann, weil

1. Eintragungen auf der Lohnsteuerkarte eines Arbeitnehmers, die nach Beginn des Dienstverhältnisses vorgenommen worden sind, auf einen Zeitpunkt vor Beginn des Dienstverhältnisses zurückwirken,

2. der Arbeitnehmer vom Arbeitgeber Arbeitslohn nicht mehr bezieht oder

3. der Arbeitgeber nach Ablauf des Kalenderjahrs bereits die Lohnsteuerbescheinigung ausgeschrieben hat,

dem Betriebsstättenfinanzamt unverzüglich anzuzeigen. [2]Das Finanzamt hat die zuwenig erhobene Lohnsteuer vom Arbeitnehmer nachzufordern, wenn der nachzufordernde Betrag 20 Deutsche Mark übersteigt. [3]§ 42d bleibt unberührt.

### § 42.[1]) Lohnsteuer-Jahresausgleich. *(aufgehoben)*

### § 42a.[1]) Gemeinsamer Lohnsteuer-Jahresausgleich für Ehegatten. *(aufgehoben)*

### § 42b. Lohnsteuer-Jahresausgleich durch den Arbeitgeber.

(1) [1]Der Arbeitgeber ist berechtigt, seinen unbeschränkt einkommensteuerpflichtigen Arbeitnehmern, die während des abgelaufenen Kalenderjahrs (Ausgleichsjahr) ständig in einem Dienstverhältnis gestanden haben, die für das Ausgleichsjahr einbehaltene Lohnsteuer insoweit zu erstatten, als sie die auf den Jahresarbeitslohn entfallende Jahreslohnsteuer übersteigt (Lohnsteuer-Jahresausgleich). [2]Er ist zur Durchführung des Lohnsteuer-Jahresausgleichs verpflichtet, wenn er am 31. Dezember des Ausgleichsjahrs mindestens zehn Arbeitnehmer beschäftigt. [3]Voraussetzung für den Lohnsteuer-Jahresausgleich ist, daß dem Arbeitgeber die Lohnsteuerkarte des Arbeitnehmers mit den Lohnsteuerbescheinigungen aus etwaigen vorangegangenen Dienstverhältnissen vorliegt. [4]Der Arbeitgeber darf den Lohnsteuer-Jahresausgleich nicht durchführen, wenn

---

[1]) §§ 42, 42a aufgehoben durch StÄndG 1992, zur letztmaligen Anwendung siehe § 52 Abs. 27a.

1. der Arbeitnehmer es beantragt oder

2. der Arbeitnehmer für das Ausgleichsjahr oder für einen Teil des Ausgleichsjahrs nach den Steuerklassen V oder VI zu besteuern war oder

3. der Arbeitnehmer für einen Teil des Ausgleichsjahrs nach den Steuerklassen III oder IV zu besteuern war oder

4.[1] der Arbeitnehmer im Ausgleichsjahr Kurzarbeitergeld, Schlechtwettergeld, Zuschuß zum Mutterschaftsgeld nach dem Mutterschutzgesetz, Zuschuß nach § 4a Mutterschutzverordnung oder einer entsprechenden Landesregelung, Entschädigungen für Verdienstausfall nach dem Bundesseuchengesetz oder Aufstockungsbeträge nach dem Altersteilzeitgesetz bezogen hat oder

4a. die Anzahl der im Lohnkonto eingetragenen oder auf der Lohnsteuerkarte bescheinigten Großbuchstaben U mindestens eins beträgt oder

5. der Arbeitnehmer im Ausgleichsjahr nach der allgemeinen Lohnsteuertabelle (§ 38c Abs. 1) und nach der besonderen Lohnsteuertabelle (§ 38c Abs. 2) zu besteuern war oder

6. der Arbeitnehmer im Ausgleichsjahr ausländische Einkünfte aus nichtselbständiger Arbeit bezogen hat, die nach einem Abkommen zur Vermeidung der Doppelbesteuerung oder unter Progressionsvorbehalt nach § 34c Abs. 5 von der Lohnsteuer freigestellt waren.

(2) [1]Für den Lohnsteuer-Jahresausgleich hat der Arbeitgeber den Jahresarbeitslohn aus dem zu ihm bestehenden Dienstverhältnis und nach den Lohnsteuerbescheinigungen auf der Lohnsteuerkarte aus etwaigen vorangegangenen Dienstverhältnissen festzustellen. [2]Dabei bleiben ermäßigt besteuerte Entschädigungen im Sinne des § 34 Abs. 1 und Abs. 2 Nr. 2 und Bezüge im Sinne des § 34 Abs. 3 außer Ansatz, wenn der Arbeitnehmer nicht jeweils die Einbeziehung in den Lohnsteuer-Jahresausgleich beantragt. [3]Vom Jahresarbeitslohn sind der etwa in Betracht kommende Versorgungs-Freibetrag, der etwa in Betracht kommende Altersentlastungsbetrag und ein etwa auf der Lohnsteuerkarte eingetragener Freibetrag abzuziehen. [4]Für den so geminderten Jahresarbeitslohn ist nach Maßgabe der auf der Lohnsteuerkarte zuletzt eingetragenen Steuerklasse und der Zahl der Kinderfreibeträge die Jahreslohnsteuer aus der Jahreslohnsteuertabelle zu ermitteln, die für den Arbeitnehmer beim Lohnsteuerabzug maßgebend war. [5]Den Betrag, um den die sich hiernach ergebende Jahreslohnsteuer der Lohnsteuer unterschreitet, die von dem zugrunde gelegten Jahresarbeitslohn insgesamt erhoben worden ist, hat der Arbeitgeber dem Arbeitnehmer zu erstatten. [6]Bei der Ermittlung der insgesamt erhobenen Lohnsteuer ist die Lohnsteuer auszuscheiden, die von den nach Satz 2 außer Ansatz gebliebenen Bezügen einbehalten worden ist.

(3) [1]Der Arbeitgeber darf den Lohnsteuer-Jahresausgleich frühestens bei der Lohnabrechnung für den letzten im Ausgleichsjahr endenden Lohnzahlungszeitraum, spätestens bei der Lohnabrechnung für den letzten Lohnzahlungszeitraum, der im Monat März des dem Ausgleichsjahr

---

[1] Zur Anwendung von § 42b Abs. 1 Nr. 4 siehe § 52 Abs. 21d.

folgenden Kalenderjahrs endet, durchführen. ²Die zu erstattende Lohnsteuer ist dem Betrag zu entnehmen, den der Arbeitgeber für seine Arbeitnehmer für den Lohnzahlungszeitraum insgesamt an Lohnsteuer erhoben hat. ³§ 41c Abs. 2 Satz 2 ist anzuwenden.

(4) ¹Der Arbeitgeber hat im Lohnkonto für das Ausgleichsjahr den Inhalt etwaiger Lohnsteuerbescheinigungen aus vorangegangenen Dienstverhältnissen des Arbeitnehmers einzutragen. ²Im Lohnkonto für das Ausgleichsjahr ist die im Lohnsteuer-Jahresausgleich erstattete Lohnsteuer gesondert einzutragen. ³Auf der Lohnsteuerkarte für das Ausgleichsjahr ist der sich nach Verrechnung der erhobenen Lohnsteuer mit der erstatteten Lohnsteuer ergebende Betrag als erhobene Lohnsteuer einzutragen.

**§ 42c.**[1] *(aufgehoben)*

**§ 42d.**[2] **Haftung des Arbeitgebers und Haftung bei Arbeitnehmerüberlassung.** (1) Der Arbeitgeber haftet

1. für die Lohnsteuer, die er einzubehalten und abzuführen hat,

2. für die Lohnsteuer, die er beim Lohnsteuer-Jahresausgleich zu Unrecht erstattet hat,

3. für die Einkommensteuer (Lohnsteuer), die auf Grund fehlerhafter Angaben im Lohnkonto oder in der Lohnsteuerbescheinigung verkürzt wird.

(2) Der Arbeitgeber haftet nicht,

1. soweit Lohnsteuer nach § 39 Abs. 4, § 39a Abs. 5 und in den vom Arbeitgeber angezeigten Fällen des § 38 Abs. 4 Satz 2 und des § 41c Abs. 4 nachzufordern ist,

2. soweit auf Grund der nach § 10 Abs. 5 erlassenen Rechtsverordnung eine Nachversteuerung durchzuführen ist,

3. soweit aufgrund des § 19a Abs. 2 Satz 2 eine Nachversteuerung in den vom Arbeitgeber oder Kreditinstitut angezeigten Fällen durchzuführen ist.

(3) ¹Soweit die Haftung des Arbeitgebers reicht, sind der Arbeitgeber und der Arbeitnehmer Gesamtschuldner. ²Das Betriebsstättenfinanzamt kann die Steuerschuld oder Haftungsschuld nach pflichtgemäßem Ermessen gegenüber jedem Gesamtschuldner geltend machen. ³Der Arbeitgeber kann auch dann in Anspruch genommen werden, wenn der Arbeitnehmer zur Einkommensteuer veranlagt wird. ⁴Der Arbeitnehmer kann im Rahmen der Gesamtschuldnerschaft nur in Anspruch genommen werden,

1. wenn der Arbeitgeber die Lohnsteuer nicht vorschriftsmäßig vom Arbeitslohn einbehalten hat,

---

[1] § 42c aufgehoben durch StÄndG 1992 mit Wirkung ab 1. 1. 1992.
[2] Zur Anwendung von § 42d für ArbN und ArbG im Gebiet der ehem. DDR siehe § 59 Abs. 3.

2. wenn der Arbeitnehmer weiß, daß der Arbeitgeber die einbehaltene Lohnsteuer nicht vorschriftsmäßig angemeldet hat. [2]Dies gilt nicht, wenn der Arbeitnehmer den Sachverhalt dem Finanzamt unverzüglich mitgeteilt hat.

(4) [1]Für die Inanspruchnahme des Arbeitgebers bedarf es keines Haftungsbescheids und keines Leistungsgebots, soweit der Arbeitgeber

1. die einzubehaltende Lohnsteuer angemeldet hat oder

2. nach Abschluß einer Lohnsteuer-Außenprüfung seine Zahlungsverpflichtung schriftlich anerkennt.

[2]Satz 1 gilt entsprechend für die Nachforderung zu übernehmender pauschaler Lohnsteuer.

(5) Von der Geltendmachung der Steuernachforderung oder Haftungsforderung ist abzusehen, wenn diese insgesamt 20 Deutsche Mark nicht übersteigt.

(6) [1]Soweit einem Dritten (Entleiher) Arbeitnehmer gewerbsmäßig zur Arbeitsleistung überlassen werden, haftet er mit Ausnahme der Fälle, in denen eine Arbeitnehmerüberlassung nach § 1 Abs. 3 des Arbeitnehmerüberlassungsgesetzes vorliegt, neben dem Arbeitgeber; dies gilt auch, wenn der in § 1 Abs. 2 des Arbeitnehmerüberlassungsgesetzes bestimmte Zeitraum überschritten ist. [2]Der Entleiher haftet nicht, wenn der Überlassung eine Erlaubnis nach § 1 des Arbeitnehmerüberlassungsgesetzes zugrunde liegt und soweit er nachweist, daß er den in den §§ 28a bis 28c des Vierten Buches Sozialgesetzbuch und § 10 des Arbeitsförderungsgesetzes vorgesehenen Meldepflichten sowie den nach § 51 Abs. 1 Nr. 2 Buchstabe d vorgesehenen Mitwirkungspflichten nachgekommen ist. [3]Der Entleiher haftet ferner nicht, wenn er über das Vorliegen einer Arbeitnehmerüberlassung ohne Verschulden irrte. [4]Die Haftung beschränkt sich auf die Lohnsteuer für die Zeit, für die ihm der Arbeitnehmer überlassen worden ist. [5]Soweit die Haftung des Entleihers reicht, sind der Arbeitgeber, der Entleiher und der Arbeitnehmer Gesamtschuldner. [6]Der Entleiher darf auf Zahlung nur in Anspruch genommen werden, soweit die Vollstreckung in das inländische bewegliche Vermögen des Arbeitgebers fehlgeschlagen ist oder keinen Erfolg verspricht; § 219 Satz 2 der Abgabenordnung ist entsprechend anzuwenden. [7]Ist durch die Umstände der Arbeitnehmerüberlassung die Lohnsteuer schwer zu ermitteln, so ist die Haftungsschuld mit 15 vom Hundert des zwischen Verleiher und Entleiher vereinbarten Entgelts ohne Umsatzsteuer anzunehmen, solange der Entleiher nicht glaubhaft macht, daß die Lohnsteuer, für die er haftet, niedriger ist. [8]Die Absätze 1 bis 5 sind entsprechend anzuwenden. [9]Die Zuständigkeit des Finanzamts richtet sich nach dem Ort der Betriebsstätte des Verleihers.

(7) Soweit der Entleiher Arbeitgeber ist, haftet der Verleiher wie ein Entleiher nach Absatz 6.

(8) [1]Das Finanzamt kann hinsichtlich der Lohnsteuer der Leiharbeitnehmer anordnen, daß der Entleiher einen bestimmten Teil des mit dem Verleiher vereinbarten Entgelts einzubehalten und abzuführen hat, wenn dies zur Sicherung des Steueranspruchs notwendig ist; Absatz 6 Satz 4 ist

anzuwenden. [2]Der Verwaltungsakt kann auch mündlich erlassen werden. [3]Die Höhe des einzubehaltenden und abzuführenden Teils des Entgelts bedarf keiner Begründung, wenn der in Absatz 6 Satz 7 genannte Vomhundertsatz nicht überschritten wird.

**§ 42e. Anrufungsauskunft.** Das Betriebsstättenfinanzamt hat auf Anfrage eines Beteiligten darüber Auskunft zu geben, ob und inwieweit im einzelnen Fall die Vorschriften über die Lohnsteuer anzuwenden sind.

**§ 42f. Lohnsteuer-Außenprüfung.** (1) Für die Außenprüfung der Einbehaltung oder Übernahme und Abführung der Lohnsteuer ist das Betriebsstättenfinanzamt zuständig.

(2) [1]Für die Mitwirkungspflicht des Arbeitgebers bei der Außenprüfung gilt § 200 der Abgabenordnung. [2]Darüber hinaus haben die Arbeitnehmer des Arbeitgebers dem mit der Prüfung Beauftragten jede gewünschte Auskunft über Art und Höhe ihrer Einnahmen zu geben und auf Verlangen die etwa in ihrem Besitz befindlichen Lohnsteuerkarten sowie die Belege über bereits entrichtete Lohnsteuer vorzulegen. [3]Dies gilt auch für Personen, bei denen es streitig ist, ob sie Arbeitnehmer des Arbeitgebers sind oder waren.

### 3. Steuerabzug vom Kapitalertrag (Kapitalertragsteuer)

**§ 43.[1] Kapitalerträge mit Steuerabzug.** (1) [1]Bei den folgenden inländischen Kapitalerträgen wird die Einkommensteuer durch Abzug vom Kapitalertrag (Kapitalertragsteuer) erhoben:

1. Kapitalerträgen im Sinne des § 20 Abs. 1 Nr. 1 und 2;
2. Zinsen aus Teilschuldverschreibungen, bei denen neben der festen Verzinsung ein Recht auf Umtausch in Gesellschaftsanteile (Wandelanleihen) oder eine Zusatzverzinsung, die sich nach der Höhe der Gewinnausschüttungen des Schuldners richtet (Gewinnobligationen), eingeräumt ist, und Zinsen aus Genußrechten, die nicht in § 20 Abs. 1 Nr. 1 genannt sind. [2]Zu den Gewinnobligationen gehören nicht solche Teilschuldverschreibungen, bei denen der Zinsfuß nur vorübergehend herabgesetzt und gleichzeitig eine von dem jeweiligen Gewinnergebnis des Unternehmens abhängige Zusatzverzinsung bis zur Höhe des ursprünglichen Zinsfußes festgelegt worden ist. [3]Zu den Kapitalerträgen im Sinne des Satzes 1 gehören nicht die Bundesbankgenußrechte im Sinne des § 3 Abs. 1 des Gesetzes über die Liquidation der Deutschen Reichsbank und der Deutschen Golddiskontbank in der im Bundesgesetzblatt Teil III, Gliederungsnummer 7620-6, veröffentlichten bereinigten Fassung, zuletzt geändert durch das Gesetz vom 17. Dezember 1975 (BGBl. I S. 3123);
3. Einnahmen aus der Beteiligung an einem Handelsgewerbe als stiller Gesellschafter und Zinsen aus partiarischen Darlehen (§ 20 Abs. 1 Nr. 4);

---

[1] Zur Anwendung von § 43 siehe § 52 Abs. 28.

4. Kapitalerträgen im Sinne des § 20 Abs. 1 Nr. 6. [2]Der Steuerabzug vom Kapitalertrag ist in den Fällen des § 20 Abs. 1 Nr. 6 Satz 3 nur vorzunehmen, wenn das Versicherungsunternehmen auf Grund einer Mitteilung des Finanzamts weiß oder infolge der Verletzung eigener Anzeigeverpflichtungen nicht weiß, daß die Kapitalerträge nach dieser Vorschrift zu den Einkünften aus Kapitalvermögen gehören;

5. Zinsen aus in der Bundesrepublik Deutschland oder in Berlin (West) nach dem 31. März 1952 und vor dem 1. Januar 1955 ausgegebenen festverzinslichen Wertpapieren unter folgenden Voraussetzungen:

a) die Wertpapiere müssen spätestens innerhalb eines Jahres nach der Ausgabe zum Handel an einer Börse in der Bundesrepublik Deutschland oder in Berlin (West) zugelassen werden;

b) die Wertpapiere dürfen auf die Dauer von mindestens fünf Jahren nicht kündbar und nicht rückzahlbar sein;

c) nach den Anleihebedingungen darf die Laufzeit der Wertpapiere zu den bei der Ausgabe vorgesehenen Zinsbedingungen für die Dauer von fünf Jahren nicht geändert werden.

[2]Diese Vorschrift bezieht sich nicht auf Zinsen aus Anleihen, die im Saarland ausgegeben worden sind, und nicht auf Zinsen aus Wertpapieren im Sinne des § 3a in der bis einschließlich 1991 gültigen Fassung. [3]§ 3a Abs. 2 und 3 gilt entsprechend;

6. Einnahmen aus der Vergütung von Körperschaftsteuer nach § 36e dieses Gesetzes oder nach § 52 des Körperschaftsteuergesetzes. [2]Der Steuerabzug wird nicht vorgenommen, wenn die Kapitalertragsteuer im Fall ihrer Einbehaltung nach § 44c Abs. 1 in voller Höhe an den Gläubiger zu erstatten wäre.

[2]Dem Steuerabzug unterliegen auch besondere Entgelte oder Vorteile im Sinne des § 20 Abs. 2 Nr. 1, die neben den in den Nummern 1 bis 6 bezeichneten Kapitalerträgen oder an deren Stelle gewährt werden.

(2) Der Steuerabzug ist nicht vorzunehmen, wenn Gläubiger und Schuldner der Kapitalerträge (Schuldner) im Zeitpunkt des Zufließens dieselbe Person sind.

(3) Kapitalerträge sind inländische, wenn der Schuldner Wohnsitz, Geschäftsleitung oder Sitz im Inland hat.

(4) Der Steuerabzug ist auch dann vorzunehmen, wenn die Kapitalerträge beim Gläubiger zu den Einkünften aus Land- und Forstwirtschaft, aus Gewerbebetrieb, aus selbständiger Arbeit oder aus Vermietung und Verpachtung gehören.

### § 43a.[1] Bemessung der Kapitalertragsteuer. (1) Die Kapitalertragsteuer beträgt

1. in den Fällen des § 43 Abs. 1 Nr. 1 bis 4:
25 vom Hundert des Kapitalertrags, wenn der Gläubiger die Kapitalertragsteuer trägt,
33⅓ vom Hundert des tatsächlich ausgezahlten Betrags, wenn der Schuldner die Kapitalertragsteuer übernimmt;

---

[1] Zur Anwendung von § 43a siehe § 52 Abs. 28.

2. in den Fällen des § 43 Abs. 1 Nr. 5:

    30 vom Hundert des Kapitalertrags, wenn der Gläubiger die Kapitalertragsteuer trägt,

    42,85 vom Hundert des tatsächlich ausgezahlten Betrags, wenn der Schuldner die Kapitalertragsteuer übernimmt;

3. in den Fällen des § 43 Abs. 1 Nr. 6:

    25 vom Hundert des Kapitalertrags.

(2) [1]Dem Steuerabzug unterliegen die vollen Kapitalerträge ohne jeden Abzug. [2]§ 20 Abs. 2 Nr. 3 Satz 2 ist nicht anzuwenden.

### § 44.[1] Entrichtung der Kapitalertragsteuer in den Fällen des § 43 Abs. 1 Nr. 1 bis 5.

(1) [1]Schuldner der Kapitalertragsteuer ist in den Fällen des § 43 Abs. 1 Nr. 1 bis 5 der Gläubiger der Kapitalerträge. [2]Die Kapitalertragsteuer entsteht in dem Zeitpunkt, in dem die Kapitalerträge dem Gläubiger zufließen. [3]In diesem Zeitpunkt hat der Schuldner der Kapitalerträge den Steuerabzug für Rechnung des Gläubigers der Kapitalerträge vorzunehmen. [4]Die innerhalb eines Kalendermonats einbehaltene Steuer ist jeweils bis zum 10. des folgenden Monats an das Finanzamt abzuführen, das für die Besteuerung des Schuldners der Kapitalerträge nach dem Einkommen zuständig ist. [5]Dabei ist die Kapitalertragsteuer, die ein Schuldner zu demselben Zeitpunkt insgesamt abzuführen hat, auf den nächsten vollen Deutsche-Mark-Betrag abzurunden.

(2) [1]Gewinnanteile (Dividenden) und andere Kapitalerträge, deren Ausschüttung von einer Körperschaft beschlossen wird, fließen dem Gläubiger der Kapitalerträge an dem Tag zu (Absatz 1), der im Beschluß als Tag der Auszahlung bestimmt worden ist. [2]Ist die Ausschüttung nur festgesetzt, ohne daß über den Zeitpunkt der Auszahlung ein Beschluß gefaßt worden ist, so gilt als Zeitpunkt des Zufließens der Tag nach der Beschlußfassung.

(3) [1]Ist bei Einnahmen aus der Beteiligung an einem Handelsgewerbe als stiller Gesellschafter in dem Beteiligungsvertrag über den Zeitpunkt der Ausschüttung keine Vereinbarung getroffen, so gilt der Kapitalertrag am Tag nach der Aufstellung der Bilanz oder einer sonstigen Feststellung des Gewinnanteils des stillen Gesellschafters, spätestens jedoch sechs Monate nach Ablauf des Wirtschaftsjahrs, für das der Kapitalertrag ausgeschüttet oder gutgeschrieben werden soll, als zugeflossen. [2]Bei Zinsen aus partiarischen Darlehen gilt Satz 1 entsprechend.

(4) Haben Gläubiger und Schuldner der Kapitalerträge vor dem Zufließen ausdrücklich Stundung des Kapitalertrags vereinbart, weil der Schuldner vorübergehend zur Zahlung nicht in der Lage ist, so ist der Steuerabzug erst mit Ablauf der Stundungsfrist vorzunehmen.

(5) [1]Der Schuldner der Kapitalerträge haftet für die Kapitalertragsteuer, die er einzubehalten und abzuführen hat. [2]Der Gläubiger der Kapitalerträge wird nur in Anspruch genommen,

---

[1] Zur Anwendung von § 44 siehe § 52 Abs. 28.

1. wenn der Schuldner die Kapitalerträge nicht vorschriftsmäßig gekürzt hat,

2. wenn der Gläubiger weiß, daß der Schuldner die einbehaltene Kapitalertragsteuer nicht vorschriftsmäßig abgeführt hat, und dies dem Finanzamt nicht unverzüglich mitteilt oder

3. wenn das die Kapitalerträge auszahlende inländische Kreditinstitut die Kapitalerträge zu Unrecht ohne Abzug der Kapitalertragsteuer ausgezahlt hat.

[3]Für die Inanspruchnahme des Schuldners der Kapitalerträge bedarf es keines Haftungsbescheids, soweit der Schuldner die einbehaltene Kapitalertragsteuer richtig angemeldet hat oder soweit er seine Zahlungsverpflichtung gegenüber dem Finanzamt oder dem Prüfungsbeamten des Finanzamts schriftlich anerkennt.

## § 44a.[1] Abstandnahme vom Steuerabzug.

(1) Bei Kapitalerträgen im Sinne des § 43 Abs. 1 Nr. 3 und 4 ist der Steuerabzug nicht vorzunehmen, wenn der Gläubiger im Zeitpunkt des Zufließens unbeschränkt einkommensteuerpflichtig ist und anzunehmen ist, daß für ihn eine Veranlagung zur Einkommensteuer nicht in Betracht kommt.

(2) [1]Die Voraussetzungen des Absatzes 1 sind dem Schuldner oder dem die Kapitalerträge auszahlenden inländischen Kreditinstitut durch eine Bescheinigung des für den Gläubiger zuständigen Wohnsitzfinanzamts nachzuweisen. [2]§ 36b Abs. 2 Sätze 2 bis 4 ist entsprechend anzuwenden.

(3) Der Schuldner oder das die Kapitalerträge auszahlende inländische Kreditinstitut hat in seinen Unterlagen das Finanzamt, das die Bescheinigung erteilt hat, den Tag der Ausstellung der Bescheinigung und die in der Bescheinigung angegebene Steuer- und Listennummer zu vermerken.

(4) [1]Ist der Gläubiger

1. eine von der Körperschaftsteuer befreite inländische Körperschaft, Personenvereinigung oder Vermögensmasse oder

2. eine inländische juristische Person des öffentlichen Rechts,

so ist der Steuerabzug nicht vorzunehmen, wenn es sich bei den Kapitalerträgen um Gewinnanteile handelt, die der Gläubiger von einer von der Körperschaftsteuer befreiten Körperschaft bezieht. [2]Voraussetzung ist, daß der Gläubiger dem Schuldner oder dem die Kapitalerträge auszahlenden inländischen Kreditinstitut durch eine Bescheinigung des für seine Geschäftsleitung oder seinen Sitz zuständigen Finanzamts nachweist, daß er eine Körperschaft, Personenvereinigung oder Vermögensmasse im Sinne der Nummer 1 oder 2 ist. [3]Absatz 3 und § 36b Abs. 2 Sätze 2 bis 4 gelten entsprechend. [4]Die in Satz 2 bezeichnete Bescheinigung wird nicht erteilt, wenn die Kapitalerträge in den Fällen des Satzes 1 Nr. 1 in einem wirtschaftlichen Geschäftsbetrieb anfallen, für den die Befreiung von der Körperschaftsteuer ausgeschlossen ist, oder wenn sie in den Fällen des

---

[1] Zur Anwendung von § 44a siehe § 52 Abs. 28.

Satzes 1 Nr. 2 in einem nicht von der Körperschaftsteuer befreiten Betrieb gewerblicher Art anfallen.

**§ 44b.[1] Erstattung der Kapitalertragsteuer.** (1) [1]Bei Kapitalerträgen im Sinne des § 43 Abs. 1 Nr. 1 und 2 wird auf Antrag einem Gläubiger, der im Zeitpunkt des Zufließens der Kapitalerträge unbeschränkt einkommensteuerpflichtig ist, die einbehaltene und abgeführte Kapitalertragsteuer erstattet, wenn anzunehmen ist, daß für ihn eine Veranlagung zur Einkommensteuer nicht in Betracht kommt. [2]Das Vorliegen dieser Voraussetzungen ist durch eine Bescheinigung im Sinne des § 44a Abs. 2 nachzuweisen. [3]Dem Antrag auf Erstattung ist außer der Bescheinigung nach Satz 2 eine Bescheinigung im Sinne des § 45a Abs. 3 beizufügen. [4]§ 36b Abs. 3 bis 5 und § 36c gelten sinngemäß.

(2) [1]Ist der Gläubiger von Kapitalerträgen im Sinne des § 43 Abs. 1 Nr. 1 ein unbeschränkt einkommensteuerpflichtiger Anteilseigner und wird nach § 36d Körperschaftsteuer an den Vertreter des Gläubigers vergütet, so ist unabhängig vom Vorliegen der Voraussetzungen des Absatzes 1 auch die Kapitalertragsteuer an den Vertreter zu erstatten. [2]Im übrigen ist § 36d sinngemäß anzuwenden.

(3) [1]Ist der Gläubiger von Kapitalerträgen im Sinne des § 43 Abs. 1 Nr. 2 ein unbeschränkt einkommensteuerpflichtiger Arbeitnehmer und beruhen die Kapitalerträge auf Teilschuldverschreibungen, die ihm von seinem gegenwärtigen oder früheren Arbeitgeber überlassen worden sind, so wird die Kapitalertragsteuer unabhängig vom Vorliegen der Voraussetzungen des Absatzes 1 an den Arbeitgeber oder an einen von ihm bestellten Treuhänder erstattet, wenn der Arbeitgeber oder Treuhänder in Vertretung des Gläubigers sich in einem Sammelantrag bereit erklärt hat, den Erstattungsbetrag für den Gläubiger entgegenzunehmen. [2]Die Erstattung wird nur für Gläubiger gewährt, deren Kapitalerträge im Sinne des Satzes 1 allein oder, in den Fällen des Absatzes 2, zusammen mit den dort bezeichneten Kapitalerträgen im Wirtschaftsjahr 100 Deutsche Mark nicht überstiegen haben. [3]§ 36d Abs. 4 gilt sinngemäß.

(4) [1]Ist Kapitalertragsteuer einbehalten und abgeführt worden, obwohl eine Verpflichtung hierzu nicht bestand, oder hat der Gläubiger im Fall des § 44a dem Schuldner oder dem die Kapitalerträge auszahlenden inländischen Kreditinstitut die Bescheinigung erst in einem Zeitpunkt vorgelegt, in dem die Kapitalertragsteuer bereits abgeführt war, so ist auf Antrag des Schuldners oder des die Kapitalerträge auszahlenden inländischen Kreditinstituts die Steueranmeldung (§ 45a Abs. 1) insoweit zu ändern. [2]Erstattungsberechtigt ist der Antragsteller.

**§ 44c.[1] Erstattung von Kapitalertragsteuer an bestimmte Körperschaften, Personenvereinigungen und Vermögensmassen.** (1) [1]Ist der Gläubiger

---

[1] Zur Anwendung von §§ 44b und 44c siehe § 52 Abs. 28.

1. eine inländische Körperschaft, Personenvereinigung oder Vermögensmasse im Sinne des § 5 Abs. 1 Nr. 9 des Körperschaftsteuergesetzes oder

2. eine inländische Stiftung des öffentlichen Rechts, die ausschließlich und unmittelbar gemeinnützigen oder mildtätigen Zwecken dient, oder

3. eine inländische juristische Person des öffentlichen Rechts, die ausschließlich und unmittelbar kirchlichen Zwecken dient,

so erstattet das Bundesamt für Finanzen auf Antrag des Gläubigers die einbehaltene und abgeführte Kapitalertragsteuer. [2]Voraussetzung ist, daß der Gläubiger dem Bundesamt für Finanzen durch eine Bescheinigung des für seine Geschäftsleitung oder seinen Sitz zuständigen Finanzamts nachweist, daß er eine Körperschaft, Personenvereinigung oder Vermögensmasse im Sinne des Satzes 1 ist. [3]Die Geltungsdauer der Bescheinigung darf höchstens drei Jahre betragen; sie muß am Schluß eines Kalenderjahrs enden. [4]Die Bescheinigung wird nicht erteilt, wenn die Kapitalerträge in den Fällen der Nummer 1 in einem wirtschaftlichen Geschäftsbetrieb anfallen, für den die Befreiung von der Körperschaftsteuer ausgeschlossen ist, oder wenn sie in den Fällen der Nummern 2 und 3 in einem nicht von der Körperschaftsteuer befreiten Betrieb gewerblicher Art anfallen. [5]Dem Antrag ist außer der Bescheinigung nach Satz 2 eine Bescheinigung im Sinne des § 45a Abs. 2 oder 3 beizufügen.

(2)[1)] [1]Ist der Gläubiger

1. eine nach § 5 Abs. 1 Nr. 1 bis 8 oder 10 bis 16 des Körperschaftsteuergesetzes oder nach anderen Gesetzen von der Körperschaftsteuer befreite Körperschaft, Personenvereinigung oder Vermögensmasse oder

2. eine inländische juristische Person des öffentlichen Rechts, die nicht in Absatz 1 bezeichnet ist,

so erstattet das Bundesamt für Finanzen auf Antrag des Gläubigers die Hälfte der auf Kapitalerträge im Sinne des § 43 Abs. 1 Nr. 1 einbehaltenen und abgeführten Kapitalertragsteuer. [2]Voraussetzung ist, daß der Gläubiger durch eine Bescheinigung des für seine Geschäftsleitung oder seinen Sitz zuständigen Finanzamts nachweist, daß er eine Körperschaft im Sinne des Satzes 1 ist. [3]Absatz 1 Sätze 3 bis 5 gilt entsprechend.

(3) [1]§ 36b Abs. 2 Satz 4, Abs. 3 Satz 2, Abs. 4 und § 36c sind sinngemäß anzuwenden. [2]Das Bundesamt für Finanzen kann im Einzelfall die Frist auf Antrag des Gläubigers verlängern, wenn dieser verhindert ist, die Frist einzuhalten. [3]Der Antrag auf Verlängerung ist vor Ablauf der Frist schriftlich zu stellen und zu begründen.

**§ 44d. Bemessung der Kapitalertragsteuer bei bestimmten Kapitalgesellschaften.** (1) [1]Auf Antrag wird die Kapitalertragsteuer für Kapitalerträge im Sinne des § 20 Abs. 1 Nr. 1 und des § 43 Abs. 1 Nr. 6, die einer Muttergesellschaft, die weder ihren Sitz noch ihre Geschäftsleitung

---

[1)] Zur Anwendung von § 44c Abs. 2 siehe § 52 Abs. 28a.

im Inland hat, nach dem 31. Dezember 1991 aus Ausschüttungen einer unbeschränkt steuerpflichtigen Kapitalgesellschaft im Sinne des § 1 Abs. 1 Nr. 1 des Körperschaftsteuergesetzes oder aus der Vergütung von Körperschaftsteuer zufließen, auf

1. 5 vom Hundert des Kapitalertrages, wenn der Gläubiger die Kapitalertragsteuer trägt,

2. 5,26 vom Hundert des tatsächlich ausgezahlten Betrages, wenn der Schuldner die Kapitalertragsteuer übernimmt,

ermäßigt. [2]Regelungen in einem Abkommen zur Vermeidung der Doppelbesteuerung, die einen niedrigeren Steuersatz vorsehen, bleiben unberührt. [3]Für nach dem 30. Juni 1996 zufließende Kapitalerträge im Sinne des Satzes 1 wird auf Antrag die Kapitalertragsteuer nicht erhoben.

(2) Muttergesellschaft im Sinne des Absatzes 1 ist eine Gesellschaft, die die in der Anlage 4 zu diesem Gesetz[1] bezeichneten Voraussetzungen des Artikels 2 der Richtlinie Nr. 90/435/EWG des Rates vom 23. Juli 1990 (ABl. EG Nr. L 225 S. 6) erfüllt und die im Zeitpunkt der Entstehung der Kapitalertragsteuer gemäß § 44 Abs. 1 Satz 2 nachweislich seit mindestens zwölf Monaten ununterbrochen mindestens zu einem Viertel unmittelbar am Nennkapital der unbeschränkt steuerpflichtigen Kapitalgesellschaft beteiligt ist.

(3) Absatz 1 in Verbindung mit Absatz 2 gilt auch, wenn die Beteiligung der Muttergesellschaft am Nennkapital der unbeschränkt steuerpflichtigen Kapitalgesellschaft mindestens ein Zehntel beträgt, der Staat, in dem die Muttergesellschaft nach einem mit einem anderen Mitgliedstaat der Europäischen Gemeinschaften abgeschlossenen Abkommen zur Vermeidung der Doppelbesteuerung als ansässig gilt, dieser Gesellschaft für Gewinnausschüttungen der unbeschränkt steuerpflichtigen Kapitalgesellschaft eine Steuerbefreiung oder eine Anrechnung der deutschen Körperschaftsteuer auf die Steuer der Muttergesellschaft gewährt und seinerseits Gewinnausschüttungen an eine unbeschränkt steuerpflichtige Kapitalgesellschaft ab der gleichen Beteiligungshöhe von der Kapitalertragsteuer befreit.

(4) Absatz 1 in Verbindung mit Absatz 2 und Absatz 3 gilt auch für Ausschüttungen anderer unbeschränkt steuerpflichtiger Körperschaften, Personenvereinigungen und Vermögensmassen im Sinne des § 1 Abs. 1 des Körperschaftsteuergesetzes, wenn der Staat, in dem die Muttergesellschaft nach einem mit einem anderen Mitgliedstaat der Europäischen Gemeinschaften abgeschlossenen Abkommen zur Vermeidung der Doppelbesteuerung als ansässig gilt, dieser Gesellschaft für Gewinnausschüttungen der unbeschränkt steuerpflichtigen Körperschaft, Personenvereinigung oder Vermögensmasse im Sinne des § 1 Abs. 1 des Körperschaftsteuergesetzes eine Steuerbefreiung oder eine Anrechnung der deutschen Körperschaftsteuer auf die Steuer der Muttergesellschaft gewährt und seinerseits Gewinnausschüttungen an eine andere unbeschränkt steuerpflichtige Körperschaft, Personenvereinigung oder Ver-

---

[1] Abgedruckt unter **1.1** Anl. 4.

mögensmasse im Sinne des § 1 Abs. 1 des Körperschaftsteuergesetzes ab der gleichen Beteiligungshöhe von der Kapitalertragsteuer befreit.

**§ 45. Ausschluß der Erstattung von Kapitalertragsteuer.** (1) In den Fällen des § 20 Abs. 2 Nr. 2 ist die Erstattung von Kapitalertragsteuer an den Erwerber von Dividendenscheinen oder von Zinsscheinen nach § 37 Abs. 2 der Abgabenordnung ausgeschlossen.

(2) § 45 Abs. 2 und 3 des Körperschaftsteuergesetzes gilt sinngemäß.

**§ 45a.[1) ] Anmeldung und Bescheinigung der Kapitalertragsteuer in den Fällen des § 43 Abs. 1 Nr. 1 bis 5.** (1) [1]Die Anmeldung der einbehaltenen Kapitalertragsteuer ist dem Finanzamt innerhalb der in § 44 Abs. 1 festgesetzten Frist nach amtlich vorgeschriebenem Vordruck einzureichen. [2]Satz 1 gilt entsprechend, wenn auf Grund des § 43 Abs. 2 oder des § 44a ein Steuerabzug nicht oder nicht in voller Höhe vorzunehmen ist. [3]Der Grund für die Nichtabführung ist anzugeben. [4]Die Anmeldung ist mit der Versicherung zu versehen, daß die Angaben vollständig und richtig sind. [5]Die Anmeldung ist von dem Schuldner oder einer vertretungsberechtigten Person zu unterschreiben.

(2) [1]Der Schuldner ist vorbehaltlich der Absätze 3 und 4 verpflichtet, dem Gläubiger der Kapitalerträge die folgenden Angaben nach amtlich vorgeschriebenem Muster zu bescheinigen:

1. den Namen und die Anschrift des Gläubigers;

2. die Art und Höhe der Kapitalerträge;

3. den Zahlungstag;

4. den Betrag der nach § 36 Abs. 2 Nr. 2 anrechenbaren Kapitalertragsteuer;

5. das Finanzamt, an das die Steuer abgeführt worden ist.

[2]Bei Kapitalerträgen im Sinne des § 43 Abs. 1 Nr. 2 bis 5 ist außerdem die Zeit anzugeben, für welche die Kapitalerträge gezahlt worden sind. [3]Die Bescheinigung braucht nicht unterschrieben zu werden, wenn sie in einem maschinellen Verfahren ausgedruckt worden ist und den Aussteller erkennen läßt.

(3) [1]Werden die Kapitalerträge für Rechnung des Schuldners durch ein inländisches Kreditinstitut gezahlt, so hat an Stelle des Schuldners das Kreditinstitut die Bescheinigung zu erteilen. [2]Aus der Bescheinigung des Kreditinstituts muß auch der Schuldner hervorgehen, für den die Kapitalerträge gezahlt werden; die Angabe des Finanzamts, an das die Kapitalertragsteuer abgeführt worden ist, kann unterbleiben.

(4) Eine Bescheinigung nach Absatz 2 oder Absatz 3 ist nicht zu erteilen, wenn in Vertretung des Gläubigers ein Antrag auf Erstattung der Kapitalertragsteuer nach § 44b Abs. 1 bis 3 gestellt worden ist oder gestellt wird.

---

[1)] Zur Anwendung von § 45a siehe § 52 Abs. 28.

(5) ¹Eine Bescheinigung, die den Absätzen 2 bis 4 nicht entspricht, hat der Aussteller zurückzufordern und durch eine berichtigte Bescheinigung zu ersetzen. ²Die berichtigte Bescheinigung ist als solche zu kennzeichnen. ³Wird die zurückgeforderte Bescheinigung nicht innerhalb eines Monats nach Zusendung der berichtigten Bescheinigung an den Aussteller zurückgegeben, hat der Aussteller das nach seinen Unterlagen für den Empfänger zuständige Finanzamt schriftlich zu benachrichtigen.

(6) ¹Der Aussteller einer Bescheinigung, die den Absätzen 2 bis 4 nicht entspricht, haftet für die auf Grund der Bescheinigung verkürzten Steuern oder zu Unrecht gewährten Steuervorteile. ²Ist die Bescheinigung nach Absatz 3 durch ein inländisches Kreditinstitut auszustellen, so haftet der Schuldner auch, wenn er zum Zweck der Bescheinigung unrichtige Angaben macht. ³Der Aussteller haftet nicht

1. in den Fällen des Satzes 2,

2. wenn er die ihm nach Absatz 5 obliegenden Verpflichtungen erfüllt hat.

**§ 45 b.¹⁾ Besondere Behandlung von Kapitalerträgen im Sinne des § 43 Abs. 1 Nr. 5.** Bei Kapitalerträgen im Sinne des § 43 Abs. 1 Nr. 5 ist die Einkommensteuer durch den Steuerabzug vom Kapitalertrag abgegolten, soweit der Steuerpflichtige wegen der Steuerabzugsbeträge nicht in Anspruch genommen werden kann.

**§ 45 c.²⁾ Entrichtung der Kapitalertragsteuer in den Fällen des § 43 Abs. 1 Nr. 6.** ¹In den Fällen des § 43 Abs. 1 Nr. 6 entsteht die Kapitalertragsteuer in dem Zeitpunkt, in dem die Körperschaftsteuer vergütet wird. ²In diesem Zeitpunkt hat das Bundesamt für Finanzen den Steuerabzug vom Kapitalertrag für Rechnung des Vergütungsberechtigten von der Körperschaftsteuer einzubehalten, die nach § 36 e dieses Gesetzes oder nach § 52 des Körperschaftsteuergesetzes vergütet wird.

#### 4. Veranlagung von Steuerpflichtigen mit steuerabzugspflichtigen Einkünften

**§ 46. Veranlagung bei Bezug von Einkünften aus nichtselbständiger Arbeit.** (1) Besteht das Einkommen ganz oder teilweise aus Einkünften aus nichtselbständiger Arbeit, von denen ein Steuerabzug vorgenommen worden ist, so wird eine Veranlagung stets durchgeführt, wenn das Einkommen

1. bei Personen, bei denen die Einkommensteuer nach § 32 a Abs. 5 zu ermitteln ist, mehr als 54 000 Deutsche Mark,

2. bei den nicht unter Nummer 1 fallenden Personen mehr als 27 000 Deutsche Mark

beträgt.

---

¹⁾ Zur Anwendung von § 45 b siehe § 52 Abs. 28 b.
²⁾ Zur Anwendung von § 45 c siehe § 52 Abs. 28.

(2) [1]Bei Einkommen bis zu den in Absatz 1 genannten Beträgen wird eine Veranlagung nur durchgeführt,

1. wenn die Summe der einkommensteuerpflichtigen Einkünfte, die nicht dem Steuerabzug vom Arbeitslohn zu unterwerfen waren, vermindert um die darauf entfallenden Beträge nach § 13 Abs. 3 und § 24a, oder die Summe der Einkünfte und Leistungen, die dem Progressionsvorbehalt unterliegen, jeweils mehr als 800 Deutsche Mark beträgt;

2. wenn der Steuerpflichtige nebeneinander von mehreren Arbeitgebern Arbeitslohn bezogen hat;

3. wenn für einen Steuerpflichtigen, der zu dem Personenkreis des § 10c Abs. 3 gehört, die Lohnsteuer im Veranlagungszeitraum oder für einen Teil des Veranlagungszeitraums nach den Steuerklassen I bis IV der allgemeinen Lohnsteuertabelle (§ 38c Abs. 1) zu erheben war;

3a. wenn von Ehegatten, die nach den §§ 26, 26b zusammen zur Einkommensteuer zu veranlagen sind, beide Arbeitslohn bezogen haben und einer für den Veranlagungszeitraum oder einen Teil davon nach der Steuerklasse V oder VI besteuert worden ist;

4. *wenn auf der Lohnsteuerkarte des Steuerpflichtigen ein Freibetrag im Sinne des § 39a Abs. 1 Nr. 5 eingetragen worden ist;* [**ab VZ 1993:**[1]) wenn auf der Lohnsteuerkarte des Steuerpflichtigen ein Kinderfreibetrag im Sinne des § 39 Abs. 3a oder ein Freibetrag im Sinne des § 39a Abs. 1 Nr. 1 bis 3 und 5 eingetragen worden ist;]

4a. wenn bei einem Elternpaar
   a) im Fall des § 32 Abs. 6 Nr. 1 Alternative 2 der Kinderfreibetrag von 4104 Deutsche Mark auf der Lohnsteuerkarte des einen Elternteils bescheinigt worden und der andere Elternteil im Kalenderjahr unbeschränkt einkommensteuerpflichtig geworden ist oder
   b) im Fall des § 32 Abs. 6 Satz 4 einem Elternteil der übertragene Kinderfreibetrag auf der Lohnsteuerkarte bescheinigt worden ist oder ein Elternteil die Übertragung des Kinderfreibetrags beantragt oder
   c) im Fall des § 32 Abs. 7 Satz 2 auf Grund der Zustimmung der Mutter entweder auf der Lohnsteuerkarte des Vaters die Lohnsteuerklasse II bescheinigt worden ist oder der Vater den Haushaltsfreibetrag beantragt oder
   d) im Fall des § 33a Abs. 2 Satz 11 beide Elternteile die Übertragung des einem Elternteil zustehenden Anteils am abzuziehenden Ausbildungsfreibetrag auf den anderen Elternteil beantragen oder
   e) im Fall des § 33b Abs. 5 Satz 3 beide Elternteile eine Aufteilung des Pauschbetrags für Behinderte oder des Pauschbetrags für Hinterbliebene in einem anderen Verhältnis als je zur Hälfte beantragen.

[2]Die Veranlagungspflicht besteht für jeden Elternteil, der Einkünfte aus nichtselbständiger Arbeit bezogen hat;

5.[2)] *wenn der Arbeitnehmer im Veranlagungszeitraum geheiratet hat, sein Ehe-*

---

[1)] Zur erstmaligen Anwendung von § 46 Abs. 2 Nr. 4 siehe § 52 Abs. 29.
[2)] § 46 Abs. 2 Nr. 5 aufgehoben durch StÄndG 1992, zur letztmaligen Anwendung siehe § 52 Abs. 29.

*gatte unbeschränkt einkommensteuerpflichtig ist und auf seiner Lohnsteuerkarte ein Freibetrag wegen Kinderbetreuungskosten (§ 33c) eingetragen worden ist;*

6. wenn die Ehe des Arbeitnehmers im Veranlagungszeitraum durch Tod, Scheidung oder Aufhebung aufgelöst worden ist und er oder sein Ehegatte der aufgelösten Ehe im Veranlagungszeitraum wieder geheiratet hat;

7.[1] *(aufgehoben)*

8.[2] wenn die Veranlagung beantragt wird, insbesondere zur Anrechnung von Lohnsteuer auf die Einkommensteuer. [2]Der Antrag ist bis zum Ablauf des auf den Veranlagungszeitraum folgenden zweiten Kalenderjahrs durch Abgabe einer Einkommensteuererklärung zu stellen. [3]Wird der Antrag zur Berücksichtigung von Verlustabzügen nach § 10d oder einer Steuerermäßigung nach § 34f Abs. 3 gestellt, ist er für den zweiten vorangegangenen Veranlagungszeitraum bis zum Ablauf des diesem folgenden vierten Kalenderjahrs und für den ersten vorangegangenen Veranlagungszeitraum bis zum Ablauf des diesem folgenden dritten Kalenderjahrs zu stellen.

(3) [1]In den Fällen des Absatzes 2 ist ein Betrag in Höhe der einkommensteuerpflichtigen Einkünfte, von denen der Steuerabzug vom Arbeitslohn nicht vorgenommen worden ist, vom Einkommen abzuziehen, wenn diese Einkünfte insgesamt nicht mehr als 800 Deutsche Mark betragen. [2]Der Betrag nach Satz 1 vermindert sich um den Altersentlastungsbetrag, soweit dieser 40 vom Hundert des Arbeitslohns mit Ausnahme der Versorgungsbezüge im Sinne des § 19 Abs. 2 übersteigt, und um den nach § 13 Abs. 3 zu berücksichtigenden Betrag.

(4) [1]Kommt nach den Absätzen 1 und 2 eine Veranlagung zur Einkommensteuer nicht in Betracht, so gilt die Einkommensteuer, die auf die Einkünfte aus nichtselbständiger Arbeit entfällt, für den Steuerpflichtigen durch den Lohnsteuerabzug als abgegolten, soweit er nicht für zuwenig erhobene Lohnsteuer in Anspruch genommen werden kann. [2]§ 42b bleibt unberührt.

(5) Durch Rechtsverordnung kann in den Fällen des Absatzes 2 Nr. 1, in denen die einkommensteuerpflichtigen Einkünfte, von denen der Steuerabzug vom Arbeitslohn nicht vorgenommen worden ist, den Betrag von 800 Deutsche Mark übersteigen, die Besteuerung so gemildert werden, daß auf die volle Besteuerung dieser Einkünfte stufenweise übergeleitet wird.

**§§ 46a** und **47** *(weggefallen)*

## VII. *(weggefallen)*

**§ 48** *(weggefallen)*

---

[1] § 46 Abs. 2 Nr. 7, Abs. 2 Sätze 2 und 3 aufgehoben durch StÄndG 1992, zur letztmaligen Anwendung siehe § 52 Abs. 29.
[2] § 46 Abs. 2 Nr. 8 neu gefaßt durch StÄndG 1992, zur erstmaligen Anwendung siehe § 52 Abs. 29.

## VIII. Besteuerung beschränkt Steuerpflichtiger

**§ 49. Beschränkt steuerpflichtige Einkünfte.** (1) Inländische Einkünfte im Sinne der beschränkten Einkommensteuerpflicht (§ 1 Abs. 4) sind

1. Einkünfte aus einer im Inland betriebenen Land- und Forstwirtschaft (§§ 13, 14);

2. Einkünfte aus Gewerbebetrieb (§§ 15 bis 17),
    a) für den im Inland eine Betriebsstätte unterhalten wird oder ein ständiger Vertreter bestellt ist,
    b) die durch den Betrieb eigener oder gecharterter Seeschiffe oder Luftfahrzeuge aus Beförderungen zwischen inländischen und von inländischen zu ausländischen Häfen erzielt werden, einschließlich der Einkünfte aus anderen mit solchen Beförderungen zusammenhängenden, sich auf das Inland erstreckenden Beförderungsleistungen,
    c) die von einem Unternehmen im Rahmen einer internationalen Betriebsgemeinschaft oder eines Pool-Abkommens, bei denen ein Unternehmen mit Sitz oder Geschäftsleitung im Inland die Beförderung durchführt, aus Beförderungen und Beförderungsleistungen nach Buchstabe b erzielt werden,
    d) die, soweit sie nicht zu den Einkünften im Sinne der Nummern 3 und 4 gehören, durch künstlerische, sportliche, artistische oder ähnliche Darbietungen im Inland oder durch deren Verwertung im Inland erzielt werden, einschließlich der Einkünfte aus anderen mit diesen Leistungen zusammenhängenden Leistungen, unabhängig davon, wem die Einnahmen zufließen, oder
    e) die unter den Voraussetzungen des § 17 aus der Veräußerung eines Anteils an einer Kapitalgesellschaft erzielt werden, die ihren Sitz oder ihre Geschäftsleitung im Inland hat;

3. Einkünfte aus selbständiger Arbeit (§ 18), die im Inland ausgeübt oder verwertet wird oder worden ist;

4. Einkünfte aus nichtselbständiger Arbeit (§ 19), die im Inland ausgeübt oder verwertet wird oder worden ist, und Einkünfte, die aus inländischen öffentlichen Kassen einschließlich der Kassen der Deutschen Bundesbahn und der Deutschen Bundesbank mit Rücksicht auf ein gegenwärtiges oder früheres Dienstverhältnis gewährt werden;

5.[1]) Einkünfte aus Kapitalvermögen im Sinne des
    a) § 20 Abs. 1 Nr. 1, 2, 4 und 6, wenn der Schuldner Wohnsitz, Geschäftsleitung oder Sitz im Inland hat; dies gilt auch für Erträge aus Wandelanleihen und Gewinnobligationen;
    b) § 20 Abs. 1 Nr. 3;
    c) § 20 Abs. 1 Nr. 5 und 7, wenn
        aa) das Kapitalvermögen durch inländischen Grundbesitz, durch inländische Rechte, die den Vorschriften des bürgerlichen Rechts über Grundstücke unterliegen, oder durch Schiffe, die

---

[1]) Zur Anwendung von § 49 Abs. 1 Nr. 5 siehe § 52 Abs. 28.

in ein inländisches Schiffsregister eingetragen sind, unmittelbar oder mittelbar gesichert ist. [2]Ausgenommen sind Zinsen aus Anleihen und Forderungen, die in ein öffentliches Schuldbuch eingetragen oder über die Sammelurkunden im Sinne des § 9a des Depotgesetzes oder Teilschuldverschreibungen ausgegeben sind, oder

bb) das Kapitalvermögen aus Genußrechten besteht, die nicht in § 20 Abs. 1 Nr. 1 genannt sind.

[2]§ 20 Abs. 2 gilt entsprechend;

6. Einkünfte aus Vermietung und Verpachtung (§ 21), wenn das unbewegliche Vermögen, die Sachinbegriffe oder Rechte im Inland belegen oder in ein inländisches öffentliches Buch oder Register eingetragen sind oder in einer inländischen Betriebsstätte oder in einer anderen Einrichtung verwertet werden;

7. sonstige Einkünfte im Sinne des § 22 Nr. 1, soweit sie dem Steuerabzug unterworfen werden;

8. sonstige Einkünfte im Sinne des § 22 Nr. 2, soweit es sich um Spekulationsgeschäfte mit inländischen Grundstücken oder mit inländischen Rechten handelt, die den Vorschriften des bürgerlichen Rechts über Grundstücke unterliegen;

8a. sonstige Einkünfte im Sinne des § 22 Nr. 4;

9. sonstige Einkünfte im Sinne des § 22 Nr. 3, auch wenn sie bei Anwendung dieser Vorschrift einer anderen Einkunftsart zuzurechnen wären, soweit es sich um Einkünfte aus der Nutzung beweglicher Sachen im Inland oder aus der Überlassung der Nutzung oder des Rechts auf Nutzung von gewerblichen, technischen, wissenschaftlichen und ähnlichen Erfahrungen, Kenntnissen und Fertigkeiten, z.B. Plänen, Mustern und Verfahren, handelt, die im Inland genutzt werden oder worden sind; dies gilt nicht, soweit es sich um steuerpflichtige Einkünfte im Sinne der Nummern 1 bis 8 handelt.

(2) Im Ausland gegebene Besteuerungsmerkmale bleiben außer Betracht, soweit bei ihrer Berücksichtigung inländische Einkünfte im Sinne des Absatzes 1 nicht angenommen werden könnten.

(3) [1]Bei Schiffahrt- und Luftfahrtunternehmen sind die Einkünfte im Sinne des Absatzes 1 Nr. 2 Buchstabe b mit 5 vom Hundert der für diese Beförderungsleistungen vereinbarten Entgelte anzusetzen. [2]Das gilt auch, wenn solche Einkünfte durch eine inländische Betriebsstätte oder einen inländischen ständigen Vertreter erzielt werden (Absatz 1 Nr. 2 Buchstabe a). [3]Das gilt nicht in den Fällen des Absatzes 1 Nr. 2 Buchstabe c.

(4) [1]Abweichend von Absatz 1 Nr. 2 sind Einkünfte steuerfrei, die ein beschränkt Steuerpflichtiger mit Wohnsitz oder gewöhnlichem Aufenthalt in einem ausländischen Staat durch den Betrieb eigener oder gecharterter Schiffe oder Luftfahrzeuge aus einem Unternehmen bezieht, dessen Geschäftsleitung sich in dem ausländischen Staat befindet. [2]Voraussetzung für die Steuerbefreiung ist, daß dieser ausländische Staat Steuerpflichtigen mit Wohnsitz oder gewöhnlichem Aufenthalt im Geltungsbe-

reich dieses Gesetzes eine entsprechende Steuerbefreiung für derartige Einkünfte gewährt und daß der Bundesminister für Verkehr die Steuerbefreiung nach Satz 1 für verkehrspolitisch unbedenklich erklärt hat.

**§ 50. Sondervorschriften für beschränkt Steuerpflichtige.** (1) [1]Beschränkt Steuerpflichtige dürfen Betriebsausgaben (§ 4 Abs. 4 bis 6) oder Werbungskosten (§ 9) nur insoweit abziehen, als sie mit inländischen Einkünften in wirtschaftlichem Zusammenhang stehen. [2]Die Vorschrift des § 10 Abs. 1 Nr. 5 ist anzuwenden. [3]Die Vorschrift des § 10d ist nur anzuwenden, wenn Verluste in wirtschaftlichem Zusammenhang mit inländischen Einkünften stehen und sich aus Unterlagen ergeben, die im Inland aufbewahrt werden. [4]Die Vorschriften des § 34 sind nur insoweit anzuwenden, als sie sich auf Gewinne aus der Veräußerung eines land- und forstwirtschaftlichen Betriebs (§ 14), eines Gewerbebetriebs (§ 16), einer wesentlichen Beteiligung (§ 17) oder auf Veräußerungsgewinne im Sinne des § 18 Abs. 3 beziehen. [5]Die übrigen Vorschriften der §§ 10 und 34 und die Vorschriften der §§ 9a, 10c, 16 Abs. 4 Satz 3, § 20 Abs. 4, §§ 24a, 32, 32a Abs. 6, §§ 33, 33a, 33b und 33c sind nicht anzuwenden.

(2) [1]Bei Einkünften, die dem Steuerabzug unterliegen, und bei Einkünften im Sinne des § 20 Abs. 1 Nr. 5 und 7 ist für beschränkt Steuerpflichtige ein Ausgleich mit Verlusten aus anderen Einkunftsarten nicht zulässig. [2]Einkünfte im Sinne des Satzes 1 dürfen bei einem Verlustabzug (§ 10d) nicht berücksichtigt werden.

(3) [1]Die Einkommensteuer bemißt sich bei beschränkt Steuerpflichtigen, die veranlagt werden, nach § 32a Abs. 1; dabei ist ein Sonderfreibetrag von 864 Deutsche Mark vom Einkommen abzuziehen. [2]Die Einkommensteuer beträgt mindestens 25 vom Hundert des Einkommens.

(4)[1)] [1]Abweichend von den Absätzen 1 bis 3 sind bei beschränkt einkommensteuerpflichtigen Arbeitnehmern insoweit, als sie Einkünfte aus nichtselbständiger Arbeit im Sinne des § 49 Abs. 1 Nr. 4 beziehen, die Vorschriften der §§ 9a Nr. 1, § 10 Abs. 1 Nr. 1, 1a, 4 bis 7 und 9, § 10c Abs. 1, § 10c Abs. 2 und 3 ohne Möglichkeit, die tatsächlichen Aufwendungen nachzuweisen, §§ 24a, 32 Abs. 8, 33a Abs. 1 für ein Kind des Arbeitnehmers im Sinne des § 32 Abs. 1, 3 bis 5 oder des § 33a Abs. 2 Satz 2 sowie § 33a Abs. 2 für ein Kind des Arbeitnehmers, für das er einen Freibetrag nach § 33a Abs. 1 erhält, anzuwenden; die Jahres- und Monatsbeträge ermäßigen sich zeitanteilig, wenn Einkünfte im Sinne des § 49 Abs. 1 Nr. 4 nicht während eines vollen Kalenderjahrs oder Kalendermonats zugeflossen sind. [2]Absatz 3 Satz 2 ist nicht anzuwenden.

(5) [1]Die Einkommensteuer für Einkünfte, die dem Steuerabzug vom Arbeitslohn oder vom Kapitalertrag oder dem Steuerabzug auf Grund des § 50a unterliegen, gilt bei beschränkt Steuerpflichtigen durch den Steuerabzug als abgegolten. [2]§ 36 Abs. 2 Nr. 3 ist nicht anzuwenden. [3]Die Sätze 1 und 2 gelten nicht, wenn

1. die Einkünfte Betriebseinnahmen eines inländischen Betriebs sind oder
2. nachträglich festgestellt wird, daß die Voraussetzungen der unbe-

---

[1)] Zur Anwendung von § 50 Abs. 4 i. V. m. § 33a Abs. 2 siehe § 52 Abs. 30.

schränkten Einkommensteuerpflicht im Sinne des § 1 Abs. 2 oder 3 nicht vorgelegen haben; § 39 Abs. 5a ist sinngemäß anzuwenden.

(6) § 34c Abs. 1 bis 3 ist bei Einkünften aus Land- und Forstwirtschaft, Gewerbebetrieb oder selbständiger Arbeit, für die im Inland ein Betrieb unterhalten wird, entsprechend anzuwenden, soweit darin nicht Einkünfte aus einem ausländischen Staat enthalten sind, mit denen der beschränkt Steuerpflichtige dort in einem der unbeschränkten Steuerpflicht ähnlichen Umfang zu einer Steuer vom Einkommen herangezogen wird.

(7) Die obersten Finanzbehörden der Länder oder die von ihnen beauftragten Finanzbehörden können mit Zustimmung des Bundesministers der Finanzen die Einkommensteuer bei beschränkt Steuerpflichtigen ganz oder zum Teil erlassen oder in einem Pauschbetrag festsetzen, wenn es aus volkswirtschaftlichen Gründen zweckmäßig ist oder eine gesonderte Berechnung der Einkünfte besonders schwierig ist.

**§ 50a. Steuerabzug bei beschränkt Steuerpflichtigen.** (1) Bei beschränkt steuerpflichtigen Mitgliedern des Aufsichtsrats (Verwaltungsrats) von inländischen Aktiengesellschaften, Kommanditgesellschaften auf Aktien, Berggewerkschaften, Gesellschaften mit beschränkter Haftung und sonstigen Kapitalgesellschaften, Genossenschaften und Personenvereinigungen des privaten und des öffentlichen Rechts, bei denen die Gesellschafter nicht als Unternehmer (Mitunternehmer) anzusehen sind, unterliegen die Vergütungen jeder Art, die ihnen von den genannten Unternehmungen für die Überwachung der Geschäftsführung gewährt werden (Aufsichtsratsvergütungen), dem Steuerabzug (Aufsichtsratsteuer).

(2) Die Aufsichtsratsteuer beträgt 30 vom Hundert der Aufsichtsratsvergütungen.

(3) [1]Dem Steuerabzug unterliegt der volle Betrag der Aufsichtsratsvergütung ohne jeden Abzug. [2]Werden Reisekosten (Tagegelder und Fahrtauslagen) besonders gewährt, so gehören sie zu den Aufsichtsratsvergütungen nur insoweit, als sie die tatsächlichen Auslagen übersteigen.

(4) [1]Die Einkommensteuer wird bei beschränkt Steuerpflichtigen im Wege des Steuerabzugs erhoben

1. bei Einkünften, die durch künstlerische, sportliche, artistische oder ähnliche Darbietungen im Inland oder durch deren Verwertung im Inland erzielt werden, einschließlich der Einkünfte aus anderen mit diesen Leistungen zusammenhängenden Leistungen, unabhängig davon, wem die Einnahmen zufließen (§ 49 Abs. 1 Nr. 2 Buchstabe d),

2. bei Einkünften aus der Ausübung oder Verwertung einer Tätigkeit als Künstler, Berufssportler, Schriftsteller, Journalist oder Bildberichterstatter einschließlich solcher Tätigkeiten für den Rundfunk oder Fernsehfunk (§ 49 Abs. 1 Nr. 2 bis 4),

3. bei Einkünften, die aus Vergütungen für die Nutzung beweglicher Sachen oder für die Überlassung der Nutzung oder des Rechts auf Nutzung von Rechten, insbesondere von Urheberrechten und ge-

werblichen Schutzrechten, von gewerblichen, technischen, wissenschaftlichen und ähnlichen Erfahrungen, Kenntnissen und Fertigkeiten, z. B. Plänen, Mustern und Verfahren, herrühren (§ 49 Abs. 1 Nr. 2, 3, 6 und 9).

[2]Der Steuerabzug beträgt 25 vom Hundert der Einnahmen. [3]Soweit die Tätigkeit im Sinne der Nummern 1 und 2 im Inland ausgeübt wird oder worden ist, beträgt der Steuerabzug 15 vom Hundert der Einnahmen. [4]Satz 3 ist auch auf Einnahmen im Sinne des Satzes 1 Nr. 1 und 2 anzuwenden, wenn die Tätigkeit bei der Herstellung einer Rundfunk- oder Fernsehsendung stattfindet, die in einem ausländischen Staat, der nicht der Wohnsitzstaat des Steuerpflichtigen ist, für die ausschließliche Ausstrahlung im Inland zusammengestellt wird, und die Vergütung für die Tätigkeit von einer inländischen Rundfunk- oder Fernsehanstalt gezahlt wird. [5]Dem Steuerabzug unterliegt der volle Betrag der Einnahmen einschließlich der Beträge im Sinne des § 3 Nr. 13 und 16. [6]Abzüge, z. B. für Betriebsausgaben, Werbungskosten, Sonderausgaben und Steuern, sind nicht zulässig.

(5) [1]Die Steuer entsteht in dem Zeitpunkt, in dem die Aufsichtsratsvergütungen (Absatz 1) oder die Vergütungen (Absatz 4) dem Gläubiger der Aufsichtsratsvergütungen oder der Vergütungen zufließen. [2]In diesem Zeitpunkt hat der Schuldner der Aufsichtsratsvergütungen oder der Vergütungen den Steuerabzug für Rechnung des beschränkt steuerpflichtigen Gläubigers (Steuerschuldner) vorzunehmen. [3]Er hat die innerhalb eines Kalendervierteljahrs einbehaltene Steuer jeweils bis zum 10. des dem Kalendervierteljahr folgenden Monats an das für ihn zuständige Finanzamt abzuführen. [4]Der beschränkt Steuerpflichtige ist beim Steuerabzug von Aufsichtsratsvergütungen oder von Vergütungen Steuerschuldner. [5]Der Schuldner der Aufsichtsratsvergütungen oder der Vergütungen haftet aber für die Einbehaltung und Abführung der Steuer. [6]Der Steuerschuldner wird nur in Anspruch genommen,

1. wenn der Schuldner der Aufsichtsratsvergütungen oder der Vergütungen diese nicht vorschriftsmäßig gekürzt hat oder

2. wenn der beschränkt steuerpflichtige Gläubiger weiß, daß der Schuldner die einbehaltene Steuer nicht vorschriftsmäßig abgeführt hat, und dies dem Finanzamt nicht unverzüglich mitteilt.

(6) Durch Rechtsverordnung kann bestimmt werden, daß bei Vergütungen für die Nutzung oder das Recht auf Nutzung von Urheberrechten (Absatz 4 Nr. 3), wenn die Vergütungen nicht unmittelbar an den Gläubiger, sondern an einen Beauftragten geleistet werden, an Stelle des Schuldners der Vergütung der Beauftragte die Steuer einzubehalten und abzuführen hat und für die Einbehaltung und Abführung haftet.

(7) [1]Das Finanzamt kann die Einkommensteuer von beschränkt steuerpflichtigen Einkünften, soweit diese nicht bereits dem Steuerabzug unterliegen, im Wege des Steuerabzugs erheben, wenn dies zur Sicherstellung des Steueranspruchs zweckmäßig ist. [2]Das Finanzamt bestimmt hierbei die Höhe des Steuerabzugs.

## IX. Sonstige Vorschriften.
## Ermächtigungs- und Schlußvorschriften

**§ 50b.**[1] **Prüfungsrecht.** [1]Die Finanzbehörden sind berechtigt, Verhältnisse, die für die Anrechnung oder Vergütung von Körperschaftsteuer oder für die Anrechnung oder Erstattung von Kapitalertragsteuer sowie für die Nichtvornahme des Steuerabzugs von Bedeutung sind oder der Aufklärung bedürfen, bei den am Verfahren Beteiligten zu prüfen. [2]Die §§ 193 bis 203 der Abgabenordnung gelten sinngemäß.

**§ 50c. Wertminderung von Anteilen durch Gewinnausschüttungen.** (1) [1]Hat ein zur Anrechnung von Körperschaftsteuer berechtigter Steuerpflichtiger einen Anteil an einer unbeschränkt steuerpflichtigen Kapitalgesellschaft von einem nichtanrechnungsberechtigten Anteilseigner erworben, sind Gewinnminderungen, die

1. durch den Ansatz des niedrigeren Teilwerts oder

2. durch Verluste aus der Veräußerung oder Entnahme des Anteils

im Jahr des Erwerbs oder in einem der folgenden neun Jahre entstehen, bei der Gewinnermittlung nicht zu berücksichtigen, soweit der Ansatz des niedrigeren Teilwerts oder der Verlust nur auf Gewinnausschüttungen zurückgeführt werden kann und die Gewinnminderungen insgesamt den Sperrbetrag im Sinne des Absatzes 4 nicht übersteigen. [2]Als Erwerb im Sinne des Satzes 1 gilt nicht der Erwerb durch Erbanfall oder durch Vermächtnis.

(2) Setzt die Kapitalgesellschaft nach dem Erwerb des Anteils ihr Nennkapital herab, ist Absatz 1 sinngemäß anzuwenden, soweit für Leistungen an den Steuerpflichtigen verwendbares Eigenkapital im Sinne des § 29 Abs. 3 des Körperschaftsteuergesetzes als verwendet gilt.

(3) [1]Wird die Kapitalgesellschaft im Jahr des Erwerbs oder in einem der folgenden neun Jahre aufgelöst und abgewickelt, erhöht sich der hierdurch entstehende Gewinn des Steuerpflichtigen um den Sperrbetrag. [2]Das gleiche gilt, wenn die Abwicklung der Gesellschaft unterbleibt, weil über ihr Vermögen das Konkursverfahren eröffnet worden ist.

(4) [1]Sperrbetrag ist der Unterschiedsbetrag zwischen den Anschaffungskosten und dem Nennbetrag des Anteils. [2]Hat der Erwerber keine Anschaffungskosten, tritt an deren Stelle der für die steuerliche Gewinnermittlung maßgebende Wert. [3]Der Sperrbetrag verringert sich, soweit eine Gewinnminderung nach Absatz 1 nicht anerkannt worden ist. [4]In den Fällen der Kapitalherabsetzung sowie der Auflösung der Kapitalgesellschaft erhöht sich der Sperrbetrag um den Teil des Nennkapitals, der auf den erworbenen Anteil entfällt und im Zeitpunkt des Erwerbs nach § 29 Abs. 3 des Körperschaftsteuergesetzes zum verwendbaren Eigenkapital der Kapitalgesellschaft gehört.

---

[1] Zur Anwendung von § 50b siehe § 52 Abs. 31.

(5) [1]Wird ein Anteil an einer unbeschränkt steuerpflichtigen Kapitalgesellschaft zu Bruchteilen oder zur gesamten Hand erworben, gelten die Absätze 1 bis 4 sinngemäß, soweit die Gewinnminderungen anteilig auf anrechnungsgberechtigte Steuerpflichtige entfallen. [2]Satz 1 gilt sinngemäß für anrechnungsberechtige stille Gesellschafter, die Mitunternehmer sind.

(6) [1]Wird ein nichtanrechnungsberechtigter Anteilseigner mit einem Anteil an einer Kapitalgesellschaft anrechnungsberechtigt, sind die Absätze 1 bis 5 insoweit sinngemäß anzuwenden. [2]Gehört der Anteil zu einem Betriebsvermögen, tritt an die Stelle der Anschaffungskosten der Wert, mit dem der Anteil nach den Vorschriften über die steuerliche Gewinnermittlung in einer Bilanz zu dem Zeitpunkt anzusetzen wäre, in dem die Anrechnungsberechtigung eintritt.

(7)[1]Bei Rechtsnachfolgern des anrechnungsberechtigten Steuerpflichtigen, die den Anteil innerhalb des in Absatz 1 bezeichneten Zeitraums erworben haben, sind während der Restdauer dieses Zeitraums die Absätze 1 bis 6 sinngemäß anzuwenden. [2]Das gleiche gilt bei jeder weiteren Rechtsnachfolge.

(8) [1]Die Absätze 1 bis 6 sind nicht anzuwenden, wenn die Anschaffungskosten der im Veranlagungszeitraum erworbenen Anteile höchstens 100000 Deutsche Mark betragen. [2]Hat der Erwerber die Anteile über ein Kreditinstitut erworben, das den Kaufauftrag über die Börse ausgeführt hat, sind die Absätze 1 bis 7 nicht anzuwenden.

## § 50d.[1]) Besonderheiten im Fall von Doppelbesteuerungsabkommen. (1) [1]Können Einkünfte, die dem Steuerabzug vom Kapitalertrag oder dem Steuerabzug auf Grund des § 50a unterliegen, nach § 44d oder nach einem Abkommen zur Vermeidung der Doppelbesteuerung nicht oder nur nach einem niedrigeren Steuersatz besteuert werden, so sind die Vorschriften über die Einbehaltung, Abführung und Anmeldung der Steuer durch den Schuldner der Kapitalerträge oder Vergütungen im Sinne des § 50a ungeachtet des § 44d und des Abkommens anzuwenden. [2]Unberührt bleibt der Anspruch des Gläubigers der Kapitalerträge oder Vergütungen auf völlige oder teilweise Erstattung der einbehaltenen und abgeführten Steuer; der Anspruch ist durch Antrag nach amtlich vorgeschriebenem Vordruck geltend zu machen. [3]Für die Erstattung der Kapitalertragsteuer gilt § 45 entsprechend. [4]Der Schuldner kann sich im Haftungsverfahren nicht auf die Rechte des Gläubigers aus dem Abkommen berufen.

(2) [1]Die Berechtigung des Gläubigers der Kapitalerträge oder Vergütungen im Sinne des § 50a, eine Steuerbefreiung oder Steuerermäßigung nach § 44d oder nach einem Abkommen in Anspruch zu nehmen, ist durch eine Bestätigung der für ihn zuständigen Steuerbehörde des anderen Vertragsstaats nach amtlich vorgeschriebenem Vordruck nachzuweisen. [2]Der Bundesminister der Finanzen kann im Einvernehmen mit den

---

[1]) Zur Anwendung von § 50d siehe § 52 Abs. 32.

obersten Finanzbehörden der Länder erleichterte Verfahren oder vereinfachte Nachweise zulassen.

(3) [1]In den Fällen des § 44d und des § 50a Abs. 4 kann der Schuldner den Steuerabzug nach Maßgabe des § 44d oder des Abkommens unterlassen oder nach einem niedrigeren Steuersatz vornehmen, wenn das Bundesamt für Finanzen auf Antrag bescheinigt, daß die Voraussetzungen dafür vorliegen (Freistellungsverfahren); das gilt auch bei Kapitalerträgen, die einer nach einem Abkommen zur Vermeidung der Doppelbesteuerung im anderen Vertragsstaat ansässigen Kapitalgesellschaft, die am Nennkapital einer unbeschränkt steuerpflichtigen Kapitalgesellschaft im Sinne des § 1 Abs. 1 Nr. 1 des Körperschaftsteuergesetzes in dem in § 26 Abs. 7 des Körperschaftsteuergesetzes festgelegten Umfang unmittelbar beteiligt ist und im Staat ihrer Ansässigkeit den Steuern vom Einkommen oder Gewinn unterliegt, ohne davon befreit zu sein, von der unbeschränkt steuerpflichtigen Kapitalgesellschaft zufließen. [2]Das Freistellungsverfahren ist in den Fällen des § 50a Abs. 4 auch anzuwenden, wenn das Bundesamt für Finanzen den Schuldner auf Antrag hierzu allgemein ermächtigt (Kontrollmeldeverfahren). [3]Die Ermächtigung nach Satz 2 kann in Fällen geringer steuerlicher Bedeutung erteilt und die Freistellung nach den Sätzen 1 und 2 kann mit Auflagen verbunden werden. [4]Einer Bestätigung nach Absatz 2 Satz 1 bedarf es im Kontrollmeldeverfahren nicht. [5]Inhalt der Auflage kann die Angabe des Namens, des Wohnortes oder des Ortes des Sitzes oder der Geschäftsleitung des Schuldners und des Gläubigers, der Art der Vergütung, des Bruttobetrags und des Zeitpunkts der Zahlungen sowie des einbehaltenen Steuerbetrags sein. [6]Mit dem Antrag auf Teilnahme am Kontrollmeldeverfahren gilt die Zustimmung des Gläubigers und des Schuldners zur Weiterleitung der Angaben des Schuldners an den Wohnsitz- oder Sitzstaat des Gläubigers als erteilt. [7]Die Bescheinigung oder die Ermächtigung nach den Sätzen 1 und 2 ist als Beleg aufzubewahren. [8]Bestehende Anmeldeverpflichtungen bleiben unberührt.

**§ 51. Ermächtigung.** (1) Die Bundesregierung wird ermächtigt, mit Zustimmung des Bundesrates

1. zur Durchführung dieses Gesetzes Rechtsverordnungen zu erlassen, soweit dies zur Wahrung der Gleichmäßigkeit bei der Besteuerung, zur Beseitigung von Unbilligkeiten in Härtefällen oder zur Vereinfachung des Besteuerungsverfahrens erforderlich ist, und zwar:
   a) über die Abgrenzung der Steuerpflicht, die Beschränkung der Steuererklärungspflicht auf die Fälle, in denen eine Veranlagung in Betracht kommt, und über die den Einkommensteuererklärungen beizufügenden Unterlagen,
   b) über die Ermittlung der Einkünfte und die Feststellung des Einkommens einschließlich der abzugsfähigen Beträge,
   c) über die Veranlagung, die Anwendung der Tarifvorschriften und die Regelung der Steuerentrichtung einschließlich der Steuerabzüge,
   d) über die Besteuerung der beschränkt Steuerpflichtigen einschließlich eines Steuerabzugs;

2. Vorschriften durch Rechtsverordnung zu erlassen

   a) über die sich aus der Aufhebung oder Änderung von Vorschriften dieses Gesetzes ergebenden Rechtsfolgen, soweit dies zur Wahrung der Gleichmäßigkeit bei der Besteuerung oder zur Beseitigung von Unbilligkeiten in Härtefällen erforderlich ist;

   b) nach denen für jeweils zu bestimmende Wirtschaftsgüter des Umlaufvermögens für Wirtschaftsjahre, die vor dem 1. Januar 1990 enden, eine den steuerlichen Gewinn mindernde Rücklage für Preissteigerungen in Höhe eines Vomhundertsatzes des sich nach § 6 Abs. 1 Nr. 2 Satz 1 ergebenden Werts dieser Wirtschaftsgüter zugelassen werden kann, wenn ihre Börsen- oder Marktpreise (Wiederbeschaffungspreise) am Bilanzstichtag gegenüber den Börsen- oder Marktpreisen (Wiederbeschaffungspreisen) am vorangegangenen Bilanzstichtag wesentlich gestiegen sind. [2]Der Vomhundertsatz ist nach dem Umfang dieser Preissteigerung zu bestimmen; dabei ist ein angemessener Teil der Preissteigerung unberücksichtigt zu lassen. [3]Die Rücklage für Preissteigerungen ist spätestens bis zum Ende des auf die Bildung folgenden sechsten Wirtschaftsjahrs gewinnerhöhend aufzulösen. [4]Bei wesentlichen Preissenkungen, die auf die Preissteigerungen im Sinne des Satzes 1 folgen, kann die volle oder teilweise Auflösung der Rücklage zu einem früheren Zeitpunkt bestimmt werden. [5]Die Bildung der Rücklage setzt nicht voraus, daß in der handelsrechtlichen Jahresbilanz ein entsprechender Passivposten ausgewiesen wird;

   c) über eine Beschränkung des Abzugs von Ausgaben zur Förderung steuerbegünstigter Zwecke im Sinne des § 10b auf Zuwendungen an bestimmte Körperschaften, Personenvereinigungen oder Vermögensmassen sowie über eine Anerkennung gemeinnütziger Zwecke als besonders förderungswürdig;

   d) über Verfahren, die in den Fällen des § 38 Abs. 1 Nr. 2 den Steueranspruch der Bundesrepublik Deutschland sichern oder die sicherstellen, daß bei Befreiungen im Ausland ansässiger Leiharbeitnehmer von der Steuer der Bundesrepublik Deutschland auf Grund von Abkommen zur Vermeidung der Doppelbesteuerung die ordnungsgemäße Besteuerung im Ausland gewährleistet ist. [2]Hierzu kann nach Maßgabe zwischenstaatlicher Regelungen bestimmt werden, daß

      aa) der Entleiher in dem hierzu notwendigen Umfang an derartigen Verfahren mitwirkt,

      bb) er sich im Haftungsverfahren nicht auf die Freistellungsbestimmungen des Abkommens berufen kann, wenn er seine Mitwirkungspflichtigen verletzt;

   e) bis i) *(weggefallen);*

   k) über eine Abschreibungsfreiheit oder Steuerermäßigungen für bestimmte Wirtschaftsgebäude, für Um- und Ausbauten an Wirtschaftsgebäuden, für Hofbefestigungen und Wirtschaftswege, für bestimmte bewegliche Güter des Anlagevermögens einschließlich Betriebsvorrichtungen bei buchführenden und nichtbuchführenden Land- und Forstwirten. [2]Dabei ist für diese Wirtschaftsgebäude sowie für Um- und Ausbauten von einer höchstens 30jährigen Nutzungsdauer auszugehen. [3]Die Abschreibungsfreiheit oder Steuerermäßigung kann auch bei Zuschüssen zur Finanzierung der Anschaffung oder Herstellung von Wirtschaftsgütern im Sinne des Satzes 1 zugelassen werden, wenn mit den Zuschüssen ein Recht auf Mitbenutzung dieser Wirtschaftsgüter erworben wird. [4]Die Abschreibungsfreiheit oder Steuerermäßigung auf Grund der vorstehenden Fassung dieser Ermächtigung kann erstmals für Wirtschaftsjahre zugelassen werden, die im Veranlagungszeitraum 1964 beginnen und letztmals für Wirtschaftsjahre, die im Veranlagungszeitraum 1994 enden;

l) *(weggefallen);*

m) nach denen jeweils zu bestimmende Wirtschaftsgüter des Umlaufvermögens ausländischer Herkunft, deren Preis auf dem Weltmarkt wesentlichen Schwankungen unterliegt und die nach dem Erwerb weder bearbeitet noch verarbeitet worden sind, für Wirtschaftsjahre, die vor dem 1. Januar 1990 enden, statt mit dem sich nach § 6 Abs. 1 Nr. 2 ergebenden Wert mit einem Wert angesetzt werden können, der bis zu 20 vom Hundert unter den Anschaffungskosten oder dem niedrigeren Börsen- oder Marktpreis (Wiederbeschaffungspreis) des Bilanzstichtags liegt. [2]Für das erste Wirtschaftsjahr, das nach dem 31. Dezember 1989 endet, kann ein entsprechender Wertansatz bis zu 15 vom Hundert und für die darauf folgenden Wirtschaftsjahre bis zu 10 vom Hundert unter den Anschaffungskosten oder dem niedrigeren Börsen- oder Marktpreis (Wiederbeschaffungspreis) zugelassen werden. [3]Für Wirtschaftsgüter, für die das Land Berlin vertraglich das mit der Einlagerung verbundene Preisrisiko übernommen hat, ist ein Wertansatz nach Satz 1 oder 2 nicht zulässig;

n) über Sonderabschreibungen

aa) im Tiefbaubetrieb des Steinkohlen-, Pechkohlen-, Braunkohlen- und Erzbergbaues bei Wirtschaftsgütern des Anlagevermögens unter Tage und bei bestimmten mit dem Grubenbetrieb unter Tage in unmittelbarem Zusammenhang stehenden, der Förderung, Seilfahrt, Wasserhaltung und Wetterführung sowie der Aufbereitung des Minerals dienenden Wirtschaftsgütern des Anlagevermögens über Tage, soweit die Wirtschaftsgüter

für die Errichtung von neuen Förderschachtanlagen, auch in Form von Anschlußschachtanlagen,

für die Errichtung neuer Schächte sowie die Erweiterung des Grubengebäudes und den durch Wasserzuflüsse aus stillliegenden Anlagen bedingten Ausbau der Wasserhaltung bestehender Schachtanlagen,

für Rationalisierungsmaßnahmen in der Hauptschacht-, Blindschacht-, Strecken- und Abbauförderung, im Streckenvortrieb, in der Gewinnung, Versatzwirtschaft, Seilfahrt, Wetterführung und Wasserhaltung sowie in der Aufbereitung,

für die Zusammenfassung von mehreren Förderschachtanlagen zu einer einheitlichen Förderschachtanlage
und
für den Wiederaufschluß stilliegender Grubenfelder und Feldesteile,

bb) im Tagebaubetrieb des Braunkohlen- und Erzbergbaues
bei bestimmten Wirtschaftsgütern des beweglichen Anlagevermögens (Grubenaufschluß, Entwässerungsanlagen, Großgeräte sowie Einrichtungen des Grubenrettungswesens und der Ersten Hilfe und im Erzbergbau auch Aufbereitungsanlagen), die
für die Erschließung neuer Tagebaue, auch in Form von Anschlußtagebauen, für Rationalisierungsmaßnahmen bei laufenden Tagebauen,
beim Übergang zum Tieftagebau für die Freilegung und Gewinnung der Lagerstätte
und
für die Wiederinbetriebnahme stillgelegter Tagebaue
von Steuerpflichtigen, die den Gewinn nach § 5 ermitteln, vor dem 1. Januar 1990 angeschafft oder hergestellt werden. [2]Die Sonderabschreibungen können bereits für Anzahlungen auf Anschaffungskosten und für Teilherstellungskosten zugelassen werden. [3]Hat der Steuerpflichtige vor dem 1. Januar 1990 die Wirtschaftsgüter bestellt oder mit ihrer Herstellung begonnen, so können die Sonderabschreibungen auch für nach dem 31. Dezember 1989 und vor dem 1. Januar 1991 angeschaffte oder hergestellte Wirtschaftsgüter sowie für vor dem 1. Januar 1991 geleistete Anzahlungen auf Anschaffungskosten und entstandene Teilherstellungskosten in Anspruch genommen werden. [4]Voraussetzung für die Inanspruchnahme der Sonderabschreibungen ist, daß die Förderungswürdigkeit der bezeichneten Vorhaben von der obersten Landesbehörde für Wirtschaft im Einvernehmen mit dem Bundesminister für Wirtschaft bescheinigt worden ist. [5]Die Sonderabschreibungen können im Wirtschaftsjahr der Anschaffung oder Herstellung und in den vier folgenden Wirtschaftsjahren in Anspruch genommen werden, und zwar
bei beweglichen Wirtschaftsgütern des Anlagevermögens
bis zu insgesamt 50 vom Hundert,
bei unbeweglichen Wirtschaftsgütern des Anlagevermögens
bis zu insgesamt 30 vom Hundert
der Anschaffungs- oder Herstellungskosten. [6]Bei den begünstigten Vorhaben im Tagebaubetrieb des Braunkohlen- und Erzbergbaues kann außerdem zugelassen werden, daß die vor dem 1. Januar 1991 aufgewendeten Kosten für den Vorabraum bis zu 50 vom Hundert als sofort abzugsfähige Betriebsausgaben behandelt werden;

o) *(weggefallen);*

p) über die Bemessung der Absetzungen für Abnutzung oder Substanzverringerung bei nicht zu einem Betriebsvermögen gehörenden Wirtschaftsgütern, die vor dem 21. Juni 1948 angeschafft oder

hergestellt oder die unentgeltlich erworben sind. [2]Hierbei kann
bestimmt werden, daß die Absetzungen für Abnutzung oder Substanzverringerung nicht nach den Anschaffungs- oder Herstellungskosten, sondern nach Hilfswerten (am 21. Juni 1948 maßgebender Einheitswert, Anschaffungs- oder Herstellungskosten des
Rechtsvorgängers abzüglich der von ihm vorgenommenen Absetzungen, fiktive Anschaffungskosten an einem noch zu bestimmen-
den Stichtag) zu bemessen sind. [3]Zur Vermeidung von Härten
kann zugelassen werden, daß an Stelle der Absetzungen für Abnutzung, die nach dem am 21. Juni 1948 maßgebenden Einheitswert
zu bemessen sind, der Betrag abgezogen wird, der für das Wirtschaftsgut in dem Veranlagungszeitraum 1947 als Absetzung für
Abnutzung geltend gemacht werden konnte. [4]Für das Land Berlin
tritt in den Sätzen 1 bis 3 an die Stelle des 21. Juni 1948 jeweils der
1. April 1949;

q) über erhöhte Absetzungen bei Herstellungskosten

   aa) für Maßnahmen, die für den Anschluß eines im Inland belegenen Gebäudes an eine Fernwärmeversorgung einschließlich
der Anbindung an das Heizsystem erforderlich sind, wenn die
Fernwärmeversorgung überwiegend aus Anlagen der Kraft-
Wärme-Kopplung, zur Verbrennung von Müll oder zur Verwertung von Abwärme gespeist wird,

   bb) für den Einbau von Wärmepumpenanlagen, Solaranlagen und
Anlagen zur Wärmerückgewinnung in einem im Inland belegenen Gebäude einschließlich der Anbindung an das Heizsystem,

   cc) für die Errichtung von Windkraftanlagen, wenn die mit diesen
Anlagen erzeugte Energie überwiegend entweder unmittelbar
oder durch Verrechnung mit Elektrizitätsbezügen des Steuerpflichtigen von einem Elektrizitätsversorgungsunternehmen
zur Versorgung eines im Inland belegenen Gebäudes des Steuerpflichtigen verwendet wird, einschließlich der Anbindung
an das Versorgungssystem des Gebäudes,

   dd) für die Errichtung von Anlagen zur Gewinnung von Gas, das
aus pflanzlichen oder tierischen Abfallstoffen durch Gärung
unter Sauerstoffabschluß entsteht, wenn dieses Gas zur Beheizung eines im Inland belegenen Gebäudes des Steuerpflichtigen oder zur Warmwasserbereitung in einem solchen Gebäude
des Steuerpflichtigen verwendet wird, einschließlich der Anbindung an das Versorgungssystem des Gebäudes,

   ee) für den Einbau einer Warmwasseranlage zur Versorgung von
mehr als einer Zapfstelle und einer zentralen Heizungsanlage
oder bei einer zentralen Heizungs- und Warmwasseranlage für
den Einbau eines Heizkessels, eines Brenners, einer zentralen
Steuerungseinrichtung, einer Wärmeabgabeeinrichtung und
eine Änderung der Abgasanlage in einem im Inland belegenen
Gebäude oder in einer im Inland belegenen Eigentumswohnung, wenn mit dem Einbau nicht vor Ablauf von zehn Jahren
seit Fertigstellung dieses Gebäudes begonnen worden ist und

der Einbau nach dem 30. Juni 1985 fertiggestellt worden ist; entsprechendes gilt bei Anschaffungskosten für neue Einzelöfen, wenn keine Zentralheizung vorhanden ist. [2]Voraussetzung für die Gewährung der erhöhten Absetzungen ist, daß die Maßnahmen vor dem 1. Januar 1992 fertiggestellt worden sind; in den Fällen des Satzes 1 Doppelbuchstabe aa müssen die Gebäude vor dem 1. Juli 1983 fertiggestellt worden sein, es sei denn, daß der Anschluß nicht schon im Zusammenhang mit der Errichtung des Gebäudes möglich war. [3]Die erhöhten Absetzungen dürfen jährlich 10 vom Hundert der Aufwendungen nicht übersteigen. [4]Sie dürfen nicht gewährt werden, wenn für dieselbe Maßnahme eine Investitionszulage in Anspruch genommen wird. [5]Sind die Aufwendungen Erhaltungsaufwand und entstehen sie bei einer zu eigenen Wohnzwecken genutzten Wohnung im eigenen Haus, für die der Nutzungswert nicht mehr besteuert wird, und liegen in den Fällen des Satzes 1 Doppelbuchstabe aa die Voraussetzungen des Satzes 2 zweiter Halbsatz vor, so kann der Abzug dieser Aufwendungen wie Sonderausgaben mit gleichmäßiger Verteilung auf das Kalenderjahr, in dem die Arbeiten abgeschlossen worden sind, und die neun folgenden Kalenderjahre zugelassen werden, wenn die Maßnahme vor dem 1. Januar 1992 abgeschlossen worden ist;

r) nach denen Steuerpflichtige größere Aufwendungen

    aa) für die Erhaltung von nicht zu einem Betriebsvermögen gehörenden Gebäuden, die überwiegend Wohnzwecken dienen,

    bb) zur Erhaltung eines Gebäudes in einem förmlich festgelegten Sanierungsgebiet oder städtebaulichen Entwicklungsbereich, die für Maßnahmen im Sinne des § 177 des Baugesetzbuchs sowie für bestimmte Maßnahmen, die der Erhaltung, Erneuerung und funktionsgerechten Verwendung eines Gebäudes dienen, das wegen seiner geschichtlichen, künstlerischen oder städtebaulichen Bedeutung erhalten bleiben soll, und zu deren Durchführung sich der Eigentümer neben bestimmten Modernisierungsmaßnahmen gegenüber der Gemeinde verpflichtet hat, aufgewendet worden sind,

    cc) zur Erhaltung von Gebäuden, die nach den jeweiligen landesrechtlichen Vorschriften Baudenkmale sind, soweit die Aufwendungen nach Art und Umfang zur Erhaltung des Gebäudes als Baudenkmal und zu seiner sinnvollen Nutzung erforderlich sind,

auf zwei bis fünf Jahre gleichmäßig verteilen können. [2]In den Fällen der Doppelbuchstaben bb und cc ist Voraussetzung, daß der Erhaltungsaufwand vor dem 1. Januar 1990 entstanden ist. [3]In den Fällen von Doppelbuchstabe cc sind die Denkmaleigenschaft des Gebäudes und die Voraussetzung, daß die Aufwendungen nach Art und Umfang zur Erhaltung des Gebäudes als Baudenkmal und zu seiner sinnvollen Nutzung erforderlich sind, durch eine Bescheinigung der nach Landesrecht zuständigen oder von der Landesregierung bestimmten Stelle nachzuweisen;

s) nach denen bei Anschaffung oder Herstellung von abnutzbaren beweglichen und bei Herstellung von abnutzbaren unbeweglichen Wirtschaftsgütern des Anlagevermögens auf Antrag ein Abzug von der Einkommensteuer für den Veranlagungszeitraum der Anschaffung oder Herstellung bis zur Höhe von 7,5 vom Hundert der Anschaffungs- oder Herstellungskosten dieser Wirtschaftsgüter vorgenommen werden kann, wenn eine Störung des gesamtwirtschaftlichen Gleichgewichts eingetreten ist oder sich abzeichnet, die eine nachhaltige Verringerung der Umsätze oder der Beschäftigung zur Folge hatte oder erwarten läßt, insbesondere bei einem erheblichen Rückgang der Nachfrage nach Investitionsgütern oder Bauleistungen. [2]Bei der Bemessung des von der Einkommensteuer abzugsfähigen Betrags dürfen nur berücksichtigt werden

aa) die Anschaffungs- oder Herstellungskosten von beweglichen Wirtschaftsgütern, die innerhalb eines jeweils festzusetzenden Zeitraums, der ein Jahr nicht übersteigen darf (Begünstigungszeitraum), angeschafft oder hergestellt werden,

bb) die Anschaffungs- oder Herstellungskosten von beweglichen Wirtschaftsgütern, die innerhalb des Begünstigungszeitraums bestellt und angezahlt werden oder mit deren Herstellung innerhalb des Begünstigungszeitraums begonnen wird, wenn sie innerhalb eines Jahres, bei Schiffen innerhalb zweier Jahre nach Ablauf des Begünstigungszeitraums geliefert oder fertiggestellt werden. [2]Soweit bewegliche Wirtschaftsgüter im Sinne des Satzes 1 mit Ausnahme von Schiffen nach Ablauf eines Jahres, aber vor Ablauf zweier Jahre nach dem Ende des Begünstigungszeitraums geliefert oder fertiggestellt werden, dürfen bei Bemessung des Abzugs von der Einkommensteuer die bis zum Ablauf eines Jahres nach dem Ende des Begünstigungszeitraums aufgewendeten Anzahlungen und Teilherstellungskosten berücksichtigt werden,

cc) die Herstellungskosten von Gebäuden, bei denen innerhalb des Begünstigungszeitraums der Antrag auf Baugenehmigung gestellt wird, wenn sie bis zum Ablauf von zwei Jahren nach dem Ende des Begünstigungszeitraums fertiggestellt werden;

dabei scheiden geringwertige Wirtschaftsgüter im Sinne des § 6 Abs. 2 und Wirtschaftsgüter, die in gebrauchtem Zustand erworben werden, aus. [3]Von der Begünstigung können außerdem Wirtschaftsgüter ausgeschlossen werden, für die Sonderabschreibungen, erhöhte Absetzungen oder die Investitionszulage nach § 19 des Berlinförderungsgesetzes in Anspruch genommen werden. [4]In den Fällen der Doppelbuchstaben bb und cc können bei Bemessung des von der Einkommensteuer abzugsfähigen Betrags bereits die im Begünstigungszeitraum, im Fall des Doppelbuchstaben bb Satz 2 auch die bis zum Ablauf eines Jahres nach dem Ende des Begünstigungszeitraums aufgewendeten Anzahlungen und Teilherstellungskosten berücksichtigt werden; der Abzug von der Einkommensteuer kann insoweit schon für den Veranlagungszeitraum vorgenommen werden, in dem die Anzahlungen oder Teilherstellungskosten aufgewendet worden sind. [5]Übersteigt der von der Einkommensteuer abzugsfähige Betrag die für den Veranlagungszeitraum der Anschaffung oder Herstellung geschuldete Einkommensteuer, so kann der übersteigende Betrag von der Einkommensteuer für den darauffolgenden Veranlagungszeitraum abgezogen werden. [6]Entsprechendes gilt, wenn in den Fällen der Doppelbuchstaben bb und cc der Abzug von der Einkommensteuer bereits für Anzahlungen oder Teilherstellungskosten geltend gemacht wird. [7]Der Abzug von der Einkommensteuer darf jedoch die für den Veranlagungszeitraum der Anschaffung oder Herstellung und den folgenden Veranlagungszeitraum insgesamt zu entrichtende Einkommensteuer nicht übersteigen. [8]In den Fällen des Doppelbuchstabens bb Satz 2 gilt dies mit der Maßgabe, daß an die Stelle des Veranlagungszeitraums der Anschaffung oder Herstellung der Veranlagungszeitraum tritt, in dem zuletzt Anzahlungen oder Teilherstellungskosten aufgewendet worden sind. [9]Werden begünstigte Wirtschaftsgüter von Gesellschaften im Sinne des § 15 Abs. 1 Nr. 2 und 3 angeschafft oder hergestellt, so ist der abzugsfähige Betrag nach dem Verhältnis der Gewinnanteile einschließlich der Vergütungen aufzuteilen. [10]Die Anschaffungs- oder Herstellungkosten der Wirtschaftsgüter, die bei Bemessung des von der Einkommensteuer abzugsfähigen Betrags berücksichtigt worden sind, werden durch den Abzug von der Einkommensteuer nicht gemindert. [11]Rechtsverordnungen auf Grund dieser Ermächtigung bedürfen der Zustimmung des Bundestages. [12]Die Zustimmung gilt als erteilt, wenn der Bundestag nicht binnen vier Wochen nach Eingang der Vorlage der Bundesregierung die Zustimmung verweigert hat;

t) *(weggefallen);*

u) über Sonderabschreibungen bei abnutzbaren Wirtschaftsgütern des Anlagevermögens, die der Forschung oder Entwicklung dienen und nach dem 18. Mai 1983 und vor dem 1. Januar 1990 angeschafft oder hergestellt werden. [2]Voraussetzung für die Inanspruchnahme der Sonderabschreibungen ist, daß die beweglichen Wirtschaftsgüter ausschließlich und die unbeweglichen Wirtschaftsgüter zu mehr als 33⅓ vom Hundert der Forschung oder Entwicklung dienen. [3]Die Sonderabschreibungen können auch für Ausbauten und Erweiterungen an bestehenden Gebäuden, Gebäudeteilen, Eigentumswohnungen oder im Teileigentum stehenden Räumen zugelassen werden, wenn die ausgebauten oder neu hergestellten Gebäudeteile zu mehr als 33⅓ vom Hundert der Forschung oder Entwicklung dienen. [4]Die Wirtschaftsgüter dienen der Forschung oder Entwicklung, wenn sie verwendet werden

   aa) zur Gewinnung von neuen wissenschaftlichen oder technischen Erkenntnissen und Erfahrungen allgemeiner Art (Grundlagenforschung) oder

   bb) zur Neuentwicklung von Erzeugnissen oder Herstellungsverfahren oder

   cc) zur Weiterentwicklung von Erzeugnissen oder Herstellungs-

verfahren, soweit wesentliche Änderungen dieser Erzeugnisse oder Verfahren entwickelt werden.
[5]Die Sonderabschreibungen können im Wirtschaftsjahr der Anschaffung oder Herstellung und in den vier folgenden Wirtschaftsjahren in Anspruch genommen werden, und zwar
aa) bei beweglichen Wirtschaftsgütern des Anlagevermögens
                                    bis zu insgesamt 40 vom Hundert,
bb) bei ungeweglichen Wirtschaftsgütern des Anlagevermögens, die zu mehr als 66⅔ vom Hundert der Forschung oder Entwicklung dienen,           bis zu insgesamt 15 vom Hundert, die nicht zu mehr als 66⅔ vom Hundert, aber zu mehr als 33⅓ vom Hundert der Forschung oder Entwicklung dienen,
                                    bis zu insgesamt 10 vom Hundert,
cc) bei Ausbauten und Erweiterungen an bestehenden Gebäuden, Gebäudeteilen, Eigentumswohnungen oder im Teileigentum stehenden Räumen, wenn die ausgebauten oder neu hergestellten Gebäudeteile
zu mehr als 66⅔ vom Hundert der Forschung oder Entwicklung dienen,            bis zu insgesamt 15 vom Hundert, zu nicht mehr als 66⅔ vom Hundert, aber zu mehr als 33⅓ vom Hundert der Forschung oder Entwicklung dienen,
                                    bis zu insgesamt 10 vom Hundert
der Anschaffungs- oder Herstellungskosten. [6]Sie können bereits für Anzahlungen auf Anschaffungskosten und für Teilherstellungskosten zugelassen werden. [7]Die Sonderabschreibungen sind nur unter der Bedingung zuzulassen, daß die Wirtschaftsgüter und die ausgebauten oder neu hergestellten Gebäudeteile mindestens drei Jahre nach ihrer Anschaffung oder Herstellung in dem erforderlichen Umfang der Forschung oder Entwicklung in einer inländischen Betriebsstätte des Steuerpflichtigen dienen;
v) *(weggefallen);*
w) über Sonderabschreibungen bei Handelsschiffen, die in einem inländischen Seeschiffsregister eingetragen sind und vor dem 1. Januar 1995 von Steuerpflichtigen, die den Gewinn nach § 5 ermitteln, angeschafft oder hergestellt worden sind. [2]Im Fall der Anschaffung eines Handelsschiffes ist weitere Voraussetzung, daß das Schiff in ungebrauchtem Zustand vom Hersteller erworben worden ist. [3]Die Sonderabschreibungen können im Wirtschaftsjahr der Anschaffung oder Herstellung und in den vier folgenden Wirtschaftsjahren bis zu insgesamt 40 vom Hundert der Anschaffungs- oder Herstellungskosten in Anspruch genommen werden. [4]Sie können bereits für Anzahlungen auf Anschaffungskosten und für Teilherstellungskosten zugelassen werden. [5]Die Sonderabschreibungen sind nur unter der Bedingung zuzulassen, daß die Handelsschiffe innerhalb eines Zeitraums von acht Jahren nach ihrer Anschaffung oder Herstellung nicht veräußert werden; für Anteile an einem Handelsschiff gilt dies entsprechend. [6]Die Sätze 1 bis 5 gelten für Schiffe, die der Seefischerei dienen, entsprechend. [7]Für Luftfahrzeuge, die zur gewerbsmäßigen Beförderung von Perso-

nen oder Sachen im internationalen Luftverkehr oder zur Verwendung zu sonstigen gewerblichen Zwecken im Ausland bestimmt sind, gelten die Sätze 1 bis 5 mit der Maßgabe entsprechend, daß an die Stelle der Eintragung in ein inländisches Seeschiffsregister die Eintragung in die deutsche Luftfahrzeugrolle, an die Stelle des Höchstsatzes von 40 vom Hundert ein Höchstsatz von 30 vom Hundert und bei der Vorschrift des Satzes 5 an die Stelle des Zeitraums von acht Jahren ein Zeitraum von sechs Jahren treten;

x) über erhöhte Absetzungen bei Herstellungskosten für Modernisierungs- und Instandsetzungsmaßnahmen im Sinne des § 177 des Baugesetzbuchs sowie für bestimmte Maßnahmen, die der Erhaltung, Erneuerung und funktionsgerechten Verwendung eines Gebäudes dienen, das wegen seiner geschichtlichen, künstlerischen oder städtebaulichen Bedeutung erhalten bleiben soll, und zu deren Durchführung sich der Eigentümer neben bestimmten Modernisierungsmaßnahmen gegenüber der Gemeinde verpflichtet hat, die für Gebäude in einem förmlich festgelegten Sanierungsgebiet oder städtebaulichen Entwicklungsbereich aufgewendet worden sind; Voraussetzung ist, daß die Maßnahmen vor dem 1. Januar 1991 abgeschlossen worden sind. ²Die erhöhten Absetzungen dürfen jährlich 10 vom Hundert der Aufwendungen nicht übersteigen;

y) über erhöhte Absetzungen für Herstellungskosten an Gebäuden, die nach den jeweiligen landesrechtlichen Vorschriften Baudenkmale sind, soweit die Aufwendungen nach Art und Umfang zur Erhaltung des Gebäudes als Baudenkmal und zu seiner sinnvollen Nutzung erforderlich sind; Voraussetzung ist, daß die Maßnahmen vor dem 1. Januar 1991 abgeschlossen worden sind. ²Die Denkmaleigenschaft des Gebäudes und die Voraussetzung, daß die Aufwendungen nach Art und Umfang zur Erhaltung des Gebäudes als Baudenkmal und zu seiner sinnvollen Nutzung erforderlich sind, sind durch eine Bescheinigung der nach Landesrecht zuständigen oder von der Landesregierung bestimmten Stelle nachzuweisen. ³Die erhöhten Absetzungen dürfen jährlich 10 vom Hundert der Aufwendungen nicht übersteigen;

z) nach denen bei Wirtschaftsgütern des Vorratsvermögens für den Wertansatz von Gold, Silber, Platin, Palladium und Rhodium für Wirtschaftsjahre, die vor dem 1. Januar 1990 enden, unterstellt werden kann, daß die zuletzt angeschafften oder hergestellten Wirtschaftsgüter zuerst verbraucht oder veräußert worden sind, soweit dies den handelsrechtlichen Grundsätzen ordnungsmäßiger Buchführung entspricht und die in der Bilanz für das im Kalenderjahr 1978 endende Wirtschaftsjahr ausgewiesenen Wertansätze (Mindestwerte) nicht unterschritten werden. ²Voraussetzung ist, daß die Wirtschaftsgüter zur Erzeugung, Be- oder Verarbeitung von Gold, Silber, Platin, Palladium oder Rhodium im eigenen Betrieb bestimmt oder im eigenen Betrieb erzeugt, bearbeitet oder verarbeitet worden sind. ³Wird die Verbrauchs- oder Veräußerungsfolge nach Satz 1 für den Wertansatz eines Edelmetalls oder

Edelmetallgehalts unterstellt, dürfen Rücklagen wegen Preissteigerungen bei diesem Edelmetall nicht gebildet oder weitergeführt werden; die Wertansätze eines Edelmetalls oder Edelmetallgehalts dürfen bis zur Höhe der Mindestwerte um aufgelöste Beträge aus Rücklagen wegen Preissteigerungen bei diesem Edelmetall gemindert werden. [4]Voraussetzung für die Unterstellung der Verbrauchs- oder Veräußerungsfolge nach Satz 1 ist ferner, daß der Wertansatz des Edelmetalls oder Edelmetallgehalts nicht auf Grund der nach Buchstabe m erlassenen Rechtsverordnung ermäßigt wird. [5]Die Sätze 1 bis 4 gelten sinngemäß für Kupfer;

3. die in § 3 Nr. 52, § 4a Abs. 1 Nr. 1, § 10 Abs. 5, § 19a Abs. 9, § 22 Nr. 1 Satz 3 Buchstabe a, § 26a Abs. 3, § 34c Abs. 7, § 46 Abs. 5 und § 50a Abs. 6 vorgesehenen Rechtsverordnungen zu erlassen.

(2) [1]Die Bundesregierung wird ermächtigt, durch Rechtsverordnung Vorschriften zu erlassen, nach denen die Inanspruchnahme von Sonderabschreibungen und erhöhten Absetzungen sowie die Bemessung der Absetzung für Abnutzung in fallenden Jahresbeträgen ganz oder teilweise ausgeschlossen werden können, wenn eine Störung des gesamtwirtschaftlichen Gleichgewichts eingetreten ist oder sich abzeichnet, die erhebliche Preissteigerungen mit sich gebracht hat oder erwarten läßt, insbesondere, wenn die Inlandsnachfrage nach Investitionsgütern oder Bauleistungen das Angebot wesentlich übersteigt. [2]Die Inanspruchnahme von Sonderabschreibungen und erhöhten Absetzungen sowie die Bemessung der Absetzung für Abnutzung in fallenden Jahresbeträgen darf nur ausgeschlossen werden

1. für bewegliche Wirtschaftsgüter, die innerhalb eines jeweils festzusetzenden Zeitraums, der frühestens mit dem Tage beginnt, an dem die Bundesregierung ihren Beschluß über die Verordnung bekanntgibt, und der ein Jahr nicht übersteigen darf, angeschafft oder hergestellt werden. [2]Für bewegliche Wirtschaftsgüter, die vor Beginn dieses Zeitraums bestellt und angezahlt worden sind oder mit deren Herstellung vor Beginn dieses Zeitraums angefangen worden ist, darf jedoch die Inanspruchnahme von Sonderabschreibungen und erhöhten Absetzungen sowie die Bemessung der Absetzung für Abnutzung in fallenden Jahresbeträgen nicht ausgeschlossen werden;

2. für bewegliche Wirtschaftsgüter und für Gebäude, die in dem in Nummer 1 bezeichneten Zeitraum bestellt werden oder mit deren Herstellung in diesem Zeitraum begonnen wird. [2]Als Beginn der Herstellung gilt bei Gebäuden der Zeitpunkt, in dem der Antrag auf Baugenehmigung gestellt wird.

[3]Rechtsverordnungen auf Grund dieser Ermächtigung bedürfen der Zustimmung des Bundestages und des Bundesrates. [4]Die Zustimmung gilt als erteilt, wenn der Bundesrat nicht binnen drei Wochen, der Bundestag nicht binnen vier Wochen nach Eingang der Vorlage der Bundesregierung die Zustimmung verweigert hat.

(3) [1]Die Bundesregierung wird ermächtigt, durch Rechtsverordnung mit Zustimmung des Bundesrates Vorschriften zu erlassen, nach denen

die Einkommensteuer einschließlich des Steuerabzugs vom Arbeitslohn, des Steuerabzugs vom Kapitalertrag und des Steuerabzugs bei beschränkt Steuerpflichtigen

1. um höchstens 10 vom Hundert herabgesetzt werden kann. [2]Der Zeitraum, für den die Herabsetzung gilt, darf ein Jahr nicht übersteigen; er soll sich mit dem Kalenderjahr decken. [3]Voraussetzung ist, daß eine Störung des gesamtwirtschaftlichen Gleichgewichts eingetreten ist oder sich abzeichnet, die eine nachhaltige Verringerung der Umsätze oder der Beschäftigung zur Folge hatte oder erwarten läßt, insbesondere bei einem erheblichen Rückgang der Nachfrage nach Investitionsgütern und Bauleistungen oder Verbrauchsgütern;

2. um höchstens 10 vom Hundert erhöht werden kann. [2]Der Zeitraum, für den die Erhöhung gilt, darf ein Jahr nicht übersteigen; er soll sich mit dem Kalenderjahr decken. [3]Voraussetzung ist, daß eine Störung des gesamtwirtschaftlichen Gleichgewichts eingetreten ist oder sich abzeichnet, die erhebliche Preissteigerungen mit sich gebracht hat oder erwarten läßt, insbesondere, wenn die Nachfrage nach Investitionsgütern und Bauleistungen oder Verbrauchsgütern das Angebot wesentlich übersteigt.

[2]Rechtsverordnungen auf Grund dieser Ermächtigung bedürfen der Zustimmung des Bundestages.

(4) Der Bundesminister der Finanzen wird ermächtigt,

1. im Einvernehmen mit den obersten Finanzbehörden der Länder die Vordrucke für

a) *(weggefallen)*

b) die in § 36b Abs. 2 vorgesehene Bescheinigung,

c) die Erklärungen zur Einkommensbesteuerung sowie die in § 39 Abs. 3 Satz 5 und § 39a Abs. 2 vorgesehenen Anträge,

d) die Lohnsteuer-Anmeldung (§ 41a Abs. 1), die Lohnsteuerbescheinigung (§ 41b Abs. 1 Satz 3),

e) die Anmeldung der Kapitalertragsteuer (§ 45a Abs. 1),

f) die Anmeldung der Abzugsteuer (§ 50a),

g) die Entlastung von der Kapitalertragsteuer und vom Steuerabzug nach § 50a auf Grund von Abkommen zur Vermeidung der Doppelbesteuerung

und die Muster des Antrags auf Vergütung von Körperschaftsteuer (§ 36b Abs. 3), der Lohnsteuerkarte (§ 39) und der in § 45a Abs. 2 und 3 vorgesehenen Bescheinigungen zu bestimmen;

2. den Wortlaut dieses Gesetzes und der zu diesem Gesetz erlassenen Rechtsverordnungen in der jeweils geltenden Fassung mit neuem Datum, unter neuer Überschrift und in neuer Paragraphenfolge bekanntzumachen und dabei Unstimmigkeiten im Wortlaut zu beseitigen.

**§ 51a. Festsetzung und Erhebung von Zuschlagsteuern.** (1) Auf die Festsetzung und Erhebung von Steuern, die nach der Einkommensteuer bemessen werden (Zuschlagsteuern), sind die Vorschriften dieses Gesetzes entsprechend anzuwenden.

(2) [1]Bemessungsgrundlage ist die festgesetzte Einkommensteuer oder die Jahreslohnsteuer nach Abzug

1. von 150 Deutsche Mark für jedes Kind des Steuerpflichtigen, für das ein Kinderfreibetrag von 2052 Deusche Mark,

2. von 300 Deutsche Mark für jedes Kind des Steuerpflichtigen, für das ein Kinderfreibetrag von 4104 Deutsche Mark

vom Einkommen abgezogen wird (§ 32 Abs. 6). [2]Wird die Lohnsteuer nach der Steuerklasse IV erhoben, ist der Abzugsbetrag nach Satz 1 bei jedem Ehegatten zur Hälfte zu berücksichtigen.

(3) Ist die Einkommensteuer für Einkünfte, die dem Steuerabzug unterliegen, durch den Steuerabzug abgegolten oder werden solche Einkünfte bei der Veranlagung zur Einkommensteuer oder beim Lohnsteuer-Jahresausgleich nicht erfaßt, gilt dies für die Zuschlagsteuer entsprechend.

(4) [1]Die Vorauszahlungen auf Zuschlagsteuern sind gleichzeitig mit den festgesetzten Vorauszahlungen auf die Einkommensteuer zu entrichten; § 37 Abs. 5 ist nicht anzuwenden. [2]Solange ein Bescheid über die Vorauszahlungen auf Zuschlagsteuern nicht erteilt worden ist, sind die Vorauszahlungen ohne besondere Aufforderung nach Maßgabe der für die Zuschlagsteuern geltenden Vorschriften zu entrichten. [3]§ 240 Abs. 1 Satz 3 der Abgabenordnung ist insoweit nicht anzuwenden; § 254 Abs. 2 der Abgabenordnung gilt insoweit sinngemäß.

(5) [1]Mit einem Rechtsbehelf gegen die Zuschlagsteuer kann weder die Bemessungsgrundlage noch die Höhe des zu versteuernden Einkommens angegriffen werden. [2]Wird die Bemessungsgrundlage geändert, ändert sich die Zuschlagsteuer entsprechend.

**§ 52.**[1)] **Anwendungsvorschriften.** (1) [1]Diese Fassung des Gesetzes ist, soweit in den folgenden Absätzen nichts anderes bestimmt ist, erstmals für den Veranlagungszeitraum 1992 anzuwenden. [2]Beim Steuerabzug vom Arbeitslohn gilt Satz 1 mit der Maßgabe, daß diese Fassung erstmals auf den laufenden Arbeitslohn anzuwenden ist, der für einen nach dem 31. Dezember 1991 endenden Lohnzahlungszeitraum gezahlt wird, und auf sonstige Bezüge, die nach dem 31. Dezember 1991 zufließen.

(2) § 1 Abs. 2 Satz 1 ist erstmals für den Veranlagungszeitraum 1975 anzuwenden, auf Antrag auch, soweit Steuerfestsetzungen für die Veranlagungszeiträume 1975 bis 1980 bereits bestandskräftig sind; bei Arbeitnehmern, die nicht zur Einkommensteuer veranlagt werden, wird für die Kalenderjahre 1975 bis 1980 der Lohnsteuer-Jahresausgleich durchgeführt, wenn dieser abweichend von § 42 Abs. 2 Satz 3 bis zum 31. Dezember 1988 beantragt wird.

(2a) § 2a Abs. 3 und 4 ist erstmals auf Verluste des Veranlagungszeitraums 1990 anzuwenden.

---

[1)] Zur Anwendung von § 52 Abs. 2 bis 33 für Steuerpflichtige im Gebiet der ehem. DDR siehe § 56 Nr. 2.

(2b) § 3 Nr. 1 Buchstabe d ist erstmals für den Veranlagungszeitraum 1991 anzuwenden.

(2c) § 3 Nr. 2 in der Fassung dieses Gesetzes ist auch für Veranlagungszeiträume vor 1992 anzuwenden.

(2d) [1] § 3 Nr. 17 ist erstmals für den Veranlagungszeitraum 1991 anzuwenden. [2] § 3 Nr. 17 des Einkommensteuergesetzes 1987 in der Fassung der Bekanntmachung vom 27. Februar 1987 ist letztmals für den Veranlagungszeitraum 1990 anzuwenden.

(2e) § 3 Nr. 27 ist erstmals für den Veranlagungszeitraum 1989 anzuwenden.

(2f) § 3 Nr. 28 ist erstmals für den Veranlagungszeitraum 1989 anzuwenden.

(2g) § 3 Nr. 62 ist erstmals für den Veranlagungszeitraum 1989 anzuwenden.

(2h) § 3 Nr. 63 ist erstmals für den Veranlagungszeitraum 1989 anzuwenden.

(2i) § 3 Nr. 64 ist erstmals für den Veranlagungszeitraum 1991 anzuwenden.

(2j) [1] § 3 Nr. 68 des Einkommensteuergesetzes 1987 in der Fassung der Bekanntmachung vom 27. Februar 1987 (BGBl. I S. 657) ist vorbehaltlich des Satzes 2 letztmals für das Kalenderjahr 1988 anzuwenden. [2] Die Vorschrift ist für die Kalenderjahre 1989 bis 2000 weiter anzuwenden auf Zinsersparnisse und Zinszuschüsse bei Darlehen, die der Arbeitnehmer vor dem 1. Januar 1989 erhalten hat, soweit die Vorteile nicht über die im Kalenderjahr 1988 gewährten Vorteile hinausgehen.

(3) [1] Soweit die Zuschläge, die nach einem Gesetz oder einem Tarifvertrag für tatsächlich geleistete Sonntags-, Feiertags- oder Nachtarbeit neben dem Grundlohn gezahlt werden, den nach § 3b steuerfreien Betrag um mehr als um 6 vom Hundert des Grundlohns im Lohnzahlungszeitraum überschreiten, bleibt für die im Kalenderjahr 1990 endenden Lohnzahlungszeiträume der über 6 vom Hundert des Grundlohns hinausgehende Betrag zusätzlich steuerfrei. [2] Die Zahl 6 erhöht sich für jedes nachfolgende Kalenderjahr jeweils um 4.

(4) § 4 Abs. 3 Satz 4 ist nicht anzuwenden, soweit die Anschaffungs- oder Herstellungskosten vor dem 1. Januar 1971 als Betriebsausgaben abgesetzt worden sind.

(5) § 4 Abs. 5 Nr. 1, 2, 5 und 8a ist erstmals für das Wirtschaftsjahr anzuwenden, das nach dem 31. Dezember 1989 endet.

(5a) § 4 Abs. 5 Nr. 8 Satz 4 ist auch für Veranlagungszeiträume vor 1992 anzuwenden, soweit Steuerbescheide noch nicht bestandskräftig sind, unter dem Vorbehalt der Nachprüfung stehen oder die Steuer hinsichtlich der Abzugsfähigkeit der festgesetzten Geldbußen als Betriebsausgaben vorläufig festgesetzt worden ist.

(5b) § 4 Abs. 8 ist erstmals auf Erhaltungsaufwand anzuwenden, der nach dem 31. Dezember 1989 entstanden ist.

(5c) § 4d Abs. 1 ist erstmals für Wirtschaftsjahre anzuwenden, die nach dem 31. Dezember 1991 beginnen.

(5d) § 5 Abs. 1 Satz 2 ist erstmals für das Wirtschaftsjahr anzuwenden, das nach dem 31. Dezember 1989 endet.

(6) [1]Rückstellungen für die Verpflichtung zu einer Zuwendung anläßlich eines Dienstjubiläums dürfen nur gebildet werden, soweit der Zuwendungsberechtigte seine Anwartschaft nach dem 31. Dezember 1992 erwirbt. [2]Bereits gebildete Rückstellungen sind in den Bilanzen des nach dem 30. Dezember 1988 endenden Wirtschaftsjahrs und der beiden folgenden Wirtschaftsjahre mit mindestens je einem Drittel gewinnerhöhend aufzulösen.

(7) [1]§ 6 Abs. 1 Nr. 1 Satz 4 und Nr. 2a ist erstmals für das Wirtschaftsjahr anzuwenden, das nach dem 31. Dezember 1989 endet. [2]§ 6 Abs. 1 Nr. 4 Satz 2 ist erstmals für das Wirtschaftsjahr anzuwenden, das nach dem 31. Dezember 1990 endet. [3]§ 6 Abs. 1 Nr. 4 Satz 4 und 5 ist erstmals für das Wirtschaftsjahr anzuwenden, das nach dem 31. Dezember 1988 endet. [4]§ 6 Abs. 3 des Einkommensteuergesetzes 1987 ist letztmals für das Wirtschaftsjahr anzuwenden, das vor dem 1. Januar 1990 endet.

(8) [1]§ 6a Abs. 3 letzter Satz ist erstmals für das erste Wirtschaftsjahr anzuwenden, das nach dem 31. Dezember 1981 endet (Übergangsjahr). [2]Bei Anwendung des § 6a Abs. 4 Satz 1 ist für die Berechnung des Teilwerts der Pensionsverpflichtung am Schluß des dem Übergangsjahr vorangegangenen Wirtschaftsjahrs ebenfalls ein Rechnungszinsfuß von 6 vom Hundert zugrunde zu legen. [3]Soweit eine am Schluß des dem Übergangsjahr vorangegangenen Wirtschaftsjahrs vorhandene Pensionsrückstellung den mit einem Rechnungszinsfuß von 6 vom Hundert zu berechnenden Teilwert der Pensionsverpflichtung an diesem Stichtag übersteigt, kann in Höhe des übersteigenden Betrags am Schluß des Übergangsjahrs eine den steuerlichen Gewinn mindernde Rücklage gebildet werden. [4]Die sich nach Satz 3 bei einem Betrieb insgesamt ergebende Rücklage ist im Übergangsjahr und in den folgenden elf Wirtschaftsjahren jeweils mit mindestens einem Zwölftel gewinnerhöhend aufzulösen.

(9) [1]§ 6b ist erstmals auf Veräußerungen anzuwenden, die nach dem 31. Dezember 1989 vorgenommen werden. [2]§ 6b Abs. 1 Satz 2 Nr. 5 und Sätze 5 und 6, Abs. 3 Satz 2 sowie Abs. 7 Satz 2 des Einkommensteuergesetzes 1987 ist letztmals auf Erwerbsvorgänge vor dem 1. Januar 1990 anzuwenden. [3]§ 6b ist nicht anzuwenden auf Erwerbsvorgänge nach Satz 2. [4]§ 6b Abs. 3 Satz 6 des Einkommensteuergesetzes 1987 ist letztmals für das Wirtschaftsjahr anzuwenden, das vor dem 1. Januar 1990 endet.

(9a) § 6c ist erstmals auf Veräußerungen anzuwenden, die nach dem 31. Dezember 1989 vorgenommen werden.

(10) [1]§ 7 Abs. 2 Satz 2 ist erstmals bei beweglichen Wirtschaftsgütern des Anlagevermögens anzuwenden, die nach dem 29. Juli 1981 angeschafft oder hergestellt worden sind. [2]Bei beweglichen Wirtschaftsgütern des Anlagevermögens, die nach dem 31. August 1977 und vor dem 30. Juli 1981 angeschafft oder hergestellt worden sind, ist § 7 Abs. 2

Satz 2 des Einkommensteuergesetzes 1981 in der Fassung der Bekannt-machung vom 6. Dezember 1981 (BGBl. I S. 1249, 1560) weiter anzu-wenden. [3]Bei beweglichen Wirtschaftsgütern des Anlagevermögens, die vor dem 1. September 1977 angeschafft oder hergestellt worden sind, sind § 7 Abs. 2 Satz 2 und § 52 Abs. 8 und 9 des Einkommensteuergeset-zes 1975 in der Fassung der Bekanntmachung vom 5. September 1974 (BGBl. I S. 2165) weiter anzuwenden.

(11) [1]§ 7 Abs. 5 in der durch Gesetz vom 30. Juni 1989 (BGBl. I S. 1267) geänderten Fassung ist erstmals für den Veranlagungszeitraum 1989 anzuwenden. [2]§ 7 Abs. 4 und 5 in der durch Gesetz vom 19. De-zember 1985 (BGBl. I S. 2434) geänderten Fassung ist erstmals für den Veranlagungszeitraum 1985 anzuwenden. [3]§ 7 Abs. 5 in den vor Inkraft-treten des in Satz 1 bezeichneten Gesetzes geltenden Fassungen und § 52 Abs. 8 des Einkommensteuergesetzes 1985 in der Fassung der Bekannt-machung vom 12. Juni 1985 (BGBl. I S. 977; 1986 I S. 138) sind weiter anzuwenden.

(12) § 7 a Abs. 6 des Einkommensteuergesetzes 1979 in der Fassung der Bekanntmachung vom 21. Juni 1979 (BGBl. I S. 721) ist letztmals für das Wirtschaftsjahr anzuwenden, das dem Wirtschaftsjahr vorangeht, für das § 15 a erstmals anzuwenden ist.

(12 a) § 7 b Abs. 8 und die §§ 7 c und 7 k sind erstmals für den Veranla-gungszeitraum 1989 anzuwenden.

(12 b) [1]Die §§ 7 h und 7 i sind erstmals auf Maßnahmen anzuwenden, die nach dem 31. Dezember 1990 abgeschlossen worden sind. [2]Soweit Anschaffungskosten begünstigt werden, sind die Vorschriften auch auf Maßnahmen anzuwenden, die vor dem 1. Januar 1991 abgeschlossen worden sind.

(13) [1]§ 9 Abs. 1 Nr. 4 ist erstmals für den Veranlagungszeitraum 1992 anzuwenden. [2]Für den Veranlagungszeitraum 1991 ist § 9 Abs. 1 Nr. 4 mit der Maßgabe anzuwenden, daß an die Stelle des Betrags von 0,65 Deutsche Mark der Betrag von 0,58 Deutsche Mark und an die Stelle des Betrags von 0,30 Deutsche Mark der Betrag von 0,26 Deutsche Mark tritt. [3]Für den Veranlagungszeitraum 1990 ist § 9 Abs. 1 Nr. 4 des Ein-kommensteuergesetzes 1990 in der Fassung der Bekanntmachung vom 7. September 1990 (BGBl. I S. 1898) weiter anzuwenden.

(13 a) [1]§ 10 Abs. 1 Nr. 2 Buchstabe b vorletzter und letzter Satz ist erstmals für Verträge anzuwenden, die nach dem 31. Dezember 1990 abgeschlossen worden sind. [2]§ 10 Abs. 1 Nr. 3 Satz 2 und Abs. 2 Nr. 1 des Einkommensteuergesetzes 1987 ist letztmals für den Veranlagungs-zeitraum 1987 anzuwenden. [3]§ 10 Abs. 1 Nr. 9 ist erstmals für den Ver-anlagungszeitraum 1991 anzuwenden. [4]§ 10 Abs. 2 Satz 2 ist erstmals anzuwenden, wenn die Ansprüche aus dem Versicherungsvertrag nach dem 13. Februar 1992 zur Tilgung oder Sicherung eines Darlehens die-nen, es sei denn, der Steuerpflichtige weist nach, daß bis zu diesem Zeitpunkt die Darlehensschuld entstanden war und er sich verpflichtet hatte, die Ansprüche aus dem Versicherungsvertrag zur Tilgung oder Sicherung dieses Darlehens einzusetzen. [5]§ 10 Abs. 3 Nr. 2 Buchstabe b

in der Fassung dieses Gesetzes ist erstmals für den Veranlagungszeitraum 1991 anzuwenden. [6] § 10 Abs. 5 Nr. 2 gilt entsprechend bei Versicherungen auf den Erlebens- oder Todesfall gegen Einmalbeitrag, wenn dieser nach § 10 Abs. 1 Nr. 2 Buchstabe b des Einkommensteuergesetzes in der Fassungen, die vor dem in Absatz 1 Satz 1 bezeichneten Zeitraum gelten, als Sonderausgabe abgezogen worden ist und nach dem 8. November 1991 ganz oder zum Teil zurückgezahlt wird. [7] § 10 Abs. 5 Nr. 2[1)] in der Fassung der Bekanntmachung vom 7. September 1990 (BGBl. I S. 1898, 1991 I S. 808) ist letztmals für den Veranlagungszeitraum 1990 und § 10 Abs. 5 Nr. 3 vorletzter Satz in der Fassung dieses Gesetzes erstmals für den Veranlagungszeitraum 1991 anzuwenden.

(13b) [1] § 10b Abs. 2 ist erstmals für den Veranlagungszeitraum 1989 anzuwenden. [2] Für die Veranlagungszeiträume 1984 bis 1988 ist § 10b Abs. 2 mit der Maßgabe anzuwenden, daß sich die Höchstbeträge für die abzugsfähigen Mitgliedsbeiträge und Spenden auf 100 000 Deutsche Mark, im Fall der Zusammenveranlagung von Ehegatten auf 200 000 Deutsche Mark erhöhen und sich der Betrag von 40 000 Deutsche Mark, ab dem eine Veröffentlichung im Rechenschaftsbericht Voraussetzung für den Abzug der Spenden ist, auf 20 000 Deutsche Mark vermindert. [3] Für Mitgliedsbeiträge und Spenden an politische Parteien, die vor dem 15. Juli 1986 geleistet worden sind, ist § 10b in der Fassung der Bekanntmachung vom 24. Januar 1984 (BGBl. I S. 113) anzuwenden, wenn dessen Anwendung zu einer niedrigeren Steuer führt.

(13c) § 10c Abs. 1 in der Fassung der Bekanntmachung vom 7. September 1990 (BGBl. I S. 1898, 1991 I S. 808) ist erstmals für den Veranlagungszeitraum 1990, § 10c Abs. 1 in der Fassung dieses Gesetzes erstmals für den Veranlagungszeitraum 1991 und § 10c Abs. 4 Nr. 1 erstmals für den Veranlagungszeitraum 1990 anzuwenden.

(13d) § 10d Abs. 1 und 2 ist erstmals auf nicht ausgeglichene Verluste des Veranlagungszeitraums 1985 anzuwenden.

(14) [1] Für nach dem 31. Dezember 1986 und vor dem 1. Januar 1991 hergestellte oder angeschaffte Wohnungen im eigenen Haus oder Eigentumswohnungen sowie in diesem Zeitraum fertiggestellte Ausbauten oder Erweiterungen ist § 10e des Einkommensteuergesetzes 1990 in der Fassung der Bekanntmachung vom 7. September 1990 (BGBl. I S. 1898, 1991 I S. 808) weiter anzuwenden. [2] Für nach dem 31. Dezember 1990 hergestellte oder angeschaffte Wohnungen im eigenen Haus oder Eigentumswohnungen sowie in diesem Zeitraum fertiggestellte Ausbauten oder Erweiterungen ist § 10e des Einkommensteuergesetzes in der durch Artikel 1 des Gesetzes vom 24. Juni 1991 (BGBl. I S. 1322) geänderten Fassung weiter anzuwenden. [3] Abweichend von Satz 2 ist § 10e Abs. 1 bis 5 und 6 bis 7 in der Fassung dieses Gesetzes erstmals für den Veranlagungszeitraum 1991 bei Objekten im Sinne des § 10e Abs. 1 und 2 anzuwenden, wenn im Fall der Herstellung der Steuerpflichtige nach dem 30. September 1991 den Bauantrag gestellt oder mit der Herstellung begonnen hat oder im Fall der Anschaffung der Steuerpflichtige das Objekt

---

[1)] Jetzige Nr. 3.

nach dem 30. September 1991 aufgrund eines nach diesem Zeitpunkt rechtswirksam abgeschlossenen obligatorischen Vertrags oder gleichstehenden Rechtsakts angeschafft hat oder mit der Herstellung des Objekts nach dem 30. September 1991 begonnen worden ist. [4]§ 10e Abs. 5a ist erstmals bei in § 10e Abs. 1 und 2 bezeichneten Objekten anzuwenden, für die der Steuerpflichtige den Bauantrag nach dem 31. Dezember 1991 gestellt oder, falls ein solcher nicht erforderlich ist, mit deren Herstellung er nach diesem Zeitpunkt begonnen hat. [5]In den Fällen des § 10e Abs. 1 Satz 4 ist § 10e Abs. 5a erstmals anzuwenden, wenn der Steuerpflichtige das Objekt aufgrund eines nach dem 31. Dezember 1991 rechtswirksam abgeschlossenen obligatorischen Vertrags oder gleichstehenden Rechtsakts angeschafft hat.

(14a) [1]§ 10f Abs. 1 ist erstmals auf Baumaßnahmen anzuwenden, die nach dem 31. Dezember 1990 abgeschlossen worden sind. [2]Soweit Anschaffungskosten begünstigt werden, ist § 10f Abs. 1 auch auf Baumaßnahmen anzuwenden, die vor dem 1. Januar 1991 abgeschlossen worden sind.

(14b) [1]§ 10g ist erstmals auf Aufwendungen für Maßnahmen anzuwenden, die nach dem 31. Dezember 1991 abgeschlossen worden sind. [2]Hat der Steuerpflichtige Aufwendungen für vor dem 1. Januar 1992 abgeschlossene Maßnahmen nach den §§ 7i, 10f, § 82i der Einkommensteuer-Durchführungsverordnung oder § 52 Abs. 21 Sätze 4 und 7 in Verbindung mit § 82i der Einkommensteuer-Durchführungsverordnung abgezogen, so kann er für den restlichen Verteilungszeitraum, in dem er das Gebäude oder den Gebäudeteil nicht mehr zur Einkunftserzielung oder zu eigenen Wohnzwecken nutzt, § 10g in Anspruch nehmen. [3]Aufwendungen für nach dem 31. Dezember 1991 abgeschlossene Maßnahmen, die bereits für einen Veranlagungszeitraum vor 1992 berücksichtigt worden sind, können nicht in die Bemessungsgrundlage nach § 10g einbezogen werden.

(14c) § 10h ist erstmals für den Veranlagungszeitraum 1991 anzuwenden.

(14d) Die §§ 11a und 11b sind erstmals auf Erhaltungsaufwand anzuwenden, der nach dem 31. Dezember 1989 entstanden ist.

(14e) [1]§ 12 in der Fassung der Bekanntmachung vom 7. September 1990 (BGBl. I S. 1898, 1991 I S. 808) ist erstmals für den Veranlagungszeitraum 1990 und § 12 in der Fassung dieses Gesetzes erstmals für den Veranlagungszeitraum 1991 anzuwenden. [2]§ 12 Nr. 3 ist auch für Veranlagungszeiträume vor 1990 anzuwenden, soweit die Vorschrift den Abzug steuerlicher Nebenleistungen untersagt.

(15) [1]§ 13 Abs. 2 Nr. 2 und § 13a Abs. 3 Nr. 4 und Abs. 7 sind letztmals für den Veranlagungszeitraum 1986 anzuwenden. [2]Sind im Veranlagungszeitraum 1986 bei einem Steuerpflichtigen für die von ihm zu eigenen Wohnzwecken oder zu Wohnzwecken des Altenteilers genutzte Wohnung die Voraussetzungen für die Anwendung des § 13 Abs. 2 Nr. 2 und des § 13a Abs. 3 Nr. 4 und Abs. 7 erfüllt, so sind diese Vorschriften letztmals für den Veranlagungszeitraum 1998 anzuwenden. [3]Wird auf

einem zum land- und forstwirtschaftlichen Betriebsvermögen gehörenden Grund und Boden vom Steuerpflichtigen eine Wohnung zu eigenen
Wohnzwecken oder eine Altenteilerwohnung errichtet und erst nach dem
31. Dezember 1986 fertiggestellt, so gilt Satz 2 entsprechend, wenn der
Antrag auf Baugenehmigung vor dem 1. Januar 1987 gestellt worden ist
und die Wohnung im Jahr der Fertigstellung zu eigenen Wohnzwecken
des Steuerpflichtigen oder zu Wohnzwecken des Altenteilers genutzt
wird. [4]Der Steuerpflichtige kann in den Fällen der Sätze 2 und 3 für einen
Veranlagungszeitraum nach dem Veranlagungszeitraum 1986 unwiderruflich beantragen, daß § 13 Abs. 2 Nr. 2 und § 13a Abs. 3 Nr. 4 und
Abs. 7 ab diesem Veranlagungszeitraum nicht mehr angewendet werden.
[5]Absatz 21 Sätze 4 und 6 ist entsprechend anzuwenden. [6]Im Fall des
Satzes 4 gelten die Wohnung des Steuerpflichtigen und die Altenteilerwohnung sowie der dazugehörende Grund und Boden zu dem Zeitpunkt
als entnommen, bis zu dem § 13 Abs. 2 und § 13a Abs. 3 Nr. 4 und
Abs. 7 letztmals angewendet werden, in den anderen Fällen zum Ende
des Veranlagungszeitraums 1998. [7]Der Entnahmegewinn bleibt außer
Ansatz. [8]Werden nach dem 31. Dezember 1986

1. die Wohnung und der dazugehörende Grund und Boden entnommen
   oder veräußert, bevor sie nach Satz 6 als entnommen gelten, oder

2. eine vor dem 1. Januar 1987 einem Dritten entgeltlich zur Nutzung
   überlassene Wohnung und der dazugehörende Grund und Boden vor
   dem 1. Januar 1999 für eigene Wohnzwecke oder für Wohnzwecke
   eines Altenteilers entnommen,

so bleibt der Entnahme- oder Veräußerungsgewinn ebenfalls außer Ansatz; Nummer 2 ist nur anzuwenden, soweit nicht Wohnungen vorhanden sind, die Wohnzwecken des Eigentümers des Betriebs oder Wohnzwecken eines Altenteilers dienen und die unter Satz 6 oder unter Nummer 1 fallen. [9]Die Sätze 1 bis 8 sind auch anzuwenden, wenn die Wohnung im Veranlagungszeitraum 1986 zu einem land- und forstwirtschaftlichen Betriebsvermögen gehört hat und einem Dritten unentgeltlich
überlassen worden ist; die Wohnung des Steuerpflichtigen sowie der dazugehörende Grund und Boden gelten zum 31. Dezember 1986 als entnommen, wenn der Nutzungswert beim Nutzenden anzusetzen war.
[10]Wird Grund und Boden nach dem 31. Dezember 1986 dadurch entnommen, daß auf diesem Grund und Boden die Wohnung des Steuerpflichtigen oder eine Altenteilerwohnung errichtet wird, bleibt der Entnahmegewinn ebenfalls außer Ansatz; der Steuerpflichtige kann die Regelung nur für eine zu eigenen Wohnzwecken genutzte Wohnung und für
eine Altenteilerwohnung in Anspruch nehmen. [11]Hat das Grundstück im
Veranlagungszeitraum 1986 zu einem gewerblichen oder einem der selbständigen Arbeit dienenden Betriebsvermögen gehört, so gelten die Sätze
6 bis 10 sinngemäß. [12]Bei einem Gebäude oder Gebäudeteil des Betriebsvermögens, das nach den jeweiligen landesrechtlichen Vorschriften ein
Baudenkmal ist, sind die Sätze 2 bis 8 auch über das in den Sätzen 2 und 6
genannte Datum 1998 hinaus anzuwenden.

(15a) § 13 Abs. 2 Nr. 3 ist erstmals für den Veranlagungszeitraum
1989 anzuwenden.

(16) Für die erstmalige Anwendung des § 13 Abs. 5 und des § 18 Abs. 4 gilt Absatz 19 sinngemäß.

(17) [1]§ 14a ist erstmals für Veräußerungen und Entnahmen anzuwenden, die nach dem 31. Dezember 1991 vorgenommen worden sind. [2]Für Veräußerungen und Entnahmen, die vor dem 1. Januar 1992 vorgenommen worden sind, ist § 14a in den vor dem 1. Januar 1992 geltenden Fassungen anzuwenden. [3]§ 14a Abs. 2 Satz 3 ist letztmals auf Wohnungen und den dazugehörenden Grund und Boden anzuwenden, die vor dem 1. Januar 1987 entnommen werden.

(18) [1]§ 15 Abs. 1 Satz 1 Nr. 2 ist erstmals für das Wirtschaftsjahr anzuwenden, das nach dem 31. Dezember 1991 endet. [2]Bereits gebildete Pensionsrückstellungen sind spätestens in der Schlußbilanz des Wirtschaftsjahrs, das nach dem 31. Dezember 1991 endet, in voller Höhe gewinnerhöhend aufzulösen.

(18a) [1]§ 15 Abs. 3 ist auch für Veranlagungszeiträume vor 1986 anzuwenden. [2]Die Tätigkeit einer Gesellschaft gilt von dem Zeitpunkt an, in dem erstmals die Voraussetzungen des § 15 Abs. 3 erfüllt waren, als Gewerbebetrieb. [3]Soweit Steuerbescheide nicht bestandskräftig sind oder unter dem Vorbehalt der Nachprüfung stehen, werden Gewinne, die durch die Veräußerung oder Entnahme von Wirtschaftsgütern entstehen, in den Fällen des § 15 Abs. 3 Nr. 2 nicht berücksichtigt, wenn das Wirtschaftsgut nach dem 30. Oktober 1984 und vor dem 11. April 1985 veräußert oder entnommen worden ist oder wenn bei einer Veräußerung nach dem 10. April 1985 die Veräußerung auf einem nach dem 30. Oktober 1984 und vor dem 11. April 1985 rechtswirksam abgeschlossenen obligatorischen Vertrag oder gleichstehenden Rechtsakt beruht. [4]Satz 3 gilt nicht, soweit Gewinne auf Kapitalgesellschaften oder auf Personen entfallen, bei denen die Beteiligung zu einem Betriebsvermögen gehört oder soweit ohne Anwendung der Sätze 1 und 2 ein Fall des § 17 oder des § 23 vorläge. [5]Die Sätze 3 und 4 gelten entsprechend für die nach Absatz 19 Satz 4 als Gewinn geltenden Beträge.

(19) [1]§ 15a ist erstmals auf Verluste anzuwenden, die in dem nach dem 31. Dezember 1979 beginnenden Wirtschaftsjahr entstehen. [2]Dies gilt nicht

1. für Verluste, die in einem vor dem 1. Januar 1980 eröffneten Betrieb entstehen; Sonderabschreibungen nach § 82f der Einkommensteuer-Durchführungsverordnung können nur in dem Umfang berücksichtigt werden, in dem sie nach § 82f Abs. 5 und Abs. 7 Satz 1 der Einkommensteuer-Durchführungsverordnung in der Fassung der Bekanntmachung vom 5. Dezember 1977 (BGBl. I S. 2443) zur Entstehung oder Erhöhung von Verlusten führen durften. [2]Wird mit der Erweiterung oder Umstellung eines Betriebs nach dem 31. Dezember 1979 begonnen, so ist § 15a auf Verluste anzuwenden, soweit sie mit der Erweiterung oder Umstellung oder mit dem erweiterten oder umgestellten Teil des Betriebs wirtschaftlich zusammenhängen und in nach dem 31. Dezember 1979 beginnenden Wirtschaftsjahren entstehen,

2. für Verluste, die im Zusammenhang mit der Errichtung und dem Betrieb einer in Berlin (West) belegenen Betriebsstätte des Hotel- oder Gaststättengewerbes, die überwiegend der Beherbergung dient, entstehen,

3. für Verluste, die im Zusammenhang mit der Errichtung und der Verwaltung von Gebäuden entstehen, die mit öffentlichen Mitteln im Sinne des § 6 Abs. 1 oder nach § 88 des Zweiten Wohnungsbaugesetzes, im Saarland mit öffentlichen Mitteln im Sinne des § 4 Abs. 1 oder nach § 51 a des Wohnungsbaugesetzes für das Saarland, gefördert sind,

4. für Verluste, soweit sie
   a) durch Sonderabschreibungen nach § 82 f der Einkommensteuer-Durchführungsverordnung,
   b) durch Absetzungen für Abnutzung in fallenden Jahresbeträgen nach § 7 Abs. 2 von den Herstellungskosten oder von den Anschaffungskosten von in ungebrauchtem Zustand vom Hersteller erworbenen Seeschiffen, die in einem inländischen Seeschiffsregister eingetragen sind,

   entstehen; Buchstabe a gilt nur bei Schiffen, deren Anschaffungs- oder Herstellungskosten zu mindestens 30 vom Hundert durch Mittel finanziert werden, die weder unmittelbar noch mittelbar in wirtschaftlichem Zusammenhang mit der Aufnahme von Krediten durch den Gewerbebetrieb stehen, zu dessen Betriebsvermögen das Schiff gehört.

[3]§ 15a ist erstmals anzuwenden

1. in den Fällen des Satzes 2 Nr. 1 und 2 auf Verluste, die in nach dem 31. Dezember 1984 beginnenden Wirtschaftsjahren entstehen; in den Fällen der Nummer 1 tritt an die Stelle des 31. Dezember 1984 der 31. Dezember 1989, soweit die Gesellschaft aus dem Betrieb von in einem inländischen Seeschiffsregister eingetragenen Handelsschiffen Verluste erzielt und diese Verluste gesondert ermittelt, und der 31. Dezember 1979, wenn der Betrieb nach dem 10. Oktober 1979 eröffnet worden ist,

2. in den Fällen des Satzes 2 Nr. 3 auf Verluste, die in nach dem 31. Dezember 1994 beginnenden Wirtschaftsjahren entstehen,

3. in den Fällen des Satzes 2 Nr. 4
   a) auf Verluste, die in nach dem 31. Dezember 1989 beginnenden Wirtschaftsjahren entstehen, wenn die Gesellschaft das Schiff vor dem 16. November 1984 bestellt oder mit seiner Herstellung begonnen hat,
   b) auf Verluste, die in nach dem 31. Dezember 1994 beginnenden Wirtschaftsjahren entstehen, wenn die Gesellschaft das Schiff nach dem 15. November 1984 bestellt oder mit seiner Herstellung begonnen hat; soweit Verluste, die in dem Betrieb der Gesellschaft entstehen und nach Satz 2 Nr. 4 oder nach § 15a Abs. 1 Satz 1 ausgleichsfähig oder abzugsfähig sind, zusammen das Eineinhalbfache der insgesamt geleisteten Einlage übersteigen, ist § 15a auf Verluste

anzuwenden, die in nach dem 15. November 1984 beginnenden Wirtschaftsjahren entstehen.

[4]Scheidet ein Kommanditist oder ein anderer Mitunternehmer, dessen Haftung der eines Kommanditisten vergleichbar ist und dessen Kapitalkonto in der Steuerbilanz der Gesellschaft auf Grund von ausgleichs- oder abzugsfähigen Verlusten negativ geworden ist, aus der Gesellschaft aus oder wird in einem solchen Fall die Gesellschaft aufgelöst, so gilt der Betrag, den der Mitunternehmer nicht ausgleichen muß, als Veräußerungsgewinn im Sinne des § 16. [5]In Höhe der nach Satz 4 als Gewinn zuzurechnenden Beträge sind bei den anderen Mitunternehmern unter Berücksichtigung der für die Zurechnung von Verlusten geltenden Grundsätze Verlustanteile anzusetzen. [6]Bei der Anwendung des § 15a Abs. 3 sind nur Verluste zu berücksichtigen, auf die § 15a Abs. 1 anzuwenden ist.

(19a) [1]§ 19a Abs. 1 Satz 1 ist auch für Veranlagungszeiträume vor 1990 anzuwenden, soweit die Vorschrift die Steuerfreiheit von Geldleistungen ausschließt. [2]§ 19a Abs. 3 Nr. 2 des Einkommensteuergesetzes 1990 in der Fassung der Bekanntmachung vom 7. September 1990 (BGBl. I S. 1898) ist auf Vermögensbeteiligungen anzuwenden, die nach dem 31. Dezember 1989 und vor dem 1. Januar 1991 überlassen werden. [3]§ 19a Abs. 3 Nr. 9 und Abs. 3a Satz 2 sind erstmals auf Vermögensbeteiligungen anzuwenden, die nach dem 31. Dezember 1988 überlassen werden. [4]§ 19a des Einkommensteuergesetzes 1983 in der Fassung der Bekanntmachung vom 24. Januar 1984 (BGBl. I S. 113) ist für Vermögensbeteiligungen, die nach dem 31. Dezember 1983 und vor dem 1. Januar 1987 nach § 19a überlassen wurden, weiter anzuwenden. [5]§ 19a Abs. 6 Satz 5 des Einkommensteuergesetzes in der in Satz 3[1)] genannten Fassung ist für Vermögensbeteiligungen weiter anzuwenden, die nach dem 31. Dezember 1986 auf Grund eines vor dem 1. Januar 1987 gefaßten Beschlusses überlassen werden.

(20) [1]§ 20 Abs. 1 Nr. 6 in der Fassung der Bekanntmachung vom 7. September 1990 (BGBl. I S. 1898, 1991 I S. 808) ist erstmals für nach dem 31. Dezember 1974 zugeflossene Zinsen aus Versicherungsverträgen anzuwenden, die nach dem 31. Dezember 1973 abgeschlossen worden sind. [2]Für die Anwendung des § 20 Abs. 1 Nr. 6 in der Fassung dieses Gesetzes gilt Absatz 13a Satz 4 entsprechend.

(21) [1]§ 21 Abs. 2 Satz 1 und § 21a sind letztmals für den Veranlagungszeitraum 1986 anzuwenden. [2]Haben bei einer Wohnung im eigenen Haus bei dem Steuerpflichtigen im Veranlagungszeitraum 1986 die Voraussetzungen für die Ermittlung des Nutzungswerts als Überschuß des Mietwerts über die Werbungskosten oder die Betriebsausgaben vorgelegen, so ist § 21 Abs. 2 Satz 1 für die folgenden Veranlagungszeiträume, in denen diese Voraussetzungen vorliegen, weiter anzuwenden; der Nutzungswert ist insoweit bis einschließlich Veranlagungszeitraum 1998 nach § 2 Abs. 2 zu ermitteln. [3]Der Steuerpflichtige kann für einen Veranlagungszeitraum nach dem Veranlagungszeitraum 1986 unwiderruflich

---

[1)] Redaktionelles Versehen; nunmehr Satz 4.

beantragen, daß Satz 2 ab diesem Veranlagungszeitraum nicht mehr angewendet wird. [4]Haben bei einer Wohnung im eigenen Haus bei dem Steuerpflichtigen im Veranlagungszeitraum 1986 die Voraussetzungen für die Inanspruchnahme von erhöhten Absetzungen vorgelegen und findet Satz 2 keine Anwendung, können die den erhöhten Absetzungen entsprechenden Beträge wie Sonderausgaben bis einschließlich des Veranlagungszeitraums abgezogen werden, in dem der Steuerpflichtige die erhöhten Absetzungen letztmals hätte in Anspruch nehmen können. [5]Entsprechendes gilt für Aufwendungen nach § 51 Abs. 1 Nr. 2 Buchstabe q Satz 5 in Verbindung mit § 82a Abs. 3 der Einkommensteuer-Durchführungsverordnung in der jeweils anzuwendenden Fassung und für den erweiterten Schuldzinsenabzug nach § 21a Abs. 4. [6]Werden an einer zu eigenen Wohnzwecken genutzten Wohnung im eigenen Haus nach dem 31. Dezember 1986 und vor dem 1. Januar 1992 Herstellungskosten für Maßnahmen im Sinne des § 51 Abs. 1 Nr. 2 Buchstabe q aufgewendet, die im Fall der Vermietung nach § 82a der Einkommensteuer-Durchführungsverordnung in der jeweils anzuwendenden Fassung zur Vornahme von erhöhten Absetzungen berechtigen würden und die der Steuerpflichtige nicht in die Bemessungsgrundlage des § 10e einbezogen hat, so können die Herstellungskosten im Jahr der Herstellung und in den folgenden neun Kalenderjahren jeweils bis zu 10 vom Hundert wie Sonderausgaben abgezogen werden; dies gilt entsprechend für Herstellungskosten im Sinne der §§ 7 und 12 Abs. 3 des Schutzbaugesetzes und für Aufwendungen im Sinne des § 51 Abs. 1 Nr. 2 Buchstabe q Satz 5 in Verbindung mit § 82a Abs. 3 der Einkommensteuer-Durchführungsverordnung in der jeweils anzuwendenden Fassung. [7]Satz 6 gilt entsprechend für Herstellungskosten, die nach dem 31. Dezember 1986 und vor dem 1. Januar 1991 aufgewendet werden und im Fall der Vermietung nach § 51 Abs. 1 Nr. 2 Buchstabe x oder y in Verbindung mit § 82g oder § 82i der Einkommensteuer-Durchführungsverordnung in der jeweils anzuwendenden Fassung zur Vornahme von erhöhten Absetzungen berechtigen würden. [8]Die Sätze 6 und 7 sind in den Fällen des Satzes 2 nicht anzuwenden.

(21a) § 22 Nr. 4 Buchstabe a ist erstmals für den Veranlagungszeitraum 1987 anzuwenden.

(21b) § 32 Abs. 3 und 4 und § 33c Abs. 1 Satz 1 sind erstmals für den Veranlagungszeitraum 1992 anzuwenden.

(21c) [1]Der Tariffreibetrag nach § 32 Abs. 8 wird erstmals für den Veranlagungszeitraum 1991 und letztmals für den Veranlagungszeitraum 1993 gewährt. [2]§ 32 Abs. 8 in der Fassung dieses Gesetzes ist erstmals für den Veranlagungszeitraum 1991 anzuwenden. [3]Bei der Einbehaltung der Lohnsteuer durch den Arbeitgeber ist der Tariffreibetrag nach § 60 erstmals vom Arbeitslohn eines Lohnzahlungszeitraums abzuziehen, der nach dem 30. Juni 1991 endet, und letztmals vom Arbeitslohn eines Lohnzahlungszeitraums abzuziehen, der vor dem 1. Januar 1994 endet.

(21d) [1]Soweit § 32b die Anwendung eines besonderen Steuersatzes wegen des Bezugs von Aufstockungsbeträgen nach dem Altersteilzeitgesetz, die §§ 41 und 41b die Eintragung und Bescheinigung solcher Aufstockungsbeträge und § 42b den Ausschluß des Lohnsteuer-Jahresausgleichs wegen des Bezugs dieser Aufstockungsbeträge vorsehen, sind diese Vorschriften erstmals für den Veranlagungszeitraum 1989 anzuwenden. [2] Dabei treten für den Veranlagungszeitraum 1989 an die Stelle des in § 32b Abs. 2 Nr. 1 genannten Arbeitnehmer-Pauschbetrags die Freibeträge nach § 19 Abs. 3 und 4 des Einkommensteuergesetzes 1987.

(21e) § 32b Abs. 1 Nr. 1 Buchstabe a – hinsichtlich des Altersübergangsgeldes –, § 32b Abs. 1 Nr. 1 Buchstabe c – hinsichtlich des Zuschusses nach § 4a Mutterschutzverordnung oder einer entsprechenden Landesregelung – und § 32b Abs. 1 Nr. 1 Buchstabe i ist erstmals für den Veranlagungszeitraum 1991 anzuwenden.

(21f) § 33 Abs. 2 Satz 2 in der Fassung der Bekanntmachung vom 7. September 1990 (BGBl. I S. 1898, 1991 I S. 808) ist erstmals für den Veranlagungszeitraum 1990 und § 33 Abs. 2 Satz 2 in der Fassung dieses Gesetzes erstmals für den Veranlagungszeitraum 1991 anzuwenden.

(22) [1] § 33a Abs. 1 und § 41 Abs. 1 Nr. 5 sowie Abs. 2 Satz 1 des Einkommensteuergesetzes 1953 in der Fassung der Bekanntmachung vom 15. September 1953 (BGBl. I S. 1355) gelten auch weiterhin mit der Maßgabe, daß

1. die Vorschriften bei einem Steuerpflichtigen jeweils nur für das Kalenderjahr, in dem bei ihm die Voraussetzungen für die Gewährung eines Freibetrags eingetreten sind, und für die beiden folgenden Kalenderjahre anzuwenden sind und

2. der Freibetrag
   a) bei Steuerpflichtigen, bei denen § 32a Abs. 5 oder 6 anzuwenden ist,
      720 Deutsche Mark,
   b) bei Steuerpflichtigen, die Kinder haben,
      840 Deutsche Mark zuzüglich je 60 Deutsche Mark für das dritte Kind und jedes weitere Kind und
   c) bei anderen Steuerpflichtigen
      540 Deutsche Mark
   beträgt.

[2] Als Kinder des Steuerpflichtigen zählen solche, für die er einen Kinderfreibetrag erhält. [3] Für ein Kalenderjahr, für das der Steuerpflichtige eine Steuerermäßigung nach § 33 für Aufwendungen zur Wiederbeschaffung von Hausrat und Kleidung beantragt, wird ein Freibetrag nicht gewährt. [4] Die Vorschriften sind letztmals bei einem Steuerpflichtigen anzuwenden, der vor dem 1. Januar 1990 seinen Wohnsitz oder gewöhnlichen Aufenthalt im Geltungsbereich dieses Gesetzes begründet hat.

(23) § 33a Abs. 2 ist mit Ausnahme des Satzes 2 erstmals für den Veranlagungszeitraum 1988 anzuwenden.

(23a) [1] § 34 Abs. 1 ist erstmals auf außerordentliche Einkünfte anzuwenden, die nach dem 31. Dezember 1989 erzielt werden. [2] Für außerordentliche Einkünfte, die vor dem 1. Januar 1990 erzielt werden, ist § 34 Abs. 1 in der Fassung der Bekanntmachung vom 27. Februar 1987 (BGBl. I S. 657) weiter anzuwenden.

(24) [1] § 34 f in der jeweils geltenden Fassung ist mit der Maßgabe anzuwenden, daß der Abzug der den erhöhten Absetzungen nach § 7 b oder nach § 15 des Berlinförderungsgesetzes entsprechenden Beträge wie Sonderausgaben als die Inanspruchnahme erhöhter Absetzungen nach § 34 f gilt. [2] § 34 f Abs. 2 ist erstmals anzuwenden bei Inanspruchnahme der Steuerbegünstigung nach § 10 e Abs. 1 bis 5 oder nach § 15 b des Berlinförderungsgesetzes für nach dem 31. Dezember 1990 hergestellte oder angeschaffte Objekte. [3] Für nach dem 31. Dezember 1989 und vor dem 1. Januar 1991 hergestellte oder angeschaffte Objekte ist § 34 f Abs. 2 des Einkommensteuergesetzes 1990 in der Fassung der Bekanntmachung vom 7. September 1990 (BGBl. I S. 1898) anzuwenden, für vor dem 1. Januar 1990 hergestellte oder angeschaffte Objekte ist § 34 f Abs. 2 des Einkommensteuergesetzes 1987 in der Fassung der Bekanntmachung vom 27. Februar 1987 (BGBl. I S. 657) weiter anzuwenden. [4] § 34 f Abs. 3 und 4 Satz 2 in der Fassung dieses Gesetzes sind erstmals anzuwenden bei Inanspruchnahme der Steuerbegünstigung nach § 10 e Abs. 1 bis 5 in der Fassung dieses Gesetzes. [5] § 34 f Abs. 4 Satz 1 ist erstmals anzuwenden bei Inanspruchnahme der Steuerbegünstigung nach § 10 e Abs. 1 bis 5 oder nach § 15 b des Berlinförderungsgesetzes für nach dem 31. Dezember 1991 hergestellte oder angeschaffte Objekte.

(24a) [1] § 34 g in der Fassung des Gesetzes zur Änderung des Parteiengesetzes und anderer Gesetze vom 22. Dezember 1988 (BGBl. I S. 2615) ist erstmals für den Veranlagungszeitraum 1984 anzuwenden. [2] § 34 g Satz 1 in der Fassung dieses Gesetzes ist erstmals für den Veranlagungszeitraum 1991 anzuwenden.

(25) [1] § 36 Abs. 2 Nr. 2 ist erstmals für den Veranlagungszeitraum 1989 anzuwenden. [2] § 36 Abs. 2 Nr. 3 Buchstabe f ist auch für Veranlagungszeiträume vor 1990 anzuwenden.

(25a) [1] § 37 Abs. 3 Satz 5 in der Fassung dieses Gesetzes ist erstmals für den Veranlagungszeitraum 1991 anzuwenden. [2] Für negative Einkünfte aus Vermietung und Verpachtung, die bei Inanspruchnahme erhöhter Absetzungen nach § 14 c oder 14 d des Berlinförderungsgesetzes entstehen, ist § 37 Abs. 3 Satz 8 nur anzuwenden, wenn die Voraussetzungen für die Inanspruchnahme der erhöhten Absetzungen erstmals nach dem 31. Dezember 1990 eingetreten sind.

(25b) § 39 Abs. 3 a Satz 2 und § 39 a Abs. 2 Satz 5 in der Fassung dieses Gesetzes sind erstmals für das Kalenderjahr 1993 anzuwenden.

(26) [1] § 39 a Abs. 1 Nr. 5 Satz 1 ist bei vor dem 1. Januar 1990 hergestellten oder angeschafften Objekten mit der Maßgabe anzuwenden, daß an die Stelle des Betrags von 4000 Deutsche Mark ein Betrag von 2400 Deutsche Mark und bei vor dem 1. Januar 1991 hergestellten oder angeschafften Objekten mit der Maßgabe anzuwenden, daß an die Stelle des Betrages von 4000 Deutsche Mark ein Betrag von 3000 Deutsche Mark tritt. [2] § 39 a Abs. 1 Nr. 5 Satz 2 ist erstmals für das Kalenderjahr 1988 anzuwenden. [3] Für die nach §§ 10 f und 52 Abs. 21 Satz 6 abzuziehenden Beträge sowie für negative Einkünfte aus Vermietung und Verpachtung, die bei Vornahme der Absetzungen nach § 7 Abs. 5 oder Inanspruchnahme erhöhter Absetzungen nach den §§ 7 c, 7 h, 7 i oder 7 k

oder nach den §§ 14c oder 14d des Berlinförderungsgesetzes entstehen, ist § 39a Abs. 1 Nr. 5 nur anzuwenden, wenn die Voraussetzungen für den Abzug der Beträge oder die Inanspruchnahme der Absetzungen erstmals nach dem 31. Dezember 1990 eingetreten sind.

(27) § 41b Abs. 2, § 42c Abs. 2 und § 46 Abs. 6 des Einkommensteuergesetzes 1987 sind letztmals für das Kalenderjahr 1987 anzuwenden.

(27a) [1]§ 42 Abs. 4 Satz 4, § 42a Abs. 2 Satz 4 und § 46 Abs. 2 Nr. 8 Buchstabe a gelten für Kalenderjahre vor 1991. [2]Die §§ 42 und 42a des Einkommensteuergesetzes 1990 sind letztmals für das Kalenderjahr 1990 anzuwenden.

(28) [1]§ 43 Abs. 1 Satz 1 Nr. 4 bis 6, Satz 2 und Abs. 3, § 43a Abs. 1, § 44 Überschrift und Abs. 1 Sätze 1 und 5, § 44a Abs. 1, § 44b Abs. 1 Sätze 1, 3 und 4, § 44c Abs. 2 Satz 1 und Abs. 3, § 45a Überschrift, Abs. 1 Satz 2, Abs. 2 Sätze 1 und 2, §§ 45c und 49 Abs. 1 Nr. 5 sind erstmals auf Kapitalerträge anzuwenden, die nach dem 30. Juni 1989 zufließen. [2]Auf Kapitalerträge, die nach dem 31. Dezember 1988 und vor dem 1. Juli 1989 zufließen, sind

a) § 43 Abs. 1 Satz 1 Nr. 4 bis 8 Buchstaben a und b und Satz 2 sowie Abs. 3, §§ 43a, 44 Überschrift und Abs. 1 Satz 1, §§ 44a, 44b Abs. 1 Sätze 1, 3 und 4, §§ 44c, 45a Überschrift, Abs. 2 Sätze 2 und 4, §§ 45c und 49 Abs. 1 Nr. 5 Buchstabe c in der Fassung des Artikels 1 Nr. 55 bis 60, 62, 65 und 68 des Steuerreformgesetzes 1990 vom 25. Juli 1988 (BGBl. I S. 1093) und

b) § 43 Abs. 1 Satz 1 Nr. 8 Buchstabe c, § 44 Abs. 1 Sätze 5 bis 8, § 44b Abs. 1 Sätze 5 und 6, Abs. 4 Satz 1 und Abs. 5, § 44c Abs. 2 Satz 1, § 45a Abs. 1 und Abs. 2 Nr. 4, § 49 Abs. 1 Nr. 5 Buchstabe a sowie § 52 Abs. 28 Sätze 2 und 3 in der Fassung des Artikels 4 Nr. 4 bis 9 und 11 des Haushaltsbegleitgesetzes 1989 anzuwenden.

(28a) § 44c Abs. 2 ist bei Kapitalerträgen, die im Kalenderjahr 1989 zufließen, auch auf Körperschaften, Personenvereinigungen oder Vermögensmassen anzuwenden, die nach § 5 Abs. 1 Nr. 17 des Körperschaftsteuergesetzes in der Fassung der Bekanntmachung vom 18. Februar 1984 (BGBl. I S. 217), zuletzt geändert durch Artikel 5 des Gesetzes vom 20. Dezember 1988 (BGBl. I S. 2262), von der Körperschaftsteuer befreit sind.

(28b) § 45b ist erstmals auf Kapitalerträge anzuwenden, die nach dem 31. Dezember 1988 zufließen.

(29) [1]§ 46 Abs. 2 Nr. 4 in der Fassung dieses Gesetzes ist erstmals für den Veranlagungszeitraum 1993 anzuwenden. [2]§ 46 Abs. 2 Nr. 5 des Einkommensteuergesetzes 1990 ist letztmals für den Veranlagungszeitraum 1992 anzuwenden. [3]§ 46 Abs. 2 Nr. 7 und Abs. 2 Sätze 2 und 3 des Einkommensteuergesetzes 1990 sind letztmals für den Veranlagungszeitraum 1990 anzuwenden. [4]§ 46 Abs. 2 Nr. 8 in der Fassung dieses Gesetzes ist erstmals für den Veranlagungszeitraum 1991 anzuwenden.

(30) Soweit § 50 Abs. 4 und § 39d Abs. 2 Nr. 3 die Anwendung des § 33a Abs. 2 vorsehen, gilt dies mit Ausnahme des § 33a Abs. 2 Satz 2 erstmals für das Kalenderjahr 1988.

(31) § 50b ist erstmals für den Veranlagungszeitraum 1989 anzuwenden.

(32) [1]§ 50d Abs. 1 und 2 ist erstmals auf Kapitalerträge und Vergütungen im Sinne des § 50a anzuwenden, die nach dem 31. Dezember 1988 zufließen. [2]§ 50d Abs. 3 ist erstmals auf Kapitalerträge und Vergütungen im Sinne des § 50a anzuwenden, die nach dem 30. Juni 1989 zufließen. [3]Auf Kapitalerträge und Vergütungen im Sinne des § 50a, die nach dem 31. Dezember 1988 und vor dem 1. Juli 1989 zufließen, ist § 50d Abs. 3 in der Fassung des Artikels 1 Nr. 70 des Steuerreformgesetzes 1990 anzuwenden. [4]Absatz 20 Sätze 2 bis 5 gilt entsprechend. [5]§ 50d Abs. 3 Satz 1 zweiter Halbsatz ist erstmals auf nach dem 31. Dezember 1991 zufließende Kapitalerträge anzuwenden.

(33) § 51 Abs. 1 Nr. 2 Buchstabe q Satz 5 ist erstmals für den Veranlagungszeitraum 1987 anzuwenden.

(34) § 57 Abs. 6 ist erstmals für den Veranlagungszeitraum 1991 anzuwenden.

**§ 52a.** *(weggefallen)*

**§ 53. Anwendung des § 33a Abs. 1 für die Veranlagungszeiträume 1988 und 1989.** [1]§ 33a Abs. 1 ist für die Veranlagungszeiträume 1988 und 1989 in folgender Fassung anzuwenden:

Erwachsen einem Steuerpflichtigen zwangsläufig (§ 33 Abs. 2) Aufwendungen für den Unterhalt und eine etwaige Berufsausbildung einer Person, für die weder der Steuerpflichtige noch eine andere Person Anspruch auf einen Kinderfreibetrag hat, so wird auf Antrag die Einkommensteuer dadurch ermäßigt, daß die Aufwendungen vom Gesamtbetrag der Einkünfte abgezogen werden, und zwar im Kalenderjahr

1. für eine Person, die das 18. Lebensjahr noch nicht vollendet hat oder für die der Steuerpflichtige die Voraussetzungen für einen Ausbildungsfreibetrag nach Absatz 2 erfüllt, bis zu 2484 Deutsche Mark,

2. für andere Personen bis zu 4500 Deutsche Mark.

[2]Voraussetzung ist, daß die unterhaltene Person kein oder nur ein geringes Vermögen besitzt. [3]Hat die unterhaltene Person andere Einkünfte oder Bezüge, die zur Bestreitung des Unterhalts bestimmt oder geeignet sind, so vermindern sich die Beträge von 2484 und 4500 Deutsche Mark um den Betrag, um den diese Einkünfte und Bezüge den Betrag von 4500 Deutsche Mark übersteigen. [4]Ist die unterhaltene Person nicht unbeschränkt einkommensteuerpflichtig, so können die Aufwendungen nur abgezogen werden, soweit sie nach den Verhältnissen des Wohnsitzstaats der unterhaltenen Person notwendig und angemessen sind, höchstens jedoch der Betrag, der sich nach den Sätzen 1 bis 3 ergibt; ob der Steuerpflichtige sich den Aufwendungen aus rechtlichen, tatsächlichen oder sittlichen Gründen nicht entziehen kann, ist nach inländischen Maßstäben zu beurteilen. [5]Werden die Aufwendungen für eine unterhaltene Person von mehreren Steuerpflichtigen getragen, so wird bei jedem der

Teil des sich hiernach ergebenden Betrags abgezogen, der seinem Anteil am Gesamtbetrag der Leistung entspricht.

**§ 53a. Schlußvorschrift zu § 33a Abs. 3 EStG 1981 (Sondervorschrift zum Abzug von Aufwendungen für Dienstleistungen zur Beaufsichtigung oder Betreuung eines Kindes).** (1) § 33a Abs. 3 Satz 1 Nr. 1 des Einkommensteuergesetzes 1981 in der Fassung der Bekanntmachung vom 6. Dezember 1981 (BGBl. I S. 1249) ist bei Steuerfestsetzungen für die Veranlagungszeiträume 1980 bis 1982 in der folgenden Fassung anzuwenden, wenn am 24. Dezember 1982 die betreffende Steuerfestsetzung noch nicht bestandskräftig ist oder unter dem Vorbehalt der Nachprüfung steht:

Erwachsen einem Steuerpflichtigen Aufwendungen für Dienstleistungen zur Beaufsichtigung oder Betreuung eines Kindes im Sinne des § 32 Abs. 4, wird auf Antrag die Einkommensteuer dadurch ermäßigt, daß die Aufwendungen, höchstens jedoch ein Betrag von 1200 Deutsche Mark im Kalenderjahr für jedes Kind, das das 18. Lebensjahr noch nicht vollendet hat, vom Gesamtbetrag der Einkünfte abgezogen werden.

(2) Nach dem 3. November 1982 bestandskräftig gewordene Steuerbescheide sind auf Antrag entsprechend Absatz 1 zu ändern, soweit sich die vorstehende Fassung zugunsten des Steuerpflichtigen auswirkt; der Antrag ist beim Finanzamt schriftlich oder durch Erklärung zur Niederschrift zu stellen.

**§ 53b.** *(weggefallen)*

**§ 54. Schlußvorschrift (Sondervorschrift zum Abzug des Kinderfreibetrags für die Veranlagungszeiträume 1983 bis 1985).** (1) § 32 Abs. 8 des Einkommensteuergesetzes in der Fassung des Haushaltsbegleitgesetzes 1983 vom 20. Dezember 1982 (BGBl. I S. 1857) ist für die Veranlagungszeiträume 1983 bis 1985 in der folgenden Fassung anzuwenden, wenn die betreffende Steuerfestsetzung am 28. Juni 1991 noch nicht bestandskräftig ist:

„(8) [1]Bei Kindern des Steuerpflichtigen im Sinne der Absätze 4 bis 7 wird ein Kinderfreibetrag von 2432 Deutsche Mark für das erste Kind, von 1832 Deutsche Mark für das zweite Kind und von 432 Deutsche Mark für jedes weitere Kind gewährt. [2]Bei Kindern des Steuerpflichtigen im Sinne des Absatzes 4 Satz 1, der Absätze 5 bis 7, die nach Absatz 4 Satz 2 und 3 dem anderen Elternteil zugeordnet werden und denen gegenüber der Steuerpflichtige seiner Unterhaltsverpflichtung für den Veranlagungszeitraum nachkommt, wird ein Kinderfreibetrag von 1216 Deutsche Mark für das erste Kind, von 916 Deutsche Mark für das zweite Kind und von 216 Deutsche Mark für jedes weitere Kind gewährt. [3]Die Reihenfolge der Kinder richtet sich nach ihrem Alter. [4]Sind anstelle von Kindergeld andere Leistungen für Kinder im Sinne des § 8 Abs. 1 Satz 1 des Bundeskindergeldgesetzes von mindestens 120 Deutsche Mark monatlich zu zahlen, so wird auch für jedes erste und zweite Kind im Sinne des Satzes 1 ein Kinderfreibetrag von 432 Deutsche Mark und für jedes erste und zweite Kind im Sinne des Satzes 2 ein Kinderfreibetrag von 216 Deutsche Mark gewährt. [5]Werden Ehegatten nach den §§ 26, 26a getrennt veranlagt, so erhält jeder Ehegatte den Kinderfreibetrag zur Hälfte, soweit nicht ein Kinderfreibetrag nur einem der Ehegatten zu gewähren ist."

(2) [1]Nach dem 28. Mai 1990 bestandskräftig gewordene Steuerbescheide sind entsprechend Absatz 1 zu ändern, wenn der Steuerpflichtige dies innerhalb von sechs Monaten nach Ablauf des Monats beantragt, in dem das Steueränderungsgesetz 1991 vom 24. Juni 1991 (BGBl. I S. 1322) verkündet worden ist; die Festsetzungsfrist endet insoweit nicht vor Ablauf dieser Frist. [2]Der Antrag ist beim Finanzamt schriftlich oder durch Erklärung zur Niederschrift zu stellen.

**§ 55. Schlußvorschriften (Sondervorschriften für die Gewinnermittlung nach § 4 oder nach Durchschnittssätzen bei vor dem 1. Juli 1970 angeschafftem Grund und Boden).** (1) Bei Steuerpflichtigen, deren Gewinn für das Wirtschaftsjahr, in das der 30. Juni 1970 fällt, nicht nach § 5 zu ermitteln ist, gilt bei Grund und Boden, der mit Ablauf des 30. Juni 1970 zu ihrem Anlagevermögen gehört hat, als Anschaffungs- oder Herstellungskosten (§ 4 Abs. 3 Satz 4 und § 6 Abs. 1 Nr. 2 Satz 1) das Zweifache des nach den Absätzen 2 bis 4 zu ermittelnden Ausgangsbetrags.

(2) [1]Bei der Ermittlung des Ausgangsbetrags des zum land- und forstwirtschaftlichen Vermögen (§ 33 Abs. 1 Satz 1 Bewertungsgesetz in der Fassung der Bekanntmachung vom 10. Dezember 1965 – BGBl. I S. 1861 –, zuletzt geändert durch das Bewertungsänderungsgesetz 1971 vom 27. Juli 1971 – BGBl. I S. 1157) gehörenden Grund und Bodens ist seine Zuordnung zu den Nutzungen und Wirtschaftsgütern (§ 34 Abs. 2 Bewertungsgesetz) am 1. Juli 1970 maßgebend; dabei sind die Hof- und Gebäudeflächen sowie die Hausgärten im Sinne des § 40 Abs. 3 des Bewertungsgesetzes nicht in die einzelne Nutzung einzubeziehen. [2]Es sind anzusetzen:

1. Bei Flächen, die nach dem Bodenschätzungsgesetz in der im Bundesgesetzblatt Teil III, Gliederungsnummer 610–8, veröffentlichten bereinigten Fassung, zuletzt geändert durch Artikel 95 Nr. 4 des Einführungsgesetzes zur Abgabenordnung vom 14. Dezember 1976 (BGBl. I S. 3341), zu schätzen sind, für jedes katastermäßig abgegrenzte Flurstück der Betrag in Deutscher Mark, der sich ergibt, wenn die für das Flurstück am 1. Juli 1970 im amtlichen Verzeichnis nach § 2 Abs. 2 der Grundbuchordnung (Liegenschaftskataster) ausgewiesene Ertragsmeßzahl vervierfacht wird. [2]Abweichend von Satz 1 sind für Flächen der Nutzungsteile
   a) Hopfen, Spargel, Gemüsebau
      und Obstbau　　　　　　　　　4,00 Deutsche Mark je Quadratmeter,
   b) Blumen- und Zierpflanzenbau sowie Baumschulen
      　　　　　　　　　　　　5,00 Deutsche Mark je Quadratmeter
   anzusetzen, wenn der Steuerpflichtige dem Finanzamt gegenüber bis

zum 30. Juni 1972 eine Erklärung über die Größe, Lage und Nutzung der betreffenden Flächen abgibt,

2. für Flächen der forstwirtschaftlichen Nutzung je Quadratmeter 1,00 Deutsche Mark,

3. für Flächen der weinbaulichen Nutzung der Betrag, der sich unter Berücksichtigung der maßgebenden Lagenvergleichszahl (Vergleichszahl der einzelnen Weinbaulage, § 39 Abs. 1 Satz 3 und § 57 Bewertungsgesetz), die für ausbauende Betriebsweise mit Faßweinerzeugung anzusetzen ist, aus der nachstehenden Tabelle ergibt:

| Lagenvergleichszahl | Ausgangsbetrag je Quadratmeter in DM |
|---|---|
| bis 20 | 2,50 |
| 21 bis 30 | 3,50 |
| 31 bis 40 | 5,00 |
| 41 bis 50 | 7,00 |
| 51 bis 60 | 8,00 |
| 61 bis 70 | 9,00 |
| 71 bis 100 | 10,00 |
| über 100 | 12,50 |

4. für Flächen der sonstigen land- und forstwirtschaftlichen Nutzung, auf die Nummer 1 keine Anwendung findet, je Quadratmeter 1,00 Deutsche Mark,

5. für Hofflächen, Gebäudeflächen und Hausgärten im Sinne des § 40 Abs. 3 des Bewertungsgesetzes je Quadratmeter 5,00 Deutsche Mark,

6. für Flächen des Geringstlandes je Quadratmeter 0,25 Deutsche Mark,

7. für Flächen des Abbaulandes je Quadratmeter 0,50 Deutsche Mark,

8. für Flächen des Unlandes je Quadratmeter 0,10 Deutsche Mark.

(3) [1]Lag am 1. Juli 1970 kein Liegenschaftskataster vor, in dem die Ertragsmeßzahlen ausgewiesen sind, so ist der Ausgangsbetrag in sinngemäßer Anwendung des Absatzes 2 Nr. 1 Satz 1 auf der Grundlage der durchschnittlichen Ertragsmeßzahl der landwirtschaftlichen Nutzung eines Betriebs zu ermitteln, die die Grundlage für die Hauptfeststellung des Einheitswerts auf den 1. Januar 1964 bildet. [2]Absatz 2 Nr. 1 Satz 2 bleibt unberührt.

(4) Bei nicht zum land- und forstwirtschaftlichen Vermögen gehörenden Grund und Boden ist als Ausgangsbetrag anzusetzen:

1. Für unbebaute Grundstücke der auf den 1. Januar 1964 festgestellte Einheitswert. [2]Wird auf den 1. Januar 1964 kein Einheitswert festgestellt oder hat sich der Bestand des Grundstücks nach dem 1. Januar

1964 und vor dem 1. Juli 1970 verändert, so ist der Wert maßgebend, der sich ergeben würde, wenn das Grundstück nach seinem Bestand vom 1. Juli 1970 und nach den Wertverhältnissen vom 1. Januar 1964 zu bewerten wäre;

2. für bebaute Grundstücke der Wert, der sich nach Nummer 1 ergeben würde, wenn das Grundstück unbebaut wäre.

(5) [1]Weist der Steuerpflichtige nach, daß der Teilwert für Grund und Boden im Sinne des Absatzes 1 am 1. Juli 1970 höher ist als das Zweifache des Ausgangsbetrags, so ist auf Antrag des Steuerpflichtigen der Teilwert als Anschaffungs- oder Herstellungskosten anzusetzen. [2]Der Antrag ist bis zum 31. Dezember 1975 bei dem Finanzamt zu stellen, das für die Ermittlung des Gewinns aus dem Betrieb zuständig ist. [3]Der Teilwert ist gesondert festzustellen. [4]Vor dem 1. Januar 1974 braucht diese Feststellung nur zu erfolgen, wenn ein berechtigtes Interesse des Steuerpflichtigen gegeben ist. [5]Die Vorschriften der Abgabenordnung und der Finanzgerichtsordnung über die gesonderte Feststellung von Besteuerungsgrundlagen gelten entsprechend.

(6) [1]Verluste, die bei der Veräußerung oder Entnahme von Grund und Boden im Sinne des Absatzes 1 entstehen, dürfen bei der Ermittlung des Gewinns in Höhe des Betrags nicht berücksichtigt werden, um den der Veräußerungspreis oder der an dessen Stelle tretende Wert nach Abzug der Veräußerungskosten unter dem Zweifachen des Ausgangsbetrags liegt. [2]Entsprechendes gilt bei Anwendung des § 6 Abs. 1 Nr. 2 Satz 2.

(7) Grund und Boden, der nach § 4 Abs. 1 Satz 5 des Einkommensteuergesetzes 1969 nicht anzusetzen war, ist wie eine Einlage zu behandeln; er ist dabei mit dem nach Absatz 1 oder 5 maßgebenden Wert anzusetzen.

**§ 56. Sondervorschriften für Steuerpflichtige in dem in Artikel 3 des Einigungsvertrages genannten Gebiet.**[1] Bei Steuerpflichtigen, die am 31. Dezember 1990 einen Wohnsitz oder ihren gewöhnlichen Aufenthalt in dem in Artikel 3 des Einigungsvertrages genannten Gebiet und im Jahre 1990 keinen Wohnsitz oder gewöhnlichen Aufenthalt im bisherigen Geltungsbereich dieses Gesetzes hatten, gilt folgendes:

1. § 7 Abs. 5 ist auf Gebäude anzuwenden, die in dem in Artikel 3 des Einigungsvertrages genannten Gebiet nach dem 31. Dezember 1990 angeschafft oder hergestellt worden sind.

2. § 52 Abs. 2 bis 33 ist nicht anzuwenden, soweit darin die Anwendung einzelner Vorschriften für Veranlagungszeiträume oder Wirtschaftsjahre vor 1991 geregelt ist.

**§ 57. Besondere Anwendungsregeln aus Anlaß der Herstellung der Einheit Deutschlands.** (1) Die §§ 7c, 7f, 7g, 7k und 10e dieses Gesetzes, die §§ 76, 78, 82a und 82f der Einkommensteuer-Durchführungsverordnung sowie die §§ 7 und 12 Abs. 3 des Schutzbaugesetzes sind auf Tatbestände anzuwenden, die in dem in Artikel 3 des Einigungsvertrages genannten Gebiet nach dem 31. Dezember 1990 verwirklicht worden sind.[1]

---

[1] **Einigungsvertrag auszugsweise abgedruckt vor 1.1.**

(2) Die §§ 7b und 7d dieses Gesetzes sowie die §§ 81, 82d, 82g und 82i der Einkommensteuer-Durchführungsverordnung sind nicht auf Tatbestände anzuwenden, die in dem in Artikel 3 des Einigungsvertrages genannten Gebiet verwirklicht worden sind.[1]

(3) Bei der Anwendung des § 7g Abs. 2 Nr. 1, des § 13a Abs. 4 und 8 und des § 14a Abs. 1 ist in dem in Artikel 3 des Einigungsvertrages genannten Gebiet anstatt vom maßgebenden Einheitswert des Betriebs der Land- und Forstwirtschaft und den darin ausgewiesenen Werten vom Ersatzwirtschaftswert nach § 125 des Bewertungsgesetzes auszugehen.[1]

(4) [1]§ 10d Abs. 1 ist mit der Maßgabe anzuwenden, daß der Sonderausgabenabzug erstmals von dem für die zweite Hälfte des Veranlagungszeitraums 1990 ermittelten Gesamtbetrag der Einkünfte vorzunehmen ist. [2]§ 10d Abs. 2 und 3 ist auch für Verluste anzuwenden, die in dem in Artikel 3 des Einigungsvertrages genannten Gebiet im Veranlagungszeitraum 1990 entstanden sind.[1]

(5) § 22 Nr. 4 ist auf vergleichbare Bezüge anzuwenden, die auf Grund des Gesetzes über Rechtsverhältnisse der Abgeordneten der Volkskammer der Deutschen Demokratischen Republik vom 31. Mai 1990 (GBl. I Nr. 30 S. 274) gezahlt worden sind.

(6)[2] § 34f Abs. 3 Satz 3 ist erstmals auf die in dem in Artikel 3 des Einigungsvertrags genannten Gebiet für die zweite Hälfte des Veranlagungszeitraums 1990 festgesetzte Einkommensteuer anzuwenden.

**§ 58. Weitere Anwendung von Rechtsvorschriften, die vor Herstellung der Einheit Deutschlands in dem in Artikel 3 des Einigungsvertrages genannten Gebiet gegolten haben.**[1] (1) Die Vorschriften über Sonderabschreibungen nach § 3 Abs. 1 des Steueränderungsgesetzes vom 6. März 1990 (GBl. I Nr. 17 S. 136) in Verbindung mit § 7 der Durchführungsbestimmung zum Gesetz zur Änderung der Rechtsvorschriften über die Einkommen-, Körperschaft- und Vermögensteuer – Steueränderungsgesetz – vom 16. März 1990 (GBl. I Nr. 21 S. 195) sind auf Wirtschaftsgüter weiter anzuwenden, die nach dem 31. Dezember 1989 und vor dem 1. Januar 1991 in dem in Artikel 3 des Einigungsvertrages genannten Gebiet angeschafft oder hergestellt worden sind.

(2) [1]Rücklagen nach § 3 Abs. 2 des Steueränderungsgesetzes vom 6. März 1990 (GBl. I Nr. 17 S. 136) in Verbindung mit § 8 der Durchführungsbestimmung zum Gesetz zur Änderung der Rechtsvorschriften über die Einkommen-, Körperschaft- und Vermögensteuer – Steueränderungsgesetz – vom 16. März 1990 (GBl. I Nr. 21 S. 195) dürfen, soweit sie zum 31. Dezember 1990 zulässigerweise gebildet worden sind, auch nach diesem Zeitpunkt fortgeführt werden. [2]Sie sind spätestens im Veranlagungszeitraum 1995 gewinn- oder sonst einkünfteerhöhend aufzulösen. [3]Sind vor dieser Auflösung begünstigte Wirtschaftsgüter angeschafft oder hergestellt worden, sind die in Rücklage eingestellten Beträge von den Anschaffungs- oder Herstellungskosten abzuziehen; die Rücklage ist

---

[1] **Einigungsvertrag auszugsweise abgedruckt vor 1.1.**
[2] Zur Anwendung von § 57 Abs. 6 siehe § 52 Abs. 34.

in Höhe des abgezogenen Betrags im Veranlagungszeitraum der Anschaffung oder Herstellung gewinn- oder sonst einkünfteerhöhend aufzulösen.

(3) Die Vorschrift über den Steuerabzugsbetrag nach § 9 Abs. 1 der Durchführungsbestimmung zum Gesetz zur Änderung der Rechtsvorschriften über die Einkommen-, Körperschaft- und Vermögensteuer – Steueränderungsgesetz – vom 16. März 1990 (GBl. I Nr. 21 S. 195) ist für Steuerpflichtige weiter anzuwenden, die vor dem 1. Januar 1991 in dem in Artikel 3 des Einigungsvertrages genannten Gebiet eine Betriebsstätte begründet haben, wenn sie von dem Tag der Begründung der Betriebsstätte an zwei Jahre lang die Tätigkeit ausüben, die Gegenstand der Betriebsstätte ist.

**§ 59. Überleitungsregelungen für den Lohnsteuerabzug für Arbeitnehmer und Arbeitgeber in dem in Artikel 3 des Einigungsvertrages genannten Gebiet.**[1] (1) Für den Steuerabzug vom Arbeitslohn der Arbeitnehmer, die am 20. September 1990 einen Wohnsitz oder ihren gewöhnlichen Aufenthalt in dem in Artikel 3 des Einigungsvertrages genannten Gebiet und keinen Wohnsitz oder gewöhnlichen Aufenthalt im bisherigen Geltungsbereich dieses Gesetzes hatten, gilt folgendes:

1. Für die Ausstellung der Lohnsteuerkarten 1991 ist abweichend von § 39 Abs. 1 bis 3 die Anordnung über die Ausstellung der Lohnsteuerkarten 1991 für Arbeitnehmer, die ihren Wohnsitz in der Deutschen Demokratischen Republik haben, vom 31. Juli 1990 (GBl. I Nr. 52 S. 1063) weiter anzuwenden. [2]Für einen Arbeitnehmer, der erstmals im Laufe des Kalenderjahrs 1991 Arbeitslohn bezieht, ist die Lohnsteuerkarte 1991 von der Meldebehörde auszustellen, in deren Zuständigkeitsbereich der Arbeitnehmer am 1. Januar 1991 seine Hauptwohnung oder in Ermangelung einer Wohnung seinen gewöhnlichen Aufenthalt hat; § 39 Abs. 2 Satz 2 ist anzuwenden.
2. Abweichend von § 39a Abs. 2 Satz 5 darf auf der Lohnsteuerkarte 1991 ein Freibetrag mit Wirkung vom 1. Januar 1991 an eingetragen werden.
3. § 39c Abs. 2 ist für 1991 nicht anzuwenden.

(2) Abweichend von § 41a Abs. 2 ist für Betriebsstätten (§ 41 Abs. 2) in dem in Artikel 3 des Einigungsvertrages genannten Gebiet Lohnsteueranmeldungszeitraum für das Kalenderjahr 1991 ausschließlich der Kalendermonat.

(3) [1]§ 42d ist auch auf die Lohnsteuer anzuwenden, die nach der Herstellung der Einheit Deutschlands auf Grund des weiter anzuwendenden Rechts der Deutschen Demokratischen Republik einzubehalten und abzuführen ist. [2]§ 20 Abs. 4 der Verordnung zur Besteuerung des Arbeitseinkommens (Bekanntmachung vom 22. Dezember 1952 – GBl. Nr. 182 S. 1413), zuletzt geändert durch das Gesetz vom 22. Juni 1990 (Sonderdruck Nr. 1427 des Gesetzblattes), ist auf die in Satz 1 bezeichnete Lohnsteuer nicht anzuwenden.

---

[1] **Einigungsvertrag auszugsweise abgedruckt vor 1.1.**

**§ 60[1] Tariffreibetrag im Lohnsteuerverfahren.** (1) [1]Bei der Durchführung des Lohnsteuerabzugs nach § 39b Abs. 2 hat der Arbeitgeber vom Arbeitslohn, der einem Arbeitnehmer für eine Beschäftigung zufließt, die im Lohnzahlungszeitraum überwiegend in dem in Artikel 3 des Einigungsvertrages genannten Gebiet ausgeübt worden ist, in den Steuerklassen I bis IV den Tariffreibetrag (§ 32 Abs. 8) abzuziehen. [2]Der Tariffreibetrag beträgt für Lohnzahlungszeiträume, die vor dem 1. Januar 1992 enden,

| | monatlich | wöchentlich | täglich |
|---|---|---|---|
| in Steuerklasse I, II und IV . | 100 | 23,40 | 3,35 |
| und in Steuerklasse III . . . . | 200 | 46,70 | 6,70 |
| | | Deutsche Mark | |

und für Lohnzahlungszeiträume, die nach dem 31. Dezember 1991 enden,

| | monatlich | wöchentlich | täglich |
|---|---|---|---|
| in Steuerklasse I, II und IV . | 50 | 11,70 | 1,70 |
| und in Steuerklasse III . . . . | 100 | 23,40 | 3,35 |
| | | Deutsche Mark; | |

§ 39b Abs. 4 ist sinngemäß anzuwenden. [3]Bei der Feststellung des voraussichtlichen Jahresarbeitslohns nach § 39b Abs. 3 Satz 2 und bei der Minderung des Jahresarbeitslohns nach § 42b Abs. 2 Satz 3 ist der Tariffreibetrag in den Steuerklassen I, II und IV mit 600 Deutsche Mark und in der Steuerklasse III mit 1200 Deutsche Mark, höchstens mit dem Betrag des Arbeitslohns im Sinne des Satzes 1, abzuziehen.

(2) Der Arbeitslohn im Sinne des Absatzes 1 Satz 1 ist im Lohnkonto kenntlich zu machen und in der Lohnsteuerbescheinigung gesondert einzutragen.

---

[1] Zur Anwendung von § 60 siehe § 52 Abs. 21c.

**Anlage 1**
(zu § 4d Abs. 1)

### Tabelle für die Errechnung des Deckungskapitals für lebenslänglich laufende Leistungen von Unterstützungskassen

| Erreichtes Alter des Leistungsempfängers (Jahre) | Die Jahresbeträge der laufenden Leistungen sind zu vervielfachen bei Leistungen | |
|---|---|---|
| | an männliche Leistungsempfänger mit | an weibliche Leistungsempfänger mit |
| 1 | 2 | 3 |
| bis 26 | 11 | 17 |
| 27 bis 29 | 12 | 17 |
| 30 | 13 | 17 |
| 31 bis 35 | 13 | 16 |
| 36 bis 39 | 14 | 16 |
| 40 bis 46 | 14 | 15 |
| 47 und 48 | 14 | 14 |
| 49 bis 52 | 13 | 14 |
| 53 bis 56 | 13 | 13 |
| 57 und 58 | 13 | 12 |
| 59 und 60 | 12 | 12 |
| 61 bis 63 | 12 | 11 |
| 64 | 11 | 11 |
| 65 bis 67 | 11 | 10 |
| 68 bis 71 | 10 | 9 |
| 72 bis 74 | 9 | 8 |
| 75 bis 77 | 8 | 7 |
| 78 | 8 | 6 |
| 79 bis 81 | 7 | 6 |
| 82 bis 84 | 6 | 5 |
| 85 bis 87 | 5 | 4 |
| 88 | 4 | 4 |
| 89 und 90 | 4 | 3 |
| 91 bis 93 | 3 | 3 |
| 94 | 3 | 2 |
| 95 und älter | 2 | 2 |

# Anlage 2: Grundtabelle

| zu versteuerndes Einkommen in DM | | tarifliche Einkommensteuer in DM | zu versteuerndes Einkommen in DM | | tarifliche Einkommensteuer in DM |
|---|---|---|---|---|---|
| von | bis | | von | bis | |
| 0 | 5 669 | | 8 856 | 8 909 | 616 |
| 5 670 | 5 723 | 10 | 8 910 | 8 963 | 626 |
| 5 724 | 5 777 | 20 | 8 964 | 9 017 | 637 |
| 5 778 | 5 831 | 30 | 9 018 | 9 071 | 647 |
| 5 832 | 5 885 | 41 | 9 072 | 9 125 | 658 |
| 5 886 | 5 939 | 51 | 9 126 | 9 179 | 668 |
| 5 940 | 5 993 | 61 | 9 180 | 9 233 | 678 |
| 5 994 | 6 047 | 71 | 9 234 | 9 287 | 689 |
| 6 048 | 6 101 | 82 | 9 288 | 9 341 | 699 |
| 6 102 | 6 155 | 92 | 9 342 | 9 395 | 710 |
| 6 156 | 6 209 | 102 | 9 396 | 9 449 | 720 |
| 6 210 | 6 263 | 112 | 9 450 | 9 503 | 731 |
| 6 264 | 6 317 | 123 | 9 504 | 9 557 | 741 |
| 6 318 | 6 371 | 133 | 9 558 | 9 611 | 752 |
| 6 372 | 6 425 | 143 | 9 612 | 9 665 | 762 |
| 6 426 | 6 479 | 153 | 9 666 | 9 719 | 773 |
| 6 480 | 6 533 | 164 | 9 720 | 9 773 | 783 |
| 6 534 | 6 587 | 174 | 9 774 | 9 827 | 794 |
| 6 588 | 6 641 | 184 | 9 828 | 9 881 | 804 |
| 6 642 | 6 695 | 194 | 9 882 | 9 935 | 815 |
| 6 696 | 6 749 | 205 | 9 936 | 9 989 | 825 |
| 6 750 | 6 803 | 215 | 9 990 | 10 043 | 836 |
| 6 804 | 6 857 | 225 | 10 044 | 10 097 | 847 |
| 6 858 | 6 911 | 236 | 10 098 | 10 151 | 857 |
| 6 912 | 6 965 | 246 | 10 152 | 10 205 | 868 |
| 6 966 | 7 019 | 256 | 10 206 | 10 259 | 878 |
| 7 020 | 7 073 | 266 | 10 260 | 10 313 | 889 |
| 7 074 | 7 127 | 277 | 10 314 | 10 367 | 900 |
| 7 128 | 7 181 | 287 | 10 368 | 10 421 | 910 |
| 7 182 | 7 235 | 297 | 10 422 | 10 475 | 921 |
| 7 236 | 7 289 | 307 | 10 476 | 10 529 | 932 |
| 7 290 | 7 343 | 318 | 10 530 | 10 583 | 942 |
| 7 344 | 7 397 | 328 | 10 584 | 10 637 | 953 |
| 7 398 | 7 451 | 338 | 10 638 | 10 691 | 964 |
| 7 452 | 7 505 | 348 | 10 692 | 10 745 | 974 |
| 7 506 | 7 559 | 359 | 10 746 | 10 799 | 985 |
| 7 560 | 7 613 | 369 | 10 800 | 10 853 | 996 |
| 7 614 | 7 667 | 379 | 10 854 | 10 907 | 1 006 |
| 7 668 | 7 721 | 389 | 10 908 | 10 961 | 1 017 |
| 7 722 | 7 775 | 400 | 10 962 | 11 015 | 1 028 |
| 7 776 | 7 829 | 410 | 11 016 | 11 069 | 1 038 |
| 7 830 | 7 883 | 420 | 11 070 | 11 123 | 1 049 |
| 7 884 | 7 937 | 430 | 11 124 | 11 177 | 1 060 |
| 7 938 | 7 991 | 441 | 11 178 | 11 231 | 1 071 |
| 7 992 | 8 045 | 451 | 11 232 | 11 285 | 1 081 |
| 8 046 | 8 099 | 461 | 11 286 | 11 339 | 1 092 |
| 8 100 | 8 153 | 472 | 11 340 | 11 393 | 1 103 |
| 8 154 | 8 207 | 482 | 11 394 | 11 447 | 1 114 |
| 8 208 | 8 261 | 492 | 11 448 | 11 501 | 1 125 |
| 8 262 | 8 315 | 502 | 11 502 | 11 555 | 1 135 |
| 8 316 | 8 369 | 513 | 11 556 | 11 609 | 1 146 |
| 8 370 | 8 423 | 523 | 11 610 | 11 663 | 1 157 |
| 8 424 | 8 477 | 533 | 11 664 | 11 717 | 1 168 |
| 8 478 | 8 531 | 544 | 11 718 | 11 771 | 1 179 |
| 8 532 | 8 585 | 554 | 11 772 | 11 825 | 1 190 |
| 8 586 | 8 639 | 564 | 11 826 | 11 879 | 1 201 |
| 8 640 | 8 693 | 575 | 11 880 | 11 933 | 1 211 |
| 8 694 | 8 747 | 585 | 11 934 | 11 987 | 1 222 |
| 8 748 | 8 801 | 595 | 11 988 | 12 041 | 1 233 |
| 8 802 | 8 855 | 606 | 12 042 | 12 095 | 1 244 |

| zu versteuerndes Einkommen in DM | | tarifliche Einkommensteuer in DM | zu versteuerndes Einkommen in DM | | tarifliche Einkommensteuer in DM |
|---|---|---|---|---|---|
| von | bis | | von | bis | |
| 12 096 | 12 149 | 1 255 | 15 336 | 15 389 | 1 926 |
| 12 150 | 12 203 | 1 266 | 15 390 | 15 443 | 1 937 |
| 12 204 | 12 257 | 1 277 | 15 444 | 15 497 | 1 949 |
| 12 258 | 12 311 | 1 288 | 15 498 | 15 551 | 1 960 |
| 12 312 | 12 365 | 1 299 | 15 552 | 15 605 | 1 972 |
| 12 366 | 12 419 | 1 310 | 15 606 | 15 659 | 1 983 |
| 12 420 | 12 473 | 1 321 | 15 660 | 15 713 | 1 995 |
| 12 474 | 12 527 | 1 332 | 15 714 | 15 767 | 2 006 |
| 12 528 | 12 581 | 1 343 | 15 768 | 15 821 | 2 018 |
| 12 582 | 12 635 | 1 354 | 15 822 | 15 875 | 2 029 |
| 12 636 | 12 689 | 1 365 | 15 876 | 15 929 | 2 041 |
| 12 690 | 12 743 | 1 376 | 15 930 | 15 983 | 2 052 |
| 12 744 | 12 797 | 1 387 | 15 984 | 16 037 | 2 064 |
| 12 798 | 12 851 | 1 398 | 16 038 | 16 091 | 2 075 |
| 12 852 | 12 905 | 1 409 | 16 092 | 16 145 | 2 087 |
| 12 906 | 12 959 | 1 420 | 16 146 | 16 199 | 2 099 |
| 12 960 | 13 013 | 1 431 | 16 200 | 16 253 | 2 110 |
| 13 014 | 13 067 | 1 442 | 16 254 | 16 307 | 2 122 |
| 13 068 | 13 121 | 1 453 | 16 308 | 16 361 | 2 133 |
| 13 122 | 13 175 | 1 464 | 16 362 | 16 415 | 2 145 |
| 13 176 | 13 229 | 1 475 | 16 416 | 16 469 | 2 157 |
| 13 230 | 13 283 | 1 486 | 16 470 | 16 523 | 2 168 |
| 13 284 | 13 337 | 1 497 | 16 524 | 16 577 | 2 180 |
| 13 338 | 13 391 | 1 508 | 16 578 | 16 631 | 2 192 |
| 13 392 | 13 445 | 1 520 | 16 632 | 16 685 | 2 203 |
| 13 446 | 13 499 | 1 531 | 16 686 | 16 739 | 2 215 |
| 13 500 | 13 553 | 1 542 | 16 740 | 16 793 | 2 227 |
| 13 554 | 13 607 | 1 553 | 16 794 | 16 847 | 2 238 |
| 13 608 | 13 661 | 1 564 | 16 848 | 16 901 | 2 250 |
| 13 662 | 13 715 | 1 575 | 16 902 | 16 955 | 2 262 |
| 13 716 | 13 769 | 1 586 | 16 956 | 17 009 | 2 273 |
| 13 770 | 13 823 | 1 598 | 17 010 | 17 063 | 2 285 |
| 13 824 | 13 877 | 1 609 | 17 064 | 17 117 | 2 297 |
| 13 878 | 13 931 | 1 620 | 17 118 | 17 171 | 2 308 |
| 13 932 | 13 985 | 1 631 | 17 172 | 17 225 | 2 320 |
| 13 986 | 14 039 | 1 642 | 17 226 | 17 279 | 2 332 |
| 14 040 | 14 093 | 1 654 | 17 280 | 17 333 | 2 344 |
| 14 094 | 14 147 | 1 665 | 17 334 | 17 387 | 2 356 |
| 14 148 | 14 201 | 1 676 | 17 388 | 17 441 | 2 367 |
| 14 202 | 14 255 | 1 687 | 17 442 | 17 495 | 2 379 |
| 14 256 | 14 309 | 1 699 | 17 496 | 17 549 | 2 391 |
| 14 310 | 14 363 | 1 710 | 17 550 | 17 603 | 2 403 |
| 14 364 | 14 417 | 1 721 | 17 604 | 17 657 | 2 415 |
| 14 418 | 14 471 | 1 733 | 17 658 | 17 711 | 2 426 |
| 14 472 | 14 525 | 1 744 | 17 712 | 17 765 | 2 438 |
| 14 526 | 14 579 | 1 755 | 17 766 | 17 819 | 2 450 |
| 14 580 | 14 633 | 1 767 | 17 820 | 17 873 | 2 462 |
| 14 634 | 14 687 | 1 778 | 17 874 | 17 927 | 2 474 |
| 14 688 | 14 741 | 1 789 | 17 928 | 17 981 | 2 486 |
| 14 742 | 14 795 | 1 801 | 17 982 | 18 035 | 2 497 |
| 14 796 | 14 849 | 1 812 | 18 036 | 18 089 | 2 509 |
| 14 850 | 14 903 | 1 823 | 18 090 | 18 143 | 2 521 |
| 14 904 | 14 957 | 1 835 | 18 144 | 18 197 | 2 533 |
| 14 958 | 15 011 | 1 846 | 18 198 | 18 251 | 2 545 |
| 15 012 | 15 065 | 1 857 | 18 252 | 18 305 | 2 557 |
| 15 066 | 15 119 | 1 869 | 18 306 | 18 359 | 2 569 |
| 15 120 | 15 173 | 1 880 | 18 360 | 18 413 | 2 581 |
| 15 174 | 15 227 | 1 892 | 18 414 | 18 467 | 2 593 |
| 15 228 | 15 281 | 1 903 | 18 468 | 18 521 | 2 605 |
| 15 282 | 15 335 | 1 914 | 18 522 | 18 575 | 2 617 |

| zu versteuerndes Einkommen in DM | | tarifliche Einkommensteuer in DM | zu versteuerndes Einkommen in DM | | tarifliche Einkommensteuer in DM |
|---|---|---|---|---|---|
| von | bis | | von | bis | |
| 18576 | 18629 | 2629 | 21816 | 21869 | 3363 |
| 18630 | 18683 | 2641 | 21870 | 21923 | 3376 |
| 18684 | 18737 | 2653 | 21924 | 21977 | 3388 |
| 18738 | 18791 | 2665 | 21978 | 22031 | 3401 |
| 18792 | 18845 | 2677 | 22032 | 22085 | 3413 |
| 18846 | 18899 | 2689 | 22086 | 22139 | 3426 |
| 18900 | 18953 | 2701 | 22140 | 22193 | 3439 |
| 18954 | 19007 | 2713 | 22194 | 22247 | 3451 |
| 19008 | 19061 | 2725 | 22248 | 22301 | 3464 |
| 19062 | 19115 | 2737 | 22302 | 22355 | 3476 |
| 19116 | 19169 | 2749 | 22356 | 22409 | 3489 |
| 19170 | 19223 | 2761 | 22410 | 22463 | 3502 |
| 19224 | 19277 | 2773 | 22464 | 22517 | 3514 |
| 19278 | 19331 | 2785 | 22518 | 22571 | 3527 |
| 19332 | 19385 | 2797 | 22572 | 22625 | 3539 |
| 19386 | 19439 | 2809 | 22626 | 22679 | 3552 |
| 19440 | 19493 | 2821 | 22680 | 22733 | 3565 |
| 19494 | 19547 | 2834 | 22734 | 22787 | 3577 |
| 19548 | 19601 | 2846 | 22788 | 22841 | 3590 |
| 19602 | 19655 | 2858 | 22842 | 22895 | 3603 |
| 19656 | 19709 | 2870 | 22896 | 22949 | 3615 |
| 19710 | 19763 | 2882 | 22950 | 23003 | 3628 |
| 19764 | 19817 | 2894 | 23004 | 23057 | 3641 |
| 19818 | 19871 | 2907 | 23058 | 23111 | 3653 |
| 19872 | 19925 | 2919 | 23112 | 23165 | 3666 |
| 19926 | 19979 | 2931 | 23166 | 23219 | 3679 |
| 19980 | 20033 | 2943 | 23220 | 23273 | 3692 |
| 20034 | 20087 | 2955 | 23274 | 23327 | 3704 |
| 20088 | 20141 | 2968 | 23328 | 23381 | 3717 |
| 20142 | 20195 | 2980 | 23382 | 23435 | 3730 |
| 20196 | 20249 | 2992 | 23436 | 23489 | 3743 |
| 20250 | 20303 | 3004 | 23490 | 23543 | 3755 |
| 20304 | 20357 | 3017 | 23544 | 23597 | 3768 |
| 20358 | 20411 | 3029 | 23598 | 23651 | 3781 |
| 20412 | 20465 | 3041 | 23652 | 23705 | 3794 |
| 20466 | 20519 | 3053 | 23706 | 23759 | 3807 |
| 20520 | 20573 | 3066 | 23760 | 23813 | 3820 |
| 20574 | 20627 | 3078 | 23814 | 23867 | 3832 |
| 20628 | 20681 | 3090 | 23868 | 23921 | 3845 |
| 20682 | 20735 | 3103 | 23922 | 23975 | 3858 |
| 20736 | 20789 | 3115 | 23976 | 24029 | 3871 |
| 20790 | 20843 | 3127 | 24030 | 24083 | 3884 |
| 20844 | 20897 | 3140 | 24084 | 24137 | 3897 |
| 20898 | 20951 | 3152 | 24138 | 24191 | 3910 |
| 20952 | 21005 | 3164 | 24192 | 24245 | 3922 |
| 21006 | 21059 | 3177 | 24246 | 24299 | 3935 |
| 21060 | 21113 | 3189 | 24300 | 24353 | 3948 |
| 21114 | 21167 | 3201 | 24354 | 24407 | 3961 |
| 21168 | 21221 | 3214 | 24408 | 24461 | 3974 |
| 21222 | 21275 | 3226 | 24462 | 24515 | 3987 |
| 21276 | 21329 | 3239 | 24516 | 24569 | 4000 |
| 21330 | 21383 | 3251 | 24570 | 24623 | 4013 |
| 21384 | 21437 | 3264 | 24624 | 24677 | 4026 |
| 21438 | 21491 | 3276 | 24678 | 24731 | 4039 |
| 21492 | 21545 | 3288 | 24732 | 24785 | 4052 |
| 21546 | 21599 | 3301 | 24786 | 24839 | 4065 |
| 21600 | 21653 | 3313 | 24840 | 24893 | 4078 |
| 21654 | 21707 | 3326 | 24894 | 24947 | 4091 |
| 21708 | 21761 | 3338 | 24948 | 25001 | 4104 |
| 21762 | 21815 | 3351 | 25002 | 25055 | 4117 |

| zu versteuerndes Einkommen in DM | | tarifliche Einkommensteuer in DM | zu versteuerndes Einkommen in DM | | tarifliche Einkommensteuer in DM |
|---|---|---|---|---|---|
| von | bis | | von | bis | |
| 25 056 | 25 109 | 4 130 | 28 296 | 28 349 | 4 928 |
| 25 110 | 25 163 | 4 143 | 28 350 | 28 403 | 4 942 |
| 25 164 | 25 217 | 4 156 | 28 404 | 28 457 | 4 956 |
| 25 218 | 25 271 | 4 169 | 28 458 | 28 511 | 4 969 |
| 25 272 | 25 325 | 4 182 | 28 512 | 28 565 | 4 983 |
| 25 326 | 25 379 | 4 195 | 28 566 | 28 619 | 4 996 |
| 25 380 | 25 433 | 4 208 | 28 620 | 28 673 | 5 010 |
| 25 434 | 25 487 | 4 221 | 28 674 | 28 727 | 5 024 |
| 25 488 | 25 541 | 4 235 | 28 728 | 28 781 | 5 037 |
| 25 542 | 25 595 | 4 248 | 28 782 | 28 835 | 5 051 |
| 25 596 | 25 649 | 4 261 | 28 836 | 28 889 | 5 065 |
| 25 650 | 25 703 | 4 274 | 28 890 | 28 943 | 5 078 |
| 25 704 | 25 757 | 4 287 | 28 944 | 28 997 | 5 092 |
| 25 758 | 25 811 | 4 300 | 28 998 | 29 051 | 5 106 |
| 25 812 | 25 865 | 4 313 | 29 052 | 29 105 | 5 119 |
| 25 866 | 25 919 | 4 327 | 29 106 | 29 159 | 5 133 |
| 25 920 | 25 973 | 4 340 | 29 160 | 29 213 | 5 147 |
| 25 974 | 26 027 | 4 353 | 29 214 | 29 267 | 5 161 |
| 26 028 | 26 081 | 4 366 | 29 268 | 29 321 | 5 174 |
| 26 082 | 26 135 | 4 379 | 29 322 | 29 375 | 5 188 |
| 26 136 | 26 189 | 4 393 | 29 376 | 29 429 | 5 202 |
| 26 190 | 26 243 | 4 406 | 29 430 | 29 483 | 5 215 |
| 26 244 | 26 297 | 4 419 | 29 484 | 29 537 | 5 229 |
| 26 298 | 26 351 | 4 432 | 29 538 | 29 591 | 5 243 |
| 26 352 | 26 405 | 4 446 | 29 592 | 29 645 | 5 257 |
| 26 406 | 26 459 | 4 459 | 29 646 | 29 699 | 5 271 |
| 26 460 | 26 513 | 4 472 | 29 700 | 29 753 | 5 284 |
| 26 514 | 26 567 | 4 485 | 29 754 | 29 807 | 5 298 |
| 26 568 | 26 621 | 4 499 | 29 808 | 29 861 | 5 312 |
| 26 622 | 26 675 | 4 512 | 29 862 | 29 915 | 5 326 |
| 26 676 | 26 729 | 4 525 | 29 916 | 29 969 | 5 340 |
| 26 730 | 26 783 | 4 539 | 29 970 | 30 023 | 5 354 |
| 26 784 | 26 837 | 4 552 | 30 024 | 30 077 | 5 367 |
| 26 838 | 26 891 | 4 565 | 30 078 | 30 131 | 5 381 |
| 26 892 | 26 945 | 4 579 | 30 132 | 30 185 | 5 395 |
| 26 946 | 26 999 | 4 592 | 30 186 | 30 239 | 5 409 |
| 27 000 | 27 053 | 4 605 | 30 240 | 30 293 | 5 423 |
| 27 054 | 27 107 | 4 619 | 30 294 | 30 347 | 5 437 |
| 27 108 | 27 161 | 4 632 | 30 348 | 30 401 | 5 451 |
| 27 162 | 27 215 | 4 645 | 30 402 | 30 455 | 5 465 |
| 27 216 | 27 269 | 4 659 | 30 456 | 30 509 | 5 479 |
| 27 270 | 27 323 | 4 672 | 30 510 | 30 563 | 5 492 |
| 27 324 | 27 377 | 4 686 | 30 564 | 30 617 | 5 506 |
| 27 378 | 27 431 | 4 699 | 30 618 | 30 671 | 5 520 |
| 27 432 | 27 485 | 4 712 | 30 672 | 30 725 | 5 534 |
| 27 486 | 27 539 | 4 726 | 30 726 | 30 779 | 5 548 |
| 27 540 | 27 593 | 4 739 | 30 780 | 30 833 | 5 562 |
| 27 594 | 27 647 | 4 753 | 30 834 | 30 887 | 5 576 |
| 27 648 | 27 701 | 4 766 | 30 888 | 30 941 | 5 590 |
| 27 702 | 27 755 | 4 780 | 30 942 | 30 995 | 5 604 |
| 27 756 | 27 809 | 4 793 | 30 996 | 31 049 | 5 618 |
| 27 810 | 27 863 | 4 807 | 31 050 | 31 103 | 5 632 |
| 27 864 | 27 917 | 4 820 | 31 104 | 31 157 | 5 646 |
| 27 918 | 27 971 | 4 834 | 31 158 | 31 211 | 5 660 |
| 27 972 | 28 025 | 4 847 | 31 212 | 31 265 | 5 674 |
| 28 026 | 28 079 | 4 861 | 31 266 | 31 319 | 5 688 |
| 28 080 | 28 133 | 4 874 | 31 320 | 31 373 | 5 703 |
| 28 134 | 28 187 | 4 888 | 31 374 | 31 427 | 5 717 |
| 28 188 | 28 241 | 4 901 | 31 428 | 31 481 | 5 731 |
| 28 242 | 28 295 | 4 915 | 31 482 | 31 535 | 5 745 |

| zu versteuerndes Einkommen in DM | | tarifliche Einkommensteuer in DM | zu versteuerndes Einkommen in DM | | tarifliche Einkommensteuer in DM |
|---|---|---|---|---|---|
| von | bis | | von | bis | |
| 31 536 | 31 589 | 5 759 | 34 776 | 34 829 | 6 621 |
| 31 590 | 31 643 | 5 773 | 34 830 | 34 883 | 6 636 |
| 31 644 | 31 697 | 5 787 | 34 884 | 34 937 | 6 650 |
| 31 698 | 31 751 | 5 801 | 34 938 | 34 991 | 6 665 |
| 31 752 | 31 805 | 5 815 | 34 992 | 35 045 | 6 680 |
| 31 806 | 31 859 | 5 830 | 35 046 | 35 099 | 6 694 |
| 31 860 | 31 913 | 5 844 | 35 100 | 35 153 | 6 709 |
| 31 914 | 31 967 | 5 858 | 35 154 | 35 207 | 6 724 |
| 31 968 | 32 021 | 5 872 | 35 208 | 35 261 | 6 739 |
| 32 022 | 32 075 | 5 886 | 35 262 | 35 315 | 6 753 |
| 32 076 | 32 129 | 5 900 | 35 316 | 35 369 | 6 768 |
| 32 130 | 32 183 | 5 915 | 35 370 | 35 423 | 6 783 |
| 32 184 | 32 237 | 5 929 | 35 424 | 35 477 | 6 797 |
| 32 238 | 32 291 | 5 943 | 35 478 | 35 531 | 6 812 |
| 32 292 | 32 345 | 5 957 | 35 532 | 35 585 | 6 827 |
| 32 346 | 32 399 | 5 971 | 35 586 | 35 639 | 6 842 |
| 32 400 | 32 453 | 5 986 | 35 640 | 35 693 | 6 856 |
| 32 454 | 32 507 | 6 000 | 35 694 | 35 747 | 6 871 |
| 32 508 | 32 561 | 6 014 | 35 748 | 35 801 | 6 886 |
| 32 562 | 32 615 | 6 028 | 35 802 | 35 855 | 6 901 |
| 32 616 | 32 669 | 6 043 | 35 856 | 35 909 | 6 916 |
| 32 670 | 32 723 | 6 057 | 35 910 | 35 963 | 6 930 |
| 32 724 | 32 777 | 6 071 | 35 964 | 36 017 | 6 945 |
| 32 778 | 32 831 | 6 086 | 36 018 | 36 071 | 6 960 |
| 32 832 | 32 885 | 6 100 | 36 072 | 36 125 | 6 975 |
| 32 886 | 32 939 | 6 114 | 36 126 | 36 179 | 6 990 |
| 32 940 | 32 993 | 6 129 | 36 180 | 36 233 | 7 005 |
| 32 994 | 33 047 | 6 143 | 36 234 | 36 287 | 7 020 |
| 33 048 | 33 101 | 6 157 | 36 288 | 36 341 | 7 034 |
| 33 102 | 33 155 | 6 172 | 36 342 | 36 395 | 7 049 |
| 33 156 | 33 209 | 6 186 | 36 396 | 36 449 | 7 064 |
| 33 210 | 33 263 | 6 200 | 36 450 | 36 503 | 7 079 |
| 33 264 | 33 317 | 6 215 | 36 504 | 36 557 | 7 094 |
| 33 318 | 33 371 | 6 229 | 36 558 | 36 611 | 7 109 |
| 33 372 | 33 425 | 6 244 | 36 612 | 36 665 | 7 124 |
| 33 426 | 33 479 | 6 258 | 36 666 | 36 719 | 7 139 |
| 33 480 | 33 533 | 6 272 | 36 720 | 36 773 | 7 154 |
| 33 534 | 33 587 | 6 287 | 36 774 | 36 827 | 7 169 |
| 33 588 | 33 641 | 6 301 | 36 028 | 36 881 | 7 184 |
| 33 642 | 33 695 | 6 316 | 36 882 | 36 935 | 7 199 |
| 33 696 | 33 749 | 6 330 | 36 936 | 36 989 | 7 214 |
| 33 750 | 33 803 | 6 345 | 36 990 | 37 043 | 7 229 |
| 33 804 | 33 857 | 6 359 | 37 044 | 37 097 | 7 244 |
| 33 858 | 33 911 | 6 374 | 37 098 | 37 151 | 7 259 |
| 33 912 | 33 965 | 6 388 | 37 152 | 37 205 | 7 274 |
| 33 966 | 34 019 | 6 403 | 37 206 | 37 259 | 7 289 |
| 34 020 | 34 073 | 6 417 | 37 260 | 37 313 | 7 304 |
| 34 074 | 34 127 | 6 432 | 37 314 | 37 367 | 7 319 |
| 34 128 | 34 181 | 6 446 | 37 368 | 37 421 | 7 334 |
| 34 182 | 34 235 | 6 461 | 37 422 | 37 475 | 7 349 |
| 34 236 | 34 289 | 6 475 | 37 476 | 37 529 | 7 364 |
| 34 290 | 34 343 | 6 490 | 37 530 | 37 583 | 7 379 |
| 34 344 | 34 397 | 6 504 | 37 584 | 37 637 | 7 394 |
| 34 398 | 34 451 | 6 519 | 37 638 | 37 691 | 7 409 |
| 34 452 | 34 505 | 6 533 | 37 692 | 37 745 | 7 424 |
| 34 506 | 34 559 | 6 548 | 37 746 | 37 799 | 7 440 |
| 34 560 | 34 613 | 6 563 | 37 800 | 37 853 | 7 455 |
| 34 614 | 34 667 | 6 577 | 37 854 | 37 907 | 7 470 |
| 34 668 | 34 721 | 6 592 | 37 908 | 37 961 | 7 485 |
| 34 722 | 34 775 | 6 607 | 37 962 | 38 015 | 7 500 |

| zu versteuerndes Einkommen in DM | | tarifliche Einkommensteuer in DM | zu versteuerndes Einkommen in DM | | tarifliche Einkommensteuer in DM |
|---|---|---|---|---|---|
| von | bis | | von | bis | |
| 38016 | 38069 | 7515 | 41256 | 41309 | 8441 |
| 38070 | 38123 | 7531 | 41310 | 41363 | 8457 |
| 38124 | 38177 | 7546 | 41364 | 41417 | 8473 |
| 38178 | 38231 | 7561 | 41418 | 41471 | 8489 |
| 38232 | 38285 | 7576 | 41472 | 41525 | 8504 |
| 38286 | 38339 | 7591 | 41526 | 41579 | 8520 |
| 38340 | 38393 | 7607 | 41580 | 41633 | 8536 |
| 38394 | 38447 | 7622 | 41634 | 41687 | 8552 |
| 38448 | 38501 | 7637 | 41688 | 41741 | 8567 |
| 38502 | 38555 | 7652 | 41742 | 41795 | 8583 |
| 38556 | 38609 | 7667 | 41796 | 41849 | 8599 |
| 38610 | 38663 | 7683 | 41850 | 41903 | 8615 |
| 38664 | 38717 | 7698 | 41904 | 41957 | 8630 |
| 38718 | 38771 | 7713 | 41958 | 42011 | 8646 |
| 38772 | 38825 | 7729 | 42012 | 42065 | 8662 |
| 38826 | 38879 | 7744 | 42066 | 42119 | 8678 |
| 38880 | 38933 | 7759 | 42120 | 42173 | 8694 |
| 38934 | 38987 | 7775 | 42174 | 42227 | 8710 |
| 38988 | 39041 | 7790 | 42228 | 42281 | 8725 |
| 39042 | 39095 | 7805 | 42282 | 42335 | 8741 |
| 39096 | 39149 | 7821 | 42336 | 42389 | 8757 |
| 39150 | 39203 | 7836 | 42390 | 42443 | 8773 |
| 39204 | 39257 | 7851 | 42444 | 42497 | 8789 |
| 39258 | 39311 | 7867 | 42498 | 42551 | 8805 |
| 39312 | 39365 | 7882 | 42552 | 42605 | 8821 |
| 39366 | 39419 | 7897 | 42606 | 42659 | 8837 |
| 39420 | 39473 | 7913 | 42660 | 42713 | 8853 |
| 39474 | 39527 | 7928 | 42714 | 42767 | 8869 |
| 39528 | 39581 | 7944 | 42768 | 42821 | 8885 |
| 39582 | 39635 | 7959 | 42822 | 42875 | 8900 |
| 39636 | 39689 | 7974 | 42876 | 42929 | 8916 |
| 39690 | 39743 | 7990 | 42930 | 42983 | 8932 |
| 39744 | 39797 | 8005 | 42984 | 43037 | 8948 |
| 39798 | 39851 | 8021 | 43038 | 43091 | 8964 |
| 39852 | 39905 | 8036 | 43092 | 43145 | 8980 |
| 39906 | 39959 | 8052 | 43146 | 43199 | 8996 |
| 39960 | 40013 | 8067 | 43200 | 43253 | 9012 |
| 40014 | 40067 | 8083 | 43254 | 43307 | 9028 |
| 40068 | 40121 | 8098 | 43308 | 43361 | 9044 |
| 40122 | 40175 | 8114 | 43362 | 43415 | 9061 |
| 40176 | 40229 | 8129 | 43416 | 43469 | 9077 |
| 40230 | 40283 | 8145 | 43470 | 43523 | 9093 |
| 40284 | 40337 | 8160 | 43524 | 43577 | 9109 |
| 40338 | 40391 | 8176 | 43578 | 43631 | 9125 |
| 40392 | 40445 | 8191 | 43632 | 43685 | 9141 |
| 40446 | 40499 | 8207 | 43686 | 43739 | 9157 |
| 40500 | 40553 | 8223 | 43740 | 43793 | 9173 |
| 40554 | 40607 | 8238 | 43794 | 43847 | 9189 |
| 40608 | 40661 | 8254 | 43848 | 43901 | 9205 |
| 40662 | 40715 | 8269 | 43902 | 43955 | 9221 |
| 40716 | 40769 | 8285 | 43956 | 44009 | 9238 |
| 40770 | 40823 | 8300 | 44010 | 44063 | 9254 |
| 40824 | 40877 | 8316 | 44064 | 44117 | 9270 |
| 40878 | 40931 | 8332 | 44118 | 44171 | 9286 |
| 40932 | 40985 | 8347 | 44172 | 44225 | 9302 |
| 40986 | 41039 | 8363 | 44226 | 44279 | 9318 |
| 41040 | 41093 | 8379 | 44280 | 44333 | 9335 |
| 41094 | 41147 | 8394 | 44334 | 44387 | 9351 |
| 41148 | 41201 | 8410 | 44388 | 44441 | 9367 |
| 41202 | 41255 | 8426 | 44442 | 44495 | 9383 |

| zu versteuerndes Einkommen in DM | | tarifliche Einkommensteuer in DM | zu versteuerndes Einkommen in DM | | tarifliche Einkommensteuer in DM |
|---|---|---|---|---|---|
| von | bis | | von | bis | |
| 44 496 | 44 549 | 9 399 | 47 736 | 47 789 | 10 389 |
| 44 550 | 44 603 | 9 416 | 47 790 | 47 843 | 10 406 |
| 44 604 | 44 657 | 9 432 | 47 844 | 47 897 | 10 423 |
| 44 658 | 44 711 | 9 448 | 47 898 | 47 951 | 10 440 |
| 44 712 | 44 765 | 9 464 | 47 952 | 48 005 | 10 456 |
| 44 766 | 44 819 | 9 481 | 48 006 | 48 059 | 10 473 |
| 44 820 | 44 873 | 9 497 | 48 060 | 48 113 | 10 490 |
| 44 874 | 44 927 | 9 513 | 48 114 | 48 167 | 10 507 |
| 44 928 | 44 981 | 9 530 | 48 168 | 48 221 | 10 524 |
| 44 982 | 45 035 | 9 546 | 48 222 | 48 275 | 10 541 |
| 45 036 | 45 089 | 9 562 | 48 276 | 48 329 | 10 557 |
| 45 090 | 45 143 | 9 579 | 48 330 | 48 383 | 10 574 |
| 45 144 | 45 197 | 9 595 | 48 384 | 48 437 | 10 591 |
| 45 198 | 45 251 | 9 611 | 48 438 | 48 491 | 10 608 |
| 45 252 | 45 305 | 9 628 | 48 492 | 48 545 | 10 625 |
| 45 306 | 45 359 | 9 644 | 48 546 | 48 599 | 10 642 |
| 45 360 | 45 413 | 9 660 | 48 600 | 48 653 | 10 659 |
| 45 414 | 45 467 | 9 677 | 48 654 | 48 707 | 10 676 |
| 45 468 | 45 521 | 9 693 | 48 708 | 48 761 | 10 693 |
| 45 522 | 45 575 | 9 709 | 48 762 | 48 815 | 10 709 |
| 45 576 | 45 629 | 9 726 | 48 816 | 48 869 | 10 726 |
| 45 630 | 45 683 | 9 742 | 48 870 | 48 923 | 10 743 |
| 45 684 | 45 737 | 9 759 | 48 924 | 48 977 | 10 760 |
| 45 738 | 45 791 | 9 775 | 48 978 | 49 031 | 10 777 |
| 45 792 | 45 845 | 9 792 | 49 032 | 49 085 | 10 794 |
| 45 846 | 45 899 | 9 808 | 49 086 | 49 139 | 10 811 |
| 45 900 | 45 953 | 9 824 | 49 140 | 49 193 | 10 828 |
| 45 954 | 46 007 | 9 841 | 49 194 | 49 247 | 10 845 |
| 46 008 | 46 061 | 9 857 | 49 248 | 49 301 | 10 862 |
| 46 062 | 46 115 | 9 874 | 49 302 | 49 355 | 10 879 |
| 46 116 | 46 169 | 9 890 | 49 356 | 49 409 | 10 896 |
| 46 170 | 46 223 | 9 907 | 49 410 | 49 463 | 10 913 |
| 46 224 | 46 277 | 9 923 | 49 464 | 49 517 | 10 930 |
| 46 278 | 46 331 | 9 940 | 49 518 | 49 571 | 10 947 |
| 46 332 | 46 385 | 9 956 | 49 572 | 49 625 | 10 964 |
| 46 386 | 46 439 | 9 973 | 49 626 | 49 679 | 10 982 |
| 46 440 | 46 493 | 9 990 | 49 680 | 49 733 | 10 999 |
| 46 494 | 46 547 | 10 006 | 49 734 | 49 787 | 11 016 |
| 46 548 | 46 601 | 10 023 | 49 788 | 49 841 | 11 033 |
| 46 602 | 46 655 | 10 039 | 49 842 | 49 895 | 11 050 |
| 46 656 | 46 709 | 10 056 | 49 896 | 49 949 | 11 067 |
| 46 710 | 46 763 | 10 072 | 49 950 | 50 003 | 11 084 |
| 46 764 | 46 817 | 10 089 | 50 004 | 50 057 | 11 101 |
| 46 818 | 46 871 | 10 106 | 50 058 | 50 111 | 11 118 |
| 46 872 | 46 925 | 10 122 | 50 112 | 50 165 | 11 136 |
| 46 926 | 46 979 | 10 139 | 50 166 | 50 219 | 11 153 |
| 46 980 | 47 033 | 10 156 | 50 220 | 50 273 | 11 170 |
| 47 034 | 47 087 | 10 172 | 50 274 | 50 327 | 11 187 |
| 47 088 | 47 141 | 10 189 | 50 328 | 50 381 | 11 204 |
| 47 142 | 47 195 | 10 205 | 50 382 | 50 435 | 11 221 |
| 47 196 | 47 249 | 10 222 | 50 436 | 50 489 | 11 239 |
| 47 250 | 47 303 | 10 239 | 50 490 | 50 543 | 11 256 |
| 47 304 | 47 357 | 10 256 | 50 544 | 50 597 | 11 273 |
| 47 358 | 47 411 | 10 272 | 50 598 | 50 651 | 11 290 |
| 47 412 | 47 465 | 10 289 | 50 652 | 50 705 | 11 308 |
| 47 466 | 47 519 | 10 306 | 50 706 | 50 759 | 11 325 |
| 47 520 | 47 573 | 10 322 | 50 760 | 50 813 | 11 342 |
| 47 574 | 47 627 | 10 339 | 50 814 | 50 867 | 11 359 |
| 47 628 | 47 681 | 10 356 | 50 868 | 50 921 | 11 377 |
| 47 682 | 47 735 | 10 373 | 50 922 | 50 975 | 11 394 |

| zu versteuerndes Einkommen in DM | | tarifliche Einkommensteuer in DM | zu versteuerndes Einkommen in DM | | tarifliche Einkommensteuer in DM |
|---|---|---|---|---|---|
| von | bis | | von | bis | |
| 50976 | 51029 | 11411 | 54216 | 54269 | 12465 |
| 51030 | 51083 | 11428 | 54270 | 54323 | 12483 |
| 51084 | 51137 | 11446 | 54324 | 54377 | 12500 |
| 51138 | 51191 | 11463 | 54378 | 54431 | 12518 |
| 51192 | 51245 | 11480 | 54432 | 54485 | 12536 |
| 51246 | 51299 | 11498 | 54486 | 54539 | 12554 |
| 51300 | 51353 | 11515 | 54540 | 54593 | 12572 |
| 51354 | 51407 | 11532 | 54594 | 54647 | 12590 |
| 51408 | 51461 | 11550 | 54648 | 54701 | 12608 |
| 51462 | 51515 | 11567 | 54702 | 54755 | 12626 |
| 51516 | 51569 | 11585 | 54756 | 54809 | 12644 |
| 51570 | 51623 | 11602 | 54810 | 54863 | 12661 |
| 51624 | 51677 | 11619 | 54864 | 54917 | 12679 |
| 51678 | 51731 | 11637 | 54918 | 54971 | 12697 |
| 51732 | 51785 | 11654 | 54972 | 55025 | 12715 |
| 51786 | 51839 | 11672 | 55026 | 55079 | 12733 |
| 51840 | 51893 | 11689 | 55080 | 55133 | 12751 |
| 51894 | 51947 | 11706 | 55134 | 55187 | 12769 |
| 51948 | 52001 | 11724 | 55188 | 55241 | 12787 |
| 52002 | 52055 | 11741 | 55242 | 55295 | 12805 |
| 52056 | 52109 | 11759 | 55296 | 55349 | 12823 |
| 52110 | 52163 | 11776 | 55350 | 55403 | 12841 |
| 52164 | 52217 | 11794 | 55404 | 55457 | 12859 |
| 52218 | 52271 | 11811 | 55458 | 55511 | 12877 |
| 52272 | 52325 | 11829 | 55512 | 55565 | 12895 |
| 52326 | 52379 | 11846 | 55566 | 55619 | 12913 |
| 52380 | 52433 | 11864 | 55620 | 55673 | 12931 |
| 52434 | 52487 | 11881 | 55674 | 55727 | 12949 |
| 52488 | 52541 | 11899 | 55728 | 55781 | 12967 |
| 52542 | 52595 | 11916 | 55782 | 55835 | 12986 |
| 52596 | 52649 | 11934 | 55836 | 55889 | 13004 |
| 52650 | 52703 | 11952 | 55890 | 55943 | 13022 |
| 52704 | 52757 | 11969 | 55944 | 55997 | 13040 |
| 52758 | 52811 | 11987 | 55998 | 56051 | 13058 |
| 52812 | 52865 | 12004 | 56052 | 56105 | 13076 |
| 52866 | 52919 | 12022 | 56106 | 56159 | 13094 |
| 52920 | 52973 | 12040 | 56160 | 56213 | 13112 |
| 52974 | 53027 | 12057 | 56214 | 56267 | 13131 |
| 53028 | 53081 | 12075 | 56268 | 56321 | 13149 |
| 53082 | 53135 | 12092 | 56322 | 56375 | 13167 |
| 53136 | 53189 | 12110 | 56376 | 56429 | 13185 |
| 53190 | 53243 | 12128 | 56430 | 56483 | 13203 |
| 53244 | 53297 | 12145 | 56484 | 56537 | 13221 |
| 53298 | 53351 | 12163 | 56538 | 56591 | 13240 |
| 53352 | 53405 | 12181 | 56592 | 56645 | 13258 |
| 53406 | 53459 | 12198 | 56646 | 56699 | 13276 |
| 53460 | 53513 | 12216 | 56700 | 56753 | 13294 |
| 53514 | 53567 | 12234 | 56754 | 56807 | 13312 |
| 53568 | 53621 | 12252 | 56808 | 56861 | 13331 |
| 53622 | 53675 | 12269 | 56862 | 56915 | 13349 |
| 53676 | 53729 | 12287 | 56916 | 56969 | 13367 |
| 53730 | 53783 | 12305 | 56970 | 57023 | 13386 |
| 53784 | 53837 | 12322 | 57024 | 57077 | 13404 |
| 53838 | 53891 | 12340 | 57078 | 57131 | 13422 |
| 53892 | 53945 | 12358 | 57132 | 57185 | 13440 |
| 53946 | 53999 | 12376 | 57186 | 57239 | 13459 |
| 54000 | 54053 | 12394 | 57240 | 57293 | 13477 |
| 54054 | 54107 | 12411 | 57294 | 57347 | 13495 |
| 54108 | 54161 | 12429 | 57348 | 57401 | 13514 |
| 54162 | 54215 | 12447 | 57402 | 57455 | 13532 |

| zu versteuerndes Einkommen in DM | | tarifliche Einkommensteuer in DM | | zu versteuerndes Einkommen in DM | | tarifliche Einkommensteuer in DM |
|---|---|---|---|---|---|---|
| von | bis | | | von | bis | |
| 57 456 | 57 509 | 13 550 | | 60 696 | 60 749 | 14 668 |
| 57 510 | 57 563 | 13 569 | | 60 750 | 60 803 | 14 687 |
| 57 564 | 57 617 | 13 587 | | 60 804 | 60 857 | 14 706 |
| 57 618 | 57 671 | 13 606 | | 60 858 | 60 911 | 14 725 |
| 57 672 | 57 725 | 13 624 | | 60 912 | 60 965 | 14 744 |
| 57 726 | 57 779 | 13 642 | | 60 966 | 61 019 | 14 762 |
| 57 780 | 57 833 | 13 661 | | 61 020 | 61 073 | 14 781 |
| 57 834 | 57 887 | 13 679 | | 61 074 | 61 127 | 14 800 |
| 57 888 | 57 941 | 13 698 | | 61 128 | 61 181 | 14 819 |
| 57 942 | 57 995 | 13 716 | | 61 182 | 61 235 | 14 838 |
| 57 996 | 58 049 | 13 734 | | 61 236 | 61 289 | 14 857 |
| 58 050 | 58 103 | 13 753 | | 61 290 | 61 343 | 14 876 |
| 58 104 | 58 157 | 13 771 | | 61 344 | 61 397 | 14 895 |
| 58 158 | 58 211 | 13 790 | | 61 398 | 61 451 | 14 914 |
| 58 212 | 58 265 | 13 808 | | 61 452 | 61 505 | 14 933 |
| 58 266 | 58 319 | 13 827 | | 61 506 | 61 559 | 14 952 |
| 58 320 | 58 373 | 13 845 | | 61 560 | 61 613 | 14 971 |
| 58 374 | 58 427 | 13 864 | | 61 614 | 61 667 | 14 990 |
| 58 428 | 58 481 | 13 882 | | 61 668 | 61 721 | 15 009 |
| 58 482 | 58 535 | 13 901 | | 61 722 | 61 775 | 15 028 |
| 58 536 | 58 589 | 13 919 | | 61 776 | 61 829 | 15 048 |
| 58 590 | 58 643 | 13 938 | | 61 830 | 61 883 | 15 067 |
| 58 644 | 58 697 | 13 956 | | 61 884 | 61 937 | 15 086 |
| 58 698 | 58 751 | 13 975 | | 61 938 | 61 991 | 15 105 |
| 58 752 | 58 805 | 13 994 | | 61 992 | 62 045 | 15 124 |
| 58 806 | 58 859 | 14 012 | | 62 046 | 62 099 | 15 143 |
| 58 860 | 58 913 | 14 031 | | 62 100 | 62 153 | 15 162 |
| 58 914 | 58 967 | 14 049 | | 62 154 | 62 207 | 15 181 |
| 58 968 | 59 021 | 14 068 | | 62 208 | 62 261 | 15 200 |
| 59 022 | 59 075 | 14 087 | | 62 262 | 62 315 | 15 219 |
| 59 076 | 59 129 | 14 105 | | 62 316 | 62 369 | 15 239 |
| 59 130 | 59 183 | 14 124 | | 62 370 | 62 423 | 15 258 |
| 59 184 | 59 237 | 14 142 | | 62 424 | 62 477 | 15 277 |
| 59 238 | 59 291 | 14 161 | | 62 478 | 62 531 | 15 296 |
| 59 292 | 59 345 | 14 180 | | 62 532 | 62 585 | 15 315 |
| 59 346 | 59 399 | 14 198 | | 62 586 | 62 639 | 15 335 |
| 59 400 | 59 453 | 14 217 | | 62 640 | 62 693 | 15 354 |
| 59 454 | 59 507 | 14 236 | | 62 694 | 62 747 | 15 373 |
| 59 508 | 59 561 | 14 254 | | 62 748 | 62 801 | 15 392 |
| 59 562 | 59 615 | 14 273 | | 62 802 | 62 855 | 15 411 |
| 59 616 | 59 669 | 14 292 | | 62 856 | 62 909 | 15 431 |
| 59 670 | 59 723 | 14 311 | | 62 910 | 62 963 | 15 450 |
| 59 724 | 59 777 | 14 329 | | 62 964 | 63 017 | 15 469 |
| 59 778 | 59 831 | 14 348 | | 63 018 | 63 071 | 15 488 |
| 59 832 | 59 885 | 14 367 | | 63 072 | 63 125 | 15 508 |
| 59 886 | 59 939 | 14 386 | | 63 126 | 63 179 | 15 527 |
| 59 940 | 59 993 | 14 404 | | 63 180 | 63 233 | 15 546 |
| 59 994 | 60 047 | 14 423 | | 63 234 | 63 287 | 15 566 |
| 60 048 | 60 101 | 14 442 | | 63 288 | 63 341 | 15 585 |
| 60 102 | 60 155 | 14 461 | | 63 342 | 63 395 | 15 604 |
| 60 156 | 60 209 | 14 479 | | 63 396 | 63 449 | 15 624 |
| 60 210 | 60 263 | 14 498 | | 63 450 | 63 503 | 15 643 |
| 60 264 | 60 317 | 14 517 | | 63 504 | 63 557 | 15 662 |
| 60 318 | 60 371 | 14 536 | | 63 558 | 63 611 | 15 682 |
| 60 372 | 60 425 | 14 555 | | 63 612 | 63 665 | 15 701 |
| 60 426 | 60 479 | 14 574 | | 63 666 | 63 719 | 15 720 |
| 60 480 | 60 533 | 14 592 | | 63 720 | 63 773 | 15 740 |
| 60 534 | 60 587 | 14 611 | | 63 774 | 63 827 | 15 759 |
| 60 588 | 60 641 | 14 630 | | 63 828 | 63 881 | 15 778 |
| 60 642 | 60 695 | 14 649 | | 63 882 | 63 935 | 15 798 |

| zu versteuerndes Einkommen in DM | | tarifliche Einkommensteuer in DM | zu versteuerndes Einkommen in DM | | tarifliche Einkommensteuer in DM |
|---|---|---|---|---|---|
| von | bis | | von | bis | |
| 63 936 | 63 989 | 15 817 | 67 176 | 67 229 | 16 999 |
| 63 990 | 64 043 | 15 837 | 67 230 | 67 283 | 17 019 |
| 64 044 | 64 097 | 15 856 | 67 284 | 67 337 | 17 039 |
| 64 098 | 64 151 | 15 876 | 67 338 | 67 391 | 17 059 |
| 64 152 | 64 205 | 15 895 | 67 392 | 67 445 | 17 078 |
| 64 206 | 64 259 | 15 915 | 67 446 | 67 499 | 17 098 |
| 64 260 | 64 313 | 15 934 | 67 500 | 67 553 | 17 118 |
| 64 314 | 64 367 | 15 953 | 67 554 | 67 607 | 17 139 |
| 64 368 | 64 421 | 15 973 | 67 608 | 67 661 | 17 159 |
| 64 422 | 64 475 | 15 992 | 67 662 | 67 715 | 17 179 |
| 64 476 | 64 529 | 16 012 | 67 716 | 67 769 | 17 199 |
| 64 530 | 64 583 | 16 031 | 67 770 | 67 823 | 17 219 |
| 64 584 | 64 637 | 16 051 | 67 824 | 67 877 | 17 239 |
| 64 638 | 64 691 | 16 071 | 67 878 | 67 931 | 17 259 |
| 64 692 | 64 745 | 16 090 | 67 932 | 67 985 | 17 279 |
| 64 746 | 64 799 | 16 110 | 67 986 | 68 039 | 17 299 |
| 64 800 | 64 853 | 16 129 | 68 040 | 68 093 | 17 319 |
| 64 854 | 64 907 | 16 149 | 68 094 | 68 147 | 17 339 |
| 64 908 | 64 961 | 16 168 | 68 148 | 68 201 | 17 359 |
| 64 962 | 65 015 | 16 188 | 68 202 | 68 255 | 17 379 |
| 65 016 | 65 069 | 16 208 | 68 256 | 68 309 | 17 399 |
| 65 070 | 65 123 | 16 227 | 68 310 | 68 363 | 17 420 |
| 65 124 | 65 177 | 16 247 | 68 364 | 68 417 | 17 440 |
| 65 178 | 65 231 | 16 266 | 68 418 | 68 471 | 17 460 |
| 65 232 | 65 285 | 16 286 | 68 472 | 68 525 | 17 480 |
| 65 286 | 65 339 | 16 306 | 68 526 | 68 579 | 17 500 |
| 65 340 | 65 393 | 16 325 | 68 580 | 68 633 | 17 520 |
| 65 394 | 65 447 | 16 345 | 68 634 | 68 687 | 17 541 |
| 65 448 | 65 501 | 16 365 | 68 688 | 68 741 | 17 561 |
| 65 502 | 65 555 | 16 384 | 68 742 | 68 795 | 17 581 |
| 65 556 | 65 609 | 16 404 | 68 796 | 68 849 | 17 601 |
| 65 610 | 65 663 | 16 424 | 68 850 | 68 903 | 17 621 |
| 65 664 | 65 717 | 16 443 | 68 904 | 68 957 | 17 642 |
| 65 718 | 65 771 | 16 463 | 68 958 | 69 011 | 17 662 |
| 65 772 | 65 825 | 16 483 | 69 012 | 69 065 | 17 682 |
| 65 826 | 65 879 | 16 503 | 69 066 | 69 119 | 17 702 |
| 65 880 | 65 933 | 16 522 | 69 120 | 69 173 | 17 723 |
| 65 934 | 65 987 | 16 542 | 69 174 | 69 227 | 17 743 |
| 65 988 | 66 041 | 16 562 | 69 228 | 69 281 | 17 763 |
| 66 042 | 66 095 | 16 582 | 69 282 | 69 335 | 17 784 |
| 66 096 | 66 149 | 16 601 | 69 336 | 69 389 | 17 804 |
| 66 150 | 66 203 | 16 621 | 69 390 | 69 443 | 17 824 |
| 66 204 | 66 257 | 16 641 | 69 444 | 69 497 | 17 844 |
| 66 258 | 66 311 | 16 661 | 69 498 | 69 551 | 17 865 |
| 66 312 | 66 365 | 16 680 | 69 552 | 69 605 | 17 885 |
| 66 366 | 66 419 | 16 700 | 69 606 | 69 659 | 17 906 |
| 66 420 | 66 473 | 16 720 | 69 660 | 69 713 | 17 926 |
| 66 474 | 66 527 | 16 740 | 69 714 | 69 767 | 17 946 |
| 66 528 | 66 581 | 16 760 | 69 768 | 69 821 | 17 967 |
| 66 582 | 66 635 | 16 780 | 69 822 | 69 875 | 17 987 |
| 66 636 | 66 689 | 16 800 | 69 876 | 69 929 | 18 007 |
| 66 690 | 66 743 | 16 819 | 69 930 | 69 983 | 18 028 |
| 66 744 | 66 797 | 16 839 | 69 984 | 70 037 | 18 048 |
| 66 798 | 66 851 | 16 859 | 70 038 | 70 091 | 18 069 |
| 66 852 | 66 905 | 16 879 | 70 092 | 70 145 | 18 089 |
| 66 906 | 66 959 | 16 899 | 70 146 | 70 199 | 18 109 |
| 66 960 | 67 013 | 16 919 | 70 200 | 70 253 | 18 130 |
| 67 014 | 67 067 | 16 939 | 70 254 | 70 307 | 18 150 |
| 67 068 | 67 121 | 16 959 | 70 308 | 70 361 | 18 171 |
| 67 122 | 67 175 | 16 979 | 70 362 | 70 415 | 18 191 |

| zu versteuerndes Einkommen in DM | | tarifliche Einkommensteuer in DM | zu versteuerndes Einkommen in DM | | tarifliche Einkommensteuer in DM |
|---|---|---|---|---|---|
| von | bis | | von | bis | |
| 70416 | 70469 | 18212 | 73656 | 73709 | 19457 |
| 70470 | 70523 | 18232 | 73710 | 73763 | 19478 |
| 70524 | 70577 | 18253 | 73764 | 73817 | 19499 |
| 70578 | 70631 | 18273 | 73818 | 73871 | 19520 |
| 70632 | 70685 | 18294 | 73872 | 73925 | 19541 |
| 70686 | 70739 | 18314 | 73926 | 73979 | 19562 |
| 70740 | 70793 | 18335 | 73980 | 74033 | 19583 |
| 70794 | 70847 | 18355 | 74034 | 74087 | 19604 |
| 70848 | 70901 | 18376 | 74088 | 74141 | 19625 |
| 70902 | 70955 | 18397 | 74142 | 74195 | 19646 |
| 70956 | 71009 | 18417 | 74196 | 74249 | 19668 |
| 71010 | 71063 | 18438 | 74250 | 74303 | 19689 |
| 71064 | 71117 | 18458 | 74304 | 74357 | 19710 |
| 71118 | 71171 | 18479 | 74358 | 74411 | 19731 |
| 71172 | 71225 | 18499 | 74412 | 74465 | 19752 |
| 71226 | 71279 | 18520 | 74466 | 74519 | 19773 |
| 71280 | 71333 | 18541 | 74520 | 74573 | 19794 |
| 71334 | 71387 | 18561 | 74574 | 74627 | 19815 |
| 71388 | 71441 | 18582 | 74628 | 74681 | 19837 |
| 71442 | 71495 | 18603 | 74682 | 74735 | 19858 |
| 71496 | 71549 | 18623 | 74736 | 74789 | 19879 |
| 71550 | 71603 | 18644 | 74790 | 74843 | 19900 |
| 71604 | 71657 | 18665 | 74844 | 74897 | 19921 |
| 71658 | 71711 | 18685 | 74898 | 74951 | 19943 |
| 71712 | 71765 | 18706 | 74952 | 75005 | 19964 |
| 71766 | 71819 | 18727 | 75006 | 75059 | 19985 |
| 71820 | 71873 | 18747 | 75060 | 75113 | 20006 |
| 71874 | 71927 | 18768 | 75114 | 75167 | 20028 |
| 71928 | 71981 | 18789 | 75168 | 75221 | 20049 |
| 71982 | 72035 | 18810 | 75222 | 75275 | 20070 |
| 72036 | 72089 | 18830 | 75276 | 75329 | 20091 |
| 72090 | 72143 | 18851 | 75330 | 75383 | 20113 |
| 72144 | 72197 | 18872 | 75384 | 75437 | 20134 |
| 72198 | 72251 | 18893 | 75438 | 75491 | 20155 |
| 72252 | 72305 | 18913 | 75492 | 75545 | 20177 |
| 72306 | 72359 | 18934 | 75546 | 75599 | 20198 |
| 72360 | 72413 | 18955 | 75600 | 75653 | 20219 |
| 72414 | 72467 | 18976 | 75654 | 75707 | 20241 |
| 72468 | 72521 | 18997 | 75708 | 75761 | 20262 |
| 72522 | 72575 | 19017 | 75762 | 75815 | 20283 |
| 72576 | 72629 | 19038 | 75816 | 75869 | 20305 |
| 72630 | 72683 | 19059 | 75870 | 75923 | 20326 |
| 72684 | 72737 | 19080 | 75924 | 75977 | 20347 |
| 72738 | 72791 | 19101 | 75978 | 76031 | 20369 |
| 72792 | 72845 | 19122 | 76032 | 76085 | 20390 |
| 72846 | 72899 | 19143 | 76086 | 76139 | 20412 |
| 72900 | 72953 | 19164 | 76140 | 76193 | 20433 |
| 72954 | 73007 | 19184 | 76194 | 76247 | 20455 |
| 73008 | 73061 | 19205 | 76248 | 76301 | 20476 |
| 73062 | 73115 | 19226 | 76302 | 76355 | 20497 |
| 73116 | 73169 | 19247 | 76356 | 76409 | 20519 |
| 73170 | 73223 | 19268 | 76410 | 76463 | 20540 |
| 73224 | 73277 | 19289 | 76464 | 76517 | 20562 |
| 73278 | 73331 | 19310 | 76518 | 76571 | 20583 |
| 73332 | 73385 | 19331 | 76572 | 76625 | 20605 |
| 73386 | 73439 | 19352 | 76626 | 76679 | 20626 |
| 73440 | 73493 | 19373 | 76680 | 76733 | 20648 |
| 73494 | 73547 | 19394 | 76734 | 76787 | 20669 |
| 73548 | 73601 | 19415 | 76788 | 76841 | 20691 |
| 73602 | 73655 | 19436 | 76842 | 76895 | 20712 |

| zu versteuerndes Einkommen in DM | | tarifliche Einkommensteuer in DM | zu versteuerndes Einkommen in DM | | tarifliche Einkommensteuer in DM |
|---|---|---|---|---|---|
| von | bis | | von | bis | |
| 76 896 | 76 949 | 20 734 | 80 136 | 80 189 | 22 043 |
| 76 950 | 77 003 | 20 755 | 80 190 | 80 243 | 22 065 |
| 77 004 | 77 057 | 20 777 | 80 244 | 80 297 | 22 087 |
| 77 058 | 77 111 | 20 799 | 80 298 | 80 351 | 22 109 |
| 77 112 | 77 165 | 20 820 | 80 352 | 80 405 | 22 131 |
| 77 166 | 77 219 | 20 842 | 80 406 | 80 459 | 22 153 |
| 77 220 | 77 273 | 20 863 | 80 460 | 80 513 | 22 175 |
| 77 274 | 77 327 | 20 885 | 80 514 | 80 567 | 22 198 |
| 77 328 | 77 381 | 20 907 | 80 568 | 80 621 | 22 220 |
| 77 382 | 77 435 | 20 928 | 80 622 | 80 675 | 22 242 |
| 77 436 | 77 489 | 20 950 | 80 676 | 80 729 | 22 264 |
| 77 490 | 77 543 | 20 971 | 80 730 | 80 783 | 22 286 |
| 77 544 | 77 597 | 20 993 | 80 784 | 80 837 | 22 308 |
| 77 598 | 77 651 | 21 015 | 80 838 | 80 891 | 22 331 |
| 77 652 | 77 705 | 21 036 | 80 892 | 80 945 | 22 353 |
| 77 706 | 77 759 | 21 058 | 80 946 | 80 999 | 22 375 |
| 77 760 | 77 813 | 21 080 | 81 000 | 81 053 | 22 397 |
| 77 814 | 77 867 | 21 102 | 81 054 | 81 107 | 22 419 |
| 77 868 | 77 921 | 21 123 | 81 108 | 81 161 | 22 442 |
| 77 922 | 77 975 | 21 145 | 81 162 | 81 215 | 22 464 |
| 77 976 | 78 029 | 21 167 | 81 216 | 81 269 | 22 486 |
| 78 030 | 78 083 | 21 188 | 81 270 | 81 323 | 22 508 |
| 78 084 | 78 137 | 21 210 | 81 324 | 81 377 | 22 531 |
| 78 138 | 78 191 | 21 232 | 81 378 | 81 431 | 22 553 |
| 78 192 | 78 245 | 21 254 | 81 432 | 81 485 | 22 575 |
| 78 246 | 78 299 | 21 275 | 81 486 | 81 539 | 22 598 |
| 78 300 | 78 353 | 21 297 | 81 540 | 81 593 | 22 620 |
| 78 354 | 78 407 | 21 319 | 81 594 | 81 647 | 22 642 |
| 78 408 | 78 461 | 21 341 | 81 648 | 81 701 | 22 665 |
| 78 462 | 78 515 | 21 363 | 81 702 | 81 755 | 22 687 |
| 78 516 | 78 569 | 21 384 | 81 756 | 81 809 | 22 709 |
| 78 570 | 78 623 | 21 406 | 81 810 | 81 863 | 22 732 |
| 78 624 | 78 677 | 21 428 | 81 864 | 81 917 | 22 754 |
| 78 678 | 78 731 | 21 450 | 81 918 | 81 971 | 22 776 |
| 78 732 | 78 785 | 21 472 | 81 972 | 82 025 | 22 799 |
| 78 786 | 78 839 | 21 494 | 82 026 | 82 079 | 22 821 |
| 78 840 | 78 893 | 21 515 | 82 080 | 82 133 | 22 843 |
| 78 894 | 78 947 | 21 537 | 82 134 | 82 187 | 22 866 |
| 78 948 | 79 001 | 21 559 | 82 188 | 82 241 | 22 888 |
| 79 002 | 79 055 | 21 581 | 82 242 | 82 295 | 22 911 |
| 79 056 | 79 109 | 21 603 | 82 296 | 82 349 | 22 933 |
| 79 110 | 79 163 | 21 625 | 82 350 | 82 403 | 22 956 |
| 79 164 | 79 217 | 21 647 | 82 404 | 82 457 | 22 978 |
| 79 218 | 79 271 | 21 669 | 82 458 | 82 511 | 23 000 |
| 79 272 | 79 325 | 21 691 | 82 512 | 82 565 | 23 023 |
| 79 326 | 79 379 | 21 713 | 82 566 | 82 619 | 23 045 |
| 79 380 | 79 433 | 21 735 | 82 620 | 82 673 | 23 068 |
| 79 434 | 79 487 | 21 756 | 82 674 | 82 727 | 23 090 |
| 79 488 | 79 541 | 21 778 | 82 728 | 82 781 | 23 113 |
| 79 542 | 79 595 | 21 800 | 82 782 | 82 835 | 23 135 |
| 79 596 | 79 649 | 21 822 | 82 836 | 82 889 | 23 158 |
| 79 650 | 79 703 | 21 844 | 82 890 | 82 943 | 23 180 |
| 79 704 | 79 757 | 21 866 | 82 944 | 82 997 | 23 203 |
| 79 758 | 79 811 | 21 888 | 82 998 | 83 051 | 23 226 |
| 79 812 | 79 865 | 21 910 | 83 052 | 83 105 | 23 248 |
| 79 866 | 79 919 | 21 932 | 83 106 | 83 159 | 23 271 |
| 79 920 | 79 973 | 21 955 | 83 160 | 83 213 | 23 293 |
| 79 974 | 80 027 | 21 977 | 83 214 | 83 267 | 23 316 |
| 80 028 | 80 081 | 21 999 | 83 268 | 83 321 | 23 338 |
| 80 082 | 80 135 | 22 021 | 83 322 | 83 375 | 23 361 |

| zu versteuerndes Einkommen in DM | | tarifliche Einkommensteuer in DM | zu versteuerndes Einkommen in DM | | tarifliche Einkommensteuer in DM |
|---|---|---|---|---|---|
| von | bis | | von | bis | |
| 83376 | 83429 | 23384 | 86616 | 86669 | 24756 |
| 83430 | 83483 | 23406 | 86670 | 86723 | 24779 |
| 83484 | 83537 | 23429 | 86724 | 86777 | 24803 |
| 83538 | 83591 | 23451 | 86778 | 86831 | 24826 |
| 83592 | 83645 | 23474 | 86832 | 86885 | 24849 |
| 83646 | 83699 | 23497 | 86886 | 86939 | 24872 |
| 83700 | 83753 | 23519 | 86940 | 86993 | 24895 |
| 83754 | 83807 | 23542 | 86994 | 87047 | 24919 |
| 83808 | 83861 | 23565 | 87048 | 87101 | 24942 |
| 83862 | 83915 | 23587 | 87102 | 87155 | 24965 |
| 83916 | 83969 | 23610 | 87156 | 87209 | 24988 |
| 83970 | 84023 | 23633 | 87210 | 87263 | 25011 |
| 84024 | 84077 | 23656 | 87264 | 87317 | 25035 |
| 84078 | 84131 | 23678 | 87318 | 87371 | 25058 |
| 84132 | 84185 | 23701 | 87372 | 87425 | 25081 |
| 84186 | 84239 | 23724 | 87426 | 87479 | 25104 |
| 84240 | 84293 | 23747 | 87480 | 87533 | 25128 |
| 84294 | 84347 | 23769 | 87534 | 87587 | 25151 |
| 84348 | 84401 | 23792 | 87588 | 87641 | 25174 |
| 84402 | 84455 | 23815 | 87642 | 87695 | 25198 |
| 84456 | 84509 | 23838 | 87696 | 87749 | 25221 |
| 84510 | 84563 | 23860 | 87750 | 87803 | 25244 |
| 84564 | 84617 | 23883 | 87804 | 87857 | 25268 |
| 84618 | 84671 | 23906 | 87858 | 87911 | 25291 |
| 84672 | 84725 | 23929 | 87912 | 87965 | 25314 |
| 84726 | 84779 | 23952 | 87966 | 88019 | 25338 |
| 84780 | 84833 | 23974 | 88020 | 88073 | 25361 |
| 84834 | 84887 | 23997 | 88074 | 88127 | 25384 |
| 84888 | 84941 | 24020 | 88128 | 88181 | 25408 |
| 84942 | 84995 | 24043 | 88182 | 88235 | 25431 |
| 84996 | 85049 | 24066 | 88236 | 88289 | 25455 |
| 85050 | 85103 | 24089 | 88290 | 88343 | 25478 |
| 85104 | 85157 | 24112 | 88344 | 88397 | 25501 |
| 85158 | 85211 | 24135 | 88398 | 88451 | 25525 |
| 85212 | 85265 | 24158 | 88452 | 88505 | 25548 |
| 85266 | 85319 | 24180 | 88506 | 88559 | 25572 |
| 85320 | 85373 | 24203 | 88560 | 88613 | 25595 |
| 85374 | 85427 | 24226 | 88614 | 88667 | 25619 |
| 85428 | 85481 | 24249 | 88668 | 88721 | 25642 |
| 85482 | 85535 | 24272 | 88722 | 88775 | 25666 |
| 85536 | 85589 | 24295 | 88776 | 88829 | 25689 |
| 85590 | 85643 | 24318 | 88830 | 88883 | 25713 |
| 85644 | 85697 | 24341 | 88884 | 88937 | 25736 |
| 85698 | 85751 | 24364 | 88938 | 88991 | 25760 |
| 85752 | 85805 | 24387 | 88992 | 89045 | 25783 |
| 85806 | 85859 | 24410 | 89046 | 89099 | 25807 |
| 85860 | 85913 | 24433 | 89100 | 89153 | 25830 |
| 85914 | 85967 | 24456 | 89154 | 89207 | 25854 |
| 85968 | 86021 | 24479 | 89208 | 89261 | 25877 |
| 86022 | 86075 | 24502 | 89262 | 89315 | 25901 |
| 86076 | 86129 | 24525 | 89316 | 89369 | 25925 |
| 86130 | 86183 | 24548 | 89370 | 89423 | 25948 |
| 86184 | 86237 | 24571 | 89424 | 89477 | 25972 |
| 86238 | 86291 | 24594 | 89478 | 89531 | 25995 |
| 86292 | 86345 | 24618 | 89532 | 89585 | 26019 |
| 86346 | 86399 | 24641 | 89586 | 89639 | 26043 |
| 86400 | 86453 | 24664 | 89640 | 89693 | 26066 |
| 86454 | 86507 | 24687 | 89694 | 89747 | 26090 |
| 86508 | 86561 | 24710 | 89748 | 89801 | 26114 |
| 86562 | 86615 | 24733 | 89802 | 89855 | 26137 |

| zu versteuerndes Einkommen in DM | | tarifliche Einkommen- steuer in DM | zu versteuerndes Einkommen in DM | | tarifliche Einkommen- steuer in DM |
|---|---|---|---|---|---|
| von | bis | | von | bis | |
| 89 856 | 89 909 | 26 161 | 93 096 | 93 149 | 27 597 |
| 89 910 | 89 963 | 26 185 | 93 150 | 93 203 | 27 622 |
| 89 964 | 90 017 | 26 208 | 93 204 | 93 257 | 27 646 |
| 90 018 | 90 071 | 26 232 | 93 258 | 93 311 | 27 670 |
| 90 072 | 90 125 | 26 256 | 93 312 | 93 365 | 27 694 |
| 90 126 | 90 179 | 26 279 | 93 366 | 93 419 | 27 719 |
| 90 180 | 90 233 | 26 303 | 93 420 | 93 473 | 27 743 |
| 90 234 | 90 287 | 26 327 | 93 474 | 93 527 | 27 767 |
| 90 288 | 90 341 | 26 351 | 93 528 | 93 581 | 27 791 |
| 90 342 | 90 395 | 26 374 | 93 582 | 93 635 | 27 816 |
| 90 396 | 90 449 | 26 398 | 93 636 | 93 689 | 27 840 |
| 90 450 | 90 503 | 26 422 | 93 690 | 93 743 | 27 864 |
| 90 504 | 90 557 | 26 446 | 93 744 | 93 797 | 27 888 |
| 90 558 | 90 611 | 26 469 | 93 798 | 93 851 | 27 913 |
| 90 612 | 90 665 | 26 493 | 93 852 | 93 905 | 27 937 |
| 90 666 | 90 719 | 26 517 | 93 906 | 93 959 | 27 961 |
| 90 720 | 90 773 | 26 541 | 93 960 | 94 013 | 27 986 |
| 90 774 | 90 827 | 26 565 | 94 014 | 94 067 | 28 010 |
| 90 828 | 90 881 | 26 588 | 94 068 | 94 121 | 28 035 |
| 90 882 | 90 935 | 26 612 | 94 122 | 94 175 | 28 059 |
| 90 936 | 90 989 | 26 636 | 94 176 | 94 229 | 28 083 |
| 90 990 | 91 043 | 26 660 | 94 230 | 94 283 | 28 108 |
| 91 044 | 91 097 | 26 684 | 94 284 | 94 337 | 28 132 |
| 91 098 | 91 151 | 26 708 | 94 338 | 94 391 | 28 156 |
| 91 152 | 91 205 | 26 732 | 94 392 | 94 445 | 28 181 |
| 91 206 | 91 259 | 26 756 | 94 446 | 94 499 | 28 205 |
| 91 260 | 91 313 | 26 779 | 94 500 | 94 553 | 28 230 |
| 91 314 | 91 367 | 26 803 | 94 554 | 94 607 | 28 254 |
| 91 368 | 91 421 | 26 827 | 94 608 | 94 661 | 28 279 |
| 91 422 | 91 475 | 26 851 | 94 662 | 94 715 | 28 303 |
| 91 476 | 91 529 | 26 875 | 94 716 | 94 769 | 28 328 |
| 91 530 | 91 583 | 26 899 | 94 770 | 94 823 | 28 352 |
| 91 584 | 91 637 | 26 923 | 94 824 | 94 877 | 28 377 |
| 91 638 | 91 691 | 26 947 | 94 878 | 94 931 | 28 401 |
| 91 692 | 91 745 | 26 971 | 94 932 | 94 985 | 28 426 |
| 91 746 | 91 799 | 26 995 | 94 986 | 95 039 | 28 450 |
| 91 800 | 91 853 | 27 019 | 95 040 | 95 093 | 28 475 |
| 91 854 | 91 907 | 27 043 | 95 094 | 95 147 | 28 499 |
| 91 908 | 91 961 | 27 067 | 95 148 | 95 201 | 28 524 |
| 91 962 | 92 015 | 27 091 | 95 202 | 95 255 | 28 548 |
| 92 016 | 92 069 | 27 115 | 95 256 | 95 309 | 28 573 |
| 92 070 | 92 123 | 27 139 | 95 310 | 95 363 | 28 597 |
| 92 124 | 92 177 | 27 163 | 95 364 | 95 417 | 28 622 |
| 92 178 | 92 231 | 27 187 | 95 418 | 95 471 | 28 646 |
| 92 232 | 92 285 | 27 211 | 95 472 | 95 525 | 28 671 |
| 92 286 | 92 339 | 27 235 | 95 526 | 95 579 | 28 696 |
| 92 340 | 92 393 | 27 259 | 95 580 | 95 633 | 28 720 |
| 92 394 | 92 447 | 27 283 | 95 634 | 95 687 | 28 745 |
| 92 448 | 92 501 | 27 308 | 95 688 | 95 741 | 28 770 |
| 92 502 | 92 555 | 27 332 | 95 742 | 95 795 | 28 794 |
| 92 556 | 92 609 | 27 356 | 95 796 | 95 849 | 28 819 |
| 92 610 | 92 663 | 27 380 | 95 850 | 95 903 | 28 843 |
| 92 664 | 92 717 | 27 404 | 95 904 | 95 957 | 28 868 |
| 92 718 | 92 771 | 27 428 | 95 958 | 96 011 | 28 893 |
| 92 772 | 92 825 | 27 452 | 96 012 | 96 065 | 28 917 |
| 92 826 | 92 879 | 27 476 | 96 066 | 96 119 | 28 942 |
| 92 880 | 92 933 | 27 501 | 96 120 | 96 173 | 28 967 |
| 92 934 | 92 987 | 27 525 | 96 174 | 96 227 | 28 992 |
| 92 988 | 93 041 | 27 549 | 96 228 | 96 281 | 29 016 |
| 93 042 | 93 095 | 27 573 | 96 282 | 96 335 | 29 041 |

| zu versteuerndes Einkommen in DM | | tarifliche Einkommensteuer in DM | | zu versteuerndes Einkommen in DM | | tarifliche Einkommensteuer in DM |
|---|---|---|---|---|---|---|
| von | bis | | | von | bis | |
| 96 336 | 96 389 | 29 066 | | 99 576 | 99 629 | 30 566 |
| 96 390 | 96 443 | 29 091 | | 99 630 | 99 683 | 30 591 |
| 96 444 | 96 497 | 29 115 | | 99 684 | 99 737 | 30 617 |
| 96 498 | 96 551 | 29 140 | | 99 738 | 99 791 | 30 642 |
| 96 552 | 96 605 | 29 165 | | 99 792 | 99 845 | 30 667 |
| 96 606 | 96 659 | 29 190 | | 99 846 | 99 899 | 30 693 |
| 96 660 | 96 713 | 29 214 | | 99 900 | 99 953 | 30 718 |
| 96 714 | 96 767 | 29 239 | | 99 954 | 100 007 | 30 743 |
| 96 768 | 96 821 | 29 264 | | 100 008 | 100 061 | 30 769 |
| 96 822 | 96 875 | 29 289 | | 100 062 | 100 115 | 30 794 |
| 96 876 | 96 929 | 29 314 | | 100 116 | 100 169 | 30 819 |
| 96 930 | 96 983 | 29 338 | | 100 170 | 100 223 | 30 845 |
| 96 984 | 97 037 | 29 363 | | 100 224 | 100 277 | 30 870 |
| 97 038 | 97 091 | 29 388 | | 100 278 | 100 331 | 30 895 |
| 97 092 | 97 145 | 29 413 | | 100 332 | 100 385 | 30 921 |
| 97 146 | 97 199 | 29 438 | | 100 386 | 100 439 | 30 946 |
| 97 200 | 97 253 | 29 463 | | 100 440 | 100 493 | 30 972 |
| 97 254 | 97 307 | 29 488 | | 100 494 | 100 547 | 30 997 |
| 97 308 | 97 361 | 29 513 | | 100 548 | 100 601 | 31 022 |
| 97 362 | 97 415 | 29 537 | | 100 602 | 100 655 | 31 048 |
| 97 416 | 97 469 | 29 562 | | 100 656 | 100 709 | 31 073 |
| 97 470 | 97 523 | 29 587 | | 100 710 | 100 763 | 31 099 |
| 97 524 | 97 577 | 29 612 | | 100 764 | 100 817 | 31 124 |
| 97 578 | 97 631 | 29 637 | | 100 818 | 100 871 | 31 150 |
| 97 632 | 97 685 | 29 662 | | 100 872 | 100 925 | 31 175 |
| 97 686 | 97 739 | 29 687 | | 100 926 | 100 979 | 31 201 |
| 97 740 | 97 793 | 29 712 | | 100 980 | 101 033 | 31 226 |
| 97 794 | 97 847 | 29 737 | | 101 034 | 101 087 | 31 252 |
| 97 848 | 97 901 | 29 762 | | 101 088 | 101 141 | 31 277 |
| 97 902 | 97 955 | 29 787 | | 101 142 | 101 195 | 31 303 |
| 97 956 | 98 009 | 29 812 | | 101 196 | 101 249 | 31 328 |
| 98 010 | 98 063 | 29 837 | | 101 250 | 101 303 | 31 354 |
| 98 064 | 98 117 | 29 862 | | 101 304 | 101 357 | 31 379 |
| 98 118 | 98 171 | 29 887 | | 101 358 | 101 411 | 31 405 |
| 98 172 | 98 225 | 29 912 | | 101 412 | 101 465 | 31 430 |
| 98 226 | 98 279 | 29 937 | | 101 466 | 101 519 | 31 456 |
| 98 280 | 98 333 | 29 962 | | 101 520 | 101 573 | 31 482 |
| 98 334 | 98 387 | 29 987 | | 101 574 | 101 627 | 31 507 |
| 98 388 | 98 441 | 30 012 | | 101 628 | 101 681 | 31 533 |
| 98 442 | 98 495 | 30 037 | | 101 682 | 101 735 | 31 558 |
| 98 496 | 98 549 | 30 062 | | 101 736 | 101 789 | 31 584 |
| 98 550 | 98 603 | 30 088 | | 101 790 | 101 843 | 31 610 |
| 98 604 | 98 657 | 30 113 | | 101 844 | 101 897 | 31 635 |
| 98 658 | 98 711 | 30 138 | | 101 898 | 101 951 | 31 661 |
| 98 712 | 98 765 | 30 163 | | 101 952 | 102 005 | 31 687 |
| 98 766 | 98 819 | 30 188 | | 102 006 | 102 059 | 31 712 |
| 98 820 | 98 873 | 30 213 | | 102 060 | 102 113 | 31 738 |
| 98 874 | 98 927 | 30 238 | | 102 114 | 102 167 | 31 764 |
| 98 928 | 98 981 | 30 263 | | 102 168 | 102 221 | 31 789 |
| 98 982 | 99 035 | 30 289 | | 102 222 | 102 275 | 31 815 |
| 99 036 | 99 089 | 30 314 | | 102 276 | 102 329 | 31 841 |
| 99 090 | 99 143 | 30 339 | | 102 330 | 102 383 | 31 866 |
| 99 144 | 99 197 | 30 364 | | 102 384 | 102 437 | 31 892 |
| 99 198 | 99 251 | 30 389 | | 102 438 | 102 491 | 31 918 |
| 99 252 | 99 305 | 30 415 | | 102 492 | 102 545 | 31 944 |
| 99 306 | 99 359 | 30 440 | | 102 546 | 102 599 | 31 969 |
| 99 360 | 99 413 | 30 465 | | 102 600 | 102 653 | 31 995 |
| 99 414 | 99 467 | 30 490 | | 102 654 | 102 707 | 32 021 |
| 99 468 | 99 521 | 30 516 | | 102 708 | 102 761 | 32 047 |
| 99 522 | 99 575 | 30 541 | | 102 762 | 102 815 | 32 072 |

| zu versteuerndes Einkommen in DM | | tarifliche Einkommensteuer in DM | zu versteuerndes Einkommen in DM | | tarifliche Einkommensteuer in DM |
|---|---|---|---|---|---|
| von | bis | | von | bis | |
| 102816 | 102869 | 32098 | 106056 | 106109 | 33662 |
| 102870 | 102923 | 32124 | 106110 | 106163 | 33689 |
| 102924 | 102977 | 32150 | 106164 | 106217 | 33715 |
| 102978 | 103031 | 32176 | 106218 | 106271 | 33741 |
| 103032 | 103085 | 32202 | 106272 | 106325 | 33768 |
| 103086 | 103139 | 32227 | 106326 | 106379 | 33794 |
| 103140 | 103193 | 32253 | 106380 | 106433 | 33821 |
| 103194 | 103247 | 32279 | 106434 | 106487 | 33847 |
| 103248 | 103301 | 32305 | 106488 | 106541 | 33873 |
| 103302 | 103355 | 32331 | 106542 | 106595 | 33900 |
| 103356 | 103409 | 32357 | 106596 | 106649 | 33926 |
| 103410 | 103463 | 32383 | 106650 | 106703 | 33953 |
| 103464 | 103517 | 32409 | 106704 | 106757 | 33979 |
| 103518 | 103571 | 32434 | 106758 | 106811 | 34005 |
| 103572 | 103625 | 32460 | 106812 | 106865 | 34032 |
| 103626 | 103679 | 32486 | 106866 | 106919 | 34058 |
| 103680 | 103733 | 32512 | 106920 | 106973 | 34085 |
| 103734 | 103787 | 32538 | 106974 | 107027 | 34111 |
| 103788 | 103841 | 32564 | 107028 | 107081 | 34138 |
| 103842 | 103895 | 32590 | 107082 | 107135 | 34164 |
| 103896 | 103949 | 32616 | 107136 | 107189 | 34191 |
| 103950 | 104003 | 32642 | 107190 | 107243 | 34217 |
| 104004 | 104057 | 32668 | 107244 | 107297 | 34244 |
| 104058 | 104111 | 32694 | 107298 | 107351 | 34270 |
| 104112 | 104165 | 32720 | 107352 | 107405 | 34297 |
| 104166 | 104219 | 32746 | 107406 | 107459 | 34323 |
| 104220 | 104273 | 32772 | 107460 | 107513 | 34350 |
| 104274 | 104327 | 32798 | 107514 | 107567 | 34377 |
| 104328 | 104381 | 32824 | 107568 | 107621 | 34403 |
| 104382 | 104435 | 32850 | 107622 | 107675 | 34430 |
| 104436 | 104489 | 32876 | 107676 | 107729 | 34456 |
| 104490 | 104543 | 32902 | 107730 | 107783 | 34483 |
| 104544 | 104597 | 32928 | 107784 | 107837 | 34510 |
| 104598 | 104651 | 32955 | 107838 | 107891 | 34536 |
| 104652 | 104705 | 32981 | 107892 | 107945 | 34563 |
| 104706 | 104759 | 33007 | 107946 | 107999 | 34589 |
| 104760 | 104813 | 33033 | 108000 | 108053 | 34616 |
| 104814 | 104867 | 33059 | 108054 | 108107 | 34643 |
| 104868 | 104921 | 33085 | 108108 | 108161 | 34669 |
| 104922 | 104975 | 33111 | 108162 | 108215 | 34696 |
| 104976 | 105029 | 33137 | 108216 | 108269 | 34723 |
| 105030 | 105083 | 33164 | 108270 | 108323 | 34749 |
| 105084 | 105137 | 33190 | 108324 | 108377 | 34776 |
| 105138 | 105191 | 33216 | 108378 | 108431 | 34803 |
| 105192 | 105245 | 33242 | 108432 | 108485 | 34830 |
| 105246 | 105299 | 33268 | 108486 | 108539 | 34856 |
| 105300 | 105353 | 33295 | 108540 | 108593 | 34883 |
| 105354 | 105407 | 33321 | 108594 | 108647 | 34910 |
| 105408 | 105461 | 33347 | 108648 | 108701 | 34937 |
| 105462 | 105515 | 33373 | 108702 | 108755 | 34963 |
| 105516 | 105569 | 33399 | 108756 | 108809 | 34990 |
| 105570 | 105623 | 33426 | 108810 | 108863 | 35017 |
| 105624 | 105677 | 33452 | 108864 | 108917 | 35044 |
| 105678 | 105731 | 33478 | 108918 | 108971 | 35071 |
| 105732 | 105785 | 33505 | 108972 | 109025 | 35097 |
| 105786 | 105839 | 33531 | 109026 | 109079 | 35124 |
| 105840 | 105893 | 33557 | 109080 | 109133 | 35151 |
| 105894 | 105947 | 33583 | 109134 | 109187 | 35178 |
| 105948 | 106001 | 33610 | 109188 | 109241 | 35205 |
| 106002 | 106055 | 33636 | 109242 | 109295 | 35231 |

| zu versteuerndes Einkommen in DM | | tarifliche Einkommensteuer in DM | zu versteuerndes Einkommen in DM | | tarifliche Einkommensteuer in DM |
|---|---|---|---|---|---|
| von | bis | | von | bis | |
| 109 296 | 109 349 | 35 258 | 112 536 | 112 589 | 36 886 |
| 109 350 | 109 403 | 35 285 | 112 590 | 112 643 | 36 914 |
| 109 404 | 109 457 | 35 312 | 112 644 | 112 697 | 36 941 |
| 109 458 | 109 511 | 35 339 | 112 698 | 112 751 | 36 968 |
| 109 512 | 109 565 | 35 366 | 112 752 | 112 805 | 36 996 |
| 109 566 | 109 619 | 35 393 | 112 806 | 112 859 | 37 023 |
| 109 620 | 109 673 | 35 420 | 112 860 | 112 913 | 37 051 |
| 109 674 | 109 727 | 35 447 | 112 914 | 112 967 | 37 078 |
| 109 728 | 109 781 | 35 474 | 112 968 | 113 021 | 37 106 |
| 109 782 | 109 835 | 35 501 | 113 022 | 113 075 | 37 133 |
| 109 836 | 109 889 | 35 527 | 113 076 | 113 129 | 37 161 |
| 109 890 | 109 943 | 35 554 | 113 130 | 113 183 | 37 188 |
| 109 944 | 109 997 | 35 581 | 113 184 | 113 237 | 37 216 |
| 109 998 | 110 051 | 35 608 | 113 238 | 113 291 | 37 243 |
| 110 052 | 110 105 | 35 635 | 113 292 | 113 345 | 37 271 |
| 110 106 | 110 159 | 35 662 | 113 346 | 113 399 | 37 298 |
| 110 160 | 110 213 | 35 689 | 113 400 | 113 453 | 37 326 |
| 110 214 | 110 267 | 35 716 | 113 454 | 113 507 | 37 353 |
| 110 268 | 110 321 | 35 743 | 113 508 | 113 561 | 37 381 |
| 110 322 | 110 375 | 35 770 | 113 562 | 113 615 | 37 408 |
| 110 376 | 110 429 | 35 797 | 113 616 | 113 669 | 37 436 |
| 110 430 | 110 483 | 35 824 | 113 670 | 113 723 | 37 464 |
| 110 484 | 110 537 | 35 852 | 113 724 | 113 777 | 37 491 |
| 110 538 | 110 591 | 35 879 | 113 778 | 113 831 | 37 519 |
| 110 592 | 110 645 | 35 906 | 113 832 | 113 885 | 37 546 |
| 110 646 | 110 699 | 35 933 | 113 886 | 113 939 | 37 574 |
| 110 700 | 110 753 | 35 960 | 113 940 | 113 993 | 37 602 |
| 110 754 | 110 807 | 35 987 | 113 994 | 114 047 | 37 629 |
| 110 808 | 110 861 | 36 014 | 114 048 | 114 101 | 37 657 |
| 110 862 | 110 915 | 36 041 | 114 102 | 114 155 | 37 684 |
| 110 916 | 110 969 | 36 068 | 114 156 | 114 209 | 37 712 |
| 110 970 | 111 023 | 36 095 | 114 210 | 114 263 | 37 740 |
| 111 024 | 111 077 | 36 123 | 114 264 | 114 317 | 37 767 |
| 111 078 | 111 131 | 36 150 | 114 318 | 114 371 | 37 795 |
| 111 132 | 111 185 | 36 177 | 114 372 | 114 425 | 37 823 |
| 111 186 | 111 239 | 36 204 | 114 426 | 114 479 | 37 851 |
| 111 240 | 111 293 | 36 231 | 114 480 | 114 533 | 37 878 |
| 111 294 | 111 347 | 36 258 | 114 534 | 114 587 | 37 906 |
| 111 348 | 111 401 | 36 286 | 114 588 | 114 641 | 37 934 |
| 111 402 | 111 455 | 36 313 | 114 642 | 114 695 | 37 961 |
| 111 456 | 111 509 | 36 340 | 114 696 | 114 749 | 37 989 |
| 111 510 | 111 563 | 36 367 | 114 750 | 114 803 | 38 017 |
| 111 564 | 111 617 | 36 395 | 114 804 | 114 857 | 38 045 |
| 111 618 | 111 671 | 36 422 | 114 858 | 114 911 | 38 073 |
| 111 672 | 111 725 | 36 449 | 114 912 | 114 965 | 38 100 |
| 111 726 | 111 779 | 36 476 | 114 966 | 115 019 | 38 128 |
| 111 780 | 111 833 | 36 504 | 115 020 | 115 073 | 38 156 |
| 111 834 | 111 887 | 36 531 | 115 074 | 115 127 | 38 184 |
| 111 888 | 111 941 | 36 558 | 115 128 | 115 181 | 38 212 |
| 111 942 | 111 995 | 36 585 | 115 182 | 115 235 | 38 239 |
| 111 996 | 112 049 | 36 613 | 115 236 | 115 289 | 38 267 |
| 112 050 | 112 103 | 36 640 | 115 290 | 115 343 | 38 295 |
| 112 104 | 112 157 | 36 667 | 115 344 | 115 397 | 38 323 |
| 112 158 | 112 211 | 36 695 | 115 398 | 115 451 | 38 351 |
| 112 212 | 112 265 | 36 722 | 115 452 | 115 505 | 38 379 |
| 112 266 | 112 319 | 36 749 | 115 506 | 115 559 | 38 407 |
| 112 320 | 112 373 | 36 777 | 115 560 | 115 613 | 38 434 |
| 112 374 | 112 427 | 36 804 | 115 614 | 115 667 | 38 462 |
| 112 428 | 112 481 | 36 831 | 115 668 | 115 721 | 38 490 |
| 112 482 | 112 535 | 36 859 | 115 722 | 115 775 | 38 518 |

| zu versteuerndes Einkommen in DM | | tarifliche Einkommensteuer in DM | zu versteuerndes Einkommen in DM | | tarifliche Einkommensteuer in DM |
|---|---|---|---|---|---|
| von | bis | | von | bis | |
| 115 776 | 115 829 | 38 546 | 119 016 | 119 069 | 40 238 |
| 115 830 | 115 883 | 38 574 | 119 070 | 119 123 | 40 266 |
| 115 884 | 115 937 | 38 602 | 119 124 | 119 177 | 40 295 |
| 115 938 | 115 991 | 38 630 | 119 178 | 119 231 | 40 323 |
| 115 992 | 116 045 | 38 658 | 119 232 | 119 285 | 40 352 |
| 116 046 | 116 099 | 38 686 | 119 286 | 119 339 | 40 380 |
| 116 100 | 116 153 | 38 714 | 119 340 | 119 393 | 40 409 |
| 116 154 | 116 207 | 38 742 | 119 394 | 119 447 | 40 437 |
| 116 208 | 116 261 | 38 770 | 119 448 | 119 501 | 40 466 |
| 116 262 | 116 315 | 38 798 | 119 502 | 119 555 | 40 494 |
| 116 316 | 116 369 | 38 826 | 119 556 | 119 609 | 40 523 |
| 116 370 | 116 423 | 38 854 | 119 610 | 119 663 | 40 551 |
| 116 424 | 116 477 | 38 882 | 119 664 | 119 717 | 40 580 |
| 116 478 | 116 531 | 38 910 | 119 718 | 119 771 | 40 608 |
| 116 532 | 116 585 | 38 938 | 119 772 | 119 825 | 40 637 |
| 116 586 | 116 639 | 38 966 | 119 826 | 119 879 | 40 666 |
| 116 640 | 116 693 | 38 994 | 119 880 | 119 933 | 40 694 |
| 116 694 | 116 747 | 39 022 | 119 934 | 119 987 | 40 723 |
| 116 748 | 116 801 | 39 050 | 119 988 | 120 041 | 40 751 |
| 116 802 | 116 855 | 39 078 | 120 042 | 120 095 | 40 780 |
| 116 856 | 116 909 | 39 106 | 120 096 | 120 149 | 40 808 |
| 116 910 | 116 963 | 39 135 | 120 150 | 120 203 | 40 837 |
| 116 964 | 117 017 | 39 163 | 120 204 | 120 257 | 40 866 |
| 117 018 | 117 071 | 39 191 | 120 258 | 120 311 | 40 894 |
| 117 072 | 117 125 | 39 219 | 120 312 | 120 365 | 40 923 |
| 117 126 | 117 179 | 39 247 | 120 366 | 120 419 | 40 951 |
| 117 180 | 117 233 | 39 275 | 120 420 | 120 473 | 40 980 |
| 117 234 | 117 287 | 39 303 | 120 474 | 120 527 | 41 009 |
| 117 288 | 117 341 | 39 332 | 120 528 | 120 581 | 41 037 |
| 117 342 | 117 395 | 39 360 | 120 582 | 120 635 | 41 066 |
| 117 396 | 117 449 | 39 388 | 120 636 | 120 689 | 41 095 |
| 117 450 | 117 503 | 39 416 | 120 690 | 120 743 | 41 123 |
| 117 504 | 117 557 | 39 444 | 120 744 | 120 797 | 41 152 |
| 117 558 | 117 611 | 39 473 | 120 798 | 120 851 | 41 180 |
| 117 612 | 117 665 | 39 501 | 120 852 | 120 905 | 41 209 |
| 117 666 | 117 719 | 39 529 | 120 906 | 120 959 | 41 238 |
| 117 720 | 117 773 | 39 557 | 120 960 | 121 013 | 41 266 |
| 117 774 | 117 827 | 39 585 | 121 014 | 121 067 | 41 295 |
| 117 828 | 117 881 | 39 614 | 121 068 | 121 121 | 41 324 |
| 117 882 | 117 935 | 39 642 | 121 122 | 121 175 | 41 352 |
| 117 936 | 117 989 | 39 670 | 121 176 | 121 229 | 41 381 |
| 117 990 | 118 043 | 39 699 | 121 230 | 121 283 | 41 409 |
| 118 044 | 118 097 | 39 727 | 121 284 | 121 337 | 41 438 |
| 118 098 | 118 151 | 39 755 | 121 338 | 121 391 | 41 467 |
| 118 152 | 118 205 | 39 784 | 121 392 | 121 445 | 41 495 |
| 118 206 | 118 259 | 39 812 | 121 446 | 121 499 | 41 524 |
| 118 260 | 118 313 | 39 840 | 121 500 | 121 553 | 41 553 |
| 118 314 | 118 367 | 39 868 | 121 554 | 121 607 | 41 581 |
| 118 368 | 118 421 | 39 897 | 121 608 | 121 661 | 41 610 |
| 118 422 | 118 475 | 39 925 | 121 662 | 121 715 | 41 638 |
| 118 476 | 118 529 | 39 954 | 121 716 | 121 769 | 41 667 |
| 118 530 | 118 583 | 39 982 | 121 770 | 121 823 | 41 696 |
| 118 584 | 118 637 | 40 010 | 121 824 | 121 877 | 41 724 |
| 118 638 | 118 691 | 40 039 | 121 878 | 121 931 | 41 753 |
| 118 692 | 118 745 | 40 067 | 121 932 | 121 985 | 41 781 |
| 118 746 | 118 799 | 40 096 | 121 986 | 122 039 | 41 810 |
| 118 800 | 118 853 | 40 124 | 122 040 | 122 093 | 41 839 |
| 118 854 | 118 907 | 40 152 | 122 094 | 122 147 | 41 867 |
| 118 908 | 118 961 | 40 181 | 122 148 | 122 201 | 41 896 |
| 118 962 | 119 015 | 40 209 | 122 202 | 122 255 | 41 925 |

| zu versteuerndes Einkommen in DM | | tarifliche Einkommensteuer in DM | zu versteuerndes Einkommen in DM | | tarifliche Einkommensteuer in DM |
|---|---|---|---|---|---|
| von | bis | | von | bis | |
| 122 256 | 122 309 | 41 953 | 125 496 | 125 549 | 43 670 |
| 122 310 | 122 363 | 41 982 | 125 550 | 125 603 | 43 699 |
| 122 364 | 122 417 | 42 010 | 125 604 | 125 657 | 43 728 |
| 122 418 | 122 471 | 42 039 | 125 658 | 125 711 | 43 756 |
| 122 472 | 122 525 | 42 068 | 125 712 | 125 765 | 43 785 |
| 122 526 | 122 579 | 42 096 | 125 766 | 125 819 | 43 813 |
| 122 580 | 122 633 | 42 125 | 125 820 | 125 873 | 43 842 |
| 122 634 | 122 687 | 42 154 | 125 874 | 125 927 | 43 871 |
| 122 688 | 122 741 | 42 182 | 125 928 | 125 981 | 43 899 |
| 122 742 | 122 795 | 42 211 | 125 982 | 126 035 | 43 928 |
| 122 796 | 122 849 | 42 239 | 126 036 | 126 089 | 43 957 |
| 122 850 | 122 903 | 42 268 | 126 090 | 126 143 | 43 985 |
| 122 904 | 122 957 | 42 297 | 126 144 | 126 197 | 44 014 |
| 122 958 | 123 011 | 42 325 | 126 198 | 126 251 | 44 042 |
| 123 012 | 123 065 | 42 354 | 126 252 | 126 305 | 44 071 |
| 123 066 | 123 119 | 42 382 | 126 306 | 126 359 | 44 100 |
| 123 120 | 123 173 | 42 411 | 126 360 | 126 413 | 44 128 |
| 123 174 | 123 227 | 42 440 | 126 414 | 126 467 | 44 157 |
| 123 228 | 123 281 | 42 468 | 126 468 | 126 521 | 44 186 |
| 123 282 | 123 335 | 42 497 | 126 522 | 126 575 | 44 214 |
| 123 336 | 123 389 | 42 526 | 126 576 | 126 629 | 44 243 |
| 123 390 | 123 443 | 42 554 | 126 630 | 126 683 | 44 271 |
| 123 444 | 123 497 | 42 583 | 126 684 | 126 737 | 44 300 |
| 123 498 | 123 551 | 42 611 | 126 738 | 126 791 | 44 329 |
| 123 552 | 123 605 | 42 640 | 126 792 | 126 845 | 44 357 |
| 123 606 | 123 659 | 42 669 | 126 846 | 126 899 | 44 386 |
| 123 660 | 123 713 | 42 697 | 126 900 | 126 953 | 44 415 |
| 123 714 | 123 767 | 42 726 | 126 954 | 127 007 | 44 443 |
| 123 768 | 123 821 | 42 755 | 127 008 | 127 061 | 44 472 |
| 123 822 | 123 875 | 42 783 | 127 062 | 127 115 | 44 500 |
| 123 876 | 123 929 | 42 812 | 127 116 | 127 169 | 44 529 |
| 123 930 | 123 983 | 42 840 | 127 170 | 127 223 | 44 558 |
| 123 984 | 124 037 | 42 869 | 127 224 | 127 277 | 44 586 |
| 124 038 | 124 091 | 42 898 | 127 278 | 127 331 | 44 615 |
| 124 092 | 124 145 | 42 926 | 127 332 | 127 385 | 44 643 |
| 124 146 | 124 199 | 42 955 | 127 386 | 127 439 | 44 672 |
| 124 200 | 124 253 | 42 984 | 127 440 | 127 493 | 44 701 |
| 124 254 | 124 307 | 43 012 | 127 494 | 127 547 | 44 729 |
| 124 308 | 124 361 | 43 041 | 127 548 | 127 601 | 44 758 |
| 124 362 | 124 415 | 43 069 | 127 602 | 127 655 | 44 787 |
| 124 416 | 124 469 | 43 098 | 127 656 | 127 709 | 44 815 |
| 124 470 | 124 523 | 43 127 | 127 710 | 127 763 | 44 844 |
| 124 524 | 124 577 | 43 155 | 127 764 | 127 817 | 44 872 |
| 124 578 | 124 631 | 43 184 | 127 818 | 127 871 | 44 901 |
| 124 632 | 124 685 | 43 212 | 127 872 | 127 925 | 44 930 |
| 124 686 | 124 739 | 43 241 | 127 926 | 127 979 | 44 958 |
| 124 740 | 124 793 | 43 270 | 127 980 | 128 033 | 44 987 |
| 124 794 | 124 847 | 43 298 | 128 034 | 128 087 | 45 016 |
| 124 848 | 124 901 | 43 327 | 128 088 | 128 141 | 45 044 |
| 124 902 | 124 955 | 43 356 | 128 142 | 128 195 | 45 073 |
| 124 956 | 125 009 | 43 384 | 128 196 | 128 249 | 45 101 |
| 125 010 | 125 063 | 43 413 | 128 250 | 128 303 | 45 130 |
| 125 064 | 125 117 | 43 441 | 128 304 | 128 357 | 45 159 |
| 125 118 | 125 171 | 43 470 | 128 358 | 128 411 | 45 187 |
| 125 172 | 125 225 | 43 499 | 128 412 | 128 465 | 45 216 |
| 125 226 | 125 279 | 43 527 | 128 466 | 128 519 | 45 244 |
| 125 280 | 125 333 | 43 556 | 128 520 | 128 573 | 45 273 |
| 125 334 | 125 387 | 43 585 | 128 574 | 128 627 | 45 302 |
| 125 388 | 125 441 | 43 613 | 128 628 | 128 681 | 45 330 |
| 125 442 | 125 495 | 43 642 | 128 682 | 128 735 | 45 359 |

| zu versteuerndes Einkommen in DM | | tarifliche Einkommensteuer in DM | zu versteuerndes Einkommen in DM | | tarifliche Einkommensteuer in DM |
|---|---|---|---|---|---|
| von | bis | | von | bis | |
| 128 736 | 128 789 | 45 388 | 131 976 | 132 029 | 47 105 |
| 128 790 | 128 843 | 45 416 | 132 030 | 132 083 | 47 133 |
| 128 844 | 128 897 | 45 445 | 132 084 | 132 137 | 47 162 |
| 128 898 | 128 951 | 45 473 | 132 138 | 132 191 | 47 191 |
| 128 952 | 129 005 | 45 502 | 132 192 | 132 245 | 47 219 |
| 129 006 | 129 059 | 45 531 | 132 246 | 132 299 | 47 248 |
| 129 060 | 129 113 | 45 559 | 132 300 | 132 353 | 47 277 |
| 129 114 | 129 167 | 45 588 | 132 354 | 132 407 | 47 305 |
| 129 168 | 129 221 | 45 617 | 132 408 | 132 461 | 47 334 |
| 129 222 | 129 275 | 45 645 | 132 462 | 132 515 | 47 362 |
| 129 276 | 129 329 | 45 674 | 132 516 | 132 569 | 47 391 |
| 129 330 | 129 383 | 45 702 | 132 570 | 132 623 | 47 420 |
| 129 384 | 129 437 | 45 731 | 132 624 | 132 677 | 47 448 |
| 129 438 | 129 491 | 45 760 | 132 678 | 132 731 | 47 477 |
| 129 492 | 129 545 | 45 788 | 132 732 | 132 785 | 47 505 |
| 129 546 | 129 599 | 45 817 | 132 786 | 132 839 | 47 534 |
| 129 600 | 129 653 | 45 846 | 132 840 | 132 893 | 47 563 |
| 129 654 | 129 707 | 45 874 | 132 894 | 132 947 | 47 591 |
| 129 708 | 129 761 | 45 903 | 132 948 | 133 001 | 47 620 |
| 129 762 | 129 815 | 45 931 | 133 002 | 133 055 | 47 649 |
| 129 816 | 129 869 | 45 960 | 133 056 | 133 109 | 47 677 |
| 129 870 | 129 923 | 45 989 | 133 110 | 133 163 | 47 706 |
| 129 924 | 129 977 | 46 017 | 133 164 | 133 217 | 47 734 |
| 129 978 | 130 031 | 46 046 | 133 218 | 133 271 | 47 763 |
| 130 032 | 130 085 | 46 074 | 133 272 | 133 325 | 47 792 |
| 130 086 | 130 139 | 46 103 | 133 326 | 133 379 | 47 820 |
| 130 140 | 130 193 | 46 132 | 133 380 | 133 433 | 47 849 |
| 130 194 | 130 247 | 46 160 | 133 434 | 133 487 | 47 878 |
| 130 248 | 130 301 | 46 189 | 133 488 | 133 541 | 47 906 |
| 130 302 | 130 355 | 46 218 | 133 542 | 133 595 | 47 935 |
| 130 356 | 130 409 | 46 246 | 133 596 | 133 649 | 47 963 |
| 130 410 | 130 463 | 46 275 | 133 650 | 133 703 | 47 992 |
| 130 464 | 130 517 | 46 303 | 133 704 | 133 757 | 48 021 |
| 130 518 | 130 571 | 46 332 | 133 758 | 133 811 | 48 049 |
| 130 572 | 130 625 | 46 361 | 133 812 | 133 865 | 48 078 |
| 130 626 | 130 679 | 46 389 | 133 866 | 133 919 | 48 106 |
| 130 680 | 130 733 | 46 418 | 133 920 | 133 973 | 48 135 |
| 130 734 | 130 787 | 46 447 | 133 974 | 134 027 | 48 164 |
| 130 788 | 130 841 | 46 475 | 134 028 | 134 081 | 48 192 |
| 130 842 | 130 895 | 46 504 | 134 082 | 134 135 | 48 221 |
| 130 896 | 130 949 | 46 532 | 134 136 | 134 189 | 48 250 |
| 130 950 | 131 003 | 46 561 | 134 190 | 134 243 | 48 278 |
| 131 004 | 131 057 | 46 590 | 134 244 | 134 297 | 48 307 |
| 131 058 | 131 111 | 46 618 | 134 298 | 134 351 | 48 335 |
| 131 112 | 131 165 | 46 647 | 134 352 | 134 405 | 48 364 |
| 131 166 | 131 219 | 46 675 | 134 406 | 134 459 | 48 393 |
| 131 220 | 131 273 | 46 704 | 134 460 | 134 513 | 48 421 |
| 131 274 | 131 327 | 46 733 | 134 514 | 134 567 | 48 450 |
| 131 328 | 131 381 | 46 761 | 134 568 | 134 621 | 48 479 |
| 131 382 | 131 435 | 46 790 | 134 622 | 134 675 | 48 507 |
| 131 436 | 131 489 | 46 819 | 134 676 | 134 729 | 48 536 |
| 131 490 | 131 543 | 46 847 | 134 730 | 134 783 | 48 564 |
| 131 544 | 131 597 | 46 876 | 134 784 | 134 837 | 48 593 |
| 131 598 | 131 651 | 46 904 | 134 838 | 134 891 | 48 622 |
| 131 652 | 131 705 | 46 933 | 134 892 | 134 945 | 48 650 |
| 131 706 | 131 759 | 46 962 | 134 946 | 134 999 | 48 679 |
| 131 760 | 131 813 | 46 990 | 135 000 | 135 053 | 48 708 |
| 131 814 | 131 867 | 47 019 | 135 054 | 135 107 | 48 736 |
| 131 868 | 131 921 | 47 048 | 135 108 | 135 161 | 48 765 |
| 131 922 | 131 975 | 47 076 | 135 162 | 135 215 | 48 793 |

| zu versteuerndes Einkommen in DM | | tarifliche Einkommensteuer in DM | zu versteuerndes Einkommen in DM | | tarifliche Einkommensteuer in DM |
|---|---|---|---|---|---|
| von | bis | in DM | von | bis | in DM |
| 0 | 11339 |  | 17712 | 17819 | 1232 |
| 11340 | 11447 | 20 | 17820 | 17927 | 1252 |
| 11448 | 11555 | 40 | 17928 | 18035 | 1274 |
| 11556 | 11663 | 60 | 18036 | 18143 | 1294 |
| 11664 | 11771 | 82 | 18144 | 18251 | 1316 |
| 11772 | 11879 | 102 | 18252 | 18359 | 1336 |
| 11880 | 11987 | 122 | 18360 | 18467 | 1356 |
| 11988 | 12095 | 142 | 18468 | 18575 | 1378 |
| 12096 | 12203 | 164 | 18576 | 18683 | 1398 |
| 12204 | 12311 | 184 | 18684 | 18791 | 1420 |
| 12312 | 12419 | 204 | 18792 | 18899 | 1440 |
| 12420 | 12527 | 224 | 18900 | 19007 | 1462 |
| 12528 | 12635 | 246 | 19008 | 19115 | 1482 |
| 12636 | 12743 | 266 | 19116 | 19223 | 1504 |
| 12744 | 12851 | 286 | 19224 | 19331 | 1524 |
| 12852 | 12959 | 306 | 19332 | 19439 | 1546 |
| 12960 | 13067 | 328 | 19440 | 19547 | 1566 |
| 13068 | 13175 | 348 | 19548 | 19655 | 1588 |
| 13176 | 13283 | 368 | 19656 | 19763 | 1608 |
| 13284 | 13391 | 388 | 19764 | 19871 | 1630 |
| 13392 | 13499 | 410 | 19872 | 19979 | 1650 |
| 13500 | 13607 | 430 | 19980 | 20087 | 1672 |
| 13608 | 13715 | 450 | 20088 | 20195 | 1694 |
| 13716 | 13823 | 472 | 20196 | 20303 | 1714 |
| 13824 | 13931 | 492 | 20304 | 20411 | 1736 |
| 13932 | 14039 | 512 | 20412 | 20519 | 1756 |
| 14040 | 14147 | 532 | 20520 | 20627 | 1778 |
| 14148 | 14255 | 554 | 20628 | 20735 | 1800 |
| 14256 | 14363 | 574 | 20736 | 20843 | 1820 |
| 14364 | 14471 | 594 | 20844 | 20951 | 1842 |
| 14472 | 14579 | 614 | 20952 | 21059 | 1864 |
| 14580 | 14687 | 636 | 21060 | 21167 | 1884 |
| 14688 | 14795 | 656 | 21168 | 21275 | 1906 |
| 14796 | 14903 | 676 | 21276 | 21383 | 1928 |
| 14904 | 15011 | 696 | 21384 | 21491 | 1948 |
| 15012 | 15119 | 718 | 21492 | 21599 | 1970 |
| 15120 | 15227 | 738 | 21600 | 21707 | 1992 |
| 15228 | 15335 | 758 | 21708 | 21815 | 2012 |
| 15336 | 15443 | 778 | 21816 | 21923 | 2034 |
| 15444 | 15551 | 800 | 21924 | 22031 | 2056 |
| 15552 | 15659 | 820 | 22032 | 22139 | 2076 |
| 15660 | 15767 | 840 | 22140 | 22247 | 2098 |
| 15768 | 15875 | 860 | 22248 | 22355 | 2120 |
| 15876 | 15983 | 882 | 22356 | 22463 | 2142 |
| 15984 | 16091 | 902 | 22464 | 22571 | 2162 |
| 16092 | 16199 | 922 | 22572 | 22679 | 2184 |
| 16200 | 16307 | 944 | 22680 | 22787 | 2206 |
| 16308 | 16415 | 964 | 22788 | 22895 | 2228 |
| 16416 | 16523 | 984 | 22896 | 23003 | 2250 |
| 16524 | 16631 | 1004 | 23004 | 23111 | 2270 |
| 16632 | 16739 | 1026 | 23112 | 23219 | 2292 |
| 16740 | 16847 | 1046 | 23220 | 23327 | 2314 |
| 16848 | 16955 | 1066 | 23328 | 23435 | 2336 |
| 16956 | 17063 | 1088 | 23436 | 23543 | 2358 |
| 17064 | 17171 | 1108 | 23544 | 23651 | 2380 |
| 17172 | 17279 | 1128 | 23652 | 23759 | 2402 |
| 17280 | 17387 | 1150 | 23760 | 23867 | 2422 |
| 17388 | 17495 | 1170 | 23868 | 23975 | 2444 |
| 17496 | 17603 | 1190 | 23976 | 24083 | 2466 |
| 17604 | 17711 | 1212 | 24084 | 24191 | 2488 |

| zu versteuerndes Einkommen in DM | | tarifliche Einkommensteuer in DM | zu versteuerndes Einkommen in DM | | tarifliche Einkommensteuer in DM |
|---|---|---|---|---|---|
| von | bis | | von | bis | |
| 24 192 | 24 299 | 2 510 | 30 672 | 30 779 | 3 852 |
| 24 300 | 24 407 | 2 532 | 30 780 | 30 887 | 3 874 |
| 24 408 | 24 515 | 2 554 | 30 888 | 30 995 | 3 898 |
| 24 516 | 24 623 | 2 576 | 30 996 | 31 103 | 3 920 |
| 24 624 | 24 731 | 2 598 | 31 104 | 31 211 | 3 944 |
| 24 732 | 24 839 | 2 620 | 31 212 | 31 319 | 3 966 |
| 24 840 | 24 947 | 2 642 | 31 320 | 31 427 | 3 990 |
| 24 948 | 25 055 | 2 664 | 31 428 | 31 535 | 4 012 |
| 25 056 | 25 163 | 2 686 | 31 536 | 31 643 | 4 036 |
| 25 164 | 25 271 | 2 708 | 31 644 | 31 751 | 4 058 |
| 25 272 | 25 379 | 2 730 | 31 752 | 31 859 | 4 082 |
| 25 380 | 25 487 | 2 752 | 31 860 | 31 967 | 4 104 |
| 25 488 | 25 595 | 2 774 | 31 968 | 32 075 | 4 128 |
| 25 596 | 25 703 | 2 796 | 32 076 | 32 183 | 4 150 |
| 25 704 | 25 811 | 2 818 | 32 184 | 32 291 | 4 174 |
| 25 812 | 25 919 | 2 840 | 32 292 | 32 399 | 4 198 |
| 25 920 | 26 027 | 2 862 | 32 400 | 32 507 | 4 220 |
| 26 028 | 26 135 | 2 884 | 32 508 | 32 615 | 4 244 |
| 26 136 | 26 243 | 2 906 | 32 616 | 32 723 | 4 266 |
| 26 244 | 26 351 | 2 928 | 32 724 | 32 831 | 4 290 |
| 26 352 | 26 459 | 2 950 | 32 832 | 32 939 | 4 314 |
| 26 460 | 26 567 | 2 972 | 32 940 | 33 047 | 4 336 |
| 26 568 | 26 675 | 2 994 | 33 048 | 33 155 | 4 360 |
| 26 676 | 26 783 | 3 016 | 33 156 | 33 263 | 4 384 |
| 26 784 | 26 891 | 3 040 | 33 264 | 33 371 | 4 406 |
| 26 892 | 26 999 | 3 062 | 33 372 | 33 479 | 4 430 |
| 27 000 | 27 107 | 3 084 | 33 480 | 33 587 | 4 454 |
| 27 108 | 27 215 | 3 106 | 33 588 | 33 695 | 4 476 |
| 27 216 | 27 323 | 3 128 | 33 696 | 33 803 | 4 500 |
| 27 324 | 27 431 | 3 150 | 33 804 | 33 911 | 4 524 |
| 27 432 | 27 539 | 3 172 | 33 912 | 34 019 | 4 546 |
| 27 540 | 27 647 | 3 196 | 34 020 | 34 127 | 4 570 |
| 27 648 | 27 755 | 3 218 | 34 128 | 34 235 | 4 594 |
| 27 756 | 27 863 | 3 240 | 34 236 | 34 343 | 4 616 |
| 27 864 | 27 971 | 3 262 | 34 344 | 34 451 | 4 640 |
| 27 972 | 28 079 | 3 284 | 34 452 | 34 559 | 4 664 |
| 28 080 | 28 187 | 3 308 | 34 560 | 34 667 | 4 688 |
| 28 188 | 28 295 | 3 330 | 34 668 | 34 775 | 4 712 |
| 28 296 | 28 403 | 3 352 | 34 776 | 34 883 | 4 734 |
| 28 404 | 28 511 | 3 374 | 34 884 | 34 991 | 4 758 |
| 28 512 | 28 619 | 3 398 | 34 992 | 35 099 | 4 782 |
| 28 620 | 28 727 | 3 420 | 35 100 | 35 207 | 4 806 |
| 28 728 | 28 835 | 3 442 | 35 208 | 35 315 | 4 830 |
| 28 836 | 28 943 | 3 466 | 35 316 | 35 423 | 4 852 |
| 28 944 | 29 051 | 3 488 | 35 424 | 35 531 | 4 876 |
| 29 052 | 29 159 | 3 510 | 35 532 | 35 639 | 4 900 |
| 29 160 | 29 267 | 3 534 | 35 640 | 35 747 | 4 924 |
| 29 268 | 29 375 | 3 556 | 35 748 | 35 855 | 4 948 |
| 29 376 | 29 483 | 3 578 | 35 856 | 35 963 | 4 972 |
| 29 484 | 29 591 | 3 602 | 35 964 | 36 071 | 4 994 |
| 29 592 | 29 699 | 3 624 | 36 072 | 36 179 | 5 018 |
| 29 700 | 29 807 | 3 646 | 36 180 | 36 287 | 5 042 |
| 29 808 | 29 915 | 3 670 | 36 288 | 36 395 | 5 066 |
| 29 916 | 30 023 | 3 692 | 36 396 | 36 503 | 5 090 |
| 30 024 | 30 131 | 3 714 | 36 504 | 36 611 | 5 114 |
| 30 132 | 30 239 | 3 738 | 36 612 | 36 719 | 5 138 |
| 30 240 | 30 347 | 3 760 | 36 720 | 36 827 | 5 162 |
| 30 348 | 30 455 | 3 784 | 36 828 | 36 935 | 5 186 |
| 30 456 | 30 563 | 3 806 | 36 936 | 37 043 | 5 210 |
| 30 564 | 30 671 | 3 828 | 37 044 | 37 151 | 5 234 |

| zu versteuerndes Einkommen in DM | | tarifliche Einkommensteuer in DM | zu versteuerndes Einkommen in DM | | tarifliche Einkommensteuer in DM |
|---|---|---|---|---|---|
| von | bis | | von | bis | |
| 37 152 | 37 259 | 5 258 | 43 632 | 43 739 | 6 726 |
| 37 260 | 37 367 | 5 282 | 43 740 | 43 847 | 6 752 |
| 37 368 | 37 475 | 5 306 | 43 848 | 43 955 | 6 776 |
| 37 476 | 37 583 | 5 330 | 43 956 | 44 063 | 6 802 |
| 37 584 | 37 691 | 5 354 | 44 064 | 44 171 | 6 826 |
| 37 692 | 37 799 | 5 378 | 44 172 | 44 279 | 6 852 |
| 37 800 | 37 907 | 5 402 | 44 280 | 44 387 | 6 878 |
| 37 908 | 38 015 | 5 426 | 44 388 | 44 495 | 6 902 |
| 38 016 | 38 123 | 5 450 | 44 496 | 44 603 | 6 928 |
| 38 124 | 38 231 | 5 474 | 44 604 | 44 711 | 6 952 |
| 38 232 | 38 339 | 5 498 | 44 712 | 44 819 | 6 978 |
| 38 340 | 38 447 | 5 522 | 44 820 | 44 927 | 7 004 |
| 38 448 | 38 555 | 5 546 | 44 928 | 45 035 | 7 028 |
| 38 556 | 38 663 | 5 570 | 45 036 | 45 143 | 7 054 |
| 38 664 | 38 771 | 5 594 | 45 144 | 45 251 | 7 078 |
| 38 772 | 38 879 | 5 618 | 45 252 | 45 359 | 7 104 |
| 38 880 | 38 987 | 5 642 | 45 360 | 45 467 | 7 130 |
| 38 988 | 39 095 | 5 668 | 45 468 | 45 575 | 7 154 |
| 39 096 | 39 203 | 5 692 | 45 576 | 45 683 | 7 180 |
| 39 204 | 39 311 | 5 716 | 45 684 | 45 791 | 7 206 |
| 39 312 | 39 419 | 5 740 | 45 792 | 45 899 | 7 230 |
| 39 420 | 39 527 | 5 764 | 45 900 | 46 007 | 7 256 |
| 39 528 | 39 635 | 5 788 | 46 008 | 46 115 | 7 282 |
| 39 636 | 39 743 | 5 814 | 46 116 | 46 223 | 7 306 |
| 39 744 | 39 851 | 5 838 | 46 224 | 46 331 | 7 332 |
| 39 852 | 39 959 | 5 862 | 46 332 | 46 439 | 7 358 |
| 39 960 | 40 067 | 5 886 | 46 440 | 46 547 | 7 384 |
| 40 068 | 40 175 | 5 910 | 46 548 | 46 655 | 7 408 |
| 40 176 | 40 283 | 5 936 | 46 656 | 46 763 | 7 434 |
| 40 284 | 40 391 | 5 960 | 46 764 | 46 871 | 7 460 |
| 40 392 | 40 499 | 5 984 | 46 872 | 46 979 | 7 486 |
| 40 500 | 40 607 | 6 008 | 46 980 | 47 087 | 7 510 |
| 40 608 | 40 715 | 6 034 | 47 088 | 47 195 | 7 536 |
| 40 716 | 40 823 | 6 058 | 47 196 | 47 303 | 7 562 |
| 40 824 | 40 931 | 6 082 | 47 304 | 47 411 | 7 588 |
| 40 932 | 41 039 | 6 106 | 47 412 | 47 519 | 7 614 |
| 41 040 | 41 147 | 6 132 | 47 520 | 47 627 | 7 640 |
| 41 148 | 41 255 | 6 156 | 47 628 | 47 735 | 7 664 |
| 41 256 | 41 363 | 6 180 | 47 736 | 47 843 | 7 690 |
| 41 364 | 41 471 | 6 206 | 47 844 | 47 951 | 7 716 |
| 41 472 | 41 579 | 6 230 | 47 952 | 48 059 | 7 742 |
| 41 580 | 41 687 | 6 254 | 48 060 | 48 167 | 7 768 |
| 41 688 | 41 795 | 6 280 | 48 168 | 48 275 | 7 794 |
| 41 796 | 41 903 | 6 304 | 48 276 | 48 383 | 7 820 |
| 41 904 | 42 011 | 6 328 | 48 384 | 48 491 | 7 844 |
| 42 012 | 42 119 | 6 354 | 48 492 | 48 599 | 7 870 |
| 42 120 | 42 227 | 6 378 | 48 600 | 48 707 | 7 896 |
| 42 228 | 42 335 | 6 402 | 48 708 | 48 815 | 7 922 |
| 42 336 | 42 443 | 6 428 | 48 816 | 48 923 | 7 948 |
| 42 444 | 42 551 | 6 452 | 48 924 | 49 031 | 7 974 |
| 42 552 | 42 659 | 6 478 | 49 032 | 49 139 | 8 000 |
| 42 660 | 42 767 | 6 502 | 49 140 | 49 247 | 8 026 |
| 42 768 | 42 875 | 6 528 | 49 248 | 49 355 | 8 052 |
| 42 876 | 42 983 | 6 552 | 49 356 | 49 463 | 8 078 |
| 42 984 | 43 091 | 6 576 | 49 464 | 49 571 | 8 104 |
| 43 092 | 43 199 | 6 602 | 49 572 | 49 679 | 8 130 |
| 43 200 | 43 307 | 6 626 | 49 680 | 49 787 | 8 156 |
| 43 308 | 43 415 | 6 652 | 49 788 | 49 895 | 8 182 |
| 43 416 | 43 523 | 6 676 | 49 896 | 50 003 | 8 208 |
| 43 524 | 43 631 | 6 702 | 50 004 | 50 111 | 8 234 |

| zu versteuerndes Einkommen in DM | | tarifliche Einkommensteuer in DM | zu versteuerndes Einkommen in DM | | tarifliche Einkommensteuer in DM |
|---|---|---|---|---|---|
| von | bis | | von | bis | |
| 50 112 | 50 219 | 8 260 | 56 592 | 56 699 | 9 856 |
| 50 220 | 50 327 | 8 286 | 56 700 | 56 807 | 9 884 |
| 50 328 | 50 435 | 8 312 | 56 808 | 56 915 | 9 912 |
| 50 436 | 50 543 | 8 338 | 56 916 | 57 023 | 9 938 |
| 50 544 | 50 651 | 8 364 | 57 024 | 57 131 | 9 966 |
| 50 652 | 50 759 | 8 390 | 57 132 | 57 239 | 9 992 |
| 50 760 | 50 867 | 8 416 | 57 240 | 57 347 | 10 020 |
| 50 868 | 50 975 | 8 442 | 57 348 | 57 455 | 10 048 |
| 50 976 | 51 083 | 8 470 | 57 456 | 57 563 | 10 074 |
| 51 084 | 51 191 | 8 496 | 57 564 | 57 671 | 10 102 |
| 51 192 | 51 299 | 8 522 | 57 672 | 57 779 | 10 130 |
| 51 300 | 51 407 | 8 548 | 57 780 | 57 887 | 10 156 |
| 51 408 | 51 515 | 8 574 | 57 888 | 57 995 | 10 184 |
| 51 516 | 51 623 | 8 600 | 57 996 | 58 103 | 10 212 |
| 51 624 | 51 731 | 8 626 | 58 104 | 58 211 | 10 238 |
| 51 732 | 51 839 | 8 654 | 58 212 | 58 319 | 10 266 |
| 51 840 | 51 947 | 8 680 | 58 320 | 58 427 | 10 294 |
| 51 948 | 52 055 | 8 706 | 58 428 | 58 535 | 10 322 |
| 52 056 | 52 163 | 8 732 | 58 536 | 58 643 | 10 348 |
| 52 164 | 52 271 | 8 758 | 58 644 | 58 751 | 10 376 |
| 52 272 | 52 379 | 8 786 | 58 752 | 58 859 | 10 404 |
| 52 380 | 52 487 | 8 812 | 58 860 | 58 967 | 10 430 |
| 52 488 | 52 595 | 8 838 | 58 968 | 59 075 | 10 458 |
| 52 596 | 52 703 | 8 864 | 59 076 | 59 183 | 10 486 |
| 52 704 | 52 811 | 8 892 | 59 184 | 59 291 | 10 514 |
| 52 812 | 52 919 | 8 918 | 59 292 | 59 399 | 10 542 |
| 52 920 | 53 027 | 8 944 | 59 400 | 59 507 | 10 568 |
| 53 028 | 53 135 | 8 970 | 59 508 | 59 615 | 10 596 |
| 53 136 | 53 243 | 8 998 | 59 616 | 59 723 | 10 624 |
| 53 244 | 53 351 | 9 024 | 59 724 | 59 831 | 10 652 |
| 53 352 | 53 459 | 9 050 | 59 832 | 59 939 | 10 680 |
| 53 460 | 53 567 | 9 078 | 59 940 | 60 047 | 10 708 |
| 53 568 | 53 675 | 9 104 | 60 048 | 60 155 | 10 734 |
| 53 676 | 53 783 | 9 130 | 60 156 | 60 263 | 10 762 |
| 53 784 | 53 891 | 9 158 | 60 264 | 60 371 | 10 790 |
| 53 892 | 53 999 | 9 184 | 60 372 | 60 479 | 10 818 |
| 54 000 | 54 107 | 9 210 | 60 480 | 60 587 | 10 846 |
| 54 108 | 54 215 | 9 238 | 60 588 | 60 695 | 10 874 |
| 54 216 | 54 323 | 9 264 | 60 696 | 60 803 | 10 902 |
| 54 324 | 54 431 | 9 290 | 60 804 | 60 911 | 10 930 |
| 54 432 | 54 539 | 9 318 | 60 912 | 61 019 | 10 958 |
| 54 540 | 54 647 | 9 344 | 61 020 | 61 127 | 10 984 |
| 54 648 | 54 755 | 9 372 | 61 128 | 61 235 | 11 012 |
| 54 756 | 54 863 | 9 398 | 61 236 | 61 343 | 11 040 |
| 54 864 | 54 971 | 9 424 | 61 344 | 61 451 | 11 068 |
| 54 972 | 55 079 | 9 452 | 61 452 | 61 559 | 11 096 |
| 55 080 | 55 187 | 9 478 | 61 560 | 61 667 | 11 124 |
| 55 188 | 55 295 | 9 506 | 61 668 | 61 775 | 11 152 |
| 55 296 | 55 403 | 9 532 | 61 776 | 61 883 | 11 180 |
| 55 404 | 55 511 | 9 560 | 61 884 | 61 991 | 11 208 |
| 55 512 | 55 619 | 9 586 | 61 992 | 62 099 | 11 236 |
| 55 620 | 55 727 | 9 614 | 62 100 | 62 207 | 11 264 |
| 55 728 | 55 835 | 9 640 | 62 208 | 62 315 | 11 292 |
| 55 836 | 55 943 | 9 668 | 62 316 | 62 423 | 11 320 |
| 55 944 | 56 051 | 9 694 | 62 424 | 62 531 | 11 348 |
| 56 052 | 56 159 | 9 722 | 62 532 | 62 639 | 11 376 |
| 56 160 | 56 267 | 9 748 | 62 640 | 62 747 | 11 406 |
| 56 268 | 56 375 | 9 776 | 62 748 | 62 855 | 11 434 |
| 56 376 | 56 483 | 9 802 | 62 856 | 62 963 | 11 462 |
| 56 484 | 56 591 | 9 830 | 62 964 | 63 071 | 11 490 |

| zu versteuerndes Einkommen in DM | | tarifliche Einkommensteuer in DM | zu versteuerndes Einkommen in DM | | tarifliche Einkommensteuer in DM |
|---|---|---|---|---|---|
| von | bis | | von | bis | |
| 63072 | 63179 | 11518 | 69552 | 69659 | 13242 |
| 63180 | 63287 | 11546 | 69660 | 69767 | 13272 |
| 63288 | 63395 | 11574 | 69768 | 69875 | 13300 |
| 63396 | 63503 | 11602 | 69876 | 69983 | 13330 |
| 63504 | 63611 | 11630 | 69984 | 70091 | 13360 |
| 63612 | 63719 | 11660 | 70092 | 70199 | 13388 |
| 63720 | 63827 | 11688 | 70200 | 70307 | 13418 |
| 63828 | 63935 | 11716 | 70308 | 70415 | 13448 |
| 63936 | 64043 | 11744 | 70416 | 70523 | 13478 |
| 64044 | 64151 | 11772 | 70524 | 70631 | 13506 |
| 64152 | 64259 | 11800 | 70632 | 70739 | 13536 |
| 64260 | 64367 | 11830 | 70740 | 70847 | 13566 |
| 64368 | 64475 | 11858 | 70848 | 70955 | 13594 |
| 64476 | 64583 | 11886 | 70956 | 71063 | 13624 |
| 64584 | 64691 | 11914 | 71064 | 71171 | 13654 |
| 64692 | 64799 | 11942 | 71172 | 71279 | 13684 |
| 64800 | 64907 | 11972 | 71280 | 71387 | 13712 |
| 64908 | 65015 | 12000 | 71388 | 71495 | 13742 |
| 65016 | 65123 | 12028 | 71496 | 71603 | 13772 |
| 65124 | 65231 | 12056 | 71604 | 71711 | 13802 |
| 65232 | 65339 | 12086 | 71712 | 71819 | 13832 |
| 65340 | 65447 | 12114 | 71820 | 71927 | 13860 |
| 65448 | 65555 | 12142 | 71928 | 72035 | 13890 |
| 65556 | 65663 | 12172 | 72036 | 72143 | 13920 |
| 65664 | 65771 | 12200 | 72144 | 72251 | 13950 |
| 65772 | 65879 | 12228 | 72252 | 72359 | 13980 |
| 65880 | 65987 | 12258 | 72360 | 72467 | 14010 |
| 65988 | 66095 | 12286 | 72468 | 72575 | 14040 |
| 66096 | 66203 | 12314 | 72576 | 72683 | 14068 |
| 66204 | 66311 | 12344 | 72684 | 72791 | 14098 |
| 66312 | 66419 | 12372 | 72792 | 72899 | 14128 |
| 66420 | 66527 | 12400 | 72900 | 73007 | 14158 |
| 66528 | 66635 | 12430 | 73008 | 73115 | 14188 |
| 66636 | 66743 | 12458 | 73116 | 73223 | 14218 |
| 66744 | 66851 | 12488 | 73224 | 73331 | 14248 |
| 66852 | 66959 | 12516 | 73332 | 73439 | 14278 |
| 66960 | 67067 | 12544 | 73440 | 73547 | 14308 |
| 67068 | 67175 | 12574 | 73548 | 73655 | 14338 |
| 67176 | 67283 | 12002 | 73656 | 73763 | 14368 |
| 67284 | 67391 | 12632 | 73764 | 73871 | 14398 |
| 67392 | 67499 | 12660 | 73872 | 73979 | 14428 |
| 67500 | 67607 | 12690 | 73980 | 74087 | 14458 |
| 67608 | 67715 | 12718 | 74088 | 74195 | 14488 |
| 67716 | 67823 | 12748 | 74196 | 74303 | 14518 |
| 67824 | 67931 | 12776 | 74304 | 74411 | 14548 |
| 67932 | 68039 | 12806 | 74412 | 74519 | 14578 |
| 68040 | 68147 | 12834 | 74520 | 74627 | 14608 |
| 68148 | 68255 | 12864 | 74628 | 74735 | 14638 |
| 68256 | 68363 | 12892 | 74736 | 74843 | 14668 |
| 68364 | 68471 | 12922 | 74844 | 74951 | 14698 |
| 68472 | 68579 | 12950 | 74952 | 75059 | 14728 |
| 68580 | 68687 | 12980 | 75060 | 75167 | 14758 |
| 68688 | 68795 | 13008 | 75168 | 75275 | 14788 |
| 68796 | 68903 | 13038 | 75276 | 75383 | 14818 |
| 68904 | 69011 | 13066 | 75384 | 75491 | 14848 |
| 69012 | 69119 | 13096 | 75492 | 75599 | 14880 |
| 69120 | 69227 | 13126 | 75600 | 75707 | 14910 |
| 69228 | 69335 | 13154 | 75708 | 75815 | 14940 |
| 69336 | 69443 | 13184 | 75816 | 75923 | 14970 |
| 69444 | 69551 | 13214 | 75924 | 76031 | 15000 |

| zu versteuerndes Einkommen in DM | | tarifliche Einkommensteuer in DM | zu versteuerndes Einkommen in DM | | tarifliche Einkommensteuer in DM |
|---|---|---|---|---|---|
| von | bis | | von | bis | |
| 76032 | 76139 | 15030 | 82512 | 82619 | 16882 |
| 76140 | 76247 | 15062 | 82620 | 82727 | 16914 |
| 76248 | 76355 | 15092 | 82728 | 82835 | 16946 |
| 76356 | 76463 | 15122 | 82836 | 82943 | 16978 |
| 76464 | 76571 | 15152 | 82944 | 83051 | 17008 |
| 76572 | 76679 | 15182 | 83052 | 83159 | 17040 |
| 76680 | 76787 | 15214 | 83160 | 83267 | 17072 |
| 76788 | 76895 | 15244 | 83268 | 83375 | 17104 |
| 76896 | 77003 | 15274 | 83376 | 83483 | 17134 |
| 77004 | 77111 | 15304 | 83484 | 83591 | 17166 |
| 77112 | 77219 | 15334 | 83592 | 83699 | 17198 |
| 77220 | 77327 | 15366 | 83700 | 83807 | 17230 |
| 77328 | 77435 | 15396 | 83808 | 83915 | 17260 |
| 77436 | 77543 | 15426 | 83916 | 84023 | 17292 |
| 77544 | 77651 | 15458 | 84024 | 84131 | 17324 |
| 77652 | 77759 | 15488 | 84132 | 84239 | 17356 |
| 77760 | 77867 | 15518 | 84240 | 84347 | 17388 |
| 77868 | 77975 | 15550 | 84348 | 84455 | 17420 |
| 77976 | 78083 | 15580 | 84456 | 84563 | 17450 |
| 78084 | 78191 | 15610 | 84564 | 84671 | 17482 |
| 78192 | 78299 | 15642 | 84672 | 84779 | 17514 |
| 78300 | 78407 | 15672 | 84780 | 84887 | 17546 |
| 78408 | 78515 | 15702 | 84888 | 84995 | 17578 |
| 78516 | 78623 | 15734 | 84996 | 85103 | 17610 |
| 78624 | 78731 | 15764 | 85104 | 85211 | 17642 |
| 78732 | 78839 | 15794 | 85212 | 85319 | 17674 |
| 78840 | 78947 | 15826 | 85320 | 85427 | 17706 |
| 78948 | 79055 | 15856 | 85428 | 85535 | 17738 |
| 79056 | 79163 | 15888 | 85536 | 85643 | 17770 |
| 79164 | 79271 | 15918 | 85644 | 85751 | 17800 |
| 79272 | 79379 | 15948 | 85752 | 85859 | 17832 |
| 79380 | 79487 | 15980 | 85860 | 85967 | 17864 |
| 79488 | 79595 | 16010 | 85968 | 86075 | 17896 |
| 79596 | 79703 | 16042 | 86076 | 86183 | 17928 |
| 79704 | 79811 | 16072 | 86184 | 86291 | 17960 |
| 79812 | 79919 | 16104 | 86292 | 86399 | 17992 |
| 79920 | 80027 | 16134 | 86400 | 86507 | 18024 |
| 80028 | 80135 | 16166 | 86508 | 86615 | 18056 |
| 80136 | 80243 | 16196 | 86616 | 86723 | 18088 |
| 80244 | 80351 | 16228 | 86724 | 86831 | 18122 |
| 80352 | 80459 | 16258 | 86832 | 86939 | 18154 |
| 80460 | 80567 | 16290 | 86940 | 87047 | 18186 |
| 80568 | 80675 | 16320 | 87048 | 87155 | 18218 |
| 80676 | 80783 | 16352 | 87156 | 87263 | 18250 |
| 80784 | 80891 | 16382 | 87264 | 87371 | 18282 |
| 80892 | 80999 | 16414 | 87372 | 87479 | 18314 |
| 81000 | 81107 | 16446 | 87480 | 87587 | 18346 |
| 81108 | 81215 | 16476 | 87588 | 87695 | 18378 |
| 81216 | 81323 | 16508 | 87696 | 87803 | 18410 |
| 81324 | 81431 | 16538 | 87804 | 87911 | 18442 |
| 81432 | 81539 | 16570 | 87912 | 88019 | 18476 |
| 81540 | 81647 | 16600 | 88020 | 88127 | 18508 |
| 81648 | 81755 | 16632 | 88128 | 88235 | 18540 |
| 81756 | 81863 | 16664 | 88236 | 88343 | 18572 |
| 81864 | 81971 | 16694 | 88344 | 88451 | 18604 |
| 81972 | 82079 | 16726 | 88452 | 88559 | 18636 |
| 82080 | 82187 | 16758 | 88560 | 88667 | 18670 |
| 82188 | 82295 | 16788 | 88668 | 88775 | 18702 |
| 82296 | 82403 | 16820 | 88776 | 88883 | 18734 |
| 82404 | 82511 | 16852 | 88884 | 88991 | 18766 |

| zu versteuerndes Einkommen in DM | | tarifliche Einkommensteuer in DM | zu versteuerndes Einkommen in DM | | tarifliche Einkommensteuer in DM |
|---|---|---|---|---|---|
| von | bis | | von | bis | |
| 88 992 | 89 099 | 18 798 | 95 472 | 95 579 | 20 778 |
| 89 100 | 89 207 | 18 832 | 95 580 | 95 687 | 20 812 |
| 89 208 | 89 315 | 18 864 | 95 688 | 95 795 | 20 846 |
| 89 316 | 89 423 | 18 896 | 95 796 | 95 903 | 20 880 |
| 89 424 | 89 531 | 18 928 | 95 904 | 96 011 | 20 912 |
| 89 532 | 89 639 | 18 962 | 96 012 | 96 119 | 20 946 |
| 89 640 | 89 747 | 18 994 | 96 120 | 96 227 | 20 980 |
| 89 748 | 89 855 | 19 026 | 96 228 | 96 335 | 21 014 |
| 89 856 | 89 963 | 19 060 | 96 336 | 96 443 | 21 048 |
| 89 964 | 90 071 | 19 092 | 96 444 | 96 551 | 21 082 |
| 90 072 | 90 179 | 19 124 | 96 552 | 96 659 | 21 114 |
| 90 180 | 90 287 | 19 158 | 96 660 | 96 767 | 21 148 |
| 90 288 | 90 395 | 19 190 | 96 768 | 96 875 | 21 182 |
| 90 396 | 90 503 | 19 222 | 96 876 | 96 983 | 21 216 |
| 90 504 | 90 611 | 19 256 | 96 984 | 97 091 | 21 250 |
| 90 612 | 90 719 | 19 288 | 97 092 | 97 199 | 21 284 |
| 90 720 | 90 827 | 19 320 | 97 200 | 97 307 | 21 318 |
| 90 828 | 90 935 | 19 354 | 97 308 | 97 415 | 21 352 |
| 90 936 | 91 043 | 19 386 | 97 416 | 97 523 | 21 386 |
| 91 044 | 91 151 | 19 418 | 97 524 | 97 631 | 21 418 |
| 91 152 | 91 259 | 19 452 | 97 632 | 97 739 | 21 452 |
| 91 260 | 91 367 | 19 484 | 97 740 | 97 847 | 21 486 |
| 91 368 | 91 475 | 19 518 | 97 848 | 97 955 | 21 520 |
| 91 476 | 91 583 | 19 550 | 97 956 | 98 063 | 21 554 |
| 91 584 | 91 691 | 19 584 | 98 064 | 98 171 | 21 588 |
| 91 692 | 91 799 | 19 616 | 98 172 | 98 279 | 21 622 |
| 91 800 | 91 907 | 19 648 | 98 280 | 98 387 | 21 656 |
| 91 908 | 92 015 | 19 682 | 98 388 | 98 495 | 21 690 |
| 92 016 | 92 123 | 19 714 | 98 496 | 98 603 | 21 724 |
| 92 124 | 92 231 | 19 748 | 98 604 | 98 711 | 21 758 |
| 92 232 | 92 339 | 19 780 | 98 712 | 98 819 | 21 792 |
| 92 340 | 92 447 | 19 814 | 98 820 | 98 927 | 21 826 |
| 92 448 | 92 555 | 19 846 | 98 928 | 99 035 | 21 860 |
| 92 556 | 92 663 | 19 880 | 99 036 | 99 143 | 21 894 |
| 92 664 | 92 771 | 19 912 | 99 144 | 99 251 | 21 928 |
| 92 772 | 92 879 | 19 946 | 99 252 | 99 359 | 21 964 |
| 92 880 | 92 987 | 19 980 | 99 360 | 99 467 | 21 998 |
| 92 988 | 93 095 | 20 012 | 99 468 | 99 575 | 22 032 |
| 93 096 | 93 203 | 20 046 | 99 576 | 99 683 | 22 066 |
| 93 204 | 93 311 | 20 078 | 99 684 | 99 791 | 22 100 |
| 93 312 | 93 419 | 20 112 | 99 792 | 99 899 | 22 134 |
| 93 420 | 93 527 | 20 144 | 99 900 | 100 007 | 22 168 |
| 93 528 | 93 635 | 20 178 | 100 008 | 100 115 | 22 202 |
| 93 636 | 93 743 | 20 212 | 100 116 | 100 223 | 22 236 |
| 93 744 | 93 851 | 20 244 | 100 224 | 100 331 | 22 272 |
| 93 852 | 93 959 | 20 278 | 100 332 | 100 439 | 22 306 |
| 93 960 | 94 067 | 20 312 | 100 440 | 100 547 | 22 340 |
| 94 068 | 94 175 | 20 344 | 100 548 | 100 655 | 22 374 |
| 94 176 | 94 283 | 20 378 | 100 656 | 100 763 | 22 408 |
| 94 284 | 94 391 | 20 410 | 100 764 | 100 871 | 22 442 |
| 94 392 | 94 499 | 20 444 | 100 872 | 100 979 | 22 478 |
| 94 500 | 94 607 | 20 478 | 100 980 | 101 087 | 22 512 |
| 94 608 | 94 715 | 20 512 | 101 088 | 101 195 | 22 546 |
| 94 716 | 94 823 | 20 544 | 101 196 | 101 303 | 22 580 |
| 94 824 | 94 931 | 20 578 | 101 304 | 101 411 | 22 616 |
| 94 932 | 95 039 | 20 612 | 101 412 | 101 519 | 22 650 |
| 95 040 | 95 147 | 20 644 | 101 520 | 101 627 | 22 684 |
| 95 148 | 95 255 | 20 678 | 101 628 | 101 735 | 22 718 |
| 95 256 | 95 363 | 20 712 | 101 736 | 101 843 | 22 754 |
| 95 364 | 95 471 | 20 746 | 101 844 | 101 951 | 22 788 |

| zu versteuerndes Einkommen in DM | | tarifliche Einkommensteuer in DM | zu versteuerndes Einkommen in DM | | tarifliche Einkommensteuer in DM |
|---|---|---|---|---|---|
| von | bis | | von | bis | |
| 101952 | 102059 | 22822 | 108432 | 108539 | 24930 |
| 102060 | 102167 | 22856 | 108540 | 108647 | 24966 |
| 102168 | 102275 | 22892 | 108648 | 108755 | 25000 |
| 102276 | 102383 | 22926 | 108756 | 108863 | 25036 |
| 102384 | 102491 | 22960 | 108864 | 108971 | 25072 |
| 102492 | 102599 | 22996 | 108972 | 109079 | 25108 |
| 102600 | 102707 | 23030 | 109080 | 109187 | 25144 |
| 102708 | 102815 | 23064 | 109188 | 109295 | 25180 |
| 102816 | 102923 | 23100 | 109296 | 109403 | 25216 |
| 102924 | 103031 | 23134 | 109404 | 109511 | 25252 |
| 103032 | 103139 | 23170 | 109512 | 109619 | 25288 |
| 103140 | 103247 | 23204 | 109620 | 109727 | 25322 |
| 103248 | 103355 | 23238 | 109728 | 109835 | 25358 |
| 103356 | 103463 | 23274 | 109836 | 109943 | 25394 |
| 103464 | 103571 | 23308 | 109944 | 110051 | 25430 |
| 103572 | 103679 | 23344 | 110052 | 110159 | 25466 |
| 103680 | 103787 | 23378 | 110160 | 110267 | 25502 |
| 103788 | 103895 | 23412 | 110268 | 110375 | 25538 |
| 103896 | 104003 | 23448 | 110376 | 110483 | 25574 |
| 104004 | 104111 | 23482 | 110484 | 110591 | 25610 |
| 104112 | 104219 | 23518 | 110592 | 110699 | 25646 |
| 104220 | 104327 | 23552 | 110700 | 110807 | 25682 |
| 104328 | 104435 | 23588 | 110808 | 110915 | 25718 |
| 104436 | 104543 | 23622 | 110916 | 111023 | 25754 |
| 104544 | 104651 | 23658 | 111024 | 111131 | 25790 |
| 104652 | 104759 | 23692 | 111132 | 111239 | 25826 |
| 104760 | 104867 | 23728 | 111240 | 111347 | 25862 |
| 104868 | 104975 | 23762 | 111348 | 111455 | 25898 |
| 104976 | 105083 | 23798 | 111456 | 111563 | 25934 |
| 105084 | 105191 | 23832 | 111564 | 111671 | 25972 |
| 105192 | 105299 | 23868 | 111672 | 111779 | 26008 |
| 105300 | 105407 | 23904 | 111780 | 111887 | 26044 |
| 105408 | 105515 | 23938 | 111888 | 111995 | 26080 |
| 105516 | 105623 | 23974 | 111996 | 112103 | 26116 |
| 105624 | 105731 | 24008 | 112104 | 112211 | 26152 |
| 105732 | 105839 | 24044 | 112212 | 112319 | 26188 |
| 105840 | 105947 | 24080 | 112320 | 112427 | 26224 |
| 105948 | 106055 | 24114 | 112428 | 112535 | 26262 |
| 106056 | 106163 | 24150 | 112536 | 112643 | 26298 |
| 106164 | 106271 | 24184 | 112644 | 112751 | 26334 |
| 106272 | 106379 | 24220 | 112752 | 112859 | 26370 |
| 106380 | 106487 | 24256 | 112860 | 112967 | 26406 |
| 106488 | 106595 | 24290 | 112968 | 113075 | 26442 |
| 106596 | 106703 | 24326 | 113076 | 113183 | 26480 |
| 106704 | 106811 | 24362 | 113184 | 113291 | 26516 |
| 106812 | 106919 | 24396 | 113292 | 113399 | 26552 |
| 106920 | 107027 | 24432 | 113400 | 113507 | 26588 |
| 107028 | 107135 | 24468 | 113508 | 113615 | 26624 |
| 107136 | 107243 | 24504 | 113616 | 113723 | 26662 |
| 107244 | 107351 | 24538 | 113724 | 113831 | 26698 |
| 107352 | 107459 | 24574 | 113832 | 113939 | 26734 |
| 107460 | 107567 | 24610 | 113940 | 114047 | 26772 |
| 107568 | 107675 | 24644 | 114048 | 114155 | 26808 |
| 107676 | 107783 | 24680 | 114156 | 114263 | 26844 |
| 107784 | 107891 | 24716 | 114264 | 114371 | 26880 |
| 107892 | 107999 | 24752 | 114372 | 114479 | 26918 |
| 108000 | 108107 | 24788 | 114480 | 114587 | 26954 |
| 108108 | 108215 | 24822 | 114588 | 114695 | 26990 |
| 108216 | 108323 | 24858 | 114696 | 114803 | 27028 |
| 108324 | 108431 | 24894 | 114804 | 114911 | 27064 |

| zu versteuerndes Einkommen in DM | | tarifliche Einkommensteuer in DM | zu versteuerndes Einkommen in DM | | tarifliche Einkommensteuer in DM |
|---|---|---|---|---|---|
| von | bis | | von | bis | |
| 114 912 | 115 019 | 27 100 | 121 392 | 121 499 | 29 336 |
| 115 020 | 115 127 | 27 138 | 121 500 | 121 607 | 29 374 |
| 115 128 | 115 235 | 27 174 | 121 608 | 121 715 | 29 412 |
| 115 236 | 115 343 | 27 212 | 121 716 | 121 823 | 29 450 |
| 115 344 | 115 451 | 27 248 | 121 824 | 121 931 | 29 488 |
| 115 452 | 115 559 | 27 284 | 121 932 | 122 039 | 29 524 |
| 115 560 | 115 667 | 27 322 | 122 040 | 122 147 | 29 562 |
| 115 668 | 115 775 | 27 358 | 122 148 | 122 255 | 29 600 |
| 115 776 | 115 883 | 27 396 | 122 256 | 122 363 | 29 638 |
| 115 884 | 115 991 | 27 432 | 122 364 | 122 471 | 29 676 |
| 115 992 | 116 099 | 27 468 | 122 472 | 122 579 | 29 714 |
| 116 100 | 116 207 | 27 506 | 122 580 | 122 687 | 29 752 |
| 116 208 | 116 315 | 27 542 | 122 688 | 122 795 | 29 790 |
| 116 316 | 116 423 | 27 580 | 122 796 | 122 903 | 29 828 |
| 116 424 | 116 531 | 27 616 | 122 904 | 123 011 | 29 866 |
| 116 532 | 116 639 | 27 654 | 123 012 | 123 119 | 29 904 |
| 116 640 | 116 747 | 27 690 | 123 120 | 123 227 | 29 942 |
| 116 748 | 116 855 | 27 728 | 123 228 | 123 335 | 29 980 |
| 116 856 | 116 963 | 27 764 | 123 336 | 123 443 | 30 018 |
| 116 964 | 117 071 | 27 802 | 123 444 | 123 551 | 30 056 |
| 117 072 | 117 179 | 27 838 | 123 552 | 123 659 | 30 096 |
| 117 180 | 117 287 | 27 876 | 123 660 | 123 767 | 30 134 |
| 117 288 | 117 395 | 27 912 | 123 768 | 123 875 | 30 172 |
| 117 396 | 117 503 | 27 950 | 123 876 | 123 983 | 30 210 |
| 117 504 | 117 611 | 27 988 | 123 984 | 124 091 | 30 248 |
| 117 612 | 117 719 | 28 024 | 124 092 | 124 199 | 30 286 |
| 117 720 | 117 827 | 28 062 | 124 200 | 124 307 | 30 324 |
| 117 828 | 117 935 | 28 098 | 124 308 | 124 415 | 30 362 |
| 117 936 | 118 043 | 28 136 | 124 416 | 124 523 | 30 400 |
| 118 044 | 118 151 | 28 174 | 124 524 | 124 631 | 30 438 |
| 118 152 | 118 259 | 28 210 | 124 632 | 124 739 | 30 478 |
| 118 260 | 118 367 | 28 248 | 124 740 | 124 847 | 30 516 |
| 118 368 | 118 475 | 28 284 | 124 848 | 124 955 | 30 554 |
| 118 476 | 118 583 | 28 322 | 124 956 | 125 063 | 30 592 |
| 118 584 | 118 691 | 28 360 | 125 064 | 125 171 | 30 630 |
| 118 692 | 118 799 | 28 396 | 125 172 | 125 279 | 30 670 |
| 118 800 | 118 907 | 28 434 | 125 280 | 125 387 | 30 708 |
| 118 908 | 119 015 | 28 472 | 125 388 | 125 495 | 30 746 |
| 119 016 | 119 123 | 28 508 | 125 496 | 125 603 | 30 784 |
| 119 124 | 119 231 | 28 546 | 125 604 | 125 711 | 30 822 |
| 119 232 | 119 339 | 28 584 | 125 712 | 125 819 | 30 862 |
| 119 340 | 119 447 | 28 622 | 125 820 | 125 927 | 30 900 |
| 119 448 | 119 555 | 28 658 | 125 928 | 126 035 | 30 938 |
| 119 556 | 119 663 | 28 696 | 126 036 | 126 143 | 30 976 |
| 119 664 | 119 771 | 28 734 | 126 144 | 126 251 | 31 016 |
| 119 772 | 119 879 | 28 772 | 126 252 | 126 359 | 31 054 |
| 119 880 | 119 987 | 28 808 | 126 360 | 126 467 | 31 092 |
| 119 988 | 120 095 | 28 846 | 126 468 | 126 575 | 31 132 |
| 120 096 | 120 203 | 28 884 | 126 576 | 126 683 | 31 170 |
| 120 204 | 120 311 | 28 922 | 126 684 | 126 791 | 31 208 |
| 120 312 | 120 419 | 28 958 | 126 792 | 126 899 | 31 248 |
| 120 420 | 120 527 | 28 996 | 126 900 | 127 007 | 31 286 |
| 120 528 | 120 635 | 29 034 | 127 008 | 127 115 | 31 324 |
| 120 636 | 120 743 | 29 072 | 127 116 | 127 223 | 31 364 |
| 120 744 | 120 851 | 29 110 | 127 224 | 127 331 | 31 402 |
| 120 852 | 120 959 | 29 148 | 127 332 | 127 439 | 31 440 |
| 120 960 | 121 067 | 29 184 | 127 440 | 127 547 | 31 480 |
| 121 068 | 121 175 | 29 222 | 127 548 | 127 655 | 31 518 |
| 121 176 | 121 283 | 29 260 | 127 656 | 127 763 | 31 556 |
| 121 284 | 121 391 | 29 298 | 127 764 | 127 871 | 31 596 |

235

| zu versteuerndes Einkommen in DM | | tarifliche Einkommensteuer in DM | zu versteuerndes Einkommen in DM | | tarifliche Einkommensteuer in DM |
|---|---|---|---|---|---|
| von | bis | | von | bis | |
| 127 872 | 127 979 | 31 634 | 134 352 | 134 459 | 33 998 |
| 127 980 | 128 087 | 31 674 | 134 460 | 134 567 | 34 038 |
| 128 088 | 128 195 | 31 712 | 134 568 | 134 675 | 34 078 |
| 128 196 | 128 303 | 31 752 | 134 676 | 134 783 | 34 118 |
| 128 304 | 128 411 | 31 790 | 134 784 | 134 891 | 34 156 |
| 128 412 | 128 519 | 31 830 | 134 892 | 134 999 | 34 196 |
| 128 520 | 128 627 | 31 868 | 135 000 | 135 107 | 34 236 |
| 128 628 | 128 735 | 31 906 | 135 108 | 135 215 | 34 278 |
| 128 736 | 128 843 | 31 946 | 135 216 | 135 323 | 34 318 |
| 128 844 | 128 951 | 31 984 | 135 324 | 135 431 | 34 358 |
| 128 952 | 129 059 | 32 024 | 135 432 | 135 539 | 34 398 |
| 129 060 | 129 167 | 32 062 | 135 540 | 135 647 | 34 438 |
| 129 168 | 129 275 | 32 102 | 135 648 | 135 755 | 34 478 |
| 129 276 | 129 383 | 32 142 | 135 756 | 135 863 | 34 518 |
| 129 384 | 129 491 | 32 180 | 135 864 | 135 971 | 34 558 |
| 129 492 | 129 599 | 32 220 | 135 972 | 136 079 | 34 598 |
| 129 600 | 129 707 | 32 258 | 136 080 | 136 187 | 34 638 |
| 129 708 | 129 815 | 32 298 | 136 188 | 136 295 | 34 678 |
| 129 816 | 129 923 | 32 336 | 136 296 | 136 403 | 34 718 |
| 129 924 | 130 031 | 32 376 | 136 404 | 136 511 | 34 758 |
| 130 032 | 130 139 | 32 416 | 136 512 | 136 619 | 34 798 |
| 130 140 | 130 247 | 32 454 | 136 620 | 136 727 | 34 840 |
| 130 248 | 130 355 | 32 494 | 136 728 | 136 835 | 34 880 |
| 130 356 | 130 463 | 32 532 | 136 836 | 136 943 | 34 920 |
| 130 464 | 130 571 | 32 572 | 136 944 | 137 051 | 34 960 |
| 130 572 | 130 679 | 32 612 | 137 052 | 137 159 | 35 000 |
| 130 680 | 130 787 | 32 650 | 137 160 | 137 267 | 35 040 |
| 130 788 | 130 895 | 32 690 | 137 268 | 137 375 | 35 082 |
| 130 896 | 131 003 | 32 730 | 137 376 | 137 483 | 35 122 |
| 131 004 | 131 111 | 32 768 | 137 484 | 137 591 | 35 162 |
| 131 112 | 131 219 | 32 808 | 137 592 | 137 699 | 35 202 |
| 131 220 | 131 327 | 32 848 | 137 700 | 137 807 | 35 242 |
| 131 328 | 131 435 | 32 886 | 137 808 | 137 915 | 35 284 |
| 131 436 | 131 543 | 32 926 | 137 916 | 138 023 | 35 324 |
| 131 544 | 131 651 | 32 966 | 138 024 | 138 131 | 35 364 |
| 131 652 | 131 759 | 33 006 | 138 132 | 138 239 | 35 404 |
| 131 760 | 131 867 | 33 044 | 138 240 | 138 347 | 35 446 |
| 131 868 | 131 975 | 33 084 | 138 348 | 138 455 | 35 486 |
| 131 976 | 132 083 | 33 124 | 138 456 | 138 563 | 35 526 |
| 132 084 | 132 191 | 33 164 | 138 564 | 138 671 | 35 568 |
| 132 192 | 132 299 | 33 202 | 138 672 | 138 779 | 35 608 |
| 132 300 | 132 407 | 33 242 | 138 780 | 138 887 | 35 648 |
| 132 408 | 132 515 | 33 282 | 138 888 | 138 995 | 35 688 |
| 132 516 | 132 623 | 33 322 | 138 996 | 139 103 | 35 730 |
| 132 624 | 132 731 | 33 360 | 139 104 | 139 211 | 35 770 |
| 132 732 | 132 839 | 33 400 | 139 212 | 139 319 | 35 812 |
| 132 840 | 132 947 | 33 440 | 139 320 | 139 427 | 35 852 |
| 132 948 | 133 055 | 33 480 | 139 428 | 139 535 | 35 892 |
| 133 056 | 133 163 | 33 520 | 139 536 | 139 643 | 35 934 |
| 133 164 | 133 271 | 33 560 | 139 644 | 139 751 | 35 974 |
| 133 272 | 133 379 | 33 600 | 139 752 | 139 859 | 36 014 |
| 133 380 | 133 487 | 33 638 | 139 860 | 139 967 | 36 056 |
| 133 488 | 133 595 | 33 678 | 139 968 | 140 075 | 36 096 |
| 133 596 | 133 703 | 33 718 | 140 076 | 140 183 | 36 138 |
| 133 704 | 133 811 | 33 758 | 140 184 | 140 291 | 36 178 |
| 133 812 | 133 919 | 33 798 | 140 292 | 140 399 | 36 218 |
| 133 920 | 134 027 | 33 838 | 140 400 | 140 507 | 36 260 |
| 134 028 | 134 135 | 33 878 | 140 508 | 140 615 | 36 300 |
| 134 136 | 134 243 | 33 918 | 140 616 | 140 723 | 36 342 |
| 134 244 | 134 351 | 33 958 | 140 724 | 140 831 | 36 382 |

| zu versteuerndes Einkommen in DM | | tarifliche Einkommen-steuer in DM | zu versteuerndes Einkommen in DM | | tarifliche Einkommen-steuer in DM |
|---|---|---|---|---|---|
| von | bis | | von | bis | |
| 140 832 | 140 939 | 36 424 | 147 312 | 147 419 | 38 914 |
| 140 940 | 141 047 | 36 464 | 147 420 | 147 527 | 38 956 |
| 141 048 | 141 155 | 36 506 | 147 528 | 147 635 | 38 998 |
| 141 156 | 141 263 | 36 546 | 147 636 | 147 743 | 39 040 |
| 141 264 | 141 371 | 36 588 | 147 744 | 147 851 | 39 082 |
| 141 372 | 141 479 | 36 628 | 147 852 | 147 959 | 39 124 |
| 141 480 | 141 587 | 36 670 | 147 960 | 148 067 | 39 166 |
| 141 588 | 141 695 | 36 710 | 148 068 | 148 175 | 39 208 |
| 141 696 | 141 803 | 36 752 | 148 176 | 148 283 | 39 250 |
| 141 804 | 141 911 | 36 794 | 148 284 | 148 391 | 39 292 |
| 141 912 | 142 019 | 36 834 | 148 392 | 148 499 | 39 336 |
| 142 020 | 142 127 | 36 876 | 148 500 | 148 607 | 39 378 |
| 142 128 | 142 235 | 36 916 | 148 608 | 148 715 | 39 420 |
| 142 236 | 142 343 | 36 958 | 148 716 | 148 823 | 39 462 |
| 142 344 | 142 451 | 36 998 | 148 824 | 148 931 | 39 504 |
| 142 452 | 142 559 | 37 040 | 148 932 | 149 039 | 39 546 |
| 142 560 | 142 667 | 37 082 | 149 040 | 149 147 | 39 588 |
| 142 668 | 142 775 | 37 122 | 149 148 | 149 255 | 39 630 |
| 142 776 | 142 883 | 37 164 | 149 256 | 149 363 | 39 674 |
| 142 884 | 142 991 | 37 206 | 149 364 | 149 471 | 39 716 |
| 142 992 | 143 099 | 37 246 | 149 472 | 149 579 | 39 758 |
| 143 100 | 143 207 | 37 288 | 149 580 | 149 687 | 39 800 |
| 143 208 | 143 315 | 37 330 | 149 688 | 149 795 | 39 842 |
| 143 316 | 143 423 | 37 370 | 149 796 | 149 903 | 39 886 |
| 143 424 | 143 531 | 37 412 | 149 904 | 150 011 | 39 928 |
| 143 532 | 143 639 | 37 454 | 150 012 | 150 119 | 39 970 |
| 143 640 | 143 747 | 37 494 | 150 120 | 150 227 | 40 012 |
| 143 748 | 143 855 | 37 536 | 150 228 | 150 335 | 40 056 |
| 143 856 | 143 963 | 37 578 | 150 336 | 150 443 | 40 098 |
| 143 964 | 144 071 | 37 620 | 150 444 | 150 551 | 40 140 |
| 144 072 | 144 179 | 37 660 | 150 552 | 150 659 | 40 182 |
| 144 180 | 144 287 | 37 702 | 150 660 | 150 767 | 40 226 |
| 144 288 | 144 395 | 37 744 | 150 768 | 150 875 | 40 268 |
| 144 396 | 144 503 | 37 786 | 150 876 | 150 983 | 40 310 |
| 144 504 | 144 611 | 37 826 | 150 984 | 151 091 | 40 354 |
| 144 612 | 144 719 | 37 868 | 151 092 | 151 199 | 40 396 |
| 144 720 | 144 827 | 37 910 | 151 200 | 151 307 | 40 438 |
| 144 828 | 144 935 | 37 952 | 151 308 | 151 415 | 40 482 |
| 144 936 | 145 043 | 37 994 | 151 416 | 151 523 | 40 524 |
| 145 044 | 145 151 | 38 034 | 151 524 | 151 631 | 40 566 |
| 145 152 | 145 259 | 38 076 | 151 632 | 151 739 | 40 610 |
| 145 260 | 145 367 | 38 118 | 151 740 | 151 847 | 40 652 |
| 145 368 | 145 475 | 38 160 | 151 848 | 151 955 | 40 694 |
| 145 476 | 145 583 | 38 202 | 151 956 | 152 063 | 40 738 |
| 145 584 | 145 691 | 38 244 | 152 064 | 152 171 | 40 780 |
| 145 692 | 145 799 | 38 286 | 152 172 | 152 279 | 40 824 |
| 145 800 | 145 907 | 38 328 | 152 280 | 152 387 | 40 866 |
| 145 908 | 146 015 | 38 368 | 152 388 | 152 495 | 40 910 |
| 146 016 | 146 123 | 38 410 | 152 496 | 152 603 | 40 952 |
| 146 124 | 146 231 | 38 452 | 152 604 | 152 711 | 40 994 |
| 146 232 | 146 339 | 38 494 | 152 712 | 152 819 | 41 038 |
| 146 340 | 146 447 | 38 536 | 152 820 | 152 927 | 41 080 |
| 146 448 | 146 555 | 38 578 | 152 928 | 153 035 | 41 124 |
| 146 556 | 146 663 | 38 620 | 153 036 | 153 143 | 41 166 |
| 146 664 | 146 771 | 38 662 | 153 144 | 153 251 | 41 210 |
| 146 772 | 146 879 | 38 704 | 153 252 | 153 359 | 41 252 |
| 146 880 | 146 987 | 38 746 | 153 360 | 153 467 | 41 296 |
| 146 988 | 147 095 | 38 788 | 153 468 | 153 575 | 41 338 |
| 147 096 | 147 203 | 38 830 | 153 576 | 153 683 | 41 382 |
| 147 204 | 147 311 | 38 872 | 153 684 | 153 791 | 41 424 |

| zu versteuerndes Einkommen in DM | | tarifliche Einkommensteuer in DM | zu versteuerndes Einkommen in DM | | tarifliche Einkommensteuer in DM |
|---|---|---|---|---|---|
| von | bis | | von | bis | |
| 153 792 | 153 899 | 41 468 | 160 272 | 160 379 | 44 086 |
| 153 900 | 154 007 | 41 510 | 160 380 | 160 487 | 44 130 |
| 154 008 | 154 115 | 41 554 | 160 488 | 160 595 | 44 174 |
| 154 116 | 154 223 | 41 598 | 160 596 | 160 703 | 44 218 |
| 154 224 | 154 331 | 41 640 | 160 704 | 160 811 | 44 262 |
| 154 332 | 154 439 | 41 684 | 160 812 | 160 919 | 44 306 |
| 154 440 | 154 547 | 41 726 | 160 920 | 161 027 | 44 350 |
| 154 548 | 154 655 | 41 770 | 161 028 | 161 135 | 44 396 |
| 154 656 | 154 763 | 41 814 | 161 136 | 161 243 | 44 440 |
| 154 764 | 154 871 | 41 856 | 161 244 | 161 351 | 44 484 |
| 154 872 | 154 979 | 41 900 | 161 352 | 161 459 | 44 528 |
| 154 980 | 155 087 | 41 942 | 161 460 | 161 567 | 44 572 |
| 155 088 | 155 195 | 41 986 | 161 568 | 161 675 | 44 616 |
| 155 196 | 155 303 | 42 030 | 161 676 | 161 783 | 44 662 |
| 155 304 | 155 411 | 42 072 | 161 784 | 161 891 | 44 706 |
| 155 412 | 155 519 | 42 116 | 161 892 | 161 999 | 44 750 |
| 155 520 | 155 627 | 42 160 | 162 000 | 162 107 | 44 794 |
| 155 628 | 155 735 | 42 204 | 162 108 | 162 215 | 44 838 |
| 155 736 | 155 843 | 42 246 | 162 216 | 162 323 | 44 884 |
| 155 844 | 155 951 | 42 290 | 162 324 | 162 431 | 44 928 |
| 155 952 | 156 059 | 42 334 | 162 432 | 162 539 | 44 972 |
| 156 060 | 156 167 | 42 376 | 162 540 | 162 647 | 45 016 |
| 156 168 | 156 275 | 42 420 | 162 648 | 162 755 | 45 062 |
| 156 276 | 156 383 | 42 464 | 162 756 | 162 863 | 45 106 |
| 156 384 | 156 491 | 42 508 | 162 864 | 162 971 | 45 150 |
| 156 492 | 156 599 | 42 550 | 162 972 | 163 079 | 45 196 |
| 156 600 | 156 707 | 42 594 | 163 080 | 163 187 | 45 240 |
| 156 708 | 156 815 | 42 638 | 163 188 | 163 295 | 45 284 |
| 156 816 | 156 923 | 42 682 | 163 296 | 163 403 | 45 330 |
| 156 924 | 157 031 | 42 726 | 163 404 | 163 511 | 45 374 |
| 157 032 | 157 139 | 42 768 | 163 512 | 163 619 | 45 418 |
| 157 140 | 157 247 | 42 812 | 163 620 | 163 727 | 45 464 |
| 157 248 | 157 355 | 42 856 | 163 728 | 163 835 | 45 508 |
| 157 356 | 157 463 | 42 900 | 163 836 | 163 943 | 45 552 |
| 157 464 | 157 571 | 42 944 | 163 944 | 164 051 | 45 598 |
| 157 572 | 157 679 | 42 988 | 164 052 | 164 159 | 45 642 |
| 157 680 | 157 787 | 43 030 | 164 160 | 164 267 | 45 686 |
| 157 788 | 157 895 | 43 074 | 164 268 | 164 375 | 45 732 |
| 157 896 | 158 003 | 43 118 | 164 376 | 164 483 | 45 776 |
| 158 004 | 158 111 | 43 162 | 164 484 | 164 591 | 45 822 |
| 158 112 | 158 219 | 43 206 | 164 592 | 164 699 | 45 866 |
| 158 220 | 158 327 | 43 250 | 164 700 | 164 807 | 45 912 |
| 158 328 | 158 435 | 43 294 | 164 808 | 164 915 | 45 956 |
| 158 436 | 158 543 | 43 338 | 164 916 | 165 023 | 46 000 |
| 158 544 | 158 651 | 43 382 | 165 024 | 165 131 | 46 046 |
| 158 652 | 158 759 | 43 426 | 165 132 | 165 239 | 46 090 |
| 158 760 | 158 867 | 43 470 | 165 240 | 165 347 | 46 136 |
| 158 868 | 158 975 | 43 512 | 165 348 | 165 455 | 46 180 |
| 158 976 | 159 083 | 43 556 | 165 456 | 165 563 | 46 226 |
| 159 084 | 159 191 | 43 600 | 165 564 | 165 671 | 46 270 |
| 159 192 | 159 299 | 43 644 | 165 672 | 165 779 | 46 316 |
| 159 300 | 159 407 | 43 688 | 165 780 | 165 887 | 46 360 |
| 159 408 | 159 515 | 43 732 | 165 888 | 165 995 | 46 406 |
| 159 516 | 159 623 | 43 776 | 165 996 | 166 103 | 46 452 |
| 159 624 | 159 731 | 43 820 | 166 104 | 166 211 | 46 496 |
| 159 732 | 159 839 | 43 864 | 166 212 | 166 319 | 46 542 |
| 159 840 | 159 947 | 43 910 | 166 320 | 166 427 | 46 586 |
| 159 948 | 160 055 | 43 954 | 166 428 | 166 535 | 46 632 |
| 160 056 | 160 163 | 43 998 | 166 536 | 166 643 | 46 676 |
| 160 164 | 160 271 | 44 042 | 166 644 | 166 751 | 46 722 |

| zu versteuerndes Einkommen in DM | | tarifliche Einkommensteuer in DM | zu versteuerndes Einkommen in DM | | tarifliche Einkommensteuer in DM |
|---|---|---|---|---|---|
| von | bis | | von | bis | |
| 166 752 | 166 859 | 46 768 | 173 232 | 173 339 | 49 512 |
| 166 860 | 166 967 | 46 812 | 173 340 | 173 447 | 49 558 |
| 166 968 | 167 075 | 46 858 | 173 448 | 173 555 | 49 606 |
| 167 076 | 167 183 | 46 902 | 173 556 | 173 663 | 49 652 |
| 167 184 | 167 291 | 46 948 | 173 664 | 173 771 | 49 698 |
| 167 292 | 167 399 | 46 994 | 173 772 | 173 879 | 49 744 |
| 167 400 | 167 507 | 47 038 | 173 880 | 173 987 | 49 790 |
| 167 508 | 167 615 | 47 084 | 173 988 | 174 095 | 49 838 |
| 167 616 | 167 723 | 47 130 | 174 096 | 174 203 | 49 884 |
| 167 724 | 167 831 | 47 174 | 174 204 | 174 311 | 49 930 |
| 167 832 | 167 939 | 47 220 | 174 312 | 174 419 | 49 976 |
| 167 940 | 168 047 | 47 266 | 174 420 | 174 527 | 50 022 |
| 168 048 | 168 155 | 47 312 | 174 528 | 174 635 | 50 070 |
| 168 156 | 168 263 | 47 356 | 174 636 | 174 743 | 50 116 |
| 168 264 | 168 371 | 47 402 | 174 744 | 174 851 | 50 162 |
| 168 372 | 168 479 | 47 448 | 174 852 | 174 959 | 50 208 |
| 168 480 | 168 587 | 47 494 | 174 960 | 175 067 | 50 256 |
| 168 588 | 168 695 | 47 538 | 175 068 | 175 175 | 50 302 |
| 168 696 | 168 803 | 47 584 | 175 176 | 175 283 | 50 348 |
| 168 804 | 168 911 | 47 630 | 175 284 | 175 391 | 50 396 |
| 168 912 | 169 019 | 47 676 | 175 392 | 175 499 | 50 442 |
| 169 020 | 169 127 | 47 720 | 175 500 | 175 607 | 50 488 |
| 169 128 | 169 235 | 47 766 | 175 608 | 175 715 | 50 536 |
| 169 236 | 169 343 | 47 812 | 175 716 | 175 823 | 50 582 |
| 169 344 | 169 451 | 47 858 | 175 824 | 175 931 | 50 628 |
| 169 452 | 169 559 | 47 904 | 175 932 | 176 039 | 50 676 |
| 169 560 | 169 667 | 47 948 | 176 040 | 176 147 | 50 722 |
| 169 668 | 169 775 | 47 994 | 176 148 | 176 255 | 50 768 |
| 169 776 | 169 883 | 48 040 | 176 256 | 176 363 | 50 816 |
| 169 884 | 169 991 | 48 086 | 176 364 | 176 471 | 50 862 |
| 169 992 | 170 099 | 48 132 | 176 472 | 176 579 | 50 910 |
| 170 100 | 170 207 | 48 178 | 176 580 | 176 687 | 50 956 |
| 170 208 | 170 315 | 48 224 | 176 688 | 176 795 | 51 002 |
| 170 316 | 170 423 | 48 270 | 176 796 | 176 903 | 51 050 |
| 170 424 | 170 531 | 48 316 | 176 904 | 177 011 | 51 096 |
| 170 532 | 170 639 | 48 360 | 177 012 | 177 119 | 51 144 |
| 170 640 | 170 747 | 48 406 | 177 120 | 177 227 | 51 190 |
| 170 748 | 170 855 | 48 452 | 177 228 | 177 335 | 51 238 |
| 170 856 | 170 963 | 48 498 | 177 330 | 177 443 | 51 284 |
| 170 964 | 171 071 | 48 544 | 177 444 | 177 551 | 51 332 |
| 171 072 | 171 179 | 48 590 | 177 552 | 177 659 | 51 378 |
| 171 180 | 171 287 | 48 636 | 177 660 | 177 767 | 51 426 |
| 171 288 | 171 395 | 48 682 | 177 768 | 177 875 | 51 472 |
| 171 396 | 171 503 | 48 728 | 177 876 | 177 983 | 51 520 |
| 171 504 | 171 611 | 48 774 | 177 984 | 178 091 | 51 566 |
| 171 612 | 171 719 | 48 820 | 178 092 | 178 199 | 51 614 |
| 171 720 | 171 827 | 48 866 | 178 200 | 178 307 | 51 660 |
| 171 828 | 171 935 | 48 912 | 178 308 | 178 415 | 51 708 |
| 171 936 | 172 043 | 48 958 | 178 416 | 178 523 | 51 754 |
| 172 044 | 172 151 | 49 004 | 178 524 | 178 631 | 51 802 |
| 172 152 | 172 259 | 49 050 | 178 632 | 178 739 | 51 850 |
| 172 260 | 172 367 | 49 096 | 178 740 | 178 847 | 51 896 |
| 172 368 | 172 475 | 49 142 | 178 848 | 178 955 | 51 944 |
| 172 476 | 172 583 | 49 188 | 178 956 | 179 063 | 51 990 |
| 172 584 | 172 691 | 49 236 | 179 064 | 179 171 | 52 038 |
| 172 692 | 172 799 | 49 282 | 179 172 | 179 279 | 52 086 |
| 172 800 | 172 907 | 49 328 | 179 280 | 179 387 | 52 132 |
| 172 908 | 173 015 | 49 374 | 179 388 | 179 495 | 52 180 |
| 173 016 | 173 123 | 49 420 | 179 496 | 179 603 | 52 228 |
| 173 124 | 173 231 | 49 466 | 179 604 | 179 711 | 52 274 |

| zu versteuerndes Einkommen in DM | | tarifliche Einkommensteuer in DM | zu versteuerndes Einkommen in DM | | tarifliche Einkommensteuer in DM |
|---|---|---|---|---|---|
| von | bis | | von | bis | |
| 179712 | 179819 | 52322 | 186192 | 186299 | 55194 |
| 179820 | 179927 | 52370 | 186300 | 186407 | 55244 |
| 179928 | 180035 | 52416 | 186408 | 186515 | 55292 |
| 180036 | 180143 | 52464 | 186516 | 186623 | 55340 |
| 180144 | 180251 | 52512 | 186624 | 186731 | 55388 |
| 180252 | 180359 | 52558 | 186732 | 186839 | 55438 |
| 180360 | 180467 | 52606 | 186840 | 186947 | 55486 |
| 180468 | 180575 | 52654 | 186948 | 187055 | 55534 |
| 180576 | 180683 | 52702 | 187056 | 187163 | 55582 |
| 180684 | 180791 | 52748 | 187164 | 187271 | 55632 |
| 180792 | 180899 | 52796 | 187272 | 187379 | 55680 |
| 180900 | 181007 | 52844 | 187380 | 187487 | 55728 |
| 181008 | 181115 | 52892 | 187488 | 187595 | 55776 |
| 181116 | 181223 | 52938 | 187596 | 187703 | 55826 |
| 181224 | 181331 | 52986 | 187704 | 187811 | 55874 |
| 181332 | 181439 | 53034 | 187812 | 187919 | 55922 |
| 181440 | 181547 | 53082 | 187920 | 188027 | 55972 |
| 181548 | 181655 | 53130 | 188028 | 188135 | 56020 |
| 181656 | 181763 | 53176 | 188136 | 188243 | 56070 |
| 181764 | 181871 | 53224 | 188244 | 188351 | 56118 |
| 181872 | 181979 | 53272 | 188352 | 188459 | 56166 |
| 181980 | 182087 | 53320 | 188460 | 188567 | 56216 |
| 182088 | 182195 | 53368 | 188568 | 188675 | 56264 |
| 182196 | 182303 | 53416 | 188676 | 188783 | 56312 |
| 182304 | 182411 | 53464 | 188784 | 188891 | 56362 |
| 182412 | 182519 | 53512 | 188892 | 188999 | 56410 |
| 182520 | 182627 | 53558 | 189000 | 189107 | 56460 |
| 182628 | 182735 | 53606 | 189108 | 189215 | 56508 |
| 182736 | 182843 | 53654 | 189216 | 189323 | 56558 |
| 182844 | 182951 | 53702 | 189324 | 189431 | 56606 |
| 182952 | 183059 | 53750 | 189432 | 189539 | 56656 |
| 183060 | 183167 | 53798 | 189540 | 189647 | 56704 |
| 183168 | 183275 | 53846 | 189648 | 189755 | 56754 |
| 183276 | 183383 | 53894 | 189756 | 189863 | 56802 |
| 183384 | 183491 | 53942 | 189864 | 189971 | 56852 |
| 183492 | 183599 | 53990 | 189972 | 190079 | 56900 |
| 183600 | 183707 | 54038 | 190080 | 190187 | 56950 |
| 183708 | 183815 | 54086 | 190188 | 190295 | 56998 |
| 183816 | 183923 | 54134 | 190296 | 190403 | 57048 |
| 183924 | 184031 | 54182 | 190404 | 190511 | 57096 |
| 184032 | 184139 | 54230 | 190512 | 190619 | 57146 |
| 184140 | 184247 | 54278 | 190620 | 190727 | 57194 |
| 184248 | 184355 | 54326 | 190728 | 190835 | 57244 |
| 184356 | 184463 | 54374 | 190836 | 190943 | 57292 |
| 184464 | 184571 | 54422 | 190944 | 191051 | 57342 |
| 184572 | 184679 | 54470 | 191052 | 191159 | 57392 |
| 184680 | 184787 | 54518 | 191160 | 191267 | 57440 |
| 184788 | 184895 | 54566 | 191268 | 191375 | 57490 |
| 184896 | 185003 | 54616 | 191376 | 191483 | 57540 |
| 185004 | 185111 | 54664 | 191484 | 191591 | 57588 |
| 185112 | 185219 | 54712 | 191592 | 191699 | 57638 |
| 185220 | 185327 | 54760 | 191700 | 191807 | 57686 |
| 185328 | 185435 | 54808 | 191808 | 191915 | 57736 |
| 185436 | 185543 | 54856 | 191916 | 192023 | 57786 |
| 185544 | 185651 | 54904 | 192024 | 192131 | 57834 |
| 185652 | 185759 | 54952 | 192132 | 192239 | 57884 |
| 185760 | 185867 | 55002 | 192240 | 192347 | 57934 |
| 185868 | 185975 | 55050 | 192348 | 192455 | 57984 |
| 185976 | 186083 | 55098 | 192456 | 192563 | 58032 |
| 186084 | 186191 | 55146 | 192564 | 192671 | 58082 |

| zu versteuerndes Einkommen in DM | | tarifliche Einkommensteuer in DM | zu versteuerndes Einkommen in DM | | tarifliche Einkommensteuer in DM |
|---|---|---|---|---|---|
| von | bis | | von | bis | |
| 192 672 | 192 779 | 58 132 | 199 152 | 199 259 | 61 132 |
| 192 780 | 192 887 | 58 182 | 199 260 | 199 367 | 61 182 |
| 192 888 | 192 995 | 58 230 | 199 368 | 199 475 | 61 234 |
| 192 996 | 193 103 | 58 280 | 199 476 | 199 583 | 61 284 |
| 193 104 | 193 211 | 58 330 | 199 584 | 199 691 | 61 334 |
| 193 212 | 193 319 | 58 380 | 199 692 | 199 799 | 61 386 |
| 193 320 | 193 427 | 58 428 | 199 800 | 199 907 | 61 436 |
| 193 428 | 193 535 | 58 478 | 199 908 | 200 015 | 61 486 |
| 193 536 | 193 643 | 58 528 | 200 016 | 200 123 | 61 538 |
| 193 644 | 193 751 | 58 578 | 200 124 | 200 231 | 61 588 |
| 193 752 | 193 859 | 58 628 | 200 232 | 200 339 | 61 638 |
| 193 860 | 193 967 | 58 676 | 200 340 | 200 447 | 61 690 |
| 193 968 | 194 075 | 58 726 | 200 448 | 200 555 | 61 740 |
| 194 076 | 194 183 | 58 776 | 200 556 | 200 663 | 61 790 |
| 194 184 | 194 291 | 58 826 | 200 664 | 200 771 | 61 842 |
| 194 292 | 194 399 | 58 876 | 200 772 | 200 879 | 61 892 |
| 194 400 | 194 507 | 58 926 | 200 880 | 200 987 | 61 944 |
| 194 508 | 194 615 | 58 976 | 200 988 | 201 095 | 61 994 |
| 194 616 | 194 723 | 59 026 | 201 096 | 201 203 | 62 044 |
| 194 724 | 194 831 | 59 074 | 201 204 | 201 311 | 62 096 |
| 194 832 | 194 939 | 59 124 | 201 312 | 201 419 | 62 146 |
| 194 940 | 195 047 | 59 174 | 201 420 | 201 527 | 62 198 |
| 195 048 | 195 155 | 59 224 | 201 528 | 201 635 | 62 248 |
| 195 156 | 195 263 | 59 274 | 201 636 | 201 743 | 62 300 |
| 195 264 | 195 371 | 59 324 | 201 744 | 201 851 | 62 350 |
| 195 372 | 195 479 | 59 374 | 201 852 | 201 959 | 62 402 |
| 195 480 | 195 587 | 59 424 | 201 960 | 202 067 | 62 452 |
| 195 588 | 195 695 | 59 474 | 202 068 | 202 175 | 62 504 |
| 195 696 | 195 803 | 59 524 | 202 176 | 202 283 | 62 554 |
| 195 804 | 195 911 | 59 574 | 202 284 | 202 391 | 62 606 |
| 195 912 | 196 019 | 59 624 | 202 392 | 202 499 | 62 656 |
| 196 020 | 196 127 | 59 674 | 202 500 | 202 607 | 62 708 |
| 196 128 | 196 235 | 59 724 | 202 608 | 202 715 | 62 758 |
| 196 236 | 196 343 | 59 774 | 202 716 | 202 823 | 62 810 |
| 196 344 | 196 451 | 59 824 | 202 824 | 202 931 | 62 860 |
| 196 452 | 196 559 | 59 874 | 202 932 | 203 039 | 62 912 |
| 196 560 | 196 667 | 59 924 | 203 040 | 203 147 | 62 964 |
| 196 668 | 196 775 | 59 974 | 203 148 | 203 255 | 63 014 |
| 196 776 | 196 883 | 60 024 | 203 256 | 203 363 | 63 066 |
| 196 884 | 196 991 | 60 074 | 203 364 | 203 471 | 63 116 |
| 196 992 | 197 099 | 60 124 | 203 472 | 203 579 | 63 168 |
| 197 100 | 197 207 | 60 176 | 203 580 | 203 687 | 63 220 |
| 197 208 | 197 315 | 60 226 | 203 688 | 203 795 | 63 270 |
| 197 316 | 197 423 | 60 276 | 203 796 | 203 903 | 63 322 |
| 197 424 | 197 531 | 60 326 | 203 904 | 204 011 | 63 374 |
| 197 532 | 197 639 | 60 376 | 204 012 | 204 119 | 63 424 |
| 197 640 | 197 747 | 60 426 | 204 120 | 204 227 | 63 476 |
| 197 748 | 197 855 | 60 476 | 204 228 | 204 335 | 63 528 |
| 197 856 | 197 963 | 60 526 | 204 336 | 204 443 | 63 578 |
| 197 964 | 198 071 | 60 578 | 204 444 | 204 551 | 63 630 |
| 198 072 | 198 179 | 60 628 | 204 552 | 204 659 | 63 682 |
| 198 180 | 198 287 | 60 678 | 204 660 | 204 767 | 63 732 |
| 198 288 | 198 395 | 60 728 | 204 768 | 204 875 | 63 784 |
| 198 396 | 198 503 | 60 778 | 204 876 | 204 983 | 63 836 |
| 198 504 | 198 611 | 60 830 | 204 984 | 205 091 | 63 888 |
| 198 612 | 198 719 | 60 880 | 205 092 | 205 199 | 63 938 |
| 198 720 | 198 827 | 60 930 | 205 200 | 205 307 | 63 990 |
| 198 828 | 198 935 | 60 980 | 205 308 | 205 415 | 64 042 |
| 198 936 | 199 043 | 61 032 | 205 416 | 205 523 | 64 094 |
| 199 044 | 199 151 | 61 082 | 205 524 | 205 631 | 64 144 |

| zu versteuerndes Einkommen in DM | | tarifliche Einkommensteuer in DM | zu versteuerndes Einkommen in DM | | tarifliche Einkommensteuer in DM |
|---|---|---|---|---|---|
| von | bis | | von | bis | |
| 205 632 | 205 739 | 64 196 | 212 112 | 212 219 | 67 324 |
| 205 740 | 205 847 | 64 248 | 212 220 | 212 327 | 67 378 |
| 205 848 | 205 955 | 64 300 | 212 328 | 212 435 | 67 430 |
| 205 956 | 206 063 | 64 352 | 212 436 | 212 543 | 67 482 |
| 206 064 | 206 171 | 64 404 | 212 544 | 212 651 | 67 536 |
| 206 172 | 206 279 | 64 454 | 212 652 | 212 759 | 67 588 |
| 206 280 | 206 387 | 64 506 | 212 760 | 212 867 | 67 642 |
| 206 388 | 206 495 | 64 558 | 212 868 | 212 975 | 67 694 |
| 206 496 | 206 603 | 64 610 | 212 976 | 213 083 | 67 746 |
| 206 604 | 206 711 | 64 662 | 213 084 | 213 191 | 67 800 |
| 206 712 | 206 819 | 64 714 | 213 192 | 213 299 | 67 852 |
| 206 820 | 206 927 | 64 766 | 213 300 | 213 407 | 67 906 |
| 206 928 | 207 035 | 64 818 | 213 408 | 213 515 | 67 958 |
| 207 036 | 207 143 | 64 868 | 213 516 | 213 623 | 68 010 |
| 207 144 | 207 251 | 64 920 | 213 624 | 213 731 | 68 064 |
| 207 252 | 207 359 | 64 972 | 213 732 | 213 839 | 68 116 |
| 207 360 | 207 467 | 65 024 | 213 840 | 213 947 | 68 170 |
| 207 468 | 207 575 | 65 076 | 213 948 | 214 055 | 68 222 |
| 207 576 | 207 683 | 65 128 | 214 056 | 214 163 | 68 276 |
| 207 684 | 207 791 | 65 180 | 214 164 | 214 271 | 68 328 |
| 207 792 | 207 899 | 65 232 | 214 272 | 214 379 | 68 382 |
| 207 900 | 208 007 | 65 284 | 214 380 | 214 487 | 68 434 |
| 208 008 | 208 115 | 65 336 | 214 488 | 214 595 | 68 488 |
| 208 116 | 208 223 | 65 388 | 214 596 | 214 703 | 68 540 |
| 208 224 | 208 331 | 65 440 | 214 704 | 214 811 | 68 594 |
| 208 332 | 208 439 | 65 492 | 214 812 | 214 919 | 68 646 |
| 208 440 | 208 547 | 65 544 | 214 920 | 215 027 | 68 700 |
| 208 548 | 208 655 | 65 596 | 215 028 | 215 135 | 68 754 |
| 208 656 | 208 763 | 65 648 | 215 136 | 215 243 | 68 806 |
| 208 764 | 208 871 | 65 700 | 215 244 | 215 351 | 68 860 |
| 208 872 | 208 979 | 65 752 | 215 352 | 215 459 | 68 912 |
| 208 980 | 209 087 | 65 804 | 215 460 | 215 567 | 68 966 |
| 209 088 | 209 195 | 65 856 | 215 568 | 215 675 | 69 020 |
| 209 196 | 209 303 | 65 910 | 215 676 | 215 783 | 69 072 |
| 209 304 | 209 411 | 65 962 | 215 784 | 215 891 | 69 126 |
| 209 412 | 209 519 | 66 014 | 215 892 | 215 999 | 69 178 |
| 209 520 | 209 627 | 66 066 | 216 000 | 216 107 | 69 232 |
| 209 628 | 209 735 | 66 118 | 216 108 | 216 215 | 69 286 |
| 209 736 | 209 843 | 66 170 | 216 216 | 216 323 | 69 338 |
| 209 844 | 209 951 | 66 222 | 216 324 | 216 431 | 69 392 |
| 209 952 | 210 059 | 66 274 | 216 432 | 216 539 | 69 446 |
| 210 060 | 210 167 | 66 328 | 216 540 | 216 647 | 69 498 |
| 210 168 | 210 275 | 66 380 | 216 648 | 216 755 | 69 552 |
| 210 276 | 210 383 | 66 432 | 216 756 | 216 863 | 69 606 |
| 210 384 | 210 491 | 66 484 | 216 864 | 216 971 | 69 660 |
| 210 492 | 210 599 | 66 536 | 216 972 | 217 079 | 69 712 |
| 210 600 | 210 707 | 66 590 | 217 080 | 217 187 | 69 766 |
| 210 708 | 210 815 | 66 642 | 217 188 | 217 295 | 69 820 |
| 210 816 | 210 923 | 66 694 | 217 296 | 217 403 | 69 874 |
| 210 924 | 211 031 | 66 746 | 217 404 | 217 511 | 69 926 |
| 211 032 | 211 139 | 66 798 | 217 512 | 217 619 | 69 980 |
| 211 140 | 211 247 | 66 852 | 217 620 | 217 727 | 70 034 |
| 211 248 | 211 355 | 66 904 | 217 728 | 217 835 | 70 088 |
| 211 356 | 211 463 | 66 956 | 217 836 | 217 943 | 70 142 |
| 211 464 | 211 571 | 67 010 | 217 944 | 218 051 | 70 194 |
| 211 572 | 211 679 | 67 062 | 218 052 | 218 159 | 70 248 |
| 211 680 | 211 787 | 67 114 | 218 160 | 218 267 | 70 302 |
| 211 788 | 211 895 | 67 166 | 218 268 | 218 375 | 70 356 |
| 211 896 | 212 003 | 67 220 | 218 376 | 218 483 | 70 410 |
| 212 004 | 212 111 | 67 272 | 218 484 | 218 591 | 70 462 |

| zu versteuerndes Einkommen in DM | | tarifliche Einkommensteuer in DM | zu versteuerndes Einkommen in DM | | tarifliche Einkommensteuer in DM |
|---|---|---|---|---|---|
| von | bis | | von | bis | |
| 218 592 | 218 699 | 70 516 | 225 072 | 225 179 | 73 772 |
| 218 700 | 218 807 | 70 570 | 225 180 | 225 287 | 73 828 |
| 218 808 | 218 915 | 70 624 | 225 288 | 225 395 | 73 882 |
| 218 916 | 219 023 | 70 678 | 225 396 | 225 503 | 73 936 |
| 219 024 | 219 131 | 70 732 | 225 504 | 225 611 | 73 992 |
| 219 132 | 219 239 | 70 786 | 225 612 | 225 719 | 74 046 |
| 219 240 | 219 347 | 70 840 | 225 720 | 225 827 | 74 102 |
| 219 348 | 219 455 | 70 894 | 225 828 | 225 935 | 74 156 |
| 219 456 | 219 563 | 70 948 | 225 936 | 226 043 | 74 212 |
| 219 564 | 219 671 | 71 002 | 226 044 | 226 151 | 74 266 |
| 219 672 | 219 779 | 71 054 | 226 152 | 226 259 | 74 322 |
| 219 780 | 219 887 | 71 108 | 226 260 | 226 367 | 74 376 |
| 219 888 | 219 995 | 71 162 | 226 368 | 226 475 | 74 432 |
| 219 996 | 220 103 | 71 216 | 226 476 | 226 583 | 74 486 |
| 220 104 | 220 211 | 71 270 | 226 584 | 226 691 | 74 542 |
| 220 212 | 220 319 | 71 324 | 226 692 | 226 799 | 74 596 |
| 220 320 | 220 427 | 71 378 | 226 800 | 226 907 | 74 652 |
| 220 428 | 220 535 | 71 432 | 226 908 | 227 015 | 74 706 |
| 220 536 | 220 643 | 71 486 | 227 016 | 227 123 | 74 762 |
| 220 644 | 220 751 | 71 540 | 227 124 | 227 231 | 74 816 |
| 220 752 | 220 859 | 71 594 | 227 232 | 227 339 | 74 872 |
| 220 860 | 220 967 | 71 648 | 227 340 | 227 447 | 74 928 |
| 220 968 | 221 075 | 71 704 | 227 448 | 227 555 | 74 982 |
| 221 076 | 221 183 | 71 758 | 227 556 | 227 663 | 75 038 |
| 221 184 | 221 291 | 71 812 | 227 664 | 227 771 | 75 092 |
| 221 292 | 221 399 | 71 866 | 227 772 | 227 879 | 75 148 |
| 221 400 | 221 507 | 71 920 | 227 880 | 227 987 | 75 204 |
| 221 508 | 221 615 | 71 974 | 227 988 | 228 095 | 75 258 |
| 221 616 | 221 723 | 72 028 | 228 096 | 228 203 | 75 314 |
| 221 724 | 221 831 | 72 082 | 228 204 | 228 311 | 75 368 |
| 221 832 | 221 939 | 72 136 | 228 312 | 228 419 | 75 424 |
| 221 940 | 222 047 | 72 190 | 228 420 | 228 527 | 75 480 |
| 222 048 | 222 155 | 72 246 | 228 528 | 228 635 | 75 534 |
| 222 156 | 222 263 | 72 300 | 228 636 | 228 743 | 75 590 |
| 222 264 | 222 371 | 72 354 | 228 744 | 228 851 | 75 646 |
| 222 372 | 222 479 | 72 408 | 228 852 | 228 959 | 75 702 |
| 222 480 | 222 587 | 72 462 | 228 960 | 229 067 | 75 756 |
| 222 588 | 222 695 | 72 516 | 229 068 | 229 175 | 75 812 |
| 222 696 | 222 803 | 72 572 | 229 176 | 229 283 | 75 868 |
| 222 804 | 222 911 | 72 626 | 229 284 | 229 391 | 75 922 |
| 222 912 | 223 019 | 72 680 | 229 392 | 229 499 | 75 978 |
| 223 020 | 223 127 | 72 734 | 229 500 | 229 607 | 76 034 |
| 223 128 | 223 235 | 72 790 | 229 608 | 229 715 | 76 090 |
| 223 236 | 223 343 | 72 844 | 229 716 | 229 823 | 76 146 |
| 223 344 | 223 451 | 72 898 | 229 824 | 229 931 | 76 200 |
| 223 452 | 223 559 | 72 952 | 229 932 | 230 039 | 76 256 |
| 223 560 | 223 667 | 73 008 | 230 040 | 230 147 | 76 312 |
| 223 668 | 223 775 | 73 062 | 230 148 | 230 255 | 76 368 |
| 223 776 | 223 883 | 73 116 | 230 256 | 230 363 | 76 424 |
| 223 884 | 223 991 | 73 170 | 230 364 | 230 471 | 76 478 |
| 223 992 | 224 099 | 73 226 | 230 472 | 230 579 | 76 534 |
| 224 100 | 224 207 | 73 280 | 230 580 | 230 687 | 76 590 |
| 224 208 | 224 315 | 73 334 | 230 688 | 230 795 | 76 646 |
| 224 316 | 224 423 | 73 390 | 230 796 | 230 903 | 76 702 |
| 224 424 | 224 531 | 73 444 | 230 904 | 231 011 | 76 758 |
| 224 532 | 224 639 | 73 498 | 231 012 | 231 119 | 76 814 |
| 224 640 | 224 747 | 73 554 | 231 120 | 231 227 | 76 868 |
| 224 748 | 224 855 | 73 608 | 231 228 | 231 335 | 76 924 |
| 224 856 | 224 963 | 73 662 | 231 336 | 231 443 | 76 980 |
| 224 964 | 225 071 | 73 718 | 231 444 | 231 551 | 77 036 |

| zu versteuerndes Einkommen in DM | | tarifliche Einkommensteuer in DM | zu versteuerndes Einkommen in DM | | tarifliche Einkommensteuer in DM |
|---|---|---|---|---|---|
| von | bis | | von | bis | |
| 231552 | 231659 | 77092 | 238032 | 238139 | 80476 |
| 231660 | 231767 | 77148 | 238140 | 238247 | 80532 |
| 231768 | 231875 | 77204 | 238248 | 238355 | 80590 |
| 231876 | 231983 | 77260 | 238356 | 238463 | 80646 |
| 231984 | 232091 | 77316 | 238464 | 238571 | 80704 |
| 232092 | 232199 | 77372 | 238572 | 238679 | 80760 |
| 232200 | 232307 | 77428 | 238680 | 238787 | 80818 |
| 232308 | 232415 | 77484 | 238788 | 238895 | 80874 |
| 232416 | 232523 | 77540 | 238896 | 239003 | 80932 |
| 232524 | 232631 | 77596 | 239004 | 239111 | 80988 |
| 232632 | 232739 | 77652 | 239112 | 239219 | 81046 |
| 232740 | 232847 | 77708 | 239220 | 239327 | 81102 |
| 232848 | 232955 | 77764 | 239328 | 239435 | 81160 |
| 232956 | 233063 | 77820 | 239436 | 239543 | 81216 |
| 233064 | 233171 | 77876 | 239544 | 239651 | 81274 |
| 233172 | 233279 | 77932 | 239652 | 239759 | 81332 |
| 233280 | 233387 | 77988 | 239760 | 239867 | 81388 |
| 233388 | 233495 | 78044 | 239868 | 239975 | 81446 |
| 233496 | 233603 | 78100 | 239976 | 240083 | 81502 |
| 233604 | 233711 | 78156 | 240084 | 240191 | 81560 |
| 233712 | 233819 | 78212 | 240192 | 240299 | 81616 |
| 233820 | 233927 | 78270 | 240300 | 240407 | 81674 |
| 233928 | 234035 | 78326 | 240408 | 240515 | 81732 |
| 234036 | 234143 | 78382 | 240516 | 240623 | 81788 |
| 234144 | 234251 | 78438 | 240624 | 240731 | 81846 |
| 234252 | 234359 | 78494 | 240732 | 240839 | 81902 |
| 234360 | 234467 | 78550 | 240840 | 240947 | 81960 |
| 234468 | 234575 | 78606 | 240948 | 241055 | 82018 |
| 234576 | 234683 | 78664 | 241056 | 241163 | 82074 |
| 234684 | 234791 | 78720 | 241164 | 241271 | 82132 |
| 234792 | 234899 | 78776 | 241272 | 241379 | 82190 |
| 234900 | 235007 | 78832 | 241380 | 241487 | 82246 |
| 235008 | 235115 | 78888 | 241488 | 241595 | 82304 |
| 235116 | 235223 | 78946 | 241596 | 241703 | 82360 |
| 235224 | 235331 | 79002 | 241704 | 241811 | 82418 |
| 235332 | 235439 | 79058 | 241812 | 241919 | 82476 |
| 235440 | 235547 | 79114 | 241920 | 242027 | 82532 |
| 235548 | 235655 | 79170 | 242028 | 242135 | 82590 |
| 235656 | 235763 | 79228 | 242136 | 242243 | 82648 |
| 235764 | 235871 | 79284 | 242244 | 242351 | 82704 |
| 235872 | 235979 | 79340 | 242352 | 242459 | 82762 |
| 235980 | 236087 | 79398 | 242460 | 242567 | 82818 |
| 236088 | 236195 | 79454 | 242568 | 242675 | 82876 |
| 236196 | 236303 | 79510 | 242676 | 242783 | 82934 |
| 236304 | 236411 | 79568 | 242784 | 242891 | 82990 |
| 236412 | 236519 | 79624 | 242892 | 242999 | 83048 |
| 236520 | 236627 | 79680 | 243000 | 243107 | 83106 |
| 236628 | 236735 | 79736 | 243108 | 243215 | 83162 |
| 236736 | 236843 | 79794 | 243216 | 243323 | 83220 |
| 236844 | 236951 | 79850 | 243324 | 243431 | 83276 |
| 236952 | 237059 | 79908 | 243432 | 243539 | 83334 |
| 237060 | 237167 | 79964 | 243540 | 243647 | 83392 |
| 237168 | 237275 | 80020 | 243648 | 243755 | 83448 |
| 237276 | 237383 | 80078 | 243756 | 243863 | 83506 |
| 237384 | 237491 | 80134 | 243864 | 243971 | 83562 |
| 237492 | 237599 | 80192 | 243972 | 244079 | 83620 |
| 237600 | 237707 | 80248 | 244080 | 244187 | 83678 |
| 237708 | 237815 | 80304 | 244188 | 244295 | 83734 |
| 237816 | 237923 | 80362 | 244296 | 244403 | 83792 |
| 237924 | 238031 | 80418 | 244404 | 244511 | 83850 |

| zu versteuerndes Einkommen in DM | | tarifliche Einkommensteuer in DM | zu versteuerndes Einkommen in DM | | tarifliche Einkommensteuer in DM |
|---|---|---|---|---|---|
| von | bis | | von | bis | |
| 244512 | 244619 | 83906 | 250992 | 251099 | 87340 |
| 244620 | 244727 | 83964 | 251100 | 251207 | 87398 |
| 244728 | 244835 | 84020 | 251208 | 251315 | 87456 |
| 244836 | 244943 | 84078 | 251316 | 251423 | 87512 |
| 244944 | 245051 | 84136 | 251424 | 251531 | 87570 |
| 245052 | 245159 | 84192 | 251532 | 251639 | 87626 |
| 245160 | 245267 | 84250 | 251640 | 251747 | 87684 |
| 245268 | 245375 | 84308 | 251748 | 251855 | 87742 |
| 245376 | 245483 | 84364 | 251856 | 251963 | 87798 |
| 245484 | 245591 | 84422 | 251964 | 252071 | 87856 |
| 245592 | 245699 | 84478 | 252072 | 252179 | 87914 |
| 245700 | 245807 | 84536 | 252180 | 252287 | 87970 |
| 245808 | 245915 | 84594 | 252288 | 252395 | 88028 |
| 245916 | 246023 | 84650 | 252396 | 252503 | 88084 |
| 246024 | 246131† | 84708 | 252504 | 252611 | 88142 |
| 246132 | 246239 | 84764 | 252612 | 252719 | 88200 |
| 246240 | 246347 | 84822 | 252720 | 252827 | 88256 |
| 246348 | 246455 | 84880 | 252828 | 252935 | 88314 |
| 246456 | 246563 | 84936 | 252936 | 253043 | 88372 |
| 246564 | 246671 | 84994 | 253044 | 253151 | 88428 |
| 246672 | 246779 | 85052 | 253152 | 253259 | 88486 |
| 246780 | 246887 | 85108 | 253260 | 253367 | 88542 |
| 246888 | 246995 | 85166 | 253368 | 253475 | 88600 |
| 246996 | 247103 | 85222 | 253476 | 253583 | 88658 |
| 247104 | 247211 | 85280 | 253584 | 253691 | 88714 |
| 247212 | 247319 | 85338 | 253692 | 253799 | 88772 |
| 247320 | 247427 | 85394 | 253800 | 253907 | 88830 |
| 247428 | 247535 | 85452 | 253908 | 254015 | 88886 |
| 247536 | 247643 | 85510 | 254016 | 254123 | 88944 |
| 247644 | 247751 | 85566 | 254124 | 254231 | 89000 |
| 247752 | 247859 | 85624 | 254232 | 254339 | 89058 |
| 247860 | 247967 | 85680 | 254340 | 254447 | 89116 |
| 247968 | 248075 | 85738 | 254448 | 254555 | 89172 |
| 248076 | 248183 | 85796 | 254556 | 254663 | 89230 |
| 248184 | 248291 | 85852 | 254664 | 254771 | 89286 |
| 248292 | 248399 | 85910 | 254772 | 254879 | 89344 |
| 248400 | 248507 | 85968 | 254880 | 254987 | 89402 |
| 248508 | 248615 | 86024 | 254988 | 255095 | 89458 |
| 248616 | 248723 | 86082 | 255096 | 255203 | 89516 |
| 248724 | 248831 | 86138 | 255204 | 255311 | 89574 |
| 248832 | 248939 | 86196 | 255312 | 255419 | 89630 |
| 248940 | 249047 | 86254 | 255420 | 255527 | 89688 |
| 249048 | 249155 | 86310 | 255528 | 255635 | 89744 |
| 249156 | 249263 | 86368 | 255636 | 255743 | 89802 |
| 249264 | 249371 | 86424 | 255744 | 255851 | 89860 |
| 249372 | 249479 | 86482 | 255852 | 255959 | 89916 |
| 249480 | 249587 | 86540 | 255960 | 256067 | 89974 |
| 249588 | 249695 | 86596 | 256068 | 256175 | 90032 |
| 249696 | 249803 | 86654 | 256176 | 256283 | 90088 |
| 249804 | 249911 | 86712 | 256284 | 256391 | 90146 |
| 249912 | 250019 | 86768 | 256392 | 256499 | 90202 |
| 250020 | 250127 | 86826 | 256500 | 256607 | 90260 |
| 250128 | 250235 | 86882 | 256608 | 256715 | 90318 |
| 250236 | 250343 | 86940 | 256716 | 256823 | 90374 |
| 250344 | 250451 | 86998 | 256824 | 256931 | 90432 |
| 250452 | 250559 | 87054 | 256932 | 257039 | 90488 |
| 250560 | 250667 | 87112 | 257040 | 257147 | 90546 |
| 250668 | 250775 | 87170 | 257148 | 257255 | 90604 |
| 250776 | 250883 | 87226 | 257256 | 257363 | 90660 |
| 250884 | 250991 | 87284 | 257364 | 257471 | 90718 |

| zu versteuerndes Einkommen in DM | | tarifliche Einkommensteuer in DM | zu versteuerndes Einkommen in DM | | tarifliche Einkommensteuer in DM |
|---|---|---|---|---|---|
| von | bis | | von | bis | |
| 257 472 | 257 579 | 90 776 | 263 952 | 264 059 | 94 210 |
| 257 580 | 257 687 | 90 832 | 264 060 | 264 167 | 94 266 |
| 257 688 | 257 795 | 90 890 | 264 168 | 264 275 | 94 324 |
| 257 796 | 257 903 | 90 946 | 264 276 | 264 383 | 94 382 |
| 257 904 | 258 011 | 91 004 | 264 384 | 264 491 | 94 438 |
| 258 012 | 258 119 | 91 062 | 264 492 | 264 599 | 94 496 |
| 258 120 | 258 227 | 91 118 | 264 600 | 264 707 | 94 554 |
| 258 228 | 258 335 | 91 176 | 264 708 | 264 815 | 94 610 |
| 258 336 | 258 443 | 91 234 | 264 816 | 264 923 | 94 668 |
| 258 444 | 258 551 | 91 290 | 264 924 | 265 031 | 94 724 |
| 258 552 | 258 659 | 91 348 | 265 032 | 265 139 | 94 782 |
| 258 660 | 258 767 | 91 404 | 265 140 | 265 247 | 94 840 |
| 258 768 | 258 875 | 91 462 | 265 248 | 265 355 | 94 896 |
| 258 876 | 258 983 | 91 520 | 265 356 | 265 463 | 94 954 |
| 258 984 | 259 091 | 91 576 | 265 464 | 265 571 | 95 010 |
| 259 092 | 259 199 | 91 634 | 265 572 | 265 679 | 95 068 |
| 259 200 | 259 307 | 91 692 | 265 680 | 265 787 | 95 126 |
| 259 308 | 259 415 | 91 748 | 265 788 | 265 895 | 95 182 |
| 259 416 | 259 523 | 91 806 | 265 896 | 266 003 | 95 240 |
| 259 524 | 259 631 | 91 862 | 266 004 | 266 111 | 95 298 |
| 259 632 | 259 739 | 91 920 | 266 112 | 266 219 | 95 354 |
| 259 740 | 259 847 | 91 978 | 266 220 | 266 327 | 95 412 |
| 259 848 | 259 955 | 92 034 | 266 328 | 266 435 | 95 468 |
| 259 956 | 260 063 | 92 092 | 266 436 | 266 543 | 95 526 |
| 260 064 | 260 171 | 92 148 | 266 544 | 266 651 | 95 584 |
| 260 172 | 260 279 | 92 206 | 266 652 | 266 759 | 95 640 |
| 260 280 | 260 387 | 92 264 | 266 760 | 266 867 | 95 698 |
| 260 388 | 260 495 | 92 320 | 266 868 | 266 975 | 95 756 |
| 260 496 | 260 603 | 92 378 | 266 976 | 267 083 | 95 812 |
| 260 604 | 260 711 | 92 436 | 267 084 | 267 191 | 95 870 |
| 260 712 | 260 819 | 92 492 | 267 192 | 267 299 | 95 926 |
| 260 820 | 260 927 | 92 550 | 267 300 | 267 407 | 95 984 |
| 260 928 | 261 035 | 92 606 | 267 408 | 267 515 | 96 042 |
| 261 036 | 261 143 | 92 664 | 267 516 | 267 623 | 96 098 |
| 261 144 | 261 251 | 92 722 | 267 624 | 267 731 | 96 156 |
| 261 252 | 261 359 | 92 778 | 267 732 | 267 839 | 96 212 |
| 261 360 | 261 467 | 92 836 | 267 840 | 267 947 | 96 270 |
| 261 468 | 261 575 | 92 894 | 267 948 | 268 055 | 96 328 |
| 261 576 | 261 683 | 92 950 | 268 056 | 268 163 | 96 384 |
| 261 684 | 261 791 | 93 008 | 268 164 | 268 271 | 96 442 |
| 261 792 | 261 899 | 93 064 | 268 272 | 268 379 | 96 500 |
| 261 900 | 262 007 | 93 122 | 268 380 | 268 487 | 96 556 |
| 262 008 | 262 115 | 93 180 | 268 488 | 268 595 | 96 614 |
| 262 116 | 262 223 | 93 236 | 268 596 | 268 703 | 96 670 |
| 262 224 | 262 331 | 93 294 | 268 704 | 268 811 | 96 728 |
| 262 332 | 262 439 | 93 350 | 268 812 | 268 919 | 96 786 |
| 262 440 | 262 547 | 93 408 | 268 920 | 269 027 | 96 842 |
| 262 548 | 262 655 | 93 466 | 269 028 | 269 135 | 96 900 |
| 262 656 | 262 763 | 93 522 | 269 136 | 269 243 | 96 958 |
| 262 764 | 262 871 | 93 580 | 269 244 | 269 351 | 97 014 |
| 262 872 | 262 979 | 93 638 | 269 352 | 269 459 | 97 072 |
| 262 980 | 263 087 | 93 694 | 269 460 | 269 567 | 97 128 |
| 263 088 | 263 195 | 93 752 | 269 568 | 269 675 | 97 186 |
| 263 196 | 263 303 | 93 808 | 269 676 | 269 783 | 97 244 |
| 263 304 | 263 411 | 93 866 | 269 784 | 269 891 | 97 300 |
| 263 412 | 263 519 | 93 924 | 269 892 | 269 999 | 97 358 |
| 263 520 | 263 627 | 93 980 | 270 000 | 270 107 | 97 416 |
| 263 628 | 263 735 | 94 038 | 270 108 | 270 215 | 97 472 |
| 263 736 | 263 843 | 94 096 | 270 216 | 270 323 | 97 530 |
| 263 844 | 263 951 | 94 152 | 270 324 | 270 431 | 97 586 |

**Anlage 4**
(zu § 44d EStG)

Gesellschaften im Sinne des Artikels 2 der Richtlinie Nr. 90/435/EWG des Rates vom 23. Juli 1990 (ABl. EG Nr. L 225 S. 6) über das gemeinsame Steuersystem der Mutter- und Tochtergesellschaften verschiedener Mitgliedstaaten

Gesellschaft im Sinne des Artikels 2 der genannten Richtlinie ist jede Gesellschaft, die

1. eine der aufgeführten Formen aufweist:
   - Gesellschaften belgischen Rechts mit der Bezeichnung:
     naamloze vennootschap/société anonyme, commenditaire vennootschap op aandelen/société en commandite par actions, besloten vennootschap met beperkte aansprakelijkheid/société privée à responsabilité limitée sowie öffentlich-rechtliche Körperschaften, deren Tätigkeit unter das Privatrecht fällt;
   - Gesellschaften dänischen Rechts mit der Bezeichnung:
     aktieselskab, anpartsselskab;
   - Gesellschaften deutschen Rechts mit der Bezeichnung:
     Aktiengesellschaft, Kommanditgesellschaft auf Aktien, Gesellschaft mit beschränkter Haftung, bergrechtliche Gewerkschaft;
   - Gesellschaften griechischen Rechts mit der Bezeichnung:
     Ανωνυμη Ετυιρια;
   - Gesellschaften spanischen Rechts mit der Bezeichnung:
     sociedad anonima, sociedad comanditaria por acciones, sociedad de responsabilidad limitada sowie öffentlich-rechtliche Körperschaften, deren Tätigkeit unter das Privatrecht fällt;
   - Gesellschaften französischen Rechts mit der Bezeichnung:
     société anonyme, société en commandite par actions, société à responsabilité limitée sowie die staatlichen Industrie- und Handelsbetriebe und -unternehmen;
   - Gesellschaften irischen Rechts mit der Bezeichnung:
     public companies limited by shares or by guarantee, private companies limited by shares or by guarantee, gemäß den Industrial and Provident Societies Acts eingetragene Einrichtungen oder gemäß den Building Societies Acts eingetragene „building societies";
   - Gesellschaften italienischen Rechts mit der Bezeichnung:
     società per azioni, società in accomandita per azioni, società a responsabilità limitata sowie die staatlichen und privaten Industrie- und Handelsunternehmen;
   - Gesellschaften luxemburgischen Rechts mit der Bezeichnung:
     société anonyme, société en commandite par actions, société à responsabilité limitée;
   - Gesellschaften niederländischen Rechts mit der Bezeichnung:
     naamloze vennootschap, besloten vennootschap met beperkte aansprakelijkheid;

- Gesellschaften portugiesischen Rechts in Form von Handelsgesellschaften, zivilrechtlichen Handelsgesellschaften oder Genossenschaften sowie die öffentlichen Unternehmen;
- nach dem Recht des Vereinigten Königreichs gegründete Gesellschaften,

2. nach dem Steuerrecht eines Mitgliedstaats in bezug auf den steuerlichen Wohnsitz als in diesem Staat ansässig und auf Grund eines mit einem dritten Staat geschlossenen Doppelbesteuerungsabkommens in bezug auf den steuerlichen Wohnsitz nicht als außerhalb der Gemeinschaft ansässig betrachtet wird und

3. ohne Wahlmöglichkeit einer der nachstehenden Steuern
   - vennootschapsbelasting/impôt des sociétés in Belgien,
   - selskabsskat in Dänemark,
   - Körperschaftsteuer in Deutschland,
   - φορος εισοδηματος νομικων προσωπων κερδοσκοπικου χαρακτηρα in Griechenland,
   - impuesto sobre sociedades in Spanien,
   - impôt sur les sociétés in Frankreich,
   - corporation tax in Irland,
   - imposta sul reddito delle persone giuridiche in Italien,
   - impôt sur le revenu des collectivités in Luxemburg,
   - vennootschapsbelasting in den Niederlanden,
   - imposto sobre o rendimento das pessoas colectivas in Portugal,
   - corporation tax im Vereinigten Königriech,

oder irgendeiner Steuer, die eine dieser Steuern ersetzt, unterliegt, ohne davon befreit zu sein.

# 1.1a Solidaritätszuschlaggesetz (SolZG)[1]

Vom 24. Juni 1991
(BGBl. I S. 1318)

Geändert durch Steueränderungsgesetz 1992 vom 25. Februar 1992 (BGBl. I S. 297)

**§ 1. Erhebung eines Solidaritätszuschlags.** Zur Einkommensteuer und zur Körperschaftsteuer wird ein Solidaritätszuschlag als Ergänzungsabgabe erhoben.

**§ 2. Abgabepflicht.** Abgabepflichtig sind

1. natürliche Personen, die nach § 1 des Einkommensteuergesetzes einkommensteuerpflichtig sind,

2. Körperschaften, Personenvereinigungen und Vermögensmassen, die nach § 1 oder § 2 des Körperschaftsteuergesetzes körperschaftsteuerpflichtig sind,

es sei denn, die jeweilige Steuerpflicht hat vor dem 14. Mai 1991 geendet.

**§ 3. Bemessungsgrundlage.** (1) Der Solidaritätszuschlag bemißt sich vorbehaltlich Absatz 2,

1. soweit eine Veranlagung zur Einkommensteuer vorzunehmen ist: nach der für die Veranlagungszeiträume 1991 und 1992 festgesetzten Einkommensteuer;

2. soweit eine Veranlagung zur Körperschaftsteuer vorzunehmen ist: nach der für die Veranlagungszeiträume 1991 und 1992 festgesetzten positiven Körperschaftsteuer;

3. soweit Vorauszahlungen zur Einkommensteuer oder Körperschaftsteuer zu leisten sind: nach den im Zeitraum vom 1. Juli 1991 bis 30. Juni 1992 zu leistenden Vorauszahlungen für die Kalenderjahre 1991 und 1992;

4. soweit Lohnsteuer zu erheben ist: nach der Lohnsteuer, die
   a) vom laufenden Arbeitslohn zu erheben ist, der für einen nach dem 30. Juni 1991 und vor dem 1. Juli 1992 endenden Lohnzahlungszeitraum gezahlt wird,
   b) von sonstigen Bezügen zu erheben ist, die nach dem 30. Juni 1991 und vor dem 1. Juli 1992 zufließen;

5. soweit ein Lohnsteuer-Jahresausgleich durchzuführen ist: nach der Jahreslohnsteuer für die Ausgleichsjahre 1991 und 1992;

---

[1] Das SolZG ist als Art. 1 des Solidaritätsgesetzes vom 24. Juni 1991 (BGBl. I S. 1318) verkündet worden.

6. soweit Kapitalertragsteuer zu erheben ist außer in den Fällen des § 44d des Einkommensteuergesetzes:
nach der im Zeitraum vom 1. Juli 1991 bis 30. Juni 1992 zu erhebenden Kapitalertragsteuer;

7. soweit bei beschränkt Steuerpflichtigen ein Steuerabzugsbetrag nach § 50a des Einkommensteuergesetzes zu erheben ist:
nach dem im Zeitraum vom 1. Juli 1991 bis 30. Juni 1992 zu erhebenden Steuerabzugsbetrag.

(2) § 51a Abs. 2 des Einkommensteuergesetzes ist nicht anzuwenden. Steuerermäßigungen nach den §§ 21 und 26 des Berlinförderungsgesetzes mindern die Bemessungsgrundlage nicht.

**§ 4. Tarifvorschriften.** Der Solidaritätszuschlag beträgt in den Fällen

1. des § 3 Abs. 1 Nr. 1, 2 und 5                    3,75 vom Hundert,

2. des § 3 Abs. 1 Nr. 3, 4, 6 und 7                 7,5 vom Hundert

der Bemessungsgrundlage. Bruchteile eines Pfennigs bleiben außer Ansatz.

**§ 5. Doppelbesteuerungsabkommen.** Werden auf Grund eines Abkommens zur Vermeidung der Doppelbesteuerung im Geltungsbereich dieses Gesetzes erhobene Steuern vom Einkommen ermäßigt, so ist diese Ermäßigung zuerst auf den Solidaritätszuschlag zu beziehen.

# 1.2 Einkommensteuer-Durchführungs-verordnung 1986* ·**
## (EStDV 1986)

In der Fassung der Bekanntmachung vom 24. Juli 1986

(BGBl. I S. 1239; BStBl. I S. 399)

Zuletzt geändert durch Steueränderungsgesetz 1992 vom 25. Februar 1992
(BGBl. I S. 297)

**BGBl. III 611-1-1**

### Inhaltsübersicht

§§

*(weggefallen)* .............................. 1 bis 3

**Zu § 3 des Gesetzes**

Steuerfreie Einnahmen ......................... 4
*(weggefallen)* .............................. 5

**Zu den §§ 4 bis 7 des Gesetzes**

Eröffnung, Erwerb, Aufgabe und Veräußerung eines Betriebs . 6
Unentgeltliche Übertragung eines Betriebs, eines Teilbetriebs, eines Mitunternehmeranteils oder einzelner Wirtschaftsgüter, die zu einem Betriebsvermögen gehören .................. 7
Höchstbeträge für Verpflegungsmehraufwendungen bei Geschäftsreisen und bei sonstiger berufsbedingter Abwesenheit von der Betriebsstätte oder Stätte der Berufsausübung in den Fällen des Einzelnachweises ....................... 8
Höchstbeträge für Verpflegungsmehraufwendungen bei doppelter Haushaltsführung in den Fällen des Einzelnachweises ... 8a
Wirtschaftsjahr ............................. 8b
Wirtschaftsjahr bei Land- und Forstwirten ............. 8c
*(weggefallen)* ............................. 9
Anschaffung, Herstellung ....................... 9a
Absetzung für Abnutzung im Fall des § 4 Abs. 3 des Gesetzes .. 10
Bemessung der Absetzungen für Abnutzung oder Substanzverringerung bei nicht zu einem Betriebsvermögen gehörenden Wirtschaftsgütern, die der Steuerpflichtige vor dem 21. Juni 1948 angeschafft oder hergestellt hat ................. 10a
*(weggefallen)* ...................... 11 bis 11b
Absetzung für Abnutzung bei Gebäuden .............. 11c
Absetzung für Abnutzung oder Substanzverringerung bei nicht zu einem Betriebsvermögen gehörenden Wirtschaftsgütern, die der Steuerpflichtige unentgeltlich erworben hat .......... 11d
*(weggefallen)* ............................. 12

**Zu den §§ 7e und 10a des Gesetzes**

Begünstigter Personenkreis im Sinne der §§ 7e und 10a des Gesetzes............................... 13
*(weggefallen)* ............................. 14

---

\* Zur Anwendung siehe § 84.
\*\* Die Verordnung tritt im Gebiet der ehem. DDR am 1. 1. 1991 in Kraft; zur Anwendung siehe auch § 57 Abs. 1 und 2 EStG.

**Zu § 7b des Gesetzes** §§

Erhöhte Absetzungen für Einfamilienhäuser, Zweifamilienhäuser und Eigentumswohnungen . . . . . . . . . . . . . . . . . . . . 15
*(weggefallen)* . . . . . . . . . . . . . . . . . . . . . . . . 16 bis 21

**Zu § 7e des Gesetzes**

Bewertungsfreiheit für Fabrikgebäude, Lagerhäuser und landwirtschaftliche Betriebsgebäude . . . . . . . . . . . . . . . . . 22
*(weggefallen)* . . . . . . . . . . . . . . . . . . . . . . . . . . 23

**Zu § 9 des Gesetzes**

Höchstbeträge für Verpflegungsmehraufwendungen . . . . . . . 24
*(weggefallen)* . . . . . . . . . . . . . . . . . . . . . . . 25 bis 28

**Zu § 10 des Gesetzes**

Anzeigepflichten bei Versicherungsverträgen und Bausparverträgen . . . . . . . . . . . . . . . . . . . . . . . . . . . . . . . 29
Nachversteuerung bei Versicherungsverträgen . . . . . . . . . . 30
Nachversteuerung bei Bausparverträgen . . . . . . . . . . . . . 31
Übertragung von Bausparverträgen auf eine andere Bausparkasse . . . . . . . . . . . . . . . . . . . . . . . . . . . . . . . 32
*(weggefallen)* . . . . . . . . . . . . . . . . . . . . . . . 33 bis 44

**Zu § 10a des Gesetzes**

Steuerbegünstigung des nicht entnommenen Gewinns im Fall des § 10a Abs. 1 des Gesetzes . . . . . . . . . . . . . . . . . . 45
Nachversteuerung der Mehrentnahmen . . . . . . . . . . . . . . 46
Steuerbegünstigung des nicht entnommenen Gewinns im Fall des § 10a Abs. 3 des Gesetzes . . . . . . . . . . . . . . . . . . 47

**Zu § 10b des Gesetzes**

Förderung mildtätiger, kirchlicher, religiöser, wissenschaftlicher und der als besonders förderungswürdig anerkannten gemeinnützigen Zwecke . . . . . . . . . . . . . . . . . . . . . . . 48
*(weggefallen)* . . . . . . . . . . . . . . . . . . . . . . . . . . 49
Überleitungsvorschrift zum Spendenabzug . . . . . . . . . . . . 50

**Zu § 13 des Gesetzes**

Ermittlung der Einkünfte bei forstwirtschaftlichen Betrieben . . 51

**Zu § 13a des Gesetzes**

Erhöhte Absetzungen nach § 7b des Gesetzes bei Land- und Forstwirten, deren Gewinn nach Durchschnittssätzen ermittelt wird . . . . . . . . . . . . . . . . . . . . . . . . . . . . . . . 52

**Zu § 17 des Gesetzes**

Anschaffungskosten bestimmter Anteile an Kapitalgesellschaften . . . . . . . . . . . . . . . . . . . . . . . . . . . . . . . . 53
*(weggefallen)* . . . . . . . . . . . . . . . . . . . . . . . . . . 54

**Zu § 22 des Gesetzes**

Ermittlung des Ertrags aus Leibrenten in besonderen Fällen . . . 55

**Zu § 25 des Gesetzes**

Steuererklärungspflicht . . . . . . . . . . . . . . . . . . . . . . 56
*(weggefallen)* . . . . . . . . . . . . . . . . . . . . . . . 57 bis 59
Unterlagen zur Steuererklärung . . . . . . . . . . . . . . . . . 60

**Zu den §§ 26a bis 26c des Gesetzes** §§

Antrag auf anderweitige Verteilung der Sonderausgaben und der außergewöhnlichen Belastungen im Fall des § 26a des Gesetzes . . . . . . . . . . . . . . . . . . . . . . . . . . . . . . . . . . . . 61
*(weggefallen)* . . . . . . . . . . . . . . . . . . . . . . . . . . 62 bis 62b
Anwendung der §§ 7e und 10a des Gesetzes bei der Veranlagung von Ehegatten . . . . . . . . . . . . . . . . . . . . . . . . . . 62c
Anwendung des § 10d des Gesetzes bei der Veranlagung von Ehegatten . . . . . . . . . . . . . . . . . . . . . . . . . . . . . . . . 62d
*(weggefallen)* . . . . . . . . . . . . . . . . . . . . . . . . . . . 63 und 64

**Zu § 33b des Gesetzes**

Nachweis der Voraussetzungen für die Inanspruchnahme der Pauschbeträge des § 33b des Gesetzes . . . . . . . . . . . . . . 65
*(weggefallen)* . . . . . . . . . . . . . . . . . . . . . . . . . . . 66 und 67

**Zu § 34b des Gesetzes**

Betriebsgutachten, Betriebswerk, Nutzungssatz . . . . . . . . . . 68

**Zu § 34c des Gesetzes**

Einkünfte aus mehreren ausländischen Staaten . . . . . . . . . . . 68a
Nachweis über die Höhe der ausländischen Einkünfte und Steuern . . . . . . . . . . . . . . . . . . . . . . . . . . . . . . . . . . . . . . 68b
Nachträgliche Festsetzung oder Änderung ausländischer Steuern . . . . . . . . . . . . . . . . . . . . . . . . . . . . . . . . . . . . . . 68c
*(weggefallen)* . . . . . . . . . . . . . . . . . . . . . . . . . . . . . . 69

**Zu § 46 des Gesetzes**

Ausgleich von Härten in bestimmten Fällen . . . . . . . . . . . . 70
*(weggefallen)* . . . . . . . . . . . . . . . . . . . . . . . . . . . 71 und 72

**Zu § 50 des Gesetzes**

Sondervorschrift für beschränkt Steuerpflichtige . . . . . . . . . 73

**Zu § 50a des Gesetzes**

Begriffsbestimmungen . . . . . . . . . . . . . . . . . . . . . . . . . 73a
*(weggefallen)* . . . . . . . . . . . . . . . . . . . . . . . . . . . . . . 73b
Zeitpunkt des Zufließens im Sinne des § 50a Abs. 5 Satz 1 des Gesetzes . . . . . . . . . . . . . . . . . . . . . . . . . . . . . . . . . . . 73c
Aufzeichnungen, Steueraufsicht . . . . . . . . . . . . . . . . . . . 73d
Einbehaltung, Abführung und Anmeldung der Aufsichtsratsteuer und der Steuer von Vergütungen im Sinne des § 50a Abs. 4 des Gesetzes (§ 50a Abs. 5 des Gesetzes) . . . . . . . . . . 73e
Steuerabzug in den Fällen des § 50a Abs. 6 des Gesetzes . . . . . 73f
Haftungsbescheid . . . . . . . . . . . . . . . . . . . . . . . . . . . . 73g
Besonderheiten im Fall von Doppelbesteuerungsabkommen . . 73h

**Zu § 51 des Gesetzes**

Rücklage für Preissteigerung . . . . . . . . . . . . . . . . . . . . . 74
Wertansatz bestimmter metallhaltiger Wirtschaftsgüter des Vorratsvermögens . . . . . . . . . . . . . . . . . . . . . . . . . . . . 74a
*(weggefallen)* . . . . . . . . . . . . . . . . . . . . . . . . . . . . . . 75
Begünstigung der Anschaffung oder Herstellung bestimmter Wirtschaftsgüter und der Vornahme bestimmter Baumaßnahmen durch Land- und Forstwirte, deren Gewinn nicht nach Durchschnittssätzen zu ermitteln ist . . . . . . . . . . . . . . . . . 76
*(weggefallen)* . . . . . . . . . . . . . . . . . . . . . . . . . . . . . . 77

§§

Begünstigung der Anschaffung oder Herstellung bestimmter Wirtschaftsgüter und der Vornahme bestimmter Baumaßnahmen durch Land- und Forstwirte, deren Gewinn nach Durchschnittssätzen zu ermitteln ist . . . . . . . . . . . . . . . . . . . . . . 78
*(weggefallen)* . . . . . . . . . . . . . . . . . . . . . . . . . . . . . . . 79
Bewertungsabschlag für bestimmte Wirtschaftsgüter des Umlaufvermögens ausländischer Herkunft, deren Preis auf dem Weltmarkt wesentlichen Schwankungen unterliegt . . . . . . . . 80
Bewertungsfreiheit für bestimmte Wirtschaftsgüter des Anlagevermögens im Kohlen- und Erzbergbau . . . . . . . . . . . . . . . 81
*(weggefallen)* . . . . . . . . . . . . . . . . . . . . . . . . . . . . . . . 82
Erhöhte Absetzungen von Herstellungskosten und Sonderbehandlung von Erhaltungsaufwand für bestimmte Anlagen und Einrichtungen bei Gebäuden . . . . . . . . . . . . . . . . . . . . . 82a
Behandlung größeren Erhaltungsaufwands bei Wohngebäuden 82b
*(weggefallen)* . . . . . . . . . . . . . . . . . . . . . . . . . . . . . . . 82c
Bewertungsfreiheit für abnutzbare Wirtschaftsgüter des Anlagevermögens, die der Forschung oder Entwicklung dienen . . . 82d
*(weggefallen)* . . . . . . . . . . . . . . . . . . . . . . . . . . . . . . . 82e
Bewertungsfreiheit für Handelsschiffe, für Schiffe, die der Seefischerei dienen, und für Luftfahrzeuge . . . . . . . . . . . . . . . 82f
Erhöhte Absetzungen von Herstellungskosten für bestimmte Baumaßnahmen . . . . . . . . . . . . . . . . . . . . . . . . . . . . . . . 82g
Sonderbehandlung von Erhaltungsaufwand für bestimmte Baumaßnahmen . . . . . . . . . . . . . . . . . . . . . . . . . . . . . . . . . 82h
Erhöhte Absetzungen von Herstellungskosten bei Baudenkmälern . . . . . . . . . . . . . . . . . . . . . . . . . . . . . . . . . . . . . 82i
Sonderbehandlung von Erhaltungsaufwand bei Baudenkmälern . . . . . . . . . . . . . . . . . . . . . . . . . . . . . . . . . . . . . 82k
*(weggefallen)* . . . . . . . . . . . . . . . . . . . . . . . . . . . . . . . 83

## Schlußvorschriften

Anwendungsvorschriften . . . . . . . . . . . . . . . . . . . . . . . . . 84
Berlin-Klausel . . . . . . . . . . . . . . . . . . . . . . . . . . . . . . . . 85

## Anlagen

Anlage

Verzeichnis der Wirtschaftsgüter des beweglichen Anlagevermögens im Sinne des § 76 Abs. 1 Nr. 1 und des § 78 Abs. 1 Nr. 1 . . . . . . . . . . . . . . . . . . . . . . . . . . . . . . . . . . . . 1
Verzeichnis der unbeweglichen Wirtschaftsgüter und Um- und Ausbauten an unbeweglichen Wirtschaftsgütern im Sinne des § 76 Abs. 1 Nr. 2 und des § 78 Abs. 1 Nr. 2 . . . . . . . . . . . . 2
Verzeichnis der Wirtschaftsgüter im Sinne des § 80 Abs. 1 . . . . 3
*(weggefallen)* . . . . . . . . . . . . . . . . . . . . . . . . . . . . . . . 4
Verzeichnis der Wirtschaftsgüter des Anlagevermögens über Tage im Sinne des § 81 Abs. 3 Nr. 1 . . . . . . . . . . . . . . . 5
Verzeichnis der Wirtschaftsgüter des beweglichen Anlagevermögens im Sinne des § 81 Abs. 3 Nr. 2 . . . . . . . . . . . . . . 6

**§§ 1 bis 3.** *(weggefallen)*

Zu § 3 des Gesetzes

**§ 4. Steuerfreie Einnahmen.** Die Vorschriften der Lohnsteuer-Durchführungsverordnung über die Steuerpflicht oder die Steuerfreiheit von Einnahmen aus nichtselbständiger Arbeit sind bei der Veranlagung anzuwenden.

**§ 5.** *(weggefallen)*

Zu den §§ 4 bis 7 des Gesetzes

**§ 6. Eröffnung, Erwerb, Aufgabe und Veräußerung eines Betriebs.**
(1) Wird ein Betrieb eröffnet oder erworben, so tritt bei der Ermittlung des Gewinns an die Stelle des Betriebsvermögens am Schluß des vorangegangenen Wirtschaftsjahrs das Betriebsvermögen im Zeitpunkt der Eröffnung oder des Erwerbs des Betriebs.

(2) Wird ein Betrieb aufgegeben oder veräußert, so tritt bei der Ermittlung des Gewinns an die Stelle des Betriebsvermögens am Schluß des Wirtschaftsjahrs das Betriebsvermögen im Zeitpunkt der Aufgabe oder der Veräußerung des Betriebs.

**§ 7. Unentgeltliche Übertragung eines Betriebs, eines Teilbetriebs, eines Mitunternehmeranteils oder einzelner Wirtschaftsgüter, die zu einem Betriebsvermögen gehören.** (1) Wird ein Betrieb, ein Teilbetrieb oder der Anteil eines Mitunternehmers an einem Betrieb unentgeltlich übertragen, so sind bei der Ermittlung des Gewinns des bisherigen Betriebsinhabers (Mitunternehmers) die Wirtschaftsgüter mit den Werten anzusetzen, die sich nach den Vorschriften über die Gewinnermittlung ergeben. Der Rechtsnachfolger ist an diese Werte gebunden.

(2) Werden aus betrieblichem Anlaß einzelne Wirtschaftsgüter aus einem Betriebsvermögen unentgeltlich in das Betriebsvermögen eines anderen Steuerpflichtigen übertragen, so gilt für den Erwerber der Betrag als Anschaffungskosten, den er für das einzelne Wirtschaftsgut im Zeitpunkt des Erwerbs hätte aufwenden müssen.

(3) Im Fall des § 4 Abs. 3 des Gesetzes sind bei der Bemessung der Absetzungen für Abnutzung oder Substanzverringerung durch den Rechtsnachfolger (Absatz 1) oder Erwerber (Absatz 2) die sich bei Anwendung der Absätze 1 und 2 ergebenden Werte als Anschaffungskosten zugrunde zu legen.

**§ 8. Höchstbeträge für Verpflegungsmehraufwendungen bei Geschäftsreisen und bei sonstiger berufsbedingter Abwesenheit von der Betriebstätte oder Stätte der Berufsausübung in den Fällen des Einzelnachweises.** (1) Mehraufwendungen für Verpflegung bei Geschäftsreisen dürfen als Betriebsausgaben nur bis zu den folgenden Höchstbeträgen berücksichtigt werden:

1. bei Inlandsreisen bis zu 64 Deutsche Mark,
2. bei Auslandsreisen in ein Land
   der Ländergruppe I bis zu 70 Deutsche Mark,
   der Ländergruppe II bis zu 92 Deutsche Mark,
   der Ländergruppe III bis zu 113 Deutsche Mark,
   der Ländergruppe IV bis zu 134 Deutsche Mark.

Werden nach den Vorschriften der Auslandsreisekostenverordnung des Bundes für einzelne Länder Zuschläge oder Abschläge zu den pauschalen Tagegeldbeträgen festgesetzt, so erhöhen oder verringern sich insoweit die vorstehenden Beträge um 140 vom Hundert des Zuschlags oder des Abschlags.

(2) Die Höchstbeträge des Absatzes 1 gelten für einen vollen Reisetag bei einer ununterbrochenen Abwesenheit von mehr als 12 Stunden. Die Höchstbeträge ermäßigen sich für jeden Reisetag, an dem die Abwesenheit

nicht mehr als 12 Stunden,
aber mehr als 10 Stunden gedauert hat, auf $^8/_{10}$,
nicht mehr als 10 Stunden,
aber mehr als 7 Stunden gedauert hat, auf $^5/_{10}$,
nicht mehr als 7 Stunden gedauert hat auf $^3/_{10}$.

Als Reisetag ist jeweils der einzelne Kalendertag anzusehen. Bei mehreren Geschäftsreisen an einem Kalendertag ist jede Reise für sich zu berechnen, es wird jedoch insgesamt höchstens der volle Höchstbetrag berücksichtigt.

(3) Bei Auslandsreisen, die keinen vollen Kalendertag beanspruchen, gilt der für das Land des Geschäftsorts, bei mehreren Geschäftsorten der für das Land des letzten Geschäftsorts maßgebende Höchstbetrag.

(4) Bei einer mehrtägigen Auslandsreise dürfen die Mehraufwendungen für Verpflegung für den Tag des Antritts und den Tag der Rückkehr höchstens bis zur Höhe folgender Teilbeträge des in Betracht kommenden Höchstbetrags berücksichtigt werden:

1. für den Tag des Antritts der Auslandsreise, wenn sie angetreten wird
   vor 12 Uhr $^{10}/_{10}$,
   ab 12 Uhr, aber vor 14 Uhr $^8/_{10}$,
   ab 14 Uhr, aber vor 17 Uhr $^5/_{10}$,
   ab 17 Uhr $^3/_{10}$;
2. für den Tag der Rückkehr, wenn die Auslandsreise beendet wird
   nach 12 Uhr $^{10}/_{10}$,
   nach 10 Uhr, aber bis 12 Uhr $^8/_{10}$,
   nach 7 Uhr, aber bis 10 Uhr $^5/_{10}$,
   bis 7 Uhr $^3/_{10}$.

(5) Die bei einer Auslandsreise für den Tag des Grenzübergangs in Betracht kommenden Höchstbeträge und die Ländergruppeneinteilung richten sich nach den entsprechenden Vorschriften der Auslandsreisekostenverordnung des Bundes.

(6) Mehraufwendungen für Verpflegung, die einem Steuerpflichtigen dadurch entstehen, daß er beruflich von seiner Betriebstätte oder Stätte

der Berufsausübung entfernt tätig ist, ohne daß eine Geschäftsreise vorliegt (Geschäftsgang), dürfen als Betriebsausgaben nur bis zum Höchstbetrag von 19 Deutsche Mark berücksichtigt werden.

(7) Mehraufwendungen für Verpflegung sind die tatsächlichen Aufwendungen für Verpflegung nach Abzug einer Haushaltsersparnis von ⅕ dieser Aufwendungen, höchstens 6 Deutsche Mark täglich.

### § 8a. Höchstbeträge für Verpflegungsmehraufwendungen bei doppelter Haushaltsführung in den Fällen des Einzelnachweises.

Mehraufwendungen für Verpflegung aus Anlaß einer doppelten Haushaltsführung dürfen als Betriebsausgaben nur bis zu den folgenden Höchstbeträgen berücksichtigt werden:

1. bei einer Betriebstätte oder Stätte der Berufsausübung im Inland für die ersten zwei Wochen seit Beginn der Tätigkeit am Ort der Betriebstätte oder Stätte der Berufsausübung bis zu 64 Deutsche Mark und für die Folgezeit bis zu 22 Deutsche Mark täglich,

2. bei einer Betriebstätte oder Stätte der Berufsausübung im Ausland für die ersten zwei Wochen seit Beginn der Tätigkeit am Ort der Betriebstätte oder Stätte der Berufsausübung bis zu den in § 8 Abs. 1 Nr. 2 bezeichneten Beträgen und für die Folgezeit bis zu 40 vom Hundert dieser Beträge täglich.

§ 8 Abs. 7 ist anzuwenden.

### § 8b. Wirtschaftsjahr.

Das Wirtschaftsjahr umfaßt einen Zeitraum von zwölf Monaten. Es darf einen Zeitraum von weniger als zwölf Monaten umfassen, wenn

1. ein Betrieb eröffnet, erworben, aufgegeben oder veräußert wird oder

2. ein Steuerpflichtiger von regelmäßigen Abschlüssen auf einen bestimmten Tag zu regelmäßigen Abschlüssen auf einen anderen bestimmten Tag übergeht. Bei Umstellung eines Wirtschaftsjahrs, das mit dem Kalenderjahr übereinstimmt, auf ein vom Kalenderjahr abweichendes Wirtschaftsjahr und bei Umstellung eines vom Kalenderjahr abweichenden Wirtschaftsjahrs auf ein anderes vom Kalenderjahr abweichendes Wirtschaftsjahr gilt dies nur, wenn die Umstellung im Einvernehmen mit dem Finanzamt vorgenommen wird.

### § 8c.[1] Wirtschaftsjahr bei Land- und Forstwirten.

(1) Wirtschaftsjahr im Sinne des § 4a Abs. 1 Nr. 1 des Gesetzes ist bei Betrieben mit

1. einem Futterbauanteil von 80 vom Hundert und mehr der Fläche der landwirtschaftlichen Nutzung der Zeitraum vom 1. Mai bis 30. April,

2. reiner Forstwirtschaft der Zeitraum vom 1. Oktober bis 30. September.

Ein Betrieb der in Satz 1 bezeichneten Art liegt auch vor, wenn daneben in geringem Umfang noch eine andere land- und forstwirtschaftliche

---

[1] Zur Anwendung von § 8c Abs. 1 siehe § 84 Abs. 2.

Nutzung vorhanden ist. Soweit die Oberfinanzdirektionen vor dem 1. Januar 1955 ein anderes als die in § 4a Abs. 1 Nr. 1 des Gesetzes oder in Satz 1 bezeichneten Wirtschaftsjahre festgesetzt haben, wird dieser andere Zeitraum als Wirtschaftsjahr bestimmt; dies gilt nicht für den Weinbau.

(2) Gartenbaubetriebe, Baumschulbetriebe und reine Forstbetriebe können auch das Kalenderjahr als Wirtschaftsjahr bestimmen.

(3) Buchführende Land- und Forstwirte im Sinne des § 4a Abs. 1 Nr. 3 Satz 2 des Gesetzes sind Land- und Forstwirte, die auf Grund einer gesetzlichen Verpflichtung oder ohne eine solche Verpflichtung Bücher führen und regelmäßig Abschlüsse machen.

**§ 9.** *(weggefallen)*

**§ 9a. Anschaffung, Herstellung.** Jahr der Anschaffung ist das Jahr der Lieferung, Jahr der Herstellung ist das Jahr der Fertigstellung.

**§ 10. Absetzung für Abnutzung im Fall des § 4 Abs. 3 des Gesetzes.**
(1) Bei Wirtschaftsgütern, die bereits am 21. Juni 1948 zum Betriebsvermögen gehört haben, sind im Fall des § 4 Abs. 3 des Gesetzes für die Bemessung der Absetzung für Abnutzung als Anschaffungs- oder Herstellungskosten zugrunde zu legen

1. bei Gebäuden höchstens die Werte, die sich bei sinngemäßer Anwendung des § 16 Abs. 1 des D-Markbilanzgesetzes[1] in der im Bundesgesetzblatt Teil III, Gliederungsnummer 4140-1, veröffentlichten bereinigten Fassung und

2. bei beweglichen Wirtschaftsgütern des Anlagevermögens höchstens die Werte, die sich bei sinngemäßer Anwendung des § 18 des D-Markbilanzgesetzes

ergeben würden. Für das Land Berlin tritt an die Stelle des 21. Juni 1948 der 1. April 1949.

(2) Für Wirtschaftsgüter, die zum Betriebsvermögen eines Betriebs oder einer Betriebsstätte im Saarland gehören, gilt Absatz 1 mit der Maßgabe, daß an die Stelle des 21. Juni 1948 der 6. Juli 1959 sowie an die Stelle des § 16 Abs. 1 und des § 18 des D-Markbilanzgesetzes der § 8 Abs. 1 und die §§ 11 und 12 des D-Markbilanzgesetzes für das Saarland in der im Bundesgesetzblatt Teil III, Gliederungsnummer 4140-2, veröffentlichten bereinigten Fassung treten.

---

[1] **[Amtl. Anm.]** An die Stelle des Gesetzes über die Eröffnungsbilanz in Deutscher Mark und die Kapitalneufestsetzung (D-Markbilanzgesetz) vom 21. August 1949 (Gesetzblatt der Verwaltung des Vereinigten Wirtschaftsgebietes S. 279) tritt im Land Rheinland-Pfalz das Landesgesetz über die Eröffnungsbilanz in Deutscher Mark und die Kapitalneufestsetzung (D-Markbilanzgesetz) vom 6. September 1949 (Gesetz- und Verordnungsblatt der Landesregierung Rheinland-Pfalz Teil I S. 421) und in Berlin das Gesetz über die Eröffnungsbilanz in Deutscher Mark und die Kapitalneufestsetzung (D-Markbilanzgesetz) vom 12. August 1950 (Verordnungsblatt für Groß-Berlin Teil I S. 329).

**§ 10a. Bemessung der Absetzungen für Abnutzung oder Substanz-verringerung bei nicht zu einem Betriebsvermögen gehörenden Wirtschaftsgütern, die der Steuerpflichtige vor dem 21. Juni 1948 angeschafft oder hergestellt hat.** (1) Bei nicht zu einem Betriebsvermögen gehörenden Wirtschaftsgütern, die der Steuerpflichtige vor dem · 21. Juni 1948 angeschafft oder hergestellt hat, sind für die Bemessung der Absetzungen für Abnutzung oder Substanzverringerung als Anschaffungs- oder Herstellungskosten zugrunde zu legen

1. bei einem Gebäude
der am 21. Juni 1948 maßgebende Einheitswert des Grundstücks, soweit er auf das Gebäude entfällt, zuzüglich der nach dem 20. Juni 1948 aufgewendeten Herstellungskosten. In Reichsmark festgesetzte Einheitswerte sind im Verhältnis von einer Reichsmark gleich einer Deutschen Mark umzurechnen;

2. bei einem sonstigen Wirtschaftsgut
der Betrag, den der Steuerpflichtige für die Anschaffung am 31. August 1948 hätte aufwenden müssen.

(2) Im Land Berlin ist Absatz 1 mit der Maßgabe anzuwenden, daß an die Stelle des 21. Juni 1948 der 1. April 1949, an die Stelle des 20. Juni 1948 der 31. März 1949 und an die Stelle des 31. August 1948 der 31. August 1949 treten.

(3) Im Saarland ist Absatz 1 mit der Maßgabe anzuwenden, daß an die Stelle des am 21. Juni 1948 maßgebenden Einheitswerts der letzte in Reichsmark festgesetzte Einheitswert, an die Stelle des 20. Juni 1948 der 19. November 1947 und an die Stelle des 31. August 1948 der 20. November 1947 treten. Soweit nach Satz 1 für die Bemessung der Absetzungen für Abnutzung oder Substanzverringerung von Frankenwerten auszugehen ist, sind diese nach dem amtlichen Umrechnungskurs am 6. Juli 1959 in Deutsche Mark umzurechnen.

**§§ 11 bis 11 b.** *(weggefallen)*

**§ 11 c. Absetzung für Abnutzung bei Gebäuden.** (1) Nutzungsdauer eines Gebäudes im Sinne des § 7 Abs. 4 Satz 2 des Gesetzes ist der Zeitraum, in dem ein Gebäude voraussichtlich seiner Zweckbestimmung entsprechend genutzt werden kann. Der Zeitraum der Nutzungsdauer beginnt

1. bei Gebäuden, die der Steuerpflichtige vor dem 21. Juni 1948 angeschafft oder hergestellt hat,
mit dem 21. Juni 1948;

2. bei Gebäuden, die der Steuerpflichtige nach dem 20. Juni 1948 hergestellt hat,
mit dem Zeitpunkt der Fertigstellung;

3. bei Gebäuden, die der Steuerpflichtige nach dem 20. Juni 1948 angeschafft hat,
mit dem Zeitpunkt der Anschaffung.

Für im Land Berlin belegene Gebäude treten an die Stelle des 20. Juni 1948 jeweils der 31. März 1949 und an die Stelle des 21. Juni 1948 jeweils der 1. April 1949. Für im Saarland belegene Gebäude treten an die Stelle des 20. Juni 1948 jeweils der 19. November 1947 und an die Stelle des 21. Juni 1948 jeweils der 20. November 1947; soweit im Saarland belegene Gebäude zu einem Betriebsvermögen gehören, treten an die Stelle des 20. Juni 1948 jeweils der 5. Juli 1959 und an die Stelle des 21. Juni 1948 jeweils der 6. Juli 1959.

(2) Hat der Steuerpflichtige nach § 7 Abs. 4 Satz 3 des Gesetzes bei einem Gebäude eine Absetzung für außergewöhnliche technische oder wirtschaftliche Abnutzung vorgenommen, so bemessen sich die Absetzungen für Abnutzung von dem folgenden Wirtschaftsjahr oder Kalenderjahr an nach den Anschaffungs- oder Herstellungskosten des Gebäudes abzüglich des Betrags der Absetzung für außergewöhnliche technische oder wirtschaftliche Abnutzung. Entsprechendes gilt, wenn der Steuerpflichtige ein zu einem Betriebsvermögen gehörendes Gebäude nach § 6 Abs. 1 Nr. 1 Satz 2 des Gesetzes mit dem niedrigeren Teilwert angesetzt hat.

**§ 11d. Absetzung für Abnutzung oder Substanzverringerung bei nicht zu einem Betriebsvermögen gehörenden Wirtschaftsgütern, die der Steuerpflichtige unentgeltlich erworben hat.** (1) Bei den nicht zu einem Betriebsvermögen gehörenden Wirtschaftsgütern, die der Steuerpflichtige unentgeltlich erworben hat, bemessen sich die Absetzungen für Abnutzung nach den Anschaffungs- oder Herstellungskosten des Rechtsvorgängers oder dem Wert, der beim Rechtsvorgänger an deren Stelle getreten ist oder treten würde, wenn dieser noch Eigentümer wäre, zuzüglich der vom Rechtsnachfolger aufgewendeten Herstellungskosten und nach dem Hundertsatz, der für den Rechtsvorgänger maßgebend sein würde, wenn er noch Eigentümer des Wirtschaftsguts wäre. Absetzungen für Abnutzung durch den Rechtsnachfolger sind nur zulässig, soweit die vom Rechtsvorgänger und vom Rechtsnachfolger zusammen vorgenommenen Absetzungen für Abnutzung, erhöhten Absetzungen und Abschreibungen bei dem Wirtschaftsgut noch nicht zur vollen Absetzung geführt haben. Die Sätze 1 und 2 gelten für die Absetzung für Substanzverringerung und für erhöhte Absetzungen entsprechend.

(2) Bei Bodenschätzen, die der Steuerpflichtige auf einem ihm gehörenden Grundstück entdeckt hat, sind Absetzungen für Substanzverringerung nicht zulässig.

**§ 12.** *(weggefallen)*

Zu den §§ 7e und 10a des Gesetzes

**§ 13. Begünstigter Personenkreis im Sinne der §§ 7e und 10a des Gesetzes.** (1) Auf Grund des Bundesvertriebenengesetzes können Rechte und Vergünstigungen in Anspruch nehmen

1. Vertriebene (§ 1 Bundesvertriebenengesetz),

2. Heimatvertriebene (§ 2 Bundesvertriebenengesetz),

3. Sowjetzonenflüchtlinge (§ 3 Bundesvertriebenengesetz),

4. den Sowjetzonenflüchtlingen gleichgestellte Personen (§ 4 Bundesvertriebenengesetz),

wenn sie die in den §§ 9 bis 13 des Bundesvertriebenengesetzes bezeichneten Voraussetzungen erfüllen. Den in den Nummern 1 bis 4 bezeichneten Personen stehen diejenigen Personengruppen gleich, die durch eine auf Grund des § 14 des Bundesvertriebenengesetzes erlassene Rechtsverordnung zur Inanspruchnahme von Rechten und Vergünstigungen nach dem Bundesvertriebenengesetz berechtigt werden. Der Nachweis für die Zugehörigkeit zu einer der bezeichneten Personengruppen ist durch Vorlage eines Ausweises im Sinne des § 15 des Bundesvertriebenengesetzes zu erbringen.

(2) Erlischt die Befugnis zur Inanspruchnahme von Rechten und Vergünstigungen (§§ 13 und 19 Bundesvertriebenengesetz), so können

1. § 7e des Gesetzes für solche Fabrikgebäude, Lagerhäuser und landwirtschaftliche Betriebsgebäude, die bis zum Tag des Erlöschens der Befugnis hergestellt worden sind, und

2. § 10a des Gesetzes für den gesamten nicht entnommenen Gewinn des Veranlagungszeitraums, in dem die Befugnis erloschen ist,

in Anspruch genommen werden. Werden im Fall der Nummer 1 die Fabrikgebäude, Lagerhäuser und landwirtschaftlichen Betriebsgebäude erst nach dem Tag des Erlöschens der Befugnis hergestellt, so kann § 7e des Gesetzes auf die bis zu diesem Zeitpunkt aufgewendeten Teilherstellungskosten angewandt werden. Der Tag der Herstellung ist der Tag der Fertigstellung.

**§ 14.** *(weggefallen)*

**Zu § 7b des Gesetzes**

**§ 15. Erhöhte Absetzungen für Einfamilienhäuser, Zweifamilienhäuser und Eigentumswohnungen.** (1) Bauherr im Sinne des § 7b des Gesetzes ist, wer auf eigene Rechnung und Gefahr ein Gebäude baut oder bauen läßt.

(2) Zu den Anschaffungskosten im Sinne des § 7b Abs. 1 des Gesetzes gehören nicht die Aufwendungen für den Grund und Boden.

(3) Ausbauten und Erweiterungen sind Baumaßnahmen im Sinne des § 17 Abs. 1 und 2, Kaufeigenheime sind Wohngebäude im Sinne des § 9 Abs. 2, Trägerkleinsiedlungen sind Kleinsiedlungen im Sinne des § 10 Abs. 3 und Kaufeigentumswohnungen sind Eigentumswohnungen im Sinne des § 12 Abs. 2 des Zweiten Wohnungsbaugesetzes (Wohnungsbau- und Familienheimgesetz).

(4) Bei Bemessung der erhöhten Absetzungen für Kaufeigenheime, Trägerkleinsiedlungen und Kaufeigentumswohnungen nach § 7b Abs. 7 des Gesetzes bleiben Herstellungskosten, die bei einem Einfamilienhaus oder einer Eigentumswohnung die Grenze von 200000 Deutsche Mark,

bei einem Zweifamilienhaus die Grenze von 250000 Deutsche Mark übersteigen, außer Ansatz.

(5) In den Fällen des § 7b des Gesetzes in den vor Inkrafttreten des Gesetzes vom 22. Dezember 1981 (BGBl. I S. 1523) geltenden Fassungen und des § 54 des Gesetzes in der Fassung der Bekanntmachung vom 24. Januar 1984 (BGBl. I S. 113) ist § 15 der Einkommensteuer-Durchführungsverordnung 1979 (BGBl. I S. 1801), geändert durch die Verordnung vom 11. Juni 1981 (BGBl. I S. 526), weiter anzuwenden.

**§§ 16 bis 21.** *(weggefallen)*

Zu § 7e des Gesetzes

**§ 22. Bewertungsfreiheit für Fabrikgebäude, Lagerhäuser und landwirtschaftliche Betriebsgebäude.** (1) Die durch § 7e Abs. 1 des Gesetzes gewährte Bewertungsfreiheit wird nicht dadurch ausgeschlossen, daß sich

1. in dem hergestellten Fabrikgebäude (§ 7e Abs. 1 Buchstaben a bis c des Gesetzes) die mit der Fabrikation zusammenhängenden üblichen Kontor- und Lagerräume oder

2. in dem hergestellten Lagerhaus (§ 7e Abs. 1 Buchstabe d des Gesetzes) die mit der Lagerung zusammenhängenden üblichen Kontorräume befinden,

wenn auf diese Räume nicht mehr als 20 vom Hundert der Herstellungskosten entfallen.

(2) Die Bewertungsfreiheit nach § 7e des Gesetzes ist auch dann zu gewähren, wenn ein nach dem 31. Dezember 1951 hergestelltes Gebäude gleichzeitig mehreren der in § 7e Abs. 1 des Gesetzes bezeichneten Zwecken dient.

(3) Dient ein in Berlin (West) errichtetes Gebäude zum Teil Fabrikationszwecken oder Lagerzwecken der in § 7e Abs. 1 des Gesetzes bezeichneten Art und zum Teil Wohnzwecken, so ist, wenn der Fabrikationszwecken oder Lagerzwecken dienende Gebäudeteil überwiegt, bei Vorliegen der übrigen Voraussetzungen die Bewertungsfreiheit des § 7e des Gesetzes zu gewähren; überwiegt der Wohnzwecken dienende Teil, so sind die erhöhten Absetzungen des § 7b des Gesetzes auch dann zuzubilligen, wenn der Fabrikationszwecken oder Lagerzwecken dienende Teil 33⅓ vom Hundert übersteigt.

(4) Zum Absatz an Wiederverkäufer im Sinne des § 7e Abs. 1 Buchstabe d des Gesetzes bestimmt sind solche Waren, die zum Absatz an einen anderen Unternehmer zur Weiterveräußerung – sei es in derselben Beschaffenheit, sei es nach vorheriger Bearbeitung oder Verarbeitung – bestimmt sind.

(5) Zu den landwirtschaftlichen Betriebsgebäuden gehört auch die Wohnung des Steuerpflichtigen, wenn sie die bei Betrieben gleicher Art übliche Größe nicht überschreitet.

(6) § 9a gilt entsprechend.

**§ 23.** *(weggefallen)*

**Zu § 9 des Gesetzes**

**§ 24. Höchstbeträge für Verpflegungsmehraufwendungen.** Mehraufwendungen für Verpflegung werden im Rahmen von Höchstbeträgen als Werbungskosten anerkannt. Die Vorschriften der §§ 8 und 8a sind sinngemäß anzuwenden.

**§§ 25 bis 28.** *(weggefallen)*

**Zu § 10 des Gesetzes**

**§ 29. Anzeigepflichten bei Versicherungsverträgen und Bausparverträgen.** (1) Der Sicherungsnehmer sowie das Versicherungsunternehmen auch in den Fällen, in denen der Sicherungsnehmer Wohnsitz, Sitz oder Geschäftsleitung im Ausland hat, haben nach amtlich vorgeschriebenem Muster dem für ihre Veranlagung zuständigen Finanzamt (§§ 19, 20 Abgabenordnung) unverzüglich die Fälle anzuzeigen, in denen Ansprüche aus Versicherungsverträgen nach dem 13. Februar 1992 zur Tilgung oder Sicherung von Darlehen eingesetzt werden, die den Betrag von 50000 DM übersteigen.

(2) Das Versicherungsunternehmen hat dem für seine Veranlagung zuständigen Finanzamt (§ 20 Abgabenordnung) unverzüglich die Fälle anzuzeigen, in denen bei vor dem 1. Januar 1975 abgeschlossenen Versicherungsverträgen gegen Einmalbeitrag, soweit dieser nach dem 31. Dezember 1966 geleistet worden ist (§ 52 Abs. 13a Satz 2 des Gesetzes), sowie bei nach dem 31. Dezember 1974 abgeschlossenen Rentenversicherungsverträgen ohne Kapitalwahlrecht gegen Einmalbeitrag (§ 10 Abs. 5 Nr. 2 des Gesetzes) vor Ablauf der Vertragsdauer

1. die Versicherungssumme ganz oder zum Teil ausgezahlt wird, ohne daß der Schadensfall eingetreten ist oder in der Rentenversicherung die vertragsmäßige Rentenleistung erbracht wird oder

2. der Einmalbeitrag ganz oder zum Teil zurückgezahlt wird.

3. *(weggefallen)*

(3) Die Bausparkasse hat dem für ihre Veranlagung zuständigen Finanzamt (§ 20 Abgabenordnung) unverzüglich die Fälle anzuzeigen, in denen bei Bausparverträgen (§ 10 Abs. 5 Nr. 3 des Gesetzes) vor Ablauf von zehn Jahren seit dem Vertragsabschluß

1. die Bausparsumme ganz oder zum Teil ausgezahlt wird,

2. geleistete Beiträge ganz oder zum Teil zurückgezahlt werden oder

3. Ansprüche aus dem Vertrag ganz oder zum Teil abgetreten oder beliehen werden. Ist im Fall der Abtretung von Ansprüchen aus dem Bausparvertrag die Nachversteuerung auf Grund einer Erklärung des Erwerbers (§ 31 Abs. 2 Nr. 2 letzter Satz) ausgesetzt worden, so hat die Bausparkasse dem Finanzamt eine weitere Anzeige zu erstatten, falls der Erwerber über den Bausparvertrag entgegen der abgegebenen Erklärung verfügt.

Das gilt nicht in den Fällen des § 10 Abs. 5 Nr. 3 Buchstaben a und c bis e des Gesetzes.

(4) Der Steuerpflichtige hat dem für seine Veranlagung zuständigen Finanzamt (§ 19 Abgabenordnung) die Abtretung und die Beleihung (Absätze 1 bis 3) unverzüglich anzuzeigen.

(5) Ansprüche aus einem Bausparvertrag sind beliehen, wenn sie sicherungshalber abgetreten oder verpfändet werden und die zu sichernde Schuld entstanden ist.

(6) Als völlig erwerbsunfähig (§ 10 Abs. 5 Nr. 3 Buchstabe c des Gesetzes) gilt ein Steuerpflichtiger oder sein von ihm nicht dauernd getrennt lebender Ehegatte mit einem Grad der Behinderung von mindestens 95. Die völlige Erwerbsunfähigkeit ist durch einen Ausweis nach dem Schwerbehindertengesetz oder durch einen Bescheid der für die Durchführung des Bundesversorgungsgesetzes zuständigen Behörde nachzuweisen.

### § 30. Nachversteuerung bei Versicherungsverträgen. (1) Wird bei vor dem 1. Januar 1975 abgeschlossenen Versicherungsverträgen gegen Einmalbeitrag, soweit dieser nach dem 31. Dezember 1966 geleistet worden ist (§ 52 Abs. 13a Satz 2 des Gesetzes), oder bei nach dem 31. Dezember 1974 abgeschlossenen Rentenversicherungsverträgen ohne Kapitalwahlrecht gegen Einmalbeitrag (§ 10 Abs. 5 Nr. 2 des Gesetzes) vor Ablauf der Vertragsdauer

1. die Versicherungssumme ausgezahlt, ohne daß der Schadensfall eingetreten ist oder in der Rentenversicherung die vertragsmäßige Rentenleistung erbracht wird oder
2. der Einmalbeitrag zurückgezahlt,
3. *(weggefallen)*

so ist eine Nachversteuerung für den Veranlagungszeitraum durchzuführen, in dem einer dieser Tatbestände verwirklicht ist. Zu diesem Zweck ist die Steuer zu berechnen, die festzusetzen gewesen wäre, wenn der Steuerpflichtige den Einmalbeitrag nicht geleistet hätte. Der Unterschiedsbetrag zwischen dieser und der festgesetzten Steuer ist als Nachsteuer zu erheben. Bei einer teilweisen Auszahlung, Rückzahlung, Abtretung oder Beleihung (Nummern 1 bis 3) ist der Einmalbeitrag insoweit als nicht geleistet anzusehen, als einer dieser Tatbestände verwirklicht ist.

(2) Eine Nachversteuerung ist entsprechend Absatz 1 auch durchzuführen, wenn der Sonderausgabenabzug von Beiträgen zu Lebensversicherungen nach § 10 Abs. 2 des Gesetzes zu versagen ist.

### § 31. Nachversteuerung bei Bausparverträgen. (1) Wird bei Bausparverträgen (§ 10 Abs. 5 Nr. 3 des Gesetzes) vor Ablauf von zehn Jahren seit dem Vertragsabschluß

1. die Bausparsumme ganz oder zum Teil ausgezahlt oder werden
2. geleistete Beiträge ganz oder zum Teil zurückgezahlt oder
3. Ansprüche aus dem Vertrag ganz oder zum Teil abgetreten oder beliehen,

so ist eine Nachversteuerung durchzuführen. § 30 ist entsprechend anzuwenden. Bei einer Teilrückzahlung von Beiträgen kann der Bausparer bestimmen, welche Beiträge als zurückgezahlt gelten sollen. Das Entsprechende gilt, wenn die Bausparsumme zum Teil ausgezahlt wird oder Ansprüche aus dem Vertrag zum Teil abgetreten oder beliehen werden.

(2) Eine Nachversteuerung ist nicht durchzuführen,

1. wenn es sich um Fälle des § 10 Abs. 5 Nr. 3 Buchstaben a und c bis e des Gesetzes handelt,

2. soweit im Fall der Abtretung der Ansprüche aus dem Bausparvertrag der Erwerber die Bausparsumme oder die auf Grund einer Beleihung empfangenen Beträge unverzüglich und unmittelbar zum Wohnungsbau für den Abtretenden oder dessen Angehörige (§ 15 Abgabenordnung) verwendet. Ist im Zeitpunkt der Abtretung eine solche Verwendung beabsichtigt, so ist die Nachversteuerung auszusetzen, wenn der Abtretende eine Erklärung des Erwerbers über die Verwendungsabsicht beibringt.

**§ 32. Übertragung von Bausparverträgen auf eine andere Bausparkasse.** Werden Bausparverträge auf eine andere Bausparkasse übertragen und verpflichtet sich diese gegenüber dem Bausparer und der Bausparkasse, mit der der Vertrag abgeschlossen worden ist, in die Rechte und Pflichten aus dem Vertrag einzutreten, so gilt die Übertragung nicht als Rückzahlung. Das Bausparguthaben muß von der übertragenden Bausparkasse unmittelbar an die übernehmende Bausparkasse überwiesen werden.

**§§ 33 bis 44.** *(weggefallen)*

**Zu § 10a des Gesetzes**

**§ 45. Steuerbegünstigung des nicht entnommenen Gewinns im Fall des § 10a Abs. 1 des Gesetzes.** (1) Für die Inanspruchnahme der Steuerbegünstigung des § 10a Abs. 1 des Gesetzes ist

1. in den Fällen des § 4a Abs. 2 Nr. 1 des Gesetzes der im Veranlagungszeitraum nicht entnommene Gewinn,

2. in den Fällen des § 4a Abs. 2 Nr. 2 des Gesetzes der nicht entnommene Gewinn des im Veranlagungszeitraum endenden Wirtschaftsjahrs

maßgebend.

(2) Ist ein Steuerpflichtiger Inhaber oder Mitinhaber mehrerer land- und forstwirtschaftlicher Betriebe oder mehrerer Gewerbebetriebe oder Inhaber (Mitinhaber) von land- und forstwirtschaftlichen Betrieben und Gewerbebetrieben, so kann die Steuerbegünstigung des § 10a Abs. 1 des Gesetzes nur auf die Summe der nicht entnommenen Gewinne aus allen land- und forstwirtschaftlichen Betrieben und Gewerbebetrieben angewendet werden. Voraussetzung für die Anwendung des § 10a Abs. 1 des Gesetzes ist in diesem Fall, daß alle Gewinne nach § 4 Abs. 1 oder § 5 des Gesetzes ermittelt werden. Gewinne aus Land- und Forstwirtschaft, die neben Gewinnen aus Gewerbebetrieb erzielt werden, bleiben auf Antrag bei der Anwendung des § 10a Abs. 1 des Gesetzes außer Betracht, wenn

sie nicht nach § 4 Abs. 1 des Gesetzes zu ermitteln sind und 3000 Deutsche Mark nicht übersteigen.

(3) Der nach § 10a Abs. 1 des Gesetzes als Sonderausgabe abgezogene Betrag ist bei der Veranlagung für den Veranlagungszeitraum, für den die Steuerbegünstigung in Anspruch genommen wird, zum Zweck der späteren Nachversteuerung im Steuerbescheid besonders festzustellen. Wird die Steuerbegünstigung des § 10a Abs. 1 des Gesetzes für einen späteren Veranlagungszeitraum erneut in Anspruch genommen, so ist bei der Veranlagung die Summe der bis dahin nach § 10a Abs. 1 des Gesetzes als Sonderausgaben abgezogenen und noch nicht nachversteuerten Beträge im Steuerbescheid besonders festzustellen.

**§ 46. Nachversteuerung der Mehrentnahmen.** (1) Bei der Nachversteuerung ist der nach § 45 Abs. 3 besonders festgestellte Betrag um den nachversteuerten Betrag zu kürzen. Ein verbleibender Betrag ist für eine spätere Nachversteuerung im Steuerbescheid besonders festzustellen.

(2) Eine Nachversteuerung von Mehrentnahmen kommt innerhalb des in § 10a Abs. 2 Satz 1 des Gesetzes bezeichneten Zeitraums so lange und insoweit in Betracht, als ein nach § 45 Abs. 3 und nach Absatz 1 besonders festgestellter Betrag vorhanden ist.

(3) Für die Feststellung der Mehrentnahmen sind in den Fällen des § 4a Abs. 2 Nr. 1 des Gesetzes die Entnahmen im Veranlagungszeitraum und in den Fällen des § 4a Abs. 2 Nr. 2 des Gesetzes die Entnahmen im Wirtschaftsjahr, das im Veranlagungszeitraum endet, maßgebend.

(4) Im Fall des § 45 Abs. 2 sind für die Feststellung der Mehrentnahmen die Summe der Gewinne und die Summe der Entnahmen aus allen land- und forstwirtschaftlichen Betrieben und Gewerbebetrieben zu berücksichtigen. Gewinne und Entnahmen aus den land- und forstwirtschaftlichen Betrieben, deren Gewinne bei der Anwendung des § 10a Abs. 1 des Gesetzes nach § 45 Abs. 2 letzter Satz außer Betracht geblieben sind, bleiben auch für die Feststellung der Mehrentnahmen außer Ansatz.

(5) Als Entnahmen gelten auch die Veräußerung des Betriebs im ganzen, die Veräußerung von Anteilen an einem Betrieb sowie die Aufgabe des Betriebs.

**§ 47. Steuerbegünstigung des nicht entnommenen Gewinns im Fall des § 10a Abs. 3 des Gesetzes.** (1) Nehmen Steuerpflichtige die Steuerbegünstigung des nicht entnommenen Gewinns für den Gewinn aus selbständiger Arbeit in Anspruch, so ist der auf Grund dieser Begünstigung als Sonderausgabe abgezogene Betrag im Steuerbescheid getrennt von dem nach § 45 Abs. 3 festzustellenden Betrag besonders festzustellen. Im übrigen gelten die Vorschriften des § 45 Abs. 2 und 3 entsprechend.

(2) Auch hinsichtlich der Nachversteuerung sind die Fälle des Absatzes 1 besonders zu behandeln. Die Feststellung, ob die Entnahmen aus dem Betrieb den bei der Veranlagung zu berücksichtigenden Gewinn aus selbständiger Arbeit übersteigen, ist unabhängig von den Entnahmen aus land- und forstwirtschaftlichen Betrieben oder Gewerbebetrieben zu tref-

fen. Die Vorschriften des § 46 Abs. 1, 2, 4 und 5 sind entsprechend anzuwenden.

**Zu § 10b des Gesetzes**

**§ 48. Förderung mildtätiger, kirchlicher, religiöser, wissenschaftlicher und der als besonders förderungswürdig anerkannten gemeinnützigen Zwecke.** (1) Für die Begriffe gemeinnützige, mildtätige, kirchliche, religiöse und wissenschaftliche Zwecke im Sinne des § 10b des Gesetzes gelten die §§ 51 bis 68 der Abgabenordnung.

(2) Gemeinnützige Zwecke der in Absatz 1 bezeichneten Art müssen außerdem durch allgemeine Verwaltungsvorschrift der Bundesregierung, die der Zustimmung des Bundesrates bedarf, allgemein als besonders förderungswürdig anerkannt worden sein.

(3) Zuwendungen für die in den Absätzen 1 und 2 bezeichneten Zwecke sind nur dann abzugsfähig, wenn

1. der Empfänger der Zuwendungen eine juristische Person des öffentlichen Rechts oder eine öffentliche Dienststelle (z. B. Universität, Forschungsinstitut) ist und bestätigt, daß der zugewendete Betrag zu einem der in Absatz 1 oder Absatz 2 bezeichneten Zwecke verwendet wird, oder

2. der Empfänger der Zuwendungen eine in § 5 Abs. 1 Nr. 9 des Körperschaftsteuergesetzes bezeichnete Körperschaft, Personenvereinigung oder Vermögensmasse ist und bestätigt, daß sie den zugewendeten Betrag nur für ihre satzungsmäßigen Zwecke verwendet. In Fällen der Durchlaufspende für Zwecke, die im Ausland verwirklicht werden, ist das Bundesministerium, in dessen Aufgabenbereich der jeweilige Zweck fällt, zur Spendenannahme verpflichtet.

(4) Die Bundesregierung kann mit Zustimmung des Bundesrates durch allgemeine Verwaltungsvorschrift Ausgaben im Sinne des § 10b des Gesetzes als steuerbegünstigt auch anerkennen, wenn die Voraussetzungen des Absatzes 2 oder des Absatzes 3 nicht gegeben sind.

**§ 49.** *(weggefallen)*

**§ 50. Überleitungsvorschrift zum Spendenabzug.** (1) Soweit gemeinnützige Zwecke vor dem 1. Juli 1951[1] als besonders förderungswürdig anerkannt worden sind, bleiben die Anerkennungen aufrechterhalten.

(2) Soweit Zweck und Form von Zuwendungen vor dem 1. Juli 1951[1] als steuerbegünstigt anerkannt worden sind, bleiben die Anerkennungen aufrechterhalten.

**Zu § 13 des Gesetzes**

**§ 51. Ermittlung der Einkünfte bei forstwirtschaftlichen Betrieben.** (1) Bei forstwirtschaftlichen Betrieben, die nicht zur Buchführung verpflichtet sind und den Gewinn nicht nach § 4 Abs. 1 des Gesetzes ermitteln, kann zur Abgeltung der Betriebsausgaben auf Antrag ein

---

[1] **[Amtl. Anm.]** Im Land Berlin: 22. August 1951.

Pauschsatz von 65 vom Hundert der Einnahmen aus der Holznutzung abgezogen werden.

(2) Der Pauschsatz zur Abgeltung der Betriebsausgaben beträgt 40 vom Hundert, soweit das Holz auf dem Stamm verkauft wird.

(3) Durch die Anwendung der Pauschsätze der Absätze 1 und 2 sind die Betriebsausgaben im Wirtschaftsjahr der Holznutzung einschließlich der Wiederaufforstungskosten unabhängig von dem Wirtschaftsjahr ihrer Entstehung abgegolten.

(4) Diese Regelung gilt nicht für die Ermittlung des Gewinns aus Waldverkäufen.

**Zu § 13a des Gesetzes**

**§ 52. Erhöhte Absetzungen nach § 7b des Gesetzes bei Land- und Forstwirten, deren Gewinn nach Durchschnittssätzen ermittelt wird.** Die erhöhten Absetzungen nach § 7b des Gesetzes sind auch bei der Berechnung des Gewinns nach § 13a des Gesetzes zulässig. Das gilt auch für erhöhte Absetzungen nach § 7b des Gesetzes in den vor Inkrafttreten des Gesetzes vom 22. Dezember 1981 (BGBl. I S. 1523) geltenden Fassungen.

**Zu § 17 des Gesetzes**

**§ 53. Anschaffungskosten bestimmter Anteile an Kapitalgesellschaften.** Bei Anteilen an einer Kapitalgesellschaft, die vor dem 21. Juni 1948 erworben worden sind, sind als Anschaffungskosten im Sinne des § 17 Abs. 2 des Gesetzes die endgültigen Höchstwerte zugrunde zu legen, mit denen die Anteile in eine steuerliche Eröffnungsbilanz in Deutscher Mark auf den 21. Juni 1948 hätten eingestellt werden können; bei Anteilen, die am 21. Juni 1948 als Auslandsvermögen beschlagnahmt waren, ist bei Veräußerung vor der Rückgabe der Veräußerungserlös und bei Veräußerung nach der Rückgabe der Wert im Zeitpunkt der Rückgabe als Anschaffungskosten maßgebend. Im Land Berlin tritt an die Stelle des 21. Juni 1948 jeweils der 1. April 1949; im Saarland tritt an die Stelle des 21. Juni 1948 für die in § 43 Abs. 1 Ziff. 1 des Gesetzes über die Einführung des deutschen Rechts auf dem Gebiete der Steuern, Zölle und Finanzmonopole im Saarland vom 30. Juni 1959 (BGBl. I S. 339) bezeichneten Personen jeweils der 6. Juli 1959.

**§ 54.** *(weggefallen)*

**Zu § 22 des Gesetzes**

**§ 55. Ermittlung des Ertrags aus Leibrenten in besonderen Fällen.**
(1) Der Ertrag des Rentenrechts ist in den folgenden Fällen auf Grund der in § 22 Nr. 1 Satz 3 Buchstabe a des Gesetzes aufgeführten Tabelle zu ermitteln:

1. bei Leibrenten, die vor dem 1. Januar 1955 zu laufen begonnen haben. Dabei ist das vor dem 1. Januar 1955 vollendete Lebensjahr des Rentenberechtigten maßgebend;

2. bei Leibrenten, deren Dauer von der Lebenszeit einer anderen Person als des Rentenberechtigten abhängt. Dabei ist das seit Beginn der Ren-

te, im Fall der Nummer 1 das vor dem 1. Januar 1955 vollendete Lebensjahr dieser Person maßgebend;

3. bei Leibrenten, deren Dauer von der Lebenszeit mehrerer Personen abhängt. Dabei ist das bei Beginn der Rente, im Fall der Nummer 1 das vor dem 1. Januar 1955 vollendete Lebensjahr der ältesten Person maßgebend, wenn das Rentenrecht mit dem Tod des zuerst Sterbenden erlischt, und das Lebensjahr der jüngsten Person, wenn das Rentenrecht mit dem Tod des zuletzt Sterbenden erlischt.

(2) Der Ertrag aus Leibrenten, die auf eine bestimmte Zeit beschränkt sind (abgekürzte Leibrenten), ist nach der Lebenserwartung unter Berücksichtigung der zeitlichen Begrenzung zu ermitteln. Der Ertragsanteil ist aus der nachstehenden Tabelle zu entnehmen. Absatz 1 ist entsprechend anzuwenden.

| Beschränkung der Laufzeit der Rente auf ... Jahre ab Beginn des Rentenbezugs (ab 1. Januar 1955, falls die Rente vor diesem Zeitpunkt zu laufen begonnen hat) | Der Ertragsanteil beträgt, vorbehaltlich der Spalte 3, ... v. H. | Der Ertragsanteil ist der Tabelle in § 22 Nr. 1 Satz 3 Buchstabe a des Gesetzes zu entnehmen, wenn der Rentenberechtigte zu Beginn des Rentenbezugs (vor dem 1. Januar 1955, falls die Rente vor diesem Zeitpunkt zu laufen begonnen hat) das ... te Lebensjahr vollendet hatte |
|:---:|:---:|:---:|
| 1 | 2 | 3 |
| 1 | 0 | entfällt |
| 2 | 2 | 97 |
| 3 | 5 | 90 |
| 4 | 7 | 86 |
| 5 | 9 | 83 |
| 6 | 10 | 81 |
| 7 | 12 | 79 |
| 8 | 14 | 76 |
| 9 | 16 | 74 |
| 10 | 17 | 73 |
| 11 | 19 | 71 |
| 12 | 21 | 69 |
| 13 | 22 | 68 |
| 14 | 24 | 66 |
| 15 | 25 | 65 |
| 16 | 26 | 64 |
| 17 | 28 | 62 |
| 18 | 29 | 61 |
| 19 | 30 | 60 |
| 20 | 31 | 60 |
| 21 | 33 | 58 |
| 22 | 34 | 57 |
| 23 | 35 | 56 |

| Beschränkung der Laufzeit der Rente auf ... Jahre ab Beginn des Rentenbezugs (ab 1. Januar 1955, falls die Rente vor diesem Zeitpunkt zu laufen begonnen hat) | Der Ertragsanteil beträgt, vorbehaltlich der Spalte 3, ... v. H. | Der Ertragsanteil ist der Tabelle in § 22 Nr. 1 Satz 3 Buchstabe a des Gesetzes zu entnehmen, wenn der Rentenberechtigte zu Beginn des Rentenbezugs (vor dem 1. Januar 1955, falls die Rente vor diesem Zeitpunkt zu laufen begonnen hat) das ...te Lebensjahr vollendet hatte |
|:---:|:---:|:---:|
| 1 | 2 | 3 |
| 24 | 36 | 55 |
| 25 | 37 | 54 |
| 26 | 38 | 53 |
| 27 | 39 | 52 |
| 28 | 40 | 51 |
| 29 | 41 | 51 |
| 30 | 42 | 50 |
| 31 | 43 | 49 |
| 32 | 44 | 48 |
| 33 | 45 | 47 |
| 34 | 46 | 46 |
| 35 | 47 | 45 |
| 36 | 48 | 43 |
| 37–38 | 49 | 42 |
| 39 | 50 | 41 |
| 40 | 51 | 40 |
| 41–42 | 52 | 39 |
| 43 | 53 | 38 |
| 44 | 54 | 36 |
| 45–46 | 55 | 35 |
| 47–48 | 56 | 34 |
| 49 | 57 | 33 |
| 50–51 | 58 | 31 |
| 52–53 | 59 | 30 |
| 54–55 | 60 | 28 |
| 56–57 | 61 | 27 |
| 58–59 | 62 | 25 |
| 60–62 | 63 | 23 |
| 63–64 | 64 | 21 |
| 65–67 | 65 | 19 |
| 68–70 | 66 | 17 |
| 71–74 | 67 | 15 |
| 75–77 | 68 | 13 |
| 78–82 | 69 | 11 |
| 83–87 | 70 | 9 |
| 88–93 | 71 | 6 |
| mehr als 93 | Der Ertragsanteil ist immer der Tabelle in § 22 Nr. 1 Satz 3 Buchstabe a des Gesetzes zu entnehmen. | |

**Zu § 25 des Gesetzes**

**§ 56. Steuererklärungspflicht.** (1) Unbeschränkt Steuerpflichtige haben eine jährliche Einkommensteuererklärung für das abgelaufene Kalenderjahr (Veranlagungszeitraum) in den folgenden Fällen abzugeben:

1. Ehegatten, bei denen im Veranlagungszeitraum die Voraussetzungen des § 26 Abs. 1 des Gesetzes vorgelegen haben und von denen keiner die getrennte Veranlagung nach § 26 a des Gesetzes oder die besondere Veranlagung nach § 26 c des Gesetzes wählt,

   a) wenn keiner der Ehegatten Einkünfte aus nichtselbständiger Arbeit, von denen ein Steuerabzug vorgenommen worden ist, bezogen und der Gesamtbetrag der Einkünfte mehr als 10751 Deutsche Mark betragen hat,

   b) wenn mindestens einer der Ehegatten Einkünfte aus nichtselbständiger Arbeit, von denen ein Steuerabzug vorgenommen worden ist, bezogen hat und

      aa) der Gesamtbetrag der Einkünfte mehr als 49140 Deutsche Mark betragen hat oder

      bb) eine Veranlagung nach § 46 Abs. 2 Nr. 1 bis 6 des Gesetzes in Betracht kommt;

2. Personen, bei denen im Veranlagungszeitraum die Voraussetzungen des § 26 Abs. 1 des Gesetzes nicht vorgelegen haben,

   a) wenn der Gesamtbetrag der Einkünfte mehr als 5375 Deutsche Mark betragen hat und darin keine Einkünfte aus nichtselbständiger Arbeit, von denen ein Steuerabzug vorgenommen worden ist, enthalten sind,

   b) wenn in dem Gesamtbetrag der Einkünfte Einkünfte aus nichtselbständiger Arbeit, von denen ein Steuerabzug vorgenommen worden ist, enthalten sind und

      aa) der Gesamtbetrag der Einkünfte mehr als 24570 Deutsche Mark betragen hat oder

      bb) eine Veranlagung nach § 46 Abs. 2 Nr. 1 bis 6 des Gesetzes in Betracht kommt.

Eine Steuererklärung ist außerdem abzugeben, wenn eine Veranlagung nach § 46 Abs. 2 Nr. 8 des Gesetzes beantragt wird.

(2) Beschränkt Steuerpflichtige haben eine jährliche Steuererklärung über ihre im abgelaufenen Kalenderjahr (Veranlagungszeitraum) bezogenen inländischen Einkünfte im Sinne des § 49 des Gesetzes abzugeben, soweit für diese die Einkommensteuer nicht durch den Steuerabzug als abgegolten gilt (§ 50 Abs. 5 des Gesetzes). Steuerpflichtige, die die Voraussetzungen des § 2 Abs. 1 des Außensteuergesetzes erfüllen, haben eine jährliche Steuererklärung über ihre sämtlichen im abgelaufenen Kalenderjahr (Veranlagungszeitraum) bezogenen Einkünfte abzugeben.

**§§ 57 bis 59.** *(weggefallen)*

**§ 60. Unterlagen zur Steuererklärung.** (1) Wird der Gewinn nach § 4 Abs. 1 oder § 5 des Gesetzes ermittelt, so ist der Steuererklärung eine

Abschrift der Bilanz, die auf dem Zahlenwerk der Buchführung beruht, im Fall der Eröffnung des Betriebs auch eine Abschrift der Eröffnungsbilanz, beizufügen. Werden Bücher geführt, die den Grundsätzen der doppelten Buchführung entsprechen, ist eine Gewinn- und Verlustrechnung und außerdem auf Verlangen des Finanzamts eine Hauptabschlußübersicht beizufügen.

(2) Enthält die Bilanz Ansätze oder Beträge, die den steuerlichen Vorschriften nicht entsprechen, so sind diese Ansätze oder Beträge durch Zusätze oder Anmerkungen den steuerlichen Vorschriften anzupassen. Der Steuerpflichtige kann auch eine den steuerlichen Vorschriften entsprechende Bilanz (Steuerbilanz) beifügen.

(3) Liegt ein Anhang, ein Lagebericht oder ein Prüfungsbericht vor, so ist eine Abschrift der Steuererklärung beizufügen.

**Zu den §§ 26a bis 26c des Gesetzes**

**§ 61. Antrag auf anderweitige Verteilung der Sonderausgaben und der außergewöhnlichen Belastungen im Fall des § 26a des Gesetzes.** Der Antrag auf anderweitige Verteilung der Sonderausgaben und der als außergewöhnliche Belastungen vom Gesamtbetrag der Einkünfte abzuziehenden Beträge (§ 26a Abs. 2 des Gesetzes) kann nur von beiden Ehegatten gemeinsam gestellt werden. Kann der Antrag nicht gemeinsam gestellt werden, weil einer der Ehegatten dazu aus zwingenden Gründen nicht in der Lage ist, so kann das Finanzamt den Antrag des anderen Ehegatten als genügend ansehen.

**§§ 62 bis 62 b.** *(weggefallen)*

**§ 62 c. Anwendung der §§ 7 e und 10 a des Gesetzes bei der Veranlagung von Ehegatten.** (1) Im Fall der getrennten Veranlagung oder der besonderen Veranlagung von Ehegatten (§§ 26a, 26c des Gesetzes) ist Voraussetzung für die Anwendung der §§ 7e und 10a des Gesetzes, daß derjenige Ehegatte, der diese Steuerbegünstigungen in Anspruch nimmt, zu dem durch diese Vorschriften begünstigten Personenkreis gehört. Die Steuerbegünstigung des nicht entnommenen Gewinns kann in diesem Fall jeder der Ehegatten, der die in § 10a des Gesetzes bezeichneten Voraussetzungen erfüllt, bis zum Höchstbetrag von 20000 Deutsche Mark geltend machen. Übersteigen bei dem nach § 26a des Gesetzes getrennt oder nach § 26c des Gesetzes besonders veranlagten Ehegatten oder seinem Gesamtrechtsnachfolger die Entnahmen die Summe der bei der Veranlagung zu berücksichtigenden Gewinne, so ist bei ihm nach § 10a Abs. 2 des Gesetzes eine Nachversteuerung durchzuführen. Die Nachversteuerung kommt innerhalb des in § 10a Abs. 2 Satz 1 des Gesetzes bezeichneten Zeitraums so lange und insoweit in Betracht, als ein nach § 45 Abs. 3 und § 46 Abs. 1 besonders festgestellter Betrag vorhanden ist. Im Fall der getrennten Veranlagung ist hierbei auch der besonders festgestellte Betrag für Veranlagungszeiträume, in denen die Ehegatten zusammen veranlagt worden sind, zu berücksichtigen, soweit er auf nicht entnommene Gewinne aus einem dem getrennt veranlagten Ehegatten gehörenden Betrieb entfällt.

(2) Im Fall der Zusammenveranlagung von Ehegatten (§ 26b des Gesetzes) genügt es für die Anwendung der §§ 7e und 10a des Gesetzes, wenn einer der beiden Ehegatten zu dem durch die bezeichneten Vorschriften begünstigten Personenkreis gehört. Die Steuerbegünstigung des nicht entnommenen Gewinns kann in diesem Fall jeder Ehegatte, der die Voraussetzungen des § 45 Abs. 2 erfüllt, bis zum Höchstbetrag von 20000 Deutsche Mark in Anspruch nehmen. Die Nachversteuerung von Mehrentnahmen nach § 10a Abs. 2 des Gesetzes ist in diesem Fall auch insoweit durchzuführen, als bei einem Ehegatten ein nach § 45 Abs. 3 und § 46 Abs. 1 besonders festgestellter Betrag für Veranlagungszeiträume, in denen die Ehegatten nach § 26a des Gesetzes getrennt oder nach § 26c des Gesetzes besonders veranlagt worden sind, vorhanden ist.

**§ 62d. Anwendung des § 10d des Gesetzes bei der Veranlagung von Ehegatten.** (1) Im Fall der getrennten Veranlagung von Ehegatten (§ 26a des Gesetzes) kann der Steuerpflichtige den Verlustabzug nach § 10d des Gesetzes auch für Verluste derjenigen Veranlagungszeiträume geltend machen, in denen die Ehegatten nach § 26b des Gesetzes zusammen oder nach § 26c des Gesetzes besonders veranlagt worden sind. Der Verlustabzug kann in diesem Fall nur für Verluste geltend gemacht werden, die der getrennt veranlagte Ehegatte erlitten hat.

(2) Im Fall der Zusammenveranlagung von Ehegatten (§ 26b des Gesetzes) kann der Steuerpflichtige den Verlustabzug nach § 10d des Gesetzes auch für Verluste derjenigen Veranlagungszeiträume geltend machen, in denen die Ehegatten nach § 26a des Gesetzes getrennt oder nach § 26c des Gesetzes besonders veranlagt worden sind. Liegen bei beiden Ehegatten nicht ausgeglichene Verluste vor, so ist der Verlustabzug bei jedem Ehegatten bis zur Höchstgrenze im Sinne des § 10d Satz 1 des Gesetzes vorzunehmen.

**§§ 63 und 64.** *(weggefallen)*

Zu § 33b des Gesetzes

**§ 65. Nachweis der Voraussetzungen für die Inanspruchnahme der Pauschbeträge des § 33b des Gesetzes.** (1) Die Voraussetzungen für die Inanspruchnahme eines Pauschbetrags für Körperbehinderte nach § 33b Abs. 2 und 3 des Gesetzes sind nachzuweisen:

1. für Körperbehinderte, die in ihrer Erwerbsfähigkeit um mindestens 50 vom Hundert gemindert sind, durch einen Ausweis nach § 3 Abs. 5 des Schwerbehindertengesetzes in der Fassung der Bekanntmachung vom 8. Oktober 1979 (BGBl. I S. 1649),

2. für Körperbehinderte, deren Minderung der Erwerbsfähigkeit weniger als 50 vom Hundert, aber mindestens 25 vom Hundert beträgt,
   a) durch eine Bescheinigung der für die Durchführung des Bundesversorgungsgesetzes zuständigen Behörden auf Grund eines Feststellungsbescheids nach § 3 Abs. 1 des Schwerbehindertengesetzes oder,

b) wenn ihnen wegen ihrer Behinderung nach den gesetzlichen Vorschriften Renten oder andere laufende Bezüge zustehen, durch den Rentenbescheid oder den entsprechenden Bescheid.

Die Bescheinigung nach Nummer 2 Buchstabe a muß eine Äußerung darüber enthalten, ob die Körperbehinderung zu einer äußerlich erkennbaren dauernden Einbuße der körperlichen Beweglichkeit geführt hat oder auf einer typischen Berufskrankheit beruht.

(2) Als Nachweis über das Vorliegen einer Behinderung und den Grad der auf ihr beruhenden Minderung der Erwerbsfähigkeit genügen auch die vor dem 20. Juni 1976 ausgestellten amtlichen Ausweise für Schwerkriegsbeschädigte, Schwerbeschädigte oder Schwerbehinderte sowie die nach § 3 Abs. 1 oder 4 des Schwerbehindertengesetzes in der vor dem 20. Juni 1976 geltenden Fassung erteilten Bescheinigungen, und zwar bis zum Ablauf ihres derzeitigen Geltungszeitraums. Erscheint aus besonderen Gründen die Feststellung erforderlich, daß die Minderung der Erwerbsfähigkeit nicht überwiegend auf Alterserscheinungen beruht, so ist darüber zusätzlich eine Bescheinigung der für die Durchführung des Bundesversorgungsgesetzes zuständigen Behörden beizubringen.

(3) Ist der Körperbehinderte verstorben und kann ein Nachweis nach den Absätzen 1 und 2 nicht erbracht werden, so genügt zum Nachweis eine gutachtliche Stellungnahme von seiten der für die Durchführung des Bundesversorgungsgesetzes zuständigen Behörden. Diese Stellungnahme hat das Finanzamt einzuholen.

(4) Der Nachweis der Voraussetzungen für die Gewährung des Pauschbetrags für Hinterbliebene im Sinne des § 33b Abs. 4 des Gesetzes ist durch amtliche Unterlagen zu erbringen.

**§§ 66 und 67.** *(weggefallen)*

**Zu § 34b des Gesetzes**

**§ 68. Betriebsgutachten, Betriebswerk, Nutzungssatz.** (1) Das amtlich anerkannte Betriebsgutachten oder das Betriebswerk, das der erstmaligen Festsetzung des Nutzungssatzes zugrunde zu legen ist, muß vorbehaltlich des Absatzes 2 spätestens auf den Anfang des drittletzten Wirtschaftsjahrs aufgestellt worden sein, das dem Wirtschaftsjahr vorangegangen ist, in dem die nach § 34b des Gesetzes zu begünstigenden Holznutzungen angefallen sind. Der Zeitraum von zehn Wirtschaftsjahren, für den der Nutzungssatz maßgebend ist, beginnt mit dem Wirtschaftsjahr, auf dessen Anfang das Betriebsgutachten oder Betriebswerk aufgestellt worden ist.

(2) Bei aussetzenden forstwirtschaftlichen Betrieben genügt es, wenn das Betriebsgutachten oder Betriebswerk auf den Anfang des Wirtschaftsjahrs aufgestellt wird, in dem die nach § 34b des Gesetzes zu begünstigenden Holznutzungen angefallen sind. Der Zeitraum von zehn Jahren, für den der Nutzungssatz maßgebend ist, beginnt mit dem Wirtschaftsjahr, auf dessen Anfang das Betriebsgutachten oder Betriebswerk aufgestellt worden ist.

(3) Ein Betriebsgutachten im Sinne des § 34b Abs. 4 Nr. 1 des Gesetzes ist amtlich anerkannt, wenn die Anerkennung von einer Behörde oder einer Körperschaft des öffentlichen Rechts des Landes, in dem der forstwirtschaftliche Betrieb belegen ist, ausgesprochen wird. Die Länder bestimmen, welche Behörden oder Körperschaften des öffentlichen Rechts diese Anerkennung auszusprechen haben.

### Zu § 34c des Gesetzes

**§ 68a. Einkünfte aus mehreren ausländischen Staaten.** Die für die Einkünfte aus einem ausländischen Staat festgesetzte und gezahlte und keinem Ermäßigungsanspruch mehr unterliegende ausländische Steuer ist nur bis zur Höhe der deutschen Steuer anzurechnen, die auf die Einkünfte aus diesem ausländischen Staat entfällt. Stammen die Einkünfte aus mehreren ausländischen Staaten, so sind die Höchstbeträge der anrechenbaren ausländischen Steuern für jeden einzelnen ausländischen Staat gesondert zu berechnen.

**§ 68b. Nachweis über die Höhe der ausländischen Einkünfte und Steuern.** Der Steuerpflichtige hat den Nachweis über die Höhe der ausländischen Einkünfte und über die Festsetzung und Zahlung der ausländischen Steuern durch Vorlage entsprechender Urkunden (z. B. Steuerbescheid, Quittung über die Zahlung) zu führen. Sind diese Urkunden in einer fremden Sprache abgefaßt, so kann eine beglaubigte Übersetzung in die deutsche Sprache verlangt werden.

**§ 68c. Nachträgliche Festsetzung oder Änderung ausländischer Steuern.** (1) Der für einen Veranlagungszeitraum erteilte Steuerbescheid ist zu ändern (Berichtigungsveranlagung), wenn eine ausländische Steuer, die auf die in diesem Veranlagungszeitraum bezogenen Einkünfte entfällt, nach Erteilung dieses Steuerbescheids erstmalig festgesetzt, nachträglich erhöht oder erstattet wird und sich dadurch eine höhere oder niedrigere Veranlagung rechtfertigt.

(2) Wird eine ausländische Steuer, die nach § 34c des Gesetzes für einen Veranlagungszeitraum auf die Einkommensteuer anzurechnen oder bei Ermittlung des Gesamtbetrags der Einkünfte abzuziehen ist, nach Abgabe der Steuererklärung für diesen Veranlagungszeitraum erstattet, so hat der Steuerpflichtige dies dem zuständigen Finanzamt unverzüglich mitzuteilen.

(3) Rechtsbehelfe gegen Steuerbescheide, die nach Absatz 1 geändert worden sind, können nur darauf gestützt werden, daß die ausländische Steuer nicht oder nicht zutreffend angerechnet oder abgezogen worden sei.

**§ 69.** *(weggefallen)*

### Zu § 46 des Gesetzes

**§ 70. Ausgleich von Härten in bestimmten Fällen.** Betragen in den Fällen des § 46 Abs. 2 Nr. 1 bis 7 des Gesetzes die Einkünfte, von denen der Steuerabzug vom Arbeitslohn nicht vorgenommen worden ist, insgesamt mehr als 800 Deutsche Mark, aber nicht mehr als 1600 Deutsche Mark, so ist vom Einkommen der Betrag abzuziehen, um den die bezeichneten Einkünfte insgesamt niedriger als 1600 Deutsche Mark sind. Der Betrag nach Satz 1 vermindert sich um den Altersentlastungsbetrag (§ 24a des Gesetzes), soweit dieser 40 vom Hundert des Arbeitslohns mit Ausnahme der Versorgungsbezüge im Sinne des § 19 Abs. 2 des Gesetzes übersteigt, höchstens jedoch um 40 vom Hundert.

**§§ 71 und 72.** *(weggefallen)*

Zu § 50 des Gesetzes

**§ 73. Sondervorschrift für beschränkt Steuerpflichtige.** Beschränkt Steuerpflichtige, die zu dem in § 10a Abs. 1 Nr. 2 des Gesetzes bezeichneten Personenkreis gehören und ihre frühere Erwerbsgrundlage verloren haben, können § 10a des Gesetzes anwenden, wenn ein wirtschaftlicher Zusammenhang zwischen den in dieser Vorschrift bezeichneten Sonderausgaben und inländischen Einkünften besteht, der Gewinn auf Grund im Inland geführter Bücher nach § 4 Abs. 1 oder nach § 5 des Gesetzes ermittelt wird und die Bücher im Inland aufbewahrt werden.

Zu § 50a des Gesetzes

**§ 73a. Begriffsbestimmungen.** (1) Inländisch im Sinne des § 50a Abs. 1 des Gesetzes sind solche Unternehmen, die ihre Geschäftsleitung oder ihren Sitz im Geltungsbereich des Gesetzes haben.

(2) Urheberrechte im Sinne des § 50a Abs. 4 Nr. 3 des Gesetzes sind Rechte, die nach Maßgabe des Urheberrechtsgesetzes vom 9. September 1965 (BGBl. I S. 1273) geschützt sind.

(3) Gewerbliche Schutzrechte im Sinne des § 50a Abs. 4 Nr. 3 des Gesetzes sind Rechte, die nach Maßgabe des Geschmacksmustergesetzes in der im Bundesgesetzblatt Teil III, Gliederungsnummer 442–1, veröffentlichten bereinigten Fassung, des Patentgesetzes in der Fassung der Bekanntmachung vom 2. Januar 1968 (BGBl. I S. 1, 2), des Gebrauchsmustergesetzes in der Fassung der Bekanntmachung vom 2. Januar 1968 (BGBl. I S. 1, 24) und des Warenzeichengesetzes in der Fassung der Bekanntmachung vom 2. Januar 1968 (BGBl. I S. 1, 29) geschützt sind.

**§ 73b.** *(weggefallen)*

**§ 73c. Zeitpunkt des Zufließens im Sinne des § 50a Abs. 5 Satz 1 des Gesetzes.** Die Aufsichtsratsvergütungen oder die Vergütungen im Sinne des § 50a Abs. 4 des Gesetzes fließen dem Gläubiger zu

1. im Fall der Zahlung, Verrechnung oder Gutschrift:
   bei Zahlung, Verrechnung oder Gutschrift;
2. im Fall der Hinausschiebung der Zahlung wegen vorübergehender Zahlungsunfähigkeit des Schuldners:
   bei Zahlung, Verrechnung oder Gutschrift;
3. im Fall der Gewährung von Vorschüssen:
   bei Zahlung, Verrechnung oder Gutschrift der Vorschüsse.

**§ 73d. Aufzeichnungen, Steueraufsicht.** (1) Der Schuldner der Aufsichtsratsvergütungen oder der Vergütungen im Sinne des § 50a Abs. 4 des Gesetzes (Schuldner) hat besondere Aufzeichnungen zu führen. Aus den Aufzeichnungen müssen ersichtlich sein

1. Name und Wohnung des beschränkt steuerpflichtigen Gläubigers (Steuerschuldners),

2. Höhe der Aufsichtsratsvergütungen oder der Vergütungen in Deutscher Mark,

3. Tag, an dem die Aufsichtsratsvergütungen oder die Vergütungen dem Steuerschuldner zugeflossen sind,

4. Höhe und Zeitpunkt der Abführung der einbehaltenen Steuer.

(2) Bei der Veranlagung des Schuldners zur Einkommensteuer (Körperschaftsteuer) und bei Außenprüfungen, die bei dem Schuldner vorgenommen werden, ist auch zu prüfen, ob die Steuern ordnungsmäßig einbehalten und abgeführt worden sind.

**§ 73e. Einbehaltung, Abführung und Anmeldung der Aufsichtsratsteuer und der Steuer von Vergütungen im Sinne des § 50a Abs. 4 des Gesetzes (§ 50a Abs. 5 des Gesetzes).** Der Schuldner hat die innerhalb eines Kalendervierteljahrs einbehaltene Aufsichtsratsteuer oder die Steuer von Vergütungen im Sinne des § 50a Abs. 4 des Gesetzes unter der Bezeichnung „Steuerabzug von Aufsichtsratsvergütungen" oder „Steuerabzug von Vergütungen im Sinne des § 50a Abs. 4 des Einkommensteuergesetzes" jeweils bis zum 10. des dem Kalendervierteljahr folgenden Monats an das für seine Besteuerung nach dem Einkommen zuständige Finanzamt (Finanzkasse) abzuführen; ist der Schuldner keine Körperschaft und stimmen Betriebs- und Wohnsitzfinanzamt nicht überein, so ist die einbehaltene Steuer an das Betriebsfinanzamt abzuführen. Bis zum gleichen Zeitpunkt hat der Schuldner dem nach Satz 1 zuständigen Finanzamt eine Steueranmeldung über den Gläubiger und die Höhe der Aufsichtsratsvergütungen oder der Vergütungen im Sinne des § 50a Abs. 4 des Gesetzes und die Höhe des Steuerabzugs zu übersenden. Satz 2 gilt entsprechend, wenn ein Steuerabzug auf Grund eines Abkommens zur Vermeidung der Doppelbesteuerung nicht oder nicht in voller Höhe vorzunehmen ist. Die Steueranmeldung muß vom Schuldner oder von einem zu seiner Vertretung Berechtigten unterschrieben sein. Ist es zweifelhaft, ob der Gläubiger beschränkt oder unbeschränkt steuerpflichtig ist, so darf der Schuldner die Einbehaltung der Steuer nur dann unterlassen, wenn der Gläubiger durch eine Bescheinigung des nach den abgabenrechtlichen Vorschriften für die Besteuerung seines Einkommens zuständigen Finanzamts nachweist, daß er unbeschränkt steuerpflichtig ist.

**§ 73f. Steuerabzug in den Fällen des § 50a Abs. 6 des Gesetzes.** Der Schuldner der Vergütungen für die Nutzung oder das Recht auf Nutzung von Urheberrechten im Sinne des § 50a Abs. 4 Nr. 3 des Gesetzes braucht den Steuerabzug nicht vorzunehmen, wenn er diese Vergütungen auf Grund eines Übereinkommens nicht an den beschränkt steuerpflichtigen Gläubiger (Steuerschuldner), sondern an die Gesellschaft für musikalische Aufführungs- und mechanische Vervielfältigungsrechte (Gema) oder an einen anderen Rechtsträger abführt und die obersten Finanzbehörden der Länder mit Zustimmung des Bundesministers der Finanzen einwilligen, daß dieser andere Rechtsträger an die Stelle des Schuldners tritt. In diesem Fall hat die Gema oder der andere Rechtsträger den Steuerabzug vorzunehmen; § 50a Abs. 5 des Gesetzes sowie die §§ 73d und 73e gelten entsprechend.

**§ 73g. Haftungsbescheid.** (1) Ist die Steuer nicht ordnungsmäßig einbehalten oder abgeführt, so hat das Finanzamt die Steuer von dem Schuldner, in den Fällen des § 73f von dem dort bezeichneten Rechtsträger, durch Haftungsbescheid oder von dem Steuerschuldner durch Steuerbescheid anzufordern.

(2) Der Zustellung des Haftungsbescheids an den Schuldner bedarf es nicht, wenn der Schuldner die einbehaltene Steuer dem Finanzamt ordnungsmäßig angemeldet hat (§ 73e) oder wenn er vor dem Finanzamt oder einem Prüfungsbeamten des Finanzamts seine Verpflichtung zur Zahlung der Steuer schriftlich anerkannt hat.

**§ 73h.**[1] **Besonderheiten im Fall von Doppelbesteuerungsabkommen.** *Ergibt sich aus einem Abkommen zur Vermeidung der Doppelbesteuerung, daß unter bestimmten Voraussetzungen Aufsichtsratsvergütungen oder Vergütungen im Sinne des § 50a Abs. 4 des Gesetzes nicht oder nur nach einem vom Gesetz abweichenden niedrigeren Steuersatz besteuert werden können, so darf der Schuldner den Steuerabzug nur unterlassen oder nach dem niedrigeren Steuersatz vornehmen, wenn das Bundesamt für Finanzen entweder bescheinigt hat, daß die Voraussetzungen für die Nichterhebung der Abzugsteuer oder die Erhebung der Abzugsteuer nach dem niedrigeren Steuersatz vorliegen, oder den Schuldner unter bestimmten Auflagen allgemein ermächtigt hat, den Steuerabzug zu unterlassen oder nach dem niedrigeren Steuersatz vorzunehmen; die Anmeldeverpflichtung des Schuldners nach § 73e bleibt unberührt. Die Bescheinigung des Bundesamts für Finanzen ist als Beleg zu den Aufzeichnungen im Sinne des § 73d aufzubewahren.*

**Zu § 51 des Gesetzes**

**§ 74. Rücklage für Preissteigerung.** (1) Steuerpflichtige, die den Gewinn nach § 5 des Gesetzes ermitteln, können für die Roh-, Hilfs- und Betriebsstoffe, halbfertigen Erzeugnisse, fertigen Erzeugnisse und Waren, die vertretbare Wirtschaftsgüter sind und deren Börsen- oder Marktpreis (Wiederbeschaffungspreis) am Schluß des Wirtschaftsjahrs gegenüber dem Börsen- oder Marktpreis (Wiederbeschaffungspreis) am Schluß des vorangegangenen Wirtschaftsjahrs um mehr als 10 vom Hundert gestiegen ist, im Wirtschaftsjahr der Preissteigerung eine den steuerlichen Gewinn mindernde Rücklage für Preissteigerung nach Maßgabe der Absätze 2 bis 4 bilden.

(2) Zur Errechnung der Rücklage für Preissteigerung ist der Vomhundertsatz zu ermitteln, um den der Börsen- oder Marktpreis (Wiederbe-

[1] Vgl. jetzt § 50d EStG.

schaffungspreis) der Wirtschaftsgüter im Sinne des Absatzes 1 am Schluß des vorangegangenen Wirtschaftsjahrs zuzüglich 10 vom Hundert dieses Preises niedriger ist als der Börsen- oder Marktpreis (Wiederbeschaffungspreis) dieser Wirtschaftsgüter am Schluß des Wirtschaftsjahrs.

(3) Die Rücklage darf den steuerlichen Gewinn nur bis zur Höhe des Betrags mindern, der sich bei Anwendung des nach Absatz 2 berechneten Vomhundertsatzes auf die am Schluß des Wirtschaftsjahrs in der Steuerbilanz ausgewiesenen und nach § 6 Abs. 1 Nr. 2 Satz 1 des Gesetzes mit den Anschaffungs- oder Herstellungskosten bewerteten Wirtschaftsgüter im Sinne des Absatzes 1 ergibt. Ist ein Wirtschaftsgut im Sinne des Absatzes 1 am Schluß des Wirtschaftsjahrs in der Steuerbilanz niedriger als mit den Anschaffungs- oder Herstellungskosten bewertet worden, so darf die Rücklage den steuerlichen Gewinn bis zur Höhe des Betrags mindern, der sich bei Anwendung des nach Absatz 2 berechneten Vomhundertsatzes auf den in der Steuerbilanz ausgewiesenen niedrigeren Wert ergibt. Liegt dieser Wert unter dem Börsen- oder Marktpreis (Wiederbeschaffungspreis) am Schluß des Wirtschaftsjahrs, so kann eine Rücklage nicht gebildet werden.

(4) Für Wirtschaftsgüter, die sich am Schluß des Wirtschaftsjahrs im Zustand der Be- oder Verarbeitung befinden und für die ein Börsen- oder Marktpreis (Wiederbeschaffungspreis) nicht vorhanden ist, sind die Absätze 1 bis 3 mit der Maßgabe anzuwenden, daß die Preissteigerung nach dem Börsen- oder Marktpreis (Wiederbeschaffungspreis) des nächsten Wirtschaftsguts zu berechnen ist, in das das im Zustand der Be- oder Verarbeitung befindliche Wirtschaftsgut eingeht und für das ein Börsen- oder Marktpreis (Wiederbeschaffungspreis) vorliegt.

(5) Die Rücklage für Preissteigerung ist spätestens bis zum Ende des auf die Bildung folgenden sechsten Wirtschaftsjahrs gewinnerhöhend aufzulösen. Bei Eintritt wesentlicher Preissenkungen, die auf die Preissteigerungen im Sinne des Absatzes 1 folgen, kann eine Auflösung zu einem früheren Zeitpunkt bestimmt werden.

(6) Voraussetzung für die Anwendung des Absatzes 1 ist, daß die Bildung und die Auflösung der Rücklage in der Buchführung verfolgt werden können.

## § 74a.[1] Wertansatz bestimmter metallhaltiger Wirtschaftsgüter des Vorratsvermögens.

(1) Steuerpflichtige, die den Gewinn nach § 5 des Gesetzes ermitteln, können bei Wirtschaftsgütern des Vorratsvermögens für den Wertansatz von Gold, Silber, Platin, Palladium und Rhodium unterstellen, daß die zuletzt angeschafften oder hergestellten Wirtschaftsgüter zuerst verbraucht oder veräußert worden sind, soweit dies den handelsrechtlichen Grundsätzen ordnungsmäßiger Buchführung entspricht.

(2) Voraussetzung für die Anwendung des Absatzes 1 ist, daß

1. die Wirtschaftsgüter zur Erzeugung, Be- oder Verarbeitung von Gold, Silber, Platin, Palladium oder Rhodium im eigenen Betrieb bestimmt

---

[1] Zur erstmaligen Anwendung von § 74a siehe § 84 Abs. 3.

sind oder im eigenen Betrieb erzeugt, bearbeitet oder verarbeitet worden sind,

2. die Verbrauchs- oder Veräußerungsfolge nach Absatz 1 auch für den Wertansatz in der handelsrechtlichen Jahresbilanz unterstellt wird,

3. keine Rücklagen für bei Gold, Silber, Platin, Palladium oder Rhodium eingetretene Preissteigerungen gebildet werden,

4. vom Wertansatz für Gold, Silber, Platin, Palladium oder Rhodium kein Bewertungsabschlag nach § 80 vorgenommen wird.

(3) Die Absätze 1 und 2 gelten sinngemäß für Kupfer.

**§ 75.** *(weggefallen)*

**§ 76.**[1] **Begünstigung der Anschaffung oder Herstellung bestimmter Wirtschaftsgüter und der Vornahme bestimmter Baumaßnahmen durch Land- und Forstwirte, deren Gewinn nicht nach Durchschnittssätzen zu ermitteln ist.** (1) Land- und Forstwirte, deren Gewinn nicht nach § 13a des Gesetzes zu ermitteln ist, können von den Aufwendungen für die in den Anlagen 1 und 2 zu dieser Verordnung bezeichneten beweglichen und unbeweglichen Wirtschaftsgüter und Um- und Ausbauten an unbeweglichen Wirtschaftsgütern im Wirtschaftsjahr der Anschaffung oder Herstellung und in den beiden folgenden Wirtschaftsjahren Sonderabschreibungen vornehmen, und zwar

1. bei beweglichen Wirtschaftsgütern
bis zur Höhe von insgesamt 50 vom Hundert,

2. bei unbeweglichen Wirtschaftsgütern und bei Um- und Ausbauten an unbeweglichen Wirtschaftsgütern
bis zur Höhe von insgesamt 30 vom Hundert

der Anschaffungs- oder Herstellungskosten. § 9a gilt entsprechend.

(2) Die in Absatz 1 bezeichneten Land- und Forstwirte können bei Hingabe eines Zuschusses zur Finanzierung der Anschaffung oder Herstellung der in den Anlagen 1 und 2 zu dieser Verordnung bezeichneten beweglichen und unbeweglichen Wirtschaftsgüter oder bei Hingabe eines Zuschusses zur Finanzierung von Um- und Ausbauten an unbeweglichen Wirtschaftsgütern im Wirtschaftsjahr der Hingabe und in den beiden folgenden Wirtschaftsjahren neben den Absetzungen für Abnutzung nach § 7 Abs. 1 des Gesetzes Abschreibungen bis zur Höhe von insgesamt 50 vom Hundert der Zuschüsse vornehmen.

(3) Voraussetzung für die Anwendung des Absatzes 2 ist, daß

1. der Land- und Forstwirt den Zuschuß zum Zweck der Mitbenutzung der in den Anlagen 1 und 2 zu dieser Verordnung bezeichneten Wirtschaftsgüter gibt und

2. der Empfänger den Zuschuß unverzüglich und unmittelbar zur Finanzierung der Anschaffung oder Herstellung dieser Wirtschaftsgüter oder zur Finanzierung der Um- und Ausbauten verwendet und diese Verwendung dem Steuerpflichtigen bestätigt.

---

[1] Zur Anwendung im Gebiet der ehem. DDR vgl. § 57 Abs. 1 EStG.

(4) Die Abschreibungen nach Absatz 1 können für die Wirtschaftsgüter und für die Um- und Ausbauten an unbeweglichen Wirtschaftsgütern vorgenommen werden, die bis zum Ende des Wirtschaftsjahrs 1991/92 angeschafft oder hergestellt werden. Die Abschreibungen nach Absatz 2 können bei Zuschüssen in Anspruch genommen werden, die bis zum Ende des Wirtschaftsjahrs 1991/92 gegeben werden. Für unbewegliche Wirtschaftsgüter und für Um- und Ausbauten an unbeweglichen Wirtschaftsgütern, für die Abschreibungen nach Absatz 1 vorgenommen werden, ist von einer höchstens 30jährigen Nutzungsdauer auszugehen.

## § 77. *(weggefallen)*

## § 78.[1] **Begünstigung der Anschaffung oder Herstellung bestimmter Wirtschaftsgüter und der Vornahme bestimmter Baumaßnahmen durch Land- und Forstwirte, deren Gewinn nach Durchschnittssätzen zu ermitteln ist.** (1) Land- und Forstwirte, deren Gewinn nach § 13a des Gesetzes zu ermitteln ist, können bei Anschaffung oder Herstellung der in den Anlagen 1 und 2 zu dieser Verordnung bezeichneten beweglichen und unbeweglichen Wirtschaftsgüter und Um- und Ausbauten an unbeweglichen Wirtschaftsgütern im Wirtschaftsjahr der Anschaffung oder Herstellung

1. bei beweglichen Wirtschaftsgütern
   25 vom Hundert,

2. bei unbeweglichen Wirtschaftsgütern und bei Um- und Ausbauten an
   unbeweglichen Wirtschaftsgütern
   15 vom Hundert

der Anschaffungs- oder Herstellungskosten vom Gewinn abziehen. § 9a gilt entsprechend.

(2) Die in Absatz 1 bezeichneten Land- und Forstwirte können bei Hingabe eines Zuschusses zur Finanzierung der Anschaffung oder Herstellung der in den Anlagen 1 und 2 zu dieser Verordnung bezeichneten beweglichen und unbeweglichen Wirtschaftsgüter oder bei Hingabe eines Zuschusses zur Finanzierung von Um- und Ausbauten an unbeweglichen Wirtschaftsgütern insgesamt bis zu 25 vom Hundert der Zuschüsse im Wirtschaftsjahr der Hingabe vom Gewinn abziehen. § 76 Abs. 3 ist anzuwenden.

(3) Die nach den Absätzen 1 und 2 abzugsfähigen Beträge dürfen insgesamt 4000 Deutsche Mark nicht übersteigen und nicht zu einem Verlust aus Land- und Forstwirtschaft führen.

(4) Der Abzug nach Absatz 1 kann für Wirtschaftsgüter in Anspruch genommen werden, die bis zum Ende des Wirtschaftsjahrs 1991/92 angeschafft oder hergestellt werden. Der Abzug nach Absatz 2 kann für Zuschüsse in Anspruch genommen werden, die bis zum Ende des Wirtschaftsjahrs 1991/92 gegeben werden.

(5) § 7a Abs. 6 des Gesetzes gilt entsprechend.

---

[1] Zur Anwendung im Gebiet der ehem. DDR vgl. § 57 Abs. 1 EStG.

**§ 79.** *(weggefallen)*

**§ 80. Bewertungsabschlag für bestimmte Wirtschaftsgüter des Umlaufvermögens ausländischer Herkunft, deren Preis auf dem Weltmarkt wesentlichen Schwankungen unterliegt.** (1) Steuerpflichtige, die den Gewinn nach § 5 des Gesetzes ermitteln, können die in der Anlage 3 zu dieser Verordnung bezeichneten Wirtschaftsgüter des Umlaufvermögens statt mit dem sich nach § 6 Abs. 1 Nr. 2 des Gesetzes ergebenden Wert mit einem Wert ansetzen, der bis zu 20 vom Hundert unter den Anschaffungskosten oder dem niedrigeren Börsen- oder Marktpreis (Wiederbeschaffungspreis) des Bilanzstichtags liegt.

(2) Voraussetzung für die Anwendung des Absatzes 1 ist, daß

1. das Wirtschaftsgut im Ausland erzeugt oder hergestellt worden ist,

2. das Wirtschaftsgut nach der Anschaffung nicht bearbeitet oder verarbeitet worden ist,

3. das Land Berlin für das Wirtschaftsgut nicht vertraglich das mit der Einlagerung verbundene Preisrisiko übernommen hat,

4. das Wirtschaftsgut sich am Bilanzstichtag im Inland befunden hat oder nachweislich zur Einfuhr in das Inland bestimmt gewesen ist. Dieser Nachweis gilt als erbracht, wenn sich das Wirtschaftsgut spätestens neun Monate nach dem Bilanzstichtag im Inland befindet und

5. der Tag der Anschaffung und die Anschaffungskosten aus der Buchführung ersichtlich sind.

Ob eine Bearbeitung oder Verarbeitung im Sinne der Nummer 2 vorliegt, bestimmt sich nach § 12 der Durchführungsbestimmungen zum Umsatzsteuergesetz in der Fassung der Bekanntmachung vom 1. September 1951 (BGBl. I S. 796), zuletzt geändert durch das Steueränderungsgesetz 1966 vom 23. Dezember 1966 (BGBl. I S. 702). Die nach § 4 Ziff. 4 des Umsatzsteuergesetzes in der Fassung der Bekanntmachung vom 1. September 1951 (BGBl. I S. 791), zuletzt geändert durch das Steueränderungsgesetz 1966 und das Siebzehnte Gesetz zur Änderung des Umsatzsteuergesetzes vom 23. Dezember 1966 (BGBl. I S. 709), in Verbindung mit der Anlage 2 zu diesem Gesetz oder nach § 22 der bezeichneten Durchführungsbestimmungen zum Umsatzsteuergesetz besonders zugelassenen Bearbeitungen und Verarbeitungen schließen die Anwendung des Absatzes 1 nicht aus, es sei denn, daß durch die Bearbeitung oder Verarbeitung ein Wirtschaftsgut entsteht, das nicht in der Anlage 3 aufgeführt ist.

**§ 81.**[1] **Bewertungsfreiheit für bestimmte Wirtschaftsgüter des Anlagevermögens im Kohlen- und Erzbergbau.** (1) Steuerpflichtige, die den Gewinn nach § 5 des Gesetzes ermitteln, können bei abnutzbaren Wirtschaftsgütern des Anlagevermögens, bei denen die in den Absätzen 2 und 3 bezeichneten Voraussetzungen vorliegen, im Wirtschaftsjahr der Anschaffung oder Herstellung und in den vier folgenden Wirtschaftsjahren Sonderabschreibungen vornehmen, und zwar

---

[1] Zur Anwendung im Gebiet der ehem. DDR vgl. § 57 Abs. 2 EStG.

1. bei beweglichen Wirtschaftsgütern des Anlagevermögens bis zur Höhe von insgesamt 50 vom Hundert,

2. bei unbeweglichen Wirtschaftsgütern des Anlagevermögens bis zur Höhe von insgesamt 30 vom Hundert

der Anschaffungs- oder Herstellungskosten. § 9a gilt entsprechend.

(2) Voraussetzung für die Anwendung des Absatzes 1 ist,

1. daß die Wirtschaftsgüter
   a) im Tiefbaubetrieb des Steinkohlen-, Pechkohlen-, Braunkohlen- und Erzbergbaues
      aa) für die Errichtung von neuen Förderschachtanlagen, auch in der Form von Anschlußschachtanlagen,
      bb) für die Errichtung neuer Schächte sowie die Erweiterung des Grubengebäudes und den durch Wasserzuflüsse aus stilliegenden Anlagen bedingten Ausbau der Wasserhaltung bestehender Schachtanlagen,
      cc) für Rationalisierungsmaßnahmen in der Hauptschacht-, Blindschacht-, Strecken- und Abbauförderung, im Streckenvortrieb, in der Gewinnung, Versatzwirtschaft, Seilfahrt, Wetterführung und Wasserhaltung sowie in der Aufbereitung,
      dd) für die Zusammenfassung von mehreren Förderschachtanlagen zu einer einheitlichen Förderschachtanlage oder
      ee) für den Wiederaufschluß stilliegender Grubenfelder und Feldesteile,
   b) im Tagebaubetrieb des Braunkohlen- und Erzbergbaues
      aa) für die Erschließung neuer Tagebaue, auch in Form von Anschlußtagebauen,
      bb) für Rationalisierungsmaßnahmen bei laufenden Tagebauen,
      cc) beim Übergang zum Tieftagebau für die Freilegung und Gewinnung der Lagerstätte oder
      dd) für die Wiederinbetriebnahme stillgelegter Tagebaue
   angeschafft oder hergestellt werden und

2. daß die Förderungswürdigkeit dieser Vorhaben von der obersten Landesbehörde oder der von ihr bestimmten Stelle im Einvernehmen mit dem Bundesminister für Wirtschaft bescheinigt worden ist.

(3) Die Abschreibungen nach Absatz 1 können nur in Anspruch genommen werden

1. in den Fällen des Absatzes 2 Nr. 1 Buchstabe a bei Wirtschaftsgütern des Anlagevermögens unter Tage und bei den in der Anlage 5 zu dieser Verordnung bezeichneten Wirtschaftsgütern des Anlagevermögens über Tage,

2. in den Fällen des Absatzes 2 Nr. 1 Buchstabe b bei den in der Anlage 6 zu dieser Verordnung bezeichneten Wirtschaftsgütern des beweglichen Anlagevermögens.

(4) Die Abschreibungen nach Absatz 1 können bereits für Anzahlungen auf Anschaffungskosten und für Teilherstellungskosten in Anspruch genommen werden.

(5) Bei den in Absatz 2 Nr. 1 Buchstabe b bezeichneten Vorhaben können die nach dem 31. Dezember 1973 aufgewendeten Kosten für den Vorabraum bis zu 50 vom Hundert als sofort abzugsfähige Betriebsausgaben behandelt werden.

**§ 82.** *(weggefallen)*

**§ 82a.**[1, 2, 3] **Erhöhte Absetzungen von Herstellungskosten und Sonderbehandlung von Erhaltungsaufwand für bestimmte Anlagen und Einrichtungen bei Gebäuden.** (1) Der Steuerpflichtige kann von den Herstellungskosten

---

[1] Für Anlagen und Einrichtungen, die vor dem 1. 7. 1985 fertiggestellt worden sind, vgl. § 84 Abs. 4.

[2] § 82a für in der Zeit vom 1. 7. 1983 bis 30. 6. 1985 fertiggestellte Anlagen abgedruckt als Anm. zu § 84 Abs. 7. § 82a für in der Zeit vom 1. 7. 1978 bis 30. 6. 1983 fertiggestellte Anlagen lautet:

„**§ 82a. Erhöhte Absetzungen von Herstellungskosten und Sonderbehandlung von Erhaltungsaufwand für bestimmte Anlagen und Einrichtungen bei Gebäuden.** (1) Der Steuerpflichtige kann bei einem Gebäude von den Herstellungskosten

1. für den Einbau der in der Anlage 7 zu dieser Verordnung bezeichneten Anlagen und Einrichtungen,
2. für Maßnahmen, die ausschließlich zum Zweck des Wärme- oder Lärmschutzes vorgenommen werden, und für den Anschluß an die Fernwärmeversorgung, die überwiegend aus Anlagen der Kraft-Wärme-Kopplung, zur Verbrennung von Müll oder zur Verwertung von Abwärme gespeist wird,
3. für den Einbau von Wärmepumpenanlagen, Solaranlagen und Anlagen zur Rückgewinnung von Wärme einschließlich der Anbindung an das Heizsystem

an Stelle der nach § 7 Abs. 4 oder 5, § 7b oder § 54 des Gesetzes zu bemessenden Absetzungen für Abnutzung im Jahr der Herstellung und in den folgenden neun Jahren jeweils bis zu 10 vom Hundert absetzen. Nach Ablauf dieser zehn Jahre ist ein etwa noch vorhandener Restwert den Anschaffungs- oder Herstellungskosten des Gebäudes oder dem an deren Stelle tretenden Wert hinzuzurechnen; die weiteren Absetzungen für Abnutzung sind einheitlich für das gesamte Gebäude nach dem sich hiernach ergebenden Betrag und dem für das Gebäude maßgebenden Hundertsatz zu bemessen. Voraussetzung für die Inanspruchnahme der erhöhten Absetzungen ist, daß das Gebäude

a) in den Fällen der Nummer 1 vor dem 1. Januar 1961,
b) in den Fällen der Nummer 2 vor dem 1. Januar 1978

hergestellt worden ist. Die Voraussetzung des Buchstaben a entfällt bei Aufwendungen für die in der Anlage 7 Nr. 9 bezeichneten Anschlüsse, wenn durch eine Bescheinigung der zuständigen Gemeindebehörde nachgewiesen wird, daß diese Anschlüsse im Zusammenhang mit der Errichtung des Gebäudes noch nicht hergestellt werden konnten.

(2) Die erhöhten Absetzungen können nicht vorgenommen werden, wenn für dieselbe Maßnahme eine Investitionszulage gewährt wird.

(3) Aufwendungen für die erstmalige Durchführung einer Maßnahme im Sinne des Absatzes 1, die Erhaltungsaufwand sind und die bei Einfamilienhäusern oder Wohnungen in anderen Gebäuden entstehen, deren Nutzungswert nach § 21a des Gesetzes ermittelt wird und bei denen die Voraussetzungen des Absatzes 1 Satz 3 oder 4 vorliegen, können abweichend von § 21a Abs. 3 des Gesetzes als Werbungskosten abgezogen werden; sie sind auf das Jahr, in dem die Arbeiten abgeschlossen worden sind, und die neun folgenden Jahre gleichmäßig zu verteilen. § 82b Abs. 2 und 3 gilt entsprechend.

(4) Die Absätze 1 und 2 sind auf Herstellungskosten für den Einbau von Anlagen und Einrichtungen im Sinne des Absatzes 1 Nr. 1 bis 3 anzuwenden, die nach dem 30. Juni 1978 und vor dem 1. Juli 1983 fertiggestellt werden. Absatz 3 ist auf Erhaltungsaufwand für Arbeiten anzuwenden, die nach dem 30. Juni 1978 und vor dem 1. Juli 1983 abgeschlossen werden."

[3] Zur Anwendung im Gebiet der ehem. DDR vgl. § 57 Abs. 1 EStG.

1. für Maßnahmen, die für den Anschluß eines im Inland belegenen Gebäudes an eine Fernwärmeversorgung einschließlich der Anbindung an das Heizsystem erforderlich sind, wenn die Fernwärmeversorgung überwiegend aus Anlagen der Kraft-Wärme-Kopplung, zur Verbrennung von Müll oder zur Verwertung von Abwärme gespeist wird,
2. für den Einbau von Wärmepumpenanlagen, Solaranlagen und Anlagen zur Wärmerückgewinnung in einem im Inland belegenen Gebäude einschließlich der Anbindung an das Heizsystem,
3. für die Errichtung von Windkraftanlagen, wenn die mit diesen Anlagen erzeugte Energie überwiegend entweder unmittelbar oder durch Verrechnung mit Elektrizitätsbezügen des Steuerpflichtigen von einem Elektrizitätsversorgungsunternehmen zur Versorgung eines im Inland belegenen Gebäudes des Steuerpflichtigen verwendet wird, einschließlich der Anbindung an das Versorgungssystem des Gebäudes,
4. für die Errichtung von Anlagen zur Gewinnung von Gas, das aus pflanzlichen oder tierischen Abfallstoffen durch Gärung unter Sauerstoffabschluß entsteht, wenn dieses Gas zur Beheizung eines im Inland belegenen Gebäudes des Steuerpflichtigen oder zur Warmwasserbereitung in einem solchen Gebäude des Steuerpflichtigen verwendet wird, einschließlich der Anbindung an das Versorgungssystem des Gebäudes,
5. für den Einbau einer Warmwasseranlage zur Versorgung von mehr als einer Zapfstelle und einer zentralen Heizungsanlage oder bei einer zentralen Heizungs- und Warmwasseranlage für den Einbau eines Heizkessels, eines Brenners, einer zentralen Steuerungseinrichtung, einer Wärmeabgabeeinrichtung und eine Änderung der Abgasanlage in einem im Inland belegenen Gebäude oder in einer im Inland belegenen Eigentumswohnung, wenn mit der Maßnahme nicht vor Ablauf von zehn Jahren seit Fertigstellung dieses Gebäudes begonnen worden ist,

an Stelle der nach § 7 Abs. 4 oder 5 oder § 7b des Gesetzes zu bemessenden Absetzungen für Abnutzung im Jahr der Herstellung und in den folgenden neun Jahren jeweils bis zu 10 vom Hundert absetzen. Nach Ablauf dieser zehn Jahre ist ein etwa noch vorhandener Restwert den Anschaffungs- oder Herstellungskosten des Gebäudes oder dem an deren Stelle tretenden Wert hinzuzurechnen; die weiteren Absetzungen für Abnutzung sind einheitlich für das gesamte Gebäude nach dem sich hiernach ergebenden Betrag und dem für das Gebäude maßgebenden Hundertsatz zu bemessen. Voraussetzung für die Inanspruchnahme der erhöhten Absetzungen ist, daß das Gebäude in den Fällen der Nummer 1 vor dem 1. Juli 1983 fertiggestellt worden ist; die Voraussetzung entfällt, wenn der Anschluß nicht schon im Zusammenhang mit der Errichtung des Gebäudes möglich war.

(2) Die erhöhten Absetzungen können nicht vorgenommen werden, wenn für dieselbe Maßnahme eine Investitionszulage gewährt wird.

(3) Sind die Aufwendungen für eine Maßnahme im Sinne des Absatzes 1 Erhaltungsaufwand und entstehen sie bei einer zu eigenen Wohnzwecken genutzten Wohnung im eigenen Haus, deren Nutzungswert nicht mehr besteuert wird, und liegen in den Fällen des Absatzes 1 Nr. 1 die Voraussetzungen des Absatzes 1 Satz 3 vor, können die Aufwendungen wie Sonderausgaben abgezogen werden; sie sind auf das Jahr, in dem die

Arbeiten abgeschlossen worden sind, und die neun folgenden Jahre gleichmäßig zu verteilen. Entsprechendes gilt bei Aufwendungen zur Anschaffung neuer Einzelöfen für eine Wohnung, wenn keine zentrale Heizungsanlage vorhanden ist und die Wohnung seit mindestens zehn Jahren fertiggestellt ist. § 82b Abs. 2 und 3 gilt entsprechend.

(4) Die Absätze 1 und 2 sind auf Herstellungskosten für Einbauten von Anlagen und Einrichtungen im Sinne des Absatzes 1 Nr. 1 bis 5 anzuwenden, die nach dem 30. Juni 1985 und vor dem 1. Januar 1992 fertiggestellt werden. Absatz 3 Satz 1 ist auf Erhaltungsaufwand für Arbeiten anzuwenden, die nach dem 30. Juni 1985 und vor dem 1. Januar 1992 abgeschlossen werden. Absatz 3 Satz 2 ist auf Aufwendungen für neue Einzelöfen anzuwenden, die nach dem 30. Juni 1985 und vor dem 1. Januar 1992 angeschafft werden.

**§ 82b. Behandlung größeren Erhaltungsaufwands bei Wohngebäuden.** (1) Der Steuerpflichtige kann größere Aufwendungen für die Erhaltung von Gebäuden, die im Zeitpunkt der Leistung des Erhaltungsaufwands nicht zu einem Betriebsvermögen gehören und überwiegend Wohnzwecken dienen, abweichend von § 11 Abs. 2 des Gesetzes auf zwei bis fünf Jahre gleichmäßig verteilen. Ein Gebäude dient überwiegend Wohnzwecken, wenn die Grundfläche der Wohnzwecken dienenden Räume des Gebäudes mehr als die Hälfte der gesamten Nutzfläche beträgt. Für die Zurechnung der Garagen zu den Wohnzwecken dienenden Räumen gilt § 7b Abs. 4 des Gesetzes entsprechend.

(2) Wird ein Gebäude während des Verteilungszeitraums veräußert oder in ein Betriebsvermögen eingebracht, so ist der noch nicht berücksichtigte Teil des Erhaltungsaufwands im Jahr der Veräußerung oder der Überführung in das Betriebsvermögen als Werbungskosten abzusetzen.

(3) Steht das Gebäude im Eigentum mehrerer Personen, so ist der in Absatz 1 bezeichnete Erhaltungsaufwand von allen Eigentümern auf den gleichen Zeitraum zu verteilen.

**§ 82c.** *(weggefallen)*

**§ 82d.**[1] **Bewertungsfreiheit für abnutzbare Wirtschaftsgüter des Anlagevermögens, die der Forschung oder Entwicklung dienen.** (1) Bei abnutzbaren Wirtschaftsgütern des Anlagevermögens können unter den Voraussetzungen des Absatzes 3 im Wirtschaftsjahr der Anschaffung oder Herstellung und in den vier folgenden Wirtschaftsjahren folgende Sonderabschreibungen vorgenommen werden:
1. bei beweglichen Wirtschaftsgütern des Anlagevermögens bis zu insgesamt 40 vom Hundert,
2. bei unbeweglichen Wirtschaftsgütern des Anlagevermögens sowie bei Ausbauten und Erweiterungen an bestehenden Gebäuden, Gebäudeteilen, Eigentumswohnungen oder im Teileigentum stehenden Räumen des Anlagevermögens
   a) in den Fällen des Absatzes 3 Nr. 2 Buchstabe a bis zu insgesamt 15 vom Hundert,

---

[1] Zur Anwendung im Gebiet der ehem. DDR vgl. § 57 Abs. 2 EStG.

b) in den Fällen des Absatzes 3 Nr. 2 Buchstabe b bis zu insgesamt 10 vom Hundert

der Anschaffungs- oder Herstellungskosten. § 9a gilt entsprechend.

(2) Die Abschreibungen nach Absatz 1 können bereits für Anzahlungen auf Anschaffungskosten und für Teilherstellungskosten in Anspruch genommen werden.

(3) Die Abschreibungen nach Absatz 1 können nur in Anspruch genommen werden, wenn

1. die beweglichen Wirtschaftsgüter ausschließlich,
2. die unbeweglichen Wirtschaftsgüter sowie die ausgebauten oder neu hergestellten Gebäudeteile
   a) zu mehr als 66⅔ vom Hundert oder
   b) zu nicht mehr als 66⅔ vom Hundert, aber zu mehr als 33⅓ vom Hundert

seit ihrer Anschaffung oder Herstellung mindestens drei Jahre in einer inländischen Betriebsstätte des Steuerpflichtigen der Forschung oder Entwicklung dienen.

(4) Die Wirtschaftsgüter sowie die ausgebauten oder neu hergestellten Gebäudeteile dienen der Forschung oder Entwicklung, wenn sie verwendet werden

1. zur Gewinnung von neuen wissenschaftlichen oder technischen Erkenntnissen und Erfahrungen allgemeiner Art (Grundlagenforschung) oder
2. zur Neuentwicklung von Erzeugnissen oder Herstellungsverfahren oder
3. zur Weiterentwicklung von Erzeugnissen oder Herstellungsverfahren, soweit wesentliche Änderungen dieser Erzeugnisse oder Verfahren entwickelt werden.

(5) Die Abschreibungen nach Absatz 1 können für Wirtschaftsgüter sowie für ausgebaute und neu hergestellte Gebäudeteile in Anspruch genommen werden, die in der Zeit vom 19. Mai 1983 bis zum 31. Dezember 1989 angeschafft oder hergestellt werden.

## § 82e. *(weggefallen)*

## § 82f.[1] **Bewertungsfreiheit für Handelsschiffe, für Schiffe, die der Seefischerei dienen, und für Luftfahrzeuge.** (1) Steuerpflichtige, die den Gewinn nach § 5 des Gesetzes ermitteln, können bei Handelsschiffen, die in einem inländischen Seeschiffsregister eingetragen sind, im Wirtschaftsjahr der Anschaffung oder Herstellung und in den vier folgenden Wirtschaftsjahren Sonderabschreibungen bis zu insgesamt 40 vom Hundert der Anschaffungs- oder Herstellungskosten vornehmen. § 9a gilt entsprechend.

(2) Im Fall der Anschaffung eines Handelsschiffs ist Absatz 1 nur anzuwenden, wenn das Handelsschiff in ungebrauchtem Zustand vom Hersteller erworben worden ist.

(3) Die Inanspruchnahme der Abschreibungen nach Absatz 1 ist nur unter der Bedingung zulässig, daß die Handelsschiffe innerhalb eines

---

[1] Zur Anwendung im Gebiet der ehem. DDR vgl. § 57 Abs. 1 EStG.

Zeitraums von acht Jahren nach ihrer Anschaffung oder Herstellung nicht veräußert werden. Für Anteile an Handelsschiffen gilt dies entsprechend.

(4) Die Abschreibungen nach Absatz 1 können bereits für Anzahlungen auf Anschaffungskosten und für Teilherstellungskosten in Anspruch genommen werden.

(5) Die Abschreibungen nach Absatz 1 können für Handelsschiffe in Anspruch genommen werden, die vor dem 1. Januar 1995 angeschafft oder hergestellt werden.

(6) Die Absätze 1 bis 5 gelten für Schiffe, die der Seefischerei dienen, entsprechend. Für Luftfahrzeuge, die zur gewerbsmäßigen Beförderung von Personen oder Sachen im internationalen Luftverkehr oder zur Verwendung zu sonstigen gewerblichen Zwecken im Ausland bestimmt sind, gelten die Absätze 1 bis 5 mit der Maßgabe entsprechend, daß an die Stelle der Eintragung in ein inländisches Seeschiffsregister die Eintragung in die deutsche Luftfahrzeugrolle, an die Stelle des Höchstsatzes von 40 vom Hundert ein Höchstsatz von 30 vom Hundert und bei der Vorschrift des Absatzes 3 an die Stelle des Zeitraums von acht Jahren ein Zeitraum von sechs Jahren treten.

**§ 82g.**[1] **Erhöhte Absetzungen von Herstellungskosten für bestimmte Baumaßnahmen.** (1) Der Steuerpflichtige kann von den durch Zuschüsse aus Sanierungs- oder Entwicklungsförderungsmitteln nicht gedeckten Herstellungskosten für Modernisierungs- und Instandsetzungsmaßnahmen im Sinne des § 177 des Baugesetzbuchs sowie für Maßnahmen, die der Erhaltung, Erneuerung und funktionsgerechten Verwendung eines Gebäudes dienen, das wegen seiner geschichtlichen, künstlerischen oder städtebaulichen Bedeutung erhalten bleiben soll, und zu deren Durchführung sich der Eigentümer neben bestimmten Modernisierungsmaßnahmen gegenüber der Gemeinde verpflichtet hat, die für Gebäude in einem förmlich festgelegten Sanierungsgebiet oder städtebaulichen Entwicklungsbereich aufgewendet worden sind, an Stelle der nach § 7 Abs. 4 oder 5 oder § 7b des Gesetzes zu bemessenden Absetzungen für Abnutzung im Jahr der Herstellung und in den neun folgenden Jahren jeweils bis zu 10 vom Hundert absetzen. § 82a Abs. 1 Satz 2 gilt entsprechend. Satz 1 ist anzuwenden, wenn der Steuerpflichtige eine Bescheinigung der zuständigen Gemeindebehörde vorlegt, daß er Baumaßnahmen im Sinne des Satzes 1 durchgeführt hat; sind ihm Zuschüsse aus Sanierungs- oder Entwicklungsförderungsmitteln gewährt worden, so hat die Bescheinigung auch deren Höhe zu enthalten.

(2) Absatz 1 ist auf Herstellungskosten für Baumaßnahmen anzuwenden, die nach dem 31. Juli 1971 und vor dem 1. Januar 1992 durchgeführt werden.

**§ 82h.**[2] **Sonderbehandlung von Erhaltungsaufwand für bestimmte Baumaßnahmen.** (1) Der Steuerpflichtige kann größere Aufwendungen

---

[1] Zur Anwendung von § 82g siehe § 84 Abs. 6. – Vgl. jetzt auch §§ 7h und 57 Abs. 2 EStG.

[2] Zur Anwendung von § 82h siehe § 84 Abs. 7.

zur Erhaltung eines Gebäudes in einem förmlich festgelegten Sanierungsgebiet oder städtebaulichen Entwicklungsbereich, die für Maßnahmen im Sinne des § 177 des Baugesetzbuchs sowie für Maßnahmen, die der Erhaltung, Erneuerung und funktionsgerechten Verwendung eines Gebäudes dienen, das wegen seiner geschichtlichen, künstlerischen oder städtebaulichen Bedeutung erhalten bleiben soll, und zu deren Durchführung sich der Eigentümer neben bestimmten Modernisierungsmaßnahmen gegenüber der Gemeinde verpflichtet hat, aufgewendet worden sind, auf zwei bis fünf Jahre gleichmäßig verteilen.

(2) Wird ein Gebäude während des Verteilungszeitraums veräußert, so ist der noch nicht berücksichtigte Teil des Erhaltungsaufwands im Jahr der Veräußerung als Betriebsausgabe oder Werbungskosten abzusetzen. Das gleiche gilt, wenn ein nicht zu einem Betriebsvermögen gehörendes Gebäude in ein Betriebsvermögen eingebracht oder wenn ein Gebäude aus dem Betriebsvermögen entnommen wird.

(3) § 82b Abs. 3 gilt entsprechend.

### § 82i.[1] Erhöhte Absetzungen von Herstellungskosten bei Baudenkmälern.

(1) Bei einem Gebäude, das nach den jeweiligen landesrechtlichen Vorschriften ein Baudenkmal ist, kann der Steuerpflichtige von den Herstellungskosten für Baumaßnahmen, die nach Art und Umfang zur Erhaltung des Gebäudes als Baudenkmal und zu seiner sinnvollen Nutzung erforderlich sind und die in Abstimmung mit der in Absatz 2 bezeichneten Stelle durchgeführt worden sind, an Stelle der nach § 7 Abs. 4 des Gesetzes zu bemessenden Absetzungen für Abnutzung im Jahr der Herstellung und in den neun folgenden Jahren jeweils bis zu 10 vom Hundert absetzen. Eine sinnvolle Nutzung ist nur anzunehmen, wenn das Gebäude in der Weise genutzt wird, daß die Erhaltung der schützenswerten Substanz des Gebäudes auf die Dauer gewährleistet ist. Bei einem Gebäudeteil, der nach den jeweiligen landesrechtlichen Vorschriften ein Baudenkmal ist, sind die Sätze 1 und 2 entsprechend anzuwenden. Bei einem Gebäude, das für sich allein nicht die Voraussetzungen für ein Baudenkmal erfüllt, aber Teil einer Gebäudegruppe oder Gesamtanlage ist, die nach den jeweiligen landesrechtlichen Vorschriften als Einheit geschützt ist, können die erhöhten Absetzungen von den Herstellungskosten der Gebäudeteile und Maßnahmen vorgenommen werden, die nach Art und Umfang zur Erhaltung des schützenswerten Erscheinungsbildes der Gruppe oder Anlage erforderlich sind. § 82a Abs. 1 Satz 2 gilt entsprechend.

(2) Die erhöhten Absetzungen können nur in Anspruch genommen werden, wenn der Steuerpflichtige die Voraussetzungen des Absatzes 1 für das Gebäude oder den Gebäudeteil und für die Erforderlichkeit der Herstellungskosten durch eine Bescheinigung der nach Landesrecht zuständigen oder von der Landesregierung bestimmten Stelle nachweist.

### § 82k. Sonderbehandlung von Erhaltungsaufwand bei Baudenkmälern.

(1) Größere Aufwendungen zur Erhaltung eines Gebäudes, das

---

[1] Vgl. jetzt auch §§ 7i und 57 Abs. 2 EStG.

nach den jeweiligen landesrechtlichen Vorschriften ein Baudenkmal ist, kann der Steuerpflichtige auf zwei bis fünf Jahre gleichmäßig verteilen, soweit die Aufwendungen nach Art und Umfang zur Erhaltung des Gebäudes als Baudenkmal und zu seiner sinnvollen Nutzung erforderlich und nach Abstimmung mit der in § 82i Abs. 2 bezeichneten Stelle vorgenommen worden sind; § 82i Abs. 1 Satz 2 gilt entsprechend. Bei einem Gebäudeteil, der nach den jeweiligen landesrechtlichen Vorschriften ein Baudenkmal ist, ist Satz 1 entsprechend anzuwenden. Größere Aufwendungen zur Erhaltung eines Gebäudes, das für sich allein nicht die Voraussetzungen für ein Baudenkmal erfüllt, aber Teil einer Gebäudegruppe oder Gesamtanlage ist, die nach den jeweiligen landesrechtlichen Vorschriften als Einheit geschützt ist, kann der Steuerpflichtige auf zwei bis fünf Jahre gleichmäßig verteilen, soweit die Aufwendungen nach Art und Umfang zur Erhaltung des schützenswerten Erscheinungsbildes der Gruppe oder Anlage erforderlich sind.

(2) § 82i Abs. 2, § 82h Abs. 2 und § 82b Abs. 3 gelten entsprechend.

**§ 83.** *(weggefallen)*

## Schlußvorschriften

**§ 84. Anwendungsvorschriften.** (1) Die vorstehende Fassung dieser Verordnung ist, soweit in den folgenden Absätzen nichts anderes bestimmt ist, erstmals für den Veranlagungszeitraum 1990 anzuwenden.

(2) § 8c Abs. 1 ist erstmals für Wirtschaftsjahre anzuwenden, die nach dem 30. April 1984 beginnen. Für Wirtschaftsjahre, die vor dem 1. Mai 1984 begonnen haben, ist § 8c Abs. 1 und 2 der Einkommensteuer-Durchführungsverordnung 1981 in der Fassung der Bekanntmachung vom 23. Juni 1982 (BGBl. I S. 700) weiter anzuwenden.

(3) § 74a ist erstmals für Wirtschaftsjahre anzuwenden, die nach dem 31. Dezember 1984 enden. Soweit Rücklagen wegen Preissteigerungen bei Gold, Silber, Platin, Palladium, Rhodium oder Kupfer in früheren Wirtschaftsjahren noch nicht aufzulösen waren, sind sie spätestens im Wirtschaftsjahr der erstmaligen Anwendung des § 74a gewinnerhöhend aufzulösen. Die Wertansätze nach § 74a dürfen im Wirtschaftsjahr der erstmaligen Anwendung um einen Betrag bis zur Höhe der in diesem Wirtschaftsjahr aufgelösten Rücklagen wegen Preissteigerungen bei Gold, Silber, Platin, Palladium, Rhodium oder Kupfer gemindert werden. Die in der Bilanz für das im Kalenderjahr 1978 endende Wirtschaftsjahr ausgewiesenen Wertansätze für Gold, Silber, Platin, Palladium, Rhodium oder Kupfer dürfen nicht unterschritten werden.

(4) Auf Aufwendungen für Anlagen und Einrichtungen, die vor dem 1. Juli 1985 fertiggestellt worden sind, ist § 82a in den vor diesem Zeitpunkt geltenden Fassungen[1] weiter anzuwenden. § 82a Abs. 3 ist erstmals für den Veranlagungszeitraum 1987 anzuwenden.

---

[1] § 82a für in der Zeit vom 1. 7. 1978 bis 30. 6. 1983 fertiggestellte Anlagen abgedruckt als Anm. zu § 82a. § 82a für in der Zeit vom 1. 7. 1983 bis 30. 6. 1985 fertiggestellte Anlagen lautet:

(5) § 82f Abs. 5 und Abs. 7 Satz 1 der Einkommensteuer-Durchführungsverordnung 1979 in der Fassung der Bekanntmachung vom 24. September 1980 (BGBl. I S. 1801) ist letztmals für das Wirtschaftsjahr anzuwenden, das dem Wirtschaftsjahr vorangeht, für das § 15a des Gesetzes erstmals anzuwenden ist.

(6) § 82g ist erstmals auf Maßnahmen anzuwenden, die nach dem 30. Juni 1987 abgeschlossen werden. Auf Aufwendungen für Maßnahmen, die vor dem 1. Juli 1987 abgeschlossen worden sind, ist § 82g in der vor diesem Zeitpunkt geltenden Fassung weiter anzuwenden.

---

„§ 82a. **Erhöhte Absetzungen von Herstellungskosten und Sonderbehandlung von Erhaltungsaufwand für bestimmte Anlagen und Einrichtungen bei Gebäuden.** (1) Der Steuerpflichtige kann von den Herstellungskosten

1. für Maßnahmen, die für den Anschluß eines im Inland belegenen Gebäudes an eine Fernwärmeversorgung einschließlich der Anbindung an das Heizsystem erforderlich sind, wenn die Fernwärmeversorgung überwiegend aus Anlagen der Kraft-Wärme-Kopplung, zur Verbrennung von Müll oder zur Verwertung von Abwärme gespeist wird,
2. für den Einbau von Wärmepumpenanlagen, Solaranlagen und Anlagen zur Wärmerückgewinnung in einem im Inland belegenen Gebäude einschließlich der Anbindung an das Heizsystem,
3. für die Errichtung von Windkraftanlagen, wenn die mit diesen Anlagen erzeugte Energie überwiegend entweder unmittelbar oder durch Verrechnung mit Elektrizitätsbezügen des Steuerpflichtigen von einem Elektrizitätsversorgungsunternehmen zur Versorgung eines im Inland belegenen Gebäudes des Steuerpflichtigen verwendet wird, einschließlich der Anbindung an das Versorgungssystem des Gebäudes,
4. für die Errichtung von Anlagen zur Gewinnung von Gas, das aus pflanzlichen oder tierischen Abfallstoffen durch Gärung unter Sauerstoffabschluß entsteht, wenn dieses Gas zur Beheizung eines im Inland belegenen Gebäudes des Steuerpflichtigen oder zur Warmwasserbereitung in einem solchen Gebäude des Steuerpflichtigen verwendet wird, einschließlich der Anbindung an das Versorgungssystem des Gebäudes

an Stelle der nach § 7 Abs. 4 oder 5, § 7b oder § 54 des Gesetzes zu bemessenden Absetzungen für Abnutzung im Jahr der Herstellung und in den folgenden neun Jahren jeweils bis zu 10 vom Hundert absetzen. Nach Ablauf dieser zehn Jahre ist ein etwa noch vorhandener Restwert den Anschaffungs- oder Herstellungskosten des Gebäudes oder dem an deren Stelle tretenden Wert hinzuzurechnen; die weiteren Absetzungen für Abnutzung sind einheitlich für das gesamte Gebäude nach dem sich hiernach ergebenden Betrag und dem für das Gebäude maßgebenden Hundertsatz zu bemessen. Voraussetzung für die Inanspruchnahme der erhöhten Absetzungen ist, daß das Gebäude in den Fällen der Nummer 1 vor dem 1. Juli 1983 fertiggestellt worden ist; die Voraussetzung entfällt, wenn der Anschluß nicht schon im Zusammenhang mit der Errichtung des Gebäudes möglich war.

(2) Die erhöhten Absetzungen können nicht vorgenommen werden, wenn für dieselbe Maßnahme eine Investitionszulage gewährt wird.

(3) Aufwendungen für die erstmalige Durchführung einer Maßnahme im Sinne des Absatzes 1, die Erhaltungsaufwand sind und die bei Einfamilienhäusern oder Wohnungen in anderen Gebäuden entstehen, deren Nutzungswert nach § 21a des Gesetzes ermittelt wird und bei denen in den Fällen des Absatzes 1 Nr. 1 die Voraussetzungen des Absatzes 1 Satz 3 vorliegen, können abweichend von § 21a Abs. 3 des Gesetzes als Werbungskosten abgezogen werden; sie sind auf das Jahr, in dem die Arbeiten abgeschlossen worden sind, und die neun folgenden Jahre gleichmäßig zu verteilen. § 82b Abs. 2 und 3 gilt entsprechend.

(4) Die Absätze 1 und 2 sind auf Herstellungskosten für den Einbau von Anlagen und Einrichtungen im Sinne des Absatzes 1 Nr. 1 bis 4 anzuwenden, die nach dem 30. Juni 1983 und vor dem 1. Januar 1988 fertiggestellt werden. Absatz 3 ist auf Erhaltungsaufwand für Arbeiten anzuwenden, die nach dem 30. Juni 1983 und vor dem 1. Januar 1988 abgeschlossen werden."

(7) § 82h ist erstmals auf Maßnahmen anzuwenden, die nach dem 30. Juni 1987 abgeschlossen werden. Für Maßnahmen, die vor dem 1. Juli 1987 abgeschlossen worden sind, ist § 82h in der vor diesem Zeitpunkt geltenden Fassung weiter anzuwenden.

(8) In Anlage 3 (zu § 80 Abs. 1) ist die Nummer 26 erstmals für das Wirtschaftsjahr anzuwenden, das nach dem 31. Dezember 1990 beginnt. Für Wirtschaftsjahre, die vor dem 1. Januar 1991 beginnen, ist die Nummer 26 in Anlage 3 in der vor diesem Zeitpunkt geltenden Fassung anzuwenden.

**§ 85. Berlin-Klausel.** *(gegenstandslos)*

**Anlage 1** (Zu den §§ 76 und 78)

# Verzeichnis
## der Wirtschaftsgüter des beweglichen Anlagevermögens im Sinne des § 76 Abs. 1 Nr. 1 und des § 78 Abs. 1 Nr. 1

1. Ackerschlepper (auch Geräteträger) und Einachsschlepper, Einbau- und Anhängemaschinen und Anhängegeräte sowie Gabelstapler

2. Mit Aufbaumotoren versehene Maschinen und Geräte zur Bodenbearbeitung und Pflanzenpflege

3. Schlepper und Motorseilwinden und die zugehörigen Arbeitsmaschinen und -geräte für Obst-, Garten- und Weinbau und Forstwirtschaft, Motorseilwinden auch für Landwirtschaft, Holzrückemaschinen und -geräte

4. Mähdrescher (einschließlich Zusatzgeräte), Zusatzgeräte zu Dreschmaschinen für den Erntehofdrusch, Feldhäcksler, Sammelpressen, Vielfachgeräte zur Heuwendung und Parzellendrescher

5. Maschinen, Geräte und Vorrichtungen zur Bekämpfung von Schädlingen und Frostschäden

6. Pflanz- und Legemaschinen, Parzellendrillmaschinen

7. Vorrats- und Sammelerntemaschinen

8. Maschinen zur Verteilung von Stall- und Handelsdünger

9. Gummibereifte Wagen und Triebachsanhänger

10. Maschinen zur Sortierung und Aufbereitung, Verpackungsmaschinen und Schrotmühlen

11. Maschinen und Geräte zur Erdaufbereitung einschließlich Dämpfer und Erdtopfpressen

12. Keltern, Pressen und Filtriergeräte

13. Maschinen und Vorrichtungen zur Flaschenabfüllung im Obst- und Weinbau

14. Gär- und Lagertanks, Holzfässer, Gärbottiche und Herbstbütten

15. Transportable Motorsägen mit Vergasermotor, Entrindungs- und Entastungsmaschinen

16. Kulturzäune in der Forstwirtschaft

17. Fördereinrichtungen (mechanische und pneumatische) einschließlich der erforderlichen baulichen Anlagen

18. Siloanlagen für Futter; Kühlanlagen zum Einfrieren von Fischfutter in der Forellenteichwirtschaft

19. Belüftungs- und Trocknungseinrichtungen für land- und forstwirtschaftliche Erzeugnisse

20. Melkmaschinen, Weidemelk- und Melkstandanlagen, Milchabsauganlagen und Milchsammeltanks

21. Kühl- und Gefrieranlagen zur Erhaltung von land- und forstwirtschaftlichen Erzeugnissen

22. Be- und Entwässerungsanlagen, Grabenzieh- und Räummaschinen, bewegliche Pumpen, Maschinen und Geräte für den Wegebau und die Wegeinstandhaltung

23. Maschinelle Einrichtungen zu Gülle- und Jaucheanlagen

24. Entrappungsmaschinen

25. a) Gewächshäuser, Frühbeetanlagen und Dungbereitungsanlagen
    b) Heizungs-, Belichtungs-, Schattierungs-, Beregnungs-, Belüftungs- und Hängeeinrichtungen sowie Arbeits- und Kulturtische in Gewächshäusern oder Frühbeetanlagen

26. Getreidesilos im Zusammenhang mit der Haltung von Mähdreschern

27. Gärfutterbehälter

28. Dungstätten, Jauchegruben, Gülleanlagen und Mistsilos

29. Schattenhallen, Überwinterungsräume und Vorkeimräume

29a. Anlagen zur Lagerung von Kartoffeln, Gemüse, Obst, Baumschulerzeugnissen und gärtnerischen Erzeugnissen

} wenn sie Betriebsvorrichtungen sind[1]

29b. Transportable Waldarbeiter- und Geräteschutzhütten und Unterkunftswagen

30. Wasserversorgungsanlagen (Pumpen, Rohrleitungen und ähnliche Anlagen)

31. Elektrische Anlagen und Geräte, die ihrer Art nach ausschließlich land- und forstwirtschaftlichen Zwecken dienen können

32. Brutmaschinen, Aufzucht- und Legebatterien für die Geflügelhaltung

33. Tränk- und Fütterungseinrichtungen in Ställen und auf Weiden

34. Futtermischanlagen

---

[1] **[Amtl. Anm.:]** Vgl. auch Anlage 2 Abschnitt C Buchstaben a bis c und Abschnitt D Nr. 1 Buchstaben a und b.

**Anlage 2** (Zu den §§ 76 bis 78)

## Verzeichnis
### der unbeweglichen Wirtschaftsgüter und Um- und Ausbauten an unbeweglichen Wirtschaftsgütern im Sinne des § 76 Abs. 1 Nr. 2 und des § 78 Abs. 1 Nr. 2

### A. Baumaßnahmen im Rahmen der Tierseuchenbekämpfung

1. Trennung der Reagenten von den Nichtreagenten bei der Tuberkulose- und Brucellosebekämpfung
   a) Einbau von Trennwänden in Rindviehställen
   b) Umbau von Einraumställen zu Mehrraumställen
   c) Einbau von Jungviehlaufställen in vorhandene Gebäude (z. B. in Scheunen)
2. Verbesserung der Stallgebäude
   a) Einbau größerer Fenster
   b) Einbau von üblichen Lüftungsvorrichtungen
   c) Verbesserung des Wärmeschutzes der Wände, Decken und Fußböden

### B. Baumaßnahmen im Rahmen der Technisierung und Rationalisierung der Innenwirtschaft

1. Um- und Ausbau von Wirtschaftsgebäuden zu Lagerzwecken
2. Neubau, Anbau und Einbau von Melkständen und Milchkammeranlagen
3. Einbau von Trocknungs-, Kühl- und Gefrieranlagen
4. Neubau, Umbau und Einbau von Maschinen- und Gerätehallen, Schleppergaragen und Treibstofflagern
5. Errichtung oder Umbau von Wirtschaftsküchen
6. Neubau von Ställen und Baumaßnahmen zur Modernisierung von Ställen

## C. Baumaßnahmen zur Verminderung der Lagerungsverluste landwirtschaftlicher Erzeugnisse

Errichtung von

a) Getreidesilos oder Schüttböden im Zusammenhang mit der Haltung von Mähdreschern

b) Gärfutterbehältern

c) Dungstätten, Jauchegruben, Gülleanlagen und Mistsilos

d) Düngerschuppen

⎫ wenn sie nicht Betriebsvorrichtungen sind[1]

e) Baulichkeiten zur Lagerung von Gemüse, Obst, Kartoffeln, Baumschulerzeugnissen und gärtnerischen Erzeugnissen einschließlich Sortier- und Verpackungsräumen

## D. Sonstige Baumaßnahmen

1. Errichtung von

   a) Schattenhallen, Überwinterungsräumen und Vorkeimräumen

   b) Gewächshäusern einschließlich Heizungs- und Belichtungseinrichtungen

   c) Waldarbeiter- und Geräteschutzhütten

⎫ wenn sie nicht Betriebsvorrichtungen sind[1]

2. Ausbau von Räumen zur Aufnahme einer sterilen Abfüllanlage im Obst- und Weinbau

3. Neubau, Umbau und Ausbau von Kelterschuppen und Kelterhäusern sowie von Räumen zur Vorklärung, Vergärung, Abfüllung, Aufbereitung, Sortierung, Verpackung und Lagerung im Obst- und Weinbau

4. Neubau, Umbau und Ausbau von Bruthäusern, Sortierhallen und Futterküchen in der Teichwirtschaft

5. Hofbefestigungen und Wirtschaftswege (Privatwege und öffentliche Wege)

**Anlage 3** (Zu § 80 Abs. 1)

## Verzeichnis
## der Wirtschaftsgüter im Sinne des § 80 Abs. 1

1. Haare, Borsten, Därme, Bettfedern und Daunen

2. Hülsenfrüchte, Rohreis und geschälter Reis im Sinne der Unterpositionen 1006 1091, 1006 1099 und 1006 20 des Zolltarifs, Buchweizen, Hirse, Hartweizen im Sinne der Unterposition 1001 10 des Zolltarifs

---

[1] **[Amtl. Anm.]** Vgl. auch Anlage 1 Nr. 25 bis 29a.

3. Früchte oder Teile von Früchten der im Zolltarif Kapitel 8 bezeichneten Art, deren Wassergehalt durch einen natürlichen oder künstlichen Trocknungsprozeß zur Gewährleistung der Haltbarkeit herabgesetzt ist, Erdnüsse, Johannisbrot, Gewürze, konservierte Südfrüchte und Säfte aus Südfrüchten, Aprikosenkerne, Pfirsichkerne

4. Rohkaffee, Rohkakao, Tee, Mate

5. Tierische und rohe pflanzliche Öle und Fette sowie Ölsaaten und Ölfrüchte, Ölkuchen, Ölkuchenmehle und Extraktionsschrote; Fettsäuren, Rohglyzerin

6. Rohdrogen, ätherische Öle

7. Wachse, Paraffine

8. Rohtabak

9. Asbest

10. Pflanzliche Gerbstoffe

11. Harze, Gummen, Terpentinöle und sonstige Lackrohstoffe; Kasein

12. Kautschuk, Balata und Guttapercha

13. Häute und Felle (auch für Pelzwerk)

14. Roh- und Schnittholz, Furniere, Naturkork, Zellstoff, Linters (nicht spinnbar)

15. Kraftliner

16. Wolle (auch gewaschene Wolle und Kammzüge), andere Tierhaare, Baumwolle und Abfälle dieser Wirtschaftsgüter

17. Flachs, Ramie, Hanf, Jute, Sisal, Kokosgarne, Manila, Hartfasern und sonstige pflanzliche Spinnstoffe (einschließlich Kokosfasern), Werg und verspinnbare Abfälle dieser Wirtschaftsgüter

18. Pflanzliche Bürstenrohstoffe und Flechtrohstoffe (auch Stuhlrohr)

19. Seidengarne, Seidenkammzüge

20. Hadern und Lumpen

21. Unedle NE-Metalle, roh und deren Vormaterial einschließlich Alkali- und Erdalkalimetalle, Metalle der seltenen Erden, Quecksilber, metallhaltige Vorstoffe und Erze zur Herstellung von Ferrolegierungen, feuerfesten Erzeugnissen und chemischen Verbindungen, Silicium, Selen und seine Vorstoffe; Silber, Platin, Iridium, Osmium, Palladium, Rhodium und deren Vorstoffe; die Vorstoffe von Gold, Fertiggold aus der eigenen Herstellung sowie Gold zur Be- oder Verarbeitung im eigenen Betrieb

22. Eisen- und Stahlschrott (einschließlich Schiffe zum Zerschlagen), Eisenerz

23. Bergkristalle sowie Edelsteine und Schmucksteine, roh oder einfach gesägt, gespalten oder angeschliffen, Pulver von Edelsteinen und Schmucksteinen, synthetisches Diamantpulver, Perlen

24. Feldfuttersaaten, Gemüse- und Blumensaaten einschließlich Saatgut von Gemüsehülsenfrüchten

25. Fleischextrakte

26. Fischmehl, Fleischmehl, Blutmehl, Pellets von Tapioka-(Cassava-, Maniok-)Chips
27. Sintermagnesit

**Anlage 4** *(weggefallen)*

**Anlage 5** (Zu § 81 Abs. 3 Nr. 1)

# Verzeichnis
## der Wirtschaftsgüter des Anlagevermögens über Tage im Sinne des § 81 Abs. 3 Nr. 1

Die Bewertungsfreiheit des § 81 kann im Tiefbaubetrieb des Steinkohlen-, Pechkohlen-, Braunkohlen- und Erzbergbaues für die Wirtschaftsgüter des Anlagevermögens über Tage in Anspruch genommen werden, die zu den folgenden, mit dem Grubenbetrieb unter Tage in unmittelbarem Zusammenhang stehenden, der Förderung, Seilfahrt, Wasserhaltung und Wetterführung sowie der Aufbereitung des Minerals dienenden Anlagen und Einrichtungen gehören:

1. Förderanlagen und -einrichtungen einschließlich Schachthalle, Hängebank, Wagenumlauf und Verladeeinrichtungen sowie Anlagen der Berge- und Grubenholzwirtschaft
2. Anlagen und Einrichtungen der Wetterwirtschaft und Wasserhaltung
3. Waschkauen sowie Einrichtungen der Grubenlampenwirtschaft, des Grubenrettungswesens und der Ersten Hilfe
4. Sieberei, Wäsche und sonstige Aufbereitungsanlagen; im Erzbergbau alle der Aufbereitung dienenden Anlagen sowie die Anlagen zum Rösten von Eisenerzen, wenn die Anlagen nicht zu einem Hüttenbetrieb gehören

**Anlage 6** (Zu § 81 Abs. 3 Nr. 2)

# Verzeichnis
## der Wirtschaftsgüter des beweglichen Anlagevermögens im Sinne des § 81 Abs. 3 Nr. 2

Die Bewertungsfreiheit des § 81 kann im Tagebaubetrieb des Braunkohlen- und Erzbergbaues für die folgenden Wirtschaftsgüter des beweglichen Anlagevermögens in Anspruch genommen werden:

1. Grubenaufschluß
2. Entwässerungsanlagen
3. Großgeräte, die der Lösung, Bewegung und Verkippung der Abraummassen sowie der Förderung und Bewegung des Minerals dienen, soweit sie wegen ihrer besonderen, die Ablagerungs- und Größenverhältnisse des Tagebaubetriebs berücksichtigenden Konstruktion

nur für diesen Tagebaubetrieb oder anschließend für andere begünstigte Tagebaubetriebe verwendet werden; hierzu gehören auch Spezialabraum- und -kohlenwagen einschließlich der dafür erforderlichen Lokomotiven sowie Transportbandanlagen mit den Auf- und Übergaben und den dazugehörigen Bunkereinrichtungen mit Ausnahme der Rohkohlenbunker in Kraftwerken, Brikettfabriken oder Versandanlagen, wenn die Wirtschaftsgüter die Voraussetzungen des ersten Halbsatzes erfüllen

4. Einrichtungen des Grubenrettungswesens und der Ersten Hilfe

5. Wirtschaftsgüter, die zu den Aufbereitungsanlagen im Erzbergbau gehören, wenn die Aufbereitungsanlagen nicht zu einem Hüttenbetrieb gehören

# 1.3 Lohnsteuer-Durchführungsverordnung*
## (LStDV 1990)

In der Fassung der Bekanntmachung vom 10. Oktober 1989

(BGBl. I S. 1848)

Zuletzt geändert durch Steueränderungsgesetz 1992 vom 25. Februar 1992 (BGBl. I S. 297)

**§ 1. Arbeitnehmer, Arbeitgeber.** (1) [1]Arbeitnehmer sind Personen, die in öffentlichem oder privatem Dienst angestellt oder beschäftigt sind oder waren und die aus diesem Dienstverhältnis oder einem früheren Dienstverhältnis Arbeitslohn beziehen. [2]Arbeitnehmer sind auch die Rechtsnachfolger dieser Personen, soweit sie Arbeitslohn aus dem früheren Dienstverhältnis ihres Rechtsvorgängers beziehen.

(2) [1]Ein Dienstverhältnis (Absatz 1) liegt vor, wenn der Angestellte (Beschäftigte) dem Arbeitgeber (öffentliche Körperschaft, Unternehmer, Haushaltsvorstand) seine Arbeitskraft schuldet. [2]Dies ist der Fall, wenn die tätige Person in der Betätigung ihres geschäftlichen Willens unter der Leitung des Arbeitgebers steht oder im geschäftlichen Organismus des Arbeitgebers dessen Weisungen zu folgen verpflichtet ist.

(3) Arbeitnehmer ist nicht, wer Lieferungen und sonstige Leistungen innerhalb der von ihm selbständig ausgeübten gewerblichen oder beruflichen Tätigkeit im Inland gegen Entgelt ausführt, soweit es sich um die Entgelte für diese Lieferungen und sonstigen Leistungen handelt.

**§ 2. Arbeitslohn.** (1) [1]Arbeitslohn sind alle Einnahmen, die dem Arbeitnehmer aus dem Dienstverhältnis zufließen. [2]Es ist unerheblich, unter welcher Bezeichnung oder in welcher Form die Einnahmen gewährt werden.

(2) Zum Arbeitslohn gehören auch

1. Einnahmen im Hinblick auf ein künftiges Dienstverhältnis;

2. Einnahmen aus einem früheren Dienstverhältnis, unabhängig davon, ob sie dem zunächst Bezugsberechtigten oder seinem Rechtsnachfolger zufließen. [2]Bezüge, die ganz oder teilweise auf früheren Beitragsleistungen des Bezugsberechtigten oder seines Rechtsvorgängers beruhen, gehören nicht zum Arbeitslohn, es sei denn, daß die Beitragsleistungen Werbungskosten gewesen sind;

3. Ausgaben, die ein Arbeitgeber leistet, um einen Arbeitnehmer oder diesem nahestehende Personen für den Fall der Krankheit, des Unfalls, der Invalidität, des Alters oder des Todes abzusichern (Zukunftssicherung), auch wenn auf die Leistungen aus der Zukunftssicherung kein Rechtsanspruch besteht. [2]Voraussetzung ist, daß der Arbeitnehmer der Zukunftssicherung ausdrücklich oder stillschweigend zustimmt. [3]Ist bei einer Zukunftssicherung für mehrere Arbeitnehmer oder die-

---

* Die Verordnung tritt im Gebiet der ehem. DDR am 1. 1. 1991 in Kraft.

sen nahestehenden Personen in Form einer Gruppenversicherung oder Pauschalversicherung der für den einzelnen Arbeitnehmer geleistete Teil der Ausgaben nicht in anderer Weise zu ermitteln, so sind die Ausgaben nach der Zahl der gesicherten Arbeitnehmer auf diese aufzuteilen. [4]Nicht zum Arbeitslohn gehören Ausgaben, die nur dazu dienen, dem Arbeitgeber die Mittel zur Leistung einer dem Arbeitnehmer zugesagten Versorgung zu verschaffen;

4. Entschädigungen, die dem Arbeitnehmer oder seinem Rechtsnachfolger als Ersatz für entgangenen oder entgehenden Arbeitslohn oder für die Aufgabe oder Nichtausübung einer Tätigkeit gewährt werden;

5. besondere Zuwendungen, die auf Grund des Dienstverhältnisses oder eines früheren Dienstverhältnisses gewährt werden, zum Beispiel Zuschüsse im Krankheitsfall;

6. besondere Entlohnungen für Dienste, die über die regelmäßige Arbeitszeit hinaus geleistet werden, wie Entlohnung für Überstunden, Überschichten, Sonntagsarbeit;

7. Lohnzuschläge, die wegen der Besonderheit der Arbeit gewährt werden;

8. Entschädigungen für Nebenämter und Nebenbeschäftigungen im Rahmen eines Dienstverhältnisses.

**§ 3. Jubiläumszuwendungen.** (1) [1]Steuerfrei sind Jubiläumszuwendungen des Arbeitgebers an Arbeitnehmer, die bei ihm in einem gegenwärtigen Dienstverhältnis stehen, im zeitlichen Zusammenhang mit einem Arbeitnehmerjubiläum, soweit sie die folgenden Beträge nicht übersteigen:

1. bei einem 10jährigen
   Arbeitnehmerjubiläum                    600 Deutsche Mark,

2. bei einem 25jährigen
   Arbeitnehmerjubiläum                    1200 Deutsche Mark,

3. bei einem 40-, 50-
   oder 60jährigen
   Arbeitnehmerjubiläum                    2400 Deutsche Mark,

auch wenn die Jubiläumszuwendung innerhalb eines Zeitraums von 5 Jahren vor dem jeweiligen Jubiläum gegeben wird. [2]Voraussetzung für die Steuerfreiheit ist, daß der Arbeitgeber bei der Berechnung der maßgebenden Dienstzeiten für alle Arbeitnehmer und bei allen Jubiläen eines Arbeitnehmers nach einheitlichen Grundsätzen verfährt.

(2) [1]Steuerfrei sind Jubiläumszuwendungen des Arbeitgebers an seine Arbeitnehmer im zeitlichen Zusammenhang mit seinem Geschäftsjubiläum, soweit sie bei dem einzelnen Arbeitnehmer 1200 Deutsche Mark nicht übersteigen und gegeben werden, weil das Geschäft 25 Jahre oder ein Mehrfaches von 25 Jahren besteht. [2]Voraussetzung für die Steuerfreiheit ist, daß der Arbeitgeber bei der Berechnung der maßgebenden Zeiträume bei allen Geschäftsjubiläen nach einheitlichen Grundsätzen verfährt.

**§ 4. Lohnkonto.** (1) Der Arbeitgeber hat im Lohnkonto des Arbeitnehmers folgendes aufzuzeichnen:

1. den Vornamen, den Familiennamen, den Geburtstag, den Wohnort, die Wohnung, die Gemeinde, die die Lohnsteuerkarte ausgestellt hat, das Finanzamt, in dessen Bezirk die Lohnsteuerkarte oder die entsprechende Bescheinigung ausgestellt worden ist, sowie die auf der Lohnsteuerkarte oder in einer entsprechenden Bescheinigung eingetragenen allgemeinen Besteuerungsmerkmale und in den Fällen des § 41 Abs. 1 Satz 4 des Einkommensteuergesetzes den Großbuchstaben B. [2]Ändern sich im Laufe des Jahres die auf der Lohnsteuerkarte oder in einer entsprechenden Bescheinigung eingetragenen allgemeinen Besteuerungsmerkmale, so ist auch der Zeitpunkt anzugeben, von dem an die Änderung gilt;

2. den steuerfreien Jahresbetrag und den Monatsbetrag, Wochenbetrag oder Tagesbetrag, der auf der Lohnsteuerkarte oder in einer entsprechenden Bescheinigung eingetragen ist, und den Zeitraum, für den die Eintragung gilt;

3. bei einem Arbeitnehmer, der dem Arbeitgeber eine Bescheinigung nach § 39b Abs. 6 des Einkommensteuergesetzes (Freistellungsbescheinigung) vorgelegt hat, einen Hinweis darauf, daß eine Bescheinigung vorliegt, den Zeitraum, für den die Lohnsteuerbefreiung gilt, das Finanzamt, das die Bescheinigung ausgestellt hat, und den Tag der Ausstellung.

(2) Bei jeder Lohnabrechnung ist im Lohnkonto folgendes aufzuzeichnen:

1. der Tag der Lohnzahlung und der Lohnzahlungszeitraum;

2. in den Fällen des § 41 Abs. 1 Satz 6 des Einkommensteuergesetzes jeweils der Großbuchstabe U;

3. der Arbeitslohn, getrennt nach Barlohn und Sachbezügen, und die davon einbehaltene Lohnsteuer. [2]Dabei sind die Sachbezüge einzeln zu bezeichnen und – unter Angabe des Abgabetags oder bei laufenden Sachbezügen des Abgabezeitraums, des Abgabeorts und des Entgelts – mit dem nach § 8 Abs. 2 oder 3 des Einkommensteuergesetzes maßgebenden und um das Entgelt geminderten Wert zu erfassen. [3]Sachbezüge im Sinne des § 8 Abs. 3 des Einkommensteuergesetzes und Versorgungsbezüge sind jeweils als solche kenntlich zu machen und ohne Kürzung um Freibeträge nach § 8 Abs. 3 oder § 19 Abs. 2 des Einkommensteuergesetzes einzutragen. [4]Trägt der Arbeitgeber im Falle der Nettolohnzahlung die auf den Arbeitslohn entfallende Steuer selbst, ist in jedem Fall der Bruttoarbeitslohn einzutragen, die nach den Nummern 4 bis 8 gesondert aufzuzeichnenden Beträge sind nicht mitzuzählen;

4. steuerfreie Bezüge mit Ausnahme der Trinkgelder, wenn anzunehmen ist, daß die Trinkgelder 2400 Deutsche Mark im Kalenderjahr nicht übersteigen. [2]Das Betriebsstättenfinanzamt kann zulassen, daß auch andere nach § 3 des Einkommensteuergesetzes steuerfreie Bezüge nicht angegeben werden, wenn es sich um Fälle von geringer Bedeu-

tung handelt oder wenn die Möglichkeit zur Nachprüfung in anderer Weise sichergestellt ist;

5. Bezüge, die nach einem Abkommen zur Vermeidung der Doppelbesteuerung oder unter Progressionsvorbehalt nach § 34c Abs. 5 des Einkommensteuergesetzes von der Lohnsteuer freigestellt sind;

6. Bezüge im Sinne des § 34 Abs. 3 des Einkommensteuergesetzes und die davon nach § 39b Abs. 3 Satz 9 des Einkommensteuergesetzes einbehaltene Lohnsteuer;

7. Entschädigungen im Sinne des § 34 Abs. 1 und Abs. 2 Nr. 2 des Einkommensteuergesetzes und die davon nach § 39b Abs. 3 Satz 10 des Einkommensteuergesetzes einbehaltene Lohnsteuer;

8. Bezüge, die nach den §§ 40 bis 40b des Einkommensteuergesetzes pauschal besteuert worden sind, und die darauf entfallende Lohnsteuer. [2]Lassen sich in den Fällen des § 40 Abs. 1 Nr. 2 und Abs. 2 des Einkommensteuergesetzes die auf den einzelnen Arbeitnehmer entfallenden Beträge nicht ohne weiteres ermitteln, so sind sie in einem Sammelkonto anzuschreiben. [3]Das Sammelkonto muß die folgenden Angaben enthalten: Tag der Zahlung, Zahl der bedachten Arbeitnehmer, Summe der insgesamt gezahlten Bezüge, Höhe der Lohnsteuer sowie Hinweise auf die als Belege zum Sammelkonto aufzubewahrenden Unterlagen, insbesondere Zahlungsnachweise, Bestätigung des Finanzamts über die Zulassung der Lohnsteuerpauschalierung. [4]In den Fällen des § 40a des Einkommensteuergesetzes genügt es, wenn der Arbeitgeber Aufzeichnungen führt, aus denen sich für die einzelnen Arbeitnehmer Name und Anschrift, Dauer der Beschäftigung, Tag der Zahlung, Höhe des Arbeitslohns und in den Fällen des § 40a Abs. 3 des Einkommensteuergesetzes auch die Art der Beschäftigung ergeben. [5]Sind in den Fällen der Sätze 3 und 4 Bezüge mit dem ermäßigten Kirchensteuersatz besteuert worden, so ist zusätzlich der fehlende Kirchensteuerabzug aufzuzeichnen und auf die als Beleg aufzubewahrende Unterlage hinzuweisen, aus der hervorgeht, daß der Arbeitnehmer keiner Religionsgemeinschaft angehört, für die die Kirchensteuer von den Finanzbehörden erhoben wird.

(3) [1]Die Oberfinanzdirektion kann bei Arbeitgebern, die für die Lohnabrechnung ein maschinelles Verfahren anwenden, Ausnahmen von den Vorschriften der Absätze 1 und 2 zulassen, wenn die Möglichkeit zur Nachprüfung in anderer Weise sichergestellt ist. [2]Das Betriebsstättenfinanzamt soll zulassen, daß Sachbezüge im Sinne des § 8 Abs. 3 des Einkommensteuergesetzes für solche Arbeitnehmer nicht aufzuzeichnen sind, für die durch betriebliche Regelungen und entsprechende Überwachungsmaßnahmen gewährleistet ist, daß der Freibetrag von 2400 Deutsche Mark nicht überschritten wird.

(4) Ein Lohnkonto braucht nicht geführt zu werden, wenn der Arbeitslohn des Arbeitnehmers während des ganzen Kalenderjahrs 780 Deutsche Mark monatlich (182 Deutsche Mark wöchentlich, 26 Deutsche Mark täglich) nicht übersteigt, es sei denn, daß trotzdem Lohnsteuer oder Kirchensteuer einzubehalten ist.

**§ 5. Festlegung von Vermögensbeteiligungen.** (1) Werden Vermögensbeteiligungen im Sinne des § 19a Abs. 3 Nr. 1 bis 6, Abs. 3a Satz 1 des Einkommensteuergesetzes dem Arbeitnehmer im Rahmen eines gegenwärtigen Dienstverhältnisses unentgeltlich oder verbilligt überlassen, so sind die Wertpapiere unverzüglich auf den Namen des Arbeitnehmers dadurch festzulegen, daß sie für die Dauer der Sperrfrist in Verwahrung gegeben werden.

(2) Die Wertpapiere können in Verwahrung gegeben werden

1. bei dem Arbeitgeber oder

2. bei einem inländischen Kreditinstitut in Sonderverwahrung oder Sammelverwahrung.

(3) Die Verwahrung ist wie folgt kenntlich zu machen:

1. Werden die Wertpapiere von dem Arbeitgeber verwahrt, so sind die Verwahrung und die Sperrfrist aufzuzeichnen (§ 6 Abs. 1 und 2).

2. [1]Werden die Wertpapiere von einem Kreditinstitut verwahrt, so ist auf dem Streifband des Depots und in den Depotbüchern ein Sperrvermerk für die Dauer der Sperrfrist anzubringen. [2]Bei Drittverwahrung oder Sammelverwahrung genügt ein Sperrvermerk im Kundenkonto beim erstverwahrenden Kreditinstitut.

(4) Bei einer Verwahrung durch ein Kreditinstitut hat der Arbeitnehmer innerhalb von drei Monaten nach dem Erwerb der Wertpapiere dem Arbeitgeber eine Bescheinigung des Kreditinstituts darüber vorzulegen, daß die überlassenen Wertpapiere unter Beachtung von Absatz 3 Nr. 2 in Verwahrung genommen worden sind.

(5) [1]Ein Wechsel des Verwahrers innerhalb der Sperrfrist ist zulässig. [2]Absatz 4 gilt entsprechend.

**§ 6. Aufzeichnungs- und Anzeigepflichten bei Überlassung von Vermögensbeteiligungen.** (1) [1]Der Arbeitgeber hat die Voraussetzungen zu schaffen, die zur Durchführung des Verfahrens bei der Nachversteuerung des steuerfrei gebliebenen Vorteils erforderlich sind; hierzu hat der Arbeitgeber die steuerbegünstigte Überlassung von Vermögensbeteiligungen im Lohnkonto des Arbeitnehmers oder in einem Sammellohnkonto (§ 4) oder in sonstigen Aufzeichnungen zu vermerken und dabei die Höhe des steuerfrei belassenen geldwerten Vorteils sowie Beginn und Ende der Sperrfrist aufzuzeichnen. [2]Werden Vermögensbeteiligungen im Sinne des § 19a Abs. 3 Nr. 1 bis 3, Abs. 3a Satz 1 des Einkommensteuergesetzes überlassen, so sind auch der Tag der Beschlußfassung über die Überlassung und der Tag der Überlassung aufzuzeichnen.

(2) Bei Überlassung von Vermögensbeteiligungen im Sinne des § 19a Abs. 3 Nr. 1 bis 6, Abs. 3a Satz 1 des Einkommensteuergesetzes hat der Arbeitgeber, wenn er die Wertpapiere verwahrt, ein Verzeichnis über die bei ihm verwahrten Wertpapiere zu führen.

(3) Dem Wohnsitzfinanzamt des Arbeitnehmers ist es innerhalb eines Monats anzuzeigen,

1. vom Arbeitgeber, wenn der Arbeitnehmer die Bescheinigung nach § 5 Abs. 4 nicht fristgemäß vorgelegt hat, wenn der Arbeitnehmer die vom Arbeitgeber verwahrten Wertpapiere innerhalb der Sperrfrist veräußert oder aus der Verwahrung genommen hat oder wenn der Arbeitnehmer über Vermögensbeteiligungen im Sinne des § 19a Abs. 3 Nr. 7 bis 11, Abs. 3a Sätze 2 und 3 des Einkommensteuergesetzes, die am Unternehmen des Arbeitgebers bestehen, vor Ablauf der Sperrfrist durch Veräußerung, Rückzahlung, Abtretung oder Beleihung verfügt hat;

2. vom Kreditinstitut, das die Wertpapiere verwahrt, wenn der Arbeitnehmer die Wertpapiere innerhalb der Sperrfrist veräußert oder aus der Verwahrung genommen hat;

3. vom Arbeitnehmer, wenn er über Vermögensbeteiligungen im Sinne des § 19a Abs. 3 Nr. 7 bis 9, Abs. 3a Satz 2 des Einkommensteuergesetzes, die an anderen Unternehmen als dem des Arbeitgebers bestehen, vor Ablauf der Sperrfrist verfügt hat.

(4) [1]Die Anzeigepflicht nach Absatz 3 Nr. 1 und 2 entfällt bei Entnahme von Wertpapieren aus der Verwahrung, wenn dem Arbeitgeber oder dem Kreditinstitut durch eine Bescheinigung nachgewiesen wird, daß die Wertpapiere nach § 5 Abs. 2 Nr. 2 und Abs. 3 Nr. 2 erneut in Verwahrung gegeben worden sind. [2]Die Anzeigepflicht nach Absatz 3 Nr. 2 entfällt außerdem in den Fällen einer unschädlichen Verfügung nach § 19a Abs. 2 Nr. 1 bis 6 des Einkommensteuergesetzes und in den Fällen, in denen die Sperrfrist nicht eingehalten wird, weil der Arbeitnehmer das Umtausch- oder Abfindungsangebot eines Wertpapier-Emittenten angenommen hat oder weil Wertpapiere dem Aussteller nach Auslosung oder Kündigung durch den Aussteller zur Einlösung vorgelegt worden sind.

### § 7. Nachversteuerung bei schädlicher Verfügung über Vermögensbeteiligungen.

(1) [1]Das Wohnsitzfinanzamt des Arbeitnehmers hat im Falle einer schädlichen Verfügung über Vermögensbeteiligungen (§ 19a Abs. 2 Sätze 2, 4 und 5 des Einkommensteuergesetzes) vom Arbeitnehmer eine pauschale Lohnsteuer durch Steuerbescheid zu erheben. [2]Die pauschal zu erhebende Lohnsteuer beträgt 20 vom Hundert des steuerfrei gebliebenen Vorteils. [3]Die Nachversteuerung unterbleibt, wenn der nachzufordernde Betrag 20 Deutsche Mark nicht übersteigt.

(2) Einer Verfügung über Vermögensbeteiligungen im Sinne des § 19a Abs. 3 Nr. 1 bis 6, Abs. 3a Satz 1 des Einkommensteuergesetzes steht es gleich, wenn der Arbeitnehmer die Wertpapiere nicht innerhalb von drei Monaten nach Erwerb in Verwahrung gegeben hat (§ 5 Abs. 2) oder die Wertpapiere aus der Verwahrung genommen hat, ohne sie innerhalb von drei Monaten erneut in Verwahrung gegeben zu haben.

(3) Der Arbeitgeber oder das Kreditinstitut haften für die nachzufordernde Lohnsteuer nur, wenn eine nach § 6 Abs. 3 bestehende Anzeigepflicht verletzt worden ist.

(4) [1]Beim Lohnsteuer-Jahresausgleich und bei der Veranlagung zur Einkommensteuer gehört der steuerfrei gebliebene Vorteil oder der nach

Absatz 1 nachversteuerte Vorteil zum Arbeitslohn des Kalenderjahrs, in das die schädliche Verfügung fällt. [2] Eine festgesetzte Pauschsteuer ist anzurechnen.

**§ 8. Anwendungszeitraum.** Die Vorschriften dieser Verordnung sind erstmals anzuwenden auf den laufenden Arbeitslohn, der für einen nach dem 31. Dezember 1989 endenden Lohnzahlungszeitraum gezahlt wird, und auf sonstige Bezüge, die nach dem 31. Dezember 1989 zufließen.

**§ 9.** *(weggefallen)*

# 1.4 Verordnung über den Wert der Sachbezüge in der Sozialversicherung für das Kalenderjahr 1992 (Sachbezugsverordnung 1992 – SachBezV 1992)

In der Fassung der Bekanntmachung vom 18. Dezember 1984

(BGBl. I S. 1642)

Zuletzt geändert durch Verordnung vom 12. Dezember 1991 (BGBl. I S. 2210)
**BGBl. III 860-4-1-3**

**§ 1. Freie Kost und Wohnung.** (1) Der Wert der freien Kost und Wohnung einschließlich Heizung und Beleuchtung wird auf monatlich 570,– DM[1] festgesetzt. Für die Berechnung des Wertes für kürzere Zeiträume als einen Monat sind für jeden Tag ein Dreißigstel des Wertes nach Satz 1 zugrunde zu legen. Für Jugendliche bis zur Vollendung des 18. Lebensjahres und Auszubildende vermindert sich der Wert nach Satz 1 um 15 vom Hundert.

(2) Wird freie Kost und Wohnung teilweise zur Verfügung gestellt, so sind anzusetzen:

| | |
|---|---|
| für die Wohnung | 34 vom Hundert, |
| für Heizung | 10 vom Hundert, |
| für Beleuchtung | 2 vom Hundert, |
| für Frühstück | 12 vom Hundert, |
| für Mittagessen | 21 vom Hundert, |
| für Abendessen | 21 vom Hundert |

des Wertes nach Absatz 1.

(3) Ist mehreren Beschäftigten ein Wohnraum zur Verfügung gestellt, so vermindert sich der für Wohnung, Heizung und Beleuchtung nach Absatz 2 in Verbindung mit Absatz 1 ergebende Wert

| | |
|---|---|
| bei Belegung mit zwei Beschäftigten | um 20 vom Hundert, |
| bei Belegung mit drei Beschäftigten | um 30 vom Hundert, |
| bei Belegung mit mehr als | |
| drei Beschäftigten | um 50 vom Hundert. |

(4) Wird freie Kost und Wohnung nicht nur dem Beschäftigten, sondern auch seinen nicht bei demselben Arbeitgeber beschäftigten Familienangehörigen zur Verfügung gestellt, so erhöhen sich die nach den Absätzen 1 bis 3 anzusetzenden Werte

| | |
|---|---|
| für den Ehegatten | um 80 vom Hundert, |
| für jedes Kind bis zum 6. Lebensjahr | um 30 vom Hundert |
| und | |
| für jedes Kind über 6 Jahre | um 40 vom Hundert. |

Bei der Berechnung des Wertes für Kinder bleibt das Lebensalter des

---

[1] Zu den abweichenden Werten für das Gebiet der ehemaligen DDR vgl. § 4.

Kindes im ersten Lohnzahlungszeitraum des Kalenderjahres maßgebend. Sind beide Ehegatten bei demselben Arbeitgeber beschäftigt, so sind die Erhöhungswerte nach den Sätzen 1 und 2 für Kost und Wohnung der Kinder beiden Ehegatten je zur Hälfte zuzurechnen.

(5) Wird als Sachbezug ausschließlich freie Wohnung zur Verfügung gestellt, so ist für die Bewertung der Wohnung der ortsübliche Mietpreis unter Berücksichtigung der sich aus der Lage der Wohnung zum Betrieb ergebenden Beeinträchtigungen und für Heizung der übliche Endpreis am Abgabeort anzusetzen. Satz 1 gilt auch, wenn dem Beschäftigten neben freier Wohnung lediglich ein freies oder verbilligtes Mittagessen im Betrieb (Kantinenessen) gewährt wird. Ist im Einzelfall die Feststellung des ortsüblichen Mietpreises mit außergewöhnlichen Schwierigkeiten verbunden, so ist die Wohnung mit 2,50 DM pro Quadratmeter monatlich, bei einfacher Ausstattung (ohne Zentralheizung, fließendes Wasser oder Toilette) mit 1,50 DM pro Quadratmeter monatlich, mindestens jedoch mit 34 vom Hundert des Wertes nach Absatz 1, zu bewerten. Für Beleuchtung sind 2 vom Hundert des Wertes nach Absatz 1 anzusetzen.

(6) Bei kürzeren Zeiträumen als einem Monat ist zunächst der Wert des jeweiligen Sachbezugs für einen Tag zu ermitteln; dabei sind die Prozentsätze der Absätze 2 bis 4 auf den Tageswert nach Absatz 1 anzuwenden. Die Berechnungen werden jeweils auf 2 Dezimalstellen durchgeführt. Die nach den Absätzen 1 bis 5 anzusetzenden Werte sind nach dem letzten Berechnungsschritt auf volle 10 Deutsche Pfennige aufzurunden. Bei Mahlzeiten nach § 40 Abs. 2 Nr. 1 des Einkommensteuergesetzes ist der Tageswert auf volle 10 Deutsche Pfennige aufzurunden.

**§ 2. Verbilligte Kost und Wohnung.** Wird Kost und Wohnung verbilligt als Sachbezug zur Verfügung gestellt, so ist der Unterschiedsbetrag zwischen dem vereinbarten Preis und dem Wert, der sich bei freiem Bezug nach § 1 ergeben würde, dem Arbeitsentgelt zuzurechnen. Wird ausschließlich die Wohnung verbilligt zur Verfügung gestellt, so ist der Unterschiedsbetrag zwischen dem vereinbarten und dem ortsüblichen Mietpreis unter Berücksichtigung der sich aus der Lage der Wohnung zum Betrieb ergebenden Beeinträchtigungen und für Heizung der Unterschiedsbetrag zwischen dem vereinbarten Preis und dem üblichen Endpreis am Abgabeort dem Arbeitsentgelt zuzurechnen; § 1 Abs. 5 Satz 2 bis 4 gilt entsprechend.

**§ 3. Sonstige Sachbezüge.** (1) Werden Sachbezüge, die nicht von § 1 erfaßt werden, unentgeltlich zur Verfügung gestellt, ist als Wert für diese Sachbezüge der übliche Endpreis am Abgabeort anzusetzen. Sind auf Grund des § 8 Abs. 2 Satz 4 des Einkommensteuergesetzes Durchschnittswerte festgesetzt worden, sind diese Werte maßgebend. Findet § 8 Abs. 3 Satz 1 des Einkommensteuergesetzes Anwendung, sind die dort genannten Werte maßgebend.

(2) Werden Sachbezüge, die nicht von § 1 erfaßt werden, verbilligt zur Verfügung gestellt, ist als Wert der Unterschiedsbetrag zwischen dem vereinbarten Preis und dem Wert nach Absatz 1 anzusetzen.

(3) Waren und Dienstleistungen, die vom Arbeitgeber nicht überwiegend für den Bedarf seiner Arbeitnehmer hergestellt, vertrieben oder erbracht werden und die nach § 40 Abs. 1 Satz 1 Nr. 1 des Einkommensteuergesetzes pauschal versteuert werden, können mit dem Durchschnittbetrag der pauschal versteuerten Waren und Dienstleistungen angesetzt werden; dabei kann der Durchschnittbetrag des Vorjahres angesetzt werden. Besteht das Beschäftigungsverhältnis nur während eines Teils des Kalenderjahres, ist für jeden Tag des Beschäftigungsverhältnisses der dreihundertsechzigste Teil des Durchschnittswertes nach Satz 1 anzusetzen. Satz 1 gilt nur, wenn der Arbeitgeber den von dem Beschäftigten zu tragenden Teil des Gesamtsozialversicherungsbeitrags übernimmt.

Die Sätze 1 bis 3 gelten entsprechend für Sachzuwendungen im Werte von nicht mehr als 150 DM, die der Arbeitnehmer für Verbesserungsvorschläge sowie für Leistungen in der Unfallverhütung und im Arbeitsschutz erhält.

## § 4. Übergangsvorschrift.

Die §§ 1 und 2 sind in dem in Artikel 3 des Einigungsvertrages[1] bezeichneten Gebiet mit folgenden Maßgaben anzuwenden:

1. Der Wert der freien Kost und Wohnung einschließlich Heizung und Beleuchtung beträgt monatlich 440 DM.

2. Wird freie Kost und Wohnung teilweise zur Verfügung gestellt, so sind anzusetzen

| | |
|---|---:|
| für die Wohnung | 90,00 DM, |
| für Heizung | 39,50 DM, |
| für Beleuchtung | 2,70 DM, |

für freie Kost die Werte, die sich aus § 1 Abs. 2 in Verbindung mit § 1 Abs. 1 ergeben.

## § 5. *(weggefallen)*

## § 6. Inkrafttreten.

(1) (Inkrafttreten)

(2) Die in dieser Verordnung festgesetzten Werte gelten
1. bei laufendem Arbeitsentgelt für das Arbeitsentgelt, das für die im Jahre 1992 endenden Lohnzahlungszeiträume gewährt wird,
2. bei einmaligen Einnahmen für das Arbeitsentgelt, das im Jahre 1992 gewährt wird.

(3) Für die Bewertung von Sachbezügen, die vor dem Jahr 1992 gewährt worden sind, bleiben die im Zeitpunkt der Gewährung geltenden Regelungen maßgebend.

---

[1] Auszugsweise abgedruckt vor **1.1.**

# 1.5 Fünftes Gesetz
## zur Förderung der Vermögensbildung der Arbeitnehmer
### (Fünftes Vermögensbildungsgesetz – 5. VermBG)*·**

In der Fassung der Bekanntmachung vom 19. Januar 1989

(BGBl. I S. 137)

Geändert durch Finanzmarktförderungsgesetz vom 22. Februar 1990 (BGBl. I S. 266) und Gesetz vom 13. Dezember 1990 (BGBl. I S. 2749)

**BGBl. III 800-9**

**§ 1. Persönlicher Geltungsbereich.** (1) Die Vermögensbildung der Arbeitnehmer durch vereinbarte vermögenswirksame Leistungen der Arbeitgeber wird nach den Vorschriften dieses Gesetzes gefördert.

(2) Arbeitnehmer im Sinne dieses Gesetzes sind Arbeiter und Angestellte einschließlich der zu ihrer Berufsausbildung Beschäftigten. Als Arbeitnehmer gelten auch die in Heimarbeit Beschäftigten.

(3) Die Vorschriften dieses Gesetzes gelten nicht
1. für vermögenswirksame Leistungen juristischer Personen an Mitglieder des Organs, das zur gesetzlichen Vertretung der juristischen Person berufen ist,
2. für vermögenswirksame Leistungen von Personengesamtheiten an die durch Gesetz, Satzung oder Gesellschaftsvertrag zur Vertretung der Personengesamtheit berufenen Personen.

(4) Für Beamte, Richter, Berufssoldaten und Soldaten auf Zeit sowie berufsmäßige Angehörige und Angehörige auf Zeit des Zivilschutzkorps gelten die nachstehenden Vorschriften dieses Gesetzes entsprechend.

**§ 2. Vermögenswirksame Leistungen, Anlageformen.** (1) Vermögenswirksame Leistungen sind Geldleistungen, die der Arbeitgeber für den Arbeitnehmer anlegt
1. als Sparbeiträge des Arbeitnehmers auf Grund eines Sparvertrags über Wertpapiere oder andere Vermögensbeteiligungen (§ 4)
   a) zum Erwerb von Aktien, die vom Arbeitgeber oder von Unternehmen mit Sitz und Geschäftsleitung im Geltungsbereich dieses Gesetzes ausgegeben werden oder die an einer deutschen Börse zum amtlichen Handel oder zum geregelten Markt zugelassen oder in den geregelten Freiverkehr einbezogen sind,
   b) zum Erwerb von Kuxen und Wandelschuldverschreibungen, die von Unternehmen mit Sitz und Geschäftsleitung im Geltungsbe-

---

* Zur Anwendung siehe § 17.
** Das Gesetz ist ab 1. 1. 1991 im Gebiet der ehem. DDR anzuwenden, vgl. Einigungsvertrag vom 31. 8. 1990, Anl. I Kap. VIII Sachgebiet L Abschn. III Nr. 1 (BGBl. II S. 889, 1070).

reich dieses Gesetzes ausgegeben werden, sowie von Gewinn-schuldverschreibungen, die vom Arbeitgeber ausgegeben werden, zum Erwerb von Namensschuldverschreibungen des Arbeitgebers jedoch nur dann, wenn auf dessen Kosten die Ansprüche des Ar-beitnehmers aus der Schuldverschreibung durch ein Kreditinstitut verbürgt oder durch ein Versicherungsunternehmen privatrechtlich gesichert sind und das Kreditinstitut oder Versicherungsunterneh-men im Geltungsbereich dieses Gesetzes zum Geschäftsbetrieb be-fugt ist,

c) zum Erwerb von Anteilscheinen an einem Wertpapier-Sonderver-mögen, die von Kapitalanlagegesellschaften im Sinne des Gesetzes über Kapitalanlagegesellschaften ausgegeben werden, wenn nach dem Rechenschaftsbericht für das vorletzte Geschäftsjahr, das dem Kalenderjahr des Abschlusses des Vertrags im Sinne des § 4 oder des § 5 vorausgeht, der Wert der Aktien in diesem Wertpapier-Sondervermögen 70 vom Hundert des Werts der in diesem Sonder-vermögen befindlichen Wertpapiere nicht unterschreitet; für neu aufgelegte Wertpapier-Sondervermögen ist für das erste und zweite Geschäftsjahr der erste Rechenschaftsbericht oder der erste Halb-jahresbericht nach Auflegung des Sondervermögens maßgebend,

d) zum Erwerb von Anteilscheinen an einem Beteiligungs-Sonderver-mögen, die von Kapitalanlagegesellschaften im Sinne des Gesetzes über Kapitalanlagegesellschaften ausgegeben werden, wenn nach dem Rechenschaftsbericht für das vorletzte Geschäftsjahr, das dem Kalenderjahr des Abschlusses des Vertrags im Sinne des § 4 oder des § 5 vorausgeht, der Wert der Aktien und stillen Beteiligungen in diesem Beteiligungs-Sondervermögen 70 vom Hundert des Werts der in diesem Sondervermögen befindlichen Wertpapiere und stillen Beteiligungen nicht unterschreitet; für neu aufgelegte Beteiligungs-Sondervermögen ist für das erste und zweite Ge-schäftsjahr der erste Rechenschaftsbericht oder der erste Halbjah-resbericht nach Auflegung des Sondervermögens maßgebend,

e) zum Erwerb von Anteilscheinen an einem ausländischen Recht un-terstehenden Vermögen aus Wertpapieren, wenn die Anteilscheine nach dem Auslandinvestment-Gesetz im Wege des öffentlichen An-bietens, der öffentlichen Werbung oder in ähnlicher Weise vertrie-ben werden dürfen und nach dem gemäß § 4 Abs. 1 Nr. 1 oder § 15b Satz 1 des Auslandinvestment-Gesetzes veröffentlichten Re-chenschaftsbericht für das vorletzte Geschäftsjahr, das dem Kalen-derjahr des Abschlusses des Vertrags im Sinne des § 4 oder des § 5 vorausgeht, der Wert der Aktien in diesem Vermögen 70 vom Hundert des Werts der in diesem Vermögen befindlichen Wertpa-piere nicht unterschreitet; beim Erwerb verbriefter EG-Investment-anteile gemäß § 15 des Auslandinvestment-Gesetzes ist für neu auf-gelegte Vermögen aus Wertpapieren für das erste und zweite Ge-schäftsjahr der erste Rechenschaftsbericht oder der erste Halbjah-resbericht nach Auflegung des Vermögens maßgebend,

f) zum Erwerb von Genußscheinen, die vom Arbeitgeber als Wertpapiere ausgegeben werden oder an einer deutschen Börse zum amtlichen Handel oder zum geregelten Markt zugelassen sind und von Unternehmen mit Sitz und Geschäftsleitung im Geltungsbereich dieses Gesetzes, die keine Kreditinstitute sind, ausgegeben werden, wenn mit den Genußscheinen das Recht am Gewinn eines Unternehmens verbunden ist und der Arbeitnehmer nicht als Mitunternehmer im Sinne des § 15 Abs. 1 Nr. 2 des Einkommensteuergesetzes anzusehen ist,

g) zur Begründung oder zum Erwerb eines Geschäftsguthabens bei einer Genossenschaft mit Sitz und Geschäftsleitung im Geltungsbereich dieses Gesetzes,

h) zur Übernahme einer Stammeinlage oder zum Erwerb eines Geschäftsanteils an einer Gesellschaft mit beschränkter Haftung mit Sitz und Geschäftsleitung im Geltungsbereich dieses Gesetzes,

i) zur Begründung oder zum Erwerb einer Beteiligung als stiller Gesellschafter im Sinne des § 230 des Handelsgesetzbuchs am Unternehmen des Arbeitgebers mit Sitz und Geschäftsleitung im Geltungsbereich dieses Gesetzes, wenn der Arbeitnehmer nicht als Mitunternehmer im Sinne des § 15 Abs. 1 Nr. 2 des Einkommensteuergesetzes anzusehen ist,

k) zur Begründung oder zum Erwerb einer Darlehensforderung gegen den Arbeitgeber, wenn auf dessen Kosten die Ansprüche des Arbeitnehmers aus dem Darlehensvertrag durch ein Kreditinstitut verbürgt oder durch ein Versicherungsunternehmen privatrechtlich gesichert sind und das Kreditinstitut oder Versicherungsunternehmen im Geltungsbereich dieses Gesetzes zum Geschäftsbetrieb befugt ist,

l) zur Begründung oder zum Erwerb eines Genußrechts am Unternehmen des Arbeitgebers mit Sitz und Geschäftsleitung im Geltungsbereich dieses Gesetzes, wenn damit das Recht am Gewinn dieses Unternehmens verbunden ist, der Arbeitnehmer nicht als Mitunternehmer im Sinne des § 15 Abs. 1 Nr. 2 des Einkommensteuergesetzes anzusehen ist und über das Genußrecht kein Genußschein im Sinne des Buchstaben f ausgegeben wird,

2. als Aufwendungen des Arbeitnehmers auf Grund eines Wertpapier-Kaufvertrags (§ 5),

3. als Aufwendungen des Arbeitnehmers auf Grund eines Beteiligungs-Vertrags (§ 6) oder eines Beteiligungs-Kaufvertrags (§ 7),

4. als Aufwendungen des Arbeitnehmers nach den Vorschriften des Wohnungsbau-Prämiengesetzes; die Voraussetzungen für die Gewährung einer Prämie nach dem Wohnungsbau-Prämiengesetz brauchen nicht vorzuliegen,

5. als Aufwendungen des Arbeitnehmers

a) zum Bau, zum Erwerb, zum Ausbau oder zur Erweiterung eines im Inland belegenen Wohngebäudes oder einer im Inland belegenen Eigentumswohnung,

b) zum Erwerb eines Dauerwohnrechts im Sinne des Wohnungseigentumsgesetzes an einer im Inland belegenen Wohnung,

c) zum Erwerb eines im Inland belegenen Grundstücks zum Zwecke des Wohnungsbaus oder

d) zur Erfüllung von Verpflichtungen, die im Zusammenhang mit den in den Buchstaben a bis c bezeichneten Vorhaben eingegangen sind;

die Förderung der Aufwendungen nach den Buchstaben a bis c setzt voraus, daß sie unmittelbar für die dort bezeichneten Vorhaben verwendet werden,

6. als Sparbeiträge des Arbeitnehmers auf Grund eines Sparvertrags (§ 8),

7. als Beiträge des Arbeitnehmers auf Grund eines Kapitalversicherungs-vertrags (§ 9).

(2) Aktien, Gewinnschuldverschreibungen oder Genußscheine eines Unternehmens, das im Sinne des § 18 Abs. 1 des Aktiengesetzes als herr-schendes Unternehmen mit dem Unternehmen des Arbeitgebers verbun-den ist, stehen Aktien, Gewinnschuldverschreibungen oder Genußschei-nen im Sinne des Absatzes 1 Nr. 1 Buchstabe a, b oder f gleich, die vom Arbeitgeber ausgegeben werden. Eine Beteiligung als stiller Gesellschaf-ter an einem Unternehmen mit Sitz und Geschäftsleitung im Geltungsbe-reich dieses Gesetzes, das im Sinne des § 18 Abs. 1 des Aktiengesetzes als herrschendes Unternehmen mit dem Unternehmen des Arbeitgebers verbunden ist oder das auf Grund eines Vertrags mit dem Arbeitgeber an dessen Unternehmen gesellschaftsrechtlich beteiligt ist, steht einer Betei-ligung als stiller Gesellschafter im Sinne des Absatzes 1 Nr. 1 Buchstabe i gleich. Eine Darlehensforderung gegen ein Unternehmen mit Sitz und Geschäftsleitung im Geltungsbereich dieses Gesetzes, das im Sinne des § 18 Abs. 1 des Aktiengesetzes als herrschendes Unternehmen mit dem Unternehmen des Arbeitgebers verbunden ist, oder ein Genußrecht an einem solchen Unternehmen stehen einer Darlehensforderung oder ei-nem Genußrecht im Sinne des Absatzes 1 Nr. 1 Buchstabe k oder l gleich.

(3) Die Anlage vermögenswirksamer Leistungen in Gewinnschuldver-schreibungen im Sinne des Absatzes 1 Nr. 1 Buchstabe b und des Absat-zes 2 Satz 1, in denen neben der gewinnabhängigen Verzinsung eine gewinnunabhängige Mindestverzinsung zugesagt ist, setzt voraus, daß

1. der Aussteller in der Gewinnschuldverschreibung erklärt, die gewinn-unabhängige Mindestverzinsung werde im Regelfall die Hälfte der Gesamtverzinsung nicht überschreiten, oder

2. die gewinnunabhängige Mindestverzinsung zum Zeitpunkt der Aus-gabe der Gewinnschuldverschreibung die Hälfte der Emissionsrendite festverzinslicher Wertpapiere nicht überschreitet, die in den Monats-berichten der Deutschen Bundesbank für den viertletzten Kalender-monat ausgewiesen wird, der dem Kalendermonat der Ausgabe vor-ausgeht.

(4) Die Anlage vermögenswirksamer Leistungen in Genußscheinen und Genußrechten im Sinne des Absatzes 1 Nr. 1 Buchstaben f und l und des Absatzes 2 Satz 1 und 3 setzt voraus, daß eine Rückzahlung zum Nennwert nicht zugesagt ist; ist neben dem Recht am Gewinn eine ge-winnunabhängige Mindestverzinsung zugesagt, gilt Absatz 3 entspre-chend.

(5) Der Anlage vermögenswirksamer Leistungen nach Absatz 1 Nr. 1 Buchstaben f, i bis l, Absatz 2 und 4 in einer Genossenschaft mit Sitz und Geschäftsleitung im Geltungsbereich dieses Gesetzes stehen § 19 und eine Festsetzung durch Statut gemäß § 20 des Gesetzes betreffend die Erwerbs- und Wirtschaftsgenossenschaften nicht entgegen.

(6) Vermögenswirksame Leistungen sind steuerpflichtige Einnahmen im Sinne des Einkommensteuergesetzes und Einkommen, Verdienst oder Entgelt (Arbeitsentgelt) im Sinne der Sozialversicherung und des Arbeitsförderungsgesetzes. Reicht der nach Abzug der vermögenswirksamen Leistung verbleibende Arbeitslohn zur Deckung der einzubehaltenden Steuern, Sozialversicherungsbeiträge und Beiträge zur Bundesanstalt für Arbeit nicht aus, so hat der Arbeitnehmer dem Arbeitgeber den zur Deckung erforderlichen Betrag zu zahlen.

(7) Vermögenswirksame Leistungen sind arbeitsrechtlich Bestandteil des Lohns oder Gehalts. Der Anspruch auf die vermögenswirksame Leistung ist nicht übertragbar.

**§ 3. Vermögenswirksame Leistungen für Angehörige, Überweisung durch den Arbeitgeber, Kennzeichnungs-, Bestätigungs- und Mitteilungspflichten.** (1) Vermögenswirksame Leistungen können auch angelegt werden

1. zugunsten des Ehegatten des Arbeitnehmers (§ 26 Abs. 1 des Einkommensteuergesetzes),

2. zugunsten der in § 32 Abs. 1 des Einkommensteuergesetzes bezeichneten Kinder, die zu Beginn des maßgebenden Kalenderjahrs das 17. Lebensjahr noch nicht vollendet hatten oder die in diesem Kalenderjahr lebend geboren wurden oder

3. zugunsten der Eltern oder eines Elternteils des Arbeitnehmers, wenn der Arbeitnehmer als Kind die Voraussetzungen der Nummer 2 erfüllt.

Dies gilt nicht für die Anlage vermögenswirksamer Leistungen auf Grund von Verträgen nach den §§ 5 bis 7

(2) Der Arbeitgeber hat die vermögenswirksamen Leistungen für den Arbeitnehmer unmittelbar an das Unternehmen oder Institut zu überweisen, bei dem sie angelegt werden sollen. Er hat dabei gegenüber dem Unternehmen oder Institut die vermögenswirksamen Leistungen zu kennzeichnen. Das Unternehmen oder Institut hat die nach § 2 Abs. 1 Nr. 1 bis 5, Abs. 2 bis 4 angelegten vermögenswirksamen Leistungen und die Art ihrer Anlage zu kennzeichnen. Es hat dem Arbeitgeber schriftlich zu bestätigen, daß die vermögenswirksamen Leistungen nach § 2 Abs. 1 bis 4 angelegt werden, sowie die nach § 2 Abs. 1 Nr. 1 bis 5, Abs. 2 bis 4 angelegten vermögenswirksamen Leistungen und die Art ihrer Anlage mitzuteilen; bei laufenden vermögenswirksamen Leistungen genügen Bestätigung und Mitteilung bei der ersten vermögenswirksamen Leistung. Kann eine weitere vermögenswirksame Leistung des Arbeitgebers nicht mehr die Voraussetzungen des § 2 Abs. 1 bis 4 erfüllen, so hat das Unternehmen oder Institut dies dem Arbeitgeber unverzüglich

schriftlich mitzuteilen. Die Sätze 1 bis 5 gelten nicht für die Anlage vermögenswirksamer Leistungen auf Grund von Verträgen nach den §§ 5, 6 Abs. 1 und § 7 Abs. 1 mit dem Arbeitgeber.

(3) Für eine vom Arbeitnehmer gewählte Anlage nach § 2 Abs. 1 Nr. 5 hat der Arbeitgeber auf Verlangen des Arbeitnehmers die vermögenswirksamen Leistungen an den Arbeitnehmer zu überweisen, wenn dieser dem Arbeitgeber eine schriftliche Bestätigung seines Gläubigers vorgelegt hat, daß die Anlage bei ihm die Voraussetzungen des § 2 Abs. 1 Nr. 5 erfüllt; Absatz 2 gilt in diesem Falle nicht. Der Arbeitnehmer hat dem Arbeitgeber die zweckentsprechende Verwendung der in einem Kalenderjahr nach Satz 1 erhaltenen vermögenswirksamen Leistungen jeweils vor der Ausschreibung der Lohnsteuerbescheinigung (§ 41b Abs. 1 des Einkommensteuergesetzes) nachzuweisen.

(4) Der Arbeitgeber hat die Richtigkeit der Bestätigung und Mitteilung nach Absatz 2 Satz 4, der Bestätigung nach Absatz 3 Satz 1 und des Nachweises nach Absatz 3 Satz 2 nicht zu prüfen.

**§ 4. Sparvertrag über Wertpapiere oder andere Vermögensbeteiligungen.** (1) Ein Sparvertrag über Wertpapiere oder andere Vermögensbeteiligungen im Sinne des § 2 Abs. 1 Nr. 1 ist ein Sparvertrag mit einem Kreditinstitut, in dem sich der Arbeitnehmer verpflichtet, als Sparbeiträge zum Erwerb von Wertpapieren im Sinne des § 2 Abs. 1 Nr. 1 Buchstaben a bis f, Abs. 2 Satz 1, Abs. 3 und 4 oder zur Begründung oder zum Erwerb von Rechten im Sinne des § 2 Abs. 1 Nr. 1 Buchstaben g bis l, Abs. 2 Satz 2 und 3 und Abs. 4 einmalig oder für die Dauer von sechs Jahren seit Vertragsabschluß laufend vermögenswirksame Leistungen einzuzahlen zu lassen oder andere Beträge einzuzahlen.

(2) Die Förderung der auf Grund eines Vertrags nach Absatz 1 angelegten vermögenswirksamen Leistungen setzt voraus, daß

1. die Leistungen eines Kalenderjahrs, vorbehaltlich des Absatzes 3, spätestens bis zum Ablauf des folgenden Kalenderjahrs zum Erwerb der Wertpapiere oder zur Begründung oder zum Erwerb der Rechte verwendet und bis zur Verwendung festgelegt werden und

2. die mit den Leistungen erworbenen Wertpapiere unverzüglich nach ihrem Erwerb bis zum Ablauf einer Frist von sieben Jahren (Sperrfrist) festgelegt werden und über die Wertpapiere oder die mit den Leistungen begründeten oder erworbenen Rechte bis zum Ablauf der Sperrfrist nicht durch Rückzahlung, Abtretung, Beleihung oder in anderer Weise verfügt wird.

Die Sperrfrist gilt für alle auf Grund des Vertrags angelegten vermögenswirksamen Leistungen und beginnt am 1. Januar des Kalenderjahrs, in dem der Vertrag abgeschlossen worden ist. Als Zeitpunkt des Vertragsabschlusses gilt der Tag, an dem die vermögenswirksame Leistung, bei Verträgen über laufende Einzahlungen die erste vermögenswirksame Leistung, beim Kreditinstitut eingeht.

(3) Vermögenswirksame Leistungen, die nicht bis zum Ablauf der Frist nach Absatz 2 Nr. 1 verwendet worden sind, gelten als rechtzeitig

verwendet, wenn sie am Ende eines Kalenderjahrs insgesamt 300 Deutsche Mark nicht übersteigen und bis zum Ablauf der Sperrfrist nach Absatz 2 verwendet oder festgelegt werden.

(4) Eine vorzeitige Verfügung ist abweichend von Absatz unschädlich, wenn

1. der Arbeitnehmer oder sein von ihm nicht dauernd getrennt lebender Ehegatte (§ 26 Abs. 1 Satz 1 des Einkommensteuergesetzes) nach Vertragsabschluß gestorben oder völlig erwerbsunfähig geworden ist,

2. der Arbeitnehmer nach Vertragsabschluß, aber vor der vorzeitigen Verfügung geheiratet hat und im Zeitpunkt der vorzeitigen Verfügung mindestens zwei Jahre seit Beginn der Sperrfrist vergangen sind,

3. der Arbeitnehmer nach Vertragsabschluß arbeitslos geworden ist und die Arbeitslosigkeit mindestens ein Jahr lang ununterbrochen bestanden hat und im Zeitpunkt der vorzeitigen Verfügung noch besteht,

4. der Arbeitnehmer, der Staatsangehöriger eines Staates ist, mit dem die Bundesregierung Vereinbarungen über Anwerbung und Beschäftigung von Arbeitnehmern abgeschlossen hat und der nicht Mitglied der Europäischen Gemeinschaften ist, nach Vertragsabschluß den Geltungsbereich dieses Gesetzes auf Dauer verlassen hat,

5. der Arbeitnehmer nach Vertragsabschluß unter Aufgabe der nichtselbständigen Arbeit eine Erwerbstätigkeit, die nach § 138 Abs. 1 der Abgabenordnung der Gemeinde mitzuteilen ist, aufgenommen hat oder

6. festgelegte Wertpapiere veräußert werden und der Erlös bis zum Ablauf des Kalendermonats, der dem Kalendermonat der Veräußerung folgt, zum Erwerb von in Absatz 1 bezeichneten Wertpapiere wiederverwendet wird; der bis zum Ablauf des der Veräußerung folgenden Kalendermonats nicht wiederverwendete Erlös gilt als rechtzeitig wiederverwendet, wenn er am Ende eines Kalendermonats insgesamt 300 Deutsche Mark nicht übersteigt.

(5) Unschädlich ist auch, wenn in die Rechte und Pflichten des Kreditinstituts aus dem Sparvertrag an seine Stelle ein anderes Kreditinstitut während der Laufzeit des Vertrags durch Rechtsgeschäft eintritt.

(6) Werden auf einen Vertrag über laufend einzuzahlende vermögenswirksame Leistungen oder andere Beträge in einem Kalenderjahr, das dem Kalenderjahr des Vertragsabschlusses folgt, weder vermögenswirksame Leistungen noch andere Beträge eingezahlt, so ist der Vertrag unterbrochen und kann nicht fortgeführt werden. Das gleiche gilt, wenn mindestens alle Einzahlungen eines Kalenderjahrs zurückgezahlt oder die Rückzahlungsansprüche aus dem Vertrag abgetreten oder beliehen werden.

### § 5. Wertpapier-Kaufvertrag.

**§ 5. Wertpapier-Kaufvertrag.** (1) Ein Wertpapier-Kaufvertrag im Sinne des § 2 Abs. 1 Nr. 2 ist ein Kaufvertrag zwischen dem Arbeitnehmer und dem Arbeitgeber zum Erwerb von Wertpapieren im Sinne des § 2 Abs. 1 Nr. 1 Buchstaben a bis f, Abs. 2 Satz 1, Abs. 3 und 4 durch den Arbeitnehmer mit der Vereinbarung, den vom Arbeitnehmer geschuldeten Kaufpreis mit vermögenswirksamen Leistungen zu verrechnen oder mit anderen Beträgen zu zahlen.

(2) Die Förderung der auf Grund eines Vertrags nach Absatz 1 angelegten vermögenswirksamen Leistungen setzt voraus, daß

1. mit den Leistungen eines Kalenderjahrs spätestens bis zum Ablauf des folgenden Kalenderjahrs die Wertpapiere erworben werden und

2. die mit den Leistungen erworbenen Wertpapiere unverzüglich nach ihrem Erwerb bis zum Ablauf einer Frist von sechs Jahren (Sperrfrist) festgelegt werden und über die Wertpapiere bis zum Ablauf der Sperrfrist nicht durch Rückzahlung, Abtretung, Beleihung oder in anderer Weise verfügt wird; die Sperrfrist beginnt am 1. Januar des Kalenderjahrs, in dem das Wertpapier erworben worden ist; § 4 Abs. 4 Nr. 1 bis 5 gilt entsprechend.

**§ 6. Beteiligungs-Vertrag.** (1) Ein Beteiligungs-Vertrag im Sinne des § 2 Abs. 1 Nr. 3 ist ein Vertrag zwischen dem Arbeitnehmer und dem Arbeitgeber über die Begründung von Rechten im Sinne des § 2 Abs. 1 Nr. 1 Buchstaben g bis l und Abs. 4 für den Arbeitnehmer am Unternehmen des Arbeitgebers mit der Vereinbarung, die vom Arbeitnehmer für die Begründung geschuldete Geldsumme mit vermögenswirksamen Leistungen zu verrechnen oder mit anderen Beträgen zu zahlen.

(2) Ein Beteiligungs-Vertrag im Sinne des § 2 Abs. 1 Nr. 3 ist auch ein Vertrag zwischen dem Arbeitnehmer und einem Dritten über die Begründung von Rechten im Sinne des § 2 Abs. 1 Nr. 1 Buchstaben g bis l, Abs. 2 Satz 2 und 3 und Abs. 4 für den Arbeitnehmer mit der Vereinbarung, die von ihm für die Begründung geschuldete Geldsumme mit vermögenswirksamen Leistungen zahlen zu lassen oder mit anderen Beträgen zu zahlen.

(3) Die Förderung der auf Grund eines Vertrags nach Absatz 1 oder 2 angelegten vermögenswirksamen Leistungen setzt voraus, daß

1. mit den Leistungen eines Kalenderjahrs spätestens bis zum Ablauf des folgenden Kalenderjahrs die Rechte begründet werden und

2. über die mit den Leistungen begründeten Rechte bis zum Ablauf einer Frist von sechs Jahren (Sperrfrist) nicht durch Rückzahlung, Abtretung, Beleihung oder in anderer Weise verfügt wird; die Sperrfrist beginnt am 1. Januar des Kalenderjahrs, in dem das Recht begründet worden ist; § 4 Abs. 4 Nr. 1 bis 5 gilt entsprechend.

**§ 7. Beteiligungs-Kaufvertrag.** (1) Ein Beteiligungs-Kaufvertrag im Sinne des § 2 Abs. 1 Nr. 3 ist ein Kaufvertrag zwischen dem Arbeitnehmer und dem Arbeitgeber zum Erwerb von Rechten im Sinne des § 2 Abs. 1 Nr. 1 Buchstaben g bis l, Abs. 2 Satz 2 und 3 und Abs. 4 durch den Arbeitnehmer mit der Vereinbarung, den vom Arbeitnehmer geschuldeten Kaufpreis mit vermögenswirksamen Leistungen zu verrechnen oder mit anderen Beträgen zu zahlen.

(2) Ein Beteiligungs-Kaufvertrag im Sinne des § 2 Abs. 1 Nr. 3 ist auch ein Kaufvertrag zwischen dem Arbeitnehmer und einem Dritten

zum Erwerb eines Geschäftsanteils im Sinne des § 2 Abs. 1 Nr. 1 Buchstabe h am Unternehmen des Dritten durch den Arbeitnehmer mit der Vereinbarung, den vom Arbeitnehmer geschuldeten Kaufpreis mit vermögenswirksamen Leistungen zahlen zu lassen oder mit anderen Beträgen zu zahlen.

(3) Für die Förderung der auf Grund eines Vertrags nach Absatz 1 oder 2 angelegten vermögenswirksamen Leistungen gilt § 6 Abs. 3 entsprechend.

**§ 8. Sparvertrag.** (1) Ein Sparvertrag im Sinne des § 2 Abs. 1 Nr. 6 ist ein Sparvertrag zwischen dem Arbeitnehmer und einem Kreditinstitut, in dem die in den Absätzen 2 bis 5 bezeichneten Vereinbarungen, mindestens aber die in den Absätzen 2 und 3 bezeichneten Vereinbarungen, getroffen sind.

(2) Der Arbeitnehmer ist verpflichtet,

1. einmalig oder für die Dauer von sechs Jahren seit Vertragsabschluß laufend, mindestens aber einmal im Kalenderjahr, als Sparbeiträge vermögenswirksame Leistungen einzahlen zu lassen oder andere Beträge einzuzahlen und

2. bis zum Ablauf einer Frist von sieben Jahren (Sperrfrist) die eingezahlten vermögenswirksamen Leistungen bei dem Kreditinstitut festzulegen und die Rückzahlungsansprüche aus dem Vertrag weder abzutreten noch zu beleihen.

Der Zeitpunkt des Vertragsabschlusses und der Beginn der Sperrfrist bestimmen sich nach den Regelungen des § 4 Abs. 2 Satz 2 und 3.

(3) Der Arbeitnehmer ist abweichend von der in Absatz 2 Satz 1 Nr. 2 bezeichneten Vereinbarung zu vorzeitiger Verfügung berechtigt, wenn eine der in § 4 Abs. 4 Nr. 1 bis 5 bezeichneten Voraussetzungen erfüllt ist.

(4) Der Arbeitnehmer ist abweichend von der in Absatz 2 Satz 1 Nr. 2 bezeichneten Vereinbarung auch berechtigt, vor Ablauf der Sperrfrist mit eingezahlten vermögenswirksamen Leistungen zu erwerben

1. Wertpapiere im Sinne des § 2 Abs. 1 Nr. 1 Buchstaben a bis f, Abs. 2 Satz 1, Abs. 3 und 4,

2. Schuldverschreibungen, die vom Bund, von den Ländern, von den Gemeinden, von anderen Körperschaften des öffentlichen Rechts, vom Arbeitgeber, von einem im Sinne des § 18 Abs. 1 des Aktiengesetzes als herrschendes Unternehmen mit dem Unternehmen des Arbeitgebers verbundenen Unternehmen oder von einem Kreditinstitut mit Sitz und Geschäftsleitung im Geltungsbereich dieses Gesetzes ausgegeben werden, Namensschuldverschreibungen des Arbeitgebers jedoch nur dann, wenn auf dessen Kosten die Ansprüche des Arbeitnehmers aus der Schuldverschreibung durch ein Kreditinstitut verbürgt oder durch ein Versicherungsunternehmen privatrechtlich gesichert sind und das Kreditinstitut oder Versicherungsunternehmen im Geltungsbereich dieses Gesetzes zum Geschäftsbetrieb befugt ist,

3. Genußscheine, die von einem Kreditinstitut mit Sitz und Geschäftsleitung im Geltungsbereich dieses Gesetzes, das nicht der Arbeitgeber ist, als Wertpapiere ausgegeben werden, wenn mit den Genußscheinen das Recht am Gewinn des Kreditinstituts verbunden ist, der Arbeitnehmer nicht als Mitunternehmer im Sinne des § 15 Abs. 1 Nr. 2 des Einkommensteuergesetzes anzusehen ist und die Voraussetzungen des § 2 Abs. 4 erfüllt sind,

4. Anleiheforderungen, die in ein Schuldbuch des Bundes oder eines Landes angetragen werden,

5. Anteilscheine an einem Sondervermögen, die von Kapitalanlagegesellschaften im Sinne des Gesetzes über Kapitalanlagegesellschaften ausgegeben werden und nicht unter § 2 Abs. 1 Nr. 1 Buchstabe c oder d fallen oder

6. ausländische Investmentanteile, die nach dem Gesetz über den Vertrieb ausländischer Investmentanteile und über die Besteuerung der Erträge aus ausländischen Investmentanteilen im Wege des öffentlichen Anbietens, der öffentlichen Werbung oder in ähnlicher Weise vertrieben werden dürfen und nicht unter § 2 Abs. 1 Nr. 1 Buchstabe e fallen.

Der Arbeitnehmer ist verpflichtet, bis zum Ablauf der Sperrfrist die nach Satz 1 erworbenen Wertpapiere bei dem Kreditinstitut, mit dem der Sparvertrag abgeschlossen ist, festzulegen und über die Wertpapiere nicht zu verfügen; diese Verpflichtung besteht nicht, wenn eine der in § 4 Abs. 4 Nr. 1 bis 5 bezeichneten Voraussetzungen erfüllt ist.

(5) Der Arbeitnehmer ist abweichend von der in Absatz 2 Satz 1 Nr. 2 bezeichneten Vereinbarung auch berechtigt, vor Ablauf der Sperrfrist die Überweisung eingezahlter vermögenswirksamer Leistungen auf einen von ihm oder seinem Ehegatten (§ 26 Abs. 1 des Einkommensteuergesetzes) abgeschlossenen Bausparvertrag zu verlangen, wenn weder mit der Auszahlung der Bausparsumme begonnen worden ist noch die überwiesenen Beträge vor Ablauf der Sperrfrist ganz oder zum Teil zurückgezahlt, noch Ansprüche aus dem Bausparvertrag abgetreten oder beliehen werden oder wenn eine solche vorzeitige Verfügung nach § 2 Abs. 2 Satz 2 Nr. 1 und 2 des Wohnungsbau-Prämiengesetzes unschädlich ist.

**§ 9. Kapitalversicherungsvertrag.** (1) Ein Kapitalversicherungsvertrag im Sinne des § 2 Abs. 1 Nr. 7 ist ein Vertrag über eine Kapitalversicherung auf den Erlebens- und Todesfall gegen laufenden Beitrag, der für die Dauer von mindestens zwölf Jahren und mit den in den Absätzen 2 bis 5 bezeichneten Vereinbarungen zwischen dem Arbeitnehmer und einem Versicherungsunternehmen abgeschlossen ist, das im Geltungsbereich dieses Gesetzes zum Geschäftsbetrieb befugt ist.

(2) Der Arbeitnehmer ist verpflichtet, als Versicherungsbeiträge vermögenswirksame Leistungen einzahlen zu lassen oder andere Beträge einzuzahlen.

(3) Die Versicherungsbeiträge enthalten keine Anteile für Zusatzleistungen wie für Unfall, Invalidität oder Krankheit.

(4) Der Versicherungsvertrag führt nach dem von der zuständigen Aufsichtsbehörde genehmigten Geschäftsplan schon im ersten Jahr der Versicherungsdauer zu einem nicht kürzbaren Sparanteil von mindestens 50 vom Hundert des gezahlten Beitrags.

(5) Die Gewinnanteile werden verwendet

1. zur Erhöhung der Versicherungsleistung oder

2. auf Verlangen des Arbeitnehmers zur Verrechnung mit fälligen Beiträgen, wenn er nach Vertragsabschluß arbeitslos geworden ist und die Arbeitslosigkeit mindestens ein Jahr lang ununterbrochen bestanden hat und im Zeitpunkt der Verrechnung noch besteht.

### § 10. Vereinbarung zusätzlicher vermögenswirksamer Leistungen.

(1) Vermögenswirksame Leistungen können in Verträgen mit Arbeitnehmern, in Betriebsvereinbarungen, in Tarifverträgen oder in bindenden Festsetzungen (§ 19 des Heimarbeitsgesetzes) vereinbart werden.

(2) Vermögenswirksame Leistungen, die in Tarifverträgen vereinbart werden, werden nur dann nach den Vorschriften dieses Gesetzes gefördert, wenn die Tarifverträge nicht die Möglichkeit vorsehen, daß statt einer vermögenswirksamen Leistung eine andere Leistung, insbesondere eine Barleistung, erbracht wird.

(3) Der Anspruch des Arbeitnehmers gegen den Arbeitgeber auf die in einem Tarifvertrag vereinbarte vermögenswirksame Leistung erlischt nicht, wenn der Arbeitnehmer statt der vermögenswirksamen Leistung eine andere Leistung, insbesondere eine Barleistung, annimmt. Der Arbeitnehmer ist nicht verpflichtet, die andere Leistung an den Arbeitgeber herauszugeben.

(4) Absatz 3 gilt entsprechend für einen nichttarifgebundenen Arbeitnehmer, wenn der Arbeitgeber ihm statt der den tarifgebundenen Arbeitnehmern auf Grund eines Tarifvertrags gezahlten vermögenswirksamen Leistungen eine andere Leistung, insbesondere eine Barleistung, erbringt.

(5) Der Arbeitgeber kann auf tarifvertraglich vereinbarte vermögenswirksame Leistungen die betrieblichen Sozialleistungen anrechnen, die dem Arbeitnehmer in dem Kalenderjahr bisher schon als vermögenswirksame Leistungen erbracht worden sind. Das gilt nicht, soweit der Arbeitnehmer bei den betrieblichen Sozialleistungen zwischen einer vermögenswirksamen Leistung und einer anderen Leistung, insbesondere einer Barleistung, wählen konnte.

### § 11. Vermögenswirksame Anlage von Teilen des Arbeitslohns.

(1) Der Arbeitgeber hat auf schriftliches Verlangen des Arbeitnehmers einen Vertrag über die vermögenswirksame Anlage von Teilen des Arbeitslohns abzuschließen.

(2) Auch vermögenswirksam angelegte Teile des Arbeitslohns sind vermögenswirksame Leistungen im Sinne dieses Gesetzes.

(3) Zum Abschluß eines Vertrags nach Absatz 1, wonach die Lohnteile nicht zusammen mit anderen vermögenswirksamen Leistungen für den

Arbeitnehmer angelegt und überwiesen werden sollen, ist der Arbeitgeber nur dann verpflichtet, wenn der Arbeitnehmer die Anlage von Teilen des Arbeitslohns in monatlichen der Höhe nach gleichbleibenden Beträgen von mindestens 25 Deutsche Mark oder in vierteljährlichen der Höhe nach gleichbleibenden Beträgen von mindestens 75 Deutsche Mark oder nur einmal im Kalenderjahr in Höhe eines Betrags von mindestens 75 Deutsche Mark verlangt. Der Arbeitnehmer kann bei der Anlage in monatlichen Beträgen während des Kalenderjahrs die Art der vermögenswirksamen Anlage und das Unternehmen oder Institut, bei dem sie erfolgen soll, nur mit Zustimmung des Arbeitgebers wechseln.

(4) Der Arbeitgeber kann einen Termin im Kalenderjahr bestimmen, zu dem die Arbeitnehmer des Betriebs oder Betriebsteils die einmalige Anlage von Teilen des Arbeitslohns nach Absatz 3 verlangen können. Die Bestimmung dieses Termins unterliegt der Mitbestimmung des Betriebsrats oder der zuständigen Personalvertretung; das für die Mitbestimmung in sozialen Angelegenheiten vorgeschriebene Verfahren ist einzuhalten. Der nach Satz 1 bestimmte Termin ist den Arbeitnehmern in jedem Kalenderjahr erneut in geeigneter Form bekanntzugeben. Zu einem anderen als dem nach Satz 1 bestimmten Termin kann der Arbeitnehmer eine einmalige Anlage nach Absatz 3 nur verlangen

1. von Teilen des Arbeitslohns, den er im letzten Lohnzahlungszeitraum des Kalenderjahrs erzielt, oder
2. von Teilen besonderer Zuwendungen, die im Zusammenhang mit dem Weihnachtsfest oder Jahresende gezahlt werden.

(5) Der Arbeitnehmer kann jeweils einmal im Kalenderjahr von dem Arbeitgeber schriftlich verlangen, daß der Vertrag über die vermögenswirksame Anlage von Teilen des Arbeitslohns aufgehoben, eingeschränkt oder erweitert wird. Im Fall der Aufhebung ist der Arbeitgeber nicht verpflichtet, in demselben Kalenderjahr einen neuen Vertrag über die vermögenswirksame Anlage von Teilen des Arbeitslohns abzuschließen.

(6) In Tarifverträgen oder Betriebsvereinbarungen kann von den Absätzen 3 bis 5 abgewichen werden.

**§ 12. Freie Wahl der Anlage.** Vermögenswirksame Leistungen werden nur dann nach den Vorschriften dieses Gesetzes gefördert, wenn der Arbeitnehmer die Art der vermögenswirksamen Anlage und das Unternehmen oder Institut, bei dem sie erfolgen soll, frei wählen kann. Eine Anlage im Unternehmen des Arbeitgebers nach § 2 Abs. 1 Nr. 1 Buchstaben g bis l und Abs. 4 ist nur mit Zustimmung des Arbeitgebers zulässig.

**§ 13. Anspruch auf Arbeitnehmer-Sparzulage.** (1) Der Arbeitnehmer, der Einkünfte aus nichtselbständiger Arbeit im Sinne des § 19 Abs. 1 des Einkommensteuergesetzes bezieht, hat für die nach § 2 Abs. 1 Nr. 1 bis 5, Abs. 2 bis 4 angelegten vermögenswirksamen Leistungen, soweit sie insgesamt 936 Deutsche Mark im Kalenderjahr nicht übersteigen, Anspruch auf eine Arbeitnehmer-Sparzulage nach diesem Gesetz, wenn das zu versteuernde Einkommen (§ 2 Abs. 5 des Einkommensteuergesetzes) in dem Kalenderjahr, in dem die vermögenswirksamen Leistungen angelegt worden sind, 27 000 Deutsche Mark oder bei einer Zusammenveranlagung von Ehegatten nach § 26 b des Einkommensteuergesetzes 54 000 Deutsche Mark nicht übersteigt.

(2) Die Arbeitnehmer-Sparzulage beträgt

1. 20 vom Hundert der vermögenswirksamen Leistungen, die nach § 2 Abs. 1 Nr. 1, 2 oder 3, Abs. 2 bis 4 angelegt werden, und

2. 10 vom Hundert der vermögenswirksamen Leistungen, die nach § 2 Abs. 1 Nr. 4 oder 5 angelegt werden.

(3) Die Arbeitnehmer-Sparzulage gilt weder als steuerpflichtige Einnahme im Sinne des Einkommensteuergesetzes noch als Einkommen, Verdienst oder Entgelt (Arbeitsentgelt) im Sinne der Sozialversicherung und des Arbeitsförderungsgesetzes; sie gilt arbeitsrechtlich nicht als Bestandteil des Lohns oder Gehalts.

(4) Der Anspruch auf Arbeitnehmer-Sparzulage entsteht mit Ablauf des Kalenderjahrs, in dem die vermögenswirksamen Leistungen angelegt worden sind.

(5) Der Anspruch auf Arbeitnehmer-Sparzulage entfällt mit Wirkung für die Vergangenheit, soweit die in den §§ 4 bis 7 genannten Fristen oder bei einer Anlage nach § 2 Abs. 1 Nr. 4 die in § 2 Abs. 1 Nr. 3 und 4 und Abs. 2 Satz 1 des Wohnungsbau-Prämiengesetzes vorgesehenen Voraussetzungen nicht eingehalten werden. Der Anspruch entfällt nicht, wenn die Sperrfrist nicht eingehalten wird, weil

1. der Arbeitnehmer das Umtausch- oder Abfindungsangebot eines Wertpapier-Emittenten angenommen hat oder Wertpapiere dem Aussteller nach Auslosung oder Kündigung durch den Aussteller zur Einlösung vorgelegt worden sind oder

2. die mit den vermögenswirksamen Leistungen erworbenen oder begründeten Wertpapiere oder Rechte im Sinne des § 2 Abs. 1 Nr. 1, Abs. 2 bis 4 ohne Mitwirkung des Arbeitnehmers wertlos geworden sind.

### § 14. Festsetzung der Arbeitnehmer-Sparzulage, Anwendung der Abgabenordnung, Verordnungsermächtigung, Rechtsweg. (1) Die Verwaltung der Arbeitnehmer-Sparzulage obliegt den Finanzämtern. Die Arbeitnehmer-Sparzulage wird aus den Einnahmen an Lohnsteuer gezahlt.

(2) Auf die Arbeitnehmer-Sparzulage sind die für Steuervergütungen geltenden Vorschriften der Abgabenordnung entsprechend anzuwenden. Dies gilt nicht für § 163 der Abgabenordnung.

(3) Für die Arbeitnehmer-Sparzulage gelten die Strafvorschriften des § 370 Abs. 1 bis 4, der §§ 371, 375 Abs. 1 und des § 376 sowie die Bußgeldvorschriften der §§ 378, 379 Abs. 1 und 4 und der §§ 383 und 384 der Abgabenordnung entsprechend. Für das Strafverfahren wegen einer

Straftat nach Satz 1 sowie der Begünstigung einer Person, die eine solche Tat begangen hat, gelten die §§ 385 bis 408, für das Bußgeldverfahren wegen einer Ordnungswidrigkeit nach Satz 1 die §§ 409 bis 412 der Abgabenordnung entsprechend.

(4) Die Arbeitnehmer-Sparzulage wird auf Antrag durch das für die Besteuerung des Arbeitnehmers nach dem Einkommen zuständige Finanzamt festgesetzt. Der Arbeitnehmer hat den Antrag nach amtlich vorgeschriebenem Vordruck spätestens bis zum Ablauf des zweiten Kalenderjahrs nach dem Kalenderjahr zu stellen, in dem die vermögenswirksamen Leistungen nach § 2 Abs. 1 Nr. 1 bis 5, Abs. 2 bis 4 angelegt worden sind. Dem Antrag sind die für das Kalenderjahr dieser vermögenswirksamen Leistungen ausgestellten Lohnsteuerkarten mit vollständigen Lohnsteuerbescheinigungen oder in den Fällen, in denen dem Arbeitgeber eine Lohnsteuerkarte nicht vorgelegen hat, die Lohnsteuerbescheinigungen nach entsprechendem amtlich vorgeschriebenen Vordruck (§ 41 b Abs. 1 Satz 3 des Einkommensteuergesetzes) beizufügen; in den Fällen der §§ 39 d und 40 a des Einkommensteuergesetzes hat der Arbeitgeber die in Satz 2 bezeichneten vermögenswirksamen Leistungen auf dem Antrag zu bestätigen. Das Finanzamt teilt die festgesetzte Arbeitnehmer-Sparzulage dem Unternehmen oder Institut mit, bei dem die in Satz 2 bezeichneten vermögenswirksamen Leistungen angelegt sind.

(5) Die Bundesregierung wird ermächtigt, durch Rechtsverordnung mit Zustimmung des Bundesrates

1. das Verfahren bei der Festsetzung der Arbeitnehmer-Sparzulage näher zu regeln und

2. zu bestimmen, daß ein Betrag in Höhe der zu Unrecht gezahlten Arbeitnehmer-Sparzulage durch das Unternehmen oder Institut, bei dem die vermögenswirksamen Leistungen angelegt worden sind, einzubehalten und an das Finanzamt abzuführen ist,

soweit dies zur Vereinfachung des Verfahrens erforderlich ist.

(6) In öffentlich-rechtlichen Streitigkeiten über die auf Grund dieses Gesetzes ergehenden Verwaltungsakte der Finanzbehörden ist der Finanzrechtsweg gegeben.

**§ 15. Weitere Pflichten und Haftung des Arbeitgebers, Unternehmens oder Instituts; Verordnungsermächtigung, Anrufungsauskunft.** (1) Der Arbeitgeber hat getrennt voneinander

1. den Betrag der nach § 2 Abs. 1 Nr. 1, 2 und 3, Abs. 2 bis 4 angelegten vermögenswirksamen Leistungen und

2. den Betrag der nach § 2 Abs. 1 Nr. 4 und 5 angelegten vermögenswirksamen Leistungen

bei jeder Lohnabrechnung im Lohnkonto des Arbeitnehmers oder, sofern ein Lohnkonto nicht zu führen ist, in entsprechenden Aufzeichnungen einzutragen. In der Lohnsteuerbescheinigung sind die Beträge nach den Nummern 1 und 2 gesondert zu bescheinigen.

(2) Die Bundesregierung wird ermächtigt, durch Rechtsverordnung mit Zustimmung des Bundesrates weitere Vorschriften zu erlassen über

1. Aufzeichnungs-, Bescheinigungs- und Mitteilungspflichten des Arbeitgebers und des Unternehmens oder Instituts, bei dem die vermögenswirksamen Leistungen angelegt sind, und

2. die Festlegung von Wertpapieren und die Art der Festlegung, soweit dies erforderlich ist, damit nicht die Arbeitnehmer-Sparzulage zu Unrecht gezahlt, versagt, nicht zurückgefordert oder nicht einbehalten wird.

(3) Haben der Arbeitgeber, das Unternehmen, das Institut oder der in § 3 Abs. 3 genannte Gläubiger ihre Pflichten nach diesem Gesetz oder nach einer auf Grund dieses Gesetzes erlassenen Rechtsverordnung verletzt, so haften sie für die Arbeitnehmer-Sparzulage, die wegen ihrer Pflichtverletzung zu Unrecht gezahlt, nicht zurückgefordert oder nicht einbehalten worden ist.

(4) Das Finanzamt, das für die Besteuerung der in Absatz 3 Genannten zuständig ist, hat auf deren Anfrage Auskunft darüber zu erteilen, wie im einzelnen Fall die Vorschriften über vermögenswirksame Leistungen anzuwenden sind, die nach § 2 Abs. 1 Nr. 1 bis 5, Abs. 2 bis 4 angelegt werden.

(5) Das für die Lohnsteuer-Außenprüfung zuständige Finanzamt kann bei den in Absatz 3 Genannten eine Außenprüfung durchführen, um festzustellen, ob sie ihre Pflichten nach diesem Gesetz oder nach einer auf Grund dieses Gesetzes erlassenen Rechtsverordnung, soweit diese mit der Anlage vermögenswirksamer Leistungen nach § 2 Abs. 1 Nr. 1 bis 5, Abs. 2 bis 4 zusammenhängen, erfüllt haben. Die §§ 195 bis 202 der Abgabenordnung gelten entsprechend.

### § 16. Berlin-Klausel. *(gegenstandslos)*

### § 17. Übergangsvorschriften. (1) Soweit nachstehend nichts anderes bestimmt ist, gelten

1. für vermögenswirksame Leistungen, die nach dem 31. Dezember 1989 angelegt werden, die vorstehenden Vorschriften,

2. für vermögenswirksame Leistungen, die nach dem 31. Dezember 1988 und vor dem 1. Januar 1990 angelegt werden, die Vorschriften des Fünften Vermögensbildungsgesetzes in der Fassung der Bekanntmachung vom 19. Februar 1987 (BGBl. I S. 630) mit der Maßgabe, daß
    a) an die Stelle des § 2 Abs. 1 Nr. 2 Buchstabe i der vorstehende § 2 Abs. 1 Nr. 1 Buchstabe i, Abs. 2 Satz 2 tritt,
    b) in § 2 Abs. 1 Nr. 4, Abs. 4, § 5 Abs. 1, § 7 Abs. 2 und § 8 Abs. 1 an die Stelle des dort zitierten § 2 Abs. 1 Nr. 2 Buchstabe i, jeweils der vorstehende § 2 Abs. 1 Nr. 1 Buchstabe i, Abs. 2 Satz 2 tritt,
    c) in § 7 Abs. 1 an die Stelle des dort zitierten § 2 Abs. 1 Nr. 2 Buchstabe i der vorstehende § 2 Abs. 1 Nr. 1 Buchstabe i tritt und
    d) in § 8 Abs. 2 das Zitat des § 2 Abs. 1 Nr. 2 Buchstabe i entfällt und

3. für vermögenswirksame Leistungen, die vor dem 1. Januar 1989 ange-

legt werden, die Vorschriften des in Nummer 2 bezeichneten Gesetzes oder die Vorschriften des Vierten Vermögensbildungsgesetzes oder die Vorschriften des Dritten Vermögensbildungsgesetzes in der zur Zeit der Anlage jeweils geltenden Fassung.

(1 a) Für vermögenswirksame Leistungen, die nach dem 31. Dezember 1989 und vor dem 1. Januar 1991 angelegt werden, gelten § 2 Abs. 1 Nr. 1 Buchstabe b und § 8 Abs. 4 Nr. 2 des Fünften Vermögensbildungsgesetzes in der Fassung der Bekanntmachung vom 19. Januar 1989 (BGBl. I S. 137).

(2) Für vermögenswirksame Leistungen, die nach dem 31. Dezember 1988 und vor dem 1. Januar 1990 auf Grund eines Vertrags angelegt werden, der die Voraussetzungen des § 7 Abs. 2 des in Absatz 1 Nr. 2 bezeichneten Gesetzes erfüllt und vor dem 1. Januar 1989 mit dem Inhaber eines Unternehmens, das kein Unternehmen im Sinne des vorstehenden § 2 Abs. 1 Nr. 1 Buchstabe i, Abs. 2 Satz 2 ist, über die Begründung einer oder mehrerer Beteiligungen als stiller Gesellschafter an diesem Unternehmen abgeschlossen worden ist, gelten die Vorschriften des in Absatz 1 Nr. 2 bezeichneten Gesetzes.

(3) Hat sich der Arbeitnehmer in einem vor dem 1. Januar 1989 abgeschlossenen Vertrag im Sinne des Absatzes 2 verpflichtet, auch nach dem 31. Dezember 1989 vermögenswirksame Leistungen überweisen zu lassen, so kann er den Vertrag bis zum 30. September 1989 auf den 31. Dezember 1989 mit der Wirkung kündigen, daß nach diesem Zeitpunkt vermögenswirksame Leistungen oder andere Beträge nicht mehr zu zahlen sind; die Auseinandersetzung und die Berichtigung seines Guthabens kann er, wenn der Vertrag nicht aus anderen Gründen früher endet, zum 1. Januar 1996 verlangen. Weitergehende Rechte des Arbeitnehmers nach anderen Vorschriften oder auf Grund des Vertrags bleiben unberührt. Werden auf Grund der Kündigung nach Satz 1 Leistungen nicht erbracht, so hat der Arbeitnehmer dies nicht zu vertreten. Kündigt der Arbeitnehmer nicht oder nicht rechtzeitig nach Satz 1, so gilt die Verpflichtung, vermögenswirksame Leistungen überweisen zu lassen, als Verpflichtung, andere Beträge in entsprechender Höhe zu zahlen.

(4) Für vermögenswirksame Leistungen, die nach dem 31. Dezember 1989 auf Grund eines vor dem 1. Januar 1987 abgeschlossenen Vertrags angelegt werden, die die Voraussetzungen des vorstehenden § 4 Abs. 1 erfüllt und auf Grund dessen vor dem 1. Januar 1987 vermögenswirksame Leistungen angelegt worden sind, endet die Sperrfrist abweichend von dem vorstehenden § 4 Abs. 2 Satz 2 nach Ablauf von sieben Jahren seit dem 1. Juli des Kalenderjahrs der ersten Einzahlung auf Grund des Vertrags, wenn diese Einzahlung nach dem 30. Juni des Kalenderjahrs beim Kreditinstitut eingegangen ist. Der vorstehende § 4 Abs. 4 Nr. 6 gilt entsprechend, wenn nach dem 31. Dezember 1989 Wertpapiere veräußert werden, die mit vor dem 1. Januar 1987 erbrachten vermögenswirksamen Leistungen erworben worden sind.

(5) Für vermögenswirksame Leistungen, die nach dem 31. Dezember 1989 angelegt werden

1. auf Grund eines vor dem 1. Januar 1989 abgeschlossenen Vertrags, der die Voraussetzungen des § 4 Abs. 1 des in Absatz 1 Nr. 2 bezeichneten Gesetzes erfüllt, oder auf Grund eines Wertpapier-Sparvertrags nach § 17 Abs. 2 des bezeichneten Gesetzes,

2. auf Grund eines vor dem 1. Januar 1989 abgeschlossenen Vertrags, der die Voraussetzungen des § 5 Abs. 1 des in Absatz 1 Nr. 2 bezeichneten Gesetzes erfüllt und in dem der Erwerb von Gewinnschuldverschreibungen oder Genußscheinen von Kreditinstituten vereinbart ist, die nicht vom Arbeitgeber ausgegeben werden, oder

3. auf Grund eines vor dem 1. Januar 1989 abgeschlossenen Vertrags, der die Voraussetzungen des § 9 Abs. 1 des in Absatz 1 Nr. 2 bezeichneten Gesetzes erfüllt,

gelten nach Maßgabe des Satzes 2 und vorbehaltlich des Absatzes 6 die Vorschriften des in Absatz 1 Nr. 2 bezeichneten Gesetzes mit Ausnahme des § 3 Abs. 2 Satz 2 und 3, des § 13 Abs. 1 bis 6, 9 und 10 und der §§ 14 und 15. Für die in Satz 1 bezeichneten vermögenswirksamen Leistungen gilt § 5 Abs. 3 des in Absatz 1 Nr. 2 bezeichneten Gesetzes mit der Maßgabe, daß für Spitzenbeträge der Anspruch auf Arbeitnehmer-Sparzulage mit Wirkung für die Vergangenheit entfällt, wenn sie am Ende eines Kalenderjahrs 300 Deutsche Mark übersteigen.

(6) Für die in Absatz 5 Satz 1 bezeichneten vermögenswirksamen Leistungen gelten abweichend von Absatz 5

1. der vorstehende § 3 Abs. 2 Satz 2 und 3 mit der Maßgabe, daß nach Satz 3 die vermögenswirksamen Leistungen, für die Anspruch auf Arbeitnehmer-Sparzulage besteht oder entsteht, und die Art ihrer Anlage zu kennzeichnen sind,

2. der vorstehende § 13 mit der Maßgabe, daß
   a) nach dessen Absatz 1 Anspruch auf Arbeitnehmer-Sparzulagen besteht

      aa) für die in Absatz 5 Satz 1 Nr. 1 bezeichneten vermögenswirksamen Leistungen, soweit sie insgesamt 624 Deutsche Mark im Kalenderjahr nicht übersteigen, und

      bb) für die in Absatz 5 Satz 1 Nr. 3 bezeichneten vermögenswirksamen Leistungen, soweit sie insgesamt 624 Deutsche Mark im Kalenderjahr nicht übersteigen und wenn die Sperrfrist des Kapitalversicherungsvertrags nicht vor dem Kalenderjahr, in dem die vermögenswirksamen Leistungen angelegt werden, abgelaufen ist,

   b) nach dessen Absatz 2 die Arbeitnehmer-Sparzulage 10 vom Hundert der vermögenswirksamen Leistungen beträgt,

   c) nach dessen Absatz 5 Satz 1 der Anspruch entfällt, soweit die Fristen nach den §§ 4, 5 oder 9 des in Absatz 1 Nr. 2 bezeichneten Gesetzes nicht eingehalten werden,

   d) nach dessen Absatz 5 Satz 2 Nr. 2 der Anspruch nicht entfällt, wenn die Sperrfrist nicht eingehalten wird, weil die Wertpapiere im Sinne des § 2 Abs. 1 Nr. 2 Buchstaben a bis f, Abs. 2 und 3 des in Absatz 1

Nr. 2 bezeichneten Gesetzes ohne Mitwirkung des Arbeitnehmers wertlos geworden sind,

3. der vorstehende § 14 und

4. der vorstehende § 15 mit der Maßgabe, daß
   a) nach dessen Absatz 1 der Arbeitgeber
      aa) den Betrag der in Absatz 5 Satz 1 Nr. 1 bezeichneten vermögenswirksamen Leistungen sowie der in Absatz 5 Satz 1 Nr. 3 bezeichneten vermögenswirksamen Leistungen, für die Anspruch auf Arbeitnehmer-Sparzulage besteht oder entsteht, gesondert einzutragen und zu bescheinigen hat und
      bb) den Betrag der in Absatz 5 Satz 1 Nr. 2 bezeichneten vermögenswirksamen Leistungen wie den Betrag der nach dem vorstehenden § 2 Abs. 1 Nr. 4 und 5 angelegten vermögenswirksamen Leistungen einzutragen und zu bescheinigen hat,
   b) nach dessen Absatz 3 der Arbeitgeber, das Unternehmen oder das Institut haften.

# 1.6 Verordnung zur Durchführung des Fünften Vermögensbildungsgesetzes (VermBDV 1990)

Vom 4. Dezember 1991 (BGBl. I S. 2156)

**§ 1. Verfahren.** Auf das Verfahren bei der Festsetzung und Rückzahlung der Arbeitnehmer-Sparzulage sind neben den in § 14 Abs. 2 des Gesetzes bezeichneten Vorschriften die für die Einkommensteuer und Lohnsteuer geltenden Regelungen sinngemäß anzuwenden, soweit sich aus den nachstehenden Vorschriften nichts anderes ergibt.

**§ 2. Mitteilungspflichten des Kreditinstituts, des Unternehmens oder des Arbeitgebers.** (1) Das Kreditinstitut oder Unternehmen, bei dem vermögenswirksame Leistungen nach § 2 Abs. 1 bis 4 des Gesetzes angelegt werden, hat dem Arbeitgeber neben den Angaben nach § 3 Abs. 2 Satz 4 des Gesetzes auch mitzuteilen, ob und gegebenenfalls mit welchem Vomhundertsatz für die vermögenswirksamen Leistungen wegen der Art ihrer Anlage in § 13 Abs. 2 des Gesetzes Arbeitnehmer-Sparzulage vorgesehen ist. Entsprechendes gilt, wenn vermögenswirksame Leistungen nach § 17 Abs. 5 des Gesetzes angelegt werden, bei der Bestätigung nach § 3 Abs. 2 Satz 4 des Gesetzes in der Fassung der Bekanntmachung vom 19. Februar 1987 (BGBl. I S. 630).

(2) Das Kreditinstitut oder Versicherungsunternehmen, bei dem vermögenswirksame Leistungen auf Grund eines im Kalenderjahr 1989 abgeschlossenen Vertrags der in § 17 Abs. 5 Satz 1 des Gesetzes bezeichneten Art angelegt werden, hat nach Eingang der ersten vermögenswirksamen Leistung nach dem Kalenderjahr 1989 dem Arbeitgeber unverzüglich schriftlich mitzuteilen, daß die vermögenswirksame Leistung nicht mehr zulagebegünstigt ist.

(3) Das Versicherungsunternehmen, bei dem vermögenswirksame Leistungen nach § 17 Abs. 5 Satz 1 Nr. 3 des Gesetzes angelegt werden, hat nach Eingang der letzten vermögenswirksamen Leistung des Kalenderjahrs, in dem die Sperrfrist des Vertrags endet, dem Arbeitgeber unverzüglich schriftlich mitzuteilen, daß die folgenden vermögenswirksamen Leistungen nicht mehr zulagebegünstigt sind.

(4) Der Arbeitgeber hat bei Überweisung vermögenswirksamer Leistungen im Dezember und Januar eines Kalenderjahrs dem Kreditinstitut oder Unternehmen das Kalenderjahr mitzuteilen, dem die vermögenswirksamen Leistungen zuzuordnen sind.

(5) Werden bei einer Anlage nach § 2 Abs. 1 Nr. 4 oder § 17 Abs. 5 Satz 1 Nr. 1 des Gesetzes

1. Wohnbau-Sparverträge in Baufinanzierungs-Verträge umgewandelt (§ 12 Abs. 1 Nr. 2 der Verordnung zur Durchführung des Wohnungsbau-Prämiengesetzes),

2. Baufinanzierungs-Verträge in Wohnbau-Sparverträge umgewandelt (§ 18 Abs. 1 Nr. 2 der Verordnung zur Durchführung des Wohnungsbau-Prämiengesetzes) oder

3. Sparbeiträge auf einen von dem Arbeitnehmer oder seinem Ehegatten abgeschlossenen Bausparvertrag überwiesen (§ 4 Abs. 3 Nr. 7 des Gesetzes in der Fassung der Bekanntmachung vom 19. Februar 1987, BGBl. I S. 630),

so hat das Kreditinstitut oder Unternehmen, bei dem die vermögenswirksamen Leistungen angelegt worden sind, dem neuen Kreditinstitut oder Unternehmen den Betrag der vermögenswirksamen Leistungen und das Kalenderjahr, dem sie zuzuordnen sind, sowie das Ende der Sperrfrist unverzüglich schriftlich mitzuteilen. Das neue Kreditinstitut oder Unternehmen hat die Angaben aufzuzeichnen.

(6) Das Kreditinstitut, bei dem vermögenswirksame Leistungen auf Grund eines Vertrags im Sinne des § 4 des Gesetzes angelegt werden, hat die Angaben nach Absatz 5

1. dem Arbeitgeber, der mit den vermögenswirksamen Leistungen erworbene Wertpapiere verwahrt oder an dessen Unternehmen mit den vermögenswirksamen Leistungen eine nichtverbriefte Vermögensbeteiligung im Sinne des § 2 Abs. 1 Nr. 1 Buchstaben g bis l des Gesetzes begründet oder erworben wird, oder

2. dem Unternehmen, an dem mit den vermögenswirksamen Leistungen eine nichtverbriefte Vermögensbeteiligung im Sinne des § 2 Abs. 1 Nr. 1 Buchstaben g bis l des Gesetzes begründet oder erworben wird,

unverzüglich schriftlich mitzuteilen.

(7) Der Arbeitgeber, bei dem vermögenswirksame Leistungen auf Grund eines Vertrags im Sinne des § 5 des Gesetzes angelegt werden, hat die Angaben nach Absatz 5 dem vom Arbeitnehmer benannten Kreditinstitut, das die erworbenen Wertpapiere verwahrt, unverzüglich schriftlich mitzuteilen.

**§ 3. Aufzeichnungs- und Bescheinigungspflichten des Arbeitgebers.** (1) Der Arbeitgeber hat vermögenswirksame Leistungen, die nach § 17 Abs. 5 Satz 1 des Gesetzes angelegt werden, in einer Summe mit dem in § 15 Abs. 1 Nr. 2 des Gesetzes genannten Betrag aufzuzeichnen und zu bescheinigen.

(2) In den Fällen der §§ 39d und 40a Einkommensteuergesetzes hat der Arbeitgeber die vermögenswirksamen Leistungen nach Maßgabe des § 15 Abs. 1 des Gesetzes und des Absatzes 1 in der besonderen Lohnsteuerbescheinigung (§ 41b Abs. 1 Satz 3 des Einkommensteuergesetzes) zu bescheinigen.

**§ 4. Unterlagen zum Lohnkonto.** Der Arbeitgeber hat die in seinem Besitz befindlichen Urkunden, Belege und Bestätigungen, durch welche die Anlage der vermögenswirksamen Leistungen nachgewiesen wird, als Unterlagen zum Lohnkonto oder, sofern ein Lohnkonto nicht zu führen ist, zu den entsprechenden Aufzeichnungen zu nehmen. Aus diesen Unterlagen müssen ersichtlich sein

1. das Gesetz, der Tarifvertrag, die bindende Festsetzung, die Betriebsvereinbarung oder die Einzelverträge, aus denen sich die Verpflichtung des Arbeitgebers zu vermögenswirksamen Leistungen ergibt, oder der Vertrag über die vermögenswirksame Anlage von Teilen des Arbeitslohnes;

2. das Unternehmen, das Kreditinstitut oder der in § 3 Abs. 3 des Gesetzes genannte Gläubiger, an die der Arbeitgeber die vermögenswirksamen Leistungen überwiesen hat;

3. der Erwerb der Wertpapiere auf Grund eines Vertrags im Sinne des § 5 des Gesetzes;

4. die Begründung oder der Erwerb der nichtverbrieften Vermögensbeteiligung im Sinne des § 2 Abs. 1 Nr. 1 Buchstaben g bis l des Gesetzes auf Grund eines Vertrags im Sinne des § 4, des § 6 Abs. 1 oder des § 7 Abs. 1 des Gesetzes;

5. die zweckentsprechende Verwendung der nach § 2 Abs. 1 Nr. 5 des Gesetzes angelegten vermögenswirksamen Leistungen im Falle des § 3 Abs. 3 des Gesetzes.

### § 5. Aufzeichnungspflichten des Beteiligungsunternehmens.

(1) Das Unternehmen, an dem eine nichtverbriefte Vermögensbeteiligung im Sinne des § 2 Abs. 1 Nr. 1 Buchstaben g bis l des Gesetzes auf Grund eines Vertrags im Sinne des § 4, des § 6 Abs. 2 oder des § 7 Abs. 2 des Gesetzes mit vermögenswirksamen Leistungen begründet oder erworben wird, hat den Betrag der vermögenswirksamen Leistungen und das Kalenderjahr, dem sie zuzuordnen sind, sowie das Ende der Sperrfrist aufzuzeichnen.

(2) Zu den Aufzeichnungen nach Absatz 1 ist auch der Arbeitgeber verpflichtet, an dessen Unternehmen eine nichtverbriefte Vermögensbeteiligung im Sinne des § 2 Abs. 1 Nr. 1 Buchstaben g bis l des Gesetzes auf Grund eines Vertrags im Sinne des § 6 Abs. 1 oder des § 7 Abs. 1 des Gesetzes mit vermögenswirksamen Leistungen begründet oder erworben wird.

### § 6. Festlegung von Wertpapieren.
(1) Wertpapiere, die auf Grund eines Vertrags im Sinne des § 4 des Gesetzes mit vermögenswirksamen Leistungen erworben werden, sind auf den Namen des Arbeitnehmers dadurch festzulegen, daß sie für die Dauer der Sperrfrist wie folgt in Verwahrung gegeben werden:

1. Erwirbt der Arbeitnehmer ausgedruckte Einzelurkunden, so müssen diese in das Depot bei dem Kreditinstitut gegeben werden, mit dem er den Sparvertrag abgeschlossen hat. Das Kreditinstitut muß in den Depotbüchern einen Sperrvermerk für die Dauer der Sperrfrist anbringen. Bei Drittverwahrung genügt ein Sperrvermerk im Kundenkonto beim erstverwahrenden Kreditinstitut.

2. Erwirbt der Arbeitnehmer Anteile an einem Sammelbestand von Wertpapieren oder werden diese Wertpapiere bei einer Wertpapiersammelbank in Sammelverwahrung gegeben, so muß das Kreditinstitut einen Sperrvermerk in das Depotkonto eintragen.

(2) Nach Absatz 1 Satz 1 erworbene Wertpapiere,

1. die eine Vermögensbeteiligung an Unternehmen des Arbeitgebers oder eine gleichgestellte Vermögensbeteiligung (§ 2 Abs. 2 Satz 1 des Gesetzes) verbriefen oder

2. die der Arbeitnehmer vom Arbeitgeber erwirbt,

können auch vom Arbeitgeber verwahrt werden. Der Arbeitgeber hat die Verwahrung, den Betrag der vermögenswirksamen Leistungen und das Kalenderjahr, dem sie zuzuordnen sind, sowie das Ende der Sperrfrist aufzuzeichnen.

(3) Wertpapiere, die auf Grund eines Vertrags im Sinne des § 5 des Gesetzes erworben werden, sind festzulegen durch Verwahrung

1. beim Arbeitgeber oder

2. im Auftrag des Arbeitgebers bei einem Dritten oder

3. bei einem vom Arbeitnehmer benannten inländischen Kreditinstitut.

In den Fällen der Nummern 1 und 2 ist der Arbeitgeber, im Fall der Nummer 3 ist das Kreditinstitut zu den in Absatz 2 Satz 2 bezeichneten Aufzeichnungen verpflichtet.

(4) Bei einer Verwahrung durch ein Kreditinstitut hat der Arbeitnehmer innerhalb von drei Monaten nach dem Erwerb der Wertpapiere dem Arbeitgeber eine Bescheinigung des Kreditinstituts darüber vorzulegen, daß die Wertpapiere entsprechend Absatz 1 in Verwahrung genommen worden sind.

**§ 7. Anzeigepflichten des Kreditinstituts, des Unternehmens oder des Arbeitgebers.** (1) Dem nach § 9 Abs. 1 zuständigen Finanzamt ist nach amtlich vorgeschriebenem Vordruck unverzüglich anzuzeigen,

1. von dem Kreditinstitut oder Versicherungsunternehmen, bei dem vermögenswirksame Leistungen nach § 2 Abs. 1 Nr. 1 oder 4 oder § 17 Abs. 5 Satz 1 des Gesetzes angelegt worden sind, wenn vor Ablauf der Sperrfrist
   a) vermögenswirksame Leistungen zurückgezahlt werden,
   b) über Ansprüche aus einem Vertrag im Sinne des § 4 des Gesetzes, einem Bausparvertrag oder einem Vertrag nach § 17 Abs. 5 Satz 1 des Gesetzes durch Rückzahlung, Abtretung, Beleihung oder in anderer Weise verfügt wird,
   c) die Festlegung erworbener Wertpapiere aufgehoben oder über solche Wertpapiere verfügt wird,
   d) die Bausparsumme ausgezahlt oder
   e) die Versicherungssumme ausgezahlt oder der Versicherungsvertrag in einen Vertrag umgewandelt wird, der die Voraussetzungen des in § 17 Abs. 5 Satz 1 Nr. 3 des Gesetzes bezeichneten Vertrags nicht erfüllt;

2. von dem Kreditinstitut, bei dem vermögenswirksame Leistungen nach § 4 oder § 17 Abs. 5 Satz 1 Nr. 2 des Gesetzes angelegt worden sind, wenn Spitzenbeträge im Sinne des § 4 Abs. 3 oder Abs. 4 Nr. 6 des Gesetzes oder des § 5 Abs. 3 oder 4 des Gesetzes in der Fassung der Bekanntmachung vom 19. Februar 1987 (BGBl. I S. 630) von mehr als 300 Deutsche Mark nicht rechtzeitig verwendet oder wiederverwendet worden sind;

3. von dem Kreditinstitut, das Wertpapiere nach § 6 Abs. 3 Nr. 3 verwahrt, wenn vor Ablauf der Sperrfrist die Festlegung von Wertpapieren aufgehoben oder über Wertpapiere verfügt wird;

4. von dem Unternehmen oder Arbeitgeber, bei dem eine nichtverbriefte Vermögensbeteiligung im Sinne des § 2 Abs. 1 Nr. 1 Buchstaben g bis l des Gesetzes auf Grund eines Vertrags im Sinne der §§ 4, 6 oder 7 des Gesetzes mit vermögenswirksamen Leistungen begründet oder erworben worden ist, wenn vor Ablauf der Sperrfrist über die Vermögensbeteiligung verfügt wird oder wenn der Arbeitnehmer die Vermögensbeteiligung nicht bis zum Ablauf des Kalenderjahrs erhalten hat, das auf das Kalenderjahr der vermögenswirksamen Leistungen folgt;

5. von dem Arbeitgeber, der Wertpapiere nach § 6 Abs. 2 oder Abs. 3 Nr. 1 oder 2 verwahrt oder bei einem Dritten verwahren läßt, wenn vor Ablauf der Sperrfrist die Festlegung von Wertpapieren aufgehoben oder über Wertpapiere verfügt wird oder der Arbeitnehmer die Verwahrungsbescheinigung nach § 6 Abs. 4 nicht rechtzeitig vorlegt;

6. von dem Arbeitgeber, bei dem vermögenswirksame Leistungen auf Grund eines Vertrags im Sinne des § 5 des Gesetzes angelegt werden, wenn der Arbeitnehmer mit den vermögenswirksamen Leistungen eines Kalenderjahrs nicht bis zum Ablauf des folgenden Kalenerjahrs die Wertpapiere erworben hat.

(2) Die Anzeigepflicht des Kreditinstituts oder Versicherungsunternehmens nach Absatz 1 Nr. 1 bis 3 entfällt, wenn eine unschädliche vorzeitige Verfügung vorliegt oder die vom Finanzamt zurückzufordernde Arbeitnehmer-Sparzulage 5 Deutsche Mark nicht übersteigen würde. Außerdem entfallen die Anzeigepflicht des Kreditinstituts oder Versicherungsunternehmens nach Absatz 1 Nr. 1 in den Fällen des § 10 Abs. 1 Nr. 1 und die Anzeigepflicht des Kreditinstituts nach Absatz 1 Nr. 2 in den Fällen des § 10 Abs. 2 Nr. 1.

### § 8. Festsetzung der Arbeitnehmer-Sparzulage bei mehreren Anlageformen und Übersteigen der Höchstbeträge.

Sind für den Arbeitnehmer die vermögenswirksamen Leistungen eines Kalenderjahrs in mehr als einer der in § 2 Abs. 1 Nr. 1 bis 5, Abs. 2 bis 4 und § 17 Abs. 5 Satz 1 des Gesetzes bezeichneten Anlageformen angelegt worden und übersteigen sie insgesamt den Höchstbetrag von 936 Deutsche Mark nach § 13 Abs. 1 des Gesetzes oder, soweit sie nach § 17 Abs. 5 Satz 1 Nr. 1 und 3 des Gesetzes angelegt sind, den Höchstbetrag von 624 Deutsche Mark nach § 17 Abs. 6 Nr. 2 Buchstabe a des Gesetzes, so hat das Finanzamt die vermögenswirksamen Leistungen zur Festsetzung der Arbeitnehmer-Sparzulage in folgender Reihenfolge zu berücksichtigen, wenn der Arbeitnehmer nichts anderes beantragt:

1. die vermögenswirksamen Leistungen, die auf Grund eines Vertrags im Sinne der §§ 4, 5, 6 oder 7 des Gesetzes angelegt worden sind;

2. die vermögenswirksamen Leistungen, die nach § 2 Abs. 1 Nr. 4 des Gesetzes angelegt worden sind, soweit sie nicht Beiträge an Bausparkassen darstellen, und die vermögenswirksamen Leistungen, die nach § 2 Abs. 1 Nr. 5 oder § 17 Abs. 5 Satz 1 Nr. 2 des Gesetzes angelegt worden sind;

3. die vermögenswirksamen Leistungen, die nach § 17 Abs. 5 Satz 1 Nr. 1 des Gesetzes angelegt worden sind;

4. die vermögenswirksamen Leistungen, die nach § 2 Abs. 1 Nr. 4 des Gesetzes angelegt worden sind, soweit sie Beiträge an Bausparkassen darstellen;

5. die vermögenswirksamen Leistungen, die nach § 17 Abs. 5 Satz 1 Nr. 3 des Gesetzes angelegt worden sind.

**§ 9. Rückforderung der Arbeitnehmer-Sparzulage durch das Finanzamt.** (1) Das Wohnsitzfinanzamt des Arbeitnehmers hat zu Unrecht gezahlte Arbeitnehmer-Sparzulage vom Arbeitnehmer durch besonderen Bescheid zurückzufordern. Hat der Arbeitnehmer im Inland weder einen Wohnsitz noch einen gewöhnlichen Aufenthalt, so tritt an die Stelle des Wohnsitzfinanzamts das in § 19 Abs. 1 Satz 3 und Abs. 2 der Abgabenordnung bezeichnete Finanzamt.

(2) Zu Unrecht gezahlte Arbeitnehmer-Sparzulage ist nicht zurückzufordern, wenn sie 5 Deutsche Mark nicht übersteigt.

**§ 10. Rückforderung der Arbeitnehmer-Sparzulage bei teilweiser vorzeitiger Verfügung.** (1) Werden bei einer Anlage nach § 2 Abs. 1 Nr. 1 bis 4 oder § 17 Abs. 5 Satz 1 des Gesetzes vor Ablauf der Sperrfrist teilweise Beträge zurückgezahlt, Ansprüche aus dem Vertrag abgetreten oder beliehen, die Bauspar- oder Versicherungssumme ausgezahlt oder die Festlegung aufgehoben, so gelten für die Feststellung, ob Arbeitnehmer-Sparzulage zurückzufordern ist, die Beträge in folgender Reihenfolge als zurückgezahlt:

1. Beträge, die keine vermögenswirksamen Leistungen sind;

2. vermögenswirksame Leistungen, für die keine Arbeitnehmer-Sparzulage gezahlt worden ist;

3. vermögenswirksame Leistungen, für die Arbeitnehmer-Sparzulage in Höhe von 10 vom Hundert gezahlt worden ist;

4. vermögenswirksame Leistungen, für die Arbeitnehmer-Sparzulage in Höhe von 16 vom Hundert gezahlt worden ist;

5. vermögenswirksame Leistungen, für die Arbeitnehmer-Saprzulage in Höhe von 20 vom Hundert gezahlt worden ist.

(2) In den Fällen des § 4 Abs. 4 Nr. 6 des Gesetzes gilt für die Feststellung, ob Arbeitnehmer-Sparzulage zurückzufordern ist, der nicht wiederverwendete Erlös, wenn er 300 Deutsche Mark übersteigt, in folgender Reihenfolge als zurückgezahlt:

1. Beträge, die keine vermögenswirksamen Leistungen sind;
2. vermögenswirksame Leistungen, für die keine Arbeitnehmer-Sparzulage gezahlt worden ist;
3. vermögenswirksame Leistungen, die als Sparbeiträge im Sinne des § 2 Abs. 1 Nr. 1 des Gesetzes in der Fassung der Bekanntmachung vom 19. Februar 1987 (BGBl. I S. 630) gelten;
4. vermögenswirksame Leistungen, für die Arbeitnehmer-Sparzulage in Höhe von 20 vom Hundert gezahlt worden ist.

Maßgebend sind die bis zum Ablauf des Kalenderjahrs, das dem Kalenderjahr der Veräußerung vorangeht, angelegten Beträge.

**§ 11. Anwendungszeitraum.** Diese Verordnung gilt für vermögenswirksame Leistungen, die nach dem 31. Dezember 1989 angelegt werden.

**§ 12. Inkrafttreten, weiter anzuwendende Vorschriften.** (1) Diese Verordnung tritt mit Wirkung vom 1. Januar 1990 in Kraft.

(2) Die Verordnung zur Durchführung des Fünften Vermögensbildungsgesetzes vom 23. Oktober 1987 (BGBl. I S. 2327) tritt am Tage nach der Verkündung außer Kraft; sie ist auf vermögenswirksame Leistungen, die vor dem 1. Januar 1990 angelegt worden sind, weiter anzuwenden.

# 1.7 Wohnungsbau-Prämiengesetz*·**
## (WoPG 1990)

In der Fassung der Bekanntmachung vom 27. März 1991

(BGBl. I S. 826)

Geändert durch Steueränderungsgesetz 1992 vom 25. Februar 1992 (BGBl. I S. 297)

**§ 1. Prämienberechtigte.** Unbeschränkt einkommensteuerpflichtige Personen (§ 1 des Einkommensteuergesetzes) können für Aufwendungen zur Förderung des Wohnungsbaus eine Prämie erhalten. Voraussetzung ist, daß

1. die Aufwendungen nicht vermögenswirksame Leistungen darstellen, für die Anspruch auf Arbeitnehmer-Sparzulage nach § 13 des Fünften Vermögensbildungsgesetzes besteht, und

2. das maßgebende Einkommen des Prämienberechtigten die Einkommensgrenze (§ 2a) nicht überschritten hat.

**§ 2. Prämienbegünstigte Aufwendungen.** (1) Als Aufwendungen zur Förderung des Wohnungsbaus im Sinne des § 1 gelten

1. Beiträge an Bausparkassen zur Erlangung von Baudarlehen, soweit die an dieselbe Bausparkasse geleisteten Beiträge im Sparjahr (§ 4 Abs. 1) mindestens 100 Deutsche Mark betragen;

2. Aufwendungen für den ersten Erwerb von Anteilen an Bau- und Wohnungsgenossenschaften;

3. Beiträge auf Grund von Sparverträgen, die auf die Dauer von drei bis sechs Jahren als allgemeine Sparverträge oder als Sparverträge mit festgelegten Sparraten mit einem Kreditinstitut abgeschlossen werden, wenn die eingezahlten Sparbeiträge und die Prämien zum Bau oder Erwerb einer Kleinsiedlung, eines Eigenheims oder einer Eigentumswohnung oder zum Erwerb eines eigentumsähnlichen Dauerwohnrechts verwendet werden;

4. Beiträge auf Grund von Verträgen, die mit Wohnungs- und Siedlungsunternehmen nach der Art von Sparverträgen mit festgelegten Sparraten auf die Dauer von drei bis sechs Jahren mit dem Zweck einer Kapitalansammlung abgeschlossen werden, wenn die eingezahlten Beiträge und die Prämien zum Bau oder Erwerb einer Kleinsiedlung, eines Eigenheims oder einer Eigentumswohnung oder zum Erwerb eines eigentumsähnlichen Dauerwohnrechts verwendet werden. Den Verträgen mit Wohnungs- und Siedlungsunternehmen stehen Verträge mit den am 31. Dezember 1989 als Organe der staatlichen Wohnungspolitik anerkannten Unternehmen gleich, soweit sie die Voraussetzungen nach Satz 1 erfüllen.

---

* **Zur Anwendung siehe § 10.**
** **Das Gesetz tritt im Gebiet der ehem. DDR am 1. 1. 1991 in Kraft** (vgl. Anl. I Kap. IV Sachgebiet B Abschn. II Nr. 14 des Einigungsvertrags, – abgedruckt vor **1.1.** –).

(2) Für die Prämienbegünstigung der in Absatz 1 Nr. 1 bezeichneten Aufwendungen ist Voraussetzung, daß vor Ablauf von sieben Jahren seit Vertragsabschluß weder die Bausparsumme ganz oder zum Teil ausgezahlt noch geleistete Beiträge ganz oder zum Teil zurückgezahlt oder Ansprüche aus dem Bausparvertrag abgetreten oder beliehen werden. Unschädlich ist jedoch die vorzeitige Verfügung, wenn

1. die Bausparsumme ausgezahlt oder die Ansprüche aus dem Vertrag beliehen werden und der Bausparer die empfangenen Beträge unverzüglich und unmittelbar zum Wohnungsbau verwendet oder

2. im Falle der Abtretung der Erwerber die Bausparsumme oder die auf Grund einer Beleihung empfangenen Beträge unverzüglich und unmittelbar zum Wohnungsbau für den Abtretenden oder dessen Angehörige im Sinne des § 15 der Abgabenordnung verwendet oder

3. der Bausparer oder sein von ihm nicht dauernd getrennt lebender Ehegatte nach Vertragsabschluß gestorben oder völlig erwerbsunfähig geworden ist oder

4. der Bausparer nach Vertragsabschluß arbeitslos geworden ist und die Arbeitslosigkeit mindestens ein Jahr lang ununterbrochen bestanden hat und im Zeitpunkt der vorzeitigen Verfügung noch besteht oder

5. der Bausparer, der Staatsangehöriger eines Staates ist, mit dem die Bundesregierung Vereinbarungen über Anwerbung und Beschäftigung von Arbeitnehmern abgeschlossen hat und der nicht Mitglied der Europäischen Gemeinschaften ist,
   a) den Geltungsbereich dieses Gesetzes auf Dauer verlassen hat oder
   b) wenn er die Bausparsumme oder die Zwischenfinanzierung nach dem Gesetz über eine Wiedereingliederungshilfe im Wohnungsbau für rückkehrende Ausländer vom 18. Februar 1986 (BGBl. I S. 280) unverzüglich und unmittelbar zum Wohnungsbau im Heimatland verwendet und innerhalb von vier Jahren und drei Monaten nach Beginn der Auszahlung der Bausparsumme, spätestens am 31. März 1998, den Geltungsbereich dieses Gesetzes auf Dauer verlassen hat.

Als Wohnungsbau im Sinne der Nummern 1 und 2 gelten auch bauliche Maßnahmen des Mieters zur Modernisierung seiner Wohnung.[1] Dies gilt ebenfalls für den Erwerb von Rechten zur dauernden Selbstnutzung von Wohnraum in Alten-, Altenpflege- und Behinderteneinrichtungen oder -anlagen. Die Unschädlichkeit setzt weiter voraus, daß die empfangenen Beträge nicht zum Wohnungsbau im Ausland eingesetzt werden, sofern nichts anderes bestimmt ist.

(3) Hinsichtlich der in Absatz 1 Nr. 1 bezeichneten Aufwendungen finden die zur Durchführung des § 10 des Einkommensteuergesetzes ergangenen Vorschriften entsprechende Anwendung.

**§ 2a. Einkommensgrenze.** (1) Die Einkommensgrenze beträgt 27 000 Deutsche Mark, für Ehegatten (§ 3 Abs. 3) 54 000 Deutsche Mark.

---

[1] Zur Anwendung von § 2 Abs. 2 Satz 4 siehe § 10 Abs. 3.

(2) Maßgebend ist das zu versteuernde Einkommen (§ 2 Abs. 5 des Einkommensteuergesetzes) des Sparjahrs (§ 4 Abs. 1). Bei Ehegatten (§ 3 Abs. 3) ist das zu versteuernde Einkommen maßgebend, das sich bei einer Zusammenveranlagung nach § 26b des Einkommensteuergesetzes ergeben hat oder, falls eine Veranlagung nicht durchgeführt worden ist, ergeben würde. Dem zu versteuernden Einkommen sind die folgenden Einkünfte und Bezüge hinzuzurechnen:

1. ausländische Einkünfte, die auf Grund von Doppelbesteuerungsabkommen von der Einkommensteuer freigestellt sind;

2. Einkünfte aus nichtselbständiger Arbeit, die auf Grund zwischenstaatlicher Vereinbarungen oder auf Grund völkerrechtlicher Übung von der Einkommensteuer befreit sind;

3. inländische Einkünfte, mit denen der Sparer beschränkt einkommensteuerpflichtig ist.

(3) Bei einem Kind (§ 3 Abs. 4) bestimmen sich die Höhe der Einkommensgrenze und das maßgebende Einkommen nach den Verhältnissen der Person, mit der das Kind eine Höchstbetragsgemeinschaft (§ 3 Abs. 2 Satz 2) bildet.

**§ 2b. Wahlrecht zwischen Prämie und Steuerermäßigung.** Der Prämienberechtigte kann für jedes Kalenderjahr wählen, ob er für Bausparbeiträge (§ 2 Abs. 1 Nr. 1) eine Prämie nach diesem Gesetz oder den Sonderausgabenabzug (§ 10 des Einkommensteuergesetzes) erhalten will (Wahlrecht). Das Wahlrecht kann für die Bausparbeiträge eines Kalenderjahrs nur einheitlich ausgeübt werden. Prämienberechtigte, die im Sparjahr (§ 4 Abs. 1) eine Höchstbetragsgemeinschaft (§ 3 Abs. 2 Satz 2) bilden, können ihr Wahlrecht nur einheitlich ausüben. Das Wahlrecht wird zugunsten der Prämie dadurch ausgeübt, daß der Prämienberechtigte einen Antrag auf Gewährung der Prämie stellt.

**§ 3. Höhe der Prämie.**[1] (1) Die Prämie bemißt sich nach den im Sparjahr (§ 4 Abs. 1) geleisteten prämienbegünstigten Aufwendungen. Sie beträgt 10 vom Hundert der Aufwendungen.

(2) Die Aufwendungen des Prämienberechtigten sind je Kalenderjahr bis zu einem Höchstbetrag von 800 Deutsche Mark, bei Ehegatten (Absatz 3) zusammen bis zu 1600 Deutsche Mark prämienbegünstigt. Die Höchstbeträge stehen den Prämienberechtigten und ihren Kindern (Absatz 4), die zu Beginn des Sparjahrs (§ 4 Abs. 1) das 17. Lebensjahr noch nicht vollendet hatten oder die im Sparjahr lebend geboren wurden, gemeinsam zu (Höchstbetragsgemeinschaft). Dabei bemißt sich die Prämie für Sparbeiträge eines Kindes nach den Vorschriften, die für die Person gelten, mit der das Kind eine Höchstbetragsgemeinschaft bildet.

(3) *Ehegatten im Sinne dieses Gesetzes sind Personen, die während des ganzen Sparjahrs (§ 4 Abs. 1) verheiratet waren und nicht dauernd getrennt gelebt haben und beide mindestens während eines Teils des Sparjahrs unbeschränkt einkommensteuerpflichtig sind.* [Fassung ab 1. 1. 1992: (3) Ehegatten im

---

[1] Zur Anwendung von § 3 (alte Fassung) siehe § 10 Abs. 4.

Sinne dieses Gesetzes sind Personen, welche nach § 26 b des Einkommensteuergesetzes zusammen veranlagt werden oder, falls eine Veranlagung zur Einkommensteuer nicht durchgeführt wird, die Voraussetzungen des § 26 Abs. 1 Satz 1 des Einkommensteuergesetzes erfüllen.]

(4) Kinder im Sinne dieses Gesetzes sind:

1. Kinder, die im ersten Grad mit dem Prämienberechtigten oder seinem Ehegatten verwandt sind;

2. Pflegekinder. Das sind Personen, mit denen der Prämienberechtigte oder sein Ehegatte durch ein familienähnliches, auf längere Dauer berechnetes Band verbunden ist und die er in seinen Haushalt aufgenommen hat. Voraussetzung ist, daß das Obhuts- und Pflegeverhältnis zu den Eltern nicht mehr besteht und der Prämienberechtigte oder sein Ehegatte das Kind mindestens zu einem nicht unwesentlichen Teil auf seine Kosten unterhält,

wenn sie mindestens während eines Teils des Sparjahrs (§ 4 Abs. 1) unbeschränkt einkommensteuerpflichtig waren. [**eingefügt ab 1. 1. 1992:** Ein Kind, dessen Eltern die Voraussetzungen des § 26 Abs. 1 Satz 1 des Einkommensteuergesetzes erfüllen, bildet mit diesen eine Höchstbetragsgemeinschaft (Absatz 2); werden die Eltern nach § 26a oder § 26c des Einkommensteuergesetzes zur Einkommensteuer veranlagt, besteht ein Wahlrecht, mit welchem Elternteil das Kind die Höchstbetragsgemeinschaft bildet.]. Ein Kind eines unbeschränkt einkommensteuerpflichtigen Elternpaares, bei dem die Voraussetzungen des § 26 Abs. 1 Satz 1 des Einkommensteuergesetzes nicht vorliegen, ist dem Elternteil zuzuordnen, in dessen Wohnung es erstmals im Kalenderjahr mit Hauptwohnung gemeldet war. War das Kind nicht in einer Wohnung eines Elternteils oder war es in einer gemeinsamen Wohnung der Eltern mit Hauptwohnung gemeldet, so ist es der Mutter zuzuordnen. Es wird dem Vater zugeordnet, wenn die Mutter zustimmt; die Zustimmung kann nicht widerrufen werden.

**§ 4.**[1] **Gewährung der Prämie.** (1)[2] Die Prämie wird auf Antrag nach Ablauf eines Kalenderjahrs von dem für die Besteuerung des Einkommens des Prämienberechtigten zuständigen Finanzamt für die prämienbegünstigten Aufwendungen gewährt, die im abgelaufenen Kalenderjahr (Sparjahr) gemacht worden sind.

(2) Der Antrag ist bis zum Ablauf des zweiten Kalenderjahrs zu stellen, das auf das Sparjahr (Absatz 1) folgt. Der Antrag ist an das Unternehmen oder Institut zu richten, an das die prämienbegünstigten Aufwendungen geleistet worden sind.

(3) Das Unternehmen oder Institut (Absatz 2) leitet den Antrag an das nach Absatz 1 zuständige Finanzamt weiter und fordert die Prämien an.

(4) Das Finanzamt erteilt einen Bescheid über die Festsetzung der Prämie nur auf Antrag des Prämienberechtigten. Wird nachträglich festge-

---

[1] Zur abweichenden Fassung von § 4 für nach dem 31. Dezember 1991 abgeschlossene Verträge siehe § 10 Abs. 8.

[2] Zur Anwendung von § 4 Abs. 1 siehe § 10 Abs. 5.

stellt, daß die Prämie zu Unrecht gewährt worden ist, so hat das Finanzamt die Prämiengewährung aufzuheben oder zu berichtigen; ein Rückforderungsanspruch erlischt, wenn er nicht bis zum Ablauf des zweiten Kalenderjahres geltend gemacht worden ist, das auf das Kalenderjahr folgt, in dem die Prämie durch das Unternehmen oder Institut ausgezahlt worden ist.

**§ 5.**[1] **Überweisung, Rückzahlung und Verwendung der Prämie.**
(1) Die Prämie für ein Kalenderjahr wird durch das Finanzamt zugunsten des Prämienberechtigten an das in § 4 Abs. 2 bezeichnete Unternehmen oder Institut überwiesen. Ergibt sich, daß die in § 2 Abs. 2 bezeichneten Voraussetzungen nicht vorliegen, so ist die Prämie an das Finanzamt zurückzuzahlen.

(2) Die Prämien für die in § 2 Abs. 1 Nr. 1, 3 und 4 bezeichneten Aufwendungen sind vorbehaltlich des § 2 Abs. 2 Satz 2 zusammen mit den prämienbegünstigten Aufwendungen zu dem vertragsmäßigen Zweck zu verwenden. Geschieht das nicht, so hat das Unternehmen oder Institut dem Finanzamt unverzüglich Mitteilung zu machen. In diesem Fall ist die Prämie an das Finanzamt zurückzuzahlen. Sind zu diesem Zeitpunkt die prämienbegünstigten Aufwendungen durch das Unternehmen oder Institut noch nicht ausgezahlt, so darf die Auszahlung nicht vorgenommen werden, bevor die Prämien an das Finanzamt zurückgezahlt sind.

(3) Über Prämien, die für Aufwendungen nach § 2 Abs. 1 Nr. 2 gewährt werden, kann der Prämienberechtigte verfügen, wenn das Geschäftsguthaben beim Ausscheiden des Prämienberechtigten aus der Genossenschaft ausgezahlt wird.

**§ 6. Steuerliche Behandlung der Prämie.** Die Prämien gehören nicht zu den Einkünften im Sinne des Einkommensteuergesetzes. Sie mindern nicht die Sonderausgaben im Sinne des Einkommensteuergesetzes.

**§ 7. Aufbringung der Mittel.** Die für die Auszahlung der Prämien erforderlichen Beträge werden den Ländern vom Rechnungsjahr 1962 an vom Bund zur Hälfte gesondert zur Verfügung gestellt. Ab dem Sparjahr 1984 stellt der Bund diese Beträge den Ländern in voller Höhe gesondert zur Verfügung.

**§ 8. Anwendung der Abgabenordnung und der Finanzgerichtsordnung.** (1) Auf die Wohnungsbauprämie sind die für Steuervergütungen geltenden Vorschriften der Abgabenordnung entsprechend anzuwenden. Dies gilt nicht für § 108 Abs. 3 der Abgabenordnung hinsichtlich der in § 2 genannten Fristen sowie für die §§ 109 und 163 der Abgabenordnung.

(2) Für die Wohnungsbauprämie gelten die Strafvorschriften des § 370 Abs. 1 bis 4, der §§ 371, 375 Abs. 1 und des § 376 sowie die Bußgeldvorschriften der §§ 378, 379 Abs. 1, 4 und der §§ 383 und 384 der Abgaben-

---

[1] Zur abweichenden Fassung von § 5 für nach dem 31. Dezember 1991 abgeschlossene Verträge siehe § 10 Abs. 8.

ordnung entsprechend. Für das Strafverfahren wegen einer Straftat nach
Satz 1 sowie der Begünstigung einer Person, die eine solche Tat begangen hat, gelten die §§ 385 bis 408, für das Bußgeldverfahren wegen einer
Ordnungswidrigkeit nach Satz 1 die §§ 409 bis 412 der Abgabenordnung
entsprechend.

(3) In öffentlich-rechtlichen Streitigkeiten über die auf Grund dieses
Gesetzes ergehenden Verwaltungsakte der Finanzbehörden ist der Finanzrechtsweg gegeben.

(4) Besteuerungsgrundlagen für die Berechnung des nach § 2a Abs. 2
maßgebenden Einkommens und der Hinzurechnungen, die der Veranlagung zur Einkommensteuer zugrunde gelegen haben, können der Höhe
nach nicht durch einen Rechtsbehelf gegen die Prämie angegriffen werden.

**§ 9. Ermächtigungen.** (1) Die Bundesregierung wird ermächtigt,
durch Rechtsverordnung mit Zustimmung des Bundesrates Vorschriften
zur Durchführung dieses Gesetzes zu erlassen über

1. die entsprechende Anwendung der in § 2 Abs. 3 bezeichneten Vorschriften;

2. die Bestimmung der Genossenschaften, die zu den Bau- und Wohnungsgenossenschaften gehören (§ 2 Abs. 1 Nr. 2);

3. den Inhalt der in § 2 Abs. 1 Nr. 3 bezeichneten Sparverträge, die Berechnung der Rückzahlungsfristen, die Folgen vorzeitiger Rückzahlung von Sparbeträgen und die Verpflichtungen der Kreditinstitute;
die Vorschriften sind den in den §§ 18 bis 29 der Einkommensteuer-
Durchführungsverordnung 1953 enthaltenen Vorschriften mit der
Maßgabe anzupassen, daß eine Frist bestimmt werden kann, innerhalb
der die Prämien zusammen mit den prämienbegünstigten Aufwendungen zu dem vertragsmäßigen Zweck zu verwenden sind;

4. den Inhalt der in § 2 Abs. 1 Nr. 4 bezeichneten Verträge und die Verwendung der aufgrund solcher Verträge angesammelten Beträge; dabei kann der vertragsmäßige Zweck auf den Bau durch das Unternehmen oder auf den Erwerb von dem Unternehmen, mit dem der Vertrag abgeschlossen worden ist, beschränkt und eine Frist von mindestens drei Jahren bestimmt werden, innerhalb der die Prämien zusammen mit den prämienbegünstigten Aufwendungen zu dem vertragsmäßigen Zweck zu verwenden sind. Die Prämienbegünstigung kann
auf Verträge über Gebäude beschränkt werden, die nach dem 31. Dezember 1949 fertiggestellt worden sind. Für die Fälle des Erwerbs
kann bestimmt werden, daß der angesammelte Betrag und die Prämien nur zur Leistung des in bar zu zahlenden Kaufpreises verwendet
werden dürfen;

5. eine Gewährung oder Rückzahlung der Prämie, wenn Besteuerungsgrundlagen für die Berechnung des nach § 2a Abs. 2 maßgebenden
Einkommens und der Hinzurechnungen, die der Veranlagung zur
Einkommensteuer zugrunde gelegen haben, geändert werden oder
wenn für Aufwendungen, die vermögenswirksame Leistungen dar-

stellen, Arbeitnehmer-Sparzulagen zurückgezahlt oder nachträglich gewährt werden.

(2) Der Bundesminister der Finanzen wird ermächtigt, den Wortlaut des Wohnungsbau-Prämiengesetzes und der hierzu erlassenen Durchführungsverordnung in der jeweils geltenden Fassung mit neuem Datum, unter neuer Überschrift und in neuer Paragraphenfolge bekanntzumachen und dabei Unstimmigkeiten des Wortlauts zu beseitigen.

**§ 10. Schlußvorschriften.** (1) Die vorstehende Fassung dieses Gesetzes ist, soweit nachstehend nichts anderes bestimmt ist, erstmals für das Kalenderjahr 1992 anzuwenden.

(2) § 2 Abs. 2 Satz 3 in der Fassung der Bekanntmachung vom 10. Februar 1982 (BGBl. I S. 131) ist weiterhin auf Beiträge an Bausparkassen anzuwenden, die auf Grund von vor dem 1. November 1984 abgeschlossenen Verträgen geleistet werden.

(3) § 2 Abs. 2 Satz 4 ist erstmals für das Kalenderjahr 1991 anzuwenden.

(4) § 3 in der Fassung der Bekanntmachung vom 27. März 1991 (BGBl. I S. 826) ist letztmals für das Kalenderjahr 1991 anzuwenden.

(5) § 4 Abs. 1 ist erstmals für das Kalenderjahr 1988 anzuwenden.

(6) In den Kalenderjahren 1991 bis 1993 gilt für Beiträge an Bausparkassen zur Erlangung von Baudarlehen, die zur Förderung des Wohnungsbaus in dem in Artikel 3 des Einigungsvertrages[1] genannten Gebiet bestimmt sind, zusätzlich:

1. Der Vertrag muß ausdrücklich zur Verwendung zum Wohnungsbau in dem in Artikel 3 des Einigungsvertrages genannten Gebiet bestimmt sein. Ein Vertrag, der diese Bestimmung nicht enthält, kann entsprechend ergänzt werden.

2. Für Beiträge auf Grund eines Vertrags nach Nummer 1 gilt § 3 Abs. 1 und Abs. 2 mit der Maßgabe, daß sich der Prämiensatz um 5 vom Hundert der Aufwendungen (Zusatzprämie) und die prämienbegünstigten Aufwendungen um 1200 Deutsche Mark, bei Ehegatten um 2400 Deutsche Mark, erhöhen (zusätzlicher Höchstbetrag).

3. Eine Verfügung, die § 2 Abs. 2, nicht aber dem besonderen vertraglichen Zweck entspricht, ist hinsichtlich der Zusatzprämie und des zusätzlichen Höchstbetrages schädlich. Schädlich ist auch die Verwendung für Ferien- und Wochenendwohnungen, die in einem entsprechend ausgewiesenen Sondergebiet liegen oder die sich auf Grund ihrer Bauweise nicht zum dauernden Bewohnen eignen.

(7) Die Verordnung über die Einführung des Bausparens in der DDR vom 21. Juni 1990 (GBl. I Nr. 37 S. 478) ist letztmalig auf Tatbestände anzuwenden, die vor dem 1. Januar 1991 verwirklicht worden sind. Fördermaßnahmen nach dieser Verordnung werden nur für das Jahr 1990 gewährt.

---

[1] Auszugsweise abgedruckt vor **1.1.**

(8) Für Beiträge an Bausparkassen nach § 2 Abs. 1 Nr. 1, die auf Grund von Verträgen geleistet werden, die nach dem 31. Dezember 1991 abgeschlossen werden, gelten §§ 4 und 5 mit folgenden Abweichungen:

1. Die Prämie wird auf Antrag des Prämienberechtigten nach Ablauf des Sparjahrs festgesetzt. Die Bausparkasse leitet den Antrag an das für die Besteuerung des Einkommens zuständige Finanzamt weiter. Wird dem Antrag entsprochen, teilt das Finanzamt der Bausparkasse die Höhe der festgesetzten Prämie mit. Die Bausparkasse merkt die festgesetzte Prämie im Konto des Bausparers gesondert vor.

2. Sobald
   a) der Bausparvertrag zugeteilt ist oder
   b) die in § 2 Abs. 2 Satz 1 genannte Frist überschritten ist oder
   c) unschädlich im Sinne des § 2 Abs. 2 Satz 2 bis 4 verfügt worden ist, fordert die Bausparkasse die festgesetzten Prämienbeträge bei dem zu diesem Zeitpunkt für die Besteuerung des Einkommens zuständigen Finanzamt an. Dabei hat sie zu bestätigen, daß die Voraussetzungen für die Gewährung der Prämie vorliegen. Wird eine solche Bestätigung abgegeben, überweist das Finanzamt den angeforderten Prämienbetrag an die Bausparkasse.

3. Wird der Bausparvertrag in den Fällen der Nummer 2 Buchstaben a und b fortgeführt, sind anfallende Prämien jährlich an die Bausparkasse auszuzahlen.

4. Die Bestimmungen über die Rückforderung von Prämien gelten für die Prämienfestsetzung sinngemäß.

(9) In den Kalenderjahren 1992 und 1993 gilt Absatz 6 Nr. 1 und 2 sinngemäß bei Aufwendungen für den ersten Erwerb von Anteilen an Bau- und Wohnungsgenossenschaften (§ 2 Abs. 1 Nr. 2), deren Zweck auf den Bau und die Finanzierung sowie die Verwaltung, Veräußerung oder wohnungswirtschaftliche Betreuung von Wohnungen gerichtet ist, die ausschließlich in dem in Artikel 3 des Einigungsvertrags genannten Gebiet belegen sind.

**§ 11.** *(aufgehoben)*

# 1.8 Verordnung zur Durchführung des Wohnungsbau-Prämiengesetzes (WoPDV 1982)★·★★

In der Fassung vom 23. November 1982
BGBl. I S. 1565; BStBl. I S. 892)
**BGBl. III 2330-9-1**

## 1. Beiträge an Bausparkassen zur Erlangung von Baudarlehen

**§ 1. Anzeigepflichten.** (1) Die Bausparkasse hat dem für ihre Veranlagung zuständigen Finanzamt (§ 20 der Abgabenordnung) unverzüglich die Fälle anzuzeigen, in denen vor Ablauf der Sperrfrist

1. die Bausparsumme ganz oder zum Teil ausgezahlt wird,
2. geleistete Beiträge ganz oder zum Teil zurückgezahlt oder
3. Ansprüche aus dem Vertrag ganz oder zum Teil abgetreten oder beliehen werden. Sind im Fall der Abtretung auf Grund einer Erklärung des Erwerbers Prämien gewährt oder die Rückforderung gewährter Prämien ausgesetzt worden (§ 2 Abs. 3), so hat die Bausparkasse dem Finanzamt eine weitere Anzeige zu erstatten, falls der Erwerber über den Bausparvertrag entgegen der abgegebenen Erklärung verfügt.

Die Sperrfrist beginnt mit Abschluß des Bausparvertrages und endet nach Ablauf von sieben Jahren, wenn der Vertrag vor dem 13. November 1980, oder nach Ablauf von 10 Jahren, wenn der Vertrag nach dem 12. November 1980 abgeschlossen worden ist.

(2) Die Anzeigepflicht der Bausparkasse entfällt,

1. wenn die vorzeitige Verfügung bei Tod, völliger Erwerbsunfähigkeit oder Arbeitslosigkeit unschädlich ist (§ 2 Abs. 2 Nr. 3 und 4 des Gesetzes) oder
2. soweit in den Fällen, in denen die Bausparsumme ausgezahlt wird oder Ansprüche aus dem Bausparvertrag beliehen werden, der Bausparer die empfangenen Beträge unverzüglich und unmittelbar zum Wohnungsbau verwendet.

(3) Der Bausparer hat dem nach § 4 Abs. 5 des Gesetzes zuständigen Finanzamt die Abtretung und Beleihung von Ansprüchen (Absatz 1 Nr. 3) unverzüglich anzuzeigen.

(4) Ansprüche sind beliehen (Absatz 1 Nr. 3), wenn sie sicherungshalber abgetreten oder verpfändet werden und die zu sichernde Schuld entstanden ist.

**§ 1a. Übertragung von Bausparverträgen auf eine andere Bausparkasse.** Werden Bausparverträge auf eine andere Bausparkasse übertragen

---

★ Zum Anwendungsbereich vgl. § 20.
★★ Die Verordnung tritt im Gebiet der ehem. DDR am 1. 1. 1991 in Kraft.

und verpflichtet sich diese gegenüber dem Bausparer und der Bausparkasse, mit der der Vertrag abgeschlossen worden ist, in die Rechte und
Pflichten aus dem Vertrag einzutreten, so gilt die Übertragung nicht als
Rückzahlung. Das Bausparguthaben muß von der übertragenden Bausparkasse unmittelbar an die übernehmende Bausparkasse überwiesen
werden.

**§ 2. Nichtgewährung und Rückzahlung von Prämien.** (1) Wird bei
Bausparverträgen vor Ablauf der Sperrfrist (§ 1 Abs. 1 letzter Satz)

1. die Bausparsumme ganz oder zum Teil ausgezahlt oder werden
2. die geleisteten Beiträge ganz oder zum Teil zurückgezahlt oder
3. Ansprüche aus dem Vertrag ganz oder zum Teil abgetreten oder beliehen (§ 1 Abs. 1 Nr. 3 letzter Satz),

so wird eine Prämie insoweit nicht gewährt, als einer dieser Tatbestände
verwirklicht ist; bereits gewährte Prämien sind an das Finanzamt (§ 4
Abs. 5 des Gesetzes) zurückzuzahlen. Bei einer Teilrückzahlung von Beiträgen kann der Bausparer bestimmen, welche Beiträge als zurückgezahlt
gelten sollen. Das Entsprechende gilt, wenn die Bausparsumme zum Teil
ausgezahlt wird oder Ansprüche aus dem Vertrag zum Teil abgetreten
oder beliehen werden.

(2) Absatz 1 ist nicht anzuwenden,

1. wenn die vorzeitige Verfügung bei Tod, völliger Erwerbsunfähigkeit
   oder Arbeitslosigkeit unschädlich ist (§ 2 Abs. 2 Nr. 3 und 4 des Gesetzes),
2. soweit in den Fällen, in denen die Bausparsumme ausgezahlt wird oder
   Ansprüche aus dem Bausparvertrag beliehen werden, der Bausparer
   die empfangenen Beträge unverzüglich und unmittelbar zum Wohnungsbau verwendet,
3. soweit im Fall der Abtretung der Ansprüche aus dem Bausparvertrag
   der Erwerber die Bausparsumme oder die auf Grund einer Beleihung
   empfangenen Beträge unverzüglich und unmittelbar zum Wohnungsbau für den Abtretenden oder dessen Angehörige (§ 15 der Abgabenordnung) verwendet. Ist im Zeitpunkt der Abtretung eine solche Verwendung beabsichtigt, so ist die Prämie dem Abtretenden zu gewähren oder die Rückforderung bereits gewährter Prämien auszusetzen,
   wenn der Abtretende eine Erklärung des Erwerbers über die Verwendungsabsicht beibringt.

### 2. Bau- und Wohnungsgenossenschaften

**§ 3.** Bau- und Wohnungsgenossenschaften im Sinne des § 2 Abs. 1 Nr. 2
des Gesetzes sind Genossenschaften, deren Zweck auf den Bau und die
Finanzierung sowie die Verwaltung oder Veräußerung von Wohnungen
oder auf die wohnungswirtschaftliche Betreuung gerichtet ist.

### 3. Wohnbau-Sparverträge

**§ 4. Allgemeine Sparverträge.** (1) Allgemeine Sparverträge im Sinne des § 2 Abs. 1 Nr. 3 des Gesetzes sind Verträge mit

1. einem Kreditinstitut oder
2. einem gemeinnützigen Wohnungsunternehmen oder einem Organ der staatlichen Wohnungspolitik, wenn diese Unternehmen eigene Spareinrichtungen unterhalten, auf die die Vorschriften des Gesetzes über das Kreditwesen anzuwenden sind,

in denen der Prämienberechtigte sich verpflichtet, die eingezahlten Sparbeiträge auf drei bis sechs Jahre festzulegen und die eingezahlten Sparbeiträge sowie die Prämien zu dem in § 2 Abs. 1 Nr. 3 des Gesetzes bezeichneten Zweck zu verwenden. Die Verträge können zugunsten dritter Personen abgeschlossen werden.

(2) Die Verlängerung der Festlegung um jeweils ein Jahr oder um mehrere Jahre bis zu einer Gesamtdauer der Festlegung von sechs Jahren kann zwischen dem Prämienberechtigten und dem Institut oder Unternehmen vereinbart werden. Die Vereinbarung über die Verlängerung ist vor Ablauf der Festlegungsfrist zu treffen.

**§ 5. Rückzahlungsfrist bei allgemeinen Sparverträgen.** Die Sparbeiträge dürfen erst nach Ablauf der vereinbarten Festlegungsfrist (§ 4) zurückgezahlt werden. Die Festlegungsfrist beginnt am 1. Januar, wenn der Vertrag vor dem 1. Juli, und am 1. Juli, wenn der Vertrag nach dem 30. Juni des betreffenden Kalenderjahrs abgeschlossen worden ist.

**§ 6. Sparverträge mit festgelegten Sparraten.** (1) Sparverträge mit festgelegten Sparraten im Sinne des § 2 Abs. 1 Nr. 3 des Gesetzes sind Verträge mit einem der in § 4 Abs. 1 bezeichneten Institute oder Unternehmen, in denen sich der Prämienberechtigte verpflichtet, für drei bis sechs Jahre laufend, jedoch mindestens vierteljährlich, der Höhe nach gleichbleibende Sparraten einzuzahlen und die eingezahlten Sparbeiträge sowie die Prämien zu dem in § 2 Abs. 1 Nr. 3 des Gesetzes bezeichneten Zweck zu verwenden. Die Verträge können zugunsten dritter Personen abgeschlossen werden.

(2) Die Verlängerung der Einzahlungsverpflichtung um jeweils ein Jahr oder um mehrere Jahre bis zu einer Gesamtdauer der Einzahlungen von sechs Jahren kann zwischen dem Prämienberechtigten und dem Institut oder Unternehmen vereinbart werden. Die Vereinbarung über die Verlängerung ist spätestens im Zeitpunkt der letzten nach dem Vertrag zu leistenden Einzahlung zu treffen.

(3) Den in Absatz 1 bezeichneten Einzahlungen werden gleichgestellt

1. zusätzliche Einzahlungen, soweit sie in einem Kalenderjahr nicht höher sind als der Jahresbetrag der in Absatz 1 bezeichneten Einzahlungen, sowie
2. zusätzliche Einzahlungen, die vermögenswirksame Leistungen darstellen, bis zur Höhe des nach dem Dritten Vermögensbildungsgesetz geförderten Betrags.

**§ 7. Rückzahlungsfrist bei Sparverträgen mit festgelegten Sparraten.** Die auf Grund eines Sparvertrags mit festgelegten Sparraten eingezahlten Sparbeiträge dürfen ein Jahr nach dem Tag der letzten Einzahlung, jedoch nicht vor Ablauf eines Jahres nach dem letzten regelmäßigen Fälligkeitstag, zurückgezahlt werden.

**§ 8. Unterbrechung von Sparverträgen mit festgelegten Sparraten.**

(1) Sparraten, die nicht rechtzeitig geleistet worden sind, können innerhalb eines halben Jahres nach ihrer Fälligkeit, spätestens bis zum 15. Januar des folgenden Kalenderjahrs, nachgeholt werden; die im folgenden Kalenderjahr nachgeholten Sparraten gelten als Einzahlungen des Kalenderjahrs der Fälligkeit. Innerhalb des letzten halben Jahres vor Ablauf der Festlegungsfrist ist eine Nachholung ausgeschlossen.

(2) Der Vertrag ist in vollem Umfang unterbrochen, wenn eine Sparrate nicht spätestens vor Ablauf der in Absatz 1 bezeichneten Nachholfrist eingezahlt worden ist oder wenn Einzahlungen zurückgezahlt werden; das gleiche gilt, wenn Ansprüche aus dem Vertrag abgetreten werden, es sei denn, der Abtretungsempfänger ist ein Angehöriger (§ 15 der Abgabenordnung) oder die im Vertrag bezeichnete andere Person. Der Vertrag ist teilweise unterbrochen, wenn eine Sparrate in geringerer als der vereinbarten Höhe geleistet und der Unterschiedsbetrag nicht innerhalb der in Absatz 1 bezeichneten Frist nachgeholt worden ist.

(3) Ist der Vertrag in vollem Umfang unterbrochen (Absatz 2 Satz 1), so sind spätere Einzahlungen nicht mehr prämienbegünstigt. Liegt eine teilweise Unterbrechung (Absatz 2 Satz 2) vor, so sind spätere Einzahlungen nur in Höhe des Teils der Sparraten prämienbegünstigt, der ununterbrochen in gleichbleibender Höhe geleistet worden ist. Dieser Betrag ist auch maßgebend für die zusätzlichen Einzahlungen, die nach § 6 Abs. 3 Nr. 1 erbracht werden können.

**§ 9. Vorzeitige Rückzahlung.** Soweit vor Ablauf der in den §§ 5 und 7 bezeichneten Fristen, außer in den Fällen des § 12, Sparbeiträge im Sinne des § 4 oder des § 6 zurückgezahlt werden, werden Prämien nicht gewährt; bereits gewährte Prämien sind an das Finanzamt zurückzuzahlen. Das gilt nicht, wenn der Prämienberechtigte oder die im Vertrag bezeichnete andere Person stirbt oder nach Vertragsabschluß völlig erwerbsunfähig wird.

**§ 10. Verwendung der Sparbeiträge.** (1) Die auf Grund eines allgemeinen Sparvertrags (§ 4) oder eines Sparvertrags mit festgelegten Sparraten (§ 6) eingezahlten Beträge sind von dem Prämienberechtigten oder der in dem Vertrag bezeichneten anderen Person zusammen mit den Prämien innerhalb eines Jahres nach der Rückzahlung der Sparbeiträge, spätestens aber innerhalb von vier Jahren nach dem Zeitpunkt, in dem die eingezahlten Sparbeiträge frühestens zurückgezahlt werden dürfen, zu dem in § 2 Abs. 1 Nr. 3 des Gesetzes bezeichneten Zweck zu verwenden. § 9 Satz 2 findet Anwendung.

(2) Eine Verwendung zu dem in § 2 Abs. 1 Nr. 3 des Gesetzes bezeichneten Zweck ist gegeben, wenn die eingezahlten Beträge verwendet werden

1. zum Bau einer Kleinsiedlung, eines Eigenheims oder einer Eigentumswohnung für den Prämienberechtigten, die in dem Vertrag bezeichnete andere Person oder die in § 15 der Abgabenordnung bezeichneten Angehörigen dieser Personen,
2. zum Erwerb einer Kleinsiedlung, eines Eigenheims, einer Eigentumswohnung, eines eigentumsähnlichen Dauerwohnrechts oder von Wohnbesitz im Sinne des § 12a des Zweiten Wohnungsbaugesetzes durch den Prämienberechtigten, die in dem Vertrag bezeichnete andere Person oder die in § 15 der Abgabenordnung bezeichneten Angehörigen dieser Personen.

**§ 11. Anzeigepflicht.** Die in § 4 Abs. 1 bezeichneten Institute und Unternehmen haben, außer im Fall des Todes des Prämienberechtigten oder der in dem Vertrag bezeichneten anderen Person, dem für ihre Veranlagung oder dem für die Veranlagung des Prämienberechtigten zuständigen Finanzamt unverzüglich die Fälle mitzuteilen, in denen

1. Sparbeiträge vor Ablauf der in den §§ 5 und 7 bezeichneten Fristen zurückgezahlt werden,
2. Sparbeiträge und Prämien nicht oder nicht innerhalb der Fristen des § 10 zu dem dort bezeichneten Zweck verwendet werden,
3. Sparverträge auf ein anderes Institut oder Unternehmen übertragen oder in Verträge mit Wohnungs- und Siedlungsunternehmen oder Organen der staatlichen Wohnungspolitik umgewandelt werden (§ 12 Abs. 1).

Die Anzeige kann auch von der Niederlassung eines Instituts oder Unternehmens an das Finanzamt gerichtet werden, in dessen Bezirk sich die Niederlassung befindet.

**§ 12. Übertragung und Umwandlung von Sparverträgen.** (1) Prämien werden auch gewährt und bereits gewährte Prämien werden nicht zurückgefordert, wenn

1. allgemeine Sparverträge (§ 4) und Sparverträge mit festgelegten Sparraten (§ 6) während ihrer Laufzeit unter Übertragung der bisherigen Einzahlungen und der Prämien auf ein anderes Institut oder Unternehmen übertragen werden und sich dieses gegenüber dem Prämienberechtigten und dem Institut oder Unternehmen, mit dem der Vertrag abgeschlossen worden ist, verpflichtet, in die Rechte und Pflichten aus dem Vertrag einzutreten,
2. Sparverträge mit festgelegten Sparraten während ihrer Laufzeit unter Übertragung der bisherigen Einzahlungen und der Prämien in Verträge mit Wohnungs- und Siedlungsunternehmen oder Organen der staatlichen Wohnungspolitik im Sinne des § 13 umgewandelt werden.

(2) In Fällen der Übertragung (Absatz 1 Nr. 1) gelten die §§ 4 bis 11 weiter mit der Maßgabe, daß die bisherigen Einzahlungen als Einzahlun-

gen auf Grund des Vertrags mit dem Institut oder Unternehmen, auf das der Vertrag übertragen worden ist, behandelt werden. In Fällen der Umwandlung (Absatz 1 Nr. 2) gelten die §§ 15 bis 17 mit der Maßgabe, daß die bisherigen Einzahlungen als Einzahlungen auf Grund des Vertrags mit dem Wohnungs- oder Siedlungsunternehmen oder Organ der staatlichen Wohnungspolitik behandelt werden.

### 4. Verträge mit Wohnungs- und Siedlungsunternehmen und Organen der staatlichen Wohnungspolitik (Baufinanzierungsverträge)

**§ 13. Inhalt der Verträge.** (1) Verträge im Sinne des § 2 Abs. 1 Nr. 4 des Gesetzes sind Verträge mit einem Wohnungs- oder Siedlungsunternehmen (§ 14) oder einem Organ der staatlichen Wohnungspolitik, in denen sich der Prämienberechtigte verpflichtet,

1. einen bestimmten Kapitalbetrag in der Weise anzusammeln, daß er für drei bis sechs Jahre laufend, jedoch mindestens vierteljährlich, der Höhe nach gleichbleibende Sparraten bei dem Wohnungs- oder Siedlungsunternehmen oder Organ der staatlichen Wohnungspolitik einzahlt, und

2. den angesammelten Betrag und die Prämien zu dem in § 2 Abs. 1 Nr. 4 des Gesetzes bezeichneten Zweck zu verwenden (§ 16),

und in denen sich das Wohnungs- oder Siedlungsunternehmen oder das Organ der staatlichen Wohnungspolitik verpflichtet, die nach dem Vertrag vorgesehene Leistung (§ 16) zu erbringen. § 6 Abs. 2 gilt entsprechend. Die Verträge können zugunsten dritter Personen abgeschlossen werden.

(2) Den in Absatz 1 bezeichneten Einzahlungen werden gleichgestellt

1. zusätzliche Einzahlungen, soweit sie in einem Kalenderjahr nicht höher sind als der Jahresbetrag der in Absatz 1 bezeichneten Einzahlungen, sowie

2. zusätzliche Einzahlungen, die vermögenswirksame Leistungen darstellen, bis zur Höhe des nach dem Dritten Vermögensbildungsgesetz geförderten Betrags.

**§ 14. Wohnungs- und Siedlungsunternehmen.** Wohnungs- und Siedlungsunternehmen im Sinne des § 13 sind

1. gemeinnützige Wohnungsunternehmen,
2. gemeinnützige Siedlungsunternehmen,
3. zur Ausgabe von Heimstätten zugelassene Unternehmen,
4. andere Wohnungs- und Siedlungsunternehmen, wenn sie die folgenden Voraussetzungen erfüllen:
   a) Das Unternehmen muß im Handelsregister oder im Genossenschaftsregister eingetragen sein;
   b) der Zweck des Unternehmens muß ausschließlich oder weit überwiegend auf den Bau und die Verwaltung oder Übereignung von Wohnungen oder die wohnungswirtschaftliche Betreuung gerichtet sein. Die tatsächliche Geschäftsführung muß dem entsprechen;

c) das Unternehmen muß sich einer regelmäßigen und außerordentlichen Überprüfung seiner wirtschaftlichen Lage und seines Geschäftsgebarens, insbesondere der Verwendung der gesparten Beträge, durch einen wohnungswirtschaftlichen Verband, zu dessen satzungsmäßigem Zweck eine solche Prüfung gehört, unterworfen haben. Soweit das Unternehmen oder seine Gesellschafter an anderen Unternehmen gleicher Art beteiligt sind, muß sich die Überprüfung zugleich auf diese erstrecken.

## § 15. Unterbrechung und Rückzahlung der Einzahlungen.

(1) Sparraten, die nicht rechtzeitig geleistet worden sind, können innerhalb eines halben Jahres nach ihrer Fälligkeit, spätestens bis zum 15. Januar des folgenden Kalenderjahres, nachgeholt werden; die im folgenden Kalenderjahr nachgeholten Sparraten gelten als Einzahlungen des Kalenderjahrs der Fälligkeit. Innerhalb des letzten halben Jahres vor Ablauf der Festlegungsfrist ist eine Nachholung ausgeschlossen.

(2) Der Vertrag ist in vollem Umfang unterbrochen, wenn eine Sparrate nicht spätestens vor Ablauf der in Absatz 1 bezeichneten Nachholfrist eingezahlt worden ist oder wenn Einzahlungen zurückgezahlt werden; das gleiche gilt, wenn Ansprüche aus dem Vertrag abgetreten werden, es sei denn, der Abtretungsempfänger ist ein Angehöriger (§ 15 Abgabenordnung) oder die im Vertrag bezeichnete andere Person. Der Vertrag ist teilweise unterbrochen, wenn eine Sparrate in geringerer als der vereinbarten Höhe geleistet und der Unterschiedsbetrag nicht innerhalb der in Absatz 1 bezeichneten Frist nachgeholt worden ist.

(3) Ist der Vertrag in vollem Umfang unterbrochen (Absatz 2 Satz 1), so sind spätere Einzahlungen nicht mehr prämienbegünstigt. Liegt eine teilweise Unterbrechung (Absatz 2 Satz 2) vor, so sind spätere Einzahlungen nur in Höhe des Teils der Sparraten prämienbegünstigt, der ununterbrochen in gleichbleibender Höhe geleistet worden ist. Dieser Betrag ist auch maßgebend für die zusätzlichen Einzahlungen, die nach § 13 Abs. 2 Nr. 1 erbracht werden können.

(4) Soweit eingezahlte Beiträge, außer in den Fällen des § 18, zurückgezahlt werden, werden Prämien nicht gewährt; bereits gewährte Prämien sind an das Finanzamt zurückzuzahlen. Das gilt nicht, wenn der Prämienberechtigte oder die im Vertrag bezeichnete andere Person stirbt oder nach Vertragsabschluß völlig erwerbsunfähig wird.

## § 16. Verwendung der angesammelten Beträge.

(1) Der angesammelte Betrag ist zusammen mit den Prämien innerhalb von fünf Jahren nach dem Zeitpunkt, in dem nach dem Vertrag die letzte Zahlung zu leisten ist, von dem Prämienberechtigten oder der im Vertrag bezeichneten anderen Person zu dem in § 2 Abs. 1 Nr. 4 des Gesetzes bezeichneten Zweck zu verwenden. § 15 Abs. 4 Satz 2 findet Anwendung.

(2) Eine Verwendung zu dem in § 2 Abs. 1 Nr. 4 des Gesetzes bezeichneten Zweck ist gegeben, wenn der angesammelte Betrag und die Prämien verwendet werden

1. zum Bau einer Kleinsiedlung, eines Eigenheims oder einer Eigentumswohnung für den Prämienberechtigten, die in dem Vertrag bezeichnete andere Person oder die in § 15 der Abgabenordnung bezeichneten
   Angehörigen dieser Personen durch das Wohnungs- und Siedlungsunternehmen oder Organ der staatlichen Wohnungspolitik oder
2. zum Erwerb einer Kleinsiedlung, eines Eigenheims, einer Eigentumswohnung, eines eigentumsähnlichen Dauerwohnrechts oder von
   Wohnbesitz im Sinne des § 12a des Zweiten Wohnungsbaugesetzes
   durch den Prämienberechtigten, die in dem Vertrag bezeichnete andere Person oder die in § 15 der Abgabenordnung bezeichneten Angehörigen dieser Personen; dabei muß es sich um einen Erwerb von dem
   Wohnungs- und Siedlungsunternehmen oder Organ der staatlichen
   Wohnungspolitik und um Kleinsiedlungen, Eigenheime oder Wohnungen handeln, die nach dem 31. Dezember 1949 errichtet worden
   sind.

(3) Bei einer Verwendung im Sinne des Absatzes 2 Nr. 2 dürfen der
angesammelte Betrag und die Prämien nur zur Leistung des bar zu zahlenden Teils des Kaufpreises verwendet werden.

**§ 17. Anzeigepflicht.** Das Wohnungs- oder Siedlungsunternehmen
oder Organ der staatlichen Wohnungspolitik hat, außer im Fall des Todes
des Prämienberechtigten oder der in dem Vertrag bezeichneten anderen
Person, dem für seine Veranlagung oder dem für die Veranlagung des
Prämienberechtigten zuständigen Finanzamt unverzüglich die Fälle mitzuteilen, in denen

1. angesammelte Beträge zurückgezahlt werden (§ 15),
2. angesammelte Beträge und Prämien nicht oder nicht innerhalb der
   Frist des § 16 zu dem in § 2 Abs. 1 Nr. 4 des Gesetzes bezeichneten
   Zweck verwendet werden,
3. Verträge auf ein anderes Wohnungs- oder Siedlungsunternehmen oder
   Organ der staatlichen Wohnungspolitik übertragen oder in Sparverträge mit festgelegten Sparraten im Sinne des § 6 umgewandelt werden (§ 18 Abs. 1).

Die Anzeige kann auch von der Niederlassung eines Wohnungs- oder
Siedlungsunternehmens oder Organs der staatlichen Wohnungspolitik an
das Finanzamt gerichtet werden, in dessen Bezirk sich die Niederlassung
befindet.

**§ 18. Übertragung und Umwandlung von Verträgen mit Woh-
nungs- und Siedlungsunternehmen und Organen der staatlichen
Wohnungspolitik.** (1) Prämien werden auch gewährt und bereits gewährte Prämien werden nicht zurückgefordert, wenn Verträge mit Woh-
nungs- und Siedlungsunternehmen oder Organen der staatlichen Wohnungspolitik (§ 13) während ihrer Laufzeit unter Übertragung der bisherigen Einzahlungen und der Prämien

1. auf ein anderes Wohnungs- oder Siedlungsunternehmen oder Organ
   der staatlichen Wohnungspolitik übertragen werden und sich dieses
   gegenüber dem Prämienberechtigten und dem Unternehmen, mit

dem der Vertrag abgeschlossen worden ist, verpflichtet, in die Rechte und Pflichten aus dem Vertrag einzutreten,

2. in einen Sparvertrag mit festgelegten Sparraten im Sinne des § 6 umgewandelt werden.

(2) § 12 Abs. 2 ist entsprechend anzuwenden.

### 5. Änderung der Voraussetzungen für den Prämienanspruch in besonderen Fällen

**§ 19.** (1) Wird im Besteuerungsverfahren die Entscheidung über die Höhe des zu versteuernden Einkommens und der Hinzurechnungen nachträglich in der Weise geändert, daß dadurch

1. die Einkommensgrenze (§ 2a des Gesetzes) unterschritten wird, so kann der Prämienberechtigte den Prämienantrag (§ 4 Abs. 1 des Gesetzes) innerhalb eines halben Jahres nach Bekanntgabe der Änderung stellen. Wegen Überschreitung der Einkommensgrenze abgelehnte Prämien sind, sofern die Voraussetzungen dafür vorliegen, zu gewähren;

2. die Einkommensgrenze überschritten wird, so ist die Prämienfestsetzung aufzuheben.

(2) Ist für Aufwendungen, die vermögenswirksame Leistungen darstellen,

1. die Arbeitnehmer-Sparzulage zurückzuzahlen und liegen damit die Voraussetzungen für den Prämienanspruch vor, so kann der Prämienberechtigte den Prämienantrag (§ 4 Abs. 1 des Gesetzes) innerhalb eines halben Jahres nach Bekanntgabe des Bescheides über die Arbeitnehmer-Sparzulage stellen. Wegen Gewährung der Arbeitnehmer-Sparzulage abgelehnte Prämien sind, sofern die Voraussetzungen dafür vorliegen, zu gewähren;

2. nachträglich eine Arbeitnehmer-Sparzulage zu gewähren und entfällt damit der Prämienanspruch, so ist die Prämienfestsetzung aufzuheben.

### 6. Anwendungsbereich, Geltung im Land Berlin

**§ 20. Anwendungsbereich.** Die vorstehende Fassung dieser Verordnung ist erstmals für das Kalenderjahr 1982 anzuwenden.

**§ 21. Berlin-Klausel.** *(gegenstandslos)*

# 1.9 Bundeskindergeldgesetz (BKGG)★·★★

In der Fassung der Bekanntmachung vom 30. Januar 1990
(BGBl. I S. 149)
Geändert durch Gesetz vom 28. Mai 1990 (BGBl. I S. 967), Gesetz vom 9. Juli 1990
(BGBl. I S. 1354), Einigungsvertrag vom 31. August 1990 (BGBl. II S. 889, 1093), Haushaltsbegleitgesetz 1991 vom 24. Juni 1991 (BGBl. I S. 1314), Steueränderungsgesetz 1991
vom 24. Juni 1991 (BGBl. I S. 1322) und Steueränderungsgesetz 1992 vom 25. Februar
1992 (BGBl. I S. 297)

**BGBl. III 85–1**

## Erster Abschnitt. Leistungen

**§ 1. Anspruchsberechtigte.** (1) [1]Nach den Vorschriften dieses Gesetzes
hat Anspruch auf Kindergeld für seine Kinder und die ihnen durch § 2
Abs. 1 Gleichgestellten,

1. wer im Geltungsbereich dieses Gesetzes einen Wohnsitz oder seinen
   gewöhnlichen Aufenthalt hat,

2. wer, ohne eine der Voraussetzungen der Nummer 1 zu erfüllen,
   a) von seinem im Geltungsbereich dieses Gesetzes ansässigen Arbeitgeber oder Dienstherrn zur vorübergehenden Dienstleistung in ein
      Gebiet außerhalb dieses Geltungsbereiches entsandt, abgeordnet,
      versetzt oder kommandiert ist,
   b) als Bediensteter der Deutschen Bundesbahn, der Deutschen Bundespost oder der Bundesfinanzverwaltung in einem der Bundesrepublik Deutschland benachbarten Staat beschäftigt ist,
   c) Versorgungsbezüge nach beamten- oder soldatenrechtlichen Vorschriften oder Grundsätzen oder eine Versorgungsrente von einer
      Zusatzversorgungsanstalt für Arbeitnehmer des öffentlichen Dienstes erhält,
   d) als Entwicklungshelfer Unterhaltsleistungen im Sinne des § 4
      Abs. 1 Nr. 1 des Entwicklungshelfer-Gesetzes erhält.
[2]Dem Abgeordneten im Sinne des Satzes 1 Nr. 2 Buchstabe a steht
derjenige gleich, dem nach § 123a des Beamtenrechtsrahmengesetzes eine Tätigkeit bei einer Einrichtung außerhalb des Anwendungsbereichs
jenes Gesetzes zugewiesen ist.

(2) Anspruch auf Kindergeld für sich selbst hat nach Maßgabe des § 14,
wer

1. im Geltungsbereich dieses Gesetzes einen Wohnsitz oder seinen gewöhnlichen Aufenthalt hat,

---

★ **Für die Anwendung im Gebiet der ehem. DDR gilt:**
§ 44d Abs. 7 tritt mit Wirksamwerden des Beitritts (am 3. 10. 1990) in Kraft. Im
übrigen ist das Gesetz ab 1. Januar 1991 anzuwenden. Bis zum 31. Dezember 1990 wird im
Gebiet der ehem. DDR nach den dort bisher geltenden Regelungen mit folgender Maßgabe verfahren: Die Auszahlungsstellen stellen den Berechtigten, denen sie Kindergeld zahlen, auf deren Antrag eine Bescheinigung über die Kinder – nach Nach- und Vornamen
und Geburtsdatum gekennzeichnet –, für die sie für den Monat der Ausstellung der
Bescheinigung Kindergeld zahlen, und über die Höhe dieser Zahlung aus. (Vgl. Einigungsvertrag vom 31. 8. 1990 (BGBl. II S. 889, 1095).
★★ **Zur Anwendung im Gebiet der ehem. DDR siehe auch § 44d.**

2. Vollwaise ist oder den Aufenthalt seiner Eltern nicht kennt und

3. nicht bei einer in Absatz 1 bezeichneten Person als Kind zu berücksichtigen ist.

(3) Ausländer, die sich ohne Aufenthaltsgenehmigung im Geltungsbereich dieses Gesetzes aufhalten, haben einen Anspruch nach diesem Gesetz nur, wenn sie nach den §§ 51, 53 oder 54 des Ausländergesetzes auf unbestimmte Zeit nicht abgeschoben werden können, frühestens jedoch für die Zeit nach einem gestatteten oder geduldeten ununterbrochenen Aufenthalt von einem Jahr.

**§ 2. Kinder.** (1) [1]Als Kinder werden auch berücksichtigt

1. Stiefkinder, die der Berechtigte in seinen Haushalt aufgenommen hat,

2. Pflegekinder (Personen, mit denen der Berechtigte durch ein familienähnliches, auf längere Dauer berechnetes Band verbunden ist, sofern er sie in seinen Haushalt aufgenommen hat und ein Obhuts- und Pflegeverhältnis zwischen diesen Personen und ihren Eltern nicht mehr besteht),

3. Enkel und Geschwister, die der Berechtigte in seinen Haushalt aufgenommen hat oder überwiegend unterhält.

[2]Ein angenommenes Kind wird bei einem leiblichen Elternteil nur berücksichtigt, wenn es von diesem oder von dessen Ehegatten angenommen worden ist. [3]Ein Kind, das mit dem Ziel der Annahme als Kind in die Obhut des Annehmenden aufgenommen ist und für das die zur Annahme erforderliche Einwilligung der Eltern erteilt ist, wird bei den Eltern nicht berücksichtigt.[1]

(2) [1]Kinder, die das 16. Lebensjahr vollendet haben, werden nur berücksichtigt, wenn sie

1. sich in Schul- oder Berufsausbildung befinden oder

2. ein freiwilliges soziales Jahr im Sinne des Gesetzes zur Förderung eines freiwilligen sozialen Jahres leisten oder

3. wegen körperlicher, geistiger oder seelischer Behinderung außerstande sind, sich selbst zu unterhalten, oder

4. als einzige Hilfe des Haushaltführenden ausschließlich in dem Haushalt des Berechtigten tätig sind, dem mindestens vier weitere Kinder angehören, die bei dem Berechtigten berücksichtigt werden, oder

5. anstelle des länger als 90 Tage arbeitsunfähig erkrankten Haushaltführenden den Haushalt des Berechtigten führen, dem mindestens ein weiteres Kind angehört.

[2]In den Fällen des Satzes 1 Nr. 1 werden Kinder nicht berücksichtigt, denen aus dem Ausbildungsverhältnis Bruttobezüge in Höhe von wenigstens 750 DM monatlich zustehen; außer Ansatz bleiben Ehegatten- und Kinderzuschläge und einmalige Zuwendungen sowie vermögenswirksame Leistungen, die dem Auszubildenden über die geschuldete Ausbil-

---

[1] Zur Anwendung von § 2 Abs. 1 Satz 3 siehe § 44 Nr. 1.

dungsvergütung hinaus zustehen, soweit sie den nach dem jeweils geltenden Vermögensbildungsgesetz begünstigten Höchstbetrag nicht übersteigen. [3]Satz 2 gilt entsprechend, wenn dem Kind mit Rücksicht auf die
Ausbildung Unterhaltsgeld oder Übergangsgeld von wenigstens
610 DM monatlich zusteht oder nur deswegen nicht zusteht, weil das
Kind über anrechnungsfähiges Einkommen verfügt. [4]Ist die Ausbil-
dungsvergütung oder eine dem Unterhalts- oder Übergangsgeld vergleichbare Leistung in ausländischer Währung zu zahlen, treten an die
Stelle der in den Sätzen 2 und 3 genannten Grenzwerte die entsprechenden Werte, die sich bei Anwendung der jeweils für September des vorangegangenen Jahres vom Statistischen Bundesamt bekanntgegebenen Ver-
brauchergeldparität ergeben. [5]Für die Übergangszeit zwischen zwei Aus-
bildungsabschnitten wird ein Ausbildungswilliger nach Satz 1 Nr. 1 berücksichtigt, wenn der nächste Ausbildungsabschnitt spätestens im vierten auf die Beendigung des vorherigen Ausbildungsabschnitts folgenden
Monat beginnt; bleibt die Bewerbung um einen Ausbildungsplatz in diesem Ausbildungsabschnitt erfolglos, endet diese Berücksichtigung mit
Ablauf des Monats, in dem dem Ausbildungswilligen die Ablehnung
bekanntgegeben wird. [6]Zur Schul- oder Berufsausbildung (Satz 1 Nr. 1)
gehört auch

1. die Zeit, in der unter den Voraussetzungen des § 1 und im zeitlichen
   Rahmen des § 4 des Bundeserziehungsgeldgesetzes ein Kind betreut
   und erzogen wird, solange mit Rücksicht hierauf die Ausbildung unterbrochen wird, sowie

2. die Zeit, in der mit Rücksicht auf eine solche Betreuung und Erziehung eine Ausbildung, die spätestens im vierten auf die Beendigung
   des vorherigen Ausbildungsabschnitts folgenden Monat aufgenommen werden könnte, vorläufig nicht angestrebt oder aufgenommen
   wird;

erfüllen beide Elternteile diese Voraussetzungen, so wird nur derjenige
von ihnen berücksichtigt, den beide nach § 3 Abs. 2 des Bundeserziehungsgeldgesetzes zum Berechtigten bestimmt haben.

(2a) Absatz 2 Satz 1 gilt für verheiratete, geschiedene oder verwitwete
Kinder nur, wenn sie vom Berechtigten überwiegend unterhalten werden, weil ihr Ehegatte oder früherer Ehegatte ihnen keinen ausreichenden
Unterhalt leisten kann oder dem Grunde nach nicht unterhaltpflichtig ist
oder weil sie als Verwitwete keine ausreichenden Hinterbliebenenbezüge
erhalten.

(3) [1]In den Fällen des Absatzes 2 Satz 1 Nr. 1, 2, 4 und 5 werden die
Kinder nur berücksichtigt, wenn sie noch nicht das 27. Lebensjahr vollendet haben. [2]Im Falle des Absatzes 2 Satz 1 Nr. 1 wird ein Kind,

1. das den gesetzlichen Grundwehrdienst oder Zivildienst geleistet hat,
   für einen der Dauer dieses Dienstes entsprechenden Zeitraum oder

2. das sich freiwillig für eine Dauer von nicht mehr als 3 Jahren zum
   Wehrdienst oder zum Polizeivollzugsdienst, der anstelle des Wehr-

oder Zivildienstes abgeleistet wird, verpflichtet hat, für einen der Dauer dieses Dienstes entsprechenden Zeitraum, höchstens für die Dauer des gesetzlichen Grundwehrdienstes, bei anerkannten Kriegsdienstverweigerern für die Dauer des gesetzlichen Zivildienstes oder

3. das eine vom Wehr- und Zivildienst befreiende Tätigkeit als Entwicklungshelfer im Sinne des § 1 Abs. 1 des Entwicklungshelfer-Gesetzes ausgeübt hat, für einen der Dauer dieser Tätigkeit entsprechenden Zeitraum, höchstens für die Dauer des gesetzlichen Grundwehrdienstes, bei anerkannten Kriegsdienstverweigerern für die Dauer des gesetzlichen Zivildienstes

über das 27. Lebensjahr hinaus berücksichtigt; dem Grundwehr- oder Zivildienst steht der entsprechende Dienst, der in dem in Artikel 3 des Einigungsvertrages[1] genannten Gebiet geleistet worden ist, gleich.

(4) ¹Kinder, die das 16., aber noch nicht das 21. Lebensjahr vollendet haben, werden auch berücksichtigt, wenn sie im Geltungsbereich dieses Gesetzes

1. eine Berufsausbildung mangels Ausbildungsplatzes nicht beginnen oder fortsetzen können oder

2. als Arbeitslose der Arbeitsvermittlung zur Verfügung stehen.

²Dies gilt nicht für Kinder, die monatlich wenigstens 400 Deutsche Mark

1. an laufenden Geldleistungen wegen Erwerbs-, Berufs- oder Arbeitsunfähigkeit oder Arbeitslosigkeit oder

2. an Übergangsgebührnissen nach beamten- oder soldatenversorgungsrechtlichen Grundsätzen oder

3. aus einer Erwerbstätigkeit nach Verminderung um die Steuern und gesetzlichen Abzüge

beziehen. ³Der Erfüllung der Voraussetzungen des Satzes 1 Nr. 1 oder 2 steht es gleich, wenn das Kind von der Bewerbung um einen Ausbildungsplatz oder von der Arbeitslosmeldung mit Rücksicht darauf vorläufig absieht, daß es unter den Voraussetzungen des § 1 und im zeitlichen Rahmen des § 4 des Bundeserziehungsgeldgesetzes sein eigenes Kind zu betreuen und erziehen beabsichtigt oder betreut und erzieht; Absatz 2 Satz 6 Halbsatz 2 ist anzuwenden. ⁴Absatz 2 Satz 4 sowie die Absätze 2a und 3 Satz 2 gelten entsprechend.

(5) ¹Kinder, die weder einen Wohnsitz noch ihren gewöhnlichen Aufenthalt im Geltungsbereich dieses Gesetzes haben, werden nicht berücksichtigt. ²Dies gilt nicht gegenüber Berechtigten nach § 1 Abs. 1 Nr. 2, wenn sie die Kinder in ihren Haushalt aufgenommen haben. ³Abweichend von Satz 1 werden Kinder, die Deutsche im Sinne des Artikels 116 des Grundgesetzes oder deutsche Volkszugehörige sind und seit ihrer Geburt ohne Unterbrechung einen Wohnsitz oder ihren gewöhnlichen Aufenthalt in Albanien, Bulgarien oder der Sowjetunion haben, bei Berechtigten berücksichtigt, die

---

[1] Auszugsweise abgedruckt vor **1.1.**

1. Deutsche im Sinne des Artikels 116 des Grundgesetzes sind und

2. für den Unterhalt dieser Kinder regelmäßig mindestens einen Betrag in Höhe des Kindergeldes aufwenden, das bei Leistung von Kindergeld für diese Kinder auf sie entfällt (§ 12 Abs. 4).

(6) Die Bundesregierung wird ermächtigt, durch Rechtsverordnung zu bestimmen, daß einem Berechtigten, der im Geltungsbereich dieses Gesetzes erwerbstätig ist oder sonst seine hauptsächlichen Einkünfte erzielt, für seine in Absatz 5 Satz 1 bezeichneten Kinder Kindergeld ganz oder teilweise zu leisten ist, soweit dies mit Rücksicht auf die durchschnittlichen Lebenshaltungskosten für Kinder in deren Wohnland und auf die dort gewährten dem Kindergeld vergleichbaren Leistungen geboten ist.

**§ 3. Zusammentreffen mehrerer Ansprüche.** (1) Für jedes Kind wird nur einer Person Kindergeld gewährt.

(2) [1]Erfüllen für ein Kind mehrere Personen die Anspruchsvoraussetzungen, so gilt für die Gewährung des Kindergeldes folgende Rangfolge:

1. Pflegeeltern, Großeltern und Geschwister (§ 2 Abs. 1 Satz 1 Nr. 2 und 3),

2. Stiefeltern (§ 2 Abs. 1 Satz 1 Nr. 1),

3. Eltern.

[2]Lebt ein Kind im gemeinsamen Haushalt einer der in Satz 1 Nr. 1 oder 2 genannten Personen und eines Elternteils, so wird das Kindergeld abweichend von Satz 1 dem Elternteil gewährt; das gilt nicht, wenn der Elternteil gegenüber der zuständigen Stelle auf seinen Vorrang schriftlich verzichtet hat.

(3) [1]Erfüllen für ein Kind Vater und Mutter die Anspruchsvoraussetzungen, so wird das Kindergeld demjenigen gewährt, den sie zum Berechtigten bestimmen. [2]Solange sie diese Bestimmung nicht getroffen haben, wird das Kindergeld demjenigen gewährt, der das Kind überwiegend unterhält; es wird jedoch dem Elternteil gewährt, dem die Sorge für die Person des Kindes oder das elterliche Erziehungsrecht für das Kind allein zusteht.

(4) [1]In anderen Fällen, in denen für ein Kind mehrere Personen die Anspruchsvoraussetzungen erfüllen, bestimmt das Vormundschaftsgericht oder das entsprechende Gericht in dem in Artikel 3 des Einigungsvertrages[1]) genannten Gebiet auf Antrag, welcher Person das Kindergeld zu gewähren ist. [2]Es kann außerdem in den Fällen der Absätze 2 und 3 auf Antrag bestimmen, daß das Kindergeld ganz oder teilweise einer anderen Person gewährt wird, die die Anspruchsvoraussetzungen erfüllt. [3]Antragsberechtigt sind das Jugendamt und Personen, die ein berechtigtes Interesse nachweisen. [4]Die Anordnung muß das Wohl der Kinder berücksichtigen. [5]Bevor eine Anordnung getroffen wird, soll das Jugendamt gehört werden.

---

[1]) Auszugsweise abgedruckt vor **1.1.**

**§§ 4 bis 7.** *(weggefallen)*

**§ 8. Andere Leistungen für Kinder.** (1) [1]Kindergeld wird nicht für ein Kind gewährt, für das eine der folgenden Leistungen zu zahlen ist oder bei entsprechender Antragstellung zu zahlen wäre:

1. Kinderzulagen aus der gesetzlichen Unfallversicherung oder Kinderzuschüsse aus den gesetzlichen Rentenversicherungen,

2. Leistungen für Kinder, die außerhalb des Geltungsbereiches dieses Gesetzes gewährt werden und dem Kindergeld oder einer der unter Nummer 1 genannten Leistungen vergleichbar sind,

3. Kinderzuschlag nach § 56 des Bundesbesoldungsgesetzes oder entsprechenden tariflichen Vorschriften im Bereich des öffentlichen Dienstes,

4. Leistungen für Kinder, die von einer zwischen- oder überstaatlichen Einrichtung gewährt werden und dem Kindergeld vergleichbar sind.

[2]Übt ein Berechtigter im Geltungsbereich dieses Gesetzes eine unselbständige Tätigkeit aus, so wird sein Anspruch auf Kindergeld für ein Kind nicht nach Satz 1 Nr. 4 mit Rücksicht darauf ausgeschlossen, daß sein Ehegatte als Beamter, Ruhestandsbeamter oder sonstiger Bediensteter der Europäischen Gemeinschaften für das Kind Anspruch auf Kinderzulage hat; eine unselbständige Tätigkeit ist nur gegeben, wenn der Berechtigte einer der Beitragspflicht zur Bundesanstalt für Arbeit unterliegende oder nach § 169c Nr. 1 des Arbeitsförderungsgesetzes beitragsfreie Beschäftigung als Arbeitnehmer ausübt oder in einem öffentlich-rechtlichen Dienst- oder Amtsverhältnis steht.

(2) [1]Ist in den Fällen des Absatzes 1 Nr. 1 und 2 der Bruttobetrag der anderen Leistung niedriger als das Kindergeld nach § 10 Abs. 1, wird Kindergeld in Höhe des Unterschiedsbetrages gezahlt; § 10 Abs. 2 bleibt unberührt. [2]Ein Unterschiedsbetrag unter 10 Deutsche Mark wird nicht geleistet. [3]Wenn die in Absatz 1 Satz 1 Nr. 2 bezeichnete Leistung nicht beantragt worden ist, kann die Zahlung des Unterschiedsbetrages versagt werden, soweit die Feststellung der anderen Leistung der Kindergeldstelle erhebliche Schwierigkeiten bereiten würde. [4]In den Fällen des Absatzes 1 Nr. 2 ist für die Umrechnung der anderen Leistung in Deutsche Mark der Mittelkurs der anderen Währung maßgeblich, der an der Frankfurter Devisenbörse für Ende September des Jahres vor dem Kalenderjahr amtlich festgestellt ist, für das Kindergeld zu leisten ist. [5]Wird diese Währung an der Frankfurter Devisenbörse nicht amtlich notiert, so ist der Wechselkurs maßgeblich, der sich zu demselben Termin aus dem dem Internationalen Währungsfonds gemeldeten repräsentativen Kurs der anderen Währung und der Deutschen Mark ergibt.

(3) [1]In den Fällen des Absatzes 1 Nr. 1 ist Kindergeld zu gewähren, solange die Kinderzulagen aus der gesetzlichen Unfallversicherung oder die Kinderzuschüsse aus den gesetzlichen Rentenversicherungen noch nicht zuerkannt sind. [2]Dem Bund steht ein Erstattungsanspruch entsprechend § 103 des Zehnten Buches Sozialgesetzbuch gegen die Träger der gesetzlichen Unfall- und Rentenversicherung zu.

**§ 9. Beginn und Ende des Anspruchs.** (1) Das Kindergeld wird vom Beginn des Monats an gewährt, in dem die Anspruchsvoraussetzungen erfüllt sind; es wird bis zum Ende des Monats gewährt, in dem die Anspruchsvoraussetzungen wegfallen.

(2) Das Kindergeld wird rückwirkend nur für die letzten sechs Monate vor Beginn des Monats geleistet, in dem der Antrag auf Kindergeld eingegangen ist.

(3) Ist ein nichteheliches Kind bei seinem Vater zu berücksichtigen und entsteht oder erhöht sich dadurch ein Anspruch des Vaters auf Kindergeld, so gilt für die rückwirkende Leistung des Kindergeldes oder des erhöhten Kindergeldes Absatz 2 nicht, wenn der Antrag innerhalb der ersten sechs Monate nach Ablauf des Monats gestellt wird, in dem die Vaterschaft anerkannt oder rechtskräftig festgestellt ist.

(4) Hat ein Anspruchsberechtigter von der Stellung eines Antrages auf Kindergeld abgesehen, weil für das Kind ein Anspruch auf eine der in § 8 Abs. 1 bezeichneten Leistungen geltend gemacht worden war, und wird diese Leistung versagt, so gilt für die rückwirkende Leistung des Kindergeldes Absatz 2 nicht, wenn der Antrag innerhalb der ersten sechs Monate nach Ablauf des Monats gestellt wird, in dem die Ablehnung der anderen Leistung bindend geworden ist.

(5) Entsteht oder erhöht sich ein Anspruch auf Kindergeld durch eine mit Rückwirkung erlassene Rechtsverordnung, so gilt ein hierauf gerichteter Antrag als am Tage des Inkrafttretens der Rechtsverordnung gestellt, wenn er innerhalb der ersten sechs Monate nach Ablauf des Monats gestellt wird, in dem die Rechtsverordnung verkündet ist.

**§ 10. Höhe des Kindergeldes.** (1) [1]Das Kindergeld beträgt für das 1. Kind 70 Deutsche Mark, für das 2. Kind 130 Deutsche Mark, für das 3. Kind 220 Deutsche Mark und für das 4. und jedes weitere Kind je 240 Deutsche Mark monatlich. [2]Bei der Anwendung des Satzes 1 gelten Kinder, Geschwister und Pflegekinder eines Berechtigten, dem auch Kindergeld nach § 1 Abs. 2 zusteht oder ohne Anwendung des § 8 Abs. 1 zustehen würde, als 2. oder weiteres Kind, wenn sie zuvor bei den Eltern des Berechtigten berücksichtigt wurden.

(2) [1]Das Kindergeld für das 2. und jedes weitere Kind wird nach dem in Satz 4 genannten Maßstab stufenweise bis auf den Sockelbetrag von
70 Deutsche Mark für das 2. Kind,
140 Deutsche Mark für jedes weitere Kind
gemindert, wenn das Jahreseinkommen des Berechtigten und seines nicht dauernd von ihm getrenntlebenden Ehegatten den für ihn maßgeblichen Freibetrag um wenigstens 480 Deutsche Mark übersteigt. [2]Für die Minderung des nach § 8 Abs. 2 bemessenen Kindergeldes verringert sich der Sockelbetrag des Satzes 1 um den Betrag der bei der Bemessung nach § 8 Abs. 2 berücksichtigten anderen Leistung. [3]Der Freibetrag setzt sich zusammen aus
26600 Deutsche Mark für Berechtigte, die verheiratet sind und von ihrem Ehegatten nicht dauernd getrennt leben,
19000 Deutsche Mark für sonstige Berechtigte

sowie 9200 Deutsche Mark für jedes Kind, für das dem Berechtigten Kindergeld zusteht oder ohne Anwendung des § 8 Abs. 1 zustehen würde. [4]Für je 480 Deutsche Mark, um die das Jahreseinkommen den Freibetrag übersteigt, wird das Kindergeld um 20 Deutsche Mark monatlich gemindert; kommt die Minderung des für mehrere Kinder zu zahlenden Kindergeldes in Betracht, wird sie beim Gesamtkindergeld vorgenommen.

**§ 11. Jahreseinkommen.** (1) [1]Als Jahreseinkommen gilt die Summe der in dem nach Absatz 3 oder 4 maßgeblichen Kalenderjahr erzielten positiven Einkünfte im Sinne des § 2 Abs. 1 und 2 des Einkommensteuergesetzes. [2]Ein Ausgleich mit Verlusten aus anderen Einkunftsarten und mit Verlusten des Ehegatten ist nicht zulässig.

(2) Vom Einkommen werden abgezogen

1. die Einkommensteuer und die Kirchensteuer, die für das nach Absatz 3 oder 4 maßgebliche Kalenderjahr zu leisten waren oder sind,

2. die steuerlich anerkannten Vorsorgeaufwendungen für das nach Absatz 3 oder 4 maßgebliche Kalenderjahr, soweit sie im Rahmen der Höchstbeträge nach § 10 des Einkommensteuergesetzes abziehbar sind, zumindest die Vorsorgepauschale oder der Vorsorge-Pauschbetrag (§ 10c des Einkommensteuergesetzes),

2a. der nach § 33b Abs. 5 des Einkommensteuergesetzes für das nach Absatz 3 oder 4 maßgebliche Kalenderjahr abgezogene Behinderten-Pauschbetrag für ein Kind, für das der Freibetrag nach § 10 Abs. 2 Satz 3 erhöht worden ist,

3. die Unterhaltsleistungen, die der Berechtigte oder sein nicht dauernd von ihm getrenntlebender Ehegatte in dem nach Absatz 3 oder 4 maßgeblichen Kalenderjahr erbracht hat oder erbringt
   a) an Kinder, für die der Freibetrag nach § 10 Abs. 2 Satz 3 nicht erhöht worden ist, jedoch nur bis zu dem durch Unterhaltsurteil oder -vergleich festgesetzten Betrag,
   b) an sonstige Personen, soweit die Leistungen nach § 10 Abs. 1 Nr. 1 oder § 33a Abs. 1 des Einkommensteuergesetzes berücksichtigt worden oder zu berücksichtigen sind,

4. die Beträge, die in dem nach Absatz 3 oder 4 maßgeblichen Kalenderjahr wie Sonderausgaben nach § 10e oder nach § 7b in Verbindung mit § 52 Abs. 21 Satz 4 des Einkommensteuergesetzes berücksichtigt worden sind, soweit sie die Summe der positiven Einkünfte, die der Berechtigte und sein nicht dauernd von ihm getrenntlebender Ehegatte in diesem Jahr aus Vermietung und Verpachtung hatten, nicht übersteigen.

(2a) Für die Berücksichtigung von Einkünften aus nichtselbständiger Arbeit, die keiner staatlichen Besteuerung unterlagen oder die nur nach ausländischem Steuerrecht, und zwar abschließend ohne Festsetzungsbescheid der Steuerbehörde, zu besteuern waren, ist von deren Bruttobetrag auszugehen; hiervon werden abgezogen

1. ein Betrag in Höhe des Arbeitnehmer-Pauschbetrages (§ 9a Nr. 1 des Einkommensteuergesetzes),

2. die darauf entfallenden Lohn- und Kirchensteuern oder steuerähnlichen Abgaben,

3. Vorsorgeaufwendungen bis zu dem nach Absatz 2 Nr. 2 maßgeblichen Höchstbetrag,

3a. der für das nach Absatz 3 oder 4 maßgebliche Kalenderjahr bei der Besteuerung nach ausländischem Steuerrecht abgezogene dem Behinderten-Pauschbetrag nach § 33b Abs. 5 des Einkommensteuergesetzes entsprechende Betrag für ein Kind, für das der Freibetrag nach § 10 Abs. 2 Satz 3 erhöht worden ist,

4. Unterhaltsleistungen an Kinder nach Absatz 2 Nr. 3 Buchstabe a oder entsprechend dieser Vorschrift bis zu dem Betrag von je 9200 DM an sonstige unterhaltsberechtigte Personen.

(2b) [1]Für die Berücksichtigung von Einkünften, die nur nach ausländischem Steuerrecht, und zwar abschließend durch Festsetzungsbescheid der Steuerbehörde, zu besteuern waren, gelten die Absätze 1 und 2 mit der Maßgabe, daß an die Stelle der darin genannten Vorschriften die entsprechenden Vorschriften des ausländischen Steuerrechts treten. [2]Kann die Anwendung des Satzes 1 wegen der Unterschiede zwischen dem ausländischen Steuerrecht und dem Einkommensteuerrecht nicht erfolgen, ist abweichend von Satz 1 als Einkommen der Betrag anzusetzen, der die Bemessungsgrundlage für die im Einzelfall festgesetzte tarifliche Einkommensteuer ist; hiervon werden die darauf entfallenden Einkommen- und Kirchensteuern sowie Unterhaltsleistungen nach Absatz 2 Nr. 3 Buchstabe a abgezogen.

(2c) [1]Einkünfte und Abzüge in ausländischer Währung sind nach dem Mittelkurs der anderen Währung, der an der Frankfurter Devisenbörse für Ende September des nach Absatz 3 oder 4 maßgeblichen Kalenderjahres amtlich festgestellt ist, in Deutsche Mark umzurechnen. [2]§ 8 Abs. 2 Satz 5 gilt entsprechend.

(3) [1]Maßgeblich ist das Einkommen im vorletzten Kalenderjahr vor dem Kalenderjahr, für das die Zahlung des Kindergeldes in Betracht kommt, und zwar, mit Ausnahme der in Absatz 2a genannten Einkünfte so, wie es der Besteuerung zugrunde gelegt worden ist. [2]Steht die Steuerfestsetzung noch aus, so werden zunächst nur die Sockelbeträge (§ 10 Abs. 2 Satz 1) gezahlt. [3]Jedoch ist Berechtigten, denen für Dezember des vorigen Jahres mehr als die Sockelbeträge zustand, die Sockelbeträge übersteigendes Kindergeld nach dem für diesen Monat maßgeblichen Einkommen bis einschließlich Juni unter dem Vorbehalt der Rückforderung zu zahlen. [4]Sobald die Steuer festgesetzt ist, ist endgültig über die Höhe des Kindergeldes zu entscheiden. [5]Überzahltes Kindergeld ist vom Berechtigten zu erstatten. [6]Mit dem Erstattungsanspruch kann gegen Ansprüche auf laufendes Kindergeld bis zu deren voller Höhe aufgerechnet werden; § 23 Abs. 2 gilt entsprechend.

(4) [1]Macht der Berechtigte vor Ablauf des Kalenderjahres, für das die Zahlung des Kindergeldes in Betracht kommt (Leistungsjahr), glaubhaft,

daß das Einkommen in diesem Jahr voraussichtlich so gering sein wird, daß bei seiner Berücksichtigung das Kindergeld nicht nur in Höhe des Sockelbetrages (§ 10 Abs. 2 Satz 1) zu leisten wäre, so wird dieses Einkommen zugrunde gelegt und Kindergeld in Höhe des den Sockelbetrag übersteigenden Betrages unter dem Vorbehalt der Rückforderung gezahlt. [2]Sobald sich das im Leistungsjahr erzielte Einkommen endgültig feststellen läßt, wird abschließend entschieden. [3]Ergibt sich dabei, daß der Berechtigte zu Unrecht Kindergeld erhalten hat, hat er den überzahlten Betrag zurückzuzahlen. [4]Mit dem Erstattungsanspruch kann gegen laufende Kindergeldansprüche bis zu deren voller Höhe aufgerechnet werden; § 23 Abs. 2 gilt entsprechend.

**§ 11a. Zuschlag zum Kindergeld für Berechtigte mit geringem Einkommen.** (1)[1] [1]Das Kindergeld für die Kinder, für die dem Berechtigten der Kinderfreibetrag nach § 32 Abs. 6 des Einkommensteuergesetzes zusteht, erhöht sich um den nach Absatz 6 bemessenen Zuschlag, wenn das zu versteuernde Einkommen (§ 2 Abs. 5 des Einkommensteuergesetzes) des Berechtigten geringer ist als der Grundfreibetrag nach § 32a Abs. 1 Nr. 1 des Einkommensteuergesetzes. [2]Das zu versteuernde Einkommen wird berücksichtigt, soweit und wie es der Besteuerung zugrunde gelegt wurde; soweit erheblich, ist das zu versteuernde Einkommen als Negativbetrag festzustellen. [3]Ist die tarifliche Einkommensteuer nach § 32a Abs. 5 oder 6 des Einkommensteuergesetzes berechnet worden, tritt an die Stelle des Grundfreibetrages das Zweifache dieses Betrages. [4]Satz 1 gilt nicht für Berechtigte, deren Einkommen zuzüglich des Einkommens ihres nicht dauernd von ihnen getrenntlebenden Ehegatten überwiegend aus ausländischen, im Ausland erzielten inländischen oder von einer über- oder zwischenstaatlichen Einrichtung gezahlten Einkünften besteht und insoweit nicht nach dem Einkommensteuergesetz versteuert wird.

(2) [1]Ist die tarifliche Einkommensteuer für Ehegatten, die beide Kindergeld beziehen, nach § 32a Abs. 5 des Einkommensteuergesetzes berechnet worden, erhält derjenige von ihnen, der das höhere nach § 10 bemessene Kindergeld bezieht, den Zuschlag auch für die Kinder, für die dem anderen Kindergeld gezahlt wird. [2]Bei gleich hohem Kindergeld gilt § 3 Abs. 3 entsprechend.

(3) Steht der Kinderfreibetrag für ein Kind dem Berechtigten und einem anderen je zur Hälfte zu, so erhält auch der andere entsprechend Absatz 1 einen nach Absatz 6 bemessenen Zuschlag als Kindergeld.

(4) [1]Steht der Kinderfreibetrag für ein Kind nicht dem Berechtigten, sondern einer Person zu, die nach § 3 Abs. 2 Satz 1 als Berechtigter ausgeschlossen ist, so erhält diese Person entsprechend Absatz 1 einen nach Absatz 6 bemessenen Zuschlag als Kindergeld. [2]Absatz 3 gilt entsprechend.

---

[1] Ist nach § 11a Abs. 1 Satz 1 das zu versteuernde Einkommen eines Jahres vor 1990 maßgeblich, beträgt der Zuschlag ein Zwölftel von 22 vom Hundert; siehe hierzu § 44b.

(5) [1]Für ein Kind, für das nach § 8 kein Kindergeld zu zahlen ist, erhält derjenige, der ohne die Anwendung des § 8 Abs. 1 Anspruch auf Kindergeld hätte, entsprechend Absatz 1 einen nach Absatz 6 bemessenen Zuschlag als Kindergeld. [2]Die Absätze 3 und 4 gelten entsprechend.

(6) [1]Der Zuschlag beträgt ein Zwölftel von 19 vom Hundert[1]) des Unterschiedsbetrages zwischen dem zu versteuernden Einkommen und dem nach Absatz 1 Satz 1 oder Satz 3 maßgeblichen Grundfreibetrag, höchstens von 19 vom Hundert[1]) der Summe der dem Berechtigten zustehenden Kinderfreibeträge. [2]In Fällen der Steuerfestsetzung nach § 32b des Einkommensteuergesetzes tritt an die Stelle des nach Satz 1 maßgeblichen Vomhundertsatzes ein Vomhundertsatz in Höhe des Unterschiedes zwischen dem nach Satz 1 maßgeblichen Vomhundertsatz und dem im Steuerbescheid ausgewiesenen besonderen Steuersatz. [3]§ 20 Abs. 3 ist anzuwenden.

(7) [1]Der Zuschlag wird nach Ablauf des Jahres, für das er zu leisten ist, auf Antrag gezahlt. [2]Die Zahlung setzt voraus, daß der Antrag spätestens innerhalb von sechs Monaten nach Ablauf dieses Jahres oder, wenn die Steuer erst nach Ablauf dieses Jahres festgesetzt wird, nach der Steuerfestsetzung gestellt worden ist.

(8) [1]Macht der Berechtigte glaubhaft, daß die ihm und seinem nicht dauernd von ihm getrenntlebenden Ehegatten zustehenden Kinderfreibeträge sich voraussichtlich nicht oder nur teilweise auswirken werden, wird der Zuschlag unter dem Vorbehalt der Rückforderung bereits während des Jahres, für das er in Betracht kommt, gezahlt. [2]Dies gilt nicht, soweit die Zahlung des Zuschlags nach oder in entsprechender Anwendung von Absatz 3 in Betracht kommt. [3]Zuschläge unter 20 Deutsche Mark werden hiernach nicht geleistet. [4]§ 11 Abs. 3 Sätze 4 bis 6 gilt entsprechend.

### § 12. Übertragbarkeit des Kindergeldes, Anordnung über die Auszahlung. (1) bis (3) *(weggefallen)*

(4) [1]Als auf ein Kind entfallendes Kindergeld gilt der Betrag, der sich bei gleichmäßiger Verteilung des Kindergeldes auf alle Kinder, für die dem Berechtigten Kindergeld geleistet wird, ergibt; wird für ein Kind nur Teilkindergeld geleistet, so wird das Kind bei der Verteilung nach Halbsatz 1 nur zu dem Anteil berücksichtigt, der dem Verhältnis des Teilkindergeldes zum vollen Kindergeld entspricht. [2]Dabei sind auf Deutsche Pfennig lautende Beträge auf Deutsche Mark abzurunden, und zwar unter 50 Deutsche Pfennig nach unten, sonst nach oben.

### § 13. Rückzahlungspflicht. Kindergeld, das für einen Monat geleistet worden ist, in dem die Anspruchsvoraussetzungen an keinem Tage vorgelegen haben, ist zurückzuzahlen, wenn

1. (weggefallen)
2. (weggefallen)

---

[1]) Siehe Fußnote zu § 11a Abs. 1.

3. der Empfänger für denselben Monat die in § 8 Abs. 1 Nr. 3 genannte Leistung für das Kind erhalten hat oder beanspruchen kann oder

4. der Empfänger für den zweiten Monat eines Zahlungszeitraums (§ 20 Abs. 1) eine der in § 8 Abs. 1 Nr. 1 genannten Leistungen erhalten hat und insoweit ein Erstattungsanspruch nach § 8 Abs. 3 Satz 2 nicht entstanden ist.

**§ 14. Kindergeld für alleinstehende Kinder.** (1) ¹Das Kindergeld für alleinstehende Kinder (§ 1 Abs. 2) wird unter entsprechender Anwendung des § 2 Abs. 2 Satz 1 Nr. 1 bis 3, Sätze 2 bis 6 und Abs. 2a bis 4 sowie der §§ 8 und 9 geleistet. ²Der Anspruch besteht nicht für denjenigen, der sich zum Zweck der Schul- oder Berufsausbildung in den Geltungsbereich dieses Gesetzes begeben hat. ³Im Falle des § 2 Abs. 2 Satz 1 Nr. 3 wird Kindergeld längstens bis zur Vollendung des 27. Lebensjahres gezahlt. ⁴Bei der Anwendung des Satzes 1 steht den in § 2 Abs. 2 Satz 1 Nr. 1 Bezeichneten der nach § 1 Abs. 2 Berechtigte gleich, der ausschließlich in seinem Haushalt tätig ist, wenn diesem Haushalt mindestens vier bei ihm berücksichtigte Kinder angehören, die zuvor bei seinen Eltern berücksichtigt wurden.

(2) Das Kindergeld für alleinstehende Kinder beträgt 70 Deutsche Mark monatlich.

## Zweiter Abschnitt. Organisation

**§ 15. Beauftragung der Bundesanstalt für Arbeit.** (1) Die Bundesanstalt für Arbeit (Bundesanstalt) führt dieses Gesetz nach fachlichen Weisungen des Bundesministers für Arbeit und Sozialordnung durch.

(2) Die Bundesanstalt führt bei der Durchführung dieses Gesetzes die Bezeichnung „Kindergeldkasse".

## Dritter Abschnitt. Aufbringung der Mittel

**§ 16. Aufbringung der Mittel durch den Bund.** (1) Die Aufwendungen der Bundesanstalt für die Durchführung dieses Gesetzes trägt der Bund.

(2) Der Bund stellt der Bundesanstalt nach Bedarf die Mittel bereit, die sie für die Zahlung des Kindergeldes benötigt.

(3) Der Bund erstattet die Verwaltungskosten, die der Bundesanstalt aus der Durchführung dieses Gesetzes entstehen, in einem Pauschbetrag, der zwischen der Bundesregierung und der Bundesanstalt vereinbart wird.

## Vierter Abschnitt. Verfahren

**§ 17. Antrag.** (1) ¹Das Kindergeld ist schriftlich zu beantragen. ²Der Antrag soll bei dem nach § 24 zuständigen Arbeitsamt gestellt werden.

[3]Den Antrag kann außer dem Berechtigten auch stellen, wer ein berechtigtes Interesse an der Leistung des Kindergeldes hat.

(2) (weggefallen)

(3) [1]Vollendet ein Kind das 16. Lebensjahr, so wird es nur dann weiterhin berücksichtigt, wenn der Berechtigte anzeigt, daß die Voraussetzungen des § 2 Abs. 2 oder 4 vorliegen. [2]Absatz 1 gilt entsprechend.

**§ 18.** (weggefallen)

**§ 19. Auskunftspflicht.** (1) § 60 Abs. 1 Nr. 1 und 3 des Ersten Buches Sozialgesetzbuch gilt auch für die bei dem Antragsteller oder Berechtigten berücksichtigten Kinder, für den nicht dauernd getrenntlebenden Ehegatten des Antragstellers oder Berechtigten, für die sonstigen Personen, bei denen die bezeichneten Kinder berücksichtigt werden, sowie für die in § 2 Abs. 2a bezeichneten Ehegatten und früheren Ehegatten.

(2) Soweit es zur Durchführung des § 2 Abs. 2a, des § 10 Abs. 2 sowie des § 11a erforderlich ist, hat der jeweilige Arbeitgeber der in diesen Vorschriften bezeichneten Personen auf Verlangen der zuständigen Stelle eine Bescheinigung über den Arbeitslohn, die einbehaltenen Steuern und Sozialabgaben, die bei der Einbehaltung der Steuern berücksichtigte Kinderzahl sowie den auf der Lohnsteuerkarte eingetragenen Freibetrag auszustellen.

(3) Die für die Durchführung dieses Gesetzes zuständigen Stellen können den nach Absatz 1 oder 2 Verpflichteten eine angemessene Frist zur Erfüllung der Pflicht setzen.

**§ 20. Zahlung des Kindergeldes.** (1) Das Kindergeld wird zweimonatlich im Laufe der zwei Monate, für die es bestimmt ist, gezahlt.

(2) [1]Steht Arbeitnehmern Kindergeld auf Grund zwischen- oder überstaatlicher Regelungen für ihre außerhalb des Geltungsbereichs dieses Gesetzes lebenden Kinder zu, kann es ihren Arbeitgebern überwiesen werden; die Arbeitgeber sind verpflichtet, das Kindergeld unverzüglich an die Arbeitnehmer auszuzahlen. [2]Hat ein Arbeitgeber das Kindergeld nicht innerhalb einer angemessenen Frist an die Arbeitnehmer ausgezahlt, so hat er es zurückzuzahlen.

(3) Auszuzahlende Beträge sind auf Deutsche Mark abzurunden, und zwar unter 50 Deutsche Pfennig nach unten, sonst nach oben.

(4) § 45 Abs. 3 des Zehnten Buches Sozialgesetzbuch findet keine Anwendung.

(5) Ein rechtswidriger nicht begünstigender Verwaltungsakt ist abweichend von § 44 Abs. 1 des Zehnten Buches Sozialgesetzbuch für die Zukunft zurückzunehmen; er kann ganz oder teilweise auch für die Vergangenheit zurückgenommen werden.

**§ 21. Überprüfung des Fortbestehens von Anspruchsvoraussetzungen durch Meldedaten-Übermittlung.** Die Meldebehörden übermitteln in regelmäßigen Abständen den für die Durchführung dieses Gesetzes zuständigen Stellen nach Maßgabe einer auf Grund des § 20 Abs. 1 des Melderechtsrahmengesetzes zu erlassenden Rechtsverordnung die in § 18 Abs. 1 des Melderechtsrahmengesetzes genannten Daten aller Einwohner, zu deren Person im Melderegister Daten von minderjährigen Kindern gespeichert sind, und dieser Kinder, soweit die Daten nach ihrer Art für die Prüfung der Rechtmäßigkeit des Bezugs von Kindergeld geeignet sind.

**§ 22.** *(weggefallen)*

**§ 23. Rückzahlung.** (1) [1]Ist Kindergeld zurückzuzahlen und hat der Rückzahlungspflichtige für das Kind Anspruch auf

1. Kinderzuschlag aus der Kriegsopferversorgung oder

2. Kinderzuschlag nach § 56 des Bundesbesoldungsgesetzes oder entsprechenden tariflichen Vorschriften im Bereich des öffentlichen Dienstes,

so geht dieser Anspruch bis zur Höhe des gezahlten Kindergeldes auf den Bund über. [2]Der Übergang beschränkt sich auf den Anspruch, der dem Rückzahlungspflichtigen für die Zeit zusteht, für die ihm Kindergeld gewährt worden ist. [3]Im Falle der Rücknahme nach § 45 Abs. 2 Satz 3 oder § 48 Abs. 1 Satz 2 Nr. 2 des Zehnten Buches Sozialgesetzbuch geht auch der Anspruch auf die Hälfte der Leistungen, die dem Rückzahlungspflichtigen für die spätere Zeit zustehen, auf den Bund über; dies gilt jedoch nur insoweit, als der Rückzahlungspflichtige der Leistungen nicht zur Deckung seines Lebensunterhaltes und des Lebensunterhaltes seiner unterhaltsberechtigten Angehörigen bedarf.

(2) § 51 des Ersten Buches Sozialgesetzbuch gilt für die Aufrechnung eines Anspruchs auf Erstattung von Kindergeld gegen einen späteren Kindergeldanspruch des nicht dauernd von dem Erstattungspflichtigen getrenntlebenden Ehegatten entsprechend.

(3) (weggefallen)

(4) Die für Rückforderungen nach § 152 Abs. 2 des Arbeitsförderungsgesetzes geltenden Bestimmungen über die Stundung, die Niederschlagung und den Erlaß von Rückforderungen sind entsprechend anzuwenden.

**§ 24. Zuständiges Arbeitsamt.** (1) [1]Für die Entgegennahme des Antrages und die Entscheidungen über den Anspruch ist das Arbeitsamt zuständig, in dessen Bezirk der Berechtigte seinen Wohnsitz hat. [2]Hat der Berechtigte keinen Wohnsitz im Geltungsbereich dieses Gesetzes, so ist das Arbeitsamt zuständig, in dessen Bezirk er seinen gewöhnlichen Aufenthalt hat. [3]Hat der Berechtigte im Geltungsbereich dieses Gesetzes weder seinen Wohnsitz noch seinen gewöhnlichen Aufenthalt, so ist das Arbeitsamt zuständig, in dessen Bezirk er erwerbstätig ist. [4]In den übrigen Fällen ist das Arbeitsamt Nürnberg zuständig. [5]§ 129 Abs. 2 des Arbeitsförderungsgesetzes gilt entsprechend.

(2) Die Entscheidungen über den Anspruch trifft der Direktor des Arbeitsamtes.

(3) Der Präsident der Bundesanstalt kann für bestimmte Bezirke oder Gruppen von Berechtigten die Entscheidungen über den Anspruch auf Kindergeld einem anderen Arbeitsamt übertragen.

**§ 25. Bescheid.** (1) Wird der Antrag auf Kindergeld abgelehnt oder das Kindergeld entzogen, so ist ein schriftlicher Bescheid zu erteilen.

(2) Von der Erteilung eines Bescheides kann abgesehen werden, wenn

1. der Berechtigte anzeigt, daß die Voraussetzungen für die Berücksichtigung eines Kindes nicht mehr erfüllt sind, oder

2. das Kind das 16. Lebensjahr vollendet, ohne daß eine Anzeige nach § 17 Abs. 3 erstattet ist.

**§ 26.** *(weggefallen)*

**§ 27. Rechtsweg.** (1) Öffentlich-rechtliche Streitigkeiten in Angelegenheiten dieses Gesetzes sind Streitigkeiten in Angelegenheiten der Bundesanstalt für Arbeit im Sinne des Sozialgerichtsgesetzes.

(2) Die Berufung ist nicht zulässig, soweit sie nur Beginn oder Ende des Anspruchs auf Kindergeld oder nur das Kindergeld für bereits abgelaufene Zeiträume betrifft; § 150 des Sozialgerichtsgesetzes gilt entsprechend.

### Fünfter Abschnitt. Bußgeldvorschriften

**§ 28.** *(weggefallen)*

**§ 29. Ordnungswidrigkeiten.** (1) Ordnungswidrig handelt, wer vorsätzlich oder fahrlässig

1. entgegen § 60 Abs. 1 Nr. 1 oder 3 des Ersten Buches Sozialgesetzbuch in Verbindung mit § 19 Abs. 1 auf Verlangen nicht die leistungserheblichen Tatsachen angibt oder Beweisurkunden vorlegt,

2. entgegen § 60 Abs. 1 Nr. 2 des Ersten Buches Sozialgesetzbuch eine Änderung in den Verhältnissen, die für einen Anspruch auf Kindergeld erheblich ist, nicht, nicht richtig, nicht vollständig oder nicht unverzüglich mitteilt oder

3. entgegen § 19 Abs. 2 oder 3 auf Verlangen eine Bescheinigung nicht, nicht richtig, nicht vollständig oder nicht rechtzeitig ausstellt.

(2) Die Ordnungswidrigkeit kann mit einer Geldbuße geahndet werden.

(3) § 66 des Zehnten Buches Sozialgesetzbuch gilt entsprechend.

(4) Verwaltungsbehörden im Sinne des § 36 Abs. 1 Nr. 1 des Gesetzes über Ordnungswidrigkeiten sind die Arbeitsämter.

**§ 30.** *(weggefallen)*

### Sechster Abschnitt. Übergangs- und Schlußvorschriften

**§§ 31 bis 41.** *(weggefallen oder gegenstandslos)*

**§ 42. Recht der Europäischen Wirtschaftsgemeinschaft.** [1]Soweit in diesem Gesetz Ansprüche Deutschen vorbehalten sind, haben Angehörige der anderen Mitgliedstaaten der Europäischen Gemeinschaften, Flüchtlinge und Staatenlose nach Maßgabe des Vetrages zur Gründung der Europäischen Wirtschaftsgemeinschaft und der auf seiner Grundlage erlassenen Verordnungen die gleichen Rechte. [2]Auch im übrigen bleiben die Bestimmungen der genannten Verordnungen unberührt.

**§ 43. Rechtsverordnungen.** Die Rechtsverordnungen nach § 2 Abs. 6 bedürfen nicht der Zustimmung des Bundesrates.

**§ 44. Übergangsvorschrift aus Anlaß des Gesetzes vom 24. Juni 1985 (BGBl. I S. 1144).** Auf ein Kind, das bereits vor dem 28. Juni 1985 in Adoptionspflege genommen oder als Kind angenommen worden ist, ist zugunsten des Berechtigten, dem bereits am 28. Juni 1985 mit Rücksicht auf dieses Kind ein höherer Kindergeldanspruch oder für dieses Kind ein Kindergeldanspruch zuerkannt war,

1. § 2 Abs. 1 Satz 3 nicht anzuwenden,
2. § 8 Abs. 1 in der bis zum 27. Juni 1985 geltenden Fassung weiter anzuwenden,

solange die entsprechenden Anspruchsvoraussetzungen ununterbrochen weiter erfüllt sind.

**§ 44a. Übergangsvorschrift aus Anlaß des Gesetzes vom 27. Juni 1985 (BGBl. I S. 1251).** Wenn nach § 11 Abs. 3 Satz 1 das Einkommen eines Jahres vor 1986 maßgeblich ist, ist § 10 Abs. 2 Satz 3 in der Fassung des Artikels 13 des Gesetzes vom 20. Dezember 1982 (BGBl. I S. 1857) anzuwenden.

**§ 44b. Übergangsvorschrift aus Anlaß des Steuerreformgesetzes 1990 vom 25. Juli 1988 (BGBl. I S. 1093).** Ist nach § 11a Abs. 1 Satz 1 das zu versteuernde Einkommen eines Jahres vor 1990 maßgeblich, findet § 11a Abs. 6 in der Fassung der Bekanntmachung vom 21. Januar 1986 (BGBl. I S. 222) Anwendung.

**§ 44c. Übergangsvorschrift aus Anlaß des Gesetzes vom 30. Juni 1989 (BGBl. I S. 1294).** Für Ansprüche, die sich durch die Anwendung des § 8 Abs. 1 Satz 2 für die Monate zwischen dem 1. Mai 1987 und der Verkündung des Zwölften Gesetzes zur Änderung des Bundeskindergeldgesetzes vom 30. Juni 1989 (BGBl. I S. 1294)[1] ergeben, gilt § 9 Abs. 5 entsprechend.

---

[1] Verkündet am 7. Juli 1989.

**§ 44d.**[1] **Überleitungsregelungen aus Anlaß der Herstellung der Einheit Deutschlands.** (1) Bei der Anwendung des § 2 Abs. 2 Satz 6 und Abs. 4 Satz 3 erster Halbsatz stehen den dort genannten Vorschriften des Bundeserziehungsgeldgesetzes die entsprechenden Vorschriften, die in dem in Artikel 3 des Einigungsvertrages[2] genannten Gebiet gelten, gleich.

(2) [1]Abweichend von § 3 Abs. 2 bis 4 steht Berechtigten, die für Dezember 1990 für ihre Kinder Kindergeld in dem in Artikel 3 des Einigungsvertrages[2] genannten Gebiet bezogen haben, das Kindergeld für diese Kinder auch für die folgende Zeit zu, solange sie ihren Wohnsitz oder gewöhnlichen Aufenthalt in diesem Gebiet beibehalten und die Kinder die Voraussetzungen ihrer Berücksichtigung weiterhin erfüllen. [2]§ 3 Abs. 2 bis 4 ist insoweit erst für die Zeit vom Beginn des Monats an anzuwenden, in dem ein hierauf gerichteter Antrag bei der zuständigen Stelle eingegangen ist; der hiernach Berechtigte muß die nach Satz 1 geleisteten Zahlungen gegen sich gelten lassen.

(3) Bei der Anwendung des § 8 Abs. 1 Satz 1 Nr. 1 bleiben Ansprüche auf den Kinderzuschlag zu einer Rente aus der gesetzlichen Renten- oder Unfallversicherung in dem in Artikel 3 des Einigungsvertrages[2] genannten Gebiet bis zum 31. Dezember 1991 außer Betracht.

(4) [1]Für die Leistungsjahre 1991 und 1992 wird die Anwendung des § 11 Abs. 3 gegenüber Berechtigten ausgeschlossen, die während des überwiegenden Teils des jeweils vorletzten Jahres ihren gewöhnlichen Aufenthalt in dem in Artikel 3 des Einigungsvertrages[2] genannten Gebiet gehabt haben; dies gilt gegenüber Berechtigten, die verheiratet sind und von ihrem Ehegatten nicht dauernd getrennt leben, nur, wenn die Summe der genannten Aufenthaltszeiten beider Ehegatten zwölf Monate überstiegen hat. [2]Gegenüber diesen Berechtigten ist
1. für das Leistungsjahr 1991 entsprechend § 11 Abs. 4 zu verfahren; jedoch wird auf Antrag des Berechtigten zunächst ungemindertes Kindergeld ohne Glaubhaftmachung des voraussichtlichen Einkommens unter dem Vorbehalt der Rückforderung gezahlt;
2. für das Leistungsjahr 1992 vorbehaltlich des § 11 Abs. 4 das Einkommen des Jahres 1991 maßgeblich; solange sich dieses noch nicht endgültig feststellen läßt, wird ungemindertes Kindergeld ohne Glaubhaftmachung des Einkommens unter dem Vorbehalt der Rückforderung gezahlt; § 11 Abs. 3 Satz 4 bis 6 gilt entsprechend.

(5) Für das Leistungsjahr 1991 wird Berechtigten, die in dem in Artikel 3 des Einigungsvertrages[2] genannten Gebiet einen Wohnsitz oder ihren gewöhnlichen Aufenthalt haben, Zuschlag zum Kindergeld nach § 11a Abs. 8 auf Antrag ohne Glaubhaftmachung des voraussichtlichen Einkommens unter dem Vorbehalt der Rückforderung gezahlt.

(6) [1]Abweichend von § 15 Abs. 1 wird das Kindergeld für die Monate Januar bis März 1991 den Berechtigten, die in dem in Artikel 3 des

---

[1] § 44d neu eingefügt durch Einigungsvertrag mit Wirkung ab 1. 1. 1991 (Abs. 7 tritt bereits mit Wirksamwerden des Beitritts am 3. 10. 1990 in Kraft!).
[2] Auszugsweise abgedruckt vor **1.1.**

Einigungsvertrages[1] genannten Gebiet bei einem anderen als einem der in § 45 Abs. 1 Buchstabe a Satz 1 bezeichneten Arbeitgeber beschäftigt sind, für die Kinder, für die ihnen in dem genannten Gebiet für Dezember 1990 Kindergeld zu zahlen war, von dem Arbeitgeber auf Grund der ihm vorliegenden Auszahlungskarten in der sich aus § 10 Abs. 1 ergebenden Höhe zuzüglich je Kind monatlich 48 DM Zuschlag zum Kindergeld vorbehaltlich späterer Prüfung des Anspruchs durch die nach § 15 Abs. 1 zuständige Stelle ausgezahlt; § 11 Abs. 3 Sätze 5 und 6 ist anzuwenden. [2]Der Arbeitgeber hat die auszuzahlenden Beträge der Lohnsteuer, die er für seine Arbeitnehmer insgesamt einbehalten hat, zu entnehmen und in der Lohnsteueranmeldung in einer Summe gesondert anzugeben. [3]Übersteigt der für Kindergeldzahlungen zu entnehmende Betrag den Betrag, der insgesamt an Lohnsteuer einzubehalten ist, so wird der übersteigende Betrag dem Arbeitgeber auf Antrag von dem Finanzamt, an das die Lohnsteuer abzuführen ist, aus den Lohnsteuereinnahmen ersetzt. [4]Die Finanzämter rechnen die von den Arbeitgebern geleisteten Kindergeldzahlungen mit dem für ihren Dienstsitz zuständigen Arbeitsamt – Kindergeldkasse – ab.

(7)[2] [1]Das Zentrale Einwohnerregister in dem in Artikel 3 des Einigungsvertrages[1] genannten Gebiet übermittelt der Bundesanstalt für Arbeit nach Wirksamwerden des Beitritts unverzüglich folgende Daten aller Einwohner, zu deren Person im Melderegister Daten von minderjährigen Kindern gespeichert sind, und dieser Kinder:
1. Vor- und Familiennamen, frühere Namen und akademische Grade
2. Wohnung, bei mehreren die Hauptwohnung
3. Tag der Geburt
4. Geschlecht
5. Staatsangehörigkeit
6. Familienstand.
[2]Die Bundesanstalt darf die übermittelten Daten nur dazu verwenden, eine Datei über mögliche Zahlungsempfänger in dem in Artikel 3 des Einigungsvertrages[1] genannten Gebiet zu erstellen und diese durch Zusendung von Antragsvordrucken in die Lage zu versetzen, ihre Ansprüche geltend zu machen. [3]Sie hat die Daten der Einwohner, die bis zum 31. März 1991 keinen Antrag gestellt haben, und ihrer Kinder unverzüglich zu löschen.

(8) Ein Berechtigter, der einen Wohnsitz oder seinen gewöhnlichen Aufenthalt in dem in Artikel 3 des Einigungsvertrages[1] genannten Gebiet hat, erhält zu dem ihm für 1991 für ein erstes Kind nach § 10 Abs. 1 Satz 1 zustehenden Kindergeld einen Zuschlag von 15 Deutsche Mark monatlich, es sei denn, daß ihm auch für ein weiteres Kind Kindergeld zusteht.

### § 44e. Sonderregelung für die Kindergeldminderung in den Jahren 1983 bis 1985. (1) [1]Die Minderung des Kindergeldes für das zweite

---

[1] Auszugsweise abgedruckt vor **1.1.**
[2] § 44d Abs. 7 tritt mit Wirksamwerden des Beitritts am 3. 10. 1990 in Kraft.

Kind nach § 10 Abs. 2 entfällt für die Jahre 1983 bis 1985 in den Fällen, in denen über die Minderung noch nicht bindend entschieden worden ist. [2]Dies gilt auch für Fälle, in denen die Minderungsentscheidung nach dem 28. Mai 1990 bindend geworden ist und die Nachzahlung aufgrund dieser Vorschrift innerhalb von 6 Monaten nach Ablauf des Monats beantragt wird, in dem das Steueränderungsgesetz 1991 vom 24. Juni 1991 (BGBl. I S. 1322) verkündet[1] worden ist. [3]Ist es auf Grund der Erklärung des Berechtigten, er verlange bis auf weiteres nur die Zahlung des Sockelbetrags, nicht zu einer Minderungsentscheidung gekommen, so entfällt die Minderung nach Satz 1 nur, wenn der Berechtigte die Erklärung vor Bekanntgabe der für die Minderung maßgeblichen Steuerfestsetzung abgegeben hatte und vor Ablauf des sechsten Monats nach dem Monat, in dem diese Steuerfestsetzung bekanntgegeben worden ist, die Zahlung höheren Kindergeldes verlangt hat. [4]Die Sätze 1 und 2 gelten nicht für Jahre, für die bei dem Berechtigten für das Kind nach § 32 Abs. 8 Satz 1 des Einkommensteuergesetzes in der Fassung des Artikels 1 Nr. 18 des Steueränderungsgesetzes 1991 vom 24. Juni 1991 (BGBl. I S. 1322) ein Kinderfreibetrag von 2432 Deutsche Mark oder 1832 Deutsche Mark abgezogen werden kann.

(2) [1]Für die Jahre 1983 bis 1985 erfolgt die Minderung des Kindergeldes nach § 10 Abs. 2 für das dritte, vierte oder fünfte Kind eines Berechtigten, dem für kein sechstes oder weiteres Kind Kindergeld zustand, in den Fällen, in denen über die Minderung noch nicht bindend entschieden worden ist, mit der Maßgabe, daß als Sockelbetrag für das jeweils jüngste dieser Kinder vorbehaltlich des § 10 Abs. 2 Satz 2
200 Deutsche Mark, wenn dieses Kind das dritte ist,
180 Deutsche Mark, wenn dieses Kind das vierte ist,
155 Deutsche Mark, wenn dieses Kind das fünfte ist,
zu berücksichtigen sind. [2]Absatz 1 Satz 2 und 3 ist anzuwenden, Absatz 1 Satz 2 jedoch mit der Maßgabe, daß an die Stelle der Verkündung des Steueränderungsgesetzes 1991[1] die Verkündung des Steueränderungsgesetzes 1992[2] vom 25. Februar 1992 (BGBl. I S. 297) tritt.
[3]Satz 1 sowie Absatz 1 Satz 2, soweit dieser nach Satz 2 anzuwenden ist, gelten nicht für ein Jahr, für das dem Berechtigten Kindergeld

1. für ein drittes, nicht aber für ein weiteres Kind zustand und bei ihm für zwei der Kinder, für die ihm Kindergeld zustand, je einer der in Absatz 1 Satz 4 genannten Kinderfreibeträge abgezogen werden kann;

2. für ein viertes, nicht aber für ein weiteres Kind zustand und bei ihm für eines der Kinder, für die ihm Kindergeld zustand, ein Kinderfreibetrag von 2432 Deutsche Mark abgezogen werden kann;

3. für ein fünftes Kind zustand und bei ihm für eines der Kinder, für die ihm Kindergeld zustand, einer der in Absatz 1 Satz 4 genannten Kinderfreibeträge abgezogen werden kann.

---

[1] Verkündet am 27. Juni 1991.
[2] Verkündet am 28. Februar 1992.

### § 45. Zahlung von Kindergeld an Angehörige des öffentlichen Dienstes. (1) Personen, die

1. in einem öffentlich-rechtlichen Dienst-, Amts- oder Ausbildungsverhältnis stehen, mit Ausnahme der Ehrenbeamten oder

2. Versorgungsbezüge nach beamten- oder soldatenrechtlichen Vorschriften oder Grundsätzen erhalten oder

3. Arbeitnehmer des Bundes, eines Landes, einer Gemeinde, eines Gemeindeverbandes oder einer sonstigen Körperschaft, einer Anstalt oder einer Stiftung des öffentlichen Rechts sind, einschließlich der zu ihrer Berufsausbildung Beschäftigten

wird Kindergeld unter Berücksichtigung folgender Vorschriften geleistet:

a) ¹Abweichend von § 15 wird dieses Gesetz von den Körperschaften, Anstalten oder Stiftungen des öffentlichen Rechts durchgeführt, denen die Zahlung von Bezügen oder Arbeitsentgelt an die in den Nummern 1 bis 3 bezeichneten Personen obliegt. ²Der Bund stellt den Ländern nach Bedarf die Mittel bereit, die sie, die Gemeinden, Gemeindeverbände und die sonstigen landesunmittelbaren Körperschaften, Anstalten und Stiftungen des öffentlichen Rechts zur Durchführung dieses Gesetzes benötigen; er stellt den bundesunmittelbaren Körperschaften, Anstalten und Stiftungen des öffentlichen Rechts nach Bedarf die Mittel bereit, die sie zur Durchführung dieses Gesetzes benötigen. ³Verwaltungskosten werden nicht erstattet.

b) ¹Der nach § 17 Abs. 1 erforderliche Antrag auf Kindergeld soll an die Stelle gerichtet werden, die für die Festsetzung der Bezüge oder des Arbeitsentgelts zuständig ist. ²Diese Stelle tritt auch im übrigen bei der Anwendung der Vorschriften des Vierten Abschnitts und des § 29 Abs. 4 an die Stelle des Arbeitsamtes.

c) Abweichend von § 20 Abs. 1 kann das Kindergeld monatlich gezahlt werden.

d) ¹Scheidet ein Berechtigter im Laufe eines Monats aus dem Kreis der in den Nummern 1 bis 3 Bezeichneten aus oder tritt er im Laufe eines Monats in diesen Kreis ein, so wird das Kindergeld für diesen Monat von der Stelle gezahlt, die bis zum Ausscheiden oder Eintritt des Berechtigten zuständig war. ²Das gilt nicht, soweit die Zahlung von Kindergeld für ein Kind in Betracht kommt, das erst nach dem Ausscheiden oder Eintritt bei dem Berechtigten nach § 2 zu berücksichtigen ist. ³Ist in einem Falle des Satzes 1 das Kindergeld bereits für einen folgenden Monat gezahlt worden, so muß der für diesen Monat Berechtigte die Zahlung gegen sich gelten lassen.

e) § 85 Abs. 2 Nr. 3 des Sozialgerichtsgesetzes ist nicht anzuwenden

(1a) Obliegt mehreren Rechtsträgern die Zahlung von Bezügen oder Arbeitsentgelt (Absatz 1 Buchstabe a Satz 1) gegenüber einem Berechtigten, so ist für die Durchführung dieses Gesetzes zuständig:

1. Bei Zusammentreffen von Versorgungsbezügen mit anderen Bezügen oder Arbeitsentgelt der Rechtsträger, dem die Zahlung der anderen Bezüge oder des Arbeitsentgelts obliegt;

2. bei Zusammentreffen mehrerer Versorgungsbezüge der Rechtsträger, dem die Zahlung der neuen Versorgungsbezüge im Sinne der beamtenrechtlichen Ruhensvorschriften obliegt;

3. bei Zusammentreffen von Arbeitsentgelt (Absatz 1 Nr. 3) mit Bezügen aus einem der in Absatz 1 Nr. 1 bezeichneten Rechtsverhältnisse der Rechtsträger, dem die Zahlung dieser Bezüge obliegt;

4. bei Zusammentreffen mehrerer Arbeitsentgelte (Absatz 1 Nr. 3) der Rechtsträger, dem die Zahlung des höheren Arbeitsentgelts obliegt, oder – falls die Arbeitsentgelte gleichhoch sind – der Rechtsträger, zu dem das zuerst begründete Arbeitsverhältnis besteht.

(2) Absatz 1 gilt nicht für Personen, die ihre Bezüge oder ihr Arbeitsentgelt

1. von einem Dienstherrn oder Arbeitgeber im Bereich der Religionsgesellschaften des öffentlichen Rechts oder

2. von einem Spitzenverband der Freien Wohlfahrtspflege, einem diesem unmittelbar oder mittelbar angeschlossenen Mitgliedsverband oder einer einem solchen Verband angeschlossenen Einrichtung oder Anstalt erhalten.

(3) Absatz 1 gilt ferner nicht für Personen, die nach dem 31. Dezember 1976 voraussichtlich nicht länger als für sechs Monate in den Kreis der in Absatz 1 Nr. 1 bis 3 Bezeichneten eintreten.

(4) Den in Absatz 1 Nr. 1 bis 3 bezeichneten Personen, die für Dezember 1974 Kinderzuschlag oder Leistungen nach § 7 Abs. 6 des Bundeskindergeldgesetzes in der bis zum 31. Dezember 1974 geltenden Fassung bezogen haben und nicht zu einer der in Absatz 2 bezeichneten Personengruppen gehören, wird von Januar 1975 an ohne Antrag, jedoch unter dem Vorbehalt der Rückforderung für dieselben Kinder Kindergeld in der sich aus § 10 ergebenden Höhe gezahlt. (Sätze 2 bis 7 zeitlich überholt.)

(5) *(zeitlich überholt)*

(6) [1]Soweit nach Absatz 4 Satz 1 verfahren wird und mehrere Personen für ein Kind die Anspruchsvoraussetzungen erfüllen, steht abweichend von § 3 Abs. 2 bis 4 das Kindergeld derjenigen von ihnen zu, die die Voraussetzungen einer der Nummern 1 bis 3 des Absatzes 1 erfüllt; trifft dies für mehrere Personen zu, so richtet sich die Anspruchsberechtigung nach § 19 Abs. 2 des Bundesbesoldungsgesetzes in der bis zum 31. Dezember 1974 geltenden Fassung. [2]§ 3 Abs. 2 bis 4 ist insoweit erst für die Zeit vom Beginn des Monats an anzuwenden, in dem ein hierauf gerichteter Antrag nach § 17 Abs. 1 beim Arbeitsamt oder bei der nach Absatz 1 Buchstabe b zuständigen Stelle eingegangen ist.

**§ 45a.** *(weggefallen)*

**§ 46. Berlin-Klausel.** *(gegenstandslos)*

# 2.1 Gewerbesteuergesetz 1991 (GewStG 1991)★·★★

In der Fassung der Bekanntmachung vom 21. März 1991

(BGBl. I S. 814)

Geändert durch Steueränderungsgesetz 1991 vom 24. Juni 1991 (BGBl. I S. 1322) und Steueränderungsgesetz 1992 vom 25. Februar 1992 (BGBl. I S. 297)

**BGBl. III 611–5**

## Inhaltsübersicht

### Abschnitt I. Allgemeines

§§

| | |
|---|---|
| Steuerberechtigte | 1 |
| Steuergegenstand | 2 |
| Arbeitsgemeinschaften | 2a |
| Befreiungen | 3 |
| Hebeberechtigte Gemeinde | 4 |
| Steuerschuldner | 5 |
| Besteuerungsgrundlagen | 6 |

### Abschnitt II. Gewerbesteuer nach dem Gewerbeertrag

| | |
|---|---|
| Gewerbeertrag | 7 |
| Hinzurechnungen | 8 |
| Kürzungen | 9 |
| Maßgebender Gewerbeertrag | 10 |
| Gewerbeverlust | 10a |
| Steuermeßzahl und Steuermeßbetrag | 11 |

### Abschnitt III. Gewerbesteuer nach dem Gewerbekapital

| | |
|---|---|
| Gewerbekapital | 12 |
| Steuermeßzahl und Steuermeßbetrag | 13 |

### Abschnitt IV. Einheitlicher Steuermeßbetrag

| | |
|---|---|
| Festsetzung des einheitlichen Steuermeßbetrags | 14 |
| Steuererklärungspflicht | 14a |
| Verspätungszuschlag | 14b |
| Pauschfestsetzung | 15 |

### Abschnitt V. Entstehung, Festsetzung und Erhebung der Steuer

| | |
|---|---|
| Hebesatz | 16 |
| *(weggefallen)* | 17 |
| Entstehung der Steuer | 18 |
| Vorauszahlungen | 19 |

---

★ Zur Anwendung siehe § 36.
★★ Das Gesetz tritt im Gebiet der ehem. DDR am 1. 1. 1991 in Kraft (vgl. Anl. I Kap. IV Sachgebiet B Abschn. II Nr. 14 des Einigungsvertrags – abgedruckt vor **1.1** –).

§§

Abrechnung über die Vorauszahlungen . . . . . . . . . . . . . . . . . . . 20
Entstehung der Vorauszahlungen . . . . . . . . . . . . . . . . . . . . . . . 21
*(weggefallen)* . . . . . . . . . . . . . . . . . . . . . . . . . . . . . . . . 22–27

**Abschnitt VI. Zerlegung**

Allgemeines . . . . . . . . . . . . . . . . . . . . . . . . . . . . . . . . . . 28
Zerlegungsmaßstab . . . . . . . . . . . . . . . . . . . . . . . . . . . . . . 29
Zerlegung bei mehrgemeindlichen Betriebsstätten . . . . . . . . . . . 30
Begriff der Arbeitslöhne für die Zerlegung . . . . . . . . . . . . . . . 31
*(weggefallen)* . . . . . . . . . . . . . . . . . . . . . . . . . . . . . . . . 32
Zerlegung in besonderen Fällen . . . . . . . . . . . . . . . . . . . . . . 33
Kleinbeträge . . . . . . . . . . . . . . . . . . . . . . . . . . . . . . . . . . 34
*(weggefallen)* . . . . . . . . . . . . . . . . . . . . . . . . . . . . . . . . 35

**Abschnitt VII. Gewerbesteuer der Reisegewerbebetriebe** . . . . 35a

**Abschnitt VIII. Änderung des Gewerbesteuermeßbescheids
von Amts wegen** . . . . . . . . . . . . . . . . . . . . . . . . . . . . . . 35b

**Abschnitt IX. Durchführung**

Ermächtigung . . . . . . . . . . . . . . . . . . . . . . . . . . . . . . . . . 35c
Neufassung . . . . . . . . . . . . . . . . . . . . . . . . . . . . . . . . . . . 35d

**Abschnitt X. Schlußvorschriften**

Zeitlicher Anwendungsbereich . . . . . . . . . . . . . . . . . . . . . . . 36
Zeitlich begrenzte Fassung einzelner Gesetzesvorschriften . . . . . . 37

# Abschnitt I. Allgemeines

**§ 1. Steuerberechtigte.** Die Gemeinden sind berechtigt, eine Gewerbesteuer als Gemeindesteuer zu erheben.

**§ 2. Steuergegenstand.** (1) Der Gewerbesteuer unterliegt jeder stehende Gewerbebetrieb, soweit er im Inland betrieben wird. Unter Gewerbebetrieb ist ein gewerbliches Unternehmen im Sinne des Einkommensteuergesetzes zu verstehen. Im Inland betrieben wird ein Gewerbebetrieb, soweit für ihn im Inland oder auf einem in einem inländischen Schiffsregister eingetragenen Kauffahrteischiff eine Betriebsstätte unterhalten wird.

(2) Als Gewerbebetrieb gilt stets und in vollem Umfang die Tätigkeit der Kapitalgesellschaften (Aktiengesellschaften, Kommanditgesellschaften auf Aktien, Gesellschaften mit beschränkter Haftung, *Kolonialgesellschaften*[1], bergrechtliche Gewerkschaften), der Erwerbs- und Wirtschaftsgenossenschaften und der Versicherungsvereine auf Gegenseitigkeit. Ist eine Kapitalgesellschaft in ein anderes inländisches gewerbliches Unternehmen in der Weise eingegliedert, daß die Voraussetzungen des § 14 Nr. 1 und 2 des Körperschaftsteuergesetzes erfüllt sind, so gilt sie als Betriebsstätte des anderen Unternehmens. Dies gilt sinngemäß, wenn die Eingliederung im Sinne der vorbezeichneten Vorschriften im Verhältnis

---

[1] Aufgehoben mit Wirkung ab EZ 1993 durch StÄndG 1992.

zu einer inländischen im Handelsregister eingetragenen Zweigniederlassung eines ausländischen gewerblichen Unternehmens besteht.

(3) Als Gewerbebetrieb gilt auch die Tätigkeit der sonstigen juristischen Personen des privaten Rechts und der nichtrechtsfähigen Vereine, soweit sie einen wirtschaftlichen Geschäftsbetrieb (ausgenommen Land- und Forstwirtschaft) unterhalten.

(4) Vorübergehende Unterbrechungen im Betrieb eines Gewerbes, die durch die Art des Betriebs veranlaßt sind, heben die Steuerpflicht für die Zeit bis zur Wiederaufnahme des Betriebs nicht auf.

(5) Geht ein Gewerbebetrieb im ganzen auf einen anderen Unternehmer über, so gilt der Gewerbebetrieb als durch den bisherigen Unternehmer eingestellt. Der Gewerbebetrieb gilt als durch den anderen Unternehmer neu gegründet, wenn er nicht mit einem bereits bestehenden Gewerbebetrieb vereinigt wird.

(6) Inländische Betriebsstätten von Unternehmen, deren Geschäftsleitung sich in einem ausländischen Staat befindet, mit dem kein Abkommen zur Vermeidung der Doppelbesteuerung besteht, unterliegen nicht der Gewerbesteuer, wenn und soweit

1. die Einkünfte aus diesen Betriebsstätten im Rahmen der beschränkten Einkommensteuerpflicht steuerfrei sind und
2. der ausländische Staat Unternehmen, deren Geschäftsleitung sich im Inland befindet, eine entsprechende Befreiung von den der Gewerbesteuer ähnlichen oder ihr entsprechenden Steuern gewährt, oder in dem ausländischen Staat keine der Gewerbesteuer ähnlichen oder ihr entsprechenden Steuern bestehen.

(7) Zum Inland im Sinne dieses Gesetzes gehört auch der der Bundesrepublik Deutschland zustehende Anteil am Festlandsockel, soweit dort Naturschätze des Meeresgrundes und des Meeresuntergrundes erforscht oder ausgebeutet werden.

**§ 2a. Arbeitsgemeinschaften.** Als Gewerbebetrieb gilt nicht die Tätigkeit der Arbeitsgemeinschaften, deren alleiniger Zweck sich auf die Erfüllung eines einzigen Werkvertrags oder Werklieferungsvertrags beschränkt, es sei denn, daß bei Abschluß des Vertrags anzunehmen ist, daß er nicht innerhalb von drei Jahren erfüllt wird. Die Betriebsstätten der Arbeitsgemeinschaften gelten insoweit anteilig als Betriebsstätten der Beteiligten.

**§ 3. Befreiungen.** Von der Gewerbesteuer sind befreit

1. die Deutsche Bundespost, die Deutsche Bundesbahn, die Monopolverwaltungen des Bundes, die staatlichen Lotterieunternehmen und der Erdölbevorratungsverband nach § 2 Abs. 1 des Erdölbevorratungsgesetzes in der Fassung der Bekanntmachung vom 8. Dezember 1987 (BGBl. I S. 2509);
2.[1] die Deutsche Bundesbank, die Kreditanstalt für Wiederaufbau, die Deutsche Ausgleichsbank, die Landwirtschaftliche Rentenbank, die

---

[1] Zum Anwendungsbereich siehe § 36 Abs. 2.

Bayerische Landesanstalt für Aufbaufinanzierung, die Hessische Landesentwicklungs- und Treuhandgesellschaft mit beschränkter Haftung, die Niedersächsische Gesellschaft für öffentliche Finanzierungen mit beschränkter Haftung, die Finanzierungs-Aktiengesellschaft Rheinland-Pfalz, die Hanseatische Gesellschaft für öffentliche Finanzierungen mit beschränkter Haftung Bremen, die Landeskreditbank Baden-Württemberg-Förderungsanstalt, die Bayerische Landesbodenkreditanstalt, die Wohnungsbau-Kreditanstalt Berlin, die Hamburgische Wohnungsbaukreditanstalt, die Niedersächsische Landestreuhandstelle für den Wohnungs- und Städtebau, die Wohnungsbauförderungsanstalt des Landes Nordrhein-Westfalen, die Niedersächsische Landestreuhandstelle für Wirtschaftsförderung Norddeutsche Landesbank, die Landestreuhandstelle für Agrarförderung Norddeutsche Landesbank, die Saarländische Investitionskreditbank Aktiengesellschaft, die Investitionsbank Schleswig-Holstein – Zentralbereich der Landesbank Schleswig-Holstein Girozentrale, die Landesinvestitionsbank Brandenburg und die Liquiditäts-Konsortialbank Gesellschaft mit beschränkter Haftung;

3. die Deutsche Reichsbahn, die Staatsbank Berlin, die Treuhandanstalt;

4. *(weggefallen)*

5. Hauberg-, Wald-, Forst- und Laubgenossenschaften und ähnliche Realgemeinden. Unterhalten sie einen Gewerbebetrieb, der über den Rahmen eines Nebenbetriebs hinausgeht, so sind sie insoweit steuerpflichtig;

6. Körperschaften, Personenvereinigungen und Vermögensmassen, die nach der Satzung, dem Stiftungsgeschäft oder der sonstigen Verfassung und nach der tatsächlichen Geschäftsführung ausschließlich und unmittelbar gemeinnützigen, mildtätigen oder kirchlichen Zwecken dienen (§§ 51 bis 68 der Abgabenordnung). Wird ein wirtschaftlicher Geschäftsbetrieb – ausgenommen Land- und Forstwirtschaft – unterhalten, ist die Steuerfreiheit insoweit ausgeschlossen;

7. Hochsee- und Küstenfischerei, wenn sie mit weniger als sieben im Jahresdurchschnitt beschäftigten Arbeitnehmern oder mit Schiffen betrieben wird, die eine eigene Triebkraft von weniger als 100 Pferdekräften haben;

8. Erwerbs- und Wirtschaftsgenossenschaften sowie Vereine im Sinne des § 5 Abs. 1 Nr. 14 des Körperschaftsteuergesetzes, soweit sie von der Körperschaftsteuer befreit sind;

9. rechtsfähige Pensions-, Sterbe-, Kranken- und Unterstützungskassen im Sinne des § 5 Abs. 1 Nr. 3 des Körperschaftsteuergesetzes, soweit sie die für eine Befreiung von der Körperschaftsteuer erforderlichen Voraussetzungen erfüllen;

10. Körperschaften oder Personenvereinigungen, deren Hauptzweck die Verwaltung des Vermögens für einen nichtrechtsfähigen Berufsverband im Sinne des § 5 Abs. 1 Nr. 5 des Körperschaftsteuergesetzes ist, wenn ihre Erträge im wesentlichen aus dieser Vermögensverwaltung herrühren und ausschließlich dem Berufsverband zufließen;

11.[1] öffentlich-rechtliche Versicherungs- und Versorgungseinrichtungen von Berufsgruppen, deren Angehörige auf Grund einer durch Gesetz angeordneten oder auf Gesetz beruhenden Verpflichtung Mitglieder dieser Einrichtungen sind, wenn die Satzung der Einrichtung die Zahlung keiner höheren jährlichen Beiträge zuläßt als das Zwölffache der Beiträge, die sich bei einer Beitragsbemessungsgrundlage in Höhe der doppelten monatlichen Beitragsbemessungsgrenze in der Rentenversicherung der Arbeiter und Angestellten ergeben würden. Sind nach der Satzung der Einrichtung nur Pflichtmitgliedschaften sowie freiwillige Mitgliedschaften, die unmittelbar an eine Pflichtmitgliedschaft anschließen, möglich, so steht dies der Steuerbefreiung nicht entgegen, wenn die Satzung die Zahlung keiner höheren jährlichen Beiträge zuläßt als das Fünfzehnfache der Beiträge, die sich bei einer Beitragsbemessungsgrundlage in Höhe der doppelten monatlichen Beitragsbemessungsgrenze in der Rentenversicherung der Arbeiter und Angestellten ergeben würden;

12. Gesellschaften, bei denen die Gesellschafter als Unternehmer (Mitunternehmer) anzusehen sind, sowie Erwerbs- und Wirtschaftsgenossenschaften, soweit die Gesellschaften und die Erwerbs- und Wirtschaftsgenossenschaften eine gemeinschaftliche Tierhaltung im Sinne des § 51a des Bewertungsgesetzes betreiben;

13. private Schulen und andere allgemeinbildende oder berufsbildende Einrichtungen, wenn sie mit ihren Leistungen nach § 4 Nr. 21 des Umsatzsteuergesetzes von der Umsatzsteuer befreit sind, soweit der Gewerbebetrieb unmittelbar dem Schul- und Bildungszweck dient;

14. Erwerbs- und Wirtschaftsgenossenschaften sowie Vereine, deren Tätigkeit sich auf den Betrieb der Land- und Forstwirtschaft beschränkt, wenn die Mitglieder der Genossenschaft oder dem Verein Flächen zur Nutzung oder für die Bewirtschaftung der Flächen erforderliche Gebäude überlassen und
   a) bei Genossenschaften das Verhältnis der Summe der Werte der Geschäftsanteile des einzelnen Mitglieds zu der Summe der Werte aller Geschäftsanteile,
   b) bei Vereinen das Verhältnis des Werts des Anteils an dem Vereinsvermögen, der im Fall der Auflösung des Vereins an das einzelne Mitglied fallen würde, zu dem Wert des Vereinsvermögens
   nicht wesentlich von dem Verhältnis abweicht, in dem der Wert der von dem einzelnen Mitglied zur Nutzung überlassenen Flächen und Gebäude zu dem Wert der insgesamt zur Nutzung überlassenen Flächen und Gebäude steht;

14a. landwirtschaftliche Produktionsgenossenschaften und deren Rechtsnachfolger in der Rechtsform der Genossenschaft in dem in Artikel 3 des Einigungsvertrages[2] genannten Gebiet für die Erhebungszeiträume 1991 bis 1993. In den Erhebungszeiträumen 1992 und 1993 ist Voraussetzung für die Steuerbefreiung, daß sich ihre Tätigkeit auf den Betrieb der Land- und Forstwirtschaft beschränkt;

---

[1] Zur Anwendung von § 3 Nr. 11 siehe § 36 Abs. 2a.
[2] Auszugsweise abgedruckt vor 1.1.

15.[1] Erwerbs- und Wirtschaftsgenossenschaften sowie Vereine im Sinne des § 5 Abs. 1 Nr. 10 des Körperschaftsteuergesetzes, soweit sie von der Körperschaftsteuer befreit sind;

16. *(weggefallen)*

17.[1] die von den zuständigen Landesbehörden begründeten oder anerkannten gemeinnützigen Siedlungsunternehmen im Sinne des Reichssiedlungsgesetzes in der im Bundesgesetzblatt Teil III, Gliederungsnummer 2331-1, veröffentlichten bereinigten Fassung, zuletzt geändert durch Artikel 2 Nr. 24 des Gesetzes vom 8. Dezember 1986 (BGBl. I S. 2191), und im Sinne der Bodenreformgesetze der Länder, soweit die Unternehmen im ländlichen Raum Siedlungs-, Agrarstrukturverbesserungs- und Landentwicklungsmaßnahmen mit Ausnahme des Wohnungsbaus durchführen. Die Steuerbefreiung ist ausgeschlossen, wenn die Einnahmen des Unternehmens aus den in Satz 1 nicht bezeichneten Tätigkeiten die Einnahmen aus den in Satz 1 bezeichneten Tätigkeiten übersteigen;

18. *(weggefallen)*

19. der Pensions-Sicherungs-Verein Versicherungsverein auf Gegenseitigkeit, wenn er die für eine Befreiung von der Körperschaftsteuer erforderlichen Voraussetzungen erfüllt;

20. Krankenhäuser, Altenheime, Altenwohnheime und Pflegeheime, wenn

   a) diese Einrichtungen von juristischen Personen des öffentlichen Rechts betrieben werden oder

   b) bei Krankenhäusern im Erhebungszeitraum die in § 67 Abs. 1 oder 2 der Abgabenordnung bezeichneten Voraussetzungen erfüllt worden sind oder

   c) bei Altenheimen, Altenwohnheimen und Pflegeheimen im Erhebungszeitraum mindestens zwei Drittel der Leistungen den in § 68 Abs. 1 des Bundessozialhilfegesetzes oder den in § 53 Nr. 2 der Abgabenordnung genannten Personen zugute gekommen sind;

21. Unternehmen, die als Sicherungseinrichtung eines Verbandes der Kreditinstitute nach ihrer Satzung oder sonstigen Verfassung ausschließlich den Zweck haben, bei Gefahr für die Erfüllung der Verpflichtungen eines Kreditinstituts Hilfe zu leisten, wenn sie die für eine Befreiung von der Körperschaftsteuer erforderlichen Voraussetzungen erfüllen. Dies gilt entsprechend für Einrichtungen zur Sicherung von Spareinlagen bei Unternehmen, die am 31. Dezember 1989 als gemeinnützige Wohnungsunternehmen anerkannt waren;

22.[2] Bürgschaftsbanken (Kreditgarantiegemeinschaften), wenn sie von der Körperschaftsteuer befreit sind;

23. Unternehmensbeteiligungsgesellschaften, die nach dem Gesetz über Unternehmensbeteiligungsgesellschaften vom 17. Dezember 1986 (BGBl. I S. 2488) anerkannt sind. Der Widerruf der Anerkennung und der Verzicht auf die Anerkennung haben Wirkung für die Ver-

---

[1] Zur Anwendung von § 3 Nr. 15 und 17 siehe § 36 Abs. 3.
[2] Zur Anwendung von § 3 Nr. 22 siehe § 36 Abs. 2b.

gangenheit, wenn nicht Aktien der Unternehmensbeteiligungsgesellschaft öffentlich angeboten worden sind. Bescheide über die Anerkennung, die Rücknahme oder den Widerruf der Anerkennung und über die Feststellung, ob Aktien der Unternehmensbeteiligungsgesellschaft öffentlich angeboten worden sind, sind Grundlagenbescheide im Sinne der Abgabenordnung;

24.[1] die folgenden Kapitalbeteiligungsgesellschaften für die mittelständische Wirtschaft, soweit sich deren Geschäftsbetrieb darauf beschränkt, im öffentlichen Interesse mit Eigenmitteln oder mit staatlicher Hilfe Beteiligungen zu erwerben, wenn der von ihnen erzielte Gewinn ausschließlich und unmittelbar für die satzungsmäßigen Zwecke der Beteiligungsfinanzierung verwendet wird:
Mittelständische Beteiligungsgesellschaft Baden-Württemberg GmbH, Kapitalbeteiligungsgesellschaft für die mittelständische Wirtschaft Bayerns mbH, MBG Mittelständische Beteiligungsgesellschaft Hessen GmbH, Mittelständische Beteiligungsgesellschaft Niedersachsen (MBG) mbH, Kapitalbeteiligungsgesellschaft für die mittelständische Wirtschaft in Nordrhein-Westfalen mbH, Mittelständische Beteiligungs- und Wagnisfinanzierungsgesellschaft Rheinland-Pfalz mbH, Saarländische Kapitalbeteiligungsgesellschaft mbH, Schleswig-Holsteinische Gesellschaft für Wagniskapital mbH, Technologie-Beteiligungs-Gesellschaft mbH der Deutschen Ausgleichsbank.

**§ 4. Hebeberechtigte Gemeinde.** (1) Die stehenden Gewerbebetriebe unterliegen der Gewerbesteuer in der Gemeinde, in der eine Betriebsstätte zur Ausübung des stehenden Gewerbes unterhalten wird. Befinden sich Betriebsstätten desselben Gewerbebetriebs in mehreren Gemeinden, oder erstreckt sich eine Betriebsstätte über mehrere Gemeinden, so wird die Gewerbesteuer in jeder Gemeinde nach dem Teil des Steuermeßbetrags erhoben, der auf sie entfällt.

(2) Für Betriebsstätten in gemeindefreien Gebieten bestimmt die Landesregierung durch Rechtsverordnung, wer die nach diesem Gesetz den Gemeinden zustehenden Befugnisse ausübt.

**§ 5. Steuerschuldner.** (1)[2] Steuerschuldner ist der Unternehmer. Als Unternehmer gilt der, für dessen Rechnung das Gewerbe betrieben wird. Ist die Tätigkeit einer Personengesellschaft Gewerbebetrieb, so ist Steuerschuldner die Gesellschaft. Wird das Gewerbe in der Rechtsform einer Europäischen wirtschaftlichen Interessenvereinigung mit Sitz im Geltungsbereich der Verordnung (EWG) Nr. 2137/85 des Rates vom 25. Juli 1985 über die Schaffung einer Europäischen wirtschaftlichen Interessenvereinigung (EWIV) – ABl. EG Nr. L 199 S. 1 – betrieben, sind abweichend von Satz 3 die Mitglieder Gesamtschuldner.

(2) Geht ein Gewerbebetrieb im ganzen auf einen anderen Unternehmer über (§ 2 Abs. 5), so ist der bisherige Unternehmer bis zum Zeit-

---

[1] Zur Anwendung von § 3 Nr. 24 siehe § 36 Abs. 2c.
[2] Zur Anwendung von § 5 Abs. 1 Satz 4 siehe § 36 Abs. 3a.

punkt des Übergangs Steuerschuldner. Der andere Unternehmer ist von diesem Zeitpunkt an Steuerschuldner.

**§ 6.**[1] **Besteuerungsgrundlagen.** Besteuerungsgrundlagen für die Gewerbesteuer sind der Gewerbeertrag und das Gewerbekapital. Im Falle des § 11 Abs. 4 treten an die Stelle des Gewerbeertrags die Entgelte (§ 10 Abs. 1 des Umsatzsteuergesetzes) aus Werbesendungen.

## Abschnitt II. Gewerbesteuer nach dem Gewerbeertrag

**§ 7. Gewerbeertrag.** Gewerbeertrag ist der nach den Vorschriften des Einkommensteuergesetzes oder des Körperschaftsteuergesetzes zu ermittelnde Gewinn aus dem Gewerbebetrieb, der bei der Ermittlung des Einkommens für den dem Erhebungszeitraum (§ 14 Abs. 2) entsprechenden Veranlagungszeitraum zu berücksichtigen ist, vermehrt und vermindert um die in den §§ 8 und 9 bezeichneten Beträge.

**§ 8. Hinzurechnungen.** Dem Gewinn aus Gewerbebetrieb (§ 7) werden folgende Beträge wieder hinzugerechnet, soweit sie bei der Ermittlung des Gewinns abgesetzt worden sind:

1. die Hälfte der Entgelte für Schulden, die wirtschaftlich mit der Gründung oder dem Erwerb des Betriebs (Teilbetriebs) oder eines Anteils am Betrieb oder mit einer Erweiterung oder Verbesserung des Betriebs zusammenhängen oder der nicht nur vorübergehenden Verstärkung des Betriebskapitals dienen;

2. Renten und dauernde Lasten, die wirtschaftlich mit der Gründung oder dem Erwerb des Betriebs (Teilbetriebs) oder eines Anteils am Betrieb zusammenhängen. Das gilt nicht, wenn diese Beträge beim Empfänger zur Steuer nach dem Gewerbeertrag heranzuziehen sind;

3. die Gewinnanteile des stillen Gesellschafters, wenn sie beim Empfänger nicht zur Steuer nach dem Gewerbeertrag heranzuziehen sind;

4. die Gewinnanteile, die an persönlich haftende Gesellschafter einer Kommanditgesellschaft auf Aktien auf ihre nicht auf das Grundkapital gemachten Einlagen oder als Vergütung (Tantieme) für die Geschäftsführung verteilt worden sind;

5. *(weggefallen)*

6. *(weggefallen)*

7. die Hälfte der Miet- und Pachtzinsen für die Benutzung der nicht in Grundbesitz bestehenden Wirtschaftsgüter des Anlagevermögens, die im Eigentum eines anderen stehen. Das gilt nicht, soweit die Miet- oder Pachtzinsen beim Vermieter oder Verpächter zur Gewerbesteuer nach dem Gewerbeertrag heranzuziehen sind, es sei denn, daß ein Betrieb oder ein Teilbetrieb vermietet oder verpachtet wird

---

[1] Zur Fassung von § 6 im Gebiet der ehemaligen DDR siehe § 37.

und der Betrag der Miet- oder Pachtzinsen 250 000 Deutsche Mark übersteigt. Maßgebend ist jeweils der Betrag, den der Mieter oder Pächter für die Benutzung der zu den Betriebsstätten eines Gemeindebezirks gehörigen fremden Wirtschaftsgüter an einen Vermieter oder Verpächter zu zahlen hat;

8. die Anteile am Verlust einer in- oder ausländischen offenen Handelsgesellschaft, einer Kommanditgesellschaft oder einer anderen Gesellschaft, bei der die Gesellschafter als Unternehmer (Mitunternehmer) des Gewerbebetriebs anzusehen sind;

9.[1] die Ausgaben im Sinne des § 9 Nr. 3 des Körperschaftsteuergesetzes;

10.[2] Gewinnminderungen, die
   a) durch Ansatz des niedrigeren Teilwerts des Anteils an einer Körperschaft oder
   b) durch Veräußerung oder Entnahme des Anteils oder bei Auflösung oder Herabsetzung des Kapitals der Körperschaft
   entstanden sind, soweit der Ansatz des niedrigeren Teilwerts oder die sonstige Gewinnminderung auf Gewinnausschüttungen der Körperschaft zurückzuführen ist und auf die Gewinnausschüttungen § 9 Nr. 2a, 7 oder 8 angewendet wird;

11. bei den der Körperschaftsteuer unterliegenden Gewerbebetrieben die in § 10 Nr. 2 des Körperschaftsteuergesetzes genannten Zinsen;

12.[3] ausländische Steuern, die nach § 34c des Einkommensteuergesetzes oder nach einer Bestimmung, die § 34c des Einkommensteuergesetzes für entsprechend anwendbar erklärt, bei der Ermittlung der Einkünfte abgezogen werden, soweit sie auf Gewinne oder Gewinnanteile entfallen, die bei der Ermittlung des Gewerbeertrags außer Ansatz gelassen oder nach § 9 gekürzt werden.

**§ 9. Kürzungen.** Die Summe des Gewinns und der Hinzurechnungen wird gekürzt um

1. 1,2 vom Hundert des Einheitswerts des zum Betriebsvermögen des Unternehmers gehörenden Grundbesitzes; maßgebend ist der Einheitswert, der auf den letzten Feststellungszeitpunkt (Hauptfeststellungs-, Fortschreibungs- oder Nachfeststellungszeitpunkt) vor dem Ende des Erhebungszeitraums (§ 14 Abs. 2) lautet. An Stelle der Kürzung nach Satz 1 tritt auf Antrag bei Unternehmen, die ausschließlich eigenen Grundbesitz oder neben eigenem Grundbesitz eigenes Kapitalvermögen verwalten und nutzen oder daneben Wohnungsbauten betreuen oder Einfamilienhäuser, Zweifamilienhäuser oder Eigentumswohnungen im Sinne des Ersten Teils des Wohnungseigentumsgesetzes in der im Bundesgesetzblatt Teil III, Gliederungsnummer 403–1, veröffentlichten bereinigten Fassung, zuletzt geändert durch Artikel 28 des Gesetzes vom 14. Dezember 1984 (BGBl. I S. 1493), errichten und veräußern, die Kürzung um den Teil des Gewerbeertrags, der auf die

---

[1] Zur Anwendung von § 8 Nr. 9 siehe § 36 Abs. 3b.
[2] Zur erstmaligen Anwendung von § 8 Nr. 10 siehe § 36 Abs. 4.
[3] Zur Anwendung von § 8 Nr. 12 siehe § 36 Abs. 3c.

Verwaltung und Nutzung des eigenen Grundbesitzes entfällt. Satz 2 gilt entsprechend, wenn in Verbindung mit der Errichtung und Veräußerung von Eigentumswohnungen Teileigentum im Sinne des Wohnungseigentumsgesetzes errichtet und veräußert wird und das Gebäude zu mehr als 66⅔ vom Hundert Wohnzwecken dient. Betreut ein Unternehmen auch Wohnungsbauten oder veräußert es auch Einfamilienhäuser, Zweifamilienhäuser oder Eigentumswohnungen, so ist Voraussetzung für die Anwendung des Satzes 2, daß der Gewinn aus der Verwaltung und Nutzung des eigenen Grundbesitzes gesondert ermittelt wird. Die Sätze 2 und 3 gelten nicht, wenn der Grundbesitz ganz oder zum Teil dem Gewerbebetrieb eines Gesellschafters oder Genossen dient;

2. die Anteile am Gewinn einer in- oder ausländischen offenen Handelsgesellschaft, einer Kommanditgesellschaft oder einer anderen Gesellschaft, bei der die Gesellschafter als Unternehmer (Mitunternehmer) des Gewerbebetriebs anzusehen sind, wenn die Gewinnanteile bei der Ermittlung des Gewinns (§ 7) angesetzt worden sind;

2a. die Gewinne aus Anteilen an einer nicht steuerbefreiten inländischen Kapitalgesellschaft im Sinne des § 2 Abs. 2, einer Kreditanstalt des öffentlichen Rechts, einer Erwerbs- und Wirtschaftsgenossenschaft oder einer Unternehmensbeteiligungsgesellschaft im Sinne des § 3 Nr. 23, wenn die Beteiligung zu Beginn des Erhebungszeitraums mindestens ein Zehntel des Grund- oder Stammkapitals beträgt und die Gewinnanteile bei Ermittlung des Gewinns (§ 7) angesetzt worden sind. Ist ein Grund- oder Stammkapital nicht vorhanden, so ist die Beteiligung an dem Vermögen, bei Erwerbs- und Wirtschaftsgenossenschaften die Beteiligung an der Summe der Geschäftsguthaben, maßgebend;

2b. die nach § 8 Nr. 4 dem Gewerbeertrag einer Kommanditgesellschaft auf Aktien hinzugerechneten Gewinnanteile, wenn sie bei der Ermittlung des Gewinns (§ 7) angesetzt worden sind;

3. den Teil des Gewerbeertrags eines inländischen Unternehmens, der auf eine nicht im Inland belegene Betriebsstätte entfällt;

4. die bei der Ermittlung des Gewinns aus Gewerbebetrieb des Vermieters oder Verpächters berücksichtigten Miet- oder Pachtzinsen für die Überlassung von nicht in Grundbesitz bestehenden Wirtschaftsgütern des Anlagevermögens, soweit sie nach § 8 Nr. 7 dem Gewinn aus Gewerbebetrieb des Mieters oder Pächters hinzugerechnet worden sind;

5.[1] die aus den Mitteln des Gewerbebetriebs geleisteten Ausgaben zur Förderung mildtätiger, kirchlicher, religiöser, wissenschaftlicher und der als besonders förderungswürdig anerkannten gemeinnützigen Zwecke im Sinne des § 10b Abs. 1 des Einkommensteuergesetzes oder des § 9 Nr. 3 Buchstabe a des Körperschaftsteuergesetzes bis zur Höhe von insgesamt 5 vom Hundert des um die Hinzurechnungen nach § 8

---

[1] Zur Anwendung von § 9 Nr. 5 siehe § 36 Abs. 4a.

Nr. 9 erhöhten Gewinns aus Gewerbebetrieb (§ 7) oder 2 vom Tausend der Summe der gesamten Umsätze und der im Wirtschaftsjahr aufgewendeten Löhne und Gehälter. Für wissenschaftliche, mildtätige und als besonders förderungswürdig anerkannte kulturelle Zwecke erhöht sich der Vomhundertsatz von 5 vom Hundert um weitere 5 vom Hundert. Überschreitet eine Einzelzuwendung von mindestens 50 000 Deutsche Mark zur Förderung wissenschaftlicher oder als besonders förderungswürdig anerkannter kultureller Zwecke diese Höchstsätze, ist die Kürzung im Rahmen der Höchstsätze im Jahr der Zuwendung und in den folgenden sieben Erhebungszeiträumen vorzunehmen. Die Kürzung ist nur insoweit zulässig, als sie in den vorangegangenen Erhebungszeiträumen nicht vorgenommen werden konnte. § 10b Abs. 3 und 4 Satz 1 des Einkommensteuergesetzes und § 9 Nr. 3 Sätze 3 bis 7 des Körperschaftsteuergesetzes gelten entsprechend. Wer vorsätzlich oder grob fahrlässig eine unrichtige Bestätigung über Spenden und Mitgliedsbeiträge ausstellt oder veranlaßt, daß Zuwendungen nicht zu den in der Bestätigung angegebenen steuerbegünstigten Zwecken verwendet werden, haftet für die entgangene Steuer. Diese ist mit 10 vom Hundert des Betrags der Spenden und Mitgliedsbeiträge anzusetzen und fließt der für den Spendenempfänger zuständigen Gemeinde zu, die durch sinngemäße Anwendung der Vorschriften des § 20 der Abgabenordnung bestimmt wird. Sie wird durch Haftungsbescheid des Finanzamts festgesetzt; die Befugnis der Gemeinde zur Erhebung dieser Steuer bleibt unberührt. § 184 Abs. 3 der Abgabenordnung gilt sinngemäß;

6.[1] die Zinsen aus den in § 43 Abs. 1 Nr. 5 des Einkommensteuergesetzes bezeichneten festverzinslichen Wertpapieren, bei denen die Einkommensteuer (Körperschaftsteuer) durch Abzug vom Kapitalertrag (Kapitalertragsteuer) erhoben worden ist;

7.[2] die Gewinne aus Anteilen an einer Kapitalgesellschaft mit Geschäftsleitung und Sitz außerhalb des Geltungsbereichs dieses Gesetzes, an deren Nennkapital das Unternehmen seit Beginn des Erhebungszeitraums ununterbrochen mindestens zu einem Zehntel beteiligt ist (Tochtergesellschaft) und die ihre Bruttoerträge ausschließlich oder fast ausschließlich aus unter § 8 Abs. 1 Nr. 1 bis 6 des Außensteuergesetzes fallenden Tätigkeiten und aus unter § 8 Abs. 2 des Außensteuergesetzes fallenden Beteiligungen bezieht, wenn die Gewinnanteile bei der Ermittlung des Gewinns (§ 7) angesetzt worden sind; das gilt auch für Gewinne aus Anteilen an einer Gesellschaft, die die in der Anlage 4 zum Einkommensteuergesetz genannten Voraussetzungen des Artikels 2 der Richtlinie Nr. 90/435/EWG des Rates vom 23. Juli 1990 (ABl. EG Nr. L 225 S. 6) erfüllt, weder Geschäftsleitung noch Sitz im Inland hat und an deren Kapital das Unternehmen seit Beginn des Erhebungszeitraums ununterbrochen mindestens zu einem Zehntel beteiligt ist, soweit diese Gewinnanteile nicht auf Grund einer Herab-

---

[1] Zur Anwendung von § 9 Nr. 6 siehe § 36 Abs. 4b.
[2] Zur Anwendung von § 9 Nr. 7 Satz 1 siehe § 36 Abs. 4c.

setzung des Kapitals oder nach Auflösung der Gesellschaft anfallen. Bezieht ein Unternehmen, das über eine Tochtergesellschaft mindestens zu einem Zehntel an einer Kapitalgesellschaft mit Geschäftsleitung und Sitz außerhalb des Geltungsbereichs dieses Gesetzes (Enkelgesellschaft) mittelbar beteiligt ist, in einem Wirtschaftsjahr Gewinne aus Anteilen an der Tochtergesellschaft und schüttet die Enkelgesellschaft zu einem Zeitpunkt, der in dieses Wirtschaftsjahr fällt, Gewinne an die Tochtergesellschaft aus, so gilt auf Antrag des Unternehmens das gleiche für den Teil der von ihm bezogenen Gewinne, der der nach seiner mittelbaren Beteiligung auf das Unternehmen entfallenden Gewinnausschüttung der Enkelgesellschaft entspricht. § 26 Abs. 5 Sätze 2 und 3 des Körperschaftsteuergesetzes ist entsprechend anzuwenden;

8. die Gewinne aus Anteilen an einer ausländischen Gesellschaft, die nach einem Abkommen zur Vermeidung der Doppelbesteuerung unter der Voraussetzung einer Mindestbeteiligung von der Gewerbesteuer befreit sind, ungeachtet der im Abkommen vereinbarten Mindestbeteiligung, wenn die Beteiligung mindestens ein Zehntel beträgt;

9. den Ausbildungsplatz-Abzugsbetrag nach § 24b des Einkommensteuergesetzes in Höhe der für den Gewerbebetrieb geleisteten finanziellen Hilfen.

**§ 10. Maßgebender Gewerbeertrag.** (1) Maßgebend ist der Gewerbeertrag, der in dem Erhebungszeitraum bezogen worden ist, für den der einheitliche Steuermeßbetrag (§ 14) festgesetzt wird.

(2) Weicht bei Unternehmen, die Bücher nach den Vorschriften des Handelsgesetzbuchs zu führen verpflichtet sind, das Wirtschaftsjahr, für das sie regelmäßig Abschlüsse machen, vom Kalenderjahr ab, so gilt der Gewerbeertrag als in dem Erhebungszeitraum bezogen, in dem das Wirtschaftsjahr endet.

**§ 10a.[1] Gewerbeverlust.** Der maßgebende Gewerbeertrag wird um die Fehlbeträge gekürzt, die sich bei der Ermittlung des maßgebenden Gewerbeertrags für die vorangegangenen Erhebungszeiträume nach den Vorschriften der §§ 7 bis 10 ergeben haben, soweit die Fehlbeträge nicht bei der Ermittlung des Gewerbeertrags für die vorangegangenen Erhebungszeiträume berücksichtigt worden sind.[2] Die Höhe der vortragsfähigen Fehlbeträge ist gesondert festzustellen. Im Fall des § 2 Abs. 5 kann der andere Unternehmer den maßgebenden Gewerbeertrag nicht um die Fehlbeträge kürzen, die sich bei der Ermittlung des maßgebenden Gewerbeertrags des übergegangenen Unternehmens ergeben haben. Auf die Fehlbeträge ist § 8 Abs. 4 des Körperschaftsteuergesetzes entsprechend anzuwenden.[3]

---

[1] Zur Anwendung von § 10a auf Betriebsstätten im Gebiet der ehem. DDR siehe § 36 Abs. 5a.

[2] Zur Anwendung von § 10a Satz 1 siehe § 36 Abs. 5.

[3] Zur Anwendung von § 10a Satz 4 siehe § 36 Abs. 6.

**§ 11. Steuermeßzahl und Steuermeßbetrag.** (1) Bei der Berechnung der Gewerbesteuer nach dem Gewerbeertrag ist von einem Steuermeßbetrag auszugehen. Dieser ist vorbehaltlich des Absatzes 4 durch Anwendung eines Hundertsatzes (Steuermeßzahl) auf den Gewerbeertrag zu ermitteln. Der Gewerbeertrag ist auf volle 100 Deutsche Mark nach unten abzurunden und

1. bei natürlichen Personen sowie bei Personengesellschaften um einen Freibetrag in Höhe von *36 000* [**ab EZ 1993:** 48 000] Deutsche Mark,

2. bei Unternehmen im Sinne des § 2 Abs. 3 und des § 3 Nr. 5, 6, 8, 9, 15 und 17 sowie bei Unternehmen von juristischen Personen des öffentlichen Rechts um einen Freibetrag in Höhe von 7 500 Deutsche Mark,

höchstens jedoch in Höhe des abgerundeten Gewerbeertrags, zu kürzen.

(2) Die Steuermeßzahl für den Gewerbeertrag beträgt

1. bei Gewerbebetrieben, die *im Erhebungszeitraum überwiegend die Geschäftsleitung in dem in Artikel 3 des Einigungsvertrages genannten Gebiet haben und*[1] von natürlichen Personen oder von Personengesellschaften betrieben werden,
für die ersten *12 000* [**ab EZ 1993:** 24 000] Deutsche Mark
1 vom Hundert,
für die weiteren *12 000* [**ab EZ 1993:** 24 000] Deutsche Mark
2 vom Hundert,
für die weiteren *12 000* [**ab EZ 1993:** 24 000] Deutsche Mark
3 vom Hundert,
für die weiteren *12 000* [**ab EZ 1993:** 24 000] Deutsche Mark
4 vom Hundert,
für alle weiteren Beträge       5 vom Hundert,

2. bei anderen Gewerbebetrieben       5 vom Hundert.

(3) Die Steuermeßzahlen ermäßigen sich auf die Hälfte

1. bei Hausgewerbetreibenden und ihnen nach § 1 Abs. 2 Buchstaben b und d des Heimarbeitsgesetzes in der im Bundesgesetzblatt Teil III, Gliederungsnummer 804-1, veröffentlichten bereinigten Fassung, zuletzt geändert durch Artikel 4 des Gesetzes vom 13. Juli 1988 (BGBl. I S. 1034), gleichgestellten Personen. Das gleiche gilt für die nach § 1 Abs. 2 Buchstabe c des Heimarbeitsgesetzes gleichgestellten Personen, deren Entgelte (§ 10 Abs. 1 des Umsatzsteuergesetzes) aus der Tätigkeit unmittelbar für den Absatzmarkt im Erhebungszeitraum 50 000 Deutsche Mark nicht übersteigen.

2.[1] *bei Unternehmen, soweit sie den Betrieb von Schiffen der in § 34 c Abs. 4 des Einkommensteuergesetzes bezeichneten Art zum Gegenstand haben. § 34 c Abs. 4 Satz 5 zweiter Halbsatz des Einkommensteuergesetzes gilt entsprechend.*[1]

(4) Der Steuermeßbetrag beträgt beim Zweiten Deutschen Fernsehen, Anstalt des öffentlichen Rechts, für das Geschäft der Veranstaltung von Werbesendungen 0,8 vom Hundert der Entgelte (§ 10 Abs. 1 des Umsatzsteuergesetzes) aus Werbesendungen.

---

[1] Aufgehoben mit Wirkung ab EZ 1993, siehe auch § 36 Abs. 6a.

## Abschnitt III. Gewerbesteuer nach dem Gewerbekapital

**§ 12. Gewerbekapital.** (1) Als Gewerbekapital gilt der Einheitswert des *gewerblichen Betriebs* [**ab EZ 1993:** Gewerbebetriebs] im Sinne des Bewertungsgesetzes mit den sich aus den Absätzen 2 bis 4 ergebenden Änderungen. Maßgebend ist der Einheitswert, der auf den letzten Feststellungszeitpunkt (Hauptfeststellungs-, Fortschreibungs- oder Nachfeststellungszeitpunkt) vor dem Ende des Erhebungszeitraums lautet.

(2) Dem Einheitswert des *gewerblichen Betriebs* [**ab EZ 1993:** Gewerbebetriebs] werden folgende Beträge hinzugerechnet:

1. die Verbindlichkeiten, die den Entgelten, den Renten und dauernden Lasten und den Gewinnanteilen im Sinne des § 8 Nr. 1 bis 3 entsprechen, soweit sie bei der Feststellung des Einheitswerts abgezogen worden sind. Verbindlichkeiten, die den Entgelten im Sinne des § 8 Nr. 1 entsprechen, werden nur hinzugerechnet, soweit der abgezogene Betrag 50 000 Deutsche Mark übersteigt; der übersteigende Betrag wird zur Hälfte hinzugerechnet;

2.[1] die Werte (Teilwerte) der nicht in Grundbesitz bestehenden Wirtschaftsgüter, die dem Betrieb dienen, aber im Eigentum eines Mitunternehmers oder eines Dritten stehen, soweit sie nicht im Einheitswert des *gewerblichen Betriebs* [**ab EZ 1993:** Gewerbebetriebs] enthalten sind. Das gilt nicht, wenn die Wirtschaftsgüter zum Gewerbekapital des Vermieters oder Verpächters gehören, es sei denn, daß ein Betrieb oder ein Teilbetrieb vermietet oder verpachtet wird und die im Gewerbekapital des Vermieters oder Verpächters enthaltenen Werte (Teilwerte) der überlassenen Wirtschaftsgüter des Betriebs (Teilbetriebs) 2,5 Millionen Deutsche Mark übersteigen. Maßgebend ist dabei jeweils die Summe der Werte der Wirtschaftsgüter, die ein Vermieter oder Verpächter dem Mieter oder Pächter zur Benutzung in den Betriebsstätten eines Gemeindebezirks überlassen hat.

(3) Die Summe des Einheitswerts des *gewerblichen Betriebs* [**ab EZ 1993:** Gewerbebetriebs] und der Hinzurechnungen wird gekürzt um

1. die Summe der Einheitswerte, mit denen die Betriebsgrundstücke in dem Einheitswert des *gewerblichen Betriebs* [**ab EZ 1993:** Gewerbebetriebs] enthalten sind;

2. den Wert (Teilwert) einer zum Gewerbekapital gehörenden Beteiligung an einer in- oder ausländischen offenen Handelsgesellschaft, einer Kommanditgesellschaft oder einer anderen Gesellschaft, bei der die Gesellschafter als Unternehmer (Mitunternehmer) des Gewerbebetriebs anzusehen sind;

2a. den Wert (Teilwert) einer zum Gewerbekapital gehörenden Beteiligung an einer nicht steuerbefreiten inländischen Kapitalgesellschaft im Sinne des § 2 Abs. 2, einer Kreditanstalt des öffentlichen Rechts, einer Erwerbs- und Wirtschaftsgenossenschaft oder einer Unternehmensbe-

---

[1] Zur Fassung von § 12 Abs. 2 Nr. 2 Satz 1 im Gebiet der ehemaligen DDR siehe § 37.

teiligungsgesellschaft im Sinne des § 3 Nr. 23, wenn die Beteiligung mindestens ein Zehntel des Grund- oder Stammkapitals beträgt. Ist ein Grund- oder Stammkapital nicht vorhanden, so ist die Beteiligung am Vermögen, bei Erwerbs- und Wirtschaftsgenossenschaften die Beteiligung an der Summe der Geschäftsguthaben, maßgebend;

2b. den Wert (Teilwert) einer zum Gewerbekapital gehörenden Beteiligung des persönlich haftenden Gesellschafters einer Kommanditgesellschaft auf Aktien, soweit sie nicht eine Beteiligung am Grundkapital ist;

3.[1] die nach Absatz 2 Nr. 2 dem Gewerbekapital eines anderen hinzugerechneten Werte (Teilwerte), soweit sie im Einheitswert des *gewerblichen Betriebs* [**ab EZ 1993**: Gewerbebetriebs] des Eigentümers enthalten sind;

4. den Wert (Teilwert) einer zum Gewerbekapital gehörenden Beteiligung an einer Kapitalgesellschaft mit Geschäftsleitung und Sitz außerhalb des Geltungsbereichs dieses Gesetzes (Tochtergesellschaft), die in dem Wirtschaftsjahr, das dem maßgebenden Feststellungszeitpunkt vorangeht, ihre Bruttoerträge ausschließlich oder fast ausschließlich aus unter § 8 Abs. 1 Nr. 1 bis 6 des Außensteuergesetzes fallenden Tätigkeiten und aus unter § 8 Abs. 2 des Außensteuergesetzes fallenden Beteiligungen bezieht, wenn die Beteiligung mindestens ein Zehntel des Nennkapitals beträgt. Das gleiche gilt auf Antrag des Unternehmens für den Teil des Werts seiner Beteiligung an der Tochtergesellschaft, der dem Verhältnis des Werts (Teilwerts) der Beteiligung an einer Enkelgesellschaft im Sinne des § 9 Nr. 7 Satz 2 und 3 zum gesamten Wert des Betriebsvermögens der Tochtergesellschaft entspricht; die Vorschriften des Bewertungsgesetzes sind für die Bewertung der Wirtschaftsgüter der Tochtergesellschaft entsprechend anzuwenden. Die vorstehenden Vorschriften sind nur anzuwenden, wenn der Steuerpflichtige nachweist, daß alle Voraussetzungen erfüllt sind;

5. den Wert (Teilwert) einer zum Gewerbekapital gehörenden Beteiligung an einer ausländischen Gesellschaft, die nach einem Abkommen zur Vermeidung der Doppelbesteuerung unter der Voraussetzung einer Mindestbeteiligung von der Gewerbesteuer befreit ist, ungeachtet der im Abkommen vereinbarten Mindestbeteiligung, wenn die Beteiligung mindestens ein Zehntel beträgt.

(4) Nicht zu berücksichtigen ist das Gewerbekapital von Betriebsstätten, die das Unternehmen im Ausland unterhält. Bei Luftverkehrsunternehmen, deren Flugbetriebsleistung überwiegend nicht im Inland erbracht wird, sind die überwiegend nicht im Inland eingesetzten Luftfahrzeuge den ausländischen und den inländischen Betriebsstätten anteilig zuzurechnen. Für die Zurechnung sind die Zerlegungsvorschriften (§§ 28 bis 34) sinngemäß anzuwenden.

(5) Maßgebend ist das Gewerbekapital nach dem Stand zu Beginn des Erhebungszeitraums, für den der einheitliche Steuermeßbetrag (§ 14) festgesetzt wird.

---

[1] Zur Fassung von § 12 Abs. 3 Nr. 3 im Gebiet der ehemaligen DDR siehe § 37.

**§ 13. Steuermeßzahl und Steuermeßbetrag.** (1) Bei der Berechnung der Gewerbesteuer nach dem Gewerbekapital ist von einem Steuermeßbetrag auszugehen. Dieser ist durch Anwendung eines Tausendsatzes (Steuermeßzahl) auf das Gewerbekapital zu ermitteln. Das Gewerbekapital ist auf volle 1000 Deutsche Mark nach unten abzurunden und um einen Freibetrag in Höhe von 120000 Deutsche Mark, höchstens jedoch in Höhe des abgerundeten Gewerbekapitals, zu kürzen.

(2) Die Steuermeßzahl für das Gewerbekapital beträgt 2 vom Tausend.

*(3) Die Steuermeßzahl ermäßigt sich bei Unternehmen, soweit sie den Betrieb von Schiffen der in § 34c Abs. 4 des Einkommensteuergesetzes bezeichneten Art zum Gegenstand haben, auf 1 vom Tausend. Die ermäßigte Steuermeßzahl ist nur auf den Teil des Gewerbekapitals anzuwenden, der auf die unter Satz 1 fallenden Schiffe entfällt.*[1]

## Abschnitt IV. Einheitlicher Steuermeßbetrag

**§ 14. Festsetzung des einheitlichen Steuermeßbetrags.** (1) Durch Zusammenrechnung der Steuermeßbeträge, die sich nach dem Gewerbeertrag und dem Gewerbekapital ergeben, wird ein einheitlicher Steuermeßbetrag gebildet.

(2) Der einheitliche Steuermeßbetrag wird für den Erhebungszeitraum nach dessen Ablauf festgesetzt. Erhebungszeitraum ist das Kalenderjahr. Besteht die Gewerbesteuerpflicht nicht während eines ganzen Kalenderjahrs, so tritt an die Stelle des Kalenderjahrs der Zeitraum der Steuerpflicht (abgekürzter Erhebungszeitraum).

**§ 14a. Steuererklärungspflicht.** Für steuerpflichtige Gewerbebetriebe ist eine Erklärung zur Festsetzung des einheitlichen Steuermeßbetrags und in den Fällen des § 28 außerdem eine Zerlegungserklärung abzugeben. Zur Abgabe verpflichtet ist der Steuerschuldner (§ 5). Die Erklärungen müssen von ihm oder von den in § 34 der Abgabenordnung bezeichneten Personen eigenhändig unterschrieben werden.

**§ 14b. Verspätungszuschlag.** Ein nach § 152 der Abgabenordnung zu entrichtender Verspätungszuschlag fließt der Gemeinde zu. Sind mehrere Gemeinden an der Gewerbesteuer beteiligt, so fließt der Verspätungszuschlag der Gemeinde zu, der der größte Zerlegungsanteil zugewiesen ist. Auf den Verspätungszuschlag ist der Hebesatz der Gemeinde nicht anzuwenden.

**§ 15. Pauschfestsetzung.** Wird die Einkommensteuer oder die Körperschaftsteuer in einem Pauschbetrag festgesetzt, so kann die für die Festsetzung zuständige Behörde im Einvernehmen mit der Landesregierung oder der von ihr bestimmten Behörde auch den einheitlichen Steuermeßbetrag in einem Pauschbetrag festsetzen.

---

[1] Aufgehoben mit Wirkung ab EZ 1993, siehe § 36 Abs. 6a.

## Abschnitt V. Entstehung, Festsetzung und Erhebung der Steuer

**§ 16. Hebesatz.** (1) Die Steuer wird auf Grund des einheitlichen Steuermeßbetrags (§ 14) mit einem Hundertsatz (Hebesatz) festgesetzt und erhoben, der von der hebeberechtigten Gemeinde (§§ 4, 35a) zu bestimmen ist.

(2) Der Hebesatz kann für ein Kalenderjahr oder mehrere Kalenderjahre festgesetzt werden.

(3) Der Beschluß über die Festsetzung oder Änderung des Hebesatzes ist bis zum 30. Juni eines Kalenderjahrs mit Wirkung vom Beginn dieses Kalenderjahrs zu fassen. Nach diesem Zeitpunkt kann der Beschluß über die Festsetzung des Hebesatzes gefaßt werden, wenn der Hebesatz die Höhe der letzten Festsetzung nicht überschreitet.

(4) Der Hebesatz muß für alle in der Gemeinde vorhandenen Unternehmen der gleiche sein. Wird das Gebiet von Gemeinden geändert, so kann die Landesregierung oder die von ihr bestimmte Stelle für die von der Änderung betroffenen Gebietsteile auf eine bestimmte Zeit verschiedene Hebesätze zulassen.

(5) In welchem Verhältnis die Hebesätze für die Grundsteuer der Betriebe der Land- und Forstwirtschaft, für die Grundsteuer der Grundstücke und für die Gewerbesteuer zueinander stehen müssen, welche Höchstsätze nicht überschritten werden dürfen und inwieweit mit Genehmigung der Gemeindeaufsichtsbehörde Ausnahmen zugelassen werden können, bleibt einer landesrechtlichen Regelung vorbehalten.

**§ 17.** *(weggefallen)*

**§ 18. Entstehung der Steuer.** Die Gewerbesteuer entsteht, soweit es sich nicht um Vorauszahlungen (§ 21) handelt, mit Ablauf des Erhebungszeitraums, für den die Festsetzung vorgenommen wird.

**§ 19.**[1] **Vorauszahlungen.** (1) Der Steuerschuldner hat am 15. Februar, 15. Mai, 15. August und 15. November Vorauszahlungen zu entrichten. Gewerbetreibende, deren Wirtschaftsjahr vom Kalenderjahr abweicht, haben die Vorauszahlungen während des Wirtschaftsjahrs zu entrichten, das im Erhebungszeitraum endet.[2]

(2) Jede Vorauszahlung beträgt grundsätzlich ein Viertel der Steuer, die sich bei der letzten Veranlagung ergeben hat.

(3) Die Gemeinde kann die Vorauszahlungen der Steuer anpassen, die sich für den Erhebungszeitraum (§ 14 Abs. 2) voraussichtlich ergeben wird. Die Anpassung kann bis zum Ende des fünfzehnten auf den Erhe-

---

[1] Hinsichtlich Vorauszahlungen zur Gewerbesteuer im Gebiet der ehem. DDR siehe Einigungsvertrag Anl. I Kap. IV Sachgebiet B Abschn. II Nr. 15 – abgedruckt vor **1.1** –.
[2] Zur Anwendung von § 19 Abs. 1 Satz 2 siehe § 36 Abs. 7.

bungszeitraum folgenden Kalendermonats vorgenommen werden; bei einer nachträglichen Erhöhung der Vorauszahlungen ist der Erhöhungsbetrag innerhalb eines Monats nach Bekanntgabe des Vorauszahlungsbescheids zu entrichten. Das Finanzamt kann bis zum Ende des fünfzehnten auf den Erhebungszeitraum folgenden Kalendermonats für Zwecke der Gewerbesteuer-Vorauszahlungen den einheitlichen Steuermeßbetrag festsetzen, der sich voraussichtlich ergeben wird. An diese Festsetzung ist die Gemeinde bei der Anpassung der Vorauszahlungen nach den Sätzen 1 und 2 gebunden.

(4) Wird im Laufe des Erhebungszeitraums ein Gewerbebetrieb neu gegründet oder tritt ein bereits bestehender Gewerbebetrieb infolge Wegfalls des Befreiungsgrundes in die Steuerpflicht ein, so gilt für die erstmalige Festsetzung der Vorauszahlungen Absatz 3 entsprechend.

(5) Die einzelne Vorauszahlung ist auf den nächsten vollen Betrag in Deutscher Mark nach unten abzurunden. Sie wird nur festgesetzt, wenn sie mindestens 100 Deutsche Mark beträgt.

**§ 20. Abrechnung über die Vorauszahlungen.** (1) Die für einen Erhebungszeitraum (§ 14 Abs. 2) entrichteten Vorauszahlungen werden auf die Steuerschuld für diesen Erhebungszeitraum angerechnet.

(2) Ist die Steuerschuld größer als die Summe der anzurechnenden Vorauszahlungen, so ist der Unterschiedsbetrag, soweit er den im Erhebungszeitraum und nach § 19 Abs. 3 Satz 2 nach Ablauf des Erhebungszeitraums fällig gewordenen, aber nicht entrichteten Vorauszahlungen entspricht, sofort, im übrigen innerhalb eines Monats nach Bekanntgabe des Steuerbescheids zu entrichten (Abschlußzahlung).

(3) Ist die Steuerschuld kleiner als die Summe der anzurechnenden Vorauszahlungen, so wird der Unterschiedsbetrag nach Bekanntgabe des Steuerbescheids durch Aufrechnung oder Zurückzahlung ausgeglichen.

**§ 21. Entstehung der Vorauszahlungen.** Die Vorauszahlungen auf die Gewerbesteuer entstehen mit Beginn des Kalendervierteljahrs, in dem die Vorauszahlungen zu entrichten sind, oder, wenn die Steuerpflicht erst im Laufe des Kalendervierteljahrs begründet wird, mit Begründung der Steuerpflicht.

**§§ 22 bis 27.** *(weggefallen)*

## Abschnitt VI. Zerlegung

**§ 28. Allgemeines.** (1)[1] Sind im Erhebungszeitraum Betriebsstätten zur Ausübung des Gewerbes in mehreren Gemeinden unterhalten worden, so ist der einheitliche Steuermeßbetrag in die auf die einzelnen Gemeinden entfallenden Anteile (Zerlegungsanteile) zu zerlegen. Das gilt auch in den Fällen, in denen eine Betriebsstätte sich über mehrere Gemeinden erstreckt hat oder eine Betriebsstätte innerhalb eines Erhebungszeitraums von einer Gemeinde in eine andere Gemeinde verlegt worden ist.

---

[1] Zur Fassung von § 28 Abs. 1 im Gebiet der ehemaligen DDR siehe § 37.

(2) Bei der Zerlegung sind die Gemeinden nicht zu berücksichtigen, in denen

1. Verkehrsunternehmen lediglich Gleisanlagen unterhalten,
2. sich nur Anlagen befinden, die der Weiterleitung fester, flüssiger oder gasförmiger Stoffe sowie elektrischer Energie dienen, ohne daß diese dort abgegeben werden,
3. Bergbauunternehmen keine oberirdischen Anlagen haben, in welchen eine gewerbliche Tätigkeit entfaltet wird.

Dies gilt nicht, wenn dadurch auf keine Gemeinde ein Zerlegungsanteil oder der einheitliche Steuermeßbetrag entfallen würde.

### § 29. Zerlegungsmaßstab. (1) Zerlegungsmaßstab ist

1. vorbehaltlich der Nummer 2 das Verhältnis, in dem die Summe der Arbeitslöhne, die an die bei allen Betriebsstätten (§ 28) beschäftigten Arbeitnehmer gezahlt worden sind, zu den Arbeitslöhnen steht, die an die bei den Betriebsstätten der einzelnen Gemeinden beschäftigten Arbeitnehmer gezahlt worden sind;
2. bei Wareneinzelhandelsunternehmen zur Hälfte das in Nummer 1 bezeichnete Verhältnis und zur Hälfte das Verhältnis, in dem die Summe der in allen Betriebsstätten (§ 28) erzielten Betriebseinnahmen zu den in den Betriebsstätten der einzelnen Gemeinden erzielten Betriebseinnahmen steht.

(2) Bei der Zerlegung nach Absatz 1 sind die Betriebseinnahmen oder Arbeitslöhne anzusetzen, die in den Betriebsstätten der beteiligten Gemeinden (§ 28) während des Erhebungszeitraums (§ 14 Abs. 2) erzielt oder gezahlt worden sind.

(3) Bei Ermittlung der Verhältniszahlen sind die Betriebseinahmen oder Arbeitslöhne auf volle 1000 Deutsche Mark abzurunden.

### § 30. Zerlegung bei mehrgemeindlichen Betriebsstätten. Erstreckt sich die Betriebsstätte auf mehrere Gemeinden, so ist der einheitliche Steuermeßbetrag oder Zerlegungsanteil auf die Gemeinden zu zerlegen, auf die sich die Betriebsstätte erstreckt, und zwar nach der Lage der örtlichen Verhältnisse unter Berücksichtigung der durch das Vorhandensein der Betriebsstätte erwachsenden Gemeindelasten.

### § 31. Begriff der Arbeitslöhne für die Zerlegung. (1) Arbeitslöhne sind vorbehaltlich der Absätze 2 bis 5 die Vergütungen im Sinne des § 19 Abs. 1 Nr. 1 des Einkommensteuergesetzes, soweit sie nicht durch andere Rechtsvorschriften von der Einkommensteuer befreit sind. Zuschläge für Mehrarbeit und für Sonntags-, Feiertags- und Nachtarbeit gehören unbeschadet der einkommensteuerlichen Behandlung zu den Arbeitslöhnen.

(2) Zu den Arbeitslöhnen gehören nicht Vergütungen, die an Personen gezahlt worden sind, die zu ihrer Berufsausbildung beschäftigt werden.

(3) In den Fällen des § 3 Nr. 5, 6, 8, 9, 12, 13, 15 und 17 bleiben die Vergütungen an solche Arbeitnehmer außer Ansatz, die nicht ausschließ-

lich oder überwiegend in dem steuerpflichtigen Betrieb oder Teil des Betriebs tätig sind.

(4) Nach dem Gewinn berechnete einmalige Vergütungen (zum Beispiel Tantiemen, Gratifikationen) sind nicht anzusetzen. Das gleiche gilt für sonstige Vergütungen, soweit sie bei dem einzelnen Arbeitnehmer 100 000 Deutsche Mark übersteigen.

(5) Bei Unternehmen, die nicht von einer juristischen Person betrieben werden, sind für die im Betrieb tätigen Unternehmer (Mitunternehmer) insgesamt 50 000 Deutsche Mark jährlich anzusetzen.

**§ 32.** *(weggefallen)*

**§ 33. Zerlegung in besonderen Fällen.** (1) Führt die Zerlegung nach den §§ 28 bis 31 zu einem offenbar unbilligen Ergebnis, so ist nach einem Maßstab zu zerlegen, der die tatsächlichen Verhältnisse besser berücksichtigt. In dem Zerlegungsbescheid hat das Finanzamt darauf hinzuweisen, daß bei der Zerlegung Satz 1 angewendet worden ist.

(2) Einigen sich die Gemeinden mit dem Steuerschuldner über die Zerlegung, so ist der Steuermeßbetrag nach Maßgabe der Einigung zu zerlegen.

**§ 34. Kleinbeträge.** (1) Übersteigt der einheitliche Steuermeßbetrag nicht den Betrag von 20 Deutsche Mark, so ist er in voller Höhe der Gemeinde zuzuweisen, in der sich die Geschäftsleitung befindet. Befindet sich die Geschäftsleitung im Ausland, so ist der Steuermeßbetrag der Gemeinde zuzuweisen, in der sich die wirtschaftlich bedeutendste der zu berücksichtigenden Betriebsstätten befindet.

(2) Übersteigt der einheitliche Steuermeßbetrag zwar den Betrag von 20 Deutsche Mark, würde aber nach den Zerlegungsvorschriften einer Gemeinde ein Zerlegungsanteil von nicht mehr als 20 Deutsche Mark zuzuweisen sein, so ist dieser Anteil der Gemeinde zuzuweisen, in der sich die Geschäftsleitung befindet. Absatz 1 Satz 2 ist entsprechend anzuwenden.

(3) Wird der Zerlegungsbescheid geändert oder berichtigt, würde sich dabei aber der Zerlegungsanteil einer Gemeinde um nicht mehr als 20 Deutsche Mark erhöhen oder ermäßigen, so ist der Betrag der Erhöhung oder Ermäßigung bei dem Zerlegungsanteil der Gemeinde zu berücksichtigen, in der sich die Geschäftsleitung befindet. Absatz 1 Satz 2 ist entsprechend anzuwenden.

**§ 35.** *(weggefallen)*

## Abschnitt VII. Gewerbesteuer der Reisegewerbebetriebe

**§ 35a.** (1) Der Gewerbesteuer unterliegen auch die Reisegewerbebetriebe, soweit sie im Inland betrieben werden.

(2) Reisegewerbebetrieb im Sinne dieses Gesetzes ist ein Gewerbebetrieb, dessen Inhaber nach den Vorschriften der Gewerbeordnung und den Ausführungsbestimmungen dazu entweder einer Reisegewerbekarte bedarf oder von der Reisegewerbekarte lediglich deshalb befreit ist, weil er einen Blindenwaren-Vertriebsausweis (§ 55 a Abs. 1 Nr. 4 der Gewerbeordnung) besitzt. Wird im Rahmen eines einheitlichen Gewerbebetriebs sowohl ein stehendes Gewerbe als auch ein Reisegewerbe betrieben, so ist der Betrieb in vollem Umfang als stehendes Gewerbe zu behandeln.

(3) Hebeberechtigt ist die Gemeinde, in der sich der Mittelpunkt der gewerblichen Tätigkeit befindet.

(4) Ist im Laufe des Erhebungszeitraums der Mittelpunkt der gewerblichen Tätigkeit von einer Gemeinde in eine andere Gemeinde verlegt worden, so hat das Finanzamt den einheitlichen Steuermeßbetrag nach den zeitlichen Anteilen (Kalendermonaten) auf die beteiligten Gemeinden zu zerlegen.

## Abschnitt VIII. Änderung des Gewerbesteuermeßbescheids von Amts wegen

§ 35 b.[1] (1) Der Gewerbesteuermeßbescheid oder Verlustfeststellungsbescheid ist von Amts wegen aufzuheben oder zu ändern, wenn der Einkommensteuerbescheid, der Körperschaftsteuerbescheid oder ein Feststellungsbescheid aufgehoben oder geändert wird und die Aufhebung oder Änderung den Gewinn aus Gewerbebetrieb oder den Einheitswert des Gewerbebetriebs berührt. Die Änderung des Gewinns aus Gewerbebetrieb oder des Einheitswerts des Gewerbebetriebs, ist insoweit zu berücksichtigen, als sie die Höhe des Gewerbeertrags des vortragsfähigen Gewerbeverlustes oder des Gewerbekapitals beeinflußt. § 171 Abs. 10 der Abgabenordnung gilt sinngemäß.

(2) Zuständig für die Feststellung des vortragsfähigen Gewerbeverlustes (§ 10 a Satz 2) ist das für den Erlaß des Gewerbesteuermeßbescheids zuständige Finanzamt. Verlustfeststellungsbescheide sind zu erlassen, aufzuheben oder zu ändern, soweit sich die Besteuerungsgrundlagen ändern und deshalb der Gewerbesteuermeßbescheid für denselben Erhebungszeitraum zu erlassen, aufzuheben oder zu ändern ist. Dies gilt entsprechend, wenn der Erlaß, die Aufhebung oder die Änderung des Meßbescheids mangels steuerlicher Auswirkung unterbleibt.

## Abschnitt IX. Durchführung

§ 35 c. **Ermächtigung.** Die Bundesregierung wird ermächtigt, mit Zustimmung des Bundesrates

---

[1] Zur Anwendung von § 35 b siehe § 36 Abs. 8.

1. zur Durchführung des Gewerbesteuergesetzes Rechtsverordnungen zu erlassen
   a) über die Abgrenzung der Steuerpflicht,
   b) über die Ermittlung des Gewerbeertrags und des Gewerbekapitals,
   c) über die Festsetzung der Steuermeßbeträge, soweit dies zur Wahrung der Gleichmäßigkeit der Besteuerung und zur Vermeidung von Unbilligkeiten in Härtefällen erforderlich ist,
   d) über die Zerlegung des einheitlichen Steuermeßbetrags,
   e) über die Abgabe von Steuererklärungen unter Berücksichtigung von Freibeträgen und Freigrenzen;

2. Vorschriften durch Rechtsverordnung zu erlassen
   a) über die sich aus der Aufhebung oder Änderung von Vorschriften dieses Gesetzes ergebenden Rechtsfolgen, soweit dies zur Wahrung der Gleichmäßigkeit bei der Besteuerung oder zur Beseitigung von Unbilligkeiten in Härtefällen erforderlich ist,
   b) *(weggefallen)*
   c) über die Steuerbefreiung der Einnehmer einer staatlichen Lotterie,
   d) über die Steuerbefreiung bei bestimmten kleineren Versicherungsvereinen auf Gegenseitigkeit im Sinne des § 53 des Versicherungsaufsichtsgesetzes, wenn sie von der Körperschaftsteuer befreit sind,
   e) über die Beschränkung der Hinzurechnung von Dauerschulden (§ 8 Nr. 1, § 12 Abs. 2 Nr. 1) bei Kreditinstituten nach dem Verhältnis des Eigenkapitals zu Teilen der Aktivposten,
   f) über die Begriffsbestimmung des Wareneinzelhandelsunternehmens,
   g) über die Festsetzung abweichender Vorauszahlungstermine.

**§ 35d.**[1]**Neufassung.** Der Bundesminister der Finanzen wird ermächtigt, im Einvernehmen mit dem Bundesminister des Innern den Wortlaut des Gewerbesteuergesetzes und der dazu erlassenen Durchführungsverordnungen in der jeweils geltenden Fassung mit neuem Datum, unter neuer Überschrift und in neuer Paragraphenfolge bekanntzumachen und dabei Unstimmigkeiten des Wortlauts zu beseitigen.

## Abschnitt X. Schlußvorschriften

**§ 36. Zeitlicher Anwendungsbereich.** (1) Die vorstehende Fassung dieses Gesetzes ist, soweit in den folgenden Absätzen nichts anderes bestimmt ist, erstmals für den Erhebungszeitraum 1993 anzuwenden.

(2) § 3 Nr. 2 ist für die Investitionsbank Schleswig-Holstein – Zentralbereich der Landesbank Schleswig-Holstein Girozentrale und die Landesinvestitionsbank Brandenburg erstmals für den Erhebungszeitraum 1991 anzuwenden.

(2a) § 3 Nr. 11 ist erstmals für den Erhebungszeitraum 1992 anzuwenden.

---

[1] Aufgehoben mit Wirkung ab EZ 1993.

(2b) § 3 Nr. 22 ist erstmals für den Erhebungszeitraum 1991 anzuwenden.

(2c) § 3 Nr. 24 ist erstmals für den Erhebungszeitraum 1992 anzuwenden.

(3) § 3 Nr. 15 bis 18 des Gewerbesteuergesetzes 1984 in der Fassung der Bekanntmachung vom 14. Mai 1984 (BGBl. I S. 657) ist im Falle des Antrags nach § 54 Abs. 4 Satz 1 des Körperschaftsteuergesetzes letztmals für den Erhebungszeitraum 1990 anzuwenden, wenn die Körperschaft in diesem Erhebungszeitraum ausschließlich Geschäfte betreibt, die nach den bis zum 31. Dezember 1989 geltenden gesetzlichen Vorschriften zulässig waren. In diesem Fall ist § 3 Nr. 15 und 17 dieses Gesetzes in der vorstehenden Fassung erstmals für den Erhebungszeitraum 1991 anzuwenden.

(3a) § 5 Abs. 1 Satz 4 ist erstmals für den Erhebungszeitraum 1989 anzuwenden.

(3b) § 8 Nr. 9 ist erstmals für den Erhebungszeitraum 1991 anzuwenden.

(3c) § 8 Nr. 12 ist erstmals für den Erhebungszeitraum 1992 anzuwenden.

(4) § 8 Nr. 10 ist erstmals anzuwenden, soweit die Gewinnminderungen auf Gewinnausschüttungen nach dem 23. Juni 1988 zurückzuführen sind.

(4a) § 9 Nr. 5 Satz 1, 2 und 5 ist erstmals für den Erhebungszeitraum 1991 anzuwenden. Bei Gewerbetreibenden, deren Wirtschaftsjahr vom Kalenderjahr abweicht, ist im Erhebungszeitraum 1991 eine Kürzung um Ausgaben ausgeschlossen, die nach § 9 Nr. 5 des Gesetzes in der Fassung der Bekanntmachung vom 21. März 1991 (BGBl. I S. 814) im Erhebungszeitraum 1990 zu berücksichtigen waren. § 9 Nr. 5 Satz 3 und 4 ist erstmals auf Ausgaben anzuwenden, die nach dem 31. Dezember 1990 geleistet werden. § 9 Nr. 5 Satz 6 bis 9 ist erstmals für den Erhebungszeitraum 1992 anzuwenden.

(4b) § 9 Nr. 6 ist erstmals auf Kapitalerträge anzuwenden, die nach dem 30. Juni 1989 zufließen. Auf Kapitalerträge, die nach dem 31. Dezember 1988 und vor dem 1. Juli 1989 zugeflossen sind, ist § 9 Nr. 6 in der Fassung des Artikels 3 Nr. 3 des Steuerreformgesetzes 1990 vom 25. Juli 1988 (BGBl. I S. 1093) anzuwenden.

(4c) § 9 Nr. 7 Satz 1 ist erstmals für den Erhebungszeitraum 1992 anzuwenden.

(5) § 10a Satz 1 ist erstmals auf Fehlbeträge des Erhebungszeitraums 1985 anzuwenden.

(5a) Bei Betriebsstätten, die sich in dem in Artikel 3 des Einigungsvertrages[1] genannten Gebiet befinden, ist § 10a erstmals auf Gewerbeverluste des Erhebungszeitraums 1990 anzuwenden. Die Kürzung nach § 10a ist insoweit ausgeschlossen, als die Gewerbeverluste nach § 9a in der

---

[1] Auszugsweise abgedruckt vor **1.1.**

Fassung des § 5 Nr. 1 des Gesetzes vom 26. Juni 1990 (BGBl. I S. 1143) vom Gewerbeertrag gekürzt worden sind.

(6) § 10a letzter Satz ist auch für Erhebungszeiträume vor 1990 anzuwenden, wenn die Rechtsgeschäfte, die zum Verlust der wirtschaftlichen Identität geführt haben, nach dem 23. Juni 1988 abgeschlossen worden sind.

(6a) § 11 Abs. 3 Nr. 2 und § 13 Abs. 3 des Gesetzes in der Fassung der Bekanntmachung vom 21. März 1991 (BGBl. I S. 814) sind letztmals für den Erhebungszeitraum 1992 anzuwenden.

(7) § 19 Abs. 1 Satz 2 ist erstmals auf Wirtschaftsjahre anzuwenden, die im Erhebungszeitraum 1990 enden, und gilt nicht für Gewerbebetriebe, deren Wirtschaftsjahr bereits vom Kalenderjahr abweicht, es sei denn, sie sind nach dem 31. Dezember 1985 gegründet oder infolge Wegfalls eines Befreiungsgrunds nach diesem Zeitpunkt in die Steuerpflicht eingetreten oder sie haben nach diesem Zeitpunkt das Wirtschaftsjahr auf einen vom Kalenderjahr abweichenden Zeitraum umgestellt.

(8) § 35b ist erstmals auf Verlustfeststellungsbescheide für den Erhebungszeitraum 1990 anzuwenden.

### § 37. Zeitlich begrenzte Fassung einzelner Gesetzesvorschriften.
Für die Erhebungszeiträume 1991 *und 1992* [**ab EZ 1993:** bis 1994] sind in dem in Artikel 3 des Einigungsvertrages genannten Gebiet die Vorschriften über die Gewerbekapitalsteuer nicht anzuwenden; dabei gelten:

1. § 6 in folgender Fassung:

„§ 6. Besteuerungsgrundlagen. Besteuerungsgrundlagen für die Gewerbesteuer sind
1. bei Gewerbebetrieben, *die am 1. Januar 1991* [**ab EZ 1993:** die zu Beginn des Erhebungszeitraums und am 1. Januar 1991] die Geschäftsleitung in dem in Artikel 3 des Einigungsvertrages genannten Gebiet hatten, der Gewerbeertrag,
2. bei den übrigen Gewerbebetrieben der Gewerbeertrag und das Gewerbekapital.

Bei den in Nummer 1 bezeichneten Unternehmen ist Besteuerungsgrundlage auch das Gewerbekapital einer Kapitalgesellschaft im Sinne des § 2 Abs. 2 Satz 2, die in dieses Unternehmen eingegliedert ist, wenn die Kapitalgesellschaft die Geschäftsleitung zu Beginn des Kalenderjahrs nicht in dem in Artikel 3 des Einigungsvertrages genannten Gebiet hat. Im Falle des § 11 Abs. 4 treten an die Stelle des Gewerbeertrags die Entgelte (§ 10 Abs. 1 des Umsatzsteuergesetzes) aus Werbesendungen.";

2. § 12 Abs. 2 Nr. 2 Satz 1 in folgender Fassung:

„2. die Werte (Teilwerte) der nicht in Grundbesitz bestehenden Wirtschaftsgüter, die dem Betrieb außerhalb des in Artikel 3 des Einigungsvertrages genannten Gebiets dienen, aber im Eigentum eines Mitunternehmers oder eines Dritten stehen, soweit sie nicht im Einheitswert des gewerblichen Betriebs enthalten sind.";

3. § 12 Abs. 3 Nr. 3 in folgender Fassung:

„3. die nach Absatz 2 Nr. 2 dem Gewerbekapital eines anderen hinzugerechneten Werte (Teilwerte), soweit sie im Einheitswert des gewerblichen Betriebs des Eigentümers enthalten sind. Dies gilt
auch, wenn die Werte (Teilwerte) bei dem anderen lediglich deshalb nicht hinzugerechnet wurden, weil der gemietete oder ge-
pachtete Betrieb (Teilbetrieb) dem Mieter oder Pächter in dem in
Artikel 3 des Einigungsvertrages genannten Gebiet dient;";

4. § 28 Abs. 1 mit folgender Ergänzung:

„Betriebsstätten in dem in Artikel 3 des Einigungsvertrages genannten
Gebiet sind an der Zerlegung des auf das Gewerbekapital entfallenden
Teils des einheitlichen Steuermeßbetrags nicht zu beteiligen."

# 2.2 Gewerbesteuer-Durchführungsverordnung 1991 (GewStDV 1991)* · **

In der Fassung vom 21. März 1991
(BGBl. I S. 831)
Geändert durch Steueränderungsgesetz 1992 vom 25. Februar 1992 (BGBl. I S. 297)
**BGBl. III 611–5–1**

Zu § 2 des Gesetzes

**§ 1. Stehender Gewerbebetrieb.** Stehender Gewerbebetrieb ist jeder Gewerbebetrieb, der kein Reisegewerbebetrieb im Sinne des § 35a Abs. 2 des Gesetzes ist.

**§ 2. Betriebe der öffentlichen Hand.** (1) Unternehmen von juristischen Personen des öffentlichen Rechts sind gewerbesteuerpflichtig, wenn sie als stehende Gewerbebetriebe anzusehen sind. Das gilt auch für Unternehmen, die der Versorgung der Bevölkerung mit Wasser, Gas, Elektrizität oder Wärme, dem öffentlichen Verkehr oder dem Hafenbetrieb dienen.

(2) Unternehmen von juristischen Personen des öffentlichen Rechts, die überwiegend der Ausübung der öffentlichen Gewalt dienen (Hoheitsbetriebe), gehören unbeschadet der Vorschrift des Absatzes 1 Satz 2 nicht zu den Gewerbebetrieben. Für die Annahme eines Hoheitsbetriebs reichen Zwangs- oder Monopolrechte nicht aus.

**§ 3.** *(weggefallen)*

**§ 4. Aufgabe, Auflösung und Konkurs.** (1) Ein Gewerbebetrieb, der aufgegeben oder aufgelöst wird, bleibt Steuergegenstand bis zur Beendigung der Aufgabe oder Abwicklung.

(2) Die Gewerbesteuerpflicht wird durch die Eröffnung des Konkursverfahrens über das Vermögen des Unternehmers nicht berührt.

**§ 5. Betriebsstätten auf Schiffen.** Ein Gewerbebetrieb wird gewerbesteuerlich insoweit nicht im Inland betrieben, als für ihn eine Betriebsstätte auf einem Kauffahrteischiff unterhalten wird, das im sogenannten regelmäßigen Liniendienst ausschließlich zwischen ausländischen Häfen verkehrt, auch wenn es in einem inländischen Schiffsregister eingetragen ist.

**§ 6. Binnen- und Küstenschiffahrtsbetriebe.** Bei Binnen- und Küstenschiffahrtsbetrieben, die feste örtliche Anlagen oder Einrichtungen

---

* **Zur Anwendung siehe § 36.**
** Die Verordnung tritt im Gebiet der ehem. DDR am 1. 1. 1991 in Kraft.

zur Ausübung des Gewerbes nicht unterhalten, gilt eine Betriebsstätte in dem Ort als vorhanden, der als Heimathafen (Heimatort) im Schiffsregister eingetragen ist.

**§ 7.** *(weggefallen)*

**§ 8. Zusammenfassung mehrerer wirtschaftlicher Geschäftsbetriebe.** Werden von einer sonstigen juristischen Person des privaten Rechts oder einem nichtrechtsfähigen Verein (§ 2 Abs. 3 des Gesetzes) mehrere wirtschaftliche Geschäftsbetriebe unterhalten, so gelten sie als ein einheitlicher Gewerbebetrieb.

**§ 9.** *(weggefallen)*

**Zu § 3 des Gesetzes**

**§§ 10 bis 12.** *(weggefallen)*

**§ 12a. Kleinere Versicherungsvereine.** Kleinere Versicherungsvereine auf Gegenseitigkeit im Sinne des § 53 des Versicherungsaufsichtsgesetzes sind von der Gewerbesteuer befreit, wenn sie nach § 5 Abs. 1 Nr. 4 des Körperschaftsteuergesetzes von der Körperschaftsteuer befreit sind.

**§ 13. Einnehmer einer staatlichen Lotterie.** Die Tätigkeit der Einnehmer einer staatlichen Lotterie unterliegt auch dann nicht der Gewerbesteuer, wenn sie im Rahmen eines Gewerbebetriebs ausgeübt wird.

**Zu § 4 des Gesetzes**

**§ 14.** *(weggefallen)*

**§ 15. Hebeberechtigte Gemeinde bei Gewerbebetrieben auf Schiffen und bei Binnen- und Küstenschiffahrtsbetrieben.** Hebeberechtigte Gemeinde für die Betriebsstätten auf Kauffahrteischiffen, die in einem inländischen Schiffsregister eingetragen sind und nicht im sogenannten regelmäßigen Liniendienst ausschließlich zwischen ausländischen Häfen verkehren, und für die in § 6 bezeichneten Binnen- und Küstenschiffahrtsbetriebe ist die Gemeinde, in der der inländische Heimathafen (Heimatort) des Schiffes liegt.

**Zu den §§ 7, 8 und 9 des Gesetzes**

**§ 16. Gewerbeertrag bei Abwicklung und Konkurs.** (1) Der Gewerbeertrag, der bei einem in der Abwicklung befindlichen Gewerbebetrieb im Sinne des § 2 Abs. 2 des Gesetzes im Zeitraum der Abwicklung entstanden ist, ist auf die Jahre des Abwicklungszeitraums zu verteilen.

(2) Das gilt entsprechend für Gewerbebetriebe, wenn über das Vermögen des Unternehmers das Konkursverfahren eröffnet worden ist.

**§§ 17 und 18.** *(weggefallen)*

**Zu den §§ 8 und 12 des Gesetzes**

**§ 19. Dauerschulden bei Kreditinstituten.** (1) Bei Kreditinstituten im Sinne des § 1 des Gesetzes über das Kreditwesen sind Dauerschulden nur insoweit anzusetzen, als der Ansatz der zum Anlagevermögen gehörenden Grundstücke, Gebäude, Betriebs- und Geschäftsausstattung, Gegenstände, über die Leasingverträge abgeschlossen worden sind, Schiffe, Anteile an Kreditinstituten und sonstigen Unternehmen sowie der Forderungen aus Vermögenseinlagen als stiller Gesellschafter und aus Genußrechten das Eigenkapital überschreitet. Den Anlagen nach Satz 1 sind Forderungen gegen ein Unternehmen hinzuzurechnen, mit dem eine organschaftliche Verbindung nach § 2 Abs. 2 Sätze 2 und 3 des Gesetzes besteht und das nicht zu den Kreditinstituten gehört, auf die Satz 1 und Absatz 2 anzuwenden sind, wenn die Forderungen am Ende des Erhebungszeitraums mehr als zwölf Monate bestanden haben.

(2) Voraussetzung für die Anwendung des Absatzes 1 ist, daß im Durchschnitt aller Monatsausweise des Wirtschaftsjahrs des Kreditinstituts nach § 25 des Gesetzes über das Kreditwesen oder entsprechender Statistiken die Aktivposten aus Bankgeschäften und dem Erwerb von Geldforderungen die Aktivposten aus anderen Geschäften überwiegen. In den Vergleich sind Aktivposten aus Anlagen nach Absatz 1 und aus Geschäften, die nach § 9 der Befreiungsverordnung vom 20. August 1985 (BGBl. I S. 1713) von der Anzeigepflicht nach § 24 Abs. 1 Nr. 9 des Gesetzes über das Kreditwesen ausgenommen sind, nicht einzubeziehen.

(3) Für Pfandleiher im Sinne der Pfandleiherverordnung in der Fassung der Bekanntmachung vom 1. Juni 1976 (BGBl. I S. 1334), geändert durch Artikel 5 der Verordnung vom 28. November 1979 (BGBl. I S. 1986), gelten die vorstehenden Bestimmungen entsprechend.

**Zu § 9 des Gesetzes**

**§ 20. Grundbesitz.** (1) Die Frage, ob und inwieweit im Sinne des § 9 Nr. 1 des Gesetzes Grundbesitz zum Betriebsvermögen des Unternehmers gehört, ist nach den Vorschriften des Einkommensteuergesetzes oder des Körperschaftsteuergesetzes zu entscheiden. Maßgebend ist dabei der Stand zu Beginn des Kalenderjahrs.

(2) Gehört der Grundbesitz nur zum Teil zum Betriebsvermögen im Sinne des Absatzes 1, so ist der Kürzung nach § 9 Nr. 1 des Gesetzes nur der entsprechende Teil des Einheitswerts zugrunde zu legen.

**Zu den §§ 9 und 12 des Gesetzes**

**§ 21. Kürzungen für Grundstücke im Zustand der Bebauung.** Befindet sich ein Grundstück im Zustand der Bebauung, so bemessen sich die Kürzungen nach § 9 Nr. 1 Satz 1 und nach § 12 Abs. 3 Nr. 1 des Gesetzes nach dem Einheitswert, der nach § 91 Abs. 1 des Bewertungsgesetzes festgestellt ist.

**Zu § 11 des Gesetzes**

**§ 22. Hausgewerbetreibende und ihnen gleichgestellte Personen.**
Betreibt ein Hausgewerbetreibender oder eine ihm gleichgestellte Person noch eine andere gewerbliche Tätigkeit und sind beide Tätigkeiten als eine Einheit anzusehen, so ist *§ 11 Abs. 3 Nr. 1* **[ab EZ 1993: § 11 Abs. 3]** des Gesetzes nur anzuwenden, wenn die andere Tätigkeit nicht überwiegt. Die Vergünstigung gilt in diesem Fall für den gesamten Gewerbeertrag.

**§§ 23 und 24.** *(weggefallen)*

**Zu § 14 des Gesetzes**

**§ 25. Gewerbesteuererklärung.** (1) Eine Gewerbesteuererklärung ist abzugeben

1. für alle gewerbesteuerpflichtigen Unternehmen, deren Gewerbeertrag im Erhebungszeitraum den Betrag von 36 000 Deutsche Mark oder deren Gewerbekapital an dem maßgebenden Feststellungszeitpunkt den Betrag von 120 000 Deutsche Mark überstiegen hat;

2. für Kapitalgesellschaften (Aktiengesellschaften, Kommanditgesellschaften auf Aktien, Gesellschaften mit beschränkter Haftung, *Kolonialgesellschaften,*[1] bergrechtliche Gewerkschaften), wenn sie nicht von der Gewerbesteuer befreit sind;

3. für Erwerbs- und Wirtschaftsgenossenschaften und für Versicherungsvereine auf Gegenseitigkeit, wenn sie nicht von der Gewerbesteuer befreit sind. Für sonstige juristische Personen des privaten Rechts und für nichtrechtsfähige Vereine ist eine Gewerbesteuererklärung nur abzugeben, soweit diese Unternehmen einen wirtschaftlichen Geschäftsbetrieb (ausgenommen Land- und Forstwirtschaft) unterhalten, dessen Gewerbeertrag im Erhebungszeitraum den Betrag von 7500 Deutsche Mark oder dessen Gewerbekapital an dem maßgebenden Feststellungszeitpunkt den Betrag von 120 000 Deutsche Mark überstiegen hat;

4. für Unternehmen von juristischen Personen des öffentlichen Rechts, wenn sie als stehende Gewerbebetriebe anzusehen sind und ihr Gewerbeertrag im Erhebungszeitraum den Betrag von 7500 Deutsche Mark oder ihr Gewerbekapital an dem maßgebenden Feststellungszeitpunkt den Betrag von 120 000 Deutsche Mark überstiegen hat;

5. für Unternehmen im Sinne des § 3 Nr. 5, 6, 8, 9, 15 und 17 des Gesetzes nur, wenn sie neben der von der Gewerbesteuer befreiten Tätigkeit auch eine der Gewerbesteuer unterliegende Tätigkeit ausgeübt haben und ihr steuerpflichtiger Gewerbeertrag im Erhebungszeitraum den Betrag von 7500 Deutsche Mark oder ihr Gewerbekapital an dem maßgebenden Feststellungszeitpunkt den Betrag von 120 000 Deutsche Mark überstiegen hat;

---

[1] Aufgehoben mit Wirkung ab EZ 1993 durch StÄndG 1992.

6. für Unternehmen, für die zum Schluß des vorangegangenen Erhebungszeitraums vortragsfähige Fehlbeträge gesondert festgestellt worden sind;

7. für alle gewerbesteuerpflichtigen Unternehmen, für die vom Finanzamt eine Gewerbesteuererklärung besonders verlangt wird.

(2) Die Steuererklärung ist spätestens an dem von den obersten Finanzbehörden der Länder bestimmten Zeitpunkt abzugeben. Für die Erklärung sind die amtlichen Vordrucke zu verwenden. Das Recht des Finanzamts, schon vor diesem Zeitpunkt Angaben zu verlangen, die für die Besteuerung von Bedeutung sind, bleibt unberührt.

**§§ 26 bis 28.** *(weggefallen)*

**Zu § 19 des Gesetzes**

**§ 29. Anpassung und erstmalige Festsetzung der Vorauszahlungen.** (1) Setzt das Finanzamt nach § 19 Abs. 3 Satz 3 des Gesetzes einen einheitlichen Steuermeßbetrag für Zwecke der Gewerbesteuer-Vorauszahlungen fest, so wird ein Zerlegungsbescheid nicht erteilt. Die hebeberechtigten Gemeinden sind an dem Steuermeßbetrag in demselben Verhältnis beteiligt, nach dem die Zerlegungsanteile in dem unmittelbar vorangegangenen Zerlegungsbescheid festgesetzt sind. Das Finanzamt hat gleichzeitig mit der Festsetzung des einheitlichen Steuermeßbetrags den hebeberechtigten Gemeinden mitzuteilen

1. den Hundertsatz, um den sich der einheitliche Steuermeßbetrag gegenüber dem in der Mitteilung über die Zerlegung (§ 188 Abs. 1 der Abgabenordnung) angegebenen einheitlichen Steuermeßbetrag erhöht oder ermäßigt, oder den Zerlegungsanteil,

2. den Erhebungszeitraum, für den die Änderung erstmals gilt.

(2) In den Fällen des § 19 Abs. 4 des Gesetzes hat das Finanzamt erforderlichenfalls den einheitlichen Steuermeßbetrag für Zwecke der Gewerbesteuer-Vorauszahlungen zu zerlegen. Das gleiche gilt in den Fällen des § 19 Abs. 3 des Gesetzes, wenn an den Vorauszahlungen nicht dieselben Gemeinden beteiligt sind, die nach dem unmittelbar vorangegangenen Zerlegungsbescheid beteiligt waren. Bei der Zerlegung sind die mutmaßlichen Betriebseinnahmen oder Arbeitslöhne des Erhebungszeitraums anzusetzen, für den die Festsetzung der Vorauszahlungen erstmals gilt.

**§ 30. Verlegung von Betriebsstätten.** Wird eine Betriebsstätte in eine andere Gemeinde verlegt, so sind die Vorauszahlungen in dieser Gemeinde von dem auf die Verlegung folgenden Fälligkeitstag ab zu entrichten. Das gilt nicht, wenn in der Gemeinde, aus der die Betriebsstätte verlegt wird, mindestens eine Betriebsstätte des Unternehmens bestehen bleibt.

**§§ 31 und 32.** *(weggefallen)*

Zu § 29 des Gesetzes

**§ 33. Wareneinzelhandelsunternehmen.** (1) Wareneinzelhandelsunternehmen im Sinne des § 29 Abs. 1 Nr. 2 des Gesetzes sind Unternehmen, die ausschließlich Lieferungen im Einzelhandel bewirken. Der Eigenverbrauch (§ 1 Abs. 1 Nr. 2 des Umsatzsteuergesetzes) bleibt dabei außer Betracht.

(2) Eine Lieferung im Einzelhandel im Sinne des Absatzes 1 liegt nicht vor, wenn der Unternehmer einen Gegenstand an einen anderen Unternehmer zur Verwendung in dessen Unternehmen liefert (zur gewerblichen Weiterveräußerung – sei es in derselben Beschaffenheit, sei es nach vorheriger Bearbeitung oder Verarbeitung – oder zur gewerblichen Herstellung anderer Gegenstände oder zur Bewirkung gewerblicher oder beruflicher Leistungen). Wird ein Gegenstand teils zu den genannten Zwecken, teils zu anderen Zwecken erworben, so ist der Haupterwerbszweck maßgebend. Eine Änderung des Erwerbszwecks nach der Lieferung bleibt unberücksichtigt. Lieferungen im Einzelhandel sind außerdem nicht:

1. Lieferungen von Wasser, Gas, Elektrizität oder Wärme;
2. Lieferungen von Brennstoffen, und zwar von Steinkohle, Braunkohle, Preßkohle (Briketts) und aus Kohle hergestelltem Koks sowie von Heizöl, Holz und Torf;
3. Lieferungen an den Bund oder andere Körperschaften des öffentlichen Rechts.

Zu § 34 des Gesetzes

**§ 34. Kleinbeträge bei Verlegung der Geschäftsleitung.** Hat das Unternehmen die Geschäftsleitung im Laufe des Erhebungszeitraums in eine andere Gemeinde verlegt, so ist der Kleinbetrag der Gemeinde zuzuweisen, in der sich die Geschäftsleitung während des Erhebungszeitraums die längste Zeit befunden hat. Befand sich im Fall des Satzes 1 die Geschäftsleitung gleich lange Zeit in mehreren Gemeinden, so ist der Kleinbetrag der Gemeinde zuzuweisen, in der sich die Geschäftsleitung am Ende des Erhebungszeitraums befunden hat.

Zu § 35a des Gesetzes

**§ 35. Reisegewerbebetriebe.** (1) Der Mittelpunkt der gewerblichen Tätigkeit befindet sich in der Gemeinde, von der aus die gewerbliche Tätigkeit vorwiegend ausgeübt wird. Das ist in der Regel die Gemeinde, in der sich der Wohnsitz des Reisegewerbetreibenden befindet. In Ausnahmefällen ist Mittelpunkt eine auswärtige Gemeinde, wenn die gewerbliche Tätigkeit von dieser Gemeinde (zum Beispiel von einem Büro oder Warenlager) aus vorwiegend ausgeübt wird. Ist der Mittelpunkt der gewerblichen Tätigkeit nicht feststellbar, so ist die Gemeinde hebeberechtigt, in der der Unternehmer polizeilich gemeldet oder meldepflichtig ist.

(2) Eine Zerlegung des einheitlichen Steuermeßbetrags auf die Gemeinden, in denen das Gewerbe ausgeübt worden ist, unterbleibt.

(3) Der einheitliche Steuermeßbetrag ist im Fall des § 35a Abs. 4 des Gesetzes nach dem Anteil der Kalendermonate auf die hebeberechtigten Gemeinden zu zerlegen. Kalendermonate, in denen die Steuerpflicht nur während eines Teils bestanden hat, sind voll zu rechnen. Der Anteil für den Kalendermonat, in dem der Mittelpunkt der gewerblichen Tätigkeit verlegt worden ist, ist der Gemeinde zuzuteilen, in der sich der Mittelpunkt in diesem Kalendermonat die längste Zeit befunden hat.

### Schlußvorschriften

**§ 36. Anwendungszeitraum.** Die vorstehende Fassung dieser Verordnung ist erstmals für den Erhebungszeitraum 1991 anzuwenden.

**§ 37.** *(weggefallen)*

**§ 38.** *(weggefallen)*

# 3.1 Körperschaftsteuergesetz 1991 (KStG 1991)★ · ★★

In der Fassung der Bekanntmachung vom 11. März 1991 (BGBl. I S. 638)

Geändert durch Steueränderungsgesetz 1991 vom 24. Juni 1991 (BGBl. I S. 1322) und Steueränderungsgesetz 1992 vom 25. Februar 1992 (BGBl. I S. 297)

**BGBl. III 611–4–4**

## Inhaltsübersicht

### Erster Teil. Steuerpflicht

§§

Unbeschränkte Steuerpflicht . . . . . . . . . . . . . . . . . . . . . . . . . . . 1
Beschränkte Steuerpflicht . . . . . . . . . . . . . . . . . . . . . . . . . . . . 2
Abgrenzung der Steuerpflicht bei nichtrechtsfähigen Personenvereinigungen und Vermögensmassen sowie bei Realgemeinden . . . . . . . 3
Betriebe gewerblicher Art von juristischen Personen des öffentlichen Rechts . . . . . . . . . . . . . . . . . . . . . . . . . . . . . . . . . . . . . . . 4
Befreiungen . . . . . . . . . . . . . . . . . . . . . . . . . . . . . . . . . . . . . 5
Einschränkung der Befreiung von Pensions-, Sterbe-, Kranken- und Unterstützungskassen . . . . . . . . . . . . . . . . . . . . . . . . . . . . . 6

### Zweiter Teil. Einkommen
#### Erstes Kapitel. Allgemeine Vorschriften

Grundlagen der Besteuerung . . . . . . . . . . . . . . . . . . . . . . . . . . 7
Ermittlung des Einkommens . . . . . . . . . . . . . . . . . . . . . . . . . . 8
Abziehbare Aufwendungen . . . . . . . . . . . . . . . . . . . . . . . . . . . 9
Nichtabziehbare Aufwendungen . . . . . . . . . . . . . . . . . . . . . . . . 10
Auflösung und Abwicklung (Liquidation) . . . . . . . . . . . . . . . . . . 11
Verlegung der Geschäftsleitung ins Ausland . . . . . . . . . . . . . . . . 12
Beginn und Erlöschen einer Steuerbefreiung . . . . . . . . . . . . . . . . 13

#### Zweites Kapitel. Sondervorschriften für die Organschaft

Aktiengesellschaft oder Kommanditgesellschaft auf Aktien als Organgesellschaft . . . . . . . . . . . . . . . . . . . . . . . . . . . . . . . . . . . . 14
Besondere Vorschriften zur Ermittlung des Einkommens der Organgesellschaft . . . . . . . . . . . . . . . . . . . . . . . . . . . . . . . . . . . . 15
Ausgleichszahlungen . . . . . . . . . . . . . . . . . . . . . . . . . . . . . . . 16
Andere Kapitalgesellschaften als Organgesellschaft . . . . . . . . . . . . 17
Ausländische Organträger . . . . . . . . . . . . . . . . . . . . . . . . . . . . 18
Steuerabzug bei dem Organträger . . . . . . . . . . . . . . . . . . . . . . . 19

#### Drittes Kapitel. Sondervorschriften für Versicherungsunternehmen und Bausparkassen

Versicherungstechnische Rückstellungen . . . . . . . . . . . . . . . . . . . 20
Beitragsrückerstattungen . . . . . . . . . . . . . . . . . . . . . . . . . . . . . 21
Zuteilungsrücklage bei Bausparkassen . . . . . . . . . . . . . . . . . . . . 21a

#### Viertes Kapitel. Sondervorschriften für Genossenschaften

Genossenschaftliche Rückvergütung . . . . . . . . . . . . . . . . . . . . . . 22

---

★ **Zum Anwendungsbereich vgl. § 54.**
★★ **Das Gesetz tritt im Gebiet der ehem. DDR am 1. 1. 1991 in Kraft** (vgl. Anl. I Kap. IV Sachgebiet B Abschn. II Nr. 14 des Einigungsvertrags – abgedruckt vor **1.1** –). **Zur Anwendung siehe § 54a.**

§§

### Dritter Teil. Tarif; Besteuerung bei ausländischen Einkunftsteilen

Steuersatz. . . . . . . . . . . . . . . . . . . . . . . . . . . . . . . . . . . . . . . . . . 23
Freibetrag für bestimmte Körperschaften . . . . . . . . . . . . . . . . . . . . 24
Freibetrag für Erwerbs- und Wirtschaftsgenossenschaften sowie Vereine, die Land- und Forstwirtschaft betreiben . . . . . . . . . . . . . . . 25
Besteuerung ausländischer Einkunftsteile . . . . . . . . . . . . . . . . . . . . 26

### Vierter Teil. Anrechnungsverfahren

### Erstes Kapitel. Körperschaftsteuerbelastung des ausgeschütteten Gewinns unbeschränkt steuerpflichtiger Körperschaften und Personenvereinigungen

Minderung oder Erhöhung der Körperschaftsteuer . . . . . . . . . . . . . 27
Für die Ausschüttung verwendetes Eigenkapital . . . . . . . . . . . . . . . 28
Verwendbares Eigenkapital . . . . . . . . . . . . . . . . . . . . . . . . . . . . . . 29
Gliederung des verwendbaren Eigenkapitals . . . . . . . . . . . . . . . . . . 30
Zuordnung der bei der Einkommensermittlung nichtabziehbaren Ausgaben . . . . . . . . . . . . . . . . . . . . . . . . . . . . . . . . . . . . . . . . . . . . . 31
Einordnung bestimmter ermäßigt belasteter Eigenkapitalteile . . . . . . 32
Verluste . . . . . . . . . . . . . . . . . . . . . . . . . . . . . . . . . . . . . . . . . . . . . 33
Gliederung bei Erlaß . . . . . . . . . . . . . . . . . . . . . . . . . . . . . . . . . . . 34
Fehlendes verwendbares Eigenkapital . . . . . . . . . . . . . . . . . . . . . . . 35
Gliederung des Eigenkapitals bei dem Organträger . . . . . . . . . . . . . 36
Gliederung des Eigenkapitals der Organgesellschaften . . . . . . . . . . . 37
Tarifbelastung bei Vermögensübernahme . . . . . . . . . . . . . . . . . . . . 38
*(weggefallen)* . . . . . . . . . . . . . . . . . . . . . . . . . . . . . . . . . . . . . . . . . 39
Ausnahmen von der Körperschaftsteuererhöhung . . . . . . . . . . . . . . 40
Sonstige Leistungen . . . . . . . . . . . . . . . . . . . . . . . . . . . . . . . . . . . . 41
Körperschaftsteuerminderung und Körperschaftsteuererhöhung bei Vermögensübertragung auf eine steuerbefreite Übernehmerin . . . . . 42
Körperschaftsteuerminderung und Körperschaftsteuererhöhung bei sonstigen Körperschaften . . . . . . . . . . . . . . . . . . . . . . . . . . . . . . . . 43

### Zweites Kapitel. Bescheinigungen; gesonderte Feststellung

Bescheinigung der ausschüttenden Körperschaft . . . . . . . . . . . . . . . 44
Bescheinigung eines Kreditinstituts . . . . . . . . . . . . . . . . . . . . . . . . . 45
Bescheinigung eines Notars . . . . . . . . . . . . . . . . . . . . . . . . . . . . . . 46
Gesonderte Feststellung von Besteuerungsgrundlagen . . . . . . . . . . . 47

### Fünfter Teil. Entstehung, Veranlagung, Erhebung und Vergütung der Steuer

Entstehung der Körperschaftsteuer . . . . . . . . . . . . . . . . . . . . . . . . . 48
Steuererklärungspflicht, Veranlagung und Erhebung der Körperschaftsteuer . . . . . . . . . . . . . . . . . . . . . . . . . . . . . . . . . . . . . . . . . . . 49
Sondervorschriften für den Steuerabzug vom Kapitalertrag . . . . . . . 50
Ausschluß der Anrechnung und Vergütung von Körperschaftsteuer . . 51
Vergütung des Erhöhungsbetrags . . . . . . . . . . . . . . . . . . . . . . . . . . 52

### Sechster Teil. Ermächtigungs- und Schlußvorschriften

Ermächtigungen . . . . . . . . . . . . . . . . . . . . . . . . . . . . . . . . . . . . . . . 53
Schlußvorschriften . . . . . . . . . . . . . . . . . . . . . . . . . . . . . . . . . . . . . 54
Sondervorschriften für Körperschaften, Personenvereinigungen oder Vermögensmassen in dem in Artikel 3 des Einigungsvertrages genannten Gebiet . . . . . . . . . . . . . . . . . . . . . . . . . . . . . . . . . . . . . . . 54a
*(weggefallen)* . . . . . . . . . . . . . . . . . . . . . . . . . . . . . . . . . . . . . . . . . 55

## Erster Teil. Steuerpflicht

**§ 1. Unbeschränkte Steuerpflicht.** (1) Unbeschränkt körperschaftsteuerpflichtig sind die folgenden Körperschaften, Personenvereinigungen und Vermögensmassen, die ihre Geschäftsleitung oder ihren Sitz im Inland haben:

1. Kapitalgesellschaften (Aktiengesellschaften, Kommanditgesellschaften auf Aktien, Gesellschaften mit beschränkter Haftung, bergrechtliche Gewerkschaften);
2. Erwerbs- und Wirtschaftsgenossenschaften;
3. Versicherungsvereine auf Gegenseitigkeit;
4. sonstige juristische Personen des privaten Rechts;
5. nichtrechtsfähige Vereine, Anstalten, Stiftungen und andere Zweckvermögen des privaten Rechts;
6. Betriebe gewerblicher Art von juristischen Personen des öffentlichen Rechts.

(2) Die unbeschränkte Körperschaftsteuerpflicht erstreckt sich auf sämtliche Einkünfte.

(3) Zum Inland im Sinne dieses Gesetzes gehört auch der der Bundesrepublik Deutschland zustehende Anteil am Festlandsockel, soweit dort Naturschätze des Meeresgrundes und des Meeresuntergrundes erforscht oder ausgebeutet werden.

**§ 2. Beschränkte Steuerpflicht.** Beschränkt körperschaftsteuerpflichtig sind

1. Körperschaften, Personenvereinigungen und Vermögensmassen, die weder ihre Geschäftsleitung noch ihren Sitz im Inland haben, mit ihren inländischen Einkünften;
2. sonstige Körperschaften, Personenvereinigungen und Vermögensmassen, die nicht unbeschränkt steuerpflichtig sind, mit den inländischen Einkünften, von denen ein Steuerabzug vorzunehmen ist.

**§ 3. Abgrenzung der Steuerpflicht bei nichtrechtsfähigen Personenvereinigungen und Vermögensmassen sowie bei Realgemeinden.** (1) Nichtrechtsfähige Personenvereinigungen, Anstalten, Stiftungen und andere Zweckvermögen sind körperschaftsteuerpflichtig, wenn ihr Einkommen weder nach diesem Gesetz noch nach dem Einkommensteuergesetz unmittelbar bei einem anderen Steuerpflichtigen zu versteuern ist.

(2) [1]Hauberg-, Wald-, Forst- und Laubgenossenschaften und ähnliche Realgemeinden, die zu den in § 1 bezeichneten Steuerpflichtigen gehören, sind nur insoweit körperschaftsteuerpflichtig, als sie einen Gewerbebetrieb unterhalten oder verpachten, der über den Rahmen eines Nebenbetriebs hinausgeht. [2]Im übrigen sind ihre Einkünfte unmittelbar bei den Beteiligten zu versteuern.

**§ 4. Betriebe gewerblicher Art von juristischen Personen des öffentlichen Rechts.** (1) [1]Betriebe gewerblicher Art von juristischen Personen des öffentlichen Rechts im Sinne des § 1 Abs. 1 Nr. 6 sind vorbehaltlich des Absatzes 5 alle Einrichtungen, die einer nachhaltigen wirtschaftlichen Tätigkeit zur Erzielung von Einnahmen außerhalb der Land- und Forstwirtschaft dienen und die sich innerhalb der Gesamtbetätigung der juristischen Person wirtschaftlich herausheben. [2]Die Absicht, Gewinn zu erzielen, und die Beteiligung am allgemeinen wirtschaftlichen Verkehr sind nicht erforderlich.

(2) Ein Betrieb gewerblicher Art ist auch unbeschränkt steuerpflichtig, wenn er selbst eine juristische Person des öffentlichen Rechts ist.

(3) Zu den Betrieben gewerblicher Art gehören auch Betriebe, die der Versorgung der Bevölkerung mit Wasser, Gas, Elektrizität oder Wärme, dem öffentlichen Verkehr oder dem Hafenbetrieb dienen.

(4) Als Betrieb gewerblicher Art gilt die Verpachtung eines solchen Betriebs.

(5) [1]Zu den Betrieben gewerblicher Art gehören nicht Betriebe, die überwiegend der Ausübung der öffentlichen Gewalt dienen (Hoheitsbetriebe). [2]Für die Annahme eines Hoheitsbetriebs reichen Zwangs- oder Monopolrechte nicht aus.

**§ 5. Befreiungen.** (1) Von der Körperschaftsteuer sind befreit

1. die Deutsche Bundespost, die Deutsche Bundesbahn, die Monopolverwaltungen des Bundes, die staatlichen Lotterieunternehmen und der Erdölbevorratungsverband nach § 2 Abs. 1 des Erdölbevorratungsgesetzes vom 25. Juli 1978 (BGBl. I S. 1073);

1a. die Deutsche Reichsbahn;

2. die Deutsche Bundesbank, die Kreditanstalt für Wiederaufbau, die Deutsche Ausgleichsbank, die Landwirtschaftliche Rentenbank, die Bayerische Landesanstalt für Aufbaufinanzierung, die Hessische Landesentwicklungs- und Treuhandgesellschaft mit beschränkter Haftung, *die Wirtschaftsaufbaukasse Schleswig-Holstein Aktiengesellschaft,*[1] die Niedersächsische Gesellschaft für öffentliche Finanzierungen mit beschränkter Haftung, die Finanzierungs-Aktiengesellschaft Rheinland-Pfalz, die Hanseatische Gesellschaft für öffentliche Finanzierungen mit beschränkter Haftung Bremen, die Landeskreditbank Baden-Württemberg-Förderungsanstalt, die Bayerische Landesbodenkreditanstalt, die Wohnungsbau-Kreditanstalt Berlin, die Hamburgische Wohnungsbaukreditanstalt, die Niedersächsische Landestreuhandstelle für den Wohnungs- und Städtebau, die Wohnungsbauförderungsanstalt des Landes Nordrhein-Westfalen, die Niedersächsische Landestreuhandstelle für Wirtschaftsförderung Norddeutsche Landesbank, die Landestreuhandstelle für Agrarförderung Norddeutsche Landesbank, die Saarländische Investitionskreditbank Aktiengesellschaft, die Investitionsbank Schleswig-Holstein – Zentralbereich

---

[1] Aufgehoben mit Wirkung ab VZ 1993 durch StÄndG 1992.

der Landesbank Schleswig-Holstein Girozentrale, die Landesinvestitionsbank Brandenburg und die Liquiditäts-Konsortialbank Gesellschaft mit beschränkter Haftung;

2a. die Staatsbank Berlin, die Treuhandanstalt;

3. rechtsfähige Pensions-, Sterbe- und Krankenkassen, die den Personen, denen die Leistungen der Kasse zugute kommen oder zugute
kommen sollen (Leistungsempfängern), einen Rechtsanspruch gewähren, und rechtsfähige Unterstützungskassen, die den Leistungsempfängern keinen Rechtsanspruch gewähren,
a) wenn sich die Kasse beschränkt
aa) auf Zugehörige oder frühere Zugehörige einzelner oder mehrerer wirtschaftlicher Geschäftsbetriebe oder
bb) auf Zugehörige oder frühere Zugehörige der Spitzenverbände
der freien Wohlfahrtspflege (Arbeiterwohlfahrt-Bundesver-
band e. V., Deutscher Caritasverband e. V., Deutscher Paritä-
tischer Wohlfahrtsverband e. V., Deutsches Rotes Kreuz, Dia-
konisches Werk – Innere Mission und Hilfswerk der Evangeli-
schen Kirche in Deutschland sowie Zentralwohlfahrtsstelle
der Juden in Deutschland e. V.) einschließlich ihrer Untergli-
derungen, Einrichtungen und Anstalten und sonstiger gemeinnütziger Wohlfahrtsverbände oder
cc) auf Arbeitnehmer sonstiger Körperschaften, Personenvereinigungen und Vermögensmassen im Sinne der §§ 1 und 2; den
Arbeitnehmern stehen Personen, die sich in einem arbeitneh-
merähnlichen Verhältnis befinden, gleich;
zu den Zugehörigen oder Arbeitnehmern rechnen jeweils auch
deren Angehörige;
b) wenn sichergestellt ist, daß der Betrieb der Kasse nach dem Geschäftsplan und nach Art und Höhe der Leistungen eine soziale
Einrichtung darstellt. [2]Diese Voraussetzung ist bei Unterstützungskassen, die Leistungen von Fall zu Fall gewähren, nur gegeben, wenn sich diese Leistungen mit Ausnahme des Sterbegeldes
auf Fälle der Not oder Arbeitslosigkeit beschränken;
c) wenn vorbehaltlich des § 6 die ausschließliche und unmittelbare
Verwendung des Vermögens und der Einkünfte der Kasse nach
der Satzung und der tatsächlichen Geschäftsführung für die Zwe-
ke der Kasse dauernd gesichert ist;
d) wenn bei Pensions-, Sterbe- und Krankenkassen am Schluß des
Wirtschaftsjahrs, zu dem der Wert der Deckungsrückstellung versicherungsmathematisch zu berechnen ist, das nach den handelsrechtlichen Grundsätzen ordnungsmäßiger Buchführung unter
Berücksichtigung des von der Versicherungsaufsichtsbehörde genehmigten Geschäftsplans auszuweisende Vermögen nicht höher
ist als bei einem Versicherungsverein auf Gegenseitigkeit die Verlustrücklage und bei einer Kasse anderer Rechtsform der dieser
Rücklage entsprechende Teil des Vermögens. [2]Bei der Ermittlung
des Vermögens ist eine Rückstellung für Beitragsrückerstattung
nur insoweit abziehbar, als den Leistungsempfängern ein An-

spruch auf die Überschußbeteiligung zusteht. [3]Übersteigt das Vermögen der Kasse den bezeichneten Betrag, so ist die Kasse nach Maßgabe des § 6 Abs. 1 bis 4 steuerpflichtig; und

e)[1)] wenn bei Unterstützungskassen am Schluß des Wirtschaftsjahrs das Vermögen ohne Berücksichtigung künftiger Kassenleistungen nicht höher ist als das um 25 vom Hundert erhöhte zulässige Kassenvermögen im Sinne des § 4d des Einkommensteuergesetzes. [2]Bei der Ermittlung des Vermögens *der Kasse ist* [**ab VZ 1992:** der Kasse sind] der Grundbesitz mit dem Wert anzusetzen, mit dem er bei einer Veranlagung zur Vermögensteuer auf den Veranlagungszeitpunkt anzusetzen wäre, der auf den Schluß des Wirtschaftsjahrs folgt [**eingefügt ab VZ 1992:**, und noch nicht fällige Ansprüche aus einer Versicherung mit dem Wert des geschäftsplanmäßigen Deckungskapitals zuzüglich des Guthabens aus Beitragsrückerstattung am Schluß des Wirtschaftsjahres]; das übrige Vermögen ist mit dem gemeinen Wert am Schluß des Wirtschaftsjahrs anzusetzen. [3]Übersteigt das Vermögen der Kasse den bezeichneten Betrag, so ist die Kasse nach Maßgabe des § 6 Abs. 5 steuerpflichtig;

4. kleinere Versicherungsvereine auf Gegenseitigkeit im Sinne des § 53 des Versicherungsaufsichtsgesetzes, wenn

a) ihre Beitragseinnahmen im Durchschnitt der letzten drei Wirtschaftsjahre einschließlich des im Veranlagungszeitraum endenden Wirtschaftsjahrs die durch Rechtsverordnung festzusetzenden Jahresbeträge nicht überstiegen haben oder

b) sich ihr Geschäftsbetrieb auf die Sterbegeldversicherung beschränkt und die Versicherungsvereine nach dem Geschäftsplan sowie nach Art und Höhe der Leistungen soziale Einrichtungen darstellen;

5. Berufsverbände ohne öffentlich-rechtlichen Charakter sowie kommunale Spitzenverbände auf Bundes- oder Landesebene einschließlich ihrer Zusammenschlüsse, wenn der Zweck dieser Verbände nicht auf einen wirtschaftlichen Geschäftsbetrieb gerichtet ist. [2]Wird ein wirtschaftlicher Geschäftsbetrieb unterhalten, ist die Steuerbefreiung insoweit ausgeschlossen. [3]Die Sätze 1 und 2 gelten auch für Zusammenschlüsse von juristischen Personen des öffentlichen Rechts, die wie die Berufsverbände allgemeine ideelle und wirtschaftliche Interessen ihrer Mitglieder wahrnehmen;

6. Körperschaften oder Personenvereinigungen, deren Hauptzweck die Verwaltung des Vermögens für einen nichtrechtsfähigen Berufsverband der in Nummer 5 bezeichneten Art ist, sofern ihre Erträge im wesentlichen aus dieser Vermögensverwaltung herrühren und ausschließlich dem Berufsverband zufließen;

7. politische Parteien im Sinne des § 2 des Parteiengesetzes und ihre Gebietsverbände. [2]Wird ein wirtschaftlicher Geschäftsbetrieb unterhalten, so ist die Steuerbefreiung insoweit ausgeschlossen;

---

[1)] Zur Anwendung von § 5 Abs. 1 Nr. 3 Buchstabe e siehe § 54 Abs. 2b und 5a.

8.[1] öffentlich-rechtliche Versicherungs- und Versorgungseinrichtungen von Berufsgruppen, deren Angehörige auf Grund einer durch Gesetz angeordneten oder auf Gesetz beruhenden Verpflichtung Mitglieder dieser Einrichtung sind, wenn die Satzung der Einrichtung die Zahlung keiner höheren jährlichen Beiträge zuläßt als das Zwölffache der Beiträge, die sich bei einer Beitragsbemessungsgrundlage in Höhe der doppelten monatlichen Beitragsbemessungsgrenze in der Rentenversicherung der Arbeiter und Angestellten ergeben würden. [2]Ermöglicht die Satzung der Einrichtung nur Pflichtmitgliedschaften sowie freiwillige Mitgliedschaften, die unmittelbar an eine Pflichtmitgliedschaft anschließen, so steht dies der Steuerbefreiung nicht entgegen, wenn die Satzung die Zahlung keiner höheren jährlichen Beiträge zuläßt als das Fünfzehnfache der Beiträge, die sich bei einer Beitragsbemessungsgrundlage in Höhe der doppelten monatlichen Beitragsbemessungsgrenze in der Rentenversicherung der Arbeiter und Angestellten ergeben würden;

9.[2] Körperschaften, Personenvereinigungen und Vermögensmassen, die nach der Satzung, dem Stiftungsgeschäft oder der sonstigen Verfassung und nach der tatsächlichen Geschäftsführung ausschließlich und unmittelbar gemeinnützigen, mildtätigen oder kirchlichen Zwecken dienen (§§ 51 bis 68 der Abgabenordnung). [2]Wird ein wirtschaftlicher Geschäftsbetrieb unterhalten, ist die Steuerbefreiung insoweit ausgeschlossen. [3]Satz 2 gilt nicht für selbstbewirtschaftete Forstbetriebe;

10.[3] Erwerbs- und Wirtschaftsgenossenschaften sowie Vereine, soweit sie

a) Wohnungen herstellen oder erwerben und sie den Mitgliedern auf Grund eines Mietvertrags oder auf Grund eines genossenschaftlichen Nutzungsvertrags zum Gebrauch überlassen; den Wohnungen stehen Räume in Wohnheimen im Sinne des § 15 des Zweiten Wohnungsbaugesetzes gleich;

b) im Zusammenhang mit einer Tätigkeit im Sinne des Buchstabens a Gemeinschaftsanlagen oder Folgeeinrichtungen herstellen oder erwerben und sie betreiben, wenn sie überwiegend für Mitglieder bestimmt sind und der Betrieb durch die Genossenschaft oder den Verein notwendig ist.

[2]Die Steuerbefreiung ist ausgeschlossen, wenn die Einnahmen des Unternehmens aus den in Satz 1 nicht bezeichneten Tätigkeiten 10 vom Hundert der gesamten Einnahmen übersteigen;

11. (weggefallen)

12.[3] die von den zuständigen Landesbehörden begründeten oder anerkannten gemeinnützigen Siedlungsunternehmen im Sinne des Reichssiedlungsgesetzes in der im Bundesgesetzblatt Teil III, Gliede-

---

[1] Zur Anwendung von § 5 Abs. 1 Nr. 8 siehe § 54 Abs. 2a.
[2] Zur Anwendung von § 5 Abs. 1 Nr. 9 Satz 3 siehe § 54 Abs. 3.
[3] Zur Anwendung von § 5 Abs. 1 Nr. 10 und 12 siehe § 54 Abs. 4. – Vgl. auch § 54 Abs. 5.

rungsnummer 2331-1, veröffentlichten bereinigten Fassung, zuletzt geändert durch Artikel 2 Nr. 24 des Gesetzes vom 8. Dezember 1986 (BGBl. I S. 2191), und im Sinne der Bodenreformgesetze der Länder, soweit die Unternehmen im ländlichen Raum Siedlungs-, Agrarstrukturverbesserungs- und Landentwicklungsmaßnahmen mit Ausnahme des Wohnungsbaus durchführen. [2]Die Steuerbefreiung ist ausgeschlossen, wenn die Einnahmen des Unternehmens aus den in Satz 1 nicht bezeichneten Tätigkeiten die Einnahmen aus den in Satz 1 bezeichneten Tätigkeiten übersteigen;

13. (weggefallen)

14. Erwerbs- und Wirtschaftsgenossenschaften sowie Vereine, soweit sich ihr Geschäftsbetrieb beschränkt

   a) auf die gemeinschaftliche Benutzung land- und forstwirtschaftlicher Betriebseinrichtungen oder Betriebsgegenstände,

   b) auf Leistungen im Rahmen von Dienst- oder Werkverträgen für die Produktion land- und forstwirtschaftlicher Erzeugnisse für die Betriebe der Mitglieder, wenn die Leistungen im Bereich der Land- und Forstwirtschaft liegen; dazu gehören auch Leistungen zur Erstellung und Unterhaltung von Betriebsvorrichtungen, Wirtschaftswegen und Bodenverbesserungen,

   c) auf die Bearbeitung oder die Verwertung der von den Mitgliedern selbst gewonnenen land- und forstwirtschaftlichen Erzeugnisse, wenn die Bearbeitung oder die Verwertung im Bereich der Land- und Forstwirtschaft liegt, oder

   d) auf die Beratung für die Produktion oder Verwertung land- und forstwirtschaftlicher Erzeugnisse der Betriebe der Mitglieder.

[2]Die Steuerbefreiung ist ausgeschlossen, wenn die Einnahmen des Unternehmens aus den in Satz 1 nicht bezeichneten Tätigkeiten 10 vom Hundert der gesamten Einnahmen übersteigen. [3]Bei Genossenschaften und Vereinen, deren Geschäftsbetrieb sich überwiegend auf die Durchführung von Milchqualitäts- und Milchleistungsprüfungen oder auf die Tierbesamung beschränkt, bleiben die auf diese Tätigkeiten gerichteten Zweckgeschäfte mit Nichtmitgliedern bei der Berechnung der 10-Vomhundertgrenze außer Ansatz;

15. der Pensions-Sicherungs-Verein Versicherungsverein auf Gegenseitigkeit,

   a) wenn er mit Erlaubnis der Versicherungsaufsichtsbehörde ausschließlich die Aufgaben des Trägers der Insolvenzsicherung wahrnimmt, die sich aus dem Gesetz zur Verbesserung der betrieblichen Altersversorgung vom 19. Dezember 1974 (BGBl. I S. 3610) ergeben, und

   b) wenn seine Leistungen nach dem Kreis der Empfänger sowie nach Art und Höhe den in den §§ 7 bis 9, 17 und 30 des Gesetzes zur Verbesserung der betrieblichen Altersversorgung bezeichneten Rahmen nicht überschreiten;

16. Körperschaften, Personenvereinigungen und Vermögensmassen, die als Sicherungseinrichtung eines Verbandes der Kreditinstitute nach ihrer Satzung oder sonstigen Verfassung ausschließlich den Zweck

haben, bei Gefahr für die Erfüllung der Verpflichtungen eines Kreditinstituts Hilfe zu leisten. [2]Voraussetzung ist, daß das Vermögen und etwa erzielte Überschüsse nur zur Erreichung des satzungsmäßigen Zwecks verwendet werden. [3]Die Sätze 1 und 2 gelten entsprechend für Einrichtungen zur Sicherung von Spareinlagen bei Unternehmen, die am 31. Dezember 1989 als gemeinnützige Wohnungsunternehmen anerkannt waren;

17. Bürgschaftsbanken (Kreditgarantiegemeinschaften), deren Tätigkeit sich auf die Wahrnehmung von Wirtschaftsförderungsmaßnahmen insbesondere in Form der Übernahme und Verwaltung von staatlichen Bürgschaften und Garantien oder von Bürgschaften und Garantien mit staatlichen Rückbürgschaften oder auf der Grundlage staatlich anerkannter Richtlinien gegenüber Kreditinstituten, Versicherungsunternehmen, Leasinggesellschaften und Beteiligungsgesellschaften für Kredite, Leasingforderungen und Beteiligungen an mittelständischen Unternehmen zu ihrer Gründung und zur Erhaltung und Förderung ihrer Leistungsfähigkeit beschränkt. [2]Voraussetzung ist, daß das Vermögen und etwa erzielte Überschüsse nur zur Erreichung des in Satz 1 genannten Zwecks verwendet werden.

(2) Die Befreiungen nach Absatz 1 gelten nicht

1. für inländische Einkünfte, die dem Steuerabzug unterliegen;
2. soweit nach den Vorschriften des Vierten Teils die Ausschüttungsbelastung im Sinne des § 27 herzustellen ist;
3. für beschränkt Steuerpflichtige im Sinne des § 2 Nr. 1.

## § 6. Einschränkung der Befreiung von Pensions-, Sterbe-, Kranken- und Unterstützungskassen.

(1) Übersteigt am Schluß des Wirtschaftsjahrs, zu dem der Wert der Deckungsrückstellung versicherungsmathematisch zu berechnen ist, das Vermögen einer Pensions-, Sterbe- oder Krankenkasse im Sinne des § 5 Abs. 1 Nr. 3 den in Buchstabe d dieser Vorschrift bezeichneten Betrag, so ist die Kasse steuerpflichtig, soweit ihr Einkommen anteilig auf das übersteigende Vermögen entfällt.

(2) Die Steuerpflicht entfällt mit Wirkung für die Vergangenheit, soweit das übersteigende Vermögen innerhalb von achtzehn Monaten nach dem Schluß des Wirtschaftsjahrs, für das es festgestellt worden ist, mit Zustimmung der Versicherungsaufsichtsbehörde zur Leistungserhöhung, zur Auszahlung an das Trägerunternehmen, zur Verrechnung mit Zuwendungen des Trägerunternehmens, zur gleichmäßigen Herabsetzung künftiger Zuwendungen des Trägerunternehmens oder zur Verminderung der Beiträge der Leistungsempfänger verwendet wird.

(3) Wird das übersteigende Vermögen nicht in der in Absatz 2 bezeichneten Weise verwendet, so erstreckt sich die Steuerpflicht auch auf die folgenden Kalenderjahre, für die der Wert der Deckungsrückstellung nicht versicherungsmathematisch zu berechnen ist.

(4) [1]Bei der Ermittlung des Einkommens der Kasse sind Beitragsrückerstattungen oder sonstige Vermögensübertragungen an das Trägerun-

ternehmen außer in den Fällen des Absatzes 2 nicht abziehbar. ²Das gleiche gilt für Zuführungen zu einer Rückstellung für Beitragsrückerstattung, soweit den Leistungsempfängern ein Anspruch auf die Überschußbeteiligung nicht zusteht.

(5)[1] ¹Übersteigt am Schluß des Wirtschaftsjahrs das Vermögen einer Unterstützungskasse im Sinne des § 5 Abs. 1 Nr. 3 den in Buchstabe e dieser Vorschrift bezeichneten Betrag, so ist die Kasse steuerpflichtig, soweit ihr Einkommen anteilig auf das übersteigende Vermögen entfällt. ²Bei der Ermittlung des Einkommens sind Vermögensübertragungen an das Trägerunternehmen nicht abziehbar.

(6) ¹Auf den Teil des Vermögens einer Pensions-, Sterbe-, Kranken- oder Unterstützungskasse, der am Schluß des Wirtschaftsjahrs den in § 5 Abs. 1 Nr. 3 Buchstabe d oder e bezeichneten Betrag übersteigt, ist Buchstabe c dieser Vorschrift nicht anzuwenden. ²Bei Unterstützungskassen gilt dies auch, soweit das Vermögen vor dem Schluß des Wirtschaftsjahrs den in § 5 Abs. 1 Nr. 3 Buchstabe e bezeichneten Betrag übersteigt.

## Zweiter Teil. Einkommen

### Erstes Kapitel. Allgemeine Vorschriften

**§ 7. Grundlagen der Besteuerung.** (1) Die Körperschaftsteuer bemißt sich nach dem zu versteuernden Einkommen, im Falle des § 23 Abs. 6 nach den Entgelten (§ 10 Abs. 1 des Umsatzsteuergesetzes) aus Werbesendungen.

(2) Zu versteuerndes Einkommen ist das Einkommen im Sinne des § 8 Abs. 1, vermindert um die Freibeträge der §§ 24 und 25.

(3) ¹Die Körperschaftsteuer ist eine Jahressteuer. ²Die Grundlagen für ihre Festsetzung sind jeweils für ein Kalenderjahr zu ermitteln. ³Besteht die unbeschränkte oder beschränkte Steuerpflicht nicht während eines ganzen Kalenderjahrs, so tritt an die Stelle des Kalenderjahrs der Zeitraum der jeweiligen Steuerpflicht.

(4) ¹Bei Steuerpflichtigen, die verpflichtet sind, Bücher nach den Vorschriften des Handelsgesetzbuchs zu führen, ist der Gewinn nach dem Wirtschaftsjahr zu ermitteln, für das sie regelmäßig Abschlüsse machen. ²Weicht bei diesen Steuerpflichtigen das Wirtschaftsjahr, für das sie regelmäßig Abschlüsse machen, vom Kalenderjahr ab, so gilt der Gewinn aus Gewerbebetrieb als in dem Kalenderjahr bezogen, in dem das Wirtschaftsjahr endet. ³Die Umstellung des Wirtschaftsjahrs auf einen vom Kalenderjahr abweichenden Zeitraum ist steuerlich nur wirksam, wenn sie im Einvernehmen mit dem Finanzamt vorgenommen wird.

(5) (weggefallen)

---

[1] Zu Anwendung von § 6 Abs. 5 Satz 1 i. V. m. § 5 Abs. 1 Nr. 3 Buchstabe e (alte Fassung) siehe § 54 Abs. 5a.

**§ 8. Ermittlung des Einkommens.** (1) Was als Einkommen gilt und wie das Einkommen zu ermitteln ist, bestimmt sich nach den Vorschriften des Einkommensteuergesetzes und dieses Gesetzes.

(2) Bei Steuerpflichtigen, die nach den Vorschriften des Handelsgesetzbuchs zur Führung von Büchern verpflichtet sind, sind alle Einkünfte als Einkünfte aus Gewerbebetrieb zu behandeln.

(3) ¹Für die Ermittlung des Einkommens ist es ohne Bedeutung, ob das Einkommen verteilt wird. ²Auch verdeckte Gewinnausschüttungen sowie Ausschüttungen jeder Art auf Genußrechte, mit denen das Recht auf Beteiligung am Gewinn und am Liquidationserlös der Kapitalgesellschaft verbunden ist, mindern das Einkommen nicht.

(4)¹⁾ ¹Voraussetzung für den Verlustabzug nach § 10 d des Einkommensteuergesetzes ist bei einer Körperschaft, daß sie nicht nur rechtlich, sondern auch wirtschaftlich mit der Körperschaft identisch ist, die den Verlust erlitten hat. ²Wirtschaftliche Identität liegt insbesondere dann nicht vor, wenn mehr als drei Viertel der Anteile an einer Kapitalgesellschaft übertragen werden und die Gesellschaft danach ihren Geschäftsbetrieb mit überwiegend neuem Betriebsvermögen wieder aufnimmt. ³Entsprechendes gilt für den Ausgleich des Verlustes vom Beginn des Wirtschaftsjahrs bis zum Zeitpunkt der Anteilsübertragung.

(5) Der Verlustrücktrag nach § 10 d Abs. 1 des Einkommensteuergesetzes ist bei Kapitalgesellschaften und bei sonstigen Körperschaften im Sinne des § 43 nur vorzunehmen, soweit im Abzugsjahr das Einkommen den ausgeschütteten Gewinn übersteigt, der sich vor Abzug der Körperschaftsteuer ergibt und für den die Ausschüttungsbelastung nach § 27 herzustellen ist.

(6) ¹Gewinne aus Anteilen an einem nicht steuerbefreiten Betrieb gewerblicher Art einer juristischen Person des öffentlichen Rechts bleiben bei der Ermittlung des Einkommens außer Ansatz. ²Eine mittelbare Beteiligung steht der unmittelbaren Beteiligung gleich.

(7) Bei Personenvereinigungen bleiben für die Ermittlung des Einkommens Beiträge, die auf Grund der Satzung von den Mitgliedern lediglich in ihrer Eigenschaft als Mitglieder erhoben werden, außer Ansatz.

(8) Besteht das Einkommen nur aus Einkünften, von denen lediglich ein Steuerabzug vorzunehmen ist, so ist ein Abzug von Betriebsausgaben oder Werbungskosten nicht zulässig.

**§ 9. Abziehbare Aufwendungen.** Abziehbare Aufwendungen sind auch:

1. (weggefallen)
2. bei Kommanditgesellschaften auf Aktien der Teil des Gewinns, der an persönlich haftende Gesellschafter auf ihre nicht auf das Grundkapital gemachten Einlagen oder als Vergütung (Tantieme) für die Geschäftsführung verteilt wird;

---

¹⁾ Zur Anwendung von § 8 Abs. 4 siehe § 54 Abs. 6.

3.[1] vorbehaltlich des § 8 Abs. 3

a) Ausgaben zur Förderung mildtätiger, kirchlicher, religiöser und wissenschaftlicher Zwecke und der als besonders förderungswürdig anerkannten gemeinnützigen Zwecke bis zur Höhe von insgesamt 5 vom Hundert des Einkommens oder 2 vom Tausend der Summe der gesamten Umsätze und der im Kalenderjahr aufgewendeten Löhne und Gehälter. [2]Für wissenschaftliche, mildtätige und als besonders förderungswürdig anerkannte kulturelle Zwecke erhöht sich der Vomhundertsatz von 5 um weitere 5 vom Hundert. [3]Überschreitet eine Einzelzuwendung von mindestens 50000 Deutsche Mark zur Förderung wissenschaftlicher oder als besonders förderungswürdig anerkannter kultureller Zwecke diese Höchstsätze, ist sie im Rahmen der Höchstsätze im Jahr der Zuwendung und in den folgenden sieben Veranlagungszeiträumen abzuziehen. [4]§ 10d Abs. 2 Satz 2 des Einkommensteuergesetzes gilt sinngemäß;

b) Spenden an politische Parteien im Sinne des § 2 des Parteiengesetzes bis zur Höhe von 60000 Deutsche Mark. [2]Spenden an eine Partei oder einen oder mehrere ihrer Gebietsverbände, deren Gesamtwert in einem Kalenderjahr 40000 Deutsche Mark übersteigt, können nur abgezogen werden, wenn sie nach § 25 Abs. 2 des Parteiengesetzes im Rechenschaftsbericht verzeichnet worden sind;

c) Beiträge und Spenden an Vereine ohne Parteicharakter bis zur Höhe von insgesamt 1200 Deutsche Mark im Kalenderjahr, wenn

aa) der Zweck des Vereins ausschließlich darauf gerichtet ist, durch Teilnahme mit eigenen Wahlvorschlägen an Wahlen auf Bundes-, Landes- oder Kommunalebene bei der politischen Willensbildung mitzuwirken, und

bb) der Verein auf Bundes-, Landes- oder Kommunalebene bei der jeweils letzten Wahl wenigstens ein Mandat errungen oder der zuständigen Wahlbehörde oder dem zuständigen Wahlorgan angezeigt hat, daß er mit eigenen Wahlvorschlägen auf Bundes-, Landes- oder Kommunalebene an der jeweils nächsten Wahl teilnehmen will.

[2]Nimmt der Verein an der jeweils nächsten Wahl nicht teil, sind nur die bis zum Wahltag an ihn geleisteten Beiträge und Spenden abziehbar. [3]Beiträge und Spenden an den Verein sind erst wieder abziehbar, wenn er sich mit eigenen Wahlvorschlägen an einer späteren Wahl beteiligt hat. [4]Der Abzug ist dabei auf die Beiträge und Spenden beschränkt, die nach Beginn des Jahres, in dem die Wahl stattfindet, geleistet werden.

[2]Als Einkommen im Sinne dieser Vorschrift gilt das Einkommen vor Abzug der in den Buchstaben a bis c und in § 10d des Einkommensteuergesetzes bezeichneten Ausgaben. [3]Als Ausgabe im Sinne dieser Vorschrift gilt auch die Zuwendung von Wirtschaftsgütern mit Ausnahme von Nutzungen und Leistungen. [4]Der Wert der Ausgabe ist nach § 6 Abs. 1 Nr. 4 Satz 1 und 2 des Einkommensteuergesetzes zu ermitteln. [5]Aufwendungen zugunsten einer zum Empfang steuerlich

---

[1] Zur Anwendung von § 9 Nr. 3 siehe § 54 Abs. 7 und 7a.

abziehbarer Zuwendungen berechtigten Körperschaft sind nur abziehbar, wenn ein Anspruch auf die Erstattung der Aufwendungen durch Vertrag oder Satzung eingeräumt und auf die Erstattung verzichtet worden ist. [6]Der Anspruch darf nicht unter der Bedingung des Verzichts eingeräumt worden sein. [7]Der Steuerpflichtige darf auf die Richtigkeit der Bestätigung über Spenden und Mitgliedsbeiträge vertrauen, es sei denn, daß er die Bestätigung durch unlautere Mittel oder falsche Angaben erwirkt hat oder daß ihm die Unrichtigkeit der Bestätigung bekannt oder infolge grober Fahrlässigkeit nicht bekannt war. [8]Wer vorsätzlich oder grob fahrlässig eine unrichtige Bestätigung ausstellt oder wer veranlaßt, daß Zuwendungen nicht zu den in der Bestätigung angegebenen steuerbegünstigten Zwecken verwendet werden, haftet für die entgangene Steuer. [9]Diese ist mit 40 vom Hundert des zugewendeten Betrags anzusetzen.

### § 10. Nichtabziehbare Aufwendungen. Nichtabziehbar sind auch:

1. die Aufwendungen für die Erfüllung von Zwecken des Steuerpflichtigen, die durch Stiftungsgeschäft, Satzung oder sonstige Verfassung vorgeschrieben sind. [2]§ 9 Nr. 3 bleibt unberührt;

2.[1)] die Steuern vom Einkommen und sonstige Personensteuern sowie die Umsatzsteuer für den Eigenverbrauch; das gilt auch für die auf diese Steuern entfallenden Nebenleistungen mit Ausnahme der Zinsen auf Steuerforderungen nach den §§ 233a, 234 und 237 der Abgabenordnung;

3. in einem Strafverfahren festgesetzte Geldstrafen, sonstige Rechtsfolgen vermögensrechtlicher Art, bei denen der Strafcharakter überwiegt, und Leistungen zur Erfüllung von Auflagen oder Weisungen, soweit die Auflagen oder Weisungen nicht lediglich der Wiedergutmachung des durch die Tat verursachten Schadens dienen;

4. die Hälfte der Vergütungen jeder Art, die an Mitglieder des Aufsichtsrats, Verwaltungsrats, Grubenvorstands oder andere mit der Überwachung der Geschäftsführung beauftragte Personen gewährt werden.

### § 11. Auflösung und Abwicklung (Liquidation). (1) [1]Wird eine unbeschränkt steuerpflichtige Kapitalgesellschaft, eine unbeschränkt steuerpflichtige Erwerbs- oder Wirtschaftsgenossenschaft oder ein unbeschränkt steuerpflichtiger Versicherungsverein auf Gegenseitigkeit nach der Auflösung abgewickelt, so ist der im Zeitraum der Abwicklung erzielte Gewinn der Besteuerung zugrunde zu legen. [2]Der Besteuerungszeitraum soll drei Jahre nicht übersteigen.

(2) Zur Ermittlung des Gewinns im Sinne des Absatzes 1 ist das Abwicklungs-Endvermögen dem Abwicklungs-Anfangsvermögen gegenüberzustellen.

(3) Abwicklungs-Endvermögen ist das zur Verteilung kommende Vermögen, vermindert um die steuerfreien Vermögensmehrungen, die dem Steuerpflichtigen in dem Abwicklungszeitraum zugeflossen sind.

---

[1)] Zur Anwendung von § 10 Nr. 2 siehe § 54 Abs. 8.

(4) [1]Abwicklungs-Anfangsvermögen ist das Betriebsvermögen, das am Schluß des der Auflösung vorangegangenen Wirtschaftsjahrs der Veranlagung zur Körperschaftsteuer zugrunde gelegt worden ist. [2]Ist für den vorangegangenen Veranlagungszeitraum eine Veranlagung nicht durchgeführt worden, so ist das Betriebsvermögen anzusetzen, das im Falle einer Veranlagung nach den steuerrechtlichen Vorschriften über die Gewinnermittlung auszuweisen gewesen wäre. [3]Das Abwicklungs-Anfangsvermögen ist um den Gewinn eines vorangegangenen Wirtschaftsjahrs zu kürzen, der im Abwicklungszeitraum ausgeschüttet worden ist.

(5) War am Schluß des vorangegangenen Veranlagungszeitraums Betriebsvermögen nicht vorhanden, so gilt als Abwicklungs-Anfangsvermögen die Summe der später geleisteten Einlagen.

(6) Auf die Gewinnermittlung sind im übrigen die sonst geltenden Vorschriften anzuwenden.

(7) Unterbleibt eine Abwicklung, weil über das Vermögen der Kapitalgesellschaft, der Erwerbs- oder Wirtschaftsgenossenschaft oder des Versicherungsvereins auf Gegenseitigkeit das Konkursverfahren eröffnet worden ist, sind die Absätze 1 bis 6 sinngemäß anzuwenden.

### § 12. Verlegung der Geschäftsleitung ins Ausland. 

(1) [1]Verlegt eine unbeschränkt steuerpflichtige Körperschaft oder Vermögensmasse ihre Geschäftsleitung und ihren Sitz oder eines von beiden ins Ausland und scheidet sie dadurch aus der unbeschränkten Steuerpflicht aus, so ist § 11 entsprechend anzuwenden. [2]An die Stelle des zur Verteilung kommenden Vermögens tritt der gemeine Wert des vorhandenen Vermögens. [3]Verlegt eine unbeschränkt steuerpflichtige Personenvereinigung ihre Geschäftsleitung ins Ausland, so gelten die Sätze 1 und 2 entsprechend.

(2)[1] Absatz 1 gilt entsprechend, wenn die inländische Betriebsstätte einer beschränkt steuerpflichtigen Körperschaft, Personenvereinigung oder Vermögensmasse aufgelöst oder ins Ausland verlegt oder ihr Vermögen als Ganzes an einen anderen übertragen wird; ausgenommen in den Fällen des § 20 Abs. 8 des Gesetzes über steuerliche Maßnahmen bei Änderung der Unternehmensform.

### § 13. Beginn und Erlöschen einer Steuerbefreiung. 

(1) Wird eine steuerpflichtige Körperschaft, Personenvereinigung oder Vermögensmasse von der Körperschaftsteuer befreit, so hat sie auf den Zeitpunkt, in dem die Steuerpflicht endet, eine Schlußbilanz aufzustellen.

(2) Wird eine von der Körperschaftsteuer befreite Körperschaft, Personenvereinigung oder Vermögensmasse steuerpflichtig und ermittelt sie ihren Gewinn durch Betriebsvermögensvergleich, so hat sie auf den Zeitpunkt, in dem die Steuerpflicht beginnt, eine Anfangsbilanz aufzustellen.

(3) In der Schlußbilanz im Sinne des Absatzes 1 und in der Anfangsbilanz im Sinne des Absatzes 2 sind die Wirtschaftsgüter vorbehaltlich des Absatzes 4 mit den Teilwerten anzusetzen.

---

[1] Zur Anwendung von § 12 Abs. 2 siehe § 54 Abs. 8a.

(4) ¹Beginnt die Steuerbefreiung auf Grund des § 5 Abs. 1 Nr. 9 und dient die Körperschaft, Personenvereinigung oder Vermögensmasse ausschließlich und unmittelbar der Förderung mildtätiger, wissenschaftlicher oder als besonders förderungswürdig anerkannter kultureller Zwecke oder der Förderung der Erziehung, Volks- und Berufsausbildung, so sind die Wirtschaftsgüter in der Schlußbilanz mit den Buchwerten anzusetzen. ²Erlischt die Steuerbefreiung, so ist in der Anfangsbilanz für die in Satz 1 bezeichneten Wirtschaftsgüter der Wert anzusetzen, der sich bei ununterbrochener Steuerpflicht nach den Vorschriften über die steuerliche Gewinnermittlung ergeben würde.

(5) Beginnt oder erlischt die Steuerbefreiung nur teilweise, so gelten die Absätze 1 bis 4 für den entsprechenden Teil des Betriebsvermögens.

(6) ¹Gehören Anteile an einer Kapitalgesellschaft nicht zu dem Betriebsvermögen der Körperschaft, Personenvereinigung oder Vermögensmasse, die von der Körperschaftsteuer befreit wird, so ist § 17 des Einkommensteuergesetzes auch ohne Veräußerung anzuwenden, wenn die übrigen Voraussetzungen dieser Vorschrift in dem Zeitpunkt erfüllt sind, in dem die Steuerpflicht endet. ²Als Veräußerungspreis gilt der gemeine Wert der Anteile. ³Im Falle des Beginns der Steuerpflicht gilt der gemeine Wert der Anteile als Anschaffungskosten der Anteile. ⁴Die Sätze 1 und 2 gelten nicht in den Fällen des Absatzes 4 Satz 1.

**Zweites Kapitel. Sondervorschriften für die Organschaft**

**§ 14. Aktiengesellschaft oder Kommanditgesellschaft auf Aktien als Organgesellschaft.** Verpflichtet sich eine Aktiengesellschaft oder Kommanditgesellschaft auf Aktien mit Geschäftsleitung und Sitz im Inland (Organgesellschaft) durch einen Gewinnabführungsvertrag im Sinne des § 291 Abs. 1 des Aktiengesetzes, ihren ganzen Gewinn an ein anderes inländisches gewerbliches Unternehmen abzuführen, so ist das Einkommen der Organgesellschaft, soweit sich aus § 16 nichts anderes ergibt, dem Träger des Unternehmens (Organträger) zuzurechnen, wenn die folgenden Voraussetzungen erfüllt sind:

1. ¹Der Organträger muß an der Organgesellschaft vom Beginn ihres Wirtschaftsjahrs an ununterbrochen und unmittelbar in einem solchen Maße beteiligt sein, daß ihm die Mehrheit der Stimmrechte aus den Anteilen an der Organgesellschaft zusteht (finanzielle Eingliederung). ²Eine mittelbare Beteiligung genügt, wenn jede der Beteiligungen, auf denen die mittelbare Beteiligung beruht, die Mehrheit der Stimmrechte gewährt.

2. ¹Die Organgesellschaft muß von dem in Nummer 1 bezeichneten Zeitpunkt an ununterbrochen nach dem Gesamtbild der tatsächlichen Verhältnisse wirtschaftlich und organisatorisch in das Unternehmen des Organträgers eingegliedert sein. ²Die organisatorische Eingliederung ist stets gegeben, wenn die Organgesellschaft durch einen Beherrschungsvertrag im Sinne des § 291 Abs. 1 des Aktiengesetzes die Leitung ihres Unternehmens dem Unternehmen des Organträgers unterstellt oder wenn die Organgesellschaft eine nach den Vorschriften

der §§ 319 bis 327 des Aktiengesetzes eingegliederte Gesellschaft ist. [3]Der Beherrschungsvertrag muß zu Beginn des Wirtschaftsjahrs der Organgesellschaft, für das die organisatorische Eingliederung aufgrund des Vertrags erstmals bestehen soll, abgeschlossen sein und durchgeführt werden und bis zum Ende des folgenden Wirtschaftsjahrs wirksam werden.

3. [1]Der Organträger muß eine unbeschränkt steuerpflichtige natürliche Person oder eine nicht steuerbefreite Körperschaft, Personenvereinigung oder Vermögensmasse im Sinne des § 1 mit Geschäftsleitung und Sitz im Inland oder eine Personengesellschaft im Sinne des § 15 Abs. 1 Nr. 2 des Einkommensteuergesetzes mit Geschäftsleitung und Sitz im Inland sein. [2]An der Personengesellschaft dürfen nur Gesellschafter beteiligt sein, die mit dem auf sie entfallenden Teil des zuzurechnenden Einkommens im Geltungsbereich dieses Gesetzes der Einkommensteuer oder der Körperschaftsteuer unterliegen. [3]Sind ein oder mehrere Gesellschafter der Personengesellschaft beschränkt einkommensteuerpflichtig, so müssen die Voraussetzungen der Nummern 1 und 2 im Verhältnis zur Personengesellschaft selbst erfüllt sein. [4]Das gleiche gilt, wenn an der Personengesellschaft eine oder mehrere Körperschaften, Personenvereinigungen oder Vermögensmassen beteiligt sind, die ihren Sitz oder ihre Geschäftsleitung nicht im Inland haben.

4. [1]Der Gewinnabführungsvertrag muß bis zum Ende des Wirtschaftsjahrs der Organgesellschaft, für das Satz 1 erstmals angwendet werden soll, auf mindestens fünf Jahre abgeschlossen und bis zum Ende des folgenden Wirtschaftsjahrs wirksam werden.[2] Er muß während seiner gesamten Geltungsdauer durchgeführt werden.[3] Eine vorzeitige Beendigung des Vertrags durch Kündigung ist unschädlich, wenn ein wichtiger Grund die Kündigung rechtfertigt.[4] Die Kündigung oder Aufhebung des Gewinnabführungsvertrags auf einen Zeitpunkt während des Wirtschaftsjahrs der Organgesellschaft wirkt auf den Beginn dieses Wirtschaftsjahrs zurück.

5. Die Organgesellschaft darf Beträge aus dem Jahresüberschuß nur insoweit in die Gewinnrücklagen (§ 272 Abs. 3 des Handelsgesetzbuchs) mit Ausnahme der gesetzlichen Rücklagen einstellen, als dies bei vernünftiger kaufmännischer Beurteilung wirtschaftlich begründet ist.

### § 15. Besondere Vorschriften zur Ermittlung des Einkommens der Organgesellschaft.

Bei der Ermittlung des Einkommens der Organgesellschaft gilt abweichend von den allgemeinen Vorschriften folgendes:

1. Ein Verlustabzug im Sinne des § 10d des Einkommensteuergesetzes ist nicht zulässig.

2. [1]Die Vorschriften eines Abkommens zur Vermeidung der Doppelbesteuerung, nach denen die Gewinnanteile aus der Beteiligung an einer ausländischen Gesellschaft außer Ansatz bleiben, sind nur anzuwenden, wenn der Organträger zu den durch diese Vorschriften begün-

stigten Steuerpflichtigen gehört. [2]Ist der Organträger eine Personengesellschaft, so sind die Vorschriften insoweit anzuwenden, als das zuzurechnende Einkommen auf einen Gesellschafter entfällt, der zu den begünstigten Steuerpflichtigen gehört.

### § 16. Ausgleichszahlungen. 
[1]Die Organgesellschaft hat ihr Einkommen in Höhe der geleisteten Ausgleichszahlungen und der darauf entfallenden Ausschüttungsbelastung im Sinne des § 27 selbst zu versteuern. [2]Ist die Verpflichtung zum Ausgleich vom Organträger erfüllt worden, so hat die Organgesellschaft die Summe der geleisteten Ausgleichszahlungen zuzüglich der darauf entfallenden Ausschüttungsbelastung anstelle des Organträgers zu versteuern.

### § 17. Andere Kapitalgesellschaften als Organgesellschaft. 
[1]Die §§ 14 bis 16 gelten entsprechend, wenn eine andere als die in § 14 Satz 1 bezeichnete Kapitalgesellschaft mit Geschäftsleitung und Sitz im Inland sich wirksam verpflichtet, ihren ganzen Gewinn an ein anderes Unternehmen im Sinne des § 14 abzuführen. Weitere Voraussetzung ist, daß

1. eine Gewinnabführung den in § 301 des Aktiengesetzes genannten Betrag nicht überschreitet und

2. eine Verlustübernahme entsprechend den Vorschriften des § 302 des Aktiengesetzes vereinbart wird.

### § 18. Ausländische Organträger. 
[1]Verpflichtet sich eine Organgesellschaft, ihren ganzen Gewinn an ein ausländisches gewerbliches Unternehmen, das im Inland eine im Handelsregister eingetragene Zweigniederlassung unterhält, abzuführen, so ist das Einkommen der Organgesellschaft den beschränkt steuerpflichtigen Einkünften aus der inländischen Zweigniederlassung zuzurechnen, wenn

1. der Gewinnabführungsvertrag unter der Firma der Zweigniederlassung abgeschlossen ist,

2. die für die finanzielle Eingliederung erforderliche Beteiligung zum Betriebsvermögen der Zweigniederlassung gehört und

3. die wirtschaftliche und organisatorische Eingliederung im Verhältnis zur Zweigniederlassung selbst gegeben ist.

[2]Im übrigen gelten die Vorschriften der §§ 14 bis 17 sinngemäß.

### § 19. Steuerabzug bei dem Organträger. 
(1) Sind bei der Organgesellschaft die Voraussetzungen für die Anwendung besonderer Tarifvorschriften erfüllt, die einen Abzug von der Körperschaftsteuer vorsehen, und unterliegt der Organträger der Körperschaftsteuer, so sind diese Tarifvorschriften beim Organträger so anzuwenden, als wären die Voraussetzungen für ihre Anwendung bei ihm selbst erfüllt.

(2) Unterliegt der Organträger der Einkommensteuer, so gilt Absatz 1 entsprechend, soweit für die Einkommensteuer gleichartige Tarifvorschriften wie für die Körperschaftsteuer bestehen.

(3) ¹Ist der Organträger eine Personengesellschaft, so gelten die Absätze 1 und 2 für die Gesellschafter der Personengesellschaft entsprechend. ²Bei jedem Gesellschafter ist der Teilbetrag abzuziehen, der dem auf den Gesellschafter entfallenden Bruchteil des dem Organträger zuzurechnenden Einkommens der Organgesellschaft entspricht.

(4) Ist der Organträger ein ausländisches Unternehmen im Sinne des § 18, so gelten die Absätze 1 bis 3 entsprechend, soweit die besonderen Tarifvorschriften bei beschränkt Steuerpflichtigen anwendbar sind.

(5) Sind in dem Einkommen der Organgesellschaft Betriebseinnahmen enthalten, die einem Steuerabzug unterlegen haben, so ist die einbehaltene Steuer auf die Körperschaftsteuer oder die Einkommensteuer des Organträgers oder, wenn der Organträger eine Personengesellschaft ist, anteilig auf die Körperschaftsteuer oder die Einkommensteuer der Gesellschafter anzurechnen.

### Drittes Kapitel. Sondervorschriften für Versicherungsunternehmen und Bausparkassen

**§ 20. Versicherungstechnische Rückstellungen.** (1) ¹Versicherungstechnische Rückstellungen sind, soweit sie nicht bereits nach den Vorschriften des Einkommensteuergesetzes anzusetzen sind, in der Steuerbilanz zu bilden, soweit sie für die Leistungen aus den am Bilanzstichtag laufenden Versicherungsverträgen erforderlich sind. ²Der in der Handelsbilanz ausgewiesene Wertansatz einer versicherungstechnischen Rückstellung darf in der Steuerbilanz nicht überschritten werden.

(2) Für die Bildung der Rückstellungen zum Ausgleich des schwankenden Jahresbedarfs sind insbesondere folgende Voraussetzungen erforderlich:

1. Es muß nach den Erfahrungen in dem betreffenden Versicherungszweig mit erheblichen Schwankungen des Jahresbedarfs zu rechnen sein.
2. ¹Die Schwankungen des Jahresbedarfs dürfen nicht durch die Prämien ausgeglichen werden. ²Sie müssen aus den am Bilanzstichtag bestehenden Versicherungsverträgen herrühren und dürfen nicht durch Rückversicherungen gedeckt sein.

**§ 21. Beitragsrückerstattungen.** (1) Beitragsrückerstattungen, die für das selbstabgeschlossene Geschäft auf Grund des Jahresergebnisses oder des versicherungstechnischen Überschusses gewährt werden, sind abziehbar

1. in der Lebens- und Krankenversicherung bis zu dem nach handelsrechtlichen Vorschriften ermittelten Jahresergebnis für das selbstabgeschlossene Geschäft, erhöht um die für Beitragsrückerstattungen aufgewendeten Beträge, die das Jahresergebnis gemindert haben, und gekürzt um den Betrag, der sich aus der Auflösung einer Rückstellung nach Absatz 2 Satz 2 ergibt, sowie um den Nettoertrag des nach den steuerlichen Vorschriften über die Gewinnermittlung anzusetzenden

Betriebsvermögens am Beginn des Wirtschaftsjahrs. [2]Als Nettoertrag gilt der Ertrag aus langfristiger Kapitalanlage, der anteilig auf das Betriebsvermögen entfällt, nach Abzug der entsprechenden abziehbaren und nichtabziehbaren Betriebsausgaben;

2. in der Schaden- und Unfallversicherung bis zur Höhe des Überschusses, der sich aus der Beitragseinnahme nach Abzug aller anteiligen abziehbaren und nichtabziehbaren Betriebsausgaben einschließlich der Versicherungsleistungen, Rückstellungen und Rechnungsabgrenzungsposten ergibt. [2]Der Berechnung des Überschusses sind die auf das Wirtschaftsjahr entfallenden Beitragseinnahmen und Betriebsausgaben des einzelnen Versicherungszweiges aus dem selbstabgeschlossenen Geschäft für eigene Rechnung zugrunde zu legen.

(2) [1]Zuführungen zu einer Rückstellung für Beitragsrückerstattung sind insoweit abziehbar, als die ausschließliche Verwendung der Rückstellung für diesen Zweck durch die Satzung oder durch geschäftsplanmäßige Erklärung gesichert ist. [2]Die Rückstellung ist vorbehaltlich des Satzes 3 aufzulösen, soweit sie höher ist als die Summe der in den folgenden Nummern 1 bis 4 bezeichneten Beträge:

1. die Zuführungen innerhalb des am Bilanzstichtag endenden Wirtschaftsjahrs und der zwei vorangegangenen Wirtschaftsjahre,

2. der Betrag, dessen Ausschüttung als Beitragsrückerstattung vom Versicherungsunternehmen vor dem Bilanzstichtag verbindlich festgelegt worden ist,

3. in der Krankenversicherung der Betrag, dessen Verwendung zur Ermäßigung von Beitragserhöhungen im folgenden Geschäftsjahr vom Versicherungsunternehmen vor dem Bilanzstichtag verbindlich festgelegt worden ist,

4. in der Lebensversicherung der Betrag, der für die Finanzierung der auf die abgelaufenen Versicherungsjahre entfallenden Schlußgewinnanteile erforderlich ist.

[3]Eine Auflösung braucht nicht zu erfolgen, soweit an die Versicherten Kleinbeträge auszuzahlen wären und die Auszahlung dieser Beträge mit einem unverhältnismäßig hohen Verwaltungsaufwand verbunden wäre. [4]§ 20 Abs. 1 Satz 2 ist entsprechend anzuwenden.

### § 21a.[1]) Zuteilungsrücklage bei Bausparkassen. [1]Bausparkassen im Sinne des § 1 Abs. 1 des Gesetzes über Bausparkassen können Mehrerträge im Sinne des § 6 Abs. 1 Satz 2 des Gesetzes über Bausparkassen in eine den steuerlichen Gewinn mindernde Zuteilungsrücklage einstellen. [2]Diese Rücklage darf drei vom Hundert der Bauspareinlagen nicht übersteigen. [3]Soweit die Voraussetzungen für die Auflösung des Sonderpostens im Sinne des § 6 Abs. 1 Satz 2 des Gesetzes über Bausparkassen nach der Rechtsverordnung erfüllt sind, die aufgrund der Ermächtigungsvorschrift des § 10 Satz 1 Nr. 9 des Gesetzes über Bausparkassen erlassen wird, ist die Rücklage gewinnerhöhend aufzulösen.

---

[1]) Zur Anwendung von § 21 a siehe § 54 Abs. 8b.

### Viertes Kapitel. Sondervorschriften für Genossenschaften

**§ 22. Genossenschaftliche Rückvergütung.** (1) [1]Rückvergütungen der Erwerbs- und Wirtschaftsgenossenschaften an ihre Mitglieder sind nur insoweit als Betriebsausgaben abziehbar, als die dafür verwendeten Beträge im Mitgliedergeschäft erwirtschaftet worden sind. [2]Zur Feststellung dieser Beträge ist der Überschuß

1. bei Absatz- und Produktionsgenossenschaften im Verhältnis des Wareneinkaufs bei Mitgliedern zum gesamten Wareneinkauf,

2. bei den übrigen Erwerbs- und Wirtschaftsgenossenschaften im Verhältnis des Mitgliederumsatzes zum Gesamtumsatz

aufzuteilen. [3]Der hiernach sich ergebende Gewinn aus dem Mitgliedergeschäft bildet die obere Grenze für den Abzug. [4]Überschuß im Sinne des Satzes 2 ist das um den Gewinn aus Nebengeschäften geminderte Einkommen vor Abzug der genossenschaftlichen Rückvergütungen und des Verlustabzugs.

(2) [1]Voraussetzung für den Abzug nach Absatz 1 ist, daß die genossenschaftliche Rückvergütung unter Bemessung nach der Höhe des Umsatzes zwischen den Mitgliedern und der Genossenschaft bezahlt ist und daß sie

1. auf einem durch die Satzung der Genossenschaft eingeräumten Anspruch des Mitglieds beruht oder

2. durch Beschluß der Verwaltungsorgane der Genossenschaft festgelegt und der Beschluß den Mitgliedern bekanntgegeben worden ist oder

3. in der Generalversammlung beschlossen worden ist, die den Gewinn verteilt.

[2]Nachzahlungen der Genossenschaft für Lieferungen oder Leistungen und Rückzahlungen von Unkostenbeiträgen sind wie genossenschaftliche Rückvergütungen zu behandeln.

### Dritter Teil. Tarif; Besteuerung bei ausländischen Einkunftsteilen

**§ 23. Steuersatz.** (1) Die Körperschaftsteuer beträgt 50 vom Hundert des zu versteuernden Einkommens.

(2) [1]Die Körperschaftsteuer ermäßigt sich auf 46 vom Hundert bei Körperschaften, Personenvereinigungen und Vermögensmassen im Sinne des § 1 Abs. 1 Nr. 3 bis 6. [2]Satz 1 gilt nicht

a) für Körperschaften und Personenvereinigungen, deren Leistungen bei den Empfängern zu den Einnahmen im Sinne des § 20 Abs. 1 Nr. 1 oder 2 des Einkommensteuergesetzes gehören,

b) für Stiftungen im Sinne des § 1 Abs. 1 Nr. 4 und 5; fallen die Einkünfte in einem wirtschaftlichen Geschäftsbetrieb einer von der Körperschaftsteuer befreiten Stiftung oder in einer unter Staatsaufsicht stehenden und in der Rechtsform der Stiftung geführten Sparkasse an, ist Satz 1 anzuwenden.

(3) Absatz 2 Satz 1 gilt entsprechend für beschränkt Steuerpflichtige im Sinne des § 2 Nr. 1.

(4) Wird die Einkommensteuer auf Grund der Ermächtigung des § 51 Abs. 3 des Einkommensteuergesetzes herabgesetzt oder erhöht, so ermäßigt oder erhöht sich die Körperschaftsteuer entsprechend.

(5) Die Körperschaftsteuer mindert oder erhöht sich nach den Vorschriften des Vierten Teils.

(6) [1]Die Körperschaftsteuer beträgt beim Zweiten Deutschen Fernsehen, Anstalt des öffentlichen Rechts, für das Geschäft der Veranstaltung von Werbesendungen 7,4 vom Hundert der Entgelte (§ 10 Abs. 1 des Umsatzsteuergesetzes) aus Werbesendungen. [2]Absatz 4 gilt entsprechend.

## § 24. Freibetrag für bestimmte Körperschaften.

[1]Vom Einkommen der unbeschränkt steuerpflichtigen Körperschaften, Personenvereinigungen und Vermögensmassen ist ein Freibetrag von 7500 Deutsche Mark, höchstens jedoch in Höhe des Einkommens, abzuziehen. [2]Satz 1 gilt nicht

1. für Körperschaften und Personenvereinigungen, deren Leistungen bei den Empfängern zu den Einnahmen im Sinne des § 20 Abs. 1 Nr. 1 oder 2 des Einkommensteuergesetzes gehören,
2. für Vereine im Sinne des § 25.

## § 25. Freibetrag für Erwerbs- und Wirtschaftsgenossenschaften sowie Vereine, die Land- und Forstwirtschaft betreiben.

(1) [1]Vom Einkommen der unbeschränkt steuerpflichtigen Erwerbs- und Wirtschaftsgenossenschaften sowie der unbeschränkt steuerpflichtigen Vereine, deren Tätigkeit sich auf den Betrieb der Land- und Forstwirtschaft beschränkt, ist ein Freibetrag in Höhe von 30000 Deutsche Mark, höchstens jedoch in Höhe des Einkommens, im Veranlagungszeitraum der Gründung und in den folgenden neun Veranlagungszeiträumen abzuziehen, [2]Voraussetzung ist, daß

1. die Mitglieder der Genossenschaft oder dem Verein Flächen zur Nutzung oder für die Bewirtschaftung der Flächen erforderliche Gebäude überlassen und
2. a) bei Genossenschaften das Verhältnis der Summe der Werte der Geschäftsanteile des einzelnen Mitglieds zu der Summe der Werte aller Geschäftsanteile,
   b) bei Vereinen das Verhältnis des Werts des Anteils an dem Vereinsvermögen, der im Fall der Auflösung des Vereins an das einzelne Mitglied fallen würde, zu dem Wert des Vereinsvermögens

nicht wesentlich von dem Verhältnis abweicht, in dem der Wert der von dem einzelnen Mitglied zur Nutzung überlassenen Flächen und Gebäude zu dem Wert der insgesamt zur Nutzung überlassenen Flächen und Gebäude steht.

(2) Absatz 1 Satz 1 gilt auch für unbeschränkt steuerpflichtige Erwerbs- und Wirtschaftsgenossenschaften sowie für unbeschränkt steuerpflichtige Vereine, die eine gemeinschaftliche Tierhaltung im Sinne des § 51 a des Bewertungsgesetzes betreiben.

### § 26. Besteuerung ausländischer Einkunftsteile.

(1) Bei unbeschränkt Steuerpflichtigen, die mit ausländischen Einkünften in dem Staat, aus dem die Einkünfte stammen, zu einer der deutschen Körperschaftsteuer entsprechenden Steuer herangezogen werden, ist die festgesetzte und gezahlte und keinem Ermäßigungsanspruch mehr unterliegende ausländische Steuer auf die deutsche Körperschaftsteuer anzurechnen, die auf die Einkünfte aus diesem Staat entfällt.

(2) [1]Ist eine unbeschränkt steuerpflichtige Körperschaft, Personenvereinigung oder Vermögensmasse (Muttergesellschaft) nachweislich ununterbrochen seit mindestens zwölf Monaten vor dem Ende des Veranlagungszeitraums oder des davon abweichenden Gewinnermittlungszeitraums mindestens zu einem Zehntel unmittelbar am Nennkapital einer Kapitalgesellschaft mit Geschäftsleitung und Sitz außerhalb des Geltungsbereichs dieses Gesetzes (Tochtergesellschaft) beteiligt, die in dem nach Satz 2 maßgebenden Wirtschaftsjahr ihre Bruttoerträge ausschließlich oder fast ausschließlich aus unter § 8 Abs. 1 Nr. 1 bis 6 des Außensteuergesetzes fallenden Tätigkeiten oder aus unter § 8 Abs. 2 des Außensteuergesetzes fallenden Beteiligungen bezieht, so ist auf Antrag der Muttergesellschaft auf deren Körperschaftsteuer von Gewinnanteilen, die die Tochtergesellschaft an sie ausschüttet, auch eine vom Gewinn erhobene Steuer der Tochtergesellschaft anzurechnen. [2]Anrechenbar ist die der inländischen Körperschaftsteuer entsprechende Steuer, die die Tochtergesellschaft für das Wirtschaftsjahr, für das sie die Ausschüttung vorgenommen hat, entrichtet hat, soweit die Steuer dem Verhältnis der auf die Muttergesellschaft entfallenden Gewinnanteile zum ausschüttbaren Gewinn der Tochtergesellschaft, höchstens jedoch dem Anteil der Muttergesellschaft am Nennkapital der Tochtergesellschaft, entspricht. [3]Verdeckte Gewinnausschüttungen zählen nur zu den Gewinnanteilen, soweit sie die Bemessungsgrundlage bei der Besteuerung der Tochtergesellschaft nicht gemindert haben. [4]Ausschüttbarer Gewinn ist der nach handelsrechtlichen Vorschriften ermittelte Gewinn des Wirtschaftsjahrs, für das die Tochtergesellschaft die Ausschüttung vorgenommen hat, vor Bildung oder Auflösung von offenen Rücklagen, erhöht um verdeckte Gewinnausschüttungen, soweit diese den Gewinn gemindert haben. [5]Der anrechenbare Betrag ist bei der Ermittlung der Einkünfte der Muttergesellschaft den auf ihre Beteiligung entfallenden Gewinnanteilen hinzuzurechnen. [6]Die nach diesem Absatz anrechenbare Steuer ist erst nach der nach Absatz 1 anrechenbaren Steuer anzurechnen. [7]Im übrigen ist Absatz 1 entsprechend anzuwenden.

(2a)[1] [1]Gilt eine Gesellschaft, die die in der Anlage 4 zum Einkommensteuergesetz bezeichneten Voraussetzungen des Artikels 2 der Richtlinie Nr. 90/435/EWG des Rates vom 23. Juli 1990 (ABl. EG Nr. L 225 S. 6)

---

[1]) Zur Anwendung von § 26 Abs. 2a siehe § 54 Abs. 10 Satz 1.

erfüllt, nach einem Abkommen zur Vermeidung der Doppelbesteuerung als in einem anderen Mitgliedstaat der Europäischen Gemeinschaften ansässig, ist auf Antrag der Muttergesellschaft, die nachweislich ununterbrochen seit mindestens zwölf Monaten vor dem Ende des Veranlagungszeitraums oder des davon abweichenden Gewinnermittlungszeitraums mindestens zu einem Zehntel am Kapital dieser Gesellschaft beteiligt ist, auf deren Körperschaftsteuer von Gewinnanteilen aus Ausschüttungen der anderen Gesellschaft eine vom Gewinn erhobene Steuer der anderen Gesellschaft nach Maßgabe des Absatzes 2 Satz 2 bis 7 anzurechnen, soweit diese Gewinnanteile nicht schon nach einem Abkommen zur Vermeidung der Doppelbesteuerung befreit oder nach den Absätzen 2 oder 3 begünstigt sind. ²Zu den Gewinnanteilen im Sinne des Satzes 1 gehören nicht Bezüge der Muttergesellschaft, die auf Grund einer Herabsetzung des Kapitals oder nach Auflösung der anderen Gesellschaft anfallen.

(3) Hat eine Tochtergesellschaft, die alle Voraussetzungen des Absatzes 2 erfüllt, Geschäftsleitung und Sitz in einem Entwicklungsland im Sinne des Entwicklungsländer-Steuergesetzes, so ist für Gewinnanteile, die in einem Zeitpunkt ausgeschüttet werden, zu dem die Leistung von Entwicklungshilfe durch Kapitalanlagen in Entwicklungsländern zur Inanspruchnahme von Vergünstigungen nach dem Entwicklungsländer-Steuergesetz berechtigt, bei der Anwendung des Absatzes 2 davon auszugehen, daß der anrechenbare Betrag dem Steuerbetrag entspricht, der nach den Vorschriften dieses Gesetzes auf die bezogenen Gewinnanteile entfällt.

(4) Die Anwendung der Absätze 2 und 3 setzt voraus, daß die Muttergesellschaft alle Nachweise erbringt, insbesondere

1. durch Vorlage sachdienlicher Unterlagen nachweist, daß die Tochtergesellschaft ihre Bruttoerträge ausschließlich oder fast ausschließlich aus unter § 8 Abs. 1 Nr. 1 bis 6 des Außensteuergesetzes fallenden Tätigkeiten oder aus unter § 8 Abs. 2 des Außensteuergesetzes fallenden Beteiligungen bezieht,

2. den ausschüttbaren Gewinn der Tochtergesellschaft durch Vorlage von Bilanzen und Erfolgsrechnungen nachweist; auf Verlangen sind diese Unterlagen mit dem im Staat der Geschäftsleitung oder des Sitzes vorgeschriebenen oder üblichen Prüfungsvermerk einer behördlich anerkannten Wirtschaftsprüfungsstelle oder einer vergleichbaren Stelle vorzulegen und

3. die Festsetzung und Zahlung der anzurechnenden Steuern durch geeignete Unterlagen nachweist.

(5) ¹Bezieht eine Muttergesellschaft, die über eine Tochtergesellschaft (Absatz 2) mindestens zu einem Zehntel an einer Kapitalgesellschaft mit Geschäftsleitung und Sitz außerhalb des Geltungsbereichs dieses Gesetzes (Enkelgesellschaft) mittelbar beteiligt ist, in einem Wirtschaftsjahr Gewinnanteile von der Tochtergesellschaft und schüttet die Enkelgesellschaft zu einem Zeitpunkt, der in dieses Wirtschaftsjahr fällt, Gewinnanteile an die Tochtergesellschaft aus, so wird auf Antrag der Muttergesell-

schaft der Teil der von ihr bezogenen Gewinnanteile, der der nach ihrer mittelbaren Beteiligung auf sie entfallenden Gewinnausschüttung der Enkelgesellschaft entspricht, steuerlich so behandelt, als hätte sie in dieser Höhe Gewinnanteile unmittelbar von der Enkelgesellschaft bezogen. [2]Hat die Tochtergesellschaft in dem betreffenden Wirtschaftsjahr neben den Gewinnanteilen einer Enkelgesellschaft noch andere Erträge bezogen, so findet Satz 1 nur Anwendung für den Teil der Ausschüttung der Tochtergesellschaft, der dem Verhältnis dieser Gewinnanteile zu der Summe dieser Gewinnanteile und der übrigen Erträge entspricht, höchstens aber in Höhe des Betrags dieser Gewinnanteile. [3]Die Anwendung der vorstehenden Vorschriften setzt voraus, daß

1. die Enkelgesellschaft in dem Wirtschaftsjahr, für das sie die Ausschüttung vorgenommen hat, ihre Bruttoerträge ausschließlich oder fast ausschließlich aus unter § 8 Abs. 1 Nr. 1 bis 6 des Außensteuergesetzes fallenden Tätigkeiten oder aus unter § 8 Abs. 2 Nr. 1 des Außensteuergesetzes fallenden Beteiligungen bezieht und

2. die Tochtergesellschaft unter den Voraussetzungen des Absatzes 2 am Nennkapital der Enkelgesellschaft beteiligt ist und

3. die Muttergesellschaft für die mittelbar gehaltenen Anteile alle steuerlichen Pflichten erfüllt, die ihr gemäß Absatz 4 bei der Anwendung der Absätze 2 und 3 für unmittelbar gehaltene Anteile obliegen.

(6) [1]Vorbehaltlich der Sätze 2 bis 4 sind die Vorschriften des § 34c Abs. 1 Satz 2 und 3, Abs. 2 bis 7 und des § 50 Abs. 6 des Einkommensteuergesetzes entsprechend anzuwenden. [2]§ 34c Abs. 2 und 3 des Einkommensteuergesetzes ist nicht bei Einkünften anzuwenden, für die ein Antrag nach Absatz 2 oder 5 gestellt wird. [3]Bei der Anwendung des § 34c Abs. 1 Satz 2 des Einkommensteuergesetzes ist der Berechnung der auf die ausländischen Einkünfte entfallenden inländischen Körperschaftsteuer die Körperschaftsteuer zugrunde zu legen, die sich vor Anwendung der Vorschriften des Vierten Teils für das zu versteuernde Einkommen ergibt. [4]In den Fällen des § 34c Abs. 4 des Einkommensteuergesetzes beträgt die Körperschaftsteuer für die dort bezeichneten ausländischen Einkünfte 25 vom Hundert des zu versteuernden Einkommens.

(7) Sind Gewinnanteile, die von einer ausländischen Gesellschaft ausgeschüttet werden, nach einem Abkommen zur Vermeidung der Doppelbesteuerung unter der Voraussetzung einer Mindestbeteiligung von der Körperschaftsteuer befreit, so gilt die Befreiung ungeachtet der im Abkommen vereinbarten Mindestbeteiligung, wenn die Beteiligung mindestens ein Zehntel beträgt.

(8)[1)] Sind Gewinnanteile, die von einer ausländischen Gesellschaft ausgeschüttet werden, nach einem Abkommen zur Vermeidung der Doppelbesteuerung oder nach Absatz 7 von der Körperschaftsteuer befreit oder nach den Absätzen 2 bis 3 begünstigt, so sind Gewinnminderungen, die

---

[1)] Zur erstmaligen Anwendung von § 26 Abs. 8 siehe § 54 Abs. 10 Satz 2.

1. durch Ansatz des niedrigeren Teilwerts des Anteils an der ausländischen Gesellschaft oder

2. durch Veräußerung des Anteils oder bei Auflösung oder Herabsetzung des Kapitals der ausländischen Gesellschaft

entstehen, bei der Gewinnermittlung nicht zu berücksichtigen, soweit der Ansatz des niedrigeren Teilwerts oder die sonstige Gewinnminderung auf die Gewinnausschüttungen zurückzuführen ist.

## Vierter Teil. Anrechnungsverfahren

### Erstes Kapitel. Körperschaftsteuerbelastung des ausgeschütteten Gewinns unbeschränkt steuerpflichtiger Körperschaften und Personenvereinigungen

**§ 27. Minderung oder Erhöhung der Körperschaftsteuer.** (1) Schüttet eine unbeschränkt steuerpflichtige Kapitalgesellschaft Gewinn aus, so mindert oder erhöht sich ihre Körperschaftsteuer um den Unterschiedsbetrag zwischen der bei ihr eingetretenen Belastung des Eigenkapitals (Tarifbelastung), das nach § 28 als für die Ausschüttung verwendet gilt, und der Belastung, die sich hierfür bei Anwendung eines Steuersatzes von 36 vom Hundert des Gewinns vor Abzug der Körperschaftsteuer ergibt (Ausschüttungsbelastung).

(2) Zur Tarifbelastung im Sinne des Absatzes 1 gehört nur die Belastung mit inländischer Körperschaftsteuer, soweit sie nach dem 31. Dezember 1976 entstanden ist.

(3) [1]Beruht die Ausschüttung auf einem den gesellschaftsrechtlichen Vorschriften entsprechenden Gewinnverteilungsbeschluß für ein abgelaufenes Wirtschaftsjahr, tritt die Minderung oder Erhöhung für den Veranlagungszeitraum ein, in dem das Wirtschaftsjahr endet, für das die Ausschüttung erfolgt. [2]Bei anderen Ausschüttungen ändert sich die Körperschaftsteuer für den Veranlagungszeitraum, in dem das Wirtschaftsjahr endet, in dem die Ausschüttung erfolgt.

**§ 28. Für die Ausschüttung verwendetes Eigenkapital.** (1) Das Eigenkapital und seine Tarifbelastung sind nach den Vorschriften der §§ 29 bis 38 zu ermitteln.

(2) [1]Gewinnausschüttungen, die auf einem den gesellschaftsrechtlichen Vorschriften entsprechenden Gewinnverteilungsbeschluß für ein abgelaufenes Wirtschaftsjahr beruhen, sind mit dem verwendbaren Eigenkapital zum Schluß des letzten vor dem Gewinnverteilungsbeschluß abgelaufenen Wirtschaftsjahrs zu verrechnen. [2]Andere Ausschüttungen sind mit dem verwendbaren Eigenkapital zu verrechnen, das sich zum Schluß des Wirtschaftsjahrs ergibt, in dem die Ausschüttung erfolgt.

(3) [1]Mit Körperschaftsteuer belastete Teilbeträge des Eigenkapitals gelten in der Reihenfolge als für eine Ausschüttung verwendet, in der die Belastung abnimmt. [2]Für den nichtbelasteten Teilbetrag ist die in § 30

Abs. 2 bezeichnete Reihenfolge seiner Unterteilung maßgebend. [3]In welcher Höhe ein Teilbetrag als verwendet gilt, ist aus seiner Tarifbelastung abzuleiten.

(4) [1]Als für die Ausschüttung verwendet gilt auch der Betrag, um den sich die Körperschaftsteuer mindert. [2]Erhöht sie sich, so gilt ein Teilbetrag des Eigenkapitals höchstens als verwendet, soweit er den nach § 31 Abs. 1 Nr. 1 von ihm abzuziehenden Erhöhungsbetrag übersteigt.

(5) Ist Körperschaftsteuer nach § 52 dieses Gesetzes oder nach § 36e des Einkommensteuergesetzes vergütet worden, so bleibt die der Vergütung zugrunde gelegte Verwendung der nicht mit Körperschaftsteuer belasteten Teilbeträge im Sinne des § 30 Abs. 2 Nr. 1 oder 3 unverändert.

**§ 29. Verwendbares Eigenkapital.** (1) Eigenkapital im Sinne dieses Kapitels ist das in der Steuerbilanz ausgewiesene Betriebsvermögen, das sich ohne Änderung der Körperschaftsteuer nach § 27 und ohne Verringerung um die im Wirtschaftsjahr erfolgten Ausschüttungen ergeben würde, die nicht auf einem den gesellschaftsrechtlichen Vorschriften entsprechenden Gewinnverteilungsbeschluß für ein abgelaufenes Wirtschaftsjahr beruhen.

(2) [1]Das Eigenkapital ist zum Schluß jedes Wirtschaftsjahrs in das für Ausschüttungen verwendbare (verwendbares Eigenkapital) und in das übrige Eigenkapital aufzuteilen. [2]Das verwendbare Eigenkapital ist der Teil des Eigenkapitals, der das Nennkapital übersteigt.

(3) Enthält das Nennkapital Beträge, die ihm durch Umwandlung von Rücklagen zugeführt worden sind und waren die Rücklagen aus dem Gewinn eines nach dem 31. Dezember 1976 abgelaufenen Wirtschaftsjahrs gebildet worden, so gehört auch dieser Teil des Nennkapitals zu dem verwendbaren Eigenkapital.

**§ 30. Gliederung des verwendbaren Eigenkapitals.** (1) [1]Das verwendbare Eigenkapital ist zum Schluß jedes Wirtschaftsjahrs entsprechend seiner Tarifbelastung zu gliedern. [2]Die einzelnen Teilbeträge sind jeweils aus der Gliederung für das vorangegangene Wirtschaftsjahr abzuleiten. [3]In der Gliederung sind vorbehaltlich des § 32 die Teilbeträge getrennt auszuweisen, die entstanden sind aus

1. Einkommensteilen, die nach dem 31. Dezember 1989[1)] der Körperschaftsteuer ungemildert unterliegen,

2. Einkommensteilen, die nach dem 31. Dezember 1976 einer Körperschaftsteuer von 36 vom Hundert unterliegen,

3. Vermögensmehrungen, die der Körperschaftsteuer nicht unterliegen oder die das Eigenkapital der Kapitalgesellschaft in vor dem 1. Januar 1977 abgelaufenen Wirtschaftsjahren erhöht haben.

---

[1)] Zum Ausweis der Teilbeträge, die aus Einkommensteilen, die nach dem 31. Dezember 1976, aber vor dem 1. Januar 1990 der Körperschaftsteuer ungemildert unterlegen haben, entstanden sind, siehe § 54 Abs. 11.

(2) Der in Absatz 1 Nr. 3 bezeichnete Teilbetrag ist zu unterteilen in

1. Eigenkapitalteile, die in nach dem 31. Dezember 1976 abgelaufenen Wirtschaftsjahren aus ausländischen Einkünften entstanden sind,

2. sonstige Vermögensmehrungen, die der Körperschaftsteuer nicht unterliegen und nicht unter Nummer 3 oder 4 einzuordnen sind,

3. verwendbares Eigenkapital, das bis zum Ende des letzten vor dem 1. Januar 1977 abgelaufenen Wirtschaftsjahrs entstanden ist,

4. Einlagen der Anteilseigner, die das Eigenkapital in nach dem 31. Dezember 1976 abgelaufenen Wirtschaftsjahren erhöht haben.

(3)[1] Hat eine Kapitalgesellschaft ihr verwendbares Eigenkapital erstmals zu gliedern, ist vorbehaltlich des § 38 das in der Eröffnungsbilanz auszuweisende Eigenkapital, soweit es das Nennkapital übersteigt, dem Teilbetrag im Sinne des Absatzes 2 Nr. 4 zuzuordnen.

## § 31. Zuordnung der bei der Einkommensermittlung nichtabziehbaren Ausgaben.
(1) Zur Berechnung der in § 30 bezeichneten Teilbeträge des verwendbaren Eigenkapitals sind die bei der Ermittlung des Einkommens nichtabziehbaren Ausgaben für nach dem 31. Dezember 1976 abgelaufene Wirtschaftsjahre wie folgt abzuziehen:

1. die Körperschaftsteuererhöhung von dem Teilbetrag, auf den sie entfällt,

2. die tarifliche Körperschaftsteuer von dem Einkommensteil, der ihr unterliegt,

3. ausländische Steuer von den ihr unterliegenden ausländischen Einkünften,

4. sonstige nichtabziehbare Ausgaben von den Einkommensteilen, die nach dem 31. Dezember 1989[2] ungemildert der Körperschaftsteuer unterliegen.

(2) [1]Soweit die in Absatz 1 Nr. 4 bezeichneten Einkommensteile für den Abzug nach dieser Vorschrift nicht ausreichen, treten die Einkommensteile an ihre Stelle, die nach dem 31. Dezember 1976 einer Körperschaftsteuer von 36 vom Hundert unterliegen. [2]Übersteigen die sonstigen nichtabziehbaren Ausgaben auch diese Einkommensteile, so ist der Unterschiedsbetrag den in den folgenden Veranlagungszeiträumen entstehenden Einkommensteilen in der in Satz 1 bezeichneten Reihenfolge zuzuordnen.

(3) In den Fällen des § 30 Abs. 3 sind bei der Ermittlung des Einkommens nichtabziehbare Ausgaben für vor dem Stichtag der Eröffnungsbilanz abgelaufene Wirtschaftsjahre, die das Betriebsvermögen in einem später abgelaufenen Wirtschaftsjahr gemindert haben, dem Teilbetrag im Sinne des § 30 Abs. 2 Nr. 4 zuzuordnen.

---

[1] Zur Anwendung von § 30 Abs. 3 siehe § 54 Abs. 12.
[2] Zum Ausweis der Teilbeträge, die aus Einkommensteilen, die nach dem 31. Dezember 1976, aber vor dem 1. Januar 1990 der Körperschaftsteuer ungemildert unterlegen haben, entstanden sind, siehe § 54 Abs. 11.

**§ 32. Einordnung bestimmter ermäßigt belasteter Eigenkapital-teile.** (1) Ermäßigt belastete Eigenkapitalteile sind nach Maßgabe des Absatzes 2 aufzuteilen.

(2) Aufzuteilen sind

1. ein Eigenkapitalteil, dessen Tarifbelastung niedriger ist als die Aus-schüttungsbelastung, in einen in Höhe der Ausschüttungsbelastung belasteten Teilbetrag und in einen nicht mit Körperschaftsteuer bela-steten Teilbetrag,

2. ein Eigenkapitalteil, dessen Tarifbelastung höher ist als die Ausschüt-tungsbelastung, in einen in Höhe der Ausschüttungsbelastung belaste-ten Teilbetrag und in einen ungemildert mit Körperschaftsteuer bela-steten Teilbetrag.

(3) Die belasteten Teilbeträge sind aus der Tarifbelastung der aufzutei-lenden Eigenkapitalteile abzuleiten.

(4) Die Teilbeträge gelten wie folgt als entstanden:

1. der in Höhe der Ausschüttungsbelastung belastete Teilbetrag als aus Einkommensteilen, die nach dem 31. Dezember 1976 einer Körper-schaftsteuer von 36 vom Hundert unterliegen,

2. der ungemildert mit Körperschaftsteuer belastete Teilbetrag als aus Einkommensteilen, die nach dem 31. Dezember 1989 ungemildert der Körperschaftsteuer unterliegen,

3. der nicht mit Körperschaftsteuer belastete Teilbetrag als aus Vermö-gensmehrungen, die der Körperschaftsteuer nicht unterliegen.

**§ 33. Verluste.** (1) Verluste, die sich nach den steuerlichen Vorschriften über die Gewinnermittlung ergeben haben, sind bei der Ermittlung des nichtbelasteten Teilbetrags im Sinne des § 30 Abs. 2 Nr. 2 abzuziehen.

(2) [1]Der Abzug nach Absatz 1 ist durch eine Hinzurechnung auszuglei-chen, soweit die Verluste in früheren oder späteren Veranlagungszeiträu-men bei der Ermittlung des Einkommens abgezogen werden. [2]Soweit abgezogene Verluste in einem vor dem 1. Januar 1977 abgelaufenen Wirt-schaftsjahr entstanden sind, ist die Hinzurechnung bei dem Teilbetrag im Sinne des § 30 Abs. 2 Nr. 3 vorzunehmen.

(3) Ist in den Fällen des Verlustrücktrags nach § 10d Abs. 1 des Ein-kommensteuergesetzes sich für das Abzugsjahr die Ausschüttungsbelastung herzustellen, so gelten die Teilbeträge des Eigenkapitals in der Höhe als für die Ausschüttung verwendet, in der sie ohne den Rücktrag als ver-wendet gegolten hätten.

**§ 34. Gliederung bei Erlaß.** [1]Wird Körperschaftsteuer nach § 227 der Abgabenordnung erlassen, so ist der Betrag, dessen Belastung mit Kör-perschaftsteuer sich mit dem Erlaßbetrag deckt, von dem belasteten Teil des Eigenkapitals abzuziehen und dem nichtbelasteten Teilbetrag im Sin-ne des § 30 Abs. 2 Nr. 2 zusammen mit der erlassenen Körperschaftsteuer hinzuzurechnen. [2]Das gleiche gilt, wenn die Körperschaftsteuer nach § 163 der Abgabenordnung niedriger festgesetzt wird.

**§ 35. Fehlendes verwendbares Eigenkapital.** (1) Reicht für eine Gewinnausschüttung das verwendbare Eigenkapital nicht aus, so erhöht sich die Körperschaftsteuer um 9/16 des Unterschiedsbetrags. § 27 Abs. 3 gilt entsprechend.

(2) Der in Absatz 1 bezeichnete Unterschiedsbetrag und der darauf entfallende Betrag der Körperschaftsteuererhöhung sind in den folgenden Wirtschaftsjahren bei der Ermittlung des Teilbetrags im Sinne des § 30 Abs. 2 Nr. 2 jeweils von den neu entstandenen sonstigen Vermögensmehrungen abzuziehen.

**§ 36. Gliederung des Eigenkapitals bei dem Organträger.** ¹Ist die Kapitalgesellschaft Organträger im Sinne des § 14, so sind ihr die Vermögensmehrungen, die bei der Organgesellschaft vor Berücksichtigung der Gewinnabführung entstehen, zur Ermittlung der Teilbeträge ihres verwendbaren Eigenkapitals wie eigene Vermögensmehrungen zuzurechnen. ²Von der Zurechnung sind auszunehmen:

1. Beträge, die die Organgesellschaft nach § 16 zu versteuern hat,

2. Einlagen, die die Anteilseigner der Organgesellschaft geleistet haben,

3. Vermögen, das durch Gesamtrechtsnachfolge auf die Organgesellschaft übergegangen ist.

**§ 37. Gliederung des Eigenkapitals der Organgesellschaften.** (1) Ist die Kapitalgesellschaft Organgesellschaft im Sinne des § 14 oder des § 17, so bleiben bei der Ermittlung ihres verwendbaren Eigenkapitals die Vermögensmehrungen, die dem Organträger in den Fällen des § 36 zuzurechnen sind, vorbehaltlich des Absatzes 2 stets außer Ansatz.

(2) ¹Übersteigen die in Absatz 1 bezeichneten Vermögensmehrungen den abgeführten Gewinn, so ist der Unterschiedsbetrag bei der Organgesellschaft in den Teilbetrag im Sinne des § 30 Abs. 2 Nr. 4 einzuordnen. ²Unterschreiten die Vermögensmehrungen den abgeführten Gewinn, so gilt § 28 Abs. 3 mit der Maßgabe, daß der in Satz 1 bezeichnete Teilbetrag vor den übrigen Teilbeträgen als verwendet gilt.

**§ 38. Tarifbelastung bei Vermögensübernahme.** (1) ¹Geht das Vermögen einer Kapitalgesellschaft durch Gesamtrechtsnachfolge auf eine unbeschränkt steuerpflichtige Kapitalgesellschaft oder auf eine sonstige unbeschränkt steuerpflichtige Körperschaft im Sinne des § 43 über, so sind die nach den §§ 30 bis 37 ermittelten Eigenkapitalteile der übertragenden Kapitalgesellschaft den entsprechenden Teilbeträgen der übernehmenden Körperschaft hinzuzurechnen. ²Übersteigt die Summe der zusammengerechneten Teilbeträge infolge des Wegfalls von Anteilen an der übertragenden Kapitalgesellschaft oder aus anderen Gründen das verwendbare Eigenkapital, das sich aus einer Steuerbilanz auf den unmittelbar nach dem Vermögensübergang folgenden Zeitpunkt bei der übernehmenden Körperschaft ergeben würde, so sind in Höhe des Unterschiedsbetrags die nicht mit Körperschaftsteuer belasteten Teilbeträge zu mindern. ³Reichen die nicht mit Körperschaftsteuer belasteten Teilbeträge nicht aus, so sind die neu entstehenden nicht der Körperschaftsteuer unterliegenden Vermögensmehrungen um den Restbetrag zu mindern.

(2) Für die Minderung nach Absatz 1 gilt die umgekehrte Reihenfolge, in der die Teilbeträge nach § 28 Abs. 3 als für eine Ausschüttung verwendet gelten.

(3) Ist die Summe der zusammengerechneten Teilbeträge niedriger als das verwendbare Eigenkapital im Sinne des Absatzes 1, so ist der Teilbetrag im Sinne des § 30 Abs. 2 Nr. 4 um den Unterschiedsbetrag zu erhöhen.

(4) Abweichend von Absatz 1 ist das übergegangene verwendbare Eigenkapital der übertragenden Kapitalgesellschaft dem Teilbetrag im Sinne des § 30 Abs. 2 Nr. 2 hinzuzurechnen, wenn die übernehmende Körperschaft von der Körperschaftsteuer befreit ist.

**§ 39.** (weggefallen)

**§ 40. Ausnahmen von der Körperschaftsteuererhöhung.** [1]Die Körperschaftsteuer wird nach § 27 nicht erhöht, soweit

1. für die Ausschüttung der Teilbetrag im Sinne des § 30 Abs. 2 Nr. 4 als verwendet gilt,

2. eine von der Körperschaftsteuer befreite Kapitalgesellschaft Gewinnausschüttungen an einen unbeschränkt steuerpflichtigen, von der Körperschaftsteuer befreiten Anteilseigner oder an eine juristische Person des öffentlichen Rechts vornimmt. Der Anteilseigner ist verpflichtet, der ausschüttenden Kapitalgesellschaft seine Befreiung durch eine Bescheinigung des Finanzamts nachzuweisen, es sei denn, er ist eine juristische Person des öffentlichen Rechts.

[2]Nummer 2 gilt nicht, soweit die Gewinnausschüttung auf Anteile entfällt, die in einem wirtschaftlichen Geschäftsbetrieb gehalten werden, für den die Befreiung von der Körperschaftsteuer ausgeschlossen ist, oder in einem nicht von der Körperschaftsteuer befreiten Betrieb gewerblicher Art.

**§ 41. Sonstige Leistungen.** (1) Die §§ 27 bis 40 gelten entsprechend, wenn eine Kapitalgesellschaft sonstige Leistungen bewirkt, die bei den Empfängern Einnahmen im Sinne des § 20 Abs. 1 Nr. 1 oder 2 des Einkommensteuergesetzes sind.

(2) Besteht die Leistung in der Rückzahlung von Nennkapital, so gilt der Teil des Nennkapitals als zuerst für die Rückzahlung verwendet, der zum verwendbaren Eigenkapital gehört.

(3) Wird Nennkapital durch Umwandlung von Rücklagen erhöht, so gelten die Eigenkapitalteile im Sinne des § 30 Abs. 2 Nr. 3 und 4 in dieser Reihenfolge als vor den übrigen Eigenkapitalteilen umgewandelt.

(4) [1]Wird das Vermögen einer Kapitalgesellschaft nach deren Auflösung an die Anteilseigner verteilt und ergibt sich ein negativer Teilbetrag im Sinne des § 30 Abs. 1 Nr. 3, so gilt das Nennkapital als um diesen Betrag gemindert. [2]Soweit das Nennkapital nicht ausreicht, gelten die

mit Körperschaftsteuer belasteten Teilbeträge in der Reihenfolge als gemindert, in der ihre Belastung zunimmt.

**§ 42. Körperschaftsteuerminderung und Körperschaftsteuererhöhung bei Vermögensübertragung auf eine steuerbefreite Übernehmerin.** (1) Geht das Vermögen einer Kapitalgesellschaft durch Gesamtrechtsnachfolge auf eine unbeschränkt steuerpflichtige, von der Körperschaftsteuer befreite Kapitalgesellschaft, Personenvereinigung oder Vermögensmasse oder auf eine juristische Person des öffentlichen Rechts über, so mindert oder erhöht sich die Körperschaftsteuer um den Betrag, der sich nach § 27 ergeben würde, wenn das verwendbare Eigenkapital als im Zeitpunkt des Vermögensübergangs für eine Ausschüttung verwendet gelten würde.

(2) Die Körperschaftsteuer erhöht sich nicht

1. in den Fällen des § 40 und

2. soweit das verwendbare Eigenkapital aus Vermögensmehrungen entstanden ist, die es in vor dem 1. Januar 1977 abgelaufenen Wirtschaftsjahren erhöht haben.

**§ 43. Körperschaftsteuerminderung und Körperschaftsteuererhöhung bei sonstigen Körperschaften.** Für unbeschränkt steuerpflichtige Körperschaften, deren Leistungen bei den Empfängern zu den Einnahmen im Sinne des § 20 Abs. 1 Nr. 1 oder 2 des Einkommensteuergesetzes gehören und die nicht Kapitalgesellschaften sind, gelten die §§ 27 bis 42 sinngemäß.

## Zweites Kapitel. Bescheinigungen; gesonderte Feststellung

**§ 44. Bescheinigung der ausschüttenden Körperschaft.** (1) [1]Erbringt eine unbeschränkt steuerpflichtige Körperschaft für eigene Rechnung Leistungen, die bei den Anteilseignern Einnahmen im Sinne des § 20 Abs. 1 Nr. 1 oder 2 des Einkommensteuergesetzes sind, so ist sie vorbehaltlich des Absatzes 3 verpflichtet, ihren Anteilseignern auf Verlangen die folgenden Angaben nach amtlich vorgeschriebenem Muster zu bescheinigen:

1. den Namen und die Anschrift des Anteilseigners;

2. die Höhe der Leistungen;

3. den Zahlungstag;

4. den Betrag der nach § 36 Abs. 2 Nr. 3 Satz 1 des Einkommensteuergesetzes anrechenbaren Körperschaftsteuer;

5. den Betrag der zu vergütenden Körperschaftsteuer im Sinne des § 52; es genügt, wenn sich die Angabe auf eine einzelne Aktie, einen einzelnen Geschäftsanteil oder ein einzelnes Genußrecht bezieht;

6. die Höhe des für die Leistungen als verwendet geltenden Eigenkapitals im Sinne des § 30 Abs. 2 Nr. 4, soweit es auf den Anteilseigner entfällt.

[2]Die Bescheinigung braucht nicht unterschrieben zu werden, wenn sie in einem maschinellen Verfahren ausgedruckt worden ist und den Aussteller erkennen läßt. [3]Ist die Körperschaft ein inländisches Kreditinstitut, so gilt § 45 Abs. 2 und 3 entsprechend.

(2) Der Betrag der zu vergütenden Körperschaftsteuer im Sinne des § 52 darf erst bescheinigt werden, wenn die Höhe der ausländischen Einkünfte und der auf die inländische Körperschaftsteuer anzurechnenden ausländischen Steuer durch Urkunden nachgewiesen werden kann.

(3) Die Bescheinigung nach Absatz 1 darf nicht erteilt werden,

1. wenn eine Bescheinigung nach § 45 durch ein inländisches Kreditinstitut auszustellen ist,

2. wenn in Vertretung des Anteilseigners ein Antrag auf Vergütung von Körperschaftsteuer nach § 36c oder § 36d des Einkommensteuergesetzes gestellt worden ist oder gestellt wird,

3. wenn ein nach § 46 als veräußert gekennzeichneter Dividendenschein zur Einlösung vorgelegt wird.

(4) [1]Eine Ersatzbescheinigung darf nur ausgestellt werden, wenn die Urschrift nach den Angaben des Anteilseigners abhanden gekommen oder vernichtet ist. [2]Die Ersatzbescheinigung muß als solche gekennzeichnet sein. [3]Über die Ausstellung von Ersatzbescheinigungen hat der Aussteller Aufzeichnungen zu führen.

(5) [1]Eine Bescheinigung, die den Absätzen 1 bis 4 nicht entspricht, hat der Aussteller zurückzufordern und durch eine berichtigte Bescheinigung zu ersetzen. [2]Die berichtigte Bescheinigung ist als solche zu kennzeichnen. [3]Wird die zurückgeforderte Bescheinigung nicht innerhalb eines Monats nach Zusendung der berichtigten Bescheinigung an den Aussteller zurückgegeben, hat der Aussteller das nach seinen Unterlagen für den Empfänger zuständige Finanzamt schriftlich zu benachrichtigen. [4]Die Sätze 1 bis 3 gelten nicht, wenn die Bescheinigung den Absätzen 1 bis 4 nur wegen des Betrags der nach § 52 zu vergütenden Körperschaftsteuer (Absatz 1 Nr. 5) oder wegen der Leistungen, für die Eigenkapital im Sinne des § 30 Abs. 2 Nr. 4 als verwendet gilt (Absatz 1 Nr. 1 und 6), nicht entspricht. [5]Ist die Bescheinigung auch wegen anderer Angaben unrichtig, so sind nur die anderen Angaben zu berichtigen.

(6) [1]Der Aussteller einer Bescheinigung, die den Absätzen 1 bis 4 nicht entspricht, haftet für die auf Grund der Bescheinigung verkürzten Steuern oder zu Unrecht gewährten Steuervorteile. [2]Ist die Bescheinigung nach § 45 durch ein inländisches Kreditinstitut auszustellen, so haftet die Körperschaft auch, wenn sie zum Zweck der Bescheinigung unrichtige Angaben macht oder wenn sie den Betrag der nach § 52 zu vergütenden Körperschaftsteuer mitteilt, ohne daß die in Absatz 2 bezeichneten Voraussetzungen vorliegen. [3]Der Aussteller haftet nicht, wenn er die ihm nach Absatz 5 obliegenden Verpflichtungen erfüllt hat.

**§ 45. Bescheinigung eines Kreditinstituts.** (1) [1]Ist die in § 44 Abs. 1 bezeichnete Leistung einer unbeschränkt steuerpflichtigen Körperschaft von der Vorlage eines Dividendenscheins abhängig und wird sie für

Rechnung der Körperschaft durch ein inländisches Kreditinstitut erbracht, so hat das Kreditinstitut dem Anteilseigner eine Bescheinigung mit den in § 44 Abs. 1 Nr. 1 bis 5 bezeichneten Angaben nach amtlich vorgeschriebenem Muster zu erteilen. [2]Die Leistung ist auch insoweit als Einnahme des Anteilseigners im Sinne des § 20 Abs. 1 Nr. 1 oder 2 des Einkommensteuergesetzes auszuweisen, als für die Leistung Eigenkapital im Sinne des § 30 Abs. 2 Nr. 4 als verwendet gilt. [3]Aus der Bescheinigung muß hervorgehen, für welche Körperschaft die Leistung erbracht wird.

(2) Ist die Aktie im Zeitpunkt des Zufließens der Einnahmen nicht in einem auf den Namen des Empfängers der Bescheinigung lautenden Wertpapierdepot bei dem Kreditinstitut verzeichnet, so hat das Kreditinstitut die Bescheinigung durch einen entsprechenden Hinweis zu kennzeichnen.

(3) [1]Über die nach Absatz 2 zu kennzeichnenden Bescheinigungen hat das Kreditinstitut Aufzeichnungen zu führen. [2]Die Aufzeichnungen müssen einen Hinweis auf den Buchungsbeleg über die Auszahlung an den Empfänger der Bescheinigung enthalten.

(4) [1]§ 44 Abs. 1 Satz 2, Abs. 2, 3 Nr. 2 und 3 sowie Abs. 4 bis 6 ist sinngemäß anzuwenden. [2]In den Fällen des § 44 Abs. 6 Satz 2 haftet das Kreditinstitut nicht.

## § 46. Bescheinigung eines Notars.

(1) [1]Die erstmalige Veräußerung eines Dividendenscheins kann von dem Anteilseigner nur durch die Bescheinigung eines inländischen Notars nachgewiesen werden, in der die folgenden Angaben enthalten sind:

1. der Name und die Anschrift des Veräußerers des Dividendenscheins;

2. die Bezeichnung des Wertpapiers und des Emittenten sowie die Nummer des Dividendenscheins;

3. der Tag der Veräußerung;

4. der Veräußerungspreis;

5. die Bestätigung, daß der Dividendenschein in Gegenwart des Notars von dem Bogen, der die Dividendenscheine und den Erneuerungsschein zusammenfaßt, getrennt und als veräußert gekennzeichnet worden ist.

[2]Bei den in den Nummern 3 und 4 bezeichneten Angaben ist von den Erklärungen des Veräußerers auszugehen. [3]§ 44 Abs. 4 ist sinngemäß anzuwenden.

(2) [1]Für die erstmalige Veräußerung von sonstigen Ansprüchen im Sinne des § 20 Abs. 2 Nr. 2 Buchstabe a des Einkommensteuergesetzes durch den Anteilseigner gilt Absatz 1 Satz 1 Nr. 1, 3, 4 und Satz 2 sinngemäß. [2]Zusätzlich ist in der Bescheinigung anzugeben, daß der Veräußerer erklärt hat,

1. gegen welche Körperschaft sich die veräußerten Ansprüche richten,

2. daß er Anteilseigner der Körperschaft ist,

3. daß er die veräußerten Ansprüche nicht getrennt von dem Stammrecht erworben hat und

4. in welchem Jahr die veräußerten Ansprüche von der Körperschaft voraussichtlich erfüllt werden.

(3) ¹Eine unrichtige Bescheinigung hat der Notar zurückzufordern. ²Wird die Bescheinigung nicht innerhalb eines Monats nach der Rückforderung zurückgegeben, hat der Notar das nach seinen Unterlagen für den Veräußerer zuständige Finanzamt schriftlich zu benachrichtigen.

### § 47. Gesonderte Feststellung von Besteuerungsgrundlagen. (1) ¹Gesondert festgestellt werden

1. die nach § 30 ermittelten Teilbeträge des verwendbaren Eigenkapitals,

2. der für Ausschüttungen verwendbare Teil des Nennkapitals im Sinne des § 29 Abs. 3.

²Der Bescheid über die gesonderte Feststellung ist Grundlagenbescheid für den Bescheid über die gesonderte Feststellung zum folgenden Feststellungszeitpunkt.³ Der Bescheid über die gesonderte Feststellung nach Satz 1 Nr. 1 ist Grundlagenbescheid für den Körperschaftsteuerbescheid, in dem nach § 27 Abs. 3 die Änderung der Körperschaftsteuer aufgrund von Gewinnausschüttungen und sonstigen Leistungen zu berücksichtigen ist, für die die festgestellten Teilbeträge als verwendet gelten.

(2) Der Körperschaftsteuerbescheid ist Grundlagenbescheid

1. für den Bescheid über die gesonderte Feststellung nach Absatz 1 Satz 1 Nr. 1 hinsichtlich
   a) des zu versteuernden Einkommens,
   b) der Tarifbelastung,
   c) der Steuerermäßigung nach § 21 Abs. 2 Satz 1 oder Abs. 3 Satz 1 des Berlinförderungsgesetzes,
   d) der Minderung und Erhöhung der Körperschaftsteuer nach § 27,

2. für den Körperschaftsteuerbescheid des Verlustrücktragsjahrs hinsichtlich eines Verlustes, der sich bei der Ermittlung des Einkommens ergeben hat,

3. für den Bescheid über die gesonderte Feststellung nach § 10d Abs. 3 des Einkommensteuergesetzes hinsichtlich des Einkommens.

## Fünfter Teil. Entstehung, Veranlagung, Erhebung und Vergütung der Steuer

### § 48. Entstehung der Körperschaftsteuer. Die Körperschaftsteuer entsteht

a) für Steuerabzugsbeträge in dem Zeitpunkt, in dem die steuerpflichtigen Einkünfte zufließen;

b) für Vorauszahlungen mit Beginn des Kalendervierteljahrs, in dem die Vorauszahlungen zu entrichten sind, oder, wenn die Steuerpflicht erst im Laufe des Kalenderjahrs begründet wird, mit Begründung der Steuerpflicht;

c) für die veranlagte Steuer mit Ablauf des Veranlagungszeitraums, soweit nicht die Steuer nach Buchstabe a oder b schon früher entstanden ist.

### § 49.[1] Steuererklärungspflicht, Veranlagung und Erhebung der Körperschaftsteuer. (1) [1]Auf die Durchführung der Besteuerung einschließlich der Anrechnung, Entrichtung und Vergütung der Körperschaftsteuer sowie die Festsetzung und Erhebung von Steuern, die nach der veranlagten Körperschaftsteuer bemessen werden (Zuschlagsteuern), sind die Vorschriften des Einkommensteuergesetzes entsprechend anzuwenden, soweit dieses Gesetz nichts anderes bestimmt. [2] Abweichend von Satz 1 wird eine Zuschlagsteuer, die auf Vorauszahlungen zur Körperschaftsteuer zu entrichten ist, auf die Zuschlagsteuer zur veranlagten Körperschaftsteuer des Veranlagungszeitraums angerechnet, in dem die Vorauszahlungen nach § 37 Abs. 1 des Einkommensteuergesetzes zu entrichten sind.

(2) [1]Unbeschränkt steuerpflichtige Körperschaften und Personenvereinigungen, deren Leistungen bei den Empfängern zu den Einnahmen im Sinne des § 20 Abs. 1 Nr. 1 oder 2 des Einkommensteuergesetzes gehören, haben auf den Schluß jedes Wirtschaftsjahrs Erklärungen zur gesonderten Feststellung von Besteuerungsgrundlagen nach § 47 abzugeben. [2]Die Erklärungen sind von den in § 34 der Abgabenordnung bezeichneten Personen eigenhändig zu unterschreiben.

(3) Bei einem vom Kalenderjahr abweichenden Wirtschaftsjahr gilt § 37 Abs. 1 des Einkommensteuergesetzes mit der Maßgabe, daß die Vorauszahlungen auf die Körperschaftsteuer bereits während des Wirtschaftsjahrs zu entrichten sind, das im Veranlagungszeitraum endet.

### § 50. Sondervorschriften für den Steuerabzug vom Kapitalertrag.
(1) Die Körperschaftsteuer für Einkünfte, die dem Steuerabzug unterliegen, ist durch den Steuerabzug abgegolten,

1. wenn die Einkünfte nach § 5 Abs. 2 Nr. 1 von der Steuerbefreiung ausgenommen sind,

2. wenn der Bezieher der Einkünfte beschränkt steuerpflichtig ist und die Einkünfte nicht in einem inländischen gewerblichen oder land- oder forstwirtschaftlichen Betrieb angefallen sind oder

3.[2] wenn es sich um Kapitalerträge im Sinne des § 43 Abs. 1 Nr. 5 des Einkommensteuergesetzes handelt.

(2) Die Körperschaftsteuer ist nicht abgegolten,

1. soweit der Steuerpflichtige wegen der Steuerabzugsbeträge in Anspruch genommen werden kann oder

2. soweit die Ausschüttungsbelastung im Sinne des § 27 herzustellen ist.

---

[1] Hinsichtlich Vorauszahlungen zur Körperschaftsteuer im Gebiet der ehem. DDR siehe Einigungsvertrag Anl. I Kap. IV Sachgebiet B Abschn. II Nr. 15 – abgedruckt vor **1.1**–.
[2] Zur Anwendung von § 50 Abs. 1 Nr. 3 siehe § 54 Abs. 13.

**§ 51. Ausschluß der Anrechnung und Vergütung von Körperschaftsteuer.** Sind bei einem Anteilseigner die Einnahmen im Sinne des § 20 Abs. 1 Nr. 1 bis 3 oder Abs. 2 Nr. 2 Buchstabe a des Einkommensteuergesetzes nicht steuerpflichtig oder werden sie nach § 50 Abs. 1 Nr. 1 oder 2 bei der Veranlagung nicht erfaßt, so sind die Anrechnung und Vergütung der nach § 36 Abs. 2 Nr. 3 des Einkommensteuergesetzes anrechenbaren Körperschaftsteuer ausgeschlossen.

**§ 52. Vergütung des Erhöhungsbetrags.** (1) Die nach § 51 nicht anzurechnende Körperschaftsteuer wird an unbeschränkt steuerpflichtige, von der Körperschaftsteuer befreite Anteilseigner, an juristische Personen des öffentlichen Rechts und an Anteilseigner, die nach § 2 Nr. 1 beschränkt körperschaftsteuerpflichtig sind, auf Antrag vergütet, soweit sie sich nach § 27 erhöht, weil Eigenkapital im Sinne des § 30 Abs. 2 Nr. 1 oder 3 als für die Ausschüttung oder für die sonstige Leistung verwendet gilt.

(2) Die Vergütung setzt voraus, daß der Antragsteller

1. die Höhe seiner Einnahmen und die ihm nach Absatz 1 zu vergütende Körperschaftsteuer durch eine Bescheinigung im Sinne des § 44 oder des § 45,

2. seine Befreiung von der Körperschaftsteuer durch eine Bescheinigung des Finanzamts,

3. den ausländischen Ort seines Sitzes und seiner Geschäftsleitung durch eine Bescheinigung der ausländischen Steuerbehörde

nachweist.

(3) Für die Vergütung ist das Bundesamt für Finanzen zuständig.

(4) Die Körperschaftsteuer wird nicht vergütet, soweit die Ausschüttung oder die sonstige Leistung auf Anteile entfällt, die in einem wirtschaftlichen Geschäftsbetrieb des steuerbefreiten Anteilseigners, für den die Steuerbefreiung insoweit ausgeschlossen ist, oder in einem steuerpflichtigen Betrieb gewerblicher Art der juristischen Person des öffentlichen Rechts oder in einer inländischen Betriebsstätte des beschränkt steuerpflichtigen Anteilseigners gehalten werden.

## Sechster Teil. Ermächtigungs- und Schlußvorschriften

**§ 53. Ermächtigungen.** (1) Die Bundesregierung wird ermächtigt, zur Durchführung dieses Gesetzes mit Zustimmung des Bundesrates durch Rechtsverordnung

1. zur Wahrung der Gleichmäßigkeit bei der Besteuerung, zur Beseitigung von Unbilligkeiten in Härtefällen und zur Vereinfachung des Besteuerungsverfahrens den Umfang der Steuerbefreiungen nach § 5 Abs. 1 Nr. 3 und 4 näher zu bestimmen. ²Dabei können

a) zur Durchführung des § 5 Abs. 1 Nr. 3 Vorschriften erlassen werden, nach denen die Steuerbefreiung nur eintritt,

aa) wenn die Leistungsempfänger nicht überwiegend aus dem Unternehmer oder seinen Angehörigen, bei Gesellschaften aus den Gesellschaftern und ihren Angehörigen bestehen,

bb) wenn bei Kassen mit Rechtsanspruch der Leistungsempfänger die Rechtsansprüche und bei Kassen ohne Rechtsanspruch der Leistungsempfänger die laufenden Kassenleistungen und das Sterbegeld bestimmte Beträge nicht übersteigen, die dem Wesen der Kasse als soziale Einrichtung entsprechen,

cc) wenn bei Auflösung der Kasse ihr Vermögen satzungsmäßig nur für soziale Zwecke verwendet werden darf,

dd) wenn rechtsfähige Pensions-, Sterbe- und Krankenkassen der Versicherungsaufsicht unterliegen,

ee) wenn bei rechtsfähigen Unterstützungskassen die Leistungsempfänger zu laufenden Beiträgen oder Zuschüssen nicht verpflichtet sind und die Leistungsempfänger oder die Arbeitnehmervertretungen des Betriebs oder der Dienststelle an der Verwaltung der Beträge, die der Kasse zufließen, beratend mitwirken können;

b) zur Durchführung des § 5 Abs. 1 Nr. 4 Vorschriften erlassen werden

aa) über die Höhe der für die Inanspruchnahme der Steuerbefreiung zulässigen Beitragseinnahmen,

bb) nach denen bei Versicherungsvereinen auf Gegenseitigkeit, deren Geschäftsbetrieb sich auf die Sterbegeldversicherung beschränkt, die Steuerbefreiung unabhängig von der Höhe der Beitragseinnahmen auch eintritt, wenn die Höhe des Sterbegeldes insgesamt die Leistung der nach § 5 Abs. 1 Nr. 3 steuerbefreiten Sterbekassen nicht übersteigt und wenn der Verein auch im übrigen eine soziale Einrichtung darstellt;

2. Vorschriften zu erlassen

a) über die Kleinbeträge, um die eine Rückstellung für Beitragsrückerstattung nach § 21 Abs. 2 nicht aufgelöst zu werden braucht, wenn die Auszahlung dieser Beträge an die Versicherten mit einem unverhältnismäßig hohen Verwaltungsaufwand verbunden wäre;

b) über die Herabsetzung oder Erhöhung der Körperschaftsteuer nach § 23 Abs. 4;

c) nach denen bei Anschaffung oder Herstellung von abnutzbaren beweglichen und bei Herstellung von abnutzbaren unbeweglichen Wirtschaftsgütern des Anlagevermögens auf Antrag ein Abzug von der Körperschaftsteuer für den Veranlagungszeitraum der Anschaffung oder Herstellung bis zur Höhe von 7,5 vom Hundert der Anschaffungs- oder Herstellungskosten dieser Wirtschaftsgüter vorgenommen werden kann. § 51 Abs. 1 Nr. 2 Buchstabe s des Einkommensteuergesetzes gilt entsprechend;

d) nach denen Versicherungsvereine auf Gegenseitigkeit von geringerer wirtschaftlicher Bedeutung, die eine Schwankungsrückstellung nach § 20 Abs. 2 nicht gebildet haben, zum Ausgleich des schwankenden Jahresbedarfs zu Lasten des steuerlichen Gewinns Beträge der nach § 37 des Versicherungsaufsichtsgesetzes zu bildenden Verlustrücklage zuführen können.

(2) Der Bundesminister der Finanzen wird ermächtigt,

1. im Einvernehmen mit den obersten Finanzbehörden der Länder Muster der in den §§ 44 und 45 vorgeschriebenen Bescheinigungen sowie die Vordrucke für die Erklärung für die in § 47 vorgeschriebene gesonderte Feststellung zu bestimmen;

2. den Wortlaut dieses Gesetzes und der zu diesem Gesetz erlassenen Durchführungsverordnungen in der jeweils geltenden Fassung mit neuem Datum, unter neuer Überschrift und in neuer Paragraphenfolge bekanntzumachen und dabei Unstimmigkeiten des Wortlauts zu beseitigen.

**§ 54. Schlußvorschriften.** (1) Diese Fassung des Gesetzes ist, soweit in den folgenden Absätzen sowie in § 54a nichts anderes bestimmt ist, erstmals für den am 1. Januar 1991 beginnenden Veranlagungszeitraum anzuwenden.

(2) § 5 Abs. 1 Nr. 2 des Körperschaftsteuergesetzes in der Fassung der Bekanntmachung vom 11. März 1991 (BGBl. I S. 638) ist für die Wirtschaftsaufbaukasse Schleswig-Holstein Aktiengesellschaft letztmals für den Veranlagungszeitraum 1992 anzuwenden.

(2a) § 5 Abs. 1 Nr. 8 ist erstmals für den Veranlagungszeitraum 1992 anzuwenden.

(2b) § 5 Abs. 1 Nr. 3 Buchstabe e ist erstmals für den Veranlagungszeitraum 1992 anzuwenden.

(3) § 5 Abs. 1 Nr. 9 Satz 3 ist auch für vor dem 1. Januar 1990 beginnende Veranlagungszeiträume anzuwenden, soweit Bescheide noch nicht bestandskräftig sind oder unter dem Vorbehalt der Nachprüfung stehen.

(4) [1]§ 5 Abs. 1 Nr. 10 bis 13 des Körperschaftsteuergesetzes 1984 in der Fassung der Bekanntmachung vom 10. Februar 1984 (BGBl. I S. 217) ist auf Antrag der Körperschaft letztmals für den Veranlagungszeitraum 1990 anzuwenden, wenn die Körperschaft in diesem Veranlagungszeitraum ausschließlich Geschäfte betreibt, die nach den bis zum 31. Dezember 1989 geltenden gesetzlichen Vorschriften zulässig waren. [2]In diesem Fall ist § 5 Abs. 1 Nr. 10 und 12 dieses Gesetzes in der vorstehenden Fassung erstmals für den Veranlagungszeitraum 1991 anzuwenden.

(5) [1]Erwerbs- und Wirtschaftsgenossenschaften sowie Vereine können bis zum 31. Dezember 1991, in den Fällen des Absatzes 4 oder, wenn es sich um Erwerbs- und Wirtschaftsgenossenschaften oder Vereine in dem in Artikel 3 des Einigungsvertrages genannten Gebiet handelt, bis zum 31. Dezember 1992, durch schriftliche Erklärung auf die Steuerbefreiung nach § 5 Abs. 1 Nr. 10 und 14 dieses Gesetzes in der vorstehenden Fassung verzichten, und zwar auch für den Veranlagungszeitraum 1990. [2]Die Körperschaft ist mindestens für fünf aufeinanderfolgende Kalenderjahre an die Erklärung gebunden. [3]Die Erklärung kann nur mit Wirkung von Beginn eines Kalenderjahrs an widerrufen werden. [4]Der Widerruf ist spätestens bis zur Unanfechtbarkeit der Steuerfestsetzung des Kalenderjahrs zu erklären, für das er gelten soll.

(5a) [1]§ 6 Abs. 5 Satz 1 ist im Veranlagungszeitraum 1992 nur anzuwenden, soweit sich aus § 5 Abs. 1 Nr. 3 Buchstabe e in der bis Veranlagungszeitraum 1991 geltenden Fassung ein übersteigendes Vermögen ergeben würde. [2]§ 6 Abs. 6 bleibt unberührt.

(6) § 8 Abs. 4 ist auch für vor dem 1. Januar 1990 beginnende Veranlagungszeiträume anzuwenden, wenn die Rechtsgeschäfte, die zu dem Verlust der wirtschaftlichen Identität geführt haben, nach dem 23. Juni 1988 abgeschlossen worden sind.

(7) [1]§ 9 Nr. 3 in der Fassung des Gesetzes zur Änderung des Parteiengesetzes und anderer Gesetze vom 22. Dezember 1988 (BGBl. I S. 2615) ist erstmals für den Veranlagungszeitraum 1989, Buchstabe c dieser Vorschrift erstmals für den Veranlagungszeitraum 1984 anzuwenden. [2]Für die Veranlagungszeiträume 1984 bis 1988 ist § 9 Nr. 3 in der Fassung des Gesetzes zur Änderung des Parteiengesetzes und anderer Gesetze mit der Maßgabe anzuwenden, daß sich der Höchstbetrag für Spenden an politische Parteien auf 100000 Deutsche Mark erhöht und sich der Betrag von 40000 Deutsche Mark, ab dem eine Veröffentlichung im Rechenschaftsbericht Voraussetzung für den Abzug der Spenden ist, auf 20000 Deutsche Mark vermindert. [3]Für Spenden an politische Parteien, die vor dem 15. Juli 1986 geleistet worden sind, ist § 9 Nr. 3 in der Fassung der Bekanntmachung vom 10. Februar 1984 (BGBl. I S. 217) anzuwenden, wenn dessen Anwendung zu einer niedrigeren Steuer führt.

(7a) § 9 Nr. 3 Buchstabe a Satz 3 und 4 ist erstmals auf Einzelzuwendungen anzuwenden, die nach dem 31. Dezember 1990 geleistet werden.

(8) § 10 Nr. 2 ist auch für vor dem 1. Januar 1990 beginnende Veranlagungszeiträume anzuwenden, soweit die Vorschrift den Abzug steuerlicher Nebenleistungen untersagt.

(8a) § 12 Abs. 2 ist erstmals auf Vermögensübertragungen anzuwenden, die nach dem 31. Dezember 1991 vorgenommen werden.

(8b) § 21a ist erstmals auf Mehrerträge anzuwenden, die nach dem 31. Dezember 1990 anfallen.

(9) § 23 Abs. 4 des Körperschaftsteuergesetzes 1984 ist letztmals für den Veranlagungszeitraum 1987 anzuwenden.

(10) [1]§ 26 Abs. 2a ist erstmals auf nach dem 31. Dezember 1991 vorgenommene Gewinnausschüttungen anzuwenden. [2]§ 26 Abs. 8 ist erstmals auf Gewinnminderungen anzuwenden, die auf nach dem 23. Juni 1988 vorgenommene Gewinnausschüttungen zurückzuführen sind.

(11) [1]In der Gliederung des verwendbaren Eigenkapitals ist zusätzlich ein positiver Teilbetrag auszuweisen, der aus Einkommensteilen entstanden ist, die nach dem 31. Dezember 1976, aber vor dem 1. Januar 1990 der Körperschaftsteuer ungemildert unterlegen haben. [2]Bei der Gliederung des verwendbaren Eigenkapitals zum Schluß des letzten Wirtschaftsjahrs, das vor dem 1. Januar 1995 abgelaufen ist, ist er dem Teilbetrag im Sinne des § 30 Abs. 1 Nr. 1 in Höhe von $\frac{56}{44}$ seines Bestands hinzuzurechnen. [3]In Höhe von $\frac{12}{44}$ dieses Bestands ist der Teilbetrag im Sinne des § 30 Abs. 2 Nr. 2 zu verringern. [4]Ist der Teilbetrag im Sinne

des Satzes 1 negativ, verringert er bei der Gliederung des verwendbaren Eigenkapitals zum Schluß des letzten Wirtschaftsjahrs, das vor dem 1. Januar 1991 abgelaufen ist, den neu entstehenden Teilbetrag im Sinne des § 30 Abs. 1 Nr. 1.

(12) § 30 Abs. 3 ist auch für Feststellungszeitpunkte vor dem 1. Januar 1991 anzuwenden, soweit Bescheide noch nicht bestandskräftig sind oder unter dem Vorbehalt der Nachprüfung stehen.

(13) [1]§ 50 Abs. 1 Nr. 3 ist erstmals auf Kapitalerträge anzuwenden, die nach dem 30. Juni 1989 zufließen. [2]Auf Kapitalerträge, die nach dem 31. Dezember 1988 und vor dem 1. Juli 1989 zugeflossen sind, ist § 50 Abs. 1 Nr. 3 in der Fassung des Artikels 2 Nr. 11 des Steuerreformgesetzes 1990 vom 25. Juli 1988 (BGBl. I S. 1093) anzuwenden.

**§ 54 a. Sondervorschriften für Körperschaften, Personenvereinigungen oder Vermögensmassen in dem in Artikel 3 des Einigungsvertrages genannten Gebiet.** Bei Körperschaften, Personenvereinigungen oder Vermögensmassen, die am 31. Dezember 1990 ihre Geschäftsleitung oder ihren Sitz in dem in Artikel 3 des Einigungsvertrages[1] genannten Gebiet und im Jahre 1990 keine Geschäftsleitung und keinen Sitz im bisherigen Geltungsbereich dieses Gesetzes hatten, gilt folgendes:
1. Gewinnausschüttungen für ein vor dem 1. Januar 1991 endendes Wirtschaftsjahr sind abweichend von § 28 Abs. 3 mit dem Teilbetrag im Sinne des § 30 Abs. 2 Nr. 4 zu verrechnen.
2. Auf Gewinnausschüttungen für ein vor dem 1. Januar 1991 endendes Wirtschaftsjahr ist das Körperschaftsteuergesetz (KöStG) der Deutschen Demokratischen Republik in der Fassung vom 18. September 1970 (Sonderdruck Nr. 671 des Gesetzblattes), geändert durch das Gesetz vom 6. März 1990 zur Änderung der Rechtsvorschriften über die Einkommen-, Körperschaft- und Vermögensteuer – Steueränderungsgesetz – (GBl. I Nr. 17 S. 136) und das Gesetz vom 22. Juni 1990 zur Änderung und Ergänzung steuerlicher Rechtsvorschriften bei Einführung der Währungsunion mit der Bundesrepublik Deutschland (Sonderdruck Nr. 1427 des Gesetzblattes), weiter anzuwenden.
3. Soweit ein Verlust aus dem Veranlagungszeitraum 1990 auf das Einkommen eines Veranlagungszeitraums nach 1990 vorgetragen wird, ist die Hinzurechnung nach § 33 Abs. 2 bei dem Teilbetrag im Sinne des § 30 Abs. 2 Nr. 4 vorzunehmen.
4. Bescheinigungen im Sinne der §§ 44 und 45 dürfen nicht ausgestellt werden, wenn die Ausschüttung vor dem 1. Januar 1991 vorgenommen worden ist.
5. Werden Bescheinigungen im Sinne der §§ 44 und 45 entgegen der Nummer 4 ausgestellt, gilt § 44 Abs. 6 entsprechend.
6. Bescheinigungen im Sinne des § 46 dürfen nur ausgestellt werden, wenn Ansprüche auf den Gewinn aus Wirtschaftsjahren veräußert werden, die nach dem 31. Dezember 1990 ablaufen.

---

[1] Auszugsweise abgedruckt vor **1.1.**

7. [1]Die Aufteilung des Eigenkapitals nach § 29 Abs. 2 Satz 1, die Gliederung des verwendbaren Eigenkapitals nach § 30 und die gesonderte Feststellung von Besteuerungsgrundlagen im Sinne des § 47 sind erstmals auf den 1. Januar 1991 vorzunehmen. [2]Dabei ist das verwendbare Eigenkapital entsprechend § 30 Abs. 3 zuzuordnen.

8. § 54 Abs. 2 bis 13 ist nicht anzuwenden, soweit darin die Anwendung einzelner Vorschriften für Veranlagungszeiträume oder Wirtschaftsjahre vor 1991 geregelt ist.

**§ 55.** (weggefallen)

## 3.2 Körperschaftsteuer-Durchführungsverordnung 1984 (KStDV 1984)

In der Fassung der Bekanntmachung vom 31. Juli 1984

(BGBl. I S. 1055)

**BGBl. III 611–4–6**

Auf Grund des § 53 Abs. 2 Nr. 2 des Körperschaftsteuergesetzes vom 10. Februar 1984 (BGBl. I S. 217) verordnet die Bundesregierung mit Zustimmung des Bundesrates:

### Zu § 5 Abs. 1 Nr. 3 des Gesetzes

**§ 1. Allgemeines.** Rechtsfähige Pensions-, Sterbe-, Kranken- und Unterstützungskassen sind nur dann eine soziale Einrichtung im Sinne des § 5 Abs. 1 Nr. 3 Buchstabe b des Gesetzes, wenn sie die folgenden Voraussetzungen erfüllen:

1. Die Leistungsempfänger dürfen sich in der Mehrzahl nicht aus dem Unternehmer oder dessen Angehörigen und bei Gesellschaften in der Mehrzahl nicht aus den Gesellschaftern oder deren Angehörigen zusammensetzen.

2. Bei Auflösung der Kasse darf ihr Vermögen vorbehaltlich der Regelung in § 6 des Gesetzes satzungsmäßig nur den Leistungsempfängern oder deren Angehörigen zugute kommen oder für ausschließlich gemeinnützige oder mildtätige Zwecke verwendet werden.

3. Außerdem müssen bei Kassen mit Rechtsanspruch der Leistungsempfänger die Voraussetzungen des § 2, bei Kassen ohne Rechtsanspruch der Leistungsempfänger die Voraussetzungen des § 3 erfüllt sein.

**§ 2. Kassen mit Rechtsanspruch der Leistungsempfänger.** (1) Bei rechtsfähigen Pensions- oder Sterbekassen, die den Leistungsempfängern einen Rechtsanspruch gewähren, dürfen die jeweils erreichten Rechtsansprüche der Leistungsempfänger vorbehaltlich des Absatzes 2 die folgenden Beträge nicht übersteigen:

| | |
|---|---|
| als Pension | 36 000 Deutsche Mark jährlich, |
| als Witwengeld | 24 000 Deutsche Mark jährlich, |
| als Waisengeld | 7 200 Deutsche Mark jährlich für jede Halbwaise, |
| | 14 400 Deutsche Mark jährlich für jede Vollwaise, |
| als Sterbegeld | 10 000 Deutsche Mark als Gesamtleistung. |

(2) Die jeweils erreichten Rechtsansprüche, mit Ausnahme des Anspruchs auf Sterbegeld, dürfen in nicht mehr als 12 vom Hundert aller Fälle auf höhere als die in Absatz 1 bezeichneten Beträge gerichtet sein. Dies gilt in nicht mehr als 4 vom Hundert aller Fälle uneingeschränkt. Im

übrigen dürfen die jeweils erreichten Rechtsansprüche die folgenden Beträge nicht übersteigen:

als Pension    54000 Deutsche Mark jährlich,

als Witwengeld 36000 Deutsche Mark jährlich,

als Waisengeld 10800 Deutsche Mark jährlich für jede Halbwaise,

                21600 Deutsche Mark jährlich für jede Vollwaise.

**§ 3. Kassen ohne Rechtsanspruch der Leistungsempfänger.** Rechtsfähige Unterstützungskassen, die den Leistungsempfängern keinen Rechtsanspruch gewähren, müssen die folgenden Voraussetzungen erfüllen:

1. Die Leistungsempfänger dürfen zu laufenden Beiträgen oder zu sonstigen Zuschüssen nicht verpflichtet sein.

2. Den Leistungsempfängern oder den Arbeitnehmervertretungen des Betriebs oder der Dienststelle muß satzungsgemäß und tatsächlich das Recht zustehen, an der Verwaltung sämtlicher Beträge, die der Kasse zufließen, beratend mitzuwirken.

3. Die laufenden Leistungen und das Sterbegeld dürfen die in § 2 bezeichneten Beträge nicht übersteigen.

**Zu § 5 Abs. 1 Nr. 4 des Gesetzes**

**§ 4. Kleinere Versicherungsvereine.** Kleinere Versicherungsvereine auf Gegenseitigkeit im Sinne des § 53 des Versicherungsaufsichtsgesetzes sind von der Körperschaftsteuer befreit, wenn

1. ihre Beitragseinnahmen im Durchschnitt der letzten drei Wirtschaftsjahre einschließlich des im Veranlagungszeitraum endenden Wirtschaftsjahrs die folgenden Jahresbeträge nicht überstiegen haben:

   a) 1300000 Deutsche Mark bei Versicherungsvereinen, die die Lebensversicherung oder die Krankenversicherung betreiben,

   b) 500000 Deutsche Mark bei allen übrigen Versicherungsvereinen,

   oder

2. sich ihr Geschäftsbetrieb auf die Sterbegeldversicherung beschränkt und sie im übrigen die Voraussetzungen des § 1 erfüllen.

## Schlußvorschriften

**§ 5. Anwendungszeitraum.** Die vorstehende Fassung dieser Verordnung ist erstmals für den Veranlagungszeitraum 1984 anzuwenden.

**§ 6. Berlin-Klausel.** *(gegenstandslos)*

**§ 7.** (Inkrafttreten)

# 4. Gesetz über steuerliche Maßnahmen bei Änderung der Unternehmensform (UmwStG 1977)*

Vom 6. September 1976

(BGBl. I S. 2641)

Zuletzt geändert durch Steueränderungsgesetz 1992 vom 25. Februar 1992 (BGBl. I S. 297)

. BGBl. III 611–4–S

## Erster Teil. Allgemeine Vorschriften zu dem Zweiten bis Fünften Teil

**§ 1. Anwendungsbereich der Vorschriften des Zweiten bis Fünften Teils.** (1) Geht das Vermögen einer Kapitalgesellschaft im Sinne des § 1 Abs. 1 Nr. 1 des Körperschaftsteuergesetzes, einer Erwerbs- oder Wirtschaftsgenossenschaft oder eines Versicherungsvereins auf Gegenseitigkeit durch Gesamtrechtsnachfolge auf einen anderen über, so gelten die Vorschriften der §§ 2 bis 19.

(2) Absatz 1 gilt nur für den Übergang des Vermögens von Körperschaften, die nach § 1 des Körperschaftsteuergesetzes unbeschränkt steuerpflichtig sind.

**§ 2. Steuerliche Rückwirkung.** (1) Das Einkommen und das Vermögen der übertragenden Körperschaft sowie der Übernehmerin sind so zu ermitteln, als ob das Vermögen der Körperschaft mit Ablauf des Stichtages der Bilanz, die dem Vermögensübergang zugrunde liegt (steuerlicher Übertragungsstichtag), auf die Übernehmerin übergegangen wäre und die übertragende Körperschaft gleichzeitig aufgelöst worden wäre. Das gleiche gilt für die Ermittlung der Bemessungsgrundlagen bei der Gewerbesteuer.

(2) Ist die Übernehmerin eine Personengesellschaft, so gilt Absatz 1 Satz 1 für das Einkommen und das Vermögen der Gesellschafter.

(3) Bei einer Umwandlung nach den Vorschriften des Ersten Abschnitts des Umwandlungsgesetzes oder bei einer Verschmelzung nach den Vorschriften des Gesetzes betreffend die Erwerbs- und Wirtschaftsgenossenschaften gilt Absatz 1 nur, wenn die bei der Anmeldung zur Eintragung in das Handelsregister oder in das Genossenschaftsregister einzureichende Bilanz für den Stichtag aufgestellt ist, der höchstens sechs Monate vor der Anmeldung liegt.

(4) Soweit die Regelung des Absatzes 1 an dem auf den steuerlichen Übertragungsstichtag folgenden Feststellungszeitpunkt (§§ 21 bis 23 des

---

* Zum Anwendungsbereich vgl. § 28.

Bewertungsgesetzes) oder Veranlagungszeitpunkt (§§ 15 bis 17 des Vermögensteuergesetzes) zu einem höheren Einheitswert des Betriebsvermögens oder des land- und forstwirtschaftlichen Vermögens oder zu einem höheren Gesamtvermögen führt, ist bei der Feststellung des Einheitswerts des Betriebsvermögens oder des land- und forstwirtschaftlichen Vermögens oder bei der Ermittlung des Gesamtvermögens ein entsprechender Betrag abzuziehen.

## Zweiter Teil. Vermögensübergang auf eine Personengesellschaft oder auf eine natürliche Person

### Erstes Kapitel. Auswirkungen auf den Gewinn der übertragenden Körperschaft

**§ 3. Wertansätze in der steuerlichen Schlußbilanz.** In der steuerlichen Schlußbilanz für das letzte Wirtschaftsjahr der übertragenden Körperschaft sind die nach den steuerrechtlichen Vorschriften über die Gewinnermittlung auszuweisenden Wirtschaftsgüter mit dem Teilwert anzusetzen. Wirtschaftsgüter, die nicht in ein Betriebsvermögen übergehen, sind mit dem gemeinen Wert anzusetzen. Für die Bewertung von Pensionsverpflichtungen gilt § 6a des Einkommensteuergesetzes.

**§ 4. Befreiung des Übertragungsgewinns von der Körperschaftsteuer.** Der Teil des Gewinns der übertragenden Körperschaft, der sich infolge des Vermögensübergangs ergibt (Übertragungsgewinn), unterliegt nicht der Körperschaftsteuer.

### Zweites Kapitel. Einkünfte der Gesellschafter der übernehmenden Personengesellschaft oder der übernehmenden natürlichen Person

#### Erster Abschnitt. Vermögensübergang auf eine Personengesellschaft

**§ 5. Auswirkungen auf den Gewinn der übernehmenden Personengesellschaft.** (1) Die Personengesellschaft hat die auf sie übergegangenen Wirtschaftsgüter einschließlich der in § 8 bezeichneten Wirtschaftsgüter mit dem in der steuerlichen Schlußbilanz der übertragenden Körperschaft enthaltenen Wert zu übernehmen. Eine auf die Personengesellschaft übergegangene Vermögensabgabeschuld ist unbeschadet des § 211 des Lastenausgleichsgesetzes stets auszuweisen. Sie ist mit dem Zeitwert anzusetzen.

(2) Die übergegangenen Wirtschaftsgüter gelten mit dem in Absatz 1 bezeichneten Wert als angeschafft. Ist die Dauer der Zugehörigkeit eines Wirtschaftsguts zum Betriebsvermögen für die Besteuerung bedeutsam, so ist der Zeitraum seiner Zugehörigkeit zum Betriebsvermögen der übertragenden Körperschaft der übernehmenden Personengesellschaft anzurechnen.

(3) Der Gewinn der übernehmenden Personengesellschaft erhöht sich in dem Wirtschaftsjahr, in dem das Vermögen nach § 2 als übergegangen gilt, um die nach § 12 anzurechnende Körperschaftsteuer und um einen Sperrbetrag im Sinne des § 50 c des Einkommensteuergesetzes.

(4) Übersteigt der auf einen Gesellschafter der übernehmenden Personengesellschaft entfallende Übernahmeverlust den auf diesen Gesellschafter entfallenden Erhöhungsbetrag im Sinne des Absatzes 3, so bleibt der übersteigende Betrag bei der Ermittlung des Gewinns der Personengesellschaft und bei der Ermittlung des Einkommens des Gesellschafters unberücksichtigt.

(5) Übernahmegewinn oder Übernahmeverlust ist der infolge des Vermögensübergangs sich ergebende Unterschiedsbetrag zwischen dem Buchwert der Anteile an der übertragenden Körperschaft und dem Wert, mit dem die übergegangenen Wirtschaftsgüter zu übernehmen sind. Der Buchwert ist der Wert, mit dem die Anteile nach den steuerrechtlichen Vorschriften über die Gewinnermittlung in einer für den steuerlichen Übertragungsstichtag aufzustellenden Steuerbilanz anzusetzen sind oder anzusetzen wären.

### § 6. Auswirkungen auf den Gewinn der übernehmenden Personengesellschaft in Sonderfällen.

(1) Hat die übernehmende Personengesellschaft Anteile an der übertragenden Körperschaft nach dem steuerlichen Übertragungsstichtag angeschafft oder findet sie einen Anteilseigner ab, so ist ihr Gewinn so zu ermitteln, als hätte sie die Anteile an diesem Stichtag angeschafft.

(2) Haben an dem steuerlichen Übertragungsstichtag Anteile an der übertragenden Körperschaft zu dem Betriebsvermögen eines Gesellschafters der übernehmenden Personengesellschaft gehört, so ist der Gewinn so zu ermitteln, als wären die Anteile an diesem Stichtag in das Betriebsvermögen der Personengesellschaft überführt worden.

(3) Anteile an der übertragenden Körperschaft, die an dem steuerlichen Übertragungsstichtag zu dem Privatvermögen eines Gesellschafters der übernehmenden Personengesellschaft gehört haben, gelten für die Ermittlung des Gewinns als an diesem Stichtag in das Betriebsvermögen der Personengesellschaft eingelegt. Dabei sind die Anteile in den Fällen des § 6 Abs. 1 Ziff. 5 Buchstabe a des Einkommensteuergesetzes stets mit dem Teilwert anzusetzen. Die Vorschriften des § 17 Abs. 4 und des § 22 Ziff. 2 des Einkommensteuergesetzes sind nicht anzuwenden.

### § 7. Stundung der auf den Übernahmegewinn entfallenden Steuern vom Einkommen.

Übersteigt die Einkommensteuer oder die Körperschaftsteuer, die auf den Übernahmegewinn und den Erhöhungsbetrag im Sinne des § 5 Abs. 3 entfällt, die nach § 12 anzurechnende Körperschaftsteuer, so kann der Unterschiedsbetrag auf Antrag für einen Zeitraum von höchstens zehn Jahren seit Eintritt der ersten Fälligkeit gegen Sicherheitsleistung gestundet werden. Der gestundete Betrag ist in regelmäßigen Teilbeträgen zu tilgen. Von der Sicherheitsleistung kann nur abgesehen werden, wenn der Steueranspruch nicht gefährdet erscheint und die Stundung für einen Zeitraum von höchstens fünf Jahren gewährt wird. Stundungszinsen werden nicht erhoben.

**§ 8. Gewinnerhöhung durch Vereinigung von Forderungen und Verbindlichkeiten.** (1) Erhöht sich der Gewinn der übernehmenden Personengesellschaft dadurch, daß der Vermögensübergang zum Erlöschen von Forderungen und Verbindlichkeiten zwischen der übertragenden Körperschaft und der Personengesellschaft oder zur Auflösung von Rückstellungen führt, so darf die Personengesellschaft insoweit eine den steuerlichen Gewinn mindernde Rücklage bilden.

(2) Vorbehaltlich des Absatzes 3 ist die Rücklage in den auf ihre Bildung folgenden drei Wirtschaftsjahren mit mindestens je einem Drittel gewinnerhöhend aufzulösen.

(3) Ist die Rücklage auf Grund der Vereinigung einer vor dem 1. Januar 1955 entstandenen Darlehnsforderung im Sinne des § 7c des Einkommensteuergesetzes mit der Darlehnsschuld gebildet worden, so ist die Rücklage in den auf ihre Bildung folgenden Wirtschaftsjahren mindestens in Höhe der Tilgungsbeträge gewinnerhöhend aufzulösen, die ohne den Vermögensübergang nach dem Darlehnsvertrag in dem jeweiligen Wirtschaftsjahr zu erbringen gewesen wären. Der aufzulösende Betrag darf 10 vom Hundert der Rücklage nicht unterschreiten. Satz 1 gilt entsprechend, wenn die Rücklage auf Grund der Vereinigung einer Darlehnsforderung im Sinne der bis zum 31. Dezember 1954 geltenden Fassung des § 7d Abs. 2 des Einkommensteuergesetzes in der Fassung der Bekanntmachung vom 28. Dezember 1950 (Bundesgesetzbl. 1951 I S. 1), zuletzt geändert durch das Gesetz zur Änderung steuerrechtlicher Vorschriften und zur Sicherung der Haushaltsführung vom 24. Juni 1953 (Bundesgesetzbl. I S. 413), mit der Darlehnsschuld gebildet worden ist.

(4) Vereinigt sich infolge des Vermögensübergangs eine nach dem 31. Dezember 1954 entstandene Darlehnsforderung im Sinne des § 7c des Einkommensteuergesetzes mit der Darlehnsschuld, so ist § 7c Abs. 5 des Einkommensteuergesetzes nicht anzuwenden.

(5) Vereinigt sich infolge des Vermögensübergangs eine Darlehnsforderung im Sinne des § 17 des Gesetzes zur Förderung der Berliner Wirtschaft mit der Darlehnsschuld, so ist Absatz 3 Satz 3 dieser Vorschrift mit der Maßgabe anzuwenden, daß die Steuerermäßigung mit soviel Zehnteln unberührt bleibt, als seit der Hingabe des Darlehens bis zum steuerlichen Übertragungsstichtag volle Jahre verstrichen sind. Satz 1 gilt sinngemäß für Darlehnsforderungen im Sinne des § 16 des Gesetzes zur Förderung der Berliner Wirtschaft mit der Maßgabe, daß bei Darlehen, die vor dem 1. Januar 1970 gegeben worden sind, an die Stelle von einem Zehntel ein Sechstel, bei Darlehen, die nach dem 31. Dezember 1969 gegeben worden sind, an die Stelle von einem Zehntel ein Achtel tritt.

(6) Die Absätze 1 bis 5 gelten sinngemäß, wenn sich der Gewinn eines Gesellschafters der übernehmenden Personengesellschaft dadurch erhöht, daß eine Forderung oder Verbindlichkeit der übertragenden Körperschaft auf die Personengesellschaft übergeht oder daß infolge des Vermögensübergangs eine Rückstellung aufzulösen ist. Satz 1 gilt nur für Gesell-

schafter, die im Zeitpunkt der Eintragung des Umwandlungsbeschlusses in das Handelsregister an der Personengesellschaft beteiligt sind.

**§ 9. Ermittlung der Einkünfte nicht wesentlich beteiligter Anteilseigner.** Haben Anteile an der übertragenden Körperschaft im Zeitpunkt des Vermögensübergangs zum Privatvermögen eines Gesellschafters der übernehmenden Personengesellschaft gehört, der nicht wesentlich im Sinne des § 17 des Einkommensteuergesetzes beteiligt war, so sind ihm

1. der Teil des für Ausschüttungen verwendbaren Eigenkapitals der übertragenden Körperschaft mit Ausnahme des Teilbetrags im Sinne des § 30 Abs. 2 Nr. 4 des Körperschaftsteuergesetzes, der dem Verhältnis des Nennbetrags der Anteile zur Summe der Nennbeträge aller Anteile an der übertragenden Körperschaft entspricht, und
2. die nach § 12 anzurechnende Körperschaftsteuer als Einkünfte aus Kapitalvermögen zuzurechnen.

**§ 10. Vermögensübergang auf eine Personengesellschaft ohne Betriebsvermögen.** (1) Wird das übergehende Vermögen nicht Betriebsvermögen der übernehmenden Personengesellschaft, so sind die infolge des Vermögensübergangs entstehenden Einkünfte abweichend von § 6 Abs. 2 und 3 bei den Gesellschaftern der Personengesellschaft zu ermitteln. Die Vorschriften des § 5 Abs. 2 Satz 1 und Abs. 3, des § 6 Abs. 1, des § 8 Abs. 6 und des § 9 gelten sinngemäß.

(2) In den Fällen des Absatzes 1 sind die Vorschriften des § 17 Abs. 3, § 22 Ziff. 2 und § 34 Abs. 1 des Einkommensteuergesetzes nicht anzuwenden. Ein Veräußerungsgewinn im Sinne des § 17 Abs. 4 des Einkommensteuergesetzes erhöht sich um die nach § 12 anzurechnende Körperschaftsteuer.

### Zweiter Abschnitt. Vermögensübergang auf eine natürliche Person

**§ 11. Sinngemäße Anwendung von Vorschriften des Ersten Abschnitts.** (1) Wird das Vermögen der übertragenden Körperschaft Betriebsvermögen einer natürlichen Person, so sind die Vorschriften der §§ 5 bis 8 Abs. 5 sinngemäß anzuwenden.

(2) Wird das Vermögen der übertragenden Körperschaft Privatvermögen einer natürlichen Person, so sind die Vorschriften des § 5 Abs. 2 Satz 1, des § 6 Abs. 1, des § 8 Abs. 1 bis 5 sowie des § 10 Abs. 2 sinngemäß anzuwenden.

### Drittes Kapitel. Anrechnung von Körperschaftsteuer

**§ 12. Körperschaftsteueranrechnung.** Die Körperschaftsteuer, die auf den Teilbeträgen des für Ausschüttungen verwendbaren Eigenkapitals der übertragenden Körperschaft im Sinne des § 30 Abs. 1 Nr. 1 und 2 des Körperschaftsteuergesetzes lastet, ist auf die Einkommensteuer oder

Körperschaftsteuer der Gesellschafter der übernehmenden Personengesellschaft oder auf die Einkommensteuer der übernehmenden natürlichen Person anzurechnen.

**§ 13. Ausschluß der Anrechnung; Steuerpflicht für den Übertragungsgewinn.** (1) Die Anrechnung von Körperschaftsteuer nach § 12 ist bei Anteilseignern ausgeschlossen, bei denen der anteilige Übernahmegewinn oder die Einkünfte im Sinne des § 9, § 10 oder § 11 Abs. 2 nicht der Einkommensteuer oder der Körperschaftsteuer unterliegen.

(2) In den Fällen des Absatzes 1 ist der Übertragungsgewinn abweichend von § 4 mit dem Teil steuerpflichtig, der dem Verhältnis des Nennbetrags der Anteile des Anteilseigners zu der Summe der Nennbeträge aller Anteile an der übertragenden Körperschaft entspricht.

## Dritter Teil. Vermögensübergang auf eine andere Körperschaft

**§ 14. Auswirkungen auf den Gewinn der übertragenden Körperschaft.** (1) In der steuerlichen Schlußbilanz für das letzte Wirtschaftsjahr der übertragenden Körperschaft sind die übergegangenen Wirtschaftsgüter insgesamt mit dem Wert der für die Übertragung gewährten Gegenleistung anzusetzen. Wird eine Gegenleistung nicht gewährt, so ist § 3 entsprechend anzuwenden.

(2) Absatz 1 ist auf Antrag nicht anzuwenden, soweit

1. sichergestellt ist, daß der bei seiner Anwendung sich ergebende Gewinn später bei der übernehmenden Körperschaft der Körperschaftsteuer unterliegt und
2. eine Gegenleistung nicht gewährt wird oder in Gesellschaftsrechten besteht.

**§ 15. Auswirkungen auf den Gewinn der übernehmenden Körperschaft.** (1) Für die Übernahme der übergegangenen Wirtschaftsgüter gilt § 5 Abs. 1 Satz 1 sinngemäß.

(2) Bei der Ermittlung des Gewinns der übernehmenden Körperschaft bleibt der Übernahmegewinn oder der Übernahmeverlust im Sinne des § 5 Abs. 5 außer Ansatz. Übersteigen die tatsächlichen Anschaffungskosten den Buchwert der Anteile an der übertragenden Körperschaft, so ist der Unterschiedsbetrag dem Gewinn der übernehmenden Körperschaft hinzuzurechnen. Die Hinzurechnung unterbleibt, soweit eine Gewinnminderung, die sich durch den Ansatz der Anteile mit dem niedrigeren Teilwert ergeben hat, nach § 50c des Einkommensteuergesetzes nicht anerkannt worden ist. Die Hinzurechnung darf den nach § 14 Abs. 1 ermittelten Wert des übernommenen Vermögens, vermindert um den Buchwert der Anteile, nicht übersteigen. Sind der übernehmenden Körperschaft an dem steuerlichen Übertragungsstichtag nicht alle Anteile an

der übertragenden Körperschaft zuzurechnen, so tritt bei der Anwendung des Satzes 3 an die Stelle des Werts des übernommenen Vermögens der Teil dieses Werts, der dem Verhältnis des Nennbetrags der Anteile der übernehmenden Körperschaft zu dem Nennbetrag aller Anteile an der übertragenden Körperschaft entspricht.

(3) Vorbehaltlich des Absatzes 4 tritt die übernehmende Körperschaft bezüglich der Absetzungen für Abnutzung, der erhöhten Absetzungen, der Sonderabschreibungen, der Inanspruchnahme von Bewertungsfreiheit oder eines Bewertungsabschlags, der den steuerlichen Gewinn mindernden Rücklagen sowie der Anwendung der Vorschriften des § 6 Abs. 1 Ziff. 2 Satz 2 und 3 des Einkommensteuergesetzes in die Rechtsstellung der übertragenden Körperschaft ein.

(4) Wirtschaftsgüter, die nach § 14 Abs. 1 in der steuerlichen Schlußbilanz der übertragenden Körperschaft mit dem Wert der Gegenleistung oder mit dem in § 3 bezeichneten Wert angesetzt sind, gelten bei der übernehmenden Körperschaft als mit diesem Wert angeschafft.

(5) § 5 Abs. 2 Satz 2 und § 6 Abs. 1 gelten sinngemäß. § 8 Abs. 1 bis 5 gilt sinngemäß für den Teil des Gewinns aus der Vereinigung von Forderungen und Verbindlichkeiten, der der Beteiligung der übernehmenden Körperschaft am Kapital der übertragenden Körperschaft entspricht.

**§ 16. Besteuerung der Gesellschafter der übertragenden Körperschaft.** (1) Werden Kapitalgesellschaften im Sinne des § 1 Abs. 1 Nr. 1 des Körperschaftsteuergesetzes nach den Bestimmungen des Ersten Teils des Vierten Buches des Aktiengesetzes oder des Zweiten Abschnitts des Gesetzes über die Kapitalerhöhung aus Gesellschaftsmitteln und über die Verschmelzung von Gesellschaften mit beschränkter Haftung auf Grund eines Verschmelzungsvertrags verschmolzen, so gelten die Anteile an der übertragenden Kapitalgesellschaft, die zu einem Betriebsvermögen gehören, als zum Buchwert veräußert und die an ihre Stelle tretenden Anteile als mit diesem Wert angeschafft.

(2) Gehören Anteile an der übertragenden Kapitalgesellschaft nicht zu einem Betriebsvermögen und sind die Voraussetzungen des § 17 des Einkommensteuergesetzes erfüllt, so gilt Absatz 1 entsprechend mit der Maßgabe, daß an die Stelle des Buchwerts die Anschaffungskosten treten. Die im Zuge der Verschmelzung gewährten Anteile gelten als Anteile im Sinne des § 17 des Einkommensteuergesetzes.

(3) Die Absätze 1 und 2 gelten sinngemäß, wenn das Vermögen einer Körperschaft nach den Vorschriften des Ersten Abschnitts des Umwandlungsgesetzes auf den Hauptgesellschafter übertragen wird und der Hauptgesellschafter ausscheidenden Anteilseignern eigene Anteile gewährt.

(4) In den Fällen der Absätze 1 bis 3 ist § 50 c des Einkommensteuergesetzes auch auf die Anteile anzuwenden, die an die Stelle der Anteile an der übertragenden Kapitalgesellschaft treten.

## Vierter Teil. Barabfindung an Minderheitsgesellschafter

**§ 17.**[1] **Anwendung des § 6b des Einkommensteuergesetzes.** Wird ein Anteilseigner der übertragenden Körperschaft aus Anlaß des Vermögensübergangs in bar abgefunden und erhöht sich dadurch sein Gewinn, so ist auf Antrag § 6b des Einkommensteuergesetzes mit der Maßgabe anzuwenden, daß die Sechsjahresfrist im Sinne des Absatzes 4 Ziff. 2 dieser Vorschrift entfällt.

## Fünfter Teil. Gewerbesteuer

**§ 18. Gewerbesteuer bei Vermögensübergang auf eine Personengesellschaft oder auf eine natürliche Person.** (1) Geht das Vermögen der übertragenden Körperschaft auf eine Personengesellschaft oder auf eine natürliche Person über, so gelten die Vorschriften der §§ 3, 5, 6, 8, 10 Abs. 1, §§ 11 und 17 vorbehaltlich des Absatzes 2 auch für die Ermittlung des Gewerbeertrags.

(2) Der Übernahmegewinn ist nicht zu erfassen, soweit er auf Anteile entfällt, die nach § 6 Abs. 3 als in das Betriebsvermögen eingelegt gelten. Der auf andere Anteile entfallende Teil des Übernahmegewinns ist nur mit einem Drittel anzusetzen, soweit er den Unterschiedsbetrag zwischen den tatsächlichen Anschaffungskosten der Anteile und deren Buchwert übersteigt.

(3) Auf übergegangene Renten und dauernde Lasten finden die Vorschriften des § 8 Ziff. 2 und des § 12 Abs. 2 Ziff. 1 des Gewerbesteuergesetzes keine Anwendung. Satz 1 gilt nicht, wenn die Voraussetzungen für die Hinzurechnung nach den bezeichneten Vorschriften bereits bei der übertragenden Körperschaft erfüllt waren.

(4) Die auf den Übertragungsgewinn entfallende Gewerbesteuer kann auf Antrag für einen Zeitraum von höchstens zehn Jahren seit Eintritt der ersten Fälligkeit gegen Sicherheitsleistung gestundet werden. § 7 Satz 2 bis 4 gilt entsprechend.

**§ 19. Gewerbesteuer bei Vermögensübergang auf eine andere Körperschaft.** Geht das Vermögen der übertragenden Körperschaft auf eine andere Körperschaft über, so gelten die §§ 14 bis 17 auch für die Ermittlung des Gewerbeertrags. § 18 Abs. 3 ist entsprechend anzuwenden.

---

[1] Zur Anwendung von § 17 siehe § 28 Abs. 4a.

## Sechster Teil. Einbringung eines Betriebs, Teilbetriebs- oder Mitunternehmeranteils in eine Kapitalgesellschaft gegen Gewährung von Gesellschaftsanteilen

**§ 20. Bewertung des eingebrachten Betriebsvermögens und der Gesellschaftsanteile.** (1) Wird ein Betrieb oder Teilbetrieb oder ein Mitunternehmeranteil in eine unbeschränkt körperschaftsteuerpflichtige Kapitalgesellschaft (§ 1 Abs. 1 Nr. 1 des Körperschaftsteuergesetzes) eingebracht und erhält der Einbringende dafür neue Anteile an der Gesellschaft (Sacheinlage), so gelten für die Bewertung des eingebrachten Betriebsvermögens und der neuen Gesellschaftsanteile die Absätze 2 bis 7.

(2) Die Kapitalgesellschaft darf das eingebrachte Betriebsvermögen mit seinem Buchwert oder mit einem höheren Wert ansetzen. Der Ansatz mit dem Buchwert ist auch zulässig, wenn in der Handelsbilanz das eingebrachte Betriebsvermögen nach handelsrechtlichen Vorschriften mit einem höheren Wert angesetzt werden muß. Der Buchwert ist der Wert, mit dem der Einbringende das eingebrachte Betriebsvermögen im Zeitpunkt der Sacheinlage nach den steuerrechtlichen Vorschriften über die Gewinnermittlung anzusetzen hat. Übersteigen die Passivposten des eingebrachten Betriebsvermögens die Aktivposten, so hat die Kapitalgesellschaft das eingebrachte Betriebsvermögen mindestens so anzusetzen, daß sich die Aktivposten und die Passivposten ausgleichen; dabei ist das Eigenkapital nicht zu berücksichtigen. Erhält der Einbringende neben den Gesellschaftsanteilen auch andere Wirtschaftsgüter, deren gemeiner Wert den Buchwert des eingebrachten Betriebsvermögens übersteigt, so hat die Kapitalgesellschaft das eingebrachte Betriebsvermögen mindestens mit dem gemeinen Wert der anderen Wirtschaftsgüter anzusetzen. Bei dem Ansatz des eingebrachten Betriebsvermögens dürfen die Teilwerte der einzelnen Wirtschaftsgüter nicht überschritten werden.

(3) Die Kapitalgesellschaft hat das eingebrachte Betriebsvermögen mit seinem Teilwert anzusetzen, wenn der Einbringende beschränkt einkommensteuerpflichtig oder beschränkt körperschaftsteuerpflichtig ist oder wenn das Besteuerungsrecht der Bundesrepublik Deutschland hinsichtlich des Gewinns aus einer Veräußerung der dem Einbringenden gewährten Gesellschaftsanteile im Zeitpunkt der Sacheinlage durch ein Abkommen zur Vermeidung der Doppelbesteuerung ausgeschlossen ist. Satz 1 gilt nicht, wenn der Einbringende eine juristische Person des öffentlichen Rechts ist oder wenn er eine Körperschaft, Personenvereinigung oder Vermögensmasse ist, die nur steuerpflichtig ist, soweit sie einen wirtschaftlichen Geschäftsbetrieb unterhält.

(4) Der Wert, mit dem die Kapitalgesellschaft das eingebrachte Betriebsvermögen ansetzt, gilt für den Einbringenden als Veräußerungspreis und als Anschaffungskosten der Gesellschaftsanteile. Soweit neben den Gesellschaftsanteilen auch andere Wirtschaftsgüter gewährt werden, ist deren gemeiner Wert bei der Bemessung der Anschaffungs-

kosten der Gesellschaftsanteile von dem sich nach Satz 1 ergebenden Wert abzuziehen.

(5) Auf einen bei der Sacheinlage entstehenden Veräußerungsgewinn ist § 34 Abs. 1 des Einkommensteuergesetzes anzuwenden, wenn der Einbringende eine natürliche Person ist. § 16 Abs. 4 des Einkommensteuergesetzes ist in diesem Fall nur anzuwenden, wenn die Kapitalgesellschaft das eingebrachte Betriebsvermögen mit dem Teilwert ansetzt. In den Fällen des Absatzes 3 kann die Einkommensteuer oder die Körperschaftsteuer, die auf den bei der Sacheinlage entstehenden Veräußerungsgewinn entfällt, in jährlichen Teilbeträgen von mindestens je einem Fünftel entrichtet werden, wenn die Entrichtung der Teilbeträge sichergestellt ist.

(6)[1] Die Absätze 1 bis 4 gelten entsprechend für die Einbringung von Anteilen an einer Kapitalgesellschaft in eine andere Kapitalgesellschaft, wenn die übernehmende Gesellschaft aufgrund ihrer Beteiligung einschließlich der übernommenen Anteile nachweisbar unmittelbar die Mehrheit der Stimmrechte an der Gesellschaft hat, deren Anteile eingebracht werden. Handelt es sich bei der Kapitalgesellschaft, deren Anteile eingebracht werden, und bei der Kapitalgesellschaft, die die Anteile übernimmt, um in der Anlage bezeichnete Kapitalgesellschaften im Sinne des Artikels 3 der Richtlinie 90/434/EWG des Rates vom 23. Juli 1990 über das gemeinsame Steuersystem für Fusionen, Spaltungen, die Einbringung von Unternehmensteilen und den Austausch von Anteilen, die Gesellschaften verschiedener Mitgliedstaaten betreffen (ABl. EG Nr. L 225 S. 1), so gilt für die Bewertung der Anteile, die die übernehmende Kapitalgesellschaft erhält, Absatz 2 Satz 1 bis 4 und 6 und für die Bewertung der Anteile, die der Einbringende von der übernehmenden Kapitalgesellschaft erhält, Absatz 4 Satz 1 entsprechend. Absatz 5 Satz 1 und 2 gilt entsprechend, wenn alle Anteile einer Kapitalgesellschaft eingebracht werden. Der Anwendung des Satzes 2 steht nicht entgegen, daß die übernehmende Kapitalgesellschaft dem Einbringenden neben neuen Anteilen eine zusätzliche Gegenleistung gewährt, wenn diese 10 vom Hundert des Nennwertes oder eines an dessen Stelle tretenden rechnerischen Werts der gewährten Anteile nicht überschreitet. In den Fällen des Satzes 4 ist für die Bewertung der Anteile, die die übernehmende Kapitalgesellschaft erhält, auch Absatz 2 Satz 5 und für die Bewertung der Anteile, die der Einbringende erhält, auch Absatz 4 Satz 2 entsprechend anzuwenden.

(7) Wird die Sacheinlage durch Umwandlung auf Grund handelsrechtlicher Vorschriften vorgenommen, so gilt auf Antrag als Zeitpunkt der Sacheinlage der Stichtag, für den die Umwandlungsbilanz aufgestellt ist. Dieser Stichtag darf höchstens sechs Monate vor der Anmeldung des Umwandlungsbeschlusses zur Eintragung in das Handelsregister liegen. Das Einkommen und das Vermögen des Einbringenden und der Kapitalgesellschaft sind in diesem Fall so zu ermitteln, als ob der Betrieb mit Ablauf des Umwandlungsstichtags in die Kapitalgesellschaft eingebracht worden wäre. Satz 3 gilt hinsichtlich des Einkommens und des Gewerbe-

---

[1] Zur Anwendung von § 20 Abs. 6 siehe § 28 Abs. 4 b.

ertrags nicht für Entnahmen und Einlagen, die nach dem Umwandlungsstichtag erfolgen. Die Anschaffungskosten der Gesellschaftsanteile (Absatz 4) sind um den Buchwert der Entnahmen zu vermindern und um den sich nach § 6 Abs. 1 Ziff. 5 des Einkommensteuergesetzes ergebenden Wert der Einlagen zu erhöhen.

(8)[1] Bringt eine unbeschränkt körperschaftsteuerpflichtige Kapitalgesellschaft (§ 1 Abs. 1 Nr. 1 des Körperschaftsteuergesetzes) einen Betrieb oder Teilbetrieb in eine inländische Betriebsstätte einer beschränkt körperschaftsteuerpflichtigen Kapitalgesellschaft ein, die die in der Anlage bezeichneten Voraussetzungen des Artikels 3 der in Absatz 6 Satz 2 genannten Richtlinie erfüllt, und erhält sie dafür neue Anteile an der übernehmenden Kapitalgesellschaft, so gelten für die Bewertung des eingebrachten Betriebsvermögens in der Betriebsstätte der übernehmenden Kapitalgesellschaft und der neuen Anteile bei der einbringenden Kapitalgesellschaft Absatz 2 Satz 1 bis 4 und 6, Absatz 4 Satz 1, Absatz 5 Satz 2 und Absatz 7 entsprechend. Satz 1 gilt auch, wenn die einbringende Kapitalgesellschaft nur steuerpflichtig ist, soweit sie einen wirtschaftlichen Geschäftsbetrieb unterhält, oder wenn die inländische Betriebsstätte der übernehmenden Kapitalgesellschaft erst durch die Einbringung des Betriebs oder Teilbetriebs entsteht. Absatz 2 Satz 1 bis 4 und 6, Absatz 4 Satz 1, Absatz 5 Satz 2 und Absatz 7 gelten entsprechend für die Bewertung des eingebrachten Betriebsvermögens, wenn eine in der Anlage bezeichnete beschränkt körperschaftsteuerpflichtige Kapitalgesellschaft im Sinne des Artikels 3 der in Absatz 6 Satz 2 genannten Richtlinie ihre inländische Betriebsstätte im Rahmen der Einbringung eines Betriebs oder Teilbetriebs in eine in der Anlage bezeichnete unbeschränkt oder beschränkt körperschaftsteuerpflichtige Kapitalgesellschaft im Sinne des Artikels 3 der in Absatz 6 Satz 2 genannten Richtlinie einbringt. Absatz 4 Satz 1 und Absatz 7 gelten entsprechend für den Wertansatz der neuen Anteile, wenn die unbeschränkt körperschaftsteuerpflichtige Kapitalgesellschaft im Rahmen der Einbringung eines Betriebs oder Teilbetriebs eine in einem anderen Mitgliedstaat der Europäischen Gemeinschaften belegene Betriebsstätte einbringt.

### § 21. Veräußerung der Gesellschaftsanteile. (1)[2] Werden Anteile an einer Kapitalgesellschaft veräußert, die der Veräußerer oder – bei unentgeltlichem Erwerb der Anteile – der Rechtsvorgänger durch eine Sacheinlage (§ 20 Abs. 1) erworben hat, so gilt der Betrag, um den der Veräußerungspreis nach Abzug der Veräußerungskosten die Anschaffungskosten (§ 20 Abs. 4) übersteigt, als Veräußerungsgewinn im Sinne des § 16 des Einkommensteuergesetzes. § 34 Abs. 1 des Einkommensteuergesetzes ist anzuwenden, wenn der Veräußerer eine natürliche Person ist. § 16 Abs. 4 des Einkommensteuergesetzes ist in diesem Fall mit der Maßgabe anzuwenden, daß sich der Freibetrag danach bemißt, ob die Sacheinlage einen ganzen Betrieb, einen Teilbetrieb oder einen Anteil am Betriebs-

---

[1] Zur Anwendung von § 20 Abs. 8 siehe § 28 Abs. 4b.
[2] Zur Anwendung von § 21 Abs. 1 siehe § 28 Abs. 4c.

vermögen umfaßt hat; der sich hiernach ergebende Freibetrag ist im Verhältnis der veräußerten Anteile zu den gesamten durch Sacheinlage erworbenen Anteilen zu ermäßigen. § 16 Abs. 4 und § 34 des Einkommensteuergesetzes sind nicht anzuwenden, wenn bei einer Sacheinlage nach § 20 Abs. 6 nicht alle Anteile der Kapitalgesellschaft eingebracht worden sind. Führt der Tausch von Anteilen im Sinne des Satzes 1 wegen Nämlichkeit der hingegebenen und der erworbenen Anteile nicht zur Gewinnverwirklichung, so treten die erworbenen Anteile für die Anwendung der Sätze 1 bis 4 an die Stelle der hingegebenen Anteile.

(2) Die Rechtsfolgen des Absatzes 1 treten auch ohne Veräußerung der Anteile ein, wenn

1. der Anteilseigner dies beantragt oder

2. der Anteilseigner beschränkt einkommensteuerpflichtig oder beschränkt körperschaftsteuerpflichtig wird oder

3. das Besteuerungsrecht der Bundesrepublik Deutschland hinsichtlich des Gewinns aus der Veräußerung der Anteile durch ein Abkommen zur Vermeidung der Doppelbesteuerung ausgeschlossen wird oder

4. die Kapitalgesellschaft, an der die Anteile bestehen, aufgelöst und abgewickelt wird oder das Kapital dieser Gesellschaft herabgesetzt und an die Anteilseigner zurückgezahlt wird, soweit die Rückzahlung nicht als Gewinnanteil gilt oder

5.[1] der Anteilseigner die Anteile verdeckt in eine Kapitalgesellschaft einlegt.

Dabei tritt an die Stelle des Veräußerungspreises der Anteile ihr gemeiner Wert. Die auf den Veräußerungsgewinn entfallende Einkommensteuer oder Körperschaftsteuer kann in jährlichen Teilbeträgen von mindestens je einem Fünftel entrichtet werden, wenn die Entrichtung der Teilbeträge sichergestellt ist. Stundungszinsen werden nicht erhoben.

(3) Ist der Veräußerer oder Eigner von Anteilen im Sinne des Absatzes 1 Satz 1

1. eine juristische Person des öffentlichen Rechts, so gilt der Veräußerungsgewinn als Gewinn aus einem Betrieb gewerblicher Art dieser Körperschaft,

2. persönlich von der Körperschaftsteuer befreit, so gilt diese Steuerbefreiung nicht für den Veräußerungsgewinn.

(4) Die Absätze 1 bis 3 sind nicht anzuwenden, wenn als Anschaffungskosten der Anteile der Teilwert des eingebrachten Betriebsvermögens maßgebend ist.

### § 22. Einlage der Gesellschaftsanteile in ein Betriebsvermögen.

(1) Werden Anteile an einer Kapitalgesellschaft im Sinne des § 21 Abs. 1 in ein Betriebsvermögen eingelegt, so sind sie mit ihren Anschaffungskosten (§ 20 Abs. 4) anzusetzen. Ist der Teilwert im Zeitpunkt der Einlage niedriger, so ist dieser anzusetzen; der Unterschiedsbetrag zwi-

---

[1] Zur Anwendung von § 21 Abs. 2 Satz 1 Nr. 5 siehe § 28 Abs. 4c.

schen den Anschaffungskosten und dem niedrigeren Teilwert ist außerhalb der Bilanz vom Gewinn abzusetzen.

(2) Absatz 1 ist nicht anzuwenden, wenn als Anschaffungskosten der Anteile der Teilwert des eingebrachten Betriebsvermögens maßgebend ist.

**§ 23. Sonstige Auswirkungen der Sacheinlage.** (1) Setzt die Kapitalgesellschaft das eingebrachte Betriebsvermögen mit dem Buchwert (§ 20 Abs. 2 Satz 2) an, so gelten § 5 Abs. 2 Satz 2 und § 15 Abs. 3 sinngemäß.

(2) Setzt die Kapitalgesellschaft das eingebrachte Betriebsvermögen mit einem über dem Buchwert aber unter dem Teilwert liegenden Wert an, so gilt § 15 Abs. 3 sinngemäß mit der folgenden Maßgabe:

1. Die Absetzungen für Abnutzung oder Substanzverringerung nach § 7 Abs. 1, 4, 5 und 6 des Einkommensteuergesetzes sind vom Zeitpunkt der Einbringung an nach den Anschaffungs- oder Herstellungskosten des Einbringenden, vermehrt um den Unterschiedsbetrag zwischen dem Buchwert der einzelnen Wirtschaftsgüter und dem Wert, mit dem die Kapitalgesellschaft die Wirtschaftsgüter ansetzt, zu bemessen.

2. Bei den Absetzungen für Abnutzung nach § 7 Abs. 2 des Einkommensteuergesetzes tritt im Zeitpunkt der Einbringung an die Stelle des Buchwerts der einzelnen Wirtschaftsgüter der Wert, mit dem die Kapitalgesellschaft die Wirtschaftsgüter ansetzt.

(3) Setzt die Kapitalgesellschaft das eingebrachte Betriebsvermögen mit dem Teilwert an, so gelten die eingebrachten Wirtschaftsgüter als im Zeitpunkt der Einbringung von der Kapitalgesellschaft zum Teilwert angeschafft.

(4) § 8 Abs. 1 bis 5 und § 18 Abs. 3 gelten sinngemäß.

(5) Bei Anteilen im Sinne des § 21 Abs. 1 Satz 1 treten beim Einbringenden die Rechtsfolgen des § 102 des Bewertungsgesetzes auch ein, wenn die zeitlichen Voraussetzungen dieser Vorschrift nicht erfüllt sind.

## Siebenter Teil. Einbringung eines Betriebs, Teilbetriebs oder Mitunternehmeranteils in eine Personengesellschaft

**§ 24.** (1) Wird ein Betrieb oder Teilbetrieb oder ein Mitunternehmeranteil in eine Personengesellschaft eingebracht und wird der Einbringende Mitunternehmer der Gesellschaft, so gelten für die Bewertung des eingebrachten Betriebsvermögens die Absätze 2 bis 4.

(2) Die Personengesellschaft darf das eingebrachte Betriebsvermögen in ihrer Bilanz einschließlich der Ergänzungsbilanzen für ihre Gesellschafter mit seinem Buchwert oder mit einem höheren Wert ansetzen. Buchwert ist der Wert, mit dem der Einbringende das eingebrachte Betriebsvermögen im Zeitpunkt der Einbringung nach den steuerrechtlichen Vorschriften über die Gewinnermittlung anzusetzen hat. Bei dem

Ansatz des eingebrachten Betriebsvermögens dürfen die Teilwerte der einzelnen Wirtschaftsgüter nicht überschritten werden.

(3) Der Wert, mit dem das eingebrachte Betriebsvermögen in der Bilanz der Personengesellschaft einschließlich der Ergänzungsbilanzen für ihre Gesellschafter angesetzt wird, gilt für den Einbringenden als Veräußerungspreis. § 16 Abs. 4 und § 34 Abs. 1 des Einkommensteuergesetzes sind nur anzuwenden, wenn das eingebrachte Betriebsvermögen mit seinem Teilwert angesetzt wird.

(4) § 23 gilt sinngemäß.

## Achter Teil. Verhinderung von Mißbräuchen; mitbestimmte Unternehmen

**§ 25. Wegfall von Steuererleichterungen.** (1) Bei einer Umwandlung nach den Vorschriften des Umwandlungsgesetzes oder bei einer Verschmelzung nach den Vorschriften des Gesetzes betreffend Erwerbs- und Wirtschaftsgenossenschaften sind die Vorschriften der §§ 7, 18 Abs. 2 Satz 2 und Abs. 4 nicht anzuwenden, wenn die bei der Anmeldung zur Eintragung in das Handelsregister oder in das Genossenschaftsregister einzureichende Bilanz für einen Stichtag aufgestellt ist, der mehr als sechs Monate vor der Anmeldung liegt.

(2) Die Anwendbarkeit der §§ 8 und 18 Abs. 2 Satz 2 entfällt rückwirkend, wenn die Übernehmerin den auf sie übergegangenen Betrieb innerhalb von fünf Jahren nach dem steuerlichen Übertragungsstichtag in eine Kapitalgesellschaft einbringt oder ohne triftigen Grund veräußert oder aufgibt. Bereits erteilte Steuerbescheide, Steuermeßbescheide, Freistellungsbescheide oder Feststellungsbescheide sind zu ändern, soweit sie auf der Anwendung der in Satz 1 bezeichneten Vorschriften beruhen.

(3) In den Fällen des Absatzes 2 ist die nach den §§ 7 und 18 Abs. 4 gestundete Steuer sofort zu entrichten. Das gleiche gilt, wenn in anderen Fällen die Übernehmerin den auf sie übergegangenen Betrieb innerhalb des Stundungszeitraums veräußert oder aufgibt.

(4) § 20 Abs. 6 Satz 2 ist nicht anzuwenden, wenn die übernehmende Kapitalgesellschaft die erhaltenen Anteile innerhalb eines Zeitraums von sieben Jahren nach der Einbringung veräußert, es sei denn, der Steuerpflichtige weist nach, daß die erhaltenen Anteile Gegenstand einer weiteren Sacheinlage zu Buchwerten auf Grund von Rechtsvorschriften eines anderen Mitgliedstaats der Europäischen Gemeinschaften sind, die § 20 Abs. 6 entsprechen. § 20 Abs. 8 Satz 3 ist nicht anzuwenden, wenn die einbringende Kaptialgesellschaft die erhaltenen Anteile innerhalb eines Zeitraums von sieben Jahren nach der Einbringung veräußert, es sei denn, der Steuerpflichtige weist nach, daß die erhaltenen Anteile Gegenstand einer Sacheinlage zu Buchwerten auf Grund von Rechtsvorschriften eines anderen Mitgliedstaats der Europäischen Gemeinschaften sind, die § 20 Abs. 6 entsprechen. § 20 Abs. 8 ist außerdem nicht anzuwenden, soweit Gewinne aus dem Betrieb von Seeschiffen oder Luftfahrzeugen im

internationalen Verkehr oder von Schiffen, die der Binnenschiffahrt dienen, nach einem Abkommen zur Vermeidung der Doppelbesteuerung in der Bundesrepublik Deutschland nicht besteuert werden können.

**§ 26. Übergang des Vermögens einer mitbestimmten Körperschaft auf eine Personengesellschaft oder auf eine natürliche Person.** § 7 ist nicht anzuwenden, wenn die übertragende Körperschaft der Mitbestimmung nach

1. dem Gesetz über die Mitbestimmung der Arbeitnehmer in den Aufsichtsräten und Vorständen der Unternehmen des Bergbaus und der Eisen und Stahl erzeugenden Industrie vom 21. Mai 1951 (Bundesgesetzbl. I S. 347), zuletzt geändert durch das Einführungsgesetz zum Aktiengesetz vom 6. September 1965 (Bundesgesetzbl. I S. 1185),

2. den §§ 5 bis 13 des Gesetzes zur Ergänzung des Gesetzes über die Mitbestimmung der Arbeitnehmer in den Aufsichtsräten und Vorständen der Unternehmen des Bergbaus und der Eisen und Stahl erzeugenden Industrie vom 7. August 1956 (Bundesgesetzbl. I S. 707), zuletzt geändert durch das Gesetz vom 27. April 1967 (Bundesgesetzbl. I S. 505),

3. den §§ 76 bis 77a des Betriebsverfassungsgesetzes 1952 vom 11. Oktober 1952 (Bundesgesetzbl. I S. 681), zuletzt geändert durch das Betriebsverfassungsgesetz vom 15. Januar 1972 (Bundesgesetzbl. I S. 13), oder

4. dem Gesetz über die Mitbestimmung der Arbeitnehmer vom 4. Mai 1976 (Bundesgesetzbl. I S. 1153)

unterliegt.

## Neunter Teil. Grunderwerbsteuer

**§ 27.** *(aufgehoben)*

## Zehnter Teil. Übergangs- und Schlußvorschriften

**§ 28.** (1) Die vorstehende Fassung dieses Gesetzes ist vorbehaltlich der Absätze 2 und 3 auf den Übergang von Vermögen anzuwenden, dem als steuerlicher Übertragungsstichtag ein nach dem 31. Dezember 1976 liegender Tag zugrunde gelegt wird. In den Fällen des Dritten Teils ist die vorstehende Fassung dieses Gesetzes bereits für steuerliche Übertragungsstichtage vor dem 1. Januar 1977 anzuwenden, wenn der Stichtag in ein vom Kalenderjahr abweichendes Wirtschaftsjahr der übernehmenden Körperschaft fällt, das nach dem 31. Dezember 1976 abläuft.

(2) § 5 Abs. 3 ist erstmals anzuwenden, wenn der steuerliche Übertragungsstichtag nach dem 31. Dezember 1979 liegt.

(3) § 15 Abs. 2 und § 16 Abs. 4 sind erstmals anzuwenden, wenn der steuerliche Übertragungsstichtag in ein Wirtschaftsjahr der übernehmenden Körperschaft fällt, das nach dem 31. Dezember 1979 abläuft.

(4) § 16 Abs. 1 ist erstmals anzuwenden, wenn der steuerliche Übertragungsstichtag nach dem 31. Dezember 1980 liegt.

(4a) § 17 ist erstmals auf Erwerbsvorgänge nach dem 31. Dezember 1989 anzuwenden.

(4b) § 20 Abs. 6 und 8 ist erstmals auf Einbringungen anzuwenden, die nach dem 31. Dezember 1991 vorgenommen werden.

(4c) § 21 Abs. 1 ist erstmals auf Veräußerungen und § 21 Abs. 2 Satz 1 Nr. 5 ist erstmals auf verdeckte Einlagen anzuwenden, die nach dem 31. Dezember 1991 vorgenommen werden.

(5) § 23 des Gesetzes über steuerliche Maßnahmen bei Änderung der Unternehmensform vom 14. August 1969 (BGBl. I S. 1163), geändert durch das Einführungsgesetz zum Einkommensteuerreformgesetz vom 21. Dezember 1974 (BGBl. I S. 3656), ist in den Fällen weiter anzuwenden, in denen der Vertrag über die Geschäftsveräußerung in der Zeit vom 9. Mai 1973 bis 30. November 1973 abgeschlossen worden ist.

**Anlage:**

Kapitalgesellschaften im Sinne des Artikels 3 der Richtlinie 90/434/EWG des Rates vom 23. Juli 1990 über das gemeinsame Steuersystem für Fusionen, Spaltungen, die Einbringung von Unternehmensteilen und den Austausch von Anteilen, die Gesellschaften verschiedener Mitgliedstaaten betreffen (ABl. EG Nr. L 225 S. 1)
Kapitalgesellschaft im Sinne des Artikels 3 der genannten Richtlinie ist jede Gesellschaft, die
1. eine der aufgeführten Formen aufweist:
   – Gesellschaften belgischen Rechts mit der Bezeichnung:
     naamloze vennootschap/société anonyme, commenditaire vennootschap op aandelen/société en commandite par actions, besloten vennootschap met beperkte aansprakelijkheid/société privée à responsabilité limitée sowie öffentlich-rechtliche Körperschaften, deren Tätigkeit unter das Privatrecht fällt;
   – Gesellschaften dänischen Rechts mit der Bezeichnung:
     aktieselskab, anpartsselskab;
   – Gesellschaften deutschen Rechts mit der Bezeichnung:
     Aktiengesellschaft, Kommanditgesellschaft auf Aktien, Gesellschaft mit beschränkter Haftung, bergrechtliche Gewerkschaft;
   – Gesellschaften griechischen Rechts mit der Bezeichnung:
     Ανώνυμη Εταιρία;
   – Gesellschaften spanischen Rechts mit der Bezeichnung:
     sociedad anónima, sociedad comanditaria por acciones, sociedad de responsabilidad limitada sowie öffentlich-rechtliche Körperschaften, deren Tätigkeit unter das Privatrecht fällt;

- Gesellschaften französischen Rechts mit der Bezeichnung:
société anonyme, société en commandite par actions, société à responsabilité limitée sowie die staatlichen Industrie- und Handelsbetriebe und -unternehmen;
- Gesellschaften irischen Rechts mit der Bezeichnung:
public companies limited by shares or by guarantee, private companies limited by shares or by guarantee, gemäß den Industrial and Provident Societies Acts eingetragene Einrichtungen oder gemäß den Building Societies Acts eingetragene „building societies";
- Gesellschaften italienischen Rechts mit der Bezeichnung:
società per azioni, società in accomandita per azioni, società a responsabilità limitata sowie die staatlichen und privaten Industrie- und Handelsunternehmen;
- Gesellschaften luxemburgischen Rechts mit der Bezeichnung:
société anonyme, société en commandite par actions, société à responsabilité limitée;
- Gesellschaften niederländischen Rechts mit der Bezeichnung:
naamloze vennootschap, besloten vennotschap met beperkte aansprakelijkheid;
- Gesellschaften portugiesischen Rechts in Form von Handelsgesellschaften oder zivilrechtlichen Handelsgesellschaften oder andere nach portugiesischem Recht gegründete juristische Personen, die Industrie- und Handelsunternehmen sind;
- nach dem Recht des Vereinigten Königreichs gegründeten Gesellschaften,

2. nach dem Steuerrecht eines Mitgliedstaats der Europäischen Gemeinschaften als in diesem Staate ansässig und nicht auf Grund eines Doppelbesteuerungsabkommens mit einem dritten Staat als außerhalb der Gemeinschaften ansässig anzusehen ist, und
3. ohne Wahlmöglichkeit einer der nachfolgenden Steuern
   - vennootschapsbelasting/impôt des sociétés in Belgien,
   - selskabsskat in Dänemark,
   - Körperschaftsteuer in Deutschland,
   - φόρος εισοδήματος νομικών προσώπων κερδοσκοπικού χαρακτήρα in Griechenland,
   - impuesto sobre sociedades in Spanien,
   - impôt sur les sociétés in Frankreich,
   - corporation tax in Irland,
   - imposta sul reddito delle persone giuridiche in Italien,
   - impôt sur le revenu des collectivités in Luxemburg,
   - vennootschapsbelasting in den Niederlanden,
   - imposto sobre o rendimento das pessoas colectivas in Portugal,
   - corporation tax im Vereinigten Königreich,

oder irgendeiner Steuer, die eine dieser Steuern ersetzt, unterliegt, ohne davon befreit zu sein.

# Sachverzeichnis

Die fett gedruckte Ziffer nach dem Stichwort bezeichnet die Nummer innerhalb dieser Ausgabe, die nachfolgende magere Ziffer den Paragraphen. Absätze innerhalb des Paragraphen sind durch römische Ziffern gekennzeichnet. Die in Klammer gesetzten Zahlen verweisen auf die Nummern innerhalb der Vorschrift.

**Abfindung** bei Auflösung eines Dienstverhältnisses, Steuerfreiheit **1.1** 3 (9); bei Umwandlung, Barabfindung von Minderheitsgesellschaftern, ESt **4** 17

**Abführung** der Lohnsteuer **1.1** 41a

**Abführung und Anmeldung** der Aufsichtsratsteuer **1.2** 73e

**Abgaben,** öffentliche, Werbungskosten **1.1** 9 I

**abgekürzte Leibrenten,** Ermittlung des Ertrags **1.2** 55

**Abgeordnete,** sonstige Einkünfte **1.1** 22 (4)

**Abnutzung** s. Absetzung für Abnutzung

**Abrechnung,** Gewerbesteuer-Vorauszahlungen **2.1** 20

**Abrundung,** Gewerbeertrag, GewStG **2.1** 11; Gewerbekapital, GewStG **2.1** 13 I; Gewerbesteuervorauszahlungen **2.1** 19

**Abschlußzahlung,** Gewerbesteuer **2.1** 20; bei Überschuß zuungunsten des Steuerpflichtigen **1.1** 36 IV

**Abschreibung** s.a. Absetzung, Bewertungsfreiheit, Sonderabschreibungen

**Absetzung,** erhöhte A. von Herstellungskosten bei Baudenkmälern **1.2** 82i; erhöhte A. von Herstellungskosten für bestimmte Anlagen und Einrichtungen bei Gebäuden **1.2** 82a; erhöhte A. von Herstellungskosten für bestimmte Baumaßnahmen i. S. des Bundesbaugesetzes und Städtebauförderungsgesetzes **1.2** 82g, h

**Absetzung für Abnutzung, 1.1** 7; Bemessung bei unentgeltlicher Übertragung eines Betriebs, eines Teilbetriebs oder Mitunternehmeranteils **1.2** 7; betriebsgewöhnliche Nutzungsdauer **1.1** 7 I; nicht zu einem Betriebsvermögen gehörenden Wirtschaftsgütern **1.2** 10a; bei Buchführungspflicht **1.1** 5 V; degressive AfA **1.1** 7 II; erhöhte AfA **1.1** 7 aff.; im Fall des § 4 Abs. 3 EStG **1.2** 10; bei Gebäuden **1.1** 7 IV, V; **1.2** 11c; in gleichen Jahresbeträgen **1.1** 7 I; bei Überschußrechnung **1.1** 4 III; bei unentgeltlich erworbenen Wirtschaftsgütern **1.2** 11d; Werbungskosten **1.1** 9 I

**Absetzung für Substanzverringerung 1.1** 7 VI; Bemessung bei unentgeltlicher Übertragung eines Betriebs, Teilbetriebs oder Mitunternehmeranteils **1.2** 7; bei nicht zu einem Betriebsvermögen gehörenden Wirtschaftsgütern **1.2** 10a; bei Buchführungspflicht **1.1** 5 V; bei Überschußrechnung **1.2** 11d; bei nicht zu einem Betriebsvermögen erworbenen Wirtschaftsgütern **1.2** 11d; Werbungskosten **1.1** 9 I

**Abtretung** der Ansprüche aus Bausparverträgen, Nachversteuerung **1.2** 31; eines Versicherungsvertrags oder Bausparvertrags, Anzeigepflicht **1.2** 29

**Abwässerbeseitigung** dgl. KSt-Befreiung **3.1** 4

**Abwesenheit** von der Betriebsstätte, Höchstbeträge für Verpflegungsmehraufwendungen **1.2** 8

**Abwicklungsvermögen,** Körperschaftsteuer **3.1** 11

**Abzug** der ausländischen Steuer **1.1** 34c II, III

**Abzugsfähigkeit** von Aufwendungen, KStG **3.1** 9f.

**Aktien,** Einkünfte aus Kapitalvermögen **1.1** 20 I (1); Kapitalertragsteuer **1.1** 43; Veräußerungsgewinn, Einkünfte **1.1** 17 I; Vermögensbeteiligung **1.1** 19a III (1); vermögenswerte Leistung **1.5** 2

**Aktiengesellschaft,** Aufsichtsratsvergütungen, Steuerabzug **1.1** 50a; Gewerbesteuererklärung **2.2** 25; Gewerbesteuerpflicht **2.1** 2; Körperschaftsteuerpflicht **3.1** 1; –, beschränkte Steuerpflicht **3.1** 2; als Organgesellschaft, KStG **3.1** 14ff.; Verschmelzung **4** 16

**Aktivierung,** immaterielle Wirtschaftsgüter der Anlagevermögens **1.1** 5 II

**Alleinstehende,** Kinderbetreuungskosten **1.1** 33c

**Allgemeinbildung,** Einrichtungen für A., Gewerbesteuerbefreiung **2.1** 3 (13)

**allgemeine Lohnsteuertabelle 1.1** 38c I; **1.1** 39b II

**alliierte Besatzungssoldaten,** Zuwendungen, Steuerfreiheit **1.1** 3 (49)

# Sachverzeichnis

**Altenpflegeheim,** Gewerbesteuerbefreiung **2.1** 20

**Alten(wohn)heim,** Gewerbesteuerbefreiung **2.1** 3 (20)

**Altersentlastungsbetrag,** Begriff **1.1** 24a; Lohnkonto **1.3** 7; Lohnsteuerabzug **1.1** 39b II, III; – durch Arbeitgeber **1.1** 42b

**Altersfreibetrag, 1.1** 32 VIII; beim Lohnsteuerabzug **1.1** 39a I, II, 39d II

**Altersheim** s. *Altenheim*

**Altershilfe** für Landwirte, Steuerfreiheit **1.1** 3 (1)

**Altersrente 1.1** 10c III; *s. a. Ruhegelder*

**Altersversorgung, betriebliche,** Lebensversicherungsleistungen, LSt-Einbehaltung **1.1** 3 (65); Pensionskassenleistungen, LSt-Einbehaltung **1.1** 3 (65); Steuerfreiheit **1.1** 3 (65)

**Amtstätigkeitspflicht,** Änderung eines Gewerbesteuermeßbescheids von Amts wegen **2.1** 35b

**Amtszulagen** der Abgeordneten, sonstige Einkünfte **1.1** 22 (4)

**Änderung** von Eintragungen auf der Lohnsteuerkarte **1.1** 39 IV, V; Gewerbesteuervorauszahlungen **2.1** 19; des Lohnsteuerabzugs **1.1** 41c

**Angehörige,** vermögenswirksame Leistungen für A. **1.5** 3

**Anhang,** Beifügung der Steuererklärung **1.2** 60 III

**Anlagen,** land- und forstwirtschaftl. Betriebsvermögen, Veräußerungsgewinn **1.1** 6b

**Anlagevermögen,** Aktivierung immaterieller Wirtschaftsgüter **1.1** 5 II; Bewertungsfreiheit für abnutzbare Wirtschaftsgüter des A. privater Krankenhäuser **1.1** 7f; Gewinn aus der Veräußerung **1.1** 6b; in der Land- und Forstwirtschaft, Verzeichnis der Wirtschaftsgüter des beweglichen A. **1.2** Anlage 1; über Tage, Verzeichnis der Wirtschaftsgüter des A. **1.2** Anlage 5; Verzeichnis bei Überschußrechnung **1.1** 4 III; Verzeichnis der Wirtschaftsgüter des beweglichen A. im Tagebaubetrieb **1.2** Anlage 6; Wirtschaftsgüter **1.1** 6 I

**Anleihen,** Zinsen, Einkünfte aus Kapitalvermögen **1.1** 20 I (7); Kapitalertragsteuer **1.1** 43

**Anmeldepflicht** s. *auch Anzeigepflicht*

**Anmeldung** der Kapitalertragsteuer **1.1** 45a; der Lohnsteuer **1.1** 41a

**Anmeldungszeitraum,** Lohnsteuer **1.1** 41a II

**Anpassung** der Gewerbesteuervorauszahlungen **2.1** 19; **2.2** 29

**Anrechnung** ausländischer Steuern **1.1** 34c I; – auf die Körperschaftsteuer **3.1**

26; auf die Einkommensteuer **1.1** 36 II; Gewerbesteuervorauszahlungen **2.1** 20

**Anrufungsauskunft** beim Betriebstättenfinanzamt **1.1** 42e; Vorschriften über vermögenswirksame Leistungen **1.5** 15

**Anschaffung,** Jahr der A. **1.2** 9a

**Anschaffungskosten,** Absetzung für Abnutzung oder Substanzverringerung **1.1** 7; bestimmter Anteile an Kapitalgesellschaften **1.2** 53; Bewertung zu den A. **1.1** 6; nachträgliche, Absetzung **1.1** 7a I; nachträgliche Minderung der A. **1.1** 7a I; i. S. v. § 7b Abs. 1 EStG **1.2** 15; Sonderabschreibungen **1.1** 7a

**Anstalt,** Körperschaftsteuerpflicht **3.1** 1, **3.1** 3

**Anteile** an Kaptialgesellschaft, Anschaffungskosten **1.2** 53

**Anteilscheine,** Vermögensbeteiligung **1.1** 19a III (4), (5), (6); vermögenswerte Leistung **1.5** 2

**Antrag** auf Gewährung der Wohnungsbauprämie **1.7** 4

**Anweisungen,** Diskontbeträge, Einkünfte aus Kapitalvermögen **1.1** 20 I (8)

**Anwendungsbereiche** für die EStDV **1.2** 84; für das EStG **1.1** 52; für die GewStDV **2.2** 36; für das GewStG **2.1** 36

**Anwendungszeitraum** der LStDV **1.3** 11

**Anzahlung** auf Anschaffungskosten, erhöhte Absetzung **1.1** 7a

**Anzeigepflicht** des Arbeitgebers, Lohnsteuer **1.1** 38 IV; der Bausparkasse **1.8** 1; bei Überlassung von Vermögensbeteiligungen **1.3** 9; bei Vermögensbildung **1.6** 11; bei Versicherungsverträgen und Bausparverträgen **1.2** 29

**Arbeiterwohlfahrt,** Körperschaftsteuererbefreiung **3.1** 5 (3)

**Arbeitgeber,** Aufbewahrung der Lohnsteuerkarte **1.1** 39b I; Einbehaltung der Lohnsteuer **1.1** 38 III; Haftung für Lohnsteuer und Einkommensteuer **1.1** 42d; Lohnsteuerjahresausgleich **1.1** 42b; Schuldner der pauschalen Lohnsteuer **1.1** 40 III

**Arbeitnehmer,** Begriff **1.3** 1; beschränkt Einkommensteuerpflichtiger, Durchführung des Lohnsteuerabzugs **1.1** 39d; Schuldner der Lohnsteuer **1.1** 38 II; unbeschränkt Einkommensteuerpflichtiger, Durchführung des Lohnsteuerabzugs ohne Lohnsteuerkarte **1.1** 39c; i. S. des 5. VermBG **1.5** 1 II

**Arbeitnehmererfindungen,** Vergütungen, Lohnkonto **1.3** 7

**Arbeitnehmer-Freibetrag,** Einkünfte aus nichtselbständiger Arbeit **1.1** 19 IV; Lohnkonto **1.3** 7; Lohnsteuertabelle **1.1** 38c I

**Arbeitnehmerjubiläum,** Geschenk, Steuerfreiheit **l.**3 4

**Arbeitnehmer-Pauschbetrag l.**1 39a

**Arbeitnehmer-Sparzulage** bei Einkünften aus nichtselbständiger Arbeit **l.**5 13; Überprüfung, Rückzahlung **l.**6 4ff.

**Arbeitnehmerüberlassung,** Haftung **l.**1 42d VI, VII

**Arbeitsgemeinschaft,** Gewerbesteuer **2.**1 2a

**Arbeitsleistung** des Betriebsinhabers, Gewinn **l.**1 13a V

**Arbeitslohn,** Begriff **l.**3 2; Begriff für Zerlegung des Gewerbesteuermeßbetrags **2.**1 31; Betriebsveranstaltungen, Pauschsteuersatz **l.**1 40 II; freie Kost und Wohnung **l.**4 1; Höhe, Lohnkonto **l.**3 7; Zuschläge für Sonntags-, Feiertags-, Nachtarbeit, Steuerfreiheit **l.**1 3b

**Arbeitslohnstufen l.**1 38c II

**Arbeitslosengeld,** Progressionsvorbehalt **l.**1 32b; Steuerfreiheit **l.**1 3 (2)

**Arbeitslosenhilfe,** Progressionsvorbehalt **l.**1 32b; Steuerfreiheit **l.**1 3 (2)

**Arbeitslosenversicherung,** Beiträge, Sonderausgaben **l.**1 10 I

**Arbeitslosigkeit,** des Bausparers, keine Nachversteuerung **l.**2 14

**Arbeitsmittel,** Werbungskosten **l.**1 9 I

**Artisten,** Einkünfte beschränkt Steuerpflichtiger, Einkommensteuerabzug **l.**1 50a IV

**Arzt,** Einkünfte aus freiberuflicher Tätigkeit **l.**1 18

**Aufbewahrung** der Lohnsteuerkarte durch Arbeitgeber **l.**1 39b I

**Aufenthalt,** gewöhnlicher **l.**1 1

**Aufgabe** des Betriebs s. *Betriebsaufgabe;* einer Tätigkeit, Einkünfte aus Entschädigung **l.**1 24

**Auflösung** einer Kapitalgesellschaft, Einkünfte **l.**1 17 IV; – und Abwicklung, Körperschaftsteuer **3.**1 11

**Aufrechnung** bei zu hohen Gewerbesteuervorauszahlungen **2.**1 20

**Aufsichtsratstätigkeit,** Einkünfte aus selbständiger Arbeit **l.**1 18

**Aufsichtsratsteuer l.**1 50a II; Einbehaltung, Abführung und Anmeldung **l.**2 73e

**Aufsichtsratsvergütungen,** Abzugsfähigkeit, KStG **3.**1 10; Aufzeichnungen und Steueraufsicht **l.**2 73d; Doppelbesteuerungsabkommen **l.**2 73h; Steuerabzug **l.**1 50a III; Zeitpunkt des Zufließens **l.**2 73c

**Aufwandsentschädigung,** Steuerfreiheit **l.**1 3 (12)

**Aufwendungen** für Arbeitsmittel, Werbungskosten **l.**1 9 I; außergewöhnliche

Belastungen **l.**1 33; Betriebsausgaben **l.**1 4 IV; für die Lebensführung, nichtabzugsfähige Ausgaben **l.**1 12

**Aufwuchs,** land- und forstwirtschaftl. Betriebsvermögen, Veräußerungsgewinn **l.**1 6b

**Aufzeichnung,** Absetzung in fallenden Jahresbeträgen **l.**1 7 II; über Aufsichtsratsvergütungen **l.**2 73d

**Aufzeichnungserleichterungen** bei Führung des Lohnkontos **l.**1 41

**Aufzeichnungspflichten** beim Lohnsteuerabzug **l.**1 41; bei Überlassung von Vermögensbeteiligungen **l.**3 9

**Ausbauten** an Einfamilienhaus, Zweifamilienhaus oder Eigentumswohnung, erhöhte Absetzung **l.**1 7b II; **l.**2 15; Sonderabschreibung für Land- und Forstwirte **l.**2 76ff.

**Ausbildungsbeihilfe,** Steuerfreiheit **l.**1 3 (11)

**Ausbildungsförderung** nach dem Arbeitsförderungsgesetz, Steuerfreiheit **l.**1 3 (2)

**Ausbildungsfreibetrag l.**1 33a II; Aufteilung, Einkommensteuerveranlagung bei Einkünften aus nichtselbständiger Arbeit **l.**1 46 II

**Ausbildungsplatz – Abzugsbetrag l.**1 24b; Kürzung des Gewerbeertrags, GewStG **2.**1 9 (9)

**Ausgaben,** Absetzung für das Kalenderjahr **l.**1 11, Absetzung, KStG **3.**1 9; Abzugsfähigkeit, KStG **3.**1 9 (3); zur Förderung mildtätiger, kirchlicher, religiöser, wissenschaftlicher und gemeinnütziger Zwecke, Sonderausgaben **l.**2 48; zur Förderung mildtätiger, kirchlicher, religiöser, wissenschaftl. und staatspolitischer Zwecke, Sonderausgaben **l.**1 10b I; nicht abziehbare Ausgaben, KStG **3.**1 10; nichtabzugsfähige **l.**1 12; für steuerbegünstigte Zwecke, KStG **3.**1 9 (3)

**Ausgleichsfonds,** Entschädigung, Steuerfreiheit **l.**1 3 (59)

**Ausgleichsleistungen,** Steuerfreiheit **l.**1 3 (7)

**Ausgleichszahlungen** an Anteilseigner als Betriebsausgaben **3.**1 4 V; an Handelsvertreter, Einkünfte **l.**1 24; Organgesellschaft **3.**1 16

**Aushilfskräfte** in Land- und Forstwirtschaft, Pauschalierung der Lohnsteuer **l.**1 40a II

**Auslagenersatz,** Steuerfreiheit **l.**1 3 (50)

**Ausland,** Betriebsstättenverlegung in das A., Körperschaftsteuer **3.**1 12; Enkelgesellschaften im A., Körperschaftsteuer **3.**1 26 V; Geschäftsleitungs- und/oder Sitzverlegung in das A., Körperschaftsteuer

# Sachverzeichnis

**3.1** 12; Organträger im A., Körperschaftsteuer **3.1** 18; Pauschbesteuerung bei Zuzug aus dem A. **1.1** 31; Tochtergesellschaft im A., Körperschaftsteuer **3.1** 26 II–IV; Zweigniederlassungen ausländischer Unternehmen, Gewerbesteuer **2.1** 2 VI

**ausländische Einkünfte**, Begriff **1.1** 34d; aus mehreren ausländischen Staaten **1.2** 68a; Nachweis über die Höhe **1.2** 68b; negative **1.1** 2a; im Sinne des § 34c EStG **1.2** 68c; Steuerermäßigung **1.1** 34c; Steuern **1.2** 68a ff.

**ausländische Steuern**, Anrechnung oder Abzug **1.1** 34c; nachträgliche Festsetzung oder Änderung **1.2** 68c

**Auslandsbeamte**, Besteuerung **1.1** 31

**Auslandsbonds**, Zinsen, Steuerfreiheit **1.1** 3 (54)

**Auslandsdienstreisen**, Höchstbeträge für Verpflegungsmehraufwendungen **1.3** 5

**Auslandseinkünfte**, Körperschaftsteuer **3.1** 26

**Auslandsgeschäftsreisen**, Höchstbeträge für Verpflegungsmehraufwendungen **1.2** 8

**Außenprüfung**, Lohnsteuer **1.1** 42f

**außergewöhnliche Belastungen 1.1** 33; anderweitige Verteilung der a. B. bei getrennter Veranlagung von Ehegatten **1.2** 61; in besonderen Fällen **1.1** 33a; Freibetrag beim Lohnsteuerabzug **1.1** 39a I, II; bei getrennter Veranlagung von Ehegatten **1.1** 26a II; Lohnsteuerabzug **1.1** 39d II; Pauschbeträge für Körperbehinderte und Hinterbliebene **1.1** 33b; bei Pflege einer Person (Pflege-Pauschbetrag) **1.1** 33b (6)

**außerordentliche Einkünfte** aus Forstwirtschaft, Steuersatz **1.1** 34b; Steuersätze **1.1** 34

**auswärtige Unterbringung** von Kindern während Berufsausbildung, außergewöhnliche Belastung **1.1** 33a II

**Ausweise** für Schwerkriegsbeschädigte, Schwerbeschädigte oder Schwerbehinderte, Nachweis der Voraussetzungen für die Inanspruchnahme der Pauschbeträge **1.2** 65

**Auszahlung** der Bausparsumme, vorzeitige A., Anzeigepflicht **1.2** 29; bei Überschuß zugunsten des Steuerpflichtigen **1.1** 36 IV; der Versicherungssumme ohne Schadensfall, Anzeigepflicht **1.2** 29

**Banken**, Einlagen und Guthaben bei B., Einkünfte aus Kapitalvermögen **1.1** 20 (7)

**Bareinzahlungen** als Einlage **1.1** 4 I

**Barentnahmen**, Gewinnvermehrung **1.1** 4 I

**Barwert**, Pensionsrückstellungen **1.1** 6a III

**Baudenkmal**, Erhaltungsaufwand **1.1** 4

(8); erhöhte Absetzungen von Herstellungskosten **1.1** 7i; **1.1** 10g; **1.2** 82i; Sonderbehandlung von Erhaltungsaufwand **1.1** 11b; **1.2** 82k

**Baufinanzierungsverträge**, Begriff **1.8** 13ff.

**Bauherr**, Begriff **1.2** 15

**Baumaßnahmen** durch Land- und Forstwirte, Sonderabschreibung **1.2** 76ff.

**Baumschulbetriebe**, Einkünfte **1.1** 13; Wirtschaftsjahr **1.2** 8c

**Bausparkassen**, Beiträge, Sonderausgaben **1.1** 10 I

**Bausparverträge**, Anzeigepflicht der Bausparkasse **1.2** 29; Nachversteuerung **1.1** 10 V; **1.2** 31; Übertragung auf andere Bausparkassen **1.2** 32

**Bayerische Landesanstalt für Aufbaufinanzierung**, Gewerbesteuerbefreiung **2.1** 3 (2); Körperschaftsteuerbefreiung **3.1** 5 I (2)

**Bayerische Landesbodenkreditanstalt**, Gewerbesteuerbefreiung **2.1** 3 (2); Körperschaftsteuerbefreiung **3.1** 5 (2)

**Begünstigung** der Anschaffung oder Herstellung bestimmter Wirtschaftsgüter und der Vornahme bestimmter Baumaßnahmen durch Land- und Forstwirte **1.2** 76ff.

**Begünstigungszeitraum**, erhöhte Absetzungen und Sonderabschreibungen **1.1** 7a I

**Beherbergung**, Betriebsausgaben **1.1** 4 V

**Behinderte** s. *Körperbehinderte*

**Behinderung**, Freibetrag für Kinder **1.1** 32 IV

**Beiträge** zur Altershilfe für Landwirte, Steuerfreiheit **1.1** 3 C 17; zu Berufsständen und Berufsverbänden, Werbungskosten **1.1** 9 I; an politische Parteien, Sonderausgaben **1.1** 10b II

**Beitragsrückerstattung** durch Versicherungsunternehmen, KStG **3.1** 21

**Belastung**, zumutbare **1.1** 33 III

**Belastungen, außergewöhnliche 1.1** 33; in besonderen Fällen **1.2** 33a; Freibetrag beim Lohnsteuerabzug **1.1** 39a I, II; Pauschbeträge für Körperbehinderte und Hinterbliebene **1.1** 33b

**Beleihung** eines Versicherungsvertrags oder Bausparvertrags **1.2** 29

**Beleuchtung**, Arbeitslohn **1.1** 3 C

**Bemessung** der Kapitalertragsteuer **1.1** 43a

**Bemessungsgrundlage**, Einkommen **1.1** 2; Solidaritätszuschlag **1.1a** 3

**Bereitschaftspolizei**, steuerfreie Geld- und Sachbezüge **1.1** 3 (4)

**Bergbau**, Absetzung für Substanzverringerung **1.1** 7 VI

**Bergbauunternehmen,** Einkünfte **1.1** 15

**Berggewerkschaften,** Aufsichtsratsvergütungen, Steuerabzug **1.1** 50a

**Bergmannsprämien,** Steuerfreiheit **1.1** 3 (46)

**Berichtigungsveranlagung** bei nachträglicher Festsetzung oder Änderung ausländischer Steuern **1.2** 68c

**Berufsausbildung,** außergewöhnliche Belastung **1.1** 33a II; Freibetrag für Kinder **1.1** 32 IV; Kosten, Sonderausgaben **1.1** 10 I; Vergütungen an Personen in B., keine Arbeitslöhne, GewStG **2.1** 31 II

**Berufsausbildungseinrichtungen,** Gewerbesteuerbefreiung **2.1** 3 (13)

**Berufsfeuerwehr,** steuerfreie Geld- und Sachbezüge **1.1** 3 (4)

**Berufskleidung,** Steuerfreiheit **1.1** 3 (31); Werbungskosten **1.1** 9 I

**Berufskonsuln,** Steuerfreiheit **1.1** 3 (29)

**Berufskrankheit,** Körperbehinderung, Pauschbetrag **1.1** 33b II

**Berufsstände,** Beiträge, Werbungskosten **1.1** 9 I

**Berufsverband,** Beiträge, Werbungskosten **1.1** 9 I; Körperschaftsteuerbefreiung **3.1** 5 I (5); Vermögensverwaltung für B., Gewerbesteuerbefreiung **2.1** 3 (10)

**Bescheinigung** über Freistellung von der Lohnsteuer, Lohnkonto **1.3** 7; der Kapitalertragsteuer **1.1** 45a; Lohnsteuer **1.1** 41b

**beschränkt einkommensteuerpflichtige Einkünfte 1.1** 49

**beschränkte Einkommensteuerpflicht 1.1** 1; Durchführung des Lohnsteuerabzugs **1.1** 39d; Sondervorschriften, Steuerbegünstigung des nicht entnommenen Gewinns **1.2** 73

**beschränkte Steuerpflicht,** Sondervorschriften **1.1** 50; Steuerabzug **1.1** 50a; *s. a. Steuerpflicht, beschränkte*

**besondere Lohnsteuertabelle 1.1** 38c II; **1.1** 39b II

**besondere Veranlagung** von Ehegatten, Wahlrecht **1.1** 26, 26c

**Bestätigung über Spenden und Mitgliedsbeiträge,** KStG, Vertrauensschutz **3.1** 9 (3); –, Haftung **3.1** 9 (3)

**Besteuerung,** Auslandsbeamte **1.1** 31; bei fortgesetzter Gütergemeinschaft **1.1** 28; sachliche Voraussetzung **1.1** 2; Umfang **1.1** 2

**Besteuerungsgrundlagen,** Gewerbesteuer **2.1** 6; Körperschaftsteuer **3.1** 7

**Beteiligung,** Bewertung **1.1** 6 I; Kürzung des Gewerbekapitals, GewStG **2.1** 12 III; als stiller Gesellschafter, Vermögensbeteiligung **1.1** 19a III (9); wesentliche, Ver-

äußerung von Anteilen an Kapitalgesellschaften bei w. B. **1.1** 17 I

**Beteiligungs-Kaufvertrag,** Begriff nach VermBG **1.5** 7

**Beteiligungs-Vertrag,** Begriff nach VermBG **1.5** 6

**Betreuung** eines Kindes, außergewöhnliche Belastung **1.1** 33a III

**Betrieb,** Einbringung *s. Betriebseinbringung;* Eröffnung, Erwerb, Aufgabe und Veräußerung, Gewinnermittlung **1.2** 6; Eröffnung, Erwerb, Aufgabe oder Veräußerung, Wirtschaftsjahr **1.2** 8b; gewerblicher Art von juristischen Personen des öffentlichen Rechts, Körperschaftsteuerpflicht **3.1** 4; land- und forstwirtschaftlicher, Veräußerung, Gewinn **1.1** 14; land- und forstwirtschaftlicher, Veräußerung, Vergünstigung **1.1** 14a; der öffentlichen Hand **2.2** 2; unentgeltliche Übertragung, Gewinnermittlung **1.2** 7

**Betriebsaufgabe** eines Gewerbebetriebs, Veräußerungsgewinn **1.1** 16 III; Gewerbesteuer **2.1** 2 V; Gewerbesteuerpflicht **2.2** 4; Gewinnermittlung **1.2** 6; eines land- und forstwirtschaftlichen Betriebs, Vergünstigung **1.1** 14a III; Wirtschaftsjahr **1.2** 8b

**Betriebsausgaben,** (Nicht-)Abzugsfähigkeit **1.1** 4 V; Aufzeichnung als Abzugsvoraussetzung **1.1** 4 VII; Begriff **1.1** 4 IV; Minderbetrag bei der Vorsteuerabzugsberichtigung **1.1** 9b; mit steuerfreien Einnahmen zusammenhängende B. **1.1** 3c; Überschuß der Betriebseinnahmen über die B. **1.1** 4 III; bei Vollkaufleuten **1.1** 5 V; Zuwendungen an Pensionskassen **1.1** 4c; Zuwendungen an Unterstützungskassen **1.1** 4d

**Betriebseinbringung** in Kapitalgesellschaft gegen Gewährung von Gesellschaftsanteilen **4** 20ff.; in Personengesellschaft **4** 24

**Betriebseinnahmen,** Mehrbetrag bei der Vorsteuerabzugsberichtigung **1.1** 9b; Überschuß der B. über die Betriebsausgaben **1.1** 4 III

**Betriebseinstellung,** Betriebsaufgabe *s. dort*

**Betriebseröffnung,** Entgelte für mit Gründung/Erwerb zusammenhängende Schulden, Hinzurechnung zum Gewerbeertrag, GewStG **2.1** 8 (1); Gewinnermittlung **1.2** 6; bei Betriebsübergang, Gewerbesteuer **2.1** 2 V; Gewerbesteuer, Steuerschuldner **2.1** 5; Gewerbesteuervorauszahlung **2.1** 19; Wirtschaftsjahr **1.2** 8b

**Betriebsgebäude,** landwirtschaftliche, Bewertungsfreiheit **1.2** 22; für Vertriebene **1.1** 7e, **1.2** 13

**Betriebsgrundstück,** Einheitswert, Gewerbeertragskürzung, GewStG **2.1** 9 (1), **2.2** 20; Gewerbekapitalkürzung **2.1** 12 III

**Betriebsgründung** s. *Betriebseröffnung*

**Betriebsgutachten,** Nutzungssatz **1.1** 34b IV; Zeitpunkt der Aufstellung **1.2** 68

**Betriebstätte,** Begriff für Lohnsteuerabzug **1.1** 41; in gemeindefreien Gebieten **2.1** 4; Gewerbesteuerpflicht **2.1** 2; mehrgemeindliche B., Zerlegung **2.1** 30; Verlegung, Gewerbesteuer-Vorauszahlungen **2.2** 30

**Betriebstättenfinanzamt,** Anrufungsauskunft **1.1** 42e; Lohnsteuer-Anmeldung **1.1** 41a I; Zuständigkeit für die Lohnsteuer-Außenprüfung **1.1** 42f.

**Betriebsübernahme,** Gewerbesteuer, Steuerschuldner **2.1** 5

**Betriebsunterbrechung,** Gewerbesteuer **2.1** 2 III

**Betriebsveräußerung,** Einkünfte **1.1** 14

**Betriebsvereinbarung,** vermögenswirksame Leistung **1.5** 10

**Betriebsvermögen,** Bewertung **1.1** 6 I; bei Buchführungspflicht **1.1** 5 I; Einbringung in Kapitalgesellschaft gegen Gesellschaftsanteile, Bewertung **4** 20; Einlage von Anteilen an einer Kapitalgesellschaft in ein B. **4** 22; Grundstücke, GewStG **2.2** 20f.; Lebensversicherung **1.1** 4b; Vermietung/Verpachtung, Einkünfte **1.1** 21 I

**Betriebsvermögensvergleich,** Gewinnermittlung **1.1** 13a II

**Betriebswerk,** Nutzungssatz **1.1** 34b IV; Zeitpunkt der Aufstellung **1.2** 68

**Bewertung,** Betriebsvermögen **1.1** 6 I; Betriebsvermögen bei Einbringung in Kapitalgesellschaft gegen Gesellschaftsanteile **4** 20; der Sachbezüge **1.3** 3

**Bewertungsabschlag** für bestimmte Wirtschaftsgüter des Umlaufvermögens ausländischer Herkunft, deren Preis auf dem Weltmarkt besonderen Schwankungen unterliegt **1.2** 80

**Bewertungsfreiheit** für abnutzbare Wirtschaftsgüter des Anlagevermögens, die der Forschung oder Entwicklung dienen **1.2** 82d; für abnutzbare Wirtschaftsgüter des Anlagevermögens privater Krankenhäuser **1.1** 7f; für bestimmte Wirtschaftsgüter des Anlagevermögens im Kohlen- und Erzbergbau **1.2** 81; für Fabrikgebäude, Lagerhäuser und landwirtschaftliche Betriebsgebäude **1.1** 7e; **1.2** 22; –, Veranlagung von Ehegatten **1.2** 62c; für Handelsschiffe, Schiffe, die der Seefischerei dienen, und Luftfahrzeuge **1.2** 82f

**Bewirtungsaufwendungen** als Betriebsausgaben **1.1** 4 V

**Bezüge, wiederkehrende,** sonstige Einkünfte **1.1** 22 (1); Werbungskostenpauschbeträge **1.1** 9a

**Bilanz,** Änderung **1.1** 4 II, 5 V; Beifügung der Steuererklärung **1.2** 60

**Binnenfischerei,** Einkünfte **1.1** 13

**Binnenschiffahrt,** Gewerbesteuer **2.2** 6; –, hebeberechtigte Gemeinde **2.2** 15

**Bodenbewirtschaftung,** Einkünfte **1.1** 15

**Bodenschätze,** Absetzung für Substanzverringerung **1.2** 11d

**Botschaftspersonal,** Steuerfreiheit **1.1** 3 (29)

**buchführende Land- und Forstwirte** **1.2** 8c

**Buchführungsgrenze,** Überschreitung **1.1** 7a VI

**Buchwert,** Entnahme **1.1** 6 I

**Bundesbahn,** Gewerbesteuerbefreiung **2.1** 3 (1); Körperschaftsteuerbefreiung **3.1** 5 I (1)

**Bundesbank,** Gewerbesteuerbefreiung **2.1** 3 (2); Körperschaftsteuerbefreiung **3.1** 5 I (2)

**Bundesgrenzschutz,** steuerfreie Geld- und Sachbezüge **1.1** 3 (4)

**Bundeskindergeldgesetz (BKGG) 1.9**

**Bundesmonopolverwaltungen,** Gewerbesteuerbefreiung **2.1** 3 (1); Körperschaftsteuerbefreiung **3.1** 5 I (1)

**Bundespost,** Gewerbesteuerbefreiung **2.1** 3 (1); Körperschaftsteuerbefreiung **3.1** 5 I (1)

**Bundesregierung,** Ermächtigung zum Erlaß von Durchführungsverordnungen **1.1** 51

**Bundesseuchengesetz,** Entschädigungen, Steuerfreiheit **1.1** 3 (25)

**Bundeswehr,** steuerfreie Geld- und Sachbezüge **1.1** 3 (4,5)


**Darlehen,** Wohnungsbauförderung **1.2** 23; Zinsen, Einkünfte aus Kapitalvermögen **1.1** 20 I (7)

**Darlehensaufgeld,** Steuerfreiheit **1.1** 3 (18)

**Darlehensforderungen,** Vermögensbeteiligung **1.1** 19a III (10); *s.a. Vermögensbeteiligung*

**dauernde Lasten,** Sonderausgaben **1.1** 10 I; Werbungskosten **1.1** 9 I

**Dauerschulden,** Kreditinstitute, GewStG **2.2** 19

**Deckungskapital,** Tabelle für die Errechnung des D. von Unterstützungskassen **1.1** Anlage 1

**Deputate,** Arbeitslohn **1.3** 3

**Deutsche Ausgleichsbank,** Gewerbesteuerbefreiung **2.**1 3 (2); Körperschaftsteuerbefreiung **3.**1 5 I (2)

**Deutsche Demokratische Republik,** Einigungsvertrag **vor l.**1; Gewerbeverlust **2.**1 9a

**Deutsche Künstlerhilfe,** Zuwendungen, Steuerfreiheit **l.**1 3 (43)

**Diätverpflegung,** Aufwendungen **l.**1 33 II

**Dienstbezüge,** Einkünfte aus nichtselbständiger Arbeit **l.**1 19 I

**Dienstgänge,** Höchstbeträge für Verpflegungsmehraufwendungen **l.**3 5

**Dienstjubiläum,** Bildung von Rückstellungen **l.**1 5 (IV)

**Dienstreisen,** Höchstbeträge für Verpflegungsmehraufwendungen **l.**3 5

**Dienstverhältnis,** Begriff **l.**3 1

**Diplomaten,** Steuerfreiheit **l.**1 3 (29)

**Direktversicherung** des Arbeitnehmers, Pauschalierung der Lohnsteuer **l.**1 40b; Versicherungsanspruch, Betriebsvermögen **l.**1 4b

**Diskontbeträge,** Einkünfte aus Kapitalvermögen **l.**1 20 I (8)

**Dividenden,** Einkünfte aus Kapitalvermögen **l.**1 20 I (1); Kapitalertragsteuer **l.**1 43

**Dividendenschein,** notarielle Veräußerungsbescheinigung **3.**1 46; Veräußerung, Einkünfte aus Kapitalvermögen **l.**1 20 II

**Doppelbesteuerung,** Progressionsvorbehalt **l.**1 32b

**Doppelbesteuerungsabkommen,** Anrechnung ausländischer Steuern **l.**1 34c VI; Besonderheiten bei Aufsichtsratsvergütungen **l.**2 73h; Bezüge, Lohnkonto **l.**3 7; Freistellung von der Lohnsteuer **l.**1 39b VI; Kapitalerträge **l.**1 50d

**doppelte Haushaltsführung,** Aufwendungen, Werbungskosten **l.**1 9 I; Höchstbeträge für Verpflegungsmehraufwendungen **l.**2 8a; **l.**3 6

**Durchführungsverordnungen,** Ermächtigung der Bundesregierung zur Durchführung des EStG **l.**1 51

**Durchschnittssätze,** Gewinnermittlung aus Land- und Forstwirtschaft **l.**1 13a; erhöhte Absetzungen **l.**2 52; Gewinnermittlung, Sondervorschriften **l.**1 55

**Durchschnittsatzgewinn,** Begriff **l.**1 13a III

**Durchschnittswerte** bei der Bewertung von bestimmten Sachbezügen **l.**3 3

**Ehegatten,** Einkünfte aus Unterhaltsleistungen, Werbungskostenpauschbetrag **l.**1 9a; Geltendmachung der erhöhten Absetzung bei Einfamilienhäusern, Zweifamilienhäusern und Eigentumswohnungen **l.**1 7b V; getrennte Veranlagung **l.**1

26a; anderweitige Verteilung der Sonderausgaben und außergewöhnlichen Belastungen **l.**2 61; getrennte oder besondere Veranlagung, Einkommensteuerveranlagung bei Einkünften aus nichtselbständiger Arbeit **l.**1 46 II; Sonderausgaben – Pauschbetrag, Vorsorgepauschale **l.**1 10c IV; sonstige Einkünfte aus Unterhaltsleistungen **l.**1 22 (1a); Steuererklärungspflicht **l.**2 56; unbeschränkte Einkommensteuerpflicht, Freibeträge beim Lohnsteuerabzug **l.**1 39a III; Unterhaltsleistungen, Sonderausgaben **l.**1 10 I; Veranlagung **l.**1 26; Bewertungsfreiheit für Fabrikgebäude, Lagerhäuser und landwirtschaftl. Betriebsgebäude **l.**2 62c; Steuerbegünstigung des nicht entnommenen Gewinns **l.**2 62c; Zusammenveranlagung **l.**1 26b; –, Altersentlastungsbetrag **l.**1 24a; –, Einkommensteuertarif **l.**1 32a V; –, Einkommensteuerveranlagung bei Einkünften aus nichtselbständiger Arbeit **l.**1 46 II; –, Sparerfreibetrag **l.**1 20 IV; –, Wirkung der Auszahlung **l.**1 36 IV

**Ehrensold** für Künstler, Steuerfreiheit **l.**1 3 (43); Steuerfreiheit **l.**1 3 (22)

**Eigenbetriebe,** Körperschaftsteuerpflicht **3.**1 1 I

**Eigentumswohnung,** Absetzung für Abnutzung **l.**1 7 Va; Erhaltungsaufwand, Werbungskosten **l.**2 82a III; erhöhte Absetzung **l.**1 7b; **l.**2 15

**Eigenverbrauch,** Umsatzsteuer für E., nichtabzugsfähige Ausgaben **l.**1 12

**Einbehaltung** der Aufsichtsratsteuer **l.**2 73e; der Lohnsteuer durch Arbeitgeber **l.**1 38 III, 39b II, III

**Einbringung,** Kapitalgesellschaft in Personengesellschaft **4** 5ff.; (Teil-)Betrieb in Kapitalgesellschaft gegen Gesellschaftsrechte **4** 20ff.; eines (Teil-)Betriebs oder Mitunternehmeranteils in Personengesellschaft **4** 24

**Einfamilienhaus,** Erhaltungsaufwand, Werbungskosten **l.**2 82a III; erhöhte Absetzung **l.**1 7b; **l.**2 15; *s. a.* Haus

**Einheitswert,** Änderung des Gewerbesteuermeßbescheids **2.**1 35b; als Gewerbekapital **2.**1 12; Gewinnermittlung aus Land- und Forstwirtschaft **l.**1 13a IV; Grundbesitz, Gewerbeertragskürzung **2.**1 9 (1); **2.**2 20f.; des Grundstücks, Nutzungswert der selbstgenutzten Wohnung im eigenen Haus **l.**1 21a

**Einigungsvertrag** – Auszug – **vor l.**1

**Einkleidungsbeihilfe,** Steuerfreiheit **l.**1 3 (4)

**Einkommen,** Begriff **l.**1 2; Begriff, KStG **3.**1 8; Bemessungsgrundlage **l.**1 2; Besteuerung **l.**1 2; Maßgeblichkeit für Kindergeld **1.9** 11; Organgesellschaft, KStG **3.1** 15 f.; zu versteuerndes, Begriff, KStG **3.1** 7

**Einkommensgrenze** bei Wohnungsbauprämie **1.7** 2a; bei Wohnungseigentumsförderung **1.1** 10e (5a)

**Einkommensteuer,** Anrechnung auf Körperschaftsteuer bei Umwandlung **4** 12f.; Erhebung **1.1** 36; festzusetzende, Begriff **1.1** 2; Haftung des Arbeitgebers **1.1** 42d; Jahressteuer **1.1** 2; Kapitalertrag **1.1** 43; Maßstabsteuer **1.1** 51a; nichtabzugsfähige Ausgaben **1.1** 12; Nichtabzugsfähigkeit, KStG **3.1** 10; Sondervorschriften für Steuerpflichtige im Gebiet der ehem. DDR **1.1** 56ff.; Stundung für Übernahmegewinn aus Vermögensübergang von Kapitalgesellschaft auf Personengesellschaft oder natürliche Person **4** 7; **4** 26; tarifliche **1.1** 2

**Einkommensteuer-Durchführungsverordnung 1.2**

**Einkommensteuerbescheid,** Änderung, neuer Gewerbesteuermeßbescheid **2.1** 35b

**Einkommensteuergesetz 1.1**

**Einkommensteuer – Grundtabelle 1.1** Anlage 2

**Einkommensteuer – Splittingtabelle 1.1** Anlage 3

**Einkommensteuerpflicht,** deutsche Staatsangehörige **1.1** 1; natürliche Personen **1.1** 1

**Einkommensteuertarif 1.1** 32a

**Einkommensteuerveranlagung,** Einkünfte aus nichtselbständiger Arbeit **1.1** 46; –, Härteausgleich **1.2** 70

**Einkommensteuer-Vorauszahlung 1.1** 37

**Einkünfte 1.1** 24; ausländische, Nachweis über die Höhe **1.2** 68b; ausländische E. im Sinne des § 34c EStG **1.2** 68c; ausländische, Steuerermäßigung **1.1** 34c; außerordentliche E. aus Forstwirtschaft, Steuersatz **1.1** 34b; außerordentliche, Steuersätze **1.1** 34; Begriff **1.1** 2; beschränkt steuerpflichtige E. **1.1** 49; Besteuerung **1.1** 2; Betriebsveräußerung **1.1** 14; Ermittlung aus den einzelnen Holznutzungsarten **1.1** 34b II; aus Forstwirtschaft, Ermittlung **1.2** 51; aus Gewerbebetrieb **1.1** 15; aus Kapitalvermögen **1.1** 20; aus Land- und Forstwirtschaft **1.1** 13; –, Gewerbebetrieb oder Kapitalvermögen, Kapitalertragsteuer **1.1** 46a; negative ausländische **1.1** 2a; negative E. aus Vermietung und Verpachtung, Freibetrag beim Lohnsteuerabzug **1.1** 39a I, II; aus nichtselbständiger Arbeit **1.1** 19; –, Einkommensteuerveranlagung **1.1** 46; aus

selbständiger Arbeit **1.1** 18; sonstige **1.1** 22; –, beschränkt steuerpflichtige **1.1** 49; aus Veräußerung eines Gewerbebetriebs **1.1** 16; Veräußerungsgewinn von Anteilen an Kapitalgesellschaften **1.1** 17; aus Vermietung und Verpachtung **1.1** 21

**Einlage,** Begriff **1.1** 4 I; Bewertung **1.1** 6 I; bei Sparkassen, Banken und anderen Kreditanstalten, Einkünfte aus Kapitalvermögen **1.1** 20 I (7); bei Vollkaufleuten **1.1** 5 V

**Einnahmeerzielung,** Ausgaben, Werbungskosten **1.1** 9

**Einnahmen,** Begriff **1.1** 8; Bezug innerhalb des Kalenderjahrs **1.1** 11; steuerfreie **1.1** 3; steuerfreie E. aus nichtselbständiger Arbeit **1.2** 4

**Eintragung** des Lohnsteuerfreibetrags auf der Lohnsteuerkarte **1.1** 39a II; auf der Lohnsteuerkarte **1.1** 39 III

**Einzelhandel,** Gewerbesteuerzerlegung bei Wareneinzelhandelsunternehmen **2.1** 29

**Einzelnachweis,** Höchstbeträge für Verpflegungsmehraufwendungen bei Dienstreisen und Dienstgängen **1.3** 5; Höchstbeträge für Verpflegungsmehraufwendungen bei doppelter Haushaltsführung **1.3** 6; für Verpflegungsmehraufwendungen **1.2** 8; – bei doppelter Haushaltsführung, Höchstbeträge **1.2** 8a

**Enkelgesellschaft** im Ausland, Körperschaftsteuer **3.1** 26 V; Beteiligungen an E., Kürzung des Gewerbekapitals, GewStG **3.1** 12 III; Gewinnanteile, Kürzung des Gewerbeertrags, GewStG **2.1** 9

**Entgelte** für Betriebsgründung, Hinzurechnung zum Gewerbeertrag, Gewerbesteuer **2.1** 8 (1); –, Hinzurechnung zum Gewerbekapital **2.1** 12 II

**Entlohnung** für Überstunden, Überschichten, Sonntagsarbeit **1.3** 2

**Entnahme,** Begriff **1.1** 4 I; Bewertung **1.1** 6 I; bei Vollkaufleuten **1.1** 5 V

**Entrichtung** der Kapitalertragsteuer in den Fällen des § 43 Abs. 1 Nr. 1 bis 5 **1.1** 44; der Kapitalertragsteuer in den Fällen des § 43 Abs. 1 Nr. 8 EStG **1.1** 45c

**Entschädigung** der Abgeordneten, sonstige Einkünfte **1.1** 22 (4); Arbeitslohn **1.3** 2; Einkünfte **1.1** 24; i. S. § 24 Ziff. 1 außerordentliche Einkünfte, Steuersatz **1.1** 34 II

**Entstehen** der Einkommensteuer **1.1** 36 I; der Gewerbesteuer **2.1** 18; der Gewerbesteuervorauszahlungen **2.1** 21

**Entwicklung,** Bewertungsfreiheit für Wirtschaftsgüter, die der E. dienen **1.2** 82d

**Entwicklungshilfe,** Freibetrag für Kinder **1.1** 32 IV

**Erbschaftsteuer,** Einkommensteuerermäßigung **1.1** 35

**Erdölbevorratungsverband,** Gewerbesteuerbefreiung **2.1** 3 (1); Körperschaftsteuerbefreiung **3.1** 5 I (1)

**Erhaltungsaufwand,** Gebäude in Sanierungsgebieten und städtebaulichen Entwicklungsbereichen sowie Baudenkmale **1.1** 4 (8); Sonderbehandlung bei Baudenkmälern **1.1** 11b; **1.2** 82k; Sonderbehandlung bei bestimmten Anlagen und Einrichtungen bei Gebäuden **1.2** 82a; Sonderbehandlung bei Gebäuden in Sanierungsgebieten und städtebaulichen Entwicklungsbereichen **1.1** 11a; für Wohngebäude nach Städtebauförderungsmaßnahmen **1.2** 82h; für Wohngebäude, Verteilung **1.2** 82b

**Erhebung** der Gewerbesteuer **2.1** 16ff.; der Körperschaftsteuer **3.1** 49; des Solidaritätszuschlags **1.1a** 1

**erhöhte Absetzungen** bei **1.1a** 1, 7a; bei Baudenkmalen **1.1** 7i; für Baumaßnahmen an Gebäuden zur Schaffung neuer Mietwohnungen **1.1** 7c; für Einfamilienhäuser, Zweifamilienhäuser und Eigentumswohnungen **1.1** 7b; **1.2** 15; bei Gebäuden in Sanierungsgebieten und städtebaulichen Entwicklungsbereichen **1.1** 7h; von Herstellungskosten bei Baudenkmälern **1.2** 82i; von Herstellungskosten für bestimmte Anlagen und Einrichtungen bei Gebäuden **1.2** 82a; von Herstellungskosten für bestimmte Baumaßnahmen i. S. des Bundesbaugesetzes und Städtebauförderungsgesetzes **1.2** 82g, h; Steuerermäßigung bei Inanspruchnahme e. A. **1.1** 34f; bei unentgeltlich erworbenen Wirtschaftsgütern **1.2** 11d; für Wirtschaftsgüter, die dem Umweltschutz dienen **1.1** 7d; für Wohnungen mit Sozialbindung **1.1** 7k

**Erholungsbeihilfen,** Pauschsteuersatz **1.1** 40 II

**Ermächtigungen,** GewStG **2.1** 35c

**Ermittlung** der Lohnsteuer **1.1** 38a IV

**Ersatzdienst,** steuerfreie Geld- und Sachbezüge **1.1** 3 (5)

**Ersatzdienstbeschädigte,** steuerfreie Vorsorgungsbezüge **1.1** 3 (6)

**Ersatzschule,** Sonderausgaben **1.1** 10 I

**Erstattung** der Kapitalertragsteuer **1.1** 44b f.

**Erträge** aus Lebensversicherungen, Einkünfte aus Kapitalvermögen **1.1** 20 I (6)

**Erweiterung** an Einfamilienhaus, Zweifamilienhaus oder Eigentumswohnung, erhöhte Absetzung **1.1** 7b II; **1.2** 15

**Erwerb eines Betriebs,** Gewinnermittlung **1.2** 6; Wirtschaftsjahr **1.2** 8b

**Erwerbsfähigkeit,** Minderung, Pauschbetrag **1.1** 33b II

**Erwerbs- und Wirtschaftsgenossenschaft,** Anteile, Einkünfte aus Kapitalvermögen **1.1** 20 I (1); Anteile, Kapitalertragsteuer **1.1** 43; Gewerbesteuerbefreiung **2.1** 3 (8), (15); Gewinnanteile, Kürzung des Gewerbeertrags, GewStG **2.1** 9 (2a); Körperschaftsteuerbefreiung **3.1** 5 I (10), (14); Körperschaftsteuerpflicht **3.1** 1; Übertragung von Wirtschaftsgütern eines land- und forstwirtschaftl. Betriebs **1.1** 13 IV; Umwandlung **4** 1

**Erwerbsunfähigkeit** wegen Behinderung, Freibetrag für Kinder **1.1** 32 IV; völlige E. des Bausparers, keine Nachversteuerung **1.2** 31; völlige E., Begriff **1.2** 29 V

**Erzbergbau,** Bewertungsfreiheit für bestimmte Wirtschaftsgüter **1.2** 81; Leistungen, Steuerfreiheit **1.1** 3 (60); Verzeichnis der Wirtschaftsgüter des Anlagevermögens über Tage **1.2** Anlage 5; Verzeichnis der Wirtschaftsgüter des beweglichen Anlagevermögens im Tagebaubetrieb **1.2** Anlage 6

**Erzeugnisse,** Entnahme **1.1** 4 I

**erzieherische Tätigkeit,** Einkünfte aus freiberuflicher Tätigkeit **1.1** 18

**Erziehungsbeihilfe,** Steuerfreiheit **1.1** 3 (11)

**Erziehungsgeld,** Steuerfreiheit **1.1** 3 (67)

**Europaabgeordnete** s. Abgeordnete

**Fabrikgebäude,** Bewertungsfreiheit **1.2** 22; – für Vertriebene **1.1** 7e; **1.2** 13

**Fahrtkosten** als Betriebsausgaben **1.1** 4 V; zwischen Wohnung und Arbeitsstätte als Werbungskosten **1.1** 9 I, II

**Familienheimfahrt** als Betriebsausgabe **1.1** 4 V; Werbungskosten **1.1** 9 I, II

**Familiennamen,** Lohnkonto **1.3** 7

**Feiertagsarbeit,** Zuschlag, Steuerfreiheit **1.1** 3b

**Fernsehen,** Werbesendungen, Gewerbesteuer **2.1** 6; Werbesendungen, Körperschaftsteuersatz **3.1** 23 VI

**Festlandsockel,** Inland **1.1** 1

**Festlegung** von Vermögensbeteiligungen **1.3** 8

**Festsetzung** der Arbeitnehmer-Sparzulage **1.5** 14; von Durchschnittswerten bei bestimmten Sachbezügen **1.3** 3; und Erhebung der Gewerbesteuer **2.1** 16ff.

**Feststellung** von Besteuerungsgrundlagen s. dort

**Feststellungsbescheid,** Gewerbesteuermeßbescheidsänderung wegen Einheitswertänderung **2.1** 35b

**Finanzamt,** zuständiges, Abführung der

Lohnsteuer **1.1** 41a; Zustimmung bei Änderung der Bilanz **1.1** 4 II

**Finanzierungs-Aktiengesellschaft Rheinland-Pfalz,** Gewerbesteuerbefreiung **2.1** 3 (2); Körperschaftsteuerbefreiung **3.1** 5 I (2)

**Fischerei,** Aufwendungen für F. als Betriebsausgaben **1.1** 4 V; Gewerbesteuerbefreiung **2.1** 3 (7)

**Fischzucht,** Einkünfte **1.1** 13

**Flüchtlinge** s. *Vertriebene*

**Flugzeuge,** Bewertungsfreiheit **1.2** 82f

**Förderung** mildtätiger, kirchlicher, religiöser, wissenschaftlicher und gemeinnütziger Zwecke, Sonderausgaben **1.2** 48; **1.2** 23

**Form** der Steuererklärung **1.2** 60

**Forschung,** Bewertungsfreiheit für Wirtschaftsgüter, die der F. dienen **1.2** 82d

**Forstbetriebe,** Wirtschaftsjahr **1.2** 8c

**Forstgenossenschaft,** Einkünfte **1.1** 13; Gewerbesteuerbefreiung **2.1** 3 (5); Körperschaftsteuerbefreiung **3.1** 5 I (14); Körperschaftsteuerpflicht **3.1** 3

**Forstwirtschaft,** außerordentliche Einkünfte, Steuersatz **1.1** 34b; Einkünfte **1.1** 13; **1.2** 51; Körperschaftsteuerbefreiung für Genossenschaften/Vereine **3.1** 5 I (14); Schäden infolge höherer Gewalt, außerordentliche Einkünfte **1.1** 34b I; Wirtschaftsjahr **1.2** 8c

**Fortbildungsleistungen** nach dem Arbeitsförderungsgesetz, Steuerfreiheit **1.1** 3 (2)

**fortgesetzte Gütergemeinschaft,** Besteuerung **1.1** 28

**freiberufliche Tätigkeit,** Einkünfte **1.1** 18

**Freibetrag,** Altersfreibetrag **1.1** 32 VIII; für Arbeitnehmer **1.1** 19 IV; Eintragung auf der Lohnsteuerkarte **1.1** 39a I; für Freiberufler **1.1** 18 IV; Gewerbeertrag **2.1** 11 I; Gewerbekapital **2.1** 13 I; Haushaltsfreibetrag **1.1** 32 VII; Körperschaftsteuer **3.1** 24 f.; beim Lohnsteuerabzug **1.1** 39a

**freie Wahl** der Art der vermögenswirksamen Leistung **1.5** 12

**Freistellung** von der Lohnsteuer, Bescheinigung, Lohnkonto **1.3** 7; von der Lohnsteuer, Doppelbesteuerungsabkommen **1.1** 39b VI

**Fulbright-Abkommen,** Zuwendungen, Steuerfreiheit **1.1** 3 (42)

**Futterbau,** Wirtschaftsjahr **1.2** 8c

**Garage,** erhöhte Absetzung **1.1** 7b IV

**Gartenbau,** Einkünfte **1.1** 13; Wirtschaftsjahr **1.2** 8c

**Gästehäuser,** Aufwendungen, Betriebsausgaben **1.1** 4 V

**Gebäude,** Absetzung für Abnutzung **1.1** 7 IV, V; **1.2** 10ff., 11c; Absetzungen für Abnutzung oder Substanzverringerung **1.2** 10a; Erhaltungsaufwand bei G. in Sanierungsgebieten und städtebaulichen Entwicklungsbereichen **1.1** 4 (8); –, Sonderbehandlung **1.1** 11b; erhöhte Absetzung für Baumaßnahmen an G. zur Schaffung neuer Mietwohnungen **1.1** 7c; erhöhte Absetzung für Erhaltungsaufwand **1.2** 82h; erhöhte Absetzung bei G. in Sanierungsgebieten und städtebaulichen Entwicklungsbereichen **1.1** 7h; erhöhte Absetzungen von Herstellungskosten und Sonderbehandlung von Erhaltungsaufwand für bestimmte Anlagen und Einrichtungen **1.2** 82a

**Gebäudeteile,** Absetzung für Abnutzung **1.1** 7 V a

**Gebietsverbände** s. *Parteien, politische*

**Geburtsbeihilfe,** Steuerfreiheit **1.1** 3 (15)

**Geburtstag,** Lohnkonto **1.3** 7

**Gehalt,** Arbeitslohn **1.3** 2; Einkünfte aus nichtselbständiger Arbeit **1.1** 19 I

**Geldbußen,** Betriebsausgaben **1.1** 4 V

**Geldstrafen,** als abziehbare Aufwendungen, KStG **3.1** 10; nichtabzugsfähige Ausgaben, EStG **1.1** 12

**Geltungsbereich** der EStDV **1.2** 84

**Gemeinde,** Gewerbesteuerhebeberecht **2.1** 1, 4; Gewerbesteuerzerlegung **2.1** 28; hebeberechtigte, für Betriebstätten auf Schiffen **2.2** 15; Lohnsteuerkartenausschreibung **1.1** 39

**Gemeindesteuern,** Gewerbesteuer **2.1** 1

**gemeinnützige Zwecke,** Anerkennung als förderungswürdig **1.2** 50; Aufwandsentschädigung für nebenberufliche Tätigkeit zur Förderung d. g. Z. **1.1** 3 (26); Gewerbesteuerbefreiung **2.1** 3 (6); Hinzurechnung zum Gewerbeertrag **2.1** 8 (9); Körperschaftsteuerbefreiung **3.1** 5 I (9); Kürzung des Gewerbeertrags **2.1** 9 (5); Sonderausgaben **1.1** 10b I; **1.2** 48

**Gemüsebau,** Einkünfte **1.1** 13

**Genossenschaft,** Aufsichtsratsvergütungen, Steuerabzug **1.1** 50a; Gewerbesteuer **2.1** 2; Gewerbesteuerbefreiung **2.1** 3 (5); – in der Land- und Forstwirtschaft **2.1** (14); Gewerbesteuererklärung **2.2** 25; Körperschaftsteuerbefreiung für land- und forstwirtschaftliche G. **3.1** 5 I (14); Körperschaftsteuerfreibetrag für G. in der Land- und Forstwirtschaft **3.1** 25; Körperschaftsteuerpflicht für Erwerbs- und Wirtschaftsgenossenschaften **3.1** 1; Rückvergütungen, KStG **3.1** 22; Verschmelzung, Wegfall der Steuererleichterungen **4** 25

**Genußrechte,** als Kapitalvermögen **1.1** 20 I (1); Kapitalertragsteuer **1.1** 43; Vermögensbeteiligung **1.1** 19a III (11)

**Genußscheine,** Veräußerungsgewinn, Einkünfte **1.1** 17 I; Vermögensbeteiligung **1.1** 19a III (3); vermögenswerte Leistung **1.5** 2

**Gesamtbetrag der Einkünfte,** Begriff **1.1** 2

**Gesamtrechtsnachfolge,** bei Änderung der Unternehmensform s. Umwandlung; Körperschaftsteuerbelastung ausgeschütteter Gewinne **3.1** 38, 42

**Gesamtschuldner,** Lohnsteuer und Einkommensteuer **1.1** 42d III

**Geschäftsbericht,** Beifügung der Steuererklärung **1.2** 60

**Geschäftsbetrieb, wirtschaftlicher,** Zusammenfassung mehrerer w. G. **2.2** 8

**Geschäftsführer,** Pflicht der Erklärung zur gesonderten und einheitlichen Feststellung der Einkünfte **1.2** 58

**Geschäftsguthaben** bei einer Genossenschaft, Vermögensbeteiligung **1.1** 19a III (7)

**Geschäftsjubiläum,** Steuerfreiheit **1.3** 4

**Geschäftsleitung,** Verlegung, Gewerbesteuerzerlegung **2.1** 34

**Geschäftsreisen,** Höchstbeträge für Verpflegungsmehraufwendungen **1.2** 8; s.a. Reisekosten

**Geschenke** als Betriebsausgaben **1.1** 4 V

**Gesellschaft,** ausländische, Beteiligung an a.G., Kürzung des Gewerbekapitals **2.1** 12 III (5); Gewinnanteile, KSt-Befreiung **3.1** 26 VII; in- oder ausländische, Gewinnanteile, Kürzung des Gewerbeertrags, GewStG **2.1** 9 (2); in- oder ausländische, Verlustanteile, Hinzurechnung, zum Gewerbeertrag, GewStG **2.1** 8 (8)

**Gesellschaft, stille,** Hinzurechnung von Gewinnanteilen zum Gewerbeertrag, GewStG **2.1** 8 (3)

**Gesellschaftsanteile,** Bewertung bei Ausgabe gegen eingebrachtes Betriebsvermögen **4** 20; Veräußerungsgewinn, Einkünfte **1.1** 17 I; Veräußerungsgewinn eines Gewerbebetriebs **1.1** 16 I

**gesetzliche Rentenversicherung,** Sonderausgaben **1.1** 10 I; steuerfreie Sach- und Geldleistungen **1.1** 3 (1)

**gesetzliche Unfallversicherung,** steuerfreie Leistungen **1.1** 3 (1)

**gesonderte Gewinnfeststellung,** Steuererklärung **1.2** 59

**getrennte Veranlagung** von Ehegatten **1.1** 26a; anderweitige Verteilung der Sonderausgaben und außergewöhnlichen Belastungen **1.2** 61; Bewertungsfreiheit für Fabrikgebäude, Lagerhäuser und landwirtschaftliche Betriebsgebäude **1.2** 62c; Steuerbegünstigung des nicht entnom-

menen Gewinns **1.2** 62c; Verlustabzug **1.2** 62d; Wahlrecht **1.1** 26

**Getrenntleben,** dauerndes, Einkünfte aus Unterhaltsleistungen, Werbungskostenpauschbetrag **1.1** 9a; sonstige Einkünfte aus Unterhaltsleistungen **1.1** 22 (1a); Unterhaltsleistungen an dauernd getrennt lebenden Ehegatten, Sonderausgaben **1.1** 10 I

**Gewerbebetrieb,** ausländische Einkünfte **1.1** 34d; Begriff, GewStG **2.1** 2; **2.2** 1; Einkünfte **1.1** 49; –, beschränkt steuerpflichtige **1.1** 49; –, Kapitalertragsteuer **1.1** 46a; Gewinnerzielungsabsicht **1.1** 15 II; Nachversteuerung der Mehrentnahmen **1.2** 46; Steuerbegünstigung des nicht entnommenen Gewinns für Vertriebene und Verfolgte **1.1** 10a I; **1.2** 45; Tätigkeit mit Einkünfteerzielungsabsicht **1.1** 15 III; Veräußerungsgewinn, Einkünfte **1.1** 16; Wirtschaftsjahr **1.1** 4a

**Gewerbeertrag,** Begriff, GewStG **2.1** 7; **2.1** 10; Gewerbesteuer nach dem G. s. Gewerbesteuer; bei Umwandlung **4** 18f.

**Gewerbekapital,** Begriff **2.1** 12; Gewerbesteuer nach dem G. s. Gewerbesteuer

**Gewerbesteuer,** Arbeitsgemeinschaft **2.1** 2a; Aufgabe oder Auflösung des Gewerbebetriebs **2.2** 4; Besteuerungsgrundlagen **2.1** 6; Betriebe der öffentlichen Hand **2.2** 2; Betriebstätten **2.1** 2; – in gemeindefreien Gebieten **2.1** 4; Dauerschulden bei Kreditinstituten **2.2** 19; einheitlicher Steuermeßbetrag **2.1** 14; Entstehung der G. **2.1** 18; Entstehung, Festsetzung und Erhebung der G. **2.1** 16ff.; Entstehung der Vorauszahlungen **2.1** 21; Erhebungszeitraum **2.1** 14; als Gemeindesteuer **2.1** 1; Gewerbebetrieb, Begriff **2.1** 2; **2.2** 1; Grundstücke im Zustand der Bebauung **2.2** 21; Hausgewerbetreibende **2.2** 22; hebeberechtigte Gemeinden **2.1** 4; Hebesatz **2.1** 16; Inlandsbegriff **2.1** 2 VII; Konkurseröffnung **2.2** 4; Koppelungsvorschriften und Höchsthebesätze **2.1** 16; Reisegewerbebetriebe **2.1** 35a; **2.2** 35; auf Schiffen unterhaltene Betriebstätten **2.2** 5f., 15; Steuerschuldner **2.1** 5; bei Umwandlung **4** 18f.; Vorauszahlungen **2.1** 19f.; **2.2** 29f.; Wareneinzelhandelsunternehmen, Begriff **2.2** 33; wirtschaftlicher Geschäftsbetrieb **2.2** 8; Zerlegung des einheitlichen Steuermeßbetrags **2.1** 28ff.; **2.2** 34

– **(Gewerbeertrag)** bei Abwicklung **2.2** 16; Begriff des Gewerbeertrags **2.1** 7; Gewerbeverlust **2.1** 10a; Grundbesitz als Betriebsvermögen **2.2** 20; Hinzurechnungen **2.1** 8; bei Konkurs **2.2** 16; Kürzungen

**2.1** 9; maßgebender G. **2.1** 10; Steuermeßbetrag **2.1** 11; Steuermeßzahl **2.1** 11
– **(Gewerbekapital),** Begriff des G. **2.1** 12; Steuermeßbetrag **2.1** 13; Steuermeßzahl **2.1** 13
**Gewerbesteuerbefreiung 2.1** 3; für Einnehmer einer staatlichen Lotterie **2.2** 13; kleinere Versicherungsvereine a. G. **2.2** 12a
**Gewerbesteuer – Durchführungsverordnung (GewStDV) 2.2**
**Gewerbesteuererklärung 2.2** 25
**Gewerbesteuergesetz (GewStG) 2.1**
**Gewerbesteuermeßbescheid,** Änderung von Amts wegen **2.1** 35 b
**Gewerbetreibende,** Rücklage für Preissteigerung **1.2** 74
**Gewerbeverlust** aus Betriebsstätten in der DDR **2.1** 9 a
**gewerbliche Schutzrechte,** Einkünfte beschränkt Steuerpflichtiger, Einkommensteuerabzug **1.1** 50 a IV; **1.2** 73 a III
**Gewerkschaft, bergbaurechtliche,** Gewerbesteuer **2.1** 2; Gewerbesteuererklärung **2.2** 25; Körperschaftsteuerpflicht **3.1** 1; Umwandlung **4** 1
**Gewinn,** Begriff **1.1** 4 I, 13 a III; nicht entnommener, Steuerbegünstigung, Veranlagung von Ehegatten **1.2** 62 c; nicht entnommener, Steuerbegünstigung für Vertriebene und Verfolgte **1.1** 10 a; **1.2** 13; Spekulationsgeschäft **1.1** 23 IV; Veräußerung von Anlagegütern **1.1** 6 b f.; Veräußerung eines land- und forstwirtschaftlichen Betriebs **1.1** 14; Vollkaufleute **1.1** 5; –, steuerrechtliche Wahlrechte **1.1** 5 I
**Gewinn- und Verlustrechnung,** Beifügung der Steuererklärung **1.2** 60
**Gewinnabführungsvertrag** bei Organschaft, KStG **3.1** 14, 17 f.
**Gewinnanteile,** Einkünfte aus Kapitalvermögen **1.1** 20 I (1); der Gesellschafter, Einkünfte **1.1** 15; Hinzurechnung zum Gewerbeertrag, GewStG **2.1** 8 (3, 4); Kapitalertragsteuer **1.1** 43; KSt-Befreiung **3.1** 26 VII; Kürzung des Gewerbeertrags, GewStG **2.1** 9 (8)
**Gewinnausschüttung,** Körperschaftsteuererbelastung *s. dort;* verdeckte, Körperschaftsteuer **3.1** 8 III; Wertminderung von Anteilen durch G. **1.1** 50 c
**Gewinnermittlung 1.1** 4 ff.; nach Durchschnittsätzen, Sondervorschriften **1.1** 55; bei Eröffnung, Erwerb, Aufgabe und Veräußerung eines Betriebs **1.2** 6; Gewerbeertrag, GewStG **2.1** 7; Körperschaftsteuer **3.1** 8 ff.; – bei Auflösung und Abwicklung **3.1** 11; als Land- und Forstwirtschaft nach Durchschnittsätzen **1.1** 13 a; –, erhöhte Absetzungen **1.2** 52;

nach § 4, Sondervorschriften **1.1** 55; bei unentgeltlicher Übertragung eines Betriebs, eines Teilbetriebs, eines Mitunternehmeranteils oder einzelner Wirtschaftsgüter **1.2** 7; Vergleich der Betriebseinnahmen mit den Betriebsausgaben **1.1** 13 a II
**Gewinnermittlungszeitraum 1.1** 4 a
**Gewinnfeststellung,** gesonderte, Steuererklärung **1.2** 59
**Gewinnminderungen,** Hinzurechnungen zum Gewerbesteuerertrag **2.1** 8 (10)
**Gewinnobligationen,** Zinsen, Kapitalertragsteuer **1.1** 43
**Gewinnschuldverschreibungen,** Vermögensbeteiligung **1.1** 19 a III (2); vermögenswerte Leistung **1.5** 2
**GmbH,** Anteile, Einkünfte aus Kapitalvermögen **1.1** 20 I (1); Anteile, Kapitalertragsteuer **1.1** 43; Aufsichtsratsvergütungen, Steuerabzug **1.1** 50 a; Gewerbesteuer **2.1** 2; Gewerbesteuererklärung **2.2** 25; Körperschaftsteuerpflicht **3.1** 1; –, beschränkte Steuerpflicht **3.1** 2; als Organgesellschaft, KStG **3.1** 17
**Gold,** Wertansatz **1.2** 74 a
**Gratifikationen,** Arbeitslohn **1.3** 2; Arbeitslohnbegriff, GewStG **2.1** 31 IV; Einkünfte aus nichtselbständiger Arbeit **1.1** 19 I
**Grund und Boden,** Aufwendungen für G. u. B. keine Anschaffungskosten **1.2** 15; Bewertung **1.1** 6 I; Sondervorschriften für die Gewinnermittlung nach § 4 oder nach Durchschnittsätzen **1.1** 55; Veräußerungsgewinn **1.1** 6 b
**Grundbesitz** als Betriebsvermögen, GewStG **2.2** 20
**Grundbetrag,** Gewinn **1.1** 13 a IV
**Grundschulden,** Zinsen, Einkünfte aus Kapitalvermögen **1.1** 20 I (5)
**Grundstücke,** Nutzungsvergütungen für die Inanspruchnahme von G. für öffentliche Zwecke, Einkünfte **1.1** 24
**Grundwehrdienst,** Freibetrag für Kinder **1.1** 32 IV
**Gütergemeinschaft,** fortgesetzte, Besteuerung **1.1** 28
**Guthaben** bei Sparkassen, Banken und anderen Kreditanstalten, Einkünfte aus Kapitalvermögen **1.1** 20 I (7)

**Hafenbetriebe,** Körperschaftsteuerpflicht **3.1** 4
**Haftpflichtversicherung,** Beiträge, Sonderausgaben **1.1** 10 I
**Haftung** des Arbeitgebers bei Arbeitnehmer-Sparzulagen **1.5** 15; bei Arbeitnehmerüberlassung **1.1** 42 d VI, VII; für Lohnsteuer **1.1** 42 d

**Haftungsbescheid** bei beschränkter Einkommensteuerpflicht **l.2** 73 g; Lohnsteuer **l.1** 42 d IV

**Haftungsschuld,** Lohnsteuer **l.1** 42 d

**Hamburgische Wohnungsbaukreditanstalt,** Gewerbesteuerbefreiung **2.1** 3 (2); Körperschaftsteuerbefreiung **3.1** 5 (2)

**Handelsgewerbe,** Beteiligung als stiller Gesellschafter, Einkünfte aus Kapitalvermögen **l.1** 20 I (4)

**Handelsschiff,** Betrieb im internationalen Verkehr, ausländische Steuer **l.1** 34 c IV; Bewertungsfreiheit **l.2** 82 f.

**Handelsvertreter,** Ausgleichszahlungen an H., Einkünfte **l.1** 24

**Hanseatische Gesellschaft für öffentliche Finanzierungen mbH Bremen,** Gewerbesteuerbefreiung **2.1** 3 (2); Körperschaftsteuerbefreiung **3.1** 5 I (2)

**Härteausgleich** bei Einkommensteuerveranlagung **l.2** 70

**Hauberggenossenschaft,** Einkünfte **l.1** 13; Gewerbesteuerbefreiung **2.1** 3 (5); Körperschaftsteuerpflicht **3.1** 3

**Hauptabschlußübersicht,** Beifügung der Steuererklärung **l.2** 60

**Hauptwohnung,** örtliche Zuständigkeit für die Ausstellung der Lohnsteuerkarte **l.1** 39 II

**Haus,** Nutzungswert der selbstgenutzten Wohnung im eigenen H. **l.1** 21 a

**Hausgehilfin,** Aufwendungen, Freibetrag beim Lohnsteuerabzug **l.1** 39 a V; außergewöhnliche Belastung **l.1** 33 a III

**Hausgewerbetreibende,** Gewerbesteuer **2.2** 22; Gewerbesteuermeßzahl **2.1** 11 III

**Haushalt,** nichtabzugsfähige Ausgaben **l.1** 12

**Haushaltsfreibetrag l.1** 32 VII; Lohnsteuertabelle **l.1** 38 c I

**Haushaltsführung,** doppelte, Freibetrag beim Lohnsteuerabzug **l.1** 39 a V

**Haushaltshilfe,** außergewöhnliche Belastung **l.1** 33 a III

**Hebesatz,** Gewerbesteuer **2.1** 16; Höchsthebesätze **2.1** 16; Koppelungsvorschriften **2.1** 16

**Heimatvertriebene** s. Vertriebene

**Heimunterbringung,** außergewöhnliche Belastung **l.1** 33 a III

**Heirat,** Beihilfe, Steuerfreiheit **l.1** 3 (15); Einkommensteuerveranlagung bei Einkünften aus nichtselbständiger Arbeit **l.1** 46 II

**Heizung,** Arbeitslohn **l.3** 3

**Herabsetzung des Kapitals** einer Kapitalgesellschaft, Einkünfte **l.1** 17 IV

**Herstellung,** Jahr der H. **l.1** 7

**Herstellungskosten,** Absetzung für Abnutzung **l.1** 7; Bewertung zu den H. **l.1**

6; erhöhte Absetzungen für bestimmte Anlagen und Einrichtungen bei Gebäuden **l.2** 82 a; erhöhte Absetzungen für bestimmte Baumaßnahmen i. S. des Städtebauförderungsgesetzes **l.2** 82 g, h; nachträgliche, Absetzung **l.1** 7 a I; nachträgliche, erhöhte Absetzung bei Einfamilienhäusern, Zweifamilienhäusern und Eigentumswohnungen **l.1** 7 b II, III

**Hessische Landesentwicklungs- und Treuhandgesellschaft mbH,** Gewerbesteuerbefreiung **2.1** 3 (2); Körperschaftsteuerbefreiung **3.1** 5 I (2)

**Hinterbliebene,** Pauschbeträge für außergewöhnliche Belastungen **l.1** 33 b; Pauschbeträge, Freibetrag beim Lohnsteuerabzug **l.1** 39 a I, II; –, Nachweis der Voraussetzungen für die Inanspruchnahme **l.2** 65

**Hinzurechnungen** zum Gewerbeertrag, GewStG **2.1** 8; zum Gewerbekapital, GewStG **2.1** 12 II

**Hochseefischerei,** Gewerbesteuerbefreiung **2.1** 3 (7)

**Höchstbeträge** bei Jubiläumsgeschenken, Steuerfreiheit **l.3** 4; bei Verpflegungsmehraufwendungen **l.2** 24; – bei Dienstreisen **l.3** 5; – bei doppelter Haushaltsführung **l.2** 8 a; **l.3** 6; – bei Geschäftsreisen **l.2** 8

**Höhe** der Lohnsteuer **l.1** 38 a; der Wohnungsbauprämie **l.7** 3

**Hoheitsbetriebe,** Gewerbesteuerbefreiung **2.2** 2; Körperschaftsteuerbefreiung **3.1** 4 V

**Holznutzung** s. Forstwirtschaft

**Hypotheken,** Zinsen, Einkünfte aus Kapitalvermögen **l.1** 20 I (5)

**Hypothekengewinnabgabe,** Sonderausgabe **l.1** 10 I

**Imkerei,** Einkünfte **l.1** 13

**immaterielle Wirtschaftsgüter,** Aktivierung i. W. des Anlagevermögens **l.1** 5 II

**Inland,** inländische Unternehmen, Aufsichtsratsteuer **l.1** 50 a I; **l.2** 73 a I; Wohnsitz **l.1** 1

**inländische Einkünfte,** keine Körperschaftsteuerbefreiung **3.1** 5 II

**inländische Kapitalerträge,** Kapitalertragsteuer **l.1** 43 III

**Inlandsbegriff,** GewStG **2.1** 2 VII; KStG **3.1** 1 III

**Inlandsdienstreisen,** Höchstbeträge für Verpflegungsmehraufwendungen **l.3** 5

**Inventar,** land- und forstwirtschaftl., Veräußerungsgewinn **l.1** 6 b

**Investitionszulage,** keine erhöhten Absetzungen **l.2** 82 a II

**Jagd,** Aufwendungen für J. als Betriebsausgaben **l.1** 4 V; Einkünfte **l.1** 13

# Sachverzeichnis

fette Ziffern = Gesetzesnummern

**Jahresarbeitslohn** l.1 38c; Lohnsteuer l.1 38a; Lohnsteuerabzug l.1 39b III
**Jahresbericht,** Beifügung der Steuererklärung l.2 60
**Jahresbetrag,** steuerfreier, Lohnkonto l.3 7
**Jahresbilanz,** Ausweis der Wirtschaftsgüter l.1 6 III
**Jahreslohnsteuer,** Betrag l.1 38c; Höhe l.1 38a; Maßstabsteuer l.1 51a
**Jahreslohnsteuertabelle** l.1 38c
**Jahressteuer,** Einkommensteuer l.1 2
**Jubiläumsgeschenke,** Steuerfreiheit l.3 4
**juristische Personen,** Gewerbesteuerpflicht **2.1** 2; Körperschaftsteuerpflicht **3.1** 1; mehrere wirtschaftliche Geschäftsbetriebe **2.2** 8
**juristische Person des öffentlichen Rechts,** Gewerbesteuerpflicht **2.2** 2; Körperschaftsteuerpflicht **3.1** 4

**Kalamitätsnutzungen,** außerordentliche Einkünfte l.1 34b I
**Kalenderjahr,** vom K. abweichendes Wirtschaftsjahr l.1 4a; Gewerbesteuermeßbetrag, Festsetzung **2.1** 14; Körperschaftsteuer, Grundlagenermittlung **3.1** 7 III; Veranlagungszeitraum l.1 25
**Kapitalabfindungen,** Steuerfreiheit l.1 3 (2)
**Kapitalbeteiligungen** s. *Vermögensbeteiligung*
**Kapitalertrag,** besondere Behandlung l.1 45b; Steuerabzug l.1 43
**Kapitalertragsteuer** l.1 43; als Abgeltung der Körperschaftsteuer **3.1** 50; Abstandnahme vom Steuerabzug l.1 44a; Anmeldung und Bescheinigung l.1 45a; Ausschluß der Erstattung l.1 45; Bemessung l.1 43a, 44d; Entrichtung l.1 44; Erstattung l.1 44b; – an bestimmte Körperschaften, Personenvereinigungen und Vermögensmassen l.1 44c; Prüfungsrecht der Finanzbehörden l.1 50b; bei bestimmten Kapitalgesellschaften l.1 44d; besondere bei Muttergesellschaften l.1 44d
**Kapitalforderungen,** Zinsen, Einkünfte aus Kapitalvermögen l.1 20 I (7)
**Kapitalgesellschaft,** Anschaffungskosten bestimmter Anteile l.2 53; Auflösung, Herabsetzung und Rückzahlung des Kapitals, Einkünfte l.1 17 IV; Aufsichtsratsvergütungen, Steuerabzug l.1 50a; Gewerbesteuer **2.1** 2; Gewerbesteuererklärung **2.2** 25; Gewinnanteile, Kürzung des Gewerbeertrags, GewStG **2.1** 9 (2a); Kapitalertragsteuer **3.1** 50; Körperschaftsteuerbefreiung **3.1** 5, 13; Körperschaftsteuerpflicht **3.1** 1; –, beschränkte

Steuerpflicht **3.1** 2; Umwandlung **4** 1; Veräußerung von Anteilen, Einkünfte l.1 16f.
**Kapitalgesellschaftsanteil,** Abzug l.1 6b; Veräußerungsgewinn l.1 6b
**Kapitalvermögen,** ausländische Einkünfte l.1 34d; Einkünfte l.1 2, 20; –, beschränkt steuerpflichtige E. l.1 49; –, Kapitalertragsteuer l.1 46a; Werbungskostenpauschbeträge l.1 9a
**Kapitalversicherungen,** Beiträge, Sonderausgaben l.1 10 I
**Kapitalversicherungsvertrag,** Begriff nach VermBG l.1 5 9
**Kaufeigenheim,** erhöhte Absetzung l.1 7b VII; l.2 15
**Kaufeigentumswohnung,** erhöhte Absetzung l.1 7b VII; l.2 15
**Kaufkraftausgleich,** Steuerfreiheit l.1 3 (64)
**Kinder,** Aufwendungen für Beaufsichtigung oder Betreuung, außergewöhnliche Belastung l.1 33a III; Ausbildungsfreibeträge l.1 33a II; Begriff für Haushaltsfreibetrag l.1 32 VII; Begriff für Kindergeld l.9 2; Berufsausbildung, außergewöhnliche Belastung l.1 33a II; Leistungen l.9 8; Übertragung des Pauschbetrags für Körperbehinderte oder für Hinterbliebene auf Steuerpflichtigen l.1 33b V; Unterhaltsleistungen, Freibetrag l.1 33a Ia; Zahl, Lohnkonto l.3 7; Zuordnung für Haushaltsfreibetrag l.1 32 VII
**Kinderbetreuungskosten,** Alleinstehende l.1 33c
**Kindererziehungszuschlag,** Steuerfreiheit l.1 3 (67)
**Kinderfreibetrag** l.1 32a VIII; Eintragung auf der Lohnsteuerkarte l.1 39 V; beim Lohnsteuerabzug l.1 32 VI; Zahl, Lohnkonto l.3 7
**Kindergeld,** Angehörige des öffentlichen Dienstes l.9 45; Anspruchsberechtigte l.9 1; Antrag l.9 17; Anwendungsregelungen für das Gebiet der ehem. DDR l.9 44d; Auskunftspflicht l.9 19; Beginn und Ende des Anspruchs l.9 9; Höhe l.9 10; Rechtsweg l.9 27; Rückzahlung l.9 13; –, Verfahren l.9 23; Steuerfreiheit l.1 3 (24); Zahlung l.9 20; Sonderregelung für die Kindergeldminderung 1983–1985 l.9 44e
**Kirchensteuer,** Sonderausgaben l.1 10 I
**kirchliche Zwecke,** Aufwandsentschädigung für nebenberufliche Tätigkeit zur Förderung k. Z. l.1 3 (26); Ausgabenabzug, KStG **3.1** 9 (3); Gewerbesteuerfreiung **2.1** 3 (6); Körperschaftsteuerbefreiung **3.1** 5 I (9); Sonderausgaben l.1 10b I; l.2 48
**Kleidung,** freie, Arbeitslohn l.3 3

**Kleinbeträge**, Gewerbesteuer, **2.2** 34

**Kleinere Versicherungsvereine a. G.**, Körperschaftsteuerbefreiung **3.2** 4

**Kohlenbergbau**, Bewertungsfreiheit für bestimmte Wirtschaftsgüter **1.2** 81; Verzeichnis der Wirtschaftsgüter des Anlagevermögens über Tage **1.2** Anlage 5; Verzeichnis der Wirtschaftsgüter des beweglichen Anlagevermögens im Tagebaubetrieb **1.2** Anlage 6

**Kolonialgesellschaft**, Anteile, Einkünfte aus Kapitalvermögen **1.1** 20 I (1); Körperschaftsteuerpflicht **3.1** 1

**Kommanditgesellschaft**, in- oder ausländische, Gewinnanteile, Kürzung des Gewerbeertrags, GewStG **2.1** 9 (2); in- oder ausländische, Verlustanteile, Hinzurechnung zum Gewerbeertrag, GewStG **2.1** 8 (8)

**Kommanditgesellschaft auf Aktien**, Aufsichtsratsvergütungen, Steuerabzug **1.1** 50a; Gewerbesteuer **2.1** 2, 9 (2); Gewerbesteuererklärung **2.2** 25; Gewinnanteil oder Tantieme als abziehbare Aufwendung, KStG **3.1** 9 (2); Körperschaftsteuerpflicht **3.1** 1; als Organgesellschaft, Körperschaftsteuer **3.1** 14–16

**Kommunalobligationen**, Zinsen, Steuerfreiheit **1.1** 3 (53)

**Konkurs**, Gewerbesteuerpflicht **2.2** 4, 16

**Konsulatspersonal**, Steuerfreiheit **1.1** 3 (29)

**Körperbehinderte**, Fahrten zwischen Wohnung und Arbeitsstätte, Familienheimfahrten, Werbungskosten **1.1** 9 II; Pauschbeträge für außergewöhnliche Belastungen **1.1** 33b; Pauschbeträge, Freibetrag beim Lohnsteuerabzug **1.1** 39a I, II; Pauschbeträge, Nachweis der Voraussetzungen für die Inanspruchnahme **1.1** 65

**Körperschaft**, beschränkte Steuerpflicht **3.1** 2; Kapitalertragsteuer **3.1** 50; Körperschaftsteuerpflicht **3.1** 1; als Organträger, KStG **3.1** 14

**–, (K. des öffentlichen Rechts)**, Gewerbesteuerpflicht **2.2** 2

**Körperschaftsteuer**, abweichendes Wirtschaftsjahr **3.1** 49; Anrechnung als einkommensteuerpflichtige Einkünfte aus Kapitalvermögen **1.1** 20 I (3); Anwendungszeiträume **3.1** 54; bei Auflösung und Abwicklung **3.1** 11; Auslandseinkünfte **3.1** 26; Ausschluß der Anrechnung von K. in Sonderfällen **1.1** 36a; Belastung eines ausgeschütteten Gewinns **3.1** 27, 43; –, Anrechnung bei Umwandlungen **4** 12; –, Anrechnungsausschluß **3.1** 51; –, Ausnahmen von Körperschaftsteuererhöhung **3.1** 40; –, für die Ausschüttung verwendetes Eigenkapital **3.1** 28; –, Aus-

schüttungsbelastung **3.1** 27; –, Bescheinigungen **3.1** 44–46; –, Eigenkapitalgliederung **3.1** 30; –, Eigenkapitalgliederung bei Körperschaftsteuererlaß **3.1** 34; –, Eigenkapitalgliederung bei Organschaft **3.1** 36 f.; –, ermäßigt belastete Eigenkapitalteile **3.1** 32; –, Fehlen verwendbaren Eigenkapitals **3.1** 35; –, gesonderte Feststellung von Besteuerungsgrundlagen **3.1** 47; –, Körperschaftsteuerminderung oder -erhöhung **3.1** 27; –, sonstige Leistungen als Gewinn **3.1** 41; –, Tarifbelastung **3.1** 27; –, Tarifbelastung bei Gesamtrechtsnachfolge **3.1** 38, 42; –, Verringerung des Erhöhungsbetrags **3.1** 52; –, Vergütungsausschluß **3.1** 51; –, Verluste **3.1** 33; –, verwendbares Eigenkapital **3.1** 29; –, Zuordnung nichtabziehbarer Ausgaben **3.1** 31; beschränkte Steuerpflicht **3.1** 2; Betriebe gewerblicher Art von juristischen Personen des öffentlichen Rechts **3.1** 4; Entstehung der Steuerschuld **3.1** 48; Freibeträge **3.1** 24 f.; – für Genossenschaften und Vereine bei Land- und Forstwirtschaft **3.1** 25; genossenschaftliche Rückvergütung **3.1** 22; als Jahressteuer **3.1** 7 III; nicht abziehbare Aufwendungen **3.1** 10; Organschaft, Aktiengesellschaft oder Kommanditgesellschaft auf Aktien als Organgesellschaft **3.1** 14–16; –, andere Kapitalgesellschaften als Organgesellschaft **3.1** 17; –, Ausgleichszahlungen **3.1** 16; –, ausländischer Organträger **3.1** 18; –, Doppelbesteuerungsabkommen **3.1** 15; –, Einkommen der Organgesellschaft **3.1** 15; –, Gewinnausschüttung, Körperschaftsteuerbelastung **3.1** 36 f.; –, Steuerabzug bei dem Organträger **3.1** 19; Rechtsverordnungen, Ermächtigung **3.1** 53; Sondervorschriften für das Gebiet der ehem. DDR **3.1** 54a; Steuerabzug vom Kapitalertrag **3.1** 50; Steuererklärungspflicht **3.1** 49; Steuerpflicht **3.1** 1; Steuerpflichtabgrenzung bei nichtrechtsfähigen Personenvereinigungen und Vermögensmassen sowie bei Realgemeinden **3.1** 3; Steuersatz **3.1** 23; – bei Realgemeinden **3.1** 3; Vergütung von K. **1.1** 36b; – auf Grund von Sammelanträgen **1.1** 36c; – in Sonderfällen **1.1** 36d; Verlegung der Geschäftsleitung in das Ausland **3.1** 12; versicherungstechnische Rückstellungen **3.1** 20; zu versteuerndes Einkommen **3.1** 7 f.; Vorauszahlungen **3.1** 48

**Körperschaftsteuerbefreiung 3.1** 5; Beginn, Erlöschen **3.1** 13; Pensions-, Sterbe-, Kranken- und Unterstützungskassen **3.1** 6; Übertragungsgewinn bei Umwandlung **4** 4

# Sachverzeichnis

**Körperschaftsteuer – Durchführungsverordnung (KStDV) 3.2**

**Körperschaftsteuergesetz (KStG) 3.1**

**Körperschaftsteuer-Erhöhungsbetrag,** Vergütung des K. an beschränkt Einkommensteuerpflichtige **1.1** 36e

**Körperschaftsteuerveranlagung 3.1** 49

**Kost,** freie, Arbeitslohn **1.3** 3; s. Verpflegung

**Kraftfahrzeug,** Aufwendungen für Fahrten zwischen Wohnung und Arbeitsstätte, Freibetrag beim Lohnsteuerabzug **1.1** 39a V; Werbungskosten **1.1** 9 I, II

**Krankenanstalt** s. Krankenhaus

**Krankenhaus,** Bewertungsfreiheit privater K. für Wirtschaftsgüter des Anlagevermögens **1.1** 7f; Gewerbesteuerbefreiung **2.1** 3 (20)

**Krankenkasse,** Gewerbesteuerbefreiung **2.1** 3 (9); Körperschaftsteuerbefreiung **3.1** 5 I (3), 6; **3.2** 1

**Krankenversicherung,** Beiträge, Sonderausgaben **1.1** 10 I; steuerfreie Leistungen **1.1** 3 (1); Zuschüsse zu den Aufwendungen für die –, Steuerfreiheit **1.1** 3 (14)

**Krankenversicherungsunternehmen,** Beitragsrückerstattungen, Körperschaftsteuer **3.1** 21

**Krankheitsfall,** Zuschüsse, Arbeitslohn **1.3** 2

**Kreditanstalt** s. Kreditinstitute

**Kreditanstalt für Wiederaufbau,** Einlagen und Guthaben bei K., Einkünfte aus Kapitalvermögen **1.1** 20 (7); Gewerbesteuerbefreiung **2.1** 3 (2); Körperschaftsteuerbefreiung **3.1** 5 I (2)

**Kreditgewinnabgabe,** Sonderausgabe **1.1** 10 I

**Kreditinstitute,** Bescheinigungen über Körperschaftsteuerbelastung ausgeschütteter Gewinne **3.1** 45; Dauerschulden, GewStG **2.2** 19; Gewinnanteile, Kürzung des Gewebeertrags, GewStG **2.1** 9 (2a); Sicherungseinrichtungen eines Verbandes der K., Gewerbesteuerbefreiung **2.1** 3 (21)

**Krieg,** Bewertungsfreiheit für durch K. zerstörte Gebäude **1.1** 7e II

**Kriegsbeschädigte,** steuerfreie Versorgungsbezüge **1.1** 3 (6)

**Kriegsgefangenenentschädigung,** Steuerfreiheit **1.1** 3 (19)

**Kriegshinterbliebene,** steuerfreie Versorgungsbezüge **1.1** 3 (6)

**Kriminalpolizei,** steuerfreie Geld- und Sachbezüge **1.1** 3 (4)

**kulturelle Zwecke,** Ausgabenabzug, KStG **3.1** 9 (3); Bewertung der Entnahme, EStG **1.1** 6 I; Sonderausgaben, EStG **1.1** 10b

**Kunstförderung,** Steuerfreiheit **1.1** 3 (11)

**Künstler,** Einkünfte beschränkt Steuerpflichtiger, Einkommensteuerabzug **1.1** 50a IV; Einkünfte aus freiberuflicher Tätigkeit **1.1** 18

**Künstlersozialkasse,** Beträge, Steuerfreiheit **1.1** 3 (57)

**Kupfer,** Wertansatz **1.2** 74a

**Kurzarbeitergeld,** Aufzeichnungspflicht **1.1** 41; Einkommensteuerveranlagung **1.1** 46 II; Progressionsvorbehalt **1.1** 32b; Steuerfreiheit **1.1** 3 (2)

**Kürzung** des Gewerbeertrags, GewStG **2.1** 9; des Gewerbekapitals, GewStG **2.1** 12 III

**Küstenfischerei,** Gewerbesteuerbefreiung **2.1** 3 (7)

**Küstenschiffahrt,** Gewerbesteuer **2.2** 6; –, hebeberechtigte Gemeinde **2.2** 15

**Kuxe,** Einkünfte aus Kapitalvermögen **1.1** 20 I (1); Kapitalertragsteuer **1.1** 43; Veräußerungsgewinn, Einkünfte **1.1** 17 I; Vermögensbeteiligung **1.1** 19a III (2); vermögenswerte Leistung **1.5** 2

**Lagebericht,** Beifügung der Steuererklärung **1.2** 60 III

**Lagerhäuser,** Bewertungsfreiheit **1.2** 22; – für Vertriebene **1.1** 7e; **1.2** 13

**Landeskreditbank Baden-Württemberg-Förderungsanstalt,** Gewerbesteuerbefreiung **2.1** 3 (2); Körperschaftsteuerbefreiung **3.1** 5 I (2)

**Landestreuhandstelle für Agrarförderung** Norddeutsche Landesbank, Gewerbesteuerbefreiung **2.1** 3 (2); Körperschaftsteuerbefreiung **3.1** 5 I (2)

**Land- und Forstwirtschaft,** ausländische Einkünfte **1.1** 34d; Einkünfte **1.1** 2, 13; –, beschränkt steuerpflichtige E. **1.1** 49; –, Kapitalertragsteuer **1.1** 46a; erhöhte Absetzungen **1.2** 52; Gewerbesteuerbefreiung für Genossenschaften und Vereine **2.1** (14); Gewinnermittlung nach Durchschnittssätzen **1.1** 13a; –, erhöhte Absetzungen **1.2** 52; Körperschaftsteuerbefreiung für landwirtschaftliche Genossenschaften **3.1** 5 I (14); Körperschaftsteuerfreibetrag für Genossenschaften und Vereine **3.1** 25; Nachversteuerung der Mehrentnahmen **1.2** 46; Pauschalierung der Lohnsteuer für Aushilfskräfte **1.1** 40a II; Sonderabschreibungen für bestimmte Wirtschaftsgüter und bei bestimmten Baumaßnahmen **1.2** 76ff.; Steuerbegünstigung des nicht entnommenen Gewinns für Vertriebene und Verfolgte **1.1** 10a I; **1.2** 45; Steuermäßigung **1.1** 34e; Veräußerungsgewinnabzug bei Einkunftsermittlung nach Durch-

schnittsätzen **1.1** 6 c; Verzeichnis der unbeweglichen Wirtschaftsgüter **1.2** Anlage 2; Verzeichnis der Wirtschaftsgüter des beweglichen Anlagevermögens **1.2** Anlage 1; Wirtschaftsjahr **1.1** 4 a; **1.2** 8 c
**land- und forstwirtschaftliches Betriebsvermögen,** Aufwuchs und Anlagen, Veräußerungsgewinn **1.1** 6 b
**landwirtschaftliche Betriebsgebäude,** Bewertungsfreiheit **1.2** 22; – für Vertriebene **1.1** 7 e; **1.2** 13
**landwirtschaftliche Nutzung,** Vergleichswert, Gewinnermittlung **1.1** 13 a IV
**landwirtschaftliche Produktionsgenossenschaft,** Gewerbesteuerbefreiung **2.1** 3 (14 a)
**Landwirtschaftliche Rentenbank,** Gewerbesteuerbefreiung **2.1** 3 (2); Körperschaftsteuerbefreiung **3.1** 5 I (2)
**Lärmschutz** bei Gebäuden, erhöhte Absetzungen **1.2** 82 a (a. F.)
**Lasten, dauernde,** anläßlich Betriebsgründung/-erwerbs, Hinzurechnung zum Gewerbeertrag, GewStG **2.1** 8 (2); –, Hinzurechnung zum Gewerbekapital **2.1** 12 II; –, bei Umwandlung einer Kapitalgesellschaft **4** 18; Sonderausgaben **1.1** 10 I; Werbungskosten **1.1** 9 I
**Lastenausgleich,** steuerfreie Ausgleichsleistungen **1.1** 3 (7)
**Laubgenossenschaft,** Einkünfte **1.1** 13; Gewerbesteuerbefreiung **2.1** 3 (5); Körperschaftsteuerpflicht **3.1** 3
**Lebensführung,** Aufwendungen, nichtabzugsfähige Ausgaben **1.1** 12
**Lebenshaltungskosten** als Betriebsausgaben, Unangemessenheit **1.1** 4 V
**Lebensversicherung,** Ausgaben, Steuerfreiheit **1.1** 3 (62); Beiträge, Sonderausgaben **1.1** 10 I; als Betriebsvermögen **1.1** 4 b; Zinsen, Einkünfte aus Kapitalvermögen **1.1** 20 I (6)
**Lehrlinge,** s. a. Berufsausbildung
**Leibrenten,** Ermittlung des Ertrags aus L. in besonderen Fällen **1.2** 55; Sonderausgaben **1.1** 10 I; sonstige Einkünfte **1.1** 22 (1)
**Leistung** als Entnahme **1.1** 4 I; nach dem Entwicklungshelfergesetz, Steuerfreiheit **1.1** 3 (61); nach dem Häftlingshilfegesetz, Steuerfreiheit **1.1** 3 (23); sonstige Einkünfte **1.1** 22 (2); nach dem Unterhaltssicherungsgesetz, Steuerfreiheit **1.1** 3 (48)
**Liquidation,** Gewerbesteuer **2.2** 4, 16; Körperschaftsteuer **3.1** 11
**Liquiditäts-Konsortialbank GmbH,** Gewerbesteuerbefreiung **2.1** 3 (2); Körperschaftsteuerbefreiung **3.1** 5 I (2)
**Lohn,** Arbeitslohn **1.3** 2; Einkünfte aus nichtselbständiger Arbeit **1.1** 19 I

**Lohnabrechnungszeitraum 1.1** 38 a I; Lohnsteuerabzug **1.1** 39 b V
**Lohnkonto 1.1** 41; Inhalt **1.3** 7
**Lohnsteuer,** Anmeldung und Abführung **1.1** 41 a; Einbehaltung durch Arbeitgeber **1.1** 38 III; Entstehung **1.1** 38 II; Erhebung **1.1** 38; Ermittlung **1.1** 38 a IV; Gesamtschuldner **1.1** 42 d III; Haftung des Arbeitgebers **1.1** 42 d; Höhe **1.1** 38 a; Pauschalierung in besonderen Fällen **1.1** 40; Pauschalierung bei bestimmten Zukunftsicherungsleistungen **1.1** 40 b; Pauschalierung für Teilzeitbeschäftigte **1.1** 40 a; Steuerklassen **1.1** 38 b; Steuertabellen **1.1** 38 c
**Lohnsteuer-Außenprüfung 1.1** 42 f
**Lohnsteuer-Durchführungsverordnung 1.3**
**Lohnsteuer-Jahresausgleich 1.1** 41 b; durch Arbeitgeber **1.1** 42 b
**Lohnsteuerabzug,** Abschluß **1.1** 41 b; Änderung **1.1** 41 c; Aufzeichnungspflichten **1.1** 41; Durchführung **1.1** 38 b; – für beschränkt einkommensteuerpflichtige Arbeitnehmer **1.1** 39 d; – im Gebiet der ehem. DDR **1.1** 59; – ohne Lohnsteuerkarte **1.1** 39 c; – für unbeschränkt einkommensteuerpflichtige Arbeitnehmer **1.1** 39 b; Freibetrag **1.1** 39 a
**Lohnsteuerbescheinigung 1.1** 41 b
**Lohnsteuereinbehaltung** durch Arbeitgeber **1.1** 39 b II, III
**Lohnsteuerkarte 1.1** 39, 59; Aufbewahrung durch Arbeitgeber **1.1** 39 b I; Eintragung eines Freibetrags **1.1** 39 a I; Eintragung der Kinderfreibeträge **1.1** 39 V; im Gebiet der ehem. DDR **1.1** 59; schuldhafte Nichtvorlage **1.1** 39 c
**Lohnsteuerklassen 1.1** 38 b
**Lohnsteuertabellen 1.1** 38 c
**Lohnzahlungszeitraum 1.1** 38 a I; Lohnkonto **1.3** 7; Lohnsteuerabzug **1.1** 39 b
**Lohnzuschläge,** Arbeitslohn **1.3** 2
**Lotterie,** staatliche, Einkünfte der Einnehmer **1.1** 18; Gewerbesteuerbefreiung **2.1** 3 (1); Gewerbesteuerbefreiung für Einnehmer einer st. L. **2.2** 13
**Lotterieeinnehmer,** Gewerbesteuerbefreiung für Einnehmer einer staatlichen Lotterie **2.2** 13
**Lotterieunternehmen,** Gewerbesteuerbefreiung **2.1** 3 (1); Körperschaftsteuerbefreiung **3.1** 5 I (1)
**Luftfahrtunternehmen,** Einkünfte, beschränkt steuerpflichtige **1.1** 49 III
**Luftfahrzeug,** Bewertungsfreiheit **1.2** 82 f

**maschinelles Verfahren,** Lohnkonto **1.3** 7
**Maßstabsteuer,** Einkommensteuer **1.1** 51 a

# Sachverzeichnis  fette Ziffern = Gesetzesnummern

**Mehrbeträge** bei der Berichtigung des Vorsteuerabzugs **1.1** 9b

**Mehrentnahmen,** Nachversteuerung **1.2** 46; nach Steuerbegünstigung eines nicht entnommenen Gewinns, Nachversteuerung **1.1** 10a II

**Mietzinsen,** Hinzurechnung zum Gewerbeertrag, GewStG **2.1** 8; Kürzung des Gewerbeertrags, GewStG **2.1** 9 (4)

**Mietzinsforderungen,** Veräußerung, Einkünfte aus Vermietung und Verpachtung **1.1** 21 I

**mildtätige Zwecke,** Aufwandsentschädigung für nebenberufliche Tätigkeit zur Förderung m. Z. **1.1** 3 (26); Ausgabenabzug, KStG **3.1** 9 (3); Gewerbesteuerbefreiung **2.1** 3 (6); Körperschaftsteuerbefreiung **3.1** 5 I (9); Sonderausgaben **1.1** 10b I; **1.2** 48

**Minderbeträge** bei der Berichtigung des Vorsteuerabzugs **1.1** 9b

**Minderheitsgesellschafter,** Barabfindung bei Umwandlung **4** 17

**Mindestbetrag** der Einkommensteuer-Vorauszahlung **1.1** 37; bei Einkünften aus Land- und Forstwirtschaft **1.1** 13 III

**Mitgliedsbeträge** s. *Beiträge*

**Mitteilungspflicht** s. *Anzeigepflicht*

**Mitunternehmer** Anteilseinbringung in Kapitalgesellschaft gegen Gesellschaftsanteile **4** 20ff.; – in Personengesellschaft **4** 24; Arbeitslohnbegriff, GewStG **2.1** 31 V; Ausbildungsplatz – Abzugsbetrag **1.1** 24b; Einkünfte aus Tierzucht und Tierhaltung **1.1** 13; Gewinnanteile, Einkünfte **1.1** 15

**Mitunternehmeranteil,** unentgeltliche Übertragung, Gewinnermittlung **1.2** 7

**Monatsbetrag,** steuerfreier, Lohnkonto **1.3** 7

**Monatslohnsteuertabelle 1.1** 38 c II

**Monopolverwaltungen,** Gewerbesteuerbefreiung **2.1** 3 (1); Körperschaftsteuerbefreiung **3.1** 5 I (1)

**Motorjachten,** Aufwendungen für M. als Betriebsausgaben **1.1** 4 V

**Mutterschaftsgeld,** Aufzeichnungspflicht **1.1** 41; Progressionsvorbehalt **1.1** 32b; steuerfreie Einnahmen **1.1** 3 (1)

**Nachtarbeit,** Zuschlag, Steuerfreiheit **1.1** 3b

**Nachversteuerung** bei Bausparverträgen **1.1** 10 V; **1.2** 31; der Mehrentnahmen **1.2** 46; nicht entnommener Gewinn bei Vertriebenen/Verfolgten **1.1** 10a II; Rentenversicherung **1.1** 10 V; bei schädlicher Verfügung über Vermögensbeteiligung **1.3** 10; bei Vermögensbeteiligung **1.1** 19a II; bei Versicherungsverträgen **1.2** 30

**Nachweis** über die Höhe der ausländischen Einkünfte und Steuern **1.2** 68b; der Voraussetzungen für die Inanspruchnahme der Pauschbeträge für Körperbehinderte und Hinterbliebene **1.2** 65

**Nebenämter,** Entschädigungen für N., Arbeitslohn **1.3** 2

**Nebenbeschäftigungen,** Entschädigungen für N., Arbeitslohn **1.3** 2

**Nebenbetrieb,** Begriff **1.1** 13 II; land- und forstwirtschaftlicher Einkünfte **1.1** 13 II

**negative Einkünfte,** ausländische, Ausgleich **1.1** 2a

**negatives Kapitalkonto,** Ausgleich **1.1** 15a

**nichtselbständige Arbeit,** Arbeitnehmer-Sparzulage **1.5** 13; ausländische Einkünfte **1.1** 34d; Einkommensteuerveranlagung **1.1** 46; Einkünfte **1.1** 2, 19; –, beschränkt steuerpflichtige **1.1** 49; Härteausgleich bei Einkommensteuerveranlagung **1.2** 70; steuerfreie Einnahmen **1.2** 4; Werbungskosten, Pauschbeträge **1.1** 9a

**Nichtvorlage,** schuldhafte N. der Lohnsteuerkarte **1.1** 39c

**Niedersächsische Gesellschaft für öffentliche Finanzierungen mbH,** Gewerbesteuerbefreiung **2.1** 3 (2); Körperschaftsteuerbefreiung **3.1** 5 I (2)

**Niedersächsische Landestreuhandstelle** für den Wohnungs- und Städtebau, Gewerbesteuerbefreiung **2.1** 3 (2); Körperschaftsteuerbefreiung **3.1** 5 (2)

**Niedersächsische Landestreuhandstelle** für Wirtschaftsförderung Norddeutsche Landesbank, Gewerbesteuerbefreiung **2.1** 3 (2); Körperschaftsteuerbefreiung **3.1** 5 I (2)

**Notar,** Bescheinigung über Dividendenscheinveräußerung **3.1** 46; Einkünfte aus freiberuflicher Tätigkeit **1.1** 18

**Nutzungen** als Entnahme **1.1** 4 I

**Nutzungsdauer** eines Gebäudes **1.2** 11 c

**Nutzungssatz,** Betriebsgutachten und Betriebswerk **1.1** 34b IV; Festsetzung, Zeitpunkt der Aufstellung des Betriebsgutachtens und Betriebswerks **1.2** 68

**Nutzungsvergütungen,** außerordentliche Einkünfte, Steuersatz **1.1** 34 II; für die Inanspruchnahme von Grundstücken für öffentliche Zwecke, Einkünfte **1.1** 24

**Nutzungswert der Wohnung** im eigenen Haus **1.1** 21a; Einkünfte aus Land- und Forstwirtschaft **1.1** 13 II; Einkünfte aus Vermietung und Verpachtung **1.1** 21 II; Gewinn **1.1** 13a VII

**Obstbau,** Einkünfte **1.1** 13

**offene Handelsgesellschaft,** in- oder ausländische Gewinnanteile, Kürzung des

490

Gewerbeertrags, GewStG **2.1** 9 (2); in-
oder ausländische Verlustanteile, Hinzurechnung zum Gewerbeertrag, GewStG
**2.1** 8 (8)
**öffentliche Abgaben,** Werbungskosten
**1.1** 9 I
**öffentlich-rechtliche juristische Perso-
nen,** Körperschaftsteuerpflicht **3.1** 4
**öffentliche Zwecke,** Nutzungsvergütungen für die Inanspruchnahme von
Grundstücken für ö. Z., Einkünfte **1.1** 24
**Ordnungsgelder,** Betriebsausgaben **1.1**
4 V
**Organgesellschaft,** Aktiengesellschaft
oder Kommanditgesellschaft auf Aktien
als O. **3.1** 14–16; andere Kapitalgesellschaften als O. **3.1** 17; Ausgleichszahlungen **3.1** 16; ausländische Organträger **3.1**
18; Doppelbesteuerungsabkommen **3.1**
15; Einkommen der O. **3.1** 15; Gewinnausschüttung, Körperschaftsteuerbelastung **3.1** 37; Gewerbesteuerpflicht **2.1** 2;
Steuerabzug bei Organträger **3.1** 19
**Organschaft,** Körperschaftsteuer **3.1** 14ff.
**Organträger,** Gewinnausschüttung, Körperschaftsteuerbelastung **3.1** 36; Steuerabzug **3.1** 19

**Pachtzinsen,** Gewinnermittlung aus Land-
und Forstwirtschaft **1.1** 13a VI; Hinzu-
rechnung zum Gewerbeertrag, GewStG
**2.1** 8; Kürzung des Gewerbeertrags,
GewStG **2.1** 9 (4)
**Pachtzinsforderungen,** Veräußerung,
Einkünfte aus Vermietung und Verpach-
tung **1.1** 21 I
**Palladium,** Wertansatz **1.2** 74a
**Parteien, politische,** Ausgaben zur Förderung, Abzugsfähigkeit, KStG **3.1** 9 (3);
Körperschaftsteuerbefreiung **3.1** 5 I (7);
Mitgliedsbeiträge und Spenden, Sonderausgaben **1.1** 10b II
**Parteispenden,** Steuerermäßigung **1.1** 34g
**Patentrechte,** Rückstellungen wegen Ver-
letzung von P. **1.1** 5 III
**Pauschalierung** der Gewerbesteuer **2.1** 15;
der Lohnsteuer in besonderen Fällen **1.1**
40; der Lohnsteuer bei bestimmten Zukunftsicherungsleistungen **1.1** 40b; der
Lohnsteuer für Teilzeitbeschäftigte **1.1**
40a; des Nutzungswerts der selbstgenutzten Wohnung im eigenen Haus **1.1**
21a
**Pauschalversicherung,** Zukunftsicherung, Arbeitslohn **1.3** 2
**Pauschbesteuerung** bei Zuzug aus dem
Ausland **1.1** 31
**Pauschbezüge** für auf ausländische Einkünfte entfallende deutsche Einkommensteuer **1.1** 34c V; für einheitlichen Steuer-

meßbetrag, GewStG **2.1** 15; für Körperbehinderte und Hinterbliebene **1.1** 33b; –,
Aufteilung, Einkommensteuerveranlagung bei Einkünften aus nichtselbständiger Arbeit **1.1** 46 II; –, Freibetrag beim
Lohnsteuerabzug **1.1** 39a I, II; –, Nachweis der Voraussetzungen für die Inanspruchnahme **1.2** 65; –, Übertragung des
einem Kind zustehenden P. **1.1** 33 V; für
Pflege einer Person (Pflege-Pauschbetrag) **1.1** 33b (6); Sonderausgaben-P. und
Vorsorge-P. **1.1** 10c I, II; Werbungskosten **1.1** 9a
**Pauschsatz** bei der Ermittlung der Einkünfte aus Forstwirtschaft **1.2** 51
**Pauschsteuersatz,** Arbeitslohn aus Anlaß
von Betriebsveranstaltungen **1.1** 40 II; Erholungsbeihilfen **1.1** 40 II; Sachbezüge in
Form der Beförderung und Zuschüsse zu
Fahrten zwischen Wohnung und Arbeitsstätte **1.1** 40 II
**Pensionsanwartschaft,** Rückstellung **1.1**
6a
**Pensionskasse,** Gewerbesteuerbefreiung
**2.1** 3 (9); Körperschaftsteuerbefreiung **3.1**
5 I (3), 6; **3.2** 1 f.; Zuwendungen, Betriebsausgaben **1.1** 4c; Zuwendungen,
Pauschalierung der Lohnsteuer **1.1** 40b
**Pensionskassenleistungen,** LSt-Einbehaltung **1.1** 3 (65)
**Pensionsrückstellung 1.1** 6a
**Pensions–Sicherungs–Verein,** Gewerbesteuerbefreiung **2.1** 3 (19); Körperschaftsteuerbefreiung **3.1** 5 (I) 15
**Personengesellschaft** s. Gesellschaft
**Personensteuern,** nichtabzugsfähige Ausgaben **1.1** 12
**Personenvereinigung,** beschränkte Körperschaftsteuerpflicht **3.1** 2; Körper-
schaftsteuerpflicht **3.1** 1; nichtrechtsfähi-
gen Körperschaftsteuerpflicht **3.1** 3; des
privaten und des öffentlichen Rechts,
Aufsichtsratvergütungen, Steuerabzug
**1.1** 50a
**Pfandbriefe,** Zinsen, Steuerfreiheit **1.1** 3
(53)
**Pfändung** eines Bausparvertrags oder Ver-
sicherungsvertrags **1.2** 29
**Pflege,** Unterbringung zur Pflege, außer-
gewöhnliche Belastung **1.1** 33a III
**Pflegekinder,** Begriff **1.1** 32 I
**Platin,** Wertansatz **1.2** 74a
**Polizei,** steuerfreie Geld- und Sachbezüge
**1.1** 3 (4)
**Polizeivollzugsdienst,** Freibetrag für
Kinder **1.1** 32 IV
**Prämien** für Verbesserungsvorschläge,
Lohnkonto **1.3** 7
**Preisschwankung,** Bewertungsabschlag
für bestimmte Wirtschaftsgüter **1.2** 80

# Sachverzeichnis

**Preissteigerung,** Rücklage **1.2** 74
**Privatschule,** Gewerbesteuerbefreiung **2.1** 3 (13)
**Produktionsaufgaberente,** Einkünfte **1.1** 13 II; Steuerfreiheit **1.1** 3 (27)
**Progressionsvorbehalt** bei Abkommen zur Vermeidung der Doppelbesteuerung oder sonstigen zwischenstaatlichen Übereinkommen **1.1** 32b; bei Arbeitslosengeld **1.1** 32b; bei Arbeitslosenhilfe **1.1** 32b; bei Kurzarbeitergeld **1.1** 32b; bei Mutterschaftsgeld **1.1** 32b; bei Schlechtwettergeld **1.1** 32b
**Provisionen,** Arbeitslohn **1.3** 2
**Prüfungsbericht,** Beifügung der Steuererklärung **1.2** 60 III
**Prüfungsrecht** der Finanzbehörden bei Kapitalertragsteuer **1.1** 50b

**Quittung** über die Zahlung, Nachweis über die Höhe der ausländischen Einkünfte und Steuern **1.2** 68b

**Realgemeinde,** Einkünfte **1.1** 13; Gewerbesteuerbefreiung **2.1** 3 (5); Körperschaftsteuerpflicht **3.1** 3
**Rechnungsabgrenzungsposten** bei Buchführungspflicht **1.1** 5 III
**Rechtsanwalt,** Einkünfte aus freiberuflicher Tätigkeit **1.1** 18
**Rechtsbehelfe** bei Arbeitnehmer-Sparzulage **1.5** 14; bei Wohnungsbau-Prämiensparen **1.7** 8
**Rechtsverordnung** zum KStG, Ermächtigung **3.1** 53
**Reichsbahn,** Gewerbesteuerbefreiung **2.1** 3 (3); Körperschaftsteuerbefreiung **3.1** 5 (1a)
**Reisegewerbebetrieb,** Gewerbesteuer **2.1** 35a; **2.2** 35
**Reisekostenvergütung,** Steuerfreiheit **1.1** 3 (13), (16)
**Reisetag,** Begriff, Höchstbeträge für Verpflegungsmehraufwendungen **1.2** 8
**Religionsbekenntnis,** Lohnkonto **1.3** 7
**religiöse Zwecke,** Ausgabenabzug, KStG **3.1** 9 (3); Sonderausgaben **1.1** 10b I; **1.2** 48
**Rente,** Sonderausgaben **1.1** 10 I; Werbungskosten **1.1** 9 I; Zahlung, mit Betriebsgründung zusammenhängende R., Hinzurechnung zum Gewerbeertrag, GewStG **2.1** 8 (2); –, Hinzurechnung zum Gewerbekapital, GewStG **2.1** 12 II
**Rentenbescheid,** Nachweis der Voraussetzungen für die Inanspruchnahme der Pauschbeträge **1.2** 65
**Rentenschulden,** Zinsen, Einkünfte aus Kapitalvermögen **1.1** 20 I (3)
**Rentenversicherung, Beiträge, Sonder-**

ausgaben **1.1** 10 I; steuerfreie Sach- und Geldleistungen **1.1** 3 (1)
**Rentenversicherungsverträge,** Anzeigepflicht des Versicherungsunternehmens **1.2** 29
**Rentnerkrankenversicherung,** Zuschüsse, Steuerfreiheit **1.1** 3 (14)
**Restnutzungsdauer,** Absetzung **1.1** 7 III
**Restwert** bei Absetzung für Abnutzung **1.1** 7 III; bei Sonderabschreibungen **1.1** 7a IX
**Rhodium,** Wertansatz **1.2** 74a
**Risikoversicherungen,** Beiträge, Sonderausgaben **1.1** 10 I
**Rücklage** bei Erwerb von Betrieben, deren Fortbestand gefährdet ist **1.1** 6d; für Preissteigerung **1.2** 74; bei Veräußerungsgewinn **1.1** 6b III, 6c; –, Auflösung **1.1** 6b (7)
**Rückstellung** für Pensionsverpflichtung **1.1** 6a; Pensionsrückstellung *s. dort;* wegen Verletzung fremder Patent- u. Urheberrechte **1.1** 5 III; bei Versicherungsunternehmen, Körperschaftsteuer **3.1** 20 f.
**Rückvergütungen** bei Genossenschaften, Körperschaftsteuern **3.1** 22
**Rückzahlung** des Kapitals an Anteilseigner, Kapitalgesellschaft, Einkünfte **1.1** 17 IV; von Wohnungsbauprämien **1.7** 5
**Ruhegelder,** Arbeitslohn **1.3** 2; Einkünfte aus nichtselbständiger Arbeit **1.1** 19 I
**Rundungsbetrag,** Lohnsteuertabelle **1.1** 38c

**Saarländische Investitionskreditbank AG,** Gewerbesteuerbefreiung **2.1** 3 (2); Körperschaftsteuerbefreiung **3.1** 5 I (2)
**Sachbezüge,** Arbeitslohn **1.4** 1 ff.; Arbeitslohn **1.3** 3; Einnahmen **1.1** 8 II
**Sachbezugsverordnung 1.4**
**Sacheinlagen,** Einbringung in Kapitalgesellschaft gegen Gesellschaftsrechte **4** 20, 23
**Sammelanträge,** Vergütung von Körperschaftsteuer auf Grund v. S. **1.1** 36c
**Sammelbeförderung,** Steuerfreiheit **1.1** 3 (32)
**Sammelkonto,** Lohnkonto **1.3** 7
**Sammelversicherung,** Zukunftsicherung, Arbeitslohn **1.3** 2
**Sanierung,** Schulderlaß zwecks S., Steuerfreiheit **1.1** 3 (66)
**Scheidung,** Einkommensteuertarif **1.1** 32a VI; Einkommensteuerveranlagung bei Einkünften aus nichtselbständiger Arbeit **1.1** 46 II; Einkünfte aus Unterhaltsleistungen, Werbungskostenpauschbetrag **1.1** 9a; sonstige Einkünfte aus Unterhaltsleistungen **1.1** 22 (1a); Unterhaltsleistungen an geschiedenen Ehegatten, Sonderausgaben **1.1** 10 I

**Schiff,** Betriebstätte auf Schiffen, Gewerbesteuer **2.2** 5f., 15; Veräußerungsgewinn **1.1** 6 b

**Schiffahrtunternehmen,** Einkünfte, beschränkt steuerpflichtige **1.1** 49 III; Gewerbesteuermeßzahl **2.1** 11 III, 13 III

**Schlechtwettergeld,** Aufzeichnungspflicht **1.1** 41; Einkommensteuerveranlagung **1.1** 46 II; Progressionsvorbehalt **1.1** 32 b; Steuerfreiheit **1.1** 3 (2)

**Schlußvorschriften,** Anwendungsbereiche für das Einkommensteuergesetz **1.1** 52; Geltungsbereich der EStDV **1.2** 84; GewStG **2.1** 36 f.; Grund und Boden, Sondervorschriften für Gewinnermittlung nach § 4 oder nach Durchschnittssätzen **1.1** 55

**Schriftsteller,** Einkünfte beschränkt Steuerpflichtiger, Einkommensteuerabzug **1.1** 50a IV; Einkünfte aus freiberuflicher Tätigkeit **1.1** 18

**Schuldbuchforderung,** steuerfreie Zinsen **1.1** 3 (21)

**Schulden,** Hinzurechnung zum Gewerbekapital, GewStG **2.1** 12 II

**Schuldner** der Lohnsteuer, Arbeitnehmer **1.1** 38 II; der pauschalen Lohnsteuer, Arbeitgeber **1.1** 40 III

**Schuldzinsen,** Werbungskosten **1.1** 9 I; Sonderausgabenabzug **1.1** 10e (6a)

**Schule,** Privatschulen, Gewerbesteuerbefreiung **2.1** 3 (13)

**Seefischerei,** Gewerbesteuerbefreiung **2.1** 3 (7); Schiffe für S., Bewertungsfreiheit **1.2** 82f.

**Segeljachten,** Aufwendungen für S. als Betriebsausgaben **1.1** 4 V

**selbständige Arbeit,** ausländische Einkünfte **1.1** 34d; Einkünfte **1.1** 2, 18; –, beschränkt steuerpflichtige **1.1** 49; Nachversteuerung der Mehrentnahmen **1.2** 47; Steuerbegünstigung des nicht entnommenen Gewinns **1.2** 47; – für Vertriebene und Verfolgte **1.1** 10a III

**selbstgenutzte Wohnung,** Nutzungswert der s. W. im eigenen Haus **1.1** 21a

**Sicherung** von Arbeitsplätzen, Rücklage bei Erwerb von Betrieben **1.1** 6 d

**Sicherungseinrichtungen** eines Verbandes der Kreditinstitute, Gewerbesteuerbefreiung **2.1** 3 (21); eines Verbandes der Kreditinstitute, Körperschaftsteuerbefreiung **3.1** 5 I (16)

**Siedlungsunternehmen,** Gewerbesteuerbefreiung **2.1** 3 (17); Körperschaftsteuerbefreiung **3.1** 5 I (12)

**Silber,** Wertansatz **1.2** 74a

**Sitzverlegung** in das Ausland, Körperschaftsteuer **3.1** 12

**Solaranlagen,** erhöhte Absetzungen **1.2** 82a

**Solidaritätszuschlaggesetz 1.1** a

**Sonderabschreibungen 1.1** 7a; für abnutzbare Wirtschaftsgüter des Anlagevermögens, die der Forschung oder Entwicklung dienen **1.2** 82d; für die Anschaffung bestimmter Wirtschaftsgüter und die Vornahme bestimmter Baumaßnahmen durch Land- und Forstwirte **1.2** 76 ff.; für bestimmte Wirtschaftsgüter des Anlagevermögens im Kohlen- und Erzbergbau **1.2** 81; zur Förderung kleiner und mittlerer Betriebe, Anspruchsvoraussetzungen **1.1** 7g II; für Handelsschiffe, für Schiffe, die der Seefischerei dienen, und für Luftfahrzeuge **1.2** 82f

**Sonderausgaben 1.1** 10; Abzugsvoraussetzungen **1.1** 10 II; Ausgaben zur Förderung mildtätiger, kirchlicher, religiöser, wissenschaftlicher und gemeinnütziger Zwecke **1.2** 48; Ausgaben zur Förderung mildtätiger, kirchlicher, religiöser, wissenschaftl. und staatspolitischer Zwecke **1.1** 10b I; Freibetrag beim Lohnsteuerabzug **1.1** 39a I, II; bei getrennter Veranlagung von Ehegatten **1.1** 26a III; Höchstbeträge **1.1** 10 III; Lohnsteuerabzug **1.1** 39d II; Steuerbegünstigung für zu eigenen Wohnzwecken genutzte Baudenkmale und Gebäude in Sanierungsgebieten und städtebaulichen Entwicklungsbereichen **1.1** 10f; Verluste **1.1** 10d; Verteilung der S. bei getrennter Veranlagung von Ehegatten **1.2** 61; Wohnung im eigenen Haus **1.1** 10e; Schuldzinsen **1.1** 10e (6a)

**Sonderausgaben-Pauschbetrag 1.1** 10c I; Lohnsteuertabelle **1.1** 38c I

**Sonderausgabenabzug,** Wahlrecht bei Bausparbeiträgen **1.1** 10 IV

**Sonderfreibeträge 1.1** 32

**Sondervorschriften** für beschränkt Steuerpflichtige **1.1** 50; –, Steuerbegünstigung des nicht entnommenen Gewinns **1.2** 73

**Sonntagsarbeit,** Entlohnung für S., Arbeitslohn **1.3** 2; Zuschlag, Steuerfreiheit **1.1** 3 b

**sonstige Einkünfte 1.1** 22; Werbungskostenpauschbetrag **1.1** 9 a

**Sowjetzonenflüchtlinge** s. Vertriebene

**Sparbeiträge,** vermögenswerte Leistung **1.5** 2

**Sparer-Freibetrag,** Einkünfte aus Kapitalvermögen **1.1** 20 IV

**Sparkassen,** Einlagen und Guthaben bei S., Einkünfte aus Kapitalvermögen **1.1** 20 (7); Körperschaftsteuersatz **3.1** 23 II

**Sparvertrag,** Begriff nach VermBG **1.5** 4, 8

# Sachverzeichnis

**Sparzulage,** Arbeitnehmer **l.5** 13

**Spekulationsgeschäfte,** ausländische Einkünfte **l.1** 34d; Begriff **l.1** 23; sonstige Einkünfte **l.1** 22 (2)

**Spenden,** Abzugsfähigkeit, Körperschaftsteuer **3.1** 9 (3); *s. a. Ausgaben;* Hinzurechnung zum Gewerbeertrag, GewStG **2.1** 8 (9); an politische Parteien, –, Sonderausgaben **l.1** 10b II; –, Steuerermäßigung **l.1** 34g

**staatliche Lotterie,** Einkünfte der Einnehmer **l.1** 18

**Staatsbank Berlin,** Gewerbesteuerbefreiung **2.1** 3 (3); Körperschaftsteuerbefreiung **3.1** 5 (2a)

**staatspolitische Zwecke,** Aufwendungen zur Förderung **l.1** 4 VI; Ausgaben zur Förderung, Abzugsfähigkeit, KStG **3.1** 9 (3); Sonderausgaben **l.1** 10b I

**Städtebauförderungsgesetz,** erhöhte Absetzungen, Herstellungskosten für bestimmte Baumaßnahmen i. S. des St. **l.2** 82g, h

**Stammeinlagen,** Vermögensbeteiligung **l.1** 19a III (8)

**Steinbruch,** Absetzung für Substanzverringerung **l.1** 7 VI

**Steinkohlenbergbau,** Leistungen, Steuerfreiheit **l.1** 3 (60)

**Sterbegelder** für Abgeordnete, sonstige Einkünfte **l.1** 22 (4)

**Sterbekasse,** Gewerbesteuerbefreiung **2.1** 3 (9); Körperschaftsteuerbefreiung **3.1** 5 I (3), 6; **3.2** 1 f.

**Steuer,** ausländische, Anrechnung oder Abzug **l.1** 34c; vom Grundbesitz, Werbungskosten **l.1** 9 I

**Steuerabzug** bei beschränkt Steuerpflichtigen **l.1** 50a; Kapitalertrag **l.1** 43; Kapitalertragsteuer **l.1** 44; bei Vergütungen für die Nutzung von Urheberrechten **l.2** 73f

**Steueraufsicht** über Aufsichtsratsvergütungen **l.2** 73d

**Steuerbegünstigung** des nicht entnommenen Gewinns für beschränkt Steuerpflichtige **l.2** 73; des nicht entnommenen Gewinns, Veranlagung von Ehegatten **l.2** 62c; des nicht entnommenen Gewinns für Vertriebene und Verfolgte **l.1** 10a; **l.2** 13, 45; – bei selbständiger Arbeit **l.2** 47; zu eigenen Wohnzwecken genutzte Baudenkmale und Gebäude in Sanierungsgebieten und städtebaulichen Entwicklungsbereichen **l.1** 10f; Wohnung im eigenen Haus **l.1** 10e; schutzwürdige Kulturgüter **l.1** 10g; unentgeltlich zu Wohnzwecken überlassene Wohnung im eigenen Haus **l.1** 10h

**steuerbegünstigte Zwecke,** Sonderausgaben **l.1** 10b I; **l.2** 48

**Steuerberatungskosten,** Sonderausgaben **l.1** 10 I

**Steuerbescheid,** Nachweis über die Höhe der ausländischen Einkünfte und Steuern **l.2** 68b

**Steuerbilanz,** Beifügung der Steuererklärung **l.2** 60

**Steuererhebung l.1** 36ff.

**Steuererklärung,** Formvorschriften **l.2** 60; bei gesonderter Gewinnfeststellung **l.2** 59; Pflicht zur Abgabe **l.2** 56ff.; Unterlagen **l.2** 60

**Steuererklärungspflicht,** Einkommensteuer **l.1** 56; Festsetzung des einheitlichen Steuermeßbetrags **2.1** 14a; KStG **3.1** 49

**Steuerermäßigung l.1** 34c ff.; bei ausländischen Einkünften **l.1** 34c; bei Belastung mit Erbschaftsteuer **l.1** 35; bei Inanspruchnahme erhöhter Absetzungen für Wohngebäude **l.1** 34f; für Parteispenden **l.1** 34g

**Steuerfreiheit,** Vorteil durch Vermögensbeteiligungen **l.1** 19a

**steuerfreie Einnahmen l.1** 3ff.; aus nichtselbständiger Arbeit **l.2** 4

**Steuergegenstand,** Gewerbesteuer **2.1** 2

**Steuerklasse,** Lohnkonto **l.3** 7; Lohnsteuer **l.1** 38b

**Steuermeßbetrag (Gewerbesteuer),** Gewerbeertragsteuer **2.1** 11; Gewerbekapitalsteuer **2.1** 13; Zerlegung des einheitlichen St., **2.2** 34; –, GewStG **2.1** 28ff.; Zusammenrechnung der St. nach Gewerbeertrag und -kapital als einheitlicher St. **2.1** 14f.

**Steuermeßzahl,** Gewerbeertragsteuer **2.1** 11; Gewerbekapitalsteuer **2.1** 13

**Steuerpflicht,** Einkommensteuer **l.1** 1; Körperschaftsteuer **3.1** 1, 2; Körperschaftsteuerbefreiung **3.1** 5 II

**Steuerpflicht, beschränkte,** Sondervorschriften **l.1** 50; –, Steuerbegünstigung des nicht entnommenen Gewinns **l.2** 73; Steuerabzug **l.1** 50a

**Steuerpflichtiger,** Absetzung für Abnutzung für selbst hergestellte oder angeschaffte Gebäude **l.1** 7 V; beschränkt St., Steuererklärungspflicht **l.2** 56; unbeschränkt St., Steuererklärungspflicht **l.2** 56

**Steuersätze** bei außerordentlichen Einkünften **l.1** 34; – aus Forstwirtschaft **l.1** 34b; Körperschaftsteuersätze **3.1** 23

**Steuerschuldner,** Gewerbesteuer **2.1** 5; Kapitalertragsteuer **l.1** 44

**Steuertabellen,** Lohnsteuer **l.1** 38c

**Stiftung,** Körperschaftsteuerpflicht **3.1** 1, 3

**Stillegung** von Betrieben, Rücklage bei

Erwerb von St. bedrohten Betrieben **l.1** 6d

**stiller Gesellschafter,** Einkünfte aus Beteiligung an einem Handelsgewerbe, Kapitalertragsteuer **l.1** 43; Einkünfte aus Kapitalvermögen **l.1** 20 I (4)

**Stipendien,** Steuerfreiheit **l.1** 3 (44)

**Strafverfahren** bei Arbeitnehmer-Sparzulagen **l.5** 14; bei Wohnungsbau-Prämiensparen **l.7** 8

**Stundung,** Einkommensteuer für Übernahmegewinn aus Vermögensübergang von Kapitalgesellschaft auf Personengesellschaft oder natürliche Person **4** 7, 26

**Substanzverringerung,** Bemessung bei unentgeltlicher Übertragung eines Betriebs, eines Teilbetriebs oder eines Mitunternehmeranteils **l.2** 7; bei Bergbauunternehmen und Steinbrüchen, Absetzung **l.1** 7 VI; bei nicht zu Betriebsvermögen gehörenden Wirtschaftsgütern **l.2** 10a; bei unentgeltlich erworbenen Wirtschaftsgütern **l.2** 11d; *s.a. Absetzung für Substanzverringerung*

**Tabelle** für Einkommensteuer **l.1** Anlage 2, 3; für die Errechnung des Deckungskapitals von Unterstützungskassen, Anlage zu § 4d I EStG **l.1** Anlage 1

**Tagesgeld,** steuerfreier, Lohnkonto **l.3** 7

**Tageslohnsteuertabelle l.1** 38c II

**Tantiemen,** Arbeitslohn **l.3** 2; Arbeitslohnbegriff, GewStG **2.1** 31 IV; Einkünfte aus nichtselbständiger Arbeit **l.1** 19 I; Hinzurechnung zum Gewerbeertrag, GewStG **2.1** 8 (4)

**Tarif,** Einkommensteuer **l.1** 32ff.; Solidaritätszuschlag **l.1a** 4

**Tarifbelastung** *s. Körperschaftsteuerbelastung*

**Tariffreibetrag,** Geltungsdauer **l.1** 52 (21c); Arbeitnehmer im Beitrittsgebiet **l.1** 32a (8)

**Tarifvertrag,** vermögenswirksame Leistung **l.5** 10

**Teichwirtschaft,** Einkünfte **l.1** 13

**Teilbetrieb,** unentgeltliche Übertragung, Gewinnermittlung **l.2** 7

**Teilbetriebseinbringung** in Kapitalgesellschaft gegen Gesellschaftsanteile **4** 20ff.; in Personengesellschaft **4** 24

**Teilherstellungskosten,** erhöhte Absetzung **l.1** 7a II

**Teilschuldverschreibung,** Zinsen, Kapitalertragsteuer **l.1** 43

**Teilwert,** Begriff **l.1** 6 I; Pensionsrückstellungen **l.1** 6a III

**Teilzeitbeschäftigte,** Pauschalierung der Lohnsteuer **l.1** 40a

**Testamentsvollstrecker,** Einkünfte aus selbständiger Arbeit **l.1** 18

**Tierhaltung,** Einkünfte **l.1** 13; Gewerbesteuerbefreiung für gemeinschaftliche T. **2.1** 3 (12); Verluste aus gewerblicher Tierhaltung **l.1** 15 IV

**Tierzucht,** Einkünfte **l.1** 13; Verluste aus gewerblicher Tierzucht **l.1** 15 IV

**Tilgung** der Einkommensteuer **l.1** 36

**Tochtergesellschaft** im Ausland, Körperschaftsteuer **3.1** 26 II–IV; Beteiligungen an T., Kürzung des Gewerbekapitals **2.1** 12 III; Gewinnanteile, Kürzung des Gewerbeertrags **2.1** 9

**Tod** des Bausparers, keine Nachversteuerung **l.2** 31; Einkommensteuerveranlagung bei Einkünften aus nichtselbständiger Arbeit **l.1** 46 II

**Trägerkleinsiedlung,** erhöhte Absetzung **l.1** 7b VII; **l.2** 15

**Trennungsgeld,** Steuerfreiheit **l.1** 3 (13)

**Treuhandanstalt,** Gewerbesteuerbefreiung **2.1** 3 (3); Körperschaftsteuerbefreiung **3.1** 5 (2a)

**Trinkgelder,** Lohnkonto **l.3** 7; Steuerfreiheit **l.1** 3 (51)

**Überbrückungsgeld** für Abgeordnete **l.1** 22 (4)

**Übergangsbeihilfe** bei Entlassung aus einem Dienstverhältnis, Steuerfreiheit **l.1** 3 (10)

**Übergangsgeld** für Abgeordnete, sonstige Einkünfte **l.1** 22 (4); wegen Entlassung aus einem Dienstverhältnis, Steuerfreiheit **l.1** 3 (10)

**Übernahmegewinn** bei Übernahme einer Kapitalgesellschaft durch andere K. **4** 14f.; bei Übernahme einer Kapitalgesellschaft durch Personengesellschaft oder natürliche Person **4** 5ff.

**Überlassung** von Arbeitnehmern *s. Arbeitnehmerüberlassung*

**Überschichten,** Entlohnung für Ü., Arbeitslohn **l.3** 2

**Überschußrechnung,** Einkommensteuer **l.1** 4 III

**Überstunden,** Entlohnung für Ü., Arbeitslohn **l.3** 2

**Übertragung** von Bausparverträgen auf andere Bausparkassen **l.2** 32

**Übertragungsgewinn** bei Umwandlung, Körperschaftsteuerbefreiung **4** 4

**Übertragungsstichtag** bei Umwandlung **4** 2

**Überweisung** der Wohnungsbauprämie **l.7** 5

**Umbauten,** Sonderabschreibung für Land- und Forstwirte **l.2** 76ff.; erhöhte Absetzung **l.1** 7b

# Sachverzeichnis

**Umfang** der Besteuerung **1.1** 2

**Umlaufvermögen,** Bewertung **1.1** 6 I

**Umsatzsteuer** für den Eigenverbrauch, Nichtabzugsfähigkeit **3.1** 10; nichtabzugsfähige Ausgabe **1.1** 12

**umsatzsteuerrechtlicher Vorsteuerabzug 1.1** 9 b

**Umwandlung,** Barabfindung von Minderheitsgesellschaftern **4** 17; Betriebs-, Teilbetriebs-, Mitunternehmeranteileinbringung in Kapitalgesellschaft gegen Gesellschaftsanteile **4** 20 ff.; Einbringung eines (Teil-)Betriebs o. Mitunternehmeranteils in Personengesellschaft **4** 24; Gewerbeertrag, GewStG **4** 18 f.; Gewinn einer übernehmenden Personengesellschaft **4** 5 ff.; –, Einkommensteuerstundung **4** 26; Körperschaftsteueranrechnung **4** 12 f.; auf natürliche Person **4** 11; steuerlicher Übertragungsstichtag **4** 2; Übergangsgewinn, Körperschaftsteuerbefreiung **4** 4; Übernahmegewinn, Einkommensteuerstundung **4** 7; Vermögensübergang auf andere Körperschaft **4** 14 ff.; Vermögensübergang auf Personengesellschaft **4** 3 ff.; Wegfall von Steuererleichterungen **4** 25; Wertansätze **4** 3

**Umwandlungssteuergesetz 4**

**Umweltschutz,** erhöhte Absetzungen für Wirtschaftsgüter, die dem U. dienen **1.1** 7 d

**Umzugskostenvergütung,** Steuerfreiheit **1.1** 3 (13), (16)

**unbeschränkte Einkommensteuerpflicht 1.1** 1; Arbeitnehmer, Steuerklassen **1.1** 38 b; Durchführung des Lohnsteuerabzugs ohne Lohnsteuerkarte **1.1** 39 c; Ehegatten, Freibeträge beim Lohnsteuerabzug **1.1** 39 a III

**unentgeltliche Ausstellung** der Lohnsteuerkarten **1.1** 39 I

**unentgeltliche Übertragung** eines Betriebs, eines Teilbetriebs, eines Mitunternehmeranteils oder einzelner Wirtschaftsgüter, Gewinnermittlung **1.2** 7

**unentgeltlicher Erwerb** von Wirtschaftsgütern, Absetzung für Abnutzung oder Substanzverringerung **1.2** 11 d

**Unfallversicherung,** Beiträge, Sonderausgaben **1.1** 10 I; Pauschalierung der Lohnsteuer **1.1** 40 b III; steuerfreie Leistungen **1.1** 3 (1)

**Unterhalt** für Familienangehörige, nichtabzugsfähige Ausgaben **1.1** 12

**Unterhaltsaufwendungen,** Freibetrag beim Lohnsteuerabzug **1.1** 39 a V; s.a. Unterhaltsleistungen

**Unterhaltsberechtigte,** Zuwendungen, nichtabzugsfähige Ausgaben **1.1** 12

**Unterhaltsgeld** nach dem Arbeitsförderungsgesetz, Steuerfreiheit **1.1** 3 (2)

**Unterhaltsleistungen** für Angehörige, außergewöhnliche Belastung **1.1** 33 a I; Einkünfte aus U., Werbungskostenpauschbetrag **1.1** 9 a; für den anderen Elternteil zuzuordnende Kinder, Freibetrag **1.1** 33 a I a; Sonderausgaben **1.1** 10 I; sonstige Einkünfte **1.1** 22 (1 a)

**Unternehmen,** gewerbesteuerpflichtige U., Gewerbesteuererklärung **2.2** 25

**Unternehmensbeteiligungsgesellschaften,** Gewinnanteile des Gewerbeertrags, GewStG **2.1** 9 (2 a)

**Unternehmensform,** Änderung, s. Umwandlung

**Unternehmer,** Begriff, GewStG **2.1** 5; als Steuerschuldner für Gewerbesteuer **2.1** 5

**Unterrichtstätigkeit,** Einkünfte aus freiberuflicher Tätigkeit **1.1** 18

**Unterstützungskasse,** Gewerbesteuerbefreiung **2.1** 3 (9); Körperschaftsteuerbefreiung **3.1** 5 I (3), 6; **3.2** 1, 3; Zuwendungen, Betriebsausgaben **1.1** 4 d

**Urheberrechte,** Einkünfte beschränkt Steuerpflichtiger, Einkommensteuerabzug **1.2** 73 a II; Einkünfte aus Überlassung **1.1** 21 I; Rückstellungen wegen Verletzung von U. **1.1** 5 III; Vergütung für die Nutzung von U., Steuerabzug **1.1** 50 a IV; **1.2** 73 f

**Veranlagung 1.1** 25 ff.; besondere V. von Ehegatten **1.1** 26, 26 c; von Ehegatten **1.1** 26; getrennte V. von Ehegatten **1.1** 26, 26 a; –, anderweitige Verteilung der Sonderausgaben und außergewöhnlichen Belastungen **1.2** 61

**Veranlagungszeitraum,** Einkommensteuer **1.1** 25; Entstehung der Einkommensteuer **1.1** 36 I

**Verausgabung 1.1** 11

**Veräußerung** bestimmter Anlagegüter, Gewinn **1.1** 6 b; eines Betriebs, Gewinnermittlung **1.2** 6; Wirtschaftsjahr **1.2** 8 b; eines land- und forstwirtschaftl. Betriebs **1.1** 14 a; von Wirtschaftsgütern im Ausland **1.1** 34 d

**Veräußerungsgewinn 1.1** 6 b f.; von Anteilen an Kapitalgesellschaften, Einkünfte **1.1** 17; Anteilsveräußerung von Anteilsausgabe gegen eingebrachtes Betriebsvermögen **4** 21; außerordentliche Einkünfte, Steuersatz **1.1** 34 II; bei Gewerbebetrieb **1.1** 16; Vermögen, Einkünfte **1.1** 18 III

**Verbesserungsvorschläge,** Prämien, Lohnkonto **1.3** 7

**Verbindlichkeiten,** Hinzurechnung zum Gewerbekapital, GewStG **2.1** 12 II

**Verdeckte Gewinnausschüttungen,** Einkünfte aus Kapitalvermögen **1.1** 20 I (1)

**Verein,** Land- und Forstwirtschaft, Gewerbesteuerbefreiung **2.1** 3 (14); –, Körperschaftsteuerbefreiung **3.1** 25; Körperschaftsteuerbefreiung **3.1** 5 I (10); Körperschaftsteuerpflicht **3.1** 1; nichtrechtsfähiger, Gewerbesteuerpflicht **2.1** 2; –, mehrere wirtschaftliche Geschäftsbetriebe **2.2** 8; politischer, Körperschaftsteuerbefreiung **3.1** 5 I (7)

**Vereinnahmung 1.1** 11

**Verfolgte,** Bewertungsfreiheit für Fabrikgebäude, Lagerhäuser und landwirtschaftliche Betriebsgebäude **1.2** 22; Bewertungsfreiheit für Gebäude **1.1** 7e; Steuerbegünstigung des nicht entnommenen Gewinns **1.1** 10a; **1.2** 45

**Vergleichswert** der landwirtschaftl. Nutzung, Gewinnermittlung **1.1** 13a IV

**Vergünstigung** bei der Veräußerung eines land- und forstwirtschaftlichen Betriebs **1.1** 14a

**Vergütung** für Arbeitnehmererfindungen, Lohnkonto **1.3** 7; von Körperschaftsteuer **1.1** 36b ff.

**Verluste** bei beschränkter Haftung, Ausgleich **1.1** 15a; Sonderausgaben **1.1** 10d; Spekulationsgeschäft **1.1** 23 IV; als stiller Gesellschafter **1.1** 20 I (4); aus Vermietung und Verpachtung **1.1** 21 I

**Verlustabzug 1.1** 10d; Gewerbeertrag, GewStG **2.1** 10a; Veranlagung von Ehegatten **1.2** 62d

**Verlustanteil,** Hinzurechnung zum Gewerbeertrag, GewStG **2.1** 8 (8)

**Verlust- und Gewinnrechnung** *s. Gewinn- und Verlustrechnung*

**Verlustrücktrag** bei der Körperschaftsteuer **3.1** 8 V

**Vermietung,** Einkünfte **1.1** 2, 21; –, beschränkt steuerpflichtige **1.1** 49; negative Einkünfte, Freibetrag beim Lohnsteuerabzug **1.1** 39a I, II

**Vermietung und Verpachtung,** ausländische Einkünfte **1.1** 34d

**Vermögensabgabe,** Sonderausgabe **1.1** 10 I

**Vermögensbeteiligung,** Begriff **1.1** 19a III; Festlegung **1.3** 8; Nachversteuerung **1.1** 19a II; – bei schädlicher Verfügung über V. **1.3** 10; Überlassung an Arbeitgeber, Aufzeichnungspflichten und Anzeigepflichten **1.3** 9; Überlassung an Arbeitnehmer **1.1** 19a; Wert **1.1** 19a VIII

**Vermögensbildung,** Übergangsvorschriften **1.5** 17

**Vermögensbildungsgesetz 1.5;** Durchführungsverordnung – Entwurf – **1.6**

**Vermögensübergang** durch Gesamt-

rechtsnachfolge bei Änderung der Unternehmensform *s. Umwandlung*

**Vermögensmassen,** beschränkte Körperschaftsteuerpflicht **3.1** 2; Körperschaftsteuerpflicht **3.1** 1; nichtrechtsfähige, Körperschaftsteuerpflicht **3.1** 3

**Vermögens(teil)veräußerung,** Veräußerungsgewinn **1.1** 18 III

**Vermögensübernahme,** Körperschaftsteuerbelastung ausgeschütteter Gewinne **3.1** 38, 42

**Vermögensübersicht,** Änderung **1.1** 4 II; *s.a. Bilanz*

**Vermögensverwaltung** für Berufsverband, Gewerbesteuerbefreiung **2.1** 3 (10); –, Körperschaftsteuerbefreiung **3.1** 5 I (6); Einkünfte aus selbständiger Arbeit **1.1** 18

**Vermögenswirksame Leistungen,** Anlageformen **1.5** 2 ff.

**Verpachtung,** Einkünfte **1.1** 2, 21; –, beschränkt steuerpflichtige E. **1.1** 49; negative Einünfte, Freibetrag beim Lohnsteuerabzug **1.1** 39a I, II; *s. Vermietung und Verpachtung*

**Verpflegung** als Sachbezug, Bewertung **1.1** 8 II

**Verpflegungsmehraufwendungen,** Begriff **1.2** 8; als Betriebsausgaben **1.1** 4 V; bei Dienstgängen, Höchstbeträge **1.3** 5; bei Dienstreisen, Höchstbeträge **1.3** 5; bei doppelter Haushaltsführung, Höchstbeträge **1.2** 8a; **1.3** 6; bei Geschäftsgängen, Höchstbeträge **1.2** 8; bei Geschäftsreisen, Höchstbeträge **1.2** 8; Höchstbeträge **1.2** 24; Steuerfreiheit **1.1** 3 (13), (16); Werbungskosten **1.1** 9 IV

**Verschmelzung** von Aktiengesellschaften **4** 16; Genossenschaften, Wegfall von Steuererleichterungen **4** 25

**Versicherungsbeiträge 1.1** 10 I; Werbungskosten **1.1** 9 I

**Versicherungsunternehmen,** Beitragsrückerstattungen, Körperschaftsteuer **3.1** 21; Rückstellungsbildung, Körperschaftsteuer **3.1** 20 f.

**Versicherungsverein a. G.,** Gewerbesteuerbefreiung für kleinere V. a. G. **2.2** 12a; Gewerbesteuererklärung **2.2** 25; Gewerbesteuerpflicht **2.1** 2; Körperschaftsteuerbefreiung kleinerer V. a. G. **3.1** 5 I (4); Körperschaftsteuerpflicht **3.1** 1; Umwandlung **4** 1

**Versicherungs- und Versorgungseinrichtungen** von Berufsgruppen, Gewerbesteuerbefreiung **2.1** 3 (11); –, Körperschaftsteuerbefreiung **3.1** 5 I (8)

**Versicherungsverträge,** Anzeigepflicht des Versicherungsunternehmens **1.2** 29; Nachversteuerung **1.2** 30

**Versorgungsbetrieb,** Gewerbesteuer-

# Sachverzeichnis

pflicht **2.2** 2; Körperschaftsteuerpflicht **3.1** 4

**Versorgungseinrichtungen** s. Versicherungs- und Versorgungseinrichtungen

**Versorgungs-Freibetrag,** Einkommensteuer **1.1** 19 II; Lohnsteuerabzug **1.1** 39b II, III; Lohnsteuerjahresausgleich durch Arbeitgeber **1.1** 42b

**Versorgungsbezüge** der Abgeordneten, sonstige Einkünfte **1.1** 22 (4); Einkünfte aus nichtselbständiger Arbeit **1.1** 19 I

**Versorgungsunternehmen** s. Versorgungsbetrieb

**Verspätungszuschlag,** GewStG **2.1** 14b

**Vertrag** über vermögenswirksame Anlage **1.5** 11

**Vertreter,** Pflicht der Erklärung zur gesonderten und einheitlichen Feststellung der Einkünfte **1.2** 58

**Vertriebene,** Bewertungsfreiheit für Fabrikgebäude, Lagerhäuser und landwirtschaftliche Betriebsgebäude **1.2** 13, 22; Bewertungsfreiheit für Gebäude **1.1** 7e; Steuerbegünstigung des nicht entnommenen Gewinns **1.1** 10a; **1.2** 13, 45

**Verwahrung** von Wertpapieren **1.3** 8

**Verwarnungsgelder,** Betriebsausgaben **1.1** 4 V

**Verwendung** von Wohnungsbauprämien **1.7** 5

**Verzeichnis,** Wirtschaftsgüter **1.1** 6a; – bei erhöhten Absetzungen oder Sonderabschreibungen **1.1** 7a VIII

**Vollkaufleute,** Gewinn **1.1** 5; Rücklage für Preissteigerung **1.2** 74

**Vollzugspolizei,** steuerfreie Geld- und Sachbezüge **1.1** 3 (4)

**Vorauszahlung** der Einkommensteuer **1.1** 37; der Gewerbesteuer **2.1** 19f., 29; –, Entstehung der Vorauszahlung **2.1** 21

**Vorauszahlungszeitpunkt** der Einkommensteuer **1.1** 37

**Vornamen,** Lohnkonto **1.3** 7

**Vorsorge-Pauschbetrag 1.1** 10c II

**Vorsorgeaufwendungen,** Abzugsvoraussetzungen **1.1** 10 II; Höchstbeträge **1.1** 10 III; Pauschbetrag **1.1** 10c II; Sonderausgaben **1.1** 10

**Vorsorgepauschale 1.1** 10c III; Lohnsteuertabelle **1.1** 38c I

**Vorsteuerabzug,** umsatzsteuerrechtlicher **1.1** 9b

**Vorsteuerabzugsberichtigung,** Mehrbetrag und Minderbetrag **1.1** 9b

**vorübergehende Tätigkeit,** Einkünfte **1.1** 18 II

**Wahlrecht** bei Bausparbeiträgen zwischen Sonderausgabenabzug und Wohnungsbauprämie **1.1** 10 IV; der Ehegatten, getrennte Veranlagung, Zusammenveranlagung oder besondere Veranlagung **1.1** 26; zwischen Wohnungsbauprämie und Steuerermäßigung **1.7** 2b

**Waisengelder,** Arbeitslohn **1.3** 2; Einkünfte aus nichtselbständiger Arbeit **1.1** 19 I

**Waldgenossenschaft,** Einkünfte **1.1** 13; Gewerbesteuerbefreiung **2.1** 3 (5); Körperschaftsteuerpflicht **3.1** 3

**Wandelanleihen,** Zinsen, Kapitalertragsteuer **1.1** 43

**Wandelschuldverschreibungen,** Vermögensbeteiligung **1.1** 19a III (2); vermögenswerte Leistung **1.5** 2

**Wanderschäferei,** Einkünfte **1.1** 13

**Waren,** Entnahme **1.1** 4 I; als Sachbezüge, Bewertung **1.1** 8 II

**Wareneinzelhandelsunternehmen,** Begriff, GewStG **2.2** 33

**Wärmepumpe** bei Gebäuden, erhöhte Absetzungen **1.2** 82a

**Wärmeschutz** bei Gebäuden, erhöhte Absetzungen **1.2** 82a

**Warmwasseranlage** bei Gebäuden, erhöhte Absetzungen **1.2** 82a

**Wartegelder,** Arbeitslohn **1.3** 2; Einkünfte aus nichtselbständiger Arbeit **1.1** 19 I

**Wechsel,** Diskontbeträge, Einkünfte aus Kapitalvermögen **1.1** 20 I (8)

**Wehrdienst,** Freibetrag für Kinder **1.1** 32 IV; steuerfreie Geld- und Sachbezüge **1.1** 3 (4 f.)

**Wehrdienstbeschädigte,** steuerfreie Versorgungsbezüge **1.1** 3 (6)

**Weidewirtschaft** s. Futterbau

**Weihnachts-Freibetrag,** Einkünfte aus nichtselbständiger Arbeit **1.1** 19 III; Lohnkonto **1.3** 7; Lohnsteuerabzug **1.1** 39b II, III; Lohnsteuerjahresausgleich durch Arbeitgeber **1.1** 42b

**Weinbau,** Einkünfte **1.1** 13

**Weiterbildung,** Kosten, Sonderausgaben **1.1** 10 I

**Werbesendungen,** Fernsehen, Gewerbesteuer **2.1** 6, 11 IV; –, Körperschaftsteuer **3.1** 7; –, Körperschaftsteuersatz **3.1** 23 VI

**Werbungskosten,** Begriff **1.1** 9; Freibetrag beim Lohnsteuerabzug **1.1** 39a I, II; Lohnsteuerabzug **1.1** 39d II; Mehraufwendungen für Verpflegung bei Dienstreisen, Höchstbeträge **1.3** 5; Mehraufwendungen für Verpflegung aus Anlaß einer doppelten Haushaltsführung **1.3** 6; Minderbetrag bei der Vorsteuerabzugsberichtigung **1.1** 9b; Pauschbeträge **1.1** 9a

**Werbungskostenpauschbetrag,** Lohnsteuertabelle **1.1** 38c I

**Werklieferungsvertrag,** Arbeitsgemeinschaft, Gewerbesteuer **2.1** 2a

**Werkvertrag,** Arbeitsgemeinschaft für W., Gewerbesteuer **2.1** 2a

**Werkzeug,** Werbungskosten **l.1** 9 I

**Werkzeuggeld,** Steuerfreiheit **l.1** 3 (30)

**Wertminderung** von Anteilen durch Gewinnausschüttungen **l.1** 50c

**Wertpapiere,** Gewerbeertragskürzung um die Zinsen festverzinslicher W., Gewerbesteuer **2.1** 9 (6); Verwahrung **l.3** 8; Zinsen, Kapitalertragsteuer **l.1** 43

**Wertpapier-Kaufvertrag,** Begriff nach VermBG **l.5** 5

**Wiedergutmachungsleistungen,** Steuerfreiheit **l.1** 3 (8)

**Windkraftanlagen,** erhöhte Absetzungen **l.2** 82a

**wirtschaftlicher Geschäftsbetrieb** bei gemeinnützigen, mildtätigen, kirchlichen Zwecken, Körperschaftsteuerpflicht **3.1** 5 (9)

**Wirtschaftsaufbaukasse Schleswig-Holstein AG,** Gewerbesteuerbefreiung **2.1** 3 (2); Körperschaftsteuerbefreiung **3.1** 5 I (2)

**Wirtschaftsgenossenschaft,** Gewerbesteuerbefreiung **2.1** 3 (8), (15); Körperschaftsteuerbefreiung **3.1** 5; Körperschaftsteuerpflicht **3.1** 1; Umwandlung **4** 1; *s. im übrigen Genossenschaft u. Erwerbsgenossenschaft*

**Wirtschaftsgüter,** Absetzung für Abnutzung **l.2** 10f.; –, außergewöhnliche, technische Abnutzung **l.1** 7; –, außergewöhnliche, wirtschaftliche Abnutzung **l.1** 7; –, betriebsgewöhnliche Nutzungsdauer **l.1** 7 I; – in fallenden Jahresbeträgen **l.1** 7 II; – in gleichen Jahresbeträgen **l.1** 7 I; – nach Maßgabe der Leistung **l.1** 7 I; des Anlagevermögens, bewegliche, Absetzung für Abnutzung **l.2** 10; Anschaffungs-/Herstellungskosten als Betriebsausgaben **l.1** 6 II; ausländischer Herkunft, Bewertungsabschlag **l.2** 80; ausländischer Herkunft, Verzeichnis der W. **l.2** Anlage 3; Ausweis in der Jahresbilanz **l.1** 6 III; erhöhte Absetzungen, Umweltschutz **l.1** 7d; land- und forstwirtschaftliche, Übertragung auf Erwerbs- und Wirtschaftsgenossenschaft **l.1** 13 IV; mehrere Beteiligte, Absetzung und Sonderabschreibung **l.1** 7a VII; Sonderabschreibung **l.1** 7g I; unentgeltliche Übertragung, Gewinnermittlung **l.2** 7; Verzeichnis **l.1** 6c; Verzeichnis der unbeweglichen W. in der Land- und Forstwirtschaft **l.2** Anlage 2; Verzeichnis der W. des beweglichen Anlagevermögens, Land- und Forstwirtschaft **l.2** Anlage 1

**Wirtschaftsjahr,** abweichendes W., Körperschaftsteuer **3.1** 7 IV, 49; Einkommensteuer **l.2** 8b; Gewerbeertrag, GewStG **2.1** 10; als Gewinnermittlungszeitraum **l.1** 4a; bei Land- und Forstwirten **l.2** 8c; Pensionsrückstellungen **l.1** 6a; Umstellung **l.1** 4a

**Wissenschaft,** Förderung, Steuerfreiheit **l.1** 3 (11)

**wissenschaftliche Tätigkeit,** Einkünfte aus freiberuflicher Tätigkeit **l.1** 18

**wissenschaftliche Zwecke,** Ausgabenabzug, KStG **3.1** 9 (3); Sonderausgaben **l.1** 10b I; **l.2** 48

**Witwe(r),** Einkommensteuertarif **l.1** 32a V

**Witwengelder,** Arbeitslohn **l.3** 2; Einkünfte aus nichtselbständiger Arbeit **l.1** 19 I

**Wochenbetrag,** steuerfreier, Lohnkonto **l.3** 7

**Wochenlohnsteuertabelle l.1** 38c II

**Wohlfahrtspflegeeinrichtungen,** Körperschaftsteuerbefreiung **3.1** 5 (9)

**Wohnbau-Sparverträge,** Begriff **l.8** 4ff.

**Wohngebäude,** Erhaltungsaufwand **l.2** 82b

**Wohngeld,** Steuerfreiheit **l.1** 3 (58)

**Wohnsitz l.1** 1; Lohnkonto **l.3** 7

**Wohnung** im eigenen Haus, Steuerbegünstigung **l.1** 10e; erhöhte Absetzungen für W. mit Sozialbindung **l.1** 7k; freie, Arbeitslohn **l.3** 3; Lohnkonto **l.3** 7; Nutzungswert **l.1** 21a; – bei Einkünften aus Land- und Forstwirtschaft **l.1** 13 II; –, Einkünfte aus Vermietung und Verpachtung **l.1** 21 II; als Sachbezug, Bewertung **l.1** 8 II; Objektverbrauch **l.1** 10e (4)

**Wohnungsbauforderung l.2** 23

**Wohnungsbauförderungsanstalt** des Landes Nordrhein-Westfalen, Gewerbesteuerbefreiung **2.1** 3 (2); Körperschaftsteuerbefreiung **3.1** 5 (2)

**Wohnungsbaukreditanstalt** des Landes Schleswig-Holstein, Gewerbesteuerbefreiung **2.1** 3 (2); Körperschaftsteuerbefreiung **3.1** 5 (2)

**Wohnungsbau-Kreditanstalt Berlin,** Gewerbesteuerbefreiung **2.1** 3 (2); Körperschaftsteuerbefreiung **3.1** 5 (2)

**Wohnungsbau-Prämie,** Voraussetzungen **l.7** 1, 2

**Wohnungsbau-Prämiengesetz l.7**; Durchführungsverordnung **l.8**

**Wohnungsmodernisierung,** Aufwendungen **l.7** 2; Nachversteuerung **l.1** 10 V

**Zahl** der Kinder, der Kinderfreibeträge, Lohnkonto **l.3** 7

**Zeitpunkt** des Zufließens der Aufsichtsratsvergütungen und der Vergütungen im Sinne des § 50a Abs. 4 EStG **l.3** 3c

**Zerlegung,** Gewerbesteuermeßbetrag **2.1** 28ff.; –, Arbeitslohnbegriff **2.1** 31; –, besondere Fälle **2.1** 33; –, bei mehrgemeindlichen Betriebstätten **2.1** 30

**Zerlegungserklärung,** GewStG **2.1** 14a

**Zerlegungsmaßstab,** Gewerbesteuer **2.1** 29

**Zinsen,** außerordentliche Einkünfte, Steuerersatz **1.1** 34 II; auf hinterzogene Steuern als Betriebsausgaben **1.1** 4 V; aus Hypotheken und Grundschulden, Einkünfte aus Kapitalvermögen **1.1** 20 I (5); Kapitalertragsteuer **1.1** 43; Kürzung des Gewerbeertrags, GewStG **2.1** 9 (6); Sonderausgaben **1.1** 10 I; Steuerfreiheit **1.1** 3 (21), (53f.)

**Zinsersparnisse** bei Arbeitgeberdarlehen, Steuerfreiheit **1.1** 3 (68)

**Zinsscheine,** Veräußerung, Einkünfte aus Kapitalvermögen **1.1** 20 II

**Zivildienst,** Freibetrag für Kinder **1.1** 32 IV

**Zukunftsicherung,** Arbeitgeberzuschüsse für Z., Steuerfreiheit **1.1** 3 (62); Leistungen, Pauschalierung der Lohnsteuer **1.1** 40b

**Zusammenveranlagung von Ehegatten** **1.1** 26, 26b; Altersentlastungsbetrag **1.1** 24a; Bewertungsfreiheit für Fabrikgebäude, Lagerhäuser und landwirtschaftl. Betriebsgebäude **1.2** 62c; Einkommensteuertarif **1.1** 32a V; Sparer-Freibetrag **1.1** 20 IV; Steuerbegünstigung des nicht entnommenen Gewinns **1.2** 62c; Verlustabzug **1.2** 62d; Wirkung der Auszahlung **1.1** 36 IV

**Zuschläge** zum Arbeitslohn für Sonntags-, Feiertags-, Nachtarbeit, Steuerfreiheit **1.1** 3b; bei Gewinnermittlung aus Land- und Forstwirtschaft **1.1** 13a VIII

**Zuschüsse** zu den Aufwendungen für die Krankenversicherung, Steuerfreiheit **1.1** 3 (14)

**Zuschlagsteuern,** Festsetzung und Erhebung **1.1** 51a

**Zuständigkeit** des Finanzamts für die Abführung der Lohnsteuer **1.1** 41a; örtliche Z. der Gemeinden bei der Ausstellung der Lohnsteuerkarten **1.1** 39 II

**Zustimmung** des Finanzamts bei Änderung der Bilanz **1.1** 4 II

**zu versteuerndes Einkommen,** Begriff **1.1** 2

**Zuwendungen** aus öffentlichen Mitteln des Bundespräsidenten, Steuerfreiheit **1.1** 3 (20); an Pensionskassen, Betriebsausgaben **1.1** 4c; an Unterhaltsberechtigte, nichtabzugsfähige Ausgaben **1.1** 12; an Unterstützungskassen, Betriebsausgaben **1.1** 4d

**Zweckvermögen,** Körperschaftsteuerpflicht **3.1** 1, 3

**Zweifamilienhaus,** erhöhte Absetzung **1.1** 7b; **1.2** 15

**Zweigniederlassung,** Z. ausländischer Unternehmen, Gewerbesteuer **2.1** 2